Dr. Hans-Holger Herrnfeld | Prof. Dr. Robert Esser [Hrsg.]

# Europäische Staatsanwaltschaft

## Handbuch

**Jun.-Prof. Dr. Dominik Brodowski**, Universität des Saarlandes | **Prof. Dr. Robert Esser**, Universität Passau | **Dr. Till Gut**, Legal Officer, Luxemburg | **Dr. Hans-Holger Herrnfeld**, Oberstaatsanwalt beim Bundesgerichtshof a.D. | **Prof. Dr. Gerrit Hornung**, Universität Kassel | **Prof. Dr. Frank Meyer**, Universität Zürich | **Dr. Tanja Niedernhuber**, LMU München | **RAin Dr. Anna Oehmichen**, Berlin | **Dr. Stephan Schindler**, Universität Kassel | **Dr. Sebastian Trautmann**, Stv. Europäischer Staatsanwalt

Nomos

MANZ

**Zitiervorschlag:** Herrnfeld/Esser EUStA-HdB/Bearbeiter § ... Rn. ...

Die Deutsche Nationalbibliothek verzeichnet diese Publikation in der Deutschen Nationalbibliografie; detaillierte bibliografische Daten sind im Internet über http://dnb.d-nb.de abrufbar.

ISBN 978-3-8487-5681-0 (Nomos Verlagsgesellschaft mbH & Co. KG, Baden-Baden)

ISBN 978-3-214-08793-7 (MANZ'sche Verlags- u. Universitätsbuchhandlung GmbH, Wien)

1. Auflage 2022

## Vorwort

Die Idee zur Schaffung einer europäischen Strafverfolgungsbehörde geht zurück auf das 1998 aus der Wissenschaft vorlegte *Corpus Juris der strafrechtlichen Regelungen zum Schutz der finanziellen Interessen der Europäischen.* Nach anfänglicher Skepsis auf politischer Ebene und gehegten Zweifeln an der Legitimation der Europäischen Union zur Errichtung einer derartigen supranationalen Justizbehörde auf Unionsebene, nahmen die politischen Gespräche mit dem Inkrafttreten des Vertrags von Lissabon im Dezember 2009 zwar deutlich an Fahrt auf, sie gestalteten sich aufgrund zahlreicher nationaler Vorbehalte und Bedenken aber von Anfang an als komplex und im Ergebnis als langwierig. Auf der Grundlage von Art. 86 AEUV wurde schließlich die Verordnung (EU) 2017/1939 („EUStA-VO") angenommen – allerdings nur im Wege einer Verstärkten Zusammenarbeit unter Beteiligung von gegenwärtig 22 Mitgliedstaaten.

Im Juni 2021 hat die Europäische Staatsanwaltschaft (EUStA) als neue Einrichtung der Europäischen Union ihre operative Tätigkeit aufgenommen. Zukünftig wird sie Straftaten zum Nachteil der finanziellen Interessen der Union verfolgen und vor den nationalen Strafgerichten zur Anklage bringen können – ohne dabei auf eine Europäische Strafprozessordnung zurückgreifen zu können oder in ihrer Arbeit von einem Europäischen Strafgericht begleitet zu werden. Vielmehr finden auf das Ermittlungsverfahren der EUStA neben den einzelnen Fragen abschließend regelnden Bestimmungen der EUStA-VO ergänzend die einschlägigen Vorschriften der Verfahrensordnungen der Mitgliedstaaten Anwendung – ohne Zweifel eine rechtliche Herausforderung.

Das vorliegende Werk erscheint wenige Monate nach Aufnahme der operativen Tätigkeit der Europäischen Staatsanwaltschaft (EUStA). Praktische Erfahrungen aus der Arbeit der EUStA lagen mithin bei Abfassung der Manuskripte noch nicht vor.

Das Handbuch soll der juristischen Praxis ebenso wie der Wissenschaft einen Überblick über wesentliche Regelungen der EUStA-VO und deren vielfältige Verschränkungen mit dem innerstaatlichen Recht geben.

Das aus Wissenschaft und Strafrechtspraxis stammende Autorenteam richtet dabei den Fokus auf die zu erwartenden praktischen Abläufe und Verfahrensfragen, nimmt aber auch politische Hintergründe und historische Bezüge mit in die Überlegungen auf.

Neben Erläuterungen zu Grundlagen, Struktur und Zuständigkeiten der EUStA stehen daher die strafverfahrensrechtlichen Regelungen der Verordnung im Mittelpunkt der Betrachtung. Gerade in diesem Bereich soll das Handbuch den Leserinnen und Lesern erleichtern, das Verhältnis der – grundsätzlich vorrangigen – Regelungen der Verordnung zu dem subsidiär und ergänzend anwendbaren deutschen und österreichischen Verfahrensrecht zu ergründen (siehe zur Gliederung des Handbuchs die Übersicht in Kapitel § 1).

Einen herzlichen Dank richten wir an Frau *Ingrid Maschl-Clausen* und Herrn *Andrés Ritter* für die Übermittlung ihrer Geleitworte sowie an Herrn *Matthias Knopik* vom Nomos Verlag für die professionelle verlegerische Betreuung bei der Erstellung der Manuskripte und der anschließenden Drucklegung.

Für fachliche Hinweise und etwaige Verbesserungsvorschläge sind wir dankbar.

Wien/Passau im Oktober 2021 *Hans-Holger Herrnfeld/Robert Esser*

## Grußwort

Die Gründung der Europäischen Staatsanwaltschaft stellt nach langen Vorarbeiten und dank des überzeugten Einsatzes ihrer Vordenker einen Meilenstein in der europäischen Integration und in der grenzüberschreitenden Strafverfolgung dar. Erstmalig in der Geschichte der Europäischen Union haben die Mitgliedstaaten der Europäischen Union den im Kernbereich der staatlichen Souveränität gelegenen staatlichen Strafanspruch an eine supranationale staatsanwaltschaftliche Einrichtung der Europäischen Union übertragen.

Die Zuständigkeit der Europäischen Staatsanwaltschaft ist zwar auf die sogenannten Straftaten zum finanziellen Nachteil der Europäischen Union beschränkt und sie ist nicht exklusiv – die Strafverfolgungsbehörden der Mitgliedstaaten (d.h. die Staatsanwaltschaften in Deutschland und in Österreich) behalten ihre Kompetenz („geteilte Zuständigkeit"). Doch kommt der Verfahrensführung durch die Europäischen Staatsanwaltschaft in ihrem Zuständigkeitsbereich weitreichende Priorität gegenüber jener der nationalen Strafverfolgungsbehörden zu.

Die Arbeitsaufnahme der Europäischen Staatsanwaltschaft zum 01.06.2021 fällt – in einer von niemanden zuvor vorherzusehender Weise – mit der Implementierung des Programms „NextGenerationEU" zusammen, mit dem zur Überwindung der Folgen der Pandemie und zur Umgestaltung der Wirtschaft in der Europäischen Union Mittel in nie dagewesener Höhe von 750 Mrd. Euro an die Mitgliedstaaten ausgezahlt werden. In der Bekämpfung von Betrug und Korruption darauf hinzuwirken, dass diese Haushaltsmittel auch tatsächlich für den Wiederaufbau verwendet werden, macht besonders augenfällig, vor welchen Herausforderungen die Europäische Staatsanwaltschaft steht, aber auch warum es ihrer bedarf.

Nur eine wirksame Bekämpfung der sogenannten „PIF-Straftaten" durch eine kohärente und homogene Verfolgungspolitik, die von vornherein aus einem unionsweiten Blickwinkel formuliert wird und die Ressourcen auf jeweils nationaler und auf europäischer Ebene bündelt, kann die Gewähr dafür bieten, Vertrauen der Bürger in die zweckgerechte Verwendung der – ihrer! – Geldmittel zu erzeugen. Letztlich geht es um nichts minderes als den inneren Zusammenhalt der Union durch eine unabhängige Institution zu stärken, die sich ohne Ansehen der Person und zugleich unter Beachtung aller Verfahrensgarantien der Aufgabe des strafrechtlichen Schutzes der Haushaltsmittel der Union verschrieben hat.

Bereits in den ersten Monaten der Tätigkeit offenbart sich dabei in der Praxis, dass die Zusammenarbeit der Delegierten Europäischen Staatsanwälten aus einer einheitlichen Behörde heraus einen Quantensprung in der grenzüberschreitenden Strafverfolgung darzustellen vermag. In dieser vertrauensvollen Zusammenarbeit der Kollegen, die zugleich das Bindeglied zu den nationalen Strafverfolgungssystemen bilden, sind strafprozessuale Maßnahmen und ein Erkenntnisaustausch und -gewinn in einem Ausmaß und Intensität möglich gewesen, welches den Instrumenten der Rechtshilfe deutlich übertrifft. Damit ist ein Netzwerk im Entstehen begriffen, das den Vordenkern der Europäischen Staatsanwaltschaft Recht gibt. Bereits diese Erfahrungen zeugen von dem erheblichen Mehrwert, den man sich mit der Errichtung der Behörde versprochen hat.

Um die Europäische Staatsanwaltschaft weiter zu einer schlagkräftigen Behörde zu machen mit der Fähigkeit, komplexeste Wirtschaftsstrafverfahren in möglichst kurzer Zeit zu führen, gilt es indes eine Reihe von Herausforderungen zu meistern. Um eine gute Zusammenarbeit mit den Staatsanwaltschaften und den Gerichten der teilnehmenden Mitgliedstaaten sicher zu stellen, ist auch ein fundiertes Wissen der nationalen Staatsanwaltschaften und Gerichte selbst um die Aufgaben und Verfahrensvorschriften der Europäischen Staatsanwaltschaft nötig. Ebenso wichtig wird es sein, in der täglichen Praxis die komplex miteinander verschränkten EU-rechtlichen Vorgaben (der Verordnung über die Errichtung der Europäischen Staatsanwaltschaft und der PIF-Richtlinie) einerseits und die nationalen Vorschriften des materiellen Rechts und vor allem des Strafverfahrensrechts andererseits im Stufenbau der Rechtsordnung richtig mit- und nebeneinander anzuwenden. Gerade dazu wird dieses Handbuch einen sehr wichtigen Beitrag leisten.

Die detaillierte rechtliche Analyse der Verfasser mit wertvollem Hintergrundwissen aus den Verhandlungen auf EU-Ebene über die Verordnung zur Errichtung der Europäischen Staatsanwaltschaft sowie der Vergleich mit den Umsetzungsvorschriften und sonst anzuwendenden nationalen Vorschriften in Deutschland und in Österreich fügt sich zu einem umfassenden Werk zusammen, das die Europäische Staatsanwaltschaft von allen Seiten beleuchtet.

Als erste Europäische Staatsanwälte aus Deutschland und aus Österreich ist es uns eine große Freude und Ehre, am großen Abenteuer, die Europäische Staatsanwaltschaft mit Leben zu erfüllen, teilnehmen zu dürfen. In dieser Eigenschaft dürfen wir den Verfassern dieses Handbuchs zu ihrem Werk gratulieren.

Wir sind davon überzeugt, dass sie damit einen eminent wichtigen Beitrag zur praktischen Arbeit aller für die Europäische Staatsanwaltschaft tätigen oder mit ihr kooperierenden Einrichtungen und Personen, vor allem in Deutschland und in Österreich, leisten.

*Ingrid Maschl-Clausen* *Andrés Ritter*

## Inhaltsübersicht

## Allgemeines Abkürzungsverzeichnis

| | |
|---|---|
| aA | anderer Ansicht |
| aaO | am angegebenen Ort |
| AbkGemOrg. | Abkommen über gemeinsame Organe für die Europäischen Gemeinschaften |
| abl. | ablehnend |
| ABl. | Amtsblatt der Europäischen Gemeinschaften / Europäischen Union |
| Abs. | Absatz |
| Abschn. | Abschnitt |
| Abt. | Abteilung |
| abw. | abweichend |
| aE | am Ende |
| ÄndG | Gesetz zur Änderung |
| ÄndVO | Verordnung zur Änderung |
| AEUV | Vertrag über die Arbeitsweise der EU |
| aF | alte Fassung |
| AFDI | Annuaire Français de Droit International |
| AfP | Archiv für Presserecht |
| AG | Die Aktiengesellschaft, Zeitschrift für das gesamte Aktienwesen |
| AG | Aktiengesellschaft |
| AHRG | Auslieferungs- und Rechtshilfegesetz (Österreich) |
| AJCL | American Journal of Comparative Law |
| AJDA | Actualités Juridiques de Droit Administratif |
| AJIL | American Journal of International Law |
| AktG | Aktiengesetz |
| allg. | allgemein |
| aM | anderer Meinung |
| AmstV | Amsterdamer Vertrag |
| Anh. | Anhang |
| Anm. | Anmerkung |
| Ann.eur. | Annuaire Européen (= EuYB) |
| AO | Abgabenordnung |
| AöR | Archiv des öffentlichen Rechts |
| APARIUZ | Analysen und Perspektiven von Assistierenden des Rechtswissenschaftlichen Instituts der Universität Zürich |
| ArchVR | Archiv des Völkerrechts |
| ARHG | (österreichisches) Auslieferungs- und Rechtshilfegesetz |
| Art. | Artikel |
| ASIL | American Society of International Law |
| AUE | Acte Unique Européen |
| AufenthG | Gesetz über den Aufenthalt, die Erwerbstätigkeit und die Integration von Ausländern im Bundesgebiet |
| Aufl. | Auflage |
| AuR | Arbeit und Recht (Zeitschrift) |
| AUR | Agrar- und Umweltrecht (Zeitschrift) |
| AuS | Arbeit und Sozialpolitik |
| ausf. | ausführlich |
| AWVO | Außenwirtschaftsverordnung |
| Az. | Aktenzeichen |
| BaFin | Bundesanstalt für Finanzdienstleistungsaufsicht |
| BAnz. | Bundesanzeiger |

| | |
|---|---|
| BayObLG | Bayerisches Oberstes Landesgericht |
| BayStVollzG | Bayerisches Strafvollzugsgesetz |
| BayVBl. | Bayerische Verwaltungsblätter |
| BB | Der Betriebs-Berater |
| Bd. | Band |
| BDSG | Bundesdatenschutzgesetz |
| BeaSt | Beamtenstatut |
| BeckRS | beck-online.RECHTSPRECHUNG |
| BeitrA | Beitrittsakte |
| Beschl. | Beschluss |
| BfJ | Bundesamt für Justiz |
| BGBl. | Bundesgesetzblatt |
| BGH | Bundesgerichtshof |
| BGHSt | Entscheidungen des Bundesgerichtshofes in Strafsachen |
| BGHZ | Entscheidungen des Bundesgerichtshofes in Zivilsachen |
| BKartA | Bundeskartellamt |
| Blg | Beilage |
| BlgNR | Beilage(-n) zu den Stenographischen Protokollen des Nationalrates |
| BMF | Bundesministerium für Finanzen |
| BMJV | Bundesministerium der Justiz und für Verbraucherschutz |
| BRAK | Bundesrechtsanwaltskammer |
| BR-Drs. | Drucksache des Deutschen Bundesrates |
| BReg. | Bundesregierung |
| Bspr. | Besprechung |
| bspw. | beispielsweise |
| BStBl. | Bundessteuerblatt |
| BT-Drs. | Drucksache des Deutschen Bundestages |
| B-VG | (österreichisches) Bundes-Verfassungsgesetz |
| BVerfG | Bundesverfassungsgericht |
| BVerfGE | Entscheidungen des Bundesverfassungsgerichts |
| BVerfGG | Bundesverfassungsgerichtsgesetz |
| BVerwG | Bundesverwaltungsgericht |
| BVerwGE | Entscheidungen des Bundesverwaltungsgerichts |
| BYIL | British Yearbook of International Law |
| bzgl. | bezüglich |
| BZR | Bundeszentralregister |
| bzw. | beziehungsweise |
| CM | Common Market |
| CMLR | Common Market Law Review |
| CMS | Case Management System (siehe auch FBS) |
| COM | Vorschläge und andere im Rahmen eines Gesetzgebungsverfahrens angenommene Akte der Europäischen Kommission |
| CR | Computer und Recht |
| Cyprus HR Law Rev | Cyprus Human Rights Law Review |
| DAV | Deutscher Anwalt Verein |
| DB | Der Betrieb |
| ders. | derselbe |
| DEStA | Delegierter Europäischer Staatsanwalt |
| d.h. | das heißt |
| dies. | dieselbe(n) |
| DÖV | Die Öffentliche Verwaltung |

| | |
|---|---|
| Dok. | Dokument |
| Dr. | Droit |
| DRB | Deutscher Richterbund |
| DRiZ | Deutsche Richterzeitung |
| Drs. | Drucksache |
| DS-GVO | Datenschutzgrundverordnung |
| DVBl. | Deutsches Verwaltungsblatt |
| DVO | Durchführungsverordnung |
| DV-StAG | Verordnung zur Durchführung des Staatsanwaltschaftsgesetzes (Österreich) |
| DZWir | Deutsche Zeitschrift für Wirtschafts- und Insolvenzrecht |
| E. | Entwurf |
| EA | Europa-Archiv; Europaabkommen |
| EA/D | Europa-Archiv (Dokumente) |
| EAG | Europäische Atomgemeinschaft |
| EAGFL | Europäischer Ausrichtungs- und Garantiefonds für die Landwirtschaft |
| EAGV | Vertrag zur Gründung der Europäischen Atomgemeinschaft |
| EAS | Europäisches Arbeits- und Sozialrecht |
| ebd. | ebenda |
| EBRV | Erläuternde Bemerkungen zur Regierungsvorlage |
| ECBA | European Criminal Bar Association |
| ECHR | European Court of Human Rights |
| ECJ | European Court of Justice |
| ECLR | European Competition Law Review |
| ECOSOC | Wirtschafts- und Sozialrat der Vereinten Nationen |
| ECR | EPPO CRIME REPORT |
| ed(s) | editor(s) |
| EDPS | European Data Protection Supervisor (→ EDSB) |
| EDSB | Europäischer Datenschutzbeauftragter (→ EDPS) |
| EEA | Europäische Ermittlungsanordnung |
| EFRE | Europäischer Fonds für regionale Entwicklung |
| EG | Europäische Gemeinschaften |
| EGGVG | Einführungsgesetz zum Gerichtsverfassungsgesetz |
| EGKS | Europäische Gemeinschaft für Kohle und Stahl |
| EGKSV | Vertrag zur Gründung der Europäischen Gemeinschaft für Kohle und Stahl |
| EGMR | Europäischer Gerichtshof für Menschenrechte |
| EGV | Vertrag über die Europäische Gemeinschaft |
| Einl. | Einleitung |
| EJIL | European Journal of International Law |
| EKMR | Europäische Kommission für Menschenrechte |
| ELR | European Law Review |
| EMRK | Europäische Menschenrechtskonvention |
| endg. | endgültig |
| engl. | englisch |
| Entsch. | Entscheidung |
| entspr. | entsprechend |
| EÖD | Europäischer Öffentlicher Dienst |
| EP | Europäisches Parlament |
| EPL | European Public Law |
| EPPO | European Public Prosecutor's Office |
| EPZ | Europäische Politische Zusammenarbeit |

| | |
|---|---|
| Erl. | Erläuterungen |
| ErwG | Erwägungsgrund |
| EStA | Europäischer Staatsanwalt |
| EStG | Einkommensteuergesetz |
| etc | et cetera |
| ETS | European Treaty Series |
| EU | Europäische Union |
| EuCLR | European Criminal Law Review |
| eucrim | The European Criminal Law Associations‘ Forum |
| EUFinSchG | EU-Finanzschutzstärkungsgesetz |
| EuG | Europäisches Gericht 1. Instanz |
| EUGenStA | Europäische(r) Generalstaatsanwalt/wältin |
| EuGH | Gerichtshof der Europäischen Union |
| EuGRZ | Europäische Grundrechte-Zeitschrift |
| EuGVÜ | Europäisches Gerichtsstand- und Vollstreckungsübereinkommen |
| EU-JZG | Bundesgesetz über die justizielle Zusammenarbeit in Strafsachen mit den Mitgliedstaaten der EU (Österreich) |
| EuR | Europarecht (Zeitschrift) |
| EUR | Euro |
| Euratom | Europäische Atomgemeinschaft |
| EurBSt. | Europäisches Beamtenstatut, Europäisches Statut der Beamten der Gemeinschaften |
| EuRH | Europäischer Rechnungshof |
| EurWi. | Europäische Wirtschaft |
| EUStA | Europäische Staatsanwaltschaft |
| EUStA-DG | Bundesgesetz zur Durchführung der Europäischen Staatsanwaltschaft (Österreich) |
| EUStAG | Europäische-Staatsanwaltschaft-Gesetz (Deutschland) |
| EUStAVO | Verordnung (EU) 2017/1939 des Rates vom 12.10.2017 zur Durchführung einer Verstärkten Zusammenarbeit zur Errichtung der Europäischen Staatsanwaltschaft (EUStA) |
| EuV | Europäischer Verein |
| EUV aF | Vertrag über die Europäische Union |
| EUV nF | Vertrag über die Europäische Union (Lissabon) |
| EuYB | European Yearbook |
| EuZ | Zeitschrift für Europarecht |
| EuZW | Europäische Zeitschrift für Wirtschaftsrecht |
| evtl. | eventuell |
| EVV | Europäischer Verfassungsvertrag |
| EWA | Europäisches Währungsabkommen |
| EWG | Europäische Wirtschaftsgemeinschaft |
| EWGV | Vertrag über die Europäische Wirtschaftsgemeinschaft |
| EWR | Europäischer Wirtschaftsraum |
| EZB | Europäische Zentralbank |
| f. | folgende |
| FAZ | Frankfurter Allgemeine Zeitung |
| FBS | Fallbearbeitungssystem |
| ff. | fortfolgende |
| FG | Finanzgericht |
| FGO | Finanzgerichtsordnung |
| FIDE | Fédération Internationale de Droit Européen |
| FinStrG | Finanzstrafgesetz (Österreich) |

| | |
|---|---|
| FIU | Financial Intelligence Unit (Zoll) |
| Fn. | Fußnote |
| frz. | französisch |
| FS | Festschrift |
| G. | Gemeinschaft; Gesetz |
| GA | Generalanwalt |
| GA | Goltdammer's Archiv |
| GASP | Gemeinsame Außen- und Sicherheitspolitik |
| GBA | Generalbundesanwalt |
| GD | Generaldirektion |
| GDolmG | Gesetz über die allgemeine Beeidigung von gerichtlichen Dolmetschern (Gerichtsdolmetschergesetz) |
| GEG | (österreichisches) Gerichtliches Einbringungsgesetz / Gemeinsame Ermittlungsgruppe |
| gem. | gemäß |
| GesE | Gesetzentwurf |
| GG | Grundgesetz für die Bundesrepublik Deutschland |
| ggf. | gegebenenfalls |
| GK | Große Kammer |
| GM | Gemeinsame Maßnahme |
| GmbH | Gesellschaft mit beschränkter Haftung |
| GmbHR | GmbH-Rundschau |
| GMBl. | Gemeinsames Ministerialblatt |
| GO | Geschäftsordnung (EUStA) |
| GO-BT | Geschäftsordnung des Deutschen Bundestages |
| GP | Gesetzgebungsperiode |
| GRC | Charta der Grundrechte der Europäischen Union |
| grds. | grundsätzlich |
| grundl. | grundlegend |
| GRUR | Gewerblicher Rechtsschutz und Urheberrecht |
| GRUR Int. | Gewerblicher Rechtsschutz und Urheberrecht, Auslands- und internationaler Teil |
| GS | Gedächtnisschrift |
| GSZ | Zeitschrift für das Gesamte Sicherheitsrecht |
| GVBl. | Gesetz- und Verordnungsblatt |
| GVG | Gerichtsverfassungsgesetz |
| GYIL | German Yearbook of International Law |
| hA | herrschende Auffassung |
| HdB | Handbuch |
| HGB | Handelsgesetzbuch |
| hL | herrschende Lehre |
| hM | herrschende Meinung |
| HRC | UN-Human Rights Committee |
| HRRS | Onlinezeitschrift für Höchstrichterliche Rechtsprechung zum Strafrecht |
| Hrsg., hrsg. | Herausgeber, herausgegeben |
| Hs. | Halbsatz |
| iA | im Auftrag |
| IBoAs | Institutions, Bodies and Agencies of the Union |
| ICC | International Criminal Court / IStGH |

| | |
|---|---|
| ICLQ | International and Comparative Law Quarterly |
| idF | in der Fassung |
| idR | in der Regel |
| idS | in diesem Sinne |
| iE | im Ergebnis |
| ieS | im engeren/eigentlichen Sinn |
| ILC | International Law Commission |
| insbes. | insbesondere |
| IntBestG | Gesetz zu dem Übereinkommen vom 17. Dezember 1997 über die Bekämpfung der Bestechung ausländischer Amtsträger im internationalen Geschäftsverkehr |
| INÜG | österreichisches Island-Norwegen-Übergabegesetz |
| IPBPR | Internationaler Pakt über bürgerliche und politische Rechte |
| iRd | im Rahmen des/r |
| IRG | Gesetz über die internationale Rechtshilfe in Strafsachen |
| iSd | im Sinne des/r |
| iSv | im Sinne von |
| it. | italienisch |
| iVm | in Verbindung mit |
| IWRZ | Zeitschrift für Internationales Wirtschaftsrecht |
| iwS | im weiteren Sinn |
| iZm | in/im Zusammenhang mit |
| JA | Juristische Arbeitsblätter |
| JBl | Juristische Blätter |
| JBL | Journal of Business Law |
| JCMS | Journal of Common Market Studies |
| JDI | Journal du Droit international |
| JGG | Jugendgerichtsgesetz |
| JIR | Jahrbuch des Internationalen Rechts |
| JI-RL | Richtlinie (EU) 2016/680 des Europäischen Parlaments und des Rates vom 27. April 2016 zum Schutz natürlicher Personen bei der Verarbeitung personenbezogener Daten durch die zuständigen Behörden zum Zwecke der Verhütung, Ermittlung, Aufdeckung oder Verfolgung von Straftaten oder der Strafvollstreckung sowie zum freien Datenverkehr […] |
| JIT | Joint Investigation Team (Gemeinsame Ermittlungsgruppe) |
| JöR | Jahrbuch des öffentlichen Rechts |
| JR | Juristische Rundschau |
| JSt | Journal für Strafrecht (Zeitschrift) |
| JurBüro | Juristisches Büro |
| JuS | Juristische Schulung |
| JZ | Juristenzeitung |
| KOM | Kommission |
| KriPoZ | Kriminalpolitische Online-Zeitschrift |
| krit. | kritisch |
| KritV | Kritische Vierteljahresschrift für Gesetzgebung und Rechtswissenschaft |
| KSE | Kölner Schriften zum Europarecht |
| KSZE | Konferenz über Sicherheit und Zusammenarbeit in Europa |
| KWG | Gesetz über das Kreditwesen |

| | |
|---|---|
| Lfg. | Lieferung |
| LIBE | Europäisches Parlament, Ausschuss für bürgerliche Freiheiten, Justiz und Inneres |
| lit. | litera |
| Ls. | Leitsatz |
| M. | Meinung |
| MBl. | Ministerialblatt |
| MDR | Monatsschrift für Deutsches Recht |
| MedR | Medizinrecht |
| mglw. | möglicherweise |
| MinBlNW | Ministerialblatt Nordrhein-Westfalen |
| Mio. | Million(en) |
| MiStra | Anordnung über die Mitteilungen in Strafsachen |
| MJ | Maastricht Journal of European and Comparative Law |
| MLR | The Modern Law Review |
| MMR | Multi Media und Recht |
| MOE | Mittel- und Osteuropa |
| Mrd. | Milliarde(n) |
| mwN | mit weiteren Nachweisen |
| nachf. | nachfolgend |
| ndl. | niederländisch |
| nF | neue Folge; neue Fassung |
| NGO | Non-governmental Organization(s.) |
| NJ | Neue Justiz |
| NJECL | New Journal of European Criminal Law |
| NJW | Neue Juristische Wochenschrift |
| Nr. | Nummer |
| NStZ | Neue Zeitschrift für Strafrecht |
| nv | noch nicht in der amtlichen Slg veröffentlicht |
| NVwZ | Neue Zeitschrift für Verwaltungsrecht |
| NZA | Neue Zeitschrift für Arbeitsrecht |
| NZG | Neue Zeitschrift für Gesellschaftsrecht |
| NZWiSt | Neue Zeitschrift für Wirtschafts-, Steuer- und Unternehmensstrafrecht |
| NZS | Neue Zeitschrift für Sozialrecht |
| OECD | Organisation für wirtschaftliche Zusammenarbeit und Entwicklung |
| OGH | Oberster Gerichtshof (Österreich) |
| OK-RB | Rahmenbeschluss 2008/841/JI des Rates vom 24. Oktober 2008 zur Bekämpfung der organisierten Kriminalität |
| OLAF | Office Européen de Lutte Antifraude |
| OVG | Oberverwaltungsgericht |
| öBGBl. | Bundesgesetzblatt für die Republik Österreich |
| öJGG | Bundesgesetz über die Rechtspflege bei Straftaten Jugendlicher und junger Erwachsener – Jugendgerichtsgesetz (Österreich) |
| öStGB | Bundesgesetz über die mit gerichtlicher Strafe bedrohten Handlungen (Strafgesetzbuch – StGB) (Österreich) |
| öStPO | Strafprozeßordnung (Österreich) |

| | |
|---|---|
| PIF | Protection des intérêts financiers de l'Union |
| PIF-RL | Richtlinie (EU) 2017/1371 des Europäischen Parlaments und des Rates vom 5.7.2017 über die strafrechtliche Bekämpfung von gegen die finanziellen Interessen der Union gerichtetem Betrug |
| PJZS | Polizeiliche und justizielle Zusammenarbeit in Strafsachen |
| PKH | Prozesskostenhilfe |
| Prot. | Protokoll |
| RAE | Revue des affaires européennes |
| RB | Rahmenbeschluss |
| RdA | Recht der Arbeit |
| RDV | Recht der Datenverarbeitung |
| RefE | Referentenentwurf |
| RFSR | Raum der Freiheit, der Sicherheit und des Rechts |
| RIDP | Association Internationale De Droit Pénal |
| Riv. dir. eur. | Rivista di diritto europeo |
| Riv. dir. int. | Rivista di diritto internazionale |
| RiStBV | Richtlinien für das Strafverfahren und das Bußgeldverfahren |
| RiVASt | Richtlinien für den Verkehr mit dem Ausland in strafrechtlichen Angelegenheiten |
| RL | Richtlinie |
| RMC | Revue de Marché commun |
| Rn. | Randnummer |
| ROW | Recht in Ost und West |
| Rpfleger | Der Deutsche Rechtspfleger (Zeitschrift) |
| RPflG | Rechtspflegergesetz |
| Rs. | Rechtssache |
| Rspr. | Rechtsprechung |
| RStDG | (österreichisches) Richter- und Staatsanwaltschaftsdienstgesetz |
| RTDE | Revue trimestrielle du droit européen |
| RV Österreich | Regierungsvorlage zum Strafrechtlichen EU-Anpassungsgesetz 2021 (Österreich) |
| RW | Rechtswissenschaft (Zeitschrift) |
| s. | siehe |
| S. | Seite |
| s.a. | siehe auch |
| s.o. | siehe oben |
| s.u. | siehe unten |
| SDÜ | Schengener Durchführungsübereinkommen |
| SE | Societas Europaea (Europäische Aktiengesellschaft) |
| SeeFischG | Gesetz zur Regelung der Seefischerei und zur Durchführung des Fischereirechts der Europäischen Union |
| SEV | Sammlung Europäischer Verträge |
| SGB | Sozialgesetzbuch |
| Slg | Sammlung (der Rspr. des EuGH) |
| sog | sogenannte(n)(r) |
| Spstr. | Spiegelstrich |
| st. Rspr. | ständige Rechtsprechung |
| StA | Staatsanwalt(schaft) |
| StAG | (österreichisches) Staatsanwaltschaftsgesetz |
| StGB | Strafgesetzbuch (Deutschland) |
| StPO | Strafprozessordnung (Deutschland) |

| | |
|---|---|
| str. | streitig |
| StR | Strafrecht |
| StraFo | StrafverteidigerForum (Zeitschrift) |
| StrEU-AG 2021 | Strafrechtliches EU-Anpassungsgesetz 2021 (Österreich) |
| StRR | StrafRechtsReport (Zeitschrift) |
| StV | Strafverteidiger (Zeitschrift) |
| StVG | Strafvollzugsgesetz (Österreich) |
| SubvG | Gesetz gegen mißbräuchliche Inanspruchnahme von Subventionen (Subventionsgesetz) |
| TKG | Telekommunikationsgesetz |
| TKÜ | Telekommunikationsüberwachung |
| tlw | teilweise |
| TOA | Täter-Opfer-Ausgleich |
| Tsd. | Tausend |
| tw. | teilweise |
| ua | unter andere(m)(n); und andere |
| UAbs. | Unter-Absatz |
| UCLAF | Unité de Coordination de la Lutte Antifraude |
| überw. | überwiegend |
| UK | Vereinigtes Königreich |
| umstr. | umstritten |
| UN | Vereinte Nationen |
| UNCAC | United Nations Convention against Corruption |
| UNO | United Nations Organisation |
| unstr. | unstreitig |
| UNTOC | United Nations Convention against Transnational Organized Crime |
| Urt. | Urteil |
| UStG | Umsatzsteuergesetz |
| UStR | Umsatzsteuer-Richtlinie(n) |
| usw | und so weiter |
| uU | unter Umständen |
| UWG | Gesetz gegen den unlauteren Wettbewerb |
| Var. | Variante |
| VbVG | Bundesgesetz über die Verantwortlichkeit von Verbänden für Straftaten – Verbandsverantwortlichkeitsgesetz (Österreich) |
| verb. | verbunden |
| VerfBlog | Verfassungsblog |
| VerfGH | Verfassungsgerichtshof |
| VerfO | Verfahrensordnung |
| VerwArch. | Verwaltungsarchiv |
| VG | Verwaltungsgericht |
| VGH | Verwaltungsgerichtshof |
| vgl. | vergleiche |
| VO | EUStA-Verordnung |
| VO-E | EUStA-Verordnung-Entwurf |
| Vorbem. | Vorbemerkung |
| VV | Verwaltungsvorschrift |
| VwGO | Verwaltungsgerichtsordnung |
| VwVfG | Verwaltungsverfahrensgesetz |
| VZA | Verstärkte Zusammenarbeit |

| | |
|---|---|
| W.L.R. | The Weekly Law Reports |
| WÜK | Wiener Übereinkommen vom 24.4.1963 über konsularische Beziehungen |
| WuW | Wirtschaft und Wettbewerb |
| WVRK | Wiener Vertragsrechtskonvention |
| WWU | Wirtschafts- und Währungsunion |
| YEL | Yearbook of European Law |
| ZaöRV | Zeitschrift für ausländisches öffentliches Recht und Völkerrecht |
| ZBJI | Zusammenarbeit in den Bereichen Justiz und Inneres |
| zB | zum Beispiel |
| ZBR | Zeitschrift für Beamtenrecht |
| ZEuS | Zeitschrift für europarechtliche Studien |
| ZfRV | Zeitschrift für Rechtsvergleichung |
| ZG | Zeitschrift für Gesetzgebung |
| ZGR | Zeitschrift für Unternehmens- und Gesellschaftsrecht |
| ZHR | Zeitschrift für das gesamte Handelsrecht und Wirtschaftsrecht |
| ZIP | Zeitschrift für Wirtschaftsrecht |
| ZIS | Zeitschrift für Internationale Strafrechtsdogmatik |
| zit. | zitiert |
| ZK | Zollkodex |
| ZK-DVO | Durchführungsverordnung zum Zollkodex |
| ZöR | Zeitschrift für öffentliches Recht |
| ZP | Zusatzprotokoll |
| ZPO | Zivilprozessordnung (Deutschland) |
| ZRP | Zeitschrift für Rechtspolitik |
| ZStV | Zentrale Staatsanwaltschaftliche Verfahrensregister |
| ZStVBetrV | Verordnung über den Betrieb des Zentralen Staatsanwaltschaftlichen Verfahrensregisters |
| ZStW | Zeitschrift für die gesamte Strafrechtswissenschaft |
| zT | zum Teil |
| ZusVerfO | Zusätzliche Verfahrensordnung (des EuGH) |
| ZVerglRW | Zeitschrift für vergleichende Rechtswissenschaft |
| ZWH | Zeitschrift für Wirtschaftsstrafrecht und Haftung im Unternehmen |
| zzgl. | zuzüglich |
| z.Zt. | zur Zeit |

## Allgemeines Literaturverzeichnis


| | |
|---|---|
| *Aden/Sanchez-Barrueco/Stephenson* | Aden, Hartmut/Sanchez-Barrueco, Maria-Luisa/Stephenson, Paul, The European Public Prosecutor's Office: strategies for coping with complexity, 2019 |
| *Ahlbrecht/Böhm/Esser/Eckelmans* | Ahlbrecht, Heiko/Böhm, Michael/Esser, Robert/Eckelmans, Franziska, Internationales Strafrecht, 2. Aufl., Heidelberg 2018 |
| *Ambos IntStrafR* | Ambos, Kai, Internationales Strafrecht, 5. Aufl., München 2018 |
| Ambos/König/Rackow (Hrsg.), NK-RechtshilfeR/*Bearb.* | Ambos, Kai/König, Stefan/Rackow, Peter (Hrsg.), Rechtshilferecht in Strafsachen, 2. Aufl., Baden-Baden 2020 |
| Asp (ed) | Asp, Petter (ed), The European Public Prosecutor's Office – Legal and Criminal Policy Perspective, Stockholm 2015 |
| Bachmaier Winter | Bachmaier Winter, Lorena (ed), The European Public Prosecutor's Office, Berlin 2018 |
| *Barrot* | Barrot, Johannes, Der Kernbereich privater Lebensgestaltung, Baden-Baden 2012 |
| *Becková* | Becková, Dominika, The European Public Prosecutor's Office: New Actor in EU Criminal Law, Bratislava Law Review, Vol. 4(2) 2020, 163 |
| BEH/*Bearb.*, EU | Bieber, Roland/Epiney, Astrid/Haag, Marcel, Die Europäische Union – Europarecht und Politik, 13. Aufl., Baden-Baden 2019 |
| *Beulke/Swoboda* | Beulke, Werner/Swoboda, Sabine, Strafprozessrecht, 15. Aufl., Heidelberg 2020 |
| *Bittmann* | Bittmann, Folker, EU-direkt: Die Europäische Staatsanwaltschaft vor dem Start, WiJ 2020, 38 |
| *Bleckmann*, EuR | Bleckmann, Albert, Europarecht, 6. Aufl., Köln u.a. 1997 |
| *Blumann/Dubouis*, Dr.inst.UE | Blumann, Claude/Dubouis, Louis, Droit institutionnel de l'Union européenne, 6. Aufl., Paris 2016 |
| *Bradley*, HbEUinst.law | Bradley, Kieran, A handbook of the EU institutional law, Oxford 2016 |
| Brière/Weyembergh | Brière, Chloé/Weyembergh, Anne, The Needed Balances in EU Criminal Law, Oxford 2018 |
| Calliess/Ruffert/*Bearb.* | Calliess, Christian/Ruffert, Matthias (Hrsg.),Verfassung der Europäischen Union, Kommentar der Grundlagenbestimmungen (Teil I), München und Wien 2006 |
| Calliess/Ruffert/*Bearb.* EUV/AEUV | Calliess, Christian/Ruffert, Matthias (Hrsg.), Kommentar zum EUV, AEUV, 5. Aufl., München 2016 |
| *Cape/Namoradze/Smith/Spronken* | Cape, Ed/Namoradze, Zaza/Smith, Roger/Spronken, Taru, Effective Criminal Defence in Europe, Antwerpen u.a. 2010 |
| *Christl* | Christl, Erik, Europäische Mindeststandards für Beschuldigtenrechte – Zur Umsetzung der EU-Richtlinien über Sprachmittlung und Information im Strafverfahren, NStZ 2014, 376 |
| *Cremona/de Witte* | Cremona, Marise/de Witte, Bruno (Hrsg.), EU Foreign Relations Law. Constitutional Fundamentals, Oxford 2008 |
| *Cuthbert* | Cuthbert, Mike, European Union law, 8. Aufl., London 2015 |
| *Daniele* | Daniele, Luigi, Diritto dell'Unione europea, 5. Aufl., Mailand 2014 |

| | |
|---|---|
| Dauses/Ludwigs/*Bearb.* EU-WirtschaftsR-HdB | Dauses, Manfred/Ludwigs, Markus (Hrsg.), Handbuch des EU-Wirtschaftsrechts, München, Loseblattwerk, 46. Aufl., 2019 |
| *Deutscher* | Deutscher, Axel, Neue Regelungen zum Opferschutz und zur Stärkung der Beschuldigtenrechte im Strafverfahren, StRR 2013, 324 |
| *Dörr/Grote/Marauhn*, KK-EMRK/GG | Dörr, Oliver/Grote, Rainer/Marauhn, Thilo (Hrsg.), EMRK/GG Konkordanzkommentar, 2. Aufl., Tübingen 2013 |
| *Dörr/Lenz* | Dörr, Oliver/Lenz, Christofer, Europäischer Verwaltungsrechtsschutz, 2. Aufl., Baden-Baden 2019 |
| Dreier/*Bearb.* | Dreier, Horst (Hrsg.), Grundgesetz, Bd. I, 3. Aufl., Tübingen 2013; Bd. II, 2. Aufl., Tübingen 2007; Bd. III, 3. Aufl., Tübingen 2013 |
| *Dubouis/Blumann* | Dubouis, Louis/Blumann, Claude, Droit matériel de l'Union européenne, 7. Aufl., Paris 2015 |
| *Duesberg* | Duesberg, Erik, Die Europäische Staatsanwaltschaft – Anklage im Namen der Europäischen Union, NJW 2021, 1207 |
| *Duttge* | Duttge, Gunnar, Möglichkeiten eines Konsensualprozesses nach deutschem Strafprozeßrecht, ZStW 115 (2003), 539 |
| Ehlermann/Bieber/*Bearb.* | Ehlermann, Claus-Dieter/Bieber, Roland (Hrsg.), Handbuch des Europäischen Rechts, Baden-Baden, Loseblattsammlung, 2019 |
| Ehlers/*Bearb.* | Ehlers, Dirk, (Hrsg.), Europäische Grundrechte und Grundfreiheiten, 3. Aufl., Berlin 2016 |
| *Eisenberg* | Eisenberg, Ulrich, Gesetz zur Stärkung der Verfahrensrechte Beschuldigter im Strafverfahren – Bedeutung und Unzuträglichkeiten, JR 2013, 442 |
| EnzEur/Bearb. | Böse, Martin (Hrsg.), Europäisches Strafrecht, Bd. 11 der Enzyklopädie Europarecht, 2. Aufl., Baden-Baden 2021 |
| Erkelens/Meij/Pawlik | Erkelens, Leendert H./Meij, Arjen W.H./Pawlik, Marta (eds.), The European Public Prosecutor's office, Den Haag 2015 |
| *Esser* | Esser, Robert, Europäisches und Internationales Strafrecht, 2. Aufl., München 2018 |
| | Esser, Robert, Lockspitzel und V-Leute in der Rechtsprechung des EGMR: Strafrechtliche Ermittlungen jenseits der StPO – außerhalb des Gesetzes?, in: Abschied von der Wahrheitssuche, Texte und Ergebnisse des 35. Strafverteidigertages in Berlin, 25.–27.3.2011 (2012), S. 197–212 |
| *Espina Ramos* | Espina Ramos, Jorge Ángel, The Relationship between Eurojust and the European Public Prosecutor's Office: The Challenges Ahead, in: Bachmaier Winter (ed.), The European Public Prosecutor's Office, 2018, S. 87–101 |
| European Criminal Bar Association (ECBA) | European Criminal Bar Association (ECBA), Cornerstones for a draft regulation on the establishment of a European Public Prosecutor's Office (EPPO) in accordance with Art. 86 Par.1 – 3 TFEU, 2013 |
| *Fairhurst* | Fairhurst, John, Law of the European Union, 8. Aufl., Harlow 2014 |
| *Falletti* | Faletti, Francois, The European Public Prosecutor's Office and the Principle of Equality, eucrim 1/2017, 25 |

| | |
|---|---|
| *Farkas/Udvarhelyi/Jacsó* | Farkas, Ákos/Udvarhelyi, Bence/Jacsó, Judit, Zum strafrechtlichen Schutz der finanziellen Interessen der Europäischen Union, NZWiSt 2019, 369 |
| *Fischer* | Fischer, Thomas, Strafgesetzbuch, Kommentar, 68. Aufl., München 2021 |
| *Frenz* | Frenz, Walter, Handbuch Europarecht Band I (2. Aufl., 2012); Band II (2. Aufl., 2015); Band III (2007); Band IV (2009); Band V (2010); Band VI (2010), Heidelberg |
| G/P/K/G/*Bearb.* | Grützner, Heinrich/Pötz, Paul-Günter/Kreß, Claus/Gazeas, Nikolaos (Hrsg.), Internationaler Rechtshilfeverkehr in Strafsachen, Loseblattwerk, Stand Mai 2021 |
| *Gautron* | Gautron, Jean-Claude, Droit européen, 14. Aufl., Paris 2012 |
| Geelhoed/Erkelens/Meij/*Bearb.* | Geelhoed, Willem/Erkelens, Leendert Hendrik/Meij, Arjen (eds.), Shifting Perspectives on the European Public Prosecutor's Office, Den Haag 2018 |
| Geiger/Khan/Kotzur/*Bearb.* | Geiger, Rudolf/Khan, Daniel-Erasmus/Kotzur, Markus, Vertrag über die Europäische Union und Vertrag über die Arbeitsweise der Europäischen Union, Kommentar, 6. Aufl., München 2017 |
| *Gleß* | Gleß, Sabine, Internationales Strafrecht, 2. Aufl, Basel 2015 |
| *Grabenwarter/Pabel* EMRK | Grabenwarter, Christoph/Pabel, Katharina, Europäische Menschenrechtskonvention, 7. Aufl., München 2021 |
| Grabitz/Hilf/Nettesheim/*Bearb.* | Grabitz, Eberhard/Hilf, Meinhard/Nettesheim, Martin (Hrsg.), Das Recht der Europäischen Union: EUV/AEUV, 64. Aufl., München 2018, Loseblattsammlung |
| Groeben/Schwarze/Hatje *Bearb.* | von der Groeben, Hans/Schwarze, Jürgen/Hatje, Armin (Hrsg.), Europäisches Unionsrecht – Vertrag über die Europäische Union – Vertrag über die Arbeitsweise der Europäischen Union – Charta der Grundrechte der Europäischen Union, Bd. 1–4, 7. Aufl., Baden-Baden 2015 |
| *Habermas* | Habermas, Jürgen, Wahrheitstheorien, Festschrift für Walter Schulz, Pfullingen 1973, S. 211–265 |
| Hailbronner/Wilms/*Bearb.* | Hailbronner, Kay/Wilms, Heinrich (Hrsg.), Recht der Europäischen Union, Stuttgart, Loseblattwerk, Stand 2010 |
| *Haratsch/Koenig/Pechstein* | Haratsch, Andreas/Koenig, Christian/Pechstein, Matthias, Europarecht, 11. Aufl., Tübingen 2018 |
| HBB/*Bearb.* | Herrnfeld, Hans-Holger/Brodowski, Dominik/Burchard, Christoph, European Public Prosecutor's Office – Article-by-Article Commentary, Baden-Baden 2021 |
| HdB-EuStrafR/*Bearb.* | Sieber, Ulrich/Satzger, Helmut/von Heintschel-Heinegg, Bernd (Hrsg.), Europäisches Strafrecht, 2 Aufl., Baden-Baden 2014 |
| HdB-EUVerwR/*Bearb.* | Terhechte, Jörg Philipp (Hrsg.), Verwaltungsrecht der Europäischen Union, Baden-Baden 2011 |
| HdbStR/*Bearb.* | Hilgendorf, Eric/Kudlich, Hans/Valerius, Brian (Hrsg.), Handbuch des Strafrechts, Heidelberg, ab 2018 |
| *Hecker* | Hecker, Bernd, Europäisches Strafrecht, 5. Aufl., Berlin 2015 |
| *Heger* | Heger, Martin, Einführung der Europäischen Staatsanwaltschaft in das deutsche Recht, ZRP 2020, 115 |

| | |
|---|---|
| *Heghmanns/Herrmann* | Heghmanns, Michael/Herrmann, Gunnar (Hrsg.), Das Arbeitsgebiet des Staatsanwalts, 5. Aufl., 2017 |
| *Herrnfeld* | Herrnfeld, Hans-Holger, The EPPO's Hybrid Structure and Legal Framework, Issues of Implementation – a Perspective from Germany, eucrim 2018, 117 |
| *Herrnfeld/Reiser* | Herrnfeld, Hans-Holger/Reiser, Martina, Die Europäische Staatsanwaltschaft, in: Kontrolle, Konflikt und Kooperation, Festschrift 200 Jahre Staatsanwaltschaften Koblenz und Trier, München 2020, 249 |
| Heselhaus/Nowak EU-Grundrechte-HdB/*Bearb.* | Heselhaus, Sebastian/Nowak, Carsten, Handbuch der Europäischen Grundrechte, 2. Aufl., München 2020 |
| *Hiéramente* | Hiéramente, Mayeul, Definition der ausstellenden Justizbehörde beim Erlass eines Europäischen Haftbefehls, jurisPR-StrafR 1/2020 Anm. 2 |
| HK-EMRK | *Meyer-Ladewig, Jens/Nettesheim, Martin/von Raumer, Stefan*, Europäische Menschenrechtskonvention: Handkommentar, 4. Aufl., Baden-Baden 2017 |
| HK-EurVerfVertrag/*Bearb.* | Vedder, Christoph/Heintschel von Heinegg, Wolff (Hrsg.), Europäischer Verfassungsvertrag, Handkommentar, 2. Aufl., Baden-Baden 2018 |
| HK-UnionsR/*Bearb.* | Vedder, Christoph/Heintschel von Heinegg, Wolff (Hrsg.), Europäisches Unionsrecht, Handkommentar, 2. Aufl., Baden-Baden 2018 |
| *Isaac* | Isaac, Guy, Droit général de l'Union européenne, 11. Aufl., Paris 2018 |
| *Isensee/Kirchhof*, HStR/*Bearb.* | Isensee, Josef/Kirchhof, Paul (Hrsg.), Handbuch des Staatsrechts der Bundesrepublik Deutschland, 1.-3. Aufl., Heidelberg 1992–2011 |
| *Jacqué* | Jacqué, Jean-Paul, Droit institutionnel de l'Union européenne, 9. Aufl., Paris 2018 |
| *Jähnke* | Jähnke, Burkhard, Das Legalitätsprinzip – eine Maxime gemeineuropäischen Strafverfahrensrechts, ZIS 2020, 241 |
| *Jähnke/Schramm* | Jähnke, Burkhard/Schramm, Edward, Europäisches Strafrecht, Berlin 2017 |
| *Jarass* | Jarass, Hans, Charta der Grundrechte der EU, 4. Aufl., München 2021 |
| *Kaiafa-Gbandi* | Kaiafa-Gbandi, Maria, The Establishment of an EPPO and the Rights of Suspects and Defendants: Reflections upon the Commission's 2013 Proposal and the Council's Amendments, 2015, 234 |
| Karpenstein/Mayer/*Bearb.* | Karpenstein, Ulrich/Mayer, Franz, Konvention zum Schutz der Menschenrechte und Grundfreiheiten, 2. Aufl., München 2015 |
| *Kindhäuser/Schumann* | Kinderhäuser, Urs/Schumann, Kay, Strafprozessrecht, 5. Aufl., Baden-Baden 2019 |
| KK-StPO/*Bearb.* | Karlsruher Kommentar zur Strafprozessordnung; 8. Aufl., München 2019 |
| Klein/*Bearb.* | Gersch, Eva-Maria, Jäger/Markus/Rätke, Bernd/Ratschow, Eckart/Rüsken, Reinhart/Werth, Franceska, Abgabenordnung (AO), 15. Aufl. 2020 |

| | |
|---|---|
| *Klip* | Klip, André, European Criminal Law, 3. ed., Cambridge 2016 |
| *Kotz* | Kotz, Peter, Dolmetsch- und Übersetzungsleistungen zur Überwindung von Sprachbarrieren im Strafverfahren, StRR 2012, 124 |
| *Kreiner* | Kreiner, Sebastian, Auslegung des Begriffs der «Ausstellenden Justizbehörde» iSd Art. 6 I EHB-RB durch den EuGH führt in Deutschland zu umgehendem gesetzgeberischen Handlungsbedarf, FD-StrafR 2019, 418016 |
| *Kühne* | Kühne, Hans-Heiner, Strafprozessrecht, 9. Aufl., Heidelberg 2015 |
| *Lackner/Kühl* | Lackner, Karl/Kühl, Kristian, Strafgesetzbuch, 29. Aufl. 2018 |
| *Langbauer* | Langbauer, Melanie, Strafrecht vor den Unionsgerichten – Plädoyer für ein Fachgericht für Strafrecht, 2015 |
| Lenz/Borchardt/*Bearb.* | Lenz, Carl Otto/Borchardt, Klaus-Dieter (Hrsg.), EU-Verträge, Kommentar, 6. Aufl., Köln u.a. 2012 |
| Ligeti/*Bearb.* | Ligeti, Katalin (ed), Toward a Prosecutor for the European Union, volume 1 (2012) / volume 2 (2019) |
| *Ligeti/Antunes/Giuffrida* | Ligeti, Katalin/Antunes, Maria João/Giuffrida, Fabio (eds), The European Public Prosecutor's Office at Launch, Mailand 2020 |
| Löwe-Rosenberg, LR/*Bearb.* | Becker, Jörg-Peter/Erb, Volker/Esser, Robert/Graalmann-Scheerer, Kirsten/Hilger, Hans/Ignor, Alexander (Hrsg.), StPO, Großkommentar, 27. Aufl., Berlin, ab 2014 |
| *Makepeace* | Makepeace, Johannes, Ein Beschuldigter zweiter Klasse. Zur Umsetzung der Richtlinie 2010/64/EU über das Recht auf Dolmetscherleistungen und Übersetzungen im Strafverfahren, StV 2020, 570 |
| *Mangas Martín/Liñán Nogueras* | Mangas Martín, Araceli/Liñán Nogueras, Diego, Instituciones y derecho de la Unión Europea, 6. Aufl., Madrid 2010 |
| *Manin* | Manin, Philippe, L'Union européenne: institutions, ordre juridique, contentieux, Paris 2005 |
| *Martin-Vignerte* | Martin-Vignerte, Elise, Procedural Safeguards in EPPO cross-border investigations, ERA Forum 2020, 501 |
| *Mathijsen* | Mathijsen, Petrus S.R.F., A Guide to the European Union Law, 11. Aufl., London 2013 |
| Maunz/Dürig/*Bearb.* | Maunz, Theodor/Dürig, Günter, Grundgesetz, München, Loseblattwerk, 94. Auf. 2021 |
| Mayer/*Bearb.*, EUV/AEUV | Mayer, Heinz (Hrsg.), Kommentar zum EUV, AEUV, Wien, Loseblattwerk, Stand 2015 |
| Mégret/*Bearb.* | Mégret, Jacques/Waelbroek, Michel/Louis, Jean-Victor/Vignes, Denis/Dewost, Jean-Louis, Le droit de la Communauté Economique Européenne, 15 Bände, teilweise 2. Aufl., Brüssel ab 1970 |
| Meyer/*Bearb.* | Meyer, Jürgen, (Hrsg.), Kommentar zur Charta der Grundrechte der Europäischen Union, 5. Aufl., Baden-Baden 2019 |
| *Meyer/Hölscheidt* | Meyer, Jürgen/Hölscheidt, Sven, Charta der Grundrechte der Europäischen Union, 5. Aufl., Baden-Baden 2019 |
| *Meyer-Goßner/Schmitt* | Meyer-Goßner, Lutz/Schmitt, Bertram, Strafprozessordnung, 63. Aufl., München 2020 |
| *Mitsilegas* | Mitsilegas, Valsamis, EU Criminal Law, Oxford 2009 |

| | |
|---|---|
| | Mitsilegas, Valsamis, The European Public Prosecutor's Office between EU and National Law: The Challenge of Effective Judicial Protection, Hrvatski ljetopis za kaznene znanosti i praksu 2020, 79 |
| | Mitsilegas, Valsamis, European prosecution between cooperation and integration: The European Public Prosecutor's Office and the rule of law, MJ 2021, 245 |
| *Molina del Pozo* | Molina del Pozo, Carlos Francisco, Derecho comunitario, Barcelona 2004 |
| MüKoStPO/*Bearb.* | Knauer, Christoph/Kudlich, Hans/Schneider, Hartmut, Münchener Kommentar zur Strafprozessordnung, StPO, München, ab 2014 |
| *Müller/Schlothauer/Bearb.* | Müller, Eckhart/Schlothauer, Reinhold (Hrsg.), Münchener Anwalts Handbuch Strafverteidigung, 2. Aufl., 2014, München |
| *Niedobitek/Bearb.* | Niedobitek, Matthias, Europarecht: Grundlagen der Union, Berlin 2014 |
| NK-StGB/*Bearb.* | Kindhäuser, Urs/Neumann, Ulfrid/Paeffgen, Hans-Ullrich (Hrsg.), Nomos Kommentar zum Strafgesetzbuch, 5. Aufl., Baden-Baden 2017 |
| *Novokmet* | Novokmet, Ante, The European public prosecutor's office and the judicial review of criminal prosecution, NJECL 2017, 374 |
| *Oehmichen* | Oehmichen, Anna, Die Rechtsprechung des Europäischen Gerichtshofs für Menschenrechte zur Tatprovokation im Rahmen verdeckter Ermittlungen und ihre Rezeption durch den Bundesgerichtshof, CHKD, Cilt:2, 2014, 105 |
| *Oehmichen/Schmid* | Oehmichen, Anna/Schmid, Florian, Das Kaninchen aus dem Hut – § 131 StPO und die Zuständigkeit deutscher (Amts-)Gerichte für den Erlass des Europäischen Haftbefehls, StraFo 2019, 397 |
| *Oehmichen/Schneider/ von Wistinghausen* | Oehmichen, Anna/Schneider, Björn/von Wistinghausen, Natalie, Der Ausländische Beweis, StraFo 2015, 230 |
| *Oppermann/Classen/Nettesheim* EuropaR | Oppermann, Thomas/Classen, Klaus Dieter/Nettesheim, Martin, Europarecht, 8. Aufl., München 2018 |
| *Ostendorf* | Ostendorf, Heribert, Strafprozessrecht, 3. Aufl. 2018 |
| *Pechstein/Koenig* | Pechstein, Matthias/Koenig, Christian, Die Europäische Union, 3. Aufl., Tübingen 2000 |
| Pechstein/Nowak/Häde/*Bearb.* | Pechstein, Matthias/Nowak, Carsten/Häde, Ulrich, Frankfurter Kommentar zu EUV, GRC und AEUV, Bände 1–4, Tübingen 2017 |
| *Pérez Marín* | Pérez Marín, Angeles, The European Public Prosecutor's Office – Protecting the Union's Financial Interests through Criminal Law, eucrim 2020, 36 |
| *Pescatore* | Pescatore, Pierre, Le droit de l'intégration: Emergence d'un phénomène nouveau dans les relations internationales selon l'expérience des Communautés Européennes, 2. Aufl., Brüssel 2005 |
| *Pradel/Corstens/Vermeulen* | Pradel, Jean/Corstens, Geert/Vermeulen, Gert, Droit pénal européen, 3 éd., Paris 2009 |

| | |
|---|---|
| Rengeling/Middeke/Gellermann Rechtsschutz-HdB/ *Bearb.* | Rengeling, Hans-Werner/Middeke, Anreas/Gellermann, Martin (Hrsg.), Handbuch des Rechtsschutzes in der Europäischen Union, 3. Aufl., München 2014 |
| *Rengeling/Szczekalla* | Rengeling, Hans-Werner/Szczekalla, Peter, Grundrechte in der Europäischen Union, Köln 2004 |
| Sachs/*Bearb.* | Sachs, Michael (Hrsg.), Grundgesetz, 8. Aufl., München 2018 |
| *Safferling* | Safferling, Christoph, Internationales Strafrecht, Berlin 2011 |
| *Satzger* | Satzger, Helmut, Internationales und europäisches Strafrecht, 9. Aufl., Baden-Baden 2020 |
| *Schneider* | Schneider, Anne, Der Anspruch des Beschuldigten auf schriftliche Übersetzung wesentlicher Unterlagen, StV 2015, 379 |
| Schomburg/Lagodny/*Bearb.* | Schomburg, Wolfgang/Lagodny, Otto, Internationale Rechtshilfe in Strafsachen, 6. Aufl., München 2020 |
| Schönke/Schröder/*Bearb.* | Schönke, Adolf/Schröder, Horst (Hrsg.), Strafgesetzbuch, 30. Aufl., München 2019 |
| Schulze/Zuleeg/Kadelbach/ *Bearb.* | Schulze, Reiner/Zuleeg, Manfred/Kadelbach, Stefan (Hrsg.), Europarecht Handbuch für die deutsche Rechtspraxis, 3. Aufl., Baden-Baden 2015 |
| *Schünemann* | Schünemann, Bernd, Alternativentwurf Europäische Strafverfolgung, ZStW 116 (2004), 376 |
| *Schütze/Tridimas* | Schütze, Robert/Tridimas, Takis (eds.) Oxford Principles of European Union Law, Oxford 2018 |
| Schwarze/*Bearb.* | Schwarze, Jürgen, EU-Kommentar, 4. Aufl., Baden-Baden 2019 |
| *Schweitzer/Hummer* | Schweitzer, Michael/Hummer, Waldemar, Europarecht, 6. Aufl., Neuwied 2005 |
| *Seiler* | Seiler, Stefan, Strafprozessrecht, 18. Aufl., Wien 2020 |
| Simmonds/*Bearb.* | Simmonds, Kenneth R. (eds.), Encyclopedia of European Community Law, 9 Bde., London 1976, Loseblattsammlung |
| SK-StPO | Wolter, Jürgen (Hrsg.), Systematischer Kommentar zur Strafprozessordnung, 5. Aufl., ab 2016 |
| *Spiezia* | Spiezia, Filippo, The European Public Prosecutor‘s Office – How to Implement the Relations with Eurojust?, eucrim 2/2018, 130 |
| *Stern/Sachs* | Stern, Klaus/Sachs, Michael (Hrsg.), Europäische Grundrechte-Charta: GRCh, München 2016 |
| *Streinz* | Streinz, Rudolf, Europarecht, 11. Aufl., Heidelberg 2019 |
| Streinz/*Bearb.*, EUV/AEUV | Streinz, Rudolf (Hrsg.), Vertrag über die Europäische Union und Vertrag über die Arbeitsweise der Europäischen Union, 3. Aufl., München 2018 |
| *Tesauro* | Tesauro, Giuseppe, Diritto dell'Unione Europea, 6. Aufl., Padua 2010 |
| Tettinger/Stern/*Bearb.* | Tettinger, Peter J./Stern, Klaus (Hrsg.), Kölner Gemeinschaftskommentar zur Europäischen Grundrechte-Charta, München 2006 |
| *Thorhauer* | Thorhauer, Nathalie, Jurisdiktionskonflikte im Rahmen transnationaler Kriminalität: Zur Koordination der Strafgewalten über natürliche Personen und Unternehmen in der Europäischen Union, 2019 |

| | |
|---|---|
| *Trentmann* | Trentmann, Christian, Eurojust und Europäische Staatsanwaltschaft – Auf dem richtigen Weg?, ZStW 129 (2017), 108 |
| *Trueg/Ulrich* | Trueg, Gerson/Ulrich, Anne, Auf der Suche nach der verlorenen Kompetenz – Der Erlass Europäischer Haftbefehle, NJW 2019, 2811 |
| *Unruh* | Unruh, Peter, Die Unionstreue – Anmerkungen zu einem Rechtsgrundsatz der Europäischen Union, EuR 2002, 41 |
| von Bogdandy/Bast/*Bearb.* | von Bogdandy, Armin/Bast, Jürgen, Europäisches Verfassungsrecht, 2. Aufl., Berlin u.a. 2009 |
| Wabnitz/Janovsky/Schmitt | Wabnitz, Heinz-Bernd/Janovsky, Thomas/Schmitt, Lothar (Hrsg.), WirtschaftsStrafR/SteuerStrafR-HdB, 5. Aufl., München 2020 |
| *Weyembergh/Brière* | Weyembergh, Anne/Brière, Chloé, Towards a European Public Prosecutor's Office (EPPO). Study for the LIBE Committee, 2016 |
| *Wille* | Wille, Angelo, Die Pflicht der Organe der Europäischen Gemeinschaft zur loyalen Zusammenarbeit mit den Mitgliedstaaten, Baden-Baden 2003 |
| *Yalçin* | Yalçin, Ünal, Das Stigma des Finanzierungsvorbehalts – Stärkung der Beschuldigtenrechte im Strafverfahren, ZRP 2013, 104 |

## Autoren- und Herausgeberverzeichnis

**Dominik Brodowski** ist seit 2018 Juniorprofessor für Strafrecht und Strafprozessrecht an der Universität des Saarlandes. Nach dem Studium der Rechtswissenschaften in Tübingen und Philadelphia und dem Juristischen Vorbereitungsdienst im OLG-Bezirk Stuttgart wurde er an der Universität Tübingen 2015 promoviert.

**Robert Esser** studierte Rechtswissenschaften an den Universitäten Trier und Uppsala. Nach Promotion und Habilitation an der Universität Trier ist er seit 2007 Inhaber des Lehrstuhls für Deutsches, Europäisches und Internationales Strafrecht und Strafprozessrecht sowie Wirtschaftsstrafrecht an der Universität Passau sowie Leiter der 2010 an der Universität Passau gegründeten Forschungsstelle Human Rights in Criminal Proceedings (HRCP).

**Till Gut** studierte Rechtswissenschaften in Freiburg i.Br. und Montreal; an der Universität zu Köln wurde er 2011 promoviert („Counsel Misconduct before the International Criminal Court", Hart Publishing, 2012). Anschließend trat er als Referent in das Bundesamt für Justiz ein; von 2015 bis 2021 war er an das Bundesministerium der Justiz und für Verbraucherschutz abgeordnet. Derzeit ist er Legal Officer bei der Europäischen Staatsanwaltschaft.

**Hans-Holger Herrnfeld**, Oberstaatsanwalt beim Bundesgerichtshof a.D., war als Referatsleiter im Bundesministerium der Justiz und für Verbraucherschutz seit 2013 für die Verhandlungen über die Verordnung zur Errichtung der Europäischen Staatsanwaltschaft sowie die Umsetzung der Verordnung in Deutschland zuständig. Zuvor war er seit 2003 Leiter des Referats Internationales Strafrecht und Europäische Strafrechtliche Zusammenarbeit des BMJV sowie von 2010 bis 2013 Nationales Mitglied von Eurojust.

**Gerrit Hornung** studierte Rechtswissenschaften und Philosophie in Freiburg und Edinburgh. 2005 wurde er an der Universität Kassel promoviert und habilitierte sich dort 2013. Von 2011 bis 2015 war er Professor für Öffentliches Recht, IT-Recht und Rechtsinformatik an der Universität Passau und Sprecher des interfakultären Instituts für IT-Sicherheit und Sicherheitsrecht (ISL). Seit 2015 ist er Professor für Öffentliches Recht, IT-Recht und Umweltrecht an der Universität Kassel, Leiter der Projektgruppe verfassungsverträgliche Technikgestaltung (provet) und Direktor am Wissenschaftlichen Zentrum für Informationstechnik-Gestaltung (ITeG).

**Frank Meyer** studierte Rechtswissenschaften in Hamburg und New Haven. 2002 wurde er an der Universität Hamburg promoviert und erwarb 2004 einen LL.M an der Yale Law School. Nach einer Tätigkeit als Referent am Max-Planck-Institut für ausländisches und internationales Strafrecht in Freiburg i.Br. habilitierte er sich 2011 an der Rheinischen Friedrich-Wilhelms-Universität Bonn. Seit 2011 ist er Inhaber des Lehrstuhls für Strafrecht und Strafprozessrecht unter Einschluss des internationalen Strafrechts an der Universität Zürich.

**Tanja Niedernhuber** studierte Rechtswissenschaften in Passau und Düsseldorf. 2015 wurde sie an der Ludwig-Maximilians-Universität München promoviert. Von 2016 bis 2018 war sie als Rechtsanwältin in München tätig. Seit 2017 ist sie wissenschaftliche Mitarbeiterin und Habilitandin an der Ludwig-Maximilians-Universität München.

**Anna Oehmichen** studierte Rechtswissenschaften in Trier und Alcalá de Henares, Spanien. Sie wurde an der Universität Leiden 2009 promoviert, war anschließend wissenschaftlich bei der Kriminologischen Zentralstelle und der Nationalen Stelle zur Verhütung von Folter in Wiesbaden sowie am Lehrstuhl für Europäisches und Internationales Strafrecht bei Prof. Dr. Thomas Rotsch in Gießen tätig. Seit Oktober 2011 ist sie als Rechtsanwältin zugelassen, von 2016 bis 2021 war sie Partnerin der auf das Wirtschaftsstrafrecht spezialisierten Kanzlei Knierim & Kollegen in Mainz und hat 2021 ihre eigene Kanzlei in Berlin gegründet. Sie ist außerdem Lehrbeauftragte der Justus-Liebig-Universität Gießen.

**Stephan Schindler** studierte Rechtswissenschaften in Halle/Saale. Von 2012 bis 2015 war er Wissenschaftlicher Mitarbeiter am Lehrstuhl für Öffentliches Recht, Informationstechnologierecht und Rechtsinformatik von Prof. Dr. Gerrit Hornung an der Universität Passau. Seit 2015 ist er Wissenschaftlicher Mitarbeiter am Fachgebiet Öffentliches Recht, IT-Recht und Umweltrecht von Prof. Dr. Gerrit Hornung an der Universität Kassel. Er hat über biometrische Gesichtserkennung promoviert (i.E.) und ist seit Oktober 2020 als Postdoc tätig.

**Sebastian Trautmann** studierte Rechtswissenschaften in Köln und Paris. 2002 wurde er an der Universität Köln promoviert. Von 2001 bis 2007 war er als Staatsanwalt in Bonn und 2020 als Oberstaatsanwalt in Köln tätig. Von 2007 bis 2011 war er an das Bundesministerium der Justiz abgeordnet, von 2011 bis 2020 arbeitete er im Ministerium der Justiz Nordrhein-Westfalen, zuletzt als Referatsleiter für den Bereich Internationales Strafrecht. Seit Januar 2021 ist er Delegierter Europäischer Staatsanwalt im Zentrum Köln und seit Juni 2021 stellvertretender Europäischer Staatsanwalt.

## § 1 Einführung

Am 1.6.2021 hat die Europäische Staatsanwaltschaft (EUStA) als neue Justizbehörde und Einrichtung der Union ihre operative Tätigkeit aufgenommen. Ihre Aufgabe ist die strafrechtliche Verfolgung (Ermittlung und Anklageerhebung) von Straftaten zum Nachteil der finanziellen Interessen der Union. Die Errichtung der EUStA erfolgte auf der Basis der **Verordnung (EU) 2017/1939**[1] (EUStA-VO), die der Rat nach mehrjährigen, politisch schwierigen Verhandlungen am 12.10.2017 auf der Grundlage von Art. 86 AEUV angenommen hat. Leider war es im Rat nicht gelungen, die für die Annahme der Verordnung nach Art. 86 Abs. 1 AEUV grundsätzlich erforderliche Einstimmigkeit unter Beteiligung aller EU-Mitgliedstaaten zu erzielen. So ist die EUStA-VO im Ergebnis im Wege der **Verstärkten Zusammenarbeit** zustande gekommen. An der Errichtung der EUStA sind nach gegenwärtigem Stand **22 Mitgliedstaaten** beteiligt (*nicht* dazu gehören **Dänemark, Irland, Polen, Schweden** und **Ungarn**). 1

Die Möglichkeit der Anwendung des Prinzips der Verstärkten Zusammenarbeit ist in Art. 86 Abs. 1 AEUV ausdrücklich vorgesehen, um zu verhindern, dass die Errichtung der EUStA am Veto einzelner Mitgliedstaaten scheitert. Die Schaffung einer EU-Einrichtung – lediglich – im Wege der Verstärkten Zusammenarbeit ist allerdings eher ungewöhnlich. Dass dieser Weg nun – mangels Einstimmigkeit im Rat – ausgerechnet im Fall einer Einrichtung beschritten werden musste, deren Aufgabe der Schutz der finanziellen Interessen der Union ist, bleibt bemerkenswert. Die Tatsache, dass einige Mitgliedstaaten sich nicht an der Errichtung der EUStA beteiligen, ändert allerdings nichts daran, dass sie gleichwohl den Verpflichtungen aus **Art. 325 AEUV** unterliegen: „Betrügereien" und sonstige gegen die finanziellen Interessen der Union gerichtete rechtswidrige Handlungen mit geeigneten Mitteln zu bekämpfen. Gleiches gilt auch für die spezifischen Verpflichtungen, die sich auch für die „nicht-teilnehmenden Mitgliedstaaten" aus der **PIF-Richtlinie**[2] ergeben. Auch werden diese Staaten zumindest im Lichte des Loyalitätsprinzips (Art. 4 Abs. 3 EUV) zur Zusammenarbeit mit der EUStA verpflichtet sein, obwohl sie nicht an die EUStA-VO selbst gebunden sind (Art. 20 Abs. 4 EUV). Dennoch ist zu hoffen, dass sich die EUStA als Erfolgsmodell erweisen wird, an der sich im Ergebnis dann doch alle Mitgliedstaaten beteiligen werden. 2

In der sich an die Annahme der EUStA-VO im Oktober 2017 anschließenden Aufbauphase war es zunächst primär Aufgabe der Kommission, die notwendigen Maßnahmen zur Errichtung der EUStA zu ergreifen. Diese umfassten insbesondere die Einrichtung der Zentrale der EUStA an ihrem Dienstsitz in **Luxemburg**, die Bereitstellung eines Kommissionsbeamten als Interimsverwaltungsdirektor der EUStA, die Rekrutierung weiteren Verwaltungspersonals sowie die Einleitung des Verfahrens zur Ernennung des oder der Europäischen Generalstaatsanwalts/anwältin als künftige Behördenleitung. Nach Ernennung von Frau *Laura Codruța Kövesi* als erste Amtsinhaberin durch Parlament und Rat im Oktober 2019 erfolgten die weiteren Aufbauarbeiten unter ihrer Leitung. Mit einiger Verzögerung konnte im Juli 2020 die Ernennung der 22 Europäischen Staatanwälte (EStA; einer pro teilnehmenden Mitgliedstaat) durch den Rat erfolgen. Damit war die Grundlage für den Zusammentritt des Kollegiums der EUStA (Art. 9 VO) gelegt, das im September 2020 seine Arbeit aufnehmen konnte. 3

Auch in den Mitgliedstaaten der Union waren Maßnahmen erforderlich, um die Voraussetzungen für die Aufnahme der operativen Tätigkeit der EUStA zu schaffen. Zwar hat die EUStA-VO als **Verordnung iSv Art. 288 AEUV unmittelbare Geltung** in allen (teilnehmenden) Mitgliedstaaten. Gleichwohl ist nicht nur in Deutschland und Österreich, sondern auch in anderen Mitgliedstaaten Bedarf gesehen worden, ergänzende gesetzliche Regelungen im innerstaatlichen Recht zu treffen. So 4

1 Verordnung (EU) 2017/1939 des Rates vom 12.10.2017 zur Durchführung einer Verstärkten Zusammenarbeit zur Errichtung der Europäischen Staatsanwaltschaft (EUStA) (ABl. 2017 L 283, 1).

2 Richtlinie (EU) 2017/1371 des Europäischen Parlaments und des Rates vom 5.7.2017 über die strafrechtliche Bekämpfung von gegen die finanziellen Interessen der Union gerichtetem Betrug, ABl. 2017 L 198, 29, ber. ABl. 2017 L 350, 50.

ist in Deutschland mit dem **Gesetz zur Durchführung der EUStA-VO**[3] neben einzelnen Ergänzungen des Gerichtsverfassungsgesetzes (GVG) und der Strafprozessordnung (StPO) mit dem **Europäische-Staatsanwaltschaft-Gesetz** (EUStAG) ein neues Stammgesetz geschaffen worden, das ergänzende Regelungen zur Ausführung der EUStA-VO enthält. In Österreich wurde mit dem Strafrechtlichen EU-Anpassungsgesetz 2021 (StrEU-AG 2021) ebenfalls ein neues Bundesgesetz geschaffen (Europäische Staatsanwaltschafts-Durchführungsgesetz – EUStA-DG).[4] Darüber hinaus sind mit dem StrEU-AG 2021 in Umsetzung der EUStA-VO einzelne Änderungen des Richter- und Staatsanwaltschaftsdienstgesetzes und des öStGB vorgenommen worden.

5 Neben der Schaffung notwendiger ergänzender gesetzlicher Regelungen war es auch Aufgabe der Mitgliedstaaten, der EUStA geeignete Staatsanwältinnen und Staatsanwälte vorzuschlagen, die als Delegierte Europäische Staatsanwälte (DEStA) die Aufgabe haben, in ihrem jeweiligen Mitgliedstaat die Ermittlungsverfahren im Namen der EUStA zu führen und ggf. die Anklage zu vertreten (Art. 13 Abs. 1 VO). Ferner mussten die Mitgliedstaaten notwendige Maßnahmen ergreifen, um ihre DEStA mit dem erforderlichen Arbeitsumfeld auszustatten (Räumlichkeiten, Technik) und für die notwendige personelle Unterstützung der DEStA (Geschäftsstellen) Sorge zu tragen. Schließlich waren die Mitgliedstaaten gehalten, in geeigneter Form zu gewährleisten, dass ihre Behörden künftig den sich aus Art. 24 Abs. 1 bzw. Abs. 2 VO ergebenden Verpflichtungen nachkommen und die EUStA über ihnen bekannt gewordene Straftaten, die in der Zuständigkeit der EUStA liegen, informieren bzw. sie über von ihnen in solchen Fällen bereits eingeleitete Ermittlungsverfahren unterrichten.

6 Die EUStA-VO regelt vieles sehr im Detail; das gilt jedoch vor allem für Fragen der innerbehördlichen Verfahren, Berichtspflichten, Weisungsbefugnissen und Entscheidungszuständigkeiten. Im Übrigen findet auf das Ermittlungsverfahren der EUStA jedoch primär das **nationale Strafverfahrensrecht** Anwendung sowohl aufgrund zahlreicher Einzelverweisungen wie auch aufgrund der Generalklausel des Art. 5 Abs. 3 VO), der die **subsidiäre Anwendbarkeit des nationalen Rechts** – grundsätzlich[5] – desjenigen Mitgliedstaats anordnet, dessen DEStA das jeweilige Ermittlungsverfahren führt. Die einzelnen Kapitel des Handbuchs stellen daher auch Bezüge zu relevanten Bestimmungen des deutschen und des österreichischen Rechts dar.

7 **Kapitel § 2** gibt einen kurzen Überblick über die Entstehungsgeschichte der EUStA-VO und ihre Rechtsgrundlage in Art. 86 AEUV insbesondere mit Blick auf die materielle Zuständigkeit der EUStA sowie die Anwendung und Auswirkungen der darin vorgesehenen Regelungen über die Errichtung der EUStA im Wege der Verstärkten Zusammenarbeit. Ferner betrachtet dieses Kapitel einige wesentliche Regelungen der EUStA-VO in ihrer Eigenschaft als „Satzung"[6] der EUStA (Errichtung, Unabhängigkeit, Strukturprinzipien) einschließlich der insoweit wesentlichen ergänzenden Ausführungsregelungen, die im deutschen und im österreichischen Recht getroffen worden sind.

8 Der Beitrag von *Frank Meyer* (**Kapitel § 3**) erläutert Aufgaben und Rolle der EUStA als neuem Akteur im System europäischer Strafverfolgung, wirft einen Blick auf die künftigen Beziehungen der EUStA zu ihren europäischen Partnern (EU-Organen und Behörden sowie Behörden der Mitgliedstaaten) und nimmt insoweit eine rechtspolitische Einordnung und erste Bewertung vor.

9 **Kapitel § 4** gibt einen Überblick über die Aufgaben der EUStA als Ermittlungs- und Anklagebehörde (Art. 4 VO) und die in Art. 5 VO aufgeführten „Grundprinzipien für ihre Tätigkeit", darun-

---

3 Gesetz zur Durchführung der Verordnung (EU) 2017/1939 des Rates vom 12.10.2017 zur Durchführung einer Verstärkten Zusammenarbeit zur Errichtung der Europäischen Staatsanwaltschaft und zur Änderung weiterer Vorschriften, BGBl. 2020 I 1648.

4 Bundesgesetz, mit dem ein Bundesgesetz zur Durchführung der Europäischen Staatsanwaltschaft (EUStA-DG) erlassen und mit dem das Richter- und Staatsanwaltschaftsdienstgesetz, das Bundesgesetz über die justizielle Zusammenarbeit in Strafsachen mit den Mitgliedstaaten der Europäischen Union, das Auslieferungs- und Rechtshilfegesetz, das Finanzstrafgesetz und das Strafgesetzbuch geändert werden, BGBl. I Nr. 94/2021.

5 Abweichungen von diesem Grundsatz enthalten die Bestimmungen des Art. 31 VO für grenzüberschreitende Ermittlungsmaßnahmen innerhalb des „EUStA-Territoriums".

6 Siehe die Verwendung dieses Begriffs in Art. 86 Abs. 3 AEUV.

ter der Regelungen zur Anwendbarkeit des nationalen Strafverfahrensrechts durch die EUStA. Erläutert werden hier in Grundzügen die Struktur der EUStA sowie einige Grundsätze ihrer internen Organisation, darunter Verfahrensregelungen, Zuständigkeiten und Weisungsbefugnisse. Dazu gehört auch eine Darstellung der Organisation der EUStA auf nationaler Ebene in Deutschland und in Österreich. Schließlich erfolgt eine kurze Übersicht über Regelungen zu Verwaltung und Haushalt der EUStA.

Das gemeinsam mit *Dominik Brodowski* verfasste **Kapitel § 5** widmet sich den Regelungen der EUStA-VO zu den Zuständigkeiten der Einrichtung. Die Ausführungen zur sachlichen (materiellen) Zuständigkeit (Art. 22 VO) geben zugleich einen Überblick über die Bestimmungen der **PIF-RL**[7], auf die Art. 22 Abs. 1 VO Bezug nimmt. Dargestellt werden ferner die Bestimmungen der EUStA-VO zur territorialen und personellen Zuständigkeit der EUStA (Art. 23 VO) mit ihren Bezügen zum nationalen Strafanwendungsrecht in Deutschland und Österreich soweit die Zuständigkeit der EUStA hier an das Vorliegen der „Gerichtsbarkeit" der Mitgliedstaaten anknüpft. Vor dem Hintergrund der zwischen EUStA und Mitgliedstaaten „geteilten Zuständigkeit" (ErwG 13 VO) werden die Bestimmungen zur „Ausübung der Zuständigkeit der EUStA" (Art. 25 VO) bzw. zu den dort geregelten Ausübungsschranken und Konfliktlösungsverfahren erläutert. Und schließlich wird eine Übersicht über die Regelungen zur grenzüberschreitenden Zuständigkeitswahl innerhalb des EUStA-Territoriums gegeben. 10

Der Beitrag von *Sebastian Trautmann* (**Kapitel § 6**) behandelt Fragen der Zusammenarbeit zwischen EUStA und nationalen Behörden der (teilnehmenden) Mitgliedstaaten sowohl im Hinblick auf die Informationsgewinnung (Melde- bzw. Unterrichtungspflichten der nationalen Verwaltungs- und Justizbehörden – Art. 24 Abs. 1 und 2 VO) wie auch die Vornahme von Ermittlungsmaßnahmen durch nationale Behörden im Rahmen von Ermittlungsverfahren der EUStA (Art. 28 Abs. 1 und 2 VO). 11

Eine umfassende Darstellung der einschlägigen Regelungen für die Ermittlungsverfahren der EUStA (Informationsgewinnung, Registrierung und Einleitung von Ermittlungsverfahren, Ermittlungsmaßnahmen, grenzüberschreitende Ermittlungen innerhalb des EUStA-Territoriums sowie die Aktenführung und das sog. Fallbearbeitungssystem der EUStA – Art. 24, 26 bis 33 und 43 bis 46 VO) enthält der Beitrag von *Tanja Niedernhuber* (**Kapitel § 7**). Neben der Darstellung der Bestimmungen der EUStA-VO werden hier insbesondere auch die Bezüge zum nationalen Verfahrensrecht in Deutschland und Österreich erläutert. Inhaltlich eng hiermit verbunden, behandelt der Beitrag von *Dominik Brodowski* (**Kapitel § 8**) die Zusammenarbeit der EUStA im Ermittlungsverfahren mit Dritten (EU-Organen und Einrichtungen, Drittstaaten und nicht an der Errichtung der EUStA beteiligten Mitgliedstaaten). Dargestellt werden hier die Regelungen der Art. 99 bis 105 VO und ihre Bezüge zu einschlägigen sonstigen Rechtsinstrumenten. 12

Der Beitrag von *Till Gut* ist den Regelungen der EUStA-VO zu unterschiedlichen Abschlussentscheidungen der EUStA gewidmet (**Kapitel § 9**). Neben internen Verfahrensregelungen (insbesondere Art. 35 VO) betrifft dies die Bestimmungen zur Verfahrensübertragung an Behörden der an der EUStA teilnehmenden Mitgliedstaaten (Art. 34 VO), über die Erhebung der Anklage, die Verfahrenseinstellung und die Anwendung sogenannter „vereinfachter Strafverfolgungsverfahren) Art. 36, 39 bzw. 40 VO). Daran anknüpfend behandelt ein weiterer Beitrag von *Tanja Niedernhuber* (**Kapitel § 10**) die im Wesentlichen interne Verfahrensfragen betreffenden Bestimmungen der EUStA-VO zur Anklageerhebung und Anklagevertretung (Art. 36 VO) bzw. die Regelungen zur Beweismittelzulassung und Beweiswürdigung (Art. 37 VO) und zur Verwertung eingezogener Vermögenswerte (Art. 38 VO) einschließlich ihrer Bezüge zum deutschen und österreichischen Verfahrensrecht. 13

**Kapitel § 11** ist den Verfahrensrechten insbesondere der Beschuldigten in Ermittlungsverfahren der EUStA gewidmet und erläutert die diesbezüglichen Regelungen des Art. 41 VO einschließlich der 14

7 Richtlinie (EU) 2017/1371 des Europäischen Parlaments und des Rates vom 5.7.2017 über die strafrechtliche Bekämpfung von gegen die finanziellen Interessen der Union gerichtetem Betrug, ABl. 2017 L 198, 29, ber. ABl. 2017 L 350, 50.

dort angeordneten Anwendbarkeit der einschlägigen Regelungen des nationalen Rechts. Entsprechendes gilt für die Regelung der EUStA-VO zum Recht auf Akteneinsicht (Art. 45 Abs. 2 VO). **Kapitel § 12** erläutert sodann die Vorschriften der EUStA-VO zum Rechtsschutz (Art. 42 VO), der nach Maßgabe der Verordnung primär von den Gerichten der Mitgliedstaaten zu gewährleisten ist.

15 Der Beitrag von *Gerrit Hornung* und *Stephan Schindler* (**Kapitel § 13**) ist den ausführlichen Bestimmungen der EUStA-VO zum Datenschutz (Art. 47 bis 89 VO) gewidmet und erläutert auch hier die Bezüge zu den anwendbaren Bestimmungen des nationalen Datenschutzrechts und Strafverfahrensrechts in Deutschland und Österreich. Und schließlich beleuchtet der Beitrag von *Anna Oehmichen* (**Kapitel § 14**) die Situation der Verteidigung in Ermittlungsverfahren der EUStA, bewertet die Verordnung aus Sicht der Verteidigung und gibt Anregungen für eine effektive Strafverteidigung unter Berücksichtigung der Besonderheiten der EUStA-Verfahren.

# § 2 Entstehungsgeschichte – Rechtsgrundlage – Errichtung der EUStA



## I. Entstehungsgeschichte – Ablauf des Gesetzgebungsverfahrens

**1. Entstehungsgeschichte der EUStA.** Mit Erlass der Verordnung (EU) 2017/1939[1] („EUStA-VO") hat der Rat am 12.10.2017 auf der Grundlage von Art. 86 AEUV die sekundärrechtliche Grundlage für die Errichtung der Europäischen Staatsanwaltschaft geschaffen. Zwar ist die Verordnung bereits am 20.10.2017 in Kraft getreten; Art. 120 VO sieht jedoch vor, dass die EUStA ihre Aufgaben als Ermittlungs- und Strafverfolgungsbehörde erst zu einem von der EU Kommission durch Beschluss festzulegenden Zeitpunkt aufnimmt, der nicht früher als drei Jahre nach In-Kraft-Treten der Verordnung liegen kann. So sollte gewährleistet werden, dass auf Unionsebene und in den Mitgliedstaaten alle für die Aufnahme der operativen Tätigkeit der EUStA erforderlichen Maßnahmen abgeschlossen werden können. Entsprechend hat die Kommission mit Beschluss vom 25.5.2021 bestimmt, dass die EUStA am 1.6.2021 ihren operativen Betrieb aufnehmen soll.[2] Rund sieben Jahre nach Beginn der Verhandlungen über die Verordnung zur Errichtung der EUStA ist die Aufbauphase damit zum Abschluss gekommen. 1

Die Verordnung beruht auf dem Vorschlag der Kommission vom 17.7.2013,[3] den diese in einem „Paket", gemeinsam mit ihrer Mitteilung *„Besserer Schutz der finanziellen Interessen der Union: Errichtung der Europäischen Staatsanwaltschaft und Reform von Eurojust"*[4] und einem Rechtssetzungsvorschlag zur Reform von Eurojust[5] sowie einer weiteren Mitteilung in Bezug auf die Reform des Europäisches Amtes für Betrugsbekämpfung („OLAF")[6] vorgelegt hatte. Diesem vorausgegangen war bereits 2012 der Kommissionsvorschlag für die sog. „PIF-Richtlinie"[7] zur Harmonisierung der strafrechtlichen Bestimmungen der Mitgliedstaaten zum Schutz der finanziellen Interessen der Europäischen Union. 2

---

1 Verordnung (EU) 2017/1939 des Rates vom 12. Oktober 2017 zur Durchführung einer Verstärkten Zusammenarbeit zur Errichtung der Europäischen Staatsanwaltschaft (EUStA), ABl. 2017 L 283, 1.

2 Durchführungsbeschluss (EU) 2021/856 der Kommission vom 25. Mai 2021 zur Festlegung des Zeitpunkts, zu dem die Europäische Staatsanwaltschaft ihre Ermittlungs- und Strafverfolgungsaufgaben übernimmt, ABl. 2021 L 188, 100.

3 Vorschlag für eine Verordnung des Rates über die Errichtung der Europäischen Staatsanwaltschaft, COM(2013) 534 final.

4 Mitteilung der Kommission an das Europäische Parlament, den Rat, den Europäischen Wirtschafts- und Sozialausschuss und den Ausschuss der Regionen, COM(2013) 532 final.

5 Vorschlag für eine Verordnung des Europäischen Parlamentes und des Rates betreffend die Agentur der Europäischen Union für justizielle Zusammenarbeit in Strafsachen (Eurojust), COM(2013) 535 final.

6 Mitteilung der Kommission an das Europäische Parlament, den Rat, den Europäischen Wirtschafts- und Sozialausschuss und den Ausschuss der Regionen, „Verbesserung der OLAF-Governance und Stärkung der Verfahrensgarantien bei OLAF-Untersuchungen: Ein schrittweiser Ansatz zur Begleitung der Einrichtung der Europäischen Staatsanwaltschaft", COM(2013) 533 final.

7 Vorschlag für eine Richtlinie des Europäischen Parlaments und des Rates über die strafrechtliche Bekämpfung von gegen die finanziellen Interessen der Europäischen Union gerichtetem Betrug, COM(2012) 363 final; siehe *Herrnfeld/Brodowski* → § 5 Rn. 9 ff. zu der daraus hervorgegangenen PIF-RL Richtlinie (EU) 2017/1371 des Europäischen Parlaments und des Rates vom 5.7.2017 über die strafrechtliche Bekämpfung von gegen die finanziellen Interessen der Union gerichtetem Betrug, ABl. 2017 L 198, 29, berichtigt ABl. 2017 L 350, 50.

3 Während die Idee zur Errichtung der EUStA schon eine längere Vorgeschichte hatte,[8] war die entscheidende primärrechtliche Grundlage erst mit dem In-Kraft-Treten des Vertrags von Lissabon am 1.12.2009 durch den neuen **Art. 86 AEUV** geschaffen worden. Dem vorausgegangen waren namentlich Arbeiten einer Gruppe von Rechtswissenschaftlern an dem sog. **„Corpus Juris"-Projekt**[9] sowie ein **Grünbuch der Kommission** vom 11.12.2001[10] nebst „Follow-up-Mitteilung" vom 19.3.2003.[11] Mit In-Kraft-Treten des Vertrags von Lissabon begannen Überlegungen zu möglichen Handlungsoptionen – nicht zuletzt vor dem Hintergrund, dass Art. 86 Abs. 1 AEUV die vieldeutige Formel enthielt, wonach der Rat *„durch Verordnungen ausgehend von Eurojust eine Europäische Staatsanwaltschaft einsetzen"* könne. Dies gab insbesondere Anlass zu Erwägungen, Eurojust zu einer Art „Keimzelle" der EUStA zu machen.[12] Im Ergebnis ist die Kommission mit der Vorlage ihres Vorschlags vom 17.7.2013 für eine Verordnung zu Errichtung der EUStA dem nicht gefolgt, sondern hat die Schaffung einer neuen, selbständigen und unabhängigen Einrichtung der Union vorgeschlagen – auch wenn einzelne ihrer verwaltungstechnischen Regelungen die besondere Nähe zu Eurojust betonten.[13]

4 **2. Ablauf des Gesetzgebungsverfahrens.** Noch bevor die Kommission im Juli 2013 ihren Verordnungsvorschlag vorlegte, hatten auch im Kreis der Mitgliedstaaten Überlegungen für die künftige Ausgestaltung einer solchen neuen EU-Einrichtung sowie zu ihren Aufgaben und Kompetenzen – insbesondere in Abgrenzung zu den Zuständigkeiten der Behörden der Mitgliedstaaten – begonnen. Diese Fragen haben nach Vorlage des Kommissions-Vorschlags auch die Parlamente in zahlreichen Mitgliedstaaten befasst. In 12 Mitgliedstaaten haben die Parlamente Anlass gesehen, im Rahmen des sog. „gelbe Karte" Verfahrens gemäß dem **Subsidiaritätsprotokoll**[14] Bedenken gegen den VO-Vorschlag der KOM zu erheben. Die Kommission hat mit ihrer Stellungnahme gemäß Art. 7 Abs. 2 des Protokolls diese Bedenken als unbegründet zurückgewiesen und erklärt, an ihrem Vorschlag unverändert festhalten zu wollen.[15] In Deutschland haben Bundesrat[16] und Bundestag[17] ebenfalls Stellungnahmen zu dem VO-Vorschlag der Kommission abgegeben, ohne dabei allerdings grundlegende Subsidiaritätsbedenken geltend zu machen.

5 Die Verhandlungen in der zuständigen Ratsarbeitsgruppe COPEN begannen im Oktober 2013 und fanden in dieser Gruppe ihren Abschluss im Oktober 2016. Die jeweilige Ratspräsidentschaft erstattete dem Rat der Justiz- und Innenminister regelmäßig auf den Ratstagungen Bericht, meist mit dem Ziel, eine „teilweise Allgemeine Ausrichtung" zu einzelnen Abschnitten des Verordnungsentwurfs oder auch einzelnen Artikeln zu erreichen. Bis zum JI-Rat im Oktober 2016 war dies in Bezug auf die meisten Vorschriften gelungen. Über einige noch offene Fragen wurden die Verhandlungen auf Ebene höherer Beamter fortgesetzt; dem JI-Rat wurde sodann im Dezember 2016 ein vollständiger Text des Verordnungsentwurfs vorgelegt. Während die meisten Mitgliedstaaten sich

8 Siehe dazu näher: EnzEur/*Zöller/Bock* § 22 Rn. 3 ff.

9 Sie dazu etwa: Delmas-Marty, Mireille/Vervaele, John (Hrsg.), The Implementation of the Corpus Juris in the Member States, Antwerpen, 2000.

10 Grünbuch zum strafrechtlichen Schutz der finanziellen Interessen der Europäischen Gemeinschaften und zur Schaffung einer Europäischen Staatsanwaltschaft, KOM(2001) 715 endg., 11.12.2001.

11 Follow-up-Mitteilung „Grünbuch zum strafrechtlichen Schutz der finanziellen Interessen der Europäischen Gemeinschaften und zur Schaffung einer Europäischen Staatsanwaltschaft", KOM(2003) 128 endg., 19.3.2003.

12 Siehe dazu: *Trentmann*, Christian, Eurojust und Europäische Staatsanwaltschaft – Auf dem richtigen Weg?, ZStW 108 (2017) 127 ff., mwN zur Literatur; ferner: EnzEur/*Zöller/Bock* § 22 Rn. 44; so ausdrücklich auch bereits zuvor: Antwort der BReg auf die Große Anfrage der Abgeordneten Norbert Geis, Ronald Pofalla, Dr. Jürgen Rüttgers, weiterer Abgeordneter und der Fraktion der CDU/CSU – Strafverfolgung in (einem zusammenwachsenden) Europa, 14.12.2000, BT-Drs. 14/4991, 44.

13 Siehe insbesondere Art. 52 Abs. 1 und 57 Abs. 1 und 6 des KOM-Vorschlags (Fn. 3).

14 Protokoll (Nr. 2) zu EUV/AEUV über die Anwendung der Grundsätze der Subsidiarität und der Verhältnismäßigkeit.

15 Mitteilung der Kommission an das Europäische Parlament, den Rat und die nationalen Parlamente über die Überprüfung des Vorschlags für eine Verordnung des Rates über die Errichtung der Europäischen Staatsanwaltschaft in Bezug auf den Subsidiaritätsgrundsatz gemäß Protokoll Nr. 2, COM(2013) 851 final, 27.11.2013.

16 BR-Drs. 631/13 vom 11.10.2013.

17 Beschluss des Deutschen Bundestages vom 5.6.2014 auf der Grundlage von BT-Drs. 18/1658.

bei dieser Ratstagung grundsätzlich positiv zu dem erzielten Verhandlungsergebnis äußerten, gab es einige Mitgliedstaaten, die noch wesentliche Bedenken im Hinblick auf einzelne Vorschriften hatten.

Im Januar 2017 erklärte **Schweden** dann ausdrücklich, jedenfalls gegenwärtig von einer Beteiligung 6 an der Errichtung der EUStA absehen zu wollen. Dies gab dem Rat Anlass, gemäß Art. 86 Abs. 1 UAbs. 2 AEUV förmlich festzustellen, dass keine Einstimmigkeit besteht und damit den Weg zu einer Verstärkten Zusammenarbeit einzuleiten (siehe dazu Rn. 14 ff.). Das Fehlen der Einstimmigkeit wurde in dem in Art. 86 Abs. 1 UAbs. 2 AEUV geregelten Verfahren vom Europäischen Rat auf seiner Tagung am 9.3.2017 bestätigt. Mit Schreiben vom 3.4.2017 teilten daraufhin zunächst **Belgien, Bulgarien, Deutschland, Finnland, Frankreich, Griechenland, Kroatien, Litauen, Luxemburg, Portugal, Rumänien, Slowenien**, die **Slowakische Republik, Spanien**, die **Tschechische Republik** und **Zypern** mit Schreiben an das Europäische Parlament, den Europäischen Rat und die Kommission mit, eine **Verstärkte Zusammenarbeit** zur Errichtung der EUStA begründen zu wollen. Gemäß Art. 86 Abs. 1 UAbs. 3 AEUV galt damit die Ermächtigung zu einer Verstärkten Zusammenarbeit nach Art. 20 Abs. 2 EUV und Art. 329 Abs. 1 AEUV als erteilt. Im weiteren Verlauf – und noch vor der abschließenden Ratsbefassung im Oktober 2017 – schlossen sich Estland, Italien, Lettland und Österreich dieser Gruppe an.

Die Tatsache, dass die Errichtung der EUStA im Wege der Verstärkten Zusammenarbeit erfolgen 7 musste, erforderte einige Änderungen an dem Verordnungsentwurf (→ Rn. 17 ff.). Auch unabhängig davon wurden auf Initiative einzelner an den weiteren Beratungen beteiligter Mitgliedstaaten einige weitere Änderungen am Text vorgenommen. Auf Expertenebene wurden die Verhandlungen im Mai 2017 zum Abschluss gebracht. Das Europäische Parlament erteilte am 5.10.2017 seine Zustimmung gemäß Art. 86 Abs. 1 UAbs. 1 AEUV.[18] Daraufhin konnte der Rat der Justiz- und Innenminister – in der Zusammensetzung der an der Verstärkten Zusammenarbeit beteiligten Mitgliedstaaten – auf seiner Tagung am 12.10.2017 die Annahme der EUStA-VO beschließen. Im Nachgang dazu bekundeten auch **Malta** und die **Niederlande** ihr Teilnahmeinteresse; beide Staaten wurden nach Zustimmung der Kommission im Verfahren nach Art. 331 AEUV[19] in die Gruppe der an der Verstärkten Zusammenarbeit beteiligten Mitgliedstaaten aufgenommen.

## II. Rechtsgrundlage Art. 86 AEUV – Verstärkte Zusammenarbeit

**1. Art. 86 AEUV als Rechtsgrundlage.** Art. 86 AEUV als Rechtsgrundlage für die mögliche[20] 8 („kann der Rat") Einsetzung einer Europäischen Staatsanwaltschaft ist erst durch den Vertrag von Lissabon in das Primärrecht aufgenommen worden. Der Unionsgesetzgeber hat mit der EUStA-VO vom 12.10.2017 nach mehrjährigen Verhandlungen von dieser Regelung Gebrauch gemacht. Anders als sonst heute auch im Bereich des Strafrechts bzw. der strafrechtlichen Zusammenarbeit nach Maßgabe der Art. 82 ff. AEUV üblich, sieht Art. 86 AEUV die Annahme der Verordnung(en) im Wege eines **besonderen Gesetzgebungsverfahrens** (Art. 289 Abs. 2 AEUV) vor: die Annahme bedarf danach einer einstimmigen Entscheidung des Rates, die nach Zustimmung des Europäischen Parlaments ergehen kann. Anders als im ordentlichen Gesetzgebungsverfahren (Art. 289 Abs. 1, Art. 294 AEUV) kann das Europäische Parlament hier also dem Gesetzgebungsvorschlag nur zustimmen oder ihn ablehnen, nicht aber den Entwurf selbst ändern. Um zu verhindern, dass das Einstimmigkeitserfordernis eine Blockade des Vorhabens durch einzelne Mitgliedstaaten ermöglicht, sieht Art. 86 Abs. 1 in den UAbs. 2 und 3 AEUV ein besonderes Verfahren zur Annahme einer Verordnung im Wege der Verstärkten Zusammenarbeit vor (siehe Rn. 14 ff.), von der bei Annahme der EUStA-VO Gebrauch gemacht worden ist (siehe oben Rn. 6 f.).

18 P8_TA(2017)0384 = ABl. 2018 C 346, 246.

19 Beschluss (EU) 2018/1094 der Kommission vom 1.8.2018 zur Bestätigung der Beteiligung der Niederlande an der Verstärkten Zusammenarbeit zur Errichtung der Europäischen Staatsanwaltschaft, ABl. 2018 L 196, 1 bzw. Beschluss (EU) 2018/1103 der Kommission vom 7.8.2018 zur Bestätigung der Beteiligung Maltas an der Verstärkten Zusammenarbeit zur Errichtung der Europäischen Staatsanwaltschaft, ABl. 2018 L 20, 2.

20 So auch EnzEur/*Zöller/Bock* § 22 Rn. 7 mwN.

9 Die EUStA soll nach Maßgabe von Art. 86 Abs. 2 AEUV nicht nur für die Anklageerhebung zuständig sein, sondern auch die Ermittlungsverfahren leiten. Sie entspricht daher grundsätzlich einem Modell, wie es nicht nur in Deutschland und Österreich, sondern auch in den meisten – aber nicht allen – EU-Mitgliedstaaten üblich ist. Art. 86 Abs. 2 AEUV sieht ferner vor, dass die Anklage vor den Gerichten der Mitgliedstaaten erfolgt. Die Regelung des Art. 86 AEUV lässt keinen Raum dafür, auch das gerichtliche Hauptverfahren in die Hände eines Unionsgerichts zu legen. Die Strafjustiz bleibt damit auch nach Errichtung der EUStA eine gemeinsame Aufgabe der Union und der – an der Errichtung der EUStA beteiligten – Mitgliedstaaten. Während die EUStA nach dem Konzept des Art. 86 AEUV für das Ermittlungsverfahren und die Anklagevertretung zuständig sein soll, endet ihre Zuständigkeit grundsätzlich mit der Rechtskraft des Urteils. Art. 86 AEUV sieht nicht vor, dass die EUStA auch für das Vollstreckungsverfahren zuständig sein soll (dazu näher *Herrnfeld* → § 4 Rn. 4).

10 Absatz 3 von Art. 86 AEUV umreißt den Regelungsgegenstand einer auf der Grundlage von Absatz 1 zu erlassenden Verordnung. Neben der „Satzung" (siehe dazu Rn. 20 ff.) und den „Einzelheiten für die Erfüllung ihrer Aufgaben" (siehe dazu *Herrnfeld* → § 4 Rn. 1) soll die Verordnung „die für ihre Tätigkeit geltenden Verfahrensvorschriften (siehe dazu *Niedernhuber* → § 7) sowie die Regeln für die Zulässigkeit von Beweismitteln (siehe dazu → *Niedernhuber* § 10 Rn. 33 ff.) und für die gerichtliche Kontrolle der von der EUStA bei der Erfüllung ihrer Aufgaben vorgenommenen Prozesshandlungen" (siehe dazu *Esser* → § 12) festlegen. Art. 86 AEUV wäre daher grundsätzlich geeignete Rechtsgrundlage für eine umfassende eigene Verfahrensordnung für die EUStA, einschließlich spezifischer Regelungen über den Rechtsschutz im Ermittlungsverfahren vor einem Unionsgericht. Der Unionsgesetzgeber hat aber, insoweit grundsätzlich dem Konzept des Kommissionsvorschlags für eine EUStA-VO folgend,[21] von dieser weitreichenden Kompetenz nur in eingeschränktem Maße Gebrauch gemacht und im Ergebnis ein verfahrensrechtliches Regelwerk geschaffen, das in weiten Teilen auf die im Einzelfall anwendbare nationale Rechtsordnung rekurriert (siehe dazu *Niedernhuber* → § 7).

11 **2. Art. 86 AEUV – Materielle Zuständigkeit der EUStA – Zuständigkeitserweiterung.** Die Vorschrift des Art. 86 Abs. 1 AEUV gestattet die Errichtung einer Europäischen Staatsanwaltschaft „zur Bekämpfung von Straftaten zum Nachteil der finanziellen Interessen der Union". Die Konkretisierung der materiellen Zuständigkeit soll gemäß Art. 86 Abs. 2 AEUV in der Errichtungs-Verordnung erfolgen; geschehen ist dies durch die Regelungen des **Art. 22 VO**, die weitgehend wiederum auf die **PIF-RL** verweisen (siehe dazu näher *Herrnfeld/Brodowski* → § 5 Rn. 9 ff.). Damit ist die Zuständigkeit der EUStA jedenfalls zunächst auf die hier näher bezeichneten Straftaten beschränkt. Eine Erstreckung der materiellen Zuständigkeit auf etwaige weitere Straftaten zum Nachteil der finanziellen Interessen der Union wäre grundsätzlich durch Änderung bzw. Ergänzung der PIF-RL möglich. Aufgrund des **dynamischen Verweises** auf die PIF-RL in Art. 22 Abs. 1 VO hätte dies unmittelbar auch Änderungen der Zuständigkeit der EUStA zur Folge. Lediglich in Bezug auf Mehrwertsteuer-Delikte wäre dazu ggf. – neben der Änderung der PIF-RL – auch eine entsprechende Anpassung der Vorschrift in Art. 22 Abs. 2 S. 2 VO erforderlich.

12 Eine Erweiterung der Zuständigkeit der EUStA durch bloße Änderung der PIF-RL bzw. der EUStA-VO ist jedoch nur möglich, soweit es sich dabei um etwaige weitere Straftaten zum Nachteil der finanziellen Interessen der Union iSd Art. 86 Abs. 1 AEUV handelt. Eine darüberhinausgehende **Erweiterung der materiellen Zuständigkeit der EUStA auf andere Straftaten** würde zunächst eine Änderung des Art. 86 Abs. 1 und 2 AEUV voraussetzen. Dazu sieht **Art. 86 Abs. 4 VO** die Möglichkeit einer **„autonomen Vertragsänderung"**[22] vor. Danach kann der **Europäische Rat** durch einen Beschluss eine Änderung der Absätze 1 und 2 des Art. 86 AEUV herbeiführen „mit dem Ziel einer Ausdehnung der Befugnisse des Europäischen Staatsanwaltschaft auf die Bekämpfung der schweren Kriminalität mit grenzüberschreitender Dimension". Ein solcher Beschluss bedarf der Zustimmung des Europäischen Parlaments; zuvor ist die Kommission anzuhören (Art. 86 Abs. 4 S. 2

21 Siehe Fn. 3.

22 Siehe dazu Schwarze/*Herrnfeld* Art. 48 EUV Rn. 20.

AEUV). Der Beschluss des Europäischen Rates muss **einstimmig** ergehen – einschließlich der Stimmen der Mitgliedstaaten, die nicht an der Errichtung der EUStA beteiligt sind.[23] Bereits im September 2018 hat die Kommission, die insoweit allerdings kein förmliches Initiativrecht hat, im Rahmen einer Mitteilung an das Europäische Parlament und den Europäischen Rat die Ausweitung der Zuständigkeiten des EUStA auf **grenzüberschreitende terroristische Straftaten** gefordert.[24] Diese Mitteilung der Kommission enthält jedoch keine in der Sache überzeugende Begründung dafür, worin der Mehrwert einer solchen Ausweitung der Zuständigkeit der EUStA läge; ein solcher ist auch nicht ersichtlich. Hinzu kommt, dass es in der Europäischen Union bislang auch keine geeignete Definition terroristischer Straftaten gibt: Art. 3 Abs. 2 der RL-Terrorismus[25] stellt insoweit auf die Motivlage des Täters ab; dieses Kriterium wäre kaum als Grundlage für eine Bestimmung der Zuständigkeit der EUStA geeignet. Während das Europäische Parlament sich bereits für eine Erweiterung der Zuständigkeit der EUStA ausgesprochen hat,[26] hat der Europäische Rat die Initiative der KOM bislang nicht aufgegriffen.

Eine etwaige Vertragsänderung im autonomen Verfahren durch den Europäischen Rat würde lediglich die Grundlage schaffen für eine mögliche Ausweitung der Zuständigkeit der EUStA. Tatsächlich vorzunehmen wäre eine Zuständigkeitserweiterung durch eine sich daran anschließende Änderung der EUStA-VO; ergänzt werden müssten dabei nicht nur die Regelungen des Art. 22 VO über die materielle Zuständigkeit; auch im Übrigen sind zahlreiche Regelungen der VO auf die Verfolgung von PIF-Taten zugeschnitten. Sie müssten daher angepasst bzw. ergänzt werden. Auch in organisatorischer Hinsicht sowie im Hinblick auf die notwendige personelle Ausstattung und die erforderlichen Haushaltsmittel hätte eine Zuständigkeitserweiterung weitreichende Folgen. 13

**3. Verstärkte Zusammenarbeit – Verfahren und Rechtsfolgen.** Mangels Einvernehmens im Rat wurde die EUStA-VO im Ergebnis im Wege der Verstärkten Zusammenarbeit angenommen. Art. 86 Abs. 1 AEUV sieht hierfür ein von den allgemeinen Regelungen (Art. 326 ff. AEUV) **abweichendes Verfahren** vor. Danach bedarf es keiner Entscheidung des Rates über die Ermächtigung zur Einleitung einer Verstärkten Zusammenarbeit (Art. 329 Abs. 1 AEUV); vielmehr kann bei mangelnder Einstimmigkeit im Rat zunächst der Europäische Rat befasst werden; kommt es auch dort zu keiner Einigung, kann eine Gruppe von mindestens neun Mitgliedstaaten dem Europäischen Parlament, dem Rat und der Kommission ihre Bereitschaft zur Begründung einer Verstärkten Zusammenarbeit mitteilen. In diesem Fall „gilt“ gemäß Art. 86 Abs. 1 UAbs. 3 AEUV, die Ermächtigung iSd Art. 329 Abs. 1 AEUV als erteilt – ohne dass es einer Beschlussfassung des Rates bedarf – und die übrigen Bestimmungen über die Verstärkte Zusammenarbeit finden Anwendung. 14

Dies hatte im Fall der EUStA nicht nur zur Folge, dass im weiteren Verfahren nur die Mitglieder des Rates, die die an der Verstärkten Zusammenarbeit beteiligten Mitgliedstaaten vertreten, stimmberechtigt waren und sich die in Art. 86 Abs. 1 AEUV vorgesehene Einstimmigkeit nur auf die Stimmen dieser Ratsmitglieder bezieht (Art. 330 AEUV). Dies galt sowohl für die Annahme der EUStA-VO als auch für alle Folgeentscheidungen wie etwa die Ernennung der Europäischen Generalstaatsanwältin (Art. 14 VO) und der Europäischen Staatsanwälte und Staatsanwältinnen (Art. 16 VO). Dieses Einstimmigkeitserfordernis allein in Bezug auf die Ratsmitglieder aus den teilnehmenden Mitgliedstaaten wird entsprechend auch gelten für etwaige künftige Änderungen der 15

23 Die autonome Vertragsänderung gemäß Art. 86 Abs. 4 AEUV erfolgt nicht im Rahmen der verstärkten Zusammenarbeit, für die gesonderte Regelungen zur Beschlussfassung im Rat gelten (Art. 330 EUV); siehe insoweit zu Art. 86 Abs. 4 AEUV im Ergebnis auch: Groeben/Schwarze/Hatje/*Wasmeier/Killmann*, EUV/AEUV/GRC Art. 86 AEUV Rn. 53; so auch die in Fn 24. genannte Mitteilung der COM(2018) 641 final, 3.

24 Mitteilung der Kommission an das Europäische Parlament und den Europäischen Rat „Ein Europa, das schützt: eine Initiative zur Ausweitung der Zuständigkeiten der Europäischen Staatsanwaltschaft auf grenzüberschreitende terroristische Straftaten“, COM(2018) 641 final, 12.9.2018.

25 Richtlinie (EU) 2017/541 des Europäischen Parlamentes und des Rates vom 15.3.2017 zur Terrorismusbekämpfung und zur Ersetzung des Rahmenbeschlusses 2002/475/JI des Rates und zur Änderung des Beschlusses 2005/671/JI des Rates, ABl. 2017, L 88, 6.

26 Siehe etwa: Entschließung des Europäischen Parlaments vom 12.12.2018 zu den Feststellungen und Empfehlungen des Sonderausschusses Terrorismus, P8_TA(2018)0512, Empfehlung Nr. 7; dazu ferner: Entschließung des Europäischen Parlaments vom 17.12.2020 zur EU-Strategie für eine Sicherheitsunion, Nr. 34.

VO, etwa in Bezug auf eine Erweiterung der Zuständigkeit der EUStA im Anschluss an eine Änderung des Art. 86 Abs. 1 AEUV durch den Europäischen Rat (→ Rn. 12 f.). Mitgliedstaaten, die sich der Verstärkten Zusammenarbeit anschließen wollen, können in dem Verfahren nach Art. 331 AEUV beitreten. Von dieser Regelung ist bereits auf Antrag der Niederlande und Maltas Gebrauch gemacht worden.[27]

16 Wesentliche Rechtsfolge der Verstärkten Zusammenarbeit ist, dass nur die an ihr – ggf. aufgrund späteren Beitritts – beteiligten Mitgliedstaaten an die VO gebunden sind (Art. 20 Abs. 4 S. 1 EUV).[28] Auch gelten die im Rahmen der Verstärkten Zusammenarbeit erlassenen Rechtsakte nicht als „*acquis*", der von neuen Mitgliedstaaten im Zuge ihres EU-Beitritts übernommen werden muss (Art. 20 Abs. 4 S. 2 EUV). Eine andere Frage wird allerdings sein, ob die EU künftig die Bereitschaft zur Beteiligung an der EUStA politisch als Beitrittsvoraussetzung festlegen wird. Während die Verstärkte Zusammenarbeit – im Fall der EUStA also nicht nur die teilnehmenden Mitgliedstaaten, sondern insbesondere auch die daraus hervorgegangene EUStA – die Zuständigkeiten, Rechte und Pflichten der nicht an der Zusammenarbeit beteiligten Mitgliedstaaten zu achten hat (Art. 327 S. 1 AEUV), sollen letztere der Durchführung der Verstärkten Zusammenarbeit nicht entgegenstehen (Art. 327 S. 2 AEUV).

17 Die Errichtung der EUStA im Wege der Verstärkten Zusammenarbeit machte es erforderlich, in der Schlussphase der Verhandlungen noch einige Änderungen an dem VO-Entwurf vorzunehmen. So wird in Art. 2 Nr. 1 VO einerseits klargestellt, dass der Begriff „Mitgliedstaat" grundsätzlich nur die an der Errichtung der EUStA beteiligten Mitgliedstaaten meint (da nur diese an die VO gebunden sind – Art. 20 Abs. 4 S. 1 EUV); andererseits wird dort festgelegt, dass dies nur gilt, „soweit insbesondere in Kapitel VIII nichts anderes bestimmt ist". In dem den **Datenschutz** betreffenden Kapitel VIII verwendet die VO statt „Mitgliedstaaten" die Formulierung „Mitgliedstaaten der Europäischen Union", mit der klargestellt werden soll, dass hier alle Mitgliedstaaten, also auch die nicht an der Errichtung der EUStA beteiligten Mitgliedstaaten, gemeint sind. Grund hierfür ist, dass das Datenschutzkapitel, das sich inhaltlich weitgehend an der Datenschutzrichtlinie 2016/680[29] orientiert, zwischen „Mitgliedstaaten der Europäischen Union" und „Drittländern" unterscheidet. Der Gesetzgeber wollte hier sicherstellen, dass die nicht an der Errichtung der EUStA beteiligten Mitgliedstaaten etwa in Bezug auf die Datenübermittlung den an der Errichtung beteiligten Mitgliedstaaten gleichgestellt sind und nicht von der EUStA als Drittländer behandelt werden.

18 Auch in Bezug auf die **Finanzierung der EUStA** waren zusätzliche Regelungen erforderlich. Da Art. 332 AEUV vorsieht, dass die sich aus der Durchführung der Verstärkten Zusammenarbeit ergebenden Ausgaben – abgesehen von den Verwaltungskosten der Organe – von den beteiligten Mitgliedstaaten zu tragen sind, musste hierfür ein geeignetes Verfahren gefunden werden. Gemäß Art. 91 Abs. 7 VO findet insoweit die Verordnung (EU, Euratom) Nr. 609/2014 des Rates[30] Anwendung mit dem Ergebnis, dass die Finanzierung zwar über den Haushalt der Union erfolgt, die Zuweisungen aus dem Unionshaushalt an die EUStA im Innenverhältnis jedoch allein von den an der Errichtung der EUStA beteiligten Mitgliedstaaten getragen werden (siehe dazu näher *Herrnfeld* → § 4 Rn. 46).

19 Schließlich erforderte der Weg der Verstärkten Zusammenarbeit es auch, Regelungen für die **strafrechtliche Zusammenarbeit** zwischen der EUStA und den Behörden der nicht an der Errichtung der EUStA beteiligten Mitgliedstaaten zu treffen (Art. 105 VO; siehe dazu *Brodowski* → § 8 Rn. 11 ff.).

27 Siehe Nachweise in Fn. 19.

28 Dazu auch ErwG 9 VO.

29 Richtlinie (EU) 2016/680 des Europäischen Parlaments und des Rates vom 27. April 2016 zum Schutz natürlicher Personen bei der Verarbeitung personenbezogener Daten durch die zuständigen Behörden zum Zwecke der Verhütung, Ermittlung, Aufdeckung oder Verfolgung von Straftaten oder der Strafvollstreckung sowie zum freien Datenverkehr und zur Aufhebung des Rahmenbeschlusses 2008/977/JI des Rates, ABl. 2016 L 119, 89.

30 Verordnung (EU, Euratom) Nr. 609/2014 des Rates vom 26.5.2014 zur Festlegung der Methoden und Verfahren für die Bereitstellung der traditionellen, der MwSt.- und der BNE-Eigenmittel sowie der Maßnahmen zur Bereitstellung der erforderlichen Kassenmittel, ABl. 2014 L 168, 39.

## III. Errichtung der EUStA als Einrichtung der Europäischen Union

**1. Verordnung (EU) 2017/1939 als Satzung der EUStA – ergänzende nationale Ausführungsbestimmungen.** Als „Satzung“[31] der EUStA enthält die Verordnung Regelungen über deren Errichtung, Aufgaben und Grundprinzipien ihrer Tätigkeit sowie über ihren Status als „Einrichtung“ der Union (Art. 3 bis 8 VO). Sie enthält ferner Bestimmungen über den Aufbau und die Organisation der EUStA sowie die Ernennung und Funktionen ihrer Mitglieder und Organe (Art. 8 bis 21 VO). Unbeschadet der – unterschiedlicher Auslegung zugänglichen[32] – Formulierung in Art. 86 Abs. 1 AEUV, wonach der Rat „ausgehend von Eurojust“ eine Europäische Staatsanwaltschaft einsetzen könne, ist mit der EUStA-VO als deren „Satzung“ eine neue, mit eigener Rechtspersönlichkeit ausgestattete,[33] **unabhängige Behörde**[34] geschaffen worden, die auch organisatorisch in jeder Hinsicht unabhängig von Eurojust ist.[35] 20

Über ihren Charakter als **„Satzung“** der EUStA hinausgehend enthält die VO Regelungen zur Zuständigkeit der EUStA und deren Ausübung (Art. 22, 23 und 25 VO), die diesbezüglichen Melde- bzw. Unterrichtungspflichten der Unionsorgane und Einrichtungen und der zuständigen nationalen Behörden (Art. 24 VO) sowie einige Verfahrensvorschriften für die von der EUStA geführten Ermittlungsverfahren (Art. 26 bis 40 VO). Insbesondere für diese ist jedoch festzustellen, dass die VO nicht den Anspruch erhebt, abschließende Regelungen zu treffen. In der Sache treffen diese Bestimmungen zu einem erheblichen Teil primär interne Zuständigkeits- und Verfahrensregelungen. Dagegen verweist die VO im Übrigen auf das nationale Verfahrensrecht, z.T. durch explizite Bezugnahmen (etwa Art. 26 Abs. 1, Art. 28 Abs. 1 und 2, Art. 30 bis 32, Art. 38 bis 40 VO, im Übrigen durch den Generalverweis in Art. 5 Abs. 3 VO (dazu *Herrnfeld* → § 4 Rn. 7). Die VO enthält ferner einzelne Regelungen zu den Verfahrensrechten (Art. 41 VO), die aber ebenfalls primär auf das anwendbare nationale Recht verweisen, sowie zum Rechtsschutz gegen Verfahrenshandlungen der EUStA (insoweit gemäß Art. 42 Abs. 1 VO Zuständigkeit der mitgliedstaatlichen Gerichte nach Maßgabe des nationalen Verfahrensrechts) sowie der gerichtlichen Kontrolle im Übrigen, die in der Zuständigkeit des EuGH verbleibt (Art. 42 Abs. 2 bis 8 VO). 21

Hinzu kommen schließlich mehr oder weniger ausführliche Regelungen zur **„Informationsverarbeitung“** einschließlich der Aktenführung (Art. 43 bis 46 VO), zum Datenschutz (Art. 47 bis 89 VO; dazu *Hornung/Schindler* → § 13), zu Haushalt und Personal (Art. 90 bis 98 VO; dazu *Herrnfeld* → § 4 Rn. 43 ff.) der Zusammenarbeit mit Dritten (Art. 99 bis 105 VO) und weitere allgemeine und Schlussbestimmungen (Art. 106 bis 120 VO). 22

Die EUStA-VO ist als Verordnung iSv Art. 288 Abs. 2 AEUV in allen ihren Teilen verbindlich und **gilt unmittelbar** in den an der Errichtung teilnehmenden[36] Mitgliedstaaten. In ihrer Funktion als „Satzung“ der EUStA trifft die Verordnung grundsätzlich abschließende[37] Regelungen, die zu ihrer Geltung auch keiner „Umsetzung“ in den Mitgliedstaaten bedürfen. Gleichwohl bestand aus der Sicht wohl aller teilnehmenden Mitgliedstaaten Bedarf für die VO **ergänzende nationale Durchführungsbestimmungen** zu unterschiedlichen Fragenkreisen. 23

31 Der in Art. 86 Abs. 3 AEUV verwendete Begriff der „Satzung“ (in der französischen Sprachfassung „le statut“; in der englischen Sprachfassung: „general rules“) dürfte die in den Kapiteln I bis III und IX der EUStA-VO enthaltenen Regelungen zu Aufbau und Organisation, Rechtsstellung und Sitz der EUStA umfassen.

32 Siehe dazu eingehend: *Trentmann* ZStW 129 (2017), 108, 127 ff., mwN; ferner: Pechstein/Nowak/Häde/*Hinterhofer* Art. 86 AEUV Rn. 17; EnzEur/*Zöller*/*Bock* § 22 Rn. 44.

33 Dazu nachstehend Rn. 27.

34 Dazu nachstehend Rn. 29.

35 Zur Verwaltung der EUStA: *Herrnfeld* → § 4 Rn. 43 ff.

36 Siehe dazu → Rn. 6 f. und 14 ff.

37 In dem durch die VO gesteckten Rahmen kann und soll das Kollegium der EUStA allerdings ergänzende interne Regelungen treffen (Art. 21 und 114 VO – siehe dazu *Herrnfeld* → § 4 Rn. 41.

24 Auch der deutsche Gesetzgeber hat mit dem Gesetz zur Durchführung der EUStA-VO[38] solche Regelungen getroffen. Neben einzelnen Ergänzungen des GVG und der StPO hat das am 17.7.2020 in Kraft getretene Gesetz insbesondere mit dem **Europäische-Staatsanwaltschaft-Gesetz (EUStAG)** (→ Anh. III.1) ein neues Stammgesetz geschaffen, das ergänzende Regelungen zur Ausführung der VO enthält. Dieses Gesetz gilt für Strafverfahren, in welchen das Amt der Staatsanwaltschaft gemäß (des ebenfalls neuen) § 142b Abs. 1 GVG von den deutschen Delegierten Europäischen Staatsanwälten (DEStA) oder dem deutschen Europäischen Staatsanwalt (EStA) ausgeübt wird (§ 1 Abs. 2 EUStAG).

25 Die Vorschrift des **§ 142b GVG** dient der Umsetzung der Regelung des Art. 13 Abs. 1 UAbs. 1 VO (bzw. des Art. 28 Abs. 4 UAbs. 2 VO) und soll die Grundlage dafür legen, dass die Vorschriften des GVG, der StPO oder andere Rechtsvorschriften, die auf „Staatsanwaltschaft" oder „Staatsanwalt" Bezug nehmen, auf Verfahren Anwendung finden, die von einem deutschen DEStA oder dem deutschen EStA geführt werden.[39] Während daran anknüpfend das EUStAG, den Vorgaben des Art. 5 Abs. 3 VO entsprechend, im Grundsatz das einschlägige **deutsche Verfahrensrecht als subsidiär** anwendbar bezeichnet (§ 2 EUStAG), enthält es auch Bestimmungen, mit denen einzelne Regelungen des deutschen Rechts ausdrücklich als nicht oder nur modifiziert anwendbar erklärt werden. Dies gilt u.a. für § 5 Abs. 1 EUStAG, der klarstellt, dass die Regelungen der §§ 144 bis 147 GVG in Bezug auf die DEStA – obwohl sie im Übrigen „Staatsanwalt" iSd Gesetzes sind – keine Anwendung finden, da sie ausschließlich den Weisungen und der Aufsicht nach Maßgabe der VO unterliegen (siehe dazu näher → Rn. 29 ff. sowie *Herrnfeld* → § 4 Rn. 27 ff.). Diese Ausnahme der §§ 144 bis 147 GVG von der Anwendbarkeit des nationalen Rechts ist notwendige Folge der Tatsache, dass die innere Organisation der EUStA allein Gegenstand der Regelungen der VO bzw. der auf ihrer Grundlage ergehender ergänzenden Geschäftsordnung (Art. 21 VO) und anderer Regularien (Art. 114 VO) ist und der Organisationsgewalt der mitgliedstaatlichen Stellen entzogen ist.

26 In Österreich wurde entsprechend mit dem **StrEU-AG 2021**[40] ebenfalls ein neues Bundesgesetz geschaffen (**Europäische Staatsanwaltschafts-Durchführungsgesetz – EUStA-DG;**[41] → Anh. IV.1). Darüber hinaus sind mit dem StrEU-AG 2021 in Umsetzung der VO einzelne Änderungen des Richter- und Staatsanwaltschaftsdienstgesetzes und des öStGB vorgenommen worden. Das EUStA-DG enthält ergänzende Durchführungsbestimmungen zur VO, die anzuwenden sind in Ermittlungsverfahren, für die die EUStA zuständig ist und ihre Zuständigkeit nach Maßgabe von Art. 25 VO ausüben kann. Es bestimmt in Umsetzung von Art. 5 Abs. 3 S. 2 VO, dass die EUStA bei Wahrnehmung ihrer Aufgaben in Österreich, soweit sich aus der VO oder dem EUStA-DG nichts anderes ergibt, nach den allgemeinen Vorschriften über das Strafverfahren vorzugehen hat (§ 1 Abs. 2 EUStA-DG). Das EUStA-DG enthält ferner einige Spezialvorschriften zur Anwendbarkeit einzelner Bestimmungen der öStPO, des ARHG, des EU-JZG, des INÜG und des GebAG. § 22 EUStA-DG sieht vor, dass die Bestimmungen des StAG – mit wenigen Ausnahmen – keine Anwendung finden. § 24 EUStA-DG verpflichtet die Organe der Justizverwaltung, die EUStA im Rahmen ihrer jeweiligen Zuständigkeiten zu unterstützen und dabei zugleich die Unabhängigkeit der EUStA nach Art. 6 VO zu achten. Ferner nimmt Art. 2 StrEU-AG 2021 zur Gewährleistung der Unabhängigkeit der EUStA und der Sicherung der Tätigkeit österreichischer Staatsanwälte als DEStA einige Ergänzungen des RStDG vor. Schließlich werden gemäß Art. 6 StrEU-AG 2021 einzelne Bestimmungen des öStGB mit dem Ziel geändert, die EUStA sowie die von ihr geführten Ermittlungsverfahren in glei-

---

38 Gesetz zur Durchführung der Verordnung (EU) 2017/1939 des Rates vom 12.10.2017 zur Durchführung einer Verstärkten Zusammenarbeit zur Errichtung des Europäischen Staatsanwaltschaft und zur Änderung weiterer Vorschriften, BGBl. 2020 I 1648.

39 Siehe amtl. Begr. zum Gesetz zur Durchführung der EUStA-VO (Fn. 38), BT-Drs. 19/17963, 61.

40 Bundesgesetz, mit dem ein Bundesgesetz zur Durchführung der Europäischen Staatsanwaltschaft (EUStA-DG) erlassen und mit dem das Richter- und Staatsanwaltschaftsdienstgesetz, das Bundesgesetz über die justizielle Zusammenarbeit in Strafsachen mit den Mitgliedstaaten der Europäischen Union, das Auslieferungs- und Rechtshilfegesetz, das Finanzstrafgesetz und das Strafgesetzbuch geändert werden (Strafrechtliches EU-Anpassungsgesetz 2021 – StrEU-AG 2021), BGBl. I Nr. 94/2021; das Gesetz enthält mit Art. 3 und 4 weitere Vorschriften, die nicht der Durchführung der EUStA-VO dienen.

41 Art. 1 StrEU-AG 2021.

cher Weise auch in strafrechtlicher Hinsicht zu schützen wie dies für Strafverfahren gilt, die von den österreichischen Behörden geführt werden.[42]

**2. Einrichtung der Union mit eigener Rechtspersönlichkeit.** Die EUStA wird nach Maßgabe der Verordnung (EU) 2017/1939 als „Einrichtung" der Union errichtet (Art. 1 Abs. 1 VO; in der englischen Sprachfassung „body of the Union"). Sie gehört – anders als der bereits primärrechtlich errichtete Europäische Gerichtshof – **nicht zu den Unionsorganen** (Art. 13 ff. EUV). Der Begriff **„Einrichtung"** findet zwar in den Art. 263 und 298 AEUV Erwähnung („Einrichtungen und sonstigen Stellen"), ist jedoch im Unionsrecht und in der Rechtspraxis nicht klar umrissen. In der englischsprachigen Vertragsfassung wird zudem noch zwischen „bodies", „offices" und agencies" unterschieden, ohne dass diese Differenzierung erkennbare Rechtsfolgen hat oder für eine bestimmte Organisationsform prägend wären.[43] Üblich ist, insbesondere für neuere, sekundärrechtlich geschaffene Einrichtungen mit eigener Rechtspersönlichkeit – in Anknüpfung an die englischen Terminologie – die Verwendung des Begriffs **„Agentur"**.[44] So werden jetzt auch Eurojust[45] und Europol[46] in den jeweiligen Errichtungs-Verordnungen als „Agentur" bezeichnet. Primär findet der Begriff „Agentur" aber Anwendung in Bezug auf Regulierungs- und Exekutivagenturen, die bestimmte Verwaltungsfunktionen unter Aufsicht der Kommission oder anderer Organe erfüllen.[47] Bei den Verhandlungen über die EUStA-VO wurde daher mit Absicht der neutralere Begriff der „Einrichtung" gewählt, um so ihre Eigenschaft als **von den Unionsorganen unabhängige Justizbehörde** (dazu näher → Rn. 29 ff.) zu unterstreichen. 27

Auch als „Einrichtung" der Union verfügt die EUStA über **eigene Rechtspersönlichkeit** (Art. 3 Abs. 2 VO). Sie kann daher selbständiger, von der Union im Übrigen unabhängiger Träger von Rechten und Pflichten sein. Folgerichtig verleiht ihr Art. 106 Abs. 2 VO „in jedem Mitgliedstaat"[48] die Rechts- und Geschäftsfähigkeit, die juristischen Personen nach dem jeweiligen nationalen Recht zuerkannt wird. Diese entspricht der mit Art. 335 AEUV der Union selbst verliehenen Rechtsstellung und bezieht sich namentlich auf die zivilrechtlichen Handlungsbefugnisse der EUStA.[49] Dagegen verleiht Art. 3 Abs. 2 VO ihr keine umfassende völkerrechtliche Rechtspersönlichkeit, sondern allenfalls eine – aus unionsrechtlicher Sicht – bestehende, sehr **beschränkte völkerrechtliche Handlungsfähigkeit**[50] in Bezug auf den Abschluss von „Arbeitsvereinbarungen" mit Drittstaaten und internationalen Organisation (Art. 104 Abs. 1 VO), die aber keine rechtlich bindenden Wirkungen für die Union oder ihre Mitgliedstaaten entfalten dürfen (Art. 99 Abs. 3 VO), sowie bei der rechtshilferechtlichen Zusammenarbeit mit Drittstaaten im Wege der Gegenseitigkeit (Art. 104 Abs. 5 UAbs. 2 VO; dazu näher *Brodowski* → § 8 Rn. 26 f.). Dagegen sieht die VO nicht vor, dass die EUStA selbst bindende völkerrechtliche Übereinkommen mit Drittstaaten schließen kann; vielmehr sollen ggf. internationale Übereinkünfte Anwendung finden, die die Union mit Drittstaaten 28

42 Siehe die Erläuterungen in der Regierungsbegründung, EBRV 808 Blg NR 27.GP, 26.

43 Vgl. dazu Überblick bei: *Kilb*, Europäische Agenturen und ihr Personal – die großen Unbekannten?, EuZW 2008, 268 (269); ferner hierzu: *Hatje/von Förster*, Organordnung der Europäischen Union, in: Hatje/Müller-Graff (Hrsg.), Enzyklopädie Europarecht, Band 1, § 10, Rn. 204.

44 Zu diesbezüglichen Vorgaben siehe auch: Joint Statement of the European Parliament, the Council of the EU and the European Commission on decentralized agencies, Anlage II. zu Ratsdok. 11450/12 v. 18.6.2012.

45 Verordnung (EU) 2018/1727 des Europäischen Parlaments und des Rates vom 14.11.2018 betreffend die Agentur der Europäischen Union für justizielle Zusammenarbeit in Strafsachen (Eurojust) und zur Ersetzung und Aufhebung des Beschlusses 2002/187/JI des Rates, ABl. 2018 L 295, 138.

46 Verordnung (EU) 2016/794 des Europäischen Parlaments und des Rates vom 11. Mai 2016 über die Agentur der Europäischen Union für die Zusammenarbeit auf dem Gebiet der Strafverfolgung (Europol) und zur Aufhebung und Ersetzung der Beschlüsse 2009/371/JI, 2009/934/JI, 2009/935/JI, 2009/936/JI und 2009/968/JI des Rates, ABl. 2016 L 135, 53.

47 *Kilb* aaO, und *Hatje/von Förster*, aaO, Fn. 42.

48 Aufgrund der Definition in Art. 2 Nr. 1 VO bezeichnet der Begriff „Mitgliedstaat" auch insoweit nur die an der Errichtung der EUStA teilnehmenden Mitgliedstaaten; siehe dazu näher → Rn. 17).

49 Vgl. zur EUStA: HBB/*Brodowski* Art. 106 Rn. 2; zu Art. 335 AEUV: von der Groeben/Schwarze/Hatje/*Hatje*, EUV/AEUV/GRC Art. 335 AEUV Rn. 49 ff.

50 Ebenso: HBB/*Burchard* Art. 3 Rn. 2.

geschlossen hat oder, ggf. auf Anregung der EUStA,[51] schließen kann (vgl. Art. 104 Abs. 3 VO). Der EUStA eigene Befugnisse zum Abschluss bindender internationaler Übereinkünfte zur Rechtshilfe in Strafsachen oder der Auslieferung zu verleihen, war angesichts der Regelungen des Art. 218 AEUV über die Zuständigkeiten beim Abschluss internationaler Übereinkünfte im Lichte der Judikatur des EuGH[52] als rechtlich nicht möglich erachtet worden.[53]

29 **3. Unabhängigkeit der EUStA.** Art. 6 VO statuiert die Unabhängigkeit der EUStA und zugleich ihre Rechenschaftspflicht gegenüber dem Europäischen Parlament, dem Rat und der Kommission. Während Art. 86 AEUV insoweit keine Vorgaben enthält und die diesbezüglichen Regelungen der Mitgliedstaaten in Bezug auf die Stellung ihrer Staatsanwaltschaft unterschiedliche Konzepte verfolgen,[54] bestimmt **Art. 6 Abs. 1 S. 1 VO** schlicht: „Die EUStA ist unabhängig“. Im Sinne einer umfassenden externen Weisungsfreiheit gilt dies für die EUStA selbst wie auch für die Behördenleitung sowie für die einzelnen Staatsanwälte der EUStA, die, wie Art. 6 Abs. 1 S. 2 VO zum Ausdruck bringt, bei der Erfüllung ihrer Pflichten im Rahmen der VO keinerlei externe Weisungen einholen oder entgegennehmen dürfen. Das gilt ebenso für Weisungen von Mitgliedstaaten der Union wie auch für Weisungen von den Organen, Einrichtungen und sonstigen Stellen der Union. Ergänzt wird diese Regelung durch eine spiegelbildliche Verpflichtung, die Unabhängigkeit der EUStA zu wahren und nicht zu versuchen, „sie bei der Wahrnehmung ihrer Aufgaben zu beeinflussen“ (Art. 6 Abs. 1 S. 3 VO).

30 Die in Art. 6 VO postulierte Unabhängigkeit der EUStA sowie das an die Delegierten Europäischen Staatsanwälte (DEStA) gerichtete Verbot, externe Weisungen einzuholen oder entgegenzunehmen bedeutet hingegen nicht, dass die einzelnen **DEStA** bei ihrer Amtsausübung insgesamt unabhängig und weisungsungebunden sind. Vielmehr unterliegen sie im Hinblick auf ihre Tätigkeit für die EUStA insgesamt der Leitung und Weisungen der zuständigen Ständigen Kammer und des zuständigen Europäischen Staatsanwalts (Art. 13 Abs. 1 UAbs. 2 VO; siehe dazu näher *Herrnfeld* → § 4 Rn. 27 ff.). Im Zuge der Verhandlungen in der Ratsarbeitsgruppe wurden insoweit von einigen Mitgliedstaaten Bedenken erhoben unter Hinweis auf die auch interne Unabhängigkeit ihrer Staatsanwälte nach nationalem Recht. Dies gab letztlich Anlass dazu, in ErwG 32 VO zu betonen, dass den DEStA „im Rahmen dieser Verordnung ein funktional und rechtlich unabhängiger Status gewährt wird, der sich von einem Status nach nationalem Recht unterscheidet“.

31 Der deutsche Gesetzgeber hat die diesbezüglichen Vorgaben der VO zum Anlass genommen, in § 5 Abs. 1 EUStAG klarzustellen, dass die deutschen DEStA in dieser Eigenschaft ausschließlich den Weisungen und der Aufsicht nach Maßgabe der VO unterstellt sind und die **§§ 144 bis 147 GVG** insoweit **keine Anwendung** finden. Mit Blick auf die Unabhängigkeit der EUStA als Behörde können insbesondere § 147 Nr. 1 und Nr. 2 GVG keine Anwendung finden; die EUStA bzw. die DEStA sind also grundsätzlich keiner ministeriellen Aufsicht in Deutschland unterstellt.

32 In Österreich geht der Gesetzgeber davon aus, dass die EUStA als unabhängige Unionsbehörde ohnehin nicht dem ministeriellen Weisungsrecht bzw. der Aufsicht durch die Oberstaatsanwaltschaft nach Art. 90a B-VG bzw. §§ 29, 29a StAG unterliegt. Im Übrigen regelt § 22 Abs. 1 EUStA-DG, dass die Bestimmungen des StAG nur insoweit anzuwenden sind, wie dies in dem EUStA-DG vorgesehen ist. Die §§ 29, 29a StAG gehören danach nicht zu den auf die Tätigkeit der EUStA anwendbaren Vorschriften. Zur Sicherung der Unabhängigkeit der EUStA bestimmt § 13 EUStAG-DG ferner, dass in Ermittlungsverfahren der EUStA die Zuständigkeiten des Rechtsschutzbeauftragten (§ 47a öStPO) eingeschränkt werden. Das gilt allerdings nicht für die in § 47a Abs. 7 öStPO geregelten Berichtspflichten des Rechtsschutzbeauftragten gegenüber dem Bundesminister für Justiz.

51 Vgl. ErwG 109 Abs. 1 VO.

52 EuGH 9.8.1994, C-327/91, ECLI:EU:C:1994:305 Rn. 41 – Französische Republik/Kommission; vgl. dazu: Schwarze/*Terhechte* Art. 218 AEUV Rn. 11.

53 Weitergehend dagegen das Petitum in Groeben/Schwarze/Hatje/*Wasmeier/Killmann*, EUV/AEUV/GRC Art. 86 AEUV Rn. 67.

54 Groeben/Schwarze/Hatje/*Wasmeier/Killmann*, EUV/AEUV/GRC Art. 86 AEUV Rn. 67.

Anders als die Errichtungs-Verordnungen anderer Agenturen – sowie die diesbezüglichen Vorgaben der interinstitutionellen Vereinbarung über Exekutivagenturen[55] – sieht die EUStA-VO folgerichtig auch keinen extern, namentlich durch Vertreter der Mitgliedstaaten und der Kommission, besetzen Verwaltungsrat vor, der mit Aufsichtsbefugnissen sowie der Befugnis zur Berufung und Abberufung der Behördenleitung ausgestattet wäre. Gewisse interne **Aufsichtsbefugnisse** obliegen dem **Kollegium der EUStA** (Art. 9 Abs. 2). Im Übrigen ist die EUStA dem Europäischen Parlament, dem Rat und der Kommission gegenüber „für ihre allgemeinen Tätigkeiten rechenschaftspflichtig" (Art. 6 Abs. 2 VO). Diese **Rechenschaftspflicht** trifft den Europäischen Generalstaatsanwalt als Leiter der Behörde, ist grundsätzlich unbeschränkt und bezieht sich auf die „institutionelle Gesamtverantwortung für die allgemeine Tätigkeit der EUStA" (siehe ErwG 18 VO). Die Formulierung „allgemeine Tätigkeit" wurde jedoch gewählt, um deutlich zu machen, dass sich aus der Rechenschaftspflicht gegenüber den Organen keine Berichtspflicht im Hinblick auf einzelne Ermittlungsverfahren der EUStA ergibt. Erst recht können die genannten Unionsorgane die von der EUStA geleistete Rechenschaft nicht zum Anlass nehmen, der EUStA irgendwelche Weisungen zur Sachbehandlung in Einzelfällen zu geben (Art. 6 Abs. 1 VO). Auch erfolgt zwar die Ernennung des Europäischen Generalstaatsanwalts gemeinsam durch EP und Rat (Art. 14 Abs. 1 VO); über dessen Abberufung kann jedoch nur der EuGH entscheiden (Art. 14 Abs. 5 VO). Wesentlicher Mechanismus der Rechenschaftspflicht ist die Verpflichtung der EUStA jährlich einen **Jahresbericht** „über ihre allgemeine Tätigkeit" zu veröffentlichen (Art. 7 Abs. 1 VO). Ferner ist der EUGenStA verpflichtet, einmal jährlich vor dem EP und vor dem Rat „über die allgemeine Tätigkeit der EUStA Bericht zu erstatten" (Art. 7 Abs. 2 VO). Auf „Verlangen" eines nationalen Parlaments soll der EUGenStA oder einer seiner Stellvertreter diesem ebenfalls mündlich Bericht erstatten (Art. 7 Abs. 2 VO) – auch wenn die EUStA insoweit keiner förmlichen Rechenschaftspflicht unterliegt. 33

**4. Die EUStA als unteilbare Einrichtung – einheitliche Behörde mit dezentralem Aufbau.** Art. 8 Abs. 1 VO proklamiert die EUStA als „unteilbare Einrichtung der Union, die als eine einheitliche Behörde mit einem dezentralen Aufbau handelt". Ihre Organisationsstruktur soll eine „schnelle und effiziente Entscheidungsfindung" in Bezug auf die Ermittlungen und Strafverfolgungsmaßnahmen ermöglichen.[56] Die Bedeutung dieser Qualifikation erschließt sich in der Gesamtschau der Regelungen der VO. Eine „unteilbare Einrichtung der Union" ist die EUStA jedenfalls insofern als sie – obwohl nur im Wege der Verstärkten Zusammenarbeit errichtet – eine Einrichtung der Union ist, über deren Tätigkeit und Fortbestand nicht die einzelnen Mitgliedstaaten als „Teilnehmer" an der Verstärkten Zusammenarbeit verfügen.[57] Auch ein späterer „Austritt" einzelner Mitgliedstaaten aus der Teilnahme an der Verstärkten Zusammenarbeit ist nicht vorgesehen; dieser würde, vorbehaltlich einer diesbezüglichen Änderung der VO daher nur mit einem Austritt aus der Union im Verfahren Art. 50 EUV erfolgen. 34

Die Aussage, die EUStA handele als „einheitliche Behörde" ist zwar zutreffend insofern, als dass die DEStA in ihren jeweiligen Mitgliedstaaten „im Namen der EUStA" handeln. Auch ist es Aufgabe des Kollegiums (Art. 9 Abs. 2 VO) und der Ständigen Kammern (Art. 10 Abs. 2 VO), im Rahmen ihrer jeweiligen Zuständigkeit für die notwendige Kohärenz und Einheitlichkeit der „Strafverfolgungspolitik" der EUStA in allen Mitgliedstaaten Sorge zu tragen. Auch wenn die EUStA „einheitliche Behörde" ist, haben die nationalstaatlichen Grenzen dennoch Auswirkungen auf die EUStA. Zum einen beschränken sich die Befugnisse der DEStA jeweils nur auf ihren eigenen Mitgliedstaat, in dem sie als „betrauter" DEStA Ermittlungsverfahren führen (Art. 26, 28 Abs. 1 VO) und ggf. Anklage erheben (Art. 36 VO) oder als „unterstützender" DEStA einzelne Ermittlungsmaßnahmen durchführen, die ihnen von dem „betrauten DEStA" eines anderen Mitgliedstaats zugewiesen wurden (Art. 31 VO). Zum anderen handelt die „einheitliche Behörde" EUStA keineswegs in einem einheitlichen Rechtsraum. Die VO enthält keine einheitliche Strafverfahrensord- 35

55 Joint Statement of the European Parliament, the Council of the EU and the European Commission on decentralized agencies, Anlage II zu Ratsdok. 11450/12 v. 18.6.2012, dortige Nr. 10 ff.

56 So die Aussage in ErwG 21 VO.

57 Siehe dazu auch ErwG 17 VO: „Die EUStA sollte im Interesse der Union insgesamt handeln ..."

nung. Vielmehr findet das jeweilige nationale Strafverfahrensrecht Anwendung, soweit eine Frage nicht in der VO geregelt ist (Art. 5 Abs. 3 VO; dazu näher *Herrnfeld* → § 4 Rn. 7 ff.).

36 Nicht ganz präzise ist auch die Aussage, die EUStA handele als Behörde mit „dezentralem Aufbau“: Neben den dezentral, in den Mitgliedstaaten angesiedelten DEStA (Art. 13 VO) verfügt die EUStA vor allem auch über eine „zentrale Dienststelle“ (Art. 8 Abs. 3 VO), in der neben dem Europäischen Generalstaatsanwalt und der Verwaltung auch die Europäischen Staatsanwälte (EStA) angesiedelt sind, deren Aufgabe eine zentrale Aufsichtsführung über die Ermittlungstätigkeit der DEStA ist (Art. 12 Abs. 1 VO) und die zu diesem Zweck „Ständige Kammern“ bilden (Art. 10 VO).

37 **5. Sitz der EUStA – Errichtung der EUStA in der Praxis.** Die EUStA hat ihren Sitz in **Luxemburg.** Dies ergibt sich aus der Verordnung nur indirekt aus der Bestimmung des Art. 106 Abs. 2 VO über die „notwendigen Regelungen über die Unterbringung der EUStA in Luxemburg“. Ferner wird in ErwG 121 VO Bezug genommen auf die Tagung des Europäischen Rates vom 13.12.2003 in Brüssel,[58] auf der die Staats- und Regierungschefs in der Zusammensetzung als „vereinigte Vertreter der Mitgliedstaaten“ bereits entschieden hatten, dass der Sitz einer (künftigen) EUStA „im Einklang mit den Bestimmungen des Beschlusses vom 8.4. 1965[59] festgelegt werden soll.“ Gemäß Art. 3 UAbs. 2 dieses Beschlusses 67/446/EWG, 67/30/Euratom sollten künftig alle „Organe mit richterlichen und quasi-richterlichen Aufgaben“ ... „ebenfalls in Luxemburg untergebracht“ werden. Mit der Festlegung auf Luxemburg als Sitz der EUStA folgte der Unionsgesetzgeber mithin der Qualifikation der EUStA als „quasi-richterliche“ Einrichtung.[60]

38 Am Sitz der EUStA in Luxemburg befindet sich deren **zentrale Dienststelle** (Art. 8 Abs. 3 VO). Außerhalb der zentralen Dienststelle sind die DEStA ansässig, die „im Namen der EUStA in ihrem jeweiligen Mitgliedstaat“ für die Ermittlungsverfahren und ggf. die Anklagevertretung zuständig sind (Art. 13 Abs. 1 VO). Die DEStA sollen in ihrem jeweiligen Mitgliedstaat „vollständig in die nationalen Strafverfolgungsbehörden eingebunden“ sein, die ihnen die für die Erledigung ihre Aufgaben notwendigen „Ressourcen und die Ausrüstung“ zur Verfügung stellen sollen (Art. 96 Abs. 6 S. 3 VO). In allen Mitgliedstaaten dürften die DEStA daher ihren faktischen Dienstsitz bei einer staatsanwaltschaftlichen Behörde des Mitgliedstaats haben.

39 In **Deutschland** sind die DEStA auf Länderebene in **fünf „Zentren“** angesiedelt (jeweils bei den **Generalstaatsanwaltschaften Berlin, Frankfurt am Main, Hamburg, Köln** und **München**). Daneben gibt es eine DEStA-Stelle, die am **Dienstsitz des Generalbundesanwalts** in Karlsruhe angesiedelt ist und mit der Führung von Revisionsverfahren beim Bundesgerichtshof betraut ist (§ 142b Abs. 1 S. 2 GVG). Die EUStA-VO sieht nicht vor, dass es sich bei dem jeweiligen Dienstort der DEStA um eine förmliche „Zweigstelle“ der EUStA handelt. Da jedoch eine Reihe von Vorschriften der deutschen StPO für die Bestimmung der gerichtlichen Zuständigkeit, insbesondere des Ermittlungsrichters, an den „Sitz“ der zuständigen Staatsanwaltschaft (bzw. deren „Zweigstelle“) anknüpfen (so § 162 Abs. 1 S. 1 StPO, ferner: § 100e Abs. 2 S. 1 StPO, § 101 Abs. 7 S. 1 StPO; siehe aber auch § 142 Abs. 3 Nr. 1 StPO für die Bestellung eines Pflichtverteidigers) hat der Bundesgesetzgeber mit § 3 Abs. 3 EUStAG eine ausdrückliche Regelung getroffen, wonach zwecks Anwendung der genannten StPO-Vorschriften der Dienstort des zuständigen DEStA als „Sitz“ der EUStA gilt (dazu näher *Niedernhuber* → § 7 Rn. 112). An dem so zu bestimmenden „Sitz“ wird auch festgehalten für den Fall, dass der deutsche EStA gemäß Art. 28 Abs. 4 VO entschieden hat, das Verfahren an sich zu ziehen (dazu *Herrnfeld* → § 4 Rn. 38).

58 Groeben/Schwarze/Hatje/*Wasmeier/Killmann*, EUV/AEUV/GRC Art. 86 AEUV Rn. 89 weisen zu Recht darauf hin, dass diese Entscheidung tatsächlich aber bereits beim Gipfeltreffen in Lacken am 14/15.12.2001 getroffen worden ist (siehe Schlussfolgerungen des Vorsitzes (Ratsdok. Sn 300/1/01 REV 1)).

59 Beschluss 67/446/EWG, 67/30/Euratom: Beschluss der Vertreter der Regierungen der Mitgliedstaaten über die vorläufige Unterbringung bestimmter Organe und Dienststellen der Gemeinschaften; ABl. 1967 L 152, 18.

60 Zweifelnd an dieser Einordnung: Groeben/Schwarze/Hatje/*Wasmeier/Killmann*, EUV/AEUV/GRC Art. 86 AEUV Rn. 90.

In **Österreich** ist vorgesehen, dass die DEStA bei jeder Staatsanwaltschaft im gesamten Bundesgebiet angesiedelt werden können;[61] in jedem Fall haben sie eine bundesweite Zuständigkeit (§ 4 Abs. 1 EUStA-DG). Anders als in Deutschland, knüpft das österreichische Recht für die Bestimmung des zuständigen Ermittlungsrichters (Haft- und Rechtsschutzrichter, §§ 36, 38 öStPO) nicht an den – letztlich beliebigen – Dienstort des DEStA an, sondern an den Sitz der österreichischen Staatsanwaltschaft, die nach den allgemeinen Bestimmungen (§§ 20a, 25 bis 27 StPO, §§ 197 und 198 FinStrG, § 15bVG oder § 29 öJGG) zuständig wäre (siehe § 10 EUStA-DG; mit davon abweichender Sonderregelung jedoch in § 11 EUStA-DG für die Zuständigkeit für Entscheidungen nach Art. 31 Abs. 3 UAbs. 1 VO) 40

61 Siehe Begründung des Regierungsentwurfs, EBRV 808 Blg NR 27.GP, 2.

# § 3 Aufgaben der EUStA – Rolle im System europäischer Strafverfolgung



## I. Einleitung

Gemäß Art. 86 Abs. 1 AEUV besteht die Aufgabe der EUStA in der Bekämpfung von Straftaten zum Nachteil der finanziellen Interessen der Union. Als Strafrechtspflegeorgan der EU ist sie zunächst rein repressiv angelegt. Ihr obliegt die strafrechtliche Ermittlung und Verfolgung sowie die Anklageerhebung wegen dieser Straftaten (Art. 4 VO). Die EUStA soll keine präventiv-polizeilichen Zwecke verfolgen und auch kein Monitoring der Transposition und Durchsetzung des EU-Finanzschutzrechts in den Mitgliedstaaten betreiben. Diese Aufgabe bleibt der Kommission überlassen. Gleichwohl besteht der Hauptauftrag der EUStA darin, zu einer besseren Durchsetzung des EU-Finanzschutzrechts beizutragen. 1

Die Errichtung der EUStA ist weniger Sinnbild erfolgreicher Integration und einer immer enger werdenden Union als vielmehr Eingeständnis, dass eine substantielle Zahl von Mitgliedstaaten den Finanzhaushalt der EU bis heute nicht wirksam gegen Betrügereien schützt[1] und es auch insgesamt an der notwendigen Gleichmäßigkeit von Rechtsanwendung und Rechtsdurchsetzung fehlt. Derartige Defizite betreffen die **Leistungsfähigkeit der Union** in ihrem Kern und könnten damit mittelfristig auch ihren Legitimationsanspruch gegenüber den Unionsbürgern berühren. Diese Perspektive lässt die genuin europäische Natur des Rechtsguts sichtbar hervortreten. Sie unterstreicht, warum dessen Schutz durch europäische Einrichtungen schon kraft Sachzusammenhangs indiziert ist und sich bei Versäumnissen im indirekten Vollzug auf nationaler Ebene als unerlässlich herausstellen kann. 2

Die in diesem Bereich schon länger operierenden EU-Einrichtungen OLAF, Eurojust und Europol haben es (schon mangels ausreichender Zuständigkeiten und Befugnisse) nicht vermocht, die Missstände abzustellen oder wenigstens zu kompensieren.[2] Es erscheint daher sachgerecht, wenn eine EU-Strafverfolgungsbehörde mit substantiellen, autonomen Ermittlungs- und Verfolgungsbefugnissen als **Sachwalterin supranationaler Interessen** und mithin als Advokatin aller Unionsbürger die Durchsetzung von Loyalität gegenüber der Union selbst in die Hand nehmen und zugleich für die effektivitätsnotwendige Einheitlichkeit der Ahndung sorgen soll. Die EUStA füllt damit eine gravierende Lücke im institutionellen Dispositiv der EU zum Schutz ihrer Finanzen. Sie hat dabei zwei unterschiedliche Missionen unter einem Dach zu erfüllen.[3] Sie muss bei nationalen Fällen für eine effektive Verfolgung von PIF-Delikten (*protection des intérêts financiers de l'Union*) auf nationaler Ebene sorgen und hierbei einen europäischen Effektivitätsmaßstab anlegen (Harmonisie- 3

---

1 Vgl. auch ErwG 3 VO.

2 *Rheinbay*, Die Errichtung einer Europäischen Staatsanwaltschaft, 2014, 3 ff. Weder OLAF noch Eurojust können Strafverfahren eigenständig einleiten oder führen. Diese Kompetenz ist nationalen Strafverfolgungsorganen vorbehalten, die gegenüber EU-Agenturen auch nicht weisungsgebunden sind.

3 Dazu auch *Giuffrida* eucrim 2017, 149 (150 f.).

rung, positive Generalprävention). In grenzüberschreitenden Fällen muss sie die Zusammenarbeit bei der Verfolgung koordinieren und effektivieren, damit die Verfolgung wirksam und hinreichend einheitlich erfolgt. Der Erfolg der EUStA wird entscheidend davon abhängen, ob es ihr gelingt, das offenkundige Durchsetzungsdefizit zu beseitigen und damit den handfesten Nachweis eines *added value* europäischer Strafverfolgung zu erbringen, nicht zuletzt, um die anhaltende Subsidiaritätskritik zum Verstummen zu bringen. Dazu hat sie nicht weniger als eine unionsweite Erhöhung und Angleichung des Verfolgungs- und Sanktionsniveaus zu besorgen und die Ungleichbehandlung vergleichbarer Sachverhalte zu beenden.[4]

4 Die EUStA steht damit unter hohem Erwartungsdruck, in einem **schwierigen institutionellen Umfeld** einen Mehrwert zu schaffen. Denn bei der Bewältigung ihrer Aufgaben ist die EUStA aufgrund ihrer Struktur, ihrer Errichtung im Wege Verstärkter Zusammenarbeit und dem (anders als es der Titel dieses Beitrags suggeriert) Fehlen eines kohärenten, integrierten Systems europäischer Strafverfolgung gleich mehrfach gehandicapt. Um auf ihrer Mission erfolgreich sein zu können, wird die EUStA weit über Standardfunktionen einer Staatsanwaltschaft hinausgehend in verschiedene Rollen schlüpfen müssen, um die Rahmenbedingungen für ihr eigenes effektives Wirken zu schaffen.

5 Durch ihre Eigenschaft als Verfolgungsbehörde und ihre dezentrale Struktur ist die EUStA bei der wirksamen Durchsetzung der Finanzinteressen funktional limitiert. Sie wird das Fehlen eines EU-Strafgerichts und einer eigenen Unionsstrafrechtspflege nur schwer kompensieren können, da die Entscheidungshoheit bei nationalen Gerichten liegt und es vermutlich nicht selten einiger „Erziehungsarbeit" bedürfen wird, um den Gerichten (und zunächst den DEStA) die Implikationen ihrer Rolle als funktionale Unionsorgane nahezubringen. Bei der Wahrnehmung dieser Überzeugungsfunktion werden voraussichtlich auch die inneren Spannungen des Doppelhutmodells zutage treten. Ob sich die nationalen DEStA als Sachwalter supranationaler Interessen bewähren, dürfte auch vom institutionellen Aufbau und Rang des nationalen EUStA-Ablegers sowie von Rollenselbstverständnis und Ausbildung der Staatsanwälte abhängen.

6 Noch komplizierter dürfte sich die Kooperation mit nationalen Polizeibehörden gestalten. Nach ErwG 69 VO soll die EUStA für die Durchführung von Zwangsmaßnahmen die nationalen Behörden einschließlich der Polizeibehörden in Anspruch nehmen. Echte Weisungs- und Gestaltungsmöglichkeiten räumt ihr die Verordnung dabei nicht ein. Die VO verweist die DEStA in Art. 13 Abs. 1 und Art. 28 Abs. 1 auf ihre allgemeinen Befugnisse als nationale Staatsanwälte, woraus sich beträchtliche Unterschiede im Ermittlungsverlauf zwischen den teilnehmenden Staaten ergeben können. Einziges supranationales Druckmittel ist der **Grundsatz der loyalen Zusammenarbeit.** Die EUStA wird für die Ausführung ihrer Anordnungen und die Effizienz der Zusammenarbeit daher stark auf den Goodwill der Behörden angewiesen sein, da diese durchaus über Mittel verfügen, die Bemühungen der EUStA auszubremsen oder ins Leere laufen zu lassen.

7 Dies gilt erst recht gegenüber den Behörden nicht-teilnehmender Staaten, auf deren loyale Kooperationsbereitschaft aber nicht unbedingt zu zählen ist, da es nicht selten die den Verfolgungsdefiziten zu Grunde liegenden gesellschaftlichen und politischen Verhältnisse waren, die sich zumindest in einigen Ländern in einer Ablehnung der Beteiligung an der EUStA niederschlugen. Es wird daher abzuwarten sein, wie sich die zuständigen Behörden in diesen Ländern künftig verhalten. Die EUStA hat die Aufnahme von Verfolgungsmaßnahmen sowie die Einhaltung gemeinsamer Standards aber jedenfalls nicht selbst in der Hand.

---

4 Diese Kritikpunkte waren das ausschlaggebende rechtspolitische Anliegen hinter der Errichtung der EUStA, vgl. Commission Staff Working Paper to the European Parliament, the Council, the European Economic and Social Committee and the Committee of the Regions accompanying the document Communication from the Commission on the protection of the financial interests of the European Union by criminal law and by administrative investigations: An integrated policy to safeguard taxpayers' money, SEK(2011) 621, 12 endg.; Vorschlag für eine Richtlinie des EP und Rates über die strafrechtliche Bekämpfung von gegen die finanziellen Interessen der Europäischen Union gerichtetem Betrug, COM(2012) 363 endg., 4; Commission Staff Working Paper Impact Assessment (Part I), Accompanying the document Proposal for a Directive of the European Parliament and of the Council on the protection of the financial interests of the European Union by criminal law, SWD(2012) 195endg., 16, 23; *Bock* in Ambos/Bock, Aktuelle und grundsätzliche Fragen des Wirtschaftsstrafrechts, 2019, 155 (164).

Die Dezentralisierung hat ferner zur Folge, dass grenzüberschreitende Verfahrenskomplexe nicht einheitlich innerhalb eines auch verfahrensrechtlich integrierten Rechtsraums verfolgt werden können. Die Idee des *single legal area*[5] mag als Leitmotiv weiter aktuell sein, findet in den gegenwärtigen Strukturen und Rechtsgrundlagen aber nur höchst punktuell Anklang. Die EUStA wird daher vielfach und vielgestaltig auf Kooperation mit anderen Unionsagenturen angewiesen sein, um die verfolgungstechnischen Konsequenzen fortbestehender Grenzen abzumildern sowie nicht-teilnehmende und Drittstaaten einzubinden. Obwohl die EUStA die etablierten Unionsakteure mit der Wahrnehmung ihrer Aufgaben funktionell ergänzen soll, muss sie bei ihrer Ausführung (scheinbar paradox) eng mit OLAF, Eurojust und Europol zusammenwirken, um dies auch praktisch bewerkstelligen zu können (dazu *Brodowski* → § 8 Rn. 30 ff.). 8

Als weitere Herausforderung (aber auch Chance) dürfte sich hier erweisen, dass vor allem OLAF und Eurojust materiell, funktional und territorial breitere Mandate haben als die EUStA. Infolge der verstärkten Zusammenarbeit wird die EUStA auch mit autonomen nationalen Verfolgungsbehörden interagieren und Fliehkräfte am Rande ihres einheitlichen Verfolgungsraums bändigen müssen. Die Zusammenarbeit wird daher variabel danach zu gestalten sein, ob nicht-teilnehmende Staaten involviert sind oder nicht. OLAF und Eurojust werden im erstgenannten Fall mehr Verantwortung übernehmen müssen, als es im Grundkonzept der EUStA vorgesehen ist. 9

Diese **komplexen Kooperationsverhältnisse** erfahren mit der EUStA-VO nur eine rudimentäre Regelung. Die Kooperation mit anderen Agenturen und nicht-teilnehmenden sowie Drittstaaten wird daher im laufenden Prozess konkretisiert und rechtlich ausgestaltet werden müssen. Diese variable Geometrie der Interaktion stellt erhebliche Anforderungen an das Fallmanagement wie auch an die Ausgestaltung der jeweiligen interinstitutionellen Vereinbarungen zwischen den Agenturen. Die EUStA muss lernen, diese Kooperationsbeziehungen gekonnt zu administrieren und zu dirigieren. 10

Ob die EUStA sich daher tatsächlich als **Nukleus eines supranationalen Strafrechtspflegesystems** erweisen wird, bleibt abzuwarten. Erwachsen kann ein solches nur dann, wenn der EUStA eine wirksame, kohärente Zusammenarbeit mit den Unionsagenturen gelingt, deren Arbeit sie komplementiert, und wenn sie trotz Dezentralisierung ein einheitlich-grenzübergreifendes Vorgehen realisieren kann. 11

Die Rolle der EUStA innerhalb des Kosmos europäischer Strafverfolgung wird danach entscheidend davon geprägt sein, wie sie ihre materiellen und prozessualen Zuständigkeiten und Funktionen innerhalb des bestehenden Rechtsrahmens und vor dem Hintergrund ihrer *Raison d'être* und Grundstruktur interpretiert und zu erfüllen versucht. Mit Spannung wird auch abzuwarten sein, ob die EUStA sich auf ein enges, technisches Mandatsverständnis beschränkt oder als erste echte unionale Strafjustizbehörde mit mehr Sendungsbewusstsein auftritt und zu einem gewichtigen rechtspolitischen Akteur reift. Einen festen Weg scheint die EUStA-VO in diesen Fragen nicht vorzuzeichnen. 12

## II. Materieller Aufgabenkreis

**1. Strafverfolgung von EU-Finanzschutzdelikten.** Wesen und Wirken der EUStA im Gesamtgefüge europäischer Strafverfolgung werden naturgemäß stark von ihrem Aufgabenkreis geprägt sein. Nach AEUV und EUStA-VO ist sie als Spezialbehörde für Finanzdelikte konzipiert. Sie ist keine Universal-Strafverfolgungsbehörde zum Schutz des Raums der Freiheit, der Sicherheit und des Rechts, sondern verfolgt eine eng umrissene, eindimensionale Mission.[6] Materiell ist ihr Beritt durch die Richtlinie 2017/1371 des Europäischen Parlaments und des Rates vom 5.7.2017 über die strafrechtliche Bekämpfung von gegen die finanziellen Interessen der Union gerichtetem Betrug[7] 13

5 Art. 25 Abs. 1 des ursprünglichen Kommissionsvorschlags.

6 *Legal*, EPPO's Raison d'Être: The Challenge of the Insertion of an EU Body in Procedures Mainly Governed by National Law, in Geelhoed/Erkelens/Meij (Hrsg.), Shifting Perspectives on the European Public Prosecutor's Office, 2018, 189 (190): "judicial arm of the protection of the financial interests of the Union", "procedural arm of the policy".

7 ABl. 2017 L 198 L, 29; 2017 L 350, 50.

sowie die EUStA-VO abgesteckt (*Herrnfeld/Brodowski* → § 5 Rn. 9 ff.).[8] Sie hat es nicht in der Hand, den Begriff der EU-Finanzschutzdelikte als autonomen Begriff des Unionsrechts selbst zu prägen, im Gleichschritt mit Mutationen der Verbrechenstypologie zu transformieren oder jenseits des in der EUStA-VO eingeräumten Ermessens die Verantwortlichkeiten in überlappenden Zuständigkeitsbereichen gegenüber den Mitgliedstaaten nach Effektivitätsgesichtspunkten abzustecken. Vielmehr wird sich die EUStA zumindest ausgehend von ihrem Kernauftrag in einer anderen Rolle wiederfinden. Obgleich die zu schützenden finanziellen Interessen der EU in allen Unionsstaaten dieselben sind und Art. 86 AEUV die Idee eines einheitlichen Schutzsystems zu Grunde liegt, wird sich die EUStA als Konsequenz der Definierung ihrer materiellen Zuständigkeiten per Richtlinie mit 22 unterschiedlichen nationalen Umsetzungsgesetzgebungen konfrontiert sehen. Aufgrund der Verstärkten Zusammenarbeit wird sie selbst zudem von vornherein nur in den teilnehmenden Mitgliedstaaten ein einheitliches supranationales Vorgehen sicherstellen können.

14 Um ihren Kernauftrag wirksam erfüllen zu können, muss die EUStA durch ihre Verfahrensführung und Anträge für **hinreichend einheitliche Rechtsanwendung der PIF-Richtlinie** sorgen und ggf. auf Vorlage an den EuGH drängen, sobald Klärungsbedarf erwächst.[9] Als Strafverfolgungsbehörde hält sie die Fäden indessen nicht selbst in der Hand, sondern ist gleich doppelt auf konstruktive Zusammenarbeit mit den nationalen Gerichten angewiesen, einerseits bei der Übernahme einer annähernd einheitlichen Linie und andererseits hinsichtlich einer etwaigen Vorlage.[10]

15 Zu dieser wirklich relevanten europäischen Dimension der Verfolgung von PIF-Delikten schweigt sich die EUStA-VO weitgehend aus.[11] Sie sieht als eindeutiges Zugeständnis an die Mitgliedstaaten eine föderale Kompetenz und ein föderales Ermittlungsgebiet, aber einen nationalen Prozess vor. Zwar unterliegen alle Akteure auf nationaler Ebene bei PIF-Delikten einer Pflicht zur effektiven Kooperation gegenüber der Union.[12] Doch begünstigt die dezentrale Struktur, dass supranationalen Anliegen auf nationaler Ebene der Wind aus den Segeln genommen oder ein eigener nationaler Kurs abgesteckt werden kann. Ob die gewählte Konstruktion funktioniert und welche Rolle die EUStA innerhalb der europäischen Strafverfolgung spielen kann, hängt mithin ganz entscheidend davon ab, ob nationale Gerichte und andere relevante Behörden verstehen respektive akzeptieren (wollen), dass sie Teil des indirekten Vollzugs von Unionsrecht sind, und daraus die richtigen Schlussfolgerungen ziehen,[13] nicht zuletzt indem ausreichende Ressourcen für EUStA-Ermittlungen innerhalb der nationalen Rechtspflege zugänglich gemacht werden.

16 Der EUStA wächst damit auch eine edukative Funktion zu. Sie muss einen **moderaten Systemwandel** anstoßen und konstruktiv begleiten, wobei vorsichtig tastendes, rechtskulturell sensibles Vorgehen gefragt sein wird. Sie wird vor die Herausforderung gestellt sein, unionsrechtliche Bedürfnisse und nationale Eigenheiten, Traditionen oder kriminalpolitische Ansätze auszutarieren, um eine hinreichend effektive Verfolgung sicherzustellen, ohne (ggf. verfassungsrechtlich zu achtende)

---

8 *Magnus*, Die endgültige EU-Verordnung zur Europäischen Staatsanwaltschaft – Der große Wurf?, HRRS 2018, 143 (146 ff.); *Staffler* ZfRV 2018, 52.

9 S. dazu EuGH, Empfehlungen an die nationalen Gerichte bzgl. der Vorlage von Vorabentscheidungsersuchen, ABl. 2019 C 380, 1, Rn. 12 ff.

10 *Mitsilegas*, The European Public Prosecutor's Office facing National Legal Diversity, in Nowak (Hrsg.), The European Public Prosecutor's Office and National Authorities, 2016, 11 (19), spricht von "ownership of the process".

11 Dazu auch *Luchtman/Vervaele*, Criminal investigation and the prosecution by a European public prosecutor's office in the EU, in Christensen/Levi (Hrsg.), International Practices of Criminal Justice, 2018, 193 (210).

12 *Van der Stroom*, APARIUZ 2018, 389 (390).

13 *Meyer*, wistra 2017, 209 ff., 249 ff. Vor allem ist es in dieser Struktur essenziell, dass die nationalen Gerichte und Polizeibehörden begreifen, dass sie ein supranationales ius puniendi ausüben, und dessen Implikationen verstehen und danach handeln lernen. *Wade* weist zu Recht darauf hin, dass eine Behebung des Durchsetzungsdefizits mit dieser Struktur eher nicht zu erwarten ist, The European Public Prosecutor: Controversy Expressed in Structural Form, in Rafaraci/Belfiore (Hrsg.), EU Criminal Justice, 2019, 165 (174 f.). In ihr sei eine sehr weitreichende Rücksichtnahme auf das nationale Recht angelegt, die der Entstehung und Anerkennung europäischer Ansätze nicht zuträglich sei. Sie merkt ebenfalls zutreffend an, dass der Erfolg vielfach auch von den beteiligten Berufsträgern abhängen dürfte, 177.

Diversität zu ersticken oder deren Potenziale für die Zielerreichung (auf ggf. national verschiedenen Wegen) ungenutzt zu lassen.[14]

In dieser Hinsicht sind zwei besondere PIF-spezifische Aspekte zu beachten. Zum einen ist zu fragen, inwiefern im Bereich der Finanzdelikte aufgrund der Zusammensetzung des EU-Haushalts **Interessengleichklang oder Dissonanzen** zwischen EU-Interesse und nationalem Interesse an effektivem Finanzschutz zu erwarten sind. Auf der Ausgabenseite erscheint der natürliche Vorrang des Unionsinteresses klar. Doch kommt es auch auf Ausgabenseite nicht selten zu einer Auskehrung von Mitteln über nationale Stellen und zu einer Kopplung mit nationalen Ausgabenprogrammen, was zu einer Verquickung der Interessen führt. Auf Einnahmenseite ist die Lage weniger klar und quellenabhängig. Dies trifft insbes. dort zu, wo die Union Bruchteile nationaler Einnahmen erhält, die primär im nationalen Interesse erhoben werden. Dem tragen aber gerade einige Ausübungsschranken Rechnung, sodass die EUStA ohnehin erst tätig werden darf, wenn ein erhebliches Unionsinteresse besteht (*Herrnfeld/Brodowski* → § 5 Rn. 70 ff.). Zum anderen ist die sehr spezifische Aufgabenstellung in ihren Konsequenzen zu hinterfragen. 17

Die EUStA ist eine **Spezialstaatsanwaltschaft**, die materiell-rechtlich einseitig auf die wirksame Verfolgung einer bestimmten Policy verpflichtet ist. Von den Entscheidungen nationaler Justizbehörden wird indessen nicht selten erwartet, dass sie Verfahrensziele und das öffentliche Interesse gesamthaft bewerten und nicht a priori einer Deliktsklasse den Vorrang einräumen. Auch hier bleibt gespannt abzuwarten, wann die Effektivität des Finanzschutzes zurückzustehen hat.[15] Die EUStA wird also auch kluges Diversitätsmanagement betreiben müssen. Eine ambivalente Schlüsselrolle dürften dabei die DEStA spielen. Da sie als nationale Staatsanwälte fest in nationalen Strukturen und Denktraditionen verwurzelt sind, erscheint es auf den ersten Blick schwer vorstellbar, wie hier ein Europäischer Korpsgeist gedeihen soll.[16] Umgekehrt sitzen sie an der entscheidenden Schnittstelle, um Unionsinteressen in Verfahren sichtbar werden zu lassen und ggf. auch anders gelagerte nationale Bedürfnisse zu vermitteln. 18

Noch schwerer dürfte es der EUStA fallen, das für effektiven Finanzschutz unerlässliche **unionsweite Äquivalenzmanagement** zwischen den teilnehmenden Staaten zu betreiben. Insofern wird eine sachzielorientierte Auslotung divergierender Implementierungsansätze (Diversitätsmanagement) auch zwischen unterschiedlichen mitgliedstaatlichen Ansätzen betrieben werden müssen. Was in der Theorie einleuchtet, dürfte sich in der Praxis aber als Herkulesaufgabe erweisen. Nur wenige Juristen dürften bei realistischer Betrachtung über die Rechtskenntnisse verfügen, um die funktionale Äquivalenz verschiedener nationaler Lösungsmuster vergleichen zu können. Dafür fehlt es schon an einer fixen Messlatte für die Effektivitätsbetrachtung. Auch ist letztlich unklar, wie viel Diversität die Rechtsgrundlagen der EUStA zulassen. Die EUStA wird damit selbst kreativ werden müssen, um Partikularisierung und dem Ins-Leere-Laufen von europäischen Ansätzen entgegenzuwirken. Auch diesbezüglich ist freilich daran zu erinnern, dass die EUStA kein Gericht ist und nicht ihr eigenes EU-PIF-*Common Law* zu schaffen vermag. Vielmehr bleibt sie auf nationale Gerichte angewiesen. 19

---

14 Vgl. *Wasmeier*, The Choice of Forum by the European Public Prosecutor, in Erkelens/Meij/Pawlik (Hrsg.), 139 (140): "Since it is part of the Area of Freedom, Security and Justice (AFSJ), the Union legislator has an enhanced obligation to respect the different legal systems and traditions of the Member States, as expressed in Article 67(1) TFEU which goes beyond the general principle in Article 4(2) TEU".

15 Die Regelung zur sachlichen Zuständigkeit etwa für untrennbar verbundene Delikte (Art. 22 Abs. 3 VO) löst dieses Problem nicht.

16 *Sicurella* NJECL 2017, 497 ff., empfiehlt vor dem Hintergrund dieser Herausforderungen gezielte Schulungen von Praktikern, um wechselseitiges Verständnis für nationale Rechtskulturen zu wecken und den Boden für das Entstehen einer gemeinsamen europäischen Rechtskultur zu bereiten. Es müssten aber wohl vor allem auch die Eigenarten und Verpflichtungen des Unionsrechts vermittelt werden. Nur dann kann die EUStA hoffen, zur Keimzelle einer europäischen Rechtskultur zu werden, die supranationale Interessen effektiv unter Wahrung rechtskultureller Diversität und Rücksichtnahme auf nationale Besonderheiten verwirklicht.

20 Bei der Verfolgung **supranationaler Akkordierungsanliegen** könnte die EUStA auf ähnliche Widerstände stoßen wie in ihrer Konzeptionsphase.[17] Wenn Mitgliedstaaten ihre Gefolgschaft unterschwellig oder gar offen verweigern, geraten Effektivität und Legitimität der EUStA in Gefahr. Dies müsste die EUStA wohl bei der Ausbalancierung von Effektivität und Diversität sorgfältig reflektieren. Damit nicht der Eindruck von *power grabbing* entsteht, muss die nationale Ebene konstruktiv eingebunden werden, wofür eine verständige Interaktion zwischen zentraler und dezentraler Ebene innerhalb der EUStA die Voraussetzung bildet, damit ungewünschten Schulterschlusseffekten (der DEStA mit anderen nationalen Strafverfolgern) vorgebeugt wird. Indessen ist die Wahrnehmung von Richtlinienkompetenz und Gesetzeskonkretisierungsfunktion innerhalb der EUStA in einer Weise ausgestaltet, die der dezentralen Struktur und der Dominanz nationaler Akteure auf Strafverfolgungsebene nur bedingt Rechnung trägt. Die EUStA-VO sieht das Kollegium in der Rolle des *Policy-makers*. Das Kollegium hat eine allgemeine Strafverfolgungsstrategie der EUStA zu entwickeln und die Voraussetzungen für eine kohärente, effiziente und einheitliche Umsetzung zu schaffen (Art. 9 Abs. 1 und 2 VO, Art. 6 EUStA-GO). Dies soll primär durch Leitlinien geschehen, die auf Grundlage von Art. 11 der Geschäftsordnung[18] erlassen werden.[19] Damit das gelingt und hinreichende Einheitlichkeit und Äquivalenz bei gebotener Diversität gefördert wird, müssen sich gleich mehrere, ineinandergreifende *feedback loops* als produktiv erweisen (vgl. Art. 10 Abs. 4 lit. c VO, Art. 12 Abs. 5 VO). Die Geschäftsordnung räumt dazu zB den Ständigen Kammern die Möglichkeit einer schriftlichen Vorlage beim Kollegium ein (Art. 21 Abs. 2 EUStA-GO). Die Berichterstattung über Ermittlungen und deren Überwachung sind in Art. 44 bzw. Art. 45 EUStA-GO geregelt.

21 Rechtspolitisch weniger heikel, aber institutionell schwerer wird es sein, die nicht-teilnehmenden Staaten auf eine gemeinsame Linie einzuschwören. Auch sie sind durch die PIF-Richtlinie gebunden und stehen damit sekundärrechtlich sowie primärrechtlich gem. Art. 4 Abs. 3 EUV und Art. 325 AEUV in der Pflicht, für einen wirksamen Schutz zu sorgen.[20] Diesbezügliche Standards und *best practices*, die von der EUStA zu etablieren und zu identifizieren sind, ließen sich zwar nicht unmittelbar durchsetzen, würden aber vermittelt über den Effektivitätsgrundsatz bindend werden. Trotz dieser institutionellen Limitierung, die der Verstärkten Zusammenarbeit immanent ist, wäre dies ein vielversprechender Weg; allerdings setzt er voraus, dass sich die EUStA nicht in den Details des Einzelfalls auf nationaler Ebene verliert, sondern ihre **potenzielle Wirkmacht als *standard setter*** erkennt und damit verbunden abstrakt-generelle Maßstäbe erarbeitet.

22 **2. Rollenwandel – Von Spezial- zur Universalbehörde?** Zentrale Aufgabe der EUStA ist der strafrechtliche Schutz der EU-Finanzinteressen. Sie determiniert ihre Rolle innerhalb der europäischen Strafverfolgung. Eine Ausweitung des EUStA-Mandats würde insofern auch einen Rollenwandel mit sich bringen, den es im Vorfeld einer Kompetenzerweiterung zu bedenken gölte. Art. 86 Abs. 4 AEUV sieht die Möglichkeit einer solchen **Erweiterung ihres Aufgabenkreises** auf schwere grenzüberschreitende Kriminalität anderer *Couleur* ausdrücklich vor (*Herrnfeld* → § 2 Rn. 12).[21] Erste Vorschläge sind hier bereits verbalisiert worden.[22] Vor allem bei grenzüberschreitenden terroristi-

17 *Ligeti/Weyembergh*, The European Public Prosecutor's Office: Certain Constitutional Issues, in Erkelens/Meij/Pawlik (Hrsg.), 53 (74 f.), mit pointiertem Überblick zu Widerständen gegen stärker supranationale, verfahrensrechtlich harmonisierte Modelle.

18 Geschäftsordnung der Europäischen Staatsanwaltschaft, ABl. 2021 C 22, 3; ergänzt mit College Decision 085/2021 vom 11. August 2021.

19 ZB Operational Guidelines on Investigation, Evocation Policy and Referral of Cases, College Decision 029/2021.

20 *Pawelec*, Implications of Enhanced Cooperation for the EPPO Model and its Functioning, in Erkelens/Meij/Pawlik (Hrsg.), 209 (216 f.): Pflichten nicht-teilnehmender Staaten zur Anerkennung und Kooperation mit der EUStA aus Art. 3 Abs. 3 und Art. 4 Abs. 3 EUV, Art. 327 AEUV.

21 *Rheinbay* 113 ff. Dies entspricht im Wesentlichen den in Art. 83 Abs. 1 AEUV genannten Deliktsgruppen oder sonstigen Kriminalitätsfeldern, die einen grenzüberschreitenden Charakter haben oder einer gemeinsamen transnationalen Bekämpfung bedürfen.

22 EU Kommission, COM(2018) 641 endg.: Terrorismus; Emmanuel Macron, Initiative pour l'Europe – Discours d'Emmanuel Macron pour une Europe souveraine, unie, démocratique, 26.9.2017; Jean-Claude Juncker, State of the Union Address, Strasbourg, 13.9.2017; Mitteilung der Kommission an das EP und den Europäischen Rat, „Ein Europa, das schützt: eine Initiative zur Ausweitung der Zuständigkeiten der Europäischen Staatsanwaltschaft

schen Straftaten wird die EUStA als neuer Sicherheitsakteur ins Spiel gebracht. Gleichwohl ist darauf hinzuweisen, dass es erhebliche qualitative Unterschiede zwischen Finanzschutzdelikten und der in Absatz 4 umrissenen Kriminalität zu beachten gilt. Auch wenn es phänomenologisch und in der Verbrechenspraxis Verflechtungen und Überlappungen geben mag, handelt es sich bei den in Art. 83 Abs. 1 AEUV aufgeführten Delikten der Sache nach um sog *transnational criminal law* (dh die Vereinbarung nationaler Vorschriften zur besseren Bekämpfung von Kriminalität mit grenzübergreifenden Wirkungen ohne materielle Unionsbezüge) und kein echtes supranationales Strafrecht, wie es Richtlinie 2017/1371 und von der theoretischen Anlage her Art. 83 Abs. 2 AEUV insgesamt verkörpern.[23] Es wird nicht selten an einem einheitlichen unionsrechtlichen Rechtsgut und einem unionsrechtlichen Bedürfnis nach einheitlicher Verfolgung fehlen.[24] Da die Delikte (gerade im Bereich des **Terrorismus**) stark von nationalen Eigenheiten geprägt sind, steht schon die strukturelle Eignung der EUStA zur Verfahrensführung infrage. Auch ein hinreichend vergleichbarer Entstehungshintergrund ist nur bedingt auszumachen. Einerseits ist eine weitergehende Integration von der Mehrheit der Mitgliedstaaten überhaupt nicht gewünscht. Andererseits ist nicht ersichtlich, dass die Übertragung von Verfolgungsaufgaben zur Bekämpfung schwerer grenzüberschreitender Kriminalität an die EUStA einen Effektivitätsschub auslösen würde oder in dieser Form unerlässlich wäre. Vielmehr dürften die institutionellen und kulturellen Hürden innerhalb der EUStA sehr hoch sein, wollte man aus einer Finanzschutzbehörde plötzlich eine Sicherheitsbehörde machen. Hierzu bedürfte es anderer (sekundärrechtlich zu verankernder) Ermittlungsstrukturen und Kooperationen inklusive einer Neuverhandlung der Arbeitsvereinbarungen mit den anderen Unionsagenturen.[25]

Anders könnte es sich mit **Umweltdelikten** verhalten.[26] Auch hier handelt es sich um ein echtes 23
europäisches Schutzgut, das weitgehend harmonisiert ist und schon jetzt unerlässlichen strafrechtlichen Schutz genießt.[27] Anders als den Finanzinteressen ist seinem Schutz aber keine besondere Behörde gewidmet. Grenzüberschreitend operierenden Tätergruppen können Eurojust und Europol nur begrenzt entgegentreten. Auch auf nationaler Ebene werden ähnliche Vollzugsdefizite ausgemacht.[28]

Das Erfordernis der einstimmigen Zustimmung aller Mitgliedstaaten im Rat (nach Einholung 24
der Zustimmung des Parlaments)[29] macht indessen jegliche – potenziell sogar sehr weitreichende – Zuständigkeitserweiterung mittelfristig bereits aus politischen Gründen unwahrscheinlich. Die EUStA wird daher bis auf weiteres eine Spezialbehörde für Finanzdelikte bleiben.

---

auf grenzüberschreitende terroristische Straftaten", 12.9.2018, COM(2018) 641 endg.; *Martin-Genier*, L'Europe – A-t-elle un avenir? Une approche critique de la construction européenne, 2019, 294: Kompetenzerweiterung auf Terrorismus, um institutionelle Stärken der EUStA für europaweites Handeln in wichtigen Fällen zu mobilisieren und die EUStA zu einem wichtigen Sicherheitsakteur zu machen; dazu schon *Brodowski* ZIS 2018, 493 (496); s. auch *ders.* ZIS 2020, 285 (287): Korruption und Geldwäsche; *Giuffrida* eucrim 2017, 149; *di Francesco Maesa* eucrim 2017, 156, 158 f.; für organisierte Kriminalität auch http://www.europarl.europa.eu/news/en/press-room/20190319IPR31924/european-public-prosecutor-s-office-should-fight-terrorism-say-meps.

23 Zu den Unterschieden *Meyer* ZStW 123 (2011), 1 (18 ff., 33 ff.).

24 Vgl. auch kritisch *Lohse*, The European Public Prosecutor: Issues of Conferral, Subsidiarity and Proportionality, in Erkelens/Meij/Pawlik (Hrsg.), 165 (175).

25 Die Kooperation mit OLAF wäre in diesem Bereich schon aufgrund von dessen begrenzter Zuständigkeit limitiert, während bzgl. anderer Sicherheitsakteure neue Grundlagen geschaffen werden müssten. Hierbei erwüchse dann als neue Herausforderung, eine grundrechtskonforme Regelung des Transfers von Informationen zwischen Justizbehörden und Geheimdiensten zu treffen.

26 *De Angelis* eucrim 2019, 272 (274 f.).

27 Interessanterweise scheint aber auch OLAF Kapazitäten zur Verfolgung von Finanzdelikten im Umweltbereich aufzubauen und zu priorisieren, *Hofmann/Stoykov* eucrim 2019, 268 (270).

28 *De Angelis* eucrim 2019, 272 (274 f.).

29 An diesem primärrechtlichen Erfordernis ändert auch der Umstand nichts, dass die EUStA im Modus der vZA errichtet wurde.

## III. Verfolgungstechnische Aufgaben nach der EUStA-VO

25 **1. Aufgaben und rollenbedingte Besonderheiten.** Die EUStA-VO weist der EUStA verschiedene rollenprägende verfolgungstechnische Aufgaben zu und verteilt diese zugleich auf verschiedene Verantwortungsebenen.[30] Die Hauptaufgabe der EUStA liegt in der **strafrechtlichen Ermittlung, Verfolgung und ggf. Anklageerhebung wegen Straftaten zum Nachteil der finanziellen Interessen der EU** vor nationalen Gerichten (Art. 4 VO). Hierfür zeichnet primär die dezentrale, nationale Ebene verantwortlich (Art. 8 VO). Ihr obliegt die Verfahrensdurchführung vor Ort.

26 Demgegenüber hat die EUStA ausweislich Art. 4 Abs. 2 VO keine Zuständigkeit im Strafvollstreckungsverfahren. Ihre Aufgabe endet mit dem endgültigen Abschluss des Verfahrens.

27 Anders als in geschlossenen nationalen Systemen schließt die Aufgabe der Strafverfolgung innerhalb eines **transnationalen Mehrebenensystems** auch die **Organisation, Koordinierung, Lenkung, Supervision und Kontrolle der Verfahren** durch die zentrale Behördenebene ein, nicht zuletzt auch deshalb, weil die EUStA als einheitliche supranationale Behörde konstruiert ist. Dies betrifft insbes. auch die Prüfung und Zuweisung des Gerichtsstands und damit verbunden die Allokation und Mediation zwischen nationaler und zentraler Ebene sowie die Verteilung von Strafverfolgungsaufgaben bei grenzüberschreitenden Sachverhalten zwischen verschiedenen Jurisdiktionen. Ferner sind Kommunikations- und Lenkungsmechanismen zwischen zentraler und dezentraler Ebene einzurichten, welche die Natur als einheitliche Behörde mit Leben und Struktur füllen und eine einheitliche Verfahrensführung ermöglichen.

28 In gleichermaßen starkem Kontrast zu nationalen Verfahren obliegt es der EUStA, wie bereits zuvor angeklungen, für eine unionsweit wirksame und dementsprechend hinreichend **einheitliche Verfolgung** solcher Delikte Sorge zu tragen. Sie muss eine supranationale Aufgabe in einem wegen Verstärkter Zusammenarbeit und dezentraler Verfahrensführung fragmentierten Raum erfüllen. Hierzu gilt es einerseits, einen einheitlichen Ansatz bzw. eine kohärente Verfolgungsstrategie zu entwickeln, andererseits aber auch die Grenzen zulässiger, insbes. effektivitätswahrender Diversität und funktionaler Äquivalenz auszuloten. Das betrifft zB die Frage, ob bzw. inwiefern die in der EU vorfindbaren unterschiedlichen Ermessens- und Opportunitätsmodelle[31] überformt werden oder gem. Art. 4 Abs. 2 EUV zu akzeptierende Grenzen ziehen. Es muss eruiert werden, wie Effektivität gesichert, Friktion vermieden und gleichzeitig nationalen Unterschieden und Besonderheiten adäquat Genüge getan werden kann.[32] Dementsprechend sind die **Leitlinien für die Verfolgungspraxis und das Monitoring** verfahrens- und länderübergreifend anzulegen, aber mit ausreichenden respektive funktional schlüssigen Differenzierungsspielräumen zu versehen. Darin eingebettet wird die EUStA zur erfolgreichen Erledigung ihrer prozessualen Aufgabe auch eine indirekte Implementierungskontrolle für Verfahrensrichtlinien und PIF-Richtlinie insgesamt vornehmen müssen.

29 Nicht unproblematisch für eine umfassende Wirksamkeitskontrolle ist der Ausschluss der EUStA von Aufgaben der Strafvollstreckung. Intensität, Gleichmäßigkeit und Verhältnismäßigkeit der Rechtsdurchsetzung entscheiden sich in der Rechtswirklichkeit oft erst auf dieser Ebene. Diese mandatsbedingte Lücke im Monitoring wird die Kommission schließen müssen.

---

30 *Magnus*, Die endgültige EU-Verordnung zur Europäischen Staatsanwaltschaft – Der große Wurf?, HRRS 2018, 143 (144, 150).

31 *Geelhood*, Embedding the European Public Prosecutor's Office in Jurisdictions with a wide scope of prosecutorial discretion: the Dutch Example, in Nowak (Hrsg.), The European Public Prosecutor's Office and National Authorities, 2016, 87 (102), konstatiert allerdings, dass die zu erwartende Anzahl an PIF-Fällen zu gering sein dürfte, um zur Gefahr für die Kohärenz der nationalen Verfolgungspraxis zu werden.

32 Die Erfordernisse effektiven Finanzschutzes könnten quer zu allg. Ermessensrichtlinien liegen. Allerdings sind solche Ermessensreduktionen im Europarecht nicht unbekannt, sondern im Verwaltungsrecht seit Jahrzehnten etabliert. Gerade in der Steuerung des Ermessens liegt ein wesentlicher Hebel für den besseren Schutz des Finanzhaushalts. Es scheint zwar nicht so, dass alle PIF-Fälle so gravierend sind, dass es einer Verfolgung zwingend bedürfte. Doch kann kein Zweifel daran bestehen, dass die Einstellungspraxis nicht die Wirksamkeit des Finanzschutzes berühren darf, sondern diese in der Gesamtheit der Fälle zwingend zu wahren ist und auch im Einzelfall reflektiert worden sein muss. In transnationaler Perspektive wäre entspr. zu fragen, wieviel Konsistenz länderübergreifend gewährleistet sein muss und wieviel Freiraum umgekehrt nationalen Eigenheiten einzuräumen ist, ohne die Regelungsziele zu verfehlen.

**2. Aufgabenwahrnehmung.** Innerhalb der zentralen Ebene der EUStA verteilen sich diese Aufgaben auf unterschiedliche Organe (*Herrnfeld* → § 4 Rn. 16 ff.). Die **Ständigen Kammern** sind dazu berechtigt, Zuständigkeiten zuzuweisen oder zu verweisen, Verfahren zu trennen oder zu verbinden. Sie tragen damit die Hauptverantwortung für die Substantiierung und Prozeduralisierung der Kompetenzprüfung anhand der aufgeführten Kriterien. Besonders weich und konkretisierungsbedürftig erscheint das allgemeine Interesse der Rechtspflege (*general interest of justice*). Die Kammern müssen vor allem dem Eindruck rechtspolitischer Willkür- und Missbrauchsanfälligkeit vorbeugen. Sie wachen ferner über das Vorgehen der DEStA, erteilen ggf. Weisungen (zu einer bestimmten Vorgehensweise im laufenden Verfahren oder zur Aufnahme von Ermittlungen)[33] und treffen operative Entscheidungen über den Verfahrensfortgang und -abschluss (Art. 10 Abs. 2, Art. 35 ff. VO, *Gut* → § 9 Rn. 119 ff.) sowie ggf. auch über die Wiederaufnahme von Ermittlungen.[34] Dabei sollten sie sich jeweils von den oben genannten Erwägungen leiten lassen. 30

Eine vitale unterstützende Funktion kommt dabei dem **ständigen Informationsaustausch** mit den vor Ort handelnden DEStA über den zuständigen Europäischen Staatsanwalt (Art. 12 Abs. 5 VO) zu. Dieser verschafft der Kammer überhaupt erst den notwendigen Informationsstand, um ihre Aufgaben sinnvoll wahrnehmen zu können. Die Europäischen Staatsanwälte fungieren damit in den Ständigen Kammern als zentraler Kommunikations- und Steuerungskanal zwischen der supranationalen (zentralen) und nationalen (dezentralen) Ebene.[35] 31

Das **Kollegium** trifft demgegenüber keine operativen Entscheidungen (Art. 9 Abs. 2 S. 3 VO), sondern konzentriert sich auf strategische Fragen und allgemeine Angelegenheiten. Auf die operative Verfahrensführung hat seine Arbeit gleichwohl maßgeblichen Einfluss, da das Kollegium nicht nur die allgemeine Strafverfolgungsstrategie festlegt, sondern auch für ihre kohärente, effiziente und einheitliche Umsetzung durch Leitlinien zu sorgen hat (Art. 9 Abs. 1 und 2 VO). Die Einzelheiten dazu regelt die Geschäftsordnung der EUStA.[36] Um dem Kollegium die dazu erforderliche Informationsbasis zu verschaffen und fortlaufend über deren Sachgerechtigkeit und effektive Implementierung wachen zu können, sind die ständigen Kammern gem. Art. 10 Abs. 4 lit. c VO gehalten, dem Kollegium strategische Fragen oder allgemeine Angelegenheiten, die sich aus den ihnen vorliegenden Einzelfällen ergeben, zu unterbreiten. 32

Weniger eindeutig ist, wer umfassendes **Monitoring** betreibt und *best practices* bewertet. Sinnvollerweise kann das nur beim Kollegium (ggf. unter Einbindung der Kommission) und unter Einbeziehung relevanter Stakeholder geschehen. Die EUStA muss nationale Praktiken und deren Erfolge beobachten, sammeln und bewerten, um aus nationalen Erfahrungen und (Miss-)Erfolgen zu lernen sowie funktional äquivalente Lösungen und Spielräume für Diversität zu erkennen. Transparente, zugängliche Feedback-Kanäle können dafür sorgen, dass dieser Prozess nicht zwingend *top-down*, sondern auch inklusiv und *bottom-up* ablaufen kann.[37] Dies könnte den Lösungspool erheblich erweitern und die Akzeptanz der EUStA in den teilnehmenden und nicht-teilnehmenden Staaten deutlich erhöhen. 33

---

33 Art. 10 Abs. 5 VO; […] „wenn dies für eine effiziente Strafverfolgung, im Interesse der Rechtspflege oder zur Gewährleistung der kohärenten Funktionsweise der EUStA erforderlich ist“, Art. 12 Abs. 3 VO.

34 *Zöller/Bock* in Böse (Hrsg.), Enzyklopädie Europarecht, Bd. 11, 2. Aufl. 2020, § 22 Rn. 16. Art. 42 EPPO-GO regelt Befugnisse der Kammern zur Kontrolle von Beschlüssen, keine Ermittlungen einzuleiten oder Fälle nicht zu evozieren.

35 S. auch *Csonka/Juszczak/Sason* eucrim 2017, 125 (127).

36 Vgl. ErwG 29, 68 VO. In der EPPO-GO werden in den Artikeln 49 bis 51 Regelungen zur Verfahrensabgabe, -trennung oder -verbindung getroffen. Art. 57 und Art. 59 befassen sich mit der Rückverweisung an nationale Behörden respektive der Wiedereröffnung der Ermittlungen. Die Einführung eines Allokationssystems zwischen den Ständigen Kammern wird dem Errichtungsbeschluss für die Ständigen Kammern vorbehalten.

37 Dazu könnten auch fest institutionalisierte gemeinsame Schulungen an Europäischen Akademien oder Weiterbildungsprogramme für Richter und Staatsanwälte beitragen; s. auch Fn. 16.

## IV. Rechtspolitische, systemprägende Rolle

34 Neben der reinen Strafverfolgungsarbeit wird die EUStA mithin auch eine rechtspolitische Funktion ausfüllen und systemprägende Standards für die Verfolgung von PIF-Delikten schaffen müssen. Die **Entwicklung von Leitlinien** für die tägliche Arbeit und die Systempflege durch Identifizierung und Verbreitung von *best practices* sind nur der offensichtlichste Teil dieser Aufgabe. Darüber hinaus dürfte der EUStA eine essentielle Rolle bei der rechtlichen Ausgestaltung und Substantiierung des *single legal area* zufallen.[38] Da die EUStA als einheitliche Behörde grenzüberschreitend integriert und kohärent agieren soll, wird sie innerhalb der europäischen Strafrechtspflege auch (rechtskonkretisierende) verfahrensrechtliche Maßstäbe setzen müssen. Dabei dürften sich allerdings auch (uU nur schwer aufzulösende) Zielkonflikte ergeben und die EUStA an die (grund-)rechtlichen Grenzen der Wirksamkeitssteigerung stoßen.[39]

35 Das betrifft zum einen die Handhabung grenzüberschreitender Anweisungen anstelle der kleinen Rechtshilfe. Zum anderen hat die EUStA systematisch dafür zu sorgen, dass die Verwertbarkeit von Beweismitteln (und deren Grundvoraussetzungen) im gesamten Operationsgebiet der EUStA berechenbar präzisiert und gewährleistet wird. Mit der **Entwicklung autonomer Unionskonzepte** ließen sich Unterschiede zwischen nationalen Verfahrensordnungen ausgleichen, die divergierende prozessuale Standards, Formerfordernisse oder Teilhaberechte (insbes. Beweisantragsrechte) entstehen lassen. Ein transnationales *common law of evidence* dürfte daraus gleichwohl nicht erwachsen. Dem steht schon entgegen, dass die DEStA zu stark in ihrem eigenen Rechtssystem gefangen sein dürften und am Ende immer noch nationale Gerichte auf der Basis des nationalen Verfahrens- und Beweisrechts entscheiden werden.

36 Nicht nur wegen der Verwertbarkeitsthematik, sondern auch generell wegen der EU-weiten Effekte von EUStA-Ermittlungen wird die EUStA (als einziges gem. Art. 51 GRC direkt gebundenes EU-Strafrechtspflegeorgan mit Zwangsbefugnissen) auch Wesentliches zur **Konkretisierung der EU-Justizgrundrechte** (zumal in grenzüberschreitender Dimension) beizutragen haben. Die EUStA ist den Rechtsprinzipien und Werten der Union verpflichtet, welche den äußeren Rahmen für die effektive Rechtsverfolgung abstecken.

37 Beispielsweise wird die EUStA die Grundrechtsentwicklung beim Informationsaustausch erheblich beeinflussen oder als supranationaler Akteur bei Fragen des *forum choice* (*Herrnfeld/Brodowski* → § 5 Rn. 88 ff.; *Gut* → § 9 Rn. 46) erstmals autonom grenzübergreifende (hoffentlich ausbalancierte) Maßstäbe setzen können.[40] Dieser Prozess wird nicht einseitig effektivitätsgetrieben sein, sondern im Rahmen der Grundrechtecharta ablaufen[41] und dabei die verfahrensrechtlichen Vorgaben konkretisieren. Vielleicht wird die Arbeit der EUStA auch dabei helfen, die gebotene Bandbreite der Wahrung der nationalen Identität der Mitgliedstaaten gem. Art. 4 Abs. 2 EUV, die in ihren grundlegenden politischen und verfassungsmäßigen Strukturen zum Ausdruck kommt, auszuloten.

38 Insgesamt könnte sie einen erheblichen Beitrag zur unionsweiten effektiven Gewährleistung von Verfahrensrechten leisten (*Esser* → § 11 Rn. 98 ff.) und dabei auch die (grundrechtsbelastenden) grenzüberschreitenden und additiven Effekte von Verfolgungsmaßnahmen zur Durchsetzung von Unionsinteressen stärker sichtbar machen, als es bisher in der Debatte präsent ist (zB Verantwortungsverlagerung von konzertierten Ermittlungen auf supranationale Ebene, Koordinierung und Absicherung von Prozesskostenhilfe in allen Ländern, in denen Rechte von Beschuldigten betroffen sind, Prüfung der Gesamtverhältnismäßigkeit, verfahrensrechtliche Konsequenzen der Festlegung der zuständigen Jurisdiktion). Hierdurch würde die EUStA die Gewährleistung einheitlicher Stan-

---

38 Vgl. auch *Luchtman/Vervaele*, Criminal investigation and the prosecution by a European public prosecutor's office in the EU, in Christensen/Levi (Hrsg.), International Practices of Criminal Justice, 2018, 193 (209 f.).

39 Darauf weist *van der Stroom* hin, APARIUZ 2018, 377 (382 f.).

40 *Wasmeier*, The Choice of Forum by the European Public Prosecutor, in Erkelens/Meij/Pawlik (Hrsg.), 139 (154 f., 158 f.).

41 In diese Richtung EuGH 17.1.2019 – C-310/16, ECLI:EU:C:2019:30 Rn. 39, 41 – Dzivev ua.

dards durch die ganze Union und damit eine indirekte Annäherung verfahrenslegitimierender Standards fördern.

## V. Zusammenarbeit mit Unionsagenturen und nationalen Behörden im Gefüge der europäischen Strafrechtspflege

Prägend und prädeterminierend für die Rolle der EUStA im Gefüge europäischer Strafverfolgung 39 wird vor allem ihre Interaktion mit anderen Unionsagenturen sein. Eine zentrale und lückenfüllende Aufgabe wird sie aber auch gegenüber nicht-teilnehmenden und Drittstaaten spielen. Mit der Errichtung der EUStA kann zwar erstmals ein hinreichend handlungsmächtiger Akteur den strafrechtlichen Schutz der EU-Finanzinteressen unabhängig von Landesgrenzen im Unionsraum wirksam vorantreiben, doch wird sie (wie schon die bisher zuständigen nationalen Instanzen zuvor) **auf die Zusammenarbeit mit anderen Unionsagenturen angewiesen** sein, die in diesem Bereich tätig sind und mit ihren Kompetenzen die Arbeit der EUStA entscheidend erleichtern oder ergänzen können.

Dies gilt umso mehr, als ihre Fähigkeit, eine zentrale Position innerhalb des *single judicial area* ein- 40 zunehmen und eine einheitliche Verfolgungslinie unionsweit und friktionsfrei durchzusetzen, infolge ihrer Errichtung im Wege Verstärkter Zusammenarbeit empfindlich geschwächt ist. Mitgliedstaaten, welche sich nicht an der Verstärkten Zusammenarbeit beteiligen (dazu *Brodowski* → § 8 Rn. 11 ff.), werden die Strafverfolgung von PIF-Delikten weiterhin durch ihre eigenen nationalen Behörden betreiben. Hier bedarf es einerseits der Abstimmung, wenn Delikte sowohl teilnehmende als auch nicht-teilnehmende Staaten berühren, und andererseits einer genaueren Prüfung, auf welchen Wegen die EUStA auch in diesen Staaten Einfluss nehmen kann, um ihrer Mission gesamthaft gerecht werden zu können. Die EUStA wird hier mitgliedstaatlichen Behörden auf Augenhöhe begegnen, aber zugleich versuchen müssen, auf dem Kooperationsweg eine **hinreichende Einheitlichkeit und Effektivität der Verfolgung** zu erwirken.

Zudem machen die Begehung von Finanzdelikten und das Verbergen ihrer Erträge nicht an den 41 EU-Außengrenzen Halt. Im Zollbereich ist der externe Bezug quasi-automatisch mit dem Delikt verbunden. Effektive Strafverfolgung bedingt insofern notwendig den Aufbau funktionierender Kooperationsbeziehungen mit Drittstaaten, wobei sich das Augenmerk besonders auf solche Staaten richten wird, in denen häufig Tathandlungen geschehen, Täter domiziliert sind oder Erträge verborgen respektive gewaschen werden.

Die Zusammenarbeit mit anderen Unionsagenturen, aber auch mit Drittstaaten ist in der EUStA- 42 VO indessen nur rudimentär geregelt.[42] Die Generalautorisierung zur Zusammenarbeit enthält Art. 99 VO. Die EUStA darf danach Informationen (nicht-personenbezogener Art) direkt mit ihren Partnern austauschen und Arbeitsabkommen vereinbaren, um technischer oder operativer Zusammenarbeit eine belastbare, dauerhafte Grundlage zu geben (*Brodowski* → § 8 Rn. 9 f.).

Die Vorschrift wird für die wichtigsten **potenziellen Kooperationsbeziehungen** in Art. 101 ff. VO 43 weiter spezifiziert. Der EUStA wird es daher obliegen, die rechtlichen Grundlagen zumindest partiell selbst mitzugestalten und zugleich für die Einführung funktionsfähiger interinstitutioneller Abläufe, Kommunikationskanäle und praktischer Kooperationsmechanismen zu sorgen und diese mit Leben zu füllen bzw. kontinuierlich weiterzuentwickeln (s.u. 3.). Entscheidend hierfür sind die jeweiligen Fähigkeiten und Bedürfnisse sowie Potenziale für ressourcen- und grundrechtsschonendes Vorgehen.

**1. Zusammenarbeit mit nicht-teilnehmenden Mitgliedstaaten (Art. 105 VO).** Die EUStA kann 44 Behörden der nicht-teilnehmenden Staaten keine Weisungen erteilen und nicht vor deren Gerichten auftreten. Diesen offensichtlichen **Widerspruch zu ihrer Raison d'être** mag man als einen Geburtsfehler ansehen. Er muss aber für den Moment als Preis dafür bezahlt werden, dass Art. 86 AEUV überhaupt die Zustimmung aller Mitgliedstaaten finden und zumindest ein Start mit einer Gruppe gleichgesinnter Staaten erfolgen konnte. Um eine vernünftige Zusammenarbeit zwischen den

42 *Meyer/van der Stroom* EuZ 2018, 40 (50 ff.).

Lagern zu ermöglichen, sieht die EUStA-VO den Abschluss von Arbeitsvereinbarungen[43] und (mit gegenseitigem Einverständnis) die Benennung von Kontaktstellen in den nicht-teilnehmenden Staaten vor (Art. 105 Abs. 2 VO; zu den Einzelheiten *Brodowski* → § 8 Rn. 11 ff.). Zusätzlich kann für die Zusammenarbeit in Strafsachen auf allgemeine Unionsinstrumente der gegenseitigen Anerkennung wie Europäischer Haftbefehl oder Europäische Ermittlungsanordnung zurückgegriffen werden.[44] Dies ändert freilich nichts an möglichen Zuständigkeitskonflikten und Interessenkollisionen, die von der EUStA in diesem Verhältnis nicht autonom aufgelöst werden können. Vielmehr drohen eher konfrontative Intermezzi mit diversen Mitgliedstaaten, deren Nichtteilnahme gerade als Schutzschirm gegen (die in der Sache nicht selten dringend notwendigen) Interventionen von außen verstanden werden muss.

45 Gleichwohl gilt auch für die Zusammenarbeit mit nicht-teilnehmenden Mitgliedstaaten, dass diese der allgemeinen Loyalitätspflicht unterliegen und verpflichtet sind, die Unionsfinanzen effektiv zu schützen (Art. 325 AEUV).[45] Mit Ausnahme der üblichen Opt-out-Länder sind alle EU-Staaten an die PIF-Richtlinie und allfällige Vorgänger-Rechtsakte gebunden und verpflichtet, sie umzusetzen. Zumindest die Strafbarkeit der PIF-Delikte wäre damit auch im nationalen Recht der nicht-teilnehmenden Staaten zu gewährleisten (**Mindestharmonisierung**). Weniger deutlich zutage liegen die Folgen für die Strafverfolgung. Um zu verhindern, dass die Kriminalisierungspflicht leerläuft und das Ziel effektiver Rechtsdurchsetzung verfehlt wird, wird bisweilen eine Pflicht zur Verfolgung der entsprechenden Delikte aus der Richtlinie iVm dem Effektivitätsprinzip abgeleitet.[46] Jedoch würde diese Annahme auch vielen teilnehmenden Staaten mit erhöhtem Verfolgungsermessen Probleme bereiten.[47] Die Vollzugsprinzipien des Unionsrechts und ihre herausgehobene Stellung innerhalb des Verfolgungssystems zum Schutz der Finanzinteressen liefern der EUStA zumindest einen indirekten Weg, um Einfluss zu nehmen. Als primär zuständiges unionales Verfolgungsorgan wird die EUStA die maßgeblichen Richtwerte (Benchmarks) setzen und damit auch zur entscheidenden Vergleichsreferenz für das Handeln nicht-teilnehmender Mitgliedstaaten werden. Deren Befolgung ist zwar nicht durch die EUStA selbst, wohl aber durch Kommission und teilnehmende Staaten im Wege des Vertragsverletzungsverfahrens als institutionellem Hebel in der Unionsverfassung durchsetzbar.

46 Bei der Vermittlung in Konfliktfällen, aber auch zur **Verstetigung und Institutionalisierung der Zusammenarbeit**, die idealerweise zu einer Annäherung in der Sache führt, kann auf Unionsagenturen wie Europol und Eurojust zurückgegriffen werden, die teilnehmenden und nicht-teilnehmenden Staaten zusammen mit der EUStA eine gemeinsame Plattform zur Zusammenarbeit bieten.

47 **2. Zusammenarbeit mit Drittstaaten und internationalen Organisationen (Art. 104 VO).** Für den Aufbau der unabdingbaren Kooperationsbeziehungen zu Drittstaaten stellt Art. 104 VO einen sehr weiten, inhaltlich nicht über jeden Zweifel erhabenen Rahmen mit diversen Lösungsansätzen zur Verfügung (*Brodowski* → § 8 Rn. 21 ff.).[48] Ein ***One-Size-Fits-All*-Ansatz** dürfte sich wegen der sehr unterschiedlichen Bedeutung von Drittstaaten im Bereich der Finanzkriminalität als **wenig zielführend** erweisen. Die Entwicklung der externen Rolle der EUStA wird sich wohl insgesamt kompliziert und herausfordernd gestalten, da die Rechtsgrundlagen und politischen Beziehungen und letztlich auch die Interessenlagen in den Drittstaaten stark divergieren.

---

43 Diese können neben dem Austausch von strategischen Informationen auch die Entsendung von Verbindungsbeamten zum Ziel haben, Art. 105 Abs. 1 VO; zum Verfahren Art. 66 EPPO-GO.

44 Ohne Änderung der Rechtsakte würde dies wiederum voraussetzen, dass die EUStA als zuständige Behörde notifiziert und anerkannt wird, wozu wohl eine Loyalitätspflicht besteht, HBB/*Brodowski* Art. 105 Rn. 9.

45 Hieraus dürften sich Pflichten zur Kooperation ergeben, *van der Stroom* APARIUZ 2018, 375 (386 ff.).

46 *Van der Stroom* APARIUZ 2018, 375.

47 *Geelhoed*, Embedding the European Public Prosecutor's Office in Jurisdictions with a wide scope of prosecutorial discretion: the Dutch Example, in Nowak (Hrsg.), The European Public Prosecutor's Office and National Authorities, 2016, 87 (93 ff.). Sie könnte sich mit nationalen Rechtstraditionen stoßen.

48 *Meyer/van der Stroom* EuZ 2018, 40 (51 f.).

Die möglichen Instrumente für die Zusammenarbeit finden sich in Art. 99 Abs. 3 und Art. 104.[49] Grundsätzlich sind auch im Verhältnis zu Drittstaaten der Abschluss von **Arbeitsvereinbarungen**, der Austausch strategischer Informationen (Art. 99 Abs. 3) oder die Benennung von Kontaktstellen in den Drittstaaten[50] zu prüfen. Naheliegend wäre bei Interessengleichklang und voraussichtlichen häufigen Interaktionen die Entsendung von Verbindungsstaatsanwälten wie bei Eurojust. Als rechtspolitisch und datenschutzrechtlich heikler dürfte sich der Informationsaustausch erweisen. Es fehlt ein einheitlicher Rechtsrahmen, um das gebotene Datenschutzniveau zu sichern. Zudem dürfte nicht jeder relevante Drittstaat an einem effektiven Informationsaustausch interessiert sein. 48

Wo möglich soll die EUStA in laufende Kooperationsbeziehungen einsteigen und die Rolle der bisher agierenden nationalen Staaten übernehmen. Vorgesehen ist dafür der Abschluss von oder Rückgriff auf **völkerrechtliche Übereinkünfte über die Rechtshilfe in Strafsachen** zwischen Drittstaaten und EU.[51] Gem. Art. 104 Abs. 3 VO (und letztlich schon nach allgemeinen Regeln des Völkerrechts) wären diese Abkommen freilich nur für die EUStA als Unionsorgan bindend. Drittvertragsstaaten kann die EU völkerrechtlich nicht aufzwingen, die EUStA als berechtigte Behörde anzuerkennen, soweit das jeweilige Abkommen keinen einseitigen Notifikationsmechanismus vorsieht. 49

Probleme struktureller Art ergeben sich in Bezug auf die bereits bestehenden Übereinkommen ferner daraus, dass die EU (stellvertretend für die Unionsstaaten) mit dem Drittstaat primär die Kooperation zwischen den Behörden von Mitgliedstaaten und Drittstaat vereinheitlicht und ergänzt, aber die Situation der Strafverfolgung durch eine supranationale Einrichtung gar nicht erfasst. Diese bedürfte entsprechend einer künftigen spezifischen Vereinbarung. Selbst wenn die Zusammenarbeit mit der EUStA bei Vorliegen eines Abkommens mit der Union auf Interesse beim Drittstaat trifft, kann dessen nationales Recht vorherige rechtliche Umsetzungsschritte verlangen, bevor die aktive Kooperation aufgenommen werden kann. Für eine längere Übergangszeit lassen sich disruptive Effektive mithin nicht ausschließen. 50

Soweit die EU nachträglich multilateralen Abkommen der UN (UNCAC, UNTOC) beigetreten ist (und Abs. 3 diesen Fall erfassen soll), folgen daraus primär Pflichten der EU, Behörden mit den geforderten Kompetenzen zu schaffen. Selbst für die wenigen explizit geschaffenen Befugnisse (spontaner Informationsaustausch) würden solche Abkommen nur in einem monistischen System direkt als Grundlage der Zusammenarbeit taugen. 51

Der Leitgedanke, bereits bestehende völkervertragliche Beziehungen nutzbar zu machen, liegt auch Art. 104 Abs. 4 VO zugrunde, der die **Integration der EUStA in multilaterale Abkommen** zwischen teilnehmenden EU-Mitgliedstaaten und Drittstaaten vorschlägt. Zu denken ist hier vor allem an die Abkommen des Europarats und *crime control treaties* der UN, soweit die EU diesen nicht bereits beigetreten ist. Eine unmittelbare Bindung der EUStA scheidet insofern aus, wenn die EU nicht Vertragspartei ist. 52

Hier soll eine Anerkennung durch die Mitgliedstaaten die Lösung bringen. Grundidee ist, dass die EUStA in die Fußstapfen derjenigen nationalen Behörden tritt, deren Aufgaben sie übernimmt. Auch diese Idee gewährleistet nicht ohne Weiteres Effektivität und Kontinuität der Zusammenarbeit. Da es sich bei der EUStA um eine einheitliche Behörde mit einheitlicher Strategie handelt, dürfte das Vorgehen nicht von Staat zu Staat variieren. Zwar unterliegen alle Mitgliedstaaten der Pflicht zu loyaler Zusammenarbeit, doch sollte darauf nicht nur gehofft werden. Wenn der Weg der Notifizierung eingeschlagen wird, dann müsste das einheitlich durch alle teilnehmenden 53

---

49 *Meyer/van der Stroom* EuZ 2018, 40 (51); HBB/*Brodowski* Art. 99 Rn. 10, Art. 104 Rn. 4.

50 Hierzu Art. 67 EPPO-GO; HBB/*Brodowski* Art. 104 Rn. 6.

51 Dies sind zB das Übereinkommen mit Island und Norwegen sowie Rechtshilfeabkommen mit den USA und Japan oder das Abkommen über die Zusammenarbeit zwischen der Schweizerischen Eidgenossenschaft einerseits und der Europäischen Gemeinschaft und ihren Mitgliedstaaten andererseits zur Bekämpfung von Betrug und sonstigen rechtswidrigen Handlungen, die ihre finanziellen Interessen beeinträchtigen, vom 26.10.2004; zu den verfahrenstechnischen Umsetzungsschwierigkeiten hinsichtlich Art. 218 AEUV und der Funktion zentraler Stellen in den genannten Abkommen *Franssen* eucrim 2019, 198 (202).

Mitgliedstaaten für den gleichen Kreis von Abkommen geschehen,[52] um Divergenzen und Rechtsunsicherheit zu minimieren.

54 Noch weitaus kritischer ist, dass Drittstaaten nicht gezwungen sind, die EUStA in dieser Rolle (als Quasi-Rechtsnachfolgerin bislang zuständiger Stellen) zu akzeptieren.[53] Der DEStA würde hier zwar im Gefüge der nationalen Rechtspflege nach nationalem Verfahrensrecht tätig, aber eben in seiner supranationalen Funktion. Auf bestehende Abkommen könnte sich ein DEStA daher trotz Doppelhut auch in seiner Kapazität als nationaler Strafverfolger (für den die Abkommen seines Nationalstaats grundsätzlich gelten) nicht berufen, wenn im Zuständigkeitsbereich der EUStA-VO ermittelt wird. Da die EUStA eine einheitliche Einrichtung der EU ist (Art. 3 Abs. 1 VO) und nicht per Notifizierung zu einem Organ eines anderen Völkerrechtssubjekts (nämlich des Vertragsstaats) umdeklariert werden kann, kann eine Kooperation je nach Rechtslage im Drittstaat besonders zustimmungsbedürftig oder mangels nationaler Rechtsgrundlage sogar ausgeschlossen sein. Entsprechend notwendig werdende Implementierungsprozesse können rechtspolitisch selbst bei unabweisbaren materiellen Kooperationsinteressen risikobehaftet sein. Allgemeine EU-Skepsis kann sich im Abbruch solcher Bemühungen Bahn brechen.

55 Derartige Sensibilitäten sind auch dort zu bedenken, wo eine Notifizierungslösung mangels multi- oder bilateraler Übereinkommen von vornherein ausscheidet. Bei **Fehlen einer internationalen Übereinkunft** (oder verweigerter Anerkennung) sieht Art. 104 Abs. 5 UAbs. 1 VO vor, dass sich die DEStA unter Ausnutzung des Doppelhutmodells direkt auf die **Befugnisse eines nationalen Staatsanwaltes** berufen und auf der Basis des bilateral anwendbaren Rechtshilferechts selbst Ersuchen in Drittländern stellen können sollen. Dies setzt zunächst voraus, dass der nationale Gesetzgeber dies technisch ermöglicht hat.[54] Vor allem vermag der Doppelhut nichts daran zu ändern, dass der DEStA in PIF-Verfahren auch bei entsprechender nationaler Autorisierung in seiner Kapazität als Vertreter einer supranationalen Einrichtung handelt. Die Anwendung völkerrechtlicher Grundlagen hinge damit nicht nur davon ab, dass der Mitgliedstaat diesen Rückgriff gestattet (wozu er nach dem Grundsatz der loyalen Zusammenarbeit aus Art. 4 Abs. 3 EUV verpflichtet sein soll, vgl. ErwG 109 VO), sondern eben auch davon, ob ersuchte Staaten dies rechtlich und rechtspolitisch akzeptieren (können). Ob Drittstaaten nach ihrem nationalen Recht auf ein solches Ersuchen eintreten werden oder (mit Blick auf den supranationalen Charakter der EUStA) überhaupt können, dürfte entscheidend vom Zuschnitt und den Grundprinzipien des nationalen Rechtshilferechts, insbes. dessen Kooperationsfreundlichkeit, abhängen.[55] Dies ist keine Selbstverständlichkeit, da Rechtsvorschriften für den internationalen Verkehr gerade nicht automatisch auch für den Verkehr mit supranationalen Einrichtungen gelten, wie auch das Beispiel der Schweiz anschaulich zeigt.

56 Dieser Option ist auch ein gewisses **Risiko für die vertrauensvolle und effektive Zusammenarbeit** immanent. Um jeglichem Täuschungs- bzw. Umgehungsverdacht und einer Kompromittierung des Verfahrens insgesamt vorzubeugen, verlangt Art. 104 Abs. 5 VO, dass die Behörden des Drittstaates über den ultimativen Verwendungszweck informiert werden. Drittstaaten müssen wissen, dass die Hilfeleistung für die EUStA als „Endverwender" und mithin eine Unionsbehörde bestimmt ist, um eine effektive Zulässigkeitsprüfung vornehmen zu können. Missbräuche dürften einen nachhaltigen Vertrauensverlust nach sich ziehen und die Belastbarkeit dieser Zusammenarbeitsform auf eine schwere Probe stellen. Die EUStA hat daher aus bestem Eigeninteresse für redliches Vorgehen zu sorgen.

57 Auch dieser Ansatz würde aber im Übrigen kein einheitliches Vorgehen garantieren. Die Kompetenz der EUStA verhielte sich stets akzessorisch zu den völkervertraglichen Vereinbarungen desjenigen Staates, in dem das Verfahren geführt wird. Die völkervertragliche Rechtslage in der

52 Für das EuRhÜbk und sein 2. Zusatzprotokoll scheint das bereits in die Wege geleitet worden zu sein.

53 *Ludwiczak Glassey* eucrim 2019, 205 (206).

54 *Drew*, EPPO's Relationship with Third Countries – The UK and Beyond, in Nowak (Hrsg.), The European Public Prosecutor's Office and National Authorities, 2016, 185 ff., erwartet pragmatische Bemühungen in diese Richtung.

55 Zur Schweizer Rechtslage *Ludwiczak Glassey* eucrim 2019, 205 (208); NK-RechtshilfeR/*Meyer*, 4. HT, 6. Teil, Rn. 888.

Rechtshilfe ist gegenüber Drittstaaten weiterhin disparat. Ein gemeinsamer Standard, zB in Gestalt der PIF-Konvention und ihrer Protokolle, existiert gerade nicht.

Als **Hemmschuh für eine wirksame Zusammenarbeit** könnte sich schließlich das **Prinzip der Gegenseitigkeit** erweisen, das im externen Bereich weiter vorherrscht. Aus der EUStA-VO erwachsen keinerlei Verpflichtungen für Drittstaaten. Diese haben im Unterschied zu den an der EUStA nicht teilnehmenden EU-Staaten weder eine Verpflichtung, die Unionsfinanzen effektiv zu schützen, noch unterstehen sie den Kriminalisierungspflichten der PIF-Richtlinie.[56] Kooperationsverpflichtungen können sich lediglich aus abgeschlossenen völkerrechtlichen Verträgen ergeben. In ihrer Abwesenheit dürften sich drittstaatliche Behörde vom Gedanken der Nützlichkeit (respektive der Aussicht auf Reziprozität) leiten lassen. In diesem Punkt scheint die Konstruktion der EUStA eine intrinsische Schwäche aufzuweisen. Informationsrechtshilfe kann die EUStA nur in Bezug auf bereits bei ihr vorliegende Informationen und Beweismittel leisten (Art. 104 Abs. 6 VO). Es ist ihr verwehrt, auf Ersuchen eines Drittstaats proaktiv Informationen einzuholen und zu ermitteln, was aber vielfach den Kern der Rechtshilfe ausmacht. Zwar können derartige Maßnahmen immer noch durch die regulären Rechtshilfebehörden des betroffenen Mitgliedsstaats durchgeführt werden. Der Forumsstaat wäre dann als Ausfallbürgschaft miteinzubeziehen. Doch wäre damit ein Mehraufwand verbunden, der Kooperation unattraktiv werden lassen könnte. So ist für Drittstaaten uU schon unklar, wer der richtige Ansprechpartner bei bestimmten PIF-Delikten ist (ggf. derselbe Staatsanwalt mit Doppelhut, der dann mit seinen alternierenden Kompetenzen jongliert?). Ferner werden Drittstaaten möglicherweise zweigleisig vorgehen und die EUStA für dort vorliegende Informationen und nationale Behörden zur weiteren und breiteren Informationsakquise kontaktieren müssen, mit entsprechendem Ressourcenaufwand. Dies alles lässt sich nur schwer mit dem Gedanken in Einklang bringen, Rechtshilfe international zu vereinfachen und effektiver zu gestalten. Scheitern alle vorgängigen Optionen, bleibt nur noch der ebenfalls angedachte Rückgriff auf allgemeine völkerrechtliche Regeln und *Comity* (Art. 104 Abs. 5 UAbs. 2 VO). Auch mit einem verstärkten Einsatz von Eurojust ist zu rechnen, wenn dort Beziehungen zum Drittstaat bestehen.[57] 58

Mangels anwendungsklarer und umfassender Rechtsgrundlagen ist die Rechtslage insgesamt unübersichtlich und die Entwicklung nicht leicht zu prognostizieren. Auch wenn die Kommission dafür wirbt, der EUStA zu gestatten, ihre Ersuchen auf Konventionen des Europarats zu stützen, sind Ad-hoc-Lösungen und nach Land und Delikt variierende Regelungen[58] zu erwarten. 59

**3. Zusammenarbeit mit anderen EU-Agenturen.** Für die Zusammenarbeit mit anderen EU-Akteuren machen Primärrecht und Sekundärrecht wenig konkrete Vorgaben. Die wichtigste primärrechtliche Vorgabe in Art. 86 Abs. 1 AEUV, wonach die EUStA «ausgehend von **Eurojust**» entwickelt werden soll, ist weitgehend folgenlos geblieben,[59] da die teilnehmenden Staaten sich für ein Komplementaritätsmodell mit einer eigenständigen, unabhängigen EUStA entschieden haben.[60] Sie begründet aus heutiger Sicht primär eine Pflicht zur funktional-sinnvollen Abstimmung.[61] Zu **Europol** hält Art. 86 Abs. 2 AEUV lapidar fest, dass die EUStA «gegebenenfalls in Verbindung mit Europol» aktiv werden soll. Zu **OLAF** als offenkundig wichtigster Partnerinstitution, für die es der intensivsten Abstimmung bedarf, schweigt das Primärrecht gänzlich. Auf sekundärrechtlicher Ebene wird es nicht wesentlich besser. Art. 100 bis 103 VO stecken einen sehr weiten Rahmen ab (*Brodowski* → § 8 Rn. 30 ff.). 60

56 Vgl. auch *van der Stroom* APARIUZ 2018, 375 (385).

57 Vgl. *Drew*, EPPO's Relationship with Third Countries – The UK and Beyond, in Nowak (Hrsg.), The European Public Prosecutor's Office and National Authorities, 2016, 185 ff., 193 f.

58 *Franssen* eucrim 2019, 198 (204); *Drew*, EPPO's Relationship with Third Countries – The UK and Beyond, in Nowak (Hrsg.), The European Public Prosecutor's Office and National Authorities, 2016, 185 ff. (193 f.), befürchtet, dass es notwendig sein wird, besondere Abkommen für PIF-Delikte neben allg. Kooperationsabkommen zu schließen.

59 Eingehend zur Formel" ausgehend von Eurojust" *Trentmann*, Eurojust und Europäische Staatsanwaltschaft – Auf dem richtigen Weg?, ZStW 129 (2017), 108 (127 ff.).

60 *Trentmann* ZStW 129 (2017), 108 (142); HdB-EuStrafR/*Killmann*/*Hoffmann* § 48 Rn. 26 f.; *Zöller*/*Bock* Enzyklopädie Europarecht, Bd. 11, 2. Aufl. 2020, § 22 Rn. 45.

61 Vgl. *Trentmann* ZStW 129 (2017), 108 (127 ff.).

61 Die Gestaltung der künftigen Rolle der EUStA wird vor diesem Hintergrund maßgeblich durch ihre unterschiedlichen, aber partiell verschränkten Aufgaben und ihre jeweiligen Fähigkeiten bestimmt sein. Eine umfassende zentrale Rolle wird die EUStA dabei schon deshalb nicht einnehmen können, weil sie im Vergleich zu Eurojust und Europol ein viel **engeres materielles Mandat** hat. Sie wird daher in vielen wesentlichen Bereichen der europäischen Strafrechtspflege bis auf weiteres gar nicht präsent sein. Die EUStA steht bei der Rollenfindung innerhalb der europäischen Strafverfolgung vor der weiteren Herausforderung, sich in gewachsene Strukturen einfinden, disruptive Effekte vermeiden und zugleich eine solide Basis für künftige Interaktionen schaffen zu müssen, die Effektivität und Effizienz beim Schutz der Unionsfinanzen garantieren. Sie wird angesichts knapper Ressourcen und im Interesse der Selbstbehauptung als zentraler PIF-Akteur versuchen müssen, (fachliche) Synergien zu schaffen, doppelte Ermittlungsarbeit zu vermeiden und die anderen Agenturen zu einer einheitlichen Linie zu bewegen bzw. sie für eine gesamteuropäische Perspektive einzunehmen, was bei OLAF am leichtesten fallen sollte. Überdies erscheint es wichtig und als Chance für die EUStA, dass sie über bilaterale Regelungen zwischen Agenturen hinausgeht und versucht, sich zumindest im PIF-Bereich als **zentrale Einheit innerhalb eines Rechtsrahmens multilateraler Regelungen** zu etablieren, die sachdienliche Interaktionen mit drei und mehr Akteuren ermöglichen (zum Ziel des Informationsverbunds auch *Brodowski* → § 8 Rn. 32 f.). Um Kooperationssperren oder Reibungsverluste vor allem bei Informationsbeschaffung und -weitergabe zu vermeiden, muss zB auf Kompatibilität der gegenseitigen Datenzugriffsrechte geachtet werden. Gemäß ErwG 100 VO soll die EUStA eng mit anderen Organen, Einrichtungen und sonstigen Stellen der Union zusammenarbeiten, um die Wahrnehmung ihrer Aufgaben nach dieser Verordnung zu erleichtern und, falls erforderlich, förmliche Vereinbarungen über detaillierte Vorschriften für Informationsaustausch und Zusammenarbeit zu treffen.[62] ErwG 101 VO ergänzt mit ähnlich sachdienlicher Intention, dass die EUStA zudem in ihre Zuständigkeit fallende sachdienliche Informationen einholen können soll, die in Datenbanken und Registern der Organe, Einrichtungen und sonstigen Stellen der Union gespeichert sind.[63]

62 Essenziell ist auch die zügige, **sorgfältige Meldung von potenziellen PIF-Fällen innerhalb des Netzwerks** an die EUStA. Diese Bereitschaft muss gehegt werden. Die EUStA wird daher gut beraten sein, durch ihr Verhalten in der Startphase keinen Anlass für Ressentiments und Eifersüchteleien zu bieten. Zwar kann die EUStA auf die (wechselseitige) Pflicht zur effektiven und loyalen Zusammenarbeit[64] und die Bemühungen des Unionsgesetzgebers zählen, der parallel die Rechtsgrundlagen der wichtigsten Agenturen auf die Errichtung der EUStA abstimmt. Gleichwohl wird die EUStA einen kooperativen Pfad beschreiten müssen, da sie den anderen Unionsagenturen nicht einseitig nach ihren Bedürfnissen die Bedingungen für die Zusammenarbeit diktieren kann.

63 **a) Beziehung zu Eurojust (Art. 100 VO).** Art. 100 VO spricht ominös von enger Beziehung auf der Basis gegenseitiger Zusammenarbeit. Wie bereits ausgeführt, wurde die EUStA nach einem für diese Kooperation prägenden **Komplementaritätsmodell** geschaffen. Diese Komplementarität zwischen EUStA und Eurojust besteht in zwei Richtungen.[65] Einerseits wird die EUStA Eurojust mit ihren besonderen (unmittelbaren und autonomen vertikalen) Ermittlungs- und Verfolgungskompetenzen innerhalb des PIF-Bereichs ergänzen und direkte Zugriffsbefugnisse bieten können, welche die Mitgliedstaaten Eurojust bislang vorenthalten. Eurojust kann andererseits administrativen Support (Ressourcen und Dienstleistungen) und gerade im PIF-Bereich wichtige informationelle,

62 Die Zusammenarbeit mit Europol und dem OLAF dürfte von besonderer Bedeutung sein, um Doppelarbeit zu vermeiden und es der EUStA zu ermöglichen, in deren Besitz befindliche sachdienliche Informationen zu erhalten und sich bei konkreten Ermittlungen auf deren Analysen zu stützen.

63 Sinnvollerweise müssten solche Informationen aber zwischen allen involvierten Agenturen zirkulieren können. Zu bedenken ist freilich, dass einer solchen Integration der Informationssysteme datenschutzrechtliche Erwägungen entgegenstehen können. So dürften schon für die jeweiligen Verarbeitungsprozesse unterschiedliche Datenschutzinstrumente gelten.

64 ErwG 69 VO.

65 Zu Idee und Folgerungen der Komplementarität *Ramos*, The Relationship Between Eurojust and the European Public Prosecutor's Office, in Bachmaier Winter (Hrsg.), 87 ff.; ferner HBB/*Brodowski* Art. 100 Rn. 7 ff.

ermittlungs- und kooperationstechnische Unterstützung leisten.[66] Gerade der wirksame Informationsfluss ist für die EUStA essenziell und Eurojust möglicherweise die Stelle, an der bestimmte Informationsflüsse zusammenlaufen und Hinweise auf (grenzüberschreitende) PIF-Taten hervortreten. Gerade im Bereich des Schutzes der Unionsfinanzen hat Eurojust bislang wichtige Funktionen ausgeübt, weshalb sich eine enge Arbeitsbeziehung zwischen Eurojust und der EUStA aufdrängt.

Neben dem Informationsaustausch[67] dürfte für die EUStA besonders wichtig werden, dass Eurojust horizontal zur Koordinierung und Verbesserung der Zusammenarbeit (Koordinierung der Ermittlungen, Übermittlung und Vollstreckung von Rechtshilfeersuchen) agiert. Die praktische Bedeutung dieser Fähigkeit von Eurojust resultiert gerade daraus, dass Anklage und Aburteilung in PIF-Verfahren weiterhin vor nationalen Gerichten und nicht in einer eigenständigen supranationalen Verfahrensumgebung stattfinden. Die EUStA könnte daher mitunter auf einen Akteur angewiesen sein, der sich auf die Koordinierung von Aktivitäten auf verschiedenen nationalen Schauplätzen versteht.[68] 64

Eine solche horizontale Kapazität hat die EUStA nicht. Weder Kollegium noch Kammern noch DEStA vermögen dies selbst zu leisten. Sie könnten aber ihrerseits Eurojust bemühen. Eurojust würde damit zu einem wichtigen Multiplikator. Das gilt nicht zuletzt auch hinsichtlich der Einbindung von nicht-teilnehmenden Staaten und Drittstaaten, da Eurojust für diese Fälle eine gemeinsame Plattform anbietet.[69] Eurojust kann die EUStA im Rechtshilfeverkehr mit den nicht an der EUStA partizipierenden Mitgliedstaaten und mit Drittstaaten[70] unterstützen und vermitteln. Die EUStA wird Eurojust daher voraussichtlich häufig in operativen Belangen an ihren grenzüberschreitenden Verfahren beteiligen. Interessant dürfte in diesem Kontext auch die Kapazität von Eurojust sein, unter Beteiligung der EUStA in Person des DEStA gemeinsame Ermittlungsgruppen aufzusetzen, Art. 4 Abs. 1 lit. e Eurojust-VO. 65

Schließlich reicht die sachliche Zuständigkeit von Eurojust weiter als jene der EUStA.[71] Eurojust kann daher flexibler agieren als die EUStA und auch bei sich dynamisch wandelnder Lage (zB im arrondierenden Deliktsbereich oder bei noch zweifelhafter Zuständigkeit der EUStA) wichtige Unterstützung leisten bzw. die Initiative übernehmen, wenn die EUStA die Zuständigkeit abgeben will oder muss. Daraus ergibt sich eine sehr variable Kooperationsarchitektur mit unterschiedlichen Rollen in Wechselwirkung mit den jeweiligen deliktischen Zuständigkeiten im Einzelfall.[72] Die EUStA als deren künftiges Zentrum zu bezeichnen, würde ihrer Komplexität aber wohl nicht gerecht. Eine Hierarchie zwischen EUStA und Eurojust besteht nicht. Vorschläge aus dem Kommissionsvorschlag für eine EUStA-VO, die der EUStA besondere Zugriffsrechte gegenüber Eurojust zugestanden hätten, wurden gestrichen. Dies unterstreicht, dass das europäische Strafverfolgungssystem nicht zentralistisch von der EUStA aus gedacht werden kann, sondern die EUStA sich an 66

66 Art. 41 Eurojust-VO; Art. 100 Abs. 4 VO. Zur Konkretisierung wurde eine Arbeitsvereinbarung zwischen Eurojust und der EUStA ausgehandelt, Working Arrangement between the European Public Prosecutor's Office (EPPO) and the European Union Agency for Criminal Justice Cooperation (Eurojust); dort insb. Art. 8–10 sowie Art. 15 und 16; s. auch *Spiezia* eucrim 2018, 130 (134).

67 *Esser* StV 2020, 636 (641). Hinsichtlich des Informationsaustauschs sollen EUStA und Eurojust sich gegenseitig den mittelbaren Zugriff auf das jeweils andere Fallbearbeitungssystem gewähren (Art. 100 Abs. 3 VO). Die Fallbearbeitungssysteme sollen hierzu mit einem Hit/No-Hit-Abfrageverfahren ausgestattet werden. Jede der beiden Einrichtungen kann Daten in das System der anderen eingeben. Diese werden dann mit den vorhandenen Daten abgeglichen. Von einer Übereinstimmung werden beide Einrichtungen sowie der betroffene Mitgliedstaat informiert (Art. 100 Abs. 3 VO); vgl. aber auch die Kritik bei *de Hert/Papakonstantinou* NJECL 10 (2019), 34 (41 f.), wonach es dafür an einem kohärenten Datenschutzsystem der Unionsagenturen mangele.

68 Die Auflösung von Jurisdiktionskonflikten müsste wohl über die materiell vorrangigen EUStA-Regelungen erfolgen. Probleme stellen sich aber wegen des Gleichrangs von EUStA und Eurojust ein, wenn nicht-teilnehmende Staaten beteiligt sind.

69 *Ramos*, The Relationship Between Eurojust and the European Public Prosecutor's Office, in Bachmaier Winter (Hrsg.), 87 (89); *Spiezia* eucrim 2018, 130 (134 f.).

70 ErwG 102 VO.

71 Zumindest solange keine Erweiterung des Tätigkeitsgebiets nach Art. 86 Abs. 4 AEUV erfolgt ist.

72 *Deboyser*, European Public Prosecutor's Office and Eurojust: Love Match or Arranged Marriage?, in Erkelens/Meij/Pawlik (Hrsg.), 79 (84).

den Eurojust-Orbit sachdienlich ankoppelt, ohne weitreichende Sonderrechte (gegenüber anderen Staatsanwaltschaften) für sich beanspruchen zu dürfen.[73] Diese Entscheidung könnte sich auch praktisch als folgenreich erweisen und spätere Anpassungen der Rechtsgrundlagen erforderlich machen, um der EUStA einen verlässlicheren vertikalen Zugriff auf Eurojust-Kapazitäten zu verschaffen.

67 Eine offene Frage bleibt für den Moment zudem, ob es gelingt, einen **allgemeinen interinstitutionellen Interaktionsansatz** zu entwickeln, oder ob man primär nach dem Muster des Ad-hoc-Zugriffs operieren wird. Da regelmäßige Treffen zwischen dem Europäischen Generalstaatsanwalt und dem Präsidenten von Eurojust (Art. 100 Abs. 1 VO) ebenso wie Arbeitsvereinbarungen vorgesehen sind, besteht aber eine Basis für eine stärker koordinierte, gleichberechtigte Zusammenarbeit.

68 **b) Beziehung zu OLAF (Office Européen de Lutte Anti-Fraude), Art. 101 VO.** Die Tätigkeitsfelder von EUStA und OLAF überlappen sich materiell stark, wobei ihre Mandate aufgrund der unterschiedlichen Ausrichtung (verwaltungsrechtlich versus strafrechtlich) von ihrem Charakter her verschieden sind.[74] Beide Einrichtungen sind als Unionsorgane dezidiert dem Schutz von EU-Finanzinteressen verpflichtet und untereinander besonders stark durch den Gedanken der loyalen Zusammenarbeit verbunden. Die Notwendigkeit der Kooperation dieser beiden EU-Behörden ist evident.[75] Auch sie soll vom **Gedanken der Komplementarität** getragen sein,[76] um einen möglichst effizienten Schutz der Unionsfinanzen zu gewährleisten und durch Verhinderung einer Doppelspurigkeit bei den Ermittlungen zur Ressourcenschonung sowie zur Vorbeugung von Jurisdiktionskonflikten und ungewolltem Strafklageverbrauch beizutragen. In diesem Sinne müssen bei Aufnahme strafrechtlicher Ermittlungen durch die EUStA weitere parallele verwaltungsrechtliche Untersuchungen durch OLAF zum gleichen Sachverhalt unterbleiben (Art. 101 Abs. 2 VO).[77]

69 Die Basis für diese Aufgabenverteilung schaffen Informationskanäle zwischen OLAF und EUStA. So ist die EUStA nach Art. 24 VO unverzüglich zu unterrichten, wenn in OLAF-Verfahren der Verdacht auf eine Straftat in der Zuständigkeit der EUStA erwächst. Allerdings besteht insofern eine Diskrepanz zur korrespondierenden Regelung in Art. 12c Abs. 1 VO (EU, Euratom) 2020/2223, wonach OLAF mögliche Straftaten ohne unangemessene Verzögerung meldet.[78] Der Grundsatz loyaler Zusammenarbeit sollte verhindern, dass daraus effektivitätsbehindernde Verzögerungen resultieren. OLAF wird insofern aber seine zentrale Rolle beim Aufspüren von Verdachtsfällen behalten und zum vordersten Zuträger der EUStA werden, weil in dieser Hinsicht weiterhin nicht auf (alle) Mitgliedstaaten gezählt werden kann.

70 Nach **Übergang der strafrechtlichen Verfahrensherrschaft** an die EUStA darf OLAF nur dann ergänzend oder unterstützend tätig werden, wenn die EUStA hierum ersucht (Art. 101 Abs. 3 VO)[79] oder keinen Einspruch gegen weitere Ermittlungen erhebt, soweit diese nur den Erlass von

73 Vgl. Art. 41 Abs. 2 Eurojust-VO.

74 OLAF und die EUStA repräsentieren unterschiedliche Grade der Vertikalisierung bzw. der Supranationalisierung: *Weyembergh/Brière*, In-Depth Analysis for the CONT committee, The future cooperation between OLAF and the European Public Prosecutor's Office, Juni 2017, 15; OLAF habe in vielerlei Hinsicht eine supranationale Natur, während die EUStA durch Intergouvernementalismus geprägt sei; für eine Gegenüberstellung der Aufgaben, Zuständigkeiten und Befugnisse von EUStA und OLAF s. auch *Weyembergh/Brière* NJECL 9 (2018), 62 (64, 65 ff.).

75 *Weyembergh/Brière* NJECL 9 (2018), 62 (71 ff.): potenziell wichtigste Partner im Gesamtgefüge.

76 ErwG 103 VO; HBB/*Brodowski* Art. 101 Rn. 12.

77 S. auch die vorgeschlagenen Parallelregelungen in Art. 12d VO (EU, Euratom) 2020/2223 vom 23. Dezember 2020, ABl. 2020 L 437, 49, zur Vermeidung von Doppeluntersuchungen, der auch vorsieht, dass OLAF die EUStA um Auskunft über die bei ihr anhängigen Verfahren ersuchen und auf das Fallmanagementsystem zugreifen können soll.

78 Gem. Art. 12c Abs. 1 und 2 VO (EU, Euratom) 2020/2223 vom 23. Dezember 2020, ABl. 2020 L 437, 49, soll OLAF der EUStA dabei alle Straftaten melden, die in ihren Zuständigkeitsbereich fallen, und dabei eine erste rechtliche und tatsächliche Würdigung des Sachverhalts inklusive des Schadens vornehmen; vgl. zu den Inhalten auch Art. 24 Abs. 4 VO. Gegenüber der EUStA wird damit vom bisherigen Weg der abschließenden Empfehlung an Verfolgungsbehörden abgewichen.

79 Zur Umsetzung auf Seiten OLAFs s. Art. 12e VO (EU, Euratom) 2020/2223 vom 23. Dezember 2020, ABl. 2020 L 437, 49.

Sicherungsmaßnahmen sowie von finanziellen, disziplinarischen oder administrativen Maßnahmen durch OLAF erleichtern sollen.[80]

Eine klare Separierung der Zuständigkeiten und Demarkierung der Kompetenzübergänge, wie von Art. 101 Abs. 2 VO imaginiert, dürfte in der Praxis freilich kaum darstellbar sein.[81] Überlappungen sind nahezu unvermeidbar. Zum einen operiert OLAF mit anderen Verdachtsschwellen. Zum anderen bestehen Bewertungsspielräume bei der Würdigung von Anknüpfungstatsachen, Verdachtsschwelle und rechtlicher Einstufung. Das Telos der EUStA-VO spricht allerdings eindeutig für eine frühzeitige Meldung. Die Berichtspflichten sollen nicht mit künstlich strengen Bewertungsmaßstäben durch die Berichtspflichtigen ausgehöhlt werden. Andererseits gilt es zu bedenken, dass die Zuständigkeit von OLAF sowohl materiell (über PIF-Fälle hinaus) und territorial (vor allem, wenn nicht-teilnehmende Staaten involviert sind) weiter reicht als diejenige der EUStA. Zudem behält das Amt auch nach Übergang der Verfahrensherrschaft eine **administrative Residualverantwortung**. OLAF wird daher idR mehr oder weniger intensiv mit den PIF-Fällen befasst bleiben, bei nicht-teilnehmenden Staaten sogar als alleiniges Finanzschutzorgan der EU. Diese Konstruktion zieht freilich erhebliche Grundrechtsprobleme nach sich, da sich der anwendbare Rechtsrahmen je nach Tätigkeitsbereich und involvierten Staaten verschiebt. 71

Bei Zuständigkeit der EUStA liegen Verfahrensherrschaft und Entscheidungsprärogativen gleichwohl zentral bei ihr. Sie kann OLAF um Unterstützungsleistungen gem. Art. 101 Abs. 3 VO bitten, wobei abzuwarten bleibt, wie proaktiv OLAF agieren wird. Kernelement der geplanten Zusammenarbeit zwischen EUStA und OLAF dürfte der effektive und rege Informationsaustausch sein.[82] 72

Daneben dürfte angesichts der großen Erfahrung von OLAF die **Zurverfügungstellung operativer und analytischer Fähigkeiten** bedeutsam werden. OLAF komplementiert damit die nationalen Fähigkeiten und Möglichkeiten der EUStA. Auch Ressourcenengpässe auf nationaler Ebene könnten so ausgeglichen werden. Über diese Zusammenarbeit kommt es allerdings zu einer direkten Verquickung von Verwaltungsermittlungen mit Strafverfolgung und entsprechenden (von Mehrebenen- und Verbundsystemen zur Rechtsdurchsetzung bekannten) Problemen für die Gewährleistung angemessener verfahrensrechtlicher Schutzstandards bei Informationserhebung und -transfer.[83] 73

Ebenso denkbar, aber nicht geregelt sind Beratungen seitens OLAF bei der Fallbewertung und Selektion des zuständigen nationalen Rechtssystems. Eine andere Konsultationsplattform für derartige Fragestellungen existiert nicht. OLAF eignet sich ferner als Brücke zu Zoll und ausländischen Kooperationspartnern (dh zB Koordinierung nationaler Verwaltungsbehörden). Dies kann auch für Kooperationspartner in Drittstaaten gelten, was wiederum nützlich sein kann, da EUStA und OLAF in der externen Dimension unterschiedliche Partnerkreise offenstehen, deren Informationen und Hilfe jeweils interessant sein können. Schließlich könnte OLAF seine Expertise für *asset tracing* nutzen, um Einziehungen zu erleichtern. 74

Umgekehrt soll die EUStA OLAF durch sachgerechte Information in den Stand versetzen, über die **komplementär verfügbaren Verwaltungsmaßnahmen** zu entscheiden (101 Abs. 4 VO) bzw. weiter zu ermitteln, wenn die EUStA ihre Unzuständigkeit feststellt oder das Verfahren aus anderen Gründen nicht selbst weiterführt. Es liegt dann bei OLAF zu entscheiden, ob weitere verwaltungsrechtliche Schritte vorzunehmen sind (Art. 101 Abs. 4 VO). Die Weitergabe notwendiger Informationen 75

---

80 S. hierzu Art. 12f VO (EU, Euratom) 2020/2223 vom 23. Dezember 2020, ABl. 2020 L 437, 49, sowie ErwG 103 VO.

81 Dies übersieht die Kritik von HBB/*Brodowski* Art. 101 Rn. 16, 19.

82 *Weyembergh/Brière* NJECL 9 (2018), 62 (72). S. auch Art. 12g Abs. 1, 2 VO (EU, Euratom) 2020/2223 vom 23. Dezember 2020, ABl. 2020, L 437, 49, der vorsieht, dass die praktischen Details des Informationsaustauschs in einer Arbeitsvereinbarung geregelt werden.

83 Während die EUStA-VO dazu keine Regelungen trifft, enthält VO (EU, Euratom) 2020/2223 vom 23. Dezember 2020, ABl. 2020 L 437, 49, einige Ansätze, um die Verwertbarkeit durch Anpassung an strafrechtliche Grundrechtsstandards sicherzustellen; vgl. Art. 12e Abs. 3: „Um die Zulässigkeit von Beweismitteln sowie die Grundrechte und Verfahrensgarantien zu schützen, stellen die EUStA und das Amt in enger Zusammenarbeit sicher, dass die geltenden Verfahrensgarantien nach Kapitel VI der Verordnung (EU) 2017/1939 eingehalten werden, wenn das Amt im Rahmen seines Mandats unterstützende Maßnahmen auf Ersuchen der EUStA gemäß diesem Artikel durchführt."

soll nach Art. 39 Abs. 4 VO generell zum Zweck des administrativen *Follow-up* durch OLAF (nach Abschluss der Strafverfolgung) erfolgen. Die komplementäre verwaltungsrechtliche Weiterbehandlung (und Ahndung) der Fälle ist vor allem dann geboten, wenn sie zur Durchsetzung von Nacherhebungs- oder Rückforderungsansprüchen notwendig ist oder verwaltungs- oder disziplinarrechtlichen Folgemaßnahmen zu prüfen sind.[84] Die EUStA kann hierzu keine Weisungen oder ähnliches erteilen.

76 Es ist mithin nicht damit zu rechnen, dass sich OLAF in die Rolle einer subalternen Hilfseinrichtung fügen wird. Die Vermeidung einer Duplizierung von Aktivitäten ist wie gesehen nicht Selbstzweck, sondern bedarf einer differenzierten Betrachtung der Handlungsziele anstelle rigider Striktheit. OLAF wird weiterhin selbstbewusst seine gewachsene Schutzfunktion für EU-Finanzinteressen wahrnehmen und im Rahmen loyaler Kooperation mit der EUStA die Komplexitäten meistern, die aus der Dynamik der PIF-Fälle allgemein, Verstärkter Zusammenarbeit und den komplizierten Ausübungsschranken der EUStA-VO resultieren. Reichweite und Intensität der Zusammenarbeit von OLAF und EUStA werden danach länder- und fallspezifisch variieren. In VO (EU, Euratom) 2020/2223 vom 23. Dezember 2020 zur Änderung der Verordnung (EU, Euratom) Nr. 883/2013 über die Untersuchungen des Europäischen Amtes für Betrugsbekämpfung (OLAF) im Hinblick auf die Zusammenarbeit mit der Europäischen Staatsanwaltschaft und die Wirksamkeit der Untersuchungen des OLAF sind zwecks Sicherstellung der Kohärenz der EUStA-VO entsprechende Regelungen aufgenommen worden.[85] Ergänzt werden diese durch die ebenfalls noch (auf dieser Basis) auszuhandelnden Arbeitsvereinbarungen zwischen OLAF und der EUStA.[86]

77 c) **Beziehung zu Europol (Art. 102 VO).** Die EUStA-VO sieht zwischen EUStA und Europol sowohl eine **operative als auch eine technische Zusammenarbeit** vor. Wenn dies für die Zwecke der Ermittlungen der EUStA notwendig ist, kann diese von Europol auf Antrag alle sachdienlichen Informationen über eine in ihre Zuständigkeit fallende Straftat einholen und auch Unterstützung durch Analysen für ein konkretes Ermittlungsverfahren beantragen. Dabei bestehen allerdings einige datenschutzrechtliche Hindernisse.[87] Zur genaueren Festlegung der Modalitäten ihrer Zusammenarbeit wurde eine Arbeitsvereinbarung (dort insb. Art. 8–15) geschlossen (Art. 102 Abs. 1 VO).[88]

78 Das investigative Unterstützungspotenzial Europols ist allerdings durch fehlende Eingriffsbefugnisse und Zwangsmaßnahmen limitiert.[89] Europol vermag territoriale Grenzen und nationale Durchführungszuständigkeiten der nationalen Polizeien nicht zu überbrücken, sondern wird primär als *Intelligence*-Lieferant und Analyse-Zentrum wichtig werden. Synergien in der operativen Durchführung von Ermittlungshandlungen können sich dagegen primär aus Europols Koordinierungsfähigkeiten bei groß angelegten grenzübergreifenden Durchsuchungen und Zugriffen und uU aus der Zusammenarbeit in Gemeinsamen Ermittlungsgruppen schöpfen. Insgesamt könnte sich diese Zusammenarbeit als fruchtbarer für die EUStA erweisen als ursprünglich imaginiert. Es zeichnet sich ab, dass Finanzdelikte und die Zusammenarbeit mit der EUStA als wichtiges Teilelement des Vorgehens gegen schweres und organisiertes Verbrechen im Rahmen der Sicherheitsunion stärker in den Fokus von Europol rücken werden.[90] Europol soll seinerseits im Rahmen einer all-

---

84 Vgl. COM(2018) 338 endg., 17.

85 *Weyembergh/Brière*, In-Depth Analysis for the CONT committee, The future cooperation between OLAF and the European Public Prosecutor's Office, Juni 2017, 23.

86 ZB zur Abwicklung der Verfahrensabgabe von OLAF an EUStA (ggf. mit Ermittlungsbericht, Beweisdossier und ähnlichem); vgl. Art. 12c Abs. 2 VO (EU, Euratom) 2020/2223 vom 23. Dezember 2020, ABl. 2020 L 437, 49. Arbeitsvereinbarungen eröffnen zwar mehr Flexibilität, sind aber bei grundsätzlichen und grundrechtlichen Aspekten schon aus Gründen der demokratischen Legitimation nicht vorzugswürdig.

87 HBB/*Brodowski* Art. 102 Rn. 7 ff.

88 Working Arrangement establishing cooperative relations between the European Public Prosecutor's Office and the European Agency for Law Enforcement Cooperation; in der Europol-VO fehlt ein korrespondierender Artikel über die Zusammenarbeit mit der EUStA, da die Europol-VO weit vor der EUStA-VO verabschiedet wurde.

89 *Marletta* eucrim 2016, 141 (143).

90 Europol Programming Document 2019–2021 adopted by Europol Management Board on 30.11.2018; zB mit einem European Financial and Economic Crime Centre (EFECC).

gemeinen Strategie Kooperationsmöglichkeiten mit anderen Unionsinstitutionen ausloten und nutzen. Nicht zuletzt wegen seiner viel umfangreicheren materiellen Zuständigkeit lässt sich Europol kaum als angeschlossene Polizeibehörde in einem auf die EUStA zentrierten Kooperationssystem vorstellen. Vielmehr könnten sich über ihre Arbeitsverbindung verschiedene Kooperationssysteme koppeln oder verschränken lassen. Abzuwarten bleibt dabei, wie sehr Europol auf die Wünsche der EUStA eingehen wird.

## VI. Bannerträgerin des Transnational Enforcement

Man wird der EUStA, wie bereits eingangs angedeutet, auch noch eine weitere, tieferliegende 79
Funktion zuschreiben können. Die Errichtung der EUStA entspricht dem unionsrechtlichen Trend zu einem stärkeren *Enforcement* europäischer Normen und Interessen.[91] Es ist unübersehbar, dass in zahlreichen unionsrechtlich regulierten Bereichen neue Instanzen und Strukturen erwachsen sind, die für eine effektivere Anwendung und Durchsetzung des Unionsrechts sorgen sollen. Die EU scheint erkannt zu haben, dass sowohl die Bewahrung der Herrschaft des Rechts in unionsrechtlich regulierten Bereichen als auch die Verwirklichung demokratischer Selbstbestimmung (dh die Entscheidung der demokratisch legitimierten Legislativorgane der Union) von einer wirksamen Rechtsdurchsetzung abhängen. Diese hat auch für die Eigenlegitimation hohe Bedeutung. Anders als Nationalstaaten ist die EU nicht mit einem zentralen Gewaltmonopol ausgestattet und muss daher besonders auf effektive Ausführung der ihr übertragenen Aufgaben achten. Um ihren Anspruch als wirksame supranationale Rechtsordnung zu sichern, darf die EU **keine dauerhafte Kluft zwischen Rechtsanspruch und Rechtswirklichkeit** aufreißen lassen. Das Effektivitätsprinzip hat innerhalb (und als Stütze) der Unionsverfassung eine hohe Bedeutung. Dies gilt offenkundig auch für den Finanzhaushalt der Union. Aus Unionssicht ist der wirksame Schutz des Finanzhaushalts „Grundbedingung ihrer Existenz und Funktionsfähigkeit".[92] Auf Einnahmeseite schmälern die erfassten Delikte das Budget, was zu einer Gefährdung der Finanzierung der Unionseinrichtungen führt und der Politikgestaltung die notwendigen Haushaltsmittel entzieht.[93] Auf der Ausgabenseite steht unmittelbar die Erreichung der verfolgten Ziele auf dem Spiel, da die Haushaltsführung dort eng mit den sachpolitischen Zielsetzungen der EU verknüpft ist. Die EUStA ist damit Ausdruck der Wehrhaftigkeit der Union und einer (vom eigenen Wirksamkeitsinteresse bestimmten) immer stärker reklamierten Gestaltungs- und Durchsetzungshoheit der Union. Sie liefert zugleich ein anschauliches Beispiel für ein sog zentralisiertes Modell.[94] Die Einbeziehung dieser Dimension führt allerdings auch die Fallhöhe des EUStA-Projekts drastisch vor Augen. Schafft die EUStA keinen *added value*, nimmt die Autorität der EU nachhaltig Schaden.

## VII. Institution-building

Nicht ausdrücklich ausbuchstabiert sind die rechtsstaatlich-institutionellen Aufgaben der EUStA. 80
Bereits ihre Errichtung ist ein Beitrag zum *institution-building* in den Mitgliedstaaten. Die Präsenz unabhängiger, nicht weisungsgebundener, ausreichend finanzierter Strafverfolger kann in vielen Staaten **justizstrukturelle Lücken** schließen und überhaupt erst das ua in Sachen Ressourcen und Fachwissen erforderliche institutionelle und ethische Umfeld für effektive Strafverfolgung schaffen. Sie wird ggf. notwendige Justizreformen auslösen. Damit werden zugleich Standards und Anschauungsbeispiele geschaffen, an denen sich andere Staaten messen können. Auch der EGMR sieht hochrangige Staatsanwaltschaften als wichtige Reformakteure und attestiert ihnen das Recht, sich an öffentlichen Diskussionen über Rechtsstaatlichkeit, Rechtspflege und Menschenrechte zu beteili-

91 *Scholten/Luchtman* (Hrsg.), Law Enforcement by EU Authorities, 2017.

92 Treffend *Zöller/Bock* in Böse (Hrsg.), Enzyklopädie Europarecht, Bd. 11, 2. Aufl. 2020, § 22 Rn. 2; s. auch *Weißer* GA 2014, 433 (434).

93 KOM(2011) 293, 3 endg.; *Bock* in Ambos/Bock, Aktuelle und grundsätzliche Fragen des Wirtschaftsstrafrechts, 2019, 155 (157 f.).

94 *Meyer*, Chapter 8: Protection of fundamental rights in a multi-jurisdictional setting of the EU, in Brenninkmeijer/Scholten (Hrsg.), Controlling EU Agencies, 2020, 134 (148).

gen, welche die Funktionsweise des Justizsystems berühren.[95] Auch sollten sie sich in den Grenzen ihrer anzuerkennenden Loyalitätspflichten kritisch zu den Auswirkungen geplanter Justizreformen äußern dürfen.

81 Neben diesen rechtspflegespezifischen Aspekten kann die Arbeit der EUStA auch eine **verfassungsrechtliche und rechtspolitische Funktion** haben. Ihre Existenz kann Kontrapunkte gegen populistische Regierungen und gewachsene korrupte Strukturen (*state capture*) setzen. Sie könnte ein Anker der Rechtsstaatlichkeit in schwankenden Gesellschaften werden. Die EUStA lässt sich als Element des *Rule of Law*-Ökosystems imaginieren, das einen Beitrag zur Verhinderung pathologischer Machtverhältnisse[96] leisten soll. Ihre Präsenz und Arbeit kann schädliche Strukturen aufdecken, Reformkräfte stärken oder Blaupausen im Umgang mit *Grand Corruption* und Finanzkriminalität für andere Staaten liefern. Erkenntnisse über Unregelmäßigkeiten können zB bei der Bewertung herangezogen werden, ob ernsthafte Defizite bei der effektiven Funktionsweise des Management- und Kontrollsystems für das operationelle Programm in einem Mitgliedstaat aufgetreten sind und daher gem. Art. 142 Abs. 1 lit. a VO (EU) Nr. 1303/2013 Zahlungen aus dem betroffenen Investitions- und Strukturfonds ausgesetzt werden können.[97] Eine ähnliche Rolle können solche Informationen für die Allgemeine Konditionalitätsregelung zum Schutz des Haushalts der Union (sog. EU-Rechtsstaatsmechanismus) spielen; vgl. Art. 4 Abs. 2 Verordnung des Europäischen Parlaments und des Rates über eine allgemeine Konditionalitätsregelung zum Schutz des Haushalts der Union. Auch hier kann es zu einem Zahlungsstopp bei Rechtsstaatsverletzungen kommen, wenn Verstöße gegen die Grundsätze der Rechtsstaatlichkeit in einem Mitgliedstaat die wirtschaftliche Führung des Haushalts der Union oder den Schutz ihrer finanziellen Interessen beeinträchtigen oder ernsthaft zu beeinträchtigen drohen.

82 Ohne gleichgesinnte Gerichte und Polizeibehörden dürfte es die EUStA in Krisenstaaten gleichwohl schwer haben. Dennoch taugt sie auch unter solchen Bedingungen als Hoffnungsträgerin der Zivilgesellschaft, soweit sich die zentrale Ebene im fernen Luxembourg ihrer Verantwortung bewusst ist.

83 Im Hinblick auf diese Rolle der EUStA wird auch deutlich, warum einige Staaten, in denen Formen politisch-institutionalisierter Korruption anzutreffen sind, bei der Mehrheitsparteien ihren Einfluss, staatliche Finanzmittel und den Zugriff auf Fördertöpfe zum Machterhalt und zur Implementierung rechtsstaatsfeindlicher Strukturen nutzen, sich gegen eine Teilnahme entschieden haben. Korruption untermauert respektive fördert hier das bestehende politische System und seine Rechtsstaatsdefizite. Die Einsicht in solche Hintergründe der Ablehnung hält freilich auch die Hoffnung am Leben, dass es bei einem Wahlsieg der Opposition sehr schnell zu einer Beteiligung an der EUStA kommen könnte, da sich die EUStA dann als Instrument (zur Durchsetzung und Absicherung) des Wandels nutzen ließe. Sie dürfte sich aber in einem solchen Szenario nicht vor den Karren der neuen Machthaber spannen und als Instrument zur Begleichung alter Rechnungen missbrauchen lassen. Allerdings sind solche Verhältnisse und dementsprechende Risiken auch in mehreren teilnehmenden Staaten anzutreffen. Das Vorgehen der EUStA bedarf hier besonderer Wachsamkeit für die möglichen Implikationen ihres Verhaltens.

84 Insgesamt ist mit dieser Aufgabenbeschreibung nicht insinuiert, dass sich die EUStA als rechtspolitische Aktivistin gerieren soll. Sie sollte durch entschlossenes, rechtsstaatliches, an gemeinschaftlich-supranationalen Interessen ausgerichtetes Verhalten aber ein Beispiel geben und überzeugen.

95 EGMR 5.5.2020 – 3594/19 – Kövesi/Rumänien; Council of Europe: Committee of Ministers, Recommendation Rec(2000)19 of the Committee of Ministers to Member States on the Role of Public Prosecution in the Criminal Justice System, 6 October 2000, Rec(2000)19.

96 *Pech/Kochenev*, Strengthening the Rule of Law within the European Union, Reconnect Policy Brief, 2019, 10 f.

97 Verordnung (EU) Nr. 1303/2013 des EP und des Rates vom 17. Dezember 2013 mit gemeinsamen Bestimmungen über den Europäischen Fonds für regionale Entwicklung, den Europäischen Sozialfonds, den Kohäsionsfonds, den Europäischen Landwirtschaftsfonds für die Entwicklung des ländlichen Raums und den Europäischen Meeres- und Fischereifonds sowie mit allg. Bestimmungen über den Europäischen Fonds für regionale Entwicklung, den Europäischen Sozialfonds, den Kohäsionsfonds und den Europäischen Meeres- und Fischereifonds und zur Aufhebung der Verordnung (EG) Nr. 1083/2006 des Rates.

Hierdurch erfährt der Rechtsstaat Stärkung und das nationale Rechtssystem wird um einen Reformmotor bereichert.

## VIII. Fazit

Die EUStA ist ein hochspannendes **Experiment**, dessen Ausgang in vielerlei Hinsicht offen ist. 85
Erstmals betritt ein echtes EU-Strafverfolgungsorgan die Bühne, das sich allerdings auf nationaler Ebene beweisen und in der praktischen Arbeit eine Fülle rechtlicher Herausforderungen bewältigen muss, ohne selbst mit ultimativen Entscheidungskompetenzen ausgestattet zu sein und einen auf sie zugeschnittenen Kooperationsrechtsrahmen vorzufinden. So wurden keine Mechanismen geschaffen, um einen wirksamen Zugriff der EUStA auf Kapazitäten anderer Agenturen abzusichern und Koordinierung verfahrensleitend zu erzwingen. Sie ist damit deutlich experimenteller angelegt als andere, bisherige Strafverfolgungsagenturen. Auch zentrale materiell- und verfahrensrechtliche Fragen wurden offengelassen. Die EUStA kann sich hier als **Laboratorium zur Entwicklung gemeinsamer Standards, Lösungswege und Mehrebeneninteraktion** allgemein beweisen.

Auch wenn die Doppelhut-Metapher sich wegen ihrer Plastizität und sprachlichen Griffigkeit als 86
sehr populär erwiesen hat, um Struktur und Funktionsweise der EUStA auf den Punkt zu bringen, zeigt sich bei näherem Hinsehen mithin, dass die EUStA noch weitaus mehr Hüte trägt. Ihr Aufgabenfeld ist komplex und mit hohen Erwartungen befrachtet. Sie ist weit mehr als eine bloße Strafverfolgungsbehörde. Beruhigend und mäßigend sollte es insofern wirken, dass die EUStA den Großteil ihrer Aufgaben *uno actu* schon dadurch erfüllen können dürfte, dass sie gewissenhaft und professionell ihre Arbeit erledigt und für eine unionsweit hinreichend einheitliche und wirksame Verfolgung von Finanzkriminalität sorgt. Die EUStA ist allerdings weniger Zentralgestalt, als viele Stimmen aus Politik und Wissenschaft glauben machen. Ihr Verhältnis zu anderen wichtigen Akteuren der europäischen Strafverfolgung ist von Kooperation und Komplementarität geprägt. Sie ist nicht Mittelpunkt eines auf sie ausgerichteten Verfolgungssystems, sondern muss sich zur Aufgabenerfüllung an viele gewachsene europäische Teilsysteme ankoppeln. Hierfür verfügt sie über ausreichende Kompetenzen.

Wie fruchtbar diese gemacht werden und ob sie zu Ermittlungserfolgen führen, wird die Zukunft 87
zeigen. Welche Rolle die EUStA innerhalb der europäischen Strafverfolgung einnehmen wird, ist nicht vorgezeichnet, sondern hängt maßgeblich von ihrem eigenen Wirken ab. Das Umfeld, das sie dabei vorfindet, stellt hohe Anforderungen an die EUStA. Sie trifft auf sehr unterschiedliche potenzielle Partner, die innerhalb eines bestimmten Kontexts gewachsen und mit ihren jeweiligen besonderen Fähigkeiten etabliert und (gerade auch mit der nationalen Ebene) anderweitig verflochten sind. Die EUStA muss für sie jeweils einen passenden, wechselseitig effektiven Kooperationsmodus finden und **multiple Synergien in verschiedene Richtungen** erzeugen. Ob es der EUStA gelingt, durch umsichtige Koordination ein kohärentes, effektivitätsförderndes Ganzes zusammenzufügen, oder ob der Unionsgesetzgeber nachsteuern muss, ist noch nicht absehbar.

Die größte Herausforderung der EUStA wird allerdings darin bestehen, in einem **von nationalen** 88
**Justiz- und Polizeiakteuren beherrschten, national-rechtlich diktierten Verfahrensumfeld** für eine **wirksame und einheitliche Durchsetzung der EU-Finanzinteressen** zu sorgen. Dabei gilt es auch die inneren Spannungen des Doppelhutmodells zwischen supranationalem Auftrag und lokaler Praxis und Tradition zu überwinden. Grundvoraussetzung für eine erfolgreiche Arbeit wird sein, dass die nationalen Akteure ihre Aufgaben innerhalb der europäischen Strafverfolgung verinnerlichen und danach handeln. Geschieht das nicht oder erweist sich die Verfolgungspraxis aus anderen Gründen als ineffektiv oder disparat, wird man sich mittelfristig die Frage stellen, ob bei den Rechtsgrundlagen nachgebessert werden muss und neben einer stärker vereinheitlichenden PIF-Verordnung auch in der EUStA-VO stärkere Zugriffsrechte gegenüber anderen europäischen Agenturen zu schaffen wären. Schlimmstenfalls droht sonst der Verlust der eigenen Legitimation. Die EUStA muss funktionieren, um ihre Existenzberechtigung unter Beweis zu stellen.

# § 4 Aufgaben, Grundprinzipien, Struktur, interne Verfahrensregelungen



## I. Aufgaben der EUStA

Wie in Art. 86 Abs. 2 AEUV angelegt, ist die EUStA als Strafverfolgungsbehörde zuständig für die Untersuchung und Verfolgung sowie die Anklageerhebung in Bezug auf Straftaten zum Nachteil der finanziellen Interessen der Union (siehe Art. 4 VO). Terminologisch unterscheidet die VO insoweit zwischen dem **Ermittlungsverfahren** (Art. 26 bis 33 VO) und der **„Strafverfolgung"** (Art. 34 bis 40 VO), wobei letztere Vorschriften neben der Anklage („Strafverfolgung vor den Gerichten", Art. 36 VO) auch die Verweisung und Übertragung eines Ermittlungsverfahrens an nationale Behörden (Art. 34 VO) und die Einstellung des Verfahrens (Art. 39 VO) umfassen. Der Unionsgesetzgeber hat sich damit – den Vorgaben des Art. 86 Abs. 1 AEUV folgend (*Herrnfeld* → § 2 Rn. 9) für ein Modell einer Staatsanwaltschaft entschieden, die auch **„Herrin" des Ermittlungsverfahrens** und nicht lediglich Anklagebehörde ist. Sie soll sich dabei der mitgliedstaatlichen Strafverfolgungsbehörden (Polizei-, Steuer- und Zollbehörden) bedienen und kann diesen Ermittlungsaufträge und diesbezügliche Weisungen erteilen (Art. 28 Abs. 1 VO; siehe dazu *Trautmann* → § 6 Rn. 124 ff. und *Niedernhuber* → § 7 Rn. 66). Damit weicht die VO hinsichtlich der Aufgaben dieser neuen Einrichtung der Union konzeptionell ab von den Modellen einiger anderer Mitgliedstaaten, in denen primär Ermittlungsrichter oder die Polizeibehörden die Ermittlungsverfahren führen, während die Staatsanwaltschaften als Anklagebehörde tätig sind. Die Errichtung der EUStA führt daher in manchen Mitgliedstaaten zu wesentlichen Änderungen der Verteilung der Aufgaben und Kompetenzen im Ermittlungsverfahren. Aber auch in Deutschland bringt die Errichtung der EUStA insoweit eine – begrenzte – Aufgabenverlagerung mit sich, als dass die EUStA im Rahmen ihrer materiellen Zuständigkeiten auch die Aufgabe hat, Ermittlungsverfahren in Steuerstrafsachen zu führen, die bisher von den Finanzbehörden gemäß §§ 386 Abs. 2, 399 Abs. 1 AO selbständig und unter Wahrnehmung der Rechte und Pflichten der Staatsanwaltschaften geführt werden (siehe dazu auch die ergänzenden Regelungen in § 7 EUStAG). 1

Während die VO umfangreiche, wenn auch nicht abschließende (siehe Art. 5 Abs. 3 S. 2 VO) Regelungen zur Durchführung des Ermittlungsverfahrens enthält (Art. 28 bis 33 VO), ergeben sich die Aufgaben, Rechte und Pflichten der Staatsanwaltschaft im Hauptverfahren ausschließlich aus den jeweiligen nationalen Rechtsvorschriften. Art. 36 VO enthält insoweit lediglich einige Vorschriften zum internen Entscheidungsverfahren innerhalb der EUStA (siehe dazu *Gut* → § 9 Rn. 46 ff). 2

Die VO dürfte es auch zulassen, dass die EUStA in **Deutschland** unter den Voraussetzungen des § 407 StPO einen Antrag auf Erlass eines Strafbefehls ohne Hauptverhandlung stellt, da auch das Strafbefehlsverfahren als „Strafverfolgung vor nationalen Gerichten" iSd Art. 36 VO anzusehen ist.[1] Die Bestimmungen des Art. 36 VO über das interne Entscheidungsverfahren innerhalb der EUStA wären daher auch in Bezug auf das Strafbefehlsverfahren anwendbar. In **Österreich** dürfte 3

1 So auch die RegBegr. zum Gesetz zur Durchführung der EUStA-VO, Erläuterungen zu Art. 36 VO. BT-Drs. 19/17963, 31 f.

ein Vorgehen im Wege des Mandatsverfahrens jedoch nicht möglich sein, da die Regelung des § 491 öStPO nur für Verfahren vor dem Bezirksgericht und vor dem Landesgericht als Einzelrichter (§ 491 Abs. 1 öStPO) gilt, gemäß § 15 Abs. 1 EUStA-DG jedoch die Landesgerichte als Schöffengericht für alle Anklagen seitens der EUStA zuständig sind.

4 Die Aufgaben der EUStA enden grundsätzlich mit dem rechtskräftigen Abschluss des Strafverfahrens (siehe Art. 4 S. 2 VO: „bis das Verfahren endgültig abgeschlossen ist" und ErwG 31 VO: „bis hierüber rechtskräftig entschieden ist"). Die EUStA ist nach Maßgabe der VO also **nicht für die Strafvollstreckung** zuständig.[2] Der **deutsche Gesetzgeber** hat daher in § 10 Abs. 1 EUStAG bestimmt, dass in Verfahren, die von der EUStA geführt worden sind, die Aufgaben der Staatsanwaltschaft im Vollstreckungsverfahren von der Staatsanwaltschaft am Sitz des Gerichts des ersten Rechtszugs wahrgenommen wird. Diese, und nicht die EUStA, ist also Vollstreckungsbehörde iSv § 451 StPO. Soweit jedoch im Vollstreckungsverfahren die Staatsanwaltschaft Stellungnahmen gegenüber dem Gericht nicht als Vollstreckungsbehörde, sondern als Strafverfolgungsbehörde abgibt,[3] hat der Gesetzgeber in § 10 Abs. 2 EUStAG vorgesehen, dass in den dort bezeichneten Fällen die nach § 10 Abs. 1 EUStAG zuständige deutsche Staatsanwaltschaft dem mit den Ermittlungen betrauten DEStA Gelegenheit zur Stellungnahme geben soll. Die Regelung des § 10 Abs. 1 EUStAG gilt gemäß § 11 Abs. 3 EUStAG entsprechend auch für die Vollstreckung gerichtlicher Entscheidungen gemäß § 91 OWiG. Auch der **österreichische Gesetzgeber** hat der EUStA keine Aufgaben im Rahmen des Vollstreckungsverfahrens übertragen (siehe den Aufgabenkatalog in § 4 Abs. 1 EUStA-DG). Hier bleibt es also bei den Zuständigkeiten der örtlichen Staatsanwaltschaft (§ 7 Abs. 2 öStVG iVm § 25 Abs. 5 öStPO) am Sitz des erkennenden Gerichts (§ 7 Abs. 1 öStVG) bzw. des örtlich zuständigen Vollzugsgerichts (§§ 16 f. öStVG) und – für Geldstrafen – der Einbringungsstelle des zuständigen Gerichts (§ 6 GEG).

5 Während das Vollstreckungsverfahren nicht zu den Aufgaben der EUStA gehört, ist davon auszugehen,[4] dass die EUStA in **Deutschland** ggf. im **Wiederaufnahmeverfahren** gemäß **§§ 359 ff. StPO** sowie für Entscheidungen nach **§ 30 JGG** die Aufgaben als zuständige Staatsanwaltschaft wahrzunehmen hat, da die ursprüngliche Zuständigkeit für das Strafverfahren nach Maßgabe von Art. 4 S. 2 VO nicht endet „bis das Verfahren endgültig abgeschlossen ist". Entsprechendes gilt gemäß § 4 Abs. 1 Ziffer 5 EUStA-DG ausdrücklich auch für das Wiederaufnahmeverfahren nach **§§ 352 ff. öStPO**[5] sowie die Wiedereinsetzung (§ 364 öStPO). Wie sich nämlich aus ErwG 31 VO ergibt, versteht der Unionsgesetzgeber unter dem „Abschluss des Verfahrens" „die endgültige Klärung der Frage [...], ob der Verdächtige oder Beschuldigte die Straftat begangen hat, gegebenenfalls einschließlich der Festlegung des Strafmaßes und der abschließenden Entscheidung über alle verfügbaren Rechtshandlungen oder Rechtsbehelfe, bis hierüber rechtskräftig entschieden ist".

## II. Grundprinzipien für die Tätigkeit der EUStA

6 **1. Bindung an die Charta der Grundrechte – Rechtsstaatlichkeit und Verhältnismäßigkeit.** Art. 5 Abs. 1 VO formuliert als zu den „Grundprinzipien für die Tätigkeit" der EUStA zählend die Verpflichtung der EUStA, zu gewährleisten, „dass bei ihrer Tätigkeit die in der Charta verankerten Rechte beachtet werden". Darin kommt zunächst die – eigentlich selbstverständliche – **Bindung der EUStA an die Charta der Grundrechte** (Art. 51 Abs. 1 GRC) zum Ausdruck. Die EUStA ist danach aber auch verpflichtet, die Beachtung der in der Charta verankerten Rechte zu gewährleisten soweit sie Ermittlungsmaßnahmen nicht selbst ergreift, sondern Behörden der Mitgliedstaaten (Polizei, Finanzbehörden) anweist, einzelne Ermittlungsmaßnahmen für die EUStA vorzunehmen (Art. 28 Abs. 1 VO).[6] Die Vorschrift des Art. 5 Abs. 1 VO wird ergänzt durch die Regelung in

2 Gegenteiliges ergibt sich auch nicht aus der Regelung in Art. 38 VO über die Verwertung eingezogener Vermögenswerte.

3 Zu dieser Differenzierung: Meyer-Goßner/*Schmitt*, § 451 StPO Rn. 2.

4 Siehe auch die RegBegr. zum Gesetz zur Durchführung der EUStA-VO, BT-Drs. 19/17963, 18.

5 Zu dieser Frage bereits: *Oshidari,* Die Europäische Staatsanwaltschaft, JSt 2018, 193, 199.

6 Ebenso: HBB/*Burchard*, Art. 5 Rn. 5; dazu auch: HBB/*Brodowski*, Art. 41 Rn. 22.

Art. 41 Abs. 1 VO, die die EUStA speziell auf die in der Charta verankerten Beschuldigtenrechte verpflichtet (siehe dazu *Esser* → § 11 Rn. 121 ff.). Soweit es in Art. 5 Abs. 2 VO heißt, die EUStA sei bei allen ihren Tätigkeiten an die Grundsätze der Rechtsstaatlichkeit und der Verhältnismäßigkeit gebunden, bestätigt dies primärrechtliche Pflichten (Art. 2 EUV sowie Art. 52 Abs. 1 GRC), die auch von der EUStA zu beachten sind. Diese Grundsätze des Unionsrechts sind Maßstab für die Tätigkeit der EUStA und sind auch von den Gerichten der Mitgliedstaaten zu beachten, wenn sie gemäß Art. 42 Abs. 1 VO die gerichtliche Kontrolle über die Rechtmäßigkeit von Verfahrenshandlungen der EUStA ausüben (siehe dazu *Esser* → § 12 Rn. 35 ff.).[7] Im Hinblick auf den Grundsatz der **Verhältnismäßigkeit** hat der Unionsgesetzgeber bei Annahme der EUStA-VO allerdings hervorgehoben, dass die Gerichte der Mitgliedstaaten nicht gehindert seien, die Gültigkeit von Verfahrenshandlungen der EUStA hinsichtlich des im nationalen Recht verankerten Grundsatzes der Verhältnismäßigkeit zu überprüfen (siehe ErwG 88 Abs. 3 VO; dazu *Esser* → § 12 Rn. 51).[8]

**2. Subsidiäre Anwendbarkeit des nationalen Rechts.** Der Unionsgesetzgeber hat davon abgesehen, die EUStA mit einer eigenen Strafprozessordnung auszustatten, die umfassende und abschließende Regelungen zum Ermittlungsverfahren enthält. Zwar regelt die VO viele Fragen sehr im Detail. Das gilt aber insbesondere für interne Entscheidungsverfahren sowie das Zusammenwirken zwischen EUStA und nationalen Behörden, während die Verordnung im Übrigen stark auf **das nationale Verfahrensrecht rekurriert.** So enthält die VO zahlreiche Regelungen, wonach die EUStA mitgliedstaatliche Verfahrensbestimmungen anwenden soll[9] bzw. bei der Anwendung der Verordnung zu beachten hat.[10] Andere Regelungen knüpfen an bestimmte Voraussetzungen an, deren Vorliegen sich nach nationalem Recht bestimmt.[11] Daneben formuliert **Art. 5 Abs. 3 S. 2 VO** den Grundsatz, dass das nationale Recht (subsidiär) Anwendung findet, soweit „eine Frage in dieser Verordnung nicht geregelt ist". Ergänzend wird in Absatz 3 Satz 4 noch einmal klargestellt, dass die **EUStA-VO Vorrang** genießt, soweit eine Frage sowohl im nationalen Recht wie auch in der Verordnung geregelt ist. Die Regelung zur subsidiären Anwendbarkeit des nationalen Rechts bezieht sich in der Sache insbesondere auf das nationale Strafverfahrensrecht. Aber sie gilt grundsätzlich auch für das **nationale Verfassungsrecht** und bindet die EUStA, jedenfalls soweit sie nach Maßgabe von Art. 5 Abs. 3 VO nationales Verfahrensrecht anwendet, auch an die im nationalen Verfassungsrecht niedergelegten Grundrechte.[12] 7

Während der Verhandlungen in der Ratsarbeitsgruppe aber auch in der Literatur ist Kritik erhoben worden gegen die zahlreichen spezifischen Verweise auf das nationale Recht, die im Zuge der Verhandlungen zusätzlich zu der – in ähnlicher Form bereits in dem ursprünglichen Kommissionsvorschlag erhaltenen[13] – Regelung des Art. 5 Abs. 3 VO aufgenommen worden sind. Dabei ist jedoch zu bedenken, dass solche spezifischen Bezugnahmen auf das nationale Recht gegenüber der allgemeinen Regelung in Art. 5 Abs. 3 VO den Vorteil haben, dass sie Klarheit in der Frage schaffen können, in welcher Hinsicht eine Frage nicht abschließend in der Verordnung geregelt ist und inwieweit daher das nationale Recht Anwendung findet. 8

Soweit die Verordnung in Art. 5 Abs. 3 oder in spezifischen Regelungen auf das „nationale Recht" verweist, bedurfte es jedenfalls im Fall von grenzüberschreitenden Ermittlungen der Klärung, welches das nationale Recht ist, das hier in Bezug genommen wird. Gemäß Art. 5 Abs. 3 S. 2 VO ist dies grundsätzlich das Recht des Mitgliedstaats, dessen DEStA gemäß Art. 13 Abs. 1 VO mit den Ermittlungen betraut ist. Abweichungen gelten hier in bestimmten Fällen bei grenzüberschreitenden Ermittlungsmaßnahmen gemäß Art. 31 VO (siehe dazu *Niedernhuber* → § 7 Rn. 124 ff.). Mit dieser – in der Sache naheliegenden – Regelung gewinnt die Entscheidung darüber, welcher DEStA 9

7 Dazu auch: HBB/*Herrnfeld*, Art. 42 Rn. 26.
8 Dazu auch: HBB/*Herrnfeld*, Art. 42 Rn. 47.
9 Siehe etwa Art. 28 Abs. 1, 30 Abs. 5, 31 Abs. 2 und 3, 32, 33, 40 Abs. 1, 42 Abs. 1 und 45 Abs. 2 VO.
10 Siehe etwa Art. 10 Abs. 5, 12 Abs. 3, 22, 24 Abs. 7, 25 Abs. 3 lit. a, 31 Abs. 8, 39 Abs. 4, 47 Abs. 3 lit. c VO.
11 Siehe etwa Art. 12 Abs. 4, 23 lit. b und c, 26 Abs. 1 und 4, 29 Abs. 1, 30 Abs. 2 und 3, 31 Abs. 3 UAbs. 3, 36 Abs. 3, 39 Abs. 1 VO.
12 HBB/*Herrnfeld*, Art. 42 Rn. 26; ebenso HBB/*Burchard*, Art. 5 Rn. 11.
13 Art. 11 Abs. 3 des KOM-Vorschlags für die EUStA-VO, COM(2013) 534 final.

mit einem Ermittlungsverfahren betraut wird, sofern mehr als ein Mitgliedstaat im konkreten Fall Gerichtsbarkeit ausüben könnte, besondere Bedeutung. Soweit die EUStA nach Maßgabe der Kriterien des Art. 26 Abs. 4 VO über die Wahl des zuständigen DEStA entscheiden kann, wirkt sich diese Entscheidung auch auf die Bestimmung des ergänzend anwendbaren nationalen Rechts aus.[14] Entsprechend führt auch eine etwaige spätere grenzüberschreitende Zuständigkeitsverlagerung (Art. 26 Abs. 5 lit. a VO bzw. Art. 36 Abs. 3 VO), und eine grenzüberschreitende Verfahrensverbindung (Art. 26 Abs. 5 lit. b VO bzw. Art. 36 Abs. 4 VO) zu einer Änderung in Bezug auf das subsidiär anwendbare nationale Verfahrensrecht. Das Recht des Mitgliedstaats des betrauten DEStA findet hingegen weiterhin auch dann Anwendung, wenn der aufsichtführende Europäische Staatsanwalt nach Maßgabe von Art. 28 Abs. 4 VO – ausnahmsweise – entschieden hat, das Ermittlungsverfahren im Wege des Selbsteintritts zu führen (→ Rn. 37).[15]

10 Unbeschadet der Tatsache, dass die Regelungen der EUStA-VO – und mithin auch die zahlreichen ihrer Bestimmungen, die auf das nationale Recht verweisen – in den teilnehmenden Mitgliedstaaten unmittelbar gelten, hat der **deutsche Gesetzgeber** versucht, mit dem **EUStAG** für den Rechtsanwender zusätzliche Rechtsklarheit zu schaffen. Zu diesem Zweck bezeichnet das Gesetz einzelne Regelungen des deutschen Rechts ausdrücklich als nicht oder nur modifiziert anwendbar. Ferner enthält das EUStAG einige ergänzende Regelungen zu Fragen, wie beispielsweise zur Zuständigkeit für die Strafvollstreckung (§ 10 EUStAG), bei denen auch der Verweis auf die subsidiäre Anwendbarkeit des geltenden nationalen Verfahrensrechts keine hinreichende Klärung erbracht hätte. Die Regelungen des EUStAG sowie die darin in Bezug genommenen Vorschriften des nationalen Verfahrensrechts (allgemein dazu: § 2 EUStAG) gelten nach Maßgabe von Art. 5 Abs. 3 VO dabei sowohl für den DEStA, der als „betrauter DEStA" ein Ermittlungsverfahren führt, wie auch für den DEStA, der als „unterstützender DEStA"[16] im Rahmen der Art. 31 ff. VO auf „Zuweisung" durch einen DEStA eines anderen Mitgliedstaats tätig wird.[17]

11 Aus den gleichen Erwägungen heraus[18] hat auch der Gesetzgeber in **Österreich** mit dem EUStA-DG einige ergänzende bzw. klarstellende Regelungen getroffen. So bestimmt § 1 Abs. 2 EUStA-DG, dass die EUStA bei der Wahrnehmung ihrer in § 4 Abs. 1 EUStA-DG bezeichneten Aufgaben die allgemeinen Vorschriften über das Strafverfahren anzuwenden hat, soweit sich nicht aus der EUStA-VO oder den Bestimmungen des EUStA-DG etwas anderes ergibt. Ferner enthält das Gesetz einige Regelungen zur Anwendbarkeit einzelner Bestimmungen des österreichischen Strafverfahrensrechts (u.a. in §§ 5, 11 Abs. 1, 13 und 14 Abs. 1 EUStA-DG) und trifft ergänzende Regelungen, die von der EUStA und/oder den zuständige nationalen Behörden in der Zusammenarbeit mit der EUStA zu beachten sind wie beispielsweise zu Art. 25 Abs. 4 VO (§ 6 EUStA-DG), Art. 25 Abs. 6 VO (§ 7 EUStA-DG) sowie zur gerichtlichen Zuständigkeit im Ermittlungsverfahren (§§ 10 und 11 Abs. 2 EUStA-DG) und im Haupt- und Rechtsmittelverfahren (§ 15 EUStA-DG).

12 **3. Unparteilichkeit der EUStA.** Auch wenn die EUStA errichtet worden ist, um im Interesse der Europäischen Union eine effektivere Bekämpfung von Straftaten zum Nachteil der finanziellen Interessen der Union zu gewährleisten, so ist sie dennoch zur **Objektivität** verpflichtet, hat unparteiisch zu sein und soll alle sachdienlichen Beweise, also auch solche, die der Entlastung der Beschuldigten dienen können, ermitteln (Art. 5 Abs. 4 VO). Auch wenn die Regelung ihrem Wortlaut nach nur auf die „Ermittlungen" (Art. 26 ff. VO) der EUStA abstellt, so dürfte die Verpflichtung, unparteiisch zu handeln, auch für die „Strafverfolgung" (Art. 34 ff. VO) gelten.[19] Ergänzt wird diese allgemeine Regelung zu den „Grundprinzipien" durch die sich aus Art. 41 Abs. 3 VO ergebende Verpflichtung, nach Maßgabe des anwendbaren nationalen Verfahrensrechts ggf. auf Antrag der Verteidigung darauf hinzuwirken, dass **entlastende Beweise** erhoben werden (siehe dazu *Esser* → § 11 Rn. 4 und *Oehmichen* → § 14 Rn. 78 f.).

14 Dazu näher: HBB/*Herrnfeld*, Art. 26 Rn. 11 ff., 39 f.

15 Dazu näher: HBB/*Herrnfeld*, Art. 28 Rn. 26.

16 Zu diesen Begriffen siehe die Definition in Art. 2 Nummer 5 bzw. 6 VO.

17 Siehe die Gesetzesbegründung zu § 1 EUStAG, BT-Drs. 19/17963, 48 f.

18 Siehe insbesondere die Gesetzesbegründung zu § 1 EUStAG-DG, EBRV 808 Blg NR 27.GP, 4.

19 Ebenso HBB/*Burchard*, Art. 5 Rn. 18.

**4. Beschleunigungsgebot – Unterstützungspflichten – loyale Zusammenarbeit.** Die VO verpflichtet die EUStA auf die Beachtung des Beschleunigungsgebots (Art. 5 Abs. 5 VO: „leitet Ermittlungen unverzüglich ein und führt sie zügig durch"). Diesbezügliche Vorgaben des nationalen Verfahrensrechts sind dabei nach Maßgabe von Art. 5 Abs. 3 VO von der EUStA zu beachten. Während Art. 47 Abs. 2 GRC das Beschleunigungsgebot speziell für das **gerichtliche Verfahren** formuliert, hat der EuGH klargestellt, dass es sich hierbei um einen allgemeinen Grundsatz des Unionsrechts (Art. 6 Abs. 3 EUV) handelt, der in Art. 6 Abs. 1 EMRK niedergelegt sei und der, wie der EGMR festgestellt habe, im Bereich des Strafrechts „nicht nur im gerichtlichen Verfahren, sondern **auch im Ermittlungsverfahren** zu beachten" ist, „sobald der Betroffene einer Beschuldigung ausgesetzt ist".[20] Wie der EuGH ferner unter Bezugnahme auf den EGMR erläutert, sei „die Angemessenheit der Verfahrensdauer nicht nach Maßgabe einer präzisen, abstrakt festgelegten Obergrenze zu bestimmen. Sie ist vielmehr anhand der **Umstände jeder einzelnen Rechtssache**, etwa der auf dem Spiel stehenden Interessen und der Komplexität der Angelegenheit oder auch des Verhaltens der zuständigen Behörden und der Verfahrensbeteiligten, zu beurteilen, wobei eine solche Komplexität oder eine Verzögerungstaktik der Verteidigung als Rechtfertigung für eine auf den ersten Anschein überlange Dauer dienen kann."[21] 13

Die Behörden der Mitgliedstaaten wiederum sind dazu verpflichtet, die Ermittlungen und Strafverfolgungsmaßnahmen der EUStA zu fördern und zu unterstützen (Art. 5 Abs. 6 S. 1 VO); diese allgemein gehaltene Verpflichtung findet Konkretisierungen namentlich in den **Melde- und Unterrichtungspflichten** gegenüber der EUStA (Art. 24 Abs. 1 und 2 VO; dazu: *Trautmann* → § 6 Rn. 52 ff.) sowie der Verpflichtung der Behörden der Mitgliedstaaten, die DEStA bei ihren Ermittlungen zu unterstützen und deren Weisungen zu befolgen (Art. 28 Abs. 1 VO) bzw. auch ohne diesbezügliche Weisung dringend erforderliche Ermittlungsmaßnahmen zu ergreifen (Art. 28 Abs. 2 VO; siehe dazu: *Trautmann* → § 6 Rn. 124 ff.). Hinzu kommt insbesondere auch die Pflicht der Mitgliedstaaten bzw. der nationalen Behörden, ihren DEStA die **notwendigen Ressourcen und Ausrüstung** zur Verfügung zu stellen (Art. 96 Abs. 6 S. 3 VO; siehe dazu *Trautmann* → § 6 Rn. 29 ff.). Wie in Art. 5 Abs. 6 S. 2 VO klargestellt, betrifft die Verpflichtung zur **loyalen Zusammenarbeit** jedoch nicht einseitig die nationalen Behörden; auch die EUStA unterliegt diesen gegenüber gewissen Pflichten (siehe dazu auch *Trautmann* → § 6 Rn. 46 ff.). Diese sind konkretisiert u.a. in einer Reihe von Informations- bzw. Konsultationspflichten der EUStA gegenüber den nationalen Behörden (Art. 24 Abs. 7 UAbs. 2 und Abs. 8, Art. 25 Abs. 2 UAbs. 2 und Abs. 5, Art. 26 Abs. 2 und 7, Art. 27 Abs. 4, Art. 28 Abs. 4 UAbs. 3, Art. 34, Art. 36 Abs. 6, Art. 39 Abs. 3 und 4 und Art. 40 Abs. 1 UAbs. 2 VO). 14

Der **deutsche Gesetzgeber** hat „in Umsetzung" der Regelung in Art. 5 Abs. 6 VO bestimmt, dass die deutschen DEStA die örtliche **zuständige Staatsanwaltschaft im Einzelfall um Amtshilfe** bei der Durchführung einzelner Ermittlungsmaßnahmen nach Art. 30 VO ersuchen können (§ 13 EUStAG) – etwa zur Unterstützung bei der Durchführung umfangreicher Durchsuchungsmaßnahmen oder der Vernehmung von Zeugen oder Sachverständigen gemäß § 161a Abs. 4 StPO.[22] Ein solches Amtshilfeersuchen an die nationale Staatsanwaltschaft könnte auch darauf gerichtet sein, für ein konkretes Ermittlungsverfahren der EUStA Unterstützung durch Bereitstellung eines Wirtschaftsreferenten zu leisten. Hintergrund dieser Regelung ist, dass die Staatsanwaltschaften richtiger Ansicht nach zwar nicht unter den Begriff der „nationalen Behörde" iSd Art. 28 Abs. 1 VO fallen; vielmehr tritt die EUStA, sofern sie entschieden hat, ihre Zuständigkeit auszuüben, an die Stelle der sonst zuständigen Staatsanwaltschaft (Art. 25 Abs. 1 S. 2 VO).[23] Die DEStA können also nicht bereits 15

20 EuGH 5.6.2018 – C-612/15, ECLI:EU:C:2018:392 Rn. 71 – Kolev u.a. unter Bezugnahme auf EGMR, 15. Juli 2002, 37370/97, Rn. 39 – Affaire stratégies et communications und Dumoulin/Belgien, sowie EGMR, 10.9.2010, 31333/06, Rn. 143 – McFarlane/Irland.

21 EuGH Rs. C-612/15 (Fn. 19), Rn. 72; dazu auch HBB/*Herrnfeld*, Art. 35 Rn. 7 mwN sowie HBB/*Burchard*, Art. 5 Rn. 22 f. mwN aus der Rechtsprechung des EGMR.

22 Siehe die Begründung zu § 13 EUStAG, BT-Drs. 19/17963, 60.

23 Siehe die Erläuterungen zu Art. 28 VO im GesE zur Durchführung der EUStA-VO, BT-Drs. 19/17963, 25 f.; dazu näher auch: HBB/*Herrnfeld*, Art. 28 Rn. 8.

nach Maßgabe dieser Regelung die deutschen Staatsanwaltschaften als „zuständige Behörde ... anweisen“, die notwendigen Ermittlungsmaßnahmen zu ergreifen. Der deutsche Gesetzgeber hat es aber gleichwohl für geboten erachtet, dass die EUStA im Einzelfall die deutschen Staatsanwaltschaften um Amtshilfe für eine konkrete Ermittlungsmaßnahme ersuchen können.

In **Österreich** soll die Regelungen in § 12 EUStA-DG über die Amtshilfe, die alle Behörden und öffentliche Stellen nach Maßgabe von § 76a Abs. 1 bis 2a StPO auch gegenüber der EUStA zu leisten haben, auch für die Amtshilfe seitens der Staatsanwaltschaften gelten; die Gesetzesbegründung nennt als Beispiel den Fall, dass an mehreren Orten im Bundesgebiet zeitgleich Hausdurchsuchungen durchgeführt werden sollen und hierzu die Anwesenheit eines Organs der Staatsanwaltschaft erforderlich erscheint.[24]

## III. Struktur, Organisation, Personal

16 **1. Struktur der EUStA – interne Organisation.** In den Verhandlungen im Rat bzw. dessen Vorbereitungsgremien waren nicht zuletzt die Regelungen zur Struktur und zu den innerbehördlichen Kompetenzen Gegenstand ausgiebiger Diskussionen. Im Ergebnis weist die Verordnung in diesem Bereich wichtige Unterschiede gegenüber dem ursprünglichen Kommissions-Vorschlag auf; dies gilt insbesondere für die Stellung und Kompetenzen des **Europäischen Generalstaatsanwalts** (EUGenStA) und für die Einführung der Position der **Europäischen Staatsanwälte** (EStA) sowie in deren Konsequenz, die Schaffung des **Kollegiums** und der **Ständigen Kammern.** Die Komplexität der jetzigen Struktur der EUStA[25] und die Regelungen zu internen Entscheidungsverfahren sind Gegenstand der Kritik in der Literatur geworden, der hier jedoch nicht weiter nachgegangen werden soll. Die Praxis wird zeigen, ob sich diese Struktur und Verfahrensregelungen in der täglichen Arbeit der EUStA bewähren. Insgesamt sind die in den Verhandlungen gefundenen Lösungen vielfach Ausdruck zäh errungener Kompromisse, die ihre Ursache einerseits in der Skepsis mancher Mitgliedstaaten gegenüber der Schaffung einer neuen supranationalen Behörde mit unmittelbaren Eingriffsbefugnissen auf dem Territorium der einzelnen Mitgliedstaaten und andererseits in dem Bestreben hatten sicherzustellen, dass die neue Behörde bei ihrer Tätigkeit auch tatsächlich eine europäische Handschrift trägt.

17 In der **zentralen Dienststelle** der EUStA in **Luxemburg** sind neben dem **Europäischen Generalstaatsanwalt** (Art. 11 VO) jeweils ein **EStA** aus jedem der an der Errichtung der EUStA beteiligten Mitgliedstaaten (Art. 12 VO), welche zusammen das **Kollegium** der EUStA bilden (Art. 9 VO). Auf dezentraler Ebene verfügt die EUStA über sogenannte **Delegierte Europäische Staatsanwälte** (DEStA), deren Aufgabe es ist, in ihrem jeweiligen Mitgliedstaat „im Namen der EUStA“ (Art. 13 Abs. 1 VO) die Ermittlungsverfahren zu leiten und ggf. die Anklagevertretung zu übernehmen. Hinzu kommt in der Zentrale neben dem **Verwaltungsdirektor** (Art. 18 VO) weiteres, **unterstützendes Personal** (Art. 8 Abs. 5 VO). Daneben sollen die DEStA in ihrem jeweiligen Mitgliedstaat personelle Unterstützung seitens der dortigen Staatsanwaltschaften – etwa durch Mitarbeiterinnen und Mitarbeiter der Geschäftsstelle – erhalten.[26]

18 Während das Kollegium der EUStA für die „allgemeine Aufsicht über die Tätigkeiten der EUStA“ sowie für die Entscheidung über „strategische Fragen“ und „allgemeine Angelegenheiten, die sich aus Einzelfällen ergeben“ zuständig ist, hat es keine operativen Entscheidungsbefugnisse in Einzelfällen (Art. 9 Abs. 2 S. 3 VO). Die zentrale Aufsicht über die von den DEStA geführten Verfahren wird von den EStA (Art. 12 Abs. 1 VO) sowie den vom Kollegium hierzu gebildeten Ständigen Kammern (Art. 10 VO) ausgeübt. Deren Anzahl, Zusammensetzung sowie die Aufteilung ihrer Zuständigkeiten sind gemäß der Geschäftsordnung der EUStA festzulegen, die im Übrigen ergänzende Verfahrensbestimmungen enthält (siehe dazu Art. 15 ff. GO sowie Beschluss des Kollegiums

24 Siehe Begründung im GesE zu § 12 EUStA-DG, EBRV 808 Blg NR 27.GP, 10; wie dort weiterausgeführt wird, dürfte es jedoch ausgeschlossen sein, dass die EUStA eine nationale Staatsanwaltschaft im Wege der Amtshilfe darum ersuchen kann, die Vertretung der Anklage der EUStA zu übernehmen.

25 Siehe zu den Regelungen der VO näher: EnzEuR/*Zöller/Bock* § 22 Rn. 14 ff.

26 Siehe dazu Art. 96 Abs. 6 S. 3 VO sowie ErwG 113 VO.

Nr. 15/2020 vom 12.10.2020[27]). Demgegenüber ist der EUGenStA als Leiter der EUStA zwar zuständig für die Organisation der Arbeit der EUStA sowie für die Außenvertretung (Art. 11 VO) hat im Bereich der operativen Tätigkeit jedoch nur wenige spezifische Befugnisse (siehe namentlich Art. 27 Abs. 1, Art. 29 und Art. 34 Abs. 4 VO).

**2. Ernennung und Amtszeiten der Mitglieder der EUStA.** Die Art. 14 bis 20 VO regeln die Ernennung und Entlassung der Mitglieder der EUStA. Um die Unabhängigkeit des EUGenStA und der EStA zu gewährleisten, sehen Art. 14 Abs. 3 und Art. 16 Abs. 2 VO die Bewertung der Kandidaturen durch einen eigens dafür eingesetzten **Auswahlausschuss** vor.[28] Die Auswahl des EUGenStA erfolgt auf Grundlage einer öffentlichen Stellenausschreibung (Art. 14 Abs. 3 VO), während nach Art. 16 Abs. 1 VO die Auswahl der EStA auf der Grundlage von Kandidatenvorschlägen der jeweiligen Mitgliedstaaten erfolgt. Die abschließende Entscheidung über die Ernennung des EUGenStA treffen Europäisches Parlament und Rat in gegenseitigem Einvernehmen für eine verlängerbare Amtszeit von sieben Jahren (Art. 16 Abs. 1 VO);[29] im Fall der EStA erfolgt die Ernennung durch den Rat (Art. 16 Abs. 3 VO).[30] Die **Amtszeit der EStA** beträgt grundsätzlich **sechs Jahre** (Art. 16 Abs. 3 VO). Um zu gewährleisten, dass nicht nach Ablauf von sechs Jahren nach der ersten Ernennung der EStA das Kollegium vollständig neu besetzt werden muss, sieht Art. 16 Abs. 4 VO eine Übergangsregelung vor, wonach ein Drittel der ersten Amtsinhaber eine Amtszeit von nur drei Jahren absolvieren sollen, während wiederum bei einem weiteren Drittel der ersten Amtsinhaber nach Ablauf von sechs Jahren eine einmalige Verlängerung um (höchstens) drei Jahre erfolgen sollte (Art. 16 Abs. 4 S. 1 i.V.m. Abs. 3 S. 2 VO).[31] 19

Gemäß Art. 17 Abs. 1 VO ernennt das Kollegium auf Vorschlag des EUGenStA die von den Mitgliedstaaten benannten **DEStA.**[32] Diese werden gemäß Art. 96 Abs. 6 S. 1 VO nicht als Zeitbedienstete der Union, sondern als „Sonderberater" gemäß Art. 5, 123 und 124 der Beschäftigungsbedingungen der Union für sonstige Bedienstete[33] eingestellt.[34] Diese Regelung wurde gewählt um zu ermöglichen, dass die DEStA sowohl Mitglied der EUStA sind als auch weiterhin die Stellung eines Staatsanwalts ihres Mitgliedstaats haben und in die nationalen Strafverfolgungsbehörden integriert sind (Art. 17 Abs. 2 VO) – sogenannter **„Doppel-Hut"** – und zwar unabhängig davon, ob sie im Rahmen ihrer Arbeitszeit allein für die EUStA tätig sind oder, wie in Art. 13 Abs. 3 VO als Mög- 20

27 Decision on the Permanent Chambers, College Decision 015/2020; https://www.eppo.europa.eu/sites/default/files/2021-01/2020.015 Decision on the Permanent Chambers - final.pdf.

28 Durchführungsbeschluss (EU) 2018/1696 des Rates vom 13.7.2018 über die Regeln für die Tätigkeit des Auswahlausschusses nach Art. 14 Abs. 3 der Verordnung (EU) 2017/1939 zur Durchführung einer Verstärkten Zusammenarbeit zur Errichtung der Europäischen Staatsanwaltschaft (EUStA), ABl. 2018 L 282, 8; geändert durch Durchführungsbeschluss (EU) 2020/1008 des Rates vom 9.7.2020 zur Änderung des Durchführungsbeschlusses (EU) 2018/1696 über die Regeln für die Tätigkeit des Auswahlausschusses nach Art. 14 Abs. 3 der Verordnung (EU) 2017/1939, ABl. 2020 L 221, 1; ferner: Beschluss (EU) 2018/1275 des Rates vom 18.9.2018 zur Ernennung der Mitglieder des in Art. 14 Abs. 3 der Verordnung (EU) 2017/1939 vorgesehenen Auswahlausschusses, ABl. 2018 L 238, 92; siehe dazu auch ErwG 41 VO.

29 Ernennung von *Laura Codruța Kövesi* als erster Europäischer Generalstaatsanwältin durch Beschluss (EU) 2019/1798 des Europäisches Parlaments und des Rates vom 14.10.2019, ABl. 2019 L 274, 1.

30 Erste Ernennung mit Durchführungsbeschluss (EU) 2020/1117 des Rates vom 27.7.2020 zur Ernennung der Europäischen Staatsanwälte der Europäischen Staatsanwaltschaft, ABl. 2020 L 244, 18.

31 Durchführungsbeschluss (EU) 2019/598 des Rates vom 9.4.2019 über die Übergangsvorschriften für die Ernennung der Europäischen Staatsanwälte für die erste Amtszeit und während der ersten Amtszeit gemäß Art. 16 Abs. 4 der Verordnung (EU) 2017/1939, ABl. 2019 L 103, 29; siehe dazu auch ErwG 42 VO.

32 Siehe dazu auch den Beschluss des Kollegiums 13/2020 vom 16.11.2020 über ergänzende Verfahrensregelungen: https://www.eppo.europa.eu/sites/default/files/2020-12/2020.013 Decision on procedure for appointment of EDPs - final.pdf.

33 Verordnung Nr. 31 (EWG), 11 (EAG) des Rates über das Statut der Beamten und über die Beschäftigungsbedingungen für die sonstigen Bediensteten der Europäischen Wirtschaftsgemeinschaft und der Atomgemeinschaft, ABl. 45 vom 14.6.1962, 1385 (mit zahlreichen späteren Änderungen).

34 Siehe dazu den Beschluss des Kollegiums der EUStA über die Beschäftigungsbedingungen vom 20.9.2020 idF des Änderungsbeschlusses vom 24.3.2021: https://www.eppo.europa.eu/sites/default/files/2021-04/2020.001-2021.017_Consolidated version-Conditions_of_employment_EDPs.pdf.

lichkeit vorgesehen, mit einem Teil ihrer Arbeitszeit weiterhin auch Aufgaben als nationale Staatsanwälte wahrnehmen.[35]

21 **3. Die EUStA auf nationaler Ebene.** Die Leitung der Ermittlungsverfahren und ggf. die Vertretung der Anklage vor den Gerichten der Mitgliedstaaten obliegt den DEStA. Die im Verfahren nach Art. 17 VO zu ernennenden DEStA sollen in ihrem jeweiligen Mitgliedstaat grundsätzlich die gleichen Befugnisse haben wie nationale Staatsanwälte (Art. 13 Abs. 1 VO). Unbeschadet des in Art. 8 Abs. 1 VO proklamierten Charakters der EUStA als **„einheitlicher Behörde“** (dazu näher: *Herrnfeld* → § 2 Rn. 35), sind die unmittelbaren Befugnisse der DEStA damit auf das jeweilige Hoheitsgebiet ihres Sitzstaates beschränkt.[36] Sofern sie Ermittlungsmaßnahmen in einem anderen der an der Errichtung der EUStA beteiligten Mitgliedstaaten zu veranlassen haben, müssen sie sich der in Art. 31 VO vorgesehenen besonderen Mechanismen für grenzüberschreitende Ermittlungsmaßnahmen bedienen (dazu näher: *Niedernhuber* → § 7 Rn. 124 ff.).

22 Über die Anzahl der DEStA eines Mitgliedstaats sowie deren funktionale oder räumliche Aufteilung der Zuständigkeiten ist zwischen dem EUGenStA und den zuständigen Behörden der einzelnen Mitgliedstaaten Einvernehmen zu erzielen (Art. 13 Abs. 2 VO).

23 a) **Die EUStA in Deutschland.** Gemäß Art. 13 VO sollen die DEStA in ihrem eigenen Mitgliedstaat in Bezug auf Ermittlungen, Strafverfolgungsmaßnahmen und Anklageerhebung grundsätzlich die **gleichen Befugnisse** wie nationale Staatsanwälte haben (Absatz 1). Der deutsche Gesetzgeber hat diese Regelung zur Klarstellung ergänzt durch die neu geschaffene Vorschrift des **§ 142b Abs. 1 GVG.** Im Kern bestimmt diese, dass in Verfahren, die von der EUStA geführt werden, in Deutschland das Amt der Staatsanwaltschaft von den deutschen DEStA ausgeübt wird. Das bedeutet zum einen, dass – abweichend von § 142 GVG – auch die EUStA „Staatsanwaltschaft“ iSd Gesetzes ist. Zum anderen wird damit, der Regelung des Art. 25 Abs. 1 VO folgend, im deutschen Recht klargestellt, dass die im konkreten Einzelfall zuständige Staatsanwaltschaft die EUStA und nicht die nach § 143 GVG ansonsten örtlich zuständige Staatsanwaltschaft ist. Entsprechendes gilt gemäß § 142b Abs. 1 S. 3 GVG für den deutschen EStA, sofern er im Einzelfall in Anwendung der Bestimmung des Art. 28 Abs. 4 VO die Leitung des Ermittlungsverfahrens selbst übernommen hat.

24 In Deutschland hat sich die Konferenz der Justizministerinnen und Justizminister der Länder bei ihrer Tagung im Herbst 2018 dafür ausgesprochen, auf Länderebene **fünf „Zentren“** zu bilden, in denen die DEStA ihren Dienstsitz haben; als Standorte wurden die **Generalstaatsanwaltschaften Berlin, Frankfurt am Main, Hamburg, Köln und München** gewählt[37] und hierüber das gemäß Art. 13 Abs. 2 VO erforderliche Einvernehmen mit der EUGenStA erzielt. Ferner wurde eine DEStA-Stelle am Dienstsitz des **Generalbundesanwalts** in Karlsruhe geschaffen, die primär mit der Führung von Revisionsverfahren beim Bundesgerichtshof betraut ist (§ 142b Abs. 1 S. 2 GVG). An die Verteilung auf die unterschiedlichen Dienstorte der DEStA in Deutschland knüpft keine gesetzliche Regelung ihrer örtlichen Zuständigkeit an. Vielmehr verfügen sie – ebenso wie ggf. der nach Art. 28 Abs. 4 VO tätige deutsche EStA – gemäß § 143 Abs. 6 GVG alle über eine bundesweite Zuständigkeit,[38] können also im gesamten Bundesgebiet auch die Anklagevertretung übernehmen; die Bestimmungen des § 143 Abs. 3 bis 5 GVG finden entsprechend keine Anwendung.[39] Auch im Übrigen handelt es sich bei der Ansiedelung der DEStA an den genannten Standorten lediglich um eine räumliche Zuordnung zu den jeweiligen „Gastgeber“-Behörden. Hingegen sind die DEStA aufgrund ihrer Unabhängigkeit von den nationalen Behörden (*Herrnfeld* → § 2 Rn. 29 ff.) nicht der dortigen Behördenleitung unterstellt.

---

35 Auch die in Art. 13 Abs. 3 VO genannte Möglichkeit wird als „Doppelhut“ bezeichnet, wobei der DEStA insoweit ja seine beiden Hüte nie gleichzeitig trägt, sondern sie wechselt.

36 Siehe ErwG 32 VO: „im Hoheitsgebiet ihres jeweiligen Mitgliedstaats“.

37 Siehe dazu Begründung zum GesE zur Durchführung der EUStA-VO, BT-Drs. 19/17963, 61.

38 Zur Frage des „Sitzes“ der DEStA: *Herrnfeld* → § 2 Rn. 39; zur Frage der internen Geschäftsverteilung nachfolgend → Rn. 32.

39 Siehe dazu Begründung zum GesE, BT-Drs. 19/17963, 62.

Unbeschadet der Tatsache, dass es gemäß Art. 8 Abs. 5 VO auch zu den Aufgaben des in der Zentrale angesiedelten Personals gehört, die DEStA bei ihren Aufgaben zu unterstützen, folgt aus Art. 96 Abs. 6 VO, dass die DEStA in ihrem jeweiligen Mitgliedstaat **personelle Unterstützung seitens der dortigen Staatsanwaltschaften** erhalten sollen („Büro und Sekretariat").[40] Aufgrund der gesetzgeberischen Klarstellung, dass die deutschen DEStA „Staatsanwalt" bzw. „Staatsanwaltschaft" iSd einschlägigen deutschen Rechtsvorschriften sind,[41] findet auch § 153 GVG in Bezug auf den Einsatz von Geschäftsstellenpersonal am jeweiligen Dienstort der DEStA in den fünf Zentren sowie beim GBA Anwendung.[42] 25

**b) Die EUStA in Österreich.** Das **österreichische Umsetzungsgesetz** sieht – insoweit mit Vorrang gegenüber den Zuständigkeitsbestimmungen der öStPO[43] – vor, dass der EUStA in den Verfahren, für die sie nach Maßgabe der EUStA-VO zuständig ist und ihre Zuständigkeit ausüben kann (§ 3 EUStA-DG) im gesamten Bundesgebiet die Aufgaben der Staatsanwaltschaft von der Leitung der Ermittlungsverfahren bis zur Vertretung der Anklage im Hauptverfahren – und ggf. dem Rechtsmittelverfahren bzw. in Verfahren der Wiederaufnahme bzw. Wiedereinsetzung – (§ 4 Abs. 1 EUStA-DG) obliegt. Anders als die deutsche Umsetzungsgesetzgebung,[44] bestimmt das EUStA-DG ausdrücklich, dass die nationalen Strafverfolgungsbehörden – obwohl die EUStA nach Maßgabe der EUStA-VO nicht über eine ausschließliche Zuständigkeit verfügt – in Fällen, in denen die EUStA ihre Zuständigkeit ausüben kann (§ 3 EUStA-DG), selbst keine Ermittlungsverfahren einleiten, sondern diese Aufgabe der EUStA überlassen sollen; eine Ausnahme gilt nur dann, wenn Maßnahmen ergriffen werden müssen, die keinen Aufschub dulden (§ 9 EUStA-DG). In Österreich ist vorgesehen, dass die – gegenwärtig zwei – DEStA bei jeder der Staatsanwaltschaften im gesamten Bundesgebiet angesiedelt werden können; auf diese Weise soll Flexibilität bei der Besetzung der Stellen gewährleistet werden.[45] Die österreichischen DEStA haben jeder eine bundesweite Zuständigkeit, können also im gesamtem Bundesgebiet Ermittlungsverfahren führen und die Anklage vertreten (§ 4 Abs. 2 S. 1 i.V.m. Abs. 1 EUStA-DG). In den Ausnahmefällen des Art. 28 Abs. 4 VO kann auch der österreichische EStA diese Aufgaben wahrnehmen (§ 4 Abs. 2 S. 2 EUStA-DG). Die aus Art. 96 Abs. 6 VO folgende Verpflichtung der Mitgliedstaaten, „ihre" DEStA mit den erforderlichen Ressourcen auszustatten, findet ihren Niederschlag in § 24 EUStA-DG und der an die Organe der Justizverwaltung gerichteten Pflicht, die „personellen und sachlichen Voraussetzungen für den Betrieb der EUStA im Inland" zu gewährleisten. Ergänzende dienst- und disziplinarrechtliche Regelungen zu den DEStA wurden mit Art. 2 StrEU-AG 2021 durch Ergänzung des RStDG getroffen. 26

## IV. Interne Verfahrensregelungen

**1. Zuständigkeiten – Aufsicht, Weisungs- und Entscheidungsbefugnisse.** Ermittlungsverfahren und Anklagevertretung liegen bei der EUStA grundsätzlich in den Händen der DEStA – Art. 13 Abs. 1 VO. Dabei unterstehen die DEStA jedoch der Leitung der zuständigen „Kammer" (Art. 10 VO) sowie des aufsichtführenden EStA (Art. 12 VO), deren Weisungen sie zu befolgen haben (Art. 13 Abs. 1 UAbs. 2 S. 2 VO). Ergänzende Regelungen dazu wurden vom Kollegium in der Geschäftsordnung der EUStA getroffen (siehe insbes. Art. 42, 45 ff., 56 ff. GO). 27

Die EUStA-VO enthält sowohl in den grundlegenden institutionellen Vorschriften der Art. 10 ff. VO wie auch bei den verfahrensspezifischen Einzelregelungen der Art. 24 bis 39 VO detaillierte Bestimmungen über die **internen Verfahren und Zuständigkeiten der einzelnen Funktionsträger**, die an dieser Stelle nicht dargestellt werden sollen (siehe dazu die Erläuterungen insbesondere in den 28

40 Siehe dazu Art. 96 Abs. 6 S. 3 VO sowie ErwG 113 VO.

41 Siehe Begründung zum GesE zur Durchführung der EUStA-VO, BT-Drs. 19/17963, 48 f., 61.

42 Siehe Begründung zum GesE zur Durchführung der EUStA-VO, BT-Drs. 19/17963, 42.

43 Siehe Begründung im GesE zu § 4 EUStA-DG, EBRV 808 Blg NR 27.GP, 6.

44 Die deutschen Vorschriften knüpfen daran an, dass die EUStA tatsächlich von ihrer Zuständigkeit Gebrauch macht (§ 142b Abs. 1 GVG („übernommen hat"), § 1 Abs. 2 EUStAG („ausgeübt wird"); → Rn. 23).

45 Siehe Begründung des Regierungsentwurfs, EBRV 808 Blg NR 27.GP, 2.

Kapiteln 7, 9 und 10). Die Regelungen bewirken insgesamt eine weitgehende Konzentration der Zuständigkeiten für die Abschlussentscheidungen (Art. 35 sowie die Art. 34, 36, 39 und 40 VO) auf die Zentrale der EUStA und eine damit einhergehende Einschränkung der Entscheidungsbefugnisse des verfahrensführenden DEStA. Die genannten Regelungen sehen dabei eine abschließende Entscheidungszuständigkeit der Kammer vor (Art. 10 Abs. 3 VO, Art. 56 GO) und nicht lediglich eine Pflicht des verfahrensführenden DEStA, der aufsichtführenden Kammer einen Vorschlag für das eigene beabsichtigte Vorgehen vorzulegen und deren Weisung abzuwarten. Auch im Laufe eines Ermittlungsverfahrens (Art. 10 Abs. 4 und 5 VO, Art. 45 ff. GO) sowie im Hauptverfahren (Art. 36 Abs. 7 VO, Art. 60 GO) unterliegen die DEStA dem Weisungsrecht der zuständigen Kammer bzw. des aufsichtführenden EStA (Art. 12 Abs. 3 VO). Diese weitgehende, zentrale Aufsichtsfunktion über die Tätigkeit der DEStA war im Zuge der Verhandlungen im Rat nicht unumstritten. Sie ist aber letztlich als notwendig angesehener Kern der Funktionsweise der EUStA als „einheitlicher Behörde (Art. 8 Abs. 1 VO, *Herrnfeld* → § 2 Rn. 34 ff.), deren Aufgabe es gerade sein soll, auf Unionsebene in allen an der Errichtung der EUStA teilnehmenden Mitgliedstaaten für eine kohärente Strafverfolgung bei Straftaten zum Nachteil der finanziellen Interessen der Union Sorge zu tragen.[46]

29 Dies gilt auch und gerade für die – aus Sicht der mitgliedstaatlichen Praxis – zunächst eher ungewöhnliche Schaffung von **Ständigen Kammern**, denen die VO letztlich diese Aufsichts- und Entscheidungsbefugnisse zuweist. Zwar hatte sich der Rat schon frühzeitig im Zuge der Verhandlungen dafür ausgesprochen, dass für jeden Mitgliedstaat ein EStA benannt werden soll. Zugleich wurden aber Bedenken dagegen geäußert, dass die Aufsicht über die von den DEStA eines Mitgliedstaats geleiteten Ermittlungsverfahren allein von dem EStA desselben Mitgliedstaats geführt werden könnte. Daher wurde die Aufsichtsfunktion letztlich in die Hände dieser Ständigen Kammern gegeben, um die Entscheidungskompetenzen so auf eine breitere, „europäische" Basis zu stellen. Der jeweils unmittelbar aufsichtführende EStA wird bei den Beratungen der Kammer zu einem bestimmten Ermittlungsverfahren als *adhoc* Mitglied hinzugezogen, hat jedoch nur ein eingeschränktes Stimmrecht (Art. 10 Abs. 9 VO, Art. 23 Abs. 4 GO).

30 In der Formulierung des Art. 10 Abs. 5 VO wird jedoch klargestellt, dass die zuständige Kammer nur **Weisungen** erteilen kann, die **„im Einklang mit dem geltenden nationalen Recht stehen"**. Entsprechendes gilt gemäß Art. 12 Abs. 3 VO auch für den aufsichtführenden EStA bei der Weisungserteilung gegenüber den DEStA des jeweiligen Mitgliedstaats. Damit soll nicht dem nationalen Recht Vorrang gegenüber der Verordnung bzw. dem Unionsrecht eingeräumt werden. Auch das hier in Bezug genommene nationale Recht findet nur nach Maßgabe des Art. 5 Abs. 3 VO Anwendung. Klargestellt werden soll damit aber, dass nicht nur die DEStA „ihr" nationales Recht anzuwenden haben, soweit Regelungen der EUStA-VO ausdrücklich hierauf verweisen (wie etwa in Bezug auf die Anordnung von Ermittlungsmaßnahmen nach Art. 30 und 31 VO) oder dieses gemäß Art. 5 Abs. 3 S. 2 VO subsidiär anwendbar bleibt. Vielmehr ist das in dem betreffenden Mitgliedstaat geltende nationale Recht auch Maßstab für den zulässigen Inhalt etwaiger Weisungen durch die Kammer oder den EStA.

31 **2. Weisungsrecht – Remonstration durch DEStA.** Zugleich trifft die EUStA-VO auch Vorkehrungen für den Fall, dass ein DEStA der von der Ständigen Kammer bzw. des aufsichtführenden EStA getroffenen Anordnung nicht Folge leistet (Art. 28 Abs. 3 lit. b VO). Der Vorschlag zur Aufnahme einer ausdrücklichen Regelung eines Remonstrationsrechts oder gar einer solchen Pflicht fand in den Verhandlungen in der Ratsarbeitsgruppe zwar nicht hinreichend Unterstützung. Aus ErwG 34 VO folgt aber, dass ein DEStA, wenn er/sie der Auffassung ist, dass er/sie zur Ausführung der Weisung Maßnahmen treffen müssten, die nicht im Einklang mit dem nationalen Recht stehen, „um Überprüfung der Weisung durch den Europäischen Generalstaatanwalt ersuchen" sollte. Art. 47 GO sieht dazu jetzt ausdrücklich vor, dass der DEStA zunächst die zuständige Kammer um Überprüfung der Weisung ersuchen kann. Sofern diese nicht abhilft, kann der DEStA den EUGenStA anrufen, der sodann eine andere Ständige Kammer mit der Prüfung und abschließenden Entscheidung betrauen kann. Offenbar soll ein DEStA jedoch letztlich, wenn die Remonstration erfolglos

46 *Hester*, Europäische Staatsanwaltschaft, JSt 2018, 236, 237.

war, die Befolgung der Weisung verweigern können. In diesem Fall findet dann die Regelung des Art. 28 Abs. 3 lit. b) VO Anwendung, wonach die Zuständigkeit einem anderen DEStA des gleichen Mitgliedstaats übertragen werden kann (siehe dazu auch Art. 49 GO), ein Vorgehen, das jedenfalls in der in ErwG 34 VO genannten Situation allerdings nur von Nutzen wäre, wenn der neu zuständige DEStA im Hinblick auf die Frage der Vereinbarkeit der Weisung mit dem anwendbaren nationalen Recht anderer Auffassung sein sollte als der von seinem Remonstrationsrecht Gebrauch machende DEStA.

**3. Zuständigkeit und Geschäftsverteilung DEStA.** Die DEStA sind – als sogenannte „betraute DEStA" (Art. 2 Nr. 5 VO) – für alle Verfahren zuständig, die von ihnen eingeleitet wurden (Art. 26 Abs. 1 VO), die ihnen zugewiesen wurden (Art. 26 Abs. 3 und 5, Art. 28 Abs. 3 VO) oder deren Zuständigkeit sie durch Ausübung des Evokationsrechts (Art. 27 Abs. 6 VO) übernommen haben (Art. 13 Abs. 1 VO). Für den Fall, dass mehr als einer der – teilnehmenden – Mitgliedstaaten Gerichtsbarkeit für ein Verfahren hat, sieht Art. 26 Abs. 4 VO Kriterien für die Bestimmung der grenzüberschreitenden Zuständigkeit der DEStA vor (siehe dazu *Brodowski/Herrnfeld* → § 5 Rn. 88 ff. und *Niedernhuber* → § 7 Rn. 45 ff). 32

Innerhalb eines Mitgliedstaats ergibt sich die räumliche Aufteilung der Zuständigkeiten ggf. aus der von dem EUGenStA und den Behörden der Mitgliedstaaten diesbezüglich getroffenen Festlegung (Art. 13 Abs. 2 VO). Die DEStA in Deutschland verfügen – trotz ihrer Aufteilung auf fünf „Zentren" – gemäß § 143 Abs. 6 GVG alle über eine **bundesweite Zuständigkeit**, können also im gesamten Bundesgebiet auch die Anklagevertretung übernehmen (→ Rn. 24). Eine interne Geschäftsverteilung, die auf Anordnung des deutschen EStA festgelegt worden ist, sieht gleichwohl für Neueingänge grundsätzlich eine regionale Aufteilung der Zuständigkeiten auf die fünf Zentren vor, von der aber im Einzelfall auf Entscheidung des EStA abgewichen werden kann (→ Anh. III.3). In Österreich sind die (beiden) DEStA grundsätzlich jede(r) für das gesamte Bundesgebiet zuständig (→ Rn. 26). 33

Hat ein DEStA ein Ermittlungsverfahren eingeleitet oder im Wege der Evokation von einer nationalen Behörde übernommen, so soll dieser DEStA grundsätzlich nicht nur für das Ermittlungsverfahren zuständig bleiben, sondern auch für die Anklagevertretung (Art. 36 Abs. 3 S. 1 VO). Allerdings kann die zuständige Kammer bis zur Entscheidung über die Anklageerhebung beschließen, die Zuständigkeit für das **Verfahren auf einen DEStA eines anderen Mitgliedstaats zu übertragen**, sofern dies „im allgemeinen Interesse der Rechtspflege" liegt und den Kriterien des Art. 26 Abs. 4 VO für die grenzüberschreitende Zuständigkeitsbestimmung entspricht (Art. 26 Abs. 5 lit. a) VO; siehe dazu auch Art. 50 GO). Diese Entscheidung kann auch noch in Bezug auf die Anklageerhebung getroffen werden, sofern „hinreichende Gründe vorliegen, die dies rechtfertigen (Art. 36 Abs. 3 VO). Sowohl die ursprüngliche Entscheidung über die grenzüberschreitende Zuständigkeitsbestimmung wie auch eine etwaige spätere Zuständigkeitsübertragung sollen der gerichtlichen Kontrolle durch die Gerichte der Mitgliedstaaten „spätestens im Hauptverfahren" unterliegen (siehe ErwG 87 Abs. 2 VO). Der deutsche Gesetzgeber hat durch Ergänzung von **§ 16 StPO** eine Regelung geschaffen, die das Gericht verpflichtet, auf Einwand des Angeklagten auch zu prüfen, ob die EUStA nach Maßgabe der genannten Bestimmungen der EUStA-VO befugt ist, in Deutschland Anklage zu erheben. In **Österreich** sieht § 15 Abs. 2 S. 1 EUStA-DG eine entsprechende Regelung vor, wonach der Beschuldigte im Wege des Einspruchs gegen die Anklageschrift (§ 212 Ziffer 6 öStPO) geltend machen kann, die EUStA habe unter Verstoß gegen Art. 36 Abs. 3 VO Anklage vor einem österreichischen Gericht erhoben. Wie in der Gesetzesbegründung näher erläutert, soll auf diesem Weg namentlich die ordnungsgemäße Beachtung der Kriterien des Art. 26 Abs. 4 VO überprüfbar sein,[47] die von der zuständigen Kammer der EUStA zu berücksichtigen sind, sofern sie entscheidet, das Verfahren in einem anderen Mitgliedstaat zur Anklage zu bringen als dem, in dem das Ermittlungsverfahren geführt worden ist. Ebenso kann aber auch das Landesgericht, vor dem Anklage erhoben worden ist, von Amts wegen diesbezügliche Bedenken dem für die Entscheidung 34

47 Gesetzesbegründung zu § 15 Abs. 2 EUStADG, EBRV 808 Blg NR 27.GP, 12 f.

über den Einspruch zuständigen Oberlandesgericht mitteilen (§ 15 Abs. 2 S. 2 EUStAG-DG), auch wenn der Beschuldigte selbst keinen Einspruch erhoben hatte (§ 213 Abs. 6 S. 2 öStPO).

35 Gemäß Art. 26 Abs. 5 lit. b) VO kann die EUStA Verfahren – grenzüberschreitend – verbinden oder Verfahren abtrennen und in diesem Zug die Zuständigkeit des oder der DEStA bestimmen (siehe dazu auch Art. 51 GO). Möglich ist eine Verbindung von Verfahren auch nach Abschluss der Ermittlungen zum Zwecke der Erhebung der Anklage (Art. 36 Abs. 4 VO). Voraussetzung für eine grenzüberschreitende Verfahrensverbindung ist allerdings, dass der betreffende Mitgliedstaat Gerichtsbarkeit für die einzelnen zu verbindenden Verfahren hat; die genannten Regelungen der EUStA-VO sollen also keine neue Strafverfolgungskompetenz der Mitgliedstaaten schaffen.[48] Eine solche grenzüberschreitende Verfahrensverbindung führt aber dazu, dass zumindest einem der beteiligten DEStA die Zuständigkeit als verfahrensführender („betrauter") DEStA entzogen wird. Nicht ausdrücklich geregelt[49] ist die Möglichkeit, innerhalb eines Mitgliedstaats **Verfahren zu verbinden oder abzutrennen;** dies dürfte aber in entsprechender Anwendung des nationalen Verfahrensrechts ebenfalls möglich sein. Sie würde ggf. dann ebenso einen Zuständigkeitswechsel im Verhältnis der DEStA zueinander mit sich bringen.

36 Ferner sieht die EUStA-VO mit Art. 28 Abs. 3 lit. a VO die Möglichkeit vor, durch Entscheidung der aufsichtführenden Kammer innerhalb eines Mitgliedstaats die **Zuständigkeit auf einen anderen DEStA zu übertragen**, sofern der betraute DEStA die Ermittlungen oder Strafverfolgungsmaßnahmen „nicht durchführen kann". Während die EUStA-VO dies nicht näher spezifiziert, ist davon auszugehen, dass es für die Ausübung dieser Ersetzungsbefugnis faktische (etwa Arbeitslast) oder rechtliche[50] Gründe geben kann. Nicht ausgeschlossen erscheint, dass auch außerhalb der Regelung des Art. 28 Abs. 3 lit. a) VO zumindest eine einvernehmliche Zuständigkeitsübertragung durch den aufsichtführenden EStA vorgenommen werden kann.[51]

37 **4. Übernahme der Zuständigkeit durch den aufsichtführenden Europäischen Staatsanwalt.** Nur unter sehr engen Voraussetzungen hat der aufsichtführende EStA auch die Möglichkeit, die Zuständigkeit für die Durchführung des Ermittlungsverfahrens an sich zu ziehen (dazu näher: *Niedernhuber* → § 7 Rn. 73 ff.). Eine solche – eingeschränkte und eine Zustimmung der Kammer voraussetzende – Ersetzungsbefugnis hat der EStA nur[52] gegenüber den DEStA des eigenen Mitgliedstaats unter den in Art. 28 Abs. 4 VO genannten Voraussetzungen (Schwere der Straftat, Ermittlungen gegen Beamte oder sonstige Bedienstete der Union oder sofern eine Substitution nach Art. 28 Abs. 3 VO nicht möglich ist). Ergänzende interne Verfahrensregelungen dazu enthält Art. 52 GO. Macht der EStA von dieser Ersetzungsbefugnis Gebrauch, so soll er nach Maßgabe von Art. 28 Abs. 4 UAbs. 2 VO alle „Befugnisse, Verantwortlichkeiten und Pflichten" eines DEStA des jeweiligen Mitgliedstaats haben und in dieser Eigenschaft dann sowohl die Ermittlungen führen wie auch die Anklagevertretung übernehmen können. Das gilt, obwohl die EStA – anders als die DEStA

48 HBB/*Herrnfeld*, Art. 26 Rn. 30.

49 Die Vorschrift des Art. 26 Abs. 5 VO stellt hinsichtlich der anwendbaren Kriterien auf die des Art. 26 Abs. 4 VO ab und dürfte insoweit daher nicht auf Fälle rein innerstaatlicher Verbindung von Verfahren Anwendung finden; siehe dazu HBB/*Herrnfeld* Art. 26 Rn. 25, 32. Die Vorschrift des Art. 51 GO differenziert insoweit allerdings nicht, sodass diese interne Verfahrensregelung wohl auch für den Fall einer innerstaatlichen Verfahrensverbindung gelten soll.

50 Zu denken wäre hier etwa an Mitgliedstaaten, in denen – anders als in Deutschland (siehe § 143 Abs. 3 GVG) – strikte räumliche Zuständigkeitstrennungen bestehen und das Verfahren etwa auf einen anderen DEStA übertragen werden muss, damit dieser bei einem bestimmten Gericht Anklage erheben kann (dazu: HBB/*Herrnfeld*, Art. 28 Rn. 18). Die VO selbst nennt als Anwendungsfall die Situation, dass ein DEStA gemäß Art. 16 Abs. 7 VO die Vertretung des EStA übernehmen muss (siehe ErwG 39 VO).

51 Dazu näher: HBB/*Herrnfeld*, Art, 28 Rn. 21. Die diesbezügliche Verfahrensregelung in Art. 49 differenziert diesbezüglich nicht zwischen Zuständigkeitsübertragungen aus einem der in Art. 28 Abs. 3 AEUV genannten Gründen und etwaigen sonstigen Entscheidungen zur Übertragung der Zuständigkeit.

52 Aus Art. 12 Abs. 1 UAbs. 2 VO ergibt sich, dass die EUStA zwar eine Regelung über die interne Vertretung im Kreis der EStA treffen soll; im Vertretungsfall findet danach aber die in Art. 28 Abs. 4 VO geregelte Ersetzungsbefugnis keine Anwendung. Gleiches gilt für den Fall, dass die Zuständigkeit für die Aufsicht über das Ermittlungsverfahren gemäß Art. 12 Abs. 2 VO dem EStA eines anderen Mitgliedstaats übertragen worden war (siehe dort Satz 3).

(Art. 17 Abs. 2 VO) – während ihrer Tätigkeit für die EUStA nicht zugleich „aktive Mitglieder der Staatsanwaltschaft" sein sollen, das insoweit der EUStA-VO unterliegende Konstrukt eines „Doppelhuts" der DEStA (→ Rn. 21) für die EStA also keine Anwendung findet. Um besonderen Situationen in einem Mitgliedstaat Rechnung tragen zu können, hat das Kollegium durch Beschluss Nr. 85/2021[53] einzelne Vorschriften der GO dahingehend geändert, dass der zuständige EStA von den Befugnissen des Art. 28 Abs. 4 VO auch bereits in der Phase der Prüfung („Verifikation") eingegangener Informationen nach Art. 24 Abs. 6 VO, also der Entscheidung über die Einleitung bzw. Evokation eines Ermittlungsverfahrens (*Niedernhuber* → § 7 Rn. 18 ff.), Gebrauch machen kann, es also nicht zunächst der Bestimmung eines zuständigen DEStA bedarf.

Der **deutsche** Gesetzgeber hat mit **§ 142b Abs. 1 S. 1 GVG** insoweit im Hinblick auf die DEStA eine Regelung getroffen, die unabhängig von dem in Art. 17 Abs. 2 VO für sie vorgesehenen „Doppelhut" bestimmt, dass die DEStA das Amt der Staatsanwaltschaft im Sinne des deutschen Rechts ausüben. Entsprechendes gilt nach § 142b Abs. 1 S. 3 GVG dieser Vorschrift für den deutschen EStA, der gemäß Art. 28 Abs. 4 VO das Ermittlungsverfahren übernommen hat. Auch die Bestimmungen des EUStAG, die auf die DEStA Bezug nehmen, gelten in diesem Fall entsprechend für den deutschen EStA (§ 1 Abs. 2 S. 2 EUStAG). Die durch den Beschluss des EUStA Kollegiums Nr. 85/2021 getroffene Regelung, wonach der EStA ein Verfahren übernehmen kann, ohne dass zuvor ein zuständiger DEStA bestimmt worden war (→ Rn. 37), kann im Fall Deutschlands keine Anwendung finden, da sonst die Regelung in § 3 Abs. 3 Satz 2 EUStAG über den „Sitz der zuständigen Staatsanwaltschaft" (*Herrnfeld* → § 2 Rn. 39; *Niedernhuber* → § 7 Rn. 112), leerlaufen würde. Das **österreichische** EUStA-DG bestimmt in § 4 Abs. 2 S. 2, dass der für die Republik Österreich ernannte EStA in den in Art. 28 Abs. 4 VO genannten Ausnahmefällen die in § 4 Abs. 1 EUStA-DG spezifizierten Aufgaben wahrnehmen kann. 38

**5. Dienstaufsichtsbeschwerden.** Im Zuge der Verhandlungen ist schließlich auch die Frage aufgeworfen worden, wie bei der EUStA zu verfahren ist, wenn nach nationalem Recht eines Mitgliedstaates eine interne Überprüfung einer bestimmten Handlung im Wege der Dienst- und Fachaufsicht innerhalb der Struktur einer nationalen Staatsanwaltschaft vorgesehen ist. Im Ergebnis bestimmt Art. 12 Abs. 4 VO dazu jetzt, dass die Überprüfung von Handlungen/Entscheidungen eines DEStA nach Maßgabe der Geschäftsordnung der EUStA unter die Aufsichtsbefugnis des zuständigen EStA fällt. Art. 48 GO enthält ergänzende interne Verfahrensregelungen dazu, bestimmt aber auch, dass diese interne Überprüfung durch den EStA, sofern sich aus dem anwendbaren nationalen Recht nichts anderes ergibt, keinen Suspensiveffekt hat und die effiziente Handhabung des laufenden Ermittlungsverfahrens nicht verzögern darf. 39

In Bezug auf **deutsche DEStA** kann die Regelung des Art. 12 Abs. 4 VO für den Fall einer Dienstaufsichtsbeschwerde (entsprechend §§ 146, 147 GVG)[54] Anwendung finden. Dagegen ist die Beschwerde nach § 172 Abs. 1 StPO kein geeigneter Anwendungsfall des Art. 12 Abs. 4 VO (und mithin § 172 Abs. 1 StPO auch bei einem Klageerzwingungsverfahren nach § 172 Abs. 2 StPO, für das ein deutsches Gericht gemäß Art. 42 Abs. 3 VO zuständig ist, nicht anwendbar – siehe dazu § 3 Abs. 5 S. 2 EUStAG), da bei der EUStA die Entscheidungen über eine Verfahrenseinstellung nach Art. 39 EUStA-Verordnung von der zuständigen Kammer (Art. 10 Abs. 3 lit. b) und nicht von dem verfahrensführenden DEStA zu treffen sind.[55] In **Österreich** sieht § 22 Abs. 4 EUStA-DG vor, dass die Regelung des § 37 StAG (Aufsichtsbeschwerde) sinngemäß anzuwenden und die Beschwerde bei dem für Österreich ernannten EStA einzubringen ist. 40

53 Beschluss des Kollegiums der EUStA Nr. 85/2021 vom 11.8.2021, https://www.eppo.europa.eu/sites/default/files/2021-09/2021.085_Decision_amending_IPR_and_Decision_on_PCs.pdf.

54 Die Regelungen der §§ 146, 147 GVG finden allerdings in der Sache keine Anwendung, da sie durch die Regelung des Art. 12 Abs. 4 VO verdrängt werden (siehe § 5 Abs. 1 EUStAG).

55 Siehe dazu die Begründung zum GesE zur Durchführung der EUStA-VO, Erläuterungen zu Art. 12 VO, BT-Drs. 19/17963, 19.

## V. Geschäftsordnung der EUStA

41 Gemäß Art. 21 VO soll sich die EUStA eine Geschäftsordnung geben. Über deren Annahme entscheidet das Kollegium mit Zweidrittelmehrheit (Art. 21 Abs. 2 VO). Als eine seiner ersten Amtshandlungen hat das Kollegium der EUStA am 12.10.2020 die hier im Anhang abgedruckte Geschäftsordnung (→ Anh. II.) beschlossen.[56] Anders als im Fall von Eurojust (siehe dazu Art. 5 Abs. 5 Eurojust-VO[57]), sieht die EUStA-VO nicht vor, dass die vom Kollegium beschlossene Geschäftsordnung einer Billigung durch den Rat in Form eines Durchführungsrechtsaktes bedarf. Bei den Verhandlungen über die EUStA-VO in der Ratsarbeitsgruppe wurde daher betont, dass die Geschäftsordnung der EUStA tatsächlich **nur interne Angelegenheiten** regeln darf und mithin keine Fragen, die Auswirkungen auf Dritte bzw. das anwendbare nationale Verfahrensrecht haben.[58] Ferner sollten **alle wesentlichen internen Verfahrensregelungen in der EUStA-VO** selbst getroffen werden und die Geschäftsordnung lediglich den hierdurch vorgegebenen Rahmen näher ausfüllen. Mit diesen Maßgaben erschien es dem Unionsgesetzgeber nicht geboten vorzusehen, dass die vom Kollegium beschlossene Geschäftsordnung der Billigung durch den Rat bedarf. Die damit dem Kollegium eingeräumte Entscheidungskompetenz über interne Verfahrensregelungen sollte zugleich die Unabhängigkeit der EUStA stärken.

42 Neben der Geschäftsordnung hat die EUStA gemäß Art. 114 VO eine Reihe weiterer interner Verwaltungsbestimmungen zu treffen. Ferner soll das Kollegium für bestimmte Fragen „Leitlinien" gemäß Art. 9 Abs. 2 VO auch außerhalb der Geschäftsordnung festlegen (Art. 27 Abs. 8 und 34 Abs. 3 VO).

## VI. Verwaltung der EUStA – Haushalt und Finanzierung

43 Als unabhängige Einrichtung der Union mit eigener Rechtspersönlichkeit ist die EUStA – anders als dies noch in dem Kommissionsvorschlag für die EUStA-VO angelegt war[59] – für ihre Verwaltung in vollem Umfang selbst zuständig. Die Verwaltung der EUStA untersteht dem im Verfahren nach Art. 18 VO zu benennenden Verwaltungsdirektor (ergänzend dazu Art. 36 GO). Für die Aufbauphase bis zur ersten Ernennung einer Verwaltungsdirektors durch das Kollegium (Art. 18 Abs. 2 VO)[60] traf die Verordnung in Art. 20 vorläufige Verwaltungsregelungen, die der Kommission die Aufgabe der „Errichtung und den anfänglichen administrativen Betrieb der EUStA" zuweisen.

44 Der **Verwaltungsdirektor** ist nach näherer Maßgabe der Bestimmungen des Art. 19 VO zuständig für Verwaltungs- und Haushaltsangelegenheiten der EUStA. Er übt dieses Amt grundsätzlich unabhängig aus (Art. 19 Abs. 2 VO), ist aber an Vorgaben gebunden, die der EUGenStA bzw. das Kollegium im Rahmen ihrer Befugnisse nach Maßgabe der VO erteilen können. Er ist ferner gegenüber EUGenStA und Kollegium rechenschaftspflichtig (Art. 18 Abs. 6 VO). Der Verwaltungsdirektor ist der sog. „Anweisungsbefugte" der EUStA (Art. 90 Abs. 2 VO), führt in dieser Eigenschaft den Haushalt der EUStA eigenverantwortlich aus (Art. 93 Abs. 1 VO) und unterliegt insoweit dem Entlastungsverfahren durch das Europäische Parlament (Art. 94 Abs. 9 und 10 VO). Dem Verwaltungsdirektor unterstellt ist weiteres unterstützendes Personal in der zentralen Dienststelle (Art. 8 Abs. 5 VO). Auf der Grundlage von Art. 96 Abs. 3 VO hat das Kollegium dem Verwaltungsdirek-

---

56 Kollegiums-Beschluss Nr. 3/20; diese erste Geschäftsordnung sollte nach dem Verständnis des Kollegiums zunächst Regelungen treffen, die für das Anlaufen der operativen Tätigkeit der EUStA erforderlich sind; Ergänzungen und ggf. Änderungen sollen nach Bedarf erfolgen. Eine erste Änderung einzelner Vorschriften ist durch Beschluss des Kollegiums Nr. 85/2021 vom 11.8.2021 vorgenommen werden (→ Rn. 37).

57 Verordnung (EU) 2018/1727 des Europäischen Parlaments und des Rates vom 14. November 2018 betreffend die Agentur der Europäischen Union für justizielle Zusammenarbeit in Strafsachen (Eurojust) und zur Ersetzung und Aufhebung des Beschlusses 2002/187/JI des Rates, ABl. 2018 L 295, 138.

58 Siehe dazu die Begründung zum GesE zur Durchführung der EUStA-VO, Erläuterungen zu Art. 21 VO, BT-Drs. 19/17963, 20; ferner: HBB/*Brodowski*, Art. 21 Rn. 6 ff.

59 Art. 57 Abs. 6 des Kommissionsvorschlags für die EUStA-VO vom 17.7.2013, COM(2013) 534 final, sah eine weitgehende verwaltungstechnische Unterstützung der EUStA durch Eurojust vor.

60 Diese ist durch Beschluss des Kollegiums Nr. 3/21 am 20.1.21 erfolgt.

tor auch die – im Übrigem vom Kollegium ausgeübten – Befugnisse der Anstellungsbehörde gegenüber dem Personal der EUStA übertragen.[61]

Finanziert wird die EUStA primär über einen **Beitrag aus dem Haushalt der Europäischen Union** (Art. 91 Abs. 3 lit. a VO). Entsprechend finden auf das Haushaltsverfahren – abgesehen von den Regelungen der Art. 90 bis 95 VO und den vom Kollegium gemäß Art. 95 VO zu beschließenden „Finanzregelungen" der EUStA[62] – die allgemeinen Vorschriften der Union für die Finanzierung von Einrichtungen der Union Anwendung.[63] Die in der EUStA-VO insoweit in Bezug genommene Verordnung (EU) Nr. 966/2012 sowie die Delegierte Verordnung (EU) Nr. 1271/2013 der Kommission über die Rahmenfinanzregelungen für Einrichtungen der Union sind zwischenzeitlich ersetzt worden durch neuere Verordnungen,[64] die daher auch für das Haushaltsverfahren der EUStA zu beachten sind. 45

Die Finanzierung der EUStA aus dem Unionshaushalt bewirkt nicht nur tatsächlich die Mitentscheidungsbefugnis des Europäischen Parlaments als Co-Haushaltsgesetzgeber der Union, sondern erschien gerade für eine Einrichtung der Union, deren Aufgabe es ist, Straftaten zum finanziellen Nachteil der Union zu verfolgen, auch angemessen. Tatsächlich erfolgt die Finanzierung jedoch nur „über" den Haushalt der Union, letztlich jedoch aus den Finanzbeiträgen allein der an der Errichtung der EUStA beteiligten Mitgliedstaaten. Der Vorgabe des Art. 332 AEUV über die Finanzierung der sich aus einer Verstärkten Zusammenarbeit ergebenden Ausgaben folgend, werden die Zuweisungen aus dem Unionshaushalt an die EUStA im Innenverhältnis allein von den an der Errichtung der EUStA beteiligten Mitgliedstaaten getragen. Gemäß Art. 91 Abs. 7 VO finden dazu die Bestimmungen des Art. 11 der Verordnung (EU) Nr. 609/2014[65] Anwendung. Danach erfolgen die Zuweisungen an die EUStA zwar aus dem Unionshaushalt; jedoch erhalten die nicht an der Errichtung der EUStA beteiligten Mitgliedstaaten gemäß Art. 11 der genannten Verordnung Ausgleichszahlungen, die wiederum von den an der Errichtung beteiligten Mitgliedstaaten durch anteilig erhöhte Beiträge zu finanzieren sind. 46

Während aus dem Haushalt der EUStA alle **Personalkosten**, die **sonstigen Verwaltungskosten** sowie etwa Reisekosten und Kosten von Fortbildungsmaßnahmen getragen werden, sollen die **operativen Kosten**, die „im Zusammenhang mit von den zuständigen nationalen Behörden durchgeführten Ermittlungsmaßnahmen" entstehen, sowie **Kosten der „Prozesskostenhilfe"** (also namentlich die Kosten der Pflichtverteidigung) von den Mitgliedstaaten getragen werden (Art. 92 Abs. 5 VO).[66] Lediglich für den Fall, dass eine mit „außergewöhnlich hohen Kosten" verbundene Ermittlungs- 47

61 Beschluss des Kollegiums Nr. 14/2021 vom 24.2.21; https://www.eppo.europa.eu/sites/default/files/2021-04/2021.014_Decision_delegation_to_AD_Appointing_Authority_powers.pdf.

62 Dies ist erfolgt durch Beschluss des Kollegiums Nr. 2/21 vom 13.1.21; https://www.eppo.europa.eu/sites/default/files/2021-01/2021.002_Decision_EPPO_Financial_Rules-final.pdf. Ferner hat das Kollegium durch Beschluss Nr. 4/21 vom 25.1.21 von der Möglichkeit Gebrauch gemacht (dazu näher: HBB/*Herrnfeld*, Art. 95 Rn. 2), den Rechnungsführer der Europäischen Kommission mit der Rechnungsführung für die EUStA zu beauftragen; https://www.eppo.europa.eu/sites/default/files/2021-01/2021.004_College_Decision_appointing_EC_Accounting_Officer-final.pdf.

63 Zur Problematik im Hinblick auf die Unabhängigkeit der EUStA: Groeben/Schwarze/Hatje/*Wasmeier/Killmann* Art. 86 AEUV Rn. 82.

64 Verordnung (EU, Euratom) 2018/1046 des Europäischen Parlaments und des Rates vom 18. Juli 2018 über die Haushaltsordnung für den Gesamthaushaltsplan der Union, zur Änderung der Verordnungen (EU) Nr. 1296/2013, (EU) Nr. 1301/2013, (EU) Nr. 1303/2013, (EU) Nr. 1304/2013, (EU) Nr. 1309/2013, (EU) Nr. 1316/2013, (EU) Nr. 223/2014, (EU) Nr. 283/2014 und des Beschlusses Nr. 541/2014/EU sowie zur Aufhebung der Verordnung (EU, Euratom) Nr. 966/2012, ABl. 2018 L 193, 1; Delegierte Verordnung (EU) 2019/715 der Kommission vom 18.12.2018 über die Rahmenfinanzregelung für gemäß dem AEUV und dem Euratom-Vertrag geschaffene Einrichtungen nach Art. 70 der Verordnung (EU, Euratom) 2018/1046 des Europäischen Parlaments und des Rates, ABl. 2019 L 122, 1.

65 Verordnung (EU, Euratom) Nr. 609/2014 des Rates vom 26.5.2014 zur Festlegung der Methoden und Verfahren für die Bereitstellung der traditionellen, der MwSt.- und der BNE-Eigenmittel sowie der Maßnahmen zur Bereitstellung der erforderlichen Kassenmittel, ABl. 2014 L 168, 39.

66 Erläuternd heißt es zur Kostenabgrenzung in ErwG 113 VO: von der EUStA selbst sollen solche operativen Kosten getragen werden, „die den Mitgliedstaaten bei Ermittlungen vorher nicht entstanden sind und die nur darauf zurückzuführen sind, die die EUStA die Verantwortung für die Ermittlung und Strafverfolgung übernommen hat."

maßnahme im Auftrag der EUStA durchgeführt wird, sieht die VO die Möglichkeit einer anteiligen Kostentragung durch die EUStA vor (Art. 92 Abs. 6 VO; ergänzende Verfahrensregelungen dazu in Art. 54 GO).

# § 5 Zuständigkeiten der EUStA



## I. Überblick

Die Zuständigkeit der **EUStA** richtet sich zuallererst nach ihrer **Aufgabe**, konkret „die **strafrechtliche Untersuchung** und **Verfolgung** sowie die **Anklageerhebung** in Bezug auf Personen, die als Täter oder Teilnehmer **Straftaten zum Nachteil der finanziellen Interessen der Union** [...] begangen haben" (Art. 4 S. 1 VO). Dieses primärrechtlich bereits durch Art. 86 Abs. 2 AEUV vorgegebene Raster (*Herrnfeld* → § 2 Rn. 11 ff.) ist indes zu grob und bedarf präziser Regelungen in Bezug auf die sachliche (→ Rn. 12 ff.), zeitliche (→ Rn. 53), territoriale (→ Rn. 56 ff.) und personelle (→ Rn. 61 ff.) **Zuständigkeit** der EUStA. 1

Die Zuständigkeit (auch) nationaler Strafverfolgungsbehörden bleibt hiervon zunächst unberührt (**geteilte**, keine ausschließliche **Zuständigkeit** der EUStA). Allerdings genießt die Strafverfolgung durch die EUStA, soweit sie ihre Zuständigkeit ausübt, Vorrang (**Priorität europäisierter Strafverfolgung**, Art. 25 Abs. 1 S. 2 VO). Daher wird neben der Frage, für welche Sachverhalte die EUStA zuständig ist, auch die Frage der **Ausübung** dieser **Zuständigkeit** relevant. Dies wird durch sachliche und prozedurale Regelungen der EUStA-VO determiniert (→ Rn. 67 ff.). 2

Die EUStA ist zwar eine „**einheitliche Behörde**" (Art. 8 Abs. 1 VO). Doch nicht nur aufgrund zahlreicher Verweisungen in das materielle und formelle Strafrecht desjenigen Mitgliedstaats, dessen DEStA mit dem Verfahren betraut ist (insbes. Art. 5 Abs. 3 VO), sondern auch wegen der damit verknüpften gerichtlichen Zuständigkeiten ist die **Zuständigkeitsverteilung innerhalb der EUStA** von essentieller Bedeutung (→ Rn. 88 ff.). 3

Von der **Zuständigkeit** und deren Ausübung strikt zu unterscheiden ist die zeitliche, räumliche, personelle und sachliche **Reichweite von Strafvorschriften**: Diese, durch das nationale Strafrecht geregelte Reichweite wird durch die EUStA-VO weder determiniert noch modifiziert. Insbesondere hat 4 sich der europäische Gesetzgeber dagegen entschieden, gestützt auf Art. 325 Abs. 4 AEUV unmittelbar anwendbare europäische Straftatbestände zu erlassen.[1]

5 Daher verändert die EUStA-VO weder das nationale **Strafanwendungsrecht** – in Deutschland die §§ 3 ff. StGB, in Österreich die §§ 61 ff. öStGB –, noch die **Tatbestandsmäßigkeit**, noch die Rechtswidrigkeit, noch die Schuld, noch die Verfolgbarkeit (insbes. Verjährung) einer konkreten Tat. Diese Fragen werden allein durch das jeweilige Strafrecht in den Mitgliedstaaten bestimmt. Zwar sind die Strafgesetzgeber in den Mitgliedstaaten hierbei europäischen Mindestvorgaben unterworfen, insbesondere denjenigen der sog. PIF-Richtlinie (EU) 2017/1371[2]. Doch Defizite in der Umsetzung führen nicht zu einer aus der Richtlinie folgenden „unmittelbaren Strafbarkeit" kraft europäischen Rechts, weil eine unmittelbare Anwendbarkeit von Richtlinien – auch aus Gründen des Bestimmtheitsgebots – nur zu Gunsten, nicht aber zu Lasten eines Beschuldigten in Betracht kommt.[3] Etwaige Fehler der Umsetzung betreffen daher allein das Verhältnis zwischen EU und Mitgliedstaat.[4]

6 Eine Strafverfolgung durch die EUStA kann somit nur zu einer Verurteilung führen, soweit das betreffende Verhalten nach dem jeweils maßgeblichen (→ Rn. 88 ff.) **Strafrecht des** an der EUStA teilnehmenden **Mitgliedstaats strafbar** ist. Für die **Zuständigkeit der EUStA** und deren Ausübung ist hingegen die EUStA-VO maßgeblich; diese klärt die Zuständigkeitsabgrenzung zwischen nationaler und europäischer Strafverfolgung. Diese Zuständigkeit knüpft allerdings auch an den **Anfangsverdacht einer solchen Strafbarkeit** an. Daher handelt es sich um zwei sich überlappende Fragestellungen.

7 Auch die **Reichweite des mitgliedstaatlichen Strafverfahrensrechts** wird durch die EUStA-VO weder erweitert noch begrenzt: Namentlich führt die VO nicht dazu, dass das Strafverfahrensrecht des/der verfahrensführenden DEStA extraterritorial auch in anderen Mitgliedstaaten Anwendung finden würde. Die Befugnisse zu grenzüberschreitenden Ermittlungen wiederum richten sich nach dem durch die VO vorgegebenen Rahmen (Art. 31 VO).

8 Schließlich ist die nachfolgend näher diskutierte Zuständigkeit und deren Ausübung zu trennen von der auf die **Strafverfolgung** begrenzten Aufgabe der EUStA. Diese reicht von der **Einleitung eines Ermittlungsverfahrens** (einschließlich einer Vorprüfung, ob ein Ermittlungsverfahren eingeleitet bzw. evoziert werden soll) bis zu dessen **rechtskräftigem Abschluss** (Verurteilung, Freispruch oder Verfahrenseinstellung) oder bis zu dessen Verweisung oder Übertragung an nationale Strafverfolgungsbehörden (Art. 34 VO). Die EUStA ist hingegen weder **Strafvollstreckungsbehörde**, noch Bußgeldbehörde (aber → Rn. 10), noch Gefahrenabwehrbehörde. Insoweit bleiben die Zuständigkeiten – etwa der Staatsanwaltschaft oder des Jugendgerichts als Vollstreckungsbehörden in Deutschland, oder der Spruchsenate des verwaltungsbehördlichen Finanzstrafverfahrens in Österreich – durch die -VO unberührt (vgl. auch § 10 EUStAG sowie *Herrnfeld* → § 4 Rn. 4).

---

1 Allg. zur Möglichkeit, gestützt auf Art. 325 Abs. 4 AEUV Strafrechtsetzung – insbesondere durch Verordnung – zu betreiben *Ambos* IntStrafR, § 9 Rn. 22 mwN; *Esser* § 2 Rn. 125; *Hecker* § 4 Rn. 81 f.; *Jähnke/Schramm* 128 ff.; *Satzger* § 8 Rn. 18 ff., insbes. Rn. 25; *Mansdörfer* HRRS 2010, 11 (18); HdB-EuStrafR/*Vogel/Brodowski* § 5 Rn. 5, 6b.

2 Richtlinie (EU) 2017/1371 des Europäischen Parlaments und des Rates vom 5.7.2017 über die strafrechtliche Bekämpfung von gegen die finanziellen Interessen der Union gerichtetem Betrug, ABl. 2017 L 198, 29, berichtigt ABl. 2017 L 350, 50.

3 Siehe nur EuGH 3.5.2005 – C-387/02, ECLI:EU:C:2005:270 Rn. 73 f. – Berlusconi ua; EuGH 12.12.1996 – C-74/95 und C-129/95, ECLI:EU:C:1996:491 Rn. 23 ff. – X sowie, statt mehrerer, *Satzger* § 9 Rn. 67; Grabitz/Hilf/Nettesheim/*Vogel/Eisele* AEUV Art. 83 Rn. 28. Zur Frage, ob Unionsrecht zur Unanwendbarkeit von Bestimmungen des Verjährungsrechts führen kann, siehe EuGH 8.9.2015 – C-105/14, ECLI:EU:C:2015:555 – Taricco ua sowie EuGH 5.12.2017 – C-42/17, ECLI:EU:C:2017:936 – M.A.S und M.B.

4 Neben „sanften" Evaluationsmechanismen ist in diesem Kontext an das Vertragsverletzungsverfahren zu denken; eine unzureichende oder fehlerhafte Umsetzung kann zu Sanktionen gegen den Mitgliedstaat führen, Art. 288 Abs. 3, 291 Abs. 1 AEUV.

## II. Sachliche Zuständigkeit der EUStA und die Umsetzung der RL (EU) 2017/1371

Die sachliche Zuständigkeit der EUStA bestimmt sich nach einem **Zusammenspiel aus europäischen und nationalen Komponenten:**[5] 9

- Erstens muss es sich um eine (vermutete) **Straftat** nach dem **nationalen Recht** eines der teilnehmenden Mitgliedstaaten handeln.[6] Dabei handelt es sich – zumindest generalisierend betrachtet – um das präziseste Kriterium,[7] auch weil die insoweit maßgeblichen nationalen Strafvorschriften einem strengen Bestimmtheitsgebot unterworfen sind.
- Zweitens muss es sich bei der hierbei maßgeblichen Strafvorschrift entweder um einen Straftatbestand handeln, welcher der **Umsetzung der PIF-Richtlinie** (Art. 22 Abs. 1 S. 1 VO, → Rn. 12 ff.) oder **des OK-Rahmenbeschlusses** 2008/841/JI[8] (Art. 22 Abs. 2 VO, → Rn. 44 ff.) dient, oder aber es muss sich um eine **Zusammenhangstat** (Art. 22 Abs. 3 S. 1 VO, → Rn. 49 ff.) handeln. Der Umsetzung dienen dabei sämtliche Tatbestände – einschließlich aller Qualifikationen usw, selbst wenn diese unionsrechtlich nicht gefordert sind –, solange ein **spezifischer Zusammenhang** zur PIF-Richtlinie oder dem OK-Rahmenbeschluss besteht. Das heißt, dass das gegenständliche Verhalten selbst (soweit es nicht eine Zusammenhangstat iSd Art. 22 Abs. 3 S. 1 VO ist) unter das Verhalten subsumierbar sein muss, das in der PIF-Richtlinie oder im OK-Rahmenbeschluss umschrieben ist („Straftaten [...], **die in der Richtlinie** (EU) 2017/1371 **in ihrer Umsetzung in nationales Recht festgelegt** sind"). Für diesen spezifischen Zusammenhang genügt es, wenn die PIF-Richtlinie selbst Öffnungsklauseln oder Ambiguitäten enthält und diese vom nationalen Recht genutzt werden.[9] Es kann aber an dem Zusammenhang fehlen, soweit eine nationale Strafvorschrift (etwa der Betrug nach § 263 StGB) teils der Umsetzung dient, teils aber gänzlich andere Sachverhalte erfasst. Entscheidend für die sachliche Zuständigkeit der EUStA ist das jeweils geltende nationale Strafrecht in Verbindung mit Art. 22 VO. Daher kommt den Mitteilungen der Mitgliedstaaten nach Art. 117 VO (→ Anh. III.2) lediglich eine Indizfunktion zu; erst recht gilt dies für die der Umsetzungskontrolle dienenden Mitteilungen nach Art. 17 Abs. 2 PIF-RL.[10]
- Drittens sind **verschiedene**, in Art. 22 VO enthaltene **Begrenzungen** zu beachten, so ein Schwellenwert bei Umsatzsteuertaten (Art. 22 Abs. 1 S. 2 VO, → Rn. 33), ein Schwerpunkt auf PIF-Taten bei strafbaren Aktivitäten einer kriminellen Vereinigung (Art. 22 Abs. 2 VO, → Rn. 44) sowie der Zuständigkeitsausschluss in Bezug auf nationale direkte Steuern (Art. 22 Abs. 4 VO, → Rn. 52). Nur für die Ausübung der Zuständigkeit ist maßgeblich der Schwerpunkt bei Zusammenhangstaten (Art. 22 Abs. 3 S. 2 VO, → Rn. 51; Art. 25 Abs. 3 VO, → Rn. 76 ff.).

Ist die **sachliche Zuständigkeit** der EUStA nach diesen Maßstäben gegeben, so ist ihre Strafverfolgungszuständigkeit allumfassend. Sie wird namentlich nicht durch Befugnisse von Verwaltungsbehörden oder der Finanzverwaltung verdrängt (vgl. hierzu § 7 EUStAG) und erstreckt sich auch auf die – in Deutschland gemäß § 40 OWiG den Staatsanwaltschaften übertragene – Verfolgung derselben Tat „unter dem rechtlichen Gesichtspunkt einer **Ordnungswidrigkeit**" (§ 11 Abs. 1 EUStAG). Dies betrifft sowohl eine Ordnungswidrigkeit als Zusammenhangstat (Art. 22 Abs. 3 VO, § 11 Abs. 1 EUStAG) als auch, als Annex zu einem Strafverfahren, die Verhängung einer Geldbuße gegen juristische Personen und Personenvereinigungen nach § 30 OWiG (§ 11 Abs. 2 EUStAG). 10

Für die **Strafverfolgung juristischer Personen** im Hinblick auf **strafrechtliche Verbandssanktionen** (in Österreich nach dem VbVG, in Deutschland nach dem vorerst gescheiterten VerSanG-E) richtet sich die Zuständigkeit der EUStA bereits unmittelbar danach, ob bezogen auf die juristische Person 11

5 HBB/*Brodowski* Art. 22 Rn. 3; EnzEuR/*Zöller/Bock* § 22 Rn. 25.

6 HBB/*Brodowski* Art. 22 Rn. 3, 85 ff.

7 HBB/*Brodowski* Art. 22 Rn. 84; *Caeiro/Rodrigues* in Ligeti/Antunes/Giuffrida 57 (63 f.).

8 Rahmenbeschluss 2008/841/JI des Rates vom 24.10.2008 zur Bekämpfung der organisierten Kriminalität, ABl 2008 L 300, 42.

9 HBB/*Brodowski* Art. 22 Rn. 91 f.; vgl. auch *Caeiro/Rodrigues* in Ligeti/Antunes/Giuffrida 57 (65 f.).

10 HBB/*Brodowski* Art. 117 Rn. 8 f.

und deren Verbandstat eine sachliche, territoriale, personelle und auch zeitliche Zuständigkeit der EUStA gegeben ist.

12 **1. Sachliche Zuständigkeit für PIF-Straftaten (Art. 22 Abs. 1 VO).** Zentrale europäische Komponente zur Definition der Zuständigkeit der EUStA ist inzwischen[11] die auf Art. 83 Abs. 2 AEUV gestützte **PIF-Richtlinie** (EU) 2017/1371.[12] Diese wurde parallel zur EUStA-VO verhandelt und ist daher auf die EUStA-VO bereits abgestimmt. Diese Richtlinie war bis zum 6.7.2019 durch die Mitgliedstaaten umzusetzen (Art. 17 Abs. 1 UAbs. 1 PIF-Richtlinie). Sie enthält indes **keine Straftatbestände**, sondern lediglich „Mindestvorschriften für die Festlegung von Straftaten und Strafen" (Art. 83 Abs. 2 S. 1 AEUV).[13] Dies eröffnet den Mitgliedstaaten **Umsetzungsspielräume**. Insbesondere kann die Richtlinie ganz oder teilweise durch bereits bestehende Strafvorschriften, durch identische, aber auch durch anders formulierte Strafvorschriften umgesetzt werden.[14] Dies erschwert allerdings die Feststellung, ob eine bestimmte Strafvorschrift in Anbetracht eines bestimmten Sachverhalts der Umsetzung der PIF-Richtlinie dient, und führt zu einer **Fragmentarität** des von der EUStA anzuwendenden materiellen Strafrechts.[15]

13 Den Kern der PIF-Richtlinie machen die **Pönalisierungsverpflichtungen** in Art. 3 und Art. 4 PIF-RL aus, welche die (Mindest-)Vorgaben an strafrechtliche Verbotsnormen in den mitgliedstaatlichen Strafrechtsordnungen enthalten. Es handelt sich ausnahmslos um **Vorsatzdelikte,** wobei sich der Vorsatz auf Tathandlung und -erfolg beziehen muss. Art. 3 Abs. 1 PIF-RL ist trotz seiner missverständlichen Formulierung („sicherzustellen, dass vorsätzlich begangener Betrug zum Nachteil der finanziellen Interessen der Union eine strafbare Handlung darstellt") nicht isoliert zu betrachten; die entscheidenden Tatvarianten werden vielmehr durch Art. 3 Abs. 2 PIF-RL abschließend definiert (→ Rn. 16 ff.).[16] Bezogen auf sämtliche dieser Verhaltensweisen ist auch die **Anstiftung** und die **Beihilfe** unter Strafe zu stellen (Art. 5 Abs. 1 PIF-RL), bei den meisten Verhaltensweisen auch der **Versuch** (Art. 5 Abs. 2 PIF-RL). In Anbetracht der Umsetzungsspielräume reicht hierbei die Nutzung funktionaler Äquivalente aus.[17] Für die Auslegung dieser Bestimmungen und im Hinblick auf die Anwendbarkeit auf Umsatzsteuerbetrügereien ist zudem Art. 2 PIF-RL heranzuziehen.

14 Für die sachliche Zuständigkeit der EUStA ohne größere Relevanz sind die in der PIF-Richtlinie zusätzlich enthaltenen Maßgaben zu den Mindesthöchststrafen (Art. 7 PIF-RL), zur Strafzumessung (Art. 8 PIF-RL), zu Sanktionen gegen juristische Personen (Art. 9 PIF-RL), zur Vermögensabschöpfung (Art. 10 PIF-RL), zur Gerichtsbarkeit (Art. 11 PIF-RL) und auch zu Verjährungsvorschriften (Art. 12 PIF-RL).

15 Die PIF-Richtlinie wurde in **Deutschland**, soweit die Rechtslage noch für defizitär gehalten wurde, durch ein Gesetz v. 5.7.2017 **umgesetzt;** dieses weitete die Versuchsstrafbarkeit in § 264 StGB und den § 335a StGB aus und führte ein neues EU-Finanzschutzstärkungsgesetz (EUFinSchStG) ein.[18] In **Österreich** wurde zur Umsetzung der PIF-RL zum einen das FinStrG mit Wirkung zum 23.7.2019 durch das EU-Finanz-Anpassungsgesetz 2019[19] geändert. Zum anderen erfolgten auf

11 Zu den Vorläufern dieser Richtlinie siehe zusammenfassend HBB/*Brodowski* Art. 22 Rn. 8 ff. mwN.

12 Zu dieser Richtlinie siehe *Caeiro/Rodrigues* in Ligeti/Antunes/Giuffrida 57 (61 ff.); *Grasso/Sicurella/Giuffrida* in Ligeti/Antunes/Giuffrida 2020, 23 (41 ff.); *Grünewald* JR 2015, 245 (249 ff.); *Juszczak/Sason* eucrim 2017, 80; *Kaiafa-Gbandi* EuCLR 2 (2012) 319; *Kuhl* eucrim 2012, 63; *Marletta* in Santos/Ferreira Monte/Conde Monteiro, Os novos desafios da cooperação judiciária e policial na União Europeia e da implementação da Procuradoria Europeia, 2017, 75; ferner HBB/*Brodowski* Art. 22 Rn. 5 ff.

13 HBB/*Brodowski* Art. 22 Rn. 5, 7.

14 HBB/*Brodowski* Art. 22 Rn. 6.

15 HBB/*Brodowski* Art. 22 Rn. 6.; *Caeiro/Rodrigues* in Ligeti/Antunes/Giuffrida 57 (61 f.); *Grasso/Sicurella/Giuffrida* in Ligeti/Antunes/Giuffrida 23 (33).

16 HBB/*Brodowski* Art. 22 Rn. 14 f.

17 *Heger* ZIS 2009, 406 (412); HBB/*Brodowski* Art. 22 Rn. 35.

18 Gesetz zur Umsetzung der Richtlinie (EU) 2017/1371 des Europäischen Parlaments und des Rates vom 5.7.2017 über die strafrechtliche Bekämpfung von gegen die finanziellen Interessen der Union gerichtetem Betrug, BGBl. 2019 I 844; RegE in BT-Drs. 19/7886.

19 Bundesgesetz, mit dem das Bundesgesetz über Verfahren zur Beilegung von Besteuerungsstreitigkeiten in der Europäischen Union und das Bundesgesetz über das öffentliche Anbieten von Wertpapieren und anderen Kapitalveranlagungen erlassen werden sowie die Bundesabgabenordnung, das Finanzstrafgesetz, das Bundesfinanzge-

Grundlage der ersten Regierungsvorlage der 28. Gesetzgebungsperiode Änderungen im öStGB, die zum 28.12.2019 in Kraft getreten sind.[20] Die **Kommission** ist verpflichtet, bis zum 6.7.2021 einen Bericht über die Umsetzung der PIF-Richtlinie vorzulegen (Art. 18 Abs. 1 PIF-RL).

16 **a) „Betrug" in Bezug auf Ausgaben, die nicht im Zusammenhang mit der Auftragsvergabe stehen (Art. 22 Abs. 1 VO iVm Art. 3 Abs. 2 lit. a PIF-RL).** Die erste Alternative des Art. 3 Abs. 2 PIF-RL bezieht sich über einen „Subventionsbetrug" hinausgehend auf **sämtliche Ausgaben der Union**, die nicht im Zusammenhang mit der Auftragsvergabe stehen (zu diesen → Rn. 23).

17 Gemeinsames Tatbestandsmerkmal der ersten beiden Unteralternativen des Art. 3 Abs. 2 lit. a PIF-RL ist der **Erfolg**, Schaden bzw. Nachteil, „dass Mittel oder Vermögenswerte aus dem Gesamthaushalt der Union oder aus den Haushalten, die von der Union oder in deren Auftrag verwaltet werden, unrechtmäßig erlangt oder zurückbehalten werden": Derartige **Mittel** oder **Vermögenswerte** müssen demnach entweder aus dem (Gesamt-)Haushaltsplan der Union[21] stammen, oder auch aus sonstigen Haushaltsplänen, soweit sie der Union einschließlich der auf Grundlage des Primärrechts „geschaffenen Organe, Einrichtungen und sonstigen Stellen der Union" zuzurechnen sind (Art. 2 Abs. 1 lit. a sublit. ii PIF-RL). Erfasst sind daher etwa Mittel oder Vermögenswerte des Europäische Entwicklungsfonds, der Europäischen Zentralbank oder der Europäischen Investitionsbank,[22] nicht hingegen Mittel oder Vermögenswerte Privater, der Mitgliedstaaten oder sonstiger, auch neben der EU stehender Völkerrechtssubjekte wie dem Europäischen Stabilitätsmechanismus (ESM).[23]

18 Diese Mittel oder Vermögenswerte werden (erst) mit einem Vermögenstransfer **erlangt**. Dies setzt eine tatsächliche Übertragung voraus; eine bloße Auszahlungsanordnung, Anweisung usw und ein damit möglicherweise verbundener Gefährdungsschaden genügen nicht.[24] Mittel oder Vermögenswerte werden **zurückbehalten**, soweit sie jemand, der diese zuvor aus dem Unionsvermögen erlangt hat, entgegen einer spezifischen Rechtspflicht nicht oder nicht vollständig an die Union oder ihre Stellen usw zurücktransferiert.[25] Die **Unrechtmäßigkeit** des Erlangens bzw. Zurückbehaltens richtet sich zwar *prima facie* nach dem jeweils auf diese Frage anwendbaren Unionsrecht (Verwaltungsrechtsakzessorietät), ist aber nicht genügend: Hinzu treten muss ein für den Vermögenstransfer kausales, in sublit. i und ii näher spezifiziertes Fehlverhalten:[26]

19 Die erste Unteralternative (sublit. i) betrifft die „Verwendung oder Vorlage falscher, unrichtiger oder unvollständiger Erklärungen oder Unterlagen", die sich kausal im vorgenannten Erfolg (→ Rn. 17) ausgewirkt haben muss. **Erklärungen** sind flüchtige (einschließlich verbale) Kundgaben, **Unterlagen** verkörperte Kundgaben von Gedanken; die Darbietungsform ist irrelevant und schließt insbesondere die Übermittlung von **Daten** (Online-Formulare, E-Mails, usw) mit ein.[27] Diese sind

---

richtsgesetz, das Börsegesetz 2018, das Alternativfinanzierungsgesetz, das Immobilien-Investmentfondsgesetz, das Investmentfondsgesetz 2011, das Alternative Investmentfonds Manager-Gesetz, das Finanzmarktaufsichtsbehördengesetz, das Wertpapieraufsichtsgesetz 2018, das Betriebliche Mitarbeiter- und Selbständigenvorsorgegesetz, das Rechnungslegungs-Kontrollgesetz, das Sanierungs- und Abwicklungsgesetz, das Finanzmarkt-Geldwäschegesetz, das Wirtschaftliche Eigentümer Registergesetz, das Glücksspielgesetz und das Versicherungsaufsichtsgesetz 2016 geändert werden (EU-Finanz-Anpassungsgesetz 2019 – EU-FinAnpG 2019), öBGBl. I Nr. 62/2019.

20 Bundesgesetz, mit dem das Strafgesetzbuch, das Gesetz über das Bundesamt zur Korruptionsprävention und Korruptionsbekämpfung und die Strafprozeßordnung 1975 zur Umsetzung der Richtlinie über die strafrechtliche Bekämpfung von gegen die finanziellen Interessen der Union gerichtetem Betrug geändert werden, öBGBl. I Nr. 111/2019; Erläuterung in RV 1 BlgNR 27. GP.

21 Siehe insb. Art. 7 Verordnung (EU, Euratom) 2018/1046 des Europäischen Parlaments und des Rates vom 18.7.2018 über die Haushaltsordnung für den Gesamthaushaltsplan der Union, zur Änderung der Verordnungen (EU) Nr. 1296/2013, (EU) Nr. 1301/2013, (EU) Nr. 1303/2013, (EU) Nr. 1304/2013, (EU) Nr. 1309/2013, (EU) Nr. 1316/2013, (EU) Nr. 223/2014, (EU) Nr. 283/2014 und des Beschlusses Nr. 541/2014/EU sowie zur Aufhebung der Verordnung (EU, Euratom) Nr. 966/2012, ABl. 2018 L 193, 1, berichtigt ABl. 2021 L 65, 80.

22 EnzEuR/*Zöller/Bock* § 22 Rn. 23.

23 HBB/*Brodowski* Art. 22 Rn. 19.

24 HBB/*Brodowski* Art. 22 Rn. 21 f.; siehe auch BT-Drs. 19/7886, 18, 27.

25 HBB/*Brodowski* Art. 22 Rn. 23.

26 HBB/*Brodowski* Art. 22 Rn. 18, 22 f.

27 HBB/*Brodowski* Art. 22 Rn. 25.

**falsch, unrichtig** oder **unvollständig**, soweit sie nicht der Wahrheit entsprechen. Mangels Kausalität ist jedoch eine falsche, unrichtige oder unvollständige Angabe irrelevant, soweit sie sich auf eine unzulässige Frage bezieht oder (auch aus Sicht des präsumtiven Täters) irrelevant ist.[28] Eine Erklärung oder Unterlage wird **verwendet** oder **vorgelegt**, wenn der Adressat die Möglichkeit zu deren tatsächlicher Wahrnehmung hat.[29] Als Adressat kommen sowohl Menschen als auch informationstechnische Systeme in Betracht, die automatisiert über den Transfer von Unions-Vermögenswerten oder -Mitteln entscheiden. Nicht abschließend geklärt ist, ob diese Unteralternative als ungeschriebenes Merkmal auch einen Irrtum seitens des Adressaten voraussetzt. Hierfür spricht nicht nur, dass sich die Verwendung bzw. Vorlegung der Erklärung bzw. Unterlage kausal im Erfolg niedergeschlagen haben muss, sondern auch, dass Fallgestaltungen, in denen ein solcher Irrtum fehlt, durch andere Varianten der PIF-Richtlinie bereits hinreichend abgebildet sind.[30]

20 Die zweite Unteralternative (sublit. ii) betrifft „das Verschweigen einer Information unter Verletzung einer spezifischen Pflicht" und damit typischerweise ein Unterlassen. Die **Information** muss (jedenfalls aus Sicht des präsumtiven Täters) **entscheidungserheblich** sein und zu einem Vermögensnachteil für die EU geführt haben (→ Rn. 17). Eine Information wird **verschwiegen**, wenn sie – entgegen einer spezifischen Rechtspflicht, die etwa aus Subventionsregelungen folgen kann – der zuständigen Behörde gegenüber nicht geäußert oder deren anderweitige Kenntnisnahme unterbunden wird.[31]

21 Als dritte Unteralternative (sublit. iii) benennt Art. 3 Abs. 2 lit. a PIF-RL die „missbräuchliche Verwendung dieser Mittel oder Vermögenswerte zu anderen Zwecken als denen, für die sie ursprünglich gewährt wurden". Dies setzt erstens einen (**vorangegangenen**) und idR rechtmäßigen **Transfer** von Mitteln oder Vermögenswerten voraus. Zweitens ist erforderlich, dass diese **entgegen** einer **Verwendungsbeschränkung** (vorsätzlich) zu anderen, mit dem ursprünglichen Ziel der Mittelgewährung **unvereinbaren Zwecken verwendet** werden.[32] Da der Mittelabfluss bereits zuvor erfolgt ist, setzt diese Unteralternative keinen unmittelbaren Nachteil für den Unionshaushalt voraus.

22 Der zur Begründung der sachlichen Zuständigkeit der EUStA zudem erforderliche materielle Straftatbestand des jeweiligen nationalen Rechts (→ Rn. 9) findet sich in **Deutschland** vor allem in§ 264 Abs. 1 StGB. Dieser Tatbestand bezieht sich auch auf „Leistung[en] aus öffentlichen Mitteln nach dem Recht der Europäischen Union, die wenigstens zum Teil ohne marktmäßige Gegenleistung gewährt" werden (§ 264 Abs. 8 S. 1 Nr. 2 StGB); als subventionserheblich gelten auch nur vertragsrelevante Tatsachen (§ 264 Abs. 9 StGB).[33] Daneben können auch Straftaten nach §§ 263, 263a StGB in die Zuständigkeit der EUStA fallen. In **Österreich** ist vorrangig auf den sehr richtliniennahen § 168c Abs. 1 öStGB zu verweisen.[34]

23 **b) „Betrug" in Bezug auf Ausgaben im Zusammenhang mit der Auftragsvergabe (Art. 22 Abs. 1 VO iVm Art. 3 Abs. 2 lit. b PIF-RL).** Die zweite Alternative des Art. 3 Abs. 2 PIF-RL bezieht sich in Abgrenzung zur ersten auf **sämtliche Ausgaben der Union**, die im Zusammenhang mit einer **Auftragsvergabe** stehen. Diese Frage ist streng formal danach zu klären,[35] ob es sich um eine **Ausgabe**

28 HBB/*Brodowski* Art. 22 Rn. 26.
29 HBB/*Brodowski* Art. 22 Rn. 27.
30 Näher HBB/*Brodowski* Art. 22 Rn. 28 f.
31 HBB/*Brodowski* Art. 22 Rn. 30 f.
32 HBB/*Brodowski* Art. 22 Rn. 32 f.
33 Vgl. BT-Drs. 19/7886, 13.
34 RV 1 BlgNR 27. GP., 3 ff.
35 HBB/*Brodowski* Art. 22 Rn. 36.

**in Verbindung mit öffentlichen Aufträgen im Sinne des Art. 2 Nr. 51,**[36] **Art. 160 ff. der Haushaltsordnung**[37] handelt.[38]

Die ersten beiden Unteralternativen des Art. 3 Abs. 2 lit. b PIF-RL entsprechen denjenigen der lit. a (→ Rn. 17 ff.), eröffnen aber den Mitgliedstaaten die Möglichkeit, die Strafbarkeit anhand des **subjektiven** Kriteriums einer **Eigen- oder Drittbereicherungsabsicht** zu begrenzen. Diese Bereicherung muss sich spiegelbildlich auf den bei der Union eingetretenen Nachteil beziehen, sprich stoffgleich sein.[39] 24

Die dritte Unteralternative des Art. 3 Abs. 2 lit. b PIF-RL ist zwar ebenfalls derjenigen der lit. a (→ Rn. 21) nachgebildet und sieht ebenfalls die Möglichkeit vor, die Strafbarkeit anhand des **subjektiven** Kriteriums einer **Eigen- oder Drittbereicherungsabsicht** zu begrenzen (→ Rn. 24). Hinzu tritt jedoch das zusätzliche Erfordernis eines Vermögensschadens für die Union.[40] Dies beruht darauf, dass bei der Auftragsvergabe die gegenseitige Erfüllung der vertraglichen Verpflichtungen im Vordergrund steht, und es dem Auftragnehmer im Ausgangspunkt freisteht, wie er mit den für die Auftragserfüllung erhaltenen Mitteln verfährt, solange er seinerseits seine Verpflichtungen einhält. Zudem ist zu bedenken, dass der Union zur Sicherung ihrer Vermögensinteressen hier vielfältige Möglichkeiten zur Verfügung stehen (zB Leistung Zug-um-Zug), die eine strafrechtliche Flankierung entbehrlich machen. 25

Die zur Begründung der sachlichen Zuständigkeit der EUStA zudem erforderlichen materiellen Straftatbestände des jeweiligen nationalen Rechts (→ Rn. 9) finden sich in **Deutschland** in §§ 263 Abs. 1, 263a Abs. 1, 266 StGB, jeweils auch iVm § 13 StGB, daneben in § 1 EUFinSchStG, dessen Einführung zur Umsetzung des Art. 3 Abs. 2 lit. b PIF-RL entgegen Kritik aus der Literatur für erforderlich gehalten wurde.[41] In **Österreich** erfolgte die Umsetzung erneut sehr richtliniennah mit § 168c Abs. 2 öStGB.[42] 26

**c) „Betrug" in Bezug auf Einnahmen (ohne Mehrwertsteuer-Eigenmittel) (Art. 22 Abs. 1 VO iVm Art. 3 Abs. 2 lit. c PIF-RL).** Die dritte Alternative des Art. 3 PIF-RL bezieht sich auf die **Einnahmenseite der EU-Haushalte**, schließt dabei aber Einnahmen aus Mehrwertsteuer-Eigenmitteln aus (hierzu → Rn. 32 ff.). Bei den Einnahmen handelt es sich maßgeblich um die sog. Eigenmittel, von denen allerdings nur **Zölle und dergleichen** (Art. 2 Abs. 1 lit. a Beschluss 2014/335/EU, Euratom; Art. 2 Abs. 1 lit. a Beschluss [EU, Euratom] 2020/2523)[43] für Art. 3 Abs. 2 lit. c PIF-RL relevant sind, weil die anderen Eigenmittel von den Mitgliedstaaten geschuldet, am Kapitalmarkt aufgenommen (Art. 4 Beschluss [EU, Euratom] 2020/2053) werden bzw. die Mehrwertsteuer-Eigenmittel 27

---

36 Dieser lautet: Ein „‚öffentlicher Auftrag' [ist] ein zwischen einem oder mehreren Wirtschaftsteilnehmern und einem oder mehreren öffentlichen Auftraggebern [...] schriftlich geschlossener entgeltlicher Vertrag über die Beschaffung von beweglichen oder unbeweglichen Vermögenswerten, die Ausführung von Bauleistungen oder die Erbringung von Dienstleistungen gegen Zahlung eines ganz oder teilweise aus dem Haushalt finanzierten Betrags; dazu zählen a) Immobilientransaktionen, b) Lieferaufträge, c) Bauaufträge, d) Dienstleistungsaufträge".

37 Siehe oben Fn. 21.

38 Die Haushaltsordnungs-VO (Fn. 21) trat an Stelle der noch in ErwG 6 PIF-Richtlinie genannten VO (EU, Euratom) Nr. 966/2012.

39 HBB/*Brodowski* Art. 22 Rn. 37 ff.

40 HBB/*Brodowski* Art. 22 Rn. 42.

41 Vgl. BT-Drs. 19/7886, 9 f.; 13 f.

42 RV 1 BlgNR 27. GP., 5.

43 Beschluss des Rates vom 26.5.2014 über das Eigenmittelsystem der Europäischen Union, ABl. 2014 L 168, 105, nachfolgend Beschluss des Rates vom 14.12.2020 über das Eigenmittelsystem der Europäischen Union und zur Aufhebung des Beschlusses 2014/335/EU, Euratom, ABl. 2020 L 424, 1. Diese Bestimmung lautet in beiden Fassungen vollständig: „traditionelle Eigenmittel in Form von Abschöpfungen, Prämien, Zusatz- oder Ausgleichsbeträgen, zusätzlichen Teilbeträgen und anderen Abgaben, Zöllen des Gemeinsamen Zolltarifs und anderen Zöllen auf den Warenverkehr mit Drittländern, die von den Organen der Union eingeführt worden sind oder noch eingeführt werden, Zöllen auf die unter den ausgelaufenen Vertrag über die Gründung der Europäischen Gemeinschaft für Kohle und Stahl fallenden Erzeugnisse sowie Abgaben, die im Rahmen der gemeinsamen Marktorganisation für Zucker vorgesehen sind".

lit. d unterfallen (Rn. 24).[44] Zusätzlich verfügt die EU über weitere Einnahmequellen,[45] von denen für Art. 3 Abs. 2 lit. c PIF-RL insbesondere **Steuern** und **Abzüge** für **EU-Beamte** und EU-Bedienstete relevant sind.[46] Wenngleich als Einnahmequelle im Haushaltsplan aufgeführt, ist die Erstreckung auf **Geldbußen** zweifelhaft, weil diese nicht aus fiskalischen Gründen verhängt werden.[47]

28 Gemeinsames Tatbestandsmerkmal des Art. 3 Abs. 2 lit. c PIF-RL ist der **Erfolg** bzw. Schaden, „dass Mittel aus dem Haushalt der Union oder aus den Haushalten, die von der Union oder in deren Auftrag verwaltet werden, rechtswidrig vermindert werden". Entscheidend ist hierfür ein **kausaler** Unterschied in tatsächlichen und hypothetischen Einnahmen, nicht hingegen, ob die im Haushaltsplan angesetzten Einnahmen erreicht werden.[48] Dieser muss durch eine der drei Tatvarianten herbeigeführt worden sein:

29 Die ersten beiden Unteralternativen des Art. 3 Abs. 2 lit. c PIF-RL entsprechen denjenigen der lit. a (→ Rn. 17 ff.).[49]

30 Eine „**missbräuchliche Verwendung** eines **rechtmäßig erlangten Vorteils**" bezieht sich auf Gestaltungen, in denen die Union – zumindest vorübergehend – auf eine Einnahme (Zölle, Steuern, Abgaben, usw) verzichtet, nach vorläufiger Einschätzung zu viel gezahlte Einnahmen zurückerstattet oder sonst einem Zahlungspflichtigen finanzwirksame Vorteile gewährt werden (vgl. auch § 153 Abs. 3 AO; § 33 Abs. 4 FinStrG). Da derartige finanzielle Vorteile *prima facie* frei genutzt werden können, rechtfertigt sich eine Strafbarkeit für eine missbräuchliche Verwendung (→ Rn. 21) nur dann, wenn hierdurch (nachfolgend) ein rechtswidriger Einnahmeausfall seitens der Union zu verzeichnen ist, sprich der Taterfolg eingetreten ist (→ Rn. 28).[50]

31 Die zur Begründung der sachlichen Zuständigkeit der EUStA zudem erforderlichen materiellen Straftatbestände des jeweiligen nationalen Rechts (→ Rn. 9) finden sich in **Deutschland** in §§ 370, 373 AO, daneben in § 2 EUFinSchStG, dessen Einführung zur Umsetzung des Art. 3 Abs. 2 lit. b PIF-RL entgegen Kritik aus der Literatur für erforderlich gehalten wurde.[51] In **Österreich** dienen insbes. §§ 33 Abs. 1 bis 3, 35 Abs. 1 bis 3, 39 Abs. 1 und 2 FinStrG der Umsetzung dieser Tatbestandsalternative. Indes führen nur solche Taten zu einer (straf-)gerichtlichen Zuständigkeit und daher auch zu einer Zuständigkeit der EUStA, deren strafbestimmender Wertbetrag einen Schwellenwert von 50.000 EUR (§ 53 Abs. 2 FinStrG) bzw. 100.000 EUR (§ 53 Abs. 1 FinStrG) überschreitet.

32 **d) „Betrug" in Bezug auf Einnahmen aus Mehrwertsteuer-Eigenmitteln (Art. 22 Abs. 1 VO iVm Art. 3 Abs. 2 lit. d PIF-RL).** Dass sich die **Mehrwertsteuer-Eigenmittel**, welche die Mitgliedstaaten der Union schulden, mittelbar nach den erlangten Umsatzsteuern richten, wurde angesichts des *Taricco*-Urteils des EuGH für ausreichend erachtet, um auch eine **Umsatzsteuerhinterziehung** als vierte Alternative des Art. 3 Abs. 2 PIF-RL aufzunehmen.[52]

33 Allerdings ist der Anwendungsbereich der PIF-Richtlinie nur eröffnet und die EUStA nur zuständig, soweit die Tat „mit dem Hoheitsgebiet von **zwei oder mehr Mitgliedstaaten** der Union verbunden [ist] und einen **Gesamtschaden** von mindestens 10 000 000 EUR umfass[t]" (Art. 2 Abs. 2 S. 2 PIF-RL; ebenso Art. 22 Abs. 1 S. 2 VO). Eine solche Verbindung ist in Bezug auf den Handlungs- und den Erfolgsort der Taten eines jeden Beteiligten gegeben. Der Gesamtschaden muss nicht notwendigerweise in dieser Höhe eingetreten sein; ausreichend ist, dass ein Schaden dieser Höhe vom Vorsatz des oder der Täter umfasst war.[53]

---

44 HBB/*Brodowski* Art. 22 Rn. 47.
45 Europäische Union (Hrsg.), European Union Public Finance, 5. Aufl. 2014, 197.
46 HBB/*Brodowski* Art. 22 Rn. 48.
47 HBB/*Brodowski* Art. 22 Rn. 49.
48 HBB/*Brodowski* Art. 22 Rn. 50.
49 HBB/*Brodowski* Art. 22 Rn. 51 f.
50 HBB/*Brodowski* Art. 22 Rn. 53.
51 Vgl. BT-Drs. 19/7886, 10 f.
52 Vgl. HBB/*Brodowski* Art. 22 Rn. 4, 56.
53 HBB/*Brodowski* Art. 22 Rn. 57.

Die ersten beiden Unteralternativen des Art. 3 Abs. 2 lit. d PIF-RL entsprechen denjenigen der lit. a (→ Rn. 17 ff.), weisen indes spezifisch auf die **Mehrwertsteuerrelevanz** der Erklärungen, Unterlagen bzw. Informationen hin; auch muss durch die Tat oder Unterlassung eine **Verminderung der Mehrwertsteuer-Eigenmittel** der Union kausal verursacht worden sein.[54] Kein solcher Schaden muss bei der dritten Unteralternative des Art. 3 Abs. 2 lit. d PIF-RL nachgewiesen werden. Für dessen Verwirklichung reicht aus, dass scheinbar **richtige Mehrwertsteuer-Erklärungen** vorgelegt werden, hierdurch aber – mit überschießender Innentendenz – „eine[…] **nicht geleistete**[…] **Zahlung**" **verschleiert** oder ein **Erstattungsanspruch unrechtmäßig begründet** werden sollte.[55] 34

Die zur Begründung der sachlichen Zuständigkeit der EUStA zudem erforderlichen materiellen Straftatbestände des jeweiligen nationalen Rechts (→ Rn. 9) finden sich in **Deutschland** insbes. in § 370 Abs. 1 Nr. 1 und 2 AO, auch iVm § 25 Abs. 2 StGB,[56] in **Österreich** insbes. in § 40 FinStrG. 35

e) **Geldwäsche (Art. 22 Abs. 1 VO iVm Art. 4 Abs. 1 PIF-RL).** Die Zuständigkeit der EUStA nach Art. 22 Abs. 1 VO erstreckt sich zudem auf das in Art. 4 Abs. 1 PIF-RL genannte Anschlussdelikt der **Geldwäsche** iSd Art. 1 Abs. 3 RL (EU) 2015/849[57] in seiner Umsetzung in nationales Strafrecht, soweit sich diese Tat – zumindest teilweise – auf Gegenstände aus PIF-Taten iSd Art. 3 Abs. 2, Art. 4 Abs. 2 und Abs. 3 PIF-RL bezieht; bei Umsatzsteuerbetrügereien ist dabei der Schwellenwert (→ Rn. 33) zu beachten. Diese Regelung geht als *lex specialis* der strafrechtlichen Geldwäscheharmonisierung durch RL (EU) 2018/1673[58] vor. 36

Als **Geldwäsche** ist definiert das vorsätzliche Verhalten, jeweils in „**Kenntnis** der Tatsache, dass diese Gegenstände aus einer kriminellen Tätigkeit oder aus der Teilnahme an einer solchen Tätigkeit stammen": 37

- „der **Umtausch** oder **Transfer** von Vermögensgegenständen […] **zum Zwecke der Verheimlichung oder Verschleierung** des illegalen Ursprungs der Vermögensgegenstände oder der Unterstützung von Personen, die an einer solchen Tätigkeit beteiligt sind, damit diese den Rechtsfolgen ihrer Tat entgehen";
- „die **Verheimlichung** oder **Verschleierung** der wahren Natur, Herkunft, Lage, Verfügung oder Bewegung von Vermögensgegenständen oder von Rechten oder Eigentum an Vermögensgegenständen";
- „der **Erwerb**, der **Besitz** oder die **Verwendung** von Vermögensgegenständen […]", wobei hier die vorgenannte Kenntnis bereits bei der Besitzerlangung bestanden haben muss, sowie
- die Beteiligung bzw. der Versuch der vorgenannten Begehungsweisen.[59]

Der zur Begründung der sachlichen Zuständigkeit der EUStA zudem erforderliche materielle Straftatbestand des jeweiligen nationalen Rechts (→ Rn. 9) findet sich in **Deutschland** in § 261 Abs. 1, Abs. 2 StGB.[60] In **Österreich** ist entsprechend auf § 165 öStGB zu verweisen.[61] 38

f) **Bestechung und Bestechlichkeit (Art. 22 Abs. 1 VO i.V.m. Art. 4 Abs. 2 PIF-RL).** Die Zuständigkeit der EUStA nach Art. 22 Abs. 1 VO erstreckt sich des Weiteren auf die in Art. 4 Abs. 2 PIF-RL genannten **Korruptionsdelikte** der Bestechung und Bestechlichkeit, jeweils in ihrer Umsetzung in nationales Strafrecht. 39

---

54 HBB/*Brodowski* Art. 22 Rn. 58 f.

55 HBB/*Brodowski* Art. 22 Rn. 60.

56 Vgl. BT-Drs. 19/7886, 15 f.

57 Richtlinie (EU) 2015/849 des Europäischen Parlaments und des Rates vom 20.5.2015 zur Verhinderung der Nutzung des Finanzsystems zum Zwecke der Geldwäsche und der Terrorismusfinanzierung, zur Änderung der Verordnung (EU) Nr. 648/2012 des Europäischen Parlaments und des Rates und zur Aufhebung der Richtlinie 2005/60/EG des Europäischen Parlaments und des Rates und der Richtlinie 2006/70/EG der Kommission, ABl. 2005 L 141, 73, zuletzt geändert durch Richtlinie (EU) 2018/843, ABl. 2018 L 156, 43.

58 Richtlinie (EU) 2018/1673 des Europäischen Parlaments und des Rates vom 23.10.2018 über die strafrechtliche Bekämpfung der Geldwäsche, ABl. 2018 L 284, 22.

59 HBB/*Brodowski* Art. 22 Rn. 64 ff.

60 BT-Drs. 19/7886, 16.

61 RV 1 BlgNR 27. GP, 6.

40 **Bestechlichkeit** (lit. a) ist dabei „die Handlung eines öffentlichen Bediensteten, der unmittelbar oder über eine Mittelsperson für sich oder einen Dritten Vorteile jedweder Art als Gegenleistung dafür fordert, annimmt oder sich versprechen lässt, dass er eine Diensthandlung oder eine Handlung bei der Ausübung seines Dienstes auf eine Weise vornimmt oder unterlässt, dass dadurch die finanziellen Interessen der Union geschädigt werden oder wahrscheinlich geschädigt werden;" **Bestechung** (lit. b) das korrespondierende Versprechen, Anbieten oder Gewähren eines solchen Vorteils. Beachtenswert ist dabei, dass **Vorteile** nicht auf pekuniäre Leistungen begrenzt sind, sondern etwa auch sexuelle Gefälligkeiten oder das Zurverfügungstellen von Suchtmitteln und Ähnliches sein können.[62] Erforderlich ist jeweils ein Bezug zu einer **konkreten, dienstbezogenen Handlung**[63] und zudem, dass durch das (Fehl-)Verhalten des Bediensteten die **EU-Finanzen** – zumindest wahrscheinlich – **geschädigt werden** sollen. Der Begriff des **öffentlichen Bediensteten** ist in Art. 4 Abs. 4 PIF-RL legal definiert und erstreckt sich jedenfalls auf EU-Bedienstete nach dem Beamtenstatut (lit. a sublit. i, erster Spiegelstrich), „Beamte" bzw. **Amtsträger** nach dem jeweils anwendbaren nationalen Recht (lit. a sublit. ii) sowie auf weitere Personen, denen öffentliche Aufgaben in Bezug auf EU-Vermögenswerte **übertragen** wurden und die diese auch tatsächlich wahrnehmen (lit. b). **Parlamentarier, Abgeordnete** und **Gemeinderäte** sollen dem „gleichgestellt" werden.[64]

41 Die zur Begründung der sachlichen Zuständigkeit der EUStA zudem erforderlichen materiellen Straftatbestände des jeweiligen nationalen Rechts (→ Rn. 9) finden sich in **Deutschland** in §§ 332, 334, 335a StGB, auch iVm § 3 EUFinSchStG, bezüglich Abgeordneten und Gemeinderäten § 108e StGB sowie in Art. 2 § 2 IntBestG.[65] In Österreich ist auf §§ 304 ff. öStGB zu verweisen;[66] der Begriff des Unionsbeamten wurde im Zuge der Umsetzung in § 74 Z 4b öStGB legal definiert.[67]

42 **g) Missbräuchliche Verwendung (Art. 22 Abs. 1 VO iVm Art. 4 Abs. 3 PIF-RL).** Die Zuständigkeit der EUStA nach Art. 22 Abs. 1 VO erstreckt sich schließlich auf die in Art. 4 Abs. 3 PIF-RL genannte **„missbräuchliche Verwendung"** in ihrer Umsetzung in nationales Strafrecht, definiert als „Handlung eines unmittelbar oder mittelbar mit der Verwaltung von Mitteln oder Vermögenswerten betrauten öffentlichen Bediensteten, auf jedwede Weise Mittel entgegen ihrer Zweckbestimmung zu binden oder auszuzahlen oder sonstige Vermögenswerte entgegen ihrer Zweckbestimmung zuzuweisen oder zu verwenden, wodurch die finanziellen Interessen der Union geschädigt werden". Zu **öffentlichen Bediensteten** → Rn. 40; zum **Erfolg** bzw. **Schaden** → Rn. 17. Voraussetzung ist eine klare, vorab definierte **Zweckbestimmung**, die durch das Verhalten des Bediensteten verletzt wird.

43 Der zur Begründung der sachlichen Zuständigkeit der EUStA zudem erforderliche materielle Straftatbestand des jeweiligen nationalen Rechts (→ Rn. 9) findet sich in **Deutschland** im Untreuetatbestand (§ 266 Abs. 1 StGB),[68] während sich **Österreich** für eine richtliniennahe Umsetzung in einem Spezialtatbestand (§ 168d öStGB) entschieden hat.[69]

44 **2. Sachliche Zuständigkeit für die Beteiligung an einer kriminellen Vereinigung (Art. 22 Abs. 2 VO iVm RB 2008/841/JI).** Die sachliche Zuständigkeit der EUStA erstreckt sich nach Art. 22 Abs. 2 VO auch auf die **Beteiligung an einer kriminellen Vereinigung** iSd in nationales Recht umgesetzten OK-Rahmenbeschlusses,[70] soweit der **„Schwerpunkt** der strafbaren Aktivitäten der kriminellen Vereinigung auf der Begehung" von **Straftaten** liegt, die **der PIF-Richtlinie** in ihrer Umsetzung in nationales Recht unterfallen (→ Rn. 12 ff.).[71] Dieser **Schwerpunkt** ist anhand einer wertenden Gesamtbetrachtung vor allem der Quantität und Qualität der Straftaten, nicht aber der Höhe des

62 HBB/*Brodowski* Art. 22 Rn. 70.
63 HBB/*Brodowski* Art. 22 Rn. 71; siehe auch *Grasso/Sicurella/Giuffrida* in Ligeti/Antunes/Giuffrida 23 (45).
64 HBB/*Brodowski* Art. 22 Rn. 73 ff.
65 BT-Drs. 19/7886, 11, 16 f.
66 RV 1 BlgNR 27. GP, 6.
67 RV 1 BlgNR 27. GP, 1 ff.
68 BT-Drs. 19/7886, 17.
69 RV 1 BlgNR 27. GP, 6.
70 Oben Fn. 8. Zu diesem Rahmenbeschluss siehe insbes. *Hecker* ZIS 2016, 467 (470 ff.) mwN.
71 Krit. zu diesem Merkmal *Grasso/Sicurella/Giuffrida* in Ligeti/Antunes/Giuffrida 23 (34).

Schadens zu bestimmen.[72] Wie bei der PIF-Richtlinie ist für die Strafbarkeit entscheidend das nationale Strafrecht, für die Zuständigkeit der EUStA hingegen das Zusammenspiel aus nationalen und europäischen Regelungen (→ Rn. 9 f.).

Der OK-Rahmenbeschluss eröffnet den Mitgliedstaaten **zwei Alternativen** zur (Mindest-)Definition 45 strafbaren Verhaltens, die sich grob als „**Beteiligung**" und als „**Verschwörung**" umschreiben lassen; trotz der Verwendung des Begriffs der „Beteiligung" in Art. 22 Abs. 2 VO erstreckt sich die Zuständigkeit der EUStA auch auf die Verschwörungsalternative.

Unter Strafe zu stellen ist entweder – im Sinne einer „**Beteiligung**" – jedes „Verhalten einer Person, 46 die sich vorsätzlich und in Kenntnis entweder des Ziels und der allgemeinen Tätigkeit der kriminellen Vereinigung oder der Absicht der Vereinigung, die betreffenden Straftaten zu begehen, aktiv an den kriminellen Tätigkeiten der Vereinigung beteiligt, einschließlich durch Bereitstellung von Informationen oder materiellen Mitteln, Anwerbung neuer Mitglieder oder durch jegliche Art der Finanzierung der Tätigkeiten der Vereinigung, und sich bewusst ist, dass diese Beteiligung zur Durchführung der kriminellen Tätigkeiten der Vereinigung beiträgt" (Art. 2 lit. a OK-RB) oder aber – im Sinne einer „**Verschwörung**" – jedes „Verhalten einer Person, das darin besteht, mit einer oder mehreren Personen eine Vereinbarung über die Ausübung einer Tätigkeit zu treffen, die, falls durchgeführt, der Begehung von [Straftaten, die mit einer Freiheitsstrafe [...] im Höchstmaß von mindestens vier Jahren oder einer schwereren Strafe bedroht sind,] gleichkäme — auch wenn diese Person nicht an der tatsächlichen Durchführung der Tätigkeit beteiligt ist" (Art. 2 lit. b OK-RB).

Eine „**kriminelle Vereinigung**" ist dabei nach Art. 1 Nr. 1 OK-RB ein „auf längere Dauer ange- 47 legte[r] organisierte[r] Zusammenschluss von mehr als zwei Personen, die, um sich unmittelbar oder mittelbar einen finanziellen oder sonstigen materiellen Vorteil zu verschaffen, in Verabredung handeln, um Straftaten" der vorgenannten Mindestschwere zu begehen; ein „**organisierter Zusammenschluss**" nach Art. 1 Nr. 2 OK-RB ein „Zusammenschluss, der nicht zufällig zur unmittelbaren Begehung eines Verbrechens gebildet wird und der auch nicht notwendigerweise förmlich festgelegte Rollen für seine Mitglieder, eine kontinuierliche Mitgliedschaft oder eine ausgeprägte Struktur hat".

Sowohl **Deutschland** – mit § 129 StGB; ein aufgrund der Rechtsprechung des BGH erkanntes 48 Umsetzungsdefizit wurde 2017 behoben[73] – als auch **Österreich** – mit § 278 öStGB[74] – setzen die Beteiligungsalternative um. Mit erfasst sind auch qualifizierte Formen der Beteiligung, insbes. nach § 278a öStGB.[75] Die **Kommission** hat in ihrem 2016 veröffentlichten Evaluationsbericht hinsichtlich der Umsetzung des Art. 2 OK-RB in diesen beiden Mitgliedstaaten keine gravierenden Umsetzungsdefizite benannt.[76]

**3. Sachliche Zuständigkeit für Zusammenhangstaten (Art. 22 Abs. 3 VO).** Schließlich erstreckt sich 49 die sachliche Zuständigkeit der EUStA auch auf – selbstredend allein aus nationalem Strafrecht folgende – andere Straftaten, die mit einer **Straftat**, die **der PIF-Richtlinie** in ihrer Umsetzung in nationales Recht unterfällt (→ Rn. 12 ff.), „**untrennbar verbunden**" sind (Art. 22 Abs. 3 S. 1 VO); eine untrennbare Verbindung mit einer OK-Tat nach Absatz 2 genügt hingegen nicht.[77]

Ob eine **untrennbare Verbindung** besteht, richtet sich im Einklang mit ErwG 54 VO danach, ob die 50 Verurteilung oder ein Freispruch allein wegen der PIF-Straftat eine Strafverfolgung der anderen Tat infolge des **Doppelbestrafungsverbots** (*ne bis in idem*, Art. 50 GRC, Art. 54 SDÜ) sperren würde.[78] Entscheidend ist daher, nach der Rechtsprechung des EuGH, „die Identität der materiellen Tat, ver-

72 HBB/*Brodowski* Art. 22 Rn. 98.
73 45. StrÄndG, BGBl. 2019 I 2440.
74 Vgl. 415/J-NR/2008.
75 Aus systematischer Perspektive ließe sich daher auch § 129a StGB als Umsetzung des OK-RB verstehen. Indessen fehlt es bei terroristischen Vereinigungen iSd § 129a StGB am nötigen PIF-Schwerpunkt (→ Rn. 44).
76 COM(2016) 448 final.
77 HBB/*Brodowski* Art. 22 Rn. 100.
78 HBB/*Brodowski* Art. 22 Rn. 99, 102; *Nieto Martin/Muñoz de Morales Romero* in Asp (ed), 120 (120 ff.). Krit. *Grasso/Sicurella/Giuffrida* in Ligeti/Antunes/Giuffrida 23 (35 ff.); strenger auf einen sachlich untrennbaren Zusammenhang abstellend *Bitzilekis* in Asp (ed), 112 (114 f.).

standen als das Vorhandensein eines Komplexes konkreter, unlösbar miteinander verbundener Umstände"; nicht hingegen die „rechtliche[...] Qualifizierung der Tat" oder das „geschützte[...] rechtliche[...] Interesse".[79] Wichtigste Fallgruppe solcher Zusammenhangstaten dürften daher **Urkundenstraftaten** sein.

51 Die **Ausübung** dieser sachlichen Zuständigkeit ist allerdings, worauf Art. 22 Abs. 3 S. 2 VO dezidiert hinweist, nur nach Art. 25 Abs. 3 VO zulässig, mithin nur dann, wenn der Schwerpunkt der Tat nicht auf der Zusammenhangstat, sondern auf einer PIF-Straftat liegt (näher unten → Rn. 76 ff.).

52 **4. Zuständigkeitsausschluss für nationale direkte Steuern (Art. 22 Abs. 4 VO).** Art. 22 Abs. 4 S. 1 VO statuiert eine **Gegenausnahme** zur sachlichen Zuständigkeit der EUStA „für Straftaten in Bezug auf **nationale direkte Steuern**", selbst wenn es sich (nur) um Zusammenhangstaten handelt.[80] Direkte Steuern sind Steuern, bei denen Steuerschuldner und Steuerträger dieselbe Person ist[81] (zB Einkommenssteuer). Das ist bei der Umsatzsteuer nicht der Fall, so dass diese eine indirekte Steuer ist. Da ein untrennbarer Zusammenhang zwischen PIF-Taten und nationalen Steuerstraftaten unwahrscheinlich ist, dürfte dieser Zuständigkeitsausschluss wenig Relevanz aufweisen.[82]

53 **5. Exkurs: Zeitliche Zuständigkeit der EUStA.** Die EUStA-VO enthält keine ausdrückliche Regelung über die **zeitliche Zuständigkeit**. Vielmehr ist diese Frage – zumindest dem Wortlaut des Art. 120 Abs. 2 UAbs. 1 VO zufolge – mit der zeitlichen Zuständigkeitsausübung vermengt: Die EUStA ist, bezogen auf die ursprünglich teilnehmenden Mitgliedstaaten, nur zuständig und darf ihre Zuständigkeit nur ausüben für Taten, die (noch) **am oder nach dem 20.11.2017** begangen wurden.[83] Für die **Niederlande** ist der Stichtag der **22.8.2018**, für **Malta** der **28.8.2018**.[84] Dabei reicht jeweils nicht aus, dass (erst) der Erfolg nach dem jeweils maßgeblichen Zeitpunkt eingetreten ist; entscheidend ist, ob der präsumtive Täter nach diesem Zeitpunkt gehandelt oder das gebotene Verhalten unterlassen hat.[85]

## III. Territoriale und personelle Zuständigkeit der EUStA

54 **1. Gerichtsbarkeit der Mitgliedstaaten und Zuständigkeit der EUStA.** Die EUStA kann ein Ermittlungsverfahren in einem der teilnehmenden Mitgliedstaaten nur einleiten (Art. 26 Abs. 1 VO), wenn dieser Mitgliedstaat **nach Maßgabe des anwendbaren nationalen Rechts „Gerichtsbarkeit für die Straftat hat"**. Das setzt in Bezug auf Deutschland also weiterhin voraus, dass die Tat nach den §§ 3 ff. StGB in Deutschland strafbar ist; Entsprechendes gilt für Österreich für die Anwendbarkeit des dortigen Strafrechts nach den §§ 62 ff. öStGB. Diese mitgliedstaatlichen Regelungen zur Gerichtsbarkeit müssen wiederum den Anforderungen des Art. 11 PIF-RL genügen. Auch eine spätere Übertragung der internen Zuständigkeit eines DEStA eines Mitgliedstaats auf den eines anderen Mitgliedstaats setzt voraus, dass dieser andere Mitgliedstaat (ebenfalls[86]) Gerichtsbarkeit für die Tat hat; entsprechendes gilt für die mögliche grenzüberschreitende Verbindung von Ermittlungsverfahren (Art. 26 Abs. 5 VO).

---

79 EuGH 9.3.2006 – C-436/04, ECLI:EU:C:2006:165 Rn. 35 f. – *van Esbroeck*, Slg. 2006, I-2333; siehe auch EGMR 10.2.2009 – 14939/03 Rn. 81 ff. – *Sergey Zolotukhin/Russland*.

80 HBB/*Brodowski* Art. 22 Rn. 104 ff.

81 Vgl. BVerfG 13.4.2017 – 2 BvL 6/13, BVerfGE 145, 171 Rn. 119 = 214 – Kernbrennstoffsteuer.

82 So besteht nach BGH 22.1.2018 – 1 StR 535/17, StV 2019, 49 Tatmehrheit, wenn zwei Steuerstraftaten durch zwei Steuererklärungen begangen werden, die mit derselben Post aufgegeben werden; dies wirkt sich hier auch auf die Bestimmung der prozessualen Tat aus, vgl. BeckOK AO/*Ibold*, § 370 Rn. 797; siehe ferner BGH 20.12.2017 – 1 StR 464/17, NZWiSt 2018, 469.

83 HBB/*Brodowski* Art. 120 Rn. 7.

84 HBB/*Brodowski* Art. 120 Rn. 17.

85 HBB/*Brodowski* Art. 120 Rn. 8.

86 Art. 26 Abs. 5 VO knüpft daran an, dass „mehr als ein Mitgliedstaat Gerichtsbarkeit hat". Dies ist ungenau, denn die Vorschrift wird auch dann Anwendung finden müssen, wenn sich im Laufe eines Ermittlungsverfahrens herausstellen sollte, dass der Mitgliedstaat des abgebenden DEStA tatsächlich gar keine Gerichtsbarkeit hat, sondern nur der des übernehmenden DEStA; siehe dazu auch HBB/*Herrnfeld* Art. 26 Rn. 28.

Während die mitgliedstaatliche Gerichtsbarkeit Grundvoraussetzung dafür ist, dass die EUStA in einem bestimmten Mitgliedstaat ein Ermittlungsverfahren führen kann, enthält **Art. 23 VO zusätzliche Voraussetzungen für das Vorliegen einer Zuständigkeit der EUStA.** Danach ist die EUStA nur zuständig, wenn die Tat entweder einen territorialen Anknüpfungspunkt zum Hoheitsgebiet eines oder mehrerer Mitgliedstaaten hat (lit. a) oder einer der in den lit. b bzw. c formulierten personellen Anknüpfungspunkte bestehen. Diese **Zuständigkeitsvoraussetzungen sind alternativ anwendbar** und stellen keine kumulativ zu erfüllenden Bedingungen auf. Wesentliche praktische Bedeutung gewinnt die Regelung des Art. 23 VO dadurch, dass – auch hier – der Begriff des „Mitgliedstaats" nur die an der Errichtung der EUStA teilnehmenden Mitgliedstaaten meint (siehe die Definition in Art. 2 Nr. 1 VO). Das gilt für die Anknüpfung an das Hoheitsgebiet eines Mitgliedstaats (lit. a) ebenso wie für die Anknüpfung an die Staatsangehörigkeit (lit. b) und wird nur insoweit in Bezug auf Beamte oder sonstige Bedienstete der Union (lit. c) durchbrochen, als es hier nicht auf die Staatsangehörigkeit des Beamten bzw. Bediensteten ankommt; dies gilt allerdings nur, sofern einer der teilnehmenden Mitgliedstaaten Gerichtsbarkeit für solche Taten hat (dazu näher unten → Rn. 63). So kann die EUStA ihre Zuständigkeit beispielsweise für eine Tat ausüben, die keinen Bezug zum Hoheitsgebiet eines der an der Errichtung der EUStA beteiligten Mitgliedstaaten hat, sofern der Tatvorwurf sich gegen eine Person richtet, die Staatsangehöriger eines teilnehmenden Mitgliedstaates ist (Art. 23 lit. b VO). Dabei könnte die EUStA das Ermittlungsverfahren auch in einem Mitgliedstaat führen, in dem diese Person nur ihren gewöhnlichen Aufenthalt hat (obwohl dieser Anknüpfungspunkt in Art. 23 VO nicht aufgeführt ist), sofern dieser Mitgliedstaat nach seinem innerstaatlichen Recht auch Gerichtsbarkeit über Auslandstaten dort wohnhafter Ausländer ausübt[87] und der Täter Staatsangehöriger eines anderen der an der Errichtung der EUStA beteiligten Mitgliedstaaten ist (→ Rn. 63).[88] Wie sich aus Art. 26 Abs. 4 VO ergibt, soll die EUStA in Bezug auf die interne Zuständigkeitsverteilung in solchen Fällen sogar dem Staat des gewöhnlichen Aufenthaltes den Vorrang einräumen (siehe dazu *Niedernhuber* → § 7 Rn. 142). 55

**2. Anknüpfungspunkte für die Zuständigkeit der EUStA (Artikel 23 VO). a) Territoriale Zuständigkeit der EUStA.** Dem allgemeinen Anknüpfungsprinzip für die Gerichtsbarkeit der Mitgliedstaaten folgend, sieht Art. 22 VO in lit. a eine Zuständigkeit der EUStA für Straftaten vor, die „**ganz oder teilweise im Hoheitsgebiet eines oder mehrerer Mitgliedstaaten** begangen wurden". Anders als bei den in lit. b und c genannten personellen Anknüpfungspunkten für die Zuständigkeit der EUStA, enthält lit. a nicht ausdrücklich die weitere Voraussetzung, dass ein Mitgliedstaat auch über „Gerichtsbarkeit für solche Straftaten" verfügen muss, da dies selbstverständlich erschien (siehe dazu jedoch → Rn. 60). 56

Der **Begriff des „Mitgliedstaats"** meint nur die an der Errichtung der EUStA beteiligten Mitgliedstaaten (Art. 2 Nr. 1 VO). Sofern ein EU-Mitgliedstaat erst nach Inkrafttreten der EUStA-VO der Verstärkten Zusammenarbeit beitritt, erstreckt sich diese territoriale Zuständigkeit der EUStA auf das Hoheitsgebiet dieses Mitgliedstaates erst mit dem Wirksamwerden des Beitritts.[89] Die territoriale Zuständigkeit der EUStA ist begründet, wenn die Tat auch nur teilweise in dem von den teilnehmenden Mitgliedstaaten insgesamt gebildeten Hoheitsgebiet („EUStA-Territorium") begangen wurde. Dass sie teilweise oder sogar überwiegend im Hoheitsgebiet eines nicht an der Errichtung der EUStA beteiligten Mitgliedstaat begangen wurde, schließt eine Zuständigkeit der EUStA nicht aus. 57

Der künftigen Auslegung zugänglich ist die Frage, was damit gemeint ist, wenn die Vorschrift darauf abstellt, dass die Tat im Hoheitsgebiet eines Mitgliedstaats „begangen" wurde. Diese Formulierung in Art. 23 lit. a VO entspricht insoweit der des Art. 11 Abs. 1 PIF-RL. Die Frage ist, ob die Zuständigkeit der EUStA (gemäß lit. a) nur begründet sein soll, wenn die **Tathandlung** zumin- 58

---

87 Diese Möglichkeit sieht Art. 11 Abs. 3 lit. a der PIF-RL ausdrücklich vor, verpflichtet die Mitgliedstaaten jedoch nicht dazu; sie sind lediglich verpflichtet die Kommission davon zu unterrichten, wenn das nationale Recht einen solchen Anknüpfungspunkt für die Gerichtsbarkeit vorsieht.

88 Siehe dazu näher HBB/*Herrnfeld* Art. 23 Rn. 10.

89 Dazu näher HBB/*Brodowski* Art. 120 Rn. 17.

dest teilweise im Hoheitsgebiet eines Mitgliedstaats liegt, oder ob es ausreichend ist, wenn der **Taterfolg bzw. der Schaden zum Nachteil der finanziellen Interessen der Union** dort eintritt.[90] Einen Hinweis zur Absicht des Unionsgesetzgebers könnte ErwG 64 VO zu entnehmen sein, wonach die EUStA ihre Zuständigkeit so umfassend wie möglich ausüben sollte, „damit sich ihre Ermittlungen und Strafverfolgungsmaßnahmen auf außerhalb der Hoheitsgebiete der Mitgliedstaaten begangene Straftaten erstrecken können". Auch unterscheidet Art. 26 Abs. 4 VO ausdrücklich zwischen der Anknüpfung an den Handlungsort (Satz 1) und dem Ort „an dem der Hauptteil des finanziellen Schadens eingetreten ist" (Satz 2 lit. d).

59 Es ist daher davon auszugehen, dass die territoriale Zuständigkeit der EUStA gemäß Art. 23 lit. a VO auch dann begründet sein soll, wenn die Tathandlung zwar vollständig außerhalb des „EUStA-Territoriums" liegt, der Taterfolg bzw. der Schaden jedoch in einem an der Errichtung der EUStA beteiligten Mitgliedstaat eingetreten ist. Da die Kommission die für die Verwaltung des Unionshaushalts zuständige Behörde ist (Art. 17 Abs. 1 EUV), wird im Zweifel bei PIF-Taten ein ausreichender Anknüpfungspunkt in Belgien als dem Sitz der Kommission bestehen. Anders mag dies für rechtlich selbständige Agenturen und andere Einrichtungen sein, die ihre Haushaltsmittel selbst verwalten.[91] Hier wäre daher denkbar, dass auch unter dem Gesichtspunkt des Taterfolges keine Zuständigkeit gemäß Art. 23 lit. a VO begründet ist, wenn die Agentur ihren Sitz in einem nicht an der Errichtung der EUStA beteiligten Mitgliedstaat hat.

60 Allerdings ist bei einer Auslegung, wonach lit. a auch anwendbar ist, wenn lediglich der Taterfolg bzw. der Schaden im EUStA-Territorium eintritt, zu bedenken, dass stillschweigende weitere Voraussetzung für die Ausübung der Zuständigkeit der EUStA auch hier ist, dass der betreffende Mitgliedstaat insoweit auch Gerichtsbarkeit für die Tat hat, sodass im Ergebnis § 9 StGB bzw. § 67 öStGB zu beachten sind.

61 **b) Personelle Zuständigkeit der EUStA.** Auch wenn die Tat außerhalb des „EUStA-Territoriums" begangen wurde, ist die EUStA gemäß Art. 23 lit. b VO zuständig, sofern die Tat von einem Staatsangehörigen eines an der Errichtung der EUStA teilnehmenden (Art. 2 Nr. 1 VO) Mitgliedstaats begangen wurden. Dies gilt aber nur, „sofern ein Mitgliedstaat über Gerichtsbarkeit für solche Straftaten verfügt, wenn sie außerhalb seines Hoheitsgebiets begangen wurden". Gemäß Art. 11 Abs. 1 lit. b PIF-RL sind alle Mitgliedstaaten verpflichtet, ihre Gerichtsbarkeit auf Auslandstaten eigener Staatsangehöriger zu erstrecken. Allerdings sieht Art. 11 PIF-RL nicht vor, dass die Mitgliedstaaten gehindert wären, die Verfolgung von Auslandstaten eigener Staatsangehöriger davon abhängig zu machen, dass die Tat auch am Tatort mit Strafe bedroht ist[92]: § 7 Abs. 2 StGB, § 65 öStGB sind daher anwendbar. Auch mag im Einzelfall Gerichtsbarkeit für die im Ausland begangene PIF-Tat gegeben sein, aber nicht in Bezug auf die mit der PIF-Tat „untrennbar verbundene" Straftat (Art. 22 Abs. 3 VO – siehe dazu oben → Rn. 49 ff.).[93]

62 Wie sich aus der Formulierung „ein Mitgliedstaat" ergibt, die vom Gesetzgeber mit Absicht gewählt worden ist[94], muss der Staat der Staatsangehörigkeit nicht unbedingt der gleiche Mitgliedstaat sein, in dem die EUStA das Verfahren führt: Sofern dieser Mitgliedstaat auch Gerichtsbarkeit in Bezug auf Auslandstaten dort lebender Ausländer (dazu oben → Rn. 55), oder nach dem Weltrechtsprinzip[95] (dazu in Bezug auf PIF-Taten: § 8 Nr. 15 und 16 StGB) oder dem Staatsschutzprinzip[96] hat, kann die EUStA hier ihre Zuständigkeit ausüben, sofern der Täter jedenfalls Staatsangehöriger eines anderen der an der Errichtung der EUStA beteiligten Staaten ist.

90 Siehe dazu näher HBB/*Herrnfeld* Art. 23 Rn. 6 f.
91 So *Brodowski* StV 2017, 684 (686); HBB/*Herrnfeld* Art. 23 Rn. 7.
92 Dazu HBB/*Herrnfeld* Art. 23 Rn. 9.
93 Dazu HBB/*Herrnfeld* Art. 23 Rn. 9.
94 Dazu HBB/*Herrnfeld* Art. 23 Rn. 10.
95 Dazu etwa *Fischer* vor §§ 3–7 StGB Rn. 3.
96 Für die Anwendbarkeit dieses Prinzips in Gestalt eines „Unionsschutzprinzips": *Thorhauer*, Jurisdiktionskonflikte im Rahmen transnationaler Kriminalität, 2019, 225 ff.

Die „personelle Zuständigkeit" der EUStA ist gemäß Art. 23 lit. c VO schließlich auch begründet für Straftaten einer Person, „die zum Zeitpunkt der Straftat dem Statut oder den Beschäftigungsbedingungen unterlag". Gemeint sind hier Unionsbeamte und sonstige Bedienstete gemäß dem Beamtenstatut bzw. den Beschäftigungsbedingungen der Union für sonstige Bedienstete.[97] Diese Zuständigkeitszuweisung greift eine entsprechende Regelung der PIF-RL auf, die es den Mitgliedstaaten allerdings anheimstellt, ob sie in diesen Fällen Gerichtsbarkeit ausüben (Art. 11 Abs. 2 PIF-RL). Folgerichtig sieht Art. 23 lit. c VO ausdrücklich vor, dass die EUStA nur dann eine hierauf gestützte Zuständigkeit ausüben kann, „wenn ein Mitgliedstaat über Gerichtsbarkeit für solche Straftaten verfügt, wenn sie außerhalb seines Hoheitsgebiets begangen wurden". Im Hinblick auf den Mitgliedstaat, in dem ein DEStA die Einleitung eines Ermittlungsverfahrens prüft, folgt dies allerdings auch bereits aus dem Grundsatz, wonach die Einleitung und Führung eines Ermittlungsverfahrens in einem bestimmten Mitgliedstaat voraussetzt, dass die EUStA gemäß Art. 23 VO zuständig ist *und* dieser Mitgliedstaat Gerichtsbarkeit für den Fall hat (→ Rn. 54). 63

Soweit der betroffene Beamte oder sonstige Bedienstete auch Staatsangehöriger eines der an der Errichtung der EUStA beteiligten Mitgliedstaaten ist, wird die Zuständigkeit auch für extraterritoriale Taten bereits durch Art. 23 lit. b VO begründet. Praktisch bedeutsam kann die Regelung in lit. c werden, wenn es sich um einen Beamten oder sonstigen Bediensteten handelt, der nicht Staatsangehöriger eines der an der Errichtung der EUStA beteiligten Mitgliedstaaten ist. 64

Die Regelung in lit. c gilt – anders als noch im KOM-Vorschlag für die EUStA-VO vorgesehen (siehe dort Art. 13 lit. b[98]) nur für Beamte oder sonstige Bedienstete und damit nicht für die Mitglieder der (in Art. 13 Abs. 1 EUV genannten) Organe der Union. Dies ist wohl darin begründet, dass auch Art. 11 Abs. 2 der PIF-RL nicht für Mitglieder der Organe gilt. Es mag im Übrigen aber etwas überraschen, da Art. 25 Abs. 3 lit. b VO auch insoweit eine Zuständigkeit der EUStA annimmt. Straftaten von Mitgliedern der Organe wird die EUStA daher nur verfolgen können, wenn zugleich ein Anknüpfungspunkt gemäß lit. a oder b besteht. 65

Deutschland und Österreich haben von der Regelung in Art. 11 Abs. 2 PIF-RL keinen Gebrauch gemacht. 66

## IV. Ausübung der Zuständigkeit der EUStA (Art. 25 VO)

**1. Geteilte Zuständigkeit – Ausübung der Zuständigkeit durch die EUStA.** Die VO unterscheidet formal zwischen Begründung der Zuständigkeit der EUStA und den Voraussetzungen für ihre Ausübung: Soweit die EUStA zuständig ist (Art. 22 und 23 VO) kann sie diese Zuständigkeit durch Einleitung eines Ermittlungsverfahrens (Art. 26 VO) oder durch Übernahme eines bereits laufenden Verfahrens im Wege der Evokation (Art. 27 VO) ausüben. Nach dem der Verordnung zugrundeliegenden Prinzip der „geteilten Zuständigkeit" von nationalen Behörden und EUStA (ErwG 13 VO) bewirkt die Ausübung der Zuständigkeit durch die EUStA, dass die mitgliedstaatlichen Behörden ihre eigene Zuständigkeit nicht mehr ausüben dürfen (Art. 25 Abs. 1 VO). Die Zuständigkeit der EUStA hat mithin grundsätzlich „Vorrang vor nationalen Zuständigkeitsansprüchen" (ErwG 58 VO). In Österreich ist der Gesetzgeber noch einen Schritt weitergegangen und hat vorgesehen, dass die österreichischen Behörden – außer im Fall notwendiger Eilmaßmaßnahmen (§ 9 S. 2 EUStA-DG) – auf die Einleitung eines Ermittlungsverfahrens verzichten, sofern die EUStA nach den Art. 22, 23 und 120 Abs. 2 VO zuständig ist und ihre Zuständigkeit nach Art. 25 Abs. 1 bis 4 VO ausüben „kann" (§ 4 iVm § 3 EUStA-DG).[99] 67

97 Verordnung Nr. 31 (EWG), 11 (EAG) des Rates über das Statut der Beamten und über die Beschäftigungsbedingungen für die sonstigen Bediensteten der Europäischen Wirtschaftsgemeinschaft und der Atomgemeinschaft, ABl. 45 vom 14.6.1962, 1385 (mit zahlreichen späteren Änderungen).

98 Vorschlag für eine Verordnung des Rates über die Errichtung der Europäischen Staatsanwaltschaft, COM(2013) 534 final., 17.7.2013.

99 In der Gesetzesbegründung wird darauf hingewiesen, dass die EUStA grundsätzlich keine ausschließliche Zuständigkeit habe und auch nationale Behörden Verfahren im Zuständigkeitsbereich der EUStA einleiten können bzw. gemäß § 9 EUStA-DG in bestimmten Fällen auch tun sollen. Allerdings werde durch die gesetzliche Regelung das

68 Art. 25 VO sieht zugleich allerdings auch vor, dass die EUStA in bestimmten Fällen ihre – nach Maßgabe von Art. 22 und 23 VO grundsätzliche bestehende – Zuständigkeit nicht ausüben, sondern die Verfolgung den nationalen Behörden überlassen soll (Art. 25 Abs. 2 und 3 VO) bzw. ihre Zuständigkeit nur mit Zustimmung der nationalen Behörde ausüben darf (Art. 25 Abs. 4 VO). Ist die EUStA aber nach Maßgabe von Art. 22 und 23 VO zuständig und nach Maßgabe von Art. 25 VO befugt, von ihrer Zuständigkeit Gebrauch zu machen, so ist sie grundsätzlich verpflichtet, bei Vorliegen eines Anfangsverdachts ein Ermittlungsverfahren einzuleiten (Art. 26 Abs. 1 VO).[100] Das der Verordnung zugrundeliegende Prinzip des Vorrangs der EUStA vor „nationalen Zuständigkeitsansprüchen" gilt hingegen nur eingeschränkt, soweit nationale Behörden nach dortigem Recht bereits ein strafrechtliches Ermittlungsverfahren eingeleitet haben: Wird der EUStA gemäß Art. 24 Abs. 2 VO hierüber berichtet, so kann sie gemäß Art. 27 VO das Verfahren im Wege der Evokation an sich ziehen. Anders als im Fall der originären Einleitung nach Art. 26 VO verfügt sie hier aber über ein Ermessen. Sie kann also auf die Ausübung ihrer Zuständigkeit verzichten und das Verfahren in den Händen der nationalen Behörde belassen.

69 Deutlich wird der konzeptionelle Unterschied zwischen der Zuständigkeit der EUStA gemäß Art. 22 und 23 VO einerseits und den Voraussetzungen für die Ausübung der Zuständigkeit durch die EUStA andererseits insbesondere bei den Regelungen des Art. 34 VO über die Verweisung und Übertragung von Verfahren an die nationale Staatsanwaltschaft. Stellt die EUStA fest, dass der ihren Ermittlungen zugrunde liegende Sachverhalt keine Straftat darstellt, für die sie gemäß Art. 22 und 23 VO zuständig ist, so muss sie das Verfahren an die zuständige nationale Behörde verweisen. Gleiches gilt zwar auch, wenn sich im Laufe eines Verfahrens herausstellt, dass die Bedingungen für die Ausübung ihrer Zuständigkeit nach Art. 25 Abs. 2 und 3 VO nicht (mehr) erfüllt sind. In diesem Fall kann die EUStA aber, sofern die zuständige nationale Behörde das Verfahren nicht übernimmt, das von ihr geführte Ermittlungsverfahren fortsetzen (Art. 34 Abs. 5 VO).[101] Hintergrund ist, dass sie in diesem Fall gemäß Art. 22 und 23 VO zuständig ist und lediglich aufgrund der Bestimmungen des Art. 25 Abs. 2 bzw. 3 VO gehalten ist, auf die Ausübung der Zuständigkeit zu verzichten und daher das Verfahren der nationalen Behörde zur Übernahme anzubieten hat.[102]

70 **2. Voraussetzung und Grenzen für die Ausübung der Zuständigkeit (Art. 25 Abs. 2, 3 und 4 VO).** **a) Ausübungshindernis und Rechtsfolgen.** Das System der geteilten Zuständigkeit von EUStA und Staatsanwaltschaften der Mitgliedstaaten (ErwG 13 VO) sieht nicht nur einen grundsätzlichen Vorrang der Ausübungskompetenz der EUStA vor, sondern zugleich auch, dass die EUStA in bestimmten Fällen auf die Ausübung ihrer nach Art. 22 und 23 VO bestehenden Zuständigkeit verzichten soll. Die diesbezüglichen Regelungen in Art. 25 Abs. 2 und 3 VO sind erst im Zuge der Verhandlungen in der Ratsarbeitsgruppe eingefügt worden. Im Detail waren sie umstritten und noch in der Schlussphase der Verhandlungen im Rahmen der Verstärkten Zusammenarbeit sind einige letzte Änderungen vorgenommen worden. Die in diesen Vorschriften normierten Grenzen bzw. Voraussetzungen für die Ausübung der Zuständigkeit durch die EUStA betreffen zum einen Bagatellfälle (Abs. 2) und zum anderen Fälle, bei denen dem Strafverfolgungsinteresse der nationalen Behörden Vorrang eingeräumt wird (Abs. 3).

71 Dabei handelt es sich nicht um Opportunitätsentscheidungen der EUStA. Vielmehr sehen die Regelungen des Art. 25 VO vor, dass sie nur bei Vorliegen der Voraussetzungen des Absatzes 2 ihre Zuständigkeit ausübt bzw. bei Vorliegen der Voraussetzungen des Absatzes 3 ihre Zuständigkeit

---

für die nationalen Behörden geltende Legalitätsprinzip zu Gunsten der EUStA zurückgedrängt, die ihrerseits ebenfalls einem strengen Legalitätsprinzip unterliege; EBRV 808 Blg NR 27.GP, 6.

100 Siehe auch ErwG 66 VO: „… sollte die Ermittlungs- und Strafverfolgungstätigkeit der EUStA vom Legalitätsprinzip geleitet sein, nach dem die EUStA die Vorschriften dieser Verordnung strikt einhält, insbesondere in Bezug auf die Zuständigkeit und ihre Ausübung, die Einleitung von Ermittlungsverfahren, …".

101 Art. 57 Abs. 4 und 5 GO sehen allerdings vor, dass diese Regelung nur Anwendung findet im Fall einer – optionalen – Verweisung nach Art. 34 Abs. 3 VO, während im Fall von Art. 34 Abs. 2 VO die EUStA das Verfahren auch nach Ablauf der 30-Tage-Frist nicht fortsetzen, sondern – wie im Fall einer Verweisung nach Art. 34 Abs. 1 VO – immer an die zuständige nationale Behörde abgeben muss.

102 Die Formulierung des Art. 25 Abs. 5 VO ist insoweit allerdings unpräzise wie es dort heißt, „so bleibt die EUStA zuständig". Das ist sie ohnehin. Gemeint ist aber, dass sie auch befugt bleibt, ihre Zuständigkeit auszuüben.

nicht ausübt. Kommt die EUStA im Zuge der „Verifizierung“ eines ihr aufgrund eines Berichts nach Art. 24 Abs. 1 VO oder etwa aufgrund einer Anzeige einer Privatperson vorliegenden Sachverhalts zu dem Ergebnis, dass die in Art. 25 Abs. 2 bzw. 3 VO genannten Voraussetzungen für die Ausübung ihrer Zuständigkeit nicht vorliegen, hat sie – sofern nicht die nationale Staatsanwaltschaft gleichwohl gemäß Art. 25 Abs. 4 VO in dem dort genannten Fall ihre Zustimmung zur Verfolgung durch die EUStA erteilt – auf die Einleitung eines Ermittlungsverfahrens (Art. 26 Abs. 1 VO) zu verzichten und den ihr vorliegenden Sachverhalt der (oder den) zuständigen nationalen Behörde(n) zu unterbreiten (Art. 24 Abs. 8 VO). Auch wenn die nationale Behörde daraufhin kein eigenes Verfahren einleitet, sieht Art. 25 Abs. 2 bzw. 3 VO nicht vor, dass die EUStA eine subsidiäre Ausübungskompetenz hat.[103] Etwas anderes gilt gemäß Art. 34 Abs. 5 VO allerdings dann, wenn sich erst in einem bereits laufenden Ermittlungsverfahren der EUStA herausstellt, dass die Voraussetzungen des Art. 25 Abs. 2 und 3 VO für die Ausübung der Zuständigkeit nicht erfüllt sind. Auch hier muss die EUStA gemäß Art. 34 Abs. 2 VO zwar grundsätzlich zugunsten der nationalen Behörde auf die Ausübung ihrer Zuständigkeit verzichten und ihr das Verfahren zur Übernahme anbieten. Die EUStA kann aber, sofern die zuständige nationale Behörde das Verfahren nicht übernimmt, das von der EUStA geführte Ermittlungsverfahren fortsetzen (Art. 34 Abs. 5 VO[104]; dazu näher: *Gut* → § 9 Rn. 41).

Auch wenn die EUStA nach Eingang eines Berichts nach Art. 24 Abs. 2 VO über die Evokation (Art. 27 VO) eines von einer nationalen Strafverfolgungsbehörde bereits eingeleiteten Verfahrens zu entscheiden hat, sind die Absätze 2 und 3 des Art. 25 VO anwendbar. Die EUStA wird also ggf. die Übernahme des Verfahrens ablehnen müssen, auch wenn die nationale Behörde der Auffassung war, dass die EUStA nach Maßgabe von Art. 25 Abs. 2 und 3 VO ihre Zuständigkeit ausüben könnte – sofern nicht wiederum eine Ausübung kraft Zustimmung der nationalen Behörden in Betracht kommt (Art. 25 Abs. 4 VO). 72

**b) Bagatellfälle und Ausnahmen.** Art. 25 Abs. 2 VO sieht vor, dass die EUStA grundsätzlich ihre nach Maßgabe von Art. 22 und 23 VO[105] bestehende Zuständigkeit nicht auszuüben hat, sofern durch die Straftat „ein Schaden von weniger als 10.000 EUR zum Nachteil der finanziellen Interessen der Union entstanden oder zu erwarten“ ist. Sofern neben dem Unionshaushalt etwa auch der nationale Fiskus geschädigt ist, ist für die Anwendung der Vorschrift gleichwohl also nur der Schadensanteil der Union maßgeblich. Die Regelung des Art. 25 Abs. 2 VO soll dem Subsidiaritätsprinzip Rechnung tragen und darauf hinwirken, dass sich die EUStA auf die Verfolgung von Delikten beschränkt, bei denen die Strafverfolgung auf Unionsebene einen Mehrwert haben kann.[106] Die Höhe dieses Grenzwertes wurde gewählt, weil eine Reihe von relevanten anderen EU-Rechtsinstrumenten[107] den gleichen Grenzwert verwenden für die Verpflichtung der Verwaltungsbehörden der Mitgliedstaaten, entdeckte Unregelmäßigkeiten bei der Verwaltung von EU-Haushaltsmitteln den Unionsbehörden zur Kenntnis zu geben. Ferner sieht auch Art. 7 Abs. 4 PIF-RL vor, dass die Mitgliedstaaten bei Straftaten mit einem Schaden von weniger als 10 000 EUR andere als strafrechtliche Sanktionen vorsehen können. 73

Die Regelung des Absatzes 2 findet nur Anwendung, wenn für die EUStA erkennbar ist, dass ein Schaden von weniger als 10 000 EUR entstanden ist oder zu erwarten ist. Dabei kommt es auf die Beurteilung durch die EUStA zunächst im Zeitpunkt der Entscheidung über die Einleitung eines Ermittlungsverfahrens nach Art. 26 VO bzw. die Ausübung des Evokationsrechts (Art. 27 VO) an. Aufgrund der Regelung des Art. 34 Abs. 2 VO geben aber auch spätere neuere Erkenntnisse ggf. Anlass dazu, auf die weitere Ausübung der Zuständigkeit durch die EUStA zu verzichten. 74

103 HBB/*Herrnfeld* Art. 25 Rn. 3.

104 Siehe aber zur abweichenden Regelung in Art. 57 GO oben Fn. 100.

105 Der Text des Art. 25 Abs. 2 VO nimmt nur Bezug auf Art. 22 VO; aber auch die Voraussetzungen des Art. 23 VO müssen vorliegen, damit sich die Frage der Grenzen der Ausübung der Zuständigkeit nach Art. 25 Abs. 2 VO überhaupt stellt.

106 Hierzu und zum Folgenden näher: HBB/*Herrnfeld* Art. 25 Rn. 6.

107 Siehe die Übersicht bei HBB/*Herrnfeld* Art. 25 Rn. 6.

75 Art. 25 Abs. 2 VO sieht aber auch Ausnahmen von der Bagatellregelung vor. Diese sind in den lit. a und b positiv formuliert: Nur wenn eine dieser Ausnahmeregelungen vorliegt, kann die EUStA ein Verfahren einleiten, obwohl erkennbar ist, dass die Bagatellgrenze von 10.000 EUR nicht erreicht wird. Das gilt zum einen dann, wenn „der Fall Auswirkungen auf Unionsebene hat" und diese es erforderlich machen, dass die Ermittlungen von der EUStA geführt werden. ErwG 59 VO erläutert dazu, dass ua dann von „Auswirkungen auf Unionsebene" auszugehen ist, wenn es sich um „eine Straftat grenzüberschreitender Art und Größenordnung handelt, an einer derartigen Straftat eine kriminelle Vereinigung beteiligt ist oder die besondere Art der Straftat eine ernste Gefahr für die finanziellen Interessen der Union oder für die Glaubwürdigkeit ihrer Organe und das Vertrauen ihrer Bürger darstellen könnte." Gedacht war hier insbesondere an Fallgestaltungen, in denen der oder die Täter durch jeweils selbständige Handlungen eine Vielzahl gleichartiger Delikte in mehreren Mitgliedstaaten begehen, bei denen der Schaden im Einzelfall jeweils die Bagatellgrenze von 10.000 EUR nicht erreicht. Als weitere (alternativ anwendbare) Ausnahme zu der Bagatellregelung sollen gemäß Abs. 2 lit. b Taten behandelt werden, bei denen Beamte oder Bedienstete der EU[108] oder Mitglieder der Unionsorgane (Art. 13 Abs. 1 EUV) der Begehung der Straftat verdächtigt werden.

76 c) **Vorrang des mitgliedstaatlichen Strafverfolgungsinteresse.** Bereits der ursprüngliche KOM-Vorschlag für eine EUStA-VO[109] sah vor, dass die EUStA in dort so bezeichneten „Mischfällen"[110] eine Straftat nicht nur unter dem Gesichtspunkt der Verwirklichung eines der in der PIF-Richtlinie bezeichneten Tatbestände verfolgen kann, sondern auch unter dem Gesichtspunkt etwaiger mit einer solchen Tat „untrennbar verbundener" Nicht-PIF-Straftaten – allerdings nur sofern der „Schwerpunkt" auf der in der PIF-Richtlinie bezeichneten Tat liegt. Sofern hingegen die PIF-Tat nicht den Schwerpunkt bildet, sollte dem mitgliedstaatlichen Strafverfolgungsinteresse der Vorrang eingeräumt und der Mitgliedstaat – trotz der nach Art. 11 Abs. 4 des KOM-Vorschlags vorgesehenen ausschließlichen Zuständigkeit der EUStA für PIF-Delikte – für die Verfolgung auch unter dem Gesichtspunkt der PIF-Tat zuständig sein.[111] Wo im Einzelfall der „Schwerpunkt" liegt, sollte gemäß ErwG 22 des KOM-Vorschlags anhand von Kriterien wie der relativen Auswirkungen auf den Unionshaushalt und die Haushalte der betroffenen Mitgliedstaaten oder andere Umstände wie die „Schwere der Straftaten oder anwendbaren Sanktionen" ermittelt werden. Im Zuge der Verhandlungen über den KOM-Vorschlag wurde insoweit darauf hingewiesen, dass eine solche Abwägung anhand des „Schwerpunktes" auch in der Rechtsprechung des EuGH Anwendung finde in Fällen konkurrierender Rechtsgrundlagen für den Erlass von Unionsrechtsakten[112].

77 Die Regelung des jetzigen Art. 25 Abs. 3 UAbs. 1 VO differenziert demgegenüber zwischen Fallgestaltungen, in denen solche „Mischfälle" vorliegen (lit. a) und Fallgestaltungen, in denen durch die gleiche Tat sowohl die finanziellen Interessen der Union geschädigt werden wie auch die finanziellen Interessen eines anderen Opfers, also etwa die eines Mitgliedstaats (lit. b). In beiden Fallgestaltungen soll die EUStA ihre Zuständigkeit nur ausüben, sofern die Tat primär eine solche zum Nachteil der finanziellen Interessen der Union ist. Die Begrenzung der Befugnis der EUStA, von ihrer nach Maßgabe von Art. 22 VO begründeten Zuständigkeit Gebrauch zu machen, wurde als unerlässlich angesehen um zu gewährleisten, dass die VO die Schranken des Art. 86 Abs. 1 AEUV beachtet, der der EUStA eine Zuständigkeit lediglich für Straftaten zum Nachteil der finanziellen Interessen der Union zuweist, während eine Ausdehnung der Befugnisse auf andere schwere Straftaten nur nach erfolgter Vertragsänderung in dem in Art. 86 Abs. 4 AEUV vorgesehenen Verfahren zulässig ist (siehe dazu auch *Herrnfeld* → § 2 Rn. 11 ff.). Dem schon im Kommissions-Vorschlag

108 Beamte und Bedienstete der Union gemäß Verordnung Nr. 31 (EWG), 11 (EAG) des Rates über das Statut der Beamten und über die Beschäftigungsbedingungen für die sonstigen Bediensteten der Europäischen Wirtschaftsgemeinschaft und der Europäischen Atomgemeinschaft, ABl. EG 45 vom 14.6.1962, 1385.

109 Vorschlag für eine Verordnung des Rates über die Errichtung der Europäischen Staatsanwaltschaft, COM(2013) 534 final, 17.7.2013.

110 Siehe ErwG 22 des KOM-Vorschlags.

111 Siehe Art. 13 Abs. 1 des KOM-Vorschlags für die EUStA-VO: „Zuständigkeit kraft Sachzusammenhangs".

112 Zu dieser Rechtsprechung des EuGH näher: Schwarze/*Herrnfeld* Art. 114 AEUV Rn. 23.

zum Ausdruck kommenden Gedanken folgend, erschien es daher geboten, durch geeignete Regelungen sicherzustellen, dass die EUStA ihre Zuständigkeit nur ausübt, wenn die Tat im Schwerpunkt eine Straftat zum Nachteil der finanziellen Interessen der Union ist.

Gemäß Art. 25 Abs. 3 VO hat die EUStA auf die Ausübung ihrer Zuständigkeit zu verzichten, wenn eines der beiden in den Punkten a) oder b) genannten Kriterien erfüllt ist. Das bedeutet, dass die EUStA, sofern sie im Zuge der „Verifikation" (Art. 24 Abs. 6 VO) eines ihr vorliegenden Berichts nach Art. 24 Abs. 1 oder 2 VO oder einer ihr sonst zugegangenen Anzeige einer Straftat zu dem Ergebnis kommt, dass eine der in Art. 25 Abs. 3 VO genannten Voraussetzungen erfüllt ist, auf die Einleitung eines Ermittlungsverfahrens (Art. 26 Abs. 1 VO) bzw. die Übernahme im Wege der Evokation (Art. 27 Abs. 1 VO) zu verzichten hat. Sofern ihr der geprüfte Sachverhalt von einer Verwaltungsbehörde (Art. 24 Abs. 1 VO) oder in einer Anzeige zur Kenntnis gelangt war, wird sie ggf. die zuständigen nationalen Strafverfolgungsbehörden zu unterrichten haben (Art. 24 Abs. 8 VO). Stellt sich hingegen erst im Laufe eines von der EUStA geführten Ermittlungsverfahrens voraus, dass eines der Kriterien des Art. 25 Abs. 3 VO erfüllt sind, so hat sie das Verfahren gemäß Art. 34 Abs. 2 VO an die zuständige nationale Behörde abzugeben.[113] 78

Art. 25 Abs. 3 UAbs. 1 lit. a VO sieht vor, dass die EUStA auf die Ausübung ihrer Zuständigkeit verzichtet, wenn die vorgesehene Höchststrafe für die dem Tatvorwurf zugrundeliegende PIF-Tat (Straftat iSd Art. 22 Abs. 1 VO) nicht höher ist als die Höchststrafe für die untrennbar damit verbundene Nicht-PIF-Tat (Straftat iSd Art. 22 Abs. 3 VO). Bei der Anwendung der Vorschrift kommt es mithin auf den nach nationalem Recht bestehenden Strafrahmen an, nicht auf die im konkreten Einzelfall zu erwartende Strafe oder die unionsrechtlich determinierte Mindesthöchststrafe.[114] In diesem Fall geht der Unionsgesetzgeber grundsätzlich davon aus, dass die Tat im Schwerpunkt nicht eine Straftat zum Nachteil der finanziellen Interessen der Union ist und daher nicht von der EUStA verfolgt werden sollte. Allerdings sieht die Regelung wiederum eine Ausnahme von diesem Prinzip vor: Ist die untrennbar verbundene Nicht-PIF-Tat „nur Mittel zur Begehung" der PIF-Tat, so ist die EUStA nicht gehindert, ihre Zuständigkeit auszuüben. Wie ErwG 56 VO erläutert, liege eine solche als „akzessorisch" betrachtete Straftat etwa dann vor, wenn sie „zu dem Hauptzweck begangen wurde, Voraussetzungen für die Begehung der Straftat zum Nachteil der finanziellen Interessen der Union zu schaffen, wie zB Straftaten, die gerade darauf ausgerichtet sind, für die materiellen oder rechtlichen Mittel zu sorgen, die die Begehung der Straftat zum Nachteil der finanziellen Interessen der Union zu ermöglichen oder die aus dieser Straftat hervorgehenden Vorteile oder Erträge zu sichern". 79

Gemäß Art. 25 Abs. 3 UAbs. 1 lit. b VO hat die EUStA auch auf die Ausübung ihrer Zuständigkeit zu verzichten, wenn Grund zu der Annahme besteht, dass der („entstandene oder voraussichtliche") Schaden zum Nachteil der finanziellen Interessen der Union nicht den Schaden übersteigt, „der einem anderen Opfer entstanden ist oder wahrscheinlich entstehen wird". Hier wird der „Schwerpunkt der Straftat" also an der relativen Schadenhöhe gemessen: wirkt sich die Tat nicht überwiegend zum finanziellen Nachteil der Union aus, soll die EUStA zugunsten der zuständigen nationalen Behörde auf die Einleitung eines Ermittlungsverfahrens bzw. die Ausübung des Evokationsrechts verzichten und ggf. ein bereits laufendes Verfahren der nationalen Behörde zur Übernahme anbieten (Art. 34 Abs. 2 VO). Während diese Regelung ursprünglich für sämtliche PIF-Taten gelten sollte, ist ihre Bedeutung in der Schlussphase der Verhandlungen über die EUStA-VO im Rahmen der Verstärkten Zusammenarbeit deutlich beschränkt worden: Sie gilt in Bezug auf Betrugsdelikte (Art. 3 PIF-RL) nur noch für Tathandlungen nach Absatz 2 lit. c dieser Vorschrift, also in Bezug auf Einnahmen der Union aus anderen Eigenmitteln als dem Mehrwertsteueranteil, der der Union rechnerisch aus dem Mehrwertsteueraufkommen der Mitgliedstaaten zusteht (→ 80

113 Die ausdrückliche Erwähnung dieser Rechtsfolge in Art. 25 Abs. 3 VO ist überflüssig und ungenau, da Art. 34 Abs. 2 VO nur gilt, wenn die EUStA bereits ein Ermittlungsverfahren führt, die Regelung des Art. 25 Abs. 3 VO aber auch im Zuge der „Verifikation" eines neu eingegangenen Berichts (Art. 24 Abs. 6 VO) anzuwenden ist. Im Übrigen gilt Art. 34 Abs. 2 VO auch im Fall des Art. 25 Abs. 2 VO; hier wurde jedoch auf den Hinweis aus Art. 34 VO verzichtet.

114 Siehe hierzu und zum Folgenden näher: HBB/*Herrnfeld* Art. 25 Rn. 14.

Rn. 27 ff.). Die Regelung wird also namentlich etwa in Bezug auf die der Union zustehenden Zolleinnahmen Anwendung finden können, wenn der Betrag der zugleich hinterzogenen nationalen Abgaben (etwa Tabaksteuer) höher ist als der Betrag der hinterzogenen Zolleinnahmen. Da die Regelung des Art. 25 Abs. 3 UAbs. 1 lit. b VO aber nicht für Betrugsdelikte in Bezug auf Ausgaben aus dem Unionshaushalt (Art. 3 Abs. 2 lit. a PIF-RL, also etwa Subventionen) gilt, kommt es hier also nicht darauf an, ob der dem mitgliedstaatlichen Fiskus entstandene Schaden – etwa bei der Ko-Finanzierung seitens der Union aus dem Europäischen Fonds für regionale Entwicklung (EFRE) – höher ist als der vom Mitgliedstaat erbrachte Anteil.[115]

81 Da allerdings Art. 25 Abs. 3 UAbs. 2 VO nur Betrugsdelikte von den Beschränkungen des UAbs. 1 lit. b ausnimmt, gilt der UAbs. 1 uneingeschränkt für die in Art. 4 PIF-RL genannten Delikte, also etwa die Geldwäsche (Art. 4 Abs. 1 PIF-RL, § 261 Abs. 1 StGB, § 165 öStGB) und die missbräuchliche Verwendung durch öffentliche Bedienstete (Art. 4 Abs. 3 PIF-RL, § 266 Abs. 1 StGB, § 168d öStGB). Die in Art. 25 Abs. 3 UAbs. 2 VO formulierten Einschränkungen haben ferner keinen Vorrang vor der Regelung des Art. 25 Abs. 3 UAbs. 1 lit. a VO[116]: Wenn etwa der Subventionsbetrug zum Nachteil der finanziellen Interessen der Union und zugleich dem des mitgliedstaatlichen Fiskus erfolgt und insoweit jeweils unterschiedliche Straftatbestände Anwendung finden (siehe etwa § 168c öStGB bzw. § 146 öStGB), dann kann die Ausübung der EUStA-Zuständigkeit (Art. 22 Abs. 2 VO) gemäß Art. 25 Abs. 3 UAbs. 1 lit. a VO unter dem Gesichtspunkt des jeweils anwendbaren Strafrahmens ausgeschlossen sein während sie bei im Übrigen gleicher Fallkonstellation in Deutschland (§ 264 Abs. 7 StGB) aufgrund der Regelung in Art. 25 Abs. 3 UAbs. 2 VO auch dann nicht ausgeschlossen wäre, wenn der mitgliedstaatliche Schaden den der Union übersteigt.

82 Die Regelung des Art. 25 Abs. 3 VO in Bezug auf Betrugsdelikte nach Art. 3 Abs. 2 lit. c PIF-RL wurde ergänzt um die Bestimmung des Art. 25 Abs. 4 VO, wonach die EUStA in diesen Fällen gleichwohl ihre Zuständigkeit ausüben kann, sofern die ansonsten zuständige nationale Behörde zustimmt. Eine solche Zustimmung soll allerdings nur erteilt werden, wenn „sich herausstellt, dass sie besser in der Lage ist, die Ermittlungen durchzuführen oder Straftaten zu verfolgen". ErwG 60 VO erläuterte zu den Voraussetzungen: „Die EUStA könnte ua dann besser dafür geeignet sein, wenn es effizienter wäre, bei einer Straftat aufgrund deren grenzübergreifender Art und Größenordnung die EUStA die Ermittlungen und Strafverfolgungsmaßnahmen durchführen zu lassen, wenn an der Straftat eine kriminelle Vereinigung beteiligt ist oder wenn eine bestimmte Art der Straftat eine ernste Gefahr für die finanziellen Interessen der Union oder für die Glaubwürdigkeit ihrer Institutionen und das Vertrauen ihrer Bürger darstellen könnte."

83 Für den Fall, dass Staatsanwaltschaften mehrerer Mitgliedstaaten als insoweit für eine mögliche Zustimmung „zuständige nationale Behörde" in Betracht kommen, hat der Unionsgesetzgeber in ErwG 60 VO ferner klargestellt: „In einem derartigen Fall sollte die EUStA ihre Zuständigkeit mit Zustimmung der zuständigen nationalen Behörde des Mitgliedstaats bzw. der Mitgliedstaaten ausüben können, in dem bzw. in denen einem oder mehreren solchen anderen Opfern ein Schaden entstanden ist". Die Formulierung „solchen anderen Opfern" meint dabei Geschädigte (also etwa den Fiskus eines Mitgliedstaats) iSd Vorschrift des Art. 25 Abs. 3 lit. b VO. Eine Zustimmung nach Art. 25 Abs. 4 VO soll lediglich dazu dienen, die Beschränkungen des Art. 25 Abs. 3 lit. b VO zu überwinden.[117]

84 **3. Zuständigkeitskonflikte mit nationalen Behörden (Art. 25 Abs. 6 VO).** Mit Art. 25 Abs. 6 enthält die EUStA-VO eine Verfahrensregelung für den Fall, dass es zwischen der EUStA und einer nationalen Staatsanwaltschaft zu einem Zuständigkeitskonflikt kommt. Die Regelung findet Anwendung sowohl bei einem Konflikt über die Frage, ob die EUStA nach Maßgabe von Art. 22 Abs. 2 und 3 VO überhaupt zuständig ist, wie auch für den Fall, dass die Frage umstritten ist, ob die EUStA angesichts der Kriterien in Art. 25 Abs. 2 und 3 VO ihre materielle Zuständigkeit auch auszuüben berechtigt ist. Eine ähnliche Regelung sah auch bereits der KOM-Entwurf für die

115 Siehe hierzu näher: HBB/*Herrnfeld* Art. 25 Rn. 19.
116 Siehe hierzu näher: HBB/*Herrnfeld* Art. 25 Rn. 14.
117 HBB/*Herrnfeld* Art. 25 Rn. 21.

EUStA-VO vor (dortiger Art. 13 Abs. 3). Das gilt auch für die – eher überraschende – Lösung, wonach die Zuständigkeit für die Entscheidung eines solchen Streits bei einer Behörde des betroffenen Mitgliedstaats liegt – nämlich der Behörde „die für die Verteilung der Strafverfolgungszuständigkeit auf nationaler Ebene zuständig" ist.

In Anlehnung an die Regelung in § 143 Abs. 3 GVG hat der deutsche Gesetzgeber in § 142b Abs. 2 GVG festgelegt, dass in Deutschland der Generalbundesanwalt (GBA) die Zuständigkeit nach Art. 25 Abs. 6 VO ausübt. Er entscheidet dabei auf Antrag der EUStA oder der betroffenen Staatsanwaltschaft. Ferner sieht § 142b Abs. 2 GVG vor, dass die Entscheidung des GBA mit der Beschwerde beim BGH angegriffen werden kann. Damit wird die Voraussetzung dafür geschaffen, dass bei einem Zuständigkeitsstreit im Ergebnis der EuGH gemäß Art. 42 Abs. 2 lit. b VO im Wege der Vorabentscheidung (Art. 267 AEUV) über die Auslegung der Art. 22 und 25 VO entscheiden kann (dazu näher: *Esser* → § 12 Rn. 115 ff.). In Österreich entscheidet über Zuständigkeitskonflikte der Oberste Gerichtshof durch Dreiersenate (§ 7 EUStA-DG). 85

An die Zuständigkeit der nationalen Behörde für die Entscheidung über Zuständigkeitskonflikte gemäß Art. 25 Abs. 6 VO knüpft auch die Regelung in Art. 39 Abs. 3 VO an, wonach die EUStA diese Behörde in bestimmten Fällen konsultieren muss, bevor sie über eine Einstellung des Verfahrens nach Art. 39 Abs. 1 VO entscheidet (*Gut* → § 9 Rn. 88 ff.). 86

**4. Exkurs: Zeitliche Zuständigkeitsausübung (Art. 120 Abs. 2 VO).** Von der zeitlichen Bestimmung von Taten, für deren Verfolgung die EUStA zuständig ist (→ Rn. 53), zu trennen ist die Frage, ab wann die EUStA ihre **Strafverfolgungstätigkeit aufnehmen** darf. Ab diesem Zeitpunkt darf die EUStA Ermittlungen einleiten (Art. 26 VO) bzw. an sich ziehen (Art. 27 VO).[118] Dieses Datum konnte nach Art. 120 Abs. 2 Abs. 2 UAbs. 3 VO **frühestens** der **20.11.2020** sein (drei Jahre nach Inkrafttreten der EUStA-VO) und war gemäß Art. 120 Abs. 2 UAbs. 2 VO von der Kommission auf Vorschlag des/der Europäischen Generalstaatsanwalts/-anwältin durch Beschluss festzulegen. Auf Vorschlag der Europäischen Generalstaatsanwältin vom 7.4.2021 bestimmte die Kommission mit Durchführungsbeschluss (EU) 2021/856 vom 26.5.2021 den 1.6.2021 als Datum für die **Aufnahme der operativen Tätigkeit** der EUStA.[119] Für diejenigen Fälle, die zu diesem Stichtag bereits in die zeitliche Zuständigkeit der EUStA fallen (→ Rn. 53), hat das Kollegium der EUStA beschlossen, bereits laufende Ermittlungsverfahren nur dann an sich zu ziehen, wenn die Übernahme der weiteren Strafverfolgung durch die EUStA einen Mehrwert verspricht, etwa weil EU-Amtsträger als Beschuldigte geführt werden oder das Ansehen der EU betroffen ist.[120] 87

## V. Zuständigkeitsverteilung innerhalb der EUStA

Die EUStA handelt zwar „als eine einheitliche Behörde". Gleichwohl war im Zuge der Verhandlungen über die EUStA-VO zu bedenken, dass die Verordnung keine umfassenden Regelungen zum Ermittlungsverfahren enthält, sondern stark auf das jeweils anwendbare nationale Verfahrensrecht rekurriert. Dazu bestimmt Art. 5 Abs. 3 VO, dass dies grundsätzlich das Recht des Mitgliedstaats ist, dessen DEStA gemäß Art. 13 Abs. 1 VO mit den Ermittlungen betraut ist. Abweichungen gelten hier in bestimmten Fällen bei grenzüberschreitenden Ermittlungsmaßnahmen gemäß Art. 31 VO (dazu *Niedernhuber* → § 7 Rn. 45 ff.). Daher bedurfte es nach Auffassung des Rates auch geeigneter Regelungen für den Fall, dass die EUStA nach Maßgabe der Kriterien des Art. 23 VO zuständig ist und nach Maßgabe des jeweils anwendbaren nationalen Rechts in zwei oder mehreren der an der Errichtung der EUStA beteiligten Mitgliedstaaten ihre Zuständigkeit ausüben könnte (siehe dazu auch *Herrnfeld* → § 4 Rn. 32 ff.). 88

In jedem Fall soll die EUStA nur in einem der möglichen Mitgliedstaaten ein Ermittlungsverfahren gegen einen Beschuldigten führen; grundsätzlich gilt dies auch für den Fall, dass an einer Tat meh- 89

118 HBB/*Brodowski* Art. 120 Rn. 9 ff.
119 ABl. 2021 L 188, 100, berichtigt ABl. 2021 L 190, 101.
120 Beschluss des Kollegiums Nr. 029/2021 v. 21.4.2021, Annex 2; https://www.eppo.europa.eu/sites/default/files/2021-05/2021.029_Operational_guidelines_on_investigation_evocation_policy_and_referral_of_cases_final_ok.pdf.

rere Personen beteiligt waren (siehe ErwG 67 VO). Eine Regelung für die Auswahl unter mehreren möglichen Mitgliedstaaten wurde mit Art. 26 Abs. 4 VO in Bezug auf die Einleitung eines Ermittlungsverfahrens getroffen.[121] Die in dieser Vorschrift genannten Kriterien sind auch bei einer Entscheidung über eine grenzüberschreitende Zuständigkeitsverlagerung (Art. 26 Abs. 5 lit. a bzw. Art. 36 Abs. 3 VO; siehe dazu auch Art. 50 GO) und eine grenzüberschreitende Verfahrensverbindung (Art. 26 Abs. 5 lit. b bzw. Art. 36 Abs. 4 VO; siehe dazu Art. 51 GO) zu beachten.

90 Diese Regelungen sollen dazu dienen, möglichst frühzeitig Klarheit – auch und gerade für die Beschuldigten bzw. die Verteidigung – darüber zu schaffen, nach dem Recht welchen Mitgliedstaats das Verfahren geführt bzw. in welchem Mitgliedstaat ggf. Anklage erhoben werden wird. Die Entscheidung über die grenzüberschreitende Zuständigkeit innerhalb der EUStA soll zumindest nachvollziehbar und anhand transparenter Maßstäbe erfolgen. Und, wie in ErwG 87 UAbs. 2 VO hervorgehoben, soll diese Entscheidung jedenfalls im Ergebnis „der gerichtlichen Kontrolle durch die einzelstaatlichen Gerichte spätestens im Hauptverfahren unterliegen". In Deutschland gab dies Anlass zur Schaffung des § 16 Abs. 2 StPO, wonach das Gericht auf Einwand des Angeklagten zu prüfen hat, ob die EUStA gemäß Art. 36 Abs. 3 VO befugt ist, in Deutschland Anklage zu erheben (siehe dazu näher: *Esser* → § 12 Rn. 80 ff.)[122]. In Österreich sieht dementsprechend § 15 Abs. 2 S. 1 EUStA-DG vor, dass der Beschuldigte im Wege des Einspruchs gegen die Anklageschrift (§ 212 Ziffer 6 öStPO) geltend machen kann, die EUStA habe unter Verstoß gegen Art. 26 Abs. 4 VO Anklage vor einem österreichischen Gericht erhoben. Ebenso kann das Landesgericht, vor dem Anklage erhoben worden ist, auch von Amts wegen (§ 213 Abs. 6 S. 2 öStPO) diesbezügliche Bedenken dem für die Entscheidung über den Einspruch zuständigen Oberlandesgericht mitteilen (§ 15 Abs. 2 S. 2 EUStA-DG).

91 Die Regelungen in Art. 26 Abs. 4 VO bzw. Art. 36 Abs. 3 VO haben in der Literatur unterschiedliches Echo gefunden[123]; z.T. wird bemängelt, dass sie nicht ausreichende Klarheit schaffen bzw. der EUStA zu viel Gestaltungsspielraum gewähren. Es bleibt abzuwarten, wie sie sich in der Praxis bewähren und ob Befürchtungen, die EUStA könne gleichwohl „forum shopping" betreiben, berechtigt sind. Es ist aber zu bedenken, dass die Europäische Union hiermit Neuland betritt und immerhin der Versuch gemacht wurde, Regelungen dafür zu schaffen, in welchem Mitgliedstaat die EUStA ein Verfahren führen und ggf. zur Anklage bringen soll. Demgegenüber hat der Unionsgesetzgeber den Mitgliedstaaten bislang unbegrenzte Freiheit gelassen, ihre Gerichtsbarkeit auf Auslandstaten auszudehnen bzw. hat sie – wie auch mit der Regelung in Art. 11 Abs. 1 lit. b VO – im Hinblick auf eigene Staatsangehörige – sogar dazu verpflichtet. Die EUStA-VO lässt die diesbezüglichen Regelungen des nationalen Rechts über die Gerichtsbarkeit der Mitgliedstaaten unangetastet. Die Bestimmungen des Art. 26 Abs. 4 VO – ggf. im Zusammenwirken mit den anderen genannten Regelungen in Art. 26 und Art. 36 VO – können aber in Bezug auf von der EUStA geführte Strafverfahren zu einer Beschränkung der Möglichkeiten führen, von der Gerichtsbarkeit eines bestimmten Mitgliedstaats Gebrauch zu machen.

121 Dazu näher auch: HBB/*Herrnfeld* Art. 26 Rn. 11 ff.

122 Dazu näher auch: HBB/*Herrnfeld* Art. 36 Rn. 16 ff.

123 Siehe dazu Nachweise in: HBB/*Herrnfeld* Art. 36 Rn. 26 ff.

# § 6 Zusammenarbeit mit den nationalen Behörden[*]



## I. Vorbemerkung

Die hybride Konstruktion[1] der EUStA spiegelt sich in der Zusammenarbeit mit nationalen Gerichten und Behörden wider. Die EUStA verfügt auf operativer Ebene nicht über einen eigenen Unterbau, sondern ist vollständig von der für Strafermittlungen in den Mitgliedstaaten bereitgestellten Infrastruktur abhängig. Das gilt im Grunde auch für die DEStA, die aus dem nationalen Justizkörper der Mitgliedstaaten rekrutiert werden und während der Zeit ihrer Tätigkeit für die EUStA aktive Mitglieder der Staatsanwaltschaft oder der Richterschaft der Mitgliedstaaten bleiben (vgl. Art. 17 Abs. 2 S. 1 VO). 1

* Der Beitrag gibt die persönliche Auffassung des Autors wieder und nicht die der EUStA.

1 Zur hybriden Struktur der EUStA, *Herrnfeld* eucrim 2018, 117 ff.

2 Die vorgenannte Hybridität scheint auf den ersten Blick eine strukturelle Besonderheit, was sie im Bereich der Strafverfolgung auch ist. Auf der anderen Seite stellt sie den üblichen Weg beim Vollzug von Unionsrecht dar, das dazu durch das Prinzip der loyalen Zusammenarbeit nach Art. 4 Abs. 3 EUV, bzw. in seiner speziellen Ausprägung nach Art. 5 Abs. 6 VO abgesichert wird. Vergleichbar mit anderen Bereichen des Verwaltungsrechts ist das Hybridsystem daher dem Umstand geschuldet, dass der Aufbau von vergleichbaren Strafverfolgungsinstitutionen auf EU-Ebene nicht nur teuer, aufwändig und über einen langen Zeitraum auch lückenhaft geblieben wäre.

3 Zu bedenken ist auch, dass ein mit entsprechenden Kompetenzen ausgestattetes Europäisches Polizeiamt („EU-Polizei“[2]) einen permanenten, sichtbaren Eingriff in einen Kernbereich nationaler Souveränität der Mitgliedstaaten darstellen würde, der mit hoher Wahrscheinlichkeit zu einem dauerhaften Akzeptanzproblem geführt hätte. Ohne diese Akzeptanz und die aus Sicht der Betroffenen damit verbundene Legitimität der strafprozessualen Maßnahmen dürfte die EUStA jedoch nicht die für eine effektive Verfolgung von PIF-Straftaten erforderliche Durchschlagskraft erhalten.

4 Die VO hat in gewisser Weise aus dieser Not eine Tugend gemacht und eine maximale Integration der operativen Ebene in die jeweilige nationalstaatliche Strafverfolgungsordnung vorgesehen. Diese Konstruktion hat Vor- und Nachteile, wobei die Chancen für eine positive Entwicklung bei einer entsprechenden Kooperationsbereitschaft der Akteure ihre Defizite deutlich überwiegen können.

5 Auch wenn es der EUStA auf der einen Seite weitgehend (noch) an einem ausschließlich ihr zuarbeitenden Unterbau mit entsprechenden Eingriffsbefugnissen fehlt und sie damit hinsichtlich der ihr zur Verfügung stehenden Ressourcen am Tropf der mitgliedstaatlichen Justizverwaltungen hängt, so kann sie auf der anderen Seite auf alle bereits bestehenden Strukturen zur Kriminalitätsbekämpfung umfassend und uneingeschränkt zugreifen. Zumindest ist dies von der VO so vorgesehen, wenn auch in der Praxis dieser Zugriff oftmals durch Ressourcenknappheit, budgetäre Priorisierungen und von ihr unabhängige kriminalpolitische Entscheidungen in den jeweiligen Mitgliedstaaten beschränkt sein und nicht zuletzt vom „good will“ der mit ihr zusammenarbeitenden Institutionen abhängen dürfte; Umstände und Restriktionen, denen freilich auch die nationalen Strafverfolgungsinstitutionen oftmals in gleicher Weise unterworfen sind.

6 Daher ist es umso wichtiger, dass die EUStA insgesamt ein hohes Maß an Akzeptanz auf nationaler Ebene genießt, die von einem starken politischen Willen getragen wird, und es ihr gelingt, ein umfassendes Netzwerk bis weit in die unteren Ebenen der mitgliedstaatlichen Behörden aufzubauen und zu pflegen. Dabei kann es von erheblichem Vorteil sein, das sich die DEStA als Ermittlungsführer aus der Mitte der nationalen Justiz rekrutieren, und im günstigsten Fall bereits ein entsprechendes Netzwerk und Reputation mitbringen, ein nicht zu unterschätzender Faktor für eine erfolgreiche Zusammenarbeit mit den nationalen Behörden.

7 Neben diesem „soft empowerment“ der DEStA gibt die VO für das Zusammenspiel zwischen EUStA und nationalen Behörden einen umfassenden legalen Rahmen vor, in dem sich letztlich in unterschiedlichen Facetten das Prinzip der loyalen Zusammenarbeit konkretisiert. So stattet die in Art. 13 Abs. 1 VO vorgesehene Gleichstellung der DEStA mit nationalen Staatsanwälten diese mit den nach dem jeweiligen mitgliedstaatlichen Recht vorgesehenen staatsanwaltlichen Befugnissen für die Verfolgung von PIF-Delikten aus. Die Regelung gestaltet das für die Verordnung prägende, konstruktive Merkmal der Hybridität in institutioneller Hinsicht aus.

8 Die DEStA bleiben so Teil des nationalen Strafverfolgungssystems, wenn auch ihre institutionelle Unabhängigkeit davon nicht berührt ist. Nach Art. 96 Abs. 6 S. 3 VO werden die DEStA vollständig in die nationalen Strafverfolgungsbehörden eingebunden, was dazu führt, dass weiterhin gegenüber den nationalen Behörden auch aus der bisherigen Stellung als nationale Staatsanwältinnen

2 Nach Art. 88 Abs. 1 AEUV hat das Europäische Polizeiamt EUROPOL die Aufgabe, die Tätigkeit und die Zusammenarbeit der nationalen Polizeibehörden und anderer Strafverfolgungsbehörden bei ihren präventiven und repressiven (Verfolgung bzw. Bekämpfung) Aufgaben zu unterstützen und zu verstärken. Wichtigste Funktionen sind daher die einer Informationszentrale, der Koordinierung der Ermittlungen der nationalen Polizeibehörden, der Erstellung strategischer Berichte, der Beratung und Forschung (Schwarze/*Böse* Art. 88 AEUV Rn. 3). Über eigene exekutive Befugnisse zur Vornahme von Zwangsmaßnahmen verfügt EUROPOL nicht (Böse, aaO Rn. 7).

und Staatsanwälte Rechte und Pflichten bestehen.[3] Art. 28 Abs. 1 VO präzisiert diese Einsetzungsbefugnis durch eine Weisungsbefugnis gegenüber nationalen Behörden. Zusätzlich legt Art. 24 VO den nationalen Behörden besondere Informationspflichten auf, damit die EUStA ihre Zuständigkeit überhaupt wahrnehmen kann. Fundament ist in jedem Fall die Pflicht zur loyalen Zusammenarbeit nach Art. 5 Abs. 6 VO.

Die EUStA-VO geht damit den dritten Weg im Vergleich zu bisherigen Varianten zur Durchsetzung 9
exekutiver Befugnisse einer supranationalen (Straf)Behörde. Im transnationalen strafrechtlichen Kontext findet sich für die erste der möglichen Varianten, eine supranationale Staatsanwaltschaft mit einem eigenen exekutiven Unterbau zu versehen, kein Beispiel. Bei den internationalen Strafgerichtshöfen, wie dem ehemaligen Jugoslawien- und Ruanda-Tribunalen (ICTY/ICTR) oder dem IStGH hat man die Zusammenarbeitsverpflichtung auf völkerrechtlicher Ebene belassen und einen direkten Zugriff auf nationale Behörden nicht vorgesehen.[4] Die Kooperation wird dann im Wege vertikaler Rechtshilfe abgewickelt[5] – allerdings mit bislang eher bescheiden anmutenden Ergebnissen. Es war daher von Seiten des EU-Verordnungsgebers konsequent, diesen Weg nicht zu beschreiten, sondern eine umfassende Einbettung der EUStA in die jeweiligen mitgliedstaatlichen Strafverfolgungssysteme zu schaffen.[6] Damit hat man ein – allerdings bis dato in der strafrechtlichen Praxis nicht erprobtes – **Modell exekutiver Kooperation von Akteuren differierender Rechtsordnungen** eingeführt, dessen Erfolg wesentlich von deren geschmeidigem Zusammenspiel abhängt.

Die EUStA-VO differenziert drei Gruppen nationaler Behörden, die von der Zusammenarbeitsver- 10
pflichtung betroffen sind und für die diese jeweils unterschiedlich ausgestaltet ist:

- Nationale Strafverfolgungsbehörden (Polizei, Zoll, Steuerfahndung),
- sonstige nationale Behörden, die für die Verfolgung von PIF-Straftaten relevant sind und
- nationale Staatsanwaltschaften.

Das folgende Kapitel beschreibt nunmehr den sich aus der EUStA-VO ergebenden Inhalt und Umfang der Kooperationsverpflichtungen zwischen der EUStA und den nationalen Behörden.

## II. Grundsatz der loyalen Zusammenarbeit (Art. 5 Abs. 6 VO)

Der Verordnungsgeber hat sich dafür entschieden, das ohnehin für die Beziehungen zwischen den 11
Mitgliedstaaten und der EU geltende Loyalitätsprinzip (Art. 4 Abs. 3 EUV) explizit in der EUStA-VO aufzunehmen und damit seine Bedeutung für das Zusammenspiel zwischen EUStA und nationalen Behörden zu unterstreichen. Art. 5 Abs. 6 VO greift zwei Teilaspekte des Loyalitätsprinzips auf:[7] Während Art. 5 Abs. 6 S. 1 VO eine Unterstützungspflicht der zuständigen nationalen Behörden gegenüber der EUStA einfordert, stellt Satz 2 unter Verweis auf den (allgemeinen) Grundsatz der loyalen Zusammenarbeit klar, dass es sich um keine einseitige Loyalitätsverpflichtung handelt, sondern die EUStA ihrerseits zur loyalen Zusammenarbeit mit den Mitgliedstaaten verpflichtet ist.

**1. Vorgeschichte.** Im Kommissionsentwurf zu einer VO fand sich der Bezug auf das Prinzip der 12
loyalen Zusammenarbeit lediglich in einem Erwägungsgrund.[8] Der Entwurf des Verordnungstextes enthielt in Art. 11 Abs. 7 dagegen nur die Verpflichtung der zuständigen Behörden der Mitgliedstaaten, die EUStA „auf deren Antrag“ aktiv zu unterstützen und Handlungen, politische Maßnahmen und Verfahren zu unterlassen, die ihren Fortgang verzögern oder behindern könnten.

Offenbar konnte sich die EU-Kommission mit dem Vorschlag der Kodifikation einer einseitigen 13
Verpflichtung der Mitgliedstaaten zur Unterstützung der EUStA in den Ratsverhandlungen nicht durchsetzen. Vielmehr wurde im Laufe der Verhandlungen die erste Satzhälfte zur Unterstützungs-

---

3 HBB/*Herrnfeld* Art. 96 Rn. 15.

4 Vgl. Art. 86 ff. IStGH-Statut v. 17.7.1998.

5 Vgl. für Deutschland insb. §§ 47 ff. IStGHG, instruktiv dazu: in Schomburg/Lagodny/ *Nemitz/Schomburg/Trautmann* HT VI C 4, Einf. Rn. 13.

6 Im Verhältnis zu nichtteilnehmenden Mitgliedstaaten bleibt es allerdings bei den bisherigen Mechanismen zur strafrechtlichen Zusammenarbeit in der EU, vgl. HBB/*Brodowski* Art. 105 Rn. 8 ff.; *Brodowski* → § 8 Rn. 13).

7 HBB/*Burchard* Art. 5 Rn. 26.

8 ErwG 13 S. 3 VO, COM(2013), 534 final, 11.

verpflichtung seitens der Mitgliedstaaten abstrakter gefasst („fördern und unterstützen aktiv") und zugleich durch explizite Erwähnung des Grundsatzes der loyalen Zusammenarbeit in der zweiten Satzhälfte zum Ausdruck gebracht, dass es sich hier um wechselseitige Pflichten handelt. Insoweit stellt damit Art. 5 Abs. 6 VO einen Auslegungsmaßstab dar, der keine – zusätzlichen – eigenständigen Verpflichtungen der Mitgliedstaaten oder der EUStA begründet.

14 **2. Das Loyalitätsprinzip in der EUStA-VO.** Um die Tragweite des Loyalitätsprinzips für die Zusammenarbeit zwischen EUStA und Mitgliedstaaten abzuschätzen, muss man sich die dahinterstehenden Grundsätze kurz vergegenwärtigen.

15 **a) Grundsätze des Loyalitätsprinzips.** Der Grundsatz der loyalen Zusammenarbeit stellt einen allgemeinen Rechtsgrundsatz dar, der den Verträgen als immanentes, originär unionsrechtliches Prinzip und damit fundamentales Verfassungsstrukturprinzip der Union zugrunde liegt.[9] Es findet sich außer in Art. 4 Abs. 3 EUV an zahlreichen anderen Stellen der Verträge und des Sekundärrechts wieder. Das Prinzip sichert die *Funktionsfähigkeit* der EU als Rechtsgemeinschaft[10] und ist für ihren Bestand unerlässlich.[11] Schließlich verfügt sie regelmäßig nicht über die für die Durchsetzung ihres Rechts erforderlichen Organe, sondern ist für die praktische Wirksamkeit auf die legislative Umsetzung sowie administrative und judikative Anwendung durch die zuständigen mitgliedstaatlichen Institutionen (v. a. Exekutive und Judikative)[12] unbedingt angewiesen. Damit lebt die Union essentiell von der Schlagkraft der Vollzugsinstitutionen der Mitgliedstaaten und der konsequenten Beachtung und Umsetzung der unionsrechtlichen Vorgaben,[13] *conditio sine qua non* für die Fähigkeit der EU, weite Teile unseres Rechts zu gestalten.

16 Der Grundsatz der loyalen Zusammenarbeit ist in seiner Verbindlichkeit allgemein anerkannt, bindendes Recht[14] und gilt für alle Bereiche des Unionsrechts.[15] Die rechtliche Wirkung entfaltet sich gegenüber allen Institutionen und Organisationen der Mitgliedstaaten[16] – einschließlich nicht-hoheitlich verfassten staatlichen Akteuren wie öffentlichen Unternehmen, zumindest, soweit sie wie Beliehene Träger öffentlicher Gewalt sind.[17] Die Verpflichtungen sind jedoch nicht nur einseitig im Verhältnis Union/Mitgliedstaaten; auch die EU und ihre Organe sind nach Art. 4 Abs. 3 UAbs. 1 EUV ausdrücklich gegenüber den Mitgliedstaaten zu loyaler Zusammenarbeit verpflichtet.

17 **b) Kooperationsprinzip und Rücksichtnahmegebot – Allgemeine Bedeutung der Konkretisierung nach Art. 5 Abs. 6 EUStA-VO.** Art. 5 Abs. 6 VO unterstreicht für die Zusammenarbeit zwischen EUStA und den nationalen Behörden das Kooperationsprinzip und das Rücksichtnahmegebot als Konkretisierung des allgemeinen Grundsatzes der Pflicht zur loyalen Zusammenarbeit.

18 Diese Prinzipien konturieren den Loyalitätsgrundsatz inhaltlich und operationalisieren ihn für die unionsrechtliche Praxis.[18] Das Kooperationsprinzip enthält zunächst ein Effektivitätsgebot oder auch Vereitelungsverbot, nach dem es den Mitgliedstaaten verwehrt ist, die Verwirklichung des

9 Calliess/Ruffert/*Calliess/Kahl/Puttler*, EUV Art. 4 Rn. 34 mwN.

10 Calliess/Ruffert/*Kahl* EUV Art. 4 Rn. 35; Streinz/*Streinz* EUV/AEUV, Art. 4 Rn. 30; Grabitz/Hilf/Nettesheim/*Schill/Krenn* EUV Art. 4 Rn. 63.

11 Grabitz/Hilf/Nettesheim/*von Bogdandy/Schill* EUV Art. 4, Rn. 100; *Calliess*, Staatsrecht III, 217 f.; Streinz/*Streinz*, Art. 4 EUV, Rn. 3; *Unruh* EuR 2002, 41 (58 f.); *Wille* 40 f., 59, 73, 159.

12 Calliess/Ruffert/*Calliess/Kahl/Puttler* EUV Art. 4 Rn. 35.

13 Schwarze/*Hatje/Schoo* EUV Art. 4, Rn. 26.

14 Schwarze/*Hatje/Schoo* Art. 4 EUV Rn. 27, EuGH 31.3.1971 – Rs. 22/70, Slg. 1971, 263 Rn. 20, 22 – AETR; 8.6.1971 – Rs. 78/70, Slg. 1971, 487 Rn. 5 – Deutsche Grammophon; EuGH 15.12.1971 – verb. Rs. 51–54/71, Slg. 1971, 1107 Rn. 3 f. – International Fruit Company; EuGH 10.12.1969 – verb. Rs. 6 u. 11/69, Slg. 1969, 523 Rn. 14/17 – Kommission/Frankreich; Calliess/Kahl/Puttler in Calliess/Ruffert, Art. 4 EUV Rn. 42.

15 EuGH 7.11.2013 – C-518/11 Rn. 59 – UPC Nederland BV mwN.

16 Schwarze/*Hatje/Schoo* Art. 4 EUV Rn. 28.

17 EuGH 14/83, 10.4.1984 Slg. 1984, 1891 Rn. 26 – von Colson und Kamann; 14.4.2008 – C-268/06, Slg. I 2008, 2533 Rn. 41- Impact; 2.2.2010 C-53/10, BeckEuRS 2010, 513111 Rn. 29 – Franz Müksch OHG; 8.9.2011 – C-177/10, Slg. I 2011, 7931 Rn. 51 – Santana.

18 Nach Calliess/Ruffert/*Calliess/Kahl/Puttler* EUV Art. 4 Rn. 38.

Unionsrechts praktisch unmöglich zu machen oder wesentlich zu erschweren.[19] Zudem leitet man aus der Kooperationspflicht den Äquivalenzgrundsatz oder auch das Diskriminierungsverbot ab, wonach nationale Vorschriften auf unionsrechtlich geregelte Sachverhalte in gleicher Weise angewendet werden müssen wie in gleich gelagerten innerstaatlichen Fällen.[20]

Dies geht soweit, dass Behörden und Gerichte solche Vorschriften des nationalen Rechts außer 19 Acht lassen müssen, die die Verwirklichung unionaler Pflichten praktisch unmöglich machen oder wesentlich erschweren.[21] Vereitelungsverbot und Effizienzgebot wirken damit unmittelbar in die innerstaatlichen Rechtsverhältnisse der Mitgliedstaaten hinein.

Für den innerstaatlichen Rechtsanwender ist dabei von besonderer Bedeutung, dass das Loyali- 20 tätsprinzip gebietet, das nationale Recht unionsrechtskonform auszulegen, wenn und soweit ein entsprechender Interpretationsspielraum besteht.[22] Der in der Praxis am häufigsten diskutierte Anwendungsfall ist der der richtlinienkonformen Auslegung,[23] der *pars pro toto* als eine Ausprägung des allgemeinen Grundsatzes der unionsrechtskonformen Interpretation des nationalen Rechts zu verstehen ist und ebenso auf Verordnungen und andere Rechtsakte Anwendung findet[24]. Vor allem unbestimmte Begriffe und Ermessensspielräume sind im Kontext der Anwendung von Unionsrecht durch dessen Inhalte und Wertungen auszufüllen.[25]

Der Rücksichtsnahmegrundsatz weist ebenfalls eine positive Handlungs- und eine negative Seite 21 Unterlassungspflicht auf.[26] Dazu gehört für die Union die Verpflichtung, die jeweilige nationale Identität, die in den grundlegenden politischen und verfassungsmäßigen Strukturen einschließlich der regionalen und lokalen Selbstverwaltung zum Ausdruck kommt, zu wahren (Art. 4 Abs. 2 S. 1 EUV).[27] Dieser Grundsatz beruht auf der vertraglichen Kompetenzordnung, nach der die Ziele der Union durch ein abgestimmtes Vorgehen der Organe und den Mitgliedstaaten anzustreben sind. Zudem bedürfen die Mitgliedstaaten gemeinschaftlicher Unterstützung, wenn sie die praktische Wirksamkeit des Unionsrechts im nationalen Kontext gewährleisten sollen.[28]

c) **Das Loyalitätsprinzip – Fundament der Zusammenarbeit zwischen EUStA und nationalen 22 Behörden.** Die Ambivalenz des Loyalitätsprinzips wird am Beispiel der EUStA deutlich, die gerade deswegen gegründet wurde, weil bei der Verfolgung von Straftaten zum Nachteil der EU Vollzugsdefizite in einem Umfang offenbar wurden, die nicht mehr nur als bloße Reibungsverluste im Zusammenspiel zwischen supranationalen, unionsrechtlichen Vorgaben und nationaler Durchsetzung hingenommen werden konnten.[29] Andererseits ändert die nunmehr gewählte Konstruktion, mit der im Grunde nur die Leitung der Strafverfolgung einer in das Unionsrecht inkorporierten, operativen Ebene übertragen wird, nichts an der grundsätzlichen Vollzugsdominanz mitgliedstaatlicher Behörden.

19 St. Rspr.: EuGH 21.9.1983, Rs. 205–215/82, Slg. 1983, 2633 Rn. 19 u. 22 – Deutsche Milchkontor; 9.11.1983 – Rs. 199/82, Slg. 1983, 3595 Rn. 14 – San Giorgio; 2.10.2003 – C-147/01, Slg. 2003, I-11365 Rn. 117 – Weber´s Wine World Handels-GmbH; in Schwarze/Hatje/Schoo, Art. 4 EUV Rn. 40.

20 St. Rspr.: EuGH 21.9.1983 – Rs. 205–215/82, Slg. 1983, 2633 Rn. 19 – Deutsche Milchkontor; 9.2.1999 – C-343/96, Slg. 1999, I-579 Rn. 35 – Dilexport; Schwarze/Becker/Hatje/Schoo, Art. 4 EUV Rn. 29.

21 EuGH 20.3.1997 – C-24/95, Slg. I 1997, 1591 – Alcan III; Schwarze/*Hatje/Schoo* Art. 4 EUV Rn. 29.

22 Schwarze/*Hatje/Schoo* Art. 4 EUV Rn. 52.

23 Vgl. Grabitz/Hilf/Nettesheim/*Nettesheim* Art. 288 AEUV Rn. 133 ff. mwN.

24 Schwarze/*Hatje/Schoo* Art. 4 EUV Rn. 54.

25 Schwarze/*Hatje/Schoo* ebd. mwN.

26 Calliess/Ruffert/*Calliess/Kahl/Puttler* Art. 4 EUV Rn. 40.

27 EuGH 6.12.1990 – C-2/88, EuZW 1991, 216 – IMM; 10.2.1983 – Rs. 230/81, Slg. 1983, 255, Rn. 37 – Luxemburg/Parlament; 10.7.2014 – C-220/13, ECLI:EU:C:2014:2057, Rn. 51; Calliess/Kahl/Puttler/*Calliess/Ruffert* Art. 4 EUV Rn. 46.

28 Schwarze/*Hatje/Schoo* Art. 4 EUV Rn. 80.

29 Zum Hintergrund, vgl. *Herrnfeld*/Reiser in FS StA Koblenz/Trier, 249 ff.

23 Der Verweis auf das Prinzip der loyalen Zusammenarbeit in Art. 5 Abs. 6 und in ErwG 14 und 15 VO für das Verhältnis der Mitgliedstaaten zur EUStA und umgekehrt[30] ist daher nicht nur eine bloße Repetition allgemeiner Grundsätze, sondern in besonderem Maße zentrales Strukturelement für das Funktionieren der EUStA und die Verfolgung der ihrer Zuständigkeit zugewiesenen Straftaten. Mehr denn je kommt es für eine effektive Verfolgung von PIF-Straftaten auf ein reibungsloses Zusammenspiel der mitgliedstaatlichen Behörden mit der operativen Ebene der EUStA an.

24 Dass in den Erwägungsgründen die weiteren Subprinzipien (Rücksichtnahme- und Solidaritätsprinzip) nicht weiter ausgestaltet werden, ist keineswegs so zu verstehen, als würden sie im Verhältnis EUStA/Mitgliedstaaten nicht gelten. Der Verweis in Art. 5 Abs. 6, 2. Hs. VO auf den (allgemeinen) Loyalitätsgrundsatz verdeutlicht, dass die hierzu entwickelten Rechtsgrundsätze entsprechend Anwendung finden.

25 Die EUStA-VO konkretisiert das Kooperationsprinzip an verschiedener Stelle. Art. 5 Abs. 6 S. 1 VO verpflichtet die zuständigen nationalen Behörden die Ermittlungen und Strafverfolgungsmaßnahmen der EUStA *aktiv* zu fördern und zu unterstützen. Ergänzend muss man dazu ErwG 14 VO sehen, der die Kooperationsverpflichtung an beide Seiten adressiert, wonach die EUStA und die zuständigen nationalen Behörden einander unterstützen und unterrichten, damit die Straftaten, die in die Zuständigkeit der EUStA fallen, wirksam bekämpft werden können.

26 ErwG 69 VO führt dazu in Bezug auf die Durchführung von Zwangsmaßnahmen aus, dass die EUStA nationale Behörden (einschließlich der Polizeibehörden) *insbesondere* in diesen Fällen in Anspruch nehmen können soll. Aber auch im Übrigen sollten alle nationalen Behörden (und die zuständigen Stellen der Union), *„die Ermittlungen und Strafverfolgungsmaßnahmen der EUStA aktiv unterstützen und mit ihr zusammenarbeiten, und zwar ab dem Zeitpunkt, zu dem der EUStA eine mutmaßliche Straftat gemeldet wird, bis zu dem Zeitpunkt, zu dem sie entscheidet, Anklage zu erheben oder die Sache anderweitig abzuschließen*“. Andererseits liegt es nach ErwG 15 VO in der Hand der Mitgliedstaaten festzulegen, in welcher Art und Weise die strafrechtlichen Ermittlungen organisiert werden.

27 Im Hinblick auf die internationale strafrechtliche Zusammenarbeit betont schließlich ErwG 109 VO unter Verweis auf den Loyalitätsgrundsatz, dass die Mitgliedstaaten Defizite bei der Anerkennung der EUStA als (supranationale) Behörde im Rahmen der internationalen Zusammenarbeit mit Drittstaaten soweit wie möglich kompensieren sollen. Konkret wird von ihnen verlangt, dass – sofern nach der entsprechenden multilateralen Übereinkunft zulässig – die Mitgliedstaaten vorbehaltlich der Zustimmung des Drittlands die EUStA als eine zuständige Behörde für die Zwecke der Anwendung dieser multilateralen Übereinkünfte anerkennen und gegebenenfalls notifizieren.[31]

28 Insoweit stellen insbesondere die Regelungen der VO zu den Informationspflichten (Art. 24 Abs. 1 bis 3 VO), dem Evokationsrecht (Art. 27 Abs. 1 VO), der Führung von Ermittlungen auf nationaler Ebene und grenzüberschreitend (Art. 28, 30 und 31 Abs. 4 VO), der Zugang zu Informationen (Art. 43 VO), die Stellung der nationalen DEStA und ihre Unterstützung (Art. 96 Abs. 6 VO) und die Beziehungen zu Drittstatten nach Art. 104 Abs. 4 bis 6 und nicht-teilnehmenden Mitgliedstaaten nach Art. 105 Abs. 3 VO Konkretisierungen des Kooperationsgrundsatzes als Teil des Prinzips der loyalen Zusammenarbeit dar.

29 **3. Praktische Bedeutung des Grundsatz der loyalen Zusammenarbeit für die Zusammenarbeit der EUStA mit den nationalen Behörden.** Entsprechend dem Prinzip der begrenzten Einzelermächtigung sind die Mitgliedstaaten regelmäßig berufen, das Unionsrecht verwaltungsmäßig zu vollziehen[32]. Die nationale Verwaltung wird dabei als Verwaltungsunterbau der Union instrumentalisiert,

30 Der Vollständigkeit halber sei darauf hingewiesen, dass das Loyalitätsprinzip weiterhin in ErwG 110 VO erwähnt wird, um die Kooperationsverpflichtung der nicht an der Verstärkten Zusammenarbeit teilnehmenden Mitgliedstaaten (Dänemark, Irland, Polen, Schweden und Ungarn) zu unterstreichen.

31 *Brodowski* → § 8 Rn. 13

32 EuGH 26.1.1972 – Rs. 39/71, Slg. 1971, 49 Rn. 4 – Schlüter/HZA Hamburg; 21.9.1983 – verb. Rs. 205–215/82, Slg. 1983, 2633 Rn. 17 – Deutsche Milchkontor; 5.10.1988 – Rs. 210/87, Slg. 1988, 6177 Rn. 16 – Padovani.

die nationalen Behörden werden mithin funktional zu europäischen Behörden.[33] Der den unionsrechtlichen Vorgaben entsprechende administrative Vollzug stellt sich für die mitgliedstaatlichen Behörden als eine unionsrechtliche Verpflichtung dar (vgl. Art. 4 Abs. 3 UAbs. 2 EUV).[34] Die damit verbundenen Kosten sind insoweit von den jeweiligen nationalen Haushalten zu tragen, soweit das Sekundärrecht, hier die VO nicht abweichende Regelungen vorsieht.

Zugleich verfügen die Mitgliedstaaten beim Vollzug des Unionsrechts über Verfahrensautonomie,[35] 30 so dass bei der Verwaltungsorganisation und der Festlegung der Zuständigkeiten nationales Recht zur Anwendung kommt, soweit das Europarecht keine abweichenden Vorgaben enthält.[36] Die vorgenannte institutionelle und verfahrensmäßige Autonomie der Mitgliedstaaten beim Vollzug des Unionsrechts findet daher ihre Grenze da, wo die Verwirklichung des Unionsrechts praktisch unmöglich gemacht oder wesentlich erschwert wird.[37] Zudem bleiben die Mitgliedstaaten im Sinne des Effektivitäts- und Äquivalenzprinzips (s. o.) zu einem vollständigen, einheitlichen und effektiven Vollzug verpflichtet.[38]

Diese Grundsätze finden auch auf den Vollzug der EUStA-VO Anwendung, wobei es hinsichtlich 31 der Umsetzungsverpflichtung unerheblich ist, dass die hier im Fokus stehende Verfolgung von Straftaten aus dem bisherigen Modell der europäischen Verwaltungspraxis herausfällt. Adressat sind neben dem nationalen Gesetzgeber insbesondere die davon betroffenen Verwaltungen, die die erforderlichen Maßnahmen ergreifen müssen, damit zum einen der innerstaatliche Dienstbetrieb der in dem jeweiligen Mitgliedstaat ernannten DEStA aufrechterhalten wird und zum anderen die mit Wahrnehmung ihrer Strafverfolgungskompetenzen erforderlichen Ressourcen bei den nationalen Strafverfolgungsbehörden bereitstehen. In Deutschland und Österreich sind davon in vorderster Linie die Justizverwaltungen der Länder bzw. des Bundes betroffen, soweit es um die Schaffung einer Behördenstruktur für die DEStA geht; hinsichtlich der Strafverfolgungsmaßnahmen sind darüber hinaus im Wesentlichen Innen- und Finanzverwaltung mit den ihnen eigenen Strafverfolgungsbehörden (insbesondere Polizeien, Zoll und Steuerfahndung) verpflichtet, die für die Verfolgung von PIF-Delikten zuständig sind. Herauszuheben sind dabei insbesondere folgende Bereiche:

**a) Innerstaatlicher Dienstbetrieb der Delegierten Europäischen Staatsanwälte.** Zwar schafft die 32 EUStA-VO zu ihrem Vollzug eine eigene operative Ebene in Gestalt der DEStA; statusmäßig aber bleiben sie „aktive“ Mitglieder des nationalen Justizkörpers (vgl. Art. 17 Abs. 2 S. 1, ErwG 33 VO), so dass sogar – zumindest nach deutschem Recht (vgl. § 20 Abs. 3 BeamtStG) – ihre Besoldungs-, Versorgungs- und sonstigen Fürsorgeansprüche gegenüber ihrem bisherigen Dienstherren fortbestehen.[39]

Mit der nach § 20 Abs. 1 BeamtStG erfolgten Zuweisung an die EUStA ist der deutsche Dienstherr 33 nicht nur unionsrechtlich, sondern auch beamtenrechtlich verpflichtet, die für die Wahrnehmung der Aufgaben als DEStA erforderlichen Maßnahmen zu ergreifen. In Österreich findet hier § 204 RStG Anwendung, wonach die DEStA für die Zeit ihrer Tätigkeit beurlaubt werden, jedoch nach Absatz 2 weiterhin sozialversichert bleiben.

---

33 Insoweit wird von dem „Grundsatz der vertikalen Funktionenteilung gesprochen“ – vgl. Calliess/Ruffert/*Calliess/Kahl/Puttler* Art. 4 EUV Rn. 63 mwN.

34 Calliess/Ruffert/*Calliess/Kahl/Puttler* Art. 4 EUV Rn. 63, Grabitz/Hilf/Nettesheim/*Schill/Krenn*, Art. 4 EUV Rn. 88; *Oppermann/Classen/Nettesheim* § 12, Rn. 23.

35 EuGH 7.1.2004 – C-201/02, Slg. I 2004, 748 Rn. 67 – Wells; 19.9.2006 – C-392/04 u. C-422/04, Slg. I 2006, 8591 Rn. 57 – i-21 Germany u. Arcor.

36 „Soweit-Formel“, vgl. Grabitz/Hilf/Nettesheim/*Schill/Krenn* EUV Art. 4 Rn. 91; Calliess/Ruffert/ *Calliess/Kahl/Puttler* Art. 4 EUV Rn. 63 mwN.

37 EuGH 30.5.1991 – 110/89, Slg. 1991, I-2659 Rn. 13 u. 15 – Kommission/Griechenland; 21.6.1979 – Rs. 240/78, Slg. 1979, 2137 Rn. 5 – Atalanta/Produktschap voor Vee en Vlees; 17.12.1970 – Rs. 30/70, Slg. 1970, 1197 Rn. 8 – Scheer.

38 EuGH, 21.9.1988 – Rs. 68/88, Slg. 1989, 2965 Rn. 24 f. – Kommission/Griechenland; 23.9.2009 – Rs. C-506/09, BeckEuRS 2009, 501550 Rn. 51 – Portugal/Transnáutica; 7.11.2013 – Rs. C-518/11, CELEX 62011CJ0518 Rn. 59 – UPC Nederland; Calliess/Ruffert/*Calliess/Kahl/Puttler* Art. 4 EUV Rn. 65.

39 Vgl. zum Fortbestehen des Dienstverhältnisses bei Zuweisung, OVG NRW 21.7.2020, 6 A 26/18; vgl. auch *Steuck* ZfBeamtR 1999, 150 (152).

34 Für den innerstaatlichen Dienstbetrieb konkretisiert Art. 96 Abs. 6 S. 3 VO, dass die zuständigen nationalen Verwaltungen Sorge zu tragen haben, dass den DEStA die Ressourcen und die Ausrüstung zur Verfügung steht, die sie für die Wahrnehmung ihrer Aufgaben für die EUStA benötigen. Unter Berücksichtigung des Effektivitätsgebotes muss die Ausstattung (etwa hinsichtlich IT-Infrastruktur und Servicepersonal) so auskömmlich sein, dass sie ihre Ermittlungen führen können; so ist bspw. ihre Mobilität (Dienstreisen) in einer Weise zu gewährleisten, dass die DEStA Ermittlungsmaßnahmen, den Sitzungsdienst oder sonstige für den Dienstbetrieb erforderlichen Reisen an einem von ihrem Dienstort entfernten Standort mit verhältnismäßigem Aufwand durchführen bzw. wahrnehmen können.

35 Das Äquivalenzgebot bzw. Diskriminierungsverbot verlangt in diesem Zusammenhang, dass die DEStA den innerstaatlichen Dienstbetrieb in gleicher Weise herstellen und aufrechterhalten können, wie eine vergleichbare deutsche oder österreichische Staatsanwaltschaft. Dabei sollte auch nicht unberücksichtigt bleiben, dass die EUStA mit der Verfolgung von PIF-Delikten Aufgaben wahrnimmt, die bislang im Zuständigkeitsbereich der Mitgliedstaaten waren bzw. weiterhin sind. Andererseits ist es Aufgabe der EUStA diejenigen Arbeitsmittel zur Verfügung zu stellen, die deshalb erforderlich werden, weil sie die Verantwortung für die Ermittlungen übernommen hat.[40]

36 Bei der Frage, wie diese Verpflichtungen letztlich umgesetzt werden, zeigt sich ebenfalls das bereits beschriebene Prinzip einer – partiellen – Verfahrensautonomie beim Vollzug unionsrechtlicher Vorschriften: Die Mitgliedstaaten wählen die Kandidaten aus (Art. 17 Abs. 1 VO), sie haben bei der räumlichen und funktionellen Aufteilung ein Mitspracherecht (Art. 13 Abs. 2 S. 2 VO), sie stellen das Servicepersonal und sorgen für die Infrastruktur, Arbeitsbedingungen und das Arbeitsumfeld (Art. 96 Abs. 6 S. 3 und 6 VO). Dies sollte an die bestehenden Strukturen angepasst sein, um bei Führung der Verfahrensakte (nach nationalem Recht) und den strafprozessualen Maßnahmen möglichst geringe Reibungsverluste zu verursachen. Die Mitgliedstaaten organisieren die DEStA im Grunde wie eine weitere nationale Staatsanwaltschaft, allerdings mit dem gravierenden Unterschied, dass alle organisatorischen Maßnahmen keinen Einfluss auf die Unabhängigkeit der Arbeit der DEStA haben dürfen,[41] ein Umstand, der insbesondere in Mitgliedstaaten – wie Deutschland oder Österreich –, die über keine unabhängige Staatsanwaltschaft verfügen, ungewöhnlich ist und ein gewisses Umdenken erfordert.

37 In Deutschland hat man dazu keine gesetzlichen Maßnahmen für erforderlich gehalten, sondern die organisatorischen Maßnahmen den zuständigen Landesjustizverwaltungen überlassen.[42] In Österreich ist dagegen nach § 24 EUStA-DG die Justizverwaltung gesetzlich verpflichtet, die notwendigen Maßnahmen für die Tätigkeit der DEStA zu schaffen.

38 **b) Kosten für den Dienstbetrieb der DEStA.** Von großer praktischer Bedeutung ist für den Betrieb der EUStA, dass die mit der innerstaatlichen Umsetzung der EUStA-VO verbundenen Kosten bei den Mitgliedstaaten und damit letztlich bei den jeweiligen Verwaltungen verbleiben, die für ihren Vollzug verantwortlich sind. Eine Ausnahme stellen lediglich die Bezüge der DEStA dar (Art. 91 Abs. 4 VO) – allerdings ohne Berücksichtigung von Versorgungsleistungen (Art. 96 Abs. 6 S. 4 VO).

39 Für die Kosten des innerstaatlichen Dienstbetriebs (Büro, IT, Mobilität, Fortbildung, Ermittlungskosten) sieht die VO eine differenzierte Regelung vor, die sich maßgeblich an der „Sowieso-Formel“ orientiert: Von den EUStA sind solche „operativen Kosten“ (Art. 91 Abs. 5 UAbs. 5 VO) zu tragen, *„die für die interne Funktionsweise der EUStA notwendig sind und die nur darauf zurückzuführen sind, dass die EUStA die Verantwortung für die Ermittlung und Strafverfolgung übernommen hat“* (ErwG 113 S. 2 VO). Demnach verbleiben bei den Mitgliedstaaten die Kosten, die „sowieso“ bei der Verfolgung der in die Zuständigkeit der EUStA fallenden Straftaten angefallen

40 Vgl. ErwG 113 S. 2 VO.

41 Vgl. ErwG 32 S. 2 VO.

42 Die deutschen Länder haben für Personal und IT-Betrieb jeweils eine Verwaltungsvereinbarungen über die Entsendung von Staatsanwältinnen und Staatsanwälten aus Anlass ihrer Tätigkeit als DEStA für die EUStA (alle Länder) und über die Errichtung und Unterhaltung der IT-Dienstleistungen auf nationaler Ebene für die in Deutschland tätigen DEStA (Länder Bayern, Berlin, Hamburg, Hessen, Nordrhein-Westfalen und der Bund).

wären. Dazu zählen grundsätzlich[43] neben den Kosten für Büro und Sekretariat (ErwG 113, S. 3 VO) auch die Kosten des Ermittlungsverfahrens und die Kosten der Prozesskostenhilfe.

Andererseits sind Ausgaben des innerstaatlichen Dienstbetriebes, die in unmittelbarem Zusammenhang mit der Organisation der DEStA stehen und nicht ermittlungsbezogen sind, als operative Ausgaben der EUStA iSv Art. 91 Abs. 5 UAbs. 1 VO anzusehen und von dieser zu tragen (bspw. nicht einzelverfahrensbezogene Dienstreisen und Fortbildungen). 40

c) **Kosten für das Ermittlungsverfahren.** Art. 91 Abs. 5 UAbs. 2, ErwG 112 S. 1 VO sieht vor, dass die Kosten der Ermittlungsmaßnahmen von den nationalen Behörden übernommen werden, die sie ausführen. Daher müssen die im Zusammenhang mit den von den DEStA gemäß Art. 28 Abs. 1 VO angeordneten Ermittlungsmaßnahmen bei den nationalen Behörden entstehenden Ausgaben (insbesondere bei Polizei-, Zoll- und Steuerbehörden) auch von diesen Behörden getragen werden.[44] 41

Die VO trifft zwar eine eindeutige Regelung zu den den nationalen Behörden entstehenden Kosten im Rahmen eines Ermittlungsverfahrens, allerdings nicht zu den Kosten, die entstehen, wenn die DEStA selbst Ermittlungsmaßnahmen treffen – etwa durch Beauftragung von Dolmetschern oder Sachverständigen. Wendet man die „Sowieso-Formel" an (vgl. ErwG 113 VO), ist davon auszugehen, dass diese Kosten grundsätzlich durch die Mitgliedstaaten zu tragen sind.[45] Dies dürfte in der Abwicklung einige Probleme aufwerfen, da die DEStA zwar dieselben Befugnisse wie nationale Staatsanwälte haben (vgl. § 142b GVG, § 4 Abs. 2 iVm § 1 Abs. 2EUStA-DG), nicht jedoch im Auftrag der mitgliedstaatlichen Justizverwaltungen handeln, sondern „im Namen der EUStA in ihrem jeweiligen Mitgliedstaat" (Art. 13 Abs. 1 S. 1, ErwG 32 S. 1 VO). 42

Allerdings ist Art. 13 Abs. 1 VO keine kostenrechtliche Regelung, sondern betrifft die Stellung der DEStA im nationalen Strafprozessrechtsgefüge[46]. Art. 91 Abs. 5 und ErwG 112, 113 VO ist aber unzweideutig zu entnehmen, dass die Mitgliedstaaten die Ermittlungskosten zu tragen haben. Aus Sinn und Zweck der von der EUStA-VO in dieser Hinsicht vorgenommenen Kostenteilung ergibt sich, dass die Mitgliedstaaten bei Anordnung von Ermittlungsmaßnahmen durch die nationalen DEStA auch unmittelbar als Kostenschuldner verpflichtet werden, diese Kosten zu tragen – und nicht die EUStA. Dafür spricht auch der Wortlaut von ErwG 112 VO, wonach ungewöhnlich hohe Kosten durch die EUStA *erstattet*[47] werden können. 43

Maßgeblich anwendbares Kostenrecht ist danach in Deutschland für von den DEStA angeordnete Ermittlungsmaßnahmen das JVEG. Der Sachverständige, Zeugen, Dolmetscher etc. heranziehende DEStA handelt als Staatsanwaltschaft im Sinne des § 1 Abs. 1 S. 1 Nr. 1 und 3 JVEG. Denn in Verfahren, in denen die EUStA zuständig ist und das Verfahren übernommen hat, wird das Amt der Staatsanwaltschaft gemäß § 142b Abs. 1 GVG durch Staatsanwälte ausgeübt, die zugleich als deutsche DEStA ernannt sind. Das JVEG findet daher – wie bei nationalen Staatsanwaltschaften – unmittelbar Anwendung[48] Mit § 142b Abs. 1 GVG soll sichergestellt werden, dass der DEStA sich im Zuge der von ihm geführten Verfahren aller nationalen einschlägigen Vorschriften bedienen kann und insoweit das Amt der nationalen Staatsanwaltschaft ausübt. Diese Befugnis erstreckt sich sowohl auf die Ermittlungsmaßnahme als auch auf die damit einhergehenden Kostenverpflichtungen. Letztere sind als Annex der Ermittlungsmaßnahme mit dieser untrennbar verbunden. 44

Dies entspricht dem Doppelhutmodel,[49] nachdem die DEStA auch nach ihrer Ernennung weiterhin aktive Mitglieder der Staatsanwaltschaft oder Richterschaft ihres Mitgliedstaates bleiben, das sie 45

43 Eine Ausnahme macht die EUStA-VO für mit außergewöhnlich hohen Kosten verbundene Ermittlungsmaßnahmen, Art. 91 Abs. 6 VO.

44 Vgl. dazu auch § 16 EUStA-DG.

45 Ebenso HBB/*Herrnfeld* Art. 91 Rn. 9.

46 Vgl. HBB/*Burchardt* Art. 13 Rn. 19.

47 Vgl. zur engl. Fassung von ErwG 112 S. 2 VO: „Exceptionally high costs for investigation measures such as complex experts' opinions, extensive police operations or surveillance activities over a long period of time could partly be *reimbursed* by the EPPO (…)."

48 Vgl. *Schneider*, JVEG § 1 Rn. 39.

49 *Herrnfeld* → § 4 Rn. 37f.

benannt hat, und daher in den Korpus der nationalen Strafverfolgungsbehörden integriert sind.[50] Der DEStA löst damit durch die Heranziehung der nach dem JVEG zu vergütenden oder zu entschädigenden Personen unmittelbar die Kostenlast bei den Justizbehörden der Mitgliedstaaten aus. Ansprüche auf Vergütungen und Entschädigungen sind nach § 2 Abs. 1 S. 1 JVEG von der berechtigten Person bei der jeweiligen heranziehenden Stelle geltend zu machen. Unter unionsrechtskonformer Auslegung des JVEG (→ Rn. 20), unter Berücksichtigung der sich aus der EUStA-VO ergebenden Kostenlastverteilung und der Besonderheiten des föderalen Justizaufbaus ist im Verhältnis zu der berechtigten Person als Kostenverpflichtete die Landesjustizverwaltung, bei der das jeweilige Zentrum angesiedelt ist, anzusehen.[51] Die vorgenannten Überlegungen finden entsprechende Anwendung auf Kosten, die den DEStA infolge von Dienstreisen in Ermittlungsangelegenheiten entstehen.

46 **4. Verpflichtungen der EUStA gegenüber den Mitgliedstaaten aus Art. 5 Abs. 6 VO.** Der Grundsatz der loyalen Zusammenarbeit entfaltet umgekehrt eine Wirkung, in dem er die EUStA dazu verpflichtet, die Rechtsordnung der Mitgliedstaaten zu beachten und bei ihren Strafverfolgungsmaßnahmen zu berücksichtigen.[52] Auch wenn dies in Art. 5 Abs. 6 VO nicht explizit so formuliert wird, ergibt sich dies doch aus dem dortigen Verweis in Satz 2 auf die damit verbundenen allgemeinen Grundsätze.

47 Die Bedeutung der Loyalitätsverpflichtung der EUStA gegenüber den Mitgliedstaaten kann in ihrer praktischen Bedeutung und *in concreto* noch nicht abschließend ermessen werden. Abstrakt betrachtet dürfte dies jedoch eine Grenze für die sich in Art. 5 Abs. 3 S. 3 VO vorgesehene Konfliktregel darstellen, nach der bei einem Widerspruch zwischen nationalem Verfahrensrecht und EUStA-VO letztere vorgehen soll.

48 Diese Konkurrenzregelung zugunsten der EUStA-VO kann folglich wegen Art. 5 Abs. 6 VO nicht dazu führen, dass beispielsweise nach der EUStA-VO vorgesehene strafprozessuale Maßnahmen (vgl. Art. 30 Abs. 1 VO) unabhängig davon angewendet werden können, ob sie auch nach dem nationalen Recht zulässig sind. Das mag im Einzelnen zu einer nicht verordnungskonformen Durchführung der sich aus der VO ergebenden Verpflichtungen führen, ändert jedoch nichts daran, dass *contra legem* Maßnahmen nicht zulässig sind und daher auch für die Strafverfolgung durch die EUStA in dem betroffenen Mitgliedstaat nicht angewendet werden dürfen.[53]

49 Eine weitere Konsequenz der reziproken Loyalitätsverpflichtung besteht darin, dass der Schutz der Interessen der Mitgliedstaaten bei der Entscheidung über die Durchführung einzelner strafprozessualer Maßnahmen ebenso wie bei der Frage der Verfahrensbeendigung gleichgewichtig neben dem primär verfolgten Zweck des Schutzes der finanziellen Interessen der Union liegt.

50 Wenn es also beispielsweise um die Durchführung von vermögensabschöpfenden Maßnahmen geht, muss bei der Frage der Bewertung ihrer Opportunität und ihrer Verhältnismäßigkeit auch berücksichtigt werden,[54] in welchem Umfang damit Rückforderungsansprüche der betroffenen Mitgliedstaaten gesichert werden können. Das Gleiche gilt bei der Bewertung der Frage, ob berechtigte Interessen an einer weiteren Strafverfolgung die Fortführung des Verfahrens und ggf. eine Anklage gebieten oder aber eine Verfahrenseinstellung aus Opportunitätsgründen im vereinfachten Verfahren nach Art. 40 VO[55] in Betracht kommt.

51 Das Gebot der Rücksichtnahme der Interessen der Mitgliedstaaten kann auch zur Folge haben, dass die EUStA bei der Durchführung ihrer Maßnahmen parallel laufende Ermittlungen einer

50 *Herrnfeld/Reiser* FS StA Koblenz/Trier, 250, 254.

51 Freilich bleibt es bei den entstandenen Kosten um solche des Gesamt-Mitgliedstaat, so dass die Kostenerstattung durch die Landesjustizverwaltungen der Zentrumsländer lediglich als Vorleistung bis zu einem innerstaatlichen Kostenausgleich anzusehen ist.

52 HBB/*Burchard* Art. 5 Rn. 25.

53 Vgl. zu den Grenzen einer – vergleichbar – rahmenbeschlusskonformen Auslegung: EuGH 16.6.2005 – C-105/03 Rn 47 – Maria Pupino, m. Anm. *Streinz* JuS 2005, 1023, 1025; *Herrmann* EuZW 2005, 433, 438.

54 Die Einziehung unterliegt daher pflichtmäßigem Ermessen, das durch § 74f StGB eingeschränkt und außerdem durch den Zweck des Gesetzes gebunden ist (Lackner/Kühl/*Heger* § 74 Rn. 9).

55 *Gut* → § 9 Rn. 104 ff..

nationalen Staatsanwaltschaft beachten muss, die hierdurch gefährdet werden könnten. Das Gleiche gilt, wenn durch Maßnahmen Ressourcen gebunden werden, die nationale Ermittlungen in unverhältnismäßiger Weise beeinträchtigen. Auch hier kann erwartet werden, dass sich EUStA und nationale Ermittlungsbehörden so aufeinander abstimmen, dass eine erfolgreiche Fortführung beider Verfahren möglich ist.

## III. Informationspflichten der nationalen Behörden nach Art. 24 VO

Zentrale Bedeutung für die Zusammenarbeit mit den nationalen Behörden hat Art. 24 VO, der sozusagen den „Erstkontakt" mit der EUStA regelt. Leider ist es dem europäischen Gesetzgeber hier nicht gelungen, eine leicht verständliche und klar abgrenzbare Operationalisierung der den nationalen Behörden und Staatsanwaltschaften durch die Verordnung entstehenden Verpflichtungen zu beschreiben. Die Regelung soll zu denjenigen gehören, bei denen die zuständige Ratsarbeitsgruppe besonders kontrovers diskutierte,[56] bei der Kompromissfindung scheint aber die Frage der Handhabung in der Praxis nicht im Vordergrund gestanden zu haben. 52

Während der Kommissionsvorschlag eine alle nationalen Behörden treffende Informationspflicht über Handlungen vorsah,[57] die in deren Zuständigkeit fallende Straftaten darstellen könnten, differenziert Art. 24 VO nunmehr zwischen Informationspflichten von Organen, Einrichtungen und sonstigen Stellen der Union sowie zuständigen nationalen Behörden auf der einen Seite (Abs. 1) und Justiz- und Strafverfolgungsbehörden der Mitgliedstaaten, die bereits ein Ermittlungsverfahren in der Sache eingeleitet haben (Abs. 2), auf der anderen Seite. 53

Die Unterscheidung wurde notwendig, nachdem der Rat dem ursprünglichen Kommissionsvorschlag einer ausschließlichen Zuständigkeit der EUStA zur Verfolgung von PIF-Delikten nicht gefolgt ist, und stattdessen eine konkurrierende Zuständigkeit vorgesehen ist.[58] Die in den Absätzen 3 und 5 von Art. 24 VO vorgesehenen Regelungen betreffen folglich die Fälle, in denen eine nationale Staatsanwaltschaft beabsichtigt, weiterhin ihre Zuständigkeit auszuüben (Absatz 3,) oder die Zuständigkeit im Hinblick auf die Voraussetzungen von Art. 25 Abs. 2 VO unklar ist (Absatz 5). Zu Inhalt und Form der Mitteilungen nach Art. 24 Abs. 1 und 2 VO macht Absatz 4 Vorgaben. 54

Art. 24 VO betrifft jedoch nicht nur die Informationspflichten gegenüber der EUStA, sondern auch das Verfahren, wie nach ihrem Eingang mit einer Information zu verfahren ist: So sieht Abs. 6 eine Registrierung und Prüfung (Verifikation) durch die EUStA vor, um festzustellen, ob ein Ermittlungsverfahren einzuleiten bzw. ggf. ein nationales Verfahren zu evozieren ist. Abs. 7 ergänzt die Sachbehandlung für den Fall, dass eine Zuständigkeit nicht besteht – oder ausgeübt wird. 55

Im Gegensatz zu den Verfahrensvorschriften in den Art. 26 ff. VO bezeichnet Art. 24 VO ganz allgemein „die EUStA" als Adressat der Mitteilungen nach den Abs. 1 und 2. Da die interne Zuständigkeitsverteilung durch die Regelung nicht berührt wird,[59] steht es demnach im Ermessen der nationalen Behörden, ob sie dem nationalen DEStA oder direkt an die Zentrale berichten. 56

**1. Struktur der Mitteilungspflicht nach Art. 24 VO.** Der Unterschied zwischen den Absätzen 1 und 2 von Art. 24 VO liegt nicht in den unterschiedlichen Adressaten (Organe der Union, nationale Behörden/Justiz- und Strafverfolgungsbehörden), sondern vielmehr darin, ob es sich um Informationen über ein – möglicherweise – strafrechtliches Verhalten handelt, oder ob bereits ein Ermittlungsverfahren – unter Inanspruchnahme der konkurrierenden Zuständigkeit der nationalen Justizbehörden – eingeleitet wurde. Im ersten Fall führt dies zur Einleitung eines EUStA-Ermittlungsverfahrens gemäß Art. 26 VO, im letzteren Fall kann dies die Evokation und Übernahme des national bereits eingeleiteten Ermittlungsverfahrens nach Art. 27 VO zur Folge haben. 57

56 HBB/*Herrnfeld* Art. 24 Rn. 1.
57 Vgl. Art. 15 Abs. 1 COM(2013) 534 final.
58 HBB/*Herrnfeld* Art. 24 Rn. 2.
59 HBB/*Herrnfeld* Art. 24 Rn. 4.

58 a) **Verfahrensgang.** Dabei stellt sich der Verfahrensgang wie folgt dar:

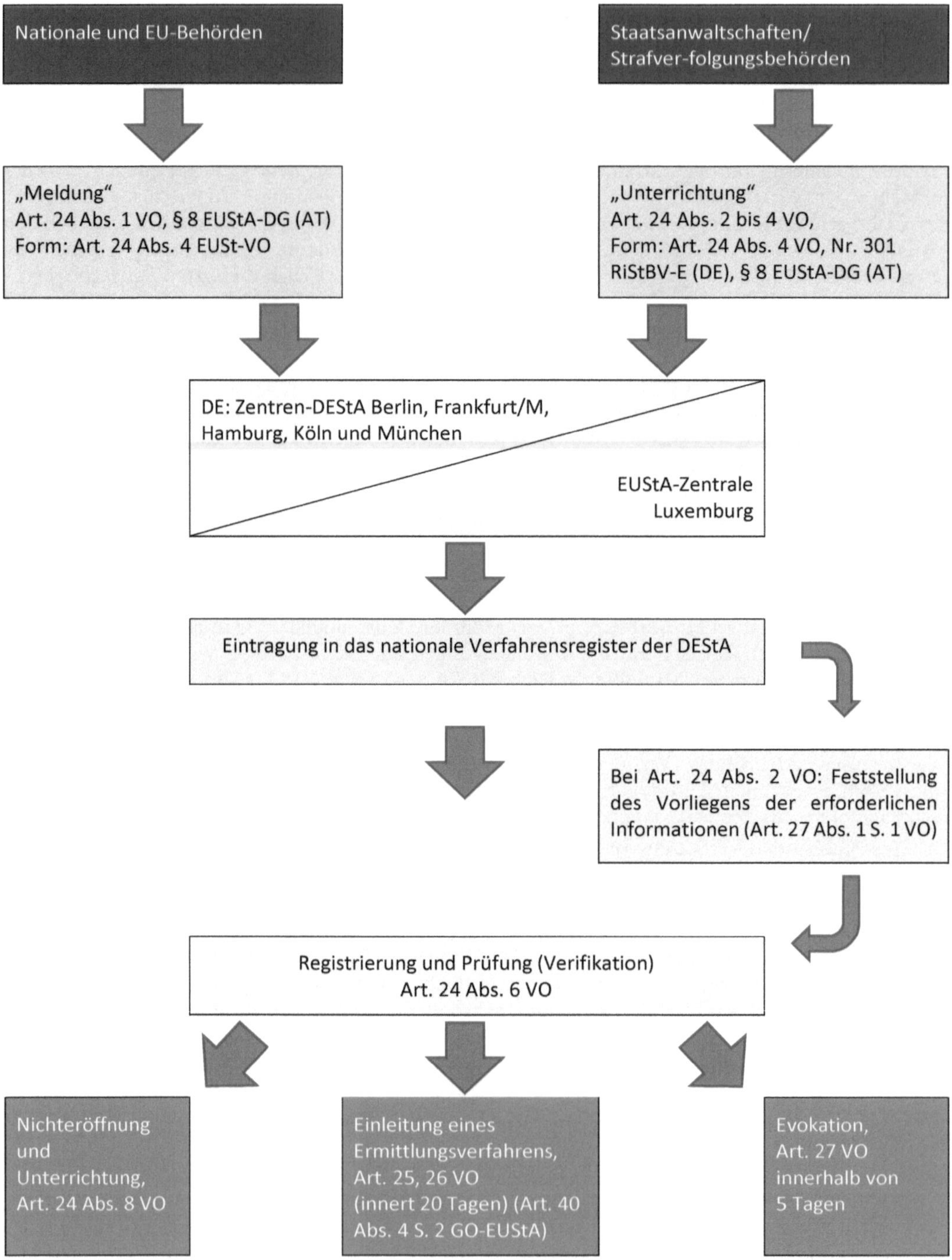

Art. 24 VO unterscheidet zwischen „Meldungen“ und „Unterrichtungen“; der Unterschied liegt zunächst in der rechtlichen Qualifikation der ihnen zugrunde liegenden (Verwaltungs)Vorgänge: 59

Wenn nationale oder EU-Behörden – etwa im Bereich der mitgliedstaatlichen Subventionsverwaltung) Anlass dafür haben, dass sich aus einem Vorgang Anhaltspunkte für das Vorliegen einer Straftat im Zuständigkeitsbereich der EUStA ergeben, dann tragen sie den Sachverhalt gemäß Art. 24 Abs. 1 VO an die EUSA als „Meldung“ heran. 60

Im Unterschied dazu ist eine „Unterrichtung“ gemäß Art. 24 Abs. 2 bis 4 VO dann angezeigt, wenn wegen einer in den Zuständigkeitsbereich der EUStA fallenden Straftat bereits ein Ermittlungsverfahren bei einer nationalen Behörde anhängig ist. Da nach deutschem und österreichischem Strafprozessrecht (§ 152 StPO bzw. § 20 Abs. 1 öStPO) letztlich die Staatsanwaltschaft Herrin des Ermittlungsverfahrens ist, können „Unterrichtungen“ grundsätzlich nur durch diese erfolgen. 61

**b) Verhältnis von Art. 24 Abs. 1 zu Abs. 2 VO.** Dabei lässt die Verordnung offen, in welchem Verhältnis die beiden Absätze zueinander stehen.[60] Wegen der konkurrierenden Zuständigkeit von nationaler Staatsanwaltschaft und der EUStA bei der Verfolgung von PIF-Delikten ist nach der Verordnung grundsätzlich nicht ausgeschlossen, dass nationale Behörden (etwa aus dem Bereich der Leistungsverwaltung, aber auch Polizei und Steuerbehörden) sich von Amts wegen an die zuständige nationale Staatsanwaltschaft wenden, die ihrerseits zunächst ein Ermittlungsverfahren einleitet, bevor sie die EUStA über dieses gemäß Art. 24 Abs. 2 VO unterrichtet. Umgekehrt ist es nach der EUStA-VO denkbar, dass mit Einleitung eines Ermittlungsverfahrens durch eine Strafverfolgungsbehörde eine Unterrichtung unmittelbar der EUStA gemäß Art. 24 Abs. 2 VO erfolgen kann.[61] 62

Allerdings sind bei den Informationswegen nach Art. 24 VO auch die innerstaatlichen Zuständigkeitsverteilungen im Strafverfahren zu beachten[62]. Zwar gilt nach deutschem Recht ein Ermittlungsverfahren dann als eingeleitet, wenn eine Ermittlungsbehörde (Staatsanwaltschaft oder ihre Ermittlungspersonen gemäß § 152 GVG) eine Maßnahme veranlasst, die nach ihrem äußeren Erscheinungsbild darauf abzielt, gegen eine Person strafrechtlich vorzugehen und gegen sie wegen des Verdachts einer Straftat strafrechtlich einzuschreiten; einer förmlichen Einleitungsverfügung bedarf es nicht.[63] Gleichwohl leitet sich daraus nicht ab, dass die Polizei, soweit sie als Ermittlungsperson strafprozessuale Maßnahmen auch schon vor der Einleitung eines staatsanwaltlichen Verfahrens veranlasst hat, eine Unterrichtung der EUStA nach Art. 24 Abs. 2 VO vornehmen kann. Die Staatsanwaltschaft bleibt Herrin des Ermittlungsverfahrens, die die wesentlichen sachleitenden Entscheidungen trifft, zu denen auch die Abgabe des Verfahrens an eine andere Justizbehörde gehört.[64]. Eine Vorlage zur Unterrichtung nach Art. 24 Abs. 2 VO kann daher nur durch sie erfolgen. Dies entspricht im Ergebnis auch dem in Art. 24 Abs. 3 und Art. 25 Abs. 6 VO vorgesehenen Mechanismus zur Lösung von Kompetenzkonflikten. 63

In gleicher Weise gilt dies auch für das österreichische Recht, wonach zwar grundsätzlich die Kriminalpolizei gemäß § 1 Abs. 2 öStPO neben der Staatsanwaltschaft in innerstaatlichen Strafverfahren ein Ermittlungsverfahren einleiten kann. Im Verhältnis zur EUStA soll sie aber Ermittlungen gemäß § 9 S. 2 EUStA-DG nur einleiten dürfen, wenn Maßnahmen zu setzen sind, die keinen Aufschub dulden.[65] Veranlasst sie im Übrigen Ermittlungsmaßnahmen in Bezug auf Straftaten, für deren Verfolgung die EUStA zuständig ist, legt sie das Verfahren der zuständigen Staatsanwaltschaft, ggf. mit dem Bemerken über eine mögliche Zuständigkeit der EUStA vor, die im Anschluss über die Unterrichtung der EUStA gemäß Art. 24 Abs. 2 VO entscheidet. 64

60 HBB/*Herrnfeld* Art. 24 Rn. 6.
61 Vgl. HBB/*Herrnfeld* Art. 24 Rn. 13.
62 Zur Beachtung innerstaatlicher Zuständigkeitsregelungen bei Anwendung von EU-Recht im Rahmen des Prinzips der loyalen Zusammenarbeit → Rn. 21.
63 Vgl. KK-StPO/*Griesbaum* § 160 Rn. 14.
64 Vgl. MüKoStPO/*Kölbel* § 160 Rn. 16.
65 EBRV 808 Blg NR 27. GP, 8.

65 Damit ist freilich nicht ausgeschlossen, dass die deutschen und österreichischen Strafverfolgungsbehörden der EUStA Straftaten nach Art. 24 Abs. 1 VO melden, jedenfalls soweit noch keine Ermittlungsmaßnahmen unternommen wurden. Dies ist auch im Sinne der EUStA-VO, die jegliche Informationsgewinnung zur Verfolgung der in ihre Zuständigkeit fallenden Straftaten ermöglichen will,[66] weshalb im Grunde auch nicht ausgeschlossen sein kann, dass nationale Polizeibehörden nach Vornahme von Ermittlungsmaßnahmen (auch) die EUStA über für sie relevante Straftaten informieren. In dem Fall setzt die EUStA gemäß Art. 27 Abs. 3 VO die zuständige Staatsanwaltschaft über die Meldung in Kenntnis und bittet um (ggf. Nachholung der) Unterrichtung. Umgekehrt sieht ErwG 58 VO zwar „in der Regel" einen Vorrang der Zuständigkeit der EUStA vor der nationalen Zuständigkeit zur Verfolgung von PIF-Straftaten vor. Der Erwägungsgrund erläutert aber nicht den Meldeweg, sondern in erster Linie das Verhältnis zwischen nationaler und europäischer Zuständigkeit, und zwar im Zweifel zugunsten einer Strafverfolgungszuständigkeit der EUStA. Folglich ist damit nicht ausgeschlossen, dass eine nationale Verwaltungsbehörde mit einem Sachverhalt zunächst die nationale Staatsanwaltschaft[67] befasst, die, sofern sie daraufhin ein (nationales) Ermittlungsverfahren einleitet, nicht jenseits ihrer Zuständigkeit (*ultra vires*) handelt.[68]

66 Das gilt insbesondere dann, wenn – wie in ErwG 51 VO vorgesehen – eine „erste Bewertung" des Sachverhalts erforderlich ist, um überhaupt festzustellen, ob die in Betracht kommende Handlung ein strafbares Verhalten im Zuständigkeitsbereich der EUStA darstellt.[69] Die „erste Bewertung" sollte durch die zuständige nationale Staatsanwaltschaft vorgenommen werden, was im Übrigen auch der nationalen Kompetenzverteilung im Bereich der Strafverfolgung entspricht. Folgende Konstellationen sind denkbar, in denen die Einleitung eines inländischen Ermittlungsverfahrens sogar opportun erscheint:

- Bei Maßnahmen wegen Gefahr im Verzug und sonstigen dringenden Maßnahmen, bevor ein Ermittlungsverfahren der EUStA eingeleitet wurde,[70]
- wenn Anhaltspunkte bestehen, dass die territoriale oder personelle Zuständigkeit der EUStA gemäß Art. 23 VO auch bei inländischer Gerichtsbarkeit nicht gegeben sein könnte;
- im Fall von Art. 24 Abs. 5 VO, wenn unklar ist, ob die Voraussetzungen nach Art. 25 Abs. 2 VO vorliegen oder ob, wegen des Vorliegens weiterer Straftaten außerhalb des EUStA-Zuständigkeitsbereichs wegen ihrer untrennbaren Verbindung mit einer PIF-Tat (Art. 22 Abs. 3 VO) bei Nichtvorliegen der Voraussetzungen von Art. 25 Abs. 3 lit. b VO gleichwohl eine Ermittlung durch die EUStA angezeigt ist;
- in Fällen, in denen Rechtshilfe von einem Drittstaat gesucht wird, und dieser bislang die nach Art. 104 Abs. 4 VO erforderliche Anerkennung der EUStA nicht vorgenommen hat und auch nicht zu erwarten ist, dass er Rechtshilfe unter den Voraussetzungen nach Art. 104 Abs. 5 VO leisten würde.

67 Andererseits dürfte bei komplexen, grenzüberschreitenden Sachverhalten eine unmittelbare Unterrichtung des zuständigen nationalen DEStA sachgerechter erscheinen, damit zeitnah Maßnahmen auf europäischer Ebene geprüft werden können.[71] Hiergegen spricht auch nicht die innerstaatliche Rechtslage: Während in Deutschland hierzu keine gesetzlichen Regelungen ergangen sind, findet in Österreich in diesen Fällen § 8 EUStA-DG Anwendung. Danach besteht eine Verpflichtung zur Meldung gemäß Art. 24 Abs. 1 VO für die nationalen Verwaltungsbehörden.

68 **2. Meldungen nationaler Behörden gemäß Art. 24 Abs. 1 VO.** Gemäß Art. 24 Abs. 1 VO[72] melden *die nach anwendbarem nationalem Recht* zuständigen Behörden der Mitgliedstaaten der EUStA

66 Vgl. ErwG 48 S. 1 VO.
67 In Deutschland auch die nach § 386 Abs. 1 AO zuständigen Hauptzollämter, das Finanzamt und das Bundeszentralamt für Steuern.
68 HBB/*Herrnfeld* Art. 24 Rn. 7.
69 So HBB/*Herrnfeld* Art. 24 Rn. 6.
70 Nach Einleitung eines EUStA-Verfahrens kommt bei Eilmaßnahmen durch die nationalen Justiz- und Strafverfolgungsstellen Art. 28 Abs. 2 VO zur Anwendung → Rn. 134.
71 Vgl. HBB/*Herrnfeld* Art. 24 Rn. 6.
72 Vgl. ErwG 48 S. 1 VO.

unverzüglich jegliche Straftaten, die in ihren Zuständigkeitsbereich fallen könnten.[73] Damit wird in der EUStA-VO klargestellt, dass letztlich die Mitgliedstaaten festlegen können, in welcher Weise und durch wen die EUStA die Informationen über eine von den nationalen Behörden als strafbare Handlung angesehene Information erreicht.[74] Die Regelung folgt damit der sich aus dem Prinzip der loyalen Zusammenarbeit folgenden Verfahrensautonomie der Mitgliedstaaten bei dem Vollzug von Unionsrecht.

Andererseits ist nicht ausgeschlossen, dass auch eine Behörde, zu deren Aufgabe nicht die Beitreibung, Vergabe oder Abwicklung von Einnahmen, Zuwendungen oder Ausgaben im Zusammenhang mit dem EU-Haushalt gehört, eine entsprechende Meldung veranlassen kann; im Gegenteil, auch diese Behörden unterliegen der Verpflichtung nach Art. 24 Abs. 1 VO. 69

a) **Zuständige Behörden.** Neben jeder in Betracht kommenden nationalen Verwaltungsbehörde können auch Staatsanwaltschaften und Strafverfolgungsbehörden Straftaten nach Art. 24 Abs. 1 VO melden, wenn sie kein Ermittlungsverfahren eingeleitet haben. Das ist dann der Fall, wenn die Einleitung eines Ermittlungsverfahrens wegen fehlender Zuständigkeit gemäß §§ 3 ff. StGB nicht zulässig ist, die Staatsanwaltschaft aber gleichwohl Anlass hat anzunehmen, dass die Zuständigkeit der EUStA eröffnet ist. Kenntnis von solchen Tatsachen kann eine Staatsanwaltschaft bspw. im Rahmen eines eingehenden Rechtshilfeersuchens bekommen. Das gilt auch, wenn die ersuchte Behörde feststellt, dass zwar eine innerstaatliche Verfolgungszuständigkeit besteht, sie aber örtlich unzuständig ist[75]. Es kann hier geboten sein, die weitere Bearbeitung des Ersuchens, das im Zusammenhang mit einer Straftat steht, für deren Verfolgung die Zuständigkeit der EUStA nach Art. 22, 23 VO eröffnet ist, von vornherein an die EUStA nach Art. 24 Abs. 1 VO abzugeben, damit diese nicht nur die Einleitung eines Ermittlungsverfahrens nach Art. 26 VO prüft, sondern auch das Ersuchen im Anschluss nach Art. 104 Abs. 6 VO erledigt. 70

Zum Meldeweg verweist ErwG 52 VO darauf, dass es Aufgabe der Mitgliedstaaten sei, ein – zentralisiertes oder dezentrales – System zu schaffen, mit dem sichergestellt wird, dass Informationen der EUStA so bald wie möglich übermittelt werden. Der Einsatz eines solchen Meldesystems in Deutschland bleibt abzuwarten, und es ist fraglich, ob letztlich hier nicht eine EU-einheitliche Lösung anzustreben ist, die die Meldungen aus den Mitgliedstaaten vereinheitlicht. Solche Regelungen können in Deutschland gegebenenfalls in Verwaltungsvorschriften getroffen werden.[76] 71

b) **Voraussetzung für die Meldepflicht.** An das Vorliegen der Voraussetzungen für die Meldepflicht knüpft ErwG 53 VO keine großen Anforderungen. Dies soll gewährleisten, dass nationale Behörden auch Fälle mitteilen, in denen die Prüfung bestimmter Kriterien nicht sofort möglich ist. Die Mitteilungspflicht wird also nicht erst bei Vorliegen eines Anfangsverdachts iSd § 152 Abs. 2 StPO ausgelöst,[77] sondern schon dann, wenn aus Sicht der nationalen Behörden eine Handlung in die Zuständigkeit der EUStA fallende Straftat darstellen *könnte* (ErwG 48 VO). Die mit der Prüfung des Anfangsverdachts verbundenen Feststellung, ob nach kriminalistischer Erfahrung eine verfolgbare Straftat nicht nur hinsichtlich der objektiven, sondern auch der subjektiven Tatbestandsvoraussetzungen gegeben ist[78], ist letztlich Aufgabe der EUStA. 72

Zwar sieht ErwG 51 VO eine „erste Bewertung“ vor, die aber bei nichtevidenten Fällen der nationalen Staatsanwaltschaft bzw. in Deutschland den Straf- und Bußgeldstellen gemäß § 386 Abs. 1 AO überlassen werden kann (s.o.). Maßstab für die Meldepflicht ist § 116 AO, dem mit der Meldung an die EUStA genüge getan wird.[79] Eine Meldung nach § 116 AO setzt eine gewisse Wahrscheinlichkeit für das Vorliegen einer Straftat voraus, allerdings weder einen Anfangsverdacht 73

73 Die gleiche Verpflichtung trifft auch Organe, Einrichtungen und sonstige Stellen der Europäischen Union, sog. IBoAs (Institutions, Bodies and Agencies of the Union), deren Meldepflichten hier aber nicht weiter vertieft werden sollen, vgl. ErwG 49 VO.

74 HBB/*Herrnfeld* Art. 24 Rn. 10.

75 Vgl. Nr. 24 Abs. 2 RiVASt.

76 BT-Drs. 19/17963, 22.

77 BT-Drs. 19/17963, 21.

78 Meyer-Goßner/*Schmitt* StPO § 152 Rn. 4.

79 BT-Drs. 19/17963, 21 f.

gemäß § 152 Abs. 2 StPO noch einen sonstigen qualifizierten Tatverdacht iSv §§ 112, 203 StPO, sie ist jedoch mehr als eine bloße Vermutung.[80] Dasselbe gilt für die einschlägigen Regelungen des Subventionsrechts,[81] wo durchaus schon geringfügige Unregelmäßigkeiten Anlass für eine Meldung gemäß § 24 Abs. 1 VO darstellen können. Es liegt daher nicht in der Zuständigkeit der nationalen Behörden zu bewerten, ob eine Meldung deswegen nicht erforderlich sei, weil eine Straftat wegen des Nichtvorliegens der subjektiven Tatbestandsvoraussetzungen nicht vorliegen könne.[82]

74 c) **Adressat.** Die Meldung kann nach der EUStA-VO sowohl an die EUStA-Zentrale als auch an einen nationalen DEStA, in Deutschland eines der zuständigen Zentren in Berlin, Frankfurt, Hamburg, Köln oder München, in Österreich an die Standorte der DEStA erfolgen. Letzterem ist der Vorzug zu geben, da die Prüfung und Einleitung der Ermittlungen gemäß Art. 26 VO ohnehin durch die zuständigen DEStA erfolgen muss und daher bei einer direkten Übermittlung eine zeitnahe Bearbeitung möglich ist.

75 d) **Inhalt und Form der Meldung.** Zu Form und Inhalt der Meldung sieht Art. 24 Abs. 4 VO vor, dass diese nicht nur eine Beschreibung des Sachverhalts, sondern auch eine Bewertung des entstandenen oder voraussichtlichen Schadens, die mögliche rechtliche Würdigung und alle vorliegenden Informationen über mögliche Opfer, Verdächtige und andere Beteiligte enthalten soll. Diese Anforderungen stehen in einem gewissen Widerspruch zu den zuvor möglichst niederschwellig beschriebenen Anforderungen an die Mitteilungspflicht und insbesondere zu der rechtlichen Bewertung. Insofern muss man die formalen und inhaltlichen Anforderungen eines Berichts der nationalen Behörden nach Art. 24 Abs. 4 VO im Zusammenhang mit der in ErwG 53 VO geforderten, möglichst weitgehenden und umfassenden Informationsverpflichtung sehen.

Das Ziel der Regelung ist zu gewährleisten, dass die Meldung möglichst umfassend, vollständig und unter Beifügung aller aus Sicht der nationalen Behörde relevanten Informationen erfolgt. Eigene Ermittlungen oder gar eine eigene umfassende strafrechtliche Bewertung sind aber keinesfalls Voraussetzung für eine Meldung iSv Art. 24 Abs. 1 VO[83] und daher auch nicht erforderlich. Gegenenfalls kommt eine Verwendung des von EUStA herausgegebenen Melde-Formblattes (EPPO CRIME REPORT – ECR) in Betracht.

76 **3. Unterrichtung durch die Staatsanwaltschaft nach Art. 24 Abs. 2 VO.** Art. 24 Abs. 2 VO regelt den Fall, das bereits ein Ermittlungsverfahren eingeleitet worden ist, d.h. wenn die nationale Ermittlungsbehörde eine Maßnahme getroffen hat, die nach ihrem äußeren Erscheinungsbild darauf abzielt, gegen eine Person strafrechtlich vorzugehen.[84] In den Fällen, in denen eine Staatsanwaltschaft zwar Kenntnis von strafbaren Handlungen hat, die in den Zuständigkeitsbereich der EUStA fallen könnten, jedoch mangels eigener Zuständigkeit kein Ermittlungsverfahren einleitet kann, unterrichtet sie die EUStA nach Art. 24 Abs. 1 VO.

77 § 7 Abs. 1 EUStAG stellt dazu klar, dass mit Übernahme der Ermittlungen durch die EUStA die ansonsten gemäß § 386 Abs. 2 AO befugte Finanzbehörde kein Ermittlungsverfahren in eigener Zuständigkeit mehr führt. Als Folge finden in diesem Fall insoweit auch die Regelungen des § 386 Abs. 4 der §§ 387 bis 392 und §§ 399 bis 401 AO und § 386 Abs. 4 S. 3 AO keine Anwendung mehr.[85]

78 a) **Adressat der Unterrichtungspflicht.** Adressaten der Unterrichtungspflicht nach Art. 24 Abs. 2 VO sind zunächst die nationalen Staatsanwaltschaften. Hinzu kommen in Deutschland die gemäß § 386 Abs. 2 AO zuständigen Straf- und Bußgeldstellen bei den Hauptzollämtern, Finanzämtern und dem Bundeszentralamt für Steuerstrafsachen, soweit sie gemäß § 399 Abs. 1 AO Rechte und Pflichten einer Staatsanwaltschaft wahrnehmen und selbstständig das Ermittlungsverfahren füh-

80 Klein/*Rätke* AO § 116 Rn. 4.
81 In Deutschland § 6 SubvG.
82 Wabnitz/Janovsky/Schmitt/*Dannecker*/*Bülte* 2. Kap. Rn. 318a.
83 HBB/*Herrnfeld* Art. 24 Rn. 10.
84 KK-StPO/*Grießbaum* § 160 Rn. 14; Meyer-Goßner/*Schmitt* Einl. Rn. 76.
85 BT-Drs. 19/17963, 57.

ren.[86] Steuerfahndungsbehörden und Zollämter unterrichten ebenfalls nach Maßgabe von Art. 24 Abs. 2 VO, wenn eine förmliche Einleitung eines Ermittlungsverfahrens gemäß § 397 Abs. 1 AO erfolgt ist; in allen anderen Fällen melden die Steuerbehörden nach Art. 24 Abs. 1 VO.

**b) Zeitlicher Rahmen.** Die Unterrichtung soll unverzüglich[87] erfolgen und zwar ab dem Zeitpunkt, von dem aus die Staatsanwaltschaft Kenntnis darüber erlangt, dass die Zuständigkeit der EUStA betroffen sein könnte.[88] Das kann zu Beginn mit Einleitung eines Ermittlungsverfahrens sein, oder auch erst im Laufe des Ermittlungsverfahrens. Maßstab ist allen Fällen das Vorliegen von Tatsachen, die eine Zuständigkeit der EUStA gemäß Art. 22, 23, 25 Abs. 2 und 3 VO möglich erscheinen lassen. 79

Die Unterrichtung soll die EUStA in die Lage versetzen, ihr Evokationsrecht nach Art. 27 Abs. 1 VO in der dort vorgesehenen Frist von maximal fünf Tagen auszuüben;[89] die Frist kann durch Entscheidung der Europäischen Generalstaatsanwältin um weitere fünf Tage verlängert werden (Art. 27 Abs. 1 S. 2 VO). Um die internen Entscheidungsprozesse vorzubereiten, muss der DEStA die Prüfung sogar zwei Tage vor Ablauf der Frist in Art. 27 Abs. 1 VO abschließen[90]. Die Frist bezieht sich auf Kalender-, nicht Arbeitstage. 80

Nach Art. 27 Abs. 1 S. 1 VO soll der Fristlauf mit „Erhalt aller einschlägigen Informationen" ausgelöst werden, die erforderlich sind, damit der DEStA eine Entscheidung über die Evokation des Verfahrens treffen kann. Im Unterschied zu Art. 27 Abs. 7 VO stellt Art. 27 Abs. 1 VO dabei nicht auf Tatsachen[91] ab, so dass der „Erhalt der erforderlichen Informationen" durchaus auch in der ausreichenden tatsächlichen und rechtlichen Durchdringung des Falls liegen kann, als Voraussetzung dafür, eine Entscheidung über die Evokation zu treffen. Zwar liegt die Feststellung des Vorliegens dieser Voraussetzungen im Ermessen des betrauten DEStA, wegen des Konzentrationsgrundsatzes darf der Zeitraum, in dem der Bewertungsprozess durchgeführt wird, jedoch nicht willkürlich ausgedehnt werden, sondern hat unverzüglich, dh ohne schuldhaftes Verzögern zu erfolgen. Der Umstand, dass alle einschlägigen Informationen erhalten worden sind, ist dabei förmlich in entsprechenden Vermerk in der Ermittlungsakte festzustellen, um den Fristbeginn auch exakt zu datieren. 81

In jedem Fall stellen der enge zeitliche Rahmen, in dem die Evokationsprüfung zu erfolgen hat, die DEStA vor eine erhebliche Herausforderung. Gerade in komplexen Wirtschaftsstrafverfahren mit einer umfangreichen Hauptakte und einer großen Anzahl von Fallakten, Sonderheften und Beweismittelordnern sind einer kurzfristigen, umfassenden Bewertung des Sachverhalts faktische Grenzen gesetzt. Um die Entscheidung zeitgerecht vorbereiten zu können, sollte daher in komplexeren Verfahren eine Vorabkonsultation zwischen der vorlegenden nationalen Staatsanwaltschaft[92] und den DEStA erfolgen; in Deutschland sieht Nr. 301 Abs. 1 S. 3 RiVASt-E dazu vor, dass vor Übersendung des Vorgangs nach Art. 24 Abs. 2 VO eine Kontaktaufnahme mit dem DEStA im zuständigen Zentrum erfolgen soll. 82

**c) Form und Inhalt der Unterrichtung.** Zu Form und Inhalt des Berichts macht Art. 24 Abs. 4 VO Vorgaben, die in Deutschland durch Nr. 301 Abs. 2 RiStBV-E konkretisiert werden. Die Vorlage des Berichts der Staatsanwaltschaften erfolgt über die Generalstaatsanwaltschaft; für die Straf- und Bußgeldstellen der Finanzbehörden gemäß § 386 Abs. 1 AO liegen bislang keine vergleichbaren 83

---

86 Vgl. MüKoStPO/*Kölbel* § 160 Rn. 21; KK-StPO/*Griesbaum* § 160 Rn. 9.

87 HBB/*Herrnfeld* Art. 24 Rn. 13.

88 Bei Altverfahren, sog. backlog-cases, dh Verfahren, die bereits vor Aufnahme des operativen Betriebs am 1.6.2021 anhängig waren und Straftaten im Zuständigkeitsbereich der EUStA betreffen, die nach dem 20.11.2017 begangen wurden, gilt eine Übergangsfrist zur Vorlage bis zum 31.12.2021 (Schreiben des deutschen Europäischen Staatsanwalts an die deutschen Justizverwaltungen vom 21.5.2021).

89 BT-Drs. 19/17963, 22.

90 Vgl. Art. 40 Abs. 4 S. 1 GO.

91 Vgl. die englische Fassung von Art. 27 Abs. 7 UAbs. 1 VO: „At any time in the course of the proceedings, the competent national authorities shall inform the EPPO of any new **facts** which could give the EPPO reasons to reconsider its decision not to exercise competence."

92 Unbeschadet bleiben hiervon interne Regelungen zum Dienstweg.

Regelungen vor. Dem Bericht sind die Akten beizufügen (Nr. 301 Abs. 1 S. 1 RiStBV). Die Übersendung der Berichte und Akten soll nach Nr. 301 Abs. 11 RiStBV, soweit möglich, elektronisch erfolgen, vorzugsweise unter Verwendung des von der EUStA herausgegebenen Melde-Formblattes (EPPO CRIME REPORT – ECR). Hierzu haben die DEStA Richtlinien für die elektronische Kommunikation herausgegeben.[93]

84 **4. Unterrichtung durch die Staatsanwaltschaft nach Art. 24 Abs. 3 VO bei beabsichtigter Nichtabgabe des Verfahrens.** Auch in den Fällen, in denen die Staatsanwaltschaft[94] der Auffassung ist, dass die EUStA ihre an sich nach Art. 22 VO bestehende Zuständigkeit wegen Art. 25 Abs. 3 VO (schwerwiegenderes Nicht-PIF-Delikt bzw. überwiegender mitgliedstaatlicher Schaden) nicht ausüben könne, ist sie gemäß Art. 24 Abs. 3 VO gleichwohl zu unterrichten.[95] Dem Bericht sind die Vorgänge zunächst nicht beizufügen, es sei denn, es hat bereits eine Verständigung über die Übernahme des Verfahrens gemäß Art. 25 Abs. 4 VO stattgefunden (vgl. Nr. 301 Abs. 3 RiStBV-E). Der Bericht soll die EUStA in der Lage versetzen, aus eigener Anschauung die Voraussetzungen nach Art. 25 Abs. 3 VO zu prüfen (ErwG 61 VO).[96]

85 Eine vergleichbare Problematik stellt sich auch dann, wenn bei systematischem Umsatzsteuerbetrug mit grenzüberschreitendem Bezug nach Art. 3 Abs. 2 lit. d PIF-RL iVm Art. 22 Abs. 1 S. 2 VO die Schadensgrenze von 10 Mio. Euro nicht erreicht zu sein scheint. Zwar könnte hier an sich wegen Art. 2 Abs. 2 PIF-RL zunächst keine PIF-Straftat vorliegen. Andererseits ist gerade in diesen Fällen eine Unterrichtung nach Art. 24 Abs. 3 VO von entscheidender Bedeutung, da das im Inland verfolgte Tatgeschehen möglicherweise nur einen Ausschnitt eines grenzüberschreitend organisierten Netzwerks darstellt und durch entsprechende Recherchen in den der EUStA zur Verfügung stehenden Datenbanken die multinationale Dimension erst deutlich wird. Offenbar handelt es sich demnach um eine Regelungslücke, die in der Praxis nur so geschlossen werden kann, dass auf diese Fälle Art. 24 Abs. 3 VO analog anzuwenden ist.

86 **5. Meldung und Unterrichtung bei unklarem Schadensumfang nach Art. 24 Abs. 5 VO.** Nach Art. 24 Abs. 5 VO ist die EUStA auch dann zu unterrichten, wenn sich nicht feststellen lässt, ob die Schadensgrenze von 10.000 Euro oder eine der in Art. 25 Abs. 2 lit. a und b VO genannten Ausnahmen gegeben sind. Die Berichtspflicht richtet sich nicht nur an die nationalen Behörden iSv Art. 24 Abs. 1 VO, sondern auch bei bereits eingeleitetem Ermittlungsverfahren an die Staatsanwaltschaften. Besonders die deutschen Straf- und Bußgeldstellen der Finanzbehörden nach § 386 Abs. 1 AO dürften etwa bei Zollvergehen betroffen sein, wenn unklar ist, ob die Schadensschwelle von 10.000 Euro erreicht ist oder ob es sich bei dem Einzeldelikt um einen Teilausschnitt einer gewerbsmäßigen oder bandenmäßigen Begehungsweise handelt, das möglicherweise Auswirkungen auf Unionsebene hat.[97]

87 **6. Vorgehen bei positiven oder negativen Kompetenzkonflikten.** Die VO hat die Frage, wie im Falle von Kompetenzkonflikten vorzugehen ist, nicht stringent geregelt. Nach dem Wortlaut von Art. 25 Abs. 6 VO soll eine nationale Behörde über die Zuständigkeitsverteilung entscheiden, wenn zwischen EUStA und nationalen Strafverfolgungsbehörden Uneinigkeit darüber besteht, ob die strafbare Handlung in den Zuständigkeitsbereich der Art. 22 Abs. 2 oder 3 oder Art. 25 Abs. 2 oder 3 VO fällt. Dies betrifft daher nur folgende Fälle:

- Verfolgung einer kriminellen Vereinigung, wenn der Schwerpunkt der Aktivitäten auf der Begehung von PIF-Straftaten liegt (Art. 22 Abs. 2 VO);
- Zuständigkeit im Hinblick auf untrennbar verbundenen Nicht-PIF-Straftaten (Art. 22 Abs. 3, 25 Abs. 3 a) VO);

93 Die Richtlinien über die Kommunikation mit den nationalen Behörden können über die deutschen Zentren abgefragt werden.
94 In Deutschland auch die nach § 386 Abs. 1 AO zuständigen Straf- und Bußgeldstellen.
95 ErwG 61 VO.
96 HBB/*Herrnfeld* Art. 24 Rn. 14.
97 HBB/*Herrnfeld* Art. 24 Rn. 18.

- Schaden geringer als 10.000 Euro, aber Auswirkungen auf EU-Ebene oder EU-Beamte/Bedienstete (Art. 25 Abs. 2 VO);
- Entstandener oder voraussichtlicher Schaden zum Nachteil der EU ist geringer als der einem anderen Opfer entstandene Schaden (Art. 25 Abs. 3 b) VO).

Die nationale Behörde entscheidet folglich nicht in den Fällen, in denen Differenzen darüber bestehen, ob überhaupt eine PIF-Straftat iSv Art. 22 Abs. 1 VO vorliegt und daher im Zuständigkeitsbereich der EUStA liegt. Im Ergebnis stellt der Konfliktlösungsmechanismus nach Art. 25 Abs. 6 VO bei Kompetenzkonflikten ohnehin nur eine Ausnahme dar, da die EUStA-VO für die in der Praxis meist relevanten Fallkonstellationen bei positiven wie negativen Kompetenzkonflikten Lösungen bereithält. 88

**a) Positive Kompetenzkonflikte.** Ist die EUStA der Auffassung, dass eine Handlung unter Art. 22 Abs. 1 VO fällt, muss sie gemäß Art. 26 Abs. 1 VO ein Verfahren einleiten bzw. kann es nach Art. 27 Abs. 1 VO evozieren. In beiden Fällen übt die nationale Strafverfolgungsbehörde ihre Zuständigkeit nicht mehr aus (Art. 25 Abs. 1 S. 2, Art. 27 Abs. 5 VO). Zwar werden nationale Justiz- und Strafverfolgungsbehörden die EUStA nicht gemäß Art. 24 Abs. 2 VO unterrichten, wenn sie der Auffassung sind, eine Tat falle nicht in deren Zuständigkeitsbereich. Allerdings ist denkbar, dass die EUStA auf einem anderen Weg von dem Verfahren Kenntnis erhält und dann um Unterrichtung gemäß Art. 27 Abs. 3 iVm Art. 24 Abs. 2 VO bittet. 89

Ein Remonstrations- oder Einspruchsrecht gegen die Entscheidung der EUStA, ihre Zuständigkeit auszuüben, haben die nationalen Strafverfolgungsbehörden daher grundsätzlich nicht. Eine Ausnahme besteht nur in den oben genannten Fällen, wenn das Vorliegen der Voraussetzungen von Art. 22 Abs. 2 und 3 bzw. Art. 25 Abs. 2 und 3 VO streitig ist. Problematisch ist allenfalls der – praktisch nicht sehr wahrscheinliche – Fall, wenn die EUStA nach einer Meldung durch eine nationale Behörde oder eine Privatperson ein Verfahren einleitet. Sollte die nationale Staatsanwaltschaft der Auffassung sein, es handele sich um eine Straftat außerhalb der EUStA-Zuständigkeit, wäre sie gemäß § 25 Abs. 1 S. 2 VO an sich nicht an weiteren Ermittlungen gehindert. 90

**b) Negative (Kompetenz)Konflikte.** Bei negativen Konflikten sind zwei Konstellationen denkbar: Entweder die EUStA sieht ihre Zuständigkeit nicht gegeben, weil nach ihrer Auffassung keine PIF-Straftat im Sinne von Art. 22 Abs. 1 VO vorliegt; oder sie will ihre Zuständigkeit nicht ausüben, weil sie die Voraussetzungen von Art. 22 Abs. 2 und 3 oder Art. 25 Abs. 2 und 3 VO nicht gegeben sieht, oder auch aus anderen Opportunitätserwägungen (vgl. Art. 34 Abs. 3 VO). 91

Zwar scheint der Wortlaut von Art. 25 Abs. 6 VO nahezulegen, dass zumindest in den dort genannten Fällen auch eine abschließende Entscheidung über die Ausübung der Zuständigkeit im Falle eines negativen Kompetenzkonfliktes durch die zuständige nationale Stelle getroffen werden könnte.[98] Allerdings steht dies in Widerspruch zu der der EUStA durch die VO verliehenen Entscheidungsprärogative bei der Ausübung ihrer Zuständigkeit, die durch das bei Nichtausübung der Zuständigkeit vorgesehene Verfahren und weiteren Verfahrensregelungen in der EUStA-VO verdeutlicht wird. 92

Ist ein DEStA nach Einleitung eines Ermittlungsverfahrens gemäß Art. 26 Abs. 1 VO der Auffassung, seine Zuständigkeit sei nicht gegeben, holt er dazu gemäß Art. 34 Abs. 1 VO eine Entscheidung der Ständigen Kammer ein. Dies gilt auch, wenn er der Auffassung ist, die Voraussetzungen von Art. 25 Abs. 2 und 3 VO für die Ausübung seiner Zuständigkeit lägen nicht (mehr) vor (Art. 34 Abs. 2 VO). Legt eine Staatsanwaltschaft nach Art. 24 Abs. 2 VO ein Verfahren zur Evokation vor, soll die EUStA sie gemäß Art. 27 Abs. 4 VO vor einer Entscheidung über die Ablehnung konsultieren. Letztlich entscheidet hier ebenfalls die Ständige Kammer gemäß Art. 27 Abs. 6 UAbs. 2 iVm Art. 10 Abs. 4 VO, ob das Evokationsrecht auszuüben ist. Im Fall der Evokation unterliegt die EUStA nicht dem Legalitätsprinzip, so dass die Übernahme des Verfahrens in ihr 93

98 Vgl. HBB/*Herrnfeld* Art. 25 Rn. 26.

Ermessen gestellt ist.[99] Hierfür hat das Kollegium der EUStA bereits entsprechende Richtlinien erlassen.[100]

94 Bei unterschiedlicher Auffassung über das Vorliegen der EUStA-Zuständigkeit ergibt sich folgende Verfahrensweise:

95 Ist die EUStA nach einer Unterrichtung gemäß Art. 24 Abs. 2 VO der Auffassung, ihre Zuständigkeit liege nicht vor oder die Voraussetzungen von Art. 25 Abs. 2 und 3 VO seien nicht gegeben, verbleibt es bei fehlender Evokation (im Anschluss an die Entscheidung der Ständigen Kammer) bei der Zuständigkeit der nationalen Staatsanwaltschaft.

96 Wird der EUStA nach Art. 24 Abs. 1 VO ein strafbares Verhalten gemeldet, das nach ihrer Auffassung nicht in ihre Zuständigkeit nach Art. 22 Abs. 1 VO fällt oder für das sie ihre Zuständigkeit gemäß Art. 25 Abs. 2 und 3 VO nicht ausüben kann, so unterrichtet sie gemäß Art. 24 Abs. 8 VO unverzüglich die zuständige nationale Staatsanwaltschaft darüber, die dann nach Maßgabe des in Deutschland und Österreich geltenden Legalitätsprinzips zunächst einmal ein innerstaatliches Strafverfahren einleiten muss. Sollte die nationale Staatsanwaltschaft gleichwohl der Auffassung sein, es handele sich um einen EUStA-Fall, kann sie nach Art. 24 Abs. 2 VO unterrichten. Wie zuvor beschrieben, prüft die EUStA erneut eine Evokation; kommt sie aber zu dem Ergebnis, dass eine Zuständigkeit (weiterhin) nicht gegeben ist, lehnt sie nach Einbindung der zuständigen Ständigen Kammer[101] die Übernahme ab. Es verbleibt bei der Zuständigkeit der nationalen Staatsanwaltschaft.

97 Ist die EUStA nach Einleitung der Ermittlungen der Auffassung, es läge im Sinne von Art. 22 oder 23 VO keine Zuständigkeit vor, unterrichtet sie nach Entscheidung der Ständigen Kammer gemäß Art. 34 Abs. 1 VO die zuständige nationale Staatsanwaltschaft ebenfalls nach Art. 24 Abs. 8 VO. Das Verfahren ist dann von der nationalen Staatsanwaltschaft zu übernehmen (*arg. e contrario* aus Art. 34 Abs. 5 VO).

98 Anders liegt nur der Fall, wenn die EUStA bereits ein Ermittlungsverfahren eingeleitet hat und nun nach Einholung einer Entscheidung der Ständigen Kammer gemäß Art. 34 Abs. 2 oder 3 VO das Verfahren der nationalen Staatsanwaltschaft mit der Begründung angedient wird, die Zuständigkeit der EUStA sei nicht gegeben oder die Voraussetzungen von Art. 25 Abs. 2 und 3 VO lägen nicht vor. Stimmen dann die zuständigen nationalen Behörden nicht oder nicht innerhalb einer Frist von 30 Tagen gemäß Art. 34 Abs. 5 der (Rück)Übernahme des Verfahrens zu, so bleibt die EUStA für die Strafverfolgung zuständig.

99 Die Konsequenz mutet auf den ersten Blick seltsam an, da die EUStA-VO für diesen Fall des Kompetenzkonfliktes keinerlei gerichtliche Überprüfung und damit etwa einer richterlichen Autorisierung einer weiteren Kompetenzausübung der EUStA auch bei der Verfolgung von Straftaten vorgesehen hat, für die die EUStA offensichtlich ihre Zuständigkeit nicht ausüben soll. Denn die EUStA-VO sieht keinerlei Voraussetzungen für die Nichtübernahme des Verfahrens nach Art. 34 Abs. 5 VO vor, demzufolge auch keine Begründungspflicht, die ggf. gerichtlicher Überprüfung unterläge. Folglich kann es nach dem Willen des Verordnungsgebers auch nicht darauf ankommen, ob überhaupt die in Art. 25 Abs. 2 und 3 VO genannten Voraussetzungen vorliegen. Vielmehr kann die nationale Behörde bspw. wegen nicht angenommener Verfolgungszuständigkeit,[102] aber auch aus Opportunitätsgründen – bspw. wegen fehlender Bearbeitungskapazitäten – eine Übernahme verweigern.

100 Im Ergebnis führt dies dazu, dass über diese Regelung eine Zuständigkeitserweiterung der EUStA auch für die Verfolgung solcher Delikte erfolgen kann, für die sie eigentlich nicht zuständig ist.

99 *Niedernhuber* → § 7 Rn. 27.

100 Vgl. Operational Guidelines on investigation, evocation policy and referral of cases vom 21.4.2021 (College Decision 0029/2021) –https://www.eppo.europa.eu/en/documents?search_api_fulltext=Decision+of+21%2F04%2F2021+on+Adopting+Operational+Guidelines+on+Investigation%2C+Evocation+Policy+and+Referral+of+Cases (abgerufen am 31.10.2021).

101 Vgl. *Herrnfeld* → § 4 Rn. 29.

102 Vgl. HBB/*Herrnfeld* Art. 34 Rn. 23.

Dies dürfte in der Praxis eine nicht unerhebliche Rolle bei komplexen Verfahren etwa im Bereich des Umsatzsteuerbetrugs spielen, wenn sich im Laufe der Ermittlungen herausstellt, dass bei untrennbar verbundenen Steuerdelikten die in die nationale Zuständigkeit fallenden Straftaten eigentlich genauso oder höher zu bestrafen wären (Art. 25 Abs. 3 lit. a VO). Dahinter steht möglicherweise das Kalkül, eine effektive Strafverfolgung nach dem Prinzip *aut dedere aut iudicare* nicht durch Zuständigkeitsstreitereien zu beeinträchtigen.

**c) Nationale Behörde im Sinne von Art. 25 Abs. 6 VO.** In Deutschland ist gemäß § 142b Abs. 2 GVG der Generalbundesanwalt dazu berufen, auf Antrag der betroffenen Staatsanwaltschaft oder der EUStA den Konflikt zu entscheiden. Hiergegen kann von unterlegener Seite der BGH angerufen werden. Damit ist zugleich gewährleistet, dass der BGH gemäß Art. 42 Abs. 2 lit. c VO iVm Art. 267 AEUV den EuGH befassen kann, sofern die Voraussetzungen für die Annahme der Zuständigkeit der EUStA einer europarechtlichen Klärung zugeführt werden müssen.[103] In Österreich soll der Oberste Gerichtshof gemäß § 7 EUStA-DG über den Kompetenzkonflikt entscheiden, so dass ebenfalls eine gerichtliche Überprüfung mit der Möglichkeit einer Vorlage in den das EU-Recht betreffenden Fragen in Betracht kommt. 101

Die Vorlage eines Entscheidungsantrags nach Art. 25 Abs. 6 VO erfolgt für die EUStA über den beim GBA angesiedelten DEStA. Für die deutschen Staatsanwaltschaften kommt Nr. 301 Abs. 8 RiStBV-E zur Anwendung, wonach die Akte mit Stellungnahme über die Generalstaatsanwaltschaft dem GBA zuzuleiten ist. 102

**7. Weitere Maßnahmen nach Meldung und Unterrichtung gemäß Art. 24 VO.** Meldet eine zuständige Behörde nach Art. 24 Abs. 1 VO einen Sachverhalt an die EUStA zur Prüfung der Einleitung eines Ermittlungsverfahrens gemäß Art. 26 VO, so ergeben sich bis zur endgültigen Entscheidung hierüber keine weiteren Besonderheiten. 103

Anderes gilt für den Fall der Berichterstattung nach Art. 24 Abs. 2 VO: Art. 27 Abs. 2 VO legt der unterrichtenden Staatsanwaltschaft zwei Pflichten auf: 104

- Keine verfahrensleitende Entscheidung, wie bspw. eine Einstellung mit Rechtskraftwirkung (§ 153a StPO) zu treffen, die die weitere Verfolgung der Straftat verhindert oder beeinträchtigt;
- alles dringend Erforderliche zu veranlassen, um die weitere Strafverfolgung durch die EUStA zu ermöglichen.

Letzteres ist nach deutschem Recht eigentlich eine Selbstverständlichkeit und zumindest bei vorsätzlicher Begehungsweise auch strafrechtlich durch § 258a StGB abgesichert. Nr. 301 Abs. 5 RiSBV konkretisiert hierzu, dass die Staatsanwaltschaft vor weiteren Maßnahmen Kontakt („Fühlung") mit dem zuständigen DEStA aufnehmen soll.[104]

Entscheidet die EUStA, ein nach Art. 24 Abs. 2 VO berichtetes Ermittlungsverfahren nicht zu evozieren, so hat die vorlegende Staatsanwaltschaft auch weiterhin gemäß Art. 24 Abs. 7 iVm Nr. 301 Abs. 7 RiStBV-E die EUStA über alle neuen Sachverhalte zu unterrichten, die eine Änderung der bisherigen Entscheidung veranlassen könnten. 105

## IV. Unterrichtungspflichten der EUStA gegenüber den zuständigen nationalen Behörden und Staatsanwaltschaften

Auch umgekehrt bestehen neben den Konsultationspflichten im Rahmen des Berichterstattungsverfahrens nach Art. 24 Abs. 2 VO[105] für die EUStA eine Reihe von Unterrichtungspflichten gegenüber den zuständigen nationalen Behörden und Staatsanwaltschaften. Gemäß Art. 117 S. 1 VO notifizieren die Mitgliedstaaten die entsprechenden nationalen Behörden.[106] 106

---

103 BT-Drs. 19/17963, 62.

104 Die Regelung entspricht insoweit Nr. 202 Abs. 3 RiStBV bei Abgabe von Verfahren an den GBA.

105 S. Art. 25 Abs. 2, 3 und 4 VO.

106 Erklärung der Bundesregierung vom 18.6.2021 → Anhang; Österreich hatte bis zum 30.6.2021 noch keine entsprechende Erklärung abgegeben.

107 **1. Unterrichtung der nationalen Staatsanwaltschaft wegen eines strafbaren Verhaltens (Art. 24 Abs. 8 VO).** Erhält die EUStA Kenntnis von strafrechtlich relevantem Verhalten, dessen Verfolgung nicht in ihren Zuständigkeitsbereich fällt, unterrichtet sie gemäß Art. 24 Abs. 8 VO die zuständigen nationalen Behörden unverzüglich hierüber und stellt ihnen alle sachdienlichen Beweise und Informationen zur Verfügung.

108 Hierzu sind folgende Fallgestaltungen[107] denkbar:

- Die Meldung nach Art. 24 Abs. 1 VO lässt auf ein strafrechtlich relevantes Verhalten schließen, begründet jedoch keinen Anfangsverdacht einer Straftat, die in ihren Zuständigkeitsbereich nach Art. 22 und 23 VO fällt. Die EUStA informiert die zuständige Staatsanwaltschaft und sollte hierüber auch die meldende Behörde in Kenntnis setzen.
- Die Meldung nach Art. 24 Abs. 1 VO betrifft zwar eine Straftat iSv Art. 22 und 23 EUStA, jedoch kann sie mangels der Voraussetzung von Art. 25 Abs. 2 und 3 VO ihre Zuständigkeit nicht ausüben. Die EUStA leitet den Bericht an die zuständige Staatsanwaltschaft weiter und setzt hierüber die meldende Behörde in Kenntnis.
- Im Rahmen eines Ermittlungsverfahrens werden Umstände bekannt, die den Verdacht einer Straftat außerhalb der Zuständigkeit für Handlungen iSv Art. 22 und 23 VO begründen.[108] Im Einzelfall kann eine Abgrenzung im Hinblick auf Art. 22 Abs. 3 VO bei „untrennbar verbundene Straftaten" schwierig sein. Wenn die Voraussetzungen von Art. 22 Abs. 3 VO jedoch nicht vorliegen, ist das Verfahren diesbezüglich auszutrennen und nach Art. 34 Abs. 1 VO an die zuständige Staatsanwaltschaft abzugeben.[109]

109 Die zuständigen nationalen Stellen, an die die Mitteilung erfolgen soll, bestimmen die Mitgliedstaaten im Rahmen ihrer Notifikation nach Art. 117 VO. Deutschland hat in seiner Notifikation nach Art. 117 VO zu Art. 24 Abs. 8 VO die Staatsanwaltschaften und den GBA sowie die Finanzbehörde, soweit sie nach § 386 Abs. 2 AO die Stellung einer Staatsanwaltschaft (Hauptzollämter, Finanzämter, Bundeszentralamt für Steuern) einnimmt, benannt.[110] Entsprechend ist in Deutschland auch im Fall des § 108 Abs. 1 StPO durch Unterrichtung des DEStA zu verfahren.[111]

110 Das Mitteilungsschreiben nach Art. 24 Abs. 8 VO sollte Ausführungen dazu enthalten, aus welchen Gründen die EUStA die Zuständigkeit der adressierten Staatsanwaltschaft angenommen hat. Sollte die Zuständigkeit der empfangenden Stelle nach deren Auffassung nicht gegeben sein, leitet sie den Vorgang an die aus ihrer Sicht zuständige Staatsanwaltschaft oder Finanzbehörde weiter. Eine Rückleitung des Vorgangs an die EUStA unter Verweis auf eine angenommene örtliche Unzuständigkeit ist in der VO nicht vorgesehen und daher auch nicht zulässig.[112]

111 Art. 24 Abs. 8 VO findet jedoch keine Anwendung, wenn der nach Art. 24 Abs. 2 VO berichtete Sachverhalt nur teilweise oder gar nicht die Zuständigkeit der EUStA begründen lässt. In diesen Fällen übt der betraute DEStA – unter Beachtung der Vorgaben von Art. 27 Abs. 6 UAbs. 2 EUStA – das Evokationsrecht ganz oder teilweise nicht aus und informiert hierüber nach Art. 27 Abs. 7 VO die unterrichtende Staatsanwaltschaft.

112 **2. Unterrichtung über die Einleitung eines EUStA-Ermittlungsverfahrens.** Der Verordnungsgeber hat in den Art. 25 Abs. 5 und Art. 26 Abs. 2 und 7 VO Unterrichtungspflichten der EUStA in Bezug auf die Ausübung ihrer Zuständigkeit und die Einleitung eines Ermittlungsverfahrens vorgesehen.

---

107 Vgl. HBB/*Herrnfeld* Art. 24 Rn. 29.

108 ErwG 48 S. 2 VO: „In Fällen, die nicht in die Zuständigkeit der EUStA fallen, sollte diese die zuständigen nationalen Behörden über Sachverhalte informieren, von denen sie Kenntnis erhalten hat und die eine Straftat darstellen können, wie zB Falschaussagen."

109 Bei Kompetenzkonflikten vgl. → Rn. 96 f.

110 Erklärung der Bundesregierung vom 18.6.2021 – hier zu Art. 24 Abs. 8 VO. Nicht unerwähnt soll bleiben, dass auch die Zentralstelle der Landesjustizverwaltungen zur Aufklärung nationalsozialistischer Verbrechen (Ludwigsburg) benannt wurde, die jedoch mangels Berührungspunkten zu den PIF-Straftaten als zu informierende Stelle in der Praxis keine Rolle spielen dürfte.

111 BT-Drs. 19/17963, 23.

112 Unbeschadet bleibt hiervon die Möglichkeit der Staatsanwaltschaft, die die Mitteilung nach Art. 24 Abs. 8 VO erhalten hat, den Vorgang ggf. nach Art. 24 Abs. 2 VO erneut vorzulegen.

Im Rahmen des Evokationsverfahrens finden sich weitere Unterrichtungspflichten in Art. 27 Abs. 1 S. 1 Hs. 2, Abs. 3 S. 1, Abs. 7 VO. Die Abgrenzung der verschiedenen Unterrichtungspflichten ist auf den ersten Blick etwas verwirrend, hier hätte man sich von dem Verordnungsgeber ein einheitlicheres System gewünscht.

**a) Unterrichtungspflicht der „zuständigen nationalen Behörde" nach Art. 25 Abs. 5 VO.** Erhält die EUStA eine Mitteilung nach Art. 24 Abs. 1 und 2 VO, soll sie gemäß Art 25 Abs. 5 VO die nationalen Behörden unverzüglich über jede Entscheidung über die Ausübung ihrer Zuständigkeit unterrichten, d.h. sowohl wenn sie das Verfahren übernimmt, als auch wenn sie beabsichtigt, kein Ermittlungsverfahren einzuleiten. 113

Die Regelung unterscheidet sich im Hinblick auf die Unterrichtungspflicht nach Art. 24 Abs. 7 und Art. 26 Abs. 2 VO dahingehend, dass dort die meldende Behörde, hier jedoch die zuständige nationale Behörde unterrichtet werden soll. Das kann, muss jedoch nicht zusammenfallen. 114

Deutschland[113] hat hierzu erklärt, dass nach Art. 25 Abs. 5 VO jeweils die Behörde, die das Verfahren nach Art. 24 Abs. 1 oder 2 VO gemeldet hat, oder ggf. diejenige, mit der Konsultationen nach Art. 25 Abs. 2, 3 und 4 VO geführt wurde, unterrichtet werden soll. Bei Anzeigen von Privaten, öffentlichen Stellen oder EU-Behörden erfolgt die Unterrichtung an die ansonsten zuständige Staatsanwaltschaft bzw. Finanzbehörde (§ 386 Abs. 2 AO). Daneben hat der DEStA gemäß Art. 12 Abs. 1 EUStAG bei Einleitung bzw. Evokation eines Verfahrens eine Mitteilung an das Zentrale Staatsanwaltliche Verfahrensregister (ZStV) zu veranlassen. 115

**b) Unterrichtungspflicht nach Art. 26 Abs. 2 VO.** Kommt die EUStA zu dem Ergebnis, dass die Voraussetzungen für die Einleitung eines Ermittlungsverfahrens nach Meldung oder Berichterstattung gemäß Art. 24 Abs. 1 VO vorliegen, informiert sie die unterrichtende Behörde hierüber. Eine unverzügliche Mitteilung über die Einleitung eines EUStA-Ermittlungsverfahrens ist auch deswegen von Bedeutung, weil gemäß Art. 25 Abs. 1 S. 2 VO die meldende bzw. unterrichtende Behörde von diesem Zeitpunkt weitere Maßnahmen im Hinblick auf eine Strafverfolgung bspw. durch eine nationale Staatsanwaltschaft nicht mehr ergreifen soll. Zudem melden die DEStA gemäß § 12 Abs. 1 EUStAG iVm § 492 Abs. 2 StPO die Einleitung des Verfahrens an das Zentrale Staatsanwaltliche Verfahrensregister (ZStV) beim Bundesamt für Justiz. 116

Üblicherweise richtet sich die Mitteilung an die meldende Behörde iSv Art. 24 Abs. 1 VO. Der Verweis in Art. 26 Abs. 2 VO auch auf Art. 24 Abs. 2 VO geht fehl:[114] Art. 26 Abs. 1 VO findet keine Anwendung, wenn eine nationale Staatsanwaltschaft bereits ein Verfahren eingeleitet hat und hierüber gemäß Art. 24 Abs. 2 VO unterrichtet. In diesen Fällen ist die Evokation des Verfahrens gemäß Art. 27 Abs. 1 VO zu prüfen, nicht ein neues Ermittlungsverfahren gemäß Art. 26 Abs. 1 VO einzuleiten. Die Fälle, in denen eine Staatsanwaltschaft nach Art. 26 Abs. 2 VO informiert wird, können daher allenfalls parallele Ermittlungen betreffen, in denen bei der EUStA bereits ein Ermittlungsverfahren anhängig war oder ausnahmsweise nach Art. 24 Abs. 1 VO gemeldet hat (→ Rn. 70). 117

**c) Unterrichtungspflicht nach Art. 26 Abs. 7 VO.** Anderseits ist die EUStA gemäß Art. 26 Abs. 7 VO gehalten, die „zuständigen nationalen Behörden" unverzüglich über die Einleitung eines Ermittlungsverfahrens zu informieren. Die Regelung überschneidet sich teilweise im Anwendungsbereich mit Art. 25 Abs. 6 VO, allerdings werden hier auch die Fälle erfasst, in denen die EUStA von sich aus die Einleitung eines Ermittlungsverfahrens – etwa nach einer Strafanzeige durch eine Privatperson oder von Amtswegen – veranlasst hat. 118

Insoweit ist die Meldeverpflichtung auch deutlich weiter und entspricht der, der deutsche Staatsanwaltschaften aus § 477 StPO und § 12 Abs. 5 EGGVG iVm der Anordnung über die Mitteilung in Strafsachen (MiStra) unterliegen. Art. 47 Abs. 3 VO sieht ausdrücklich die Befugnis vor, personenbezogene Daten an die Behörden der Mitgliedstaaten auch für andere Zwecke zu übermitteln als 119

113 Erklärung der Bundesregierung vom 18.6.2021 – hier zu Art. 25 Abs. 5 VO.
114 HBB/*Herrnfeld* Art. 26 Rn. 23.

die, für die die Daten erhoben wurden.[115] § 4 Abs. 4 EUStAG stellt daher klar, dass die Vorschriften der §§ 12 bis 14 und 16 bis 20 EGGVG anwendbar sind, soweit die EUStA nach Maßgabe der Verordnung befugt ist, die zuständigen nationalen Behörden unter Übermittlung personenbezogener Daten zu unterrichten.[116] Die Vorschriften der §§ 21 und 22 EGGVG finden, wie die §§ 483 bis 491 StPO, wegen der vorrangigen Regelungen in Art. 47 ff. VO keine Anwendung.

120 Deutschland hat als Stellen, an die die Mitteilung zu erfolgen hat, neben den ansonsten zuständigen Staatsanwaltschaften und Hauptzollämtern (§ 12 Abs. 2 EUStAG, § 386 Abs. 2 AO), dem beim Bundesamt für Justiz angesiedelten Zentralen Staatsanwaltlichen Verfahrensregister (§ 12 Abs. 1 EUStAG) insbesondere die für Bewährungs- und Führungsaufsichtsfälle zuständigen Gerichte, Gnadenstellen und Führungsaufsichtsstellen (Nr. 13 MiStra) und weitere betroffene Verwaltungsbehörden benannt.[117]

121 **d) Unterrichtungspflichten im Evokationsverfahren nach Art. 27 VO.** Das Evokationsverfahren nach Art. 27 Abs. 1 VO im Anschluss an eine Unterrichtung durch eine nationale Staatsanwaltschaft nach Art. 24 Abs. 2 VO sieht insgesamt drei Mitteilungspflichten für die EUStA vor:

- **Unterrichtung über die Evokationsentscheidung** (Art. 27 Abs. 1 S. 1 Hs. 2 VO): Sobald die EUStA die Entscheidung über die Ausübung des Evokationsrechts getroffen hat, setzt sie die zuständigen nationalen Behörden hierüber in Kenntnis. Zuständige nationale Behörde ist in Deutschland die Staatsanwaltschaft, die die EUStA gemäß Art. 24 Abs. 2 VO unterrichtet hat und das beim Bundesamt für Justiz angesiedelte Zentrale Staatsanwaltliche Verfahrensregister (§ 12 Abs. 2 EUStAG).[118] Diese Mitteilung ist deswegen von großer Bedeutung, weil damit das Verfahren förmlich übernommen worden ist und aus Sicht der zuständigen nationalen Staatsanwaltschaft ein Verfahrenshindernis entsteht (Art. 25 Abs. 1 S. 2 VO).
- **Anfrage zu anhängigen Ermittlungen** (Art. 27 Abs. 3 VO): Erhält die EUStA auf anderem Weg als durch eine Unterrichtung gemäß Art. 24 Abs. 2 VO davon Kenntnis, dass bereits auf nationaler Ebene ein Ermittlungsverfahren für eine Straftat in ihrer Zuständigkeit anhängig ist, so setzt sie die betroffene Behörde darüber in Kenntnis und fordert sie zur Unterrichtung nach Art. 24 Abs. 2 VO auf. Die Anfrage richtet sich entweder an die ermittlungsführende Stelle oder an eine sonstige Staatsanwaltschaft, die für das Ermittlungsverfahren zuständig wäre.[119] Letzteres dürfte insbesondere dann in Betracht kommen, wenn es sich um eine Finanzbehörde iSv § 386 Abs. 2 AO handelt, was der zuständigen Staatsanwaltschaft Gelegenheit gibt, das Verfahren gemäß § 386 Abs. 4 S. 2 AO an sich zu ziehen, sofern von dort nicht eine Vorlage gemäß Art. 24 Abs. 2 VO erfolgt.
- **Verzicht auf Evokation** (Art. 27 Abs. 7 VO): Verzichtet die EUStA auf die Ausübung ihres Evokationsrechts, soll sie die zuständige nationale Behörde hierüber unverzüglich in Kenntnis setzen. Adressat sind entweder die Behörde, die nach Art. 24 Abs. 2 VO unterrichtet hat, oder eine sonst zuständige Staatsanwaltschaft, an die das Verfahren im Anschluss zuständigkeitshalber abzugeben ist.[120]

122 **3. Mitteilungspflicht der EUStA über den Abschluss des Verfahrens (Art. 36 Abs. 6 VO).** Wie in einem vergleichbaren innerstaatlichen Strafverfahren soll die EUStA den zuständigen Stellen im Einzelfall den Abschluss des Verfahrens mitteilen. Diese Mitteilungsverpflichtung findet sich im Fall der Anklageerhebung in Art. 36 Abs. 6 VO, bei Einstellung des Verfahrens in Art. 39 Abs. 4 VO. Bei einer Anklageerhebung soll die Mitteilung – ausnahmsweise nicht durch den zuständigen DEStA, sondern durch die Zentrale der EUStA in Luxemburg erfolgen[121] und sich weitgehend an

115 Vgl. kritisch *Hornung/Schindler* → § 3 Rn 22.
116 BT-Drs. 19/17963, 54.
117 Erklärung der Bundesregierung zu Art. 117 VO vom 18.6.2021 zu Art. 26 Abs. 7 VO.
118 Erklärung der Bundesregierung zu Art. 117 VO vom 18.6.2021 zu Art. 27 Abs. 1 VO.
119 Erklärung der Bundesregierung zu Art. 117 VO vom 18.6.2021 zu Art. 27 Abs. 3 VO.
120 Erklärung der Bundesregierung zu Art. 117 VO vom 18.6.2021 zu Art. 27 Abs. 7 VO.
121 Die EUStA-VO sieht hier einen abweichenden Meldeweg über die EUStA-Zentrale vor (vgl. HBB/*Herrnfeld* Art. 36 Rn. 22); ausgeschlossen ist allerdings nicht, dass die Geschäftsordnung der EUStA die Mitteilungspflicht auf die DEStA überträgt.

die in einem deutschen Strafverfahren vorgesehenen Empfänger richten – insbesondere nach der MiStra (vgl. § 4 Abs. 4 EUStAG).[122]

Auch bei einer Einstellung orientiert sich die Mitteilungspflicht der EUStA an die zuständigen nationalen Behörden nach Art. 39 Abs. 4 VO an den in einem deutschen Strafverfahren vorgesehenen Mitteilungen.[123] Im Unterschied zu Art. 36 Abs. 6 VO kann die Mitteilung in diesen Fällen auch durch den DEStA erfolgen. 123

## V. Zusammenarbeitsverpflichtung der nationalen Strafverfolgungsbehörden mit der EUStA – Art. 28 Abs. 1 und 2 VO

Die EUStA ist zur Durchführung der Ermittlungen nach Einleitung gemäß Art. 26 Abs. 1 VO und Übernahme eines Verfahrens durch Evokation nach Art. 27 VO auf die nationalen Strafverfolgungsbehörden angewiesen. Art. 28 Abs. 1 und 2 VO sieht dafür einen besonderen Kooperationsmechanismus vor, der bis zum Abschluss der Ermittlungen nach Art. 35 VO Anwendung findet.[124] 124

Die Regelung konkretisiert letztlich den Grundsatz der loyalen Zusammenarbeit nach Art. 5 Abs. 6 VO (→ Rn. 21) – und zwar in beide Richtungen: Zum einen betont sie die herausragende Rolle der Mitgliedstaaten und ihrer Strafverfolgungsbehörden bei der Durchführung der Ermittlungsverfahrens und damit letztlich der praktischen Umsetzung der Verordnung.[125] Zum anderen folgt die VO der auch aus anderen Bereichen bekannten Vorgehensweise bei der Vollstreckung von Unionsrecht: Der Unionsgesetzgeber setzt den legislativen Rahmen, in diesem Fall die Strafverfolgungskompetenz der EUStA, ihre Operationalisierung ist jedoch auch Aufgabe der Mitgliedstaaten, unbeschadet ihrer Sachleitungsbefugnis. Die Mitgliedstaaten entscheiden daher ihrerseits, welche nationalen Behörden sie mit der Ausführung der Anweisungen der DEStA betrauen.[126] 125

**1. Anweisungsbefugnis des betrauten Delegierten Europäischen Staatsanwalts.** Die Anweisungsbefugnis des mit den Ermittlungen betrauten DEStA entspricht der eines nationalen Staatsanwalts, der in einem vergleichbaren innerstaatlichen Fall die Ermittlungen führen würde. § 142b GVG bzw. § 4 Abs. 2 EUStA-DG stattet die DEStA mit den gleichen Befugnissen wie deutsche und österreichische Staatsanwälte aus. Sie können nach Art. 28 Abs. 1 VO die Ermittlungen entweder selbst vornehmen oder die zuständigen nationalen Behörden dazu anweisen, wobei es in ihrem Ermessen steht, in welcher Weise sie vorgehen. Ihnen steht daher ebenos ein uneingeschränktes Weisungsrecht in Bezug auf ihre auf die Aufklärung des Sachverhalts gerichtete strafverfolgende Tätigkeit zu,[127] das in diesem Rahmen sogar das Weisungsrecht eines Dienstvorgesetzten umfasst.[128] 126

Durch den Verweis auf das nationale Recht finden nach deutschem Recht § 161 Abs. 1 StPO, § 152 GVG und die §§ 402, 404 AO hinsichtlich der allgemeinen Ermittlungsbefugnis („Ermittlungen jeder Art") des DEStA wie auch in Bezug auf mögliche Weisungen und Ermittlungsaufträge an Polizei-, Zoll-und Steuerbehörden in Österreich die §§ 98 ff. öStPO Anwendung Die angewiesenen mitgliedstaatlichen Behörden werden so als „verlängerter Arm" der EUStA tätig.[129] 127

Die Befugnis des DEStA, die Polizei mit der Durchführung von Ermittlungen zu beauftragen, richtet sich demnach in Deutschland nach Art. 28 Abs. 1 S. 1 VO iVm § 161 Abs. 1 S. 1 StPO, in Österreich iVm § 12 EUStA-DG. Gemäß § 161 Abs. 1 S. 2 StPO führt die Polizei die Aufträge aus und kann entsprechend selbst dazu von Behörden Auskunft verlangen. Die gemäß Art. 28 Abs. 1 iVm §§ 161 Abs. 1 StPO, 404, 406 AO mit der Durchführung von Ermittlungsmaßnahmen betrauten Behörden stellen sicher, dass die Weisungen befolgt und die angeordneten Maßnahmen getroffen 128

122 Erklärung der Bundesregierung zu Art. 117 VO vom 18.6.2021 zu Art. 36 Abs. 6 VO.
123 Erklärung der Bundesregierung zu Art. 117 VO vom 18.6.2021 zu Art. 39 Abs. 4 VO.
124 HBB/*Herrnfeld* Art. 28 Rn. 1.
125 HBB/*Herrnfeld* Art. 28 Rn. 4.
126 *Herrnfeld* eucrim 2018, 117 (120).
127 BGH, 27. Mai 2009 - 1 StR 99/09, Rn. 13; SK-StPO/*Wohlers*, § 152 GVG Rn. 24
128 BGH, 29.4.2021, 6 BGs 19/21, Rn. 21 - juris.
129 BT-Drs. 19/17963, 25.

werden. Grundsätzlich ist es Aufgabe des betrauten DEStA bei mehreren anhängigen EUStA-Verfahren, etwa wegen der Dringlichkeit oder bei beschränkten Ressourcen, zu priorisieren. Zwar genießt ein EUStA-Verfahren allein aus dem Umstand, dass es sich um eine Straftat zum Nachteil der Europäischen Union handelt, nicht zwingend eine bevorzugte Bearbeitung durch die zuständigen Behörden. Allerdings steht es den Polizeibehörden und Ermittlungsbehörden nicht zu, eigenmächtig darüber zu entscheiden, ob ein Ermittlungsverfahren durch Abzug und anderweitige Verwendung der Ermittlungspersonen nicht mehr gefördert wird. Reichen die Ressourcen nicht aus, zeigen sie dies unverzüglich den DEStA an, die dann in Abstimmung mit den ebenfalls betroffenen nationalen Staatsanwaltschaften die erforderliche Priorisierung vornimmt.[130] Wenn dann wegen vordringlicheren Ermittlungen in einem anderen nationalen Verfahren die Bearbeitung eines EUStA-Verfahren zurückgestellt werden muss, ist dies für sich betrachtet noch kein Verstoß gegen das Prinzip der loyalen Zusammenarbeit.[131]

129 Die Bezugnahme auf die mitgliedstaatlichen Rechtsvorschriften in Art. 28 Abs. 1 S. 2 VO verweist darauf, dass die angewiesene Behörde nur im Rahmen ihrer innerstaatlichen Befugnisse zu handeln verpflichtet ist und keine Maßnahmen zu ergreifen braucht, die nach anwendbarem nationalen Recht nicht zulässig sind.[132] Die Verantwortung der DEStA für die Ermittlungen und ihre Vereinbarkeit nach nationalem Recht und der VO genauso wie ihre Sachleitungsbefugnis bleiben davon unberührt.[133]

130 Sofern ein DEStA im Rahmen in Ausübung seiner Zuständigkeit nach der VO die nationalen Polizeibehörden mit der Durchführung von Ermittlungen betraut, handeln diese dann im Auftrag der EUStA.[134] Die von den Polizeibehörden vorgenommen Maßnahmen im Rahmen eines EUStA-Verfahrens und nach Anordnung durch einen DEStA sind prozessuale Akte der EUStA und unterliegen insoweit der nach Art. 42 VO vorgesehenen gerichtlichen Kontrolle.[135]

131 **2. Adressat: Zuständige nationale Behörden.** Bei der Ausübung seiner Anordnungsbefugnis hat der DEStA die in seinem Mitgliedstaat geltende Zuständigkeitsverteilung zu beachten, insbesondere zu der Frage, welche Maßnahmen durch die Staatsanwaltschaft getroffen werden können und welche Behörden für die Durchführung welcher Maßnahmen zuständig sind[136]. Eine bestimmte Behörde kann von dem DEStA nur mit der Ausführung einer Maßnahme beauftragt werden, wenn sie hierfür nach nationalem Recht auch zuständig ist.[137] Auch hier gilt daher, dass die Mitgliedstaaten in eigener Zuständigkeit bestimmen, welche Behörden mit der Zusammenarbeit mit der EUStA zu betrauen sind. Deutschland hat hier folgende Behörden benannt.[138]

- Polizeibehörden der Länder, Bundespolizei, Bundeskriminalamt,
- Bundesfinanzbehörden (Hauptzollämter, Zollfahndungsämter, Zollkriminalamt),
- Landesfinanzbehörden (Finanzämter, Dienststellen der Steuerfahndung),
- Forst- und Jagdverwaltung des Bundes,
- Forst-, Jagd- und Fischereiverwaltungen und Bergämter der Länder,
- ggf. weitere Behörden, deren Angehörige als Ermittlungspersonen nach den jeweiligen Landes-VO ermächtigt sind (§ 152 Abs. 2 GVG),
- Kontrollbeamtinnen und -beamte der Bundesanstalt für Landwirtschaft und Ernährung i.R.d. Fischereikontrolle außerhalb der Küstengewässer nach § 16 Abs. 3 SeeFischG.

132 In der Aufzählung finden sich bezeichnenderweise nicht die deutschen Staatsanwaltschaften. Aus Sicht der Bundesregierung tritt die EUStA im Anwendungsbereich der EUStA-VO als zuständige

130 Vgl. BGH, 29.4.2021, 6 BGs 19/21, Rn. 23 - juris.
131 HBB/*Herrnfeld* Art. 28 Rn. 13.
132 BT-Drs. 19/17963, 25.
133 HBB/*Herrnfeld* Art. 28 Rn. 5.
134 Vgl. → Rn. 29 zur Rolle der nationalen Verwaltungen beim Vollzug von Unionsrecht.
135 HBB/*Herrnfeld* Art. 28 Rn. 7; im Weiteren *Esser* → § 12 Rn. 35 ff.
136 *Herrnfeld*/Reiser FS StA Koblenz/Trier, 249 (258).
137 HBB/*Herrnfeld* Art. 28 Rn. 12.
138 Erklärung der Bundesregierung zu Art. 117 VO vom 18.6.2021 zu Art. 28 Abs. 1 VO.

Behörde für das Ermittlungs- und das Strafverfahren an die Stelle der Staatsanwaltschaften der Mitgliedstaaten. Dem würde es jedoch widersprechen, auch die Staatsanwaltschaften der Mitgliedstaaten als „nationale Behörde“ iSd Art. 28 Abs. 1 VO zu behandeln, mit der Folge, dass die EUStA ein Weisungsrecht gegenüber den Staatsanwaltschaften als „nationale Behörde“ ausüben könnte.[139] Daher erfolgt die Zusammenarbeit mit den nationalen Staatsanwaltschaften nicht auf Grundlage von Art. 28 VO, sondern im Wege der Amtshilfe gemäß § 13 EUStAG (→ Rn. 136 ff.).

In Österreich können die DEStA nach Maßgaben von § 12 EUStA-DG iVm § 76 öStPO andere inländische Behörden um Unterstützung ersuchen. Dies schließt nicht Ersuchen an Staatsanwaltschaften ein, bspw. für den Fall, das an mehreren Orten Durchsuchungen durchzuführen sind.[140] 133

**3. Eilmaßnahmen nach Art. 28 Abs. 2 VO.** Auch ohne ausdrückliche Weisung durch den verfahrensführenden DEStA sollen die zuständigen nationalen Behörden nach Art. 28 Abs. 2 VO alle dringend erforderlichen Maßnahmen im Einklang mit dem nationalen Recht treffen. Dies entspricht in Deutschland insoweit §§ 163 Abs. 1 StPO, 402 und 403 AO, wonach die zuständigen Polizei-, Steuer- und Zollbehörden auch nach innerstaatlichem Recht hierzu befugt sind.[141] Über die ergriffenen Maßnahmen ist der zuständige DEStA unverzüglich in Kenntnis zu setzen (Art. 28 Abs. 2 S. 2 VO), was insoweit § 163 Abs. 2 S. 1 StPO entspricht. Zugleich findet § 163 Abs. 2 S. 2 StPO Anwendung, so dass bei erforderlichen richterlichen Untersuchungshandlungen eine unmittelbare Übersendung der Akte an das Amtsgericht zulässig ist. 134

Anders als im Fall des Art. 28 Abs. 1 VO hat Deutschland nicht nur die nach Art. 28 Abs. 1 VO zuständigen nationalen Behörden benannt, sondern auch die Staatsanwaltschaften.[142] Die sich aus § 143 Abs. 2 GVG ergebende Eilzuständigkeit eines an sich unzuständigen Staatsanwalts soll auch im Fall des Art. 28 Abs. 2 VO Anwendung finden.[143] 135

## VI. Zusammenarbeit mit der Staatsanwaltschaft – Amtshilfe, § 13 EUStAG

Im Gegensatz zu den zuständigen nationalen (Strafverfolgungs-) Behörden sieht die VO keine eigenständige Regelung für die Zusammenarbeit der DEStA mit nationalen Staatsanwaltschaften vor. Der deutsche Gesetzgeber hat daher für die Fälle, in denen die DEStA Unterstützung durch nationale Staatsanwaltschaften benötigen, denselben Mechanismus wie im Verhältnis zwischen innerstaatlichen Justizbehörden vorgesehen, in dem Amtshilfe gewährt wird. Eine eigenständige Regelung dazu ist notwendig, da die Vorschriften der §§ 156 ff. GVG im Verhältnis zwischen Staatsanwaltschaften keine Anwendung finden. Das Gleiche gilt für Art. 35 Abs. 1 GG, da es sich bei der EUStA um eine EU-Einrichtung und nicht um eine Behörde des Bundes oder der Länder handelt.[144] Die Verpflichtung zur Unterstützung der EUStA durch nationale Staatsanwaltschaften findet vielmehr ihre Grundlage im Prinzip der loyalen Zusammenarbeit nach Art. 5 Abs. 6 VO. 136

§ 13 EUStAG sieht nunmehr vor, dass die DEStA in den sie betreffenden Verfahren die Landesstaats- und -amtsanwaltschaften um Amtshilfe bei der Durchführung von Ermittlungsmaßnahmen und anderer Maßnahmen nach Art. 30 VO ersuchen können. Nr. 302 Abs. 1 RiStBV verweist auf das Loyalitätsprinzip und nennt als Beispiele Durchsuchungsmaßnahmen oder wenn die EUStA Unterstützung bei Vernehmungen von ortsfernen Zeugen oder Sachverständigen gemäß § 161a Abs. 4 StPO benötigt. 137

Ein weiterer wichtiger Anwendungsfall dürfte die Unterstützung durch Rechtspfleger bei der Vorbereitung vermögensabschöpfender Maßnahmen nach §§ 111b ff. StPO sein. Gemäß § 9 S. 1 EUStAG findet § 31 RPflG zwar keine Anwendung, gleichwohl kann der DEStA gemäß § 9 S. 2 138

139 BT-Drs. 19/17963, 25.

140 Vgl. EBRV 808 Blg NR 27. GP, 10.

141 BT-Drs. 19/17963, 25; vgl. auch *Herrnfeld*/Reiser FS StA Koblenz/Trier, 249 (258).

142 Staatsanwaltschaften bei den Land- und Oberlandesgerichten, Generalbundesanwalt – Erklärung der Bundesregierung zu Art. 117 VO vom 18.6.2021 zu Art. 28 Abs. 2 VO, s. Anhang.

143 BT-Drs. 19/17963, 26.

144 BT-Drs. 19/17963, 25.

EUStAG dem Rechtspfleger die in § 31 Abs. 1 RPflG genannten Geschäfte im Einzelfall übertragen.[145]

139 Rechtspfleger sollten daher bei vermögensabschöpfenden Maßnahmen frühzeitig eingebunden werden, da sie bei der späteren Vollstreckung im Falle einer rechtskräftigen Verurteilung des Betroffenen ohnehin mit dem Verfahren befasst werden. Als ein Sonderfall wird in Nr. 302 Abs. 1 RIStBV-E die Unterstützung von Wirtschaftsreferenten genannt, wonach im Einzelfall zuvor die Zustimmung der Staatsanwaltschaft eingeholt werden soll.

140 § 13 EUStAG regelt zwar, dass Amtshilfe durch die Staatsanwaltschaften geleistet wird, jedoch nicht welche Behörde dafür in Anspruch genommen werden soll. Wie im innerstaatlichen Amtshilferecht (vgl. § 157 Abs. 1 GVG) gilt auch hier der Grundsatz, dass die Staatsanwaltschaft zu befassen ist, in deren Bezirk die Amtshilfeverrichtung vorzunehmen ist. Soweit die Handlung in verschiedenen Bezirken vorgenommen werden kann, steht es grundsätzlich im Ermessen des DEStA zu entscheiden, welche Behörde um Unterstützung ersucht wird. Allerdings ist hierbei zu beachten, dass wegen der konkurrierenden Strafverfolgungszuständigkeit vorrangig die Staatsanwaltschaft in der Pflicht ist, die für die Strafverfolgung ebenfalls zuständig wäre. Das dürften in den Fällen, in denen ein Verfahren nach Art. 27 VO evoziert wurde, die nach Art. 24 Abs. 2 VO unterrichtende Staatsanwaltschaft sein, in allen anderen Fällen, diejenigen, in deren Bezirk das erstinstanzliche Gericht seinen Sitz hat, vor dem voraussichtlich Anklage erhoben würde.

141 Amtshilfeersuchen an Gerichte, bspw. zu einer richterlichen Vernehmung, sind entsprechend dem Grundsatz der loyalen Zusammenarbeit und dem sich hieraus ergebenden Diskriminierungsverbot (→ Rn. 18) in gleicher Weise zu behandeln wie Ersuchen nationaler Staatsanwaltschaften. Zuständig ist in entsprechender Anwendung von § 157 Abs. 1 GVG das Gericht, in dessen Bezirk die Amtshilfeverrichtung vorzunehmen ist.

142 In Österreich verweist § 12 EUStA-DG auf § 76 Abs. 1 bis 2a öStPO, so dass Amtshilfe in gleicher Weise wie inländischen Staatsanwaltschaften und Gerichten zu gewähren ist.[146]

## VII. Auskunftserteilung aus/Akteneinsicht in nationale EUStA-Verfahren

143 Die EUStA-VO verhält sich zur Frage der Auskunftserteilung aus einem EUStA-Verfahren bzw. der Akteneinsicht auf ein Ersuchen einer Behörde oder einer dritten Person[147], die nicht am Verfahren beteiligt ist, nur sehr zurückhaltend. Dabei muss man zwischen den im Fallbearbeitungssystem der EUStA (EUStA-FBS) gespeicherten elektronischen Daten und den auf nationaler Ebene von den DEStA geführten Verfahrensakten und dazu gespeicherten Daten unterscheiden. Für die Auskunftserteilung aus dem in der Zentrale in Luxemburg geführten EUStA-FBS enthält Kap. VIII der EUStA-VO Regelungen in den Art. 57 ff. VO.[148]

144 Es ist offensichtlich, dass der Verordnungsgeber bei den datenschutzrechtlichen Regelungen in Kap. VIII VO vor allem die elektronische Datenverarbeitung im EUStA-FBS vor Augen hatte und nicht die Behandlung der in den Mitgliedstaaten in den nationalen Verfahrensakten gespeicherten Daten, zumal wenn dies noch in Papierform geschieht. Für die Verfahrensakte ordnet jedenfalls Art. 45 Abs. 2 VO pauschal an, dass sie nach dem Recht des Mitgliedstaats des DEStA zu führen ist. Obwohl die im EUStA-FBS gespeicherten Daten weitgehend identisch mit den in der nationalen Verfahrensakte enthaltenen Daten sind, kann das – insbesondere, wenn die Verfahrensakte elektronisch geführt wird, – wegen der Anwendung unterschiedlicher Datenschutzregime (EUStA-VO und nationale Regelungen) im Einzelfall zu unterschiedlicher Behandlung der Daten und den Zugang dazu bedeuten. Diese Ungleichbehandlung ist jedoch hinzunehmen, weil die Verfahrensakten der

145 Vgl. *Wolf* Rpfleger 2021, 133 (135).
146 EBRV 808 Blg NR 27. GP, 10.
147 *Esser* → § 11 Rn. 227 ff.
148 *Hornung/Schindler* → § 13 Rn. 39.

DEStA eben auch Teil des nationalen Strafverfolgungssystems sind und diese Ungleichbehandlung einer teilharmonisierten Strafverfolgung immanent ist.[149]

Zentrale Bedeutung für die datenschutzrechtliche Behandlung der Verfahrensakte und damit der Auskunftserteilung und Akteneinsicht kommt daher letztlich der Frage zu, ob Art. 45 Abs. 2 S. 1 VO einen umfassenden Verweis auf die datenschutzrechtlichen Bestimmung des nationalen Verfahrensrechts darstellt. Dabei wird die Bedeutung der Regelung klarer, wenn man statt der im Deutschen verwendeten Formulierung („geführt"), die englische Fassung „managed" zu Grunde legt. Während man die deutsche Fassung so deuten kann, dass damit Aktenaufbau und -führung gemeint sein könnten, spricht die englische Formulierung vielmehr für eine umfassende Verwaltung des Aktenvorgangs, zu dem eben auch die Gewährung des Zugangs zur Akte und Auskunftserteilung gehört. Dafür spricht auch, dass Art. 45 Abs. 2 S. 3 VO die Frage des Zugangs zu der Verfahrensakte für Beschuldigte und andere an dem Verfahren beteiligte Personen aufgreift und auf das nationale Recht verweist. Im Zusammenspiel mit Art. 5 Abs. 3 VO sind daher für die Erteilung von Aktenauskünften und Akteneinsicht an nicht verfahrensbeteiligte Personen oder Behörden die einschlägigen Regelungen des nationalen Strafverfahrensrechts (vgl.in Deutschland §§ 474 ff. StPO) anwendbar.[150] Diese Festlegung führt im Ergebnis zu unterschiedlichen rechtlichen Voraussetzunge für den Zugang zur Akte, je nachdem, in welchem Mitgliedstaat das Verfahren geführt wird; hier wäre durchaus wünschenswert, wenn die EUStA für den im Rahmen des nationalen Rechts bestehenden Ermessensspielraum einheitliche Regelungen festlegt. 145

## VIII. Datenbanken und Register

Der Zugang der DEStA zu nationalen Registern richtet sich nach Art. 43 Abs. 1 VO. Danach sollen die DEStA unter den gleichen Bedingungen, wie sie für vergleichbare Fälle nach nationalen Recht gelten, sachdienliche Informationen erhalten, die in nationalen Ermittlungs-und Strafverfolgungsdatenbanken oder anderen einschlägigen Registern und Datenbanken von Behörden gespeichert sind. Die Formulierung „unter gleichen Bedingungen" greift die bereits in Art. 13 Abs. 1 S. 1 VO vorgenommene programmatische Gleichstellung der DEStA mit den nationalen Staatsanwälten auf, so dass eine innerstaatliche Umsetzung der Regelung nicht erforderlich ist[151] 146

Die Beauskunftung der DEStA stellt sich nicht als Ermittlungsmaßnahme iSv Art. 30 VO dar.[152] Die deutschen DEStA erhalten daher auch schon vor Einleitung eines Ermittlungsverfahrens nach Art. 26 Abs. 1 VO oder der Evokation nach Art. 27 Abs. 1 VO Zugriff auf die Informationen im deutschen Zentralen Staatsanwaltschaftlichen Verfahrensregister (§§ 492 ff. StPO). Das ist in der Praxis insbesondere dann der Fall, wenn der DEStA vor Einleitung eines Ermittlungsverfahrens die ihm vorgelegten Meldungen und Unterrichtungen nach Art. 24 Abs. 6 VO prüft (Verifikation). 147

Im Übrigen erstreckt sich der Beauskunftungsanspruch auf alle sonst für die Strafverfolgungsbehörden maßgeblichen Register und Datenbanken und zwar unmittelbar aus Art. 43 Abs. 1 VO in Verbindung mit der jeweiligen Regelung im deutschen Recht. Das gilt insbesondere für das Bundeszentralregister, Ausländerzentralregister, Handelsregister und Fahrerlaubnisregister, Schuldnerverzeichnis gemäß § 882f Abs. 1 S. 1 Nr. 5 ZPO oder BaFin-Auskünfte nach §§ 24c KWG.[153] 148

Die Beauskunftung kann im Wege der Einzelfallabfrage erfolgen; sieht das maßgebliche Registerrecht automatisierte Auskünfte vor, bspw. beim automatisierten Abruf von Meldedaten nach §§ 38, 39 Bundesmeldegesetz, sind die DEStA ebenfalls in den Auskunftsverbund miteinzubeziehen. Soweit § 35 BMG beim Zugang zu Meldedaten für Organe und Einrichtungen der Europäischen Union eine Einschränkung vorsieht, geht für Auskunftsersuchen von deutschen DEStA Art. 43 149

149 *Hornung/Schindler* → § 13 Rn. 24.
150 BT-Drs. 19/17693, 40f., vgl. HBB/*Herrnfeld* Art. 45 Rn. 14.
151 BT-Drs. 19/17963, 37; vgl. auch HBB/*Herrnfeld* Art. 43 Rn. 4.
152 HBB/*Herrnfeld* Art. 43 Rn. 5.
153 Vgl. BT-Drs. 19/17963, 37. Zur Mitteilungspflicht der EUStA an das BZR nach § 12 Abs. 1 EUStAG, s. o. III. 2. c).

Abs. 1 VO dieser Bestimmung vor. Entsprechendes gilt auch für den deutschen EStA, sofern er nach Art. 28 Abs. 4 VO die Ermittlungen an sich gezogen hat.[154]

## IX. Verarbeitung von EUStA-Daten in nationalen IT-Systemen zur Aktenführung

150 Art. 45 Abs. 1 VO regelt die Aktenführung durch die DEStA, wonach eine Verfahrensakte anzulegen ist, sobald ein Ermittlungsverfahren nach Art. 26 Abs. 1 VO eingeleitet oder die EUStA nach Art. 27 Abs. 1 VO der Verordnung ein von einer nationalen Behörde eingeleitetes Verfahren im Wege der Evokation übernommen hat. Unter Beachtung der weiteren Vorgaben nach Art. 45 Abs. 1 VO ist die Akte gemäß Art. 45 Abs. 2 VO nach dem Recht des betreffenden Mitgliedstaates zu führen, d.h. für die Aktenführung durch die DEStA gelten somit die nationalen Vorschriften über die Bildung, Führung und Aufbewahrung der Akten. Dies umfasst über die in der deutschen Strafprozessordnung in einem eigenen Abschnitt geregelten Vorschriften über die elektronische Aktenführung (§§ 32 bis 32f StPO) hinaus etwa Pflichten zur gesonderten Aktenführung („Sonderhefte") oder die Fertigung eines Abschlussvermerks gemäß § 169a StPO.

151 Soweit daher in der staatsanwaltlichen Praxis der Mitgliedstaaten IT-Systeme zur Vorgangsverwaltung und -bearbeitung eingesetzt werden, müssen diese auch den DEStA zugänglich sein, um eine rechtskonforme Verfahrensbearbeitung zu ermöglichen. Dies bedeutet zwar, dass die von den DEStA geführten Verfahrensdaten in den nationalen IT-Systemen der Mitgliedstaaten verarbeitet werden, auch wenn es sich dann gleichwohl nicht um ein nationales Verfahren handelt.[155] Im Ergebnis führt dies dazu, dass die Mitgliedstaten die IT-Infrastruktur auf nationale Ebene stellen und zugleich dafür Sorge tragen müssen, dass diese von der der nationalen Staatsanwaltschaften separiert ist.[156]

---

154 HBB/*Herrnfeld* Art. 43 Rn. 3.

155 HBB/*Herrnfeld* Art. 45 Rn. 3.

156 In Deutschland stellt das Land Nordrhein-Westfalen aufgrund einer gemeinsamen Verwaltungsvereinbarung der Länder Bayern, Berlin, Hamburg, Hessen, Nordrhein-Westfalen und des Bundes die IT-Infrastruktur, die von den deutschen DEStA zur Führung der nationalen Verfahrensakte genutzt wird.

# § 7 Ermittlungsverfahren

## I. Überblick

1 Die VO regelt den Gang des Ermittlungsverfahrens von der Prüfung eingehender Anzeigen (Art. 24 VO; → Rn. 18 ff.), über die Entscheidung über die Einleitung eines EUStA-Ermittlungsverfahrens (Art. 26 VO; → Rn. 40 f.) oder die Übernahme („Evokation“) eines von einer nationalen Behörde bereits eingeleiteten Ermittlungsverfahrens durch die EUStA (Art. 27 VO; → Rn. 42 ff.) bis zur Entscheidung über den Abschluss des Ermittlungsverfahrens (Art. 35 VO; *Gut* → § 9). Diese Regelungen werden durch Bestimmungen in der GO sowie in den vom Kollegium beschlossenen Leitlinien und weiteren Kollegiumsbeschlüssen ergänzt.[1] Sie sind grundsätzlich abschließend, nehmen allerdings punktuell ausdrücklich Bezug auf nationales Verfahrensrecht.

2 **Abschnitt II.** stellt den Beginn des Ermittlungsverfahrens dar und erläutert die Regelungen über die interne Zuständigkeit der DEStA aus den beteiligten Mitgliedstaaten bei grenzüberschreitenden Sachverhalten (Art. 26 Abs. 4 VO; → Rn. 45 ff.), über Kompetenzkonflikte zwischen der EUStA und nationalen Strafverfolgungsbehörden sowie über die Möglichkeit zur internen Verweisung eines Verfahrens in einen anderen Mitgliedstaat (Art. 26 Abs. 5 VO; → Rn. 55) und über Verbindung und Trennung von Verfahren (Art. 28 Abs. 3, 4 VO; → Rn. 56 ff.).

3 In **Abschnitt III.** stehen die Verfahrensleitung durch die EUStA sowie die EUStA-internen Weisungsstrukturen im Vordergrund. Die Durchführung des Ermittlungsverfahrens liegt in den Händen des zuständigen „betrauten“ DEStA (Art. 2 Nr. 5 VO). Dieser kann Ermittlungsmaßnahmen entweder selbst ergreifen oder die zuständigen Behörden seines Mitgliedstaats mit einzelnen Maßnahmen beauftragen (Art. 28 Abs. 1 VO; → Rn. 66 ff.). Die Verfahrensherrschaft über ein EUStA-Ermittlungsverfahren kann der betraute DEStA jedoch nicht auf nationale Staatsanwaltschaften, Polizei- oder Finanzbehörden übertragen. VO und GO enthalten sehr detaillierte Regelungen zum Verhältnis zwischen der überwachenden und leitenden Ständigen Kammer, dem Aufsicht führenden EStA und dem ausführenden DEStA, einschließlich interner Berichtspflichten sowie Aufsichts-, Weisungs- und Entscheidungsbefugnisse (*Herrnfeld* → § 4 Rn. 27 ff.). Unter welchen Voraussetzungen die Ständige Kammer ein Verfahren an einen anderen DEStA desselben Mitgliedstaats übertragen (Art. 28 Abs. 3 VO; → Rn. 69 ff.) oder der EStA sogar selbst das Verfahren übernehmen kann (Art. 28 Abs. 4 VO; → Rn. 73 ff.), wird ebenfalls in Abschnitt III. thematisiert.

4 **Abschnitt IV.** widmet sich der Frage nach der Aufhebung von nationalen oder europäischen Vorrechten und Befreiungen (Art. 29 VO), die Ermittlungsmaßnahmen entgegenstehen könnten.

5 Im Anschluss geht **Abschnitt V.** auf die Durchführung einzelner Ermittlungsmaßnahmen ein, die der betraute DEStA – oder auf seine Weisung die zuständige nationale Behörde – ergreifen kann (Art. 30 VO). Die Regelungen der VO verweisen primär auf das nationale Verfahrensrecht, enthalten aber einen Mindestkatalog an klassischen Ermittlungsmaßnahmen, die in jedem Mitgliedstaat zur Verfügung stehen müssen.

---

1 Allesamt abrufbar unter https://www.eppo.europa.eu/en/documents.

**Abschnitt VI.** erläutert, unter welchen Voraussetzungen grenzüberschreitende Ermittlungen innerhalb des EUStA-Territoriums möglich sind. Der betraute DEStA kann Ermittlungsmaßnahmen unmittelbar nur in seinem eigenen Mitgliedstaat durchführen (lassen). Sind grenzüberschreitende Ermittlungen erforderlich, muss er nach den speziellen Regelungen des Art. 31 VO vorgehen und einen DEStA aus einem anderen Mitgliedstaat, den „unterstützenden" DEStA (Art. 2 Nr. 6 VO), um die Durchführung einer Ermittlungsmaßnahme in dessen Mitgliedstaat ersuchen. 6

**Abschnitt VII.** enthält schließlich einen Überblick über die Regelungen zur Aktenführung und zum EUStA-internen Fallbearbeitungssystem. Das EUStA-interne Fallbearbeitungssystem unterstützt die Kommunikation zwischen der zentralen und der dezentralen Ebene der EUStA (*Herrnfeld* → § 4 Rn. 16 ff.), sei es bei der Abstimmung der Verfahrensstrategie im Sinne einer einheitlichen Ermittlungspolitik, bei einzelnen Entscheidungen in konkreten Verfahren oder bei der Berichterstattung und der Dokumentation einzelner Verfahrensschritte. Die Verfahrensakte selbst wird nach nationalem Recht zunächst außerhalb des Fallbearbeitungssystems geführt, weshalb sich auch Akteneinsichtsrechte nach nationalem Recht richten. Eine stets aktuelle Kopie soll jedoch im Fallbearbeitungssystem gespeichert werden, um dem EStA und der Ständigen Kammer den Zugang zu verfahrensrelevanten Informationen zu erleichtern (→ Rn. 188). 7

## II. Beginn des EUStA-Ermittlungsverfahrens

**1. Kenntniserlangung von strafbarer Handlung.** Die VO sieht verschiedene Wege der Einleitung eines Ermittlungsverfahrens vor, die in ein von der EUStA geführtes Verfahren münden können. Die EUStA kann entweder gemäß Art. 26 Abs. 1 VO selbst ein Ermittlungsverfahren einleiten (→ Rn. 22 ff., 40 f.) oder ein nationales Ermittlungsverfahren durch Ausübung ihres Evokationsrechts nach Art. 27 VO an sich ziehen (→ Rn. 26 ff., 42 ff.). Welche von diesen beiden Varianten einschlägig ist, hängt davon ab, wann und von wem die EUStA von einer möglichen Straftat in ihrem Zuständigkeitsbereich erfährt. 8

Zum einen sind nationale Behörden ebenso wie EU-Institutionen (Organe, Einrichtungen und sonstige Stellen) gemäß Art. 24 Abs. 1 VO verpflichtet, der EUStA unverzüglich die in ihren Zuständigkeitsbereich fallenden Straftaten zu melden (*Trautmann* → § 6 Rn. 68 ff.). Aber auch Privatpersonen können bei der EUStA Strafanzeige erstatten und dadurch erreichen, dass die EUStA ein Ermittlungsverfahren einleitet.[2] 9

Zum anderen besteht gemäß Art. 24 Abs. 2 VO eine Meldepflicht auch dann noch, wenn eine nationale Behörde bereits selbst ein Ermittlungsverfahren hinsichtlich einer Straftat im Zuständigkeitsbereich der EUStA eingeleitet hat. Denkbar ist dies in Konstellationen, in denen Eilmaßnahmen erforderlich waren, erst nach Einleitung des Verfahrens der Verdacht auf Begehung eines PIF-Delikts entsteht oder die nationalen Behörden zunächst davon ausgingen, dass die EUStA im konkreten Fall nicht zuständig ist (Art. 22, 23 VO) oder im Hinblick auf Art. 25 Abs. 2, 3 VO ihre Zuständigkeit nicht ausüben könnte. In solchen Fällen kommt eine Evokation nach Art. 27 VO in Betracht. 10

a) **Anzeige durch EU-Institutionen oder nationale Behörden.** EU-Institutionen und nationale Behörden sind verpflichtet, der EUStA Sachverhalte mitzuteilen, wenn diese strafbare Handlungen darstellen, für die die EUStA möglicherweise ihre Zuständigkeit ausüben kann (zur Ausübung der Zuständigkeit durch die EUStA *Herrnfeld/Brodowski* → § 5 Rn. 70 ff.; zur Meldepflicht *Trautmann* → § 6 Rn. 68 ff.).[3] Die Anzeigepflicht entsteht nicht erst bei Vorliegen eines Anfangsver- 11

2 Vgl. ErwG 49 S. 2 VO.

3 ErwG 48 VO; s. bspw. für Eurojust zusätzlich Art. 50 Abs. 4 VO (EU) 2018/1727 und Art. 4 Abs. 2 der Arbeitsvereinbarung zwischen EUStA und Eurojust v. 11.2.2021, abrufbar unter https://www.eppo.europa.eu/sites/default/files/2021-02/Working-Arrangement-Eurojust-EPPO.pdf.

dachts, eine bloße Vermutung genügt jedoch noch nicht.[4] Eine umfassende Prüfung von Tatbestandsvoraussetzungen und Verfahrenshindernissen bleibt der EUStA vorbehalten.[5]

12 Durch Übermittlung einer Kopie des an die EUStA gesendeten Berichts an OLAF können EU-Organe, Einrichtungen und sonstige Stellen gleichzeitig ihrer Anzeigepflicht gegenüber OLAF aus Art. 8 Abs. 1 OLAF-VO[6] nachkommen.

13 Zur Vermeidung von Doppeluntersuchungen sind die Ermittlungen der EUStA vorrangig, wohingegen andere EU-Institutionen nur subsidiär tätig werden dürfen, vgl. Art. 101 Abs. 2 VO, Art. 12d OLAF-VO und Art. 3 Abs. 1, 2 Eurojust-VO[7] (*Brodowski*→ § 8 Rn. 42).

14 b) **Anzeige durch Privatpersonen.** Auch Privatpersonen können strafbare Handlungen direkt bei der EUStA anzeigen.[8] Auf der EUStA-Webseite steht ein Formular zur Verfügung, über das man der EUStA Informationen über Straftaten online melden kann.[9] Zudem ist die EUStA aufgrund des Legalitätsprinzips verpflichtet, Anzeigen auch auf anderem Wege entgegenzunehmen.[10] Daneben können Privatpersonen Strafanzeige bezüglich PIF-Delikten bei den nationalen Strafverfolgungsbehörden in ihrem Mitgliedstaat erstatten. Die EUStA muss den von Privatpersonen erhaltenen Informationen ebenso nachgehen wie Informationen von EU-Einrichtungen oder nationalen Behörden; dies folgt aus dem Legalitätsprinzip, Art. 5 Abs. 5 VO.

15 Damit Whistleblower nicht aus Angst vor Vergeltung und Repressalien davon abgeschreckt werden, Anzeige zu erstatten, fordert die VO die Mitgliedstaaten dazu auf, dass diese Hinweisgeber vor Vergeltung und nachteiligen oder diskriminierenden Maßnahmen schützen und bestimmte Meldeverfahren für Straftaten im Zuständigkeitsbereich der EUStA etablieren.[11] Im Zusammenhang mit der Umsetzung der RL (EU) 2019/1937 werden vorhandene nationale Meldekanäle zum Schutz der Identität von Hinweisgebern im Hinblick auf die Meldung von PIF-Delikten an die EUStA erweitert werden müssen.[12]

16 c) **Registrierung der Informationen.** Jede Information, welche gemäß Art. 24 VO an die EUStA herangetragen wird, sowie jede von Amts wegen ermittelte Information soll in das nach Art. 44 Abs. 4 lit. a VO geführte Register im Fallbearbeitungssystem (→ Rn. 185 f.) eingetragen werden, vgl. Art. 38 Abs. 1 GO. Dabei soll neben den Daten zum Erhalt der Information (Zeit, Ort und Ursprung der Information, gegebenenfalls mit Kontaktdaten des Informanten) auch vermerkt werden, ob die Akte im Hinblick auf ein originär von der EUStA zu eröffnendes Verfahren oder ein durch Evokation auf die EUStA übertragenes, ursprünglich nationales Verfahren angelegt wird, vgl. Art. 38 Abs. 2 lit. c GO. Darüber hinaus soll der Registereintrag, sofern verfügbar, Angaben zum Sachverhalt, zum geschätzten Schaden, zu verwirklichten Straftatbeständen, zu den betroffenen Mitgliedstaaten einschließlich Angaben zum örtlichen Schwerpunkt der Straftat(en), zu verdächtigen und anderweitig beteiligten Personen, eventuellen Vorrechten und Befreiungen, möglichen

4 BT-Drs. 19/17963, 22.

5 BT-Drs. 19/17963, 21; EUStA-Leitlinien über Ermittlungen, Evokation und Übertragung der Strafverfolgung, Kollegiumsbeschluss 29/2021 vom 21.4.2021, Anhang 1 Ziffer 2. d), https://www.eppo.europa.eu/sites/default/files/2021-05/2021.029_Operational_guidelines_on_investigation_evocation_policy_and_referral_of_cases_final_ok.pdf.

6 VO (EU, Euratom) Nr. 883/2013, ABl. 2013 L 248, 1, geändert durch die VO (EU, Euratom) 2020/2223, ABl. 2020 L 437, 49.

7 VO (EU) 2018/1727, ABl. 2018 L 295, 138.

8 ErwG 49 S. 2 VO; EUStA-Leitlinien über Ermittlungen, Evokation und Übertragung der Strafverfolgung, Kollegiumsbeschluss 29/2021 vom 21.4.2021, Anhang 1 Ziffer 1 lit. b, https://www.eppo.europa.eu/sites/default/files/2021-05/2021.029_Operational_guidelines_on_investigation_evocation_policy_and_referral_of_cases_final_ok.pdf; vgl. HBB/*Herrnfeld* Art. 24 Rn. 9, Art. 45 Rn. 4; Bachmaier Winter (ed)/*Pérez Enciso* S. 253 (270).

9 Zum Formular gelangt man über diese Seite: https://www.eppo.europa.eu/de/anzeige-einer-straftat-bei-der-eusta.

10 BT-Drs. 19/17963, 22.

11 ErwG 50 VO. Vgl. die Empfehlungen des Europarats zum Schutz von Hinweisgebern v. 30.4.2014, CM/Rec(2014)7; sowie den Evaluierungsbericht Deutschland v. 29.10.2020, GrecoEval5Rep(2019)6, Ziffer 165, abrufbar unter https://rm.coe.int/funfte-evaluierungsrunde-korruptionspravention-und-integritatsforderun/1680a0b8d9.

12 Die Mitgliedstaaten müssen die RL (EU) 2019/1937 bis zum 17.12.2021, im Hinblick auf einzelne Verpflichtungen bis zum 17.12.2023, umsetzen.

Opfern neben der Europäischen Union sowie untrennbar mit den verfolgten PIF-Delikten verbundenen Straftaten enthalten, vgl. Art. 38 Abs. 2, 3 GO.

**d) Benachrichtigungen durch das Fallbearbeitungssystem.** Das Fallbearbeitungssystem soll von sich aus auf Grundlage der Informationen über den Mitgliedstaat, in dem der Schwerpunkt der Straftat bzw. der Großteil der Straftaten liegt (vgl. Art. 26 Abs. 4 VO), den oder die zuständigen EStA benachrichtigen, Art. 38 Abs. 5 GO. Falls Vorrechte oder Befreiungen im Raum stehen, benachrichtigt das Fallbearbeitungssystem darüber hinaus die Europäische Generalstaatsanwältin. Zudem weist das Fallbearbeitungssystem unmittelbar nach der Registrierung das Verfahren nach dem Zufallsprinzip einer Ständigen Kammer zu, in welcher der für das Verfahren zuständige EStA nicht Mitglied ist, Art. 19 Abs. 1 S. 3 GO.[13] Abweichungen vom Zufallsprinzip kann die Europäische Generalstaatsanwältin vornehmen, sofern das im Sinne einer gleichmäßigen Arbeitsbelastung geboten ist, Art. 19 Abs. 3 GO iVm Art. 4 f. des Kollegiumsbeschlusses über Ständige Kammern[14]. Handelt es sich um ein bereits eingeleitetes nationales Verfahren, das die EUStA nach Art. 27 VO evozieren könnte (→ Rn. 26 ff., 42 ff.), erfolgt die Zuweisung aufgrund der kurzen Fristen bei der Evokation an eine Ständige Kammer, die bereits eine Besprechung für den Zeitraum zwischen dem dritten und fünften Tag nach der Registrierung des Verfahrens anberaumt hat, Art. 19 Abs. 1 S. 4 GO. 17

**2. Prüfung gemäß Art. 24 Abs. 6 VO.** Gemäß Art. 24 Abs. 6 VO iVm Art. 39 Abs. 1 GO unterliegt jede registrierte Information der Prüfung durch einen DEStA, der feststellt, ob Anlass besteht, die Zuständigkeit der EUStA auszuüben. Der nach Art. 38 Abs. 5 GO benachrichtigte EStA bestimmt binnen drei Tagen, bei Benachrichtigungen nach Art. 24 Abs. 2 VO binnen 24 Stunden, welcher DEStA aus seinem Mitgliedstaat die Prüfung vornehmen soll, Art. 39 Abs. 2, 4, 5 GO. Ist der EStA nicht zur Zuweisung an einen DEStA innerhalb der genannten Frist in der Lage, übernimmt dies die Europäische Generalstaatsanwältin oder einer ihrer Vertreter, Art. 39 Abs. 5 GO. Durch Kollegiumsbeschluss Nr. 85/2021[15] wurden einzelne Vorschriften der GO dahingehend geändert, dass in Ausnahmefällen auch der EStA selbst die Prüfung nach Art. 24 Abs. 6 VO durchführen und die Entscheidung über die Einleitung oder Evokation eines Ermittlungsverfahrens treffen kann, Art. 39 Abs. 2 S. 2 GO (*Herrnfeld* → § 4 Rn. 37 f.). Er muss dann nicht zuerst einen DEStA bestimmen, allerdings das Verfahren nach Art. 40 Abs. 7a UAbs. 1 GO innerhalb von 24 Stunden nach seiner Entscheidung einem DEStA zuweisen. Nur wenn die Voraussetzungen des Art. 28 Abs. 4 VO vorliegen und die zuständige Ständige Kammer zustimmt, kann der EStA das Verfahren alleine einleiten bzw. evozieren und anschließend führen, Art. 40 Abs. 7a UAbs. 2 GO (→ Rn. 73 ff.). Die Prüfung nach Art. 24 Abs. 6 VO ohne Beteiligung eines DEStA ist in **Deutschland** aufgrund der Zuständigkeitsvorschrift des § 3 Abs. 3 S. 2 EUStAG nach dem derzeitigen Stand der Gesetzgebung problematisch (*Herrnfeld* → § 4 Rn. 38 schließt dies für Deutschland ganz aus). In **Österreich** steht das EUStA-DG einer solchen Vorgehensweise nicht entgegen. Gleichwohl ist zu betonen, dass es sich bei dieser Vorverlagerung der Befugnisse des EStA nach Art. 28 Abs. 4 VO um eine Ausnahme handelt, die restriktiv zu handhaben ist. 18

Grundsätzlich prüft der DEStA (bzw. EStA → Rn. 18), ob nach nationalem Recht ein berechtigter Grund zu der Annahme besteht, dass eine Straftat begangen wurde, die in sachlicher, örtlicher, personeller und zeitlicher Hinsicht in den Zuständigkeitsbereich der EUStA fällt, ob der Verfolgung dieser Tat Verfahrenshindernisse entgegenstehen und gegebenenfalls ob die Voraussetzungen nach Art. 25 Abs. 2–4 VO vorliegen, Art. 40 Abs. 1 GO. Die EUStA-Leitlinien über Ermittlungen, Evokation und Übertragung der Strafverfolgung[16] enthalten in Anhang 1 unter Ziffer 3.2. weitere Kriterien, die bei der Prüfung zu berücksichtigen sind. 19

13 S. a. Art. 10 Abs. 9 UAbs. 1 S. 1 VO.

14 Kollegiumsbeschluss 15/2020 vom 25.11.2020 über die Ständigen Kammern, https://www.eppo.europa.eu/sites/default/files/2021-01/2020.015%20Decision%20on%20the%20Permanent%20Chambers%20-%20final.pdf.

15 Kollegiumsbeschluss 85/2021 vom 11.8.21, https://www.eppo.europa.eu/sites/default/files/2021-09/2021.085_Decision_amending_IPR_and_Decision_on_PCs.pdf.

16 Kollegiumsbeschluss 29/2021 vom 21.4.2021, https://www.eppo.europa.eu/sites/default/files/2021-05/2021.029_Operational_guidelines_on_investigation_evocation_policy_and_referral_of_cases_final_ok.pdf.

20 Wenn die nationale Behörde bereits ein Ermittlungsverfahren eingeleitet und die EUStA anschließend gemäß Art. 24 Abs. 2 VO informiert hat, prüft der DEStA (bzw. EStA → Rn. 18) darüber hinaus nach Art. 40 Abs. 2 GO den Stand der nationalen Ermittlungen, die Relevanz des Verfahrens für eine kohärente Ermittlungs- und Strafverfolgungspolitik der EUStA, grenzüberschreitende Aspekte des Verfahrens sowie gegebenenfalls das Vorliegen anderer Gründe, welche die EUStA als zur Fortführung des Ermittlungsverfahrens besser in der Lage erscheinen lassen. Anhang 1 Ziffer 3.3., Anhang 2 und Anhang 3 der EUStA-Leitlinien über Ermittlungen, Evokation und Übertragung der Strafverfolgung[17] enthalten weitere Prüfungspunkte für die Entscheidung über die Evokation.

21 Für diese Prüfung hat der DEStA (bzw. EStA → Rn. 18) im Falle des Art. 24 Abs. 1 VO bis zu 20 Tage Zeit, während er die Prüfung im Falle des Art. 24 Abs. 2 VO – bedingt durch die kurze Frist des Art. 27 Abs. 1 VO – binnen zwei Tagen durchführen muss, Art. 40 Abs. 4 GO. Eine Fristverlängerung ist unter den Voraussetzungen des Art. 40 Abs. 5, 6 GO möglich.

22 **a) Entscheidung über die Einleitung eines Ermittlungsverfahrens.** Wenn nach dem nationalen Recht des Mitgliedstaats, dessen DEStA (oder EStA → Rn. 18) den Sachverhalt prüft, ein berechtigter Grund zu der Annahme besteht, dass eine in die Zuständigkeit der EUStA fallende Straftat begangen wird oder wurde und die EUStA ihre Zuständigkeit ausüben darf (*Herrnfeld/Brodowski* → § 5 Rn. 67 ff.), zwingt das Legalitätsprinzip aus Art. 26 Abs. 1 iVm Art. 5 Abs. 5 VO zur Einleitung eines Ermittlungsverfahrens.[18] Will der zuständige DEStA ein Ermittlungsverfahren einleiten, kann er dies tun, ohne die Ständige Kammer vorher zu informieren.

23 Lehnt der DEStA (bzw. EStA → Rn. 18) nach der Prüfung gemäß Art. 24 Abs. 6 VO die Einleitung eines Ermittlungsverfahrens hingegen ab, muss er die Gründe für seine Entscheidung im Register vermerken, worüber der EStA, der diesem DEStA die Prüfung zugewiesen hat, benachrichtigt wird, Art. 42 Abs. 1 S. 2 GO. Das Fallbearbeitungssystem weist anschließend die Prüfung dieser Entscheidung der für das Verfahren zuständigen Ständigen Kammer zu, Art. 26 Abs. 3 VO iVm Art. 42 Abs. 1 S. 2 GO.

24 Die Ständige Kammer prüft die Entscheidung des DEStA (bzw. EStA → Rn. 18) binnen 20 Tagen, Art. 42 Abs. 4 S. 2 GO. Sie kann nach Art. 26 Abs. 3 VO dem DEStA (bzw. EStA → Rn. 18) die Weisung erteilen, ein Ermittlungsverfahren einzuleiten. Erteilt die Ständige Kammer innerhalb der Frist keine Weisung, gilt die Entscheidung, kein Ermittlungsverfahren einzuleiten, als bestätigt, Art. 42 Abs. 6 S. 1 GO.

25 Wenn die EUStA ein Ermittlungsverfahren einleitet, unterrichtet sie gemäß Art. 26 Abs. 2, 7 VO unverzüglich die Behörde, die das strafbare Verhalten nach Art. 24 Abs. 1 VO gemeldet hat, sowie die zuständigen nationalen Behörden[19] (*Trautmann* → § 6 Rn. 112 ff.). Sofern ein Kompetenzkonflikt (→ Rn. 34 ff.) absehbar ist, muss der DEStA (bzw. EStA → Rn. 18) sowohl in der Entscheidung über die Verfahrenseinleitung als auch in der Benachrichtigung der nationalen Behörden die Zuständigkeit der EUStA gesondert begründen.[20] Die Information von Privatpersonen ist in der VO nicht vorgesehen, kann aber bereits in diesem frühen Verfahrensstadium sinnvoll und nach nationalem Recht verpflichtend sein, insbesondere, wenn es sich um einen Verletzten handelt.

26 **b) Entscheidung über die Ausübung des Evokationsrechts.** Das **Evokationsrecht** ist das Instrument, auf das sich das System der geteilten Zuständigkeit zwischen nationalen Behörden und EUStA (*Herrnfeld/Brodowski* → § 5 Rn. 67 ff.) stützt.[21] Die EUStA kann mithilfe dieses Instruments ihre

17 Kollegiumsbeschluss 29/2021 vom 21.4.2021, https://www.eppo.europa.eu/sites/default/files/2021-05/2021.029_Operational_guidelines_on_investigation_evocation_policy_and_referral_of_cases_final_ok.pdf.

18 ErwG 66 VO; *Brodowski* StV 2017, 684 (688); *Csonka/Juszczak/Sason* eucrim 2017, 125 (126); HBB/*Herrnfeld* Art. 26 Rn. 9.

19 Es sind neben der Staatsanwaltschaft die in der Notifikationserklärung der Mitgliedstaaten nach Art. 117 S. 1, 2 VO (→ Anh. III.2 für Deutschland, → Anh. IV.2 für Österreich) genannten Behörden zu informieren.

20 EUStA-Leitlinien über Ermittlungen, Evokation und Übertragung der Strafverfolgung, Kollegiumsbeschluss 29/2021 vom 21.4.2021, Anhang 1 Ziffer 3.1. lit. c, https://www.eppo.europa.eu/sites/default/files/2021-05/2021.029_Operational_guidelines_on_investigation_evocation_policy_and_referral_of_cases_final_ok.pdf.

21 ErwG 13 VO.

Zuständigkeit ausüben, wenn eine nationale Behörde ein Ermittlungsverfahren eingeleitet hat, das in die Zuständigkeit der EUStA fällt. Im Wege der Evokation kann die EUStA ein bereits von nationalen Strafverfolgungsbehörden eingeleitetes – und ihr nach Art. 24 Abs. 2 VO gemeldetes – Ermittlungsverfahren übernehmen und als eigenes Verfahren weiterführen.

Anders als im Rahmen des Art. 26 Abs. 1 VO gilt das Legalitätsprinzip nicht im Zusammenhang mit Art. 27 VO.[22] Der EUStA steht in ihrer Entscheidung, ob sie ein nationales Ermittlungsverfahren durch Evokation übernehmen will, ein Ermessensspielraum zu, sofern die EUStA zuständig ist und ihre Zuständigkeit ausüben darf (*Herrnfeld/Brodowski* → § 5 Rn. 70 ff.). 27

Sobald eine nationale Behörde die EUStA gemäß Art. 24 Abs. 2 VO unterrichtet, muss letztere gemäß Art. 27 Abs. 1 VO binnen fünf Tagen prüfen, ob sie ihr Evokationsrecht ausüben will oder nicht. Für diese Prüfung bestimmt der EStA aus dem Mitgliedstaat, der bereits Ermittlungen eingeleitet hat, binnen 24 Stunden einen DEStA aus ebendiesem Mitgliedstaat, Art. 27 Abs. 6 VO iVm Art. 39 Abs. 4 S. 1 GO. Der DEStA hat zwei Tage Zeit für die Prüfung, Art. 40 Abs. 4 S. 1 GO. In den Fällen des Art. 28 Abs. 4 VO kann der EStA die Prüfung auch selbst vornehmen, Art. 39 Abs. 2 S. 2 GO (→ Rn. 18; *Herrnfeld* → § 4 Rn. 37 f.). 28

Hat der DEStA (bzw. EStA → Rn. 18) die Prüfung abgeschlossen und eine Entscheidung getroffen, trägt er diese in das Fallbearbeitungssystem ein, Art. 41 Abs. 1, Art. 42 Abs. 1 GO. Wenn der DEStA (bzw. EStA → Rn. 18) das Evokationsrecht ausüben möchte, überprüft die Ständige Kammer diese Entscheidung nicht. 29

Kommt der DEStA (bzw. EStA → Rn. 18) hingegen zu dem Ergebnis, dass er von der Ausübung des Evokationsrechts absehen möchte, oder entscheidet er nicht innerhalb der Zweitagesfrist (vgl. Art. 40 Abs. 7 GO), muss er gemäß Art. 27 Abs. 6 UAbs. 2 VO iVm Art. 42 Abs. 1 GO den EStA seines Mitgliedstaats unterrichten. Die Entscheidung des DEStA (bzw. EStA → Rn. 18) wird der zuständigen Ständigen Kammer zur Überprüfung zugewiesen. Für die Überprüfung der Entscheidung hat die Ständige Kammer ihrerseits eine Frist von zwei Tagen, damit insgesamt die Fünftagesfrist des Art. 27 Abs. 1 VO gewahrt wird. Sie kann den DEStA (bzw. EStA → Rn. 18) gemäß Art. 10 Abs. 4 lit. b VO anweisen, das Evokationsrecht auszuüben. 30

Eine Ausnahme sieht Art. 27 Abs. 8 VO vor, nach dem der DEStA (bzw. EStA → Rn. 18) ohne Befassung der Ständigen Kammer in bestimmten, weniger gravierenden Fällen auch eine ablehnende Entscheidung selbst treffen kann.[23] Der DEStA (bzw. EStA → Rn. 18) muss die Ständige Kammer dann lediglich im Anschluss unterrichten, damit diese die Entscheidung anhand der Kriterien in den Leitlinien über Ermittlungen, Evokation und Übertragung der Strafverfolgung[24] prüfen kann, Art. 42 Abs. 2 GO. Verzichtet die EUStA auf die Evokation, darf die anzeigende nationale Behörde nach Unterrichtung durch den DEStA (bzw. EStA → Rn. 18) ihre eigenen Ermittlungen fortführen.[25] 31

c) **Sachverhalt außerhalb der Zuständigkeit der EUStA.** Wenn sich während der Prüfungsphase nach Art. 24 Abs. 6 VO herausstellt, dass keine Straftat iSd Art. 22, 23 VO vorliegt oder die EUStA nach Art. 25 Abs. 2, 3 VO auf die Ausübung ihrer Zuständigkeit verzichten soll, unterrichtet die EUStA unverzüglich die zuständigen nationalen Behörden und leitet alle sachdienlichen Beweise an diese weiter, Art. 24 Abs. 8 VO (*Trautmann* → § 6 Rn. 107 ff.). Ebenso verfährt die EUStA, wenn sie im Rahmen eines eigenen Ermittlungsverfahrens Kenntnis von einer Straftat erhält, für die sie nicht zuständig ist.[26] Sofern die EUStA bereits ein Ermittlungsverfahren eingeleitet hat und sich erst 32

---

22 ErwG 66 VO; BT-Drs. 19/17963, 24; HBB/*Herrnfeld* Art. 27 Rn. 14.

23 Anhang 3 der EUStA-Leitlinien über Ermittlungen, Evokation und Übertragung der Strafverfolgung, Kollegiumsbeschluss 29/2021 vom 21.4.2021, https://www.eppo.europa.eu/sites/default/files/2021-05/2021.029_Operational_guidelines_on_investigation_evocation_policy_and_referral_of_cases_final_ok.pdf, präzisiert die Vorgaben des Art. 27 Abs. 8 VO.

24 EUStA-Leitlinien über Ermittlungen, Evokation und Übertragung der Strafverfolgung, Kollegiumsbeschluss 29/2021 vom 21.4.2021, https://www.eppo.europa.eu/sites/default/files/2021-05/2021.029_Operational_guidelines_on_investigation_evocation_policy_and_referral_of_cases_final_ok.pdf.

25 HBB/*Herrnfeld* Art. 27 Rn. 25.

26 ErwG 48 S. 2 VO.

im Nachhinein die Unzuständigkeit der EUStA herausstellt, beschließt die Ständige Kammer gemäß Art. 34 Abs. 1, 2 VO die Verweisung des Verfahrens an die nationalen Behörden (*Gut* → § 9 Rn. 27 ff.).

33 Hat eine nationale Behörde die außerhalb der Zuständigkeit der EUStA liegende strafbare Handlung bei der EUStA zur Anzeige gebracht, gibt der DEStA oder EStA die ursprünglich erhaltene Information, gegebenenfalls nebst weiteren von der EUStA während der Prüfung der Zuständigkeit zusätzlich ermittelten Informationen, an die zuständigen nationalen Behörden zurück, Art. 42 Abs. 7 GO. Sofern die von einer Privatperson angezeigten Handlungen offensichtlich keine Straftat im Zuständigkeitsbereich der EUStA darstellen, leitet ein DEStA oder ein EStA die erhaltenen Informationen nach Art. 24 Abs. 8 VO unverzüglich an die zuständigen nationalen Behörden weiter oder gibt sie an die anzeigende Person zurück bzw. löscht sie, Art. 38 Abs. 7 GO.

34 **d) Kompetenzkonflikt zwischen EUStA und nationaler Staatsanwaltschaft.** Besteht Uneinigkeit darüber, ob die strafbare Handlung in die sachliche Zuständigkeit der EUStA gemäß Art. 22 Abs. 2, 3 oder Art. 25 Abs. 2, 3 VO fällt, entscheiden die nationalen Justizbehörden, die nach dem nationalen Recht für die Entscheidung über die Zuständigkeitsverteilung zuständig sind, gemäß Art. 25 Abs. 6 S. 1 VO (*Herrnfeld/Brodowski* → § 5 Rn. 84 ff.).[27]

35 In **Deutschland** entscheidet gemäß § 142b Abs. 2 S. 1 GVG der Generalbundesanwalt auf Antrag der betroffenen Staatsanwaltschaft oder der EUStA. Gegen seine Entscheidung ist für beide Seiten die Beschwerde beim Bundesgerichtshof statthaft. Der BGH kann im Rahmen der Beschwerde seinerseits den EuGH gemäß Art. 42 Abs. 2 lit. c VO iVm Art. 267 AEUV anrufen.[28]

36 In **Österreich** hat gemäß § 7 S. 1 EUStA-DG der OGH durch Dreiersenate über Zuständigkeitskonflikte iSd Art. 25 Abs. 6 VO zu entscheiden. Wenn ein Mitglied des Dreiersenats dies verlangt, entscheidet der einfache Senat, § 7 S. 2 EUStA-DG. Ein nationaler Rechtsbehelf soll gegen die Entscheidung nicht zur Verfügung stehen, jedoch kann der OGH dem EuGH eine Vorlagefrage zur Vorabentscheidung gemäß Art. 42 Abs. 2 lit. c VO iVm Art. 267 AEUV vorlegen.[29]

37 Wenn unklar ist, ob die Zuständigkeitsvoraussetzungen vorliegen, sollte die EUStA bis zur Entscheidung des Zuständigkeitskonflikts von der (verfrühten) Übernahme eines nationalen Ermittlungsverfahrens durch Evokation absehen, um zu verhindern, dass sie das übernommene Verfahren am Ende doch wieder an die nationalen Behörden zurückverweisen muss.[30]

38 **e) Eilmaßnahmen.** Vor Abschluss der Prüfung, ob die EUStA ihr Evokationsrecht ausüben will, sollen nationale Behörden grundsätzlich keine Entscheidungen treffen und keine Maßnahmen durchführen, die dazu führen können, dass die EUStA ihr Evokationsrecht nicht mehr ausüben kann, vgl. Art. 27 Abs. 2 UAbs. 1 VO. Davon abgesehen dürfen nationale Behörden jedoch auch während des Entscheidungszeitraums weiterhin Ermittlungsmaßnahmen ergreifen,[31] insbesondere Eilmaßnahmen, die dringend erforderlich sind, um eine effektive Strafverfolgung sicherzustellen, Art. 27 Abs. 2 UAbs. 2 VO. Dabei geht es beispielsweise darum, den Verlust von Beweismitteln zu verhindern oder Maßnahmen zu ergreifen, um die Flucht der verdächtigen oder beschuldigten Personen zu verhindern.

39 Solche Eilmaßnahmen sind nicht nur dann erforderlich, wenn die nationalen Behörden bereits ein Verfahren eröffnet haben, dessen Übernahme die EUStA im Wege der Evokation prüft. Vielmehr sollen nationale Behörden, sofern erforderlich, auch dann Eilmaßnahmen ergreifen können und damit nach nationalem Recht ggf. ein eigenes, durch die EUStA evozierbares, Verfahren einleiten,

27 Vgl. ErwG 62 VO; ausführlich zu verschiedenen Verfahrenskonstellationen EUStA-Leitlinien über Ermittlungen, Evokation und Übertragung der Strafverfolgung, Kollegiumsbeschluss 29/2021 vom 21.4.2021, Anhang 1 Ziffer 4, https://www.eppo.europa.eu/sites/default/files/2021-05/2021.029_Operational_guidelines_on_investigation_evocation_policy_and_referral_of_cases_final_ok.pdf.

28 *Beukelmann* NJW-Spezial 2020, 376.

29 EBRV 808 Blg NR 27. GP, 8.

30 HBB/*Herrnfeld* Art. 27 Rn. 29.

31 S. a. EUStA-Leitlinien über Ermittlungen, Evokation und Übertragung der Strafverfolgung, Kollegiumsbeschluss 29/2021 vom 21.4.2021, Anhang 1 Ziffer 2. c), https://www.eppo.europa.eu/sites/default/files/2021-05/2021.029_Operational_guidelines_on_investigation_evocation_policy_and_referral_of_cases_final_ok.pdf.

wenn sie die EUStA zunächst nach Art. 24 Abs. 1 VO benachrichtigt haben.[32] § 9 EUStA-DG stellt für **Österreich** ausdrücklich klar, dass die nationalen Behörden zwar grundsätzlich von der Einleitung eines Verfahrens im Zuständigkeitsbereich der EUStA Abstand nehmen sollen, in dringenden Fällen jedoch ein Verfahren einleiten und die nötigen Eilmaßnahmen durchführen sollen. Das EUStAG enthält keine vergleichbare Regelung. Vielmehr folgt in **Deutschland** die Pflicht zur Ergreifung von dringend erforderlichen Maßnahmen für die Staatsanwaltschaft sowie die Polizei- und Finanzbehörden aus den §§ 160 Abs. 1, 163 Abs. 1 S. 1 StPO und den §§ 402, 404 AO. Diese Handlungspflicht leitet sich aus dem Grundsatz der loyalen Zusammenarbeit des Art. 4 Abs. 3 EUV iVm Art. 5 Abs. 6 VO ab und ist zumindest dann anzunehmen, wenn die deutschen Strafverfolgungsbehörden Kenntnis davon erhalten, dass die EUStA zur rechtzeitigen Einleitung des Ermittlungsverfahrens oder zur Vornahme einer dringend erforderlichen Maßnahme außerstande ist und die Ermittlungen der EUStA ohne die Maßnahme unmöglich gemacht oder erheblich erschwert werden würden. In beiden Fällen müssen die Behörden, die Eilmaßnahmen ergriffen haben, diese auch dann nach Art. 24 Abs. 2 VO an die EUStA melden, wenn sie zuvor bereits eine Meldung nach Art. 24 Abs. 1 VO abgesetzt hatten. Die EUStA entscheidet anschließend nicht über die Einleitung eines Ermittlungsverfahrens, sondern über die Evokation des von den nationalen Behörden eingeleiteten Verfahrens.

**3. Einleitung des Ermittlungsverfahrens durch die EUStA gemäß Art. 26 VO.** Der DEStA (bzw. EStA → Rn. 18), der die Prüfung gemäß Art. 24 Abs. 6 VO vorgenommen hat, leitet ein Ermittlungsverfahren nach eigener positiver Prüfung oder auf Weisung der Ständigen Kammer gemäß Art. 10 Abs. 4 lit. a VO ein, vgl. Art. 43 Abs. 1, 2 GO. Damit sperrt er sogleich die Zuständigkeit nationaler Behörden aller teilnehmenden Mitgliedstaaten, Art. 25 Abs. 1 S. 2 VO.[33] 40

Zunächst hat der DEStA (bzw. EStA → Rn. 18) eine Verfahrensakte anzulegen, Art. 26 Abs. 1, Art. 45 Abs. 1 VO iVm Art. 41 Abs. 1 GO, und der Akte eine Identifikationsnummer im Index der Verfahrensakten im Fallbearbeitungssystem zuzuweisen. Das Fallbearbeitungssystem benachrichtigt automatisch den Aufsicht führenden EStA, die zuständige Ständige Kammer sowie die Europäische Generalstaatsanwältin, Art. 41 Abs. 3 GO. 41

**4. Ausübung des Evokationsrechts gemäß Art. 27 VO.** Der DEStA (bzw. EStA → Rn. 18), der die Prüfung gemäß Art. 24 Abs. 6 VO vorgenommen hat, kann nach eigener positiver Prüfung oder auf Weisung der Ständigen Kammer gemäß Art. 10 Abs. 4 lit. b VO das Evokationsrecht ausüben und anschließend das übernommene Ermittlungsverfahren leiten, vgl. Art. 43 Abs. 1, 2 GO. Das Evokationsrecht ist zeitlich begrenzt und steht nur bis zum Abschluss des nationalen Ermittlungsverfahrens zur Verfügung, Art. 27 Abs. 7 UAbs. 2 S. 1 VO. Sobald die nationalen Strafverfolgungsbehörden Anklage erhoben haben, ist eine Evokation durch die EUStA nicht mehr möglich. 42

Durch die Evokation sperrt der DEStA (bzw. EStA → Rn. 18) die Zuständigkeit nationaler Behörden, Art. 25 Abs. 1 S. 2 VO. In diesem Fall geben die nationalen Behörden, welche die EUStA nach Art. 24 Abs. 2 VO über ihre Ermittlungen in Kenntnis gesetzt haben und denen gegenüber die EUStA von ihrem Evokationsrecht Gebrauch gemacht hat,[34] ihre Verfahrensakte einschließlich der gesammelten Beweismittel im Original, in Kopie oder in elektronischer Form unverzüglich an die EUStA ab[35] und führen selbst keine weiteren Ermittlungen durch, Art. 27 Abs. 5 VO. 43

Nach der Ausübung des Evokationsrechts gilt im Hinblick auf die Bearbeitung im Fallbearbeitungssystem dasselbe wie bei einer originären Einleitung eines Ermittlungsverfahrens durch die EUStA.[36] In einem ersten Schritt legt der zuständige DEStA (bzw. EStA → Rn. 18) daher gemäß Art. 45 Abs. 1 VO iVm Art. 41 Abs. 1 GO eine EUStA-Verfahrensakte an, in die er die bestehende nationale Akte integriert, und weist der Akte eine Identifikationsnummer im Index der Verfahrensakten im Fallbearbeitungssystem zu. Das Fallbearbeitungssystem benachrichtigt sodann automa- 44

32 ErwG 58 S. 2 VO; HBB/*Herrnfeld* Art. 28 Rn. 6.
33 Für deutsche Finanzbehörden s. auch § 7 Abs. 1 S. 1 EUStAG.
34 HBB/*Herrnfeld* Art. 27 Rn. 23.
35 HBB/*Herrnfeld* Art. 27 Rn. 22.
36 HBB/*Herrnfeld* Art. 27 Rn. 24.

tisch den die Aufsicht führenden EStA, die zuständige Ständige Kammer sowie die Europäische Generalstaatsanwältin, Art. 41 Abs. 3 GO (→ Rn. 29).

45 **5. Wahl des Mitgliedstaats für das Ermittlungsverfahren.** In welchem Mitgliedstaat das Ermittlungsverfahren geführt wird, richtet sich je nach Konstellation nach unterschiedlichen Normen. Bei Einleitung des Ermittlungsverfahrens durch die EUStA nach Art. 26 Abs. 1 VO sind die Kriterien nach Art. 26 Abs. 4 VO (→ Rn. 46 ff.) maßgeblich, während im Fall der Evokation nach Art. 27 VO ein DEStA aus einem der Mitgliedstaaten das Strafverfahren übernehmen kann, dessen nationale Behörden ein evozierbares Ermittlungsverfahren eingeleitet haben, Art. 27 Abs. 6 UAbs. 1 VO. Im weiteren Verlauf des Ermittlungsverfahrens bis spätestens zum Zeitpunkt der Anklageerhebung (zur Verweisung in einen anderen Mitgliedstaat im Hinblick auf die Anklageerhebung nach Art. 36 Abs. 3 VO *Niedernhuber* → § 10 Rn. 2 ff.) kann die zuständige Ständige Kammer das Verfahren gemäß Art. 26 Abs. 5 VO einem anderen DEStA aus einem anderen Mitgliedstaat, zuweisen. Dabei hat sie sich an den Kriterien des Art. 26 Abs. 4, 5 VO zu orientieren. Je früher die EUStA die Entscheidung über den Forumstaat, also den Mitgliedstaat, in dem später auch Anklage erhoben und das gerichtliche Verfahren durchgeführt werden soll, trifft, desto weniger Nachteile sind zu befürchten (*Niedernhuber* → § 10 Rn. 4 f.; *Esser* → § 12 Rn. 84 ff.; *Oehmichen* → § 14 Rn. 44 ff.).[37] Dadurch, dass weder das materielle Recht noch das Prozessrecht in den Mitgliedstaaten voll harmonisiert ist, sollte diese Entscheidung, nicht zuletzt im Hinblick auf die Beschuldigtenrechte und die Ausgestaltung der Verteidigung, möglichst früh fallen.[38]

46 **a) Kriterien nach Art. 26 Abs. 4 VO.** Aus diesem Grund muss der DEStA (bzw. EStA → Rn. 18) bereits im Rahmen der Prüfung nach Art. 24 Abs. 6 VO ermitteln, ob sein eigener Mitgliedstaat Gerichtsbarkeit im fraglichen Verfahren hat. Diese Prüfung erfolgt ausschließlich nach nationalem Recht.[39] Ist der DEStA (bzw. EStA → Rn. 18) der Ansicht, dass nach den Kriterien des Art. 26 Abs. 4 VO das Verfahren vorrangig in einem anderen Mitgliedstaat zu führen ist, sollte er auch dessen Gerichtsbarkeit prüfen.

47 In der Regel leitet ein DEStA (bzw. EStA → Rn. 18) aus dem Mitgliedstaat, in dem der Schwerpunkt der strafbaren Handlungen liegt bzw. bei mehreren strafbaren Handlungen aus dem Mitgliedstaat, in dem der Großteil der Straftaten begangen wurde (→ Rn. 48 ff.), ein Ermittlungsverfahren ein. Von diesem Grundprinzip kann nach Art. 26 Abs. 4 S. 2 VO nur dann abgewichen werden, wenn die Abweichung „gebührend begründet" ist. Für die Begründung einer Abweichung sind die Kriterien des Art. 24 Abs. 4 S. 2 VO in der dort genannten Rangfolge heranzuziehen. Das sind vorrangig der gewöhnliche Aufenthaltsort des Verdächtigen oder Beschuldigten (→ Rn. 51), danach die Staatsangehörigkeit des Verdächtigen oder Beschuldigten (→ Rn. 52) und nachrangig der Ort, an dem der Hauptteil des finanziellen Schadens eingetreten ist (→ Rn. 53 f.).

48 **aa) Örtlicher Schwerpunkt der strafbaren Handlung bzw. Großteil der Straftaten.** Eine Zusammenschau mit Art. 26 Abs. 4 lit. c VO ergibt, dass für die Bestimmung sowohl des Schwerpunkts der strafbaren Handlung als auch des Großteils der Straftaten ausschließlich der Handlungsort, nicht jedoch der Erfolgsort ausschlaggebend ist.[40]

49 Ob eine oder mehrere Straftaten vorliegen, richtet sich nach dem Begriff der prozessualen Tat. Der EuGH stellt diesbezüglich im Kontext des Art. 54 SDÜ auf den tatsächlichen Sachverhalt (Tatort, Tatzeit und die Umstände des Einzelfalls, insbesondere den Zweck der einzelnen Handlungen), nicht hingegen auf die rechtliche Bewertung der Tat oder das geschützte rechtliche Interesse, ab.[41] Es kommt daher lediglich auf die Identität der materiellen Tat, also auf das Vorhandensein eines Komplexes konkreter, in zeitlicher und räumlicher Hinsicht sowie nach ihrem Zweck unlösbar mit-

37 S. a. HBB/*Herrnfeld* Art. 26 Rn. 11 ff., Art. 36 Rn. 26 ff.
38 Vgl. Bachmaier Winter (ed)/*Panzavolta* S. 59 (73).
39 Vgl. Art. 26 Abs. 1 und Art. 36 Abs. 4 VO.
40 HBB/*Herrnfeld* Art. 26 Rn. 12; Bachmaier Winter (ed)/*Panzavolta* S. 59 (76 ff.).
41 EuGH 9.3.2006 – C-436/04, ECLI:EU:C:2006:165 Rn. 27 ff. – Van Esbroeck, EuZW 2006, 274.

einander verbundener Umstände, an.[42] Diese Auslegung des Begriffs der prozessualen Tat hat sich für die EU durchgesetzt[43] und ist auch im hier interessierenden Zusammenhang sinnvoll, selbst wenn die PIF-Richtlinie zu einer gewissen Harmonisierung des materiellen Rechts beigetragen hat.

Im Hinblick auf den Schwerpunkt der Strafbarkeit und den Großteil der Taten muss sich noch ein Standard etablieren. Bevor der EuGH Gelegenheit hat, zu dieser Frage Stellung zu nehmen, werden DEStA aus verschiedenen Mitgliedstaaten voraussichtlich unterschiedliche Lösungsansätze entwickeln. Dabei können neben der jeweils angedrohten Strafe ebenso die Zahl der Straftaten, die Deliktsart, die Beteiligungsform, der Wert des geschützten Rechtsguts und die Frage, ob die Tat nur versucht oder vollendet oder ob sogar ein Qualifikationstatbestand verwirklicht wurde, eine Rolle spielen.[44] Jedenfalls sollte man den Großteil der Straftaten nicht nur quantitativ, sondern auch qualitativ bestimmen.[45] Der jeweils angedrohten Strafe sollte dabei höchstens Indizwirkung für die Bestimmung der schwersten Tat zukommen. Ansonsten besteht die Gefahr eines willkürlichen Forum Shopping zulasten des Beschuldigten, wenn das Verfahren in dem Mitgliedstaat geführt werden soll, der die höchste Strafe androht. 50

**bb) Gewöhnlicher Aufenthaltsort.** Der gewöhnliche Aufenthaltsort hat nach der Konzeption des Art. 26 Abs. 4 VO Vorrang vor der Staatsangehörigkeit. Dieser Wertung liegt der Gedanke zugrunde, dass in einem Raum der Freiheit, der Sicherheit und des Rechts jeder diejenigen Rechte genießen können soll, die am Ort des frei gewählten gewöhnlichen Aufenthalts gelten. Weitere Aspekte der hohen Priorisierung des gewöhnlichen Aufenthaltsorts sind, dass der Beschuldigte die Verfahrenssprache mit hoher Wahrscheinlichkeit versteht, die Kommunikation mit seinem Verteidiger dadurch erleichtert wird und später im gerichtlichen Verfahren die Anreise zu Gerichtsterminen für den Beschuldigen kürzer ist, wenn er bereits im Forumstaat wohnt. 51

**cc) Staatsangehörigkeit.** Nachrangig gegenüber dem gewöhnlichen Aufenthalt kann die Staatsangehörigkeit des Beschuldigten den Mitgliedstaat des Ermittlungsverfahrens determinieren. Auch in diesem Zusammenhang spielt die Sprache eine Rolle, denn es besteht eine hohe Wahrscheinlichkeit, dass der Beschuldigte der Sprache des Mitgliedstaats mächtig ist, dessen Staatsangehörigkeit er besitzt. 52

**dd) Erfolgsort hinsichtlich des Hauptteils des Schadens.** Ist keines der vorgenannten Kriterien einschlägig, kann als Auffangkriterium der Erfolgsort für die Bestimmung eines geeigneten Mitgliedstaats für das Ermittlungsverfahren herangezogen werden. Wenn mehrere Orte in Frage kommen, dann ist derjenige ausschlaggebend, an dem der Hauptteil des finanziellen Schadens entstanden ist. Ist lediglich der allgemeine EU-Haushalt betroffen, ist Brüssel der Erfolgsort und damit Belgien der zuständige Mitgliedstaat. Bei dezentral organisierten Agenturen oder anderen Einrichtungen der EU kann der Erfolgsort jedoch in einem anderen Mitgliedstaat liegen. 53

Bei strafbaren Handlungen, die außerhalb der EUStA-Mitgliedstaaten gegen finanzielle Interessen der EU vorgenommen werden, eröffnet dieses Kriterium die Zuständigkeit der EUStA, sofern der Mitgliedstaat des Erfolgsorts nach seinem nationalen Recht auch Gerichtsbarkeit für den Fall hat. Viele Staaten stellen in ihrem Strafanwendungsrecht für die Geltung des Territorialitätsprinzips alternativ auf den Handlungs- oder Erfolgsort ab, sodass die nationale Gerichtsbarkeit in der Regel gegeben sein dürfte, wenn dieses Kriterium herangezogen wird. 54

**b) Kriterium nach Art. 26 Abs. 5 VO.** Nach Art. 26 Abs. 5 VO sind vor einer Verweisung des Verfahrens an einen DEStA in einem anderen Mitgliedstaat die betroffenen EStA und/oder DEStA anzuhören. Zudem muss die Verweisung im allgemeinen Interesse der Rechtspflege liegen und die in Art. 26 Abs. 4 genannten Kriterien beachten. Was unter dem allgemeinen Interesse der Rechts- 55

42 EuGH 9.3.2006 – C-436/04, ECLI:EU:C:2006:165 Rn. 36, 38 – Van Esbroeck, EuZW 2006, 274; EuGH 28.9.2006 – C-150/05, ECLI:EU:C:2006:614 Rn. 48 ff. – Van Straaten, JZ 2007, 245.

43 EuGH 16.11.2010 – C-261/09, ECLI:EU:C: 2010:683 Rn. 38 ff. – Mantello, NStZ 2011, 466.

44 Die einzelnen Aspekte können wiederum in den Mitgliedstaaten ganz unterschiedlich gewichtet werden, vgl. Geelhoed/Erkelens/Meij/*Luchtman* S. 155 (157 f.).

45 So auch HBB/*Herrnfeld* Art. 26 Rn. 13; Geelhoed/Erkelens/Meij/*Luchtman* S. 155 (157 f.); kritisch hinsichtlich der Unbestimmtheit des Begriffs „Großteil der Straftaten" auch Bachmaier Winter (ed)/*Panzavolta* S. 59 (79 ff.).

pflege zu verstehen ist, ist bislang noch nicht geklärt. Die Effizienz des Ermittlungsverfahrens dürfte hier jedoch eine wichtige Rolle spielen.

56 **6. Verbindung und Trennung von Verfahren. a) Verbindung von Verfahren.** Die EUStA soll gegen einen Beschuldigten grundsätzlich nur *ein* Verfahren führen.[46] Im Ermittlungsverfahren hat die EUStA zu diesem Zweck die Möglichkeit, verschiedene Verfahren zu verbinden.[47] Dies soll beispielsweise geschehen, wenn mehrere DEStA in verschiedenen Mitgliedstaaten Verfahren wegen ein und derselben Straftat eingeleitet haben.[48] Aber auch wenn sich im Nachhinein herausstellt, dass zwei verschiedene Verfahren innerhalb eines Mitgliedstaats dieselbe Tat im prozessualen Sinn oder verschiedene Taten eines Beschuldigten betreffen, ist eine Verfahrensverbindung sinnvoll. Ebenso bietet sich eine Verfahrensverbindung an, wenn mehrere Beschuldigte verdächtig sind, eine Straftat gemeinschaftlich begangen zu haben.[49] Das gleiche gilt für die Verfolgung untrennbar mit einer PIF-Tat verbundener Straftaten (*Herrnfeld/Brodowski* → § 5 Rn. 49 ff.), wenn zuvor getrennte Verfahren geführt wurden. Denkbar ist dies dann, wenn nationale Behörden die nicht in den Zuständigkeitsbereich der EUStA fallende Tat verfolgt haben, die sich nachträglich als untrennbar mit einer von der EUStA verfolgten PIF-Tat verbunden herausstellt.[50] In einem solchen Fall ist eine Evokation des nationalen Verfahrens durch die EUStA (→ Rn. 42 ff.) erforderlich, bevor die Verfahren verbunden werden können. Die Verbindung von in unterschiedlichen Mitgliedstaaten geführten Verfahren zu einem Verfahren kann ebenso geboten sein. Sie ist nur dann möglich, wenn der betroffene Mitgliedstaat Gerichtsbarkeit für alle Verfahren hat.[51]

57 Die zuständige Ständige Kammer entscheidet gem. Art. 51 Abs. 1, 2 GO über die Verbindung von Verfahren verschiedener DEStA, wohl unabhängig davon, ob diese in einem oder in verschiedenen Mitgliedstaaten geführt werden. Während die Regeln der VO die Verbindung von in verschiedenen Mitgliedstaaten geführten Verfahren betreffen, richtet sich die Verbindung mehrerer in demselben Mitgliedstaat geführter Verfahren mangels expliziter Regelung in der VO wohl nach nationalem Verfahrensrecht.[52]

58 Sind verschiedene Ständige Kammern mit den zu verbindenden Verfahren befasst, bestimmen sie gemeinsam die für das verbundene Verfahren zuständige Ständige Kammer, Art. 51 Abs. 2 S. 1 GO. Grundsätzlich soll diejenige Ständige Kammer künftig das Verfahren überwachen, deren Ausgangsverfahren zuerst im Fallbearbeitungssystem angelegt wurde, Art. 51 Abs. 2 S. 2 GO. Von diesem Grundsatz können die Ständigen Kammern nach gemeinsamer Entscheidung abweichen. Besteht Uneinigkeit unter den Ständigen Kammern, entscheidet die Europäische Generalstaatsanwältin, Art. 51 Abs. 2 S. 3 GO.

59 Die Ständige Kammer kann sich gegen eine Verfahrensverbindung entscheiden, wenn das Verfahren beispielsweise gegen einen Beschuldigten früher abgeschlossen und dieser deshalb früher aus der Untersuchungshaft entlassen werden kann, als dies hinsichtlich der anderen Beschuldigten möglich ist.[53]

60 In jedem Fall ist der Beschluss über die Verbindung von Verfahren im Fallbearbeitungssystem zu registrieren, Art. 51 Abs. 4 GO.

61 **b) Trennung von Verfahren.** Aus Effizienzgründen kann umgekehrt eine Verfahrenstrennung sinnvoll sein, etwa wenn dadurch ein früherer Verfahrensabschluss hinsichtlich eines Beschuldigten und gegebenenfalls eine Verkürzung der Untersuchungshaft ermöglicht wird.[54] Die Entscheidung über

46 ErwG 67 S. 1 VO.

47 Art. 26 Abs. 5 lit. b, Abs. 6 VO, Art. 51 Abs. 1 GO; s. a. ErwG 68 S. 1 VO.

48 ErwG 68 S. 1 VO.

49 ErwG 67 S. 2, ErwG 68 VO; HBB/*Herrnfeld* Art. 26 Rn. 29.

50 S. hierzu EUStA-Leitlinien über Ermittlungen, Evokation und Übertragung der Strafverfolgung, Kollegiumsbeschluss 29/2021 vom 21.4.2021, Anhang 1 Ziffer 3.2. d), https://www.eppo.europa.eu/sites/default/files/2021-05/2021.029_Operational_guidelines_on_investigation_evocation_policy_and_referral_of_cases_final_ok.pdf.

51 Vgl. Art. 26 Abs. 5 lit. b VO.

52 HBB/*Herrnfeld* Art. 26 Rn. 25.

53 ErwG 68 S. 2 VO.

54 ErwG 68 S. 2 VO.

die Trennung von Verfahren oder die Verweisung an einen anderen DEStA trifft die nach Art. 10 Abs. 1 VO mit dem Fall befasste Ständige Kammer.[55] Der Beschluss über die Verfahrenstrennung ist im Fallbearbeitungssystem zu registrieren, Art. 51 Abs. 4 GO. Jedes neue Verfahren erhält gemäß Art. 51 Abs. 3 S. 3 iVm Art. 41 GO eine eigene Verfahrensnummer.

Entscheidet die Ständige Kammer, ein Verfahren in mehrere Verfahren zu trennen, so ist sie für alle nach der Trennung separat geführten Verfahren zuständig, Art. 51 Abs. 3 S. 1 GO.[56] Über Abweichungen von dieser Regel entscheidet die Europäische Generalstaatsanwältin, Art. 51 Abs. 3 S. 2 GO. 62

## III. Verfahrensleitung im Ermittlungsverfahren

**1. Weisungsstrukturen innerhalb der EUStA.** Die in der VO umgesetzte hybride Struktur der EUStA (*Herrnfeld* → § 4 Rn. 17 ff.) setzt in großem Maß auf die Zusammenarbeit der EUStA mit den nationalen Behörden. Während die DEStA mit Unterstützung der nationalen Polizei- und Finanzbehörden die Ermittlungen führen, fungieren die Aufsicht führenden EStA als Bindeglied der dezentralen zur zentralen Ebene der EUStA, wo jeweils die Ständige Kammer eine zentrale Rolle in der Leitung des Ermittlungsverfahrens einnimmt (*Herrnfeld* → § 4 Rn. 29 f.).[57] Die Europäische Generalstaatsanwältin hat nur vereinzelt operative Befugnisse (Art. 27 Abs. 1, Art. 29 und Art. 34 Abs. 4 VO). 63

Der Aufsicht führende EStA ist vorwiegend als Vermittler zwischen der für das konkrete Verfahren zuständigen Ständigen Kammer und dem betrauten DEStA tätig, indem er Entscheidungsentwürfe des DEStA der Ständigen Kammer vorlegt, dem DEStA die Entscheidung der Ständigen Kammer mitteilt und anschließend die Einhaltung der Vorgaben der Ständigen Kammer durch den DEStA überwacht, Art. 12 Abs. 1 UAbs. 1 S. 1 VO. Darüber hinaus kann der EStA dem DEStA gemäß Art. 12 Abs. 3 VO selbst Weisungen erteilen, die aber den Weisungen der Ständigen Kammer nicht zuwiderlaufen dürfen. Weisungen des EStA und der Ständigen Kammer hat der DEStA gemäß Art. 13 Abs. 1 UAbs. 2 S. 2 VO zu befolgen (→ Rn. 71; *Herrnfeld* → § 4 Rn. 27). In einfach gelagerten Fällen kann die Ständige Kammer ihre Entscheidungsbefugnisse auch vollständig auf den die Aufsicht führenden EStA übertragen.[58] 64

Weitgehende Berichts- und Unterrichtungspflichten des DEStA sollen sicherstellen, dass die Ständige Kammer und der Aufsicht führende EStA jeweils informierte Entscheidungen treffen können. So muss der betraute DEStA den zuständigen EStA und die Ständige Kammer durch das Fallbearbeitungssystem über alle wesentlichen Entwicklungen des Falls informieren. Dazu zählen unter anderem die Durchführung von Ermittlungsmaßnahmen oder Änderungen des Kreises verdächtiger Personen,[59] aber auch solche Entwicklungen, die eine Verbindung, Trennung oder Verweisung von Verfahren sinnvoll erscheinen lassen, oder Konflikte zweier DEStA über grenzüberschreitende Ermittlungsmaßnahmen.[60] 65

**2. Durchführung der Ermittlungsmaßnahmen und anderer Maßnahmen. a) Weisungsbefugnis gegenüber nationalen Polizei- und Finanzbehörden.** DEStA haben eigene Ermittlungsbefugnisse, dürfen in ihrem Mitgliedstaat aber auch auf die Unterstützung durch nationale Behörden für die Durchführung von Ermittlungsmaßnahmen zurückgreifen, Art. 28 Abs. 1 S. 1 VO (ausführlich *Trautmann* → § 6 Rn. 124 ff.).[61] Gegenüber den Polizei- und Finanzbehörden in **Deutschland** sowie der Kriminalpolizei und den Finanzstrafbehörden in **Österreich** können DEStA Maßnahmen direkt 66

55 HBB/*Herrnfeld* Art. 26 Rn. 27.
56 ErwG 68 S. 4 VO.
57 *Brodowski* StV 2017, 684 (685).
58 ErwG 37 VO: Die Straftat darf nicht schwerwiegend und das Verfahren nicht komplex sein. Dabei sollen auch die Auswirkungen der Straftat auf Unionsebene berücksichtigt werden.
59 ErwG 35 VO.
60 HBB/*Herrnfeld* Art. 28 Rn. 14.
61 S. a. ErwG 69 VO.

anordnen.[62] Dies gilt in beiden Ländern nicht gegenüber den nationalen Staatsanwaltschaften (*Trautmann* → § 6 Rn. 132 f.).[63]

67 **b) Amtshilfe.** Benötigt ein DEStA für einzelne Ermittlungsmaßnahmen hingegen die Unterstützung durch nationale Staatsanwälte oder andere nationale Behörden, öffentliche Dienststellen, Körperschaften und Anstalten, sind sie auf die Amtshilfe (ausführlich hierzu *Trautmann* → § 6 Rn. 136 ff.) angewiesen. Dies kann beispielsweise dann erforderlich sein, wenn zeitgleich in verschiedenen Städten Hausdurchsuchungen stattfinden sollen, bei denen jeweils die Anwesenheit eines Staatsanwalts erforderlich ist, oder bei der Vernehmung von aus Sicht des betrauten DEStA ortsfernen Zeugen.[64] In **Deutschland** ist diese Art der Amtshilfe in § 13 EUStAG iVm § 142 Abs. 1 Nr. 2, 3 GVG, in **Österreich** in § 12 EUStA-DG iVm § 76 Abs. 1 bis 2a öStPO[65] geregelt.

68 **c) Eilmaßnahmen.** Unaufschiebbare Eilmaßnahmen führen die nationalen Behörden während des von der EUStA durchgeführten Ermittlungsverfahrens selbstständig durch, auch ohne Weisung durch den betrauten DEStA, wenn eine solche nicht rechtzeitig einzuholen ist, Art. 28 Abs. 2 VO. Die nationale Behörde setzt den betrauten DEStA unverzüglich über die Durchführung der Ermittlungsmaßnahme in Kenntnis, Art. 28 Abs. 2 VO. In **Deutschland** soll ein DEStA-Eildienst eingerichtet werden.[66] Sofern dieser nicht erreichbar ist, sind die nationalen Strafverfolgungsbehörden, ausnahmsweise einschließlich der Staatsanwaltschaften,[67] gemäß Art. 28 Abs. 2 VO iVm § 143 Abs. 2 GVG, § 163 Abs. 1 StPO, §§ 402, 404 AO befugt, die dringend erforderlichen Maßnahmen durchzuführen.[68] In **Österreich** sind nach den allgemeinen Vorschriften die Strafverfolgungsbehörden für die Ergreifung von Maßnahmen zuständig, welche keinen Aufschub dulden. Durch den Verweis auf Art. 27 Abs. 2 S. 2 VO deutet der Gesetzgeber an, dass wie in Deutschland auch die nationalen Staatsanwaltschaften Eilmaßnahmen ergreifen können sollen, wenn die EUStA nicht erreichbar ist.[69]

69 **3. Zuweisung an einen anderen DEStA desselben Mitgliedstaats, Art. 28 Abs. 3 VO.** Die Ständige Kammer kann auf Vorschlag des Aufsicht führenden EStA gemäß Art. 28 Abs. 3 VO in bestimmten Fällen ein laufendes Ermittlungsverfahren einem anderen als dem bisher betrauten DEStA desselben Mitgliedstaats zuweisen (siehe hierzu auch *Herrnfeld* → § 4 Rn. 31, 36). Diese Vorgehensweise sieht die VO nur bei Verhinderung oder Weigerung des DEStA vor, die Ermittlungen entsprechend den Weisungen der Ständigen Kammer oder des EStA zu führen.

70 Der bisher betraute DEStA kann etwa iSd Art. 28 Abs. 3 lit. a VO verhindert sein, weil er aus Zeitgründen, medizinischen Gründen oder wegen eines Interessenkonflikts den Fall nicht bearbeiten kann.[70] Die Verhinderung wegen örtlicher Unzuständigkeit spielt in Deutschland und Österreich aufgrund der Zuständigkeit der DEStA jeweils für das gesamte Bundesgebiet (§ 143 Abs. 6 S. 1 GVG, § 4 Abs. 1 EUStA-DG) hingegen keine Rolle.

71 Art. 28 Abs. 3 lit. b VO lässt die Neuzuweisung des Verfahrens an einen anderen DEStA auch dann zu, wenn der bisher betraute DEStA den Weisungen der zuständigen Ständigen Kammer oder des EStA nicht Folge leistet. Grundsätzlich muss ein DEStA alle Weisungen des Aufsicht führenden EStA und der Ständigen Kammer befolgen, Art. 13 Abs. 1 UAbs. 2 S. 2 VO. Im Einzelfall darf er es jedoch verweigern, einer Weisung nachzukommen, etwa wenn er der Ansicht ist, dass die Weisung gegen Unionsrecht oder gegen nationales Recht verstößt. Gemäß Art. 10 Abs. 5 und Art. 12 Abs. 3 VO müssen die Weisungen des EStA und der Ständigen Kammer mit der VO und dem einschlägigen nationalen Recht vereinbar sein (*Herrnfeld* → § 4 Rn. 30). Ist dies nicht der Fall, soll der DEStA die Ständige Kammer bitten, die betroffene Weisung nach Rücksprache mit dem Aufsicht

62 Siehe hierzu die Notifikationen Deutschlands und Österreichs nach Art. 117 S. 1, 2 VO (→ Anh. III.2, IV.2).
63 Zu Österreich siehe EBRV 808 Blg NR 27.GP, 6.
64 EBRV 808 Blg NR 27.GP, 6.
65 EBRV 808 Blg NR 27.GP, 6, 10.
66 BT-Drs. 19/17963, 26.
67 Siehe die Notifikation Deutschlands nach Art. 117 S. 1, 2 VO (→ Anh. III.2).
68 BT-Drs. 19/17963, 26.
69 EBRV 808 Blg NR 27.GP, 6.
70 HBB/*Herrnfeld* Art. 28 Rn. 18.

führenden EStA zu ändern oder zurückzunehmen, Art. 47 Abs. 1 GO. Will die Ständige Kammer die Weisung unverändert aufrechterhalten, kann der DEStA die Europäische Generalstaatsanwältin ersuchen, die Weisung zu überprüfen. Die Europäische Generalstaatsanwältin darf die Weisung nicht selbst abändern, kann aber eine andere Ständige Kammer anweisen, gemeinsam mit dem die Aufsicht führenden EStA über die Weisung zu entscheiden, Art. 47 Abs. 2 GO.

Wird die Weisung aufrechterhalten, kann die für das Verfahren zuständige Ständige Kammer die 72 Sache gemäß Art. 28 Abs. 3 lit. b VO einem anderen DEStA zuweisen. Weigert sich auch dieser, der Weisung nachzukommen oder kann er aus anderen Gründen die Ermittlungen oder Zwangsmaßnahmen nicht durchführen, kann der Aufsicht führende EStA das Verfahren auch gemäß Art. 28 Abs. 4 lit. c VO an sich ziehen.

**4. Übernahme der Ermittlungen durch den EStA, Art. 28 Abs. 4 VO.** Ausnahmsweise kann der 73 Aufsicht führende EStA mit Genehmigung der Ständigen Kammer die Ermittlungen selbst führen, Art. 28 Abs. 4 VO.[71] Dies kann insbesondere in Mitgliedstaaten mit wenigen DEStA praktisch relevant werden. Ausgeschlossen ist diese Vorgehensweise lediglich dann, wenn die Europäische Generalstaatsanwältin einen Fall nach Art. 12 Abs. 2 VO einem EStA aus einem anderen Mitgliedstaat zur Aufsicht zuweist oder wenn ein EStA nach Art. 12 Abs. 1 UAbs. 2 VO einen anderen EStA vertritt. In diesen beiden Fällen hat der übernehmende bzw. vertretende EStA nach nationalem Recht des Mitgliedstaats des Ermittlungsverfahrens nicht die für die Verfahrensführung nötigen Befugnisse.

a) **Gründe für die Übernahme.** Der EStA soll die Ermittlungen nur dann übernehmen, wenn dies 74 im Interesse der Effizienz der Ermittlungen unabdingbar erscheint. Art. 28 Abs. 4 UAbs. 1 VO enthält zur Konkretisierung dieser Voraussetzung einen Kriterienkatalog.

Die Unabdingbarkeit kann sich demnach zum einen aus der Schwere der Straftat und ihren möglichen Auswirkungen auf Unionsebene ergeben. Nach der Definition der VO, allerdings in anderem 75 Zusammenhang, hat ein konkreter Fall dann Auswirkungen auf Unionsebene, wenn es sich um eine Straftat grenzübergreifender Art und Größenordnung handelt, an einer derartigen Straftat eine kriminelle Vereinigung beteiligt ist oder die besondere Art der Straftat eine ernste Gefahr für die finanziellen Interessen der Union oder für die Glaubwürdigkeit ihrer Organe und das Vertrauen ihrer Bürger darstellen könnte.[72]

Zum anderen kann die Übernahme des Verfahrens durch den EStA unabdingbar sein, wenn 76 die Ermittlungen Beamte oder sonstige Bedienstete der Europäischen Union oder Mitglieder der Organe der Union betreffen. Dabei kommt es nur darauf an, ob diese Personen selbst der Beteiligung an der Tat verdächtig sind oder sein können, eine eventuelle Betroffenheit als Zeuge bleibt hier außer Betracht.[73]

Das dritte Kriterium sieht schließlich ein Vorgehen nach Art. 28 Abs. 4 VO vor, wenn die Zuwei- 77 sung des Verfahrens an einen anderen DEStA desselben Mitgliedstaats nach Art. 28 Abs. 3 VO nicht dazu führt, dass das Verfahren nach den Weisungen der Ständigen Kammer und des EStA weiterbetrieben wird (→ Rn. 72). Weigern sich also auch andere DEStA eines Mitgliedstaats, eine konkrete Weisung zu befolgen, kann der EStA das Verfahren selbst übernehmen und seine eigene Weisung bzw. die Weisung der Ständigen Kammer selbst ausführen.

b) **Übernahmeerklärung.** Die Einzelheiten der Übernahme sind in Art. 52 GO geregelt. Möchte der 78 Aufsicht führende EStA ein Ermittlungsverfahren an sich ziehen oder will er es ohne Beteiligung eines DEStA von vornherein führen (→ Rn. 18), muss er über das Fallbearbeitungssystem einen mit Gründen versehenen Antrag auf Genehmigung an die Ständige Kammer übermitteln. Die Ständige Kammer kann den bisher das Verfahren führenden DEStA (bzw. EStA → Rn. 18) um Klarstellung

71 Der EStA beantragt die Genehmigung unter Angabe von Gründen über das Fallbearbeitungssystem, Art. 52 Abs. 1 GO. In dieses trägt er auch die Entscheidung ein, wenn sie positiv ausfällt, Art. 52 Abs. 4 S. 1 GO. Der bisher für das Verfahren zuständige DEStA erhält sodann über das Fallbearbeitungssystem eine dahingehende Benachrichtigung, sofern nicht der EStA von Anfang an das Verfahren ohne Beteiligung eines DEStA geführt hat.

72 ErwG 59 VO.

73 So auch HBB/*Herrnfeld* Art. 28 Rn. 23.

bitten. Erteilt sie die Genehmigung, fasst der EStA einen mit Gründen versehenen Beschluss, die Ermittlungen selbst zu führen und registriert diesen im Fallbearbeitungssystem, das wiederum ggf. die betreffenden DEStA benachrichtigt.

79 Der EStA hat seinen Beschluss schließlich auch den nationalen Behörden mitzuteilen, Art. 28 Abs. 4 UAbs. 3 VO iVm Art. 52 Abs. 4 S. 2 GO.

80 c) **Befugnisse des EStA.** Wenn ein EStA ein Verfahren an sich zieht, nimmt er die Rolle eines DEStA ein und ist in dieser Funktion hierarchisch auf derselben Stufe wie ein DEStA. Der EStA muss grundsätzlich sämtliche Vorschriften berücksichtigen, für deren Einhaltung sonst der DEStA zuständig ist.[74] Nach Art. 28 Abs. 4 UAbs. 2 VO hat der EStA dieselben Befugnisse wie ein betrauter DEStA, wenn er das Verfahren übernimmt. Ihn treffen gemäß Art. 52 Abs. 6, 44 GO dieselben Berichtspflichten wie einen DEStA (→ Rn. 65). Die Ständige Kammer behält ihre verfahrenslenkende Funktion, es entfällt lediglich die Zwischenposition des EStA, wenn dieser selbst die Ermittlungen durchführt.[75]

81 Nach **deutschem Recht** regeln die §§ 142b Abs. 1 S. 3, 143 Abs. 5 S. 2 GVG, dass der EStA in Fällen nach Art. 28 Abs. 4 EUStAG das Amt der Staatsanwaltschaft umfassend ausüben kann (*Niedernhuber* → § 10 Rn. 23).[76]

82 Das **österreichische Recht** stellt in § 4 Abs. 2 S. 2 EUStA-DG klar, dass in den Fällen des Art. 28 Abs. 4 VO ausnahmsweise der für Österreich ernannte EStA das Ermittlungsverfahren leiten und die Aufgaben des DEStA wahrnehmen kann. Auch dieser hat Befugnisse wie ein DEStA im gesamten österreichischen Bundesgebiet, denn § 4 Abs. 1 EUStA-DG spricht nur unspezifisch von der EUStA.

## IV. Aufhebung von Vorrechten und Befreiungen

83 Bei Eingang der Informationen nach Art. 24 VO ist in das Register des Fallbearbeitungssystems (→ Rn. 185 f.) einzutragen, ob Vorrechte oder Befreiungen Anwendung finden, die der Durchführung des Ermittlungsverfahrens entgegenstehen könnten. Ist das der Fall, benachrichtigt das Fallbearbeitungssystem automatisch die Europäische Generalstaatsanwältin, Art. 38 Abs. 3 lit. g, Abs. 5 GO. Stellt sich erst im Laufe des Verfahrens heraus, dass Vorrechte oder Befreiungen einschlägig sein könnten, ist die Information im Fallbearbeitungssystem nachzutragen.

84 **1. Umfasste Vorrechte und Befreiungen. a) Vorrechte und Befreiungen nach nationalem Recht.** Eine einheitliche Definition von Vorrechten und Befreiungen nach nationalem Recht existiert in der EU nicht, daher können die Mitgliedstaaten selbst bestimmen, welche Regelungen sie als Vorrechte und Befreiungen ansehen. Mit Vorrechten oder Befreiungen sind typischerweise die parlamentarische Immunität und die Diplomatenimmunität gemeint. Das nationale Recht kann jedoch auch Schutzvorschriften für medizinische Berufe und Rechtsberufe erlassen, die als Vorrechte und Befreiungen angesehen werden können.[77] Letztere dürften jedoch im Zusammenhang mit Art. 29 VO ebenso wenig eine Rolle spielen wie der Schutz von anderen Zeugnisverweigerungsberechtigten. Zumindest im deutschen und österreichischen Strafrecht sind Berufsgeheimnisträger nur in ihrer Rolle als Zeugen vor Ermittlungsmaßnahmen geschützt. Wegen Straftaten, die sie selbst begehen, können sie jederzeit verfolgt und bestraft werden.[78] Der für Berufsgeheimnisträger und Angehörige vorgesehene Schutz vor einzelnen Ermittlungsmaßnahmen kann nicht von einer staatlichen Stelle aufgehoben werden und ist daher zumindest im Kontext des Art. 29 VO nicht als

74 So auch Bachmaier Winter (ed)/*Bachmaier Winter* S. 117 (125).

75 HBB/*Herrnfeld* Art. 28 Rn. 24.

76 S. a. Ligeti/Antunes/Giuffrida/*Herrnfeld* S. 149 (152).

77 ErwG 20 der RL 2014/41/EU; ErwG 35 des Vorschlags für eine Verordnung des Europäischen Parlaments und des Rates über Europäische Herausgabeanordnungen und Sicherungsanordnungen für elektronische Beweismittel in Strafsachen, COM(2018) 225 final, 36 f.

78 Vgl. nur die auch Strafverteidigern drohende Strafbarkeit wegen Strafvereitelung gem. § 258 StGB sowie die Ausnahme vom Schutz gegen Ermittlungsmaßnahmen bei Verstrickungsverdacht des Berufsgeheimnisträgers gem. § 160a Abs. 4 StPO.

Vorrecht oder Befreiung anzusehen, sondern als Einschränkung im Rahmen der einzelnen Ermittlungsmaßnahme zu berücksichtigen.[79] Ob Gegenstände von den Vorrechten und Befreiungen ihrer Eigentümer umfasst sind und deshalb etwa nicht beschlagnahmt oder eingezogen werden dürfen, richtet sich nach nationalem Recht.

Abgeordnete des **Deutschen Bundestags** besitzen nach Art. 46 GG zeitlich unbegrenzte Indemnität (Straflosigkeit wegen einer Abstimmung oder wegen einer Äußerung, die ein Abgeordneter im Plenum oder in einem Ausschus des Parlaments getätigt hat[80]) und in begrenztem Umfang Immunität (begrenzte Strafverfolgung für die Dauer des Mandats[81]), denn mit Genehmigung des Bundestags nach Art. 46 Abs. 2 GG oder wenn sie im engen zeitlichen Zusammenhang mit der Tat festgenommen werden, können Abgeordnete wegen einer Straftat verfolgt werden. **Landtagsabgeordnete** haben entsprechende Privilegien nach den Bestimmungen in den deutschen Landesverfassungen.[82] 85

In **Österreich** genießen die Mitglieder des Nationalrats, des Bundesrats und der Landtage nach Art. 57 f., 96 B-VG Indemnität und begrenzte Immunität.[83] Für Festnahmen und Hausdurchsuchungen sowie für Straftaten, die im Zusammenhang mit der politischen Tätigkeit des Abgeordneten stehen, ist die Zustimmung des Nationalrats erforderlich, außer der Abgeordnete wird auf frischer Tat wegen eines Verbrechens betroffen und festgenommen, Art. 57 Abs. 2 B-VG. Wegen Straftaten, die offensichtlich in keinem Zusammenhang mit der politischen Tätigkeit stehen, dürfen Mitglieder des Nationalrats anders als in Deutschland regulär verfolgt werden, Art. 57 Abs. 3 B-VG. Für den Bundespräsidenten gilt Art. 63 Abs. 1 B-VG. 86

Im nationalen Recht bestehende weitere Regelungen, die etwa diplomatischem und konsularischem Personal Immunität gewähren, sind von der EUStA ebenso zu berücksichtigen. Diese Regelungen können auch aus völkerrechtlichen Übereinkommen folgen.[84] 87

**b) Vorrechte und Befreiungen nach Unionsrecht.** Nach Art. 8 f. des Protokolls über die Vorrechte und Befreiungen der Europäischen Union[85] (Vorrechteprotokoll) genießen die Mitglieder des Europäischen Parlaments Indemnität und Immunität, also Schutz vor rechtlicher Verfolgung wegen mandatsbezogener Äußerungen oder Abstimmungen sowie begrenzt auf die Zeit ihres Mandats allgemein Schutz gegen Festnahme und gerichtliche Verfahren.[86] Dieselben Privilegien haben gemäß Art. 10 Vorrechteprotokoll bestimmte Vertreter der Mitgliedstaaten, ihre Berater und Sachverständigen während der Ausübung ihrer Tätigkeit, sowie Mitglieder der beratenden EU-Organe. Die Art. 11, 17, 19 f. Vorrechteprotokoll regeln weitere Vorrechte und Befreiungen sowie die Möglichkeit der Aufhebung dieser Privilegien für Beamte, sonstige Bedienstete der Union, den Präsidenten des Europäischen Rats, die Mitglieder der Europäischen Kommission und bestimmte Mitglieder des EuGH. Das Vorrechteprotokoll findet gemäß Art. 96 Abs. 5 VO auf die EUStA und ihr Personal sowie gemäß Art. 21 f. Vorrechteprotokoll auf die Europäische Investitionsbank und die Europäische Zentralbank Anwendung. 88

**2. Behinderung der Durchführung eines Ermittlungsverfahrens.** Die Europäische Generalstaatsanwältin prüft, ob die bestehenden Vorrechte und Befreiungen die Durchführung des konkreten Ermittlungsverfahrens behindern. Dies kann dann der Fall sein, wenn das Vorrecht oder die Befreiung ein Verfahrenshindernis darstellt, das die Strafverfolgung vollständig verbietet, aber 89

79 Insofern ist das Verständnis von Vorrechten und Befreiungen iSd Art. 29 VO deutlich enger als im Kontext der EEA, vgl. Art. 11 Abs. 1 lit. a RL-EEA.

80 Creifelds/*Weber*, Rechtswörterbuch, 26. Edition 2021, Stichwort Indemnität.

81 Creifelds/*Weber*, Rechtswörterbuch, 26. Edition 2021, Stichwort Immunität.

82 Vgl. ua Art. 37 f. der baden-württembergischen Verfassung; Art. 27 f. der bayerischen Verfassung; sowie Art. 47 f. der nordrhein-westfälischen Verfassung.

83 *Seiler* Rn. 18 f. S. a. § 10 des Bundesgesetzes über die Geschäftsordnung des Nationalrates.

84 So beispielsweise das Wiener Übereinkommen über diplomatische Beziehungen (WÜD) und das Wiener Übereinkommen über konsularische Beziehungen (WÜK); s. a. Übersicht bei *Seiler* Rn. 17.

85 Protokoll über die Vorrechte und Befreiungen der Europäischen Union v. 8.4.1965, ABl. 1967 P 152, 13; nunmehr Protokoll (Nr. 7) zum Vertrag über die Arbeitsweise der Europäischen Union, ABl. 2016 C 202, 266. In der 7. Wahlperiode wurde die Schaffung eines einheitlichen Immunitätenstatuts diskutiert, bis heute aber nicht weiterverfolgt, vgl. Grabitz/Hilf/Nettesheim/*Hölscheidt* Art. 223 AEUV Rn. 26.

86 Ausführlich Grabitz/Hilf/Nettesheim/*Athen*/*Dörr* Art. 343 AEUV Rn. 76 ff., 81 ff.

auch dann, wenn eine Festnahme, Durchsuchung oder andere Ermittlungsmaßnahme oder die Anklageerhebung wegen des Vorrechts oder der Befreiung unzulässig sind.[87] Die Prüfung durch die Europäische Generalstaatsanwältin umfasst auch die Frage, ob die betroffene Person wirksam auf ihr Vorrecht oder ihre Befreiung verzichtet hat.[88]

90 **3. Antrag auf Aufhebung von Vorrechten und Befreiungen.** Sofern das Vorrecht oder die Befreiung aufgehoben werden kann, hat die Europäische Generalstaatsanwältin oder einer ihrer Stellvertreter die Aufhebung zu beantragen, Art. 29 VO. Das Legalitätsprinzip lässt hier keinen Ermessensspielraum, sondern zwingt zur Antragstellung.[89] Eine Ausnahme kann aus Gründen der Verhältnismäßigkeit jedoch beispielsweise dann bestehen, wenn absehbar ist, dass die Aufhebung aus rechtlichen Gründen abgelehnt werden wird.[90]

91 An wen der Antrag auf Aufhebung des Vorrechts oder der Befreiung zu stellen ist und welche Verfahrens- und Formvorschriften einzuhalten sind, richtet sich nach dem Recht, dem auch das Vorrecht oder die Befreiung entspringt, also nach dem konkreten nationalen Recht oder nach EU-Recht. Art. 29 VO verlangt lediglich einen schriftlichen und begründeten Antrag.

92 Gibt die zur Entscheidung berufene Stelle dem Antrag statt, ist die Aufhebung des Vorrechts oder der Befreiung in personeller, zeitlicher und sachlicher Hinsicht auf das konkrete Strafverfahren beschränkt.[91] Dieses kann sodann weiterbetrieben werden. Lehnt die Stelle hingegen die Aufhebung ab, muss der betraute DEStA in seinem Bericht an die Ständige Kammer die Einstellung des Verfahrens gemäß Art. 39 Abs. 1 lit. d VO (oder bei Fehlen anderer Beweismittel gemäß Art. 39 Abs. 1 lit. g VO) vorschlagen (zur Einstellung *Gut* → § 9 Rn. 63 ff.).[92]

## V. Ermittlungs- und Sicherungsmaßnahmen

93 **1. Systematik des Art. 30 VO.** Gemäß Art. 13 Abs. 1 VO soll ein DEStA dieselben Befugnisse haben wie ein nationaler Staatsanwalt. Auch das Verständnis eines DEStA entspricht dem eines (deutschen und österreichischen) Staatsanwalts, da ein DEStA von Amts wegen und auf Antrag sowohl belastende als auch entlastende Beweismittel erheben soll, Art. 5 Abs. 4 VO.[93] Dementsprechend haben gemäß Art. 30 Abs. 4 VO deutsche DEStA alle Ermittlungsbefugnisse aus der StPO und österreichische DEStA verfügen wie rein nationale Staatsanwälte über das gesamte Repertoire der öStPO.

94 Art. 30 VO legt für EUStA-Verfahren in den Mitgliedstaaten einen einheitlichen Grundstock an klassischen Ermittlungsbefugnissen fest. **Absatz 1** enthält einen **Katalog mit Mindestbefugnissen**, welche den betrauten DEStA sowie (in den Fällen des Art. 28 Abs. 4 VO) den Aufsicht führenden EStA nach nationalem Recht zur Verfügung stehen sollen, wenn sie in ihrem jeweiligen Mitgliedstaat für die EUStA tätig sind.[94] Die Mindestbefugnisse müssen für die Verfolgung von Straftaten mit einer Höchstfreiheitsstrafe von mindestens vier Jahren gelten, also für Straftaten wie beispielsweise Betrug, der nach § 263 Abs. 1 StGB Freiheitsstrafe bis zu fünf Jahren oder Geldstrafe androht. Die VO verlangt nicht, dass DEStA in einem anderen als ihrem eigenen Mitgliedstaat Ermittlungsbefugnisse erhalten sollen; das sehen die Strafprozessordnungen der Mitgliedstaaten auch nicht vor.[95] Die Durchführung von grenzüberschreitenden Ermittlungen erfolgt vielmehr als **Zusammenarbeit** verschiedener DEStA aus den beteiligten Mitgliedstaaten nach Maßgabe des Art. 31 VO (→ Rn. 124 ff.).[96]

87 S. a. HBB/*Brodowski* Art. 29 Rn. 18.
88 HBB/*Brodowski* Art. 29 Rn. 22.
89 HBB/*Brodowski* Art. 29 Rn. 27.
90 HBB/*Brodowski* Art. 29 Rn. 28.
91 HBB/*Brodowski* Art. 29 Rn. 24.
92 HBB/*Brodowski* Art. 29 Rn. 29.
93 ErwG 65 VO.
94 S. a. ErwG 70 VO.
95 HBB/*Brodowski* Art. 30 Rn. 7.
96 HBB/*Brodowski* Art. 30 Rn. 7.

Vorrechte und Befreiungen im Sinne des Art. 29 VO können Ermittlungsmaßnahmen verhindern und sind vorrangig zu berücksichtigen, wie sich aus **Art. 30 Abs. 2 VO** ergibt („[u]nbeschadet des Artikels 29"). Art. 29 VO ist insofern *lex specialis* im Verhältnis zu Art. 30 Abs. 2 VO.[97] In Art. 30 Abs. 2 gestattet die VO den Mitgliedstaaten zudem, Ermittlungsmaßnahmen gegen Personen mit gesetzlicher Schweigepflicht – also Berufsgeheimnisträger, nicht lediglich Personen mit Zeugnisverweigerungsrecht[98] – nach ihren bestehenden nationalen Regelungen zu verbieten oder zu beschränken. Darüber hinaus setzt der *nemo tenetur*-Grundsatz in personeller Hinsicht Grenzen.[99] 95

**Art. 30 Abs. 3 VO** erlaubt weiterhin die Anwendung von nationalen Regelungen zur **Bedingung oder Beschränkung** der Ermittlungsmaßnahmen nach Art. 30 Abs. 1 lit. c, e und f VO, wobei die Beschränkung auf einen Straftatenkatalog nur für die Maßnahmen nach Art. 30 Abs. 1 lit. e und f VO zulässig ist (im Einzelnen → Rn. 104 ff.). Generell sind Beschränkungen der Maßnahme auf schwere oder im Einzelfall schwerwiegende Straftaten, inhaltliche Beschränkungen der zu erhebenden Beweismittel etwa im Kernbereich privater Lebensgestaltung möglich oder auch ein Ausschluss von Maßnahmen gegen zeugnisverweigerungsberechtigte Personen wie nahe Angehörige des Beschuldigten.[100] Beschränkungen auf bestimmte Straftatenkataloge haben die Mitgliedstaaten der EUStA im Rahmen ihrer Notifikation nach Art. 30 Abs. 3 iVm Art. 117 S. 5 VO (Notifikationen Deutschlands und Österreichs → Anh. III.2, IV.2) mitgeteilt. 96

Die Bedingungen und Beschränkungen nach den nationalen Regelungen im Sinne des Art. 30 Abs. 2, 3 VO können die Verfolgung von Straftaten mit einer Höchststrafe von mehr als vier Jahren Freiheitsstrafe verbieten und gehen insoweit Art. 30 Abs. 1 VO vor. Die Mitgliedstaaten dürfen jedoch keine in zeitlicher, personeller oder materieller Hinsicht über das in Art. 30 Abs. 2, 3 VO gestattete Maß hinausgehenden Beschränkungen vorsehen, wenn diese nicht durch EU-Recht einschließlich der GRC gestattet sind. Anderenfalls droht den Mitgliedgliedstaaten ein Vertragsverletzungsverfahren.[101] Von besonderer Relevanz ist daher die Abgrenzung zwischen einer nach Art. 30 Abs. 5 S. 2 VO erlaubten Regelung über **Verfahren und Modalitäten für die Durchführung** der Maßnahmen und einer verbotenen, weil nicht durch Art. 30 Abs. 2, 3 VO gedeckten, Beschränkung der Befugnisse. Nach Absatz 5 erlaubt sind beispielsweise Richtervorbehalte,[102] Regelungen zu Anwesenheitspflichten, einer Mindestzahl an Zeugen sowie zu Verboten der Durchführung von Maßnahmen wie Wohnungsdurchsuchungen zur Nachtzeit.[103] Grundsätzlich haben die Mitgliedstaaten bei dieser Abgrenzung einen weiten Beurteilungsspielraum, die Durchführung der Maßnahme darf dadurch aber nicht generell unpraktikabel oder unmöglich werden.[104] 97

Art. 30 Abs. 4 VO stellt klar, dass jedem DEStA neben den im Katalog des Absatzes 1 genannten Mindestmaßnahmen auch die weiteren, im nationalen Recht vorhandenen Ermittlungsbefugnisse zur Verfügung stehen sollen. Insofern ist die Norm lediglich eine konkretisierende Klarstellung des in Art. 13 Abs. 1 VO normierten Grundsatzes, dass DEStA nicht diskriminiert werden dürfen, sondern dieselben Befugnisse wie nationale Staatsanwälte haben müssen.[105] Für Festnahme und Untersuchungshaft im Mitgliedstaat des betrauten DEStA enthält Art. 33 Abs. 1 VO eine dem Art. 30 Abs. 4 VO entsprechende Verweisung in das nationale Recht (→ Rn. 169 ff.). 98

Anders als die Absätze 1–4 richtet sich Absatz 5 nicht an den Gesetzgeber, sondern bindet die DEStA unmittelbar an die Beachtung des Verhältnismäßigkeitsgrundsatzes in Bezug auf alle Ermitt- 99

97 HBB/*Brodowski* Art. 30 Rn. 27.
98 HBB/*Brodowski* Art. 30 Rn. 22.
99 HBB/*Brodowski* Art. 30 Rn. 15.
100 HBB/*Brodowski* Art. 30 Rn. 25.
101 HBB/*Brodowski* Art. 30 Rn. 4, 27 f. Zu möglichen Folgen eines Vertragsverletzungsverfahrens s. HBB/*Brodowski* Art. 30 Rn. 28.
102 HBB/*Brodowski* Art. 30 Rn. 4; *Magnus* HRRS 2018, 143 (145) stuft Richtervorbehalte hingegen als Bedingung iSd Art. 30 Abs. 3 VO ein.
103 HBB/*Brodowski* Art. 30 Rn. 4.
104 HBB/*Brodowski* Art. 30 Rn. 4, 24.
105 So auch HBB/*Brodowski* Art. 30 Rn. 29 f.

lungsmaßnahmen der EUStA.[106] Ein DEStA darf die Maßnahmen nach Art. 30 Abs. 1, 4 VO (also auch sämtliche nationalen Ermittlungsmaßnahmen, die über den Katalog in Absatz 1 hinausgehen) nur dann anordnen, wenn „hinreichende Gründe zu der Annahme bestehen, dass durch die betreffende Maßnahme Informationen oder Beweismittel erlangt werden können, die für die Ermittlungen nützlich sind, und keine weniger eingreifende Maßnahme zur Verfügung steht, mit der sich dasselbe Ziel erreichen ließe". Mit anderen Worten müssen die Maßnahmen im Hinblick auf einen Ermittlungserfolg geeignet und erforderlich sein. Sobald also eine weniger einschneidende Maßnahme wie etwa eine einmalige, offene Beschlagnahme von E-Mails *ex ante* denselben Erfolg verspricht wie eine mit einem schweren Grundrechtseingriff verbundene, verdeckte Online-Durchsuchung über einen längeren Zeitraum hinweg, wäre die Anordnung der Online-Durchsuchung unverhältnismäßig und damit unzulässig. Zudem dürfen Beweismittel, die nach nationalem Recht vollständig (also sowohl als Beweismittel als auch als Ermittlungsansatz) unverwertbar wären, gar nicht erst erhoben werden.[107] Sie wären dann unter Berücksichtigung des Rechtsstaatsprinzips aus Art. 5 Abs. 2 VO nicht „für die Ermittlungen nützlich". Art. 30 Abs. 5 VO setzt lediglich einen Mindeststandard und verbietet nicht, dass eine nach nationalem Recht erforderliche Verhältnismäßigkeitsprüfung strenger ausfällt.[108]

100 Der Wortlaut von Art. 30 Abs. 5 VO ist weit auszulegen, um auch eine Geltung des Verhältnismäßigkeitsgrundsatzes für solche Maßnahmen zu erreichen, die keine Ermittlungsmaßnahmen sind, sondern eine spätere Einziehung von Tatwerkzeugen oder Taterträgen sichern sollen. Die Notwendigkeit für eine solche weite Auslegung ergibt sich aus der Systematik, da Art. 30 Abs. 5 VO keine Einschränkung enthält und damit auch auf Maßnahmen nach Art. 30 Abs. 1 lit. d VO anwendbar ist.

101 **2. Maßnahmenkatalog nach Art. 30 Abs. 1 VO.** Sowohl in Deutschland als auch in Österreich sind die in Art. 30 Abs. 1 VO geforderten Mindestbefugnisse bereits in den nationalen Strafprozessordnungen vorhanden.[109] Zusätzliche Befugnisnormen wurden in keinem der beiden Mitgliedstaaten eingeführt. Damit gelten für die DEStA und für selbst ermittelnde EStA dieselben Regeln wie sie auch für rein national tätige deutsche und österreichische Staatsanwälte gelten. Die nachfolgende Darstellung soll daher nur einen kurzen Überblick über die jeweils geltenden Befugnisnormen vermitteln. Zur Vertiefung sei auf die weiterführende Literatur verwiesen.

102 a) **Durchsuchung, Art. 30 Abs. 1 lit. a VO.** Zunächst müssen den Ermittlern in den Mitgliedstaaten Befugnisse zur Durchsuchung von Gebäuden, Grundstücken, Beförderungsmitteln, Privatwohnungen und sonstigen persönlichen Gegenständen oder Computersystemen einschließlich der Durchführung von Sicherungsmaßnahmen zur Verfügung stehen, Art. 30 Abs. 1 lit. a VO.

| | Deutschland | Österreich |
|---|---|---|
| Befugnisnormen | §§ 102, 103, 110 StPO | §§ 119–122 StPO |
| Einschränkung nach Art. 30 Abs. 2 VO | § 160a StPO | §§ 144, 157 öStPO |

106 HBB/*Brodowski* Art. 30 Rn. 34.

107 Zur identischen Problematik im deutschen Recht s. LR/*Gössel* Einl. L Rn. 197 mwN; *Jahn*, Gutachten C für den 67. Deutschen Juristentag, C 86 f., MüKoStPO/*Kudlich* Einl. Rn. 487; *Wohlers* GS Weßlau, 2016, 427 (435); Systematischer Kommentar, SK-StPO/*Wohlers*/*Greco*, 5. Aufl. 2016, § 97 Rn. 50. Freilich sind die nationalen Rechtsordnungen, insbesondere die deutsche und die österreichische, aktuell recht großzügig in der Verwendung von rechtswidrig erlangten Beweismitteln zumindest als Ermittlungsansatz, in vielen Fällen jedoch sogar als Beweismittel (gegebenenfalls nach einer Interessenabwägung).

108 ErwG 88 Abs. 3 VO erwähnt zwar nur die (nachträgliche) Verhältnismäßigkeitsprüfung iRd gerichtlichen Rechtsschutzes, jedoch ist die insofern ergangene Rspr. von Strafverfolgungsbehörden in anderen Fällen bereits bei der Anordnung einer Maßnahme zu berücksichtigen; so auch HBB/*Brodowski* Art. 30 Rn. 27.

109 BT-Drs. 19/17963, 27; EBRV 808 Blg NR 27.GP, 4.

| | Deutschland | Österreich |
|---|---|---|
| Einschränkung nach Art. 30 Abs. 3 VO[110] | Keine | Keine |
| Verfahren und Modalitäten, Art. 30 Abs. 5 VO | Richtervorbehalt, § 105 Abs. 1 S. 1 StPO, aber DEStA hat Eilkompetenz; Nachtzeit- und Anwesenheitsregelung in §§ 104 ff. StPO; Kernbereichsschutz aus Art. 2 Abs. 1 iVm Art. 1 Abs. 1 GG | Anordnung des DEStA aufgrund gerichtlicher Bewilligung gem. § 120 Abs. 1 öStPO sowie gem. § 116 Abs. 6 S. 4 öStPO; Kriminalpolizei hat Eilkompetenz nach § 120 Abs. 1 öStPO; Anwesenheits- und Verfahrensregelung in §§ 121 f. öStPO |

**b) Herausgabe von Gegenständen und Schriftstücken, Art. 30 Abs. 1 lit. b VO.** Als zweite Ermittlungsbefugnis muss es DEStA nach nationalem Recht gestattet sein, relevante Gegenstände oder Schriftstücke in ihrer ursprünglichen oder einer anderen Form sicherzustellen, Art. 30 Abs. 1 lit. b VO. Aus der Systematik des Art. 30 Abs. 1 VO, insbesondere aus der Zusammenschau mit dessen Buchstaben c und d, ergibt sich, dass in Buchstabe b nur die Herausgabe von **körperlichen Gegenständen**, also nicht von Computerdaten (wohl aber von Datenträgern[111]), zur Sicherung als Beweismittel gemeint ist. 103

| | Deutschland | Österreich |
|---|---|---|
| Befugnisnormen | §§ 94, 95, 98, 99, 100, 108 StPO | §§ 110, 115, 122 Abs. 2, 135 Abs. 1 öStPO |
| Einschränkung nach Art. 30 Abs. 2 VO | §§ 160a, § 97 StPO; Verteidigerpost ist wegen § 148 StPO stets beschlagnahmefrei | §§ 59 Abs. 3, 144, 157 öStPO |
| Einschränkung nach Art. 30 Abs. 3 VO[112] | Keine | § 135 Abs. 1 öStPO |
| Verfahren und Modalitäten, Art. 30 Abs. 5 VO | Richtervorbehalt gem. § 98 Abs. 1 S. 1 bzw. § 100 Abs. 1 StPO, DEStA hat jeweils Eilkompetenz; Kernbereichsschutz aus Art. 2 Abs. 1 iVm Art. 1 Abs. 1 GG | Anordnung durch DEStA gem. § 110 Abs. 2 öStPO; gerichtlicher Beschluss gem. § 115 Abs. 2 öStPO; Anordnung durch DEStA aufgrund gerichtlicher Bewilligung gem. § 137 Abs. 1 S. 3 öStPO; Verfahrens- und Formvorschriften in §§ 111–114, 138 öStPO |

**c) Herausgabe und Entschlüsselung von gespeicherten Computerdaten einschließlich Bankkontodaten und Verkehrsdaten, Art. 30 Abs. 1 lit. c VO.** Die DEStA müssen gespeicherte Computerdaten einschließlich Bankkontodaten und Verkehrsdaten herausverlangen können. Dies kann in verschlüsselter oder entschlüsselter, in der ursprünglichen oder einer anderen Form geschehen. Ausgenommen sind die Daten, die aufgrund nationaler Vorschriften zur Vorratsdatenspeicherung erhoben wurden.[113] 104

110 Siehe die Notifikationen Deutschlands und Österreichs nach Art. 30 Abs. 3 iVm Art. 117 S. 5 VO (→ Anh. III.2, IV.2).

111 HBB/*Brodowski* Art. 30 Rn. 13.

112 Siehe die Notifikationen Deutschlands und Österreichs nach Art. 30 Abs. 3 iVm Art. 117 S. 5 VO (→ Anh. III.2, IV.2).

113 Vgl. zur zugrundeliegenden Norm, Art. 15 Abs. 1 S. 2 RL 2002/58/EG, die Rspr. des EuGH, insb. das Verbot der unterschiedslosen Vorratsspeicherung sämtlicher Verkehrs- und Standortdaten aller Teilnehmer sowie das Verbot,

105 Umfasst sind Maßnahmen zur Sicherstellung von Endgeräten wie Computern oder Mobiltelefonen, die (einmalige) Beschlagnahme von E-Mails beim Provider, die Erhebung von Verkehrs- und Standortdaten sowie die Erlangung von Bankauskünften.[114] Die Maßnahme darf nach Art. 30 Abs. 3 S. 1 VO an zusätzliche Bedingungen oder Beschränkungen geknüpft werden, jedoch nicht im Sinne eines Straftatenkatalogs.

| | Deutschland | Österreich |
|---|---|---|
| Befugnisnormen | §§ 94, 95, 98, 99, 100, 100g, 100j, 161, 161a StPO, § 24c Abs. 3 Nr. 2 KWG[115] | §§ 76a, 110–115, 116, 135 Abs. 2 öStPO, § 2, 4 KontRegG |
| Einschränkung nach Art. 30 Abs. 2 VO | §§ 160a, 97, 100g IV 1 StPO | §§ 144, 157 öStPO |
| Einschränkung nach Art. 30 Abs. 3 VO[116] | Einschränkungen gem. § 100g Abs. 1 S. 1 Nr. 1 StPO | § 135 Abs. 2 StPO; § 116 Abs. 2 öStPO |
| Verfahren und Modalitäten, Art. 30 Abs. 5 VO | Richtervorbehalt gem. § 98 Abs. 1 S. 1 StPO bzw. § 100 Abs. 1 StPO sowie gem. § 101a Abs. 1 iVm § 100e Abs. 1 StPO; DEStA hat nur teilweise Eilkompetenz; Verfahrensregelungen in §§ 101 f. StPO; Kernbereichsschutz aus Art. 2 Abs. 1 iVm Art. 1 Abs. 1 GG | Anordnung durch DEStA gem. § 116 Abs. 3 öStPO, aufgrund gerichtlicher Bewilligung gem. § 116 Abs. 4 öStPO bzw. § 137 Abs. 1 S. 3 öStPO; Formvorschriften in §§ 116 Abs. 4–6, 138 öStPO |

106 **d) Sicherstellung von Tatwerkzeugen oder Taterträgen, Art. 30 Abs. 1 lit. d VO.** Nicht nur Beweismittel sollen sichergestellt werden können, sondern auch Tatwerkzeuge und Taterträge, einschließlich Vermögenswerten, um eine zu erwartende Einziehung im Urteil zu gewährleisten. Typischerweise steht die Sicherstellung von Tatwerkzeugen oder Taterträgen im engen Zusammenhang mit einer Durchsuchung und Beschlagnahme zur Gewinnung von Beweismitteln.[117] Sofern dies erforderlich ist, kann die EUStA nach den nationalen Regeln die eingezogenen Gegenstände bereits im Ermittlungsverfahren notveräußern (§ 111p StPO, § 115e öStPO).

| | Deutschland | Österreich |
|---|---|---|
| Befugnisnormen | §§ 108, 111b, 111e StPO iVm §§ 73 ff. StGB | §§ 110, 115, 122 Abs. 2 öStPO |
| Einschränkung nach Art. 30 Abs. 2 VO | §§ 97, 160a StPO | §§ 144, 157 öStPO |

nationalen Behörden ohne Beschränkung auf die Bekämpfung schwerer Kriminalität oder zusätzliche Sicherung Zugriff auf die durch die Vorratsdatenspeicherung erlangten Daten zu gewähren, EuGH 21.12.2016 -C-203/15 und C-698/15, ECLI:EU:C:2016:970 – Tele2 Sverige, NJW 2017, 717; EuGH 6.10.2020 – C-511/18, C-512/18 und C-520/18, ECLI:EU:C:2020:791 – La Quadrature du Net, NJW 2021, 531; EuGH 2.3.2021 – C-746/18, ECLI:EU:C:2021:152 – H.K.; vgl. auch EuGH 8.4.2014 – C-293/12 und C-594/12, ECLI:EU:C:2014:238 – Digital Rights Ireland und Seitlinger, NJW 2014, 2169; EuGH 6.10.2020 – C-623/17, ECLI:EU:C:2020:790 – Privacy International.

114 BT-Drs. 19/17963, 27.

115 BT-Drs. 19/17963, 27; KK-StPO/*Griesbaum* § 161 Rn. 8; Schimansky/Bunte/Lwowski/*Krepold*, Bankrechts-Handbuch, 5. Aufl. 2017, § 39 Rn. 199 ff., 220 ff., 228 ff.; Wabnitz/Janovsky/Schmitt/*Pelz*, Handbuch Wirtschafts- und Steuerstrafrecht, 5. Aufl. 2020, Rn. 482 ff.

116 Siehe die Notifikationen Deutschlands und Österreichs nach Art. 30 Abs. 3 iVm Art. 117 S. 5 VO (→ Anh. III.2, IV.2).

117 *Peters/Bröckers*, Vermögensabschöpfung im Strafverfahren, 2019, Rn. 386; vgl. auch BT-Drs. 19/17963, 27.

| | Deutschland | Österreich |
|---|---|---|
| Einschränkung nach Art. 30 Abs. 3 VO[118] | Keine | Keine |
| Verfahren und Modalitäten, Art. 30 Abs. 5 VO | Verfahrensvorschriften in §§ 111c f., 111f ff. iVm §§ 928, 930, 829, 840 ZPO | Anordnung durch DEStA gem. § 110 Abs. 2 öStPO; gerichtlicher Beschluss gem. § 115 Abs. 2 öStPO; Verfahrens- und Formvorschriften in §§ 111–114 öStPO |

**e) Überwachung der elektronischen Kommunikation, Art. 30 Abs. 1 lit. e VO.** DEStA sollen die elektronische Kommunikation des Beschuldigten über alle von ihm genutzten elektronischen Kommunikationsmittel überwachen können. Umfasst sind technologieneutral klassische analoge Telefonate ebenso wie Voice-over-IP-Anrufe, E-Mails oder Chatnachrichten über Messengerdienste.[119] Auch Anschlüsse und Endgeräte von Dritten müssen von einem DEStA überwacht werden können, sofern der Beschuldigte sie zur Kommunikation verwendet. 107

Der Fokus auf die ein- und ausgehende Kommunikation stellt klar, dass mindestens die Überwachung derjenigen Kommunikationsinhalte ermöglicht werden soll, die sich als Teil der laufenden Telekommunikation gerade im Telekommunikationsnetz befinden. Die Mitgliedstaaten müssen keine Maßnahmen schaffen, die – wie die Quellen-Telekommunikationsüberwachung nach § 100a Abs. 1 S. 2 StPO – heimlich aus der Ferne Kommunikationsinhalte auslesen, bevor sie das Absendergerät verschlüsselt verlassen und nachdem sie beim Empfängergerät in entschlüsselter Form ankommen.[120] 108

| | Deutschland | Österreich |
|---|---|---|
| Befugnisnormen | §§ 100a, 100g StPO | § 135 Abs. 3 öStPO |
| Einschränkung nach Art. 30 Abs. 2 VO | §§ 100d Abs. 5, 160a StPO | §§ 59 Abs. 3, 144, 157 öStPO |
| Einschränkung nach Art. 30 Abs. 3 VO[121] | Straftatenkatalog gem. § 100a Abs. 2 StPO; Einschränkungen gem. § 100g Abs. 1 S. 1 Nr. 1 StPO | Einschränkungen gem. § 135 Abs. 3 öStPO |
| Verfahren und Modalitäten, Art. 30 Abs. 5 VO | Richtervorbehalt gem. § 100e Abs. 1 S. 1 StPO sowie gem. § 101a Abs. 1 iVm § 100e Abs. 1 StPO; DEStA hat nur teilweise Eilkompetenz; Befristung gem. § 100e Abs. 1 S. 4, 5 StPO; Verfahrensregelungen in §§ 101 f. StPO, Formvorschriften in § 100e Abs. 3, 4 StPO; Kernbereichsschutz gem. § 100d StPO | Anordnung durch DEStA aufgrund gerichtlicher Bewilligung gem. § 137 Abs. 1 S. 3 öStPO; Verfahrens- und Formvorschriften in § 138 öStPO |

**f) Verfolgung und Ortung von Gegenständen mit technischen Mitteln, Art. 30 Abs. 1 lit. f VO.** Schließlich müssen DEStA Gegenstände mit technischen Mitteln verfolgen und orten können. 109

118 Siehe die Notifikationen Deutschlands und Österreichs nach Art. 30 Abs. 3 iVm Art. 117 S. 5 VO (→ Anh. III.2, IV.2).

119 HBB/*Brodowski* Art. 30 Rn. 18.

120 So auch HBB/*Brodowski* Art. 30 Rn. 18. Die entsprechende Norm im österreichischen Recht, § 135a öStPO, wurde als verfassungswidrig aufgehoben, öBGBl. I Nr. 113/2019.

121 Siehe die Notifikationen Deutschlands und Österreichs nach Art. 30 Abs. 3 iVm Art. 117 S. 5 VO (→ Anh. III.2, IV.2).

Kontrollierte Warenlieferungen (Einfuhr, Ausfuhr oder Durchfuhr illegaler Waren) als Unterfall der grenzüberschreitenden Observation[122] sind ausdrücklich als Beispiel genannt, sollen aber nicht abschließend sein. Darüber hinaus fallen unter Maßnahmen nach Art. 30 Abs. 1 lit. f VO die Erhebung von Verkehrs- und Standortdaten auch mittels Funkzellabfrage, der Einsatz eines IMSI-Catchers sowie die längerfristige Observation.[123]

| | Deutschland | Österreich |
|---|---|---|
| Befugnisnormen | §§ 100g, 100h, 100i, 161, 163, 163f StPO, Nr. 29a-29d RiStBV, Nr. 142a RiVASt | §§ 130, 135 Abs. 2, 2a öStPO |
| Einschränkung nach Art. 30 Abs. 2 VO | §§ 100g IV, 160a StPO | §§ 144, 157 öStPO |
| Einschränkung nach Art. 30 Abs. 3 VO[124] | Einschränkungen gem. §§ 100g Abs. 1 S. 1 Nr. 1, 100i Abs. 1, 163f Abs. 1 StPO; Befristung gem. §§ 163f Abs. 3 S. 3, 100e Abs. 1 S. 4, 5, 100i Abs. 3 S. 2 StPO | Einschränkungen gem. § 130 Abs. 3 öStPO; Befristung gem. § 133 Abs. 1 S. 3, Abs. 2 öStPO |
| Verfahren und Modalitäten, Art. 30 Abs. 5 VO | Richtervorbehalt gem. § 163f Abs. 3 S. 1 StPO, sowie gem. §§ 100i Abs. 3 S. 1, 101a Abs. 1 je iVm § 100e Abs. 1 StPO; DEStA hat nur teilweise Eilkompetenz; Verfahrensregelungen in §§ 101 f. StPO; Schriftform gem. § 100i Abs. 3 S. 1, 163f Abs. 3 S. 3, 100e Abs. 3 S. 1 StPO<br>Kernbereichsschutz gem. § 100d StPO sowie gem. Art. 2 Abs. 1 iVm Art. 1 Abs. 1 GG | Anordnung durch DEStA gem. § 133 Abs. 1 S. 2 öStPO; Anordnung durch DEStA aufgrund gerichtlicher Bewilligung gem. § 137 Abs. 1 S. 3 öStPO |

110 **3. Verfahren und Modalitäten für die Durchführung der Maßnahmen.** Nach Art. 30 Abs. 5 S. 2 VO richten sich die Verfahren und Modalitäten nach dem nationalen Recht. Verfahrensregelungen in diesem Sinne sind beispielsweise erforderliche richterliche Entscheidungen (Anordnung oder Bewilligung).[125] Zu den Vollstreckungsmodalitäten gehören unter anderem Verbote von Wohnungsdurchsuchungen zur Nachtzeit.[126] Für die EUStA ergeben sich folgende Besonderheiten:

111 a) **Einholung einer richterlichen Entscheidung.** Bei Ermittlungsmaßnahmen, für die kein Richtervorbehalt gilt, trägt der DEStA die volle Verantwortung für die Einhaltung der nationalen Regeln sowie für die Beachtung des Verhältnismäßigkeitsgrundsatzes nach Art. 30 Abs. 5 VO.[127] Sofern ein Richtervorbehalt besteht, beantragt der betraute DEStA (oder in den Fällen des Art. 28 Abs. 4 VO der das Verfahren führende EStA) die richterliche Anordnung oder Bewilligung nach den allgemeinen Regeln. Sofern das nationale Recht eine Eilkompetenz der Staatsanwaltschaft vorsieht, können auch DEStA davon Gebrauch machen.

112 In **Deutschland** ist für die richterliche Anordnung einer Ermittlungsmaßnahme vor Erhebung der Anklage grundsätzlich der Ermittlungsrichter am Amtsgericht zuständig. Sofern die StPO für die

122 Vgl. BT-Drs. 18/9757, 64 (zur Umsetzung von Art. 28 Abs. 1 lit. b RL 2014/41/EU) und Nr. 29a RiStBV sowie Nr. 142a RiVASt.

123 BT-Drs. 19/17963, 27; HBB/*Brodowski* Art. 30 Rn. 20.

124 Siehe die Notifikationen Deutschlands und Österreichs nach Art. 30 Abs. 3 iVm Art. 117 S. 5 VO (→ Anh.III.2, IV.2).

125 HBB/*Brodowski* Art. 30 Rn. 4.

126 HBB/*Brodowski* Art. 30 Rn. 4.

127 Bachmaier Winter (ed)/*Ruggeri* S. 201 (217).

örtliche Zuständigkeit des Gerichts auf den Sitz der Staatsanwaltschaft abstellt,[128] soll im Hinblick auf Ermittlungsverfahren der EUStA gemäß § 3 Abs. 3 EUStAG der Dienstort des jeweils die Maßnahme beantragenden DEStA maßgeblich sein. Wenn der deutsche EStA das Ermittlungsverfahren nach Art. 28 Abs. 4 VO selbst leitet (→ Rn. 73 ff.), gilt der Dienstort des DEStA, der vor der Übernahme durch den EStA das Verfahren geleitet hat, als „Sitz der Staatsanwaltschaft". Für die Anordnung von Untersuchungshaft sowie die Anordnung von Maßnahmen nach Anklageerhebung, während des Revisionsverfahrens und im Wiederaufnahmeverfahren gelten die allgemeinen Regeln, da es hierfür nicht (mehr) auf den Sitz der Staatsanwaltschaft ankommt.[129] Eine Besonderheit gilt im Hinblick auf den Rechtspfleger: Gemäß § 9 EUStAG ist § 31 Abs. 1 RPflG nicht anzuwenden, sodass der Rechtspfleger nicht bereits kraft Gesetzes die dort aufgeführten Maßnahmen vollzieht. Vielmehr kann der DEStA im Einzelfall entscheiden, ob er dem Rechtspfleger die in § 31 Abs. 1 RPflG bezeichneten Geschäfte übertragen will.[130]

In **Österreich** ist für die Bewilligung der Anordnung von Zwangsmaßnahmen im Ermittlungsver- 113
fahren gemäß § 31 Abs. 1 StPO der Einzelrichter des Landesgerichts als Ermittlungsrichter sachlich zuständig.[131] In örtlicher Hinsicht erklärt § 10 S. 1 EUStA-DG das Landesgericht am Sitz derjenigen Staatsanwaltschaft für zuständig, die nach den allgemeinen Bestimmungen in nationalen Fällen, konkret nach den §§ 20a, 25–27 öStPO, §§ 197, 198 FinStrG, § 15 VbVG oder § 29 öJGG, für das Strafverfahren zuständig wäre. Damit ist die örtliche Zuständigkeit auch in Österreich unabhängig davon, ob ein DEStA oder der für Österreich bestellte EStA das Verfahren führt. Die gerichtliche Zuständigkeit ändert sich wegen § 10 S. 1 EUStA-DG auch im Falle der Evokation nach Art. 27 VO nicht, sodass der evozierende DEStA für Gerichtsverhandlungen gegebenenfalls eine größere räumliche Distanz überwinden muss.[132]

**b) Einbindung des Rechtsschutzbeauftragten.** In **Österreich** gilt die Besonderheit, dass der Rechts- 114
schutzbeauftragte die Funktion einer zusätzlichen, nichtrichterlichen Kontrollinstanz bei besonders eingriffsintensiven Maßnahmen gemäß § 147 Abs. 1 öStPO wahrnimmt. Der Ministerialentwurf des EUStA-DG hatte die Rolle des Rechtsschutzbeauftragten in EUStA-Verfahren zunächst vollständig gestrichen.[133] Dies wurde mit der Unvereinbarkeit des Rechtsschutzbeauftragten als nichtrichterliches Kontrollorgan mit der Unabhängigkeit der EUStA begründet. Auf der Grundlage des Regierungsentwurfs sieht § 13 EUStA-DG jetzt eine Regelung vor, die die Aufgabe des Rechtsschutzbeauftragten in von der EUStA geführten Verfahren eingeschränkt aufrechterhält. Ein österreichischer betrauter DEStA muss den Rechtsschutzbeauftragten von der Anordnung bzw. Genehmigung einer Maßnahme oder der Beantragung einer gerichtlichen Bewilligung in Kenntnis setzen. Im Fall des § 147 Abs. 2 iVm § 144 Abs. 3 öStPO entfällt nach § 13 Abs. 1 EUStA-DG jedoch die Pflicht, den Rechtsschutzbeauftragten um Ermächtigung zur Antragstellung bei Gericht zu ersuchen. Im Übrigen übt der Rechtsschutzbeauftragte seine Kontrollaufgabe wie in rein nationalen Verfahren aus (zu § 13 Abs. 2 EUStA-DG *Gut* → § 9 Rn. 24).

**c) Umgang mit Zufallsfunden.** Wie der betraute DEStA mit Zufallsfunden umgehen soll, die er 115
oder die nationalen Behörden bei der Durchführung der Maßnahme entdecken, ist bislang nicht geklärt. Sofern das nationale Recht des betrauten DEStA dies erlaubt, darf der betraute DEStA den Zufallsfund beschlagnahmen, sofern dieser auf eine Straftat im Zuständigkeitsbereich der EUStA hinweist.[134] Problematisch ist jedoch, dass ein Zufallsfund nicht nur Straftaten innerhalb, sondern auch außerhalb der Zuständigkeit der EUStA betreffen kann. Wenn nach Einschätzung des betrauten DEStA der Zufallsfund möglicherweise auf eine Straftat außerhalb der Zuständigkeit der EUStA hindeutet, hat er nach Art. 24 Abs. 8 VO unverzüglich die zuständigen nationalen Behörden

128 Etwa in § 162 Abs. 1 S. 1, 2 StPO und für qualifizierte Richtervorbehalte die §§ 100e Abs. 2 S. 1, 101 Abs. 7 S. 1 StPO.

129 Vgl. § 125 Abs. 1, § 126 Abs. 1, 2, § 162 Abs. 3 StPO.

130 Zur Rolle des Rechtspflegers in EUStA-Verfahren s. *Wolf* Rpfleger 2021, 133.

131 EBRV 808 Blg NR 27.GP, 9.

132 EBRV 808 Blg NR 27.GP, 9.

133 Erläuterungen zum Ministerialentwurf des StrEU-AG 2021, 10.

134 Bachmaier Winter (ed)/*Bachmaier Winter* S. 117 (130).

zu informieren. Ob er den relevanten Zufallsfund (gegebenenfalls im Wege der Amtshilfe oder in der Rolle des nationalen Staatsanwalts, Art. 17 Abs. 2 VO) selbst beschlagnahmen kann oder ob dies den nationalen Behörden vorbehalten bleibt, wird noch zu klären sein. Zumindest bei drohendem Verlust der Beweismittel spricht der Grundsatz der loyalen Zusammenarbeit aus Art. 4 Abs. 3 EUV iVm Art. 5 Abs. 6 VO[135] dafür, eine Beschlagnahme durch den DEStA zuzulassen, der das beschlagnahmte Beweismittel anschließend unverzüglich zusammen mit der Meldung nach Art. 24 Abs. 8 VO an die zuständige nationale Behörde weiterzuleiten hat. Sinnvoll wäre jedoch die Schaffung einer speziellen Befugnisnorm, um in dieser Hinsicht Klarheit zu schaffen.

116 **4. Zugang zu nationalen und EU-Datenbanken. a) Nationale Datenbanken.** Nach Art. 43 Abs. 1 VO sollen DEStA Zugang zu sachdienlichen Informationen aus nationalen Ermittlungs- und Strafverfolgungsdatenbanken sowie anderer Register von Behörden unter denselben Voraussetzungen bekommen, wie sie nach nationalem Recht für vergleichbare Fälle gelten würden. Diesen Anspruch haben DEStA jeweils nur im Hinblick auf die Datenbanken ihres eigenen Mitgliedstaats, außer das nationale Recht sieht auch eine Abfragemöglichkeit für ausländische Staatsanwälte vor; dann dürfen DEStA selbstverständlich nicht diskriminiert werden. Auch wenn es nicht wörtlich geregelt ist, muss der EStA zumindest dann denselben Zugang wie ein DEStA haben, wenn er nach Art. 28 Abs. 4 VO das Verfahren selbst führt.[136] Über diese Mindestanforderungen hinaus steht es den Mitgliedstaaten frei, großzügigere Zugangsregelungen zu treffen.

117 Für die Erfüllung dieses Erfordernisses müssen die Mitgliedstaaten keinen Direktzugriff auf die Datenbanken gewähren, aber zumindest einen Prozess etablieren, nach dem DEStA und gegebenenfalls der EStA des jeweiligen Mitgliedstaats an die von ihnen als sachdienlich eingestuften Informationen gelangen.[137] Sofern kein Direktzugriff, sondern ein Auskunftsanspruch besteht, müssen nationale Behörden prüfen, ob sie die Informationen nach nationalem Recht herausgeben dürfen oder ob beispielsweise Datenschutzgesichtspunkte dagegensprechen.[138]

118 Der Zugang zu den Informationen hängt nicht von der Einleitung oder Übernahme eines Ermittlungsverfahrens durch die EUStA ab, sondern kann bereits im Stadium der Prüfung nach Art. 24 Abs. 6 VO (→ Rn. 18 ff.) möglich sein.[139]

119 Nach **deutschem** Recht hat jeder DEStA auch schon vor Einleitung des Verfahrens gemäß Art. 26 Abs. 1 VO oder Ausübung des Evokationsrechts gemäß Art. 27 VO Zugriff beispielsweise auf das Zentrale Staatsanwaltschaftliche Verfahrensregister (ZStV, § 492 Abs. 3 S. 2 StPO), das Bundeszentralregister (BZRG) und andere Datenbanken wie etwa das Schuldnerverzeichnis (§ 882f Abs. 1 S. 1 Nr. 5 ZPO), genau wie ein deutscher Staatsanwalt Zugriff hätte.[140] Informationen aus den Datenbanken der Bundesländer, beispielsweise aus dem Verfahrensregister einzelner Staatsanwaltschaften, erhalten DEStA hingegen ebenso wie nationale Staatsanwälte wohl nur im Wege des Auskunftsanspruchs nach § 161 Abs. 1 StPO und nicht mittels Direktzugriffs.

120 In **Österreich** folgt der Zugang der EUStA zum nationalen Strafregister aus § 22 Abs. 3 EUStA-DG iVm § 9 Strafregistergesetz. Es haben also nur diejenigen Personen Zugriff, welche die jeweiligen Datenverarbeitungen des Bundes nutzen; das werden von der EUStA in erster Linie die für Österreich benannten DEStA und der EStA sein.

121 **b) EU-Datenbanken.** Die gesamte EUStA, nicht nur die DEStA bzw. der EStA im Fall des Art. 28 Abs. 4 VO, soll nach Art. 43 Abs. 2 VO Zugang zu Informationen aus den Datenbanken der EU haben (*Brodowski* → § 8 Rn. 32 ff.). Auch in diesem Zusammenhang ist kein Direktzugriff erforderlich, sondern es genügt ein **Auskunftsanspruch**. Art. 100 Abs. 3, 101 Abs. 5 VO iVm den

135 Für eine Geltung des Grundsatzes der loyalen Zusammenarbeit in beide Richtungen (EUStA → Mitgliedstaat und Mitgliedstaat → EUStA) HBB/*Burchard* Art. 5 Rn. 25; Calliess/Ruffert/*Kahl*. EUV/AEUV, Art. 4 Rn. 46.

136 HBB/*Herrnfeld* Art. 43 Rn. 3.

137 HBB/*Herrnfeld* Art. 43 Rn. 3.

138 HBB/*Herrnfeld* Art. 43 Rn. 3.

139 HBB/*Herrnfeld* Art. 43 Rn. 5.

140 BT-Drs. 19/17963, 37.

Arbeitsvereinbarungen zwischen der EUStA und Eurojust bzw. OLAF[141] konkretisieren den Datenbankzugriff nach dem **Treffer/Kein-Treffer-Verfahren** und bestimmen das weitere Vorgehen. Die EU-Behörden, welche die Datenbanken pflegen, haben ihrerseits der Herausgabe von Informationen entgegenstehendes EU-Recht zu prüfen.[142]

Der Informationsaustausch mit **Europol** richtet sich nach Art. 102 Abs. 2 VO, Art. 23 f. Europol-VO[143] und der Arbeitsvereinbarung zwischen der EUStA und Europol, umfasst jedoch keinen Datenbankzugang der EUStA, sondern läuft nur über eine Anfrage bei Europol. 122

Der in Art. 43 Abs. 2 VO enthaltene Zusatz, dass die EUStA nur die in ihre sachliche Zuständigkeit fallenden sachdienlichen Informationen erhalten soll, bringt im Vergleich zu Absatz 1 keine echte Beschränkung mit sich, da sachdienliche Informationen im Zusammenhang mit der Strafverfolgung durch die EUStA ohnehin regelmäßig in ihren Zuständigkeitsbereich fallen dürften und auch im nationalen Kontext aus Gründen des Datenschutzes nur die Daten herausgegeben werden dürfen, die für die Strafverfolgungstätigkeit erforderlich sind.[144] 123

## VI. Grenzüberschreitende Maßnahmen

Im Zusammenhang mit PIF-Delikten gibt es häufig grenzüberschreitende Sachverhalte. Aber auch in rein national gelagerten Fällen kann sich ein zu vernehmender Zeuge oder ein Beweismittel in einem anderen Staat befinden. Für die grenzüberschreitende Durchführung von Zwangsmaßnahmen im Ermittlungsverfahren sieht die VO eine spezielle Vorgehensweise vor. Diese will auf der einen Seite die Souveränität der Mitgliedstaaten wahren und auf der anderen Seite schnelle und effiziente Ermittlungen ohne die Trägheit des klassischen Rechtshilferechts ermöglichen. 124

Nach der Konzeption der EUStA kann ein DEStA nur in seinem eigenen Mitgliedstaat Zwangsmaßnahmen durchführen oder anordnen, Art. 13 Abs. 1 VO. Für die Zusammenarbeit mit Drittstaaten außerhalb der EU muss der betraute DEStA nach den Maßgaben des Art. 104 VO auf die klassische Rechtshilfe zurückgreifen (*Brodowski* → § 8 Rn. 21 ff.). Mit nicht an der EUStA teilnehmenden EU-Mitgliedstaaten kann der DEStA unter Heranziehung von EU-Rechtshilfeinstrumenten kooperieren, Art. 105 VO (*Brodowski* → § 8 Rn. 11 ff.). Ist der andere Staat hingegen ein EUStA-Mitgliedstaat, sieht die VO eine ganz spezielle Form der erleichterten Zusammenarbeit vor. Nach Art. 31 Abs. 1 S. 2, Abs. 4 VO kann der betraute DEStA einem DEStA aus dem anderen EUStA-Mitgliedstaat, dem „unterstützenden“ DEStA (Art. 2 Nr. 6 VO), die konkrete Zwangsmaßnahme zur Durchführung zuweisen (→ Rn. 149 ff.). Anordnung und Zuweisung der Maßnahme richten sich nach dem Recht des Mitgliedstaats des betrauten DEStA, während der unterstützende DEStA die Maßnahme nach dem Recht seines Mitgliedstaats vollstreckt, Art. 31 Abs. 2 S. 1, 2 iVm Art. 32 VO (→ Rn. 160 ff.). 125

Art. 31 VO regelt die grenzüberschreitende Zusammenarbeit von DEStA abschließend.[145] Das IRG und internationale Übereinkommen über die Rechtshilfe in Strafsachen können nur ausnahmsweise nach Maßgabe des Art. 31 Abs. 6 VO zur Anwendung kommen.[146] 126

**1. Zur Verfügung stehende Maßnahmen.** Auch wenn die Überschrift des Art. 31 VO „[g]renzüberschreitende Ermittlungen“ lautet, stellt dessen Absatz 2 klar, dass der betraute DEStA alle ihm nach Art. 30 VO zur Verfügung stehenden Maßnahmen einem unterstützenden DEStA zur Durchführung zuweisen kann. Danach sind gemäß Art. 30 Abs. 1 VO nicht nur Ermittlungsmaßnahmen, sondern auch Maßnahmen zur Sicherung der späteren Einziehung von Tatwerkzeugen und Taterträgen umfasst. 127

141 Die Arbeitsvereinbarung zwischen der EUStA und OLAF ist in Art. 12g Abs. 1 VO (EU, Euratom) Nr. 883/2013 vorgesehen, derzeit (Stand 12.4.2021) jedoch noch nicht unterzeichnet.

142 Hier kommt insbesondere die Verordnung (EU) 2018/1725 in Betracht, vgl. HBB/*Herrnfeld* Art. 43 Rn. 7.

143 VO (EU) 2016/794, ABl. 2016 L 135, 53.

144 Ebenso HBB/*Herrnfeld* Art. 43 Rn. 8.

145 BT-Drs. 19/17963, 29.

146 Vgl. ErwG 74 VO; BT-Drs. 19/17963, 29; *Kulhanek* DRiZ 2020, 442 (444).

128 Neben den Maßnahmen nach Art. 30 Abs. 1 VO stehen dem betrauten DEStA sämtliche weiteren, in Art. 30 VO genannten Maßnahmen zur Verfügung, also auch die nach Absatz 4 möglichen, nicht harmonisierten Maßnahmen nach nationalem Recht. Aus dem Wortlaut des Art. 31 Abs. 2 S. 1, 2 VO folgt, dass der betraute DEStA nur solche Maßnahmen zuweisen kann, die das Recht seines eigenen Mitgliedstaats kennt. Das schließt solche Maßnahmen aus, die es nur im Mitgliedstaat des unterstützenden DEStA, nicht jedoch im Mitgliedstaat des betrauten DEStA gibt. Am Beispiel der Quellen-Telekommunikationsüberwachung (Quellen-TKÜ) soll dies verdeutlicht werden. Ein österreichischer betrauter DEStA könnte die Quellen-TKÜ bestimmter Endgeräte des Beschuldigten nicht einem unterstützenden DEStA in Deutschland zuweisen. Nach deutschem Recht wäre die Quellen-TKÜ zwar unter den Voraussetzungen des § 100a Abs. 1 S. 2, 3 StPO zulässig. Das österreichische Recht sieht für diese Maßnahme jedoch keine Rechtsgrundlage vor, da § 135a öStPO wegen Verfassungswidrigkeit wieder aufgehoben wurde.[147] Das ist schon insofern überzeugend, als die durch die Maßnahme gewonnenen Beweismittel später im gerichtlichen Verfahren nach dem Recht des Forumstaats – idealerweise des Mitgliedstaats des betrauten DEStA – verwertbar sein sollen (*Niedernhuber* → § 10 Rn. 37 ff.).

129 Für den umgekehrten Fall, dass der betraute DEStA dem unterstützenden DEStA eine Maßnahme zuweist, welche das Recht des Mitgliedstaats des unterstützenden DEStA nicht kennt, sieht die VO ein spezielles Verfahren vor (→ Rn. 158 f.). Obiges Beispiel lässt sich hierfür abwandeln. Wenn ein deutscher betrauter DEStA die Quellen-TKÜ bestimmter Endgeräte des Beschuldigten zuweisen möchte, wird ein österreichischer unterstützender DEStA diesem (gemäß Art. 31 Abs. 5 lit. d VO oder bereits vorher im Rahmen einer informellen Anfrage des betrauten DEStA, → Rn. 159) mitteilen müssen, dass diese Maßnahme nach österreichischem Recht unzulässig ist. Durchführen kann er sie jedenfalls nicht.[148]

130 Durch diese doppelte Absicherung ist gesichert, dass der betraute DEStA nichts zuweist und der unterstützende DEStA nichts ausführt, was ihnen nach dem jeweils für sie geltenden nationalen Recht gänzlich verboten wäre. Insofern wird sich die Teilharmonisierung durch Art. 30 Abs. 1 VO als nützlich erweisen. Daher ist zu erwarten, dass der darin enthaltene Mindestmaßnahmenkatalog in der Zukunft um weitere Maßnahmen erweitert werden wird.

131 Gemäß Art. 31 Abs. 6 VO kann der betraute DEStA darüber hinaus im Einvernehmen mit dem Aufsicht führenden EStA auf Maßnahmen zurückgreifen, die nicht für innerstaatliche Fälle, sondern nur grenzüberschreitend aufgrund von Rechtshilfeinstrumenten zur Verfügung stehen. Diese Auffangnorm soll eventuelle Lücken schließen, die Art. 31 Abs. 1, 2, Art. 30 VO lassen.[149] Schließlich umfasst Art. 30 Abs. 1, 4 VO lediglich Maßnahmen, die nach nationalem Recht für nationale Fälle vorgesehen sind. Für die Maßnahmen nach Art. 31 Abs. 6 VO sollen DEStA nicht im Wege der grenzüberschreitenden Beweiserhebung der EUStA nach Art. 31 VO, sondern ausnahmsweise nach den Regeln des entsprechenden Rechtshilfeinstruments vorgehen (→ Rn. 165 ff.). Von Bedeutung ist dies in erster Linie für Maßnahmen nach der RL-EEA[150] wie beispielsweise die zeitweilige Überstellung von inhaftierten Personen zum Zwecke der Durchführung von Ermittlungsmaßnahmen nach Art. 22, 23 RL-EEA, die grenzüberschreitende Vernehmung per Video- oder Telefonkonferenz nach Art. 24, 25 RL-EEA, der Einsatz Verdeckter Ermittler nach Art. 29 RL-EEA oder die Telekommunikationsüberwachung ohne technische Unterstützung durch den Durchführungsmitgliedstaat nach Art. 31 RL-EEA sowie künftig für Maßnahmen nach der E-Evidence-VO[151].[152] Darüber hinaus kommen Maßnahmen nach dem Rahmenbeschluss über die Europäische Überwachungsanordnung[153] in Betracht.

147 S. öBGBl. I Nr. 113/2019.
148 So auch HBB/*Herrnfeld* Art. 31 Rn. 13.
149 HBB/*Herrnfeld* Art. 31 Rn. 34.
150 RL 2014/41/EU, ABl. 2014 L 130, 1.
151 Vorschlag für eine Verordnung des Europäischen Parlaments und des Rates über Europäische Herausgabeanordnungen und Sicherungsanordnungen für elektronische Beweismittel in Strafsachen, COM(2018) 225 final.
152 BT-Drs. 19/17963, 30; EBRV 808 Blg NR 27.GP, 15; HBB/*Herrnfeld* Art. 31 Rn. 35.
153 RB 2009/829/JI, ABl. 2009 L 294, 20.

**2. Richterliche Anordnung oder Genehmigung. a) Richtervorbehalt.** Einige Ermittlungsmaßnahmen sehen nach dem nationalen Recht des betrauten oder des unterstützenden DEStA oder in beiden Rechtssystemen einen Richtervorbehalt vor. Darunter fallen nach den unterschiedlichen Vorgaben der nationalen Rechtssysteme sowohl die richterliche Anordnung einer Maßnahme als auch die Genehmigung einer vom DEStA angeordneten Maßnahme.[154] Dazu zählen auch über einen längeren Zeitraum anzuordnende Maßnahmen mit bedingter oder befristeter Eilzuständigkeit von Polizei und Staatsanwaltschaft, wenn die Anordnung durch die Polizei oder Staatsanwaltschaft innerhalb eines bestimmten Zeitfensters einer richterlichen Bestätigung bedarf, da sie andernfalls außer Kraft tritt und die Maßnahme nicht fortgesetzt werden kann.[155] Dies sieht beispielsweise § 100e Abs. 1 S. 2, 3 StPO für die Anordnung der klassischen Telekommunikationsüberwachung und der Quellen-TKÜ vor.[156] 132

**b) Single Judicial Authorisation.** Um auch grenzüberschreitende Ermittlungsmaßnahmen zeitsparend und effizient zu gestalten, hat die VO den Grundsatz der „Single Judicial Authorisation" eingeführt. Dieser besagt, dass auch bei grenzüberschreitenden Maßnahmen jedenfalls nur ein Gericht über die Maßnahme entscheiden soll und nicht jeweils ein Gericht der beiden Mitgliedstaaten.[157] Wenn schon nach nationalem Recht nur in einem der Mitgliedstaaten ein Richtervorbehalt für die geplante Maßnahme vorgesehen ist, ergibt sich von selbst, dass nur das zuständige Gericht dieses Mitgliedstaats entscheidet. Die VO berücksichtigt den Richtervorbehalt im Mitgliedstaat des betrauten DEStA ebenso wie im Mitgliedstaat des unterstützenden DEStA, um sicherzustellen, dass die Mindestanforderungen in beiden Staaten gewahrt sind und erhobene Beweismittel im gerichtlichen Verfahren verwertet werden können. Verlangen hingegen die Rechtsordnungen beider Mitgliedstaaten eine richterliche Anordnung oder Genehmigung für die Maßnahme, ist nach Maßgabe von Art. 31 Abs. 3 VO nur im Mitgliedstaat des unterstützenden DEStA eine richterliche Entscheidung einzuholen. Diese Entscheidung soll gleichzeitig den Richtervorbehalt in beiden Staaten wahren. 133

Eine richterliche Anordnung oder Genehmigung ist nach **deutschem** Recht nicht nur dann „erforderlich" im Sinne des Art. 31 Abs. 3 VO, wenn das Gericht über eine Maßnahme vor ihrer Durchführung entscheiden soll, sondern auch dann, wenn das Gericht eine bei Gefahr im Verzug durch Polizei oder Staatsanwaltschaft angeordnete Maßnahme bestätigen muss.[158] 134

**aa) Richtervorbehalt nur im Mitgliedstaat des betrauten DEStA.** Wenn lediglich im Mitgliedstaat des betrauten DEStA ein Richtervorbehalt geregelt ist, beantragt der betraute DEStA die richterliche Anordnung bei dem zuständigen Gericht seines Mitgliedstaats und weist erst im Anschluss die Ermittlungsmaßnahme einem unterstützenden DEStA zu. Die richterliche Anordnung übermittelt der betraute DEStA gemäß Art. 31 Abs. 3 UAbs. 3 VO zusammen mit der Zuweisung. Der unterstützende DEStA führt die Ermittlungsmaßnahme dann ohne förmlichen Anerkennungsakt gemäß der Zuweisung aus,[159] es sei denn, es steht einer der in Art. 31 Abs. 5 VO genannten Gründe entgegen (→ Rn. 155 ff.). 135

Verweigert das nationale Gericht die erforderliche Anordnung, muss der betraute DEStA von der konkreten Maßnahme Abstand nehmen.[160] Die Zuweisung kommt in diesem Fall nicht zustande, er kann jedoch prüfen, ob eine Ersatzmaßnahme in Betracht kommt. Eine gesonderte Eintragung ins Fallbearbeitungssystem ist in diesem Fall nicht erforderlich, vielmehr genügt die Dokumentation in der nationalen Verfahrensakte, deren Kopie ohnehin im Fallbearbeitungssystem gespeichert wird (→ Rn. 188 f.). 136

---

154 BT-Drs. 19/17963, 29.

155 So auch HBB/*Herrnfeld* Art. 31 Rn. 20.

156 „Bei Gefahr im Verzug kann die Anordnung auch durch die Staatsanwaltschaft getroffen werden. Soweit die Anordnung der Staatsanwaltschaft nicht binnen drei Werktagen von dem Gericht bestätigt wird, tritt sie außer Kraft".

157 ErwG 72 S. 2 Hs. 2 VO.

158 BT-Drs. 19/17963, 51.

159 HBB/*Herrnfeld* Art. 31 Rn. 7.

160 ErwG 72 S. 3 VO.

137 **bb) Richtervorbehalt nur im Mitgliedstaat des unterstützenden DEStA.** Im umgekehrten Fall, dass eine richterliche Entscheidung nur im Mitgliedstaat des unterstützenden DEStA erforderlich ist, weist der betraute DEStA die Maßnahme zu und der unterstützende DEStA holt in seinem Mitgliedstaat beim zuständigen Gericht die richterliche Anordnung ein, Art. 31 Abs. 3 UAbs. 1 VO (→ Rn. 111 ff.).

138 Wenn das Gericht die Anordnung ablehnt, zieht der betraute DEStA die Zuweisung zurück und sieht von der konkreten Maßnahme ab, Art. 31 Abs. 3 UAbs. 2 VO. Vorher sollten sich die DEStA jedoch beraten, ob der Rechtsweg ausgeschöpft oder stattdessen eine Ersatzmaßnahme durchgeführt werden soll.[161] Insbesondere wenn der Verlust von Beweismitteln zu besorgen ist und die Erfolgsaussichten eines Rechtsbehelfs gering sind, kann die Durchführung einer Ersatzmaßnahme geboten sein.

139 **cc) Richtervorbehalt in beiden Mitgliedstaaten.** Wenn nach dem Recht beider Mitgliedstaaten eine gerichtliche Entscheidung zur Durchführung der Maßnahme in einem innerstaatlichen Verfahren erforderlich wäre, sieht die VO vor, dass nur der unterstützende DEStA diese beim zuständigen Gericht seines Mitgliedstaats einholen soll, Art. 31 Abs. 3 UAbs. 1 VO.[162]

140 Auch wenn der betraute DEStA in seinem Heimatmitgliedstaat keine richterliche Anordnung einzuholen hat, hat er dennoch die materiellen Voraussetzungen für eine richterliche Anordnung nach dem für ihn maßgeblichen nationalen Recht zu prüfen, da ihm die Maßnahme bei Nichtvorliegen der Voraussetzungen nicht iSd Art. 31 Abs. 2 S. 1, Art. 30 Abs. 1, 4 VO „zur Verfügung steht". Zudem können sonst Beweisverwertungsverbote greifen, die nach Verhältnismäßigkeitsgesichtspunkten unter Umständen bereits die Beweiserhebung unzulässig werden lassen.[163]

141 Hat der betraute DEStA in seinem Mitgliedstaat aus welchen Gründen auch immer bereits eine richterliche Anordnung für eine Maßnahme eingeholt, obwohl auch nach dem Recht des Vollstreckungsstaats eine richterliche Genehmigung erforderlich ist, muss trotzdem der unterstützende DEStA eine richterliche Anordnung in seinem Mitgliedstaat beantragen, denn nur dessen Gerichte sind nach Maßgabe von Art. 31 Abs. 3 VO zuständig.[164] Das läuft zwar dem Grundgedanken der *Single Judicial Authorisation* zuwider, ist aber erforderlich, denn sonst wäre die Kompetenzregelung zu leicht zu umgehen.

142 In **Deutschland** stellt § 3 Abs. 2 EUStAG klar, dass keine richterliche Anordnung in Deutschland einzuholen ist, wenn die Maßnahme in einem anderen Mitgliedstaat durchgeführt werden soll und nach dessen nationalem Recht eine richterliche Anordnung oder Genehmigung erforderlich ist.[165]

143 In § 11 Abs. 1 EUStA-DG findet sich die entsprechende Regelung für **Österreich**, die schon die gerichtliche Zuständigkeit im Inland verneint, wenn die Maßnahme nicht in Österreich durchgeführt werden soll.

144 **c) Zuständiges Gericht.** In **Deutschland** sind die Zuständigkeitsregeln unabhängig davon, ob der DEStA die gerichtliche Anordnung einer Zwangsmaßnahme als betrauter oder unterstützender DEStA beantragt. Auch der unterstützende DEStA ersucht daher das Amtsgericht an seinem Dienstort um die Entscheidung, § 3 Abs. 3 S. 1 EUStAG (→ Rn. 112).

145 Im **österreichischen** Recht ergibt sich jedoch ein Unterschied, denn abweichend von den allgemeinen Regeln nach § 10 EUStA-DG (→ Rn. 113) ist für die Anordnung einer von einem unterstützenden DEStA beantragten Zwangsmaßnahme gemäß § 11 Abs. 2 EUStA-DG dasjenige Landesgericht zuständig, in dessen Sprengel die sonst in Fällen der grenzüberschreitenden Zusammenarbeit in Strafsachen nach § 46 Abs. 1 oder § 55c EU-JZG zuständige Staatsanwaltschaft ihren Sitz hat.

161 ErwG 72 S. 3 VO legt die Ausschöpfung des Rechtswegs nahe, jedoch ist dies nicht immer zwingend.

162 ErwG 72 S. 2 Hs. 2 VO.

163 Zur identischen Problematik im deutschen Recht s. LR/*Gössel* Einl. L Rn. 197 mwN; *Jahn*, Gutachten C für den 67. Deutschen Juristentag, C 86 f., MüKoStPO/*Kudlich* Einl. Rn. 487; *Wohlers* GS Weßlau, 2016, 427 (435); Systematischer Kommentar, SK-StPO/*Wohlers*/*Greco*, 5. Aufl. 2016, § 97 Rn. 50.

164 BT-Drs. 19/17963, 51; HBB/*Herrnfeld* Art. 31 Rn. 24.

165 BT-Drs. 19/17963, 30.

Lehnt das angerufene Gericht die Anordnung oder Bewilligung der Maßnahme ab, kann der zuständige DEStA gegen diese Entscheidung in **Deutschland** gemäß § 304 StPO und in **Österreich** gemäß § 87 Abs. 1 öStPO eine Beschwerde einlegen.[166] 146

**d) Gerichtliche Entscheidung.** Das Gericht prüft die Rechtmäßigkeit der Maßnahme nach seinem nationalen Recht. Auch das Gericht in dem Mitgliedstaat des unterstützenden DEStA ist in seiner Prüfung frei von Einschränkungen durch die VO und insbesondere nicht an das Prüfprogramm des Art. 31 Abs. 5 VO gebunden.[167] Auch einer Beschränkung auf abschließend genannte Ablehnungsgründe, die man aus der EEA und anderen auf dem Prinzip der gegenseitigen Anerkennung basierenden Rechtshilfeinstrumenten kennt, unterliegt das Gericht nicht. Daher haben die nationalen Gerichte letztlich einen größeren Spielraum für eine Ablehnung der Maßnahme als dies bei der Vollstreckung einer EEA der Fall wäre. Dies kann insbesondere dann zu Widersprüchen führen, wenn die EUStA gemäß Art. 31 Abs. 6 VO eine Maßnahme durchführen will, die nicht nach nationalem Recht, sondern nur nach der RL-EEA[168] zur Verfügung steht.[169] 147

Praktische Probleme können sich ergeben, wenn das Gericht des Mitgliedstaats des unterstützenden DEStA eine Entscheidung auf Grundlage der fremdsprachigen und nach fremdem nationalem Recht geführten Verfahrensakte der EUStA treffen muss. Hierfür wird in der Regel eine Übersetzung der gesamten Verfahrensakte oder zumindest der für die Entscheidung wesentlichen Aktenteile erforderlich sein.[170] 148

**3. Zuweisung der Maßnahme und Koordination innerhalb der EUStA.** Der betraute DEStA prüft die Voraussetzungen der Maßnahme nach dem Recht seines Mitgliedstaats und begründet die Zuweisung an den unterstützenden DEStA entsprechend. Sind nach dem Recht seines Mitgliedstaats bestimmte Verfahrens- oder Formvorschriften bei der Durchführung der Maßnahme zu beachten (etwa bestimmte Anwesenheitsrechte oder das Verbot von Wohnungsdurchsuchungen zur Nachtzeit) oder gibt der Verhältnismäßigkeitsgrundsatz gewisse Einschränkungen vor, so benennt und erläutert der betraute DEStA diese in der Zuweisung, vgl. Art. 32 VO. Darüber hinaus soll der betraute DEStA in der Zuweisung eine Frist für die Erledigung der Maßnahme setzen, vgl. Art. 31 Abs. 5 lit. b VO, Art. 53 Abs. 2 GO. 149

Wie alle wesentlichen Ermittlungsschritte registriert der betraute DEStA die Zuweisung der Maßnahme im Fallbearbeitungssystem (→ Rn. 182 ff.), das automatisch die betroffenen Europäischen Staatsanwälte benachrichtigt, Art. 53 Abs. 1 UAbs. 1 S. 1 GO. Damit erfüllt der betraute DEStA zum einen seine Pflicht, gemäß Art. 31 Abs. 2 S. 3 VO seinen Aufsicht führenden EStA in Kenntnis zu setzen. Zum anderen wird gleichzeitig der EStA des Mitgliedstaats, in dem die Maßnahme durchgeführt werden soll, benachrichtigt. Dieser bestimmt den unterstützenden DEStA aus seinem Mitgliedstaat. Der unterstützende DEStA erhält wiederum vom Fallbearbeitungssystem die Benachrichtigung über die Zuweisung, Art. 53 Abs. 1 UAbs. 1 S. 3 GO. In dringenden Fällen kann sich der betraute DEStA direkt an einen unterstützenden DEStA wenden. Das gleiche gilt, wenn im konkreten Ermittlungsverfahren bereits ein unterstützender DEStA für diesen Mitgliedstaat bestimmt ist, Art. 53 Abs. 1 UAbs. 2 GO. 150

Sobald der unterstützende DEStA die Zuweisung erhält, prüft er, ob die Zuweisung vollständig ist, ob er die Maßnahme gemäß der Zuweisung nach dem nationalen Recht seines Mitgliedstaats innerhalb der in der Zuweisung gesetzten Frist durchführen kann (→ Rn. 157), ob nach Art. 31 Abs. 3 UAbs. 1 VO eine richterliche Anordnung oder Genehmigung einzuholen ist (→ Rn. 139 ff.) und ob statt der zugewiesenen eine gleich geeignete, aber weniger eingreifende Maßnahme existiert. Kommt er zu dem Ergebnis, dass ihm die Durchführung der Maßnahme aus den in Art. 31 Abs. 5 VO abschließend aufgeführten Gründen nicht möglich ist, hat er dies dem betrauten DEStA 151

---

166 KK-StPO/*Griesbaum* § 162 Rn. 20; *Seiler* Rn. 1189.

167 HBB/*Herrnfeld* Art. 31 Rn. 23.

168 RL 2014/41/EU, ABl. 2014 L 130, 1.

169 HBB/*Herrnfeld*, Art. 31 Rn. 41. Um derartige Widersprüche zu vermeiden, schlägt *Bachmaier Winter* vor, einen ähnlichen Maßstab wie bei der Anerkennung nach der RL-EEA anzulegen, Bachmaier Winter (ed)/*Bachmaier Winter* S. 117 (129).

170 HBB/*Herrnfeld* Art. 31 Rn. 23, 40; *Komma* ZWH 2019, 137 (140).

und seinem Aufsicht führenden EStA mitzuteilen. Der betraute und der unterstützende DEStA beraten sodann bilateral, wie weiter zu verfahren ist. Dabei kann beispielsweise der unterstützende DEStA eine andere, gleich geeignete und gegebenenfalls weniger einschneidende Maßnahme vorschlagen oder Wege aufzeigen, wie die Zuweisung korrigiert und die zugewiesene oder eine Ersatzmaßnahme durchgeführt werden kann.

152 Sofern die Zuweisung unverändert aufrechterhalten wird und sich die beiden DEStA nicht binnen sieben Werktagen einigen können oder die Maßnahme nicht innerhalb der gesetzten Frist oder in angemessener Zeit[171] durchgeführt wird, ist gemäß Art. 31 Abs. 7, 8 VO weiter zu verfahren. Im Regelfall wird der betraute DEStA die Ständige Kammer um eine Entscheidung der Angelegenheit ersuchen. Die Ständige Kammer entscheidet erforderlichenfalls nach Anhörung der DEStA, ob und bis wann der unterstützende DEStA die zugewiesene oder eine Ersatzmaßnahme durchzuführen hat. Bei ihrer Entscheidung hat die Ständige Kammer gemäß Art. 31 Abs. 8 VO sowohl die VO als auch das einschlägige nationale Recht zu berücksichtigen. Dabei wird vorrangig das Recht des Mitgliedstaats des unterstützenden DEStA eine Rolle spielen, nach dem die Maßnahme zu vollstrecken ist.[172] Hierfür ist es ratsam, den EStA jenes Mitgliedstaats zu konsultieren. Sollte die Maßnahme jedoch bereits nach dem Recht des Mitgliedstaats des betrauten DEStA unzulässig sein, hat die Ständige Kammer auch dies zu berücksichtigen, da die Maßnahme sonst unverhältnismäßig sein könnte, wenn die durch sie erhobenen Beweismittel hinterher unverwertbar sind.

153 Ist die Entscheidung der Ständigen Kammer gefallen, teilt der EStA aus dem Mitgliedstaat des unterstützenden DEStA letzterem die Entscheidung mit, die dieser sogleich umzusetzen hat.

154 Für den betrauten DEStA kann es unter anderem im Hinblick auf die Existenz der anvisierten Maßnahme und deren Verhältnismäßigkeit sinnvoll sein, vorher einen potenziellen unterstützenden DEStA aus dem Mitgliedstaat, in dem die Maßnahme durchgeführt werden soll, informell zu befragen.[173] Das spart hinterher Zeit und erübrigt das Verfahren nach Art. 31 Abs. 5, 7, 8 VO. Vor allem bei elektronischen Daten besteht die Gefahr des Beweisverlusts, wenn die vollen sieben Werktage abgewartet werden oder sogar das Verfahren nach Art. 31 Abs. 5, 7, 8 VO durchexerziert werden muss.[174]

155 **4. Prüfung der Zuweisung nach Art. 31 Abs. 5 VO.** Die VO räumt dem unterstützenden DEStA nur eine eingeschränkte Prüfungs-, jedoch keine Ablehnungsmöglichkeit ein. Die Gründe in Art. 31 Abs. 5 VO sind abschließend, sodass der unterstützende DEStA verpflichtet ist, die zugewiesene Maßnahme durchzuführen, wenn keiner der Gründe einschlägig ist. Und selbst wenn einer der genannten Gründe vorliegt, darf der unterstützende DEStA die Maßnahme nicht verweigern, sondern muss den betrauten DEStA konsultieren, um mit ihm bilateral eine Lösung zu finden oder gemäß Art. 31 Abs. 7, 8 VO zu verfahren.

156 **a) Zuweisung unvollständig oder fehlerhaft, Art. 31 Abs. 5 lit. a VO.** Die Zuweisung kann zunächst unvollständig oder fehlerhaft sein. Denkbar ist, dass die Eckdaten der Maßnahme falsch angegeben sind, sodass beispielsweise nicht klar ist, gegen wen sich die Maßnahme richten soll. Bei juristischen Personen kann es vorkommen, dass die angegebene Firma nicht existiert oder nicht präzise angegeben ist (etwa wenn der Name der Unternehmensgruppe genannt ist, nicht jedoch die konkrete (Tochter-)Gesellschaft, gegen die die Maßnahme durchgeführt werden soll). Eine unvollständige Angabe der konkreten Maßnahme könnte andererseits viel Raum für Interpretation lassen.[175] Wann ein Fehler „offensichtlich" und „erheblich" iSd Art. 31 Abs. 5 lit. a VO ist, hat der unterstützende DEStA zu beurteilen.

157 **b) Maßnahme kann nicht innerhalb der Frist durchgeführt werden, Art. 31 Abs. 5 lit. b VO.** Der betraute DEStA kann in der Zuweisung gemäß Art. 31 Abs. 7 S. 2 VO eine Frist für die Durchfüh-

171 Ob eine „angemessene" Zeit verstrichen ist, beurteilt der betraute DEStA dabei selbst, HBB/*Herrnfeld* Art. 31 Rn. 31.

172 HBB/*Herrnfeld* Art. 31 Rn. 33.

173 HBB/*Herrnfeld* Art. 31 Rn. 11.

174 Bachmaier Winter (ed)/*Bachmaier Winter* S. 117 (126).

175 Bachmaier Winter (ed)/*Allegrezza*/*Mosna* S. 141 (154).

rung der Maßnahme setzen, die in dringenden Fällen auch weniger als sieben Werktage betragen kann.[176] Dabei sollte er jedoch berücksichtigen, dass die eventuell erforderliche Einholung einer richterlichen Anordnung eine gewisse Zeit erfordert.[177] Setzt der betraute DEStA eine zu kurze Frist, läuft er Gefahr, dass der unterstützende DEStA das Verfahren gemäß Art. 31 Abs. 5 lit. b, Abs. 7, 8 VO (→ Rn. 152 ff.) auslöst, was bei Erforderlichkeit einer Entscheidung der Ständigen Kammer zu einer größeren Verzögerung führen kann, als wenn der betraute DEStA von vornherein eine realistischere Frist setzt. Um ein Gespür dafür zu bekommen, wie lang die Frist sein soll, kann und sollte der betraute DEStA vor der Zuweisung informell einen potenziellen unterstützenden DEStA um eine Einschätzung bitten.

**c) Maßnahme existiert nicht oder ist nicht erforderlich, Art. 31 Abs. 5 lit. c, d VO.** Wenn nach dem Recht des Mitgliedstaats, in dem die Maßnahme durchgeführt werden soll, die zugewiesene Maßnahme nicht existiert (wie etwa die Quellen-TKÜ in Österreich, → Rn. 128) oder diese unverhältnismäßig wäre, weil eine gleich geeignete, aber weniger einschneidende Maßnahme zur Verfügung steht, muss der unterstützende DEStA den betrauten DEStA gemäß Art. 31 Abs. 5 lit. c, d VO darauf hinweisen. Eine offene Maßnahme ist regelmäßig mit einem geringeren Grundrechtseingriff verbunden als ihr verdecktes Pendant und eine punktuelle Maßnahme ist milder als eine Überwachung über einen längeren Zeitraum hinweg. 158

Für den betrauten DEStA ist es auch in diesem Zusammenhang sinnvoll und ratsam, bereits vor der Zuweisung informell einen potenziellen unterstützenden DEStA zu konsultieren, ob es die von ihm anvisierte oder eine mildere Maßnahme in dessen nationalem Recht gibt, die zum gleichen Ermittlungsziel führt. Umgekehrt ist für den unterstützenden DEStA die Konsultation nach Art. 31 Abs. 5 VO die einzige Möglichkeit, das Ob der Maßnahme in Frage zu stellen. 159

**5. Vollstreckung der Maßnahmen. a) Grundsätzliche Vollstreckungspflicht und Ausführungsmodalitäten.** Sobald der unterstützende DEStA die Zuweisung der Maßnahme einschließlich etwaiger Vorgaben des betrauten DEStA zu den Modalitäten der Ausführung (→ Rn. 149) erhalten hat, leitet er die Vollstreckung der Maßnahme ein. Bevor er mit der Vollstreckung beginnt, hat er erforderlichenfalls eine richterliche Genehmigung einzuholen (→ Rn. 132 ff.). 160

Das „Ob“ der Maßnahme kann der unterstützende DEStA lediglich über die Konsultation nach Art. 31 Abs. 5 VO ansprechen (→ Rn. 155 ff.). Sofern keiner der Gründe des Art. 31 Abs. 5 VO vorliegt oder die Ständige Kammer gemäß Art. 31 Abs. 8 VO entschieden hat, dass die Maßnahme durchzuführen ist, hat der unterstützende DEStA keine weitere Möglichkeit die Durchführung zu verweigern. Er hat die Vollstreckung der zugewiesenen Maßnahme, gegebenenfalls nach Übersetzung der Anordnung, im Einklang mit der VO und nach den Maßgaben des nationalen Rechts seines Mitgliedstaats, insbesondere Verfahrens- und Formvorschriften, vorzunehmen, vgl. Art. 32 S. 1 VO.[178] Dabei kann er gemäß Art. 31 Abs. 4 VO auch nationale Behörden mit der Vollstreckung beauftragen, also beispielsweise Polizei- und Zollbehörden.[179] 161

Der betraute DEStA kann in die Zuweisung Vorgaben zur Art und Weise der Durchführung der Maßnahme aufnehmen, die der unterstützende DEStA und gegebenenfalls die ausführenden Behörden grundsätzlich befolgen müssen, um die Verwertung als Beweismittel im Mitgliedstaat des betrauten DEStA sicherzustellen.[180]. Dazu zählen etwa Angaben zu Besonderheiten im Hinblick auf Vorrechte und Befreiungen, zeitliche Einschränkungen (etwa bei Durchsuchungen zur Nachtzeit) und Anforderungen an die Dokumentation. Von diesen Modalitäten kann die Verhältnismäßigkeit der Maßnahme nach dem Recht des Mitgliedstaats des betrauten DEStA abhängen. Der unterstützende DEStA kann die Berücksichtigung dieser Vorgaben jedoch dann verweigern, wenn der *ordre public*-Vorbehalt in Art. 32 S. 2 VO greift, die Vorgaben also mit den wesentlichen Rechtsgrundsätzen seines Mitgliedstaats im Widerspruch stehen. 162

---

176 Das deutet Art. 31 Abs. 7 S. 2 VO zumindest an, vgl. HBB/*Herrnfeld* Art. 31 Rn. 31.
177 HBB/*Herrnfeld* Art. 31 Rn. 31.
178 *Wolf* Rpfleger 2021, 133 (135).
179 BT-Drs. 19/17963, 29.
180 HBB/*Burchard* Art. 32 Rn. 2, 4 f.; EnzEur/*Zöller*/*Bock* § 22 Rn. 33.

163 Darüber hinaus gilt im europäischen Rechtshilferecht ein europäischer *ordre public*-Vorbehalt.[181] Demnach müssen die Ausführungsvorschriften des Mitgliedstaats des unterstützenden DEStA ebenso im Einklang mit EU-Recht stehen wie der nationale *ordre public*-Vorbehalt selbst, der die Arbeit der EUStA nicht generell blockieren darf.[182] Bei der Vollstreckung der Maßnahme hat der unterstützende DEStA die GRC und die EMRK ebenso zu wahren wie der betraute DEStA bei der Zuweisung der Maßnahme.[183] Sollte die Ausführung einer Vorgabe des betrauten DEStA europäische Grundrechte verletzen, darf und muss der unterstützende DEStA wegen Art. 5 Abs. 1 VO die Berücksichtigung der europarechtswidrigen Vorgabe verweigern. Gleiches gilt für den Grundsatz der Verhältnismäßigkeit nach europäischer Lesart wegen Art. 5 Abs. 2, Art. 30 Abs. 5 S. 1 VO.

164 b) **Zufallsfunde.** Wie der unterstützende DEStA mit Zufallsfunden umgehen soll, die er bei der Durchführung der zugewiesenen Maßnahme entdeckt, ist bislang nicht geklärt. Sinnvoll wäre es, nach dem Recht des Mitgliedstaats des unterstützenden DEStA vorzugehen und den Zufallsfund zu beschlagnahmen, sofern das konkrete nationale Recht dies erlaubt und das Beweismittel auf eine Straftat innerhalb der Zuständigkeit der EUStA hinweist.[184] Sofern der Zufallsfund eine Straftat außerhalb der Zuständigkeit der EUStA betrifft, könnte der unterstützende DEStA (ebenso wie der betraute DEStA in rein nationalen Fällen) in seiner „Nebenrolle“ als nationaler Staatsanwalt oder im Wege der Amtshilfe das Beweismittel beschlagnahmen und gemäß Art. 24 Abs. 8 VO unverzüglich an die nationalen Behörden weiterleiten (im Kontext nationaler Ermittlungsmaßnahmen des betrauten DEStA → Rn. 115). Auch wenn man dem unterstützenden DEStA diese Befugnis nicht zusprechen möchte, hat er jedenfalls unverzüglich die nationale Strafverfolgungsbehörde zu informieren, damit diese gegebenenfalls selbst die Beschlagnahme vornehmen kann. Zumindest wenn der Verlust des Beweismittels zu besorgen ist, spricht der Grundsatz der loyalen Zusammenarbeit dafür, den unterstützenden DEStA die Beschlagnahme vornehmen zu lassen (→ Rn. 115).

165 **6. Rechtshilfeinstrumente nach Art. 31 Abs. 6 VO.** Sofern eine Maßnahme nach dem nationalen Recht des Mitgliedstaats des betrauten oder unterstützenden DEStA nicht für innerstaatliche Fälle, sondern nur aufgrund eines Rechtshilfeinstruments für grenzüberschreitende Ermittlungsmaßnahmen zur Verfügung steht, kann der betraute DEStA auf dieses Rechtshilfeinstrument zurückgreifen. Damit DEStA grenzüberschreitende Maßnahmen nicht standardmäßig nach den herkömmlichen Rechtshilfeinstrumenten anordnen, stellt die VO klar, dass grundsätzlich die Vorgehensweise nach Art. 31 Abs. 1 bis 3 VO heranzuziehen ist und Art. 31 Abs. 6 VO nur ausnahmsweise, sozusagen als Auffangnorm, den Rückgriff auf Rechtshilfeinstrumente gestattet.[185] Das Erfordernis, zuvor das Einvernehmen mit den Aufsicht führenden EStA (dem des betrauten und dem des unterstützenden DEStA) herzustellen, gewährleistet, dass es bei einer Vorgehensweise mit Ausnahmecharakter bleibt.

166 Die Anordnung und Vollstreckung der jeweiligen Maßnahme unterliegen vollständig dem für sie geltenden Recht. Das Verfahren nach Art. 31 Abs. 5, 7, 8 VO ist daher nicht anwendbar und auch sonst gelten kaum Besonderheiten für die EUStA.

167 Nach **deutschem Recht** findet gemäß § 6 Abs. 1 S. 1, 2 EUStAG das IRG mit Ausnahme des § 74 Abs. 1, 2 Anwendung. Nach § 20 Abs. 1 Nr. 2 EUStA-DG sind Rechtshilfeersuchen von einem oder an einen **österreichischen DEStA** nach den §§ 1–9a, 50–59a, 71–73 ARHG sowie den § 1 Abs. 2, §§ 55–57, 71–75 EU-JZG zu erledigen.

168 **7. Festnahme und Untersuchungshaft.** Art. 33 VO verweist für die Festnahme und die Untersuchungshaft insgesamt auf die Vorschriften des nationalen Rechts und in Bezug auf die grenzüberschreitende Festnahme und die Übergabe einer verdächtigen oder beschuldigten Person auf das Verfahren nach Maßgabe des Rahmenbeschlusses über den Europäischem Haftbefehl. Ersterer wird ausgestellt, wenn die Strafverfolgungsbehörden davon ausgehen, dass sich der Verdächtige oder

181 *Satzger* § 10 Rn. 31; *Streinz* FS Höpfel, 2018, 549 (562).
182 Zu den Implikationen ausführlich HBB/*Burchard* Art. 32 Rn. 6.
183 Vgl. ErwG 80 VO; *Aden/Sanchez-Barrueco/Stephenson* 34.
184 Bachmaier Winter (ed)/*Bachmaier Winter* S. 117 (130).
185 ErwG 73 VO; HBB/*Herrnfeld* Art. 31 Rn. 34.

Beschuldigte im Mitgliedstaat des betrauten DEStA befindet oder wenn ein nationaler Haftbefehl als Grundlage für einen Europäischen Haftbefehl dienen soll. Ist nicht bekannt, ob sich die verdächtige oder beschuldigte Person im In- oder Ausland aufhält oder vermuten die Strafverfolgungsbehörden die verdächtige oder beschuldigte Person im EU-Ausland, kommt die Ausstellung eines Europäischen Haftbefehls in Betracht. Für die Festnahme und die Anordnung der Untersuchungshaft gilt gemäß Art. 33 Abs. 1 VO das Recht des Mitgliedstaats des betrauten DEStA.

a) **Haftbefehl im Mitgliedstaat des betrauten DEStA.** Art. 33 Abs. 1 VO bezieht sich auf die Festnahme des Verdächtigen oder Beschuldigten. Es sind sämtliche nach dem nationalen Recht vorgesehenen Verfahrens- und Formvorschriften (Schriftform des Haftbefehls, Belehrung, Vorführung vor den Haftrichter innerhalb einer bestimmten Frist, Haftprüfung usw.) zu berücksichtigen. 169

Wird das Ermittlungsverfahren in **Deutschland** geführt, gelten für Festnahme und Untersuchungshaft die §§ 112 ff. StPO, § 72 JGG. Neben der Untersuchungshaft gemäß § 112 StPO kann der deutsche DEStA einen Haftbefehl für die Dauer der Hauptverhandlung gemäß § 230 Abs. 2 StPO oder zur Sicherung der Hauptverhandlung im beschleunigten Verfahren gemäß § 127b Abs. 2 StPO beantragen. 170

In **Österreich** sind die §§ 105 Abs. 1 S. 1, 170 ff., 210 Abs. 3 S. 1 öStPO, § 35 öJGG anzuwenden. 171

b) **Europäischer Haftbefehl.** Befindet sich die gesuchte Person nicht im Mitgliedstaat des betrauten DEStA, steht letzterem nicht etwa nach Art. 31 Abs. 1, 2 iVm Art. 30 Abs. 4 VO die Möglichkeit offen, einem unterstützenden DEStA die Festnahme und Überstellung des Beschuldigten in den eigenen Mitgliedstaat zur Durchführung zuzuweisen, denn ein Haftbefehl ist keine Maßnahme nach Art. 30 Abs. 4 VO. Vielmehr trifft Art. 33 Abs. 2 VO hier eine spezielle Regelung, die das zweistufige Verfahren nach den Regeln über den Europäischen Haftbefehl vorschreibt. Der betraute DEStA muss zunächst einen nationalen Haftbefehl ausstellen oder beim zuständigen Gericht beantragen. Anschließend kann er diesen in einen Europäischen Haftbefehl umwandeln oder die zuständige Justizbehörde um die Umwandlung ersuchen.[186] 172

**Deutsche** (§ 6 Abs. 2 S. 2 EUStAG) und **österreichische** (§ 18 Hs. 2 EUStA-DG) DEStA können anders als nationale Staatsanwälte eigenständig, das heißt ohne die jeweils vorgesehene gerichtliche Anordnung bzw. Bewilligung,[187] einen Europäischen Haftbefehl ausstellen.[188] Den zugrundeliegenden nationalen Haftbefehl oder die nationale Festnahmeanordnung müssen sie jedoch jeweils beim zuständigen Gericht beantragen (§§ 114 Abs. 1, 124 Abs. 1 StPO) bzw. gerichtlich bewilligen lassen (§ 171 Abs. 1 öStPO).[189] 173

In **Deutschland** gilt gemäß § 6 Abs. 2 S. 3 EUStAG zusätzlich, dass der deutsche DEStA im Einvernehmen mit den zuständigen deutschen Justizbehörden über die Annahme der Bedingungen oder die Abgabe von Zusicherungen entscheidet, wenn der Vollstreckungsmitgliedstaat die Überstellung der verfolgten Person davon abhängig macht. 174

In **Österreich** sind nach § 18 Hs. 1 EUStA-DG die §§ 68–70 ARHG, § 1 Abs. 2, §§ 3, 4, 29–31 EU-JZG sinngemäß anwendbar. 175

Im Hinblick auf die Überstellung von Beschuldigten bringt die VO keine Erleichterung gegenüber dem Rahmenbeschluss über den Europäischen Haftbefehl[190] mit sich.[191] Gleichzeitig ermöglichen die Regeln über den Europäischen Haftbefehl, dass sich der Vollstreckungsstaat der ganzen Palette der Ablehnungsgründe nach dem Rahmenbeschluss über den Europäischen Haftbefehl bedienen 176

186 HBB/*Burchard* Art. 33 Rn. 12.

187 In Österreich ist die gerichtliche Bewilligung gem. § 29 Abs. 1 S. 1 EU-JZG erforderlich, wohingegen in Deutschland in der Praxis seit dem Urteil EuGH 27.5.2019 – C-508/18 und C-82/19 PPU, ELI:EU:C:2019:456 – OG und PI, NJW 2019, 2145 eine richterliche Anordnung Europäischer Haftbefehle eingeholt wird, vgl. *Gierok* IWRZ 2020, 256 (258 f.).

188 BT-Drs. 19/17963, 30.

189 EBRV 808 Blg NR 27.GP, 14.

190 RB 2002/584/JI, ABl. 2002 L 190, 1.

191 Kritisch Geelhoed/Erkelens/Meij/*Mitsilegas*/*Giuffrida* S. 59 (62 f. Fn. 13); zum Unterschied in den Anordnungsvoraussetzungen zwischen der kleinen Rechtshilfe und der Auslieferung mittels Europäischem Haftbefehl DRB, Stellungnahme Nr. 8/17, S. 11; *Rackow* KriPoZ 2017, 295 (298); *Weyembergh*/*Brière*, S. 32 f.

kann. Für die Wahrung der Beschuldigtenrechte ist die Vorgehensweise nach klassischem EU-Auslieferungsrecht daher positiv.[192]

177 Als Alternative könnte sich zur Vermeidung der Untersuchungshaft ein Vorgehen nach dem Rahmenbeschluss über die Europäische Überwachungsanordnung[193] anbieten, auf den der betraute DEStA im Einvernehmen mit seinem Aufsicht führenden EStA gemäß Art. 31 Abs. 6 VO zurückgreifen kann.

178 **8. Gemeinsame Ermittlungsgruppen und Zusammenarbeit mit anderen EU-Institutionen.** Über den Zugang zu Informationen hinaus können andere EU-Einrichtungen und Agenturen wie Europol, Eurojust oder OLAF die EUStA bei ihrer Ermittlungstätigkeit insbesondere in grenzüberschreitenden Fällen unterstützen (*Brodowski* → § 8 Rn. 30 ff.). Der betraute DEStA oder der das Verfahren führende EStA kann mit nicht an der EUStA teilnehmenden EU-Mitgliedstaaten sowie mit Drittstaaten oder mit weiteren EUStA-externen Akteuren wie nationalen Staatsanwaltschaften Gemeinsame Ermittlungsgruppen bilden (*Meyer* → § 3 R. 65, 78; *Brodowski* → § 8 Rn. 53). Auch wenn Art. 31 Abs. 6 VO iVm § 6 Abs. 1 EUStAG bzw. § 21 Abs. 2 EUStA-DG die Errichtung Gemeinsamer Ermittlungsgruppen unter den EUStA-Mitgliedstaaten nicht pauschal verbieten, ist die Konzeption der VO im Hinblick auf grenzüberschreitende Ermittlungen vorrangig und lässt keinen Raum für eine Gemeinsame Ermittlungsgruppe unter DEStA. Sind hingegen EUStA-externe Akteure beteiligt, darf die EUStA unter Beteiligung eines **deutschen DEStA** gemäß § 6 Abs. 3, 4 EUStAG iVm §§ 61b, 93 IRG oder eines **österreichischen DEStA** gemäß § 21 Abs. 2 EUStA-DG iVm §§ 76a, 76b ARHG sowie §§ 60–62, 76 EU-JZG an Gemeinsamen Ermittlungsgruppen teilnehmen.[194]

179 **9. Bewertung.** Dem Kooperationsmechanismus der Art. 31, 32 VO liegt eine Kombination der beiden Rechtshilfegrundsätze *locus regit actum* und *forum regit actum* zugrunde, wobei der Forumstaat während des Ermittlungsverfahrens noch nicht endgültig feststeht (→ Rn. 45 ff.; *Niedernhuber* → § 10 Rn. 2 ff.).[195] Das Recht der beiden beteiligten Mitgliedstaaten ist daher so in Einklang zu bringen, dass die Verfahrensfairness im Recht des Vollstreckungsstaats gewahrt ist und gleichzeitig ein Beweismittel erhoben wird, das im (voraussichtlichen) Forumstaat im Urteil verwertet werden kann.

180 Sofern die Maßnahme keinem Richtervorbehalt unterliegt, findet keine Prüfung der Anweisung des betrauten DEStA im Rahmen einer Anerkennung statt. Der unterstützende DEStA *muss* die Maßnahme vielmehr ausführen.[196] Anders als bei Rechtshilfeinstrumenten nach dem Grundsatz der gegenseitigen Anerkennung hat der unterstützende DEStA keine Möglichkeit, die Vollstreckung der Maßnahme zu verweigern. Art. 31 Abs. 5 VO bietet lediglich eine Art Gegenvorstellung, bei der jedoch entweder eine einvernehmliche Lösung gefunden werden muss oder schlicht die Ständige Kammer entscheidet.[197] Die Vorgehensweise nach der VO geht also deutlich weiter als der in der EU-Rechtshilfe anerkannte und unter anderem der EEA zugrundeliegende Grundsatz der gegenseitigen Anerkennung.[198] Eine zumindest teilweise Rechtfertigung kann man darin sehen, dass anders als bei der gegenseitigen Anerkennung nicht zwei voneinander unabhängige Behörden zweier souveräner Staaten miteinander kommunizieren, sondern zwei Angestellte einer einzigen Behörde.[199]

192 So auch HBB/*Burchard*, Art. 33 Rn. 10.

193 RB 2009/829/JI, ABl. 2009 L 294, 20.

194 Darüber hinaus kann sich die Bildung von Gemeinsamen Ermittlungsgruppen nach verschiedenen europa- und völkerrechtlichen Übereinkommen sowie bilateralen völkerrechtlichen Verträgen richten, darunter RB 2002/465/JI, ABl. 2002 L 162, 1; EU-Rechtshilfeübereinkommen, ABl. 2000 C 197, 3; Zweites Zusatzprotokoll zum Europäischen Rechtshilfeübereinkommen (SEV Nr. 182); Übereinkommen der Vereinten Nationen gegen die grenzüberschreitende organisierte Kriminalität.

195 *Mosna* ZStW 131 (2019), 808 (837 f.); anders noch im Entstehungsprozess, vgl. Bachmaier Winter (ed)/*Allegrezza*/*Mosna* S. 141 (145).

196 Bachmaier Winter (ed)/*Bachmaier Winter* S. 117 (122).

197 BT-Drs. 19/17963, 29.

198 HBB/*Herrnfeld* Art. 31 Rn. 6; Geelhoed/Erkelens/Meij/*Csúri* S. 141 (148).

199 Vgl. Art. 8 Abs. 1 VO sowie ErwG 21 S. 1 VO.

Umgekehrt ist eine im Vergleich zur Anerkennungsentscheidung des EU-Rechtshilferechts deutlich strengere Prüfung nach dem vollen Maßstab des nationalen Rechts des unterstützenden Mitgliedstaats in den Fällen vorgesehen, in denen im Mitgliedstaat des unterstützenden DEStA eine richterliche Anordnung oder Genehmigung erforderlich ist. In diesen Fällen ist das Gericht nicht beschränkt und kann die Anordnung oder Bewilligung der Maßnahme ablehnen, wenn das einschlägige nationale Recht entgegensteht.[200] Der unterstützende DEStA hat dem betrauten DEStA die Entscheidung des Gerichts mitzuteilen. Lehnt das Gericht die Maßnahme ab, hat der betraute DEStA die Zuweisung zurückzunehmen.[201] 181

## VII. Aktenführung und Fallbearbeitungssystem

Damit die EUStA als eine einheitliche Behörde auch eine einheitliche Dokumentenplattform hat, wird ein zentrales Fallbearbeitungssystem (FBS) für die EUStA eingerichtet. 182

**1. Zweck.** Das FBS soll gemäß Art. 44 Abs. 2 VO dazu dienen, die Verwaltung der Ermittlungen und Strafverfolgungsmaßnahmen der EUStA zu unterstützen, sicheren Zugang zu Informationen über Ermittlungen und Strafverfolgungsmaßnahmen zu gewährleisten, den Abgleich von Informationen für operative Analysen und statistische Zwecke zu ermöglichen sowie die Rechtmäßigkeit der Verarbeitung operativer personenbezogener Daten sicherzustellen. Da Externe keinen Zugriff auf das FBS haben sollen, ist das FBS lediglich EUStA-intern von Bedeutung.[202] Die Verfahrensakte soll vielmehr als führende Akte separat nach nationalem Recht geführt und im FBS lediglich gespiegelt werden (→ Rn. 188 f.). Akteneinsichtsrechte bestehen für EUStA-Externe lediglich im Hinblick auf die nationale Verfahrensakte und richten sich somit ebenfalls nach nationalem Recht (→ Rn. 204 f.; *Esser* → § 11 Rn. 249 ff.). 183

**2. Struktur und enthaltene Informationen.** Die EUStA-Verordnung sieht für das FBS eine dreigeteilte Struktur vor: Es besteht aus einem Register, einem Index und der Spiegelung der Verfahrensakten. Diese Struktur ist noch nicht final und kann in der Zukunft durch weitere Bestandteile ergänzt werden, etwa zur Speicherung von EUStA-internen Informationen, die nicht Teil der Verfahrensakte werden.[203] 184

a) **Register.** Das Register enthält alle Informationen, welche die EUStA gemäß Art. 24 VO erhalten hat sowie alle diesbezüglich getroffenen Entscheidungen. Art. 38 GO listet Angaben auf, die in das Register eingetragen werden können. Darunter sind die Kontaktdaten der anzeigenden Person, eine kurze Sachverhaltsbeschreibung einschließlich vorläufiger rechtlicher Würdigung sowie Angaben zu betroffenen Mitgliedstaaten, verdächtigten Personen und möglichen Opfern. Das Dokument, das die Informationen der Strafanzeige enthält, soll gemäß Art. 38 Abs. 4 GO elektronisch gespeichert werden. 185

Kommt ein DEStA bei der Prüfung nach Art. 24 Abs. 6 VO zu dem Ergebnis, dass er ein Ermittlungsverfahren nach Art. 26 VO einleiten oder nach Art. 27 VO ein laufendes nationales Ermittlungsverfahren evozieren will, ist dies ebenso im FBS zu vermerken wie die gegenteilige Entscheidung, Art. 24 Abs. 7 S. 1, Art. 26 Abs. 1 VO. Darüber hinaus sollen auch Informationen über Straftaten, die nicht in den Zuständigkeitsbereich der EUStA fallen und gemäß Art. 24 Abs. 8 VO an die betroffenen Mitgliedstaaten abgegeben werden, einen Eintrag im Register erhalten.[204] 186

b) **Index.** Der Index soll als Inhaltsverzeichnis aller im FBS gespeicherten Kopien der Verfahrensakten dienen, Art. 44 Abs. 4 UAbs. 1 lit. b VO.[205] Wenn jemand beispielsweise in der zentralen Dienststelle eine Strafanzeige über ein mögliches PIF-Delikt entgegennimmt, muss derjenige die erhaltenen Informationen in das Register eintragen und mit dem Index abgleichen können, um zu 187

200 Geelhoed/Erkelens/Meij/*Csúri* S. 141 (148).

201 Geelhoed/Erkelens/Meij/*Csúri* S. 141 (149).

202 HBB/*Herrnfeld* Art. 44 Rn. 2.

203 HBB/*Herrnfeld* Art. 44 Rn. 6, Fn. 5 nennt beispielsweise EUStA-interne Kommunikation über Berichtsanfragen und Terminvereinbarungen für Besprechungen.

204 HBB/*Herrnfeld* Art. 44 Rn. 7.

205 Vgl. HBB/*Herrnfeld* Art. 44 Rn. 8.

prüfen, ob der Sachverhalt bereits Gegenstand eines EUStA-Ermittlungsverfahrens ist. Wichtig ist, dass der Index außer den zur Identifizierung von Fällen oder zur Verknüpfung verschiedener Verfahrensakten erforderlichen Daten keine operativen personenbezogenen Daten enthalten darf, Art. 44 Abs. 4 UAbs. 2 VO.[206]

188 **c) Spiegelung der Verfahrensakte im FBS.** Neben den beiden oben genannten Verzeichnissen soll im FBS eine Kopie („Spiegelung") der nationalen Verfahrensakte gespeichert werden. Zu diesem Zweck werden Papierakten gescannt und elektronische Akten manuell kopiert und vom nationalen IT-System in das EUStA-IT-System übertragen.[207] Gemäß Art. 45 Abs. 3 VO muss das FBS jederzeit alle Informationen und (elektronisch speicherbaren) Beweismittel aus der Verfahrensakte enthalten und stets aktuell sein, also auch Löschungen und Berichtigungen nachvollziehen. Der betraute DEStA hat dafür Sorge zu tragen. Eine automatische Synchronisation wäre für den DEStA sehr hilfreich,[208] es ist aber noch nicht absehbar, ob eine solche rechtlich und technisch möglich sein wird. Bis dahin können EUStA-Mitarbeiter und ihm unterstehendes Verwaltungspersonal, welches der jeweilige Mitgliedstaat dem DEStA für die Erfüllung der Aufgaben im Rahmen seiner EUStA-Tätigkeit zur Verfügung stellt, den DEStA bei der Eingabe von Informationen in das FBS unterstützen, Art. 61 Abs. 6 GO.

189 Unklar ist aktuell auch der Umfang der Spiegelung. Ob der Zusatz „damit die zentrale Dienststelle ihre Aufgaben gemäß dieser Verordnung wahrnehmen kann" in Art. 45 Abs. 3 S. 1 VO als reine Klarstellung zu verstehen ist mit der Folge, dass die Verfahrensakte vollständig, einschließlich sämtlicher Aktenbestandteile und Sonderhefte gespiegelt werden soll, wird sich erst noch zeigen.[209] Denkbar ist auch ein eingeschränktes Verständnis dahingehend, dass lediglich die für die Entscheidungs-, Überwachungs-, Leitungs- und Aufsichtsaufgaben erforderlichen Teile der Akte, beispielsweise nur die Hauptakte ohne Sonderhefte, gespiegelt werden müssen.[210] Vor allem bei besonders umfangreichen Akten wird dies einen großen Unterschied machen. Problematisch ist dann allerdings, dass der betraute DEStA und die Akteure der zentralen Dienststelle unterschiedlicher Auffassung sein können, welche Teile der Akte für die Aufsicht und andere Aufgaben relevant sind und welche Teile nicht.[211]

190 **d) Automatischer Abgleich der Informationen.** Das FBS prüft bei jeder neu in das Register, den Index oder die gespiegelte Verfahrensakte eingetragenen Information, ob im FBS – konkret: im Register, im Index oder in der gespiegelten Verfahrensakte – bereits eine verwandte Information gespeichert ist, die auf einen laufenden oder abgeschlossenen Vorgang hinweist, Art. 62 GO. Im Fall eines Treffers benachrichtigt das FBS automatisch jeweils den betrauten DEStA und den Aufsicht führenden EStA der betroffenen Verfahren, damit diese entscheiden können, wie weiter zu verfahren ist, Art. 62 Abs. 2, 3 GO.

191 **3. Verfahrensakte nach nationalem Recht.** Die eigentliche Verfahrensakte ist nicht Teil des FBS, sondern befindet sich, rechtlich und technisch vom FBS getrennt, im nationalen Aktensystem. Dieses kann elektronisch oder physisch geführt sein und unterscheidet sich je nach Mitgliedstaat, teilweise sogar innerhalb der Mitgliedstaaten.[212]

192 Sobald die EUStA gemäß Art. 26 Abs. 1 VO Ermittlungen einleitet oder ihr Evokationsrecht nach Art. 27 VO ausübt, legt der betraute DEStA eine Verfahrensakte an bzw. überträgt die bereits existierende nationale Verfahrensakte in eine EUStA-Akte, Art. 45 Abs. 1 UAbs. 1, Art. 28 Abs. 5

206 Zu den im Index erlaubten Kategorien operativer personenbezogener Daten s. a. Art. 49 Abs. 2 VO und Anhang „In Artikel 49 Absatz 3 genannte Kategorien betroffener Personen und Kategorien operativer personenbezogener Daten" zur VO, eingeführt durch Delegierte VO (EU) 2020/2153 der Kommission vom 14.10.20, ABl. 2020 L 431, 1.

207 HBB/*Herrnfeld* Art. 45 Rn. 9.

208 So auch Bachmaier Winter (ed)/*Pérez Enciso* S. 253 (265).

209 Für eine vollständige Spiegelung Bachmaier Winter (ed)/*Pérez Enciso* S. 253 (257 f.).

210 Die EUStA-Mitgliedstaaten sind sich in dieser Hinsicht bislang uneinig. Zu Diskussionen in der Vergangenheit vgl. Bachmaier Winter (ed)/*Pérez Enciso* S. 253 (257, 262).

211 So auch Bachmaier Winter (ed)/*Pérez Enciso* S. 253 (257).

212 Am Beispiel Spaniens Bachmaier Winter (ed)/*Pérez Enciso* S. 253 (266).

VO.[213] Auch bis zur Evokation erhobene Beweismittel sind in das EUStA-Verfahren zu überführen. Sofern ein DEStA desselben Mitgliedstaats das Verfahren evoziert, der bisher das nationale Verfahren geführt hat, dürfte die Überführung der Akte keine Probleme darstellen. Im IT-System ist lediglich die Akte von den anderen nationalen Verfahren zu trennen und als EUStA-Akte nach demselben nationalen Recht weiterzuführen. Aufwändiger wird es, wenn ein oder mehrere andere Mitgliedstaaten bereits Verfahrensakten angelegt haben, die nicht den Regeln des Mitgliedstaats des betrauten DEStA folgen und eventuell in einem nicht kompatiblen Format geführt werden. Hinzu kommt, dass bisher angelegte Aktenbestandteile gegebenenfalls übersetzt werden müssen.

Gemäß Art. 45 Abs. 1 UAbs. 2 VO muss die Verfahrensakte alle dem DEStA zur Verfügung stehenden Informationen und Beweismittel enthalten, die das Ermittlungs- oder Strafverfolgungsverfahren der EUStA betreffen. Zudem werden die Informationen aus dem Register (→ Rn. 185 f.) gemäß Art. 45 Abs. 1 UAbs. 3 VO Teil der Verfahrensakte. Weitere Vorgaben macht die VO für den Inhalt der Verfahrensakte nicht, sie verweist vielmehr auf das geltende nationale Recht, Art. 45 Abs. 2 UAbs. 1 VO. Die Verfahrensakte ist somit zwar eine EUStA-Akte, die aber rein nach nationalem Recht und in demjenigen Format geführt wird, das der jeweilige Mitgliedstaat verwendet. Gemäß Art. 45 Abs. 2 UAbs. 2 S. 1 VO kann die Geschäftsordnung allerdings künftig Vorgaben zur Organisation und Führung der Verfahrensakte machen. Der betraute DEStA muss sicherstellen, dass er die Akte separat von nationalen Akten führt und die Kontrolle über die Zugangsrechte hat.[214] 193

Für die Bildung, Führung und Aufbewahrung von Verfahrensakten gelten die allgemeinen nationalen Vorschriften. In **Deutschland** sind dies Bundes- und Landesgesetze mit Regelungen über die elektronische Aktenführung (§§ 32 ff. StPO), über Pflichten zur gesonderten Aktenführung („Sonderhefte"), über die Fertigung eines Abschlussvermerks nach § 169a StPO sowie das Justizaktenaufbewahrungsgesetz nebst zugehöriger Verordnung.[215] Für alle in den deutschen Zentren tätigen DEStA und den für Deutschland bestellten EStA soll im Hinblick auf die Aktenführung das Landesrecht von Nordrhein-Westfalen gelten, da Nordrhein-Westfalen die IT-Dienstleistungen zur Verfügung stellt,[216] welche auf das Landesrecht abgestimmt sind. 194

Auch in **Österreich** läuft die Aktenführung wie in nationalen Fällen. Gemäß § 22 Abs. 2 S. 2 EUStA-DG sind § 34c StAG und damit auch die DV-StAG sowie die Verschlusssachenverordnung anwendbar.[217] Die allgemeinen Vorschriften für die Bildung von Akten, insbesondere die §§ 371 ff. der Geschäftsordnung für die Gerichte erster und zweiter Instanz gelten zudem sinngemäß. 195

**4. EUStA-interne Zugriffsrechte auf das FBS und die Verfahrensakte. a) Zugriff auf das Register und den Index.** Das Register und der Index enthalten die wenigsten personenbezogenen Daten, daher haben nach Art. 46 Abs. 1 VO alle Staatsanwälte der EUStA (die Europäische Generalstaatsanwältin, ihre Stellvertreter, andere EStA sowie alle DEStA) unmittelbaren Zugriff darauf. Nach Art. 61 Abs. 1 GO sollen sie aber nur dann und in dem Umfang von ihren Zugriffsrechten Gebrauch machen, wenn und soweit die Informationen für die Erfüllung ihrer Aufgaben erforderlich sind. 196

In Ausnahmefällen kann die Europäische Generalstaatsanwältin gemäß Art. 46 Abs. 4 VO iVm Art. 61 Abs. 3 GO den Zugriff auf bestimmte Informationen im Register und/oder im Index auf die unmittelbar den Fall bearbeitenden Personen (den betrauten DEStA, den Aufsicht führenden EStA, die ständigen Mitglieder der zuständigen Ständigen Kammer sowie weitere eigens benannte EUStA-Mitarbeiter) beschränken. 197

**b) Zugriff auf die gespiegelte Verfahrensakte.** Die im FBS gespeicherte Kopie der Verfahrensakte enthält sensible Informationen über das konkrete Strafverfahren. Der unmittelbare Zugriff darauf ist daher zunächst auf die unmittelbar den Fall bearbeitenden Personen (den betrauten DEStA, den 198

213 HBB/*Herrnfeld* Art. 45 Rn. 5.
214 HBB/*Herrnfeld* Art. 45 Rn. 3.
215 BT-Drs. 19/17963, 38.
216 S. die Verwaltungsvereinbarung zwischen Bayern, Berlin, Hessen, Nordrhein-Westfalen, Hamburg und dem Bund über die Errichtung und Unterrichtung der IT-Dienstleistungen auf nationaler Ebene für die in Deutschland tätigen Delegierten Europäischen Staatsanwälte.
217 EBRV 808 Blg NR 27.GP, 15.

Aufsicht führenden EStA und die zuständige Ständige Kammer) sowie die Europäische Generalstaatsanwältin und ihre Vertreter beschränkt, Art. 46 Abs. 2 S. 1, Abs. 4 VO iVm Art. 61 Abs. 4 GO.

199 Andere DEStA können gemäß Art. 46 Abs. 3 S. 1 VO Zugriff auf die gespiegelte Verfahrensakte beantragen. Der betraute DEStA prüft dies nach nationalem Recht und gewährt unterstützenden DEStA, anderen DEStA auf deren mit Gründen versehenen Antrag sowie EUStA-Mitarbeitern nur in dem Umfang Zugriff auf die gespiegelte Verfahrensakte, soweit das für die Erfüllung der ihnen jeweils im Rahmen ihrer EUStA-Tätigkeit zugewiesenen Aufgaben erforderlich ist, Art. 46 Abs. 3 S. 2 VO iVm Art. 61 Abs. 5 GO.[218] Verweigert der betraute DEStA den Zugriff, kann die Ständige Kammer um eine Entscheidung im Einklang mit nationalem Recht und der VO ersucht werden, Art. 46 Abs. 3 S. 3, 4 VO.

200 c) **EUStA-interner Zugriff auf die Original-Verfahrensakten.** Um die Aufsicht über das Verfahren und die Ermittlungstätigkeit des DEStA führen zu können, kann ein Zugang zur Original-Verfahrensakte erforderlich sein. Dies wird unter anderem dann relevant, wenn der Aufsicht führende EStA nicht elektronisch speicherbare Beweismittel einsehen will. Aber auch wenn die im FBS gespeicherte Kopie der Verfahrensakte nicht vollständig mit dem Original identisch ist, sondern nur einen Teil der nationalen Verfahrensakte enthält (→ Rn. 189), kann ein Blick in die Original-Akte weiterhelfen.[219] Dazu sieht Art. 46 Abs. 2 S. 2 VO vor, dass der Aufsicht führende EStA nach nationalem Recht unmittelbaren Zugriff auf die Verfahrensakte haben soll. Sofern die Verfahrensakte im jeweiligen Mitgliedstaat elektronisch geführt wird, sollte der EStA in die IT-Systeme seines Mitgliedstaats eingebunden werden, um – gegebenenfalls über eine sichere VPN-Verbindung – von Luxemburg aus auf die Verfahrensakten in seinem Herkunftsmitgliedstaat zugreifen zu können. Die konkrete technische Ausführung ist aktuell noch offen.

201 Anders ist dies für die zuständige Ständige Kammer geregelt. Der betraute DEStA hat ihr auf Antrag Zugang zur Verfahrensakte zu gewähren, Art. 46 Abs. 2 S. 3 iVm Art. 10 Abs. 6 UAbs. 2 VO. Sie wird allerdings keinen Direktzugriff erlangen können, sondern lediglich eine elektronische Kopie der Akte erhalten.[220] Diese Norm hat nur dann einen Anwendungsbereich, wenn die Original-Verfahrensakte zusätzliche Blätter oder Nebenakten enthält, die nicht im FBS gespiegelt sind (→ Rn. 188 f.).

202 Nach Art. 61 Abs. 5 GO können darüber hinaus unterstützende und andere DEStA sowie EUStA-Mitarbeiter im erforderlichen Umfang Zugang zu der Verfahrensakte beantragen. Der betraute DEStA entscheidet wiederum nach nationalem Recht. Verweigert er den Zugriff, kann die Ständige Kammer eine Entscheidung treffen, Art. 46 Abs. 3 S. 3, 4 VO (→ Rn. 199).

203 **5. Zugang anderer EU-Institutionen zu Informationen im FBS.** Nach Art. 100 Abs. 3 S. 3, Art. 101 Abs. 5 S. 3 VO sollen Eurojust und OLAF einen mittelbaren Zugang zu Informationen im FBS der EUStA nach dem „Treffer/Kein-Treffer“-Verfahren erhalten. Die Arbeitsvereinbarung zwischen der EUStA und Eurojust[221] sieht in Art. 6 Abs. 1 keinen Direktzugriff, sondern eine Anfrage von Eurojust an die EUStA vor, ob zu einer bestimmten Information oder einem bestimmten Sachverhalt von Eurojust im FBS der EUStA passende Angaben oder weiterführende Informationen enthalten sind. Sofern die EUStA dies bejaht, also im Fall eines Treffers, besteht die Möglichkeit, Eurojust weitere Informationen zu dem Verfahren aus dem FBS unter Berücksichtigung der einschlägigen Daten-

218 Die Begrenzung des Umfangs auf das erforderliche Maß bezieht sich auf alle drei genannten Personengruppen. Die insofern in der englischen Sprachfassung bestehende Unklarheit, ob sich die Beschränkung eventuell nur auf die EUStA-Mitarbeiter bezieht, wird u.a. in der deutschen, französischen und spanischen Sprachfassung beseitigt. HBB/*Herrnfeld*, Art. 46 Rn. 5 betont, dass ein Zugang zur Verfahrensakte im Rahmen nationaler Verfahren anderer DEStA nicht möglich ist.

219 Dieser Fall dürfte allerdings eher selten auftreten, da der betraute DEStA nach Art. 45 Abs. 3 VO sicherzustellen hat, dass jedenfalls alle für die Aufgabenwahrnehmung durch die zentrale Dienststelle – und damit auch durch den Aufsicht führenden EStA – erforderlichen Informationen im FBS enthalten sind. S. hierzu auch Bachmaier Winter (ed)/*Pérez Enciso* S. 253 (262).

220 Vgl. HBB/*Herrnfeld* Art. 46 Rn. 4.

221 Arbeitsvereinbarung zwischen EUStA und Eurojust v. 11.2.2021, abrufbar unter https://www.eppo.europa.eu/sites/default/files/2021-02/Working-Arrangement-Eurojust-EPPO.pdf.

schutzvorschriften zur Verfügung zu stellen. Die EUStA wird dabei jedoch nur solche Informationen herausgeben dürfen, die für die Koordination im konkreten Verfahren oder die Bearbeitung einer konkreten Aufgabe durch Eurojust erforderlich sind. In absehbarer Zeit wird es eine ähnliche Arbeitsvereinbarung mit voraussichtlich vergleichbarer oder gar identischer Regelung zwischen der EUStA und OLAF geben.

**6. Akteneinsicht nach nationalem Recht.** Für Verfahrensbeteiligte, also den Beschuldigten, eventu- 204
elle Nebenkläger und weitere Personen, bestehen ebenso wie für nationale Behörden im Zusammenhang mit anderen Verfahren Einsichtsrechte nur in die nationale Verfahrensakte (*Esser* → § 11 Rn. 214 ff., 249 ff.). Gleiches gilt für Behörden von nichtteilnehmenden EU-Mitgliedstaaten, Drittländern und internationalen Organisationen gemäß Art. 104 Abs. 6, Art. 105 Abs. 3 VO.

Der betraute DEStA kann Akteneinsicht daher ausschließlich nach nationalem Recht gewähren, 205
Art. 45 Abs. 2 UAbs. 2 S. 2 VO.[222] Eine Einsicht in die elektronische Kopie der Verfahrensakte im FBS ist nicht vorgesehen. Aus Art. 59 VO kann jedoch ein Auskunftsrecht betroffener Personen über die Verarbeitung operativer personenbezogener Daten durch die EUStA folgen.[223]

222 S. a. § 7 Abs. 2 EUStAG.
223 HBB/*Herrnfeld* Art. 45 Rn. 13.

# § 8 Zusammenarbeit mit Dritten im Ermittlungsverfahren



## I. Überblick

1 Die von der EUStA zu verfolgende Kriminalität[1] weist nicht selten **transnationale Bezüge** auf, die auch über die derzeit 22 Mitgliedstaaten, die an der Verstärkten Zusammenarbeit teilnehmen (*Herrnfeld/Esser* → § 1 Rn. 1; *Herrnfeld* → § 2 Rn. 6 f.), hinausreichen. Dies macht eine **Zusammenarbeit mit Strafverfolgungsbehörden** („Rechtshilfe") in den nicht an der EUStA teilnehmenden Mitgliedstaaten (Art. 105 VO, → Rn. 11 ff.) und auch in Drittstaaten (Art. 104 VO, → Rn. 21 ff.) erforderlich. Zugleich fügt sich die EUStA, auch wenn sie nicht wirklich „ausgehend von Eurojust" (vgl. Art. 86 Abs. 1 UAbs. 1 AEUV) entstanden ist, in die bestehenden Strukturen europäisierter Strafverfolgung ein (*Meyer* → § 3). Daher stellen sich besonders Fragen eines Informationsverbundes (→ Rn. 32 ff.) und der Zusammenarbeit mit Eurojust (Art. 100 VO, → Rn. 47 ff.) und Europol (Art. 102 VO, → Rn. 55 ff.) sowie anderen Organen, Einrichtungen und sonstigen Stellen der Union (Art. 103 VO, → Rn. 61 ff.), insbesondere aber mit OLAF als Stelle, die zwar nicht als „Kriminalpolizei der EUStA" fungiert, die aber doch weiterhin eine spezifische Rolle zum repressiven Schutz der finanziellen Interessen der EU einnimmt (Art. 101 VO, → Rn. 36 ff.). Diese Zusammenarbeit mit Dritten ist primär im **Kapitel X der VO** („Bestimmungen über die Beziehungen der EUStA zu ihren Partnern") geregelt.

2 Die Zusammenarbeit mit Dritten erfolgt auf verschiedenen Ebenen: Im Rahmen konkreter, einzelner Strafverfahren kann eine (operative) **justizielle Zusammenarbeit in Strafsachen**, etwa durch Leistung von Rechtshilfe einschließlich Auslieferung, ebenso erforderlich sein wie ein Austausch personenbezogener Daten, analytischer Informationen und sonstigen Hintergrundwissens. Im Kontext von Ermittlungs- und Strafverfahren kann eine Information von potentiell Geschädigten (Art. 103 Abs. 2 VO, → Rn. 64 f.) ebenso geboten sein wie ein Verweis auf verwaltungsrechtliche Maßnahmen, insbesondere durch OLAF (Art. 101 Abs. 3 lit. c VO, → Rn. 45). Diese Fragen stehen nachfolgend im Vordergrund. Auf **strategischer Ebene** trägt die Errichtung von Kontaktstellen ua dazu bei, die Zusammenarbeit in konkreten Strafverfahren reibungsloser zu gestalten. Zudem kann zB ein Informationsaustausch hilfreich sein, um Entwicklungslinien in der Finanzkriminalität erkennen und Ermittlungen zielgerichtet initiieren zu können. Auf einer **administrativen Ebene** schließlich ist eine Verwaltungszusammenarbeit insbesondere mit der Kommission und Eurojust angelegt.

3 In der Zusammenarbeit zwischen der EUStA und Dritten liegen indes auch spezifische **Herausforderungen** begründet:

4 Gegenüber **Drittstaaten** ist besonderes Augenmerk auf den **Schutz personenbezogener Daten** einschließlich einer für Datenaustausch tragfähigen Rechtsgrundlage zu legen. Zudem handelt es sich bei der EUStA um eine **Strafverfolgungsbehörde *sui generis***, die in einem und für einen Staatenverbund tätig wird. Das ist ein noch unbekanntes Novum, auch und besonders für Drittstaaten. Um

1 Zur materiellen Zuständigkeit und zu deren Ausübung *Herrnfeld/Brodowski* → § 5 Rn. 1 ff.

Rechtshilfe, die traditionell auf **Gegenseitigkeit** ausgelegt ist,[2] wird seitens der EUStA ersucht, sie kann von ihr indes nur in begrenztem Umfang geleistet werden (Art. 104 Abs. 6 VO, → Rn. 29). Eine unmittelbare Zusammenarbeit der EUStA mit Privaten in Drittstaaten ist grundsätzlich nicht vorgesehen und führte auch zu Folgefragen einer extraterritorialen Souveränitätsausübung, denen hier nicht näher nachgegangen werden soll.[3]

5 **Nicht** an der EUStA **teilnehmende Mitgliedstaaten** sind zwar grundsätzlich an den gleichen Datenschutzrahmen[4] gebunden, was den Austausch personenbezogener Daten erleichtert. Doch auch wenn sie eine Loyalitätsverpflichtung gegenüber der EUStA trifft, können ihnen durch die VO allenfalls **begrenzt Verpflichtungen zur justiziellen Zusammenarbeit** mit der EUStA auferlegt werden. In Ermangelung eines spezifischen Rechtsinstruments (Art. 105 Abs. 3 Alt. 1 VO, → Rn. 12) ist daher bis auf Weiteres auf die bestehenden, eigentlich auf die Zusammenarbeit nationaler Strafverfolgungsbehörden ausgerichteten Instrumente der Zusammenarbeit und insbesondere auf die **Europäische Ermittlungsanordnung (EEA)** zurückzugreifen (Art. 105 Abs. 3 Alt. 2 VO, → Rn. 13 ff.).

6 Im Hinblick auf die **Organe, Einrichtungen und sonstigen Stellen der Union**, insbesondere jene mit strafrechtlichen oder strafrechtsnahen Zuständigkeiten (Eurojust, Europol, OLAF), ist besonderes Augenmerk auf ein **kooperatives Zusammenwirken** zum Schutz der finanziellen Interessen der EU zu legen, indes jeweils unter Beachtung der spezifischen Zuständigkeiten und die – sich durch die Errichtung der EUStA auch verschiebenden – **Rollenverteilung.** Dies betrifft namentlich das Zusammenspiel mit der „Durchführung verwaltungsrechtlicher Untersuchungen" durch OLAF (Art. 101 Abs. 3 lit. c VO, → Rn. 38 ff.). Gegenüber der **Kommission** ist die Unabhängigkeit der EUStA (siehe auch Art. 6 Abs. 1 S. 1 VO) im Blick zu behalten; auch darf die EUStA – trotz der Verpflichtung zur Information von (mutmaßlich oder tatsächlich) **Geschädigten** (Art. 103 Abs. 2 VO, → Rn. 64 f.) – nicht in die Rolle deren Vertreters geraten, sondern muss sich ihrer unparteiischen, allein durch Recht und Gesetz determinierten Rolle (Art. 5 Abs. 4 VO) bewusst bleiben.

## II. Gemeinsame Vorfragen (Art. 99 VO)

7 Ein allgemeines Bekenntnis und eine **Generalklausel zur Zusammenarbeit** (→ Rn. 9) mit „Partnern" enthält der an der Spitze des Kapitels X stehende Art. 99 VO. Darin werden zunächst als potentielle „Partner" definiert die **Organe, Einrichtungen und sonstigen Stellen der EU.** Unter den Organen nimmt die Kommission eine herausgehobene Rolle ein; eine Zusammenarbeit als „Partner" verbietet sich – wegen seiner spezifischen Rolle – mit dem Gerichtshof.[5] „Einrichtungen und sonstige Stellen" verweist auf alle primär- oder sekundärrechtlich errichteten Behörden, was über den in Art. 99 ff. VO spezifisch genannten Kreis (Eurojust, Europol, OLAF) hinausreicht.[6] Als weitere potentielle „Partner" benennt Art. 99 VO **Behörden** in den nicht an der VO teilnehmenden Mitgliedstaaten und in Drittstaaten; dies ist namentlich nicht auf Strafverfolgungsbehörden ieS begrenzt. **Internationale Organisationen** iSd Art. 99 VO schließt im Einklang mit der Legaldefinition in Art. 2 Nr. 23 VO auch nachgeordnete Stellen mit ein; zudem ist Interpol ausweislich ErwG 96 VO zu diesen Organisationen zu zählen.

---

2 Siehe nur Grützner/Pötz/Kreß/Gazeas/*Burchard* IRG Vor § 1 Rn. 189 f.

3 Soweit die EUStA (als Einrichtung) bzw. DEStA (als Strafverfolger) von der noch im Legislativverfahren befindlichen Verordnung über die Europäische Sicherstellungs- und Herausgabeanordnung („e-evidence") Gebrauch machen können, richtete sich dies nach jener Verordnung, ggf. iVm Art. 30 VO.

4 Insbesondere die Richtlinie (EU) 2016/680 des Europäischen Parlaments und des Rates vom 27.4.2016 zum Schutz natürlicher Personen bei der Verarbeitung personenbezogener Daten durch die zuständigen Behörden zum Zwecke der Verhütung, Ermittlung, Aufdeckung oder Verfolgung von Straftaten oder der Strafvollstreckung sowie zum freien Datenverkehr und zur Aufhebung des Rahmenbeschlusses 2008/977/JI des Rates, ABl. 2016 L 119, 89, führt hier zu einer Mindestharmonisierung des Datenschutzes. Die Richtlinie ist zwar für Dänemark nicht bindend (siehe deren ErwG 100), allerdings hat auch Dänemark beschlossen, diese Richtlinie umzusetzen (vgl. Ratsdok. 14208/16).

5 Auch zur Zusammenarbeit mit weiteren Organen ausf. HBB/*Brodowski* Art. 99 Rn. 5.

6 HBB/*Brodowski* Art. 99 Rn. 5.

Keine „Partner" iSd Art. 99 ff. VO sind hingegen **Private** (Einzelpersonen, Verbände, Unternehmen), sei es innerhalb der EU oder in Drittstaaten (→ Rn. 4), sowie **Behörden** in denjenigen **Mitgliedstaaten**, die an der EUStA teilnehmen. In Bezug auf diese greifen eine Vielzahl anderer Reglungen, insbesondere Art. 24 und 28 VO. 8

Die **Generalklausel** des Art. 99 Abs. 1 VO gestattet zwar eine Zusammenarbeit mit den vorgenannten Partnern, begrenzt diese jedoch zugleich auf das Maß des **Erforderlichen.** Gleichwohl verbleibt der EUStA eine breite Einschätzungsprärogative, inwieweit sie eine solche Zusammenarbeit und eine konkrete Art und Weise der Zusammenarbeit für erforderlich hält.[7] Allerdings ist die EUStA im Hinblick auf den praktisch höchst relevanten **Austausch personenbezogener Daten** Begrenzungen unterworfen: Wenngleich Art. 99 Abs. 2 VO in dieser Hinsicht offen bis missverständlich formuliert ist, zeigt jedenfalls die Restriktion in Art. 99 Abs. 3 VO und die Systematik zu Art. 54, 80 ff. VO, aber auch zu Art. 100 Abs. 2 lit. a, 100 Abs. 3 und 101 Abs. 5 VO, dass Art. 99 Abs. 2 VO für sich genommen keine Rechtsgrundlage zum Transfer personenbezogener Daten an die in Absatz 1 genannten „Partner" ist. Stattdessen ist – jedenfalls für ausgehenden Datentransfer – eine spezifische Rechtsgrundlage erforderlich.[8] 9

Der Fokus des Art. 99 Abs. 2 VO liegt somit auf dem Austausch strategischer, **nicht-personenbezogener Informationen.** Sie kann aber auch als Befugnisnorm zur Entgegennahme personenbezogener Daten durch die EUStA gelesen werden. In jedem Fall ist die von Art. 99 Abs. 2 VO eingeräumte Befugnis auf die Aufgabenerfüllung durch die EUStA und evtl. durch Begrenzungen bei Verschlusssachen (Art. 111 VO) limitiert. Dieser Fokus greift auch auf **Arbeitsvereinbarungen** (Art. 99 Abs. 3 VO) durch, die insbesondere weder für die EU (einschließlich der EUStA) noch für die Mitgliedstaaten „rechtlich bindende Wirkungen [...] entfalten" dürfen. 10

## III. Zusammenarbeit mit Strafverfolgungsbehörden in anderen Staaten („Rechtshilfe")

**1. Zusammenarbeit mit nicht an der EUStA teilnehmenden Mitgliedstaaten (Art. 105 VO).** Hinsichtlich der Zusammenarbeit mit den EU-Mitgliedstaaten, die nicht an der EUStA teilnehmen – Dänemark, Irland, Polen, Schweden und Ungarn – differenziert Art. 105 VO eine strukturelle und eine operative Ebene. **Strukturell** regt dessen Absatz 1 den Abschluss von Verwaltungsabkommen,[9] den Austausch strategischer (dh über einzelne Ermittlungsverfahren hinausgehender) Informationen und die Entsendung von Verbindungsbeamten (Staatsanwälten, Ermittlungsrichtern) dieses Mitgliedstaats an die EUStA an.[10] Absatz 2 ergänzt dies – in missverständlicher Formulierung – durch die Möglichkeit, dass der betreffende Mitgliedstaat eine Kontaktstelle benennt.[11] Der **Austausch personenbezogener Daten** – sei es auf struktureller, sei es auf operativer Ebene – richtet sich nach Art. 49 VO und der RL (EU) 2016/680.[12] 11

Für (in klassischer Terminologie) Auslieferung und sonstige Rechtshilfeleistungen bevorzugt Art. 105 Abs. 3 VO ein **spezifisches „Rechtsinstrument** für die Zusammenarbeit in Strafsachen und Übergabeverfahren", dessen Erlass auf die primärrechtliche Kompetenznorm des Art. 82 Abs. 1 AEUV zu stützen ist.[13] Ein solches Rechtsinstrument **liegt** indes bislang **nicht vor**; es ist auch nicht abzusehen, wann es zur Verfügung stehen wird.[14] 12

---

7 Restriktiver NK-RechtshilfeR/*Galen/Furtwängler* 4. HT Rn. 1163.

8 HBB/*Brodowski* Art. 99 Rn. 9.

9 Ein Arbeitsabkommen zwischen der EUStA und der ungarischen Generalstaatsanwaltschaft trat am 6.4.2021 in Kraft; es ist unter https://www.eppo.europa.eu/sites/default/files/2021-04/Working_arrangement_Hungary.pdf verfügbar.

10 HBB/*Brodowski* Art. 105 Rn. 4 f.; *Franssen* NJECL 9 (2018), 291 (298); siehe zB Art. 5 des Abkommens mit der ungarischen Generalstaatsanwaltschaft (Fn. 9).

11 HBB/*Brodowski* Art. 105 Rn. 6.; *Ramos* in Bachmaier Winter (ed), 87 (91); siehe zB Art. 4 des Abkommens mit der ungarischen Generalstaatsanwaltschaft (Fn. 9).

12 HBB/*Herrnfeld* Kapitel VIII Rn. 10; Art. 80 ff. Rn. 3.

13 HBB/*Brodowski* Art. 105 Rn. 7 mwN., auch zu anderen Ansichten (Art. 86 bzw. Art. 325 Abs. 4 AEUV).

14 HBB/*Brodowski* Art. 105 Rn. 8; *Franssen* NJECL 9 (2018), 291 (294, 298 f.).

13 Daher verbleibt es bis auf Weiteres bei der Auffangklausel des Art. 105 Abs. 3 VO, der zufolge die teilnehmenden Mitgliedstaaten die **EUStA** als (im Rahmen ihrer Zuständigkeit) **zuständige Behörde** im unional überformten Auslieferungs- und Rechtshilfeverkehr benennen[15] und ihr damit Aktivlegitimation verleihen sollen. Von den nicht an der EUStA teilnehmenden Mitgliedstaaten wird basierend auf dem **Grundsatz der loyalen Zusammenarbeit** (Art. 4 Abs. 3 EUV; vgl. auch ErwG 110 VO) erwartet, dass sie diese Benennung akzeptieren.[16] Aus dem begrenzten Zuständigkeitsbereich der EUStA folgt, dass sie idR nur als ersuchende und nur ausnahmsweise als ersuchte Behörde in Erscheinung treten wird. Hinsichtlich der praktischen Durchführung eröffnet Art. 100 Abs. 2 lit. b VO die Möglichkeit, für die Übermittlung von Rechtshilfeersuchen und Ähnlichem sowie deren Vollstreckung auf **Eurojust** zurückzugreifen (→ Rn. 51).

14 Von der Benennung der EUStA als zuständige Behörde und der Mitwirkung von Eurojust (→ Rn. 13) zu unterscheiden ist die Frage des auf Seite der EUStA **anzuwendenden Rechts der strafjustiziellen Zusammenarbeit.** Diese Frage ist relevant, da sämtliche (bisherigen) Rechtsakte der Union in diesem Bereich der Umsetzung bedürfen oder zumindest Spielräume zur Durchführung eröffnen. Mangels detaillierter Regelungen in der VO greift hier die Generalklausel des Art. 5 Abs. 3 VO, so dass das nationale Recht des/der mit dem Verfahren betrauten DEStA anzuwenden ist. In den Rechtsakten der strafjustiziellen Zusammenarbeit enthaltene Verweisungen auf den Ausstellungsstaat und das dort geltende Recht sind grundsätzlich bezogen auf den Staat bzw. das **Recht des/der verfahrensführenden DEStA** zu lesen.[17]

15 Im Falle des/der **deutschen DEStA** findet somit vor allem das **IRG** Anwendung. Dessen allgemeine Regeln werden durch § 6 Abs. 2, Abs. 4 EUStAG in Anerkennung der Unabhängigkeit der EUStA dahingehend modifiziert, dass deutsche DEStA Auslieferungs- und Rechtshilfeersuchen selbständig stellen (Derogation von § 74 Abs. 1, Abs. 2 IRG); folgerichtig entfällt auch die Unterrichtung über Fristverzögerungen (§ 83i IRG). Im Hinblick auf etwaige Bedingungen oder Zusicherungen ist erforderlichenfalls die zuständige (nationale) Staatsanwaltschaft als Vollstreckungsbehörde zu beteiligen (§ 6 Abs. 2 S. 3 iVm § 10 EUStAG). Gleiches gilt für eingehende Ersuchen, soweit diese in die Zuständigkeit der EUStA und damit auch in die Entscheidungskompetenz der deutschen DEStA fallen. Im Falle der österreichischen DEStA sind nach Maßgabe der §§ 17 ff. EUStA-DG nur die dort aufgeführten Bestimmungen des **EU-JZG** einschlägig.

16 Der RL **Europäische Ermittlungsanordnung (EEA)**[18] dürfte in der Zusammenarbeit mit Polen, Schweden und Ungarn die größte Bedeutung zukommen; Dänemark und Irland nehmen an ihr nicht teil (vgl. ErwG 44 und 45 RL 2014/41/EU). Sie lässt sich auch im Hinblick auf die EUStA als „Anordnungsbehörde" und den Staat des/der verfahrensführenden DEStA als „Anordnungsstaat" auslegen.[19] Beim Versagungsgrund des Art. 11 Abs. 1 lit. e RL 2014/41/EU erscheint es indes stimmiger, als „Hoheitsgebiet[...] des Anordnungsstaats" das kombinierte Territorium der an der EUStA teilnehmenden Mitgliedstaaten anzusehen.[20] Deutschland und Österreich haben die EUStA – im Rahmen deren Zuständigkeit – als zuständige Behörde benannt.[21] Für deutsche DEStA ist bei den – typischen – ausgehenden Ersuchen vor allem § 91j IRG, daneben § 6 Abs. 4 EUStAG und § 77 Abs. 1 IRG iVm der StPO einschlägig, für österreichische DEStA §§ 17, 20 Abs. 1 Nr. 1 EUStA-DG iVm. §§ 55 ff. EU-JZG.

15 Dem sind einige Mitgliedstaaten bereits nachgekommen; die zwischen den teilnehmenden Mitgliedstaaten abgestimmten Notifikationen sind auf der Webseite des EJN abrufbar, https://www.ejn-crimjust.europa.eu/ejn/libcategories/DE/4/-1/0.

16 HBB/*Brodowski* Art. 105 Rn. 9; *Franssen* NJECL 9 (2018), 291 (295); NK-RechtshilfeR/*Galen*/*Furtwängler* 4. HT Rn. 1166. Zum gewählten Regelungsmodell krit. Schomburg/Lagodny/*Gless*/*Wahl* III D 5 Rn. 24.

17 HBB/*Brodowski* Art. 105 Rn. 13. Zurückhaltend zu diesem Interpretationsansatz *Franssen* NJECL 9 (2018), 291 (295 f.).

18 Richtlinie 2014/41/EU des Europäischen Parlaments und des Rates vom 3.4.2014 über die Europäische Ermittlungsanordnung in Strafsachen, ABl. 2014 L 130, 1.

19 HBB/*Brodowski* Art. 105 Rn. 14.

20 HBB/*Brodowski* Art. 105 Rn. 14.

21 Vgl. die auf der Webseite des EJN verfügbaren Notifikationen, https://www.ejn-crimjust.europa.eu/ejn/libcategories/DE/4/-1/0.

Eine vergleichbare Interpretation ist auch bei der **VO** über die **gegenseitige Anerkennung von Sicherstellungs- und Einziehungsentscheidungen**[22] grundsätzlich möglich und auch geboten. Dies ist indes auf Sicherstellungsentscheidungen begrenzt, da Einziehungsentscheidungen nur rechtskräftige *gerichtliche* Entscheidungen sind (vgl. Art. 2 Nr. 2 VO [EU] 2018/1805).[23] Zudem kommt die EUStA nur als Entscheidungsbehörde, nicht aber als Vollstreckungsbehörde in Betracht. Deutschland hat die EUStA in diesem Rahmen ausdrücklich als zuständige Behörde (Art. 24 Abs. 1 VO [EU] 2018/1805) benannt.[24] Als unmittelbar anwendbare VO richten sich wesentliche Aspekte der Übermittlung, Anerkennung und Vollstreckung von Sicherstellungsentscheidungen bereits nach dieser. Ergänzend ist für deutsche DEStA auf § 6 Abs. 4 EUStAG und § 77 Abs. 1 IRG iVm der StPO hinzuweisen, für österreichische DEStA auf §§ 17, 19 EUStA-DG iVm. §§ 1 Abs. 2, 44 EU-JZG. Für das Verhältnis zu Dänemark und Irland gelten gem. Art. 39 VO (EU) 2018/1805 die RB 2003/577/JI, RB 2006/783/JI und deren Umsetzung in nationales Recht (§§ 88 ff. IRG bzw. §§ 45 ff. EU-JZG) fort; für diese ist eine zur vorgenannten VO entsprechende Interpretation möglich. 17

Aus dem Zusammenspiel der Art. 105 Abs. 3 und Art. 33 Abs. 2 VO ergibt sich, dass die EUStA auch als ausstellende Justizbehörde iSd **Rahmenbeschlusses Europäischer Haftbefehl**[25] angesehen werden kann. Alternativ ist es aber nach diesen Bestimmungen auch ausreichend, wenn der/die DEStA eine „zuständige Behörde" in seinem/ihrem Mitgliedstaat um Erlass eines Europäischen Haftbefehls ersuchen kann (Art. 33 Abs. 2 Alt. 2 VO).[26] In jedem Fall ist ein zugrundeliegender „nationaler" Haftbefehl erforderlich. Die für die Aktivlegitimation zum Erlass Europäischer Haftbefehle erforderliche Unabhängigkeit[27] ist durch Art. 6 Abs. 1 S. 1 VO – auch bei deutschen DEStA – gewährleistet. Deutschland hat im Einklang mit § 6 Abs. 2 EUStAG die EUStA als zuständige Behörde benannt, sodass deutsche DEStA zum Erlass Europäischer Haftbefehle – in Abweichung zu § 74 Abs. 1 S. 1 und 2 IRG (→ Rn. 15) – befugt sind;[28] hiervon unberührt ist die Notwendigkeit eines „nationalen" Haftbefehls nach Maßgabe der §§ 112 ff. StPO. §§ 83h und 83j IRG sind anzuwenden, nicht aber § 83i IRG (→ Rn. 15). Gleichermaßen können auch österreichische DEStA, soweit eine „nationale" Festnahmeanordnung besteht,[29] einen Europäischen Haftbefehl ausstellen (§§ 17, 18 EUStA-DG); die in „nationalen" Strafverfahren gegebene Verpflichtung zur gerichtlichen Bewilligung spezifisch des Europäischen Haftbefehls entfällt (vgl. § 18 Hs. 2 EUStA-DG). 18

Zwar spricht gegen die Anwendbarkeit des **Rahmenbeschlusses Kompetenzkonflikte**[30] im Verhältnis zu nicht an der EUStA teilnehmenden Mitgliedstaaten, dass es sich bei der EUStA um eine Strafverfolgungsbehörde *sui generis* handelt; im Verhältnis zu anderen Mitgliedstaaten ist sie jedoch gerade als Entsprechung für eine mitgliedstaatliche Strafverfolgungsbehörde anzusehen. Um Jurisdiktionskonflikte durch die Mechanismen dieses Rahmenbeschlusses wenigstens zu reduzieren, ist daher auch im Verhältnis zwischen EUStA einerseits, nicht an dieser teilnehmenden Mitgliedstaaten und deren Strafverfolgungsbehörden andererseits auf die Konfliktlösungsmechanismen des RB 19

---

22 Verordnung (EU) 2018/1805 des Europäischen Parlaments und des Rates vom 14.11.2018 über die gegenseitige Anerkennung von Sicherstellungs- und Einziehungsentscheidungen, ABl. 2018 L 303, 1.

23 HBB/*Brodowski* Art. 105 Rn. 16.

24 Vgl. die auf der Webseite des EJN verfügbaren Notifikationen, https://www.ejn-crimjust.europa.eu/ejn/libcategories/DE/4/-1/0.

25 Rahmenbeschluss des Rates vom 13.6.2002 über den Europäischen Haftbefehl und die Übergabeverfahren zwischen den Mitgliedstaaten, ABl. 2002 L 190, 1, geändert durch RB 2009/299/JI, ABl. 2009 L 81, 24.

26 HBB/*Brodowski* Art. 105 Rn. 17; krit. *Franssen* NJECL 9 (2018), 291 (296).

27 EuGH 27.5.2019 – C-508/18 und C-82/19 PPU, ECLI:EU:C:2019:456 – OG und PI m. Anm. u. Bspr. (ua) *Böhm* NZWiSt 2019, 325; *Gärditz* GSZ 2019, 120; *Oehmichen/Schmid* StraFo 2019, 397; *Schubert* NJW 2019, 2150; *Trüg/Ulrich* NJW 2019, 2811.

28 Vgl. die auf der Webseite des EJN verfügbaren Notifikationen, https://www.ejn-crimjust.europa.eu/ejn/libcategories/DE/4/-1/0.

29 EBRV 808 Blg NR 27.GP, 14. Soweit diese Erläuterungen von einem „Haftbefehl" sprechen, ist nur ein Haftbefehl iSd INÜG gemeint.

30 Rahmenbeschluss 2009/948/JI des Rates vom 30.11.2009 zur Vermeidung und Beilegung von Kompetenzkonflikten in Strafverfahren, ABl. 2009 L 328, 42.

Kompetenzkonflikte zurückzugreifen;[31] dies ist in Österreich mit § 21 Abs. 1 EUStA-DG iVm §§ 59a bis 59c EU-JZG auch normativ verankert. Eine Benennung der ESUtA als „zuständige Behörde" oder dergleichen ist zwar nach Art. 4 Abs. 2 RB 2009/948/JI vorgesehen, aber nicht konstitutiv.

20 Eine Mehrzahl weiterer Rechtsinstrumente, die insbesondere die grenzüberschreitende **Vollstreckung von Freiheits- oder Geldstrafen sowie Alternativsanktionen** betreffen, sind ohne Relevanz für die EUStA.[32]

21 **2. Zusammenarbeit mit Drittstaaten (Art. 104 VO).** Die Kernregelung zur Zusammenarbeit mit **Drittstaaten** – Art. 104 VO – unterscheidet ebenfalls eine strukturelle und eine operative Ebene. Die Regelungen zur **strukturellen** Ebene (Art. 104 Abs. 1, Abs. 2 VO) entsprechen weitgehend denjenigen zur Zusammenarbeit mit nicht an der EUStA teilnehmenden Mitgliedstaaten (→ Rn. 11).[33] Der **Austausch personenbezogener Daten** – sei es auf struktureller, sei es auf operativer Ebene – richtet sich nach den Art. 80 ff. VO.[34]

22 Für die **operative strafjustizielle Zusammenarbeit** mit Drittstaaten und deren Behörden sieht Art. 104 VO verschiedene Wege vor: Für die sog. „sonstige" Rechtshilfe priorisiert[35] dabei Art. 104 Abs. 3 VO den (zukünftigen) Abschluss von entsprechenden völkerrechtlichen Verträgen durch die EU oder den Beitritt zu diesen (→ Rn. 23). Fehlen solche vertraglichen Bindungen, soll die EUStA auf Grundlage der von den teilnehmenden Mitgliedstaaten abgeschlossenen multilateralen und bilateralen Rechtshilfeverträge als „zuständige Behörde" benannt werden (Art. 104 Abs. 4 VO, → Rn. 24). Steht auch dieser Weg nicht zur Verfügung, sollen die jeweiligen DEStA auf das jeweilige mitgliedstaatliche Rechtshilferecht zurückgreifen können (Art. 104 Abs. 5 UAbs. 1 VO, → Rn. 26) oder die EUStA im Einzelfall unmittelbar Behörden von Drittländern um Rechtshilfe ersuchen (Art. 104 Abs. 5 UAbs. 2 VO, → Rn. 27). Hinzu tritt eine Sonderregelung für Ersuchen um Auslieferung (Abs. 7, → Rn. 28) und für nur ausnahmsweise erfüllbare (→ Rn. 4) eingehende Ersuchen um „sonstige" Rechtshilfe (Abs. 6, → Rn. 29). Hinsichtlich der praktischen Durchführung eröffnet Art. 100 Abs. 2 lit. b VO die Möglichkeit, für die Übermittlung von Rechtshilfeersuchen uÄ auf **Eurojust** zurückzugreifen (→ Rn. 52).

23 Zwar hat die EU inzwischen eine Reihe von **multilateralen und bilateralen Abkommen geschlossen**, die auch strafrechtliche Bezüge aufweisen. Nicht nur ErwG 109 VO,[36] sondern auch Sachgründe legen nahe, dass diese nicht unter Art. 104 Abs. 3 VO fallen: Entweder betreffen diese allenfalls in Randbereichen Delikte, die der Zuständigkeit der EUStA unterliegen; oder aber diese modifizieren – wie die Rechtshilfeübereinkommen der EU mit Japan,[37] den USA[38] und Island/Norwegen[39] – lediglich die Rechtshilfebeziehungen zwischen den Mitgliedstaaten einerseits und dem Drittstaat

---

31 HBB/*Brodowski* Art. 105 Rn. 18; zurückhaltend *Franssen* NJECL 9 (2018), 291 (296 f.).

32 Näher HBB/*Brodowski* Art. 105 Rn. 19.

33 Zu den Details siehe HBB/*Brodowski* Art. 104 Rn. 4 ff.; *Franssen* NJECL 10 (2019), 168 (179).

34 HBB/*Brodowski* Art. 104 Rn. 2; HBB/*Herrnfeld* Kapitel VIII Rn. 10; Art. 80 ff. Rn. 3; *Franssen* NJECL 10 (2019), 168 (182 f.).

35 Hierzu HBB/*Brodowski* Art. 104 Rn. 9; Schomburg/Lagodny/*Gless*/*Wahl* III D 5 Rn. 26; *Brodowski* StV 2017, 684 (690 f.); *Csonka*/*Juszczak*/*Sason* eucrim 12 (2017) 125 (132); *Franssen* NJECL 10 (2019) 168 (178 f.); *Franssen* eucrim 2019, 198 (200).

36 „Bis zum Abschluss *neuer* internationaler Übereinkünfte über die Rechtshilfe in Strafsachen durch die Union […]" (Hervorhebung hier).

37 Abkommen zwischen der Europäischen Union und Japan über die Rechtshilfe in Strafsachen, ABl. 2010 L 37, 20; in Kraft seit 2.1.2011 (ABl. 2010 L 343, 1).

38 Abkommen zwischen der Europäischen Union und den Vereinigten Staaten von Amerika über Rechtshilfe, ABl. 2003 L 181, 34; in Kraft seit 1.2.2010 (ABl. 2009 L 323, 11).

39 Übereinkommen zwischen der Europäischen Union sowie der Republik Island und dem Königreich Norwegen über die Anwendung einiger Bestimmungen des Übereinkommens vom 29.5.2000 über die Rechtshilfe in Strafsachen zwischen den Mitgliedstaaten der Europäischen Union und des dazugehörigen Protokolls von 2001, ABl. 2004 L 26, 3; in Kraft seit 1.1.2013 (ABl. 2012 L 322, 1).

andererseits, begründen aber keine unmittelbaren Rechtshilfebeziehung zwischen Einrichtungen der EU und dem Drittstaat.[40]

Angesichts bislang fehlender, mit Blick auf die EUStA abgeschlossener Rechtshilfeübereinkommen soll die Regelung in Art. 104 Abs. 4 VO Lücken schließen, indem die an der **EUStA** teilnehmenden Mitgliedstaaten diese im vertragsgestützten internationalen Rechtshilfeverkehr **als zuständige Behörde notifizieren.** Entscheidend ist indessen – und dies überspielt die Regelung durch missverständliche Formulierungen –, dass der betreffende **Drittstaat** (sei es mit, sei es ohne Vertragsänderung) dies im Lichte der besonderen Natur der EUStA (→ Rn. 4) auch **akzeptiert.**[41] Obwohl Absatz 4 dabei eine Präferenz für **multilaterale Verträge** statuiert, wäre eine parallele und gleichlautende Notifikation auch in Bezug auf die vorgenannten Rechtshilfeübereinkommen der EU mit Japan und Island/Norwegen (→ Rn. 23) sinnvoll. In Bezug auf das **Europäische Rechtshilfeübereinkommen**[42] verweist der Mustertext für eine Notifikation der EUStA als Justizbehörde[43] ausdrücklich auf deren begrenzte Zuständigkeit und legt in Auslegungshinweisen dar, dass jeweils auf den/die verfahrensführende DEStA abzustellen ist. Daher ist, im Einklang mit Art. 5 Abs. 3 VO, das Recht und die konkreten Rechtshilfebeziehungen des betreffenden Mitgliedstaats maßgeblich, so dass nicht auf die EUStA „als Ganzes" abgestellt werden kann. 24

Auf eine solche Notifikation berufen kann sich daher nur ein DEStA desjenigen Mitgliedstaats, der diese Notifikation auch vorgenommen hat; Grund, Voraussetzungen und Grenzen der Rechtshilfe(ersuchen) richten sich nach Art. 5 Abs. 3 S. 2 und 3 VO insoweit nach dem **Recht des/der verfahrensführenden DEStA:**[44] In Deutschland ist dies nach § 1 Abs. 3 IRG primär das jeweilige Vertragsgesetz; die Bestimmungen des IRG – mit Ausnahme des § 74 Abs. 1 S. 1 und 2 IRG (→ Rn. 15; § 6 Abs. 3 EUStAG) – gelangen indes subsidiär und ergänzend zur Anwendung. Die Stellung eines Rechtshilfeersuchens setzt ganz grundsätzlich eine entsprechende innerstaatliche Befugnis zur Vornahme der Ermittlungsmaßnahme, etwa nach der StPO, voraus. Im Hinblick auf etwaige Bedingungen oder Zusicherungen ist erforderlichenfalls die zuständige (nationale) Staatsanwaltschaft als Vollstreckungsbehörde zu beteiligen (§ 6 Abs. 3 S. 3 iVm § 10 EUStAG). In Österreich sind nach Maßgabe der §§ 17, 20 Abs. 1 Nr. 1 EUStA-DG die dort genannten Bestimmungen des ARHG maßgeblich, wobei dieses ebenfalls nur subsidiär zu zwischenstaatlichen Vereinbarungen zur Anwendung gelangt (§ 1 ARHG). 25

Subsidiär sieht Art. 104 Abs. 5 UAbs. 1 VO vor, dass die/der verfahrensführende DEStA ihren/seinen **„Doppelhut"** (Art. 13 Abs. 1, Art. 17 Abs. 2 VO) nutzt[45] und „von den Befugnissen eines nationalen Staatsanwalts seines Mitgliedstaats Gebrauch mach[t], um auf der Grundlage der von diesem Mitgliedstaat geschlossenen internationalen Übereinkünfte oder des geltenden nationalen Rechts […] die Behörden von Drittländern um Rechtshilfe in Strafsachen zu ersuchen." Dies ermöglicht somit die Nutzung sowohl **vertragsgestützter** wie **vertragsloser Rechtshilfe.** Dabei sind dieselben nationalen Rechtsvorschriften anzuwenden und dasselbe nationale Verfahren heranzuziehen wie in rein nationalen Situationen, dh das IRG in Deutschland bzw. das ARHG in Österreich sowie die jeweiligen zwischenstaatlichen Vereinbarungen. Folge des „nationalen Huts" ist auch, dass hier § 74 Abs. 1 S. 1 und 2 IRG nicht derogiert werden; insbesondere gilt die Regelung in § 6 Abs. 3 EUStAG nicht für Ersuchen nach Art. 104 Abs. 5 VO. Erforderlich ist aber eine **Transparenz** gegenüber dem Drittstaat und – jedenfalls, wenn die transferierten Erkenntnisse auch in einem weiteren Mitgliedstaat genutzt können werden sollen – dessen Einverständnis mit der Nutzung durch die EUStA (Art. 104 Abs. 5 UAbs. 1 S. 2 und 3 VO).[46] 26

---

40 Ausf. HBB/*Brodowski* Art. 104 Rn. 10 ff.; siehe auch *Franssen* NJECL 10 (2019), 168 (182); Schomburg/Lagodny/*Gless*/*Wahl* III D 5 Rn. 26.

41 Ausf. HBB/*Brodowski* Art. 104 Rn. 16 ff.; *Franssen* NJECL 10 (2019), 168 (174 f., 177).

42 ETS Nr. 30 nebst Zusatzprotokollen; hierzu auch *Franssen* NJECL 10 (2019), 168 (178).

43 Vgl. Ratsdok. 11385/20.

44 HBB/*Brodowski* Art. 104 Rn. 18, 21.

45 HBB/*Brodowski* Art. 104 Rn. 22 ff.; Schomburg/Lagodny/*Gless*/*Wahl* III D 5 Rn. 28; *Csonka*/*Juszczak*/*Sason* eucrim 2017, 125 (132); *Franssen* NJECL 10 (2019), 168 (178); *Franssen* eucrim 2019, 198 (201).

46 HBB/*Brodowski* Art. 104 Rn. 24; siehe auch *Franssen* NJECL 10 (2019), 168 (183).

27 Ausnahmsweise kann die EUStA auch im **Einzelfall unmittelbar** Behörden eines Drittstaats um Leistung von Rechtshilfe **ersuchen** (Art. 104 Abs. 5 UAbs. 2 VO). Wenngleich das Verhältnis zur vorgenannten Alternative nicht restlos geklärt ist, darf dieser Weg keinesfalls beschritten werden, wenn hierdurch grundrechtliche Begrenzungen des sonst anwendbaren Rechtshilferechts unterlaufen würden. Die „innerstaatlichen" Bedingungen – dh die Maßgaben an die Vornahme von Ermittlungen, wie sie insbesondere aus Art. 30 VO folgen – sind auch bei solchen Einzelfallersuchen einzuhalten. Die Stellung des Rechtshilfeersuchens obliegt (auf Initiative des verfahrensführenden DEStA) der **Europäischen Generalstaatsanwältin** (vgl. Art. 11 Abs. 3 S. 1 VO) bzw. deren Vertreter/-innen.[47]

28 Für **Auslieferungsersuchen** sieht Art. 104 Abs. 7 VO, da die Auslieferung nicht „an die EUStA", die nicht über eigene Untersuchungshaftanstalten verfügt, sondern an die zuständige nationale Behörde erfolgen soll, eine stark auf die Mitgliedstaaten und deren jeweiliges Auslieferungs(verfahrens)recht verweisende Regelung vor. Demzufolge greift z.B. für österreichische DEStA die Verweisung des §§ 17, 18 EUStA-DG auf die Bestimmungen des ARHG und der § 1, 4 und 6 bis 9 INÜG über die Erwirkung der Auslieferung. Die Regelung in Art. 104 Abs. 7 VO verwehrt es den Mitgliedstaaten indes nicht, im Einklang mit völkervertraglichen Regelungen auch die bei der EUStA tätigen DEStA mit der Stellung von Auslieferungsersuchen zu betrauen. In jedem Falle ist auch hier **Transparenz** gegenüber dem Drittstaat in Bezug darauf zu wahren, dass das Auslieferungsersuchen auf einem von der EUStA geführten Strafverfahren beruht.[48]

29 **Rechtshilfe** kann die EUStA aufgrund ihrer begrenzten Zuständigkeit nur sehr eingeschränkt leisten (→ Rn. 4). In der VO wird nur die Leistung von Rechtshilfe auf Ersuchen eines Drittstaats thematisiert. Diese ist nach Art. 104 Abs. 6 VO begrenzt auf „Informationen oder Beweismittel, die sich bereits im Besitz der EUStA befinden". Materiell richtet sich die Frage, ob Rechtshilfe geleistet wird, nach dem nationalen Recht des/der (aktuell oder, bei abgeschlossenen Verfahren, zuvor) verfahrensführenden DEStA sowie ergänzend nach dem Datenschutz- und Geheimnisschutzrecht der VO. Prozedural entscheidet die/der DEStA nach Anhörung der Ständigen Kammer, bemerkenswerterweise ohne an deren Auffassung gebunden zu sein.[49] In Deutschland findet die Zuständigkeit des Bundes bzw. funktional der Bundesregierung keine Anwendung (Derogation des § 74 Abs. 1 S. 1 und 2 IRG durch § 6 Abs. 3 S. 3 EUStAG). Viel spricht dafür, die vorgenannten Maßstäbe auch dann anzuwenden, wenn die EUStA – etwa per Europäischer Ermittlungsanordnung (vgl. § 20 Abs. 2 EUStA-DG) – um **Informationshilfe** für ein Strafverfahren ersucht wird, das in einem **EU-Mitgliedstaat** geführt wird.[50]

## IV. Zusammenarbeit mit Organen, Einrichtungen und sonstigen Stellen der Union

30 Damit die Errichtung der EUStA einen Mehrwert im Vergleich zum *status quo ante* der europäischen strafjustiziellen Zusammenarbeit bietet, müssen ihre Ermittlungen mit den operativen Tätigkeiten insbesondere von OLAF, Eurojust und Europol **kohärent aufeinander abgestimmt** werden (*Meyer* → § 3, → Rn. 1, 5).[51] Als wesentliches Element für eine Koordinierung soll ein Informationsverbund dienen (→ Rn. 32 ff.). Bei der operativen Zusammenarbeit mit den genannten anderen Einrichtungen handelt es sich im Wesentlichen um eine **Kooperation auf Augenhöhe.** Die EUStA hat namentlich keine hierarchische Weisungsbefugnis inne.

31 Hinzu tritt die Möglichkeit einer **administrativen Unterstützung** der EUStA durch Eurojust – etwa die IT-Ausstattung und Beschaffung betreffend – (Art. 100 Abs. 4 VO)[52] und **strategische Koopera-**

47 Ausf. HBB/*Brodowski* Art. 104 Rn. 25 ff.; siehe auch Schomburg/Lagodny/*Gless*/*Wahl* III D 5 Rn. 29; *Franssen* NJECL 10 (2019), 168 (181 f.).

48 Ausf. HBB/*Brodowski* Art. 104 Rn. 31 ff.; siehe auch *Franssen* NJECL 10 (2019), 168 (179).

49 Ausf. HBB/*Brodowski* Art. 104 Rn. 28 ff.; siehe auch *Franssen* NJECL 10 (2019), 168 (179).

50 Lediglich für nicht an der EUStA teilnehmende Mitgliedstaaten sieht dies auch § 20 Abs. 1 Nr. 3 EUStA-DG vor; vgl. EBRV 808 Blg NR 27.GP, 15.

51 Ausf. HBB/*Brodowski* Art. 100 Rn. 3 ff., Art. 101 Rn. 3 ff.; Art. 102 Rn. 3 ff. mwN.

52 HBB/*Brodowski* Art. 100 Rn. 26 ff.; *Coninsx* in Erkelens/Meij/Pawlik, 21 (37 f.).

**tionen:** Neben entsprechenden allgemeinen Bekenntnissen (so für OLAF in Art. 101 Abs. 1 VO[53]) soll sich dies in regelmäßigen Treffen der Europäischen Generalstaatsanwältin mit dem Präsidenten von Eurojust (Art. 100 Abs. 1 VO)[54] sowie in (Arbeits-)Vereinbarungen (→ Rn. 10), insbesondere mit Eurojust (Art. 100 Abs. 4 S. 3 VO),[55] Europol (Art. 102 Abs. 1 VO)[56] und der Kommission (Art. 103 Abs. 1 VO)[57] niederschlagen.

**1. Informationsverbund (Art. 100 Abs. 3, Art. 101 Abs. 5 VO).** Zwar sind die **Fallbearbeitungssysteme** und **Datenbanken** der EUStA, von OLAF und Eurojust voneinander getrennt. Mehrere Regelungen in der VO und in anderen Rechtsinstrumenten dienen jedoch dem Ziel, einen **Informationsverbund** unter Achtung datenschutzrechtlicher Grundsätze zu errichten. Dieser beruht maßgeblich auf einem wechselseitigen, mittelbaren Zugriff (→ Rn. 33 ff.) auf die in den Fallbearbeitungssystemen der **EUStA**, von **Eurojust** und **OLAF** (nicht aber Europol, → Rn. 57) gespeicherten Informationen nach dem Treffer-/Kein-Treffer-Verfahren. Anders als zunächst erwogen, erfolgt jedoch kein automatisierter (Dauer-)Abgleich der in den unterschiedlichen Systemen gespeicherten Daten.[58] 32

Art. 100 Abs. 3 VO und eine spiegelbildliche Bestimmung in Art. 50 Abs. 5 VO (EU) 2018/1727 (Eurojust-Verordnung)[59] verpflichten und berechtigen EUStA und Eurojust, Art. 101 Abs. 5 VO und eine spiegelbildliche Bestimmung in Art. 12g Abs. 2 OLAF-Verordnung (→ Rn. 37) verpflichten und berechtigen EUStA und OLAF zu einer solchen **Verknüpfung ihrer Informationssysteme.** Dies bedeutet zum einen, dass OLAF und Eurojust basierend und begrenzt auf ihre(n) jeweiligen Rechtsgrundlagen **Suchkriterien** automatisiert an die EUStA übermitteln dürfen, die diese mit dem Index ihres Fallbearbeitungssystems (Art. 44 Abs. 4 lit. b VO) abgleicht.[60] Gibt es **keinen Treffer,** wird dies sogleich automatisiert zurückgemeldet; gibt es einen **Treffer,** wird dies (und die Suchkriterien) sowohl der EUStA als auch der anderen Einrichtung mitgeteilt (→ Rn. 35). Zum anderen ermöglicht dies im Sinne eines wechselseitigen Zugriffs auch, dass die EUStA **Suchkriterien** (→ Rn. 34) automatisiert an Eurojust bzw. OLAF übermitteln kann, diese mit den Einträgen in den dortigen Fallbearbeitungssystemen abgeglichen werden und das „Ob" eines Treffers zurückgemeldet wird (→ Rn. 35).[61] 33

Wenngleich die VO keine ausdrückliche Regelung hierzu enthält, ist ihre Befugnis zum Stellen von **Suchanfragen** erstens aus Gründen des Datenschutzes und der Teleologie auf Anfragen im Rahmen ihrer Ermittlungstätigkeit begrenzt. Die Suchkriterien müssen zweitens hinreichend **spezifisch** sein und sich drittens auf Daten beziehen, die bereits im Fallbearbeitungssystem der EUStA „eingegeben" sind (so der Wortlaut des Art. 100 Abs. 3 S. 2, Art. 101 Abs. 4 S. 2 VO). Daraus folgt, dass primär Suchanfragen bezogen auf **Verdächtige** und **Beschuldigte** in Betracht kommen, nur mit besonderer Begründung auch Suchanfragen bezogen auf Zeugen und Verletzte.[62] 34

53 HBB/*Brodowski* Art. 101 Rn. 17 ff.

54 HBB/*Brodowski* Art. 100 Rn. 13 f.; *Spiezia* eucrim 2018, 130 (134); *Espina Ramos* in Bachmaier Winter (ed), 87 (90); siehe auch Art. 12 ff. Eurojust-EPPO Working Arrangement.

55 HBB/*Brodowski* Art. 100 Rn. 28. Ein Eurojust-EPPO Working Arrangement trat am 12.2.2021 in Kraft; es ist unter https://www.eppo.europa.eu/sites/default/files/2021-02/Working-Arrangement-Eurojust-EPPO.pdf verfügbar.

56 HBB/*Brodowski* Art. 102 Rn. 10 f. Ein EPPO-Europol Working Arrangement trat am 19.1.2021 in Kraft; es ist unter https://www.eppo.europa.eu/sites/default/files/2021-01/EPPO%20_Europol_Working_Arrangement.pdf verfügbar.

57 HBB/*Brodowski* Art. 103 Rn. 7 ff. Ein „Agreement establishing the modalities of cooperation between the European Commission and the European Public Prosecutor's Office" trat am 18.7.2021 in Kraft; es ist unter https://www.eppo.europa.eu/sites/default/files/2021-07/2021.073_Agreement_EPPO_European_Commission_final.pdf verfügbar.

58 So noch der Kommissionsvorschlag, COM(2013) 534 final, in seinem Art. 52 Abs. 3.

59 Verordnung (EU) 2018/1727 des Europäischen Parlaments und des Rates vom 14.11.2018 betreffend die Agentur der Europäischen Union für justizielle Zusammenarbeit in Strafsachen (Eurojust) und zur Ersetzung und Aufhebung des Beschlusses 2002/187/JI des Rates, ABl. 2018 L 295, 138.

60 Zur Ambiguität der Regelung siehe HBB/*Brodowski* Art. 100 Rn. 22. S. auch Art. 5 Abs. 1, Art. 6 Abs. 1 Eurojust-EPPO Working Arrangement.

61 HBB/*Brodowski* Art. 101 Rn. 36 ff., 39.

62 HBB/*Brodowski* Art. 100 Rn. 23, Art. 101 Rn. 38.

35 Die **Mitteilung eines Treffers** enthält im Sinne eines nur mittelbaren Zugriffs nur die (Meta-)Information, *dass* eine Übereinstimmung zwischen Suchanfrage und Fallbearbeitungssystem gegeben ist. Die nachfolgende **Übermittlung** – sei es spontan, sei es auf Ersuchen – **der Information** erfolgt basierend auf einer individuellen Entscheidung des/der verfahrensführenden DEStA (bzw. einer hierzu befugten Person bei OLAF bzw. Eurojust) im Einklang mit den Bestimmungen des Datenschutzes und des Informationsaustauschs (siehe dazu: *Hornung/Schindler* → § 13).[63]

36 **2. Operative Zusammenarbeit mit OLAF (Art. 101 VO); insbesondere Durchführung von Verwaltungsuntersuchungen.** Die EUStA ersetzt weder das Europäische Amt für Betrugsbekämpfung (**OLAF**), noch wird dieses zur Kriminalpolizei der EUStA.[64] Der hinter Art. 101 VO liegende Grundgedanke ist vielmehr der einer **Komplementarität** zwischen EUStA und OLAF, der auf deren unterschiedlichen Aufgaben, Zuständigkeiten und Verfahrensregeln beruht: Während die EUStA für die strafrechtliche Verfolgung von (grob gesprochen) PIF-Straftaten zuständig ist, dabei dem Legalitätsprinzip unterworfen ist, aber nicht alle Mitgliedstaaten an der EUStA teilnehmen, ist die Aufgabe von OLAF die unionsweite Durchführung von **Verwaltungsuntersuchungen** bei dem Verdacht verschiedenartigen Fehlverhaltens, ohne dabei einem Legalitätsprinzip unterworfen zu sein (→ Rn. 39).[65] Dennoch erfordern Überschneidungen in der sachlichen Zuständigkeit und die Möglichkeit, dass verwaltungsrechtliche Sanktionen eine Strafverfolgung durch die EUStA wegen *ne bis in idem* sperren (→ Rn. 40 f.), eine klare **Koordination.** Dabei genießen **strafrechtliche Ermittlungen** durch die EUStA grundsätzlich **Priorität** (→ Rn. 42).

37 OLAF[66] ist ein innerhalb der und durch die **Kommission** eingerichtetes,[67] unabhängiges Amt (*Meyer* → § 3 Rn. 68 ff.), dessen **Rechtsrahmen,** die **OLAF-Verordnung** (EU, Euratom) Nr. 883/2013[68] Ende 2020 an die Errichtung der EUStA adaptiert wurde.[69] Die **OLAF-Verordnung** weist OLAF die Zuständigkeit für diejenigen „Kontrollen und Überprüfungen vor Ort" zu, zu denen die Kommission auf Grundlage der VO (EG, Euratom) Nr. 2185/96[70] nach Maßgabe der VO (EG, Euratom) Nr. 2988/15[71] auch bei Wirtschaftsteilnehmern befugt ist. Zudem regelt sie Details zu diesen externen wie auch zu internen Untersuchungen. Hinzu tritt als weitere zentrale Rechts-

---

63 HBB/*Brodowski* Art. 100 Rn. 25, Art. 101 Rn. 40; s. auch Art. 5 Abs. 2, Art. 6 Abs. 2 Eurojust-EPPO Working Arrangement.

64 Zu solchen Ideen *Weyembergh/Brière* NJECL 9 (2018) 62 (75 ff.); siehe zuletzt etwa *Kuhl* eucrim 2017, 135 (142).

65 HBB/*Brodowski* Art. 100 Rn. 25, Art. 101 Rn. 12; *Weyembergh/Brière* NJECL 9 (2018), 62 (67 ff.); *Kuhl* eucrim 2017, 135 (140).

66 Zu OLAF, seiner Geschichte und seinem Verhältnis zur EuStA siehe insbes. HdB-EuStrafR/*Brüner/Spitzer*, 768 ff.; *Covolo* eucrim 2012, 83; *Groussot/Popov* CMLR 47 (2010), 605; *Kratsas* EPL 18 (2012), 65; *Xanthaki* in Stefanou/White/Xanthaki, OLAF at the Crossroads, 2011, 1; *Simonato* eucrim 2016, 136 ff.; EnzEur/*Zöller/Bock* § 22 Rn. 47, § 23.

67 Beschluß der Kommission vom 28.4.1999 zur Errichtung des Europäischen Amtes für Betrugsbekämpfung (OLAF) (1999/352/EG, EGKS, Euratom), SEK(1999) 802 = ABl. 1999 L 136, 20; zuletzt geändert durch Beschluss (EU) 2015/2418 der Kommission vom 18.12.2015, ABl. 2015 L 333, 148.

68 Verordnung (EU, Euratom) Nr. 883/2013 des Europäischen Parlaments und des Rates vom 11.9.2013 über die Untersuchungen des Europäischen Amtes für Betrugsbekämpfung (OLAF) und zur Aufhebung der Verordnung (EG) Nr. 1073/1999 des Europäischen Parlaments und des Rates und der Verordnung (Euratom) Nr. 1074/1999 des Rates, ABl. 2013 L 248, 1.

69 Verordnung (EU, Euratom) 2020/2223 des Europäischen Parlaments und des Rates vom 23.12.2020 zur Änderung der Verordnung (EU, Euratom) Nr. 883/2013 im Hinblick auf die Zusammenarbeit mit der Europäischen Staatsanwaltschaft und die Wirksamkeit der Untersuchungen des Europäischen Amtes für Betrugsbekämpfung, ABl. 2020 L 437, 49. Kommissionsvorschlag in COM(2018) 338 final v. 23.5.2018. Zum Legislativverfahren 2018/0170 (COD) siehe *Brodowski* ZIS 2019, 527 (531); *Brodowski* ZIS 2018, 493 (496 f.); *Weyembergh/Brière* NJECL 9 (2018) 62 (62 ff.).

70 Verordnung (EURATOM, EG) Nr. 2185/96 des Rates vom 11.11.1996 betreffend die Kontrollen und Überprüfungen vor Ort durch die Kommission zum Schutz der finanziellen Interessen der Europäischen Gemeinschaften vor Betrug und anderen Unregelmäßigkeiten, ABl. 1996 L 292, 2.

71 Verordnung (EG, Euratom) Nr. 2988/95 des Rates vom 18.12.1995 über den Schutz der finanziellen Interessen der Europäischen Gemeinschaften, ABl. 1995 L 312, 1.

grundlage eine **Interinstitutionelle Vereinbarung**[72], der verschiedene Organe und Einrichtungen beigetreten sind; auch die EUStA ist nach Art. 110 Abs. 1 VO hierzu verpflichtet.[73]

**Verwaltungsuntersuchungen** von OLAF[74] verfolgen das Ziel der „Bekämpfung von Betrug, Korruption und sonstigen rechtswidrigen Handlungen zum Nachteil der finanziellen Interessen der Europäischen Union", und sollen „gegebenenfalls den Beweis für Unregelmäßigkeiten [...] erbringen" (Art. 1 Abs. 1, Abs. 4; Art. 2 Nr. 4 OLAF-VO). Allerdings sollen „diese Untersuchungen [...] nicht die Befugnisse der EUStA oder der zuständigen Behörden der Mitgliedstaaten zur Einleitung einer Strafverfolgung berühren" (Art. 2 Nr. 4 Hs. 2 OLAF-VO). 38

Eine solche Untersuchung kann – ein Legalitätsprinzip gilt nicht – durch den/die Generaldirektor/-in von OLAF **eingeleitet** werden bei **„hinreichende[m] Verdacht** auf Betrug, Korruption oder sonstige rechtswidrige Handlungen zum Nachteil der finanziellen Interessen der Union" unbeschadet der jeweiligen strafrechtlichen Relevanz (Art. 5 S. 1 OLAF-VO). Bei Wirtschaftsteilnehmern, die als Subventionsnehmer, Förderungsempfänger oder sonst der VO (EG, Euratom) Nr. 2988/15 unterworfen sind, kann OLAF **externe Untersuchungen** (Kontrollen und Überprüfungen vor Ort, einschließlich Zugriff auf Dokumente und Buchführungsunterlagen; Art. 3 OLAF-VO) durchführen. Innerhalb der Organe, Institutionen und Einrichtungen der Union kann sie **interne Untersuchungen** (mit weitreichenden Zugriffsbefugnissen; Art. 4 OLAF-VO) vornehmen. Jeweils kann sie, unter Beachtung von Schweigerechten und Belehrungspflichten, auch **Betroffene** und **Zeugen** befragen (Art. 9 Abs. 2 OLAF-VO). Zwangsmittel stehen OLAF zwar selbst nicht zur Verfügung; fehlende Kooperation kann jedoch für externe Personen und Unternehmen zu gravierenden wirtschaftlichen Konsequenzen sowie zu Maßnahmen nationaler Behörden (vgl. Art. 3 Abs. 6 OLAF-VO), intern zu Disziplinarmaßnahmen führen. Die Ergebnisse fasst OLAF in einem **Untersuchungsbericht** zusammen und empfiehlt „gegebenenfalls disziplinarische, verwaltungsrechtliche, finanzielle oder justizielle Maßnahmen" (Art. 11 Abs. 1 UAbs. 2 OLAF-VO). Hierzu zählen insbesondere die Einleitung von Disziplinarmaßnahmen gegen EU-Bedienstete,[75] die Verhängung von „finanziellen Sanktionen" auf Grundlage der EU-Haushaltsordnung,[76] die Ergreifung von Maßnahmen der Vermögensabschöpfung, aber auch die Einleitung von Strafverfahren. 39

Da sich die Zuständigkeit von OLAF – zumindest auch – auf Sachverhalte erstreckt, für deren strafrechtliche Verfolgung die EUStA zuständig ist, ist dafür Sorge zu tragen, dass das **Doppelverfolgungs- und Doppelbestrafungsverbot** (*ne bis in idem*) aus Art. 50 GRC, Art. 54 SDÜ nicht vorschnell greift. Denn bereits Verwaltungssanktionen – etwa die zuvor genannten „finanziellen Sanktionen" auf Grundlage der EU-Haushaltsordnung – können eine nachfolgende Strafverfolgung sperren, soweit sie unbeschadet ihrer Bezeichnung „strafrechtlicher Natur" sind. Dies richtet sich nach den in der Rechtsprechung des EGMR entwickelten sog. drei *Engel*-Kriterien, nunmehr modifiziert durch die Rechtsprechung des EuGH. Diese sind „erstens die **rechtliche Einordnung** der Zuwiderhandlung im innerstaatlichen Recht, zweitens die **Art der Zuwiderhandlung** und drittens der **Schweregrad der** dem Betroffenen drohenden **Sanktion**".[77] 40

72 Interinstitutionelle Vereinbarung vom 25.5.1999 zwischen dem Europäischen Parlament, dem Rat der Europäischen Union und der Kommission der Europäischen Gemeinschaften über die internen Untersuchungen des Europäischen Amtes für Betrugsbekämpfung (OLAF), ABl. 1999 L 136, 15.

73 Hierzu HBB/*Brodowski* Art. 110 Rn. 2 f.

74 Zu diesen siehe ferner die Nachweise oben in Fn. 58; ergänzend HBB/*Brodowski* Art. 101 Rn. 5 ff.

75 Art. 9 Verordnung Nr. 31 (EWG), 11 (EAG) des Rates über das Statut der Beamten und über die Beschäftigungsbedingungen für die sonstigen Bediensteten der Europäischen Wirtschaftsgemeinschaft und der Europäischen Atomgemeinschaft, ABl. 45 vom 14.6.1962, 1385, zuletzt geändert durch Aktualisierung v. 1.7.2019, ABl. 2019 C 420, 22.

76 Art. 138 Verordnung (EU, Euratom) 2018/1046 des Europäischen Parlaments und des Rates vom 18.7.2018 über die Haushaltsordnung für den Gesamthaushaltsplan der Union, zur Änderung der Verordnungen (EU) Nr. 1296/2013, (EU) Nr. 1301/2013, (EU) Nr. 1303/2013, (EU) Nr. 1304/2013, (EU) Nr. 1309/2013, (EU) Nr. 1316/2013, (EU) Nr. 223/2014, (EU) Nr. 283/2014 und des Beschlusses Nr. 541/2014/EU sowie zur Aufhebung der Verordnung (EU, Euratom) Nr. 966/2012, ABl. 2018 L 193, 1.

77 EuGH 20.3.2018 – C-524/15, ECLI:EU:C:2018:197 Rn. 26 – Menci.

41 Allerdings soll nach neuerer Rechtsprechung des EuGH eine „**Kumulierung von Verfolgungsmaßnahmen und Sanktionen strafrechtlicher Natur gerechtfertigt** sein, wenn zur Erreichung eines solchen Ziels mit diesen Verfolgungsmaßnahmen und Sanktionen komplementäre Zwecke verfolgt werden, die gegebenenfalls verschiedene Aspekte desselben rechtswidrigen Verhaltens betreffen".[78] Dies setzt aber erstens „**klare und präzise Regeln**" voraus, wann „eine solche Kumulierung von Verfolgungsmaßnahmen und Sanktionen in Frage kommt".[79] Zweitens muss „es **Regeln zur** Gewährleistung einer **Koordinierung** geben [...], um die mit einer solchen Kumulierung verbundene zusätzliche Belastung für die Betroffenen auf das **zwingend Erforderliche** zu beschränken."[80] Drittens entfaltet ein kriminalstrafrechtlicher **Freispruch** grundsätzlich Sperrwirkung auch für dasselbe Verhalten betreffende, nachfolgende Verwaltungssanktionen.[81] Zudem ist zu beachten, dass die Sperrwirkung erst bei einer rechtskräftigen Entscheidung greift und somit vorherige Parallelermittlungen nicht grundsätzlich ausschließen soll. Dies ist aber jedenfalls bei unkoordiniertem Vorgehen ineffizient, konfliktträchtig und kann – insbesondere bei einem „**forum shopping**" – die Fairness des Verfahrens beeinträchtigen.[82]

42 Aus diesen Gründen weist Art. 101 Abs. 2 VO **strafrechtlichen Ermittlungen** der EUStA eine **klare Priorität** zu: Wenn die EUStA zu einem Sachverhalt bereits nach Art. 26 VO oder Art. 27 VO Ermittlungen eingeleitet hat – Voruntersuchungen nach Art. 24 Abs. 6 VO zählen nicht hierzu –, ist es OLAF untersagt, zu diesem Sachverhalt eigenständig (siehe aber noch → Rn. 45) verwaltungsrechtliche Untersuchungen vorzunehmen. Die Reichweite dieser Sperrwirkung bemisst sich nach der potentiellen *Ne-bis-in-idem*-Wirkung. Im Einklang hiermit sieht Art. 12d OLAF-VO vor, dass der/die Generaldirektor/-in von OLAF vor Einleitung einer Untersuchung zunächst eine entsprechende Datenabfrage (→ Rn. 32 ff.) vorzunehmen hat, um eine solche Dopplung auszuschließen. Über diesen Wortlaut des Art. 101 Abs. 2 VO hinausgehend sind aus denselben teleologischen Erwägungen auch bereits aufgenommene verwaltungsrechtliche Untersuchungen zu unterbrechen, sobald die EUStA zu demselben Sachverhalt strafrechtliche Ermittlungen einleitet (siehe hierzu auch Art. 12c Abs. 5 UAbs. 1, 12f Abs. 2 OLAF-VO). Dann sind sämtliche bislang durch OLAF gewonnenen Erkenntnisse – im Einklang mit den datenschutzrechtlichen Bestimmungen – der EUStA unverzüglich zur Verfügung zu stellen, sei es im Rahmen einer Meldung an die EUStA, sei es gestützt auf Art. 101 Abs. 3 lit. a VO.[83]

43 Angesichts der nicht nur wegen der *Ne-bis-in-idem*-Problematik (→ Rn. 40) gebotenen Priorität strafrechtlicher Ermittlungen der EUStA[84] sind einige Reglungen der geänderten OLAF-VO nicht unproblematisch: An sich ist auch **OLAF** – wie alle „Organe, Einrichtungen und sonstigen Stellen der Union" – nach Art. 24 Abs. 1 VO **verpflichtet**, „**unverzüglich** jegliche Straftaten" an die EUStA zu melden, von denen sie Kenntnis erlangt und für die die EUStA ihre Zuständigkeit ausüben könnte. Diese Pflicht greift Art. 12c Abs. 1, Abs. 2 OLAF-VO zwar auf; auch besteht keine Pflicht bei offensichtlich haltlosen Behauptungen einer Straftat (vgl. Art. 12c Abs. 3 OLAF-VO). Doch OLAF hat **kein „Recht des ersten Zugriffs"** auf strafrechtlich relevante Sachverhalte. Daher würde jede über eine Offensichtlichkeitsprüfung hinausgehende **Vorprüfung** der Sach- und Rechtslage oder sogar eine **Voruntersuchung** diesen Rahmen sprengen und der EUStA die Informationsgrundlage nehmen, die sie zu ihrem rechtzeitigen Tätigwerden benötigt.[85] Daher darf auch eine Meldung von Verdachtsfällen der Organe, Einrichtungen und sonstigen Stellen der Union zunächst an OLAF

78 EuGH 20.3.2018 – C-524/15, ECLI:EU:C:2018:197, Rn. 44 ff. – Menci; EuGH 20.3.2018 – C-537/16, ECLI:EU:C:2018:193, Rn. 46 ff – Garlsson Real Estate et al.; siehe zusammenfassend EnzEur/*Radtke* § 12 Rn. 40 ff.

79 EuGH 20.3.2018 – C-524/15, ECLI:EU:C:2018:197, Rn. 49 – Menci; EuGH 20.3.2018 – C-537/16, ECLI:EU:C:2018:193, Rn. 51 ff – Garlsson Real Estate et al.

80 EuGH 20.3.2018 – C-524/15, ECLI:EU:C:2018:197, Rn. 53, 55 – Menci; EuGH 20.3.2018 – C-537/16, ECLI:EU:C:2018:193, Rn. 55, 57 – Garlsson Real Estate et al.

81 EuGH 20.3.2018 – C-596/16 und C-597/16, ECLI:EU:C:2018:192, Rn. 43 ff. – Di Puma.

82 Siehe hierzu im Kontext OLAF und EUStA HBB/*Brodowski* Art. 101 Rn. 14 f.

83 HBB/*Brodowski* Art. 101 Rn. 21 ff.; vgl. auch *Weyembergh/Brière* NJECL 9 (2018), 62 (72).

84 *Marletta* eucrim 2016, 141 (144); *Csonka/Juszczak/Sason* eucrim 2017, 125 (131).

85 HBB/*Brodowski* Art. 101 Rn. 19; HBB/*Herrnfeld* Art. 24 Rn. 11.

(vgl. Art. 12c Abs. 4 OLAF-VO; siehe ferner ErwG 51 VO) nicht dazu missbraucht werden, die für diese nach Art. 24 Abs. 1 VO geltende Meldepflicht zu unterlaufen.[86] Auch bedarf angesichts der aufgezeigten Problematiken (→ Rn. 40 f.) die Vornahme von „**ergänzenden Untersuchungen**“ seitens OLAF zwingend einer Koordination mit der EUStA und einen Vorrang strafrechtlicher Ermittlungen; ob hierfür die bloße Widerspruchsmöglichkeit der EUStA nach Art. 12f Abs. 1 OLAF-VO eine taugliche Grundlage bietet, erscheint fraglich.

Im Einklang mit den vorgenannten Prinzipien steht es, dass Art. 101 Abs. 3 VO Möglichkeiten vorsieht, wie **OLAF** die Tätigkeit der EUStA **unterstützt** oder hierzu **koordinierte** und **komplementäre** Tätigkeiten entfaltet: Diese Rechtsgrundlage ist dabei als Generalklausel mit Regelbeispielen ausgestaltet. Ihr zeitlicher Anwendungsbereich ist eröffnet, sobald die EUStA nach Art. 26 VO oder Art. 27 VO Ermittlungen eingeleitet bzw. übernommen hat – Voruntersuchungen nach Art. 24 Abs. 6 VO zählen nicht hierzu – und solange diese noch nicht durch eine rechtskräftige Entscheidung abgeschlossen sind oder an nationale Strafverfolgungsbehörden abgegeben wurden. Sachlich setzt sie entweder eine **Unterstützung** dieser Ermittlungen voraus, wobei dies weder eine Umgehung der Eingriffsgrundlagen der Art. 30, 31 VO noch eine Umgehung der Zuständigkeiten nationaler Behörden (Art. 28 Abs. 1 VO) bewirken darf, oder aber es muss sich um eine **komplementäre Tätigkeit** handeln, dh diese muss dasselbe Ziel des Schutzes der finanziellen Interessen der Union verfolgen und darf dabei die strafrechtlichen Ermittlungen weder behindern noch beeinträchtigen.[87] Jedenfalls ist ein (schriftliches, Art. 12e Abs. 2 OLAF-VO) Ersuchen seitens der EUStA erforderlich, das für OLAF allerdings nur im Rahmen der OLAF-VO bindend ist. 44

Als Regelbeispiele sieht Art. 101 Abs. 3 VO zunächst als mögliche Unterstützungsleistungen vor die „**Bereitstellung von Informationen**, **Analysen** (einschließlich forensischer Analysen), Fachwissen und **operativer Unterstützung**“ (lit. a; siehe auch ErwG 100 S. 1 VO). Dabei ist der datenschutzrechtliche Rahmen (Art. 47 ff. VO einerseits, VO [EU] 2018/1725 andererseits) zu beachten. Ein mit einer „operativen Unterstützung“ unvereinbarer Rollenwechsel läge vor, wenn OLAF *de facto* die Ermittlungen durchführen und EUStA dies bloß überwachen würde.[88] Aufgrund der Erfahrungen von OLAF in der Koordinierung verschiedener Akteure ist als weitere Unterstützungsleistung genannt die „Erleichterung der **Koordinierung konkreter Maßnahmen** der zuständigen nationalen Verwaltungsbehörden und Einrichtungen der Union“ (lit. b). Allerdings verbleibt auch hier die Entscheidungszuständigkeit bei der EUStA.[89] Schließlich ist als mögliche **komplementäre Tätigkeit** erwähnt, dass OLAF – auf Ersuchen der EUStA, die insoweit von Art. 101 Abs. 2 VO derogieren darf, sowie eigeninitiativ mit bloßem Widerspruchsrecht der EUStA (Art. 12f Abs. 1 OLAF-VO, → Rn. 43) – „verwaltungsrechtliche[...] Untersuchungen“ durchführt. Bei der Entscheidung des/der verfahrensführenden DEStA, ob er/sie OLAF um derartige komplementäre Untersuchungen ersucht bzw. eigeninitiierten Untersuchungen von OLAF widerspricht, ist besonderes Augenmerk auf die Verfahrensfairness, die Einhaltung von *ne bis in idem* (→ Rn. 40) und darauf zu legen, ob zwei parallele Ermittlungen tatsächlich einen Mehrwert zu liefern versprechen.[90] Dies erscheint vor allem dann gegeben, wenn sich die personelle und territoriale Zuständigkeit der EUStA nicht auf den Sachverhalt in seiner Gänze erstreckt.[91] 45

Sieht die **EUStA** von der Einleitung eines Ermittlungsverfahrens ab – sei es im Rahmen der Verifikation nach Art. 24 Abs. 6 VO, sei es, dass sie von ihrem **Evokationsrecht keinen Gebrauch** macht –, oder hat die EUStA (insbesondere nach Art. 39 VO, siehe auch dessen Absatz 4[92]) ein **Ermittlungsverfahren eingestellt**, so können gleichwohl hinreichende Anhaltspunkte gegeben sein, bei denen eine „**verwaltungsrechtliche Untersuchung durch das OLAF [...] angebracht sein kann**“ 46

86 HBB/*Brodowski* Art. 101 Rn. 15, 19; siehe auch HBB/*Herrnfeld* Art. 24 Rn. 8, 11.
87 HBB/*Brodowski* Art. 101 Rn. 29.
88 HBB/*Brodowski* Art. 101 Rn. 30.
89 HBB/*Brodowski* Art. 101 Rn. 31.
90 HBB/*Brodowski* Art. 101 Rn. 32.
91 Vergleichbarer Restriktionsansatz bei *Weyembergh/Brière* NJECL 9 (2018), 62 (74): Verwaltungsrechtliche Ermittlungen nur insoweit, als für strafrechtrechtliche Ermittlungen irrelevant.
92 *Gut* → § 9 Rn. 91 ff; HBB/*Brodowski* Art. 39 Rn. 65.

(ErwG 105 VO). Solche nachfolgenden Untersuchungen stünden dann auch nicht im Widerspruch zu Art. 101 Abs. 2 VO und können im Verhältnis zur EUStA[93] keine neue *Ne-bis-in-idem*-Problematik hervorrufen. Angesichts dessen ermöglicht es Art. 101 Abs. 4 VO der/dem verfahrensführenden DEStA **fakultativ**, hierfür „dem **OLAF sachdienliche Informationen bereit[zu]stellen**". Maßgebliche Faktoren für ihre/seine Entscheidung sind dabei, ob eine *Ne-bis-in-idem*-Sperrwirkung eingetreten ist, ob aus ihrer/seiner Sicht noch hinreichende Anhaltspunkte für eine verwaltungsrechtliche Untersuchung bestehen (vgl. Art. 19 Abs. 1 lit. g VO) und eine solche Untersuchung zum Schutz der finanziellen Interessen der Union im konkreten Einzelfall geboten erscheint, etwa „zum Zwecke von Sicherungsmaßnahmen, der Wiedereinziehung oder einer disziplinarischen Maßnahme gemäß der Verordnung (EU, Euratom) Nr. 883/2013" (ErwG 105 VO). Eine negative Entscheidung wird OLAF nicht mitgeteilt; im Falle einer positiven Entscheidung werden die notwendigen Informationen im Einklang mit den datenschutzrechtlichen Bestimmungen an OLAF übermittelt. OLAF – konkret dessen Generaldirektor/-in – entscheidet sodann autonom nach dessen Rechtsrahmen über die Einleitung einer Verwaltungsuntersuchung (→ Rn. 39).

47 **3. Operative Zusammenarbeit mit Eurojust (Art. 100 VO). Eurojust**[94] **„unterstützt** und **verstärkt die Koordinierung** und **Zusammenarbeit** zwischen den **nationalen** [Strafverfolgungs-]**Behörden**" (*Meyer* → § 3 Rn. 63 ff.) und verfolgt daher einen anderen Ansatz als die EUStA. Eurojust ist dabei für einen weiter gefassten Deliktsbereich zuständig als die EUStA. Daher stellt sich die in Art. 86 AEUV angedeutete Frage nicht oder jedenfalls nicht mehr, ob die EUStA Eurojust ersetzt („ausgehend von Eurojust"). Stattdessen ist eine **Koordinierung der Tätigkeiten von EUStA und Eurojust** im Einklang mit deren jeweiliger Spezialisierung geboten und auch in Art. 100 VO sowie in Art. 3, 50 der auf die EUStA abgestimmten **Eurojust-VO**[95] verankert.

48 An sich ist **Eurojust zuständig** (ua) für „gegen die finanziellen Interessen der EU gerichtete Straftaten" (Anhang I Eurojust-VO), soweit „zwei oder mehr Mitgliedstaaten betroffen sind" oder eine „Verfolgung auf gemeinsamer Grundlage erforder[lich]" ist (Art. 2 Abs. 1 Eurojust-VO).[96] Bei diesem Grundsatz bleibt es, wenn die **EUStA keine Zuständigkeit** hat (etwa in personeller oder territorialer Hinsicht, namentlich bei Fallgestaltungen betreffend nicht an der EUStA teilnehmende Mitgliedstaaten[97]) oder ihre Zuständigkeit **nicht** oder nicht mehr **ausübt** (Art. 3 Abs. 2 Eurojust-VO). Dann erfolgt eine Strafverfolgung allein auf nationaler Ebene, sodass es höchst sinnvoll ist, auf die bewährten Strukturen von Eurojust für die europäische Koordinierung nationaler Strafverfolgung zurückzugreifen (siehe auch ErwG 5 und 8 Eurojust-VO).[98]

49 Übt die **EUStA** im Einklang mit der VO ihre **Zuständigkeit** aus, dh hat sie Ermittlungen nach Art. 26 oder 27 VO eingeleitet bzw. übernommen und nicht (wieder) eingestellt bzw. auf die nationale Ebene übertragen, so wird **Eurojust** grundsätzlich **nicht tätig** (Art. 3 Abs. 1 S. 2 Eurojust-VO): Die Strafverfolgung wird bereits durch eine europäische Einrichtung betrieben, sodass es grundsätzlich keinen Koordinierungsbedarf *zwischen* nationalen Strafverfolgungsbehörden gibt. Auch unterliegen transnationale Aspekte der Strafverfolgung spezifischen Regelungen, insbes. Art. 31, 104 und 105 VO.

50 **Ausnahmsweise** kann es jedoch auch dann sinnvoll sein, dass **Eurojust** die Ermittlungen der EUStA **unterstützt.** Dies setzt ein Ersuchen der EUStA oder eines nicht an der EUStA teilnehmenden Mitgliedstaats voraus (Art. 3 Abs. 1 S. 2 aE Eurojust-VO). Dies erscheint insbesondere dann als sinn-

93 Wohl aber zu Strafverfolgungsmaßnahmen auf rein nationaler Ebene; allerdings ist dies keine (neue) Frage, welche die VO aufwirft.

94 Zu Eurojust und dem Verhältnis zur EUStA siehe insbes. *Deboyser* in Erkelens/Meij/Pawlik, 79; *Esser* StV 2020, 636; *Espina Ramos* in Bachmaier Winter (ed), 87; *Spiezia* eucrim 2018, 130 (131 f.); *Suominen* NJECL 15 (2008), 217; *Thwaites* RIDP 77 (2006), 293; EnzEur/*Zöller*/*Bock* § 21, § 22 Rn. 44 f.

95 Verordnung (EU) 2018/1727 des Europäischen Parlaments und des Rates vom 14.11.2018 betreffend die Agentur der Europäischen Union für justizielle Zusammenarbeit in Strafsachen (Eurojust) und zur Ersetzung und Aufhebung des Beschlusses 2002/187/JI des Rates, ABl. 2018 L 295, 138, ber. ABl. 2019 L 215, 3. Siehe hierzu auch *Esser* StV 2020, 636 ff.; *Spiezia* eucrim 2018, 130 (131 f.).

96 Hierzu auch *Esser* StV 2020, 636 (637 f., 641).

97 *Di Francesco Maesa* eucrim 2017, 156 (157).

98 HBB/*Brodowski* Art. 100 Rn. 7, 10.

voll, wenn die Koordinierungs- und Schnittstellenfunktion von Eurojust einen Mehrwert liefern kann,[99] und setzt nach Art. 100 Abs. 2 VO einen „grenzüberschreitenden [Fall]" voraus.[100] Eine solche Unterstützungsleistung kann insbesondere die Zusammenarbeit mit Behörden in nicht an der EUStA teilnehmenden Mitgliedstaaten, die Zusammenarbeit mit Drittstaaten und den Informationsaustausch betreffen (→ Rn. 52).[101] Entsprechende Ersuchen der EUStA werden von Eurojust wie Ersuchen nationaler Stellen behandelt und „unverzüglich" bearbeitet (Art. 50 Abs. 2 Eurojust-VO). Dies schließt allerdings die Möglichkeit ein, dass Eurojust die Vornahme der Unterstützungshandlung im Einklang mit der Eurojust-VO ablehnt[102] oder anders priorisiert als von der EUStA erwünscht.

**Eurojust** kann im Einklang mit der einleitenden Generalklausel in Art. 100 Abs. 2 VO sämtliche **Unterstützung** leisten, zu der sie im Einklang mit der Eurojust-VO und ggf. weiteren anwendbaren Regelungen, insbes. den Datenschutzbestimmungen der VO (EU) 2018/1725, befugt ist (vgl. auch Art. 50 Abs. 2 Eurojust-VO). 51

Als Regelbeispiel hervorgehoben ist die Unterstützung bei der **Übermittlung von** (anzuerkennenden) Entscheidungen oder **Rechtshilfeersuchen** (vgl. Art. 105 VO, → Rn. 11 ff.) an nicht an der EUStA, aber an Eurojust teilnehmende Mitgliedstaaten (Art. 100 Abs. 2 lit. b Alt. 1 VO; Art. 8 Eurojust-EPPO Working Arrangement); dies sind derzeit **Irland, Polen, Schweden** und **Ungarn**, nicht aber Dänemark. Eurojust verfügt zudem über ein reiches Kooperationsnetzwerk mit **Drittstaaten**; dies lässt sich für die Übermittlung von **Rechtshilfeersuchen** an diese (vgl. Art. 104 VO, → Rn. 21 ff.) fruchtbar machen (Art. 100 Abs. 2 lit. b Alt. 2 VO).[103] Weiteres Regelbeispiel ist der **Informationsaustausch** über bei Eurojust vorliegende, für Ermittlungen der EUStA relevante Erkenntnisse (Art. 100 Abs. 2 lit. a VO). Dies unterliegt jedoch insbesondere den Datenschutzbestimmungen der VO und der Eurojust-VO sowie, da die Datenverarbeitung bei Eurojust jener Verordnung unterliegt, der VO (EU) 2018/1725;[104] die datenschutzrechtlichen Bestimmungen in Art. 17 ff. Eurojust-EPPO Working Arrangement können diesen sekundärrechtlichen Rahmen nur konkretisieren und ausfüllen, nicht aber ersetzen. 52

Weil es sich aber nur um Regelbeispiele handelt, stehen auch weitere Unterstützungsleistungen zur Verfügung, soweit diese im Einklang mit der Eurojust-VO stehen. Dies betrifft namentlich Ersuchen an nicht an der EUStA teilnehmende Mitgliedstaaten, „Ermittlungen zu führen oder Strafverfolgungsmaßnahmen einzuleiten" (Art. 4 Abs. 2 lit. a Eurojust-VO) oder eine **gemeinsame Ermittlungsgruppe** einzusetzen (GEG bzw. *Joint Investigation Team*, JIT) (Art. 4 Abs. 2 lit. d Eurojust-VO).[105] Schließlich kann Eurojust auch bei Jurisdiktions- bzw. Kompetenzkonflikten moderieren, die zwischen der EUStA einerseits und Strafverfolgungsbehörden aus nicht an der EUStA teilnehmenden Mitgliedstaaten andererseits bestehen (Art. 4 Abs. 2 lit. b und lit. c Eurojust-VO, → Rn. 19). 53

An sich unterliegt **Eurojust** ebenfalls der Verpflichtung aus Art. 24 Abs. 1 VO, „der EUStA unverzüglich jegliche Straftaten, für die sie ihre Zuständigkeit gemäß Artikel 22 und Artikel 25 Absätze 2 und 3 ausüben könnte", zu melden. Zwar erhält Eurojust solche Informationen vor allem von Stellen in den Mitgliedstaaten, die ihrerseits derselben Verpflichtung unterliegen. Gleichwohl und im Einklang mit Art. 24 Abs. 1 VO enthält Art. 50 Abs. 4 Eurojust-VO eine **Pflicht zur Unterrichtung** der EUStA, sobald bei Tätigkeiten von Eurojust eine Zuständigkeit der EUStA im Raum steht. Die Weitergabe personenbezogener Daten ist indes durch die für Eurojust geltenden Datenschutzregelungen eingeschränkt (Art. 50 Abs. 4 lit. a Eurojust-VO). Leitet die EUStA nach einer solchen 54

99 HBB/*Brodowski* Art. 100 Rn. 8 f.; *Di Francesco Maesa* eucrim 2017, 156 (157); *Esser* StV 2020, 636 (641); *Ramos* in Bachmaier Winter (ed), 87 (89).
100 HBB/*Brodowski* Art. 100 Rn. 15.
101 Dies benennt auch Art. 9 Eurojust-EPPO Working Arrangement als Anwendungsbereich.
102 HBB/*Brodowski* Art. 100 Rn. 8, 17. Zu diesem Äquivalenzstandard siehe auch *Deboyser* in Erkelens/Meij/Pawlik, 79 (94); *Espina Ramos* in Bachmaier Winter (ed), 87 (93 f.).
103 HBB/*Brodowski* Art. 100 Rn. 18.
104 HBB/*Brodowski* Art. 100 Rn. 16.
105 HBB/*Brodowski* Art. 100 Rn. 19.

Unterrichtung Ermittlungen ein, ist die Zuständigkeit von Eurojust eingegrenzt (→ Rn. 49 f.). Andernfalls kann auch Eurojust die EUStA um Unterstützung ersuchen, die sich dann im Rahmen der Befugnisse der EUStA – sei es innerhalb eines konkreten Ermittlungsverfahrens, sei es im Rahmen des Datenaustauschs nach Maßgabe der Art. 47 ff. VO – bewegen muss.[106]

55 **4. Operative Zusammenarbeit mit Europol (Art. 102 VO).** Trotz der Lippenbekenntnisse in ErwG 100 VO sind die Verbindungslinien zwischen der EUStA und der Agentur der Europäischen Union für die Zusammenarbeit auf dem Gebiet der Strafverfolgung (**Europol**) deutlich schwächer ausgeprägt. Europol[107] dient der Unterstützung der Zusammenarbeit zwischen den polizeilichen nationalen Strafverfolgungsbehörden (Art. 1 Abs. 1 Europol-VO[108]) und hat selbst **keine Zwangsbefugnisse** (Art. 4 Abs. 5 Europol-VO). Daher steht es bislang nicht ernsthaft zur Diskussion, dass Europol als „europäische Kriminalpolizei“ die polizeilichen Ermittlungen der EUStA führt.[109]

56 Europol „**unterstützt und verstärkt die Tätigkeit der zuständigen Behörden der Mitgliedstaaten** sowie deren gegenseitige Zusammenarbeit bei der Verhütung und Bekämpfung der zwei oder mehr Mitgliedstaaten betreffenden schweren Kriminalität“ (Art. 3 Abs. 1 Europol-VO), wozu auch „gegen die finanziellen Interessen der Union gerichtete Straftaten“ zählen (Anhang I Europol-VO). Allerdings ist das aus Zuständigkeitsüberschneidungen resultierende Konfliktpotenzial wegen der spezifisch auf die **Koordinierung polizeilicher Tätigkeit** und **Informationsverarbeitung** gerichteten Rolle von Europol (vgl. Art. 4 Europol-VO) begrenzt.[110]

57 Anders als bei Eurojust und OLAF wird der EUStA **kein indirekter Zugriff** auf die bei Europol gespeicherten **Datenbestände** eingeräumt.[111] Die operative Zusammenarbeit ist in Art. 102 Abs. 2 VO auf zwei spezifische Erscheinungsformen begrenzt:

58 Die EUStA kann erstens Europol um **Übermittlung** „alle[r] **sachdienlichen Informationen** über eine in ihre Zuständigkeit fallende Straftat“ ersuchen (Art. 102 Abs. 2 Alt. 1 VO). Die Begrenzung auf „Zwecke ihrer Ermittlungen“ ist unglücklich gewählt, weil die Formulierung nicht hinreichend klar regelt, ob – wie bei der Alt. 2 oder auch bei Art. 100 Abs. 2 lit. a VO – ein Ermittlungsverfahren seitens der EUStA bereits eingeleitet sein muss. Eine alternative Lesart ließe es zu, ein solches Ersuchen bereits im Rahmen der Verifikation nach Art. 24 Abs. 6 VO zu stellen. In jedem Fall ist eine sog. „fishing expedition“, sprich eine unspezifische Suche in den Datenbeständen von Europol unzulässig. Daneben muss sich ein jedes Ersuchen auf eine mögliche Straftat im Rahmen der materiellen, personellen und territorialen Zuständigkeit der EUStA beziehen. Zudem unterliegt die Beantwortung des Ersuchens und die Übermittlung personenbezogener Daten seitens Europol an die EUStA den Datenschutzregeln der Europol-Verordnung (Art. 9 Abs. 1 EPPO-Europol Working Arrangement).[112]

59 Zweitens kann die EUStA Europol, hier klar begrenzt auf den Rahmen eines konkreten Ermittlungsverfahrens – dh nach Einleitung nach Art. 26 VO oder Übernahme nach Art. 27 VO –, um „**Unterstützung durch Analysen**“ für dieses Ermittlungsverfahren ersuchen (Art. 102 Abs. 2 Alt. 2 VO; s. auch Art. 4 EPPO-Europol Working Arrangement). Besondere Expertise weist Europol dabei im (digital-)forensischen Kontext (European Cybercrime Centre, EC$^3$) und in der Interpretation umfangreicher Datenbestände auf. Diese Rechtsgrundlage gestattet die Übermittlung der für die Analyse nötigen personenbezogenen Daten an Europol.[113]

106 HBB/*Brodowski* Art. 100 Rn. 12.

107 Zu Europol siehe insbes. *Gleß* NStZ 2011, 623; EnzEur/*Ruthig*/*Böse* § 20; *Schoppa*, Europol im Verbund der europäischen Sicherheitsagenturen, 2013; *Weyembergh*/*Armada*/*Brière* NJECL 6 (2015), 258.

108 Verordnung (EU) 2016/794 des Europäischen Parlaments und des Rates vom 11.5.2016 über die Agentur der Europäischen Union für die Zusammenarbeit auf dem Gebiet der Strafverfolgung (Europol) und zur Ersetzung und Aufhebung der Beschlüsse 2009/371/JI, 2009/934/JI, 2009/935/JI, 2009/936/JI und 2009/968/JI des Rates, ABl. 2016 L 135, 53.

109 *Marletta* eucrim 2016, 141 (143); HBB/*Brodowski* Art. 102 Rn. 4, siehe aber BT-Drs. 19/10164, 19/27817.

110 HBB/*Brodowski* Art. 102 Rn. 4.

111 HBB/*Brodowski* Art. 102 Rn. 1.

112 HBB/*Brodowski* Art. 102 Rn. 12 ff.

113 HBB/*Brodowski* Art. 102 Rn. 15 ff.

Im Rahmen seiner informationsanalytischen Tätigkeit kann Europol jederzeit auf Anhaltspunkte stoßen, die – an sich – die **Meldepflicht** nach Art. 24 Abs. 1 VO auslösen. Dem steht jedoch das spezifische Datenschutzrecht von Europol, insbes. Art. 19 Abs. 2 und 3 Europol-VO, und ein Zustimmungsvorbehalt desjenigen Mitgliedstaats, der diese Daten an Europol übermittelt hatte (Art. 22 Abs. 6 S. 2 Europol-VO), potentiell entgegen. Dieses Spannungsverhältnis ist dahingehend aufzulösen, dass jedenfalls die an der EUStA teilnehmenden Mitgliedstaaten, soweit sie Europol nicht die Weitergabe gewonnener Erkenntnisse im Einklang mit Art. 24 Abs. 1 VO gestatten, verpflichtet sind, *selbst* der Meldepflicht nach Art. 24 Abs. 1 VO zu genügen.[114] 60

**5. Zusammenarbeit mit anderen Organen, Einrichtungen und sonstigen Stellen der Union (Art. 103 VO).** Da weitere Organe, Einrichtungen und sonstige Stellen der Union – einschließlich der Kommission mit Ausnahme deren Amts OLAF (→ Rn. 36 ff.) – keine (im weiteren Sinne) Strafverfolgungsfunktionen wahrnehmen, ist eine enge **operative Zusammenarbeit** im Kontext konkreter Ermittlungsverfahren nicht vorgesehen und verbietet sich, um die Unabhängigkeit der EUStA (Art. 6 Abs. 1 S. 1 VO) und die Verfahrensfairness nicht zu gefährden. Stattdessen beschränkt sich die „Zusammenarbeit" betreffend konkrete Ermittlungsverfahren auf zwei, in der VO explizit geregelte Komponenten: 61

Zum einen ist an die in Art. 24 VO statuierte, sämtliche „Organe, Einrichtungen und sonstige[...] Stellen der Union" treffende **Pflicht** zu erinnern, „der EUStA unverzüglich jegliche **Straftaten**, für die sie ihre Zuständigkeit gemäß Artikel 22 und Artikel 25 Absätze 2 und 3 ausüben könnte," **zu melden**. Dies gilt in besonderem Maße für die Kommission, die eine Vielzahl von Verdachtsfällen feststellen dürfte.[115] Zwar ist eine Vorprüfung, ob nach vorläufiger Einschätzung aufgrund der vorliegenden Erkenntnisse überhaupt eine Straftat in Betracht kommt, für die die Zuständigkeit der EUStA eröffnet sein kann, statthaft. Eine solche Vorprüfung kann insbesondere OLAF auch für weitere Einrichtungen und Stellen übernehmen (vgl. Art. 12c Abs. 6 OLAF-VO, ErwG 51 VO). Eine darüber hinausgehende Prüfung oder gar Vorermittlungen seitens OLAF sind jedoch nicht statthaft (→ Rn. 43). 62

Diese Anzeigepflicht greift indes nur im Einklang mit den jeweiligen **Datenschutzbestimmungen**. Allerdings stellt die „Ermittlung, Aufdeckung und Verfolgung von Straftaten" nach Art. 25 Abs. 1 lit. b VO (EU) 2018/1725 einen Privilegierungsgrund dar, aufgrund dessen von dem in Art. 4 Abs. 1 lit. b VO (EU) 2018/1725 statuierten und Art. 6 VO (EU) 2018/1725 näher ausgeführten Zweckbindungsgrundsatz disponiert werden kann. Art. 24 VO kann dabei als Grundlage im Unionsrecht herangezogen werden, um die Zweckbindung zu durchbrechen. 63

Zum anderen statuiert Art. 103 Abs. 2 VO eine die EUStA treffende **Informationspflicht** gegenüber (potentiell) Geschädigten, insbesondere gegenüber den „betroffenen Organen, Einrichtungen und sonstigen Stellen der Union", damit diese „geeignete Maßnahmen ergreifen können" (→ Rn. 65). Dies ist bei Schädigungen des EU-Haushalts regelmäßig die Kommission. Diese Informationspflicht kann jedoch im Konflikt mit der gebotenen Vertraulichkeit von Ermittlungen stehen, vor allem aber mit der Verfahrensfairness: Namentlich darf die Einbindung des Geschädigten weder zu einer Umgehung von Begrenzungen der Ermittlungsbefugnisse führen, noch darf dies die Verfahrensrechte des Beschuldigten – der sich dann, ohne dass seine Schuld bereits erwiesen wäre, im „Zangengriff" von EUStA und Geschädigten wiederfände – beeinträchtigen. Dies hat die EUStA bei der Auslegung des Merkmals „der ordnungsgemäßen Durchführung [...] ihrer Ermittlungen" zu berücksichtigen und schränkt daher, neben der Vertraulichkeit der Ermittlungen, das „Ob", das „Wann" und auch das „Wie" der Verpflichtung zur Informationsübermittlung ein.[116] Namentlich begrenzt dies auch die zu übermittelnden Informationen auf das zur Rechteverfolgung durch die Geschädigten (→ Rn. 65) erforderliche Maß:[117] So wird es regelmäßig ausreichen, dem Geschädigten die zur **Stellung eines Akteneinsichtsgesuchs** (§ 406e StPO, § 68 öStPO) notwendigen Informa- 64

114 HBB/*Brodowski* Art. 102 Rn. 7 ff.
115 HBB/*Brodowski* Art. 103 Rn. 8.
116 HBB/*Brodowski* Art. 103 Rn. 15.
117 HBB/*Brodowski* Art. 103 Rn. 16.

tionen mitzuteilen. Bei solch restriktiver Lesart ist gewährleistet, dass Art. 103 Abs. 2 VO die austarierten Begrenzungen der Informationsrechte von Geschädigten nicht federstrichartig aushebelt.

65 Art. 103 Abs. 2 VO benennt **vier typische** – indes nicht abschließende – **Maßnahmen**, zu deren Ergreifung die Geschädigten befähigt werden sollen:

- Bei **„verwaltungsrechtliche[n] Maßnahmen**, wie Sicherungsmaßnahmen zum Schutz der finanziellen Interessen der Union" (lit. a) handelt es sich um präventiv-zukunftsgerichtete Maßnahmen. Diese sind systematisch abzugrenzen von Verwaltungssanktionen, deren Verhängung *Ne-bis-in-idem*-Problematiken auslösen kann und die daher grundsätzlich mit strafrechtlichen Ermittlungen der EUStA inkompatibel sind (→ Rn. 40). In Bezug genommen sind hier beispielhaft Maßnahmen, die die Auszahlung (weiterer) Fördermittel oder Subventionen an den Beschuldigten unterbrechen oder diesem den Zutritt zu den Gebäuden der Union untersagen.
- Die Möglichkeiten, **„als Zivilkläger in einem Verfahren"** aufzutreten (lit. b) richten sich im Einklang mit Art. 5 Abs. 3 VO nach dem nationalen Recht des/der verfahrensführenden DEStA. In Deutschland ist – angesichts des bei Vermögensdelikten begrenzten Anwendungsbereichs der Nebenklage (§ 395 StPO) – vor allem an das **Adhäsionsverfahren** (§§ 403 ff. StPO) zu denken; in Österreich an die Opfer- und vor allem an die **Privatbeteiligung** (§§ 10, 65 ff. öStPO).
- Maßnahmen zur **„verwaltungsrechtlichen Wiedereinziehung** von dem Unionshaushalt geschuldeten Beträgen" (lit. c Alt. 1) sind Möglichkeiten, gestützt auf verwaltungsrechtliche Befugnisse einschließlich einer *administrative forfeiture*, zu viel gezahlte oder zu gering eingeforderte Beträge vom Beschuldigten einzufordern.
- **Disziplinarmaßnahmen** (lit. c Alt. 2) schließlich betreffen verwaltungs- oder arbeitsrechtliche Maßnahmen bei Fehlverhalten von Beamten und Angestellten, etwa nach Art. 9 des Beamtenstatuts.[118]

118 Verordnung Nr. 31 (EWG), 11 (EAG) des Rates über das Statut der Beamten und über die Beschäftigungsbedingungen für die sonstigen Bediensteten der Europäischen Wirtschaftsgemeinschaft und der Europäischen Atomgemeinschaft, ABl. 45 vom 14.6.1962, 1385, zuletzt geändert durch Aktualisierung v. 1.7.2019, ABl. 2019 C 420, 22.

# § 9 Verfahrensbeendigung*



## I. Bedeutung der Verfahrensbeendigung durch die EUStA

1 Hat die EUStA in einem ihrer Fälle (nach eigener Einleitung, Art. 26 VO, oder nach Evokation eines zuvor national anhängigen Strafverfahrens, Art. 27 VO) ihre Ermittlungen durchgeführt und steht ein Ergebnis der Ermittlungen fest, hat sie über den „Abschluss der Ermittlungen“ zu entscheiden (Art. 35 VO). Der „Abschluss“ bzw. die „Beendigung“ des Verfahrens meint in diesem Kontext **nicht** den **Abschluss des Strafverfahrens als Ganzem**, sondern den Abschluss des Verfahrensabschnittes, der als **das von der EUStA geführte Ermittlungsverfahren** bezeichnet werden kann (zum Ermittlungsverfahren der EUStA *Niedernhuber* → § 7), sozusagen in der **staatsanwaltlichen „Entschließungsphase“**[1]. Mit der Beendigung dieses Ermittlungsverfahrens erfolgt der Übergang in das gerichtliche Verfahren, damit zur Verfahrensherrschaft der zuständigen nationalen Gerichte (Art. 86 Abs. 2 S. 2 AEUV, *Herrnfeld* → § 2 Rn. 9).[2] Die staatsanwaltlichen Aufgaben nimmt die EUStA in allen Stadien des Erkenntnisverfahrens wahr (Art. 4 S. 2 VO, ErwG 31 VO), wie dieses im innerstaatlichen Recht auch im Einzelnen ausgestaltet sein mag.

2 Die vier in Art. 35 VO genannten **Arten der Verfahrensbeendigung** sind die *„Verweisung und Übertragung von Verfahren an bzw. auf die nationalen Behörden“* (Art. 34), die *„Strafverfolgung vor nationalen Gerichten“* (Art. 36), die *„Einstellung des Verfahrens“* (Art. 39) und die *„Vereinfachte*

---

* Der Beitrag gibt die persönliche Auffassung des Autors wieder und nicht die der EUStA.

1 Illustrativer Begriff von MüKoStPO/*Kölbel* § 169a Rn. 1 (wenn auch nicht spezifisch auf die EUStA bezogen).

2 S. auch ErwG 87 S. 1 VO. Dass die Verfahrensherrschaft in dem Maße den Gerichten zukommt, wie es das für diese anwendbare innerstaatliche Recht bestimmt, wird deutlich an ErwG 87 S. 10 VO: „... Schlussendlich berührt diese Verordnung nicht die Befugnisse der nationalen Prozessgerichte.“

*Strafverfolgungsverfahren*" (Art. 40). Art. 35 VO selbst ist eine allgemeine, für alle diese Arten der Verfahrensbeendigung geltende Regelung, die den EUStA-internen Entscheidungsablauf über die Verfahrensbeendigung beschreibt.[3]

3 **Abzugrenzen** sind dabei das in Art. 35 VO beschriebene Verfahren für die Verfahrensbeendigung und Art. 34, 36, 39 sowie 40 VO von dem Vorgehen der EUStA im Zuge der **Vorprüfung nach Art. 24 Abs. 6 VO,** d.h. bevor ein Ermittlungsverfahren eingeleitet (Art. 26 VO) bzw. evoziert (Art. 27 VO) worden ist. Auch in diesen Fällen kann darüber zu entscheiden sein, dass die EUStA kein eigenes Verfahren führt bzw. weiterführt. So ist denkbar, dass eine für die EUStA quasi verfahrensabschließende Entscheidung gefällt werden muss, wenn bspw. Private eine Straftat, die offensichtlich nicht in die Zuständigkeit der EUStA fällt, bei der EUStA angezeigt haben. Ferner kann die EUStA auf eine Evokation nach Art. 27 VO verzichten (*Niedernhuber* → § 7 Rn. 30). In allen diesen Fallgestaltungen wird die EUStA eine förmliche Entscheidung, kein eigenes Verfahren durchzuführen, zu treffen und zu dokumentieren haben.[4] Die EUStA wird nach solchen **„Vorprüfungen"** jedoch nach Art. 24 VO, insb. Abs. 7 und 8, bzw. nach Art. 27 Abs. 7 VO vorzugehen haben. Es handelt es sich dann nicht um die Beendigung eines von der EUStA geführten Ermittlungsverfahrens nach den Bestimmungen der Art. 34 ff. VO, sondern um den Verzicht auf die Einleitung bzw. Evokation eines Verfahrens. Zur **Verbindung mit** einem anderen, bereits anhängigen **Ermittlungsverfahren** *Niedernhuber* → § 7 Rn. 56–62, § 10 Rn. 15 f.

## II. Zusammenspiel der VO mit nationalem Recht

4 **1. Vorrang der VO betreffend die Verfahrensbeendigung und allgemein zum Anwendungsbereich des nationalen Rechts.** Die **vier Möglichkeiten**, nach **Art. 34, 36, 39 oder 40 VO** vorzugehen, sind **abschließend;**[5] wie das nationale Recht die Arten, das Ermittlungsverfahren abzuschließen, einteilt, wird insoweit verdrängt. Zwar findet das nationale Recht ergänzend Anwendung, jedoch gehen Regelungen der VO dem nationalen Recht vor, es sei denn, die VO ließe eine „Frage"[6] ungeregelt (Art. 5 Abs. 3 VO, hierzu *Herrnfeld* → § 2 Rn. 21, 25, 26 und v.a. § 4 Rn. 7–9).[7] Daher sind die für die StA maßgeblichen innerstaatlichen strafverfahrensrechtlichen Vorschriften zum Abschluss der Ermittlungen, zum Übergang in das gerichtliche Verfahren oder zur Beendigung ohne ein gerichtliches Verfahren angesichts der spezifischen Regelungen der VO in Art. 34, 36, 39 und 40 als ergänzend zu verstehen.

5 Schon an dieser Stelle ist jedoch festzuhalten, dass für das **nationale Recht** ein **bedeutsamer Anwendungsbereich** verbleibt, auch **und insbesondere für die Verfahrensbeendigung.** Dies folgt daraus, dass die VO zu vielen Fragen keine spezifischen, d.h. abschließenden und damit das nationale Recht verdrängenden Regelungen trifft, oder dass die VO ausdrücklich oder implizit auf die Maßgeblichkeit des Rechts des Mitgliedstaats verweist, dessen DEStA mit dem Verfahren betraut ist.

6 So ist über die Verfahrensbeendigung zu entscheiden, „[w]enn der betraute Delegierte Europäische Staatsanwalt die Ermittlungen als abgeschlossen erachtet …" (Art. 35 VO). **Wann** ein **Fall** als **„ausermittelt"** und **damit** als **„abschlussreif"** gelten kann, regelt die VO nicht bzw. sie überlässt die

3 Art. 35 VO, nicht Art. 34 VO, hätte systematisch konsequenterweise am Anfang stehen müssen, HBB/*Herrnfeld* Art. 35 Rn. 1, dort auch zur Entstehungsgeschichte.

4 HBB/*Herrnfeld* Art. 24 Rn. 26: dem kommt Art. 38 Abs. 7 S. 2 GO nach.

5 HBB/*Herrnfeld* Art. 35 Rn. 8.

6 Ähnlich „une question" in der frz. Sprachfassung der VO, etwas weiter mglw. in den anderen Sprachfassungen zB engl. „a matter", it. „aspetti" und ndl. „aangelegenheden".

7 S. für das deutsche Recht § 1 Abs. 3 und § 2 EUStAG (zu diesem ausführlicher Fn. 15), für das österreichische Recht § 4 Abs. 2 EUStA-DG (zu diesem ausführlicher Fn. 24) und im Einzelnen Rn. 11. Allgemein zur Gesetzgebung in Deutschland und Österreich *Herrnfeld* → § 2 Rn. 24–26. Vgl. zum Wiederholungsverbot für den nationalen Gesetzgeber etwa die Schlussanträge von GA Pitruzella, 29.9.2020 – C-422/19 und C-423/19, ECLI:EU:C:2020:756 Rn. 151 – Dietrich, Häring/Hessischer Rundfunk, in Fn. 81 mit Verweis u.a auf EuGH 7.2.1973 – 39/72, ECLI:EU:C:1973:13 Rn. 16 und 17 Kommission/Italien, und EuGH 10.10.1973 – 35/72, ECLI:EU:C:1973:101 Rn. 9 bis 11 – Variola/Amministrazione italiana delle Finanze.

**Bewertung** dem **betrauten DEStA und dem nationalen Recht dessen Mitgliedstaats.**[8] Die allgemeine Aussage, dass Ermittlungen abschlussreif sind, sobald die StA von einem Aufklärungsgrad ausgeht, der ihr eine Abschlussentscheidung erlaubt[9], dürfte auf die Entscheidung nach Art. 35 Abs. 1 S. 1 VO übertragbar sei. Je nach den Arten der Verfahrensbeendigung, die korrespondierend zu Art. 36, 39 oder 40 VO im nationalen Recht zur Verfügung stehen und den Voraussetzungen, die diese Verfahrensbeendigungen im Einzelnen voraussetzen, hängt die Abschlussreife maßgeblich vom jeweiligen materiellen Strafrecht und Strafprozessrecht ab.[10] In allgemeiner Hinsicht hat auch die EUStA den **Beschleunigungsgrundsatz** in Strafsachen (Art. 5 Abs. 5 VO; Art. 47 Abs. 2 GRC) zu beachten.[11]

Nach **§ 170 Abs. 1 StPO** als Maßstab für betraute DEStA in Deutschland bieten die Ermittlungen genügenden **Anlass zur Anklageerhebung**, wenn ein hinreichender Tatverdacht besteht; dies bedingt nach Rspr. und hA, dass nach vorläufiger Tatbewertung die Wahrscheinlichkeit der Verurteilung in einer Hauptverhandlung mit vollgültigen Beweisen besteht, also das zur Last gelegte Verhalten mit Wahrscheinlichkeit nachweisbar strafbar sein muss sowie das Vorliegen bzw. Fehlen von Prozessvoraussetzungen festgestellt ist.[12] Für betraute DEStA in Österreich verlangt **§ 210 Abs. 1 öStPO** für die Einbringung der Anklage, dass eine Verurteilung nahe liegt und kein Grund für die Einstellung des Verfahrens oder den Rücktritt von Verfolgung vorliegt. 7

Hieran wird deutlich, dass die **Frage der Abschlussreife des Verfahrens untrennbar mit dem materiellen Strafrecht und dem Strafverfahrensrecht des Mitgliedstaats verbunden ist**, in dem der betraute DEStA agiert. Trotz der Harmonisierung des materiellen Strafrechts durch die PIF-RL kann nur anhand der konkret nach nationalem Recht zu prüfenden Strafnormen (also des deutschen oder österreichischen StGB sowie der ggf. jeweils einschlägigen nebenstrafrechtlichen Gesetze) entschieden werden, ob und unter welchen Gesichtspunkten eine strafbare Handlung anzunehmen ist, die die Anklageerhebung/-einreichung zu tragen vermag. 8

Umgekehrt trifft dies genauso auf die **„Einstellungsreife"** zu, denn die Einstellungsgründe der VO greifen, „wenn die Strafverfolgung aufgrund des Rechts des Mitgliedstaats des betrauten Delegierten Europäischen Staatsanwalts ... nicht mehr möglich ist" (Art. 39 VO). Das nationale Recht der Mitgliedstaaten weist schließlich Unterschiede auf (was Art. 40 Abs. 1 S. 1 VO ausdrücklich berücksichtigt), ob unter welchen Bedingungen eine Diversionserledigung möglich ist; kommt eine solche in Betracht, hat auch dies (oftmals eine weniger tiefe Ausermittlung erlaubende) Auswirkungen auf das „Ausermittlungsniveau".[13] 9

Allerdings kommt in Betracht, dass die Ständige Kammer dem DEStA eine Weisung erteilt (Art. 35 Abs. 2 VO), d.h. weitere Ermittlungen anzustellen[14], wie Art. 56 Abs. 6 GO ausdrücklich vorsieht (zum EUStA-internen Verfahren → Rn. 119 ff.). 10

**2. Nationales Recht betreffend die Verfahrensbeendigung. a) Deutsches Recht.** Die hinzutretenden **deutschen Vorschriften** ergeben sich im Hinblick auf die Verfahrensbeendigung im Wesentlichen über das **EUStAG**[15], s. insbesondere dessen §§ 2, 3, 5, 12; zum EUStAG *Herrnfeld* → § 2 Rn. 24, → § 4 Rn. 10). 11

8 S. HBB/*Herrnfeld* Art. 35 Rn. 6.

9 MüKoStPO/*Kölbel* § 169a Rn. 2.

10 S. HBB/*Herrnfeld* Art. 35 Rn. 6. Wie bei der innerstaatlichen Abgabe eines Ermittlungsverfahrens dürfte die „Abschlussreife" dagegen bei dem Vorgehen nach Art. 34 VO keine Rolle spielen.

11 HBB/*Herrnfeld* Art. 35 Rn. 7; die Bindung an die GRC betonen Art. 5 Abs. 1 VO und Art. 41 Abs. 1 VO sowie ErwG 83 VO.

12 KK-StPO/*Schneider* § 203 Rn. 3, 11, 12; MüKoStPO/*Kölbel* § 170 Rn. 16 und § 203 Rn. 34, 35, jeweils mwN; spezifisch für den EUStA-Kontext *Duesberg*, NJW 2021, 1207 (1211); s. ferner *Herrmann* in Heghmanns/Herrmann Rn. 281 ff. Die VO bringt diese Schwelle für eine Anklage weder in Art. 35 VO noch in Art. 36 VO eindeutig zum Ausdruck, s. aber ErwG 81 S. 1 VO.

13 MüKoStPO/*Kölbel* § 169a Rn. 3; *Herrmann* in Heghmanns/Herrmann Rn. 278.

14 HBB/*Herrnfeld* Art. 35 Rn. 8, s. auch schon Rn. 5, 7.

15 Gesetz zur Ausführung der EU-Verordnung zur Errichtung der Europäischen Staatsanwaltschaft (Europäische-Staatsanwaltschaft-Gesetz – EUStAG), Art. 1 des Gesetzes vom 10.7.2020, BGBl. 2020 I 1648), → Anh. III.1. Siehe zum EUStAG allgemein *Herrnfeld* → § 2 Rn. 24 f. Ferner wurden mit weiteren Artikeln des Gesetzes vom

12 Das **EUStAG** ordnet in **§ 2** an, dass in den Verfahren, die ein DEStA führt, **grds.** dieselben **Vorschriften über das strafrechtliche Verfahren anwendbar** sind, insbesondere die StPO, das GVG, das JGG und die AO, die auch für „rein deutsche" Strafverfahren gelten. Die Aufzählung in § 2 EUStAG ist nicht abschließend,[16] auch wenn sie mit der StPO das Verfahrensgesetz nennt, das die für die Verfahrensbeendigung hauptsächlich maßgeblichen Vorschriften enthält.

13 **§§ 3 und 5 EUStAG** erklären einige Vorschriften der **StPO** bzw. des **GVG** ausdrücklich für unanwendbar (*Herrnfeld* → § 2 Rn. 25, → § 4 Rn. 10). Ob Vorschriften der StPO bzw. des GVG darüber hinaus auf die Verfahrensbeendigung der EUStA anwendbar sind oder nicht, ist nach Art. 5 Abs. 3 VO zu bewerten, d.h. ob der Regelungsgegenstand der deutschen Vorschrift in der VO ungeregelt ist oder ob diese anderes bestimmt. Hinzuweisen ist auf **§ 5 Abs. 1 EUStAG**: Aufgrund der Weisungsfreiheit gegenüber nationalen Stellen folgt die **Nichtanwendbarkeit von §§ 144 bis 147 GVG**, was also auch zur Frage der Verfahrensbeendigung gilt; Weisungsbefugnisse ergeben sich aus der EUStA-internen Struktur (zum EUStA-internen Verfahren → Rn. 119 ff).[17] **§ 7 EUStAG** ordnet die Nichtanwendbarkeit oder modifizierte Anwendbarkeit verschiedener Vorschriften der **AO** an, die jedoch keine Bedeutung für den Verfahrensabschluss besitzen. Zu **§ 398 AO** → Rn. 80 ff., zu **§ 398a AO** → Rn. 104.

14 In Hinblick auf den Abschluss des Ermittlungsverfahrens und den Übergang in das Hauptverfahren gelten daher über **§ 2 EUStAG** prinzipiell die **Vorschriften** des Ersten Abschnittes (Öffentliche Klage; **§§ 151 ff. StPO**), des Zweiten Abschnitts (Vorbereitung der öffentlichen Klage, **§§ 158 ff. StPO**) und des Vierten Abschnitts (Entscheidung über die Eröffnung des Hauptverfahrens, **§§ 198 ff. StPO**) des **Zweiten Buches (Verfahren im ersten Rechtszug) der StPO** sowie die Vorschriften zum Zentralen Staatsanwaltschaftlichen Verfahrensregister (**ZStV**).[18]

15 Wie im deutschen Recht (§ 151, § 152 Abs. 1 bzw. § 152 Abs. 2 StPO, nun durch den Anwendungsvorrang der VO verdrängt) sieht die VO vor, dass das gerichtliche Verfahren eine staatsanwaltliche Anklage bedingt (dazu Art. 36 VO, → Rn. 46 ff.) und die Anklage dem Legalitätsprinzip unterliegt (§ 152 Abs. 2, s. ErwG 66, 81 VO); Anklagebehörde (§ 152 Abs. 1 StPO) sind in den EUStA-Sachen jedoch in Abweichung der ansonsten geltenden Regelungen der §§ 141 ff. GVG die als DEStA bestimmten Staatsanwälte (§ 142b Abs. 1 GVG; s. Art. 4, 22, 25 VO; zu den DEStA *Herrnfeld* → § 4 Rn. 21 ff., 26).

16 So kann der DEStA ferner in Hinblick auf die Verfahrensbeendigung den Verfahrensstand mit den Verfahrensbeteiligten nach **§ 160b StPO** erörtern (was er nach dieser Vorschrift aktenkundig zu machen hat). Spätestens vor dem Abschluss der Ermittlungen ist der Beschuldigte zu vernehmen, sofern es nicht zur Einstellung kommt, **§ 163a StPO**. Der Abschlussvermerk richtet sich nach **§ 169a StPO**; er dürfte als Grundlage für den Bericht des DEStA mit Zusammenfassung und Beschlussentwurf an den beaufsichtigenden EStA nach Art. 35 Abs. 1 S. 1 VO bilden (→ Rn. 119). Ab Fertigung des Abschlussvermerks dürfte für den Beschuldigten grds. die Akteneinsicht (dazu *Trautmann* → § 6 Rn. 143 ff., *Niedernhuber* → § 7 Rn. 204 bzw. allg. *Esser* → § 11 Rn. 249 ff.) in die von dem DEStA geführte Ermittlungsakte gemäß **§ 147 Abs. 2 StPO** eröffnet sein.[19]

17 Die Entscheidung zur Anklageerhebung richtet sich nach **§ 170 Abs. 1 StPO**. Hat der Vorschlag des DEStA, die Anklage zu erheben, das Verfahren nach Art. 36 VO durchlaufen (→ Rn. 47), reicht er bei dem zuständigen Gericht die Anklageschrift ein (zur Anklageerhebung iÜ *Niedernhuber* → § 10 Rn. 1–21. Da das Verfahren mit Anklageerhebung in die Hoheit des Gerichts übergeht, dessen Befugnisse die VO nicht regeln kann (s. ErwG 87 VO aE) und die Anklageerhebung nach Maßgabe

---

10.7.2020 strafverfahrensrechtlich relevante Gesetze (Art. 2: GVG; Art. 3: StPO; usw.) unmittelbar in Hinblick auf die Tätigkeit der DEStA angepasst. So wurde das GVG um einen § 142b ergänzt, der die Zuständigkeit der DEStA in EUStA-Verfahren regelt (s. insbesondere Abs. 1; zur Norm insgesamt *Herrnfeld* → § 2 Rn. 25, 39, § 4 Rn. 23, 24, 38).

16 Gesetzesbegründung, BT-Drs. 19/17963, 49.

17 Dazu auch HBB/*Herrnfeld* Art. 35 Rn. 3, 7, 11, 16–19 iZm der Verfahrensbeendigung.

18 S. § 12 Abs. 1 EUStAG und die Gesetzesbegründung, BT-Drs. 19/17963, 41.

19 NK-RechtshilfeR/*von Galen*/*Furtwängler* 4. HT 8. Teil Rn. 1066.

des nationalen Rechts erfolgt (Art. 36 Abs. 5 VO), gilt **§ 156 StPO**, wonach **keine Anklagerücknahme nach Eröffnung des Hauptverfahrens** erfolgen kann.

Die Anwendbarkeit der Vorschriften zur Einstellung des Verfahrens (**§ 153 ff., § 170 Abs. 2 StPO**) 18
ist differenziert zu betrachten (näher → Rn. 74 ff.); jedenfalls § 153c und § 170 Abs. 2 S. 1 StPO sind schon nach dem Wortlaut § 3 Abs. 1 EUStAG nicht anzuwenden.

Für die **örtliche und sachliche gerichtliche Zuständigkeit** trifft die VO keine Regelungen; diese rich- 19
ten sich für Verfahren, die von DEStA in Deutschland geführt werden, nach dem einschlägigen deutschen Recht (→ Rn. 12 ff.; im Einzelnen zur gerichtlichen Zuständigkeit *Niedernhuber* → § 10 Rn. 10–14). Allerdings können alle in Deutschland angesiedelten DEStA ihre staatsanwaltlichen Aufgaben bundesweit wahrnehmen, **§ 143 Abs. 6 GVG**[20] (*Herrnfeld* → § 4 Rn. 24, zu internen Geschäftsverteilung → Anh. III.3.). Dies schließt alle Arten der Verfahrensbeendigung durch die EUStA ein.

Das **GVG** ist im Übrigen in EUStA-Verfahren prinzipiell anwendbar, d.h. zu beachten, wo es Rele- 20
vanz für die Verfahrensbeendigung hat, neben den erwähnten Zuständigkeiten etwa auch zur Gerichtsprache (§ 184 GVG, also dass Deutsch die für StA und Polizei maßgebliche Sprache ist[21]), auch iZm mit der Verfahrensbeendigung, bspw. für die Verfassung der Anklageschrift. Im Verkehr innerhalb der EUStA findet dagegen die Arbeitssprache Englisch Verwendung, s. Art. 2 Abs. 1 und 4 GO iVm Art. 1 Abs. 1 der Kollegiumsentscheidung 002/2020 vom 30.9.2020.

Die Besonderheiten des **Verfahrens gegen Jugendliche** (Zweiter Teil, §§ 33 ff. JGG) **und gegen Her-** 21
**anwachsende** (Dritter Teil, §§ 105 ff. JGG) gelten über **§ 2 EUStAG**, sollten sich die Ermittlungen der EUStA gegen einen Jugendlichen oder einen Heranwachsenden richten. Das für die Verfahrensbeendigung einzubeziehende Gericht kann daher auch bei Verfahren der EUStA der Jugendrichter, das Jugendschöffengericht oder die Jugendkammer sein (§§ 39 bis 42 JGG). Strafsachen gegen Jugendliche und Erwachsene können nach den Vorschriften des allgemeinen Verfahrensrechts verbunden werden, wenn es zur Erforschung der Wahrheit oder aus anderen wichtigen Gründen geboten ist (§ 103 Abs. 1 JGG, ggf. iVm § 112 JGG). Zu **§ 45 Abs. 1 und 2 JGG** → Rn. 80 ff., zu **Abs. 3** → Rn. 104.

**b) Österreichisches Recht.** Die maßgeblichen **österreichischen Vorschriften** finden sich in dem 22
EUStA-DG[22] (→ Anh. IV.1., zu diesem Gesetz allgemein *Herrnfeld* → § 2 Rn. 26). Nach **§ 1 Abs. 2 EUStA-DG** gelten die **allgemeinen Vorschriften über das Strafverfahren**, wie die StPO, das JGG, das VbVG oder das FinStrG,[23] sowie nach § 22 Abs. 1 EUStA-DG die Bestimmungen des StAG, soweit dies im EUStA-DG vorgesehen ist (s. Abs. 2 bis 4). Aus dem EUStA-DG ergeben sich ferner folgende für die Verfahrensbeendigung bedeutsame Modifikationen:

So erklärt **§ 4** Abs. 1 Z 2 und 3 sowie Abs. 2 **EUStA-DG** die EUStA bzw. die für Österreich ernann- 23
ten DEStA zuständig für die Beendigung des Ermittlungsverfahrens nach Art. 39 und 40 VO und die Einbringung der Anklage und deren Vertretung im Hauptverfahren nach Art. 36 VO. Nicht anzuwenden ist daher § 25 Abs. 5 öStPO, wonach sich die Zuständigkeit der StA nach der Zuständigkeit des Gerichts richten würde.[24] Eine Sonderregelung ist auch § 15 Abs. 1 EUStA-DG zur gerichtlichen Zuständigkeit, wonach alle Anklagen der EUStA in Österreich bei dem Landesgericht

---

20 Diese Regelung wurde mit dem Gesetz zur Ausführung der VO neu geschaffen (Art. 2 Nr. 2 des Gesetzes vom 10.7.2020, BGBl. 2020 I 1648, 1651). Die Regelungen in § 143 Abs. 3 bis 5 GVG können keine Anwendung finden; Gesetzesbegründung, BT-Drs. 19/17963, 19, 62.

21 MüKoStPO/*Oğlakcıoğlu* § 184 GVG Rn. 12, s. auch BGH 9.11.2011 – 1 StR 302/11, Rn. 29 ff. S. für Österreich § 53 Abs. 1 der Geschäftsordnung für die Gerichte I. und II. Instanz, BGBl. 1951, 264 (Geo).

22 Bundesgesetz zur Durchführung der Europäischen Staatsanwaltschaft (EUStA-DG), Artikel 1 des Strafrechtliches EU-Anpassungsgesetz 2021 – StrEU-AG 2021, BGBl. I Nr. 94/2021; zu den begründenden Erläuternden Bemerkungen s. Regierungsvorlage 808 Beilage Nationalrat, 27. Gesetzesperiode (nachf.: EBRV 808 Blg NR 27.GP). Ferner wurden mit weiteren Artikeln des StrEU-AG 2021 andere relevante Gesetze (das RStDG mit Art. 2, das StGB mit Art. 6) in Hinblick auf die Tätigkeit der EUStA in Österreich angepasst. Allgemein zu EUStA aus österreichischer Perspektive *Oshidari*, Die Europäische Staatsanwaltschaft, Eine Betrachtung aus dem Blickwinkel des österreichischen Strafverfahrensrechts, JSt 2018, 193.

23 EBRV 808 Blg NR 27.GP, 4.

24 EBRV 808 Blg NR 27.GP, 7.

als Schöffengericht erfolgen (zur gerichtlichen Zuständigkeit *Niedernhuber* → § 10 Rn. 10–14). In der Folge ist ein Vorgehen mittels Mandatsverfahren, § 491 öStPO (→ Rn. 48) nicht statthaft.

24 **§ 13** Abs. 2 **EUStA-DG** schließt einen Antrag des **Rechtsschutzbeauftragen** auf Fortführung des Ermittlungsverfahrens (§ 195 Abs. 2a, § 209a Abs. 6 öStPO) aus. Dies ist Folge der Weisungsfreiheit aus Art. 6 VO.[25] Der Rechtsschutzbeauftragte ist zwar selbst unabhängig und an keine Weisungen gebunden (§ 47a Abs. 4 öStPO), wird aber durch den Bundesminister für Justiz in einem besonderen Verfahren bestellt (§ 47a Abs. 1 öStPO) und hat diesem zu berichten (§ 47a Abs. 7 öStPO). Dies unterscheidet ihn von einem Richter oder Gericht[26], dem die EUStA im Rahmen des anwendbaren nationalen Rechts ggf. unterworfen wäre (s. Art. 86 Abs. 2 S. 2 AEUV).

25 Nach **§ 14** Abs. 1 sind die §§ 190 bis 192 öStPO hinsichtlich der dort angeführten Einstellungsgründe von der EUStA nicht anzuwenden (→ Rn. 86).

## III. Die verschiedenen Arten der Verfahrensbeendigung

26 Die VO unterscheidet verschiedene Arten der Verfahrensbeendigung, nachdem die EUStA ein Ermittlungsverfahren durchgeführt hat: Art. 34 *(„Verweisung und Übertragung von Verfahren an bzw. auf die nationalen Behörden“)*, Art. 36 (*„Strafverfolgung vor nationalen Gerichten“*), Art. 39 (*„Einstellung des Verfahrens“*) und Art. 40 (*„Vereinfachte Strafverfolgungsverfahren“*).

27 **1. Verweisung und Übertragung von Verfahren an bzw. auf die nationalen Behörden (Art. 34).** Anders als Art. 39 VO, also einer Verfahrenseinstellung, nach der eine weitere Strafverfolgung grds. „nicht mehr möglich“ sein soll, regelt Art. 34 die Verweisung von bei der EUStA anhängigen Verfahren an eine nationale Behörde mit dem Zweck, eine Strafverfolgung durch diese zu ermöglichen. Bei dieser „Verweisung“ von der EUStA auf die nationale Ebene handelt es sich sozusagen um das Gegenstück zur Evokation nach Art. 27 VO. Als Folge der „Verweisung“ übersendet die EUStA der nationalen Strafverfolgungsbehörde in einem zweiten Schritt[27] u.a. ihre Verfahrensakte. Hierfür verwendet die deutsche Sprachfassung der VO in der Überschrift der Vorschrift den Begriff der „Übertragung“, im Normtext der Absätze 7 und 8 den Begriff „abgeben“ bzw. „übergeben“; ein inhaltlicher Unterscheid ist damit nicht verbunden.[28]

28 a) **Gründe und Bedingungen für die Verweisung. Art. 34 Abs. 1 und 2 VO** legen die Fälle fest, in denen das Ermittlungsverfahren der EUStA sein Ende findet, weil die EUStA ihr Verfahren **aus Gründen der Zuständigkeit** (*Herrnfeld/Brodowski* → § 5 Rn. 67 ff.) an die nationale Strafjustiz[29] **abzugeben** hat: Es kann sich herausstellen, dass die EUStA nach Art. 22, 23 VO **keine Zuständigkeit für die mutmaßliche Straftat** hat (Art. 34 **Abs. 1**), oder dass die **zusätzlichen Bedingungen für die Ausübung der EUStA-Zuständigkeit** (Art. 25 Abs. 2 und 3 VO) **nicht gegeben** sind (Art. 34 **Abs. 2**). Neben diesen beiden Fällen, in denen die EUStA das Verfahren zwingend an die nationale Ebene abzugeben hat, sieht **Art. 34 Abs. 3 VO** für bestimmte Straftaten ein **Ermessen** der EUStA vor, ob sie ein Verfahren abgibt:

---

25 EBRV 808 Blg NR 27.GP, 10 f.

26 Vgl. zum nach Unionsrecht autonom auszulegenden Begriff des Gerichts die Schlussanträge von GA Sánchez-Bordona, 11.3.2021 – C-66/20, ECLI:EU:C:2021:200 Rn. 29 ff. – XK, u.a. mit Verweis auf EuGH 30.6.1966 – C-61/65, EU:C:1966:39 – Vaassen-Göbbels, sowie Rn 34–37 des nachfolgenden Urteils vom 2.9.2021, mit Verweisen auf EuGH 21.1.2021 – C-274/14, EU:C:2020:17 Rn. 51 – Banco de Santander und EuGH 28.2.2019 – C-579/17, EU:C:2019:162 Rn. 34– Gradbeništvo Korana, jeweils mwN. Auch die EBRV 808 Blg NR 27.GP, 11, sprechen vom Rechtsschutzbeauftragtem als „nichtrichterliches Organ“. Die Entscheidungshoheit eines Gerichts bzw. gerichtsähnlichen Körpers wäre (entgegen der Formulierung in den Erläuternden Bemerkungen, Art. 40 VO sei abschließend, EBRV 808 Blg NR 27.GP, 11 f.) wohl kein Hindernis, denn im vereinfachten Strafverfolgungsverfahren nach Art. 40 VO kann es, wie ErwG 82 VO deutlich macht, durchaus zur etwaigen Einbeziehung der nationalen Gerichte kommen, vgl. HBB/*Brodowski* Art. 40 Rn. 13: „Union law neither expands nor limits the … procedural requirements of the simplified prosecution procedures provided for in national law“.

27 Zu dieser Differenzierung HBB/*Herrnfeld* Art. 34 Rn. 3.

28 Einheitlich sowohl in Überschrift sowie den Absätzen 7 und 8 dagegen andere Sprachfassungen, wie engl. „transfer“, frz. „transfert“/„transférer“, it. „trasferimento“/„trasferire“; uneinheitlich auch ndl. mit „overdracht“/„overdragen“ in Überschrift und Abs. 8, dagegen in Abs. 7 „doen toekomen“.

29 Gemeint sind als Adressaten der Verweisung nationale Strafverfolgungsbehörden. Davon wohl auch ausgehend HBB/*Herrnfeld* Art. 34 Rn. 2, 3, 9. Zu Unterrichtung anderer nationaler Stellen → Rn. 45.

Nach Abs. 3 S. 1 kommt hinsichtlich mutmaßlicher Straftaten, die in die Zuständigkeit der EUStA fallen, bei **bestimmten Delikten mit einer Schadenssumme von weniger als 100.000 EUR** eine Abgabe-Entscheidung durch die Ständige Kammer in Betracht, wenn die Schwere der Tat oder die Komplexität des Verfahrens im Einzelfall keine Ermittlung oder Strafverfolgung auf Unionsebene erforderlich macht, sondern eine Verfolgung auf nationaler Ebene effizienter scheint.[30] 29

Die Möglichkeit der Abgabe besteht ferner nach Abs. 3 S. 2, wenn es sich um **PIF-„Ausgabe"-Delikte** nach Art. 3 Abs. 2 lit. a und b PIF-RL handelt, und die **EU nicht die Verletzte mit dem größten Einzel-Schaden** ist (s. Art. 25 Abs. 3 S. 2 VO, *Herrnfeld/Brodowski* → § 5 Rn. 80 ff.). Die zusätzlichen Bedingungen von S. 1, etwa dass die Abgabe der Verfahrenseffizienz dient, müssen nicht erfüllt sein.[31] 30

Für die **Anwendung des Abs. 3** hat Kollegium die **Leitlinien** in Annex 4 der **Kollegiumsentscheidung 029/2021 vom 21.4.2021** erlassen.[32] Demnach sollen Verfahren, denen Straftaten mit einem Schaden zulasten der EU von weniger als 100.000 EUR zugrunde liegen, an die Strafjustiz eines teilnehmenden Mitgliedstaates abgegeben werden. Kein Kriterium ist dabei die aktuelle Auslastung oder freie Kapazität der DEStA eines bestimmten Mitgliedstaates. Ferner wird nicht zwischen einzelnen Mitgliedstaaten differenziert, auch wenn die spezifische Kriminalitätslage sich hinsichtlich der typischen Deliktsfelder und Schadenshöhen in den Mitgliedstaaten unterscheiden mag. Ihre Zuständigkeit soll die EUStA auch unterhalb dieser Schadenschwelle jedoch wahrnehmen bei einer Tatbeteiligung von Amtsträgern oder kriminellen Vereinigungen, bei Auswirkungen der Tat auf Unionsebene oder auf den Ruf der Union, bei grenzüberschreitenden Sachverhalten mit Bezug zu mindestens zwei teilnehmenden Mitgliedstaaten, bei denen die Tätigkeit der EUStA erfolgsversprechender erscheint, sowie bei Annahme fehlenden Willens der nationalen Behörden, die Wiedergutmachung des finanziellen Schadens der Union zu erreichen, und bei sonstigen, in den Leitlinien näher beschriebenen Fällen der Untätigkeit der nationalen Behörden. Bei den PIF-„Ausgabe"-Delikten soll grds. auf Antrag des neben der Union Mitgeschädigten an die nationale Justiz abgegeben werden, wenn mitgeschädigt die öffentliche Hand eines Mitgliedstaates ist und die zuständigen nationalen Strafverfolgungsbehörden besser zu Ermittlungen in der Lage sind. 31

Beabsichtigt die Ständige Kammer einen Verweis nach Art 34 Abs. 3 VO, hat sie dies der EUStA-Behördenleitung vorzulegen (Abs. 4). Auch wenn letztere die Kammer innerhalb von drei Tagen um nochmalige Prüfung bitten kann, entscheidet die Kammer abschließend.[33] 32

Trotz des Ermessens der EUStA, in Fällen des Art. 34 Abs. 3 VO an die nationalen Strafverfolgungsbehörden abzugeben oder nicht, kommt jedoch auch hier das **Legalitätsprinzip** zum Tragen (s. ErwG 66 VO, der auch die Verweisung eines Verfahrens nennt).[34] Ausfluss des für die EUStA geltenden Legalitätsprinzips ist insbesondere auch Art. 34 Abs. 5 VO: Erklärt keine zuständige nationale Behörde innerhalb von 30 Tagen die Übernahme des Verfahrens, so bleibt die EUStA in den Fällen von Art. 34 Abs. 2 und 3 VO zuständig und diese hat über die Frage der Anklage oder Einstellung zu entscheiden.[35] Aus einer Abgabe nach Art. 34 folgen jedenfalls keine Vorgaben für die zuständige nationale Strafverfolgungsbehörde, wie sie das Verfahren weiter betreibt (s. ErwG 77 VO). Es besteht auch keine Verpflichtung, den Fall wegen einer geänderten Sachlage wieder zurück an die EUStA geben zu müssen.[36] 33

Zu einer Verweisung an nationale Behörden kann es jederzeit im Laufe eines Ermittlungsverfahrens und auf Vorschlag sowohl des DEStA, des beaufsichtigenden EStA oder eines Kammermitglieds 34

30 Näher HBB/*Herrnfeld* Art. 34 Rn. 13–15.

31 HBB/*Herrnfeld* Art. 34 Rn. 16.

32 Näher allg. HBB/*Herrnfeld* Art. 34 Rn. 14. Zum Verfahren der Beschlussfassung über EUStA-interne Leitlinien s. Art. 11 GO.

33 HBB/*Herrnfeld* Art. 34 Rn. 18.

34 HBB/*Herrnfeld* Art. 34 Rn. 31. S. auch HBB/*Herrnfeld* Art. 26 Rn. 9 mit dem treffenden Begriff „mandatory prosecution" als Synonym für das Legalitätsprinzip.

35 Ggf. muss die Reaktion aus mehreren teilnehmenden Mitgliedstaaten abgewartet werden, s. HBB/*Herrnfeld* Art. 34 Rn. 23.

36 HBB/*Herrnfeld* Art. 34 Rn. 28.

kommen (s. Art. 57 Abs. 1 GO); erfolgt gegen einen solchen Vorschlag innerhalb von fünf Tagen kein Widerspruch aus dem Kreis der Genannten, greift die Verweisung (Art. 57 Abs. 3 GO).

35 Ein Fall der zwingenden Verweisung ist nach **Art. 34 Abs. 6 VO**, dass die EUStA eine Einstellung gemäß Art. 39 Abs. 3 VO beabsichtigt, d.h. trotz **„untrennbar verbundener" Nicht-PIF-Straftaten** oder wenn bei **PIF-„Ausgabe"-Delikten** nach Art. 3 Abs. 2 lit. a und b PIF-RL die EU nicht die Hauptgeschädigte ist (→ Rn. 30). Auf diese Weise können nationale Strafverfolgungsbehörden Verfahren, die ansonsten eingestellt würden, an sich ziehen. Wegen des Zusammenhangs mit Art. 39 Abs. 3 VO ist die im Vorfeld einer Einstellung durch die EUStA zu konsultierende **nationale Behörde iSd Art. 34 Abs. 6 VO eigentlich die zu den Zwecken des Art. 25 Abs. 6 VO benannte**[37], mithin in Deutschland der **GBA** (§ 142b Abs. 2 S. 1 GVG), in Österreich (trotz des § 7 EUStA-DG mit Zuständigkeit des OGH) die **Generalprokuratur** (§ 14 Abs. 3 EUStA-DG)[38] (näher auch → Rn. 89).

36 Dazu ist anzumerken, dass es sich bei den beiden genannten Stellen **weder in Deutschland noch in Österreich** um die nach jeweiligem nationalen Recht je **für das Führen des Ermittlungsverfahrens und so für die Übernahme zuständige Strafverfolgungsbehörde** handelt. Für Deutschland wäre jedenfalls schwerlich mit der Abgrenzung der Justizhoheit und der rechtsprechenden Gewalt zwischen Bund und Ländern (s. Art. 92, 95 und 96 GG) vereinbar, wenn der GBA sich nicht nur auf eine (unbedenkliche) Koordinationsaufgabe[39] beschränkte, sondern „über den Kopf" der Staatsanwaltschaften der Länder „hinweg" derart über die Verfolgung von PIF-Straftaten, also nicht in seine Ermittlungszuständigkeit fallende Strafsachen, entschiede. Der GBA wird daher vor seiner Entscheidung **über das Übernahmeersuchen mit der Strafverfolgungsbehörde, die für die etwaige Übernahme des konkreten Ermittlungsverfahrens letztlich zuständig ist, Einvernehmen zu erzielen** haben. Dies lässt sich zwar nicht aus der VO selbst herleiten, wobei es sich ohnehin um eine Frage der Justizorganisation der Mitgliedstaaten handelt, zu der die VO keine Vorgaben machen könnte.

37 Wer die **ersuchende nationale Behörde iSd Art. 34 Abs. 6 VO** ist, ist dem Wortlaut nach offen und ist systematisch gesehen zumindest für die Zwecke der Konsultation die zentral benannte, also der GBA oder die Generalprokuratur. Diese zentrale Behörde ebenfalls für den Zweck der anschließenden Verweisung bzw. die Übertragung als die ersuchende zu verstehen, erscheint dagegen teleologisch betrachtet weniger sinnvoll. Auch wenn der GBA oder die Generalprokuratur zum Zwecke der weiteren Übertragung die Akten entgegennehmen können, wäre schon sehr fraglich, ob der GBA oder die Generalprokuratur mangels Zuständigkeit nach nationalem Recht wirklich der „Verweisungsempfänger" sein soll. Vieles spricht daher dafür, unter der ersuchenden nationalen Behörde, an die die EUStA den Fall im Ergebnis verweist bzw. der sie die Akten übersendet, diejenige Strafverfolgungsbehörde zu verstehen, die letztlich für das Führen des eigentlichen Ermittlungsverfahrens zuständig ist.[40]

38 Es kann **mehr als ein Staat** in Betracht kommen, an dessen Behörden eine Abgabe erfolgen könnte. In welchen dieser Staaten die EUStA den Fall abgibt, gibt Art. 34 VO nicht vor. Es scheint unabdingbar, dass die EUStA die Behörden der in Frage kommenden Gerichtsbarkeit vor ihrer Entscheidung anhört.[41] Ferner dürfte naheliegen, dass die EUStA das Verfahren in den Mitgliedstaat verweist, von dem aus der betraute DEStA das Verfahren bisher für die EUStA geführt hat.[42] Dies wird allerdings nicht immer zwingend der Fall sein (zur Frage der Übersetzung bei Verweisung in einen Staat mit anderer Sprache → Rn. 40).

39 **b) Vollzug und Folgen der Verweisung.** Erklärt die zuständige nationale Behörde die Übernahme des Verfahrens, wird die Verweisung an die nationale Justiz nach **Art. 34 Abs. 7 VO** vollzogen,

37 HBB/*Herrnfeld* Art. 34 Rn. 19.
38 Dazu EBRV 808 Blg NR 27.GP, 8, 11.
39 Vgl. dazu BVerfG NJW 2020, 2699 Rn. 209, 212 (betr. das Bundeskriminalamt); BVerfGE 110, 33 (51) (betr. das Zollkriminalamt).
40 HBB/*Herrnfeld* Art. 34 Rn. 20.
41 HBB/*Herrnfeld* Art. 34 Rn. 9, 12, 34.
42 HBB/*Herrnfeld* Art. 34 Rn. 12.

indem die EUStA ihr ihre Akte übersendet (Art. 57 Abs. 4 GO). Die Pflicht zur Übersendung der Akte gilt nicht nur für die Verweisungen nach Art. 34 Abs. 1, 2 und 3 VO, sondern auch für die nach Abs. 6 iVm Art. 39 Abs. 3 VO.[43]

Die VO schweigt dazu, wie die Übertragung des Falles auf die nationale Behörde im Einzelnen von statten zugehen hat. Verbunden ist damit jedenfalls die Übersendung entweder des Originals der Akte, einer Kopie oder entsprechender elektronischer Dokumente sowie der Asservate.[44] Findet die Verweisung an eine nationale Behörde in einem Mitgliedstaat statt, wo eine andere Sprache Verwendung findet, als diejenige, in der die Akte bisher geführt wurde, stellt sich die Frage, ob die EUStA aufgrund von Art. 3 der Verordnung (EWG) 1/58 des Rates zur Regelung der Sprachenfrage für die Europäische Wirtschaftsgemeinschaft (ABl. 17, 385) ggf. Übersetzungen fertigen muss. Hiergegen spricht, dass diese Verordnung gem. Art. 107 Abs. 1 VO ausdrücklich nur für bestimmte vom Kollegium verabschiedete Dokumente (GO, Durchführungsvorschriften und Programmdokumente) gilt. Jedenfalls dürfte die Pflicht zur Verwendung einer bestimmten Sprache nach Art. 3 höchstens für die Schriftstücke gelten, die die Union selbst an den Mitgliedstaat richtet, bspw. das Übersendungsschreiben der EUStA. Von Dritten, wie Anzeigeerstattern oder nationalen Behörden, stammende Teile des Akteninhaltes sind allemal keine von der EUStA selbst verfassten Schriftstücke. 40

Übernimmt die nationale Behörde bei Verweisungen aufgrund von Art. 34 Abs. 2 oder Abs. 3 VO nicht oder reagiert sie nicht innerhalb von 30 Tagen, setzt der DEStA sein eigenes Ermittlungsverfahren fort oder legt es der EUStA-Zentrale mit einem Vorschlag zur (anderweitigen) Verfahrensbeendigung vor (s. Art. 57 Abs. 5 iVm Art. 56 GO, wobei erstere Vorschrift angesichts der klaren und höherrangigen Regelung des Art. 34 Abs. 5 VO auch bei Verweisungen nach Art. 34 Abs. 2 VO, den sie nicht erwähnt, gelten muss). Die Frage einer Fortsetzung des EUStA-Verfahrens stellt sich nicht bei Art. 34 Abs. 1 VO, also wenn die EUStA wegen ihrer Unzuständigkeit verwiesen hat; auf die weitere Reaktion der nationalen Justiz kommt es nicht an (→ Rn. 33). Im Fall von Art. 34 Abs. 2 VO kann es bei entsprechendem Verhalten der nationalen Behörden dazu kommen, dass die EUStA ihr Verfahren fortsetzt, obgleich sie ihre Zuständigkeit gem. Art. 25 Abs. 2 und 3 VO eigentlich nicht ausüben soll. Im Ergebnis könnten sich so unabhängig von der „Zustimmungs"-Regelung des Art. 25 Abs. 4 VO und den komplizierten Regelungen des Art. 25 Abs. 3 VO Verfahren der EUStA ergeben. 41

Art. 34 Abs. 7 VO legt fest, dass das Strafverfahren der EUStA mit der Übertragung des Falls beendet ist. Die Verfahrensbeendigung nach Art. 34 VO ist **keine Einstellung** und bewirkt **keinen Strafklageverbrauch.**[45] Weitere eigene Maßnahmen kann die EUStA nicht mehr vornehmen; sie kann auch keine Rücküberweisung fordern.[46] Für andere teilnehmende Mitgliedstaaten, deren Strafverfolgungsbehörden wegen der Anhängigkeit der Sache einer Stillhaltepflicht nach Art. 25 Abs. 1 VO unterlagen, ist es nach Beendigung des EUStA-Verfahrens ebenfalls möglich, ein eigenes Strafverfahren einzuleiten oder fortzuführen.[47] Für die Koordinierung zwischen den (Mitglied-)Staaten gelten die bekannten Regelungen, es greift insoweit nicht das verfahrenskoordinierende EUStA-Regime (→ Rn. ). 42

Nach Art. 34 Abs. 8 VO hat die EUStA **Abgabenachrichten** zu erteilen. Detaillierte Vorgaben macht die VO hierzu nicht, zur Frage von Übersetzungen bei Verweisung in einen Staat mit anderer Sprache → Rn. 40). Sinnvollerweise sollte mit der Abgabenachricht mitgeteilt werden, an welche nationale Behörde die EUStA abgegeben hat.[48] Adressaten der Abgabenachrichten sollen, ähnlich wie bei Art. 36 Abs. 6 VO für die Anklageerhebung und Art. 39 Abs. 4 S. 1 VO für die Einstellung, „die einschlägigen Organe, Einrichtungen und sonstigen Stellen der Union sowie gegebenenfalls im Einklang mit dem nationalen Recht Verdächtige oder Beschuldigte und die Opfer der Straftat" sein. 43

43 HBB/*Herrnfeld* Art. 34 Rn. 25.
44 HBB/*Herrnfeld* Art. 34 Rn. 27.
45 HBB/*Herrnfeld* Art. 34 Rn. 30.
46 Vgl. HBB/*Herrnfeld* Art. 34 Rn. 28.
47 HBB/*Herrnfeld* Art. 34 Rn. 5, 29.
48 HBB/*Herrnfeld* Art. 34 Rn. 32.

44 Anders als bei Art. 36 Abs. 6 VO (→ Rn. 59, zu Art. 40 → Rn. 116) sind nicht genannt **nationale Stellen**, die keine Aufgaben der Strafjustiz wahrnehmen. Auch diese können jedoch ein Interesse daran haben, zu erfahren, dass die EUStA das Strafverfahren an eine bestimmte nationale Strafverfolgungsbehörde abgegeben hat.[49]

45 Für die DEStA in Deutschland ist dabei differenzierter zu bewerten, in welchem Umfang die verfahrensübergreifenden Mitteilungspflichten der StAen nach §§ 12 bis 14 und 16 bis 20 EGGVG sowie die auf Grundlage von § 12 Abs. 5 EGGVG erlassene „Anordnung über Mitteilungen in Strafsachen" (**MiStra**) zu Anwendung kommen können (s. zu den Mitteilungspflichten nach der MiStra → Anh. III.2. mit der Notifizierung nach Art. 117 VO, sowie *Trautmann* → § 6 Rn. 119 ff, 122 ff und zum Folgenden insbesondere auch *Hornung/Schindler* → § 13 Rn. 20 ff, 58-60). Im Ausgangspunkt statuieren Art. 47 Abs. 3 und Art. 49 VO Zweckbindungen. So stellt Art. 47 Abs. 3 lit. a und in Anknüpfung daran auch § 4 Abs. 4 S. 1 EUStAG eine zweckändernde Verwendung von Daten unter den Vorbehalt, dass die EUStA nach ihrer VO befugt ist, die betroffenen operativen personenbezogenen Daten für diesen anderen Zweck zu verarbeiten. Derartige Befugnisse finden sich in der VO für bestimmte Zwecke, v.a. iZm der Strafverfolgung (Art. 24 Abs. 8, Art. 25 Abs. 5, Art. 26 Abs. 7, Art. 36 Abs. 6 und Art. 39 Abs. 4 VO). Es stellt sich jedoch dann die Frage, wo aus der VO eine Befugnis zur zweckändernden Übermittlung entnommen werden kann, zB an nationale Gefahrenabwehr- oder Jugendhilfe-Behörden, deren Aufgaben nicht die Strafverfolgung ist, sondern, so § 17 Nr. 3 bis 5 EGGVG, die „Abwehr erheblicher Nachteile für das Gemeinwohl oder einer Gefahr für die öffentliche Sicherheit", die „Abwehr einer schwerwiegenden Beeinträchtigung der Rechte einer anderen Person" oder die „Abwehr einer erheblichen Gefährdung Minderjähriger". Die VO enthält einschlägige Übermittlungsvorschriften nur in Bezug auf Drittstaaten oder internationale Organisationen (Art. 80 Abs. 2 und Art. 83 Abs. 1 VO). Die Frage ist daher, ob der Verweis auf § 17 EGGVG in § 4 Abs. 4 S. 1 EUStAG systematisch dennoch so gelesen werden kann, dass er § 17 Nr. 3 bis 5 EGGVG als Rechtsgrundlage für eine Datenübermittlungen von der EUStA an die einschlägigen deutschen Gefahrenabwehrbehörden mitumfasst. Im Ergebnis würde es freilich verwundern, wenn die EUStAetwa die USA oder Interpol über gefahrenabwehrrechtlich relevante Hinweise unterrichten könnte, nicht aber die Polizei eines EU-Mitgliedstaats, es sei denn auf dem Umweg über Art. 24 Abs. 8 bzw. Art. 34 Abs. 1 VO oder auf dem Interpol-Weg. Auflösen lässt sich dies, wenn man sich auf den Standpunkt stellt, dass die VO die o.g. Übermittlungszwecke nicht regelt (so *Hornung/Schindler* → § 13 Rn. 60), sodass die § 17 Nr. 3 bis 5 EGGVG aufgrund von Art. 5 Abs. 3 S. 2 VO anwendbar werden.

46 **2. Strafverfolgung vor nationalen Gerichten (Art. 36).** Nach Art. 86 Abs. 2 S. 2 AEUV (*Herrnfeld* → § 2 Rn. 9) erkennen in EUStA-Strafsachen die nationalen Gerichte, also die der (teilnehmenden) Mitgliedstaaten (s. ErwG 87 S. 1 und 10 VO; *Niedernhuber* → § 10 Rn. 1 ff., 10–11). Gegenstand des Art. 36 ist zum einen die **Entscheidung, ob und unter welchen materiell-rechtlichen Gesichtspunkten Anklage** erhoben wird.[50] Dies entspricht der Grundentscheidung, die auch am Ende des rein nationalen Ermittlungsverfahrens von der StA zu treffen ist (§ 151, § 152 Abs. 1, § 170 Abs. 1 StPO; für Österreich: § 210 Abs. 1 und 2 öStPO). Neben diesem „Ob" und „Was" der Anklage ist gegenüber dem nationalen Strafverfahren neu und EUStA-spezifisch, dass mit der Entscheidung über die Erhebung der Anklage **ggf. auch** eine **„Forumwahl"** verbunden sein kann (Art. 36 Abs. 3 VO; ErwG 78 S. 1 VO).

47 a) **Die Entscheidung über die Erhebung der Anklage oder vergleichbare Maßnahmen.** Der Vorschlag, **„Anklage zu erheben"**, wie die deutschsprachige Fassung der VO formuliert, ist im Vergleich mit den anderen Sprachfassungen[51] und letztlich **funktionell auszulegen.** Unter die Vorschrift

49 HBB/*Herrnfeld* Art. 34 Rn. 32.

50 Auch die Bestimmung des genauen Anklagegegenstandes in materieller Hinsicht ist Aufgabe der Staatsanwaltschaft, in den Worten von MüKoStPO/*Peters* § 151 Rn. 4: „Die Anklage definiert den Prozessgegenstand (§ 264)." Dies gehört zu den (von HBB/*Herrnfeld* Art. 36 Rn. 7 so genannten) „necessary steps under national law to present the case file to a trial court for further decision".

51 Bspw. engl. „bring a case to judgment", frz. „porter une affaire en jugement", it. „portare un caso in giudizio", ndl. „voor de rechter te brengen".

fallen alle Arten des Abschlusses des staatsanwaltlichen Ermittlungsverfahrens, mit denen eine **Strafsache zur weiteren Entscheidung vor ein Tatgericht gebracht** wird[52] (*Niedernhuber* → § 10 Rn. 17 ff.). Dazu zählen der Antrag auf einen **Strafbefehl**, §§ 407 ff. StPO,[53] sowie der Antrag auf Durchführung des (praktisch in EUStA-Sachen wahrscheinlich weniger relevanten) beschleunigten Verfahrens, § 417 StPO,[54] welches ohnehin eine Anklage beinhaltet. So geht das Strafbefehlsverfahren bei zulässigem Einspruch des Angeklagten, wie er in dieser Verfahrensstadium genannt wird (§ 409 StPO), in eine gerichtliche Hauptverhandlung über (§ 411 Abs. 1 S. 2 StPO). Schließlich werden Strafbefehle einem rechtskräftigen Urteilen gleichgesetzt (§ 410 Abs. 3 StPO).

Diese Gedanken würden sich für Österreich eigentlich auf das **Mandatsverfahren** (§ 491 öStPO) 48
übertragen lassen. Allerdings scheidet in EUStA-Sachen das Mandatsverfahren wegen der gerichtlichen Zuständigkeit der Landesgerichte als Schöffengericht (§ 15 Abs. 1 EUStA-DG) aus (s. § 491 Abs. 1 öStPO; *Herrnfeld* → § 4 Rn. 3).

Zu möglichen Anträgen auf ein **Sicherungsverfahren**, § 413 ff. StPO,[55] oder auf eine Entscheidung 49
über die **selbständige Einziehung**, §§ 435 ff. StPO, bzw. im österreichischen Recht für den selbständigen Antrag auf Erlassung einer **vermögensrechtlichen Anordnung**, § 445 ff. öStPO,[56] stellt sich die Frage, ob die VO zulässt, dass die EUStA solche Verfahren **unabhängig von einem Strafverfahren gegen einen individuellen Beschuldigten** (mit dem Zweck der Feststellung dessen Schuld bzw. Verhängung einer Strafe gegen ihn) betreibt, obwohl das derartige „personenbezogene" Verfahren nach Art. 39 Abs. 1 VO einzustellen wäre. Für die Zulässigkeit könnte sprechen, dass Art. 39 Abs. 1 VO die Einstellung für den Fall vorsieht, dass „die Strafverfolgung aufgrund des Rechts des Mitgliedstaats des betrauten Delegierten Europäischen Staatsanwalts aus einem der folgenden Gründe nicht mehr möglich ist …". Versteht man diese Bedingung so, dass eine „Strafverfolgung"[57] nach dem jeweiligen nationalen Recht insgesamt ausgeschlossen sein muss, so scheint der Weg zum Sicherungsverfahren oder der eigenständigen Einziehung nicht versperrt. Denn auch diese Verfahrensarten sind durchaus Maßnahmen der „Strafverfolgung", über die im deutschen oder im österreichischen Recht in einem Erkenntnisverfahren durch das Strafgericht zu entscheiden ist und für die der EUStA die Wahrnehmung der staatsanwaltlichen Aufgaben nicht verwehrt sein sollte.[58] Es scheint zudem widersprüchlich, als zwingende Folge zB der Schuldunfähigkeit oder der Verjährung eine Einstellung nach Art. 39 Abs. 1 VO zu fordern, wodurch anzunehmenderweise ein vollständiger Strafklageverbrauch einträte, was auch eine Abgabe des Falles an die nationalen Strafverfolgungsbehörden nach Art. 34 VO zwecks eigenständigen Verfahrens ins Leere laufen lassen könnte.

---

52 HBB/*Herrnfeld* Art. 36 Rn. 7.

53 Gesetzesbegründung, BT-Drs. 19/17963, 31; HBB/*Herrnfeld* Art. 36 Rn. 7; aA NK-RechtshilfeR/*von Galen/Furtwängler* 4. HT 8. Teil Rn. 1073; EnzEur/*Zöller/Bock* § 22 Rn. 35: Beantragung eines Strafbefehls mit Zustimmung des Beschuldigten soll unter Art. 40 VO fallen.
Eine Verfahrensbeendigung mittels Strafbefehls darf bei einem Jugendlichen nicht erfolgen (§ 79 JGG), ist also keine nach Art. 36 oder 40 VO zulässiger Abschluss (Gesetzesbegründung, BT-Drs. 19/17963, 34).

54 AA NK-RechtshilfeR/*von Galen/Furtwängler* 4. HT 8. Teil Rn. 1073: Beschleunigtes Verfahren nach § 417 StPO soll unter Art. 40 VO fallen können. Das beschleunigte Verfahren nach allgemeinem Verfahrensrecht ist bei einem Jugendlichen nicht zulässig (§ 79 JGG) und ist somit keine nach Art. 36 oder 40 VO gangbare Art der Verfahrensbeendigung.

55 Im EUStA-Kontext wohl höchstens Berufsverbote, § 70 StGB, praktisch denkbar.

56 Der Antrag auf Unterbringung in einer Anstalt für geistig abnorme Rechtsbrecher, § 429 ff. öStPO, ist im EUStA-Kontext unwahrscheinlich.

57 S. in den anderen Sprachfassungen bspw. engl. „prosecution", frz. „poursuites", it. „azione penale", ndl. „strafvervolging".

58 Vgl. HBB/*Brodowski* Art. 39 Rn. 6 (Hervorhebung wie im Original): „[D]ismissals … refer to a specific criminal conduct under investigation **as a whole**. … Article 39 does not cover situations where the "case" proceeds but where the legal basis of the investigation and prosecution changes, such as when the EPPO decides to **prosecute** a specific conduct **under a different offence** than originally thought, or when it **limits its prosecution**, based on national law (Article 5(3)) or due to lack of evidence, **to specific actions or offences within the specific criminal conduct under investigation**."; s. dazu jedoch auch *ders.*, Rn. 19, 65, was so zu verstehen sein dürfte, dass für allein vermögensabschöpfende Verfahren die nationalen Stellen, nicht die EUStA zuständig sein sollen.

50 Die **Entscheidung zu einer Anklage** wird von der Kammer auf Grundlage eines entsprechenden Beschlussentwurfes getroffen, den der **DEStA** vorlegt (Art. 36 Abs. 1 S. 1 VO; Art. 56 Abs. 1 GO). „**Beschlussentwurf**“ meint in diesem Zusammenhang die von der Kammer nach Art. 12 Abs. 3 lit. a VO zu treffende **EUStA-interne Entscheidung**, die Anklage zu erheben; gegenüber dem nationalen Gericht nimmt der DEStA diese Prozesshandlung vor (Art. 10 Abs. 1 S. 1 und 4 VO). Die hier gemeinte **Entscheidung über die Anklageerhebung** bleibt eine der **Ständigen Kammer**; dies soll dem Zweck dienen, EUStA-weit eine einheitliche Handhabung zu sichern (s. ErwG 78 S. 2 VO). Es besteht für die Kammer die Möglichkeit, ihre Entscheidungsbefugnis betreffend Anklageerhebungen auf den beaufsichtigenden EStA zu übertragen (Art. 10 Abs. 7 i.V.m. Abs. 3 lit. a, → Rn. 123).

51 Eine vollständig abgefasste **Anklageschrift** verlangen Art. 36 VO[59] und auch Art. 56 GO jedenfalls dem Wortsinne nach noch nicht; allerdings legt die Kollegiumsentscheidung 066/2021 vom 26.5.2021 fest (S. 7–8), dass zusätzlich zur Zusammenfassung des Falles „... a draft of the indictment ... should also be added. The draft indictment should comply with all the formal requirements of the national procedural law for the respective type of decision.“ Für die Praxis ist allemal denkbar, dass der DEStA bereits eine Anklageschrift iSd nationalen StPO erstellt und diese mit „zur Billigung“ vorlegt, zumal Art. 56 Abs. 1 GO über „den mit Gründen versehenen Vorschlag“ (lit. c) hinaus sowohl „eine Zusammenfassung des Sachverhalts, der Gegenstand der Ermittlungen war, wie er sich aus den vorliegenden Beweisen ergibt“ (lit. a) als auch „die rechtliche Würdigung des Sachverhalts und ihre Anwendung auf den konkreten Fall“ (lit. b) verlangt, mithin insgesamt Ausführungen, die entscheidende Teile der Anklageschrift im deutschen Verfahren ausmachen.[60]

52 Ihre Entscheidung nach Art. 36 VO hat die Kammer innerhalb von 21 Tagen zu fällen; nach Ablauf dieser Frist kann der DEStA vom Einverständnis mit seinem Beschlussvorschlag ausgehen (Art. 36 Abs. 1 S. 1, Abs. 2 VO). Die VO geht davon aus, dass die Kammer während der 21 Tage Zwischenentscheidungen treffen kann, bspw. sich die Akte vorlegen lassen (Art. 10 Abs. 6 S. 2 VO), einschließlich bestimmter Beweismittel (ErwG 78 S. 3 VO), vgl. auch Art. 45 Abs. 2 GO.

53 Die **Kammer** ist **nicht an den Beschlussvorschlag des DEStA gebunden.**[61] Eine besondere Regelung sieht Art. 36 Abs. 1 S. 2 VO (s. auch ErwG 78 S. 3 VO) vor: Schlägt der DEStA vor, Anklage zu erheben, kann die Kammer hieraufhin keine Einstellung verfügen.[62] Allerdings bleibt der Kammer überlassen, weitere Ermittlungen und/oder die Erstellung eines neuen Beschlussvorschlags anzuweisen,[63] damit auch in Richtung einer Einstellung[64]. Es würde freilich ein Leerlaufen-Lassen entgegen des Geistes der Regelung bedeuten, wenn eine Kammer ohne triftige Gründe, bspw. von dem DEStA übersehene Gesichtspunkte, von dem DEStA verlangte, statt seines Vorschlages einer Anklage einen Entwurf mit einem einstellenden Tenor vorzulegen. Zum Tragen kommen kann das allgemeine Weisungsrecht der Kammer (Art. 10 Abs. 5 VO) und des EStA (Art. 12 Abs. 1 S. 1, Abs. 3 VO), ggf. auch schon im Vorfeld des DEStA-Vorschlags betreffend die Verfahrensbeendigung. Eine Weisung zu weiteren Ermittlungen kommt allemal in Betracht, wenn der Fall aus Sicht der Kammer „noch nicht ausermittelt“ erscheint (→ Rn. 862, 867). Diese Weisungen müssen, wie die zitierten Vorschriften ausdrücklich festlegen, im „Einklang mit dem geltenden nationalen Recht stehen“ und erforderlich sein für die „effiziente Durchführung der Ermittlungen oder Strafverfolgungsmaßnahmen oder im Interesse der Rechtspflege oder zur Gewährleistung der kohärenten Funktionsweise der EUStA“.

54 Nach der VO ist die Kammer, wie die gesamte EUStA, an das **Legalitätsprinzip** gebunden (ErwG 66, 81 VO).[65] Genauere Vorgaben, etwa zur notwendigen Schwelle des Tatverdachts, die für eine Anklage erreicht sein müssen, enthält die VO nicht; in dieser Hinsicht ist auf das maßgeblich natio-

59 HBB/*Herrnfeld* Art. 36 Rn. 8.

60 S. Nr. 110 bis 113 RiStBV.

61 HBB/*Herrnfeld* Art. 36 Rn. 11.

62 Diese Regelung ging auf ein Anliegen in den Verhandlungen zurück, wonach in manchen Rechtsordnungen die Autonomie der StA stark ausgeprägt ist (s. HBB/*Herrnfeld* Art. 36 Rn. 11).

63 HBB/*Herrnfeld* Art. 36 Rn. 11.

64 Ggf. muss sie das, wenn sie das Vorliegen eines Einstellungsgrundes annimmt, HBB/*Brodowski* Art. 39 Rn. 42.

65 So Gesetzesbegründung, BT-Drs. 19/17963, 24.

nale Recht des Mitgliedstaats des betrauten DEStA abzustellen.[66] Trotz des zumindest in den ErwG genannten Legalitätsprinzips lässt die VO mit dem vereinfachten Verfahren nach Art. 40 VO erkennen, unter gewissen Umständen ein Absehen von der Anklage zuzulassen (→ Rn. 99). Auch legt Art. 25 Abs. 2 VO (*Herrnfeld/Brodowski* → § 5 Rn. 68 ff.), der die Ausübung der EUStA-Zuständigkeit bei einem Schaden von weniger als 10.000 EUR auf Fälle von besonderer Bedeutung für die Union beschränkt (Auswirkungen auf Unionsebene, Unions-Beamte/-Bedienstete als Beschuldigte) nahe, dass für die EUStA **keine absolute Ermittlungs- und Anklagepflicht** besteht. Damit werden die DEStA, wie aus dem deutschen und österreichischen Strafverfahren bekannt, im Ausgangspunkt von einem Legalitätsprinzip und einer Wahrheitserforschungspflicht geleitet, ohne dass die Verfahrensbeendigung bei einem in der Hauptverhandlung vermutlich beweisbaren Strafvorwurf stets nur eine Anklage bedeutete (s. für Deutschland einerseits § 152 Abs. 2, § 160 Abs. 1 StPO, anderseits §§ 153 ff. StPO, für Österreich einerseits § 2 Abs. 1, § 3 öStPO, anderseits §§ 191, 192 öStPO; näher zu diesen Vorschriften und ihrer Anwendbarkeit → Rn. 74 ff., 86).

**b) Wahl des Mitgliedstaates, vor dessen Gerichten Anklage erhoben wird.** Neu gegenüber dem bisher bekannten europäischen System der Strafverfolgung ist, dass die EUStA bei Gerichtsbarkeit von mehreren Mitgliedstaaten den **Mitgliedstaat** festlegen kann, **in dem die Strafverfolgung erfolgen soll** (*Niedernhuber* → § 10 Rn. 1 ff.). Die Entscheidung über den teilnehmenden Mitgliedstaat, in dem der DEStA angesiedelt ist, der mit dem Verfahren betraut wird, hat die EUStA schon bei Einleitung des EUStA-Verfahrens (Art. 26 Abs. 4 VO) und ggf. im Laufe des weiteren Ermittlungsverfahrens (Art. 26 Abs. 5 VO) zu treffen. Auch im Zusammenhang mit der Erhebung der Anklage kann die EUStA jedoch eine erneute Zuweisungsentscheidung treffen (Art. 36 Abs. 3 S. 2 VO). 55

Die in der VO vorgesehene Regel ist, dass Fälle grds. in dem Mitgliedstaat verbleiben sollten, von dem aus sie im vorgehenden Ermittlungsverfahren von einem DEStA geführt worden sind (Art. 36 Abs. 3 S. 1 VO). Eine **Zuweisung an einen anderen Mitgliedstaat**, einschließlich der Erarbeitung einer entsprechenden Anklageschrift nach dem Recht des anderen Mitgliedstaats ist jedoch möglich (Art. 36 Abs. 3 S. 2 VO; im Einzelnen *Niedernhuber* → § 10 Rn. 3–5; allg. zur Wahl des Mitgliedstaats für das Ermittlungsverfahren *Niedernhuber* → § 7 Rn. 45–55; zum Rechtsschutz allg. *Esser* → § 12 Rn. 80 ff.). 56

**c) Weitere Entscheidungen und Schritte iZm der Anklageerhebung und des weiteren gerichtlichen Verfahrens.** Im Zusammenhang mit der Entscheidung über die Anklageerhebung kann die Kammer entscheiden bzw. der DEStA vorschlagen, **Verfahren zu verbinden** (Art. 36 Abs. 4 VO ErwG 67 und 68 VO; *Niedernhuber* → § 10 Rn. 15 f.). 57

Die VO spricht iZm der Anklageerhebung ferner davon, es werde „das … zuständige nationale Gericht nach Maßgabe des nationalen Rechts bestimmt" (Art. 36 Abs. 5 VO). Diese Vorschrift ist so zu verstehen, dass sie klarstellend die Maßgeblichkeit des jeweiligen nationalen Rechts zur **Gerichtszuständigkeit** bekräftigt (→ Rn. 19 zu Deutschland, Rn. 23 zu Österreich; allgemein *Niedernhuber* → § 10 Rn. 10–14).[67] 58

**Art. 36 Abs. 6 VO** schreibt vor, dass „die zuständigen nationalen Behörden, die betroffenen Personen und die einschlägigen Organe, Einrichtungen und sonstigen Stellen der Union" **von der Erhebung der Anklage zu unterrichten** sind (entsprechend Art. 39 Abs. 4 S. 1 VO für die Einstellung und Art. 34 Abs. 8 VO für die Abgabe an die nationale Justiz). Während der Kreis der zu Unterrichtenden (näher *Niedernhuber* → § 10 Rn. 19 ff.) damit einerseits recht weit gefasst scheint, auch über die EU bzw. deren Mitgliedstaaten herausgehen kann,[68] schränkt der einleitende Halbsatz durch die dort genannten **Zwecke** ein, also dass Wiedereinziehungsmaßnahmen, verwaltungsrechtliche Folgemaßnahmen oder Überwachungsmaßnahmen die Unterrichtung erfordern.[69] 59

66 HBB/*Herrnfeld* Art. 36 Rn. 6; → Rn. 4 ff.

67 HBB/*Herrnfeld* Art. 36 Rn. 21.

68 Die datenschutzrechtliche Zulässigkeit der Übermittlung an Organe, Einrichtungen und sonstige Stellen der Union ergibt sich aus Art. 54 ff. VO, an ein Drittland oder an eine internationale Organisation auf Art. 80 ff. VO.

69 Für eine einschränkende Auslegung des Kreises der „betroffenen Personen" HBB/*Herrnfeld* Art. 36 Rn. 22. Es verwundert, dass „betroffene Personen" überhaupt in dieser Aufzählung vorkommen, da die genannten Maßnahmen (Wiedereinziehung, verwaltungsrechtliche Folgemaßnahmen und Überwachung) allesamt welche von hoheitlicher

60 Dies schließt nicht aus, dass sich aus dem **Recht des Mitgliedstaates des betrauten DEStA Unterrichtungspflichten über Art. 36 Abs. 6 VO hinaus** ergeben[70] (zumal solche des Gerichts, näher *Niedernhuber* → § 10 Rn. 19 ff.; zu Unterrichtungen nach §§ 12 ff. EGGVG bzw. den MiStra → Rn. 45).

61 Unklar ist, warum gerade die **Zentrale** und nicht der unmittelbar mit dem Fall vertraute DEStA die Unterrichtungen vornehmen soll[71] (offen dagegen bei der Benachrichtigung über Einstellungen, Art. 39 Abs. 4 S. 1 VO, wenn auch Art. 56 Abs. 7 GO den DEStA vorsieht, → Rn. 92).

62 Der Schluss der Vorschrift in **Art. 36 Abs. 7 VO**[72] betrifft nicht die hier behandelnde Beendigung des EUStA-Ermittlungsverfahrens, sondern EUStA-interne Pflichten des DEStA gegenüber der Kammer bei bevorstehendem Abschluss des gerichtlichen Verfahrens, bspw. bei der Einlegung von Rechtsmitteln (näher zum gerichtlichen Verfahren *Niedernhuber* → § 10 Rn. 1 ff., 22 ff.).

63 **3. Einstellung des EUStA-Verfahrens (Art. 39).** Bei einer Einstellung nach Art. 39 VO trifft die EUStA selbst die Einstellungsentscheidung für das Verfahren; zur Beendigung des EUStA-Verfahrens, wenn die EUStA ein Verfahren mittels „Verweisung" und „Übertragung" nach Art. 34 VO an die nationale Justiz zwecks Durchführung des Strafverfahrens durch diese abgibt: → Rn. 27.

64 **a) Einstellung durch EUStA, da Strafverfolgung „nicht mehr möglich".** Nach Art. 39 Abs. 1 VO stellt die EUStA ein Verfahren aus den dort bezeichneten Gründen ein. Dabei handelt es sich um **zwingende und grds. abschließende** (ErwG 81 S. 2 VO) **Einstellungsgründe**[73], die trotz des Verweises auf nationales Recht grundsätzlich autonom nach Unionsrecht auszulegen sind.[74] Nach der Vorschrift trifft den entsprechenden Beschluss die Kammer, ggf. nach Art. 24 Abs. 1 GO bei Einstellungen nach Art. 39 Abs. 1 lit. a bis d VO sowie allgemein bei „geringer Komplexität" in einem schriftlichen Verfahren, → Rn. 122.

65 Von seinem Regelungsgehalt her ordnet **Art. 39 Abs. 1 VO** die Einstellung des Verfahrens an. Vor diesem Hintergrund ist zu würdigen, dass § 3 Abs. 1 EUStAG die Vorschrift des § 170 Abs. 2 S. 1 StPO wegen des Anwendungsvorrangs der VO für unanwendbar erklärt[75], bzw. § 14 Abs. 1 EUStA-DG jedenfalls die Vorschriften der §§ 190 bis 192 öStPO und § 18 VbVG hinsichtlich der in diesen normierten Einstellungsgründe.[76] Der DEStA greift in diesem Anwendungsbereich dann nicht auf die abbedungenen nationalen Vorschriften zurück, sondern auf die unmittelbar auch für ihn geltenden Vorschriften der VO.

66 Eine andere Frage ist, ob sich aus der – im Wortlaut des Art. 39 Abs. 1 VO in erster Linie angesprochenen – Entscheidung der Kammer prozessual **unmittelbar** eine **Rechtswirkung ergibt**[77], **bzw. welche genau.** Die Regelung des Art. 39 VO betrifft jedenfalls nur Einstellungsentscheidungen seitens der EUStA und nicht Einstellungsentscheidungen durch das Gericht, nachdem Anklage erhoben worden ist.[78] Zur dieser Frage, wann und wie eine Einstellungsentscheidung nach Art. 39 VO eine Rechtswirkung entfaltet, ist Folgendes anzumerken: Die Grundnorm des Art. 35 Abs. 1 VO legt

---

Natur sein dürften, für die nationale Behörden oder Stellen der Union zuständig sein dürften, nicht private Personen.

70 HBB/*Herrnfeld* Art. 36 Rn. 22; Gesetzesbegründung, BT-Drs. 19/17963, 32, 41, 44.

71 HBB/*Herrnfeld* Art. 36 Rn. 22.

72 Näher zu der Vorschrift HBB/*Herrnfeld* Art. 36 Rn. 23-25.

73 So die Annahme im deutschen Gesetzgebungsverfahren, Gesetzesbegründung, BT-Drs. 19/17963, 33; ebenfalls HBB/*Brodowski* Art. 39 Rn. 39, der aaO, Rn. 7, betreffend den entscheidungserheblichen Zeitpunkt darauf hinweist, dass der Fall von dem DEStA „ausermittelt" werden muss.

74 HBB/*Brodowski* Art. 39 Rn. 16.

75 Dazu Gesetzesbegründung, BT-Drs. 19/17963, 50, auf Seite 33 auch mit Hinweis auf die Verweisung auf den Privatklageweg (§§ 374, 376 StPO) als Sonderform der Einstellung gemäß § 170 Abs. 2 S. 1 StPO, die in EUStA-Verfahren keine praktische Rolle spielen dürfte. Zum europarechtlichen Wiederholungsverbot für den nationalen Gesetzgeber bzw. dessen Ausnahmen → Fn. 7.

76 Dazu EBRV 808 Blg NR 27.GP, 11.

77 So HBB/*Brodowski* Art. 39 Rn. 43; soweit dort neben „decision to dismiss taken by the Permanent Chamber" auch „by the European Prosecutor" erwähnt wird, findet sich zu letzterem, in Art. 39 Abs. 1 VO eigentlich nicht genannten DEStA so keine Begründung von *Brodowski*.

78 Gesetzesbegründung, BT-Drs. 19/17963, 33; HBB/*Brodowski* Art. 39 Rn. 8.

nahe, dass die Entscheidung der Kammer über einen bestimmten Verfahrensabschluss nicht „self-executing" ist, sondern einer prozessualen Umsetzung durch den DEStA bedarf, mit der (so S. 3) „dieser die Angelegenheit entsprechend weiter [verfolgt]". Aus der VO selbst wird deutlich, dass dem DEStA die Funktion zukommt, für die EUStA prozessual nach außen zu wirken, Art. 13 Abs. 1 VO, bzw. die Akte zu führen, Art. 45 Abs. 2 VO. Zum anderen wird die Kammerentscheidung, die sich etwa iZm einer Anklageerhebung ggf. in einem Verschweigen erschöpft (Art. 36 Abs. 2 VO), als solche nicht den notwendigen materiellen und formellen Anforderungen entsprechen, die das Recht des Mitgliedstaats des betrauten DEStA für den Abschluss des Ermittlungsverfahrens als strafprozessuale Handlung aufstellt (wie die Fertigung und Beibringung zur Akte des Abschlussvermerks nach § 169a StPO und Übersendung der Anklageschrift an das Gericht mit Urschrift der Akte nach § 199 Abs. 2 StPO). In diesem Sinne bedarf es nachfolgend zur Binnenentscheidung der Kammer eines weiteren Tätigwerdens des DEStA.

Ob unabhängig davon schon aufgrund der Binnenentscheidung der Kammer nach Art. 39 Abs. 1 VO unmittelbar aus der VO selbst eine Rechtswirkung folgt, dürfte v.a. für den **Rechtschutz** (*Esser* → § 12 Rn. 25 ff., 33 ff., 122 ff.) eine Bedeutung haben. § 3 Abs. 4 EUStAG (→ Rn. 97) geht jedenfalls davon aus, dass die Einstellung nicht nur nach Art. 42 Abs. 1 VO vor nationalen Gerichten, sondern auch nach Art. 42 Abs. 3 VO vor dem EuGH justiziabel ist. Anders als bei Art. 42 Abs. 1 VO, von dem Abs. 3 eine Abweichung darstellt, nennt letzterer jedoch keine „Rechtswirkung gegenüber Dritten" als Voraussetzung. 67

**b) Einstellungsgründe nach der EUStA-VO (Abs. 1).** Die **Einstellungsgründe**, die **lit. a bis g** aufzählen, entsprechen nicht behebbaren Verfahrenshindernissen, die aus dem nationalen Recht bekannt sind und in Deutschland unter § 170 Abs. 2 S. 1 StPO (**Tod**[79], **Schuldunfähigkeit**[80], **Amnestien**[81] oder **Immunitäten** als Schuldausschließungs-, Strafausschließungs- oder Strafaufhebungsgründe[82]; **Verjährung**[83]; **Doppelverfolgungsverbot**[84]; **Mangel an Beweisen**[85]) bzw. in Österreich unter § 190 öStGB fielen. 68

Nicht abschließend deutlich ist aus der VO, ob eine Strafverfolgung durch die EUStA ggf. weiter möglich bleibt, wenn das nationale Recht trotz bspw. des **Todes** (lit. a, 1. Alt.) oder **Schuldunfähigkeit** (lit. b) einer natürlichen oder der **Auflösung** der juristischen beschuldigten Person (lit. a, 2. Alt.) strafrechtliche Maßnahmen vorsieht, etwa solche der Vermögensabschöpfung[86], s. auch → Rn. 909 iZm Art. 36 VO. Gegenstand und Zweck des Art. 39 VO dürfte in erster Linie eine EUStA-Verfahrensregel sein, die bestimmte Einstellungsgründe benennt und insoweit eine unionsrechtliche Harmonisierung bewirkt. Es scheint jedoch bei genauer Betrachtung zu weit zu gehen, aus Art. 39 Abs. 1 und 4 VO zu folgern, zu strafrechtlichen „Nebenmaßnahmen" seien nur die nationalen Strafverfolgungsbehörden berufen, nicht die EUStA (s. schon → Rn. 49, Fn. 58). Zweck von Abs. 4 ist, u.a. andere Behörden zu benachrichtigen, die an der Unterrichtung ein Interesse haben, um 69

79 S. zum deutschen Recht KK-StPO/*Moldenhauer* § 170 Rn. 15 mwN.

80 HBB/*Brodowski* Art. 39 Rn. 21 weist darauf hin, dass dem Wortlaut nach nicht nur die Schuldunfähigkeit bei Tatbegehung, sondern auch möglicherweise auch ein vergleichbarer Zustand im Strafverfahren erfasst sein könnte. Zur (zu berücksichtigenden) Verhandlungsunfähigkeit → Rn. 75.

81 Dieser Begriff ist, so auch HBB/*Brodowski* Art. 39 Rn. 22, sicher ein autonom auszulegender des Unionsrechts, unter den verschiedenen Maßnahmen des nationalen Rechts fallen können, etwa auch Begnadigungen.

82 S. zum deutschen Recht KK-StPO/*Moldenhauer* § 170 Rn. 14.

83 S. zum deutschen Recht KK-StPO/*Moldenhauer* § 170 Rn. 15.

84 S. zum deutschen Recht KK-StPO/*Kudlich* Einleitung Rn. 377, 378.

85 S. zum deutschen Recht MüKoStPO/*Kölbel* § 170 Rn. 21.

86 Zu nennen sind die Einziehung beim Übergang von Einziehungsgegenständen auf Erben (§ 73b Abs. 1 S. 1 Nr. 3 StGB; zum Streitstand vor Neufassung der Vorschrift durch das Gesetz zur Reform der strafrechtlichen Vermögensabschöpfung s. die Gesetzesbegründung in BT-Drs. 18/9525, 57; s. auch § 20 Abs. 1, § 20a Abs. 1, 2 öStGB) oder die selbständige Einziehung trotz Nichtverfolgbarkeit bzw. Nichtstrafbarkeit (§ 76a Abs. 3 StGB, §§ 413 bis 416 StPO, § 30 Abs. 4 OWiG; § 26 Abs. 3 öStGB, § 443 Abs. 2, §§ 445, 446 öStPO, s. aber auch § 411 S. 2 öStPO). Zu vermögensabschöpfenden Maßnahmen *Niedernhuber* → § 7 Rn. 106. Vgl. auch HBB/*Brodowski* Art. 39 Rn. 19 mit dem Verweis auf Art. 39 Abs. 4 VO, sowie aaO Rn. 65, daher mglw. (s. aber auch aaO Rn. 2) in dem Verständnis, dass die Verfahren mit dem Zweck vorgenannten Maßnahmen nur durch die von der EUStA-Einstellung benachrichtigten nationalen Strafverfolgungsbehörden betrieben werden können.

Maßnahmen im eigenen Wirkungskreis einzuleiten. Während S. 1 deren Natur offen lässt, werden in der Zweckbestimmung des S. 2 die „Wiedereinziehung oder sonstige verwaltungsrechtlicher Folgemaßnahmen" genannt. Der Wortlaut durch die „oder"-Verknüpfung dabei nahe, dass hier insgesamt verwaltungsrechtliche (→ Rn. 91, Fn. 123), d.h. außerstrafrechtliche Maßnahmen gemeint sind. Systematisch gesehen scheint es auch nicht stimmig, mit der Unterrichtung der nationalen Behörden nach Art. 39 Abs. 4 VO etwaige weitere strafrechtliche Maßnahmen durch letztere anzustoßen zu wollen. Die Weiterleitung strafrechtlich relevanter Sachverhalte zwecks weiterer strafprozessualer Ermittlungen durch nationale Stellen ist Gegenstand von Art. 34 VO, nicht von Art. 39. Dies wird auch daran deutlich, dass eine Verweisung nach Art. 34 gerade keinen Strafklageverbrauch bewirkt (→ Rn. 899), wogegen eine Einstellung nach Art. 39 grundsätzlich einen Strafklageverbrauch nach sich zieht (→ Rn. 87).

70 Dieselben Gründe könnten dafür sprechen, dass trotz **Verjährung** (lit. b) keine Einstellung aus Art. 39 Abs. 1 VO heraus folgt, wenn nach nationalem Recht und damit für den betrauten DEStA andere Strafverfolgungsmaßnahmen zulässig sind[87], daher die Strafverfolgung jedenfalls zum Teil noch möglich ist. Zur Verjährung von PIF-Taten sind materiell im Übrigen von den Mitgliedstaaten spezifische europarechtliche Vorgaben aus der PIF-RL zu berücksichtigen.[88]

71 Den Begriff der **Immunität** (lit. d) verwendet die VO nur an dieser Stelle; Art. 29 VO, der die erwähnte Aufhebung regelt, spricht von „Vorrechten oder Befreiungen" (zu diesen *Niedernhuber* → § 7 Rn. 82–92; diese Begriffe verwendet ebenso Art. 96 Abs. 5 VO betreffend die der EUStA und ihr Personal selbst). Aus Art. 29 VO wird deutlich, dass es sich um Immunitäten nach dem nationalen Recht des Mitgliedstaats des betrauten DEStA[89] oder dem Unionsrecht[90] handeln kann. Teil des nationalen Rechts sind auch über dieses geltende völkerrechtlich begründete Regelungen, bspw. zu diplomatischer oder konsularischer Immunität;[91] es wäre in dieser Hinsicht ohnehin mit einer Einstellung im gerichtlichen Verfahren zu rechnen.[92]

72 Das **Doppelverfolgungsverbot** (lit. f; zu diesem Grundsatz bzw. der Vermeidung von Parallelverfahren allg. *Esser* → § 11 Rn. 31 ff.) greift erst dann als Einstellungsgrund nach Art. 39 Abs. 1 VO, wenn das andere Verfahren bereits rechtskräftig abgeschlossen worden ist. Ist das andere Verfahren noch anhängig, hat die EUStA ihr Verfahren weiter zu betreiben[93]; das Verfahrenshindernis der anderweitigen Rechtshängigkeit kann nicht zu einer Einstellung nach Art. 39 VO führen: Ein nationales Verfahren in einem der teilnehmenden Mitgliedstaaten wird von der EUStA ggf. evoziert, Art. 27 VO, das EUStA-Verfahren kann wiederum auf die nationale Ebene abgegeben werden, Art. 34 VO. Innerhalb der EUStA ist einer etwaigen anderweitigen Anhängigkeit mit den Regelungen zur EUStA-internen Zuweisung, Art. 26 Abs. 4 bis 6 bzw. Art. 36 Abs. 3, 4 VO, zu begegnen. Ob ein Doppelverfolgungsverbot vorliegt, bestimmt sich gemäß dem Chapeau des Art. 39 Abs. 1

87 Zur selbständigen Anordnung der Einziehung trotz Verjährung der Verfolgung der Straftat s. § 76a Abs. 2 StGB; s. § 57 Abs. 4 öStGB zum Ausschluss des Verfalls nach Eintritt der Verjährung, dagegen § 26 Abs. 3 öStGB für die Einziehung.

88 HBB/*Brodowski* Art. 39 Rn. 28–29.

89 S. für Deutschland Art. 46 GG und Anl. 6 GO-BT (Beschluß des Deutschen Bundestages betr. Aufhebung der Immunität von Mitgliedern des Bundestages) bzw. die entsprechenden Vorschriften der Länder (s. dazu § 152a StPO), sowie Gesetzesbegründung, BT-Drs. 19/17963, 26; für Österreich Art. 57 B-VG und § 10 Abs. 1 GOG-NR bzw. die entsprechenden Vorschriften der Länder. Eingehend G/P/K/G/*Kreicker*, III E, dort u.a. Rn. 1-5 und 64-70 zu Immunitäten und deren Wirkungen im Strafverfahren.

90 S. das Protokoll (Nr. 7) über die Vorrechte und Befreiungen der Europäischen Union vom 8. April 1965, ABl. 1967 Nr. 152 S. 13 idF des Vertrags von Lissabon vom 13.12.2007, ABl. 2008 C 115, S. 210; HBB/*Brodowski* Art. 39 Rn. 25.

91 HBB/*Brodowski* Art. 39 Rn. 24. S. für Deutschland § 19 bis 20 GVG, sowie *Kreicker* (Fn. 89), für Österreich Art. 9 B-VG bzw. das Wiener Übereinkommen vom 18.4.1961 über diplomatische Beziehungen, BGBl. 66/1966; das Bundesgesetz vom 14.12.1977 über die Einräumung von Privilegien und Immunitäten an internationale Organisationen, BGBl. Nr. 677/1977; Erlass vom 30.1.2013 über empfohlene Vorgehensweisen bei Strafverfahren gegen Personen, die im Inland völkerrechtliche Immunität genießen, BMJ-S309.001/0001-IV 4/2013.

92 Vgl. Gesetzesbegründung, BT-Drs. 19/17963, 34.

93 S. ErwG 64 VO zur Vorgabe, die EUStA solle ihre Zuständigkeit so umfassend wie möglich ausüben, damit sie ihre Ermittlungen und Strafverfolgungsmaßnahmen auch auf außerhalb der Hoheitsgebiete der Mitgliedstaaten begangene Straftaten erstrecken kann.

VO nach dem Recht des Mitgliedstaates des verfahrensführenden DEStA, kann aber auch aus dem Unionsrecht folgen.[94]

Ein Einstellungsgrund ist schließlich das „**Fehlen sachdienlicher Beweise**" (lit. g); gemeint ist damit eine Beweislage, die den Tatvorwurf hinsichtlich einer Straftat in EUStA-Zuständigkeit nicht hinreichend stützt.[95] Da ausdrücklich auf die Beweislage abgestellt wird, ist mglw. kein Fall von lit. g, wenn an sich kein Beweismangel herrscht, die Sachlage als quasi unstrittig bezeichnet werden kann, die EUStA aber in rein rechtlicher Hinsicht die Strafbarkeit des Sachverhalts nach nationalem Recht verneint. Im Ergebnis sollte beides gleichermaßen zu einer Einstellung des Ermittlungsverfahrens führen. Jedoch könnte der gegen die Einstellung zu begehende Rechtsweg (dazu *Esser* → § 11 Rn. 33 ff., 40, 125 ff.) sich unterscheiden, wenn ersteres als Einstellung nach Art. 39 Abs. 1 lit. g VO, somit als eine verstanden wird, die unmittelbar auf der Grundlage des Unionsrechts fußt (dann Zuständigkeit des EuGH nach Art. 42 Abs. 3 VO), während eine Einstellung nur aus Rechtsgründen sich aus dem Recht des Mitgliedstaates des betrauen DEStA ableitet (mit der Zuständigkeit der nationalen Gerichte, Art. 42 Abs. 1 VO). Über Einstellungen nach lit. g hat jede Kammer in ihrem Jahresbericht dem Kollegium zu berichten, Art. 22 Abs. 1 lit. b GO. 73

c) **In Deutschland geführte EUStA-Verfahren: Einstellung aus anderen Gründen nach StPO-Vorschriften?** Nach **§ 3 Abs. 1 EUStAG** sind bestimmte Vorschriften mit besonderer Bedeutung für die Verfahrensbeendigung **ausdrücklich ausgenommen**: Ein Verfahren kann bei **Auslandstaten nicht** nach **§ 153c StPO** eingestellt werden.[96] Hinsichtlich der Auslandstaten, die in anderen teilnehmenden Mitgliedstaaten begangen wurden, wird die Möglichkeit der Beschränkung auf Verfolgung von Taten im räumlichen Geltungsbereich der StPO durch das System der EUStA-internen Zuteilung von Verfahren gemäß der VO (nach Art. 26 Abs. 4 bis 6, Art. 36 Abs. 3 und 4) überlagert.[97] In der Konsequenz wird damit die Vorgabe, die EUStA solle ihre Zuständigkeit so umfassend wie möglich ausüben, damit sie ihre Ermittlungen und Strafverfolgungsmaßnahmen auch auf außerhalb der Hoheitsgebiete der Mitgliedstaaten begangene Straftaten erstrecken kann (ErwG 64 VO), so weitreichend umgesetzt, dass selbst dann keine Einstellung zB nach § 153c Abs. 1 Nr. 1 StPO erfolgen kann, wenn die Tat zwar nicht in einem anderen teilnehmenden Mitgliedstaat, jedoch in einem nicht-teilnehmenden Mitgliedstaat oder in einem Drittstaat verfolgt wird, obgleich in dem dortigen Verfahren eine ausreichende Durchsetzung des Strafanspruchs zu erwarten ist und in Anbetracht dessen ein zusätzliches eigenes Verfahren an sich nicht gerechtfertigt scheint.[98] Eine Einstellung kann dann erst nach Art. 39 Abs. 1 lit. f VO erfolgen, wenn das Verfahren in den anderen Staat rechtskräftig abgeschlossen wurde (→ Rn. 72). 74

Nicht geklärt ist, zumal die Anwendbarkeit von § 170 Abs. 2 S. 1 StPO durch § 3 Abs. 1 EUStAG verneint wird, ob eine Einstellung des Verfahrenserfolgen kann, wenn ein Verfahrenshindernis vorliegt, das nicht im Katalog der in der VO genannten Einstellungsgründe enthalten ist. Art. 39 VO dürfte (trotz ErwG 81 S. 2 VO) nicht ausschließen, dass **Verfahrenshindernisse** von der EUStA zu beachten sind, die sich **aus dem nationalen Recht** ergeben, auch wenn sie in Art. 39 Abs. 1 VO nicht als Einstellungsgrund aufgeführt sind.[99] So können **bspw.** eine **dauerhafte Verhandlungsunfähigkeit**[100], die **Strafunmündigkeit**[101], eine auslieferungsrechtliche Spezialitätsbindung[102] oder (weni- 75

94 Näher *Esser* → § 11 Rn. 41 ff.; HBB/*Brodowski* Art. 39 Rn. 31–33.

95 HBB/*Brodowski* Art. 39 Rn. 35–36.

96 S. Gesetzesbegründung, BT-Drs. 19/17963, 34, 49 f.

97 Die Gesetzesbegründung, BT-Drs. 19/17963, 50, argumentiert hinsichtlich § 153c Abs. 2 StPO auch mit der Regelung des Art. 39 Abs. 1 lit. f VO.

98 Zum Normzweck KK-StPO/Peters § 153c Rn. 1–5.

99 So die Gesetzesbegründung, BT-Drs. 19/17963, 34; in diese Richtung auch, aber differenzierend HBB/*Brodowski* Art. 39 Rn. 10–14, s. ferner HBB/*Herrnfeld* Art. 35 Rn. 9–10.

100 S. zum deutschen Recht KK-StPO/*Moldenhauer* § 170 Rn. 15; OLG Stuttgart, NStZ-RR 2006, 313, mit Verweis auf BVerfG NStZ-RR 1996, 38; BGH NStZ 1996, 242. HBB/*Brodowski* Art. 39 Rn. 19 bejaht hohes Alter als möglichen Einstellungsgrund, wohl Verhandlungsunfähigkeit aufgrund Alters meinend.

101 S. für Deutschland §§ 77 ff. StGB, für Österreich § 74 Abs. 1 Z 1 öStGB; HBB/*Brodowski* Art. 39 Rn. 11.

102 S. für Deutschland §§ 72, 83h, 84i IRG; BGH NStZ-RR 2013, 251; für Österreich § 31 EU-JZG, auch iVm § 6 Abs. 1 INÜG, sowie § 70 AHRG, s. dazu ausdrücklich § 18 AHRG).

ger relevant im EUStA-Kontext) ein fehlender Strafantrag oder eine fehlende Ermächtigung[103] **Verfahrenshindernisse** begründen. Diese sollten die EUStA dazu veranlassen, von der Fortführung ihres Verfahrens abzusehen, selbst wenn das Verfahrenshindernis sich keinem der in Art. 39 VO genannten Einstellungsgründe zuordnen lässt. Eine Anklageerhebung bei zu erwartender Einstellung durch das Gericht wäre rechtstaatlich kaum vertretbar.[104] Eine Lösung könnte in der analogen Anwendung von Einstellungsgründen des § 39 Abs. 1 VO liegen, wenn die Einstellungsgründen denen der VO gleichwertig sind und dadurch nicht das für die EUStA geltende Legalitätsprinzip (→ Rn. 82) berührt ist.[105] Auf Art. 39 Abs. 1 VO unmittelbar, wenn auch analog zurückzugreifen, würde jedenfalls über den Verweis in Art. 5 Abs. 3 S. 2 VO und die an sich eindeutige Anordnung des nationalen Rechts in § 3 Abs. 1 EUStAG (bzw. § 14 Abs. 1 EUStA-DG für Österreich) hinweghelfen.

76 Für einen betrauten DEStA in Deutschland lässt § 3 Abs. 1 EUStAG Raum, bei **vorübergehenden Verfahrenshindernissen § 154f StPO** anzuwenden, **auch wenn vorübergehende Verfahrenshindernisse in Art. 39 Abs. 1 VO nicht als Einstellungsgrund aufgeführt sind.**[106] Es handelt sich dann um keine Einstellung, weil die Strafverfolgung dauerhaft „nicht mehr möglich" ist", wie Art. 39 Abs. 1 VO formuliert, sondern nur eine vorübergehende Unmöglichkeit.

77 Teilweise zu bejahen ist die Anwendbarkeit von **§ 154b StPO** betreffend das **Absehen von der Verfolgung bei Auslieferung und Ausweisung.**[107] Eine Auslieferung von Deutschland wegen **derselben Tat** (**§ 154b Abs. 1 StPO**), also der **PIF-Tat**, die auch dem von einem DEStA in Deutschland geführten EUStA-Verfahren zugrunde liegt, kann zum einen vorkommen, wenn die Kammer den EUStA-Fall einem DEStA in einem anderen teilnehmenden Mitgliedstaat zuweist (Art. 10 Abs. 4 lit. e iVm Art. 26 Abs. 5 oder Art. 10 Abs. 3 lit. a iVm Art. 36 Abs. 3 VO) und infolgedessen der Beschuldigte in den anderen Mitgliedstaat überstellt wird. Der Fall wird dann EUStA-intern weitergeführt und nicht nach Art. 39 VO eingestellt; der betraute DEStA in Deutschland sieht dann von einer weiteren Bearbeitung ab, da er aufgrund der neu zuweisenden Entscheidung der Kammer nicht mehr zuständig ist und daher auch keinen Anlass mehr für Erhebung der öffentlichen Klage vor einem deutschen Gericht hat, von der er iSd § 154b Abs. 1 StPO absehen könnte. Im Übrigen sind trotz des Legalitätsgrundsatz der EUStA-VO grundsätzlich Konstellationen denkbar, in denen es sinnvoll sein kann, einer Übergabe (iSd Europäischen Haftbefehls) oder Auslieferung und damit Strafverfolgung einer PIF-Tat in einem nicht-teilnehmenden Mitgliedstaat oder einem Drittstaat gemäß § 154b Abs. 1 StPO den Vorrang zu geben, bspw. weil die Tat in dem ersuchenden Staat begangen wurde und sämtliche Beweismittel dort sind. Prozessual ist dies ein weder in Art. 34 noch Art. 39 VO geregelter Fall, so dass über Art. 5 Abs. 3 VO und § 2 EUStAG die Vorschrift des § 154b StPO anwendbar wird. Dies trifft auch auf die Übergabe bzw. **Auslieferung wegen einer anderen Tat** (also **Nicht-PIF-Straftat**) (**§ 154b Abs. 2 StPO**) zu.

78 Für das Übergabe- oder Auslieferungsersuchen wegen der jeweils anderen Tat gilt, dass es sich an die zuständigen innerstaatlichen deutschen Behörden richtet, die im Rahmen der ihnen zukommenden Zulässigkeitsprüfungen und Bewilligungsbefugnisse entscheiden.[108] **Übergebender bzw. Ausliefernder ist nicht die EUStA.** Wie aus der VO deutlich wird, gehen die Befugnisse eines DEStA, einen Beschuldigten für „sein" Verfahren in „seinem" Mitgliedstaat in Haft zu halten, nicht weiter als diejenigen, die ein Staatsanwalt „im Einklang mit dem nationalen Recht ... in einem vergleichbaren innerstaatlichen Fall" (Art. 33 Abs. 1 VO) hätte. Die EUStA kann abgesehen von dem allgemeinen Grundsatz der loyalen Zusammenarbeit nach Art. 5 Abs. 6 VO (und Art. 4 Abs. 3 EUV), der den deutschen Stellen eine vorherige Konsultation nahelegen und eine Berücksichtigung der

103 S. für Deutschland § 19 ff StGB; HBB/*Brodowski* Art. 39 Rn. 11.

104 Vgl. Gesetzesbegründung, BT-Drs. 19/17963, 34, die in dieser Hinsicht jedoch zu zaghaft formuliert „dürfte jedenfalls nicht ausgeschlossen sein".

105 Analoge Anwendung von Art. 35 und 39 VO bejahend HBB/*Brodowski* Art. 39 Rn. 11.

106 HBB/*Brodowski* Art. 39 Rn. 13.

107 Wenn auch mit der Notwendigkeit einer differenzierteren Betrachtung als in der Gesetzesbegründung, BT-Drs. 19/17963, 34, siehe im Folgenden im Text.

108 S. G/P/K/G/*Gut/Kreß*, IRG, § 74a, Rn. 20 ff.

Interessen der EUStA verlangen sollte, nicht verhindern, dass ein in ihrem Verfahren Beschuldigter aus Deutschland ausgeliefert wird. Demgegenüber sieht für Österreich § 37 Z 2 ARHG zwingend vor, dass die Auslieferung bei einem anhängigen Strafverfahren aufzuschieben ist; ähnlich auch § 25 Abs. 1 Z 3 und 4 EU-JZG für den EuHb.

Hinsichtlich einer **Ausweisung oder Abschiebung** (**§ 154b Abs. 2 StPO**) ist auf § 72 Abs. 4 S. 1 AufenthG zu verweisen. Die zuständige deutsche Ausländerbehörde hat demnach iVm § 142b Abs. 1 S. 1 GVG das Einvernehmen der EUStA zu suchen. Hier ist die Frage, wie strikt die EUStA das Legalitätsprinzip auslegt. Kommt es jedoch zur Abschiebung oder Ausweisung, scheint die Anwendung von § 154b Abs. 2 StPO sachgerecht. 79

Fraglich scheint, inwieweit über Art. 39 Abs. 1 VO hinaus **§ 153 Abs. 1, § 153b Abs. 1, § 154 Abs. 1, § 154a StPO** (bzw. ggf. **§ 398 AO**[109] oder **§ 45 Abs. 1 und 2 JGG**) anwendbar sein können, wie sie dies in rein nationalen Verfahren wären. Die **deutsche Gesetzesbegründung geht von einer Anwendbarkeit der vorgenannten Normen** aus. Dies wird damit begründet, dass die VO in ihrem Art. 39 Abs. 1 lediglich Einstellungsgründe normiert, die in der Regel zu einer endgültigen Verfahrenseinstellung führen; ferner wird argumentiert, dass ansonsten das Gericht die Einstellung vornehmen würde.[110] Dies könnte verkürzt und im Ergebnis so verstanden werden, dass die genannten Einstellungsvorschriften ohne Weiteres wie in innerstaatlichen Verfahren anzuwenden sind. 80

Daher sind zu dieser Begründung **ergänzende Gedanken** angebracht: Die Folgerung, ohne neue Sacherkenntnisse komme einer Einstellung nach Art. 39 Abs. 1 VO eine Rechtskraftwirkung zu, trifft sicher zu. Es fragt sich jedoch, ob dies an sich ein Argument für die europarechtliche Zulässigkeit von Einstellungsgründen nach nationalem Recht über diejenigen nach Art. 39 Abs. 1 VO hinaus ist. Art. 39 Abs. 2 VO, aus dem sich Rückschlüsse auf die Rechtskraftwirkung ziehen lassen, scheint systematisch eher eine Folgeregelung zu Abs. 1, als dass er Aussagen zu ferner denkbaren Einstellungsmöglichkeiten enthält. Tragender dürfte sein, dass Abs. 1 bestimmte Fallgestaltungen adressiert, bei denen eine Fortführung des Strafverfahrens *„aus einem der folgenden Gründe nicht mehr möglich ist"*. Eine „Unmöglichkeit" liegt bei den hier interessierenden Einstellungen des deutschen Rechts nicht vor. Aus diesem Grund dürfte im Ergebnis zutreffend sein, über Art. 5 Abs. 3 VO und § 2 EUStAG grundsätzlich den Rückgriff auf § 153, § 153b, § 154 und § 154a StPO sowie § 398 AO und § 45 Abs. 1 und 2 JGG zu eröffnen. 81

Allerdings ist auch noch darauf hinzuweisen, dass die **EUStA**, anders als das Gericht oder eine deutsche StA, an das in der **VO enthaltene** (ErwG 66, 81 S. 1 VO), **nach dem Unionsrecht autonom auszulegende Legalitätsprinzip** gebunden ist.[111] So kann die für den EUStA-Fall zuständige Kammer im Rahmen von Art. 35 Abs. 2 VO anweisen, umfassend Anklage zu ergehen, bzw. sich gegen eine Einstellung aussprechen. Jedoch weist die VO zB mit Art. 25 Abs. 2 eine Regelung zum Umgang mit Bagatelltaten auf, die deutlich werden lässt, dass die EUStA **keiner absoluten Ermittlungspflicht** unterliegt (→ Rn. 54): So soll die EUStA für die dort genannten, aufgrund einer Schadenssumme von weniger als 10.000 EUR ggf. als geringfügig iSv § 153 StPO einzustufenden Taten ihre Zuständigkeit gar nicht erst ausüben. Korrespondierend muss man der EUStA auch in einem bei ihr anhängigen, nicht nach Art. 34 Abs. 2 VO an die zuständigen nationalen Behörden zu verweisenden Ermittlungsverfahren ermöglichen, wegen Geringfügigkeit einzustellen. Ferner kann die EUStA selbst Fälle mit höherer Schadenssumme (von bis zu 100.000 EUR, → Rn. 29 ff.) an die nationale Justiz abgeben, welche ggf. folgenlos einstellen kann bzw. ggf. gar nicht übernimmt (→ Rn. 33). 82

109 S. zu dessen Entstehungsgeschichte, dem Verhältnis zu § 153 StPO und dem Anwendungsbereich im Vergleich zu letzterem MüKoStPO/*Pflaum* § 398 AO Rn. 1–6; Klein/Jäger § 398 AO Rn. 1–2.

110 Gesetzesbegründung, BT-Drs. 19/17963, 34. Der staatsanwaltlichen Einstellung nach § 153 Abs. 1 StPO kommt keine und der gerichtlichen nach § 153 Abs. 2 StPO nur eine beschränkte Rechtskraftwirkung zu, KK-StPO/*Diemer* § 153 Rn. 41 mwN.

111 Unscharf NK-RechtshilfeR/*von Galen/Furtwängler* 4. HT 8. Teil Rn. 1064 („nach eigenem Ermessen"). Zum Legalitätsprinzip nach der VO bei der Einleitung von Verfahren s. die Gesetzesbegründung, BT-Drs. 19/17963, 24, ferner HBB/*Brodowski* Art. 26 Rn. 9 („mandatory prosecution"), HBB/*Herrnfeld* Art. 35 Rn. 9–10, 36 und HBB/*Brodowski* Art. 39 Rn. 2, 12.

83 Eine **Beschränkung der Verfolgung** für die DEStA in Deutschland ist durchaus denkbar, indem seitens der EUStA **keine Einstellung** erfolgt, sondern die abzutrennenden, nicht beträchtlich ins Gewicht fallenden Teile der Tat an die zuständige nationale StA verwiesen werden.[112] Dies würde freilich nicht dem Gedanken des **§ 154a StPO** entsprechen, wonach dem Beschuldigten eine Verfolgung wegen der nicht beträchtlichen Taten bzw. deren Teile erspart werden soll. Letztlich käme es im Hinblick auf das EUStA-Verfahren seitens der deutschen StA zu einer Einstellung nach § 154 Abs. 1 StPO, was in der Sache wiederum ein Argument wäre, die Einstellungsmöglichkeit sogleich dem DEStA zuzusprechen, ungeachtet der Bindung der EUStA an das Legalitätsprinzip.

84 Aufgrund der Überlegungen zum Legalitätsprinzip, wie es die EUStA zu beachten hat, scheidet eine Opportunitäts-Einstellung nach **§ 154d StPO** aufgrund vorrangig **zivil- oder verwaltungsrechtlich zu klärender Vorfragen** aus. Wie aus der VO deutlich wird, hat die EUStA bei vorliegendem strafrechtlichen Anfangsverdacht zu ermitteln (Art. 26 Abs. 1, ErwG 81 VO) und hat erst nach Ausermittlung des Falles und ggf. seiner Einstellung aus anderen Gründen auf das Zivil- oder das Verwaltungsverfahren zu verweisen (s. Art. 39 Abs. 4, Art. 101 Abs. 2 und 4 und Art. 103 VO sowie ErwG 107 VO). Damit wäre nicht in Einklang zu bringen, wenn ein DEStA die Geschädigten, bspw. Stellen der Kommission, darauf verweisen könnte, dass zunächst zivil- oder verwaltungsrechtlich vorgegangen werden möge, da die Beurteilung des Strafrechtsfalles von zivil- oder verwaltungsrechtlichen Vorfragen abhinge.

85 Sicher nicht in Betracht kommen in EUStA-Verfahren Einstellungen nach **§§ 153d, § 153e und 153f StPO**, die in § 3 Abs. 1 EUStAG (wegen offensichtlich fehlender Relevanz[113]) keine Erwähnung finden. Diese Vorschriften betreffen das Absehen von der Verfolgung bei Staatsschutzdelikten bzw. Völkerstraftaten, die aufgrund der Ausrichtung der EUStA als „PIF-Staatsanwaltschaft" (Art. 22–23, 25 VO, *Herrnfeld/Brodowski* → § 5 Rn. 1, 9) nicht in deren Zuständigkeitsbereich fallen. **§ 154c und § 154e StPO** sind in EUStA-Sachen ebenfalls nicht anwendbar, da Nötigungen oder Erpressungen bzw. falsche Verdächtigungen oder Beleidigungen keine Straftaten im Zuständigkeitsbereich der EUStA darstellen.

86 **d) In Österreich geführte EUStA-Verfahren: Einstellung aus anderen Gründen nach öStPO-Vorschriften?** Für **Österreich** ordnet § 14 Abs. 1 EUStA-DG eindeutig an, dass die **in §§ 190 bis 192 öStPO angeführten Einstellungsgründe** auf Einstellungsentscheidungen der EUStA **nicht anzuwenden** sind, im Verständnis und unter Bezugnahme auf ErwG 81 VO, dass die Einstellungsgründe abschließend in Art. 39 VO geregelt seien. Aus der Gesetzesbegründung[114] folgt ferner, dass auch § 18 VbVG sowie Einstellungsgründe aus Opportunitätserwägungen nicht anzuwenden sind, einschließlich § 202 FinStrG. Unberührt bleiben damit zB §§ 197, 275 öStPO. Zur analogen Anwendung von Einstellungsgründen des Art. 39 Abs. 1 VO, wenn Einstellungsgründe vorliegen, die die VO nicht nennt, die aber den genannten gleichwertig sind → Rn. 75, 80.

87 **e) Erneute Ermittlungen (Abs. 2).** Nach Art. 39 Abs. 2 S. 1 VO soll es möglich bleiben, ein Ermittlungsverfahren trotz eines Einstellungsbeschlusses gemäß Abs. 1 erneut aufzugreifen, wenn der EUStA neue Tatsachen bekannt werden, die dem Einstellungsgrund den Boden entziehen.[115] Die Entscheidung trifft die Kammer, Art. 39 Abs. 2 S. 2 VO, für die der DEStA den Sachverhalt entsprechend vorher bewertet und ihr berichtet (Art. 59 GO). Eine Einstellung nach Art. 39 VO hindert eine weitere bzw. erneute Strafverfolgung grundsätzlich, sofern nicht die Voraussetzungen von

---

112 Womit dem von HBB/*Brodowski* Art. 39 Rn. 14, dritter Anstrich, vorgebrachten Argument begegnet wäre, die Ressourcen der EUStA nicht auf Bagatelltaten zu verwenden.

113 Aus diesem Grund laut Gesetzesbegründung, BT-Drs. 19/17963, 50, nicht regelungsbedürftig. Ein Regelungsbedarf bestünde, wenn die Zuständigkeiten der EUStA nach Art. 86 Abs. 4 AEUV (*Herrnfeld* → § 2 Rn. 12; *Meyer* → § 3 Rn. 22 ff.) einschlägig ausgeweitet würden. S .dazu die Mitteilung der Kommission an das Europäische Parlament und den Europäischen Rat: „Ein Europa, das schützt: eine Initiative zur Ausweitung der Zuständigkeiten der Europäischen Staatsanwaltschaft auf grenzüberschreitende terroristische Straftaten" v. 12.9.2018, KOM(2018) 641 final.

114 EBRV 808 Blg NR 27.GP, 10 f.

115 HBB/*Brodowski* Art. 39 Rn. 47.

Abs. 2 vorliegen. Die Vorschrift bewirkt somit einen (bedingten) **Strafklageverbrauch.**[116] Näher *Esser* → § 11 Rn. 71 ff., 78 ff.

**f) Konsultation mit nationalen Behörden bei der Entscheidung über eine Einstellung (Abs. 3).** Die „Sperrwirkung" durch eine EUStA-Einstellung erklärt die **Konsultationspflichten** aus Art. 39 Abs. 3 VO bzw. nach Art. 58 GO: Die Zuständigkeiten der EUStA nach Art. 22 Abs. 3 VO, auf den die Norm in S. 1 Bezug nimmt, sind solche für „untrennbar verbundene" Straftaten, also solche, die keine PIF-Delikte sind, aber mit diesen eine Tat im prozessualen Sinne bilden (ErwG 54 bis 56 VO, *Herrnfeld/Brodowski* → § 5 Rn. 49 ff.). Die Wirkungen der Einstellung durch die EUStA würde mithin auch der Verfolgung der Nicht-PIF-Delikte durch die nationalen Strafverfolgungsbehörden entgegenstehen. Dasselbe gilt für die PIF-„Ausgabe"-Delikte nach Art. 3 Abs. 2 lit. a und b PIF-RL, die Art. 39 Abs. 3 S. 3 VO nennt: Gibt die EU Mittel oder Vermögenswerte aus, so ist die EU oftmals nicht die Hauptgeschädigte, da nur eine Co-Finanzierung neben anderen, idR nationalen Mitteln erfolgt. Die EUStA besitzt auch für solche Konstellationen eine Zuständigkeit und soll sie ausüben (Art. 25 Abs. 3 S. 2 VO, *Herrnfeld/Brodowski* → § 5 Rn. 77 ff., 80 ff.). Mit einer Einstellung des Strafverfahrens der EUStA wäre auch die Verfolgung durch die nationalen Strafverfolgungsbehörden verwehrt, die wegen des nationalen Co-Finanzierungsanteils bzw. Schadens ein eigenes Verfolgungsinteresse haben. Dies liegt der weiteren Bedingung zugrunde, die Art. 39 Abs. 3 S. 3 VO mit dem zweiten Halbsatz enthält: Die Konsultationspflicht der EUStA vor Einstellung besteht nur, falls für andere Verletzte ein gleich großer oder größerer Schaden als der der EU im Raum steht. Ist die EU diejenige Verletzte mit dem größten Einzel-Schaden (was weniger als 50 % betragen kann und keinen insgesamt, also alle anderen zusammen addierten Anteile überwiegenden Schadensanteil ausmachen muss), kann die EUStA das Verfahren ohne Konsultation mit den nationalen Behörden einstellen. Auch dann bleibt ein Austausch mit den nationalen Stellen möglich und kann ratsam sein. So mag sich herausstellen, dass anstelle einer Einstellung nach Art. 39 VO für die EUStA eine Verweisung des Verfahrens an nationale Strafverfolgungsbehörden nach Art. 34 VO in Betracht kommt. 88

Zu konsultieren sind von der EUStA, d.h. dem verfahrensführenden betrauten DEStA, bevor er seinen Vorschlag zur Verfahrensbeendigung mittels Einstellung der Zentrale vorlegt[117], die von den teilnehmenden Mitgliedstaaten bestimmten nationalen Behörden nach Art. 25 Abs. 6 VO (zu dieser Vorschrift allg. *Herrfeld/Brodowski* → § 5 Rn. 84 ff.; *Niedernhuber* → § 7 Rn. 34 ff.). Dies ist für Deutschland der **GBA** (§ 142b Abs. 2 GVG),[118] in Österreich trotz des § 7 EUStA-DG nicht der OGH, sondern die **Generalprokuratur** (§ 14 Abs. 3 EUStA-DG, → Rn. 35 f.)[119]. Es stellt sich die Frage, ob die derart bestimmten zentralen Behörden angesichts ihrer fehlenden Sachnähe nin der Lage sein werden, über die Sinnhaftigkeit der Einstellung oder doch besser des Fortführens von Ermittlungen alleine entscheiden zu können.[120] So dürfte der GBA in Deutschland die **örtlich** 89

---

116 Gesetzesbegründung, BT-Drs. 19/17963, 33; s. auch HBB/*Brodowski* Art. 39 Rn. 44, zur Zulässigkeit dieser Einschränkung; ferner *Caianello*, The decision to drop the case in the new EPPO's regulation: *Res Iudicata* or Transfer of Competence? in Bachmaier Winter (Hrsg.), The European Public Prosecutor´s Office, 2018, 103 (110–113). Für Deutschland betreffend die Wirkung einer Einstellung der Ermittlungen MüKoStPO/*Kölbel* § 170 Rn. 26; für Österreich § 193 Abs. 2 Z 2 öStPO.

117 Art. 58 Abs. 1 GO; HBB/*Brodowski* Art. 39 Rn. 61.

118 Dazu Gesetzesbegründung, BT-Drs. 19/17963, 24, 34.

119 S. dazu EBRV 808 Blg NR 27.GP, 8, 11. Zu den Überlegungen auf S. 8 dort, dass die nach Art. 25 Abs. 6 VO zuständige nationale Behörde zu Vorlagen an den EuGH nach Art. 42 Abs. 2 lit. c VO und Art. 267 AEUV berechtigt sein muss, s. die bemerkenswerten Schlussanträge von GA *Sánchez-Bordona* (Fn. 26, 11.3.2021 – C-66/20, ECLI:EU:C:2021:200 Rn. 28–68 – XK, der die Befugnis einer Staatsanwaltschaft zur Vorlage an den EuGH bejaht, wenn gegen deren Entscheidung kein Rechtsmittel möglich ist. Die Vorlageberechtigung hat der EuGH in seinem nachfolgenden Urteil vom 2.9.2021 im vorliegenden Kontext als Erledigungsbehörde für eine Maßnahme der Rechtshilfe in Strafsachen verneint (Rn. 38–43). Allerdings hat der EuGH eine Reihe von Merkmalen angeführt (Rn. 34), die bei der Entscheidung nach Art. 25 Abs. 6 VO durchaus zutreffen und sie daher zu einer Entscheidung rechtsprechender Natur machen könnten. So handelt es sich um ein kontradiktorisches Verfahren, das zwingend zu durchlaufen ist und in dem eine gesetzlich verankerte, ständig eingerichtete Stelle eine unabhängige Entscheidung trifft.

120 HBB/*Brodowski* Art. 39 Rn. 62.

**zuständige Staatsanwaltschaft** zu unterrichten und anzuhören sowie darüber hinaus mit dieser Einvernehmen über das weitere Vorgehen seitens der nationalen Justiz herzustellen haben (→ Rn. 36). Konsultation bedeutet in diesem Zusammenhang für die EUStA nicht, dass die EUStA das Einvernehmen der nationalen Justiz zur Einstellung einholen muss, es geht hier für die EUStA nur um ein Benehmen in Sinne eines Anhörungserfordernisses.[121] Allerdings kann die nationale Behörde verlangen, dass das Verfahren an die nationale Justiz abgegeben wird (Art. 34 Abs. 6 VO), insofern also eine Einstellung durch die EUStA verhindern,[122] s. zu Österreich im Einzelnen die Regelungen des § 14 Abs. 3 EUStA-DG.

90 Kommt ein Strafverfahren der nationalen Behörden in Betracht, gibt die EUStA den Fall mittels **Verweises** an diese ab (Art. 39 Abs. 3 S. 2 VO). Damit tritt kein Strafklageverbrauch durch einen Verfahrensabschluss der EUStA ein, sondern den zuständigen **nationalen Behörden** verbleibt die **Möglichkeit**, das **Verfahren weiter** zu **betreiben.**

91 **g) Benachrichtigung über die Einstellung (Abs. 4).** Art. 39 Abs. 4 S. 1 VO nennt (wie Art. 36 Abs. 6 VO für die Anklageerhebung und Art. 34 Abs. 8 VO für die Abgabe an die nationale Justiz) verschiedene Stellen, die die EUStA über die Einstellung eines Verfahrens zu **unterrichten** hat. Neben der Mitteilung nach S. 1 erlaubt Satz 2, ein eingestelltes Verfahren an OLAF oder die zuständigen nationalen Verwaltungs- oder Justizbehörden verweisen. Schon aus dem Wortlaut wird klar, dass dies der Förderung von Folgemaßnahmen verwaltungsrechtlicher Natur, auch der „Wiedereinziehung“, dient[123] (→ Rn. 69). Ein Verweis nach Art. 39 Abs. 4 S. 2 VO kann wegen des Strafklageverbrauchs, der durch die Einstellungsentscheidung der EUStA eingetreten ist (→ Rn. 87), ohnehin nicht zu einem Strafverfahren in der Sache durch die Justiz führen; hierfür bedürfte es eines Verweises nach Art. 34 VO (→ Rn. 42), dem keine Einstellung nach Art. 39 VO vorausgeht.

92 Der Wortlaut des Art. 39 Abs. 4 VO lässt offen, **wer die Benachrichtigung oder den Verweis vornimmt**; Art. 56 Abs. 7 GO weist dies aber dem DEStA zu (anders im Fall der Anklageerhebung, wo die Zentrale die Benachrichtigungen vornimmt, Art. 36 Abs. 6 VO, →Rn. 61). Hierfür spricht, dass der DEStA mit dem konkreten Verfahren vertrauter und derjenige ist, der nach Art. 45 Abs. 2 S. 2 VO über den Zugang zur Verfahrensakte nach dem Recht seines Mitgliedstaates zu entscheiden und ihn zu gewähren hat. Die **Einstellung** sowie die **Mitteilungen und Unterrichtungen** werden jedenfalls **von dem DEStA in das FBS eingetragen** (Art. 56 Abs. 7 GO).

93 Die VO und auch die GO lassen offen, **welche Stellen im Einzelfall genau zu benachrichtigen** sind. Es liegt nahe, dass dies zumindest die Behörden der teilnehmenden Mitgliedstaaten sind, die den Fall der EUStA nach Art. 24 Abs. 1 oder 2 VO vorgelegt haben oder ansonsten neben der EUStA als Strafverfolgungsbehörde zuständig wären.[124] Der Wortlaut der Vorschrift würde aber nicht ausschließen, dass die EUStA die zuständigen nationalen Verwaltungs- oder Justizbehörden von nicht an der EUStA teilnehmenden Mitgliedstaaten oder von Drittstaaten über die Einstellung unterrichtet; nur würde ggf. keine Pflicht aufgrund von § 39 Abs. 4 VO bestehen.[125] So kann ein Beschuldigter in Hinblick auf ein anhängiges Parallelverfahren in einem nicht teilnehmenden Mitgliedstaat

---

121 Die EUStA-VO verwendet in Art. 39 Abs. 3 S. 1 VO gerade nicht „Einvernehmen“, anders als in anderen Vorschriften, wie Art. 104 und 105. S. in den anderen Sprachfassungen bspw. engl. „after consultation”/„in agreement”, frz. „après avoir consulté“/„en accord”, it. „previa consultazione“/„di concerto“, ndl. „na overleg“/„met instemming“. Ungenau daher NK-RechtshilfeR/*von Galen*/*Furtwängler* 4. HT 8. Teil Rn. 1069, die davon sprechen, die Einstellungsentscheidung der EUStA könne „nur im Einvernehmen mit den nationalen Behörden getroffen werden“.

122 HBB/*Brodowski* Art. 39 Rn. 63.

123 Bspw. nach deutschem Recht Rücknahme, Widerruf und Erstattung nach §§ 48, 49, 49a VwVfG, nach österreichischem Recht Aufhebung nach § 68 Abs. 3 und 4 AVG, § 103 MOG.

124 HBB/*Brodowski* Art. 39 Rn. 64. S. auch Gesetzesbegründung, BT-Drs. 19/17963, 39–41, 54, mit Ausführungen zur Vorschrift des Art. 47 Abs. 3 VO betreffend die datenschutzrechtliche Zweckbeschränkung. Nach der Gesetzesbegründung, aaO, 41, soll ein Informationsaustausch nach Maßgabe der VO auch mit anderen als Strafverfolgungsbehörden zulässig sein; verwiesen wird in diesem Zusammenhang auf Art. 25 Abs. 5, Art. 26 Ab. 7, Art. 36 Abs. 6 und den hier behandelten Art. 39 Abs. 4 VO. Siehe hierzu → Rn. 45.

125 Die datenschutzrechtliche Zulässigkeit der Übermittlung an Organe, Einrichtungen und sonstige Stellen der Union ergibt sich aus Art. 54 ff. VO, an ein Drittland oder an eine internationale Organisation aus Art. 80 ff. VO (*Hornung*/*Schindler* → § 13 Rn. 30, 45 ff.).

oder einem Drittstaat ein triftiges Interesse daran haben, dass die EUStA den dortigen Behörden die Einstellung mitteilt.

Im Übrigen ist über Art. 5 Abs. 3 S. 2 VO das **Recht des Mitgliedstaats des betrauten DEStA** heranzuziehen (zu Unterrichtungen nach §§ 12 ff. EGGVG bzw. den MiStra → Rn. 45; zum in Österreich ausgeschlossenen Antrag des Rechtsschutzbeauftragen auf Fortführung des Ermittlungsverfahrens → Rn. 24). Die Verfahrenserledigung, d.h. im vorliegenden Kontext die Einstellung des Ermittlungsverfahrens, ist in Deutschland dem **ZStV** mitzuteilen, **§ 492 Abs. 2 S. 1 Nr. 5 StPO,**[126] für Österreich entsprechend in den dortigen Justizregistern zu erfassen, d.h. dem Hauptregister der StA (§ 18 Abs. 1 Z 2 DV-StAG iVm § 22 Abs. 3 EUStA-DG). 94

Art. 39 Abs. 4 VO trifft keine Aussage dazu, was die **Benachrichtigung über die Einstellung nach S. 1 bzw. der Verweis nach S. 2** beinhalten oder welchen Umfang die Benachrichtigung oder der Verweis haben. Auch in dieser Hinsicht ist nach Art. 5 Abs. 3 S. 2 VO auf das **Recht des Mitgliedstaats des betrauten DEStA** zurückzugreifen. Dasselbe gilt für die Überlassung von Teilen der EUStA-Verfahrensakte oder anderen Auskünften oder Überlassung von Erkenntnissen der EUStA, um welche die zuständigen nationalen Verwaltungs- oder Justizbehörden für ihre Verfahren ersuchen werden bzw. die die EUStA mglw. von sich aus bereits auch ohne ausdrückliches Ersuchen von Amts wegen vornimmt, ggf. vorzunehmen hat (s. für die Überlassung von Teilen der EUStA-Verfahrensakte oder anderen Auskünften in Deutschland die Vorschriften der §§ 474 ff. StPO[127]). 95

**Beschuldigte und Verletzte** der Straftat werden von der Einstellung unterrichtet, wenn das nationale Recht des verfahrensführenden betrauten DEStA dies vorsieht, in Deutschland mithin nach **§ 170 Abs. 2 S. 2, § 171 StPO,** in Österreich nach **§ 194 öStPO** (s. auch § 14 Abs. 2 und Abs. 4 EUStA-DG). Das nationale Recht bestimmt auch, in welcher Sprache solche Unterrichtungen zu erfolgen haben, ggf. ist in eine dem Empfänger verständliche Sprache zu übersetzen, Art. 2 Abs. 3 GO. Eine Pflicht zu Übersetzungen entspricht im Grunde der ohnehin schon geltenden Rechtslage (wie bereits iZm der Anklageerhebung ausgeführt, → Rn. 20). Allg. iZm mit Beschuldigtenrechten *Esser* → § 11 Rn. 154 ff. 96

**§ 171 S. 2 StPO** findet aufgrund der abweichenden Regelungen der VO über **§ 3 Abs. 4 EUStAG nur modifiziert Anwendung. §§ 172 bis 177 StPO** (zum Beschwerde- und Klageerzwingungsverfahren *Esser* → § 12 Rn. 122 ff.) finden gemäß **§ 3 Abs. 5 EUStAG keine Anwendung**, soweit der Rechtsweg zum EuGH eröffnet ist (Art. 42 Abs. 3 VO).[128] Wurde der Antrag auf Erhebung der öffentlichen Klage von einem Verletzten gestellt (bspw. der Kommission oder einem anderen Geschädigten), hat der DEStA diesen nach § 3 Abs. 4 EUStAG doppelt zu belehren (jeweils auch zur Frist): Es besteht zum einen die Möglichkeit der Anfechtung des Einstellungsbescheids vor einem deutschen Gericht nach § 172 Abs. 2 StPO (innerhalb eines Monats, § 171 Abs. 2 S. 1 StPO); zum anderen kann eine Anfechtung des Einstellungsbescheids unmittelbar auf der Grundlage des Unionsrechts vor dem EuGH nach Art. 42 Abs. 3 VO erfolgen (innerhalb von zwei Monaten, Art. 263 Abs. 6 AEUV; zu Art. 42 Abs. 3 VO *Esser* → § 12 Rn. 125 ff.). 97

Der deutschen Rechtslage vergleichbar bestimmt für von betrauten DEStA in **Österreich** geführte Verfahren **§ 14 Abs. 2 S. 1 EUStA-DG** eine Belehrungspflicht hinsichtlich der Nichtigkeitsklage zum EuGH nach Art. 263 Abs. 4 AEUV. Sofern nicht die Zuständigkeit des EuGH die der österreichischen Gerichte verdrängt, sind die Bestimmungen über den Antrag auf Fortführung nach den § 195 f. StPO sinngemäß anzuwenden, **§ 14 Abs. 2 S. 2 EUStA-DG.** 98

**4. Alternative Verfahrensbeendigung: Vereinfachte Strafverfolgungsverfahren (Art. 40).** Art. 40 VO bietet eine Alternative zur Anklage – was zumindest mit dem Titel der Vorschrift in der englischen Sprachfassung deutlich zum Ausdruck kommt: „Simplified prosecution procedures" –, ohne dass eine Hauptverhandlung durchlaufen wird. Da der Deliktsbereich der PIF-Straftaten, die die EUStA verfolgt (*Herrnfeld/Brodowski* → § 5 Rn. 1 ff., 9 ff.), zu weiten Teilen der Wirtschaftskriminalität 99

126 Auf den die Gesetzesbegründung, BT-Drs. 19/17963, 60, verweist, ferner auf die entsprechende Pflicht der EUStA und damit des DEStA zur Unterrichtung der nationalen Behörden, Art. 39 Abs. 4 VO.

127 Gesetzesbegründung, BT-Drs. 19/17963, 38. Dort auch zu §§ 12 ff. EGGVG, s. dazu jedoch Fn. 71.

128 S. Gesetzesbegründung, BT-Drs. 19/17963, 52.

zuzurechnen und von oftmals komplexen sowie umfangreichen Strafverfahren auszugehen ist, liegt auf der Hand, dass Bedarf für Alternativen zur „streitigen" Durchführung des Strafverfahrens samt Anklage und Hauptverhandlung besteht.[129] Über die Anwendung von vereinfachten Strafverfolgungsverfahren berichten die Kammern dem Kollegium in ihrem Jahresbericht, Art. 22 Abs. 1 lit. c GO.

100 a) **Natur des „vereinfachten Strafverfolgungsverfahrens" und entsprechende Verfahrensabschlüsse des nationalen Rechts.** Die **VO trifft keine abschließende Aussage über die Natur des „vereinfachten Strafverfolgungsverfahrens"** nach Art. 40 VO.[130] Es handelt sich jedenfalls um keine Opportunitätsentscheidung; **auch bei** der Anwendung von **Art. 40 VO** ist die EUStA von dem **Legalitätsprinzip** geleitet (ErwG 66 aE VO).[131] Der Abschluss mittels „vereinfachten Verfahrens" unterliegt jedenfalls der zustimmenden Entscheidung durch die Kammer (ErwG 82 S. 4 VO). Das „vereinfachte Verfahren" führt ebenso zu einem Strafklageverbrauch (vgl. Art. 40 Abs. 3 S. 2, ErwG 82 S. 5 VO), wie dies ein Abschluss nach Anklage täte (näher *Esser* → § 11 Rn. 83 ff.).

101 Art. 40 ordnet selbst an, dass **sowohl das „Ob"** (die Möglichkeit eines solches Verfahren überhaupt) **als auch das „Wie"** (im Sinne der Voraussetzungen und Bedingungen) eines „vereinfachten Strafverfolgungsverfahrens" sich nach dem **nationalen Verfahrensrecht** richten (Art. 40 Abs. 1 S. 1, Abs. 3 S. 1 VO; ErwG 82 S. 2 VO). Hieraus wird deutlich, dass Art. 40 VO **kein unionsrechtlich harmonisiertes Verständnis** inne liegt, wie eine „vereinfachte Strafverfolgung" im Sinne der Vorschrift ausgestaltet zu sein hat. Eine Verfahrensbeendigung mittels Art. 40 VO ist nur in dem Umfang möglich, in dem der entsprechende nationale Verfahrensabschluss zulässig ist, zB hinsichtlich der vorgeworfenen Straftaten.[132] Ebenfalls ist es dem Recht der Mitgliedstaaten überlassen, ob ein Gericht von der StA bei Anwendung eines „vereinfachten Strafverfolgungsverfahrens" zu beteiligen ist.[133]

102 Ferner richtet sich nach dem nationalen Recht, ob der Beschuldigte in die Entscheidung einbezogen ist (s. das in ErwG 82 S. 1 VO erwähnte Bsp. von „Transaktionen mit dem Verdächtigen oder dem Beschuldigten"). Die VO legt zumindest ein gewisses konsensuales Element nahe, vgl. die Vorschriften der Art. 40 Abs. 1 und Abs. 3 S. 2 VO, die von „mit dem Verdächtigen vereinbarten Bedingungen" ausgehen.[134] Dies spricht dafür, solche Verfahrensabschlüsse nicht unter Art. 40 zu fassen, die unabhängig vom Willen des Beschuldigten angeordnet werden können.

103 Im **deutschen Recht** ist daher der **Strafbefehl** (§§ 407 ff. StPO) **kein Fall des Art. 40 VO**, sondern des Art. 36 VO; auch das beschleunigte Verfahren, § 417 StPO, unterfällt Art. 36 VO, da es zur Hauptverhandlung führt (zu beiden Verfahrensarten → Rn. 47 mit Fn. 53 und 54). Zum **österreichischen Mandatsverfahren**, § 491 öStPO, → Rn. 48.

104 **Art. 40 VO** unterfallen im deutschen Recht dagegen Einstellungen unter Auflagen und Weisungen nach **§ 153a Abs. 1 StPO**, **§ 398a AO**[135] und auch **§ 45 Abs. 3 JGG.**[136] Dasselbe gilt – so ausdrücklich **§ 14 Abs. 4 EUStA-DG** – für den Rücktritt von der Verfolgung (Diversion) nach §§ 200 bis 204 öStPO.[137] **§ 257c StPO** ist keine Regelung iSv Art. 40 VO[138], da sie das Verfahren nicht

129 S. dazu nur Wabnitz/Janovsky/*Schmitt* 29. Kap. Rn. 2, 4 ff.; krit. *Wade*, The EPPO and the pitfalls of actuarial justice, Maastricht Journal of European and Comparative Law 2021, 265.

130 S. HBB/*Brodowski* Art. 40 Rn. 1–4 zur Entstehung, auch zu Art. 29 des Kommissionsentwurfs.

131 HBB/*Brodowski* Art. 40 Rn. 15 geht von einer beschränkten Ermessensentscheidung aus.

132 HBB/*Brodowski* Art. 40 Rn. 13; s. die Beschränkung auf Vergehen in § 153a StPO.

133 HBB/*Brodowski* Art. 40 Rn. 9: Art. 40 VO nicht mehr anwendbar im gerichtlichen Verfahren. Dem ist zuzustimmen, da dann zuvor eine Anklageerhebung nach Art. 36 VO stattgefunden haben muss.

134 Die Gesetzesbegründung, BT-Drs. 19/17963, 35, bezeichnet die Erfüllung der mit dem Beschuldigten vereinbarten Bedingungen als „[k]ennzeichnend für ein solches Verfahren".

135 So Gesetzesbegründung, BT-Drs. 19/17963, 34, 35. S. MüKoStPO/*Kohler* § 398a AO Rn. 3; Klein/*Jäger* § 398a AO Rn. 50 (beide: Verfolgungshindernis als Folge).

136 So zu § 153a StPO die Gesetzesbegründung, BT-Drs. 19/17963, S. 35; NK-RechtshilfeR/von Galen/Furtwängler 4. HT 8. Teil Rn. 1074; EnzEur/*Zöller*/*Bock* § 22 Rn. 35; *Duesberg*, NJW 2021, 1207 (1210).

137 S. EBRV 808 Blg NR 27.GP, 12 mit Verweis auf §§ 200 ff., 209a, 209b öStPO, §§ 7 f. öJGG, § 19 VbVG, §§ 35 ff. SMG.

138 So jedoch EnzEur/*Zöller*/*Bock* § 22 Rn. 35.

aufgrund dieser Vorschrift alleine, sondern durch das gerichtliche Urteil beendet wird (*Esser* → § 11 Rn. 85).

In der **öStPO** finden sich hinsichtlich Art. 40 VO Diversionsmaßnahmen, Ersatz der Strafe durch Geldzahlung, gemeinnützige Leistungen, Probezeit und der Tatausgleich (§§ 200 bis 204 StPO). 105

**b) Bedingungen für die Anwendbarkeit des „vereinfachten Strafverfolgungsverfahrens".** Ob ein Abschluss im „vereinfachten Strafverfahren" in Betracht kommt, ist unter Berücksichtigung aller in **Art. 40 Abs. 2 S. 1 VO** genannten **Kriterien** zu entscheiden. 106

Mithin hängt die Anwendbarkeit des Art. 40 VO erstens von der Schwere der (mutmaßlichen) Straftat ab, wobei diese nach lit. a insbesondere von dem entstandenen Schaden abhängen soll (also ein vorrangig objektives Element).[139] Heranzuziehen ist zweitens als subjektive Komponente[140] nach lit. b die Bereitschaft, den durch das rechtswidrige Verhalten entstandenen Schaden zu beheben. In ErwG 82 S. 3 VO wird der Fall herausgestellt ist, dass der endgültige Schaden nicht erheblich ausfällt (s. zur Wiedereinziehung auch ErwG 106 VO). Dies kann darauf zurückzuführen sein, dass der Schaden von vornherein kein erhebliches Ausmaß hat oder er durch Zutun des Täters gemindert wird. 107

Zum Verhältnis der Kriterien untereinander: Zumindest die beiden ersten Kriterien sind nicht als zwingend zu erfüllende Tatbestandsvoraussetzungen in dem Sinne zu verstehen, dass ein Vorgehen mittels vereinfachten Strafverfolgungsverfahrens ab einer bestimmten Schwere der Tat oder ohne Bereitschaft zur Schadensbehebung ausgeschlossen wäre.[141] Nach dem dritten, normativen Kriterium in lit. c zufolge muss die Anwendung des Verfahrens insgesamt immer im Einklang mit den allgemeinen Zielen und Grundsätzen der EUStA gemäß der Verordnung stehen.[142] 108

Zur Anwendung der Kriterien hat das Kollegium gemäß der Vorgabe in Art. 40 Abs. 2 S. 2 VO nach Art. 9 Abs. 2 VO **Leitlinien** erlassen, welche sich im Anhang zur **Kollegiumsentscheidung 023/2021 vom 2.12.2020** finden. 109

**c) Verfahrensfragen iZm Art. 40 VO. EUStA-intern** hat der **DEStA** wie bei allen Arten der Verfahrensbeendigung auch im Fall von Art. 40 VO einen dahingehenden **Vorschlag** der Ständigen Kammer zu unterbreiten;[143] Art. 40 Abs. 1 S. 1 VO verweist auf die allgemeinen Vorschriften des Art. 10 Abs. 3, der in lit. c das „vereinfachte Verfahren" aufführt, und des Art. 35 Abs. 1 VO, wobei auch Absätze 2 und 3 des letztgenannten Artikels im Fall des Art. 40 ebenfalls einschlägig sind (→ Rn. 118 zu den allgemein geltenden Vorgaben bei Verfahrensbeendigung). **Im Außenverhältnis** wird der **DEStA** ein Vorgehen mittels „vereinfachten Strafverfolgungsverfahrens" **mit dem Beschuldigten** zu **erörtern** haben, insbesondere auch im Hinblick auf die Schadenswiedergutmachung durch den Beschuldigten (Art. 40 Abs. 2 S. 1 lit. b VO). 110

Sind **PIF-„Ausgabe"-Delikte** nach Art. 3 Abs. 2 lit. a und b PIF-RL Gegenstand des Strafvorwurfs, hat der DEStA einen **Zwischenschritt** vorzunehmen, bevor er der Kammer einen Verfahrensabschluss mittels „vereinfachten Strafverfolgungsverfahrens" vorschlagen kann: Nach Art. 40 Abs. 1 S. 2 VO hat der DEStA zuvor eine **Konsultation mit derjenigen nationalen Strafverfolgungsbehörde** durchzuführen, die für den Fall zuständig wäre, hätte die EUStA nicht den Fall übernommen.[144] Die Konsultation hat schriftlich zu erfolgen und ist im FBS zu dokumentieren (Art. 53 GO). 111

Die Gründe für die Vorab-Konsultation bei PIF-„Ausgabe"-Delikten nach Art. 3 Abs. 2 lit. a und b PIF-RL sind dieselben wie bei der Pflicht zu Vorab-Konsultation vor einer beabsichtigten Einstellung, Art. 39 Abs. 3 S. 3 VO. Wie bei dieser würde der Strafklageverbrauch durch den Verfahrens- 112

---

139 Nach HBB/*Brodowski* Art. 40 Rn. 29 soll ab 100.000 EUR ein erheblicher Schaden vorliegen, der ein Vorgehen nach Art. 40 VO ausschließt.

140 S. HBB/*Brodowski* Art. 40 Rn. 30.

141 Diese Kriterien, so HBB/*Brodowski* Art. 40 Rn. 26 "do not set out hard limits"; ferner Ambos/König/Rackow (Hrsg.), NK-RechtshilfeR/*von Galen/Furtwängler* 4. HT 8. Teil Rn. 1074, wonach die Bereitschaft zur Wiedergutmachung ausreichen soll, wenn der Beschuldigte nicht über die tatsächlich bestehende Möglichkeit zur Schadenswiedergutmachung verfügt.

142 Näher zu diesen Gesichtspunkten HBB/*Brodowski* Art. 40 Rn. 32–33.

143 HBB/*Brodowski* Art. 40 Rn. 16.

144 HBB/*Brodowski* Art. 40 Rn. 19.

abschluss nach Art. 40 VO die Verfolgung der untrennbar verbundenen Nicht-PIF-Delikte durch die nationalen Strafverfolgungsbehörden hindern (→ Rn. 35 f., 88, auch zu Einzelheiten und wer seitens der nationalen Stellen von der EUStA zu konsultieren ist).

113 Die **Kammer** kann der Verfahrenserledigung gemäß Art. 40 VO zustimmen oder ihr widersprechen; sie kann auch selbst auf ein Vorgehen nach Art. 40 VO hinwirken, wenn der Vorschlag des DEStA dies noch nicht vorsah.[145] Ihre Entscheidung fällt die Kammer unter Berücksichtigung der in Art. 40 Abs. 2 S. 1 VO genannten Kriterien und der in S. 2 genannten, vom Kollegium erlassenen Leitlinien (→ Rn. 103). Versagt die Kammer ihre Zustimmung zur Verfahrenserledigung im Wege des „vereinfachten Strafverfolgungsverfahrens", so kommt in Betracht, dass die Kammer einen Beschluss zugunsten einer anderen Art der Verfahrensbeendigung fasst, bspw. einer Anklageerhebung, Art. 36 VO, oder „weitere Weisungen" erteilt, Art. 35 Abs. 2 VO. Denkbar ist damit auch, dass die Kammer weitere Ermittlungen anordnet oder einem „vereinfachten Strafverfolgungsverfahren" unter anderen von dem Beschuldigenden zu erfüllenden Bedingungen zustimmt.

114 Im Anschluss an einen zustimmenden Beschluss der Kammer ergreift der verfahrensführende DEStA die extern wirkenden **Verfahrensschritte**, die sein **nationales Recht** vorsieht, Art. 40 Abs. 3 S. 1 VO. Im Verfahren nach § 153a StPO sind dies bspw. die **Zustimmung des zuständigen Gerichts** einzuholen (s. auch deklaratorisch ErwG 87 VO aE, wonach deren Befugnisse von der VO unberührt bleiben) und gegenüber dem Beschuldigten die vorgesehenen Auflagen und Weisungen zu erteilen; im Verfahren nach §§ 198, 200 öStPO sind zB die Mitteilungen nach § 200 Abs. 4, §§ 206, 207 öStPO zu machen.[146]

115 Unter Anwendung der nationalen Vorschriften, die den „endgültigen Abschluss des Verfahrens" regeln (Art. 40 Abs. 3 S. 2 VO), stellt der DEStA bei Erfüllung der Auflagen oder Weisungen, nach der Leistung des Geldbetrags usw. das Strafverfahren ein (§ 153a Abs. 1 S. 5 StPO) bzw. tritt von der Strafverfolgung zurück (§ 198 iVm § 200 f. öStPO). Zu denken ist auch an von dem DEStA nach dem anwendbaren nationalen Recht zu treffende Kostenentscheidungen. Die VO lässt offen, was die Folgen sind, wenn der Beschuldigte Auflagen oder Weisungen nicht erfüllt. Diese Folgen richten sich demnach nach dem nationalen Recht;[147] so kann nach Widerruf der vorläufigen Einstellung nach § 153a StPO ein Strafbefehl ergehen oder Anklage erhoben werden, wozu der DEStA einen Beschlussvorschlag nach Art. 36 VO vorbereitet.

116 Art. 40 Abs. 3 S. 1 VO zufolge hat der DEStA zu dokumentieren, dass der Beschuldigte die Auflagen usw. erteilt bekommen hat, auch wenn dern Erfüllung zu diesem Zeitpunkt noch aussteht. Sinnvollerweise sollte die **endgültige Einstellung** nach Erfüllung ebenso im FBS der EUStA vermerkt werden, was sich so aus Art. 40 Abs. 3 S. 2 VO oder der GO nicht ausdrücklich ergibt. Dass der endgültige Ausgang des Verfahrens entsprechend den Vorgaben des nationalen Rechts mitzuteilen ist, wie nach § 492 Abs. 2 S. 1 Nr. 5 StPO für Deutschland bzw. in Österreich nach § 34a StAG iVm § 22 EUStA-DG, einzutragen ist, folgt aus Art. 40 Abs. 3 S. 2 VO.[148] Staatsanwaltschaften in Deutschland haben ferner nach § 492 Abs. 2 S. 1 Nr. 5, § 494 Abs. 4 StPO iVm § 4 Abs. 4 Nr. 5 ZStVBetrV schon das Datum der vorläufigen Einstellung dem ZStV mitzuteilen. Hier scheint ein Gleichlauf für in Deutschland angesiedelte betraute DEStA sinnvoll, auch wenn Art. 40 Abs. 3 VO anders als Art. 39 Abs. 4 VO keine ausdrückliche Mitteilungspflicht enthält. Auch dies ist Teil der Anwendung des „vereinfachte[n] Strafverfolgungsverfahren[s] gemäß den im nationalen Recht geregelten Bedingungen", was die Vorschrift anordnet. Für Österreich sind Eintragungen in den Justizregistern[149] aufgrund und im Rahmen von § 22 Abs. 3 EUStA-DG vorzunehmen.

---

145 Näher HBB/*Brodowski* Art. 40 Rn. 24.

146 S. EBRV 808 Blg NR 27. GP, 11, zur Anwendbarkeit von u.a. §§ 200 ff. öStPO.

147 HBB/*Brodowski* Art. 40 Rn. 40.

148 Die Gesetzesbegründung, BT-Drs. 19/17963, 60, nennt nur die Mitteilungspflicht bei Einstellung nach Art. 39 VO; übertragbar ist dies ebenso auf Art. 40 VO, da im Ergebnis beide Arten der Erledigung Verfahrensabschlüsse mit Strafklageverbrauch darstellen, die gleichermaßen dokumentationsbedürftig sind.

149 Verordnung des Bundesministers für Justiz vom 16. Juni 1986 zur Durchführung des Staatsanwaltschaftsgesetzes (DV-StAG), BGBl. II Nr. 338/1986.

Zum in Österreich **ausgeschlossenen Antrag des Rechtsschutzbeauftragen auf Fortführung des Ermittlungsverfahrens** → Rn. 24. 117

## IV. Allgemeine Verfahrensfragen und EUStA-interne Zuständigkeiten

**1. Art. 35 VO als allgemeine Bestimmung für die Verfahrensbeendigung nach EUStA-Ermittlungsverfahren.** Den allgemeinen EUStA-internen Entscheidungsablauf zur Verfahrensbeendigung beschreibt **Art. 35 VO.**[150] Diese Vorschrift gilt **allgemein für alle der vier in der VO vorgesehenen Arten der Verfahrensbeendigung,** also nach Art. 34, 36, 39 oder 39 VO. Welche Art der Verfahrensbeendigung in Betracht kommt, hängt zunächst davon ab, was das Ergebnis der Ermittlungen nach der Einschätzung des mit dem Fall betrauten DEStA ist und welches er entsprechend vorschlägt. Die Entscheidung darüber, ob und wie genau das Ermittlungsverfahren seitens der EUStA abgeschlossen wird, zählt jedoch zu den Grundentscheidungen des Strafverfahrens, die nach dem Konzept der VO nicht den einzelnen DEStA überlassen bleiben, sondern durch die Ständigen Kammern „von Luxemburg" aus entschieden werden, um eine einheitliche Praxis der EUStA zu gewährleisten (ErwG 36 S. 1 VO; s. zu den Kammern Art. 15 bis 24 GO). Neben den Entscheidungen über eine Verfahrensbeendigung nach Art. 34, 36, 39 oder 40 VO[151] gilt dies auch für die **Verbindung und Trennung von Verfahren** (Art. 26 Abs. 5 und 6 VO; ErwG 68 VO; dazu *Niedernhuber* → § 7 Rn. 56–62), die bei der Verfahrensbeendigung in Betracht kommen (s. Art. 56 Abs. 1 S. 1 lit. d GO; zur Verbindung bzw. Abtrennung von Verfahren vor Abschluss der Ermittlungen Art. 51 GO). 118

**2. Vorbereitung der Entscheidung durch die Kammer.** Der **DEStA** hat einen **Vorschlag zur Verfahrensbeendigung** zu erstellen und über den beaufsichtigenden EStA an die Kammer zu leiten (Art. 12 Abs. 1 S. 2 VO, Art. 56 GO; ist die Beschlussbefugnis nach Art. 55 GO auf den EStA übertragen, berichtet der DEStA an diesen, der dann auch entscheidet, Art. 56 Abs. 9 GO). Die Kammer entscheidet grds. auf Grundlage eines solchen Entwurfs eines DEStA (Art. 12 Abs. 3 VO; ErwG 36 S. 2 VO) und einer **Zusammenfassung durch den EP, ggf.** aber auch einer eigenen und evtl. abweichenden **Einschätzung des EP** (Art. 35 Abs. 1 S. 2 VO, Art. 56 Abs. 3 GO; s. bspw. ErwG 79 S. 2 und 3 VO zur Auswahl des Mitgliedstaates bei Anklageerhebung. Zwar sehen Art. 35 Abs. 1 S. 2 VO und Art. 56 Abs. 1 und 2 GO vor, dass der DEStA einen Beschlussentwurf und damit einen konkreten Vorschlag vorlegt. Ihre Entscheidung soll die **Kammer ausnahmsweise auch ohne Vorschlag des DEStA** treffen können (s. Art. 10 Abs. 3 VO: „gegebenenfalls nach Prüfung des vom betrauten Delegierten Europäischen Staatsanwalt vorgeschlagenen Entscheidungsentwurfs"[152], ferner ErwG 36 S. 3 VO). In solchen Fällen kann ein Entscheidungsvorschlag durch den EStA erfolgen (ErwG 36 S. 4 VO). Dem Wortlaut der VO nach sind vorausgehende Vorschläge eines DEStA oder EStA letztlich keine zwingende Verfahrensvoraussetzung für die Entscheidung einer Kammer, das EUStA-Verfahren abzuschließen. Dass es einen solchen Vorschlag des DEStA gibt, wird in aller Regel aber sachdienlich sein. Es ist aber auch denkbar, dass der DEStA den Beschlussentwurf erst im Nachgang ergänzt. 119

Aus Art. 35 Abs. 2 Hs. 1 VO geht hervor, dass die Kammer den von dem DEStA vorgeschlagenen Beschluss alleine **„auf der Grundlage der vorgelegten Berichte"** fällen kann. Dies ist besonders für einfach oder klar gelagerte sowie Routine-Fälle vorstellbar. Bei Bedarf nimmt die Kammer ansonsten **„eine eigene Prüfung der Verfahrensakte"** vor (Art. 35 Abs. 2 Hs. 2 VO). Die Prüfung kann mittels der nach Art. 44 Abs. 4 lit. c und Art. 45 Abs. 3 VO im FBS der EUStA gespeicherten „Spiegelung" der Ermittlungsakte erfolgen. Zur Vorbereitung ihrer Entscheidung kann die Kammer jedoch auch beschließen, die **„gesamte Verfahrensakte"** beizuziehen (Art. 10 Abs. 6 S. 3, Art. 45 Abs. 2 120

150 S. oben Rn. mit Fn. 3.

151 S. ErwG 82 S. 4 VO.

152 Engl. „where applicable after reviewing a draft decision proposed by the handling European Delegated Prosecutor", frz. „le cas échéant après avoir examiné un projet de décision proposé par le procureur européen délégué chargé de l'affaire", it. „ove opportuno previo esame di un progetto di decisione proposto dal procuratore europeo delegato incaricato del caso", ndl. „in voorkomend geval na herziening van een door de behandelende gedelegeerd Europese aanklager ingediend ontwerpbesluit".

GO), d.h. einschließlich der nicht über das FBS verfügbaren Teile der von dem DEStA geführten Ermittlungsakte, oder anderweitig Informationen bei dem DEStA anfordern (Art. 45 Abs. 4 GO). Die Prüfung der Akte durch die Kammer wird ggf. erfordern, die Akte bzw. die für die Prüfung relevanten Teil in das Englische als die interne Arbeitssprache der EUStA übersetzen zu lassen (zum Sprachenregime → Rn. 20).

121 **3. Entscheidung durch die Kammer.** Die Entscheidung der Kammer ergeht mit einfacher Mehrheit; bei Stimmengleichheit gibt der Kammer-Vorsitzende die Entscheidung (Art. 10 Abs. 4, Abs. 6 S. 1 und 2 VO). Neben den **festen Kammermitgliedern** nimmt auch der **beaufsichtigende EStA** an den Beratungen teil und ist stimmberechtigt (Art. 10 Abs. 9 S. 1 und 2 VO; *Herrnfeld* → § 4 Rn. 29); das **Stimmrecht** des EP besteht allerdings nicht in der Frage der Anklageerhebung,[153] wenn mehr als ein Mitgliedstaat Gerichtsbarkeit besitzt. Offen lässt die VO, wie zu verfahren ist, wenn der beaufsichtigende EStA gleichzeitig ständiges Mitglied der gleichen Kammer ist, etwa ob die sich dann ergebende Dreier-Besetzung der Kammer anstelle der typischen Vierer-Besetzung einschließlich des beaufsichtigenden EStA als viertem, fallbezogenen Kammermitglied ausreicht oder welche Folgen dies für das Stimmrecht des EStA hat, der sowohl die Rolle eines ständigen Kammermitglieds als auch die des beaufsichtigenden EStA innehätte. Diese Personalunion versucht Art. 19 Abs. 2 GO zu vermeiden, sie kann aber vorkommen, wenn bei einem anhängigen Fall eine Stellvertretung beauftragt wird (Art. 12 Abs. 1 oder 2 VO; Art. 30 GO). Dann einen weiteren EStA als Unter-Stellvertretung zu beauftragen oder den Fall einer anderen Kammer zuzuweisen (dazu Art. 20 Abs. 1, Art. 50 Abs. 2 GO), würde die Personalunion auflösen und dem EStA erlauben, sich auf seine Rolle als ständiges Kammermitglied zu konzentrieren, entspricht aber keinem der in den zitierten Vorschriften vorgesehenen Fälle und wäre wenig verfahrenseffizient. Die Geschäftsverteilungsregelungen (Kollegiumsentscheidungen 015/2020 betreffend die Ständigen Kammern, 016/2020 betreffend die Zusammensetzung der Ständigen Kammern vom 25.11.2020 sowie 066/2021 betreffend die Aufgaben und Verfahren der Ständigen Kammern vom 26.5.2021) sehen keine Ersatzmitglieder für die Kammern vor, welche einspringen könnten. Alternativ wird die Kammer mithin in einer Dreier-Besetzung zu beraten und zu entscheiden haben, bei der einem aufsichtführenden EStA wegen Art. 10 Abs. 9 S. 2 VO ggf. nur ein eingeschränktes und sicher kein doppeltes Stimmrecht zukommt.

122 Die Kammern können sich nach Art. 24 Abs. 1 GO bei Einstellungen nach Art. 39 Abs. 1 lit. a bis d VO und Verweisungen nach Art. 34 VO sowie allgemein bei Beschlüssen von „geringer Komplexität“, etwa wegen ähnlicher vorgehender Entscheidungen oder Folgeentscheidungen, eines **schriftlichen Verfahrens** bedienen.[154] Auch auf Entscheidungen zur Verfahrensbeendigung ist dies mithin anwendbar und kann zumal für Fälle ohne größeren Erörterungsbedarf oder Routine-Fälle sinnvoll sein. Ausgeschlossen ist das schriftliche Verfahren allerdings nach Art. 56 Abs. 5 GO, wenn ein DEStA die Anklageerhebung nach Art. 36 VO oder ein vereinfachtes Strafverfahren nach Art. 40 VO vorschlägt. Anträge auf Entscheidung im schriftlichen Verfahren und die Kommunikation in diesem erfolgen über das FBS (Art. 24 Abs. 2 GO). Der Kammervorsitz bestimmt die Verschweigensfrist, welche mind. drei Tage betragen muss, Art. 24 Abs. 3 VO.

123 Eine **Übertragung der Kammerentscheidung auf den beaufsichtigenden EStA** ist für Fälle mit einer Schadenssumme von unter 100.000 EUR möglich, denen keine schwerwiegende Straftat zugrunde liegt oder bei denen es sich um keine komplexen Verfahren handelt (Art. 10 Abs. 7 UAbs. 1 iVm Abs. 3 lit. a bzw. b, ErwG 37 VO; nach Art. 55 GO kann die Übertragung nur vor Abschluss der Ermittlungen erfolgen, was wohl meint, dass der der DEStA noch keinen Beschlussvorschlag nach Art. 35 Abs. 1 VO bzw. Art. 56 GO vorgelegt hat). Für die Übertragungsentscheidung kann sich die Kammer nach der GO (Art. 55 Abs. 1 S. 2 GO) nicht des schriftlichen Verfahrens bedienen.

124 Von dieser Möglichkeit der Übertragung sind jedoch nur Anklagen usw. nach Art. 36 VO und Einstellungen nach Art. 39 VO erfasst, und von letzteren nur die nach Art. 39 Abs. 1 lit. a bis f VO,

153 S. zur Anklageerhebung Rn. 47 ff., auch zu ErwG 78 VO.

154 S. Art. 10 Abs. 8 VO. Möglich wäre auch eine Ausweitung mittels der GO auf weitere Arten und Fallkonstellationen der Verfahrensbeendigung.

also nicht die wegen mangelnder Beweise nach lit. g. Nicht möglich ist mithin eine Übertragung der Befugnisse, Verfahrensbeendigungen nach Art. 34 oder Art. 40 VO zu beschließen. Eine Übertragung ist ferner ausgeschlossen, wenn der beaufsichtigenden EStA nach Art. 16 Abs. 7 VO durch einen DEStA vertreten wird (Art. 10 Abs. 7 UAbs. 3 S. 2 VO).

Art. 10 Abs. 7 UAbs. 2 VO sieht ein System vor, wonach die Kammer die Generalstaatsanwältin 125
von der Übertragung auf einen EStA zu unterrichten hat (so daher Art. 55 Abs. 1 S. 3 GO; ersatzweise wird der Stellvertreter benachrichtigt, S. 4) und diese darauf hinwirken kann, den Fall wieder zur „Kammer-Sache“ zu machen. Eine Übertragung ist ferner auf Antrag eines Mitglieds der Kammer zu beenden (Art. 10 Abs. 7 UAbs. 3 S. 1 VO; keine weiteren Regelungen in der GO hierzu).

# § 10 Anklageerhebung – Anklagevertretung – Vollstreckung



## I. Anklageerhebung

**1. Mitgliedstaat des Hauptverfahrens. a) Entscheidung der EUStA.** Am Ende des Ermittlungsverfahrens muss die EUStA entscheiden, ob Anklage erhoben werden, das Verfahren an nationale Behörden abgegeben oder eingestellt werden soll (ausführlich *Gut* → § 9 Rn. 26 ff.). Steht fest, dass Anklage erhoben wird, ist als nächstes zu klären, in welchem Mitgliedstaat dies geschehen soll. In diesem Verfahrensstadium wird der Mitgliedstaat des Hauptverfahrens endgültig festgelegt, wohingegen das Verfahren zuvor von einem Mitgliedstaat in einen anderen verwiesen werden kann (*Niedernhuber* → § 7 Rn. 45 ff.).[1] 1

Die Mitgliedstaaten bestimmen nach nationalem, gemäß Art. 11 PIF-RL[2] teilweise harmonisiertem, Strafanwendungsrecht zunächst selbst, ob sie für den konkreten Fall Gerichtsbarkeit haben. Nicht nur bei grenzüberschreitenden Straftaten, sondern bereits aufgrund der Geltung weiterer strafgewaltbegründender Prinzipien wie etwa dem aktiven Personalitätsprinzip neben dem Territorialitätsprinzip,[3] werden häufig mehrere Mitgliedstaaten Gerichtsbarkeit in einem bestimmten Fall haben. Für solche Fälle sieht die VO grundsätzlich vor, dass die Ständige Kammer beschließt, Anklage in dem Mitgliedstaat des betrauten DEStA zu erheben, Art. 36 Abs. 3 S. 1 VO. Es soll also grundsätzlich die Verfahrenskontinuität gewahrt werden und der Mitgliedstaat des Ermittlungsverfahrens auch der Mitgliedstaat des (Zwischen- und) Hauptverfahrens sein. Die Ständige Kammer kann ausnahmsweise beschließen, gemäß Art. 36 Abs. 3 S. 2 VO in einem anderen Mitgliedstaat unter Federführung eines anderen DEStA Anklage zu erheben. Allerdings ist dies nur möglich, wenn hinreichende Gründe unter Heranziehung der Kriterien des Art. 26 Abs. 4, 5 VO[4] die Verweisung in diesem späten Verfahrensstadium rechtfertigen. 2

Die Ständige Kammer ist angehalten, bereits in einem frühen Stadium des Ermittlungsverfahrens zu entscheiden, in welchem Mitgliedstaat das Ermittlungsverfahren geführt und später Anklage erhoben werden soll (*Niedernhuber* → § 7 Rn. 45).[5] Dennoch ist es denkbar und in der VO ausdrücklich erwähnt, dass das Ermittlungsverfahren in einem Mitgliedstaat geführt und Anklage in einem anderen Mitgliedstaat erhoben wird. Das kann sich beispielsweise anbieten, wenn das Ermittlungsverfahren im Mitgliedstaat durchgeführt wurde, in dem der Schwerpunkt der strafbaren Handlung liegt, der Beschuldigte seinen gewöhnlichen Aufenthalt aber in einem anderen Mitgliedstaat hat 3

1 Art. 26 Abs. 5 S. 1 VO.

2 RL (EU) 2017/1371, ABl. 2017 L 198, 29.

3 Vgl. Art. 11 Abs. 1 RL (EU) 2017/1371.

4 Schwerpunkt der strafbaren Handlung, Großteil der Straftaten, gewöhnlicher Aufenthalt des Beschuldigten, Staatsangehörigkeit des Beschuldigten, Erfolgsort hinsichtlich des Hauptteils des finanziellen Schadens und allgemeines Interesse der Rechtspflege, *Niedernhuber* → § 7 Rn. 46 ff.

5 So ua auch BT-Drs. 18/1658, 6; *Grünewald* HRRS 2013, 508 (514); HBB/*Herrnfeld* Art. 36 Rn. 12; *Schramm* JZ 2014, 749 (757); Asp (ed)/*F. Zimmermann* 156 (173); allgemein bereits Schünemann, Ein Gesamtkonzept für die europäische Strafrechtspflege/*Schünemann*, 2006, 93 (100).

oder der Beschuldigte zwischenzeitlich von dem einen in einen anderen Mitgliedstaat umgezogen ist.[6]

4 Die Entscheidung der Ständigen Kammer muss hinreichend begründet sein und darf nicht den Eindruck eines willkürlichen „Forum Shoppings" seitens der EUStA erwecken.[7] Der Wechsel in ein anderes Rechtssystem im laufenden Verfahren bringt insbesondere für den Beschuldigten Nachteile mit sich (*Esser* → § 12 Rn. 84 ff.; *Oehmichen* → § 14 Rn. 44 ff.). Es kann sich beispielsweise eine andere Beurteilung des materiellen Rechts ergeben und es sind andere prozessuale Regeln zu berücksichtigen, die eine Umstellung der Verteidigungsstrategie oder gegebenenfalls einen Wechsel des Verteidigers erforderlich machen können.[8] Durch den Wechsel des Mitgliedstaats kann es dazu kommen, dass Benachteiligungen des Beschuldigten im Forumstaat nicht gleichermaßen wie im nationalen Recht des Mitgliedstaats des Ermittlungsverfahrens durch verfahrensrechtliche Kompensationsinstrumente ausgeglichen werden.[9] So kann es sich ergeben, dass im Mitgliedstaat A des Ermittlungsverfahrens ein Gesetzesverstoß bei der Beweiserhebung üblicherweise durch ein Beweisverwertungsverbot sanktioniert wird, wozu es jedoch nicht kommt, wenn im Mitgliedstaat B Anklage erhoben wird, nach dessen Recht kein Gesetzesverstoß vorliegt oder der Verstoß jedenfalls kein Beweisverwertungsverbot nach sich zieht. Neben den geschilderten rechtlichen Problemen können unter Umständen praktische Hürden im Hinblick auf größere Distanzen zum Gerichtsort und eine andere Verfahrenssprache entstehen.[10]

5 Damit der Verfahrensverlauf zumindest aus prozessrechtlicher Perspektive vorhersehbar bleibt, sollte die Ständige Kammer die endgültige Entscheidung über den Mitgliedstaat des Hauptverfahrens so früh wie möglich treffen,[11] beispielsweise zu dem Zeitpunkt, zu dem der Beschuldigte vom Verfahren gegen sich erfährt.[12] Erwägt die Ständige Kammer zugunsten des Beschuldigten die Anklageerhebung in einem anderen Land, empfiehlt es sich, den Beschuldigten vorher anzuhören, ob die Verweisung überhaupt in seinem Interesse ist; ein Wahlrecht hinsichtlich des Mitgliedstaats soll der Beschuldigte jedoch nicht erhalten.[13] Aufgrund ihrer weitreichenden Konsequenzen ist die Entscheidung der Ständigen Kammer gerichtlich überprüfbar.

6 **b) Überprüfung durch das nationale Gericht.** Die Entscheidung der Ständigen Kammer nach Art. 36 Abs. 3 VO über die Anklageerhebung in einem bestimmten Mitgliedstaat unterliegt der Kontrolle durch die nationalen Gerichte.[14] Ein Rechtsbehelf auf EU-Ebene ist nicht vorgesehen, obwohl einige Stimmen die Überprüfung durch den EuGH für sinnvoller erachten.[15] Die nationalen Gerichte können die Entscheidung der Ständigen Kammer entweder isoliert oder im Rahmen der Prüfung der eigenen Zuständigkeit überprüfen. Der Prüfung sind nach Art. 36 Abs. 3 VO die Kriterien des Art. 26 Abs. 4, 5 VO zugrunde zu legen (*Esser* → § 12 Rn. 80 ff.).[16]

7 In **Deutschland** erfolgt die Überprüfung der Entscheidung der EUStA nur auf Einwand des Beschuldigten, den dieser bis spätestens zum Beginn seiner Vernehmung zur Sache erheben muss, § 16

---

6 HBB/*Herrnfeld* Art. 36 Rn. 13.

7 HBB/*Herrnfeld* Art. 36 Rn. 13; *Lööf* eucrim 2020, 310; Geelhoed/Erkelens/Meij/*Luchtman* 155 (166). *Satzger* § 10 Rn. 24 sieht eine im Vergleich zum ursprünglichen Kommissionsentwurf der VO zwar abgeschwächte, aber weiterhin vorhandene Gefahr des Forum Shoppings. Zur Frage, ob das Recht auf einen gesetzlichen Richter, das viele Mitgliedstaaten und auch Art. 6 Abs. 1 EMRK garantieren, im EU-Kontext auch die vorherige „gesetzliche" Bestimmung des Forumstaats beinhaltet s. BRAK/DAV, Stellungnahme Nr. 13/2015 bzw. Nr. 19/2015, April 2015, 3; *Magnus* ZRP 2015, 181 (183); Bachmaier Winter (ed)/*Panzavolta* 59 (65 f.).

8 BT-Drs. 19/17963, 32; *Gaede* ZStW 115 (2003), 845 (866 f., 875); *Giuffrida* eucrim 2017, 149 (153); Brière/Weyembergh/*Herrnfeld* 383 (395); Bachmaier Winter (ed)/*Panzavolta* 59 (66); Bachmaier Winter (ed)/*Ruggeri* S. 201 (210).

9 Bachmaier Winter (ed)/*Allegrezza*/*Mosna* 141 (145 f.).

10 Bachmaier Winter (ed)/*Panzavolta* 59 (66).

11 *Giuffrida* eucrim 2017, 149 (153); HBB/*Herrnfeld* Art. 36 Rn. 12.

12 *Giuffrida* eucrim 2017, 149 (153).

13 HBB/*Herrnfeld* Art. 36 Rn. 13; Bachmaier Winter (ed)/*Panzavolta* 59 (82 f.) plädiert hingegen für ein Mitspracherecht der Verteidigung.

14 ErwG 87 Abs. 2 S. 3 VO.

15 *Giuffrida* eucrim 2017, 149 (153); Bachmaier Winter (ed)/*Panzavolta* 59 (80 ff.).

16 HBB/*Herrnfeld* Art. 36 Rn. 29.

Abs. 2, Abs. 1 S. 3 StPO[17]. Bringt der Angeschuldigte bereits im Zwischenverfahren gemäß § 201 Abs. 1 S. 1 StPO vor, dass seiner Ansicht nach die EUStA die Sache nicht in Deutschland anklagen durfte, so hat das Gericht die Vorgaben der VO im Rahmen der Entscheidung über die Eröffnung des Hauptverfahrens zu prüfen. Ist das Gericht der Ansicht, dass die EUStA nach den Vorgaben der VO die Anklage in Deutschland erheben durfte, kann es das Hauptverfahren eröffnen. Anderenfalls muss es den EuGH im Wege des Vorabentscheidungsverfahrens anrufen, da das nationale Gericht nicht befugt ist, selbst die Unions-Rechtswidrigkeit der EUStA-Entscheidung festzustellen.[18] Falls der EuGH die Entscheidung der EUStA für nichtig erklärt (*Esser* → § 12 Rn. 108), lehnt das Gericht die Eröffnung des Hauptverfahrens ab.

In **Österreich** kann der Beschuldigte gemäß § 15 Abs. 2 S. 1 EUStA-DG iVm § 212 Nr. 6 öStPO 8
Einspruch gegen die Anklageschrift erheben. Ebenso kann das erstinstanzliche Gericht von Amts wegen die Entscheidung des Oberlandesgerichts herbeiführen, wenn es der Auffassung ist, dass die EUStA entgegen Art. 36 Abs. 3 VO Anklage in Österreich erhoben hat, § 15 Abs. 2 S. 2 EUStA-DG iVm § 213 Abs. 6 öStPO.[19] Das Oberlandesgericht muss seinerseits dem EuGH die Frage im Wege des Vorabentscheidungsverfahrens gemäß Art. 267 AEUV vorlegen, wenn es nicht die Entscheidung der EUStA bestätigen will (*Esser* → § 12 Rn. 92 ff.). Erklärt der EuGH die Entscheidung der EUStA, in Österreich Anklage zu erheben, für nichtig, muss das Oberlandesgericht gemäß § 15 Abs. 2 S. 3 EUStA-DG die Anklage zurückweisen.[20]

Lehnt das deutsche oder österreichische Gericht die Eröffnung des Hauptverfahrens ab oder weist 9
es die Anklage zurück, kann die EUStA in einem anderen Mitgliedstaat eine neue Anklage erheben, sofern die Voraussetzungen nach dem Recht dieses Mitgliedstaats vorliegen. Dafür kann es erforderlich sein, Beweismittel erneut zu erheben, wenn anderenfalls ein Beweisverwertungsverbot droht. Dies kann etwa dann der Fall sein, wenn im neuen Forumstaat besondere Verfahrensvorschriften gelten, die bei der bisherigen Beweiserhebung nicht beachtet wurden (zum Beweisrecht → Rn. 33 ff.). Sofern der neue Forumstaat eine Beweiserhebung verbietet, die nach dem Recht des bisherigen Forumstaats erlaubt war, und wenn keine weiteren hinreichenden Beweismittel vorhanden sind, kann es in Einzelfällen passieren, dass der Anklage insgesamt der Boden entzogen wird.

**2. Sachliche und örtliche Zuständigkeit des Gerichts.** Spätestens nach der Entscheidung der Ständi- 10
gen Kammer über den Mitgliedstaat des Hauptverfahrens – also noch vor Anklageerhebung – prüft der betraute DEStA, welches Gericht nach nationalem Recht sachlich und örtlich zuständig ist, Art. 36 Abs. 5 VO. Beschließt die Ständige Kammer nach Art. 36 Abs. 3 S. 2 VO, Anklage in einem anderen Mitgliedstaat zu erheben und das Verfahren auf einen anderen DEStA zu übertragen, prüft der die Sache übernehmende DEStA die sachliche und örtliche Zuständigkeit des Gerichts in seinem Mitgliedstaat.

Nach Anklageerhebung muss das Gericht, bei dem die Sache anhängig ist, selbstständig die 11
Gerichtsbarkeit seines Mitgliedstaats[21] sowie seine eigene sachliche und örtliche Zuständigkeit nach nationalem Recht prüfen. Darüber hinaus kann es die Entscheidung der EUStA, in welchem Mitgliedstaat die Sache zur Anklage gebracht wird, anhand der VO kontrollieren (→ Rn. 6).[22]

Wenn die EUStA Anklage in **Deutschland** erhebt, muss das Gericht, bei dem die Sache anhängig ist, 12
bis zur Eröffnung des Hauptverfahrens seine örtliche Zuständigkeit von Amts wegen prüfen. Im Hauptverfahren darf es seine örtliche Unzuständigkeit nur aussprechen, wenn der Angeklagte sie ausdrücklich rügt, § 16 Abs. 1 StPO. Seine sachliche Zuständigkeit muss das Gericht hingegen in jeder Lage des Verfahrens von Amts wegen prüfen, § 6 StPO. Für die sachliche Zuständigkeit gelten

17 Diese Regelung wurde durch Art. 3 Nr. 2 des Gesetzes zur Durchführung der Verordnung (EU) 2017/1939 des Rates vom 12.10.2017 zur Durchführung einer Verstärkten Zusammenarbeit zur Errichtung der Europäischen Staatsanwaltschaft und zur Änderung weiterer Vorschriften, BGBl. 2020 I 1648, eingefügt.

18 EuGH 22.10.1987 – C-314/85, ECLI:EU:C:1987:452 Rn. 14 ff. – Foto Frost, NJW 1988, 1451.

19 EBRV 808 Blg NR 27.GP, 13.

20 EBRV 808 Blg NR 27.GP, 13.

21 HBB/*Herrnfeld* Art. 36 Rn. 16.

22 ErwG 87 Abs. 2 S. 3 VO.

wie üblich § 1 StPO iVm §§ 24 ff., 74 ff., 120 ff. GVG, während sich die örtliche Zuständigkeit nach den §§ 7 ff. StPO richtet, für Anklagen der EUStA gelten hier also keine Besonderheiten.[23] Im Übrigen verläuft das Zwischenverfahren nach den allgemeinen Vorschriften (§§ 199 ff. StPO).[24]

13 **Österreich** hat in § 15 Abs. 1 EUStA-DG zentral bestimmt, dass das Landesgericht als Schöffengericht sachlich für das Hauptverfahren zuständig ist, wenn die EUStA Anklage erhebt. In den meisten Fällen, in denen die EUStA zuständig ist, dürfte nach nationalem Recht jedoch auch ohne diese spezielle Bestimmung das Landesgericht als Schöffengericht zuständig sein.[25] Ob ein „kleines" (mit einem Berufsrichter) oder „großes" Schöffengericht (mit zwei Berufsrichtern) über die Sache entscheidet, richtet sich nach den allgemeinen Regeln, also nach § 32 Abs. 1, 1a öStPO.

14 Stellt das Gericht fest, dass es sachlich und/oder örtlich nicht zuständig ist, kann es die Sache nach den nationalen Regelungen an das zuständige Gericht innerhalb desselben Mitgliedstaats verweisen.[26]

15 **3. Verbindung von Verfahren.** Da grundsätzlich gegen eine Person nur ein Verfahren von der EUStA betrieben werden soll,[27] besteht auch bei Anklageerhebung noch die Möglichkeit, von verschiedenen betrauten DEStA in mehreren Mitgliedstaaten gegen denselben Beschuldigten geführte Verfahren zu verbinden (zur Verfahrensverbindung im Ermittlungsverfahren *Niedernhuber* → § 7 Rn. 56 ff.) und in einem Mitgliedstaat zentral zur Anklage zu bringen, sofern dieser nach nationalem Recht Gerichtsbarkeit für sämtliche Verfahren hat, Art. 36 Abs. 4 VO. In der Regel hat jedenfalls der Mitgliedstaat, dessen Staatsangehörigkeit der Beschuldigte besitzt, nach dem aktiven Personalitätsprinzip Gerichtsbarkeit für sämtliche Verfahren.

16 Darüber hinaus bleiben die nationalen Vorschriften zur Verfahrensverbindung und -trennung durch das Gericht unberührt.[28] Werden in einem Mitgliedstaat mehrere gerichtliche Verfahren gegen einen Beschuldigten geführt, können diese also nach nationalem Recht verbunden werden.[29] Ebenso ist eine Verfahrenstrennung durch das Gericht möglich, wenn dies nach nationalem Recht zulässig ist.

17 **4. Einreichung der Anklageschrift.** Der DEStA ist zuständig für Einreichung der Anklageschrift, das stellen in **Deutschland** Art. 13 Abs. 1 UAbs. 3 VO, § 170 Abs. 1 StPO iVm § 142b Abs. 1 S. 1 GVG bzw. in **Österreich** § 4 Abs. 1 Nr. 3 EUStA-DG klar.[30] § 20 Abs. 2 öStPO ist nicht anwendbar, sodass nicht wie in rein nationalen Verfahren Bezirksanwälte die Anklageschrift einreichen dürfen.[31] Die Anklageschrift muss formell und inhaltlich den Anforderungen des nationalen Rechts des Staats, in dem Anklage erhoben wird, genügen.[32]

18 Da die VO hinsichtlich der Verfahrensart keine konkreten Vorgaben macht, kann der zuständige DEStA, anstatt eine Anklageschrift einzureichen, in **Deutschland** gemäß §§ 407 ff. StPO den Erlass eines Strafbefehls (§ 407 Abs. 1 S. 4 StPO) beantragen.[33] Auch das beschleunigte Verfahren nach §§ 417 ff. StPO ist zulässig. Das Mandatsverfahren nach § 491 öStPO dürfte in **Österreich** jedoch nicht zulässig sein (*Herrnfeld* → § 4 Rn. 3).

19 **5. Benachrichtigungspflicht.** Die zentrale Dienststelle – nicht der betraute DEStA[34] – hat gemäß Art. 36 Abs. 6 VO die nationalen und EU-Behörden sowie die betroffenen Personen über die Anklageerhebung zu unterrichten, soweit dies für die Zwecke der Wiedereinziehung, verwaltungsrechtlicher Folgemaßnahmen oder Überwachung *erforderlich* ist (*Trautmann* → § 6 Rn. 122). Diese

---

23 *Heger* ZRP 2020, 115 (118).
24 BT-Drs. 19/17963, 31.
25 EBRV 808 Blg NR 27.GP, 12.
26 HBB/*Herrnfeld* Art. 36 Rn. 16.
27 ErwG 67 VO.
28 Vgl. ErwG 87 Abs. 3 VO.
29 HBB/*Herrnfeld* Art. 36 Rn. 20.
30 ErwG 11 S. 2 VO; BeckOK GVG/*Huber*, 10. Ed. 15.2.2021, § 142b Rn. 1.
31 EBRV 808 Blg NR 27.GP, 6.
32 HBB/*Herrnfeld* Art. 36 Rn. 8.
33 HBB/*Herrnfeld* Art. 36 Rn. 7.
34 Kritisch HBB/*Herrnfeld* Art. 36 Rn. 22.

Zweckbindung begrenzt den Kreis der Personen und Stellen, welche die EUStA von der Anklageerhebung in Kenntnis setzen darf (*Gut* → § 9 Rn. 59 ff.).

Unklar ist, wer zu den „betroffenen Personen" zu zählen ist. Der Angeklagte sowie die Zeugen werden üblicherweise vom Gericht im Wege der Ladung zur Hauptverhandlung nach nationalem Recht über die Anklage informiert, vgl. § 201 Abs. 1, § 214 Abs. 1, § 215 S. 1 StPO und § 213 Abs. 1, §§ 220, 221 Abs. 1 öStPO. Die Verletzten der Tat sind in der VO nicht gesondert aufgeführt, obwohl sie im Hinblick auf einen Anschluss als Nebenkläger oder einen späteren Schadensersatzprozess ein großes Interesse an dieser Information haben.[35] Häufig werden sie Zeugen des Verfahrens sein und damit durch das Gericht informiert. Zumindest in Deutschland und Österreich besteht zusätzlich nach nationalem Recht eine Benachrichtigungspflicht der Verletzten unabhängig von ihrer Zeugeneigenschaft. In **Deutschland** haben die Strafverfolgungsbehörden nach § 406i Abs. 1 StPO den Verletzten bei der ersten Kontaktaufnahme, spätestens jedoch nach Anklageerhebung über seine Rechte in Kenntnis zu setzen, sofern dieser nicht bereits anderweitig benachrichtigt worden ist.[36] 20

In **Österreich** haben Kriminalpolizei oder Staatsanwaltschaft die Verletzten in der Regel bereits zu Beginn des Ermittlungsverfahrens über ihre Rechte zu informieren, § 70 Abs. 1 S. 1 öStPO. Da die Verletzten nach § 66 Abs. 1 Nr. 4, 7 öStPO das Recht haben, über den Fortgang des Verfahrens informiert zu werden und während der Hauptverhandlung anwesend zu sein, sind sie spätestens mit der Mitteilung des Hauptverhandlungstermins von der Anklage in Kenntnis zu setzen. 21

## II. Anklagevertretung

**1. Befugnisse der EUStA im Hauptverfahren. a) Befugnis vor Gericht aufzutreten.** DEStA sind nach Art. 13 Abs. 1 UAbs. 3 VO für die Anklageerhebung zuständig und treten grundsätzlich auch während des Hauptverfahrens vor dem zuständigen nationalen Gericht als Vertreter der Anklage auf, Art. 60 Abs. 1 GO. In Fällen, in denen der Aufsicht führende EStA nach Maßgabe von Art. 28 Abs. 4 VO ausnahmsweise das Ermittlungsverfahren führt, tritt dieser selbst vor Gericht auf, Art. 60 Abs. 4 GO. 22

In **Deutschland** gilt § 142b Abs. 1 S. 1, 3 GVG, welcher jedem DEStA und für Fälle nach Art. 28 Abs. 4 VO auch dem für die Bundesrepublik Deutschland ernannten EStA das Amt der Staatsanwaltschaft überträgt. Dabei dürfen die deutschen DEStA und der deutsche EStA auch vor Oberlandesgerichten auftreten. Eine Ausnahme sieht § 142b Abs. 1 S. 2 GVG für Revisionsverfahren vor dem Bundesgerichtshof vor. In solchen Verfahren vertritt grundsätzlich – wie stets in Verfahren vor dem Bundesgerichtshof – ein zum DEStA ernannter Bundesanwalt die Anklage. Führt der deutsche EStA das Verfahren gemäß Art. 28 Abs. 4 VO, darf er ausnahmsweise auch selbst vor dem Bundesgerichtshof auftreten.[37] Die Dienstsitze der deutschen DEStA sind auf wenige Orte innerhalb Deutschlands konzentriert (*Herrnfeld* → § 4 Rn. 24).[38] Die örtliche Zuständigkeit der DEStA und des deutschen EStA ist jedoch unabhängig von ihrem jeweiligen Dienstsitz und bezieht sich auf das gesamte Bundesgebiet, § 143 Abs. 6 GVG. Jeder DEStA kann daher ebenso wie der EStA in jedem Bundesland Anklagen der EUStA vertreten.[39] 23

In **Österreich** sind gemäß § 4 Abs. 1 Nr. 3, 4 EUStA-DG die für Österreich bestellten DEStA und in Fällen des Art. 28 Abs. 4 VO auch der österreichische EStA zur Vertretung der Anklage vor allen Gerichten im gesamten Bundesgebiet, einschließlich der Oberlandesgerichte befugt. In Verfahren vor dem Obersten Gerichtshof treten die EUStA, vertreten durch den betrauten DEStA bzw. den 24

35 HBB/*Herrnfeld* Art. 36 Rn. 22.

36 MüKoStPO/*Grau*, § 406i Rn. 1 f.; KK-StPO/*Zabeck*, § 406i Rn. 2.

37 BT-Drs. 19/17963, 61.

38 Es sind fünf Zentren in Berlin, Frankfurt am Main, Hamburg, Köln und Müncheneingerichtet (→ Anh. III.3), vgl. BT-Drs. 19/17963, 62 sowie BMJV, Pressemitteilung v. 19.11.2020, abrufbar unter https://www.bmjv.de/SharedDocs/Pressemitteilungen/DE/2020/111920_EPPO.html;jsessionid=2FA48A9F45B0AD64CEFF93423D91E71A.2_cid289.

39 *Heger* ZRP 2020, 115 (117 f.).

EStA, und die Generalprokuratur nebeneinander auf. Dabei soll der DEStA bzw. an seiner Stelle der EStA gemäß § 15 Abs. 3 EUStA-DG die Rechte der nationalen Staatsanwaltschaft haben. Die Generalprokuratur wirkt wie üblich gemäß § 22 öStPO am Verfahren mit, schreitet aber nicht als Anklagebehörde ein, sondern vertritt vielmehr die Interessen des Staats in der Rechtspflege.[40]

25 b) **Rechte und Pflichten.** DEStA und im Fall des Art. 28 Abs. 4 VO der jeweilige EStA haben im Hauptverfahren die gleichen Befugnisse wie nationale Staatsanwälte, Art. 13 Abs. 1 UAbs. 1 VO. Sie dürfen vor Gericht plädieren und an der Beweisaufnahme mit eigenem Beweisantragsrecht teilnehmen, Art. 13 Abs. 1 UAbs. 3 VO. Darüber können sie weitere Anträge nach nationalem Recht, wie etwa einen Strafbefehlsantrag nach § 408a Abs. 1 StPO, stellen.

26 Zu den Pflichten der EUStA im nationalen Strafverfahren findet sich weder in der VO noch in der GO oder im EUStAG bzw. EUStA-DG eine Regelung. Es ist jedoch davon auszugehen, dass die EUStA grundsätzlich den gleichen Pflichten wie die nationale Staatsanwaltschaft unterliegt. Diese Pflichten können jedoch nur Anwendung finden, soweit sie nicht die Unabhängigkeit der EUStA einschränken. Verwaltungsvorschriften wie die RiStBV, ministerielle Allgemeinverfügungen oder Anordnungen (beispielsweise zur Robenpflicht) gelten für die EUStA nicht, da diese eine allgemeine Weisung beinhalten, was der Weisungsfreiheit aus Art. 6 Abs. 1 S. 2 VO zuwiderliefe.

27 Es spricht nichts dagegen, dass DEStA für einzelne Verfahrensfragen freiwillig nationale Vorschriften als Leitlinien heranziehen, sofern sich innerhalb der EUStA noch keine einheitliche Vorgehensweise etabliert hat und die Ständige Kammer gegenüber dem DEStA nicht gemäß Art. 10 Abs. 5 VO, Art. 60 Abs. 3 GO eine Weisung in der konkreten Frage erteilt. Zudem ist denkbar, dass der EStA im Rahmen seiner Weisungsbefugnis die DEStA seines Mitgliedstaats verpflichtet, bestimmte Regelungen nationaler Verwaltungsvorschriften wie beispielsweise der RiStBV zu befolgen.

28 Über den Gang des gerichtlichen Verfahrens muss der DEStA einen Bericht verfassen und regelmäßig aktualisieren. Die Ständige Kammer erfährt über das Fallbearbeitungssystem regelmäßig von diesen Eintragungen, Art. 60 Abs. 2 GO. Auf diese Weise ist sie über den aktuellen Stand des Verfahrens unterrichtet und kann rechtzeitig verfahrensleitende Weisungen erteilen.

29 c) **Verfahrenseinstellung im gerichtlichen Verfahren.** Im Hauptverfahren kann sich eine Situation ergeben, in der die Einstellung des Verfahrens naheliegt. Dabei handelt es sich nicht um die Verfahrenseinstellung nach Art. 39 VO, denn dieser regelt nur die Verfahrenseinstellung im Ermittlungsverfahren. Vielmehr geht es um die Verfahrenseinstellung bzw. Diversion im gerichtlichen Verfahren, die sich allein nach nationalen Regelungen (§§ 153 ff. StPO, § 47 JGG, §§ 198 ff. öStPO, § 6 Abs. 3, § 7 Abs. 3, § 8 öJGG) richtet.[41]

30 Wenn der DEStA oder im Fall des Art. 28 Abs. 4 VO der EStA während des Hauptverfahrens die Einstellung des Verfahrens erwirken oder das Gericht das Verfahren nach Anhörung oder mit Zustimmung der Staatsanwaltschaft einstellen will, hat er zunächst gemäß Art. 36 Abs. 7 S. 1, 4 VO der zuständigen Ständigen Kammer einen Bericht mit einem Beschlussentwurf vorzulegen. Die Ständige Kammer entscheidet über die Einstellung und erteilt eine Weisung, die der DEStA oder der EStA sodann umsetzt.

31 Ist die für die Einstellung vorgesehene Frist zu kurz, um die Weisung der Ständigen Kammer abzuwarten, kann der DEStA gemäß Art. 36 Abs. 7 S. 2 VO einer Verfahrenseinstellung zustimmen und unmittelbar danach der Ständigen Kammer Bericht erstatten. Sofern wie in **Deutschland** und **Österreich** eine einmal erteilte Zustimmung zur Verfahrenseinstellung nicht zurückgenommen werden kann, ist es sinnvoller, wenn der DEStA seine Zustimmung zunächst nicht erteilt und dies gegebenenfalls nach Weisung der Ständigen Kammer nachholt. Sollte das aufgrund des Fristablaufs nicht möglich sein, ist hinzunehmen, dass die Ständige Kammer auf ihr Weisungsrecht verzichten muss.[42]

32 d) **Einlegung von Rechtsmitteln.** Ein DEStA kann wie ein nationaler Staatsanwalt jedes ihm nach nationalem Recht zur Verfügung stehende Rechtsmittel einlegen, Art. 13 Abs. 1 UAbs. 3 VO. Die

40 EBRV 808 Blg NR 27.GP, 13.
41 BT-Drs. 19/17963, 33 f.; HBB/*Herrnfeld* Art. 36 Rn. 25.
42 Vgl. HBB/*Herrnfeld* Art. 36 Rn. 25.

Vorgehensweise bei der Einlegung von Rechtsmitteln richtet sich wie die Verfahrenseinstellung nach Art. 36 Abs. 7 (→ Rn. 30 f.). Grundsätzlich entscheidet die Ständige Kammer, ob der DEStA ein Rechtsmittel einlegen soll oder nicht. Ist die Rechtsmittelfrist jedoch zu kurz, um die Weisung der Ständigen Kammer einzuholen, darf der DEStA das Rechtsmittel selbstständig einlegen und die Ständige Kammer unmittelbar danach um eine Entscheidung ersuchen. Sowohl in **Deutschland** (nach Maßgabe des § 302 StPO) als auch in **Österreich**[43] ist die Rücknahme eines Rechtsmittels zulässig. Sofern die Ständige Kammer eine dahingehende Weisung erteilt, muss der DEStA das Rechtsmittel wieder zurücknehmen, Art. 36 Abs. 7 S. 3 VO. Der DEStA ist nicht verpflichtet, bei kurzer Rechtsmittelfrist stets vorsorglich ein Rechtsmittel einzulegen, um der Ständigen Kammer genügend Zeit für eine Entscheidung zu verschaffen.[44]

**2. Beweisrecht.** Das Gericht kann uneingeschränkt nach nationalem Recht Beweis erheben.[45] 33
Dabei kann es sich auch der Instrumente internationaler Rechtshilfe wie gewohnt bedienen, da die Einschränkungen nach Art. 31 VO nicht das Gericht im Hauptverfahren, sondern lediglich die Handlungen der EUStA im Ermittlungsverfahren betreffen.[46]

Eine Einschränkung erfährt das nationale Recht, wenn es um Beweismittel geht, die in einem ande- 34
ren Mitgliedstaat oder nach dem Recht eines anderen Mitgliedstaats erhoben wurden. Art. 37 Abs. 1 VO schreibt vor, dass das Gericht Beweismittel, welche die EUStA oder der Angeklagte beigebracht haben, nicht allein aufgrund ihrer Erhebung in einem anderen Mitgliedstaat oder nach dem Recht eines anderen Mitgliedstaats als unzulässig ablehnen darf (*Esser* → § 11 Rn. 109 ff.).[47] Die Regelung normiert nicht mehr und nicht weniger als ein Diskriminierungsverbot gegenüber inländischen Beweismitteln.[48] Aus anderen Gründen, die das nationale Recht vorsieht, darf das Gericht die Verwertung eines Beweismittels jedoch ablehnen (→ Rn. 37 ff.). Ebenso ist die Annahme eines Verwertungsverbots zulässig, wenn es Beweismittel betrifft, die in einem nicht an der EUStA beteiligten EU-Mitgliedstaat oder einem Drittstaat oder nach dem Recht eines solchen Staats erhoben wurden, denn das Diskriminierungsverbot ist auf die an der EUStA teilnehmenden Mitgliedstaaten begrenzt.[49]

Vom Zulassungsgebot abgesehen bleibt das nationale Gericht in seiner Beweiswürdigung frei (→ 35
Rn. 37 ff.).

**a) Zulassungsgebot aus Art. 37 Abs. 1 VO.** Auch wenn der Wortlaut des Art. 37 Abs. 1 VO eher 36
eng gefasst und an adversatorischen Verfahrensordnungen orientiert ist, sprechen Art. 86 Abs. 3 AEUV und die Konzeption des EUStA-Verfahrens in seiner zentralisierten Form dafür, das Zulassungsgebot auf das gesamte Beweisrecht anzuwenden.[50] Dazu zählen alle Arten der „Beweisbeibringung", also auch die Stellung eines Beweisantrags, durch alle Verfahrensbeteiligten mit Beweisantrags- bzw. Beweisbeibringungsrecht in allen Verfahrensstadien.[51] Die „Zulässigkeit" eines Beweismittels ist untechnisch gemeint und umfasst in inquisitorischen Verfahrensordnungen, die kein eigenes Zulassungsverfahren für Beweismittel kennen, allgemein die Verwendbarkeit und Verwertbarkeit von Beweismitteln.[52]

43 *Seiler* Rn. 1016.
44 HBB/*Herrnfeld* Art. 36 Rn. 24.
45 Vgl. ErwG 87 Abs. 3 VO.
46 BT-Drs. 19/17963, 29.
47 Zur Genese der Norm ua *Csúri* FS Höpfel, 2018, 681 (686 ff.).
48 Die noch in Art. 30 Abs. 1 des KOM-Vorschlag für die EUStA-VO, COM(2013) 534 final, enthaltene Zulassungs- bzw. Verwertungspflicht aller in den EUStA-Mitgliedstaaten erhobenen Beweismitteln mit nur eingeschränkter Ablehnungsmöglichkeit bei Beeinträchtigung der Verfahrensfairness oder der Verteidigungsrechte des Beschuldigten wurde in der VO nicht umgesetzt.
49 HBB/*Burchard* Art. 37 Rn. 9.
50 HBB/*Burchard* Art. 37 Rn. 9.
51 HBB/*Burchard* Art. 37 Rn. 8 f.
52 HBB/*Burchard* Art. 37 Rn. 7.

37 b) **Freie Beweiswürdigung.** Art. 37 Abs. 2 VO stellt klar, dass die freie richterliche Beweiswürdigung nach nationalem Recht unangetastet bleibt.[53] Auch Art. 37 Abs. 2 VO ist weit auszulegen und umfasst wie Absatz 1 alle nationalen Gerichte in allen Verfahrensstadien.[54] Beweisverwertungsverbote können sich aus dem nationalen Recht sowie aus der EMRK und der GRC ergeben.[55]

38 Problematisch ist oftmals die Verwertbarkeit von Beweismitteln, die nach dem Recht eines anderen Mitgliedstaats als dem Forumstaat erhoben wurden. Es gibt bislang innerhalb der EU keine einheitlichen Kriterien für die Erhebung und Verwertung von Beweismitteln. Nach fremdem nationalem Recht erhobene Beweismittel verstoßen daher leicht gegen das Recht des Forumstaats.[56] Wenn das Recht des Forumstaats für einen solchen Verstoß ein Beweisverwertungsverbot vorsieht, steht die VO einer solchen Konsequenz nicht entgegen, damit die nationalen Verfahrensgarantien gewährt werden.[57] Das Gericht muss also aus seiner Sicht „ausländische" Beweismittel wie nach inländischem Recht erhobene Beweismittel behandeln und von der Verwertung absehen, auch wenn das Beweismittel nach dem Recht des Staats des Ermittlungsverfahrens rechtmäßig erhoben wurde.[58] Wenn also beispielsweise die Verlobte des Beschuldigten nach italienischem Recht kein Zeugnisverweigerungsrecht hat und daher ohne dahingehende Belehrung in Italien vernommen wird, ist diese Zeugenaussage in Deutschland unverwertbar. Vielmehr muss die Verlobte nach einer Belehrung über ihr Zeugnisverweigerungsrecht nach § 52 Abs. 1 Nr. 1 StPO erneut vernommen werden.

39 Die Problematik bei der Verwertbarkeit ergibt sich insbesondere dann, wenn die EUStA nicht im Mitgliedstaat des Ermittlungsverfahrens, sondern in einem anderen Mitgliedstaat Anklage erhebt. Im anderen Fall, dass die Anklage im Mitgliedstaat des Ermittlungsverfahrens erhoben wird, hat der betraute DEStA bei einer grenzüberschreitenden Beweiserhebung nach Art. 31 VO hingegen die Möglichkeit, bereits bei der Zuweisung der Maßnahme dem unterstützenden DEStA Vorgaben hinsichtlich zu beachtender Verfahrensvorschriften zu machen. Auf diese Weise ist die Beweisverwertung sichergestellt, sofern später auch im Mitgliedstaat des betrauten DEStA Anklage erhoben wird. Aus dem Grundsatz der *Single Judicial Authorisation* (*Niedernhuber* → § 7 Rn. 133 ff.) folgt zwar, dass eine ausländische gerichtliche Entscheidung anzuerkennen ist. Dies gilt jedoch nur, soweit die Voraussetzungen für die getroffene Entscheidung auch nach dem Recht des Mitgliedstaats des betrauten DEStA, also des späteren Forumstaats, vorliegen (*Niedernhuber* → § 7 Rn. 140).

## III. Vollstreckung

40 **1. Keine Zuständigkeit der EUStA.** Die EUStA ist nur solange für das Verfahren zuständig, bis es „endgültig abgeschlossen" ist, Art. 4 S. 2 VO. Das umfasst das Verfahren bis zur rechtskräftigen Klärung der Frage, ob der Beschuldigte die Straftat begangen hat, also einschließlich der abschließenden Entscheidung über verfügbare Rechtsbehelfe.[59] Dabei soll die EUStA nach **deutschem**[60] wie nach **österreichischem**[61] Recht auch für das Wiederaufnahmeverfahren, das Verfahren zur Wiedereinsetzung und für Entscheidungen nach § 30 JGG zuständig sein, auch wenn diese Verfahren strenggenommen außerordentliche Rechtsbehelfe darstellen, die erst nach Eintritt der Rechtskraft zur

53 BT-Drs. 19/17963, 32; *Satzger* § 10 Rn. 22.

54 Vgl. ErwG 87 Abs. 3 VO; HBB/*Burchard* Art. 37 Rn. 14.

55 ErwG 80 VO; Entschließung des Europäischen Parlaments v. 12.3.2014 zu dem Vorschlag für eine Verordnung des Rates über die Errichtung der Europäischen Staatsanwaltschaft (COM(2013)0534 – 2013/0255(APP)), Ziffer 5. vi).

56 *Gleß* ZStW 125 (2013), 573 (575 f.); *Zerbes* ZIS 2015, 145 (148). Aus diesem Grund schlägt *Csúri* vor, die EEA-Regeln anzuwenden, Geelhoed/Erkelens/Meij/*Csúri* 141 (150). Zu Problemen der Verwertbarkeit von grenzüberschreitend erhobenen Beweismitteln allgemein *Schuster* ZIS 2016, 564.

57 ErwG 80 S. 3 VO; vgl. auch Entschließung des Europäischen Parlaments v. 12.3.2014 zu dem Vorschlag für eine Verordnung des Rates über die Errichtung der Europäischen Staatsanwaltschaft (COM(2013)0534 – 2013/0255(APP)), Punkt 5. vi); aA *Magnus* HRRS 2018, 143 (146).

58 *Zerbes* ZIS 2015, 145 (148).

59 ErwG 31 VO.

60 BT-Drs. 19/17963, 18.

61 Vgl. § 4 Abs. 1 Nr. 5 EUStA-DG; EBRV 808 Blg NR 27.GP, 7; *Oshidari* JSt 2018, 193 (198).

Verfügung stehen. Der **österreichische** Gesetzgeber hat sich letztlich dagegen entschieden, der EUStA auch die Zuständigkeit für das Verfahren zur Erneuerung des Strafverfahrens einzuräumen,[62] hier bleibt es vielmehr bei der Zuständigkeit der Generalprokuratur nach § 363a Abs. 2 öStPO.

Sobald das Urteil rechtskräftig ist, endet die verfahrensleitende Tätigkeit der EUStA und die Zuständigkeit geht für das Vollstreckungsverfahren auf die nationalen Behörden über.[63] In **Deutschland** übernimmt die Staatsanwaltschaft am Sitz des erstinstanzlichen Gerichts gemäß § 10 Abs. 1 EUStAG das Vollstreckungsverfahren. Das gilt gemäß § 11 Abs. 3 EUStAG auch für die Vollstreckung gerichtlicher Entscheidungen nach § 91 OWiG. In Jugendstrafverfahren leitet – wie auch in rein nationalen Verfahren – der nach § 84 JGG örtlich zuständige Jugendrichter das Vollstreckungsverfahren, § 82 Abs. 1 JGG.[64] Vollstreckungshaftbefehle sind wie üblich nach § 457 Abs. 2 S. 1 StPO möglich. Einschränkungen nach Art. 33 Abs. 1 VO gelten für dieses Verfahrensstadium nicht mehr.[65] 41

Ist während des Vollstreckungsverfahrens für eine gerichtliche Entscheidung eine Anhörung der Staatsanwaltschaft gemäß § 453 Abs. 1 S. 2, § 454 Abs. 1 S. 2, Abs. 2 S. 3, § 462 Abs. 2 S. 1 StPO oder § 57 Abs. 1 S. 2, § 58 Abs. 1 S. 2, § 65 Abs. 1 S. 1, § 87 Abs. 3 S. 4, § 88 Abs. 4 S. 1 JGG erforderlich, soll die das Vollstreckungsverfahren leitende Staatsanwaltschaft gemäß § 10 Abs. 2 EUStAG dem mit den Ermittlungen betrauten DEStA Gelegenheit zur Stellungnahme geben. 42

In **Österreich** ist für das Strafvollstreckungsverfahren gemäß §§ 405, 408 öStPO, § 7 Abs. 1 StVG und § 6 Abs. 1 GEG grundsätzlich das Gericht zuständig. Die Rolle der nationalen Staatsanwaltschaft ist beschränkt; die EUStA hat grundsätzlich keine diesbezüglichen Zuständigkeiten. 43

**2. Verwertung eingezogener Vermögenswerte.** Hat das zuständige nationale Gericht die Einziehung von Vermögenswerten, die mit einer in die Zuständigkeit der EUStA fallenden Straftat in Zusammenhang stehen (einschließlich der Tatwerkzeuge), oder von Erträgen aus einer solchen Straftat rechtskräftig angeordnet, so gilt für die Verwertung gemäß Art. 38 S. 1 VO das nationale Recht. 44

Art. 38 S. 2 VO schränkt einen nach nationalen Regeln bestehenden Ermessensspielraum der Behörden dahingehend ein, dass die Verwertung die Rechte der Opfer auf Schadensersatz nicht beeinträchtigen darf. Innerhalb des verbleibenden Spielraums können die Mitgliedstaaten festlegen, welche Opfer oder Opfergruppen mit Priorität entschädigt, ob die Verfahrenskosten zuerst abgezogen oder wann und wie Entschädigungsansprüche geltend gemacht werden sollen.[66] Die EU hat bei der Entschädigung keinen grundsätzlichen Vorrang. Zudem soll der verwertende Mitgliedstaat seine eigenen Interessen nicht höher priorisieren als die Interessen der Opfer.[67] 45

**3. Entschädigung für überlange Gerichtsverfahren und Strafverfolgungsmaßnahmen.** In **Deutschland** trifft das EUStAG schließlich Sonderregelungen für die Entschädigung für erlittene Beeinträchtigungen sowohl durch überlange Gerichtsverfahren als auch durch Strafverfolgungsmaßnahmen. Die §§ 198–201 GVG sind grundsätzlich anwendbar, gewähren allerdings keinen Entschädigungsanspruch durch ein Bundesland oder den Bund, soweit der erlittene Nachteil von der EUStA oder ihrem Personal in Ausübung ihres Amtes verursacht worden und diesen zuzurechnen ist, § 5 Abs. 2 EUStAG. Gleiches gilt gemäß § 8 EUStAG für Schadensersatzansprüche nach dem StrEG. Sofern die EUStA derartige Nachteile zurechenbar verursacht hat, ist sie nach dem vorrangigen Art. 113 Abs. 3, 4 VO schadensersatzpflichtig.[68] Zuständiges Gericht ist gemäß Art. 42 Abs. 4, Art. 113 Abs. 5 VO der EuGH (*Esser* → § 12 Rn. 130). Auch ohne gesonderte Regelung im EUStA-DG gilt in **Österreich** ebenfalls die ausschließliche Schadensersatzpflicht der EUStA für von ihr verursachte und ihr zurechenbare Nachteile. 46

62 So aber noch der Ministerialentwurf in § 4 Abs. 1 Nr. 5 EUStA-DG, welcher der EUStA für Verfahren vor dem Obersten Gerichtshof allerdings noch Parteirechte zusprach, s. Erläuterungen zum Ministerialentwurf, 6, 12 f.

63 BT-Drs. 19/17963, 59.

64 BT-Drs. 19/17963, 59.

65 BT-Drs. 19/17963, 30.

66 HBB/*Brodowski* Art. 38 Rn. 15.

67 HBB/*Brodowski* Art. 38 Rn. 15.

68 BT-Drs. 19/17963, 37; *Beukelmann* NJW-Spezial 2020, 376.

## § 11 Beschuldigtenrechte

## I. Pflicht zur Objektivität und unparteilichen Ermittlungstätigkeit als Garantie der Beschuldigtenrechte

1 Der EUStA kommen eine Reihe von strafprozessualen Befugnissen zu, die sich über alle Stadien des Strafverfahrens bis zur Rechtskraft des nationalen Urteils erstrecken. **Art. 4 VO**[1] ermächtigt die EUStA im Stile einer Generalklausel zur **„strafrechtlichen Untersuchung und Verfolgung"** (Satz 1) der PIF-Delikte sowie zur diesbezüglichen **Anklageerhebung** in denjenigen Mitgliedstaaten, die sich an der Verstärkten Zusammenarbeit zur EUStA beteiligen. Angesprochen sind damit konkret **Ermittlungs- und Strafverfolgungsmaßnahmen**, einschließlich der nach der Anklageerhebung zur Wahrnehmung von Aufgaben der Staatsanwaltschaft vor den Gerichten der Mitgliedsstaaten erforderlichen Befugnisse (Satz 2).

2 **Art. 5 VO** legt zentrale **Grundprinzipien** für die konkrete Tätigkeit der EUStA fest. Insbesondere hat die EUStA zu gewährleisten, dass bei ihren Ermittlungen die in der **Charta der Grundrechte der Union** verankerten Rechte beachtet werden (Abs. 1), zugleich wird die EUStA in ihrer Arbeit auf die **Grundsätze der Rechtsstaatlichkeit** und **Verhältnismäßigkeit** verpflichtet (Abs. 2; vgl. für Grundrechteingriffe Art. 52 Abs. 1 S. 2 GRC).

3 Welche Vorschriften des nationalen Rechts einschließlich der dort jeweils geltenden Beschuldigtenrechte in einem von der EUStA betriebenen Verfahren Anwendung finden, regelt **Art. 5 Abs. 3 S. 2 VO** (*Herrnfeld* → § 4 Rn. 7 ff.). Demzufolge hat die EUStA-VO **Vorrang vor etwaig entgegenstehendem nationalen Recht**; das innerstaatliche Recht (des Mitgliedstaats des gemäß Art. 13 Abs. 1 VO mit den Ermittlungen betrauten DEStA) ist bzw. bleibt nur anwendbar, soweit eine spezielle Frage in der VO nicht geregelt ist.[2] Ist eine spezielle Frage sowohl im nationalen Recht als auch in der VO geregelt, so geht die Bestimmung in der VO dementsprechend vor (Art. 5 Abs. 3 S. 4 VO). Diese in der Verordnung angelegte allgemeine **Kollisions-Regel** läuft auf eine sinngemäße Wiedergabe des für das Unionsrecht typischen **Anwendungsvorrangs** hinaus[3] – mit signifikanten Auswirkungen auch auf den Schutz der Beschuldigtenrechte.

4 *Mittelbar* angesprochen ist damit die strikte Anbindung der Tätigkeit der EUStA an die Achtung der Beschuldigtenrechte bereits in der für die Einrichtung aufgestellten Verpflichtung zur Wahrung der **Unparteilichkeit** im Rahmen der Ermittlungen sowie im ebenfalls von der VO formulierten Anspruch an eine **objektive Amtsführung** („alle sachdienlichen Beweise, belastende wie entlastende"; Art. 5 Abs. 4 VO; *Herrnfeld* → § 4 Rn. 12 ff.)

5 Weder die hierin verkörperte **Amtsermittlungspflicht** der EUStA noch ihr Handeln im Status der **Unabhängigkeit** (Art. 6 Abs. 1 S. 1 VO) dürfen allerdings darüber hinwegtäuschen, dass „entlastende" Beweise, die von der Einrichtung im Rahmen der Sachverhaltsaufklärung zunächst übersehen oder im Einzelfall ggf. sogar pflichtwidrig vernachlässigt werden, durch die Verteidigung eingebracht bzw. durch den Beschuldigten selbst auf den Plan gerufen werden.

6 Für die Ermittlung des konkreten Schutzgehaltes der Beschuldigtenrechte in einem von der EUStA geführten Verfahren kommt nicht nur den ausführenden Regelungen der VO selbst (Art. 1 ff. VO) sondern auch den zahlreichen dem Normtext vorangestellten **Erwägungsgründen** eine wichtige Rolle zu. Zwar dienen diese Erwägungen lediglich der Begründung des eigentlichen (verfügenden) Rechtstextes (vgl. **Art. 296 Abs. 2 AEUV**)[4], so dass sie nicht an der unmittelbaren Wirkung einer Richtlinie bzw. Verordnung teilnehmen. Bei Richtlinien berücksichtigt der EuGH allerdings die vorangestellten Erwägungen als Bestandteile des Sekundärrechtsaktes regelmäßig als **Erkenntnisquelle**

---

1 Verordnung (EU) 2017/1939 des Rates vom 12.10.2017 zur Durchführung einer Verstärkten Zusammenarbeit zur Errichtung der Europäischen Staatsanwaltschaft (EUStA), ABl. 2017 L 283, 1.

2 Gesetzentwurf der Bundesregierung – Entwurf eines Gesetzes zur Durchführung der Verordnung (EU) 2017/1939 des Rates vom 12.10.2017 zur Durchführung einer Verstärkten Zusammenarbeit zur Errichtung der Europäischen Staatsanwaltschaft und zur Änderung weiterer Vorschriften, BT-Drs. 19/17963, 49.

3 Vgl. dazu GesE (Fn. 2), 16, 49. Allgemein zum Anwendungsvorrang: *Streinz*, Rn. 198 ff.

4 Vgl. hierzu: Europäisches Parlament, Rat und Kommission: Interinstitutionelle Vereinbarung vom 22.12.1998 – Gemeinsame Leitlinien für die redaktionelle Qualität der gemeinschaftlichen Rechtsvorschriften (ABl. 1999 C 73, 1), Nr. 10; hierzu – bezogen auf Richtlinien: *Alexander/Jüttner* JuS 2020, 1137 (1138).

**zur Auslegung der jeweiligen Kernvorschriften.**[5] Insofern ist auch bei einer Verordnung sowohl dem nationalen Gesetzgeber bei dem Erlass von Durchführungsbestimmungen (→ Rn. 7 ff.) als auch dem jeweiligen Rechtsanwender in der späteren Praxis nachdrücklich zu empfehlen, einen Blick in die dem Text der EUStA-VO vorangestellten Erwägungsgründe zu werfen.

Die Operabilität der VO im nationalen Recht wird durch das **Gesetz zur Durchführung der Verordnung (EU) 2017/1939** [...] v. 10.7.2020 gewährleistet.[6] Als unmittelbar geltendes Unionsrecht (Art. 288 Abs. 2 AEUV) bedarf auch die EUStA-VO wie jede andere VO keiner „Umsetzung" im Sinne einer Anpassung nationaler Rechtsvorschriften, im Gegenteil. Selbst Maßnahmen der reinen „Durchführung" der VO auf nationaler Ebene müssen mit dem unionsrechtlichen **Normwiederholungsverbot**[7] in Einklang stehen und dürfen daher nicht einmal den Anschein der Notwendigkeit einer substantiellen Implementierung[8] der Verordnung auf nationaler Ebene nach Maßgabe des innerstaatlichen Rechts erwecken. 7

Parallel zum Erlass des **Europäische-Staatsanwaltschaft-Gesetzes (EUStAG)**[9] als Kernelement und Stammgesetz zur **„Ausführung"** der VO in Deutschland (Art. 1) hatte das als Artikel-Gesetz konzipierte „Durchführung-Gesetz" auch **Neuregelungen bzw. Anpassungen im GVG und der StPO** zur Folge. Da einzelne Artikel der VO ausdrücklich auf das anwendbare nationale Recht Bezug nehmen, wird durch das Durchführungs-Gesetz klargestellt, dass GVG, StPO und andere nationale Rechtsvorschriften im Ermittlungsverfahren der EUStA nur subsidiär zur Anwendung kommen.[10] Das EUStAG trifft somit nur solche die VO notwendig ergänzende Regelungen und erklärt einzelne Vorschriften des deutschen Rechts, die wegen des Vorrangs der VO bei Ermittlungsverfahren der EUStA keine Anwendung finden, für nicht bzw. modifiziert anwendbar (vgl. § 1 EUStAG).[11] 8

Nach dem österreichischen **Gesetz zur Durchführung der Europäischen Staatsanwaltschaft (EUStA-DG)**[12] sollen die nationalen Vorschriften des Strafverfahrens, wie z.B. die österreichische StPO, das FinStrG oder das VbVG, nur subsidiär zur Anwendung kommen, d.h. soweit nicht die VO bzw. das Durchführungsgesetz Abweichendes festlegen (vgl. § 1 Abs. 2 EUStA-DG).[13] 9

Zur konkreten **Aufteilung der Zuständigkeit** für Ermittlungen ordnet **Art. 28 Abs. 1 S. 1 VO** an, dass ein mit einem Verfahren betrauter DEStA Ermittlungsmaßnahmen selbst treffen oder die **zuständigen Behörden** seines Mitgliedstaates (worunter nicht die nationalen Staatsanwälte fallen, vgl. § 13 EUStAG; *Esser*, → § 12 Rn. 164; *Herrnfeld*, → § 4 Rn. 15; *Trautmann*, → § 6 Rn. 136 ff.) zu solchen anweisen kann. Die Bezugnahme auf das nationale Recht führt dazu, dass der DEStA bei der Frage, welche Maßnahmen durch nationale Behörden getroffen werden können bzw. wel- 10

5 So z.B. in EuGH 19.9.2018 – C-310/18 PPU, ECLI:EU:C:2018 732 Rn. 44 – Milev II; 7.8.2018 – C-485/17, ECLI:EU:C:2018:642 – Verbraucherzentrale Berlin e.V./Unimatic Vertriebs GmbH, EuZW 2018, 742 (743 f.); 25.7.2018 – C-528/16, ECLI:EU:C:2018:583 – Confédération paysanne u.a., NJW 2018, 2943 (2944 f.); 15.10.2015 – C-216/14, ECLI:EU:C:2015:686 – Gavril Covaci, NJW 2016, 303, 304.

6 Gesetz zur Durchführung der Verordnung (EU) 2017/1939 des Rates vom 12.10.2017 zur Durchführung einer Verstärkten Zusammenarbeit zur Errichtung der Europäischen Staatsanwaltschaft und zur Änderung weiterer Vorschriften v. 10.7.2020, BGBl. I 1648.

7 BMJV, Handbuch der Rechtsförmlichkeit, 3. Aufl. 2008, BAnz Nr. 160a v. 22.10.2008, Rn. 285; EuGH 7.2.1973 – Rs. 39/72, ECLI:EU:C:1973:13 Rn. 17 – Kommission/Italien; 10.10.1973 – 34/73, ECLI:EU:C:1973:101 Rn. 9–11 – Variola; *Satzger* IntEurStR, § 9 Rn. 68.

8 Vgl. noch von der „Durchführung" (der VO) sprechende GesE (Fn. 2); ebenso der RefE des BMJV v. 7.10.2019.

9 Art. 1 des Gesetzes zur Durchführung der Verordnung (EU) 2017/1939 (Fn. 6): Gesetz zur Ausführung der EU-Verordnung zur Errichtung der Europäischen Staatsanwaltschaft (Europäische-Staatsanwaltschaft-Gesetz – EUStAG).

10 Vgl. GesE (Fn. 2), 16.

11 GesE (Fn. 2), 49.

12 BGBl. I Nr. 94/2021; Art. 1 des Bundesgesetzes, mit dem ein Bundesgesetz zur Durchführung der Europäischen Staatsanwaltschaft (EUStA-DG) erlassen und mit dem das Richter- und Staatsanwaltsdienstgesetz, das Bundesgesetz über die justizielle Zusammenarbeit in Strafsachen mit den Mitgliedstaaten der Europäischen Union, das Auslieferungs- und Rechtshilfegesetz, das Finanzstrafgesetz und das Strafgesetzbuch geändert werden (Strafrechtliches EU-Anpassungsgesetz 2021 – StrEU-AG 2021); vgl. auch die Regierungsvorlage: RV 808 Blg NR 27. GP.

13 BGBl. I Nr. 94/2021 (Fn. 12), 3.

che Behörden für die Durchführung welcher Maßnahmen zuständig sind, die in dem jeweiligen Mitgliedstaat geltende **nationale Zuständigkeitsverteilung** zu beachten hat.[14]

11 Durch die Bindung der zur Zusammenarbeit mit der EUStA weisungsgebunden verpflichteten nationalen Behörden an ein Handeln ***„im Einklang mit dem nationalen Recht"*** (**Art. 28 Abs. 1 S. 2 VO**) kommt klar zum Ausdruck, dass die nationalen Stellen nur zu einem **rechtmäßigen Handeln** nach Maßgabe der innerstaatlichen Rechtsvorschriften verpflichtet sind (vgl. **Art. 30 Abs. 5 S. 2 VO** ***„Verfahren und Modalitäten … richten sich nach dem geltenden nationalen Recht"***).

12 Für den hier angesprochenen Schutz der Beschuldigtenrechte relevant werden dabei neben den im nationalen Recht geregelten **Richtervorbehalten, Belehrungspflichten, speziellen Beweiserhebungsverboten** letztlich alle dort für die jeweilige strafprozessuale Ermittlungsmaßnahme geregelten tatbestandlichen Voraussetzungen und prozessualen Grenzen, u.a. das Erfordernis eines bestimmten **Verdachtsgrades**, spezielle Anforderungen in Bezug auf die **Komplexität der Ermittlungen, formale Sicherungen gegen willkürliches Handeln, grundrechtliche Freiräume** und **Verweigerungsrechte** (vgl. Art. 30 Abs. 2 VO), sowie allgemeine oder spezielle **Limitierungen als Ausdruck der Verhältnismäßigkeit** (Art. 30 Abs. 5 VO) wie etwa **Straftatenkataloge** (Art. 30 Abs. 3 VO).

13 Eine in rechtsstaatlicher Hinsicht empfindliche Lücke weist die VO in Bezug auf das **Konzept einer effektiven Strafverteidigung als Element eines rechtsstaatlichen Verfahrens** auf; die hierbei zu gewährleistenden Parameter erschließen sich allenfalls punktuell über die von der VO angesprochenen „Rechte Verdächtiger oder Beschuldigter", im Übrigen ausschließlich über das nationale Recht (vgl. *Oehmichen* → § 14 Rn. 1 f.).

14 Für Ermittlungen zu einer Straftat, die mit einer Freiheitsstrafe im Höchstmaß von mindestens vier Jahren bedroht ist, haben die Mitgliedsstaaten sicherzustellen, dass der zuständige DEStA die in **Art. 30 Abs. 1 lit. a-f VO festgelegten klassischen strafprozessualen Ermittlungsmaßnahmen** anordnen oder beantragen kann (*Niedernhuber* → § 7 Rn. 101 ff.).[15] Dazu gehören nicht nur die **Durchsuchung** von Gebäuden, Grundstücken, Privatwohnungen, persönlichen Gegenständen oder Computersystemen, sondern auch die Erwirkung der **Herausgabe** von Gegenständen, Schriftstücken, gespeicherter Computerdaten, einschließlich Bankkontodaten, die **Sicherstellung** von Tatwerkzeugen oder Erträgen aus Straftaten, die **Überwachung** der ein- und ausgehenden elektronischen Kommunikation des Verdächtigen über *alle* von ihm genutzten **elektronischen Kommunikationsmittel** sowie die **Verfolgung und Ortung von Gegenständen** mit technischen Mitteln.[16] Der deutsche Gesetzgeber hat hierzu keinen weiteren Umsetzungsbedarf im nationalen Recht gesehen, da die aufgeführten Ermittlungsmaßnahmen in der StPO bereits vorgesehen seien.[17] Eine ausdrückliche Berücksichtigung spezieller Rückwirkungen eines von der EUStA geführten Verfahrens auf den Schutz der Beschuldigten- und Verteidigungsrechte im Gesetz wäre allerdings wünschenswert gewesen.

15 **Art. 30 Abs. 4 VO** weitet die Ermittlungsbefugnisse des DEStA auf andere Maßnahmen aus, die Staatsanwälten nach dem jeweiligen nationalen Recht in vergleichbaren innerstaatlichen Fällen zur Verfügung stehen.[18] Hierzu zählen in Deutschland vor allem die Online-Durchsuchung (§ 100b StPO), die verdeckte die akustische Wohnraumüberwachung (§ 100c StPO), die akustische Überwachung außerhalb der Wohnung (§ 100f StPO), der Einsatz Verdeckter Ermittler (§ 110a StPO) sowie die Durchführung einer Quellen-TKÜ (§§ 100a Abs. 1 S. 1 bis 3, Abs. 5; 100e StPO)[19], soweit man letztere nicht bereits als von Art. 30 Abs. 1 lit. e VO erfasst ansieht.

---

14 Vgl. GesE (Fn. 2), 25.

15 Vgl. dazu *Illuminati* in Bachmaier Winter (Hrsg.), The European Public Prosecutor´s Office, 2018, 179 (187); *Ruggeri* in Bachmaier Winter, The European Public Prosecutor´s Office, 201 (216); vgl. dazu auch den GesE (Fn. 2), 27 f.

16 Zur Kommunikationsüberwachung im Rahmen des EUStA-Regimes, vgl. *Bachmaier Winter* in dies., The European Public Prosecutor's Office, 117 (130 ff.).

17 Vgl. GesE (Fn. 2), 27. Kritisch zu den Maßnahmen: *Ruggeri* in Bachmaier Winter, The European Public Prosecutor's Office, 201 (215 f.).

18 *Illuminati* in Bachmaier Winter, The European Public Prosecutor's Office, 179 (187 f.).

19 Vgl. GesE (Fn. 2), 27 f.

Nach **Art. 33 Abs. 1 VO** kann der DEStA im Einklang mit nationalen Vorschriften eine Anordnung zur **vorläufigen Festnahme** des Verdächtigen stellen oder eine **Untersuchungshaft** beantragen (*Niedernhuber* → § 7 Rn. 168). Die §§ 112 bis 130 und 131 StPO finden in EUStA-Verfahren uneingeschränkt Anwendung, da die DEStA aufgrund des § 142b Abs. 1 GVG den nationalen Staatsanwälten im Status gleichgestellt sind.[20] 16

Die Aufgaben der EUStA gelten ***bis zum Abschluss des Verfahrens*** (ErwG 31 VO), worunter die endgültige Klärung der Frage zu verstehen ist, ob der Verdächtige oder Beschuldigte die Straftat begangen hat.[21] Der Aufgabenbereich des DEStA und damit auch die Pflicht zur Gewährleistung der Beschuldigtenrechte erstreckt sich daher in zeitlicher Hinsicht auch auf die Erhebung der Anklage, das Plädoyer vor Gericht, die Teilnahme an der gerichtlichen Hauptverhandlung einschließlich der Beweisaufnahme sowie auf das Einlegen von Rechtsbehelfen und Rechtsmitteln.[22] 17

## II. Wahrung rechtsstaatlicher Grundprinzipien

In Anbetracht dieser umfangreichen Befugnisse des DEStA stellt sich spiegelbildlich die Frage nach der **Gewährleistung von effektiven Rechten des Beschuldigten**, die dieser in dem gegen ihn geführten Strafverfahren selbst oder mit Hilfe seines Verteidigers geltend machen kann. 18

Der DEStA unterliegt in seiner konkreten Tätigkeit den **Weisungen der Ständigen Kammer**, die seine Ermittlungen und Strafverfolgungsmaßnahmen überwachen, Art. 10 Abs. 2 S. 1 VO. Diese Kammern treffen auch die grundsätzliche Entscheidung über die Anklageerhebung vor den nationalen Gerichten, Art. 10 Abs. 3 lit. a, Art. 36 Abs. 1, 3, 4 VO, und gehören zur zentralen Dienststelle der EUStA (Art. 8 Abs. 3 VO). Die Regel versinnbildlicht, dass der einzelne DEStA als Verfahrensbeteiligter nicht den nationalen Behörden, sondern der mit eigener Rechtspersönlichkeit ausgestatteten EUStA als **Einrichtung der Union** zuzuordnen ist, Art. 3 Abs. 1, 2 VO[23], was vor allem Auswirkungen auf den gerichtlichen Rechtsschutz hat (*Esser* → § 12). 19

Diese besondere Konstellation und herausgehobene Stellung entbindet einen DEStA im Rahmen seiner Ermittlungstätigkeit freilich nicht von der **Einhaltung elementarer rechtsstaatlicher Grundsätze**, zu denen sich die Union – obwohl selbst kein „Rechtsstaat" im staatsorganisationsrechtlichen Sinne – klar und eindeutig bekennt (**Art. 5 Abs. 4 EUV** – Grundsatz der Verhältnismäßigkeit; **Art. 6 EUV** – Charta der Grundrechte der Europäischen Union (Absatz 1) – Grundrechte der EMRK einerseits und aus den gemeinsamen Verfassungsüberlieferungen der Mitgliedstaaten andererseits als allgemeine Grundsätze und damit Teil des Unionsrechts (Absatz 3); **Art. 67 Abs. 1 AEUV** – Achtung der Grundrechte im RFSR; **Art. 82 Abs. 2 UAbs. 2 lit. b AEUV** – Mindestvorschriften durch Richtlinien: „Rechte des Einzelnen im Strafverfahren"). 20

Konkret spricht **ErwG 65 VO** davon, dass die EUStA sich bei ihren Ermittlungen und Strafverfolgungsmaßnahmen von den **Grundsätzen der Verhältnismäßigkeit** (Art. 52 Abs. 1 S. 2 GRC; vgl. auch ErwG 70 VO) – was sich als „Grundprinzip" auch in **Art. 5 Abs. 2 VO** und **Art. 30 Abs. 5 VO** widerspiegelt[24] –, der **Unparteilichkeit** und der **Fairness** gegenüber dem Verdächtigen bzw. Beschuldigten leiten lassen sollte.[25] 21

20 Vgl. GesE (Fn. 2), 12, 30, 61.

21 Vgl. dazu auch GesE (Fn. 2), 18. Die EUStA ist auch im Verfahren der Wiederaufnahme gemäß §§ 359 ff. StPO sowie für Entscheidungen nach § 30 JGG zuständig. Nach Art. 4 VO hat sie allerdings keine Zuständigkeit im Strafvollstreckungsverfahren. § 10 Abs. 1 EUStAG sieht vor, dass die nach § 451 StPO der Staatsanwaltschaft obliegenden Aufgaben als Vollstreckungsbehörde der Staatsanwaltschaft am Sitz des Gerichts des ersten Rechtszuges obliegen; vgl. hierzu: GesE (Fn. 2), 18, 59.

22 GesE (Fn. 2), 18 f.

23 Vgl. dazu auch GesE (Fn. 2), 16, 18 f.; siehe auch die Erläuterungen zur österreichischen Regierungsvorlage zum Strafrechtlichen EU-Anpassungsgesetz 2021 – StrEU-AG 2021 (zur Regierungsvorlage selbst bereits Fn. 12), 808 der Beilagen XXVII. GP – Regierungsvorlage – Erläuterungen v. 20.4.2021, 2, 7; im Folgenden abgekürzt: EBRV 808 Blg. NR 27. GP.

24 *Illuminati* in Bachmaier Winter, The European Public Prosecutor's Office, 179 (184).

25 Vgl. auch *Magnus* HRRS 2018, 143 (150).

22 Dies schließe die Verpflichtung ein, **alle Arten von Beweisen** zu erheben, belastende wie entlastende[26], entweder von Amts wegen oder auf **Antrag der Verteidigung** (vgl. ErwG 65 und Art. 5 Abs. 4 VO).

23 Teils werden schon die einzelnen Befugnisse der EUStA mit einem Blick auf die Rechte der Betroffenen definiert; das gilt zentral für die Frage der Beweiserhebung und daraus resultierender Einwände gegen die **Verwertbarkeit** entsprechender Beweise. So sollen gewonnene **Beweise**[27] nicht allein deshalb als unzulässig abgelehnt werden können (**Verwertungsverbot**), weil sie in einem anderen Mitgliedstaat oder nach dem Recht eines anderen Mitgliedstaates erhoben wurden (**Art. 37 Abs. 1 VO**) – *sofern* dabei nach der Auffassung und „freien Würdigung" des über die Verwertung entscheidenden Prozessgerichts (**Art. 37 Abs. 2 VO**) mit der Zulassung der Beweise die **Fairness des Verfahrens** (Art. 47 Abs. 2 GRC / Art. 6 Abs. 1 EMRK) und die **Verteidigungsrechte des Verdächtigen oder Beschuldigten nach der Charta der Grundrechte gewahrt** sind (Art. 48 Abs. 2 GRC; Art. 6 Abs. 3 lit. b, c EMRK; ErwG 80 S. 1 VO). Damit einher geht eine entsprechende Prüfpflicht des erkennenden nationalen Gerichts, bei gleichzeitiger Wahrung des unionsrechtlichen Loyalitätsgebotes, das auch für die Beweisverwertung und die abschließende Beweiswürdigung (§ 261 StPO) gilt.[28]

24 Die VO formuliert im Sinne einer Selbstverpflichtung den Anspruch an die EUStA, die Grundrechte und Grundsätze, die in **Art. 6 EUV** und in der **Charta der Grundrechte der Union** anerkannt werden, zu wahren (**Art. 5 Abs. 1; ErwG 80 S. 2 VO**). Dies muss dann selbstredend auch für die *konkrete* Anwendung und praktische Umsetzung der Bestimmungen der VO in einem Strafverfahren der EUStA gelten.

25 Einbezogen werden damit auch die **unionsrechtlichen Grundfreiheiten** sowie die **strafprozessualen Garantien der EMRK** (vgl. Art. 6 Abs. 3 EUV).[29] Obwohl die Konvention, solange die Union ihr nicht beigetreten ist, kein Rechtsinstrument darstellt, das formell in die Unionsrechtsordnung übernommen wurde, sind die dort garantierten Rechte und Freiheiten sowie die **Grundrechte**, die sich **aus den gemeinsamen Verfassungsüberlieferungen der Mitgliedstaaten ergeben**, als **allgemeine Grundsätze** Teil des Rechts der Europäischen Union.[30]

26 **ErwG 80 S. 3 VO** bringt zum Ausdruck, dass es durch die Anwendung der VO zu **keiner Absenkung nationaler Standards der Verfahrensfairness** kommen soll, und schreibt unmissverständlich fest, dass die VO nicht in dem Sinne ausgelegt werden darf, dass sie es den nationalen Gerichten verbietet, *die Grundprinzipien des nationalen Rechts hinsichtlich der Fairness des Verfahrens anzuwenden, wie sie in ihren nationalen Rechtsordnungen gelten.*[31] Da alle über den Anwendungsbereich der VO verbundenen nationalen Strafrechtssysteme zugleich den Kontrollmaßstäben der EMRK und ihrer Zusatzprotokolle unterliegen[32], schließt sich hier endgültig der Kreis zu der in Fragen der Strafverteidigung mittlerweile ausdifferenzierten strafverfahrensrechtlichen **Judikatur des EGMR.**[33]

---

26 Dazu *Illuminati* in Bachmaier Winter, The European Public Prosecutor's Office, 179 (190 f.).

27 Näher zur Zulässigkeit von EUStA-Beweisen (bezugnehmend auf den KOM-Entwurf), vgl. *Csúri*, Grenzüberschreitende Ermittlungen – Bemerkungen zur Europäischen Ermittlungsanordnung und zur Europäischen Staatsanwaltschaft, in: Kert/Lehner (Hrsg.), Vielfalt des Strafrechts im internationalen Kontext, FS Höpfel, 2018, 681 (687 ff.), der u.a. auch einen umfassenderen Rückgriff auf die EEA bei den Ermittlungen der EUStA als wünschenswert erachtet hätte.

28 Vgl. EnzEur/*Gärditz* § 25 Rn. 68.

29 Zu deren steigender Bedeutung im Strafverfahren: *Safferling/Rückert* NJW 2021, 287 ff.

30 EuGH 2.2.2021 – C-481/19, ECLI:EU:C:2021:84 Rn. 36 – DB/Consob (Schweigerecht); Geiger/Khan/Kotzur/*Geiger* Art. 6 EUV, 26.

31 Dies betonend auch GesE (Fn. 2), 32 f.

32 *Esser* in: Löwe/Rosenberg, StPO, 26. Aufl. 2012, EMRK.

33 Zur Entwicklung: *Esser*, Auf dem Weg zu einem europäischen Strafverfahrensrecht, 2002; *Gaede,* Fairness als Teilhabe – Das Recht auf konkrete und wirksame Teilhabe durch Verteidigung gemäß Art. 6 EMRK (2007); Nachweise zu konkreten Fragen bei: SK-StPO/*Meyer* EMRK, 5. Aufl. 2019, u.a. Art. 6 EMRK; LR/*Esser* EMRK, 26. Aufl. 2012, Art. 5 und Art. 6 EMRK.

Besondere Erwähnung finden durch **ErwG 83 VO** – unter Hinweis auf Art. 47 und Art. 48 GRC – der **Grundsatz des fairen Verfahrens**, die **Verteidigungsrechte des Beschuldigten** und die **Unschuldsvermutung** sowie der ebenfalls primär als Verfahrensrecht (Justizgrundrecht) zu interpretierende Grundsatz ***ne bis in idem*** (Art. 50 GRC)[34], die allesamt für die Tätigkeit der EUStA im Allgemeinen sowie für die Anwendung und Auslegung der Verordnung im Besonderen Leitcharakter haben. 27

**Art. 41** und **Art. 45 Abs. 2 VO** geben konkret Auskunft über die Rechte des Beschuldigten, gegen den sich ein von der EUStA eingeleitetes Verfahren richtet: 28

Als zentrale und auch einzige Norm der VO regelt Art. 41 VO (→ Rn. 112 ff.) den Umfang der Rechte von Verdächtigen/Beschuldigten. Angesprochen werden damit **drei Ebenen:**[35] die **Charta der Grundrechte der Union** (Absatz 1, → Rn. 121 ff.), (sonstige) einschlägige **unionsrechtliche Grundlagen** (Absatz 2; → Rn. 134 ff.) sowie das **nationale Recht** (Absatz 3; → Rn. 213 ff.).[36] 29

**Art. 45 Abs. 2 VO** (→ Rn. 227 ff.) gewährt bestimmten am Verfahren beteiligten Personen explizit ein Recht auf **Zugang zu der vom jeweiligen DEStA geführten Verfahrensakte** – das allerdings über Art. 41 VO auch schon im Primärrecht abgebildet wird. 30

## III. Vermeidung von Parallelverfahren zum Schutz der Beschuldigtenrechte / Verbot der Doppelverfolgung / Strafklageverbrauch (*ne bis idem*)

**1. Grundsatz der Konzentration der Verfahrensführung bei der EUStA.** Eine (parallele) Doppelverfolgung birgt für den Beschuldigten stets zusätzliche **verfahrensrechtliche Unsicherheiten und Risiken.** Vor allem angesprochen ist dabei die der Rechtssicherheit bei der Ausübung von Verteidigungsrechten abträgliche Situation, dass es zu einer **unterschiedlichen rechtlichen Bewertung** derselben mutmaßlichen Tat nach unterschiedlichen nationalen juristischen Auslegungs- und Bewertungsstandards kommt.[37] **ErwG 67 S. 1 VO** regt daher an, dass gegen einen Verdächtigen/ Beschuldigten in der Regel nur ***ein*** **Ermittlungs- oder Strafverfolgungsverfahren** *der EUStA* geführt werden sollte, und gibt als Grund an, dass so *„die Rechte des Verdächtigen bzw. des Beschuldigten am besten gewahrt werden“* (vgl. **ErwG 83 S. 1 VO**).[38] 31

Zur *„Bündelung“* mehrerer von verschiedenen DEStA gegen dieselbe Person geführter Verfahren kann die Ständige Kammer vor der Erhebung der Anklage eine Verbindung der Verfahren beschließen (**Art. 36 Abs. 4 VO**). 32

**2. Vermeidung nationaler Parallelverfahren durch eine vorrangige Zuständigkeit der EUStA.** Praktisch größere Relevanz hat allerdings die Vermeidung paralleler Verfahren zu derselben Tat im Verhältnis der EUStA zu den nationalen Strafverfolgungsbehörden – in Bezug auf die Befugnis (Zuständigkeit) zur Ermittlung derselben Tat (*Brodowski/Herrnfeld* → § 5 Rn. 67 ff.) 33

34 *Díaz Abad* in Bachmaier Winter, The European Public Prosecutor's Office, 235 (237); *Gaede* NJW 2014, 2990.

35 Vgl. hierzu: *Mitsilegas/Giuffrida*, Raising the bar? Thoughts on the establishment of the European Public Prosecutor's Office, Policy Insights No. 2017/39, 11; *Juszczak/Sason*, Fighting Terrorism through the European Public Prosecutor's Office (EPPO)?, eucrim 1/2019, 66 (71); siehe auch: *Aden/Sanchez-Barrueco/Stephenson*, The European Public Prosecutor's Office: strategies for coping with complexity, 2019, 86, wonach es sich dabei um ein „(over)complex multi-level setting" handelt.

36 Vgl. den Hinweis auf den „hybriden" Charakter der Verordnung: Mitsilegas/Giuffrida, Raising the bar? Thoughts on the establishment of the European Prosecutor`s Office, Policy Insights No. 2017/39, 11, 20.

37 Vgl. dazu allgemein auch den Rahmenbeschluss 2009/948/JI des Rates vom 30.11.2009 zur Vermeidung und Beilegung von Kompetenzkonflikten in Strafverfahren, ABl. 2009 L 328, 42; BVerfGE 56, 22 (31) – „Rechtsruhe"; BGHSt 29, 288 (292); 28, 119 (121); v. Mangoldt/Klein/Starck-GG/*Nolte/Aust*, 7. Aufl. 2018, Bd. 3, Art. 103 Abs. 3 GG, Rn. 179.

38 Bei einer Straftat, die mutmaßlich von mehreren Personen begangen wurde, regt ErwG 67 S. 2 VO an, dass die EUStA grundsätzlich nur *ein* Verfahren einleiten und die Ermittlungen gegen alle Verdächtigen oder Beschuldigten verbunden durchführen sollte; zur Auswirkung auf die Verteidigungsrechte: *Martin-Vignerte* ERA-Forum 2020, 501 (506).

34 a) **Vorrang der Zuständigkeit der EUStA.** Entscheidet sich die EUStA – im Wege der **Einleitung eines eigenen Ermittlungsverfahrens durch einen DEStA** (**Art. 26 Abs. 1 VO**)[39] – etwa nach einer Anzeige/Unterrichtung – oder im Falle eines auf nationaler Ebene bereits eingeleiteten Verfahrens durch Wahrnehmung ihres Evokationsrechts (**Art. 24 Abs. 2; Art. 27 VO**) – von ihrer Zuständigkeit Gebrauch zu machen (dazu ausführlich *Niedernhuber* → § 7 Rn. 26; *Trautmann* → § 6 Rn. 121)[40], so hat die auf diese Weise wahrgenommene **Zuständigkeit der EUStA Vorrang vor derjenigen** der Strafverfolgungsbehörden der Mitgliedstaaten (vgl. ErwG 58 S. 1 VO).[41]

35 Die Zuständigkeit der EUStA erstreckt sich dabei auch auf Taten, die mit den in den Zuständigkeitsbereich der EUStA fallenden Taten **untrennbar verbunden** sind (**Art. 22 Abs. 3 VO**), um auch insofern Parallelermittlungen zu vermeiden und dem Grundsatz ne bis in indem gerecht zu werden.[42]

36 b) **Bereits durch die EUStA eingeleitetes Verfahren.** Konsequenz des Vorrangs der Zuständigkeit der EUStA ist, dass alle nationalen Behörden davon abzusehen haben, ihre eigene nach nationalem Recht (vgl. für Deutschland: §§ 3 ff. StGB) bestehende Zuständigkeit in Bezug auf dieselbe strafbare Handlung parallel zur EUStA auszuüben (**Art. 25 Abs. 1 S. 2 VO**) – unabhängig davon, ob das Ermittlungsverfahren der EUStA von einem *deutschen* DEStA oder von einem DEStA eines anderen Mitgliedstaates eingeleitet wurde.

37 Wird zu **derselben** Tat bereits ein Verfahren durch die EUStA geführt, besteht für die **nationalen** Staatsanwaltschaften – wegen der *nicht mehr* bestehenden Möglichkeit zur Ausübung ihrer parallelen Zuständigkeit (Vorrang der ausgeübten Zuständigkeit der EUStA) – keine Option, selbst ein nationales Ermittlungsverfahren in eigener Zuständigkeit einzuleiten.

38 Erwähnenswert ist in diesem Zusammenhang die **österreichische** Regelung in **§ 21 Abs. 1 EUStA-DG**: Demnach sind die entsprechenden nationalen Vorschriften über die Justizielle Zusammenarbeit in Strafsachen mit den Mitgliedstaaten der EU – nämlich **§§ 59a bis 59c EU-JZG – sinngemäß anzuwenden**, wenn vermieden werden soll, dass die EUStA und eine **Behörde eines nicht teilnehmenden Mitgliedstaats** parallele Verfahren führen.

39 c) **Bereits auf nationaler Ebene durch einen Mitgliedstaat eingeleitetes Verfahren.** Hat eine nationale Strafverfolgungsbehörde wegen derselben Tat, für deren Verfolgung auch eine Zuständigkeit der EUStA bestehen könnte, **bereits ein nationales Ermittlungsverfahren eingeleitet**, so ist die EUStA von der zuständigen nationalen Justiz- oder Strafverfolgungsbehörde entsprechend zu unterrichten (vgl. **Art. 24 Abs. 2 VO**). Übt die EUStA sodann nach einer Prüfung des Falles und ihrer Zuständigkeit binnen fünf (max. zehn) Tagen ihr Evokationsrecht aus (**Art. 27 Abs. 1 VO**)[43], geben ihr die zuständigen Behörden des betroffenen Mitgliedstaats unverzüglich die Akte ab und führen – ebenso wie die Behörden sämtlicher anderer an die EUStA-VO gebundenen Mitgliedstaaten – keine weiteren Ermittlungstätigkeiten in Bezug auf dieselbe Straftat durch (vgl. Art. 27 Abs. 5 VO)[44] – unabhängig davon, ob das Ermittlungsverfahren der EUStA von einem DEStA dieses Landes oder von einem DEStA eines anderen Mitgliedstaates evoziert wurde. Ein DEStA **führt das übernommene nationale Strafverfahren als ein solches der EUStA fort.**

---

39 Mit Blick auf die kürzeren Entscheidungsfristen bei der Ausübung des Evokationsrechts durch die EUStA nach Art. 27 VO weist die österreichische Vorschrift des § 9 EUStA-DG die Zuständigkeit zur Einleitung eines Ermittlungsverfahrens im Grundsatz der EUStA zu, vgl. EBRV 808 Blg NR 27. GP,8 f.

40 Vgl. GesE (Fn. 2), 22.

41 Vgl. dazu auch: EBRV 808 Blg NR 27. GP (Fn. 2), 6, wonach das für mitgliedstaatliche Behörden geltende Legalitätsprinzip insofern im Umfang der Zuständigkeit der EUStA zurückgedrängt wird.

42 Vgl. *Damaskou*, The European Public Prosecutor's Office – A Ground-Breaking New Institution of the EU Legal Order, NJECL 2015, 126 (139); *Duesberg*, NJW 2021, 1207 (1209); *Mitsilegas*, European prosecution between cooperation and integration: The European Public Prosecutor's Office and the rule of law, MJ 2021, 245 (250 ff.), der jedoch die ausreichende Bestimmtheit dieser Regelung in Zweifel zieht.

43 Der aus Art. 27 Abs. 1 VO erwachsenden Pflicht, keine eigenen Ermittlungen zu führen, kommt dabei eine *erga omnes*-Wirkung zu, während die sich ebenfalls aus Art. 27 Abs. 1 VO ergebende Pflicht zur Abgabe der Akte allein für diejenige Behörde gilt, gegenüber der die EUStA von ihrem Evokationsrecht Gebrauch gemacht hat, vgl. HBB/*Herrnfeld* Art. 27 Rn. 21, 23.

44 Näher dazu: *Mitsilegas*, European prosecution between cooperation and integration: The European Public Prosecutor's Office and the rule of law, MJ 2021, 245 (249).

Während der **Prüf-/Entscheidungsphase durch die EUStA in Bezug auf die Ausübung des Evokationsrechts** dürfen die nationalen Behörden nach nationalem Recht nur solche Maßnahmen treffen, die dringend erforderlich sind, um effektive Ermittlungen und eine effektive Strafverfolgung sicherzustellen (z.B. vorläufige Festnahme; Sicherstellung und Beschlagnahme; Art. 27 Abs. 2 UAbs. 2 VO). Für diese **nationalen Eilmaßnahmen** greift der Schutz der Beschuldigtenrechte nach nationalem Recht (EMRK, GG, StPO) unmittelbar. 40

**3. Strafklageverbrauch durch eine rechtskräftige Entscheidung. a) Anwendungsbereich und Schutzgehalt des Art. 50 GRC.** Durch das beschriebene präventive Regelungsgefüge, das von vornherein – bezogen auf dieselbe Tat – auf die Einleitung und Führung *eines* Verfahrens ausgerichtet ist, wird *mittelbar* auch dem in Deutschland mit Verfassungsrang (**Art. 103 Abs. 3 GG**) und in Österreich mit Gesetzesrang (**§ 17 Abs. 1 öStPO**) ausgestatteten, aber in der Sache auf das nationale Territorium beschränkten (vgl. Art. 103 Abs. 3 GG: „auf Grund der allgemeinen Strafgesetze") Grundsatz ***ne bis in idem*** im Verhältnis zur EUStA Rechnung getragen. Das aus diesem Grundsatz abzuleitende **Verbot der Doppelverfolgung** gilt in allen EU-Mitgliedstaaten, zum Teil auf verfassungsrechtlicher, zum Teil auf einfachgesetzlicher Ebene – zumeist aber beschränkt auf die eigene Rechtsordnung.[45] 41

Transnationalen Charakter hat der Grundsatz *ne bis in idem* zunächst durch **Art. 54 SDÜ** bekommen. *Unmittelbar* rechtlich als ein „durch nichts" bedingtes **Individualgrundrecht**[46] des Beschuldigten wird das Verbot der Mehrfachverfolgung auf dieser Grundlage freilich erst, sobald wegen derselben Tat eine nationale justizielle Entscheidung vorliegt, die (nach nationalem Recht und Verständnis)[47] zu einem **endgültigen Strafklageverbrauch** („Rechtskraft") führt und damit über den Gedanken der gegenseitigen Anerkennung für die Rechtsordnungen der anderen Mitgliedstaaten ein **Verfolgungshindernis** auslöst. 42

Da sich Art. 54 SDÜ als völkerrechtliches Abkommen schon tatbestandlich ausschließlich (horizontal) an die **Vertragsparteien** (Vertragsstaaten; → Rn. 44, 64), nicht aber (vertikal) an die Einrichtungen der Union richtet, gerät für die EUStA die Regelung des **Art. 50 GRC** in den Mittelpunkt der Betrachtung, der zufolge *„[niemand] wegen einer Straftat, derentwegen er bereits* ***in der Union nach dem Gesetz rechtskräftig verurteilt oder freigesprochen worden ist****, in einem Strafverfahren erneut verfolgt oder bestraft werden darf."* 43

Mit dem ***„Recht, wegen derselben Straftat nicht zweimal strafrechtlich verfolgt oder bestraft zu werden"*** erweitert Art. 50 GRC den schon in Art. 54 SDÜ horizontal-transnational angelegten Grundsatz nicht nur auf die unionsrechtliche Perspektive (**vertikal-horizontal** im Verhältnis zwischen der EU und den Mitgliedstaaten), sondern verschafft ihm auch Geltung auf der rein nationalen (**inner-mitgliedstaatlichen**) Ebene, nimmt dabei aber durchaus – soweit übertragungsfähig – die vom EuGH in der Rechtsprechung zu Art. 54 SDÜ entwickelten Auslegungsparameter auf und entwickelt sie beständig fort.[48] 44

Über den in **Art. 51 Abs. 1 S. 1 GRC** beschriebenen **Anwendungsbereich der Charta** gilt Art. 50 GRC auch *„für die Organe und Einrichtungen der Union"*. Die EUStA ist als **Einrichtung der Union** (Art. 3 Abs. 1 VO) damit unmittelbar an Art. 50 GRC gebunden (vgl. Art. 6 Abs. 1 EUV; Art. 5 Abs. 1 VO). 45

Der unionsrechtlich verankerte und räumlich über die nationalstaatlichen Grenzen auf ***„in der Union"*** ergangene *„Verurteilungen"* und *„Freisprüche"* erweiterte Anwendungsbereich des Grundsatzes *ne bis in idem* nach Art. 50 GRC verbietet eine **Kumulierung von Verfolgungsmaßnahmen** 46

45 Vgl. EnzEur/*Radtke* § 12 Rn. 3; *Thorhauer*, Jurisdiktionskonflikte im Rahmen transnationaler Kriminalität, 2019, 348 f.; *Vilas Álvarez* in Bachmaier Winter, The European Public Prosecutor's Office, 25 (36, 41); *Panzavolta* in Bachmaier Winter, The European Public Prosecutor's Office, 59 (62, 85).

46 EuGH 20.3.2018 – C-537/16, ECLI:EU:C:2018:193 Rn. 66 – Garlsson Real Estate u.a. (bezogen auf Art. 50 GRC).

47 EuGH 5.6.2014 – C-398/12, ECLI:EU:C:2014:1057 Rn. 36 – M.

48 Zu den Überschneidungen: EnzEur/*Radtke* § 12 Rn. 14.

**und Sanktionen, die strafrechtlicher Natur im Sinne dieses Artikels sind**, gegenüber **derselben Person** wegen derselben Tat.[49]

47 Ziel dieses Grundsatzes ist es, einer Person, die bereits rechtskräftig abgeurteilt worden ist, die Möglichkeit einzuräumen, von ihrer **Freizügigkeit** Gebrauch zu machen, ohne eine neuerliche Strafverfolgung wegen derselben Tat in einem anderen Vertragsstaat befürchten zu müssen.[50]

48 **ErwG 54 VO** verweist für die einzelnen inhaltlichen Prüfungsparameter auf die ***„einschlägige Rechtsprechung"*** **[des EuGH]**.[51] Das gilt insbesondere für die Konturierung des Begriffs ***„dieselbe Tat"***, für die das Kriterium der **Identität der materiellen Tat** (idem) maßgebend ist, verstanden als *„Reihe konkreter Umstände […], die zeitlich und räumlich untrennbar miteinander verbunden sind"*),[52] die zum Freispruch oder zur rechtskräftigen „Verurteilung" des Betroffenen geführt haben.

49 **Nicht entscheidend** sind dagegen die **materiell-*rechtliche*** (deliktsspezifische) **Einordnung** der Tat nach nationalem Recht[53], das von einer Norm geschützte **rechtliche Interesse** sowie das Erfordernis eines **zusätzlichen (subjektiven) Tatbestandsmerkmals** für die Verhängung einer der beiden Sanktionen.[54]

50 Wie Art. 54 SDÜ ist auch Art. 50 GRC auf jede **Entscheidung** einer zur **Mitwirkung bei der *Strafrechts*pflege** in der betreffenden **nationalen Rechtsordnung berufenen Behörde** anwendbar, mit der die Strafverfolgung in einem Mitgliedstaat endgültig beendet wird, auch wenn sie **ohne Mitwirkung eines Gerichts** und **nicht in Form eines Urteils** ergeht.[55]

51 Unerheblich für den Verbrauch der Strafklage ist ferner, ob mit der endgültigen Einstellung des Verfahrens auch eine den Beschuldigten treffende **Sanktion** (Strafe, Buße, Maßregel, Auflage usw.) vollstreckt wird.[56] Für Art. 54 SDÜ, der auch im Rahmen von Art. 50 GRC weiterhin eine Rolle spielt (→ Rn. 57), hat der EuGH entschieden, dass die dort genannte Voraussetzung, dass die Sanktion bereits vollstreckt worden ist, gerade vollstreckt wird oder nach dem Recht des Herkunftsvertragsstaates nicht mehr vollstreckt werden kann, nur im Fall einer **Verurteilung** gefordert wird; dass in Art. 54 SDÜ von einer Sanktion die Rede ist, darf daher nicht so ausgelegt werden, als sei dessen Anwendbarkeit – außer im Fall einer Verurteilung – von einer zusätzlichen Voraussetzung abhängig.[57]

52 **b) Einschränkungen des Grundsatzes.** Jede **Einschränkung** des Grundsatzes *ne bis in idem*, der kein absolutes Recht darstellt, muss **gesetzlich vorgesehen** sein und den **Wesensgehalt** dieser Garantie achten (Art. 52 Abs. 1 S. 1 GRC).[58] Nach Art. 52 Abs. 1 S. 2 GRC dürfen Einschränkungen zudem

49 EuGH 20.3.2018 – C-537/16, ECLI:EU:C:2018:193 Rn. 27 – Garlsson Real Estate u.a.; EuGH 12.5.2021 – C-505/19, ECLI:EU:C:2021:376 Rn. 78 – WS.

50 EuGH 12.5.2021 – C-505/19, ECLI:EU:C:2021:376 Rn. 79 – WS, NJW 2021, 2348 m. Anm. *Exner-Kuhn*.

51 Hierzu EnzEur/*Radtke* § 12 Rn. 37 ff. sowie die Beiträge in Hochmayr (Hrsg.), „Ne bis in idem" in Europa, 2015.

52 EuGH 20.3.2018 – C-537/16, ECLI:EU:C:2018:193 Rn. 37 – Garlsson Real Estate u.a.; 18.7.2007 – C-367/05, EU:C:2007:444 Rn. 26 – Kraaijenbrink („Komplex konkreter, unlösbar miteinander verbundener Umstände"); vgl. dazu auch GesE (Fn. 2), 21.

53 Zum „idem" im wettbewerbsrechtlichen Kontext: EuGH 25.2.2021 – C-857/19, ECLI:EU:C:2021:139 Rn. 43 – Slovak Telekom (Art. 102 AEUV – Kommission vs. nationale Wettbewerbsbehörden; „Identität des Sachverhalts, des Zuwiderhandelnden und des geschützten Rechtsguts").

54 EuGH 20.3.2018 – C-537/16, ECLI: EU:C:2018:193 Rn. 38, 40 – Garlsson Real Estate u.a.; BGH 9.6.2017 – 1 StR 39/17 Rn. 11, StV 2018, 589 („eigenständiger, autonom nach unionsrechtlichen Maßstäben auszulegender Tatbegriff"); LG Frankfurt NStZ-RR 2021, 119 (120 f.) = StraFo 2021, 115 (116): „allein die Identität der materiellen Tat".

55 Vgl. hierzu: EuGH 29.6.2016 – C-486/14, ECLI:EU:C:2016:483 Rn. 39 – Kossowski – bezogen auf Art. 54 SDÜ; EuGH 11.2.2003 – C-187/01 u. C-385/01, ECLI: EU:C:2003:87 Rn. 28 u. 38 – Gözütok u. Brügge; ferner: EuGH 25.2.2021 – C-857/19, ECLI:EU:C:2021:139 Rn. 43 – Slovak Telekom (nationale Wettbewerbsbehörden); EuGH 12.5.2021 – C-505/19, ECLI:EU:C:2021:376 Rn. 73 – WS (§ 153a StPO; Interpol Red Notice), NJW 2021, 2348 m. Anm. *Exner-Kuhn*.

56 Vgl. hierzu: EuGH 29.6.2016 – C-486/14, ECLI:EU:C:2016:483 Rn. 38, 40 – Kossowski.

57 Vgl. hierzu: EuGH 29.6.2016 – C-486/14, ECLI:EU:C:2016:483 Rn. 41 – Kossowski; LG Frankfurt NStZ-RR 2021, 119 = StraFo 2021, 115 m. Anm. *Janko*.

58 EuGH 20.3.2018 – C-537/16, ECLI:EU:C:2018:193 Rn. 43 – Garlsson Real Estate u.a.

nur vorgenommen werden, wenn sie **erforderlich** sind und den von der Union anerkannten dem Gemeinwohl dienenden Zielsetzungen oder den Erfordernissen des Schutzes der Rechte und Freiheiten anderer tatsächlich entsprechen (**Grundsatz der Verhältnismäßigkeit**).[59]

Einschränkungen zur gegenseitigen Anerkennung einer Rechtskraftwirkung justizieller Entscheidungen – eine unter dem Aspekt der Rechtssicherheit und des Vertrauensschutzes für jeden Rechtsstaat besonders heikle Materie – müssen sich stets an der in diesem Punkt zu Recht **restriktiven Judikatur des EuGH** messen lassen. 53

**aa) Qualität des Verfahrens und außerordentliche Rechtsbehelfe im Erstverfolgerstaat.** Das gilt namentlich in der (Ausnahme)Konstellation, dass die **„Qualität" des bereits abgeschlossenen Verfahrens**, das einer ausländischen justiziellen Entscheidung über dieselbe Sache zugrunde liegt, in Frage gestellt wird (*Kossowski*).[60] In diesem Zusammenhang kann die unterlassene Vernehmung eines mutmaßlich Geschädigten respektive Zeugen ein Indiz dafür darstellen, dass im Ausgangsverfahren keine eingehenden Ermittlungen durchgeführt worden sind.[61] 54

Das **Fehlen *einzelner* Ermittlungsmaßnahmen** steht der Anerkennung der Entscheidung einer ausländischen Justizbehörde (und damit auch der EUStA) – mit der Folge eines Strafklageverbrauchs – aber gleichwohl nicht entgegen, denn mit der Forderung des EuGH nach **„eingehenden Ermittlungen"** des „Erstverfolgers" (Staat oder EUStA) als Voraussetzung für die gegenseitige Anerkennung dürfen – im Sinne einer effektiven Gewährleistung des Grundsatzes der gegenseitigen Anerkennung – lediglich **„offensichtliche Prüfungs- und Kooperationsausfälle"**[62] dem Anwendungsbereich des *ne bis in idem*-Grundsatzes entzogen werden (**Evidenzkontrolle**).[63] 55

**Außerordentliche Rechtsbehelfe** (z.B. eine Verfassungsbeschwerde) sowie die **Möglichkeit einer Wiederaufnahme des Verfahrens nach dem Recht des Erstverfolgerstaates** (wegen **neuer Tatsachen**) berechtigen ebenfalls nicht zu einer Durchbrechung der ausländischen justiziellen Entscheidung durch die Aufnahme von Ermittlungen in einer anderen nationalen Rechtsordnung: neue Ermittlungen sind dann **nur im Erstverfolgerstaat** möglich, weil nur dort die verfahrensrechtlichen Bedingungen verlässlich geprüft werden können.[64] 56

**bb) Vollstreckungsklausel (Art. 54 SDÜ) und Vorbehalte (Art. 55 SDÜ).** Art. 50 GRC unterliegt, wie der EuGH in der Rs. *Spasic* entschieden hat, den als Grundrechtsschranke (Art. 52 Abs. 1 GRC) verstandenen **inhaltlichen Einschränkungen durch Art. 54 SDÜ**[65], namentlich der sog. **Vollstreckungsklausel.** Dies kann allerdings nur im (allein) horizontal-zwischenstaatlichen Anwendungsbereich des Art. 54 SDÜ gelten (→ Rn. 64 f.). 57

---

59 EuGH 20.3.2018 – C-537/16, ECLI:EU:C:2018:193 Rn. 45 ff. – Garlsson Real Estate u.a. (zur Möglichkeit der Rechtfertigung der Kumulierung von Verfolgungsmaßnahmen und Sanktionen strafrechtlicher Natur, wenn zur Erreichung eines solchen Ziels mit diesen Verfolgungsmaßnahmen und Sanktionen komplementäre Zwecke verfolgt werden).

60 Vgl. hierzu: EuGH 29.6.2016 – C-486/14, ECLI:EU:C:2016:483 Rn. 42, 48, 52 – Kossowski („Prüfung in der Sache"), Rn. 49 („eingehende Beurteilung des […] angelasteten rechtswidrigen Verhaltens") – Einstellung durch Beschluss der Staatsanwaltschaft ohne Durchführung „eingehender Ermittlungen"; EuGH 10.3.2005 – C-469/03 Rn. 30 – Miraglia („ohne dass eine Prüfung in der Sache erfolgt ist"); vgl. zum Grundgedanken auch Art. 20 Abs. 3 ICC-Statut („sham proceedings").

61 Vgl. hierzu: EuGH 29.6.2016 – C-486/14, ECLI:EU:C:2016:483 Rn. 53 – Kossowski.

62 *Gaede* NJW 2016, 2942.

63 Vgl. LG Frankfurt NStZ-RR 2021, 119 = StraFo 2021, 115 m. Anm. *Janko* (Einstellung des Verfahrens in Österreich wegen – dort nicht strafbarer – leichtfertiger Geldwäsche).

64 EuGH 5.6.2014 – C-398/12, ECLI:EU:C:2014:1057 Rn. 40 – M („nur in dem Vertragsstaat eingeleitet werden, in dem dieser Beschluss erlassen wurde"); LG Frankfurt NStZ-RR 2021, 119 = StraFo 2021, 115 (116).

65 EuGH (GK) 27.5.2014 – C-129/14 PPU, ECLI:EU:C:2018:586 Rn. 75–98 – *Zoran Spasic*, NJW 2014, 3007; hierzu: *Gaede*, NJW 2014, 2990 f. = StV 2014, 449; abweichend: SLHGT/*Schomburg*/*Wahl* SDÜ, Art. 54 Rn. 12–16a; *Schomburg*/*Suominen-Picht* NJW 2012, 119; allgemein zum Verhältnis von Art. 50 GRC und Art. 54 SDÜ bis zur Klärung durch den EuGH: *Burchard*/*Brodowski* NJECL 2010, 310 ff.; *Walther* ZIS 2013, 16 ff.

58 Ob etwaige im Rahmen von **Art. 55 SDÜ** erklärte Vorbehalte[66] im unionsrechtlichen Kontext des Art. 50 GRC ebenfalls noch Geltung beanspruchen, hat der EuGH bislang nicht entschieden.[67]

59 cc) **Vorläufige Festnahme als zulässige Beschränkung der Freizügigkeit.** Die bloße *Möglichkeit*, dass das Verbot der Doppelbestrafung zum Tragen kommt, reich nicht aus, um einen Mitgliedstaat daran zu hindern, jegliche Verfolgungsmaßnahme gegen den Betroffenen zu ergreifen.[68] Gestützt auf den Art. 82 AEUV zugrundeliegenden **Grundsatz des gegenseitigen Vertrauens** räumt der EuGH dem (mutmaßlichen) Zweitverfolgerstaat die Möglichkeit ein, sich auf der Grundlage der vom Erstverfolgerstaat übermittelten Unterlagen zu **vergewissern**, dass die von dessen Behörden getroffene Entscheidung tatsächlich eine solche mit „Rechtskraft" darstellt, die eine Prüfung in der Sache enthält und damit dem Grundsatz der gegenseitigen Anerkennung unterliegt.[69]

60 Der EuGH eröffnet dem (mutmaßlichen) Zweitverfolgerstaat hierfür die Möglichkeit der **vorläufigen Festnahme**, allerdings nur, **solange und soweit** dies **unerlässlich** ist, um die **erforderliche Überprüfung** einer angeblich bereits rechtskräftigen und der gegenseitigen Anerkennung unterliegenden Entscheidung vorzunehmen (ggf. durch ein Informationsersuchen nach **Art. 57 SDÜ**). Die vorläufige Festnahme stellt zwar eine Beschränkung der Freizügigkeit der betroffenen Person dar. In Fällen, in denen ungewiss ist, ob das Verbot der Doppelbestrafung greift, sieht der EuGH eine solche Beschränkung aber durch das legitime Ziel der **Vermeidung der Straflosigkeit** dieser Person als gerechtfertigt an.[70]

61 Die Behörden eines mutmaßlichen Zweitverfolgerstaates sind demnach aber umgekehrt verpflichtet, von der strafrechtlichen Verfolgung einer Person wegen bestimmter Taten oder ihrer Auslieferung an einen anderen Mitglieds- oder Drittstaat durch deren vorläufige Festnahme abzusehen, wenn **feststeht**, dass die Person wegen derselben Tat bereits von einem anderen Vertragsstaat rechtskräftig abgeurteilt worden ist.[71]

62 Der EuGH mahnt zugleich an, dass das Strafverfahrensrecht des (mutmaßlichen) Zweitverfolgerstaates **Rechtsbehelfe** zur Verfügung stellen muss, die es der betroffenen Person ermöglichen, eine rechtskräftige gerichtliche Entscheidung zu erwirken (**Haftprüfung**), mit der festgestellt wird, dass das Verbot der Doppelbestrafung greift.[72]

63 c) **Rolle der EUStA in einem vertikal-horizontalen Regelungsgefüge.** Das für die Praxis relevante **Verhältnis der EUStA zu den Institutionen der nationalen Strafverfolgung** in Bezug auf den Grundsatz *ne bis in idem* findet, wenngleich kryptisch, in ErwG 83 VO Erwähnung.[73]

64 **Art. 54 SDÜ** *allein* – ist trotz zwischenzeitlicher Überführung des Schengen-Besitzstandes in den Rechtsrahmen der Union[74] – für die EUStA in Bezug auf eine Pflicht zur Anerkennung von Urteilen

66 Für die BR Deutschland siehe: BGBl. 1994 II 631.

67 Offengelassen von: EuGH 29.6.2016 – C-486/14, ECLI:EU:C:2016:483 Rn. 30, 55 – Kossowski; BGH 9.6.2017 – 1 StR 39/17 Rn. 28; für eine Fortgeltung der Vorbehalte auch nach Überführung des Schengen-Besitzstandes in das Unionsrecht: *Böse* FS Kühne, 2013, 519 (521–523: unter Hinweis auf: EuGH 22.12.2008 – C-491/07, ECLI:EU:C:2008:768 Rn. 29 – Turanský), 526 ff. (krit. in Bezug auf Art. 50 GRC).

68 EuGH 12.5.2021 – C-505/19, ECLI:EU:C:2021:376 Rn. 83 – WS, NJW 2021, 2348 m. Anm. *Exner-Kuhn*.

69 EuGH 12.5.2021 – C-505/19, ECLI:EU:C:2021:376 Rn. 81 – WS; 29.6.2016 – C-486/14, ECLI:EU:C:2016:483 Rn. 52 – Kossowski.

70 EuGH 12.5.2021 – C-505/19, ECLI:EU:C:2021:376 Rn. 86 – WS.

71 EuGH 12.5.2021 – C-505/19, ECLI:EU:C:2021:376 Rn. 82–84, 88–91 – WS (Festnahme auf der Grundlage einer von Interpol auf Antrag eines Drittstaats herausgegebenen Red Notice).

72 EuGH 12.5.2021 – C-505/19, ECLI:EU:C:2021:376 Rn. 92 – WS.

73 Vgl. *Díaz Abad* in Bachmaier Winter, The European Public Prosecutor's Office, 235 (237); *Mitsilegas/Giuffrida*, Raising the bar? Thoughts on the establishment of the European Public Prosecutor's Office, Policy Insights No. 2017/39, 12: https://www.ceps.eu/system/files/PI%202017-39%20Mitsilegas_Giuffrida_0.pdf; *Panzavolta* in Bachmaier Winter, The European Public Prosecutor's Office, 59 (62 f.); *Caianiello* in Bachmaier Winter, The European Public Prosecutor's Office, 103 (105, 109 f.); *Illuminati* in Bachmaier Winter, The European Public Prosecutor's Office, 179 (184), Fn. 26.

74 Art. 1, Art. 2 Abs. 1 S. 1 u. Abs. 2 des Protokolls zur Einbeziehung des Schengen-Besitzstands in den Rahmen der Europäischen Union, ABl. 1997 C 340, 93 f.; Protokoll (Nr. 2) zur Einbeziehung des Schengen-Besitzstands in den Rahmen der Europäischen Union (1997), ABl. 2006 C 321E, 191; Protokoll (Nr. 19) über den in den Rahmen der Europäischen Union einbezogenen Schengen-Besitzstand, ABl. 2012 C 326, 290 ff.

nationalstaatlicher Gerichte tatbestandlich nicht einschlägig; die Vorschrift gilt bereits ihrem Wortlaut nach wechselseitig nur für die Vertragsstaaten als **„Vertragsparteien"**, nicht aber für Einrichtungen der Union;[75] genau hier liegt der zentrale „Mehrwert" von Art. 50 GRC.

Die in Art. 54 SDÜ vorgesehenen **Einschränkungen**, namentlich die Vollstreckungsklausel und etwaige nationale Vorbehalte (Art. 55 SDÜ), gelten von vornherein nur im Rahmen des allein horizontal-zwischenstaatlichen Anwendungsbereichs des Art. 54 SDÜ: **im *vertikal-horizontalen* Verhältnis zwischen der Union (EUStA) und den Mitgliedstaaten**, das nur von Art. 50 GRC abgedeckt wird, sind diese Einschränkungen daher **nicht relevant.**[76] 65

Einem rechtlich verbindlichen Verbot der (erneuten) Verfolgung derselben Tat unterliegt die **EUStA** damit allein über den – auch in Art. 41 Abs. 1 VO in Bezug genommenen – **Art. 50 GRC** (→ Rn. 69) – aber erst und eben nur für den Fall, dass zu derselben Tat bereits eine der Rechtskraft fähige ***„Verurteilung in der Union"***[77] vorliegt. 66

Eine Verurteilung in einem an die Union über ein Assoziierungsabkommen angebundenen Schengen-Staat (Island, Norwegen, Schweiz, Liechtenstein) führt lediglich zur Anwendung und damit zu einem Strafklageverbrauch nach Art. 54 SDÜ; die betreffende Entscheidung ergeht gleichwohl ***nicht „in der Union"*** iSv Art. 50 GRC. 67

Gleiches gilt erst recht für „Verurteilungen" durch die Gerichte eines (sonstigen) nicht zur Union gehörenden **Drittstaates**,[78] da der Grundsatz *ne bis in idem* angesichts der gegenläufigen Justizpraxis weiterhin keine allgemeine Regel des Völkerrechts darstellt[79] und insoweit auch unionsrechtlich nicht über den Anwendungsbereich des Art. 50 GRC hinaus („in der Union") garantiert ist. 68

**d) Rechtskräftige *„Verurteilung"* durch eine nationale Staatsanwaltschaft oder ein Gericht in einem EU-Mitgliedstaat.** Wurde in *einem* Mitgliedstaat der Union (der weder selbst die GRC anerkennen, noch an der Verstärkten Zusammenarbeit zur EUStA teilnehmen muss) das **von einer *nationalen* Strafverfolgungsbehörde geführte Strafverfahren** mit einer der *„Rechtskraft"* fähigen justiziellen Entscheidung eines nationalen **Strafgerichts** oder einer **Staatsanwaltschaft** (→ Rn. 50)[80] abgeschlossen (wobei sich die Frage der „Endgültigkeit" bzw. „Rechtskraft" dieser Entscheidung und damit des Strafklageverbrauchs nach *nationalem* Recht richtet), so liegt eine ***„Verurteilung in der Union"*** iSv Art. 50 GRC vor, an die die EUStA als Einrichtung der Union gebunden ist. 69

Eine **Ausnahme** etwa für den Fall, dass die nationale Justiz die EUStA nicht rechtmäßig über ihre parallele, vorrangige Zuständigkeit nach Art. 24 VO unterrichtet, sieht die VO selbst nicht vor – wohl im Vertrauen auf eine im unionsrechtlichen Sinne loyale Zusammenarbeit der Mitgliedstaaten. 70

Ein von der EUStA zu derselben, bereits abgeurteilten Tat (zunächst) geführtes Verfahren ist von der Ständigen Kammer **einzustellen: Art. 39 Abs. 1 lit. f VO** macht die Einstellung des Verfahrens davon abhängig, dass die Strafverfolgung ***aufgrund des Rechts des Mitgliedstaats* des betrauten DEStA** nicht mehr möglich ist – und benennt als einen der Gründe, **dass *„ein Verfahren gegen den*** 71

---

75 Vgl. EnzEur/*Radtke* § 12 Rn. 14 („Ebenso wenig würde Art. 54 SDÜ eine Mehrfachverfolgung durch die Union selbst einerseits und einen Mitgliedstaat andererseits [vertikal-transnational] ausschließen"); vgl. auch ErwG 83 S. 2 VO, der auch von der (alleinigen) Anwendbarkeit des Art. 50 GRC für die EuStA ausgeht („gewährleistet"), Rn. 36.

76 Hierzu EnzEur/*Radtke* § 12 Rn. 36 (auch in Bezug auf die vertikal-horizontale Nichtgeltung der zu Art. 55 SDÜ von den Mitgliedstaaten erklärten und nur im horizontal-transnationalen Verhältnis weiterhin geltenden Vorbehalte).

77 Aus sprachlichen Gründen der Darstellung wird im Weiteren nur der Begriff „Verurteilung" verwendet; ein „Freispruch" (vgl. Art. 50 GRC) hat dieselbe Rechtswirkung.

78 Vgl. Heselhaus/Nowak/*Nehl* § 62 Rn. 28; *Jarass*, Art. 50 Rn. 5a; kritisch im Zusammenhang mit der EUStA: *Damaskou*, The European Public Prosecutor's Office – A Ground-Breaking New Institution of the EU Legal Order, NJECL 2015, 126, 141: EU relevante Gelder würden auch in Drittstaaten oder durch Angehörige von Drittstaaten verwaltet, sodass auch deren Verurteilungen oder Freisprüche ausreichen sollten.

79 BVerfG 4.12.2007 – 2 BvR 38/06, DAR 2008, 586; NJW 1987, 215; krit. SLHGT/*Schomburg*/*Wahl* SDÜ, Art. 54 Rn. 3.

80 Vgl. bzgl. Art. 54 SDÜ: EuGH 11.2.2003 – C-187/01 u. C-385/01, ECLI: EU:C:2003:87 Rn. 28 u. 38 – Gözütok u. Brügge; 29.6.2016 – C-486/14, ECLI:EU:C:2016:483 Rn. 39 – Kossowski („auch wenn sie ohne Mitwirkung eines Gerichts und nicht in Form eines Urteils ergehen"), NJW 2016, 2939 m. Anm. *Gaede*.

***Verdächtigen oder Beschuldigten wegen derselben Tat […] bereits rechtskräftig abgeschlossen*“** ist. Eine Einstellung des Verfahrens nach Art. 39 Abs. 1 VO muss allerdings auch dann erfolgen, wenn in **einem *anderen* EU-Mitgliedstaat** eine der Rechtskraft iSv Art. 50 GRC fähige Entscheidung vorliegt.

72 e) **Rechtskräftige „*Verurteilung*“ durch ein nationales Gericht in einem von der EUStA geführten Verfahren.** Hat die **EUStA selbst** bereits ein **Strafverfahren wegen derselben Tat geführt** (Art. 28 VO) und dieses durch die Erhebung der Anklage einer auf nationaler Ebene der Rechtskraft fähigen **(gerichtlichen)**[81] **Entscheidung** („*Verurteilung/Freispruch*“) zugeführt,[82] so folgt auch hier bezogen auf dieselbe Tat die Bindung der EUStA an die Entscheidung dieses ***nationalen* Strafgerichts** und das dadurch ausgelöste Verbot einer erneuten Verfolgung *„in der Union“* unmittelbar aus **Art. 50 GRC.**

73 Gleichermaßen gilt dies – insoweit zwischen*staatlich* – für die Strafverfolgungsbehörden und Gerichte der (an die GRC gebundenen) **übrigen EU-Mitgliedstaaten** (vgl. Art. 51 Abs. 1 GRC), unabhängig davon, ob sie sich an der Verstärkten Zusammenarbeit zur EUStA beteiligen.

74 Für den **Staat, in dem die „*Verurteilung*“ durch eines seiner nationalen Gerichte ergangen ist,** tritt der (endgültige) Strafklageverbrauch nach Maßgabe des nationalen Rechts ein (vgl. etwa Art. 103 Abs. 3 GG), da für ihn begrifflich keine „*Verurteilung in der Union*“ iSv Art. 50 GRC vorliegt. Das ist insofern konsequent, als auch das nationale Recht dieses Staates über die Fähigkeit zur Rechtskraft dieser „*Verurteilung*“ iSv Art. 50 GRC entscheidet.[83]

75 f) **Anerkennung einer rechtskräftigen „*Verurteilung*“ auf unionsrechtlicher Ebene.** Fraglich ist, ob es auch Entscheidungen einer unionsrechtlichen Einrichtung gibt, die als „*Verurteilung*“ bzw. „*Freispruch*“ der „*Rechtskraft*“ iSv Art. 50 GRC fähig und daher mit einer das Verbot der erneuten Verfolgung auslösenden Wirkung (endgültiger Strafklageverbrauch) – sowohl für die EUStA als auch für die nationalen Strafverfolgungsbehörden – ausgestattet sind.

76 Hierbei kann es sich nur um Entscheidungen über die Verfolgung einer Tat handeln, die die **EUStA** selbst **in originärer eigener Zuständigkeit** trifft; Entscheidungen oder gar Urteile eines *gerichtlichen* Spruchkörpers über die Verfolgung einer Tat gibt es in **Ermangelung eines Strafgerichts auf Unionsebene** von vornherein nicht.[84] „Entscheidungen“ anderer unionrechtlicher Einrichtungen im weit verstandenen strafverfahrensrechtlichen Kontext (Europol, Eurojust, OLAF) sind nicht der Rechtskraft fähig.

77 aa) Zu denken ist an den **Beschluss der Ständigen Kammer** (Art. 9 Abs. 3; 10 VO) **zur Einstellung des Verfahrens** nach **Art. 39 Abs. 1 VO.** Die hinter der dort getroffenen Regelung zu vermutende Dogmatik ist allerdings sehr undurchsichtig; es werden klassische Einstellungsgründe mit Strafverfolgungs-/-vollstreckungshindernissen und Schuldausschließungsgründen vermischt.

78 Zwar soll eine Einstellung des Verfahrens nach dieser Vorschrift **in der Regel zu einer endgültigen Verfahrenseinstellung** führen (vgl. auch die engl. Sprachfassung des Titels von Art. 39 VO: „*Dismissal of the case*“).[85] Dies wird man aber zweifelsfrei nur für die Gründe lit. a bis f behaupten können; lit. g (**„es fehlen sachdienliche Beweise“**) ähnelt eher dem deutschen **§ 170 Abs. 2 StPO,** der nach rein nationalem Verständnis bekanntlich keinen Strafklageverbrauch auslöst, aber gerade durch die VO verdrängt werden soll (§ 3 Abs. 1 EUStAG).[86]

81 Die Entscheidung einer nationalen Staatsanwaltschaft kommt in dieser Konstellation wegen der nicht mehr bestehenden Zuständigkeit (→ Rn. 36 f.) nicht in Betracht.

82 Da Art. 39 VO nur die Einstellung durch die EUStA regelt, finden in Deutschland auch §§ 153 ff. StPO Anwendung, soweit sie Einstellungsentscheidungen durch das Gericht nach Klageerhebung betreffen; vgl. GesE (Fn. 2), 34.

83 Vgl. hierzu: EnzEur/*Radtke* § 12 Rn. 42.

84 Perspektivisch seinerzeit bereits: *Langbauer*, Das Strafrecht vor den Unionsgerichten, 2015.

85 Vgl. die Begründung zum GesE (Fn. 2), 33: „*Dadurch wird im Umkehrschluss deutlich, dass die Einstellung nach Absatz 1 in der Regel zu einer endgültigen Verfahrenseinstellung führen soll.*“

86 Vgl. GesE (Fn. 2), 50. Zum Prozedere: Art. 56 GO.

Im Lichte der vom EuGH in der Rs. *Kossowski* formulierten Grundsätze liegt es allerdings durchaus nahe, dass auch einer ***„nach gründlicher Prüfung in der Sache"*** ergehenden Einstellungsentscheidung einer Staatsanwaltschaft ein horizontal-transnationaler, und damit auch der Entscheidung der EUStA auf der Grundlage von **Art. 39 Abs. 1 lit. g VO** ein vertikal-transnationaler endgültiger Strafklageverbrauch zukommt.[87] 79

Dass ein solcher Beschluss zur „Einstellung" des Verfahrens **weitere Ermittlungen auf der Grundlage *neuer* Tatsachen**, die der EUStA zum Zeitpunkt des Beschlusses über die Einstellung des Verfahrens nicht bekannt waren und erst danach bekannt werden (insbesondere in der Variante lit. g *„es fehlen sachdienliche Beweise"*), nicht ausschließt (Art. 39 Abs. 2 S. 1 VO; Art. 59 GO), steht der vorgenannten Einschätzung nicht entgegen; hierzu bedarf es stets einer **förmlichen Entscheidung über die Wiederaufnahme der Ermittlungen** durch die zuständige **Ständige Kammer** (Art. 39 Abs. 2 S. 2 VO) oder durch ein gerichtliches Urteil (Art. 59 Abs. 5 GO); die weiteren Ermittlungen hat dann die EUStA als „Erstverfolger" zu betreiben. 80

Angesichts der von Art. 50 GRC aufgestellten Forderung nach einem **„endgültigen" Strafklageverbrauch** wird nur eine tunlichst frühzeitig herbeizuführende verbindliche Auslegung des Art. 39 VO durch den EuGH (Art. 267 AEUV) Aufschluss darüber geben, ob bzw. in welcher Konstellation einem Beschluss der EUStA nach Art. 39 Abs. 1 VO **Rechtskraftwirkung** zukommt.[88] 81

bb) Bei einer Entscheidung, die von einem DEStA – mit Zustimmung der Ständigen Kammer – *„auf der Grundlage von mit dem Verdächtigen vereinbarten Bedingungen"*[89] im Rahmen eines **Vereinfachten Strafverfolgungsverfahrens** zum ***endgültigen***[90] **Abschluss des Verfahrens (Art. 40 VO)** getroffen wird (*Gut* → § 9 Rn. 99 ff.), richten sich die konkreten Verhaltensanforderungen (z.B. Auflagen, Weisungen) und verfahrensrechtlichen Obliegenheiten (z.B. Einhaltung von Fristen und Mitteilungen) für den Beschuldigten (vgl. *„auf der Grundlage von mit dem Verdächtigen vereinbarten Bedingungen"*) sowie die Frage, ob eine solche das Verfahren abschließende Entscheidung mit der Wirkung und Folge eines endgültigen Strafklageverbrauchs ausgestattet ist, **allein nach nationalem Recht.**[91] 82

Als *„vereinfachte Strafverfolgungsverfahren zum endgültigen Abschluss des Verfahrens"* **durch die Staatsanwaltschaft** kennt das deutsche Verfahrensrecht die Einstellung des Verfahrens aus **Opportunitätsgründen** (§§ 153 Abs. 1, 153a Abs. 1 StPO); die etwaig erforderliche *Zustimmung des für die Eröffnung des Hauptverfahrens zuständigen Gerichts* ändert nichts daran, dass es sich um eine Entscheidung der Staatsanwaltschaft, hier der EUStA, handelt. Einer staatsanwaltschaftlichen Einstellungsentscheidung nach § 153 Abs. 1 StPO kommt aber nach h.M. schon innerstaatlich keine Rechtskraftwirkung zu,[92] wohl aber (wenngleich beschränkt) einer Einstellung nach **§ 153a Abs. 1 StPO.**[93] 83

---

87 Siehe allgemein zum Maßstab auch: EnzEur/*Radtke* § 12 Rn. 44 („nach Durchführung von [ausreichenden] Ermittlungen und Würdigung der im Ermittlungsverfahren erhobenen Beweise").

88 Zweifelnd auch: *Caianello*,The decision to drop the case in the new EPPO's regulation: *Res Iudiaca* or transfer of competence?, NJECL 2019, 186 (194).

89 In Betracht kommen hier nur Verfahrenseinstellungen gegen eine vom Beschuldigten zu erbringende (Gegen)Leistung – mit dessen Einverständnis/Zustimmung („vereinbart"): § 153a Abs. 1 StPO (Auflagen); § 45 Abs. 3 JGG (Ermahnung, Weisung, Auflagen); § 398a AO (Hinterziehungszinsen; Geldbetrag).

90 EuGH 29.6.2016 – C-486/14, ECLI:EU:C:2016:483 Rn. 34 – Kossowski (bzgl. Art. 54 SDÜ: „rechtskräftig abgeurteilt […], wenn […] die Strafklage endgültig verbraucht ist.").

91 § 153 StPO scheint nicht passend, weil Vergehen, für deren Begehung „die Schuld des Täters als gering anzusehen wäre" und bei denen „kein öffentliches Interesse an der Verfolgung besteht", nicht von der EUStA verfolgt werden dürften.

92 Vgl. SLHGT/*Schomburg/Wahl* SDÜ, Art. 54 Rn. 59; *Thorhauer*, Jurisdiktionskonflikte im Rahmen transnationaler Kriminalität, 2019, 366; LR/*Mavany* 27. Aufl. 2020, § 153 Rn. 93; *Radtke/Busch* EuGRZ 2000, 421 (428 f.); aA *Stange/Rilinger* StV 2001, 540; *Rübenstahl/Krämer* HRRS 2003, 65 (71).

93 Hierzu: EuGH 12.5.2021 – C-505/19, ECLI:EU:C:2021:376 Rn. 73 – WS, NJW 2021, 2348 m. Anm. *Exner-Kuhn*.

84 Eine im nationalen Recht **vorbehaltene, eingeschränkte Möglichkeit der Wiederaufnahme** der Verfolgung (vgl. § 153a Abs. 1 S. 5 StPO) steht – im Lichte der Judikatur des EuGH zu Art. 50 GRC – der Annahme einer von Art. 50 GRC geforderten „Endgültigkeit" iSv Art. 40 VO nicht entgegen.[94]

85 Die **Verständigung** (**§ 257c StPO**) als solche ist kein Verfahren iSv Art. 40 VO, da sie selbst das Verfahren nicht „abschließt", sondern nur zum möglichen Regelungsgegenstand eines das Verfahren endgültig abschließenden gerichtlichen Urteils wird.[95] Die Vorschrift gehört gleichwohl zum gerichtlichen Verfahrensrecht, auf das die VO allgemein für das Hauptverfahren verweist.

86 Dass ein **(gerichtlicher) Strafbefehl** (**§§ 407 ff. StPO**), gegen den kein Einspruch eingelegt wird, in Rechtskraft erwächst und demzufolge die Strafklage endgültig verbraucht, ergibt sich aus § 410 Abs. 3 StPO.[96] Daraus folgt allerdings nicht zwingend, das Strafbefehlsverfahren als ein „vereinfachtes Verfahren" iSv Art. 40 VO anzusehen (wenn überhaupt dann nur mit Zustimmung des Beschuldigten; „vereinbart"[97]). So könnte man die Formulierung in Art. 40 Abs. 3 VO („wendet der betraute Delegierte Europäische Staatsanwalt das vereinfachte Strafverfolgungsverfahren gemäß den im nationalen Recht geregelten Bedingungen an") auch eng in dem Sinne verstehen, dass unter Art. 40 VO nur solche Verfahren fallen, deren Abschluss die EUStA selbst (zwar nach nationalem Recht, aber in eigener Kompetenz ohne Einbindung eines nationalen Gerichts, allenfalls mit dessen Zustimmung) herbeiführen kann. Als Entscheidung eines nationalen Strafgerichts hat der Strafbefehl aber für die *hier* angesprochene Überlegung – Möglichkeit eines Strafklageverbrauchs durch die Entscheidung einer Stelle auf *Unionsebene* (eine solche kann nur durch die EUStA selbst erfolgen) – ohnehin keine Relevanz; der allein auf nationaler Ebene ergehende Strafbefehl steht dem rechtskräftigen Urteil eines nationalen Strafgerichts gleich (§ 410 Abs. 3 StPO), wenn gegen ihn kein Einspruch eingelegt wird (vgl. *Gut* → § 9 Rn. 103).

87 Gilt das vereinfachte Strafverfolgungsverfahren nach der Erfüllung der mit dem Verdächtigen vereinbarten Bedingungen (Erfüllung von Auflagen oder Weisungen) als endgültig abgeschlossen (vgl. **§ 153a Abs. 1 S. 5 StPO**), so weist die Ständige Kammer den DEStA an, im Hinblick auf den endgültigen Abschluss des Verfahrens tätig zu werden (Art. 40 Abs. 3 S. 2 VO).

88 An eine im Vereinfachten Strafverfolgungsverfahren (Art. 40 VO) ergehende Entscheidung der EUStA zum *„endgültigen Abschluss des Verfahrens"* **ist die EUStA selbst gebunden**. Diese Bindungswirkung folgt schon aus Art. 40 Abs. 3 VO, lässt sich darüber hinaus auch aus Art. 50 GRC herleiten: eine solche das Verfahren endgültig beendende Entscheidung der EUStA ist eine *„Verurteilung in der Union"*, deren Prozedere, einschließlich *„Rechtskraft"*, nach den für den DEStA maßgeblichen nationalen rechtlichen Vorgaben zu bestimmen ist.

89 Die Frage nach der **Bindungswirkung** (Strafklageverbrauch) einer solchen **Entscheidung der EUStA für die Mitgliedstaaten** gestaltet sich schwieriger: Eine rechtskräftige *„Verurteilung in der Union"* iSv Art. 50 GRC wird man grundsätzlich annehmen können. Bei der im Vereinfachten Strafverfolgungsverfahren (Art. 40 VO) ergehenden Entscheidung zum *„endgültigen Abschluss des Verfahrens"* handelt es sich aber originär um eine solche der EUStA; nur das *Verfahren* und die konkreten Bedingungen richten sich nach dem jeweiligen nationalen Recht. Da somit die etwaige *„Rechtskraft"* der Entscheidung der EUStA zur Einstellung des Verfahrens im Rahmen eines Vereinfachten Strafverfolgungsverfahrens erst aus der EUStA-Verordnung selbst resultiert, ließe sich zunächst annehmen, dass ihre Bindungswirkung (Strafklageverbrauch) nur gegenüber den Mitgliedsstaaten eintritt, die sich an der Verstärkten Zusammenarbeit zur EUStA beteiligen.

90 Auch für **Mitgliedstaaten der Union, die die EUStA nicht unterstützen**, besteht aber ein Hindernis für die Verfolgung der Tat auf nationaler Ebene, weil sie an die Charta der Grundrechte und damit

94 EuGH 5.6.2014 – C-398/12, ECLI:EU:C:2014:1057 – M, NJW 2014, 3010 (3012) m. Anm. *Gaede* NJW 2014, 2990 = wistra 2015, 140 m. Anm. *Hecker* JuS 2015, 1045; EnzEur/*Radtke* § 12 Rn. 42.

95 Anderer Ansicht: EnzEur/*Zöller/Bock* § 22 Rn. 35.

96 LR/*Gössel*, 26. Aufl., § 410 Rn. 21; vgl. EnzEur/*Radtke* § 12 Rn. 42; zur Anwendbarkeit des Strafbefehlverfahrens im Fall der EPPO: *Herrnfeld* → § 4 Rn. 3.

97 Vgl. hierzu: NK-RechtshilfeR/*von Galen/Furtwängler* 4/1073.

auch an Art. 50 GRC (Primärrecht der Union) gebunden sind. Auch für sie ist jedwede Entscheidung der EUStA eine *„Verurteilung in der Union"* iSv Art. 50 GRC, die sie anzuerkennen haben.

Insoweit besteht im Ergebnis kein Unterschied zu den **Urteilen nationaler Strafgerichte, die aufgrund eines durch die EUStA oder durch eine nationale Staatsanwaltschaft** (zunächst) **geführten Verfahrens ergehen** (→ Rn. 69): die Urteile dieser Strafgerichte in den Mitgliedstaaten haben und behalten daher stets einen ausschließlich nationalen Status; auch sie ergehen aber *„in der Union"*, fallen in den Anwendungsbereich des Art. 50 GRC und müssen daher in Bezug auf den aus ihnen resultierenden Strafklageverbrauch von *allen* an die Charta, einschließlich Art. 50 GRC, gebundenen EU-Mitgliedsstaaten anerkannt werden. 91

Strafklageverbrauch tritt in dieser Konstellation auch unmittelbar über **Art. 54 SDÜ** ein, wenn das nationale Urteil in einem Schengen-Vertragsstaat ergeht; das gilt auch für diejenigen Schengen-Staaten (Island, Schweiz, Liechtenstein, Norwegen), die nicht Mitgliedstaat der Union sind. 92

Dem steht nicht entgegen, dass die Verfolgung der Tat und damit das nicht-gerichtliche Verfahren (bis zur Anklage) von einer Einrichtung der Union (EUStA) geführt worden ist, deren Tätigkeit uU von dem betreffenden EU-Mitgliedstaat oder Schengen-Staat, der über die erneute Verfolgung der Tat zu entscheiden hat, nicht anerkannt wird. Grund ist der **Wechsel der Verfahrensherrschaft auf das nationale Strafgericht** mit Erhebung der Anklage; dass die EUStA die Anklage auch danach noch auf nationaler Ebene vertritt (Art. 4 S. 2 VO), ist unerheblich. 93

Auf eine **Einstellung des Verfahrens durch das erkennende Gericht**, zu dem die EUStA Anklage erhoben hat (vgl. § 153 Abs. 2; § 153a Abs. 2 StPO; § 47 JGG), sind die Regelungen der **Art. 39 u. 40 VO nicht anwendbar**; sie entfalten insoweit auch keine Sperrwirkung.[98] Ob eine nationale justizielle Entscheidung dieser Art der *„Rechtskraft"* fähig und damit als *„Verurteilung"* iSv Art. 50 GRC anzusehen ist, richtet sich nach den Vorschriften des jeweiligen nationalen Rechts nach Maßgabe der Judikatur des EuGH. 94

## IV. Einstellung des Strafverfahrens wegen Missachtung der Beschuldigtenrechte

Art. 39 Abs. 1 VO macht die Einstellung („dismissal") eines von der EUStA geführten Verfahrens durch die Ständige Kammer davon abhängig, dass die Strafverfolgung *aufgrund des Rechts des Mitgliedstaats* des betrauten DEStA nicht (mehr) möglich ist – und benennt neben der bereits angesprochenen Konstellation des Strafklageverbrauchs (→ Rn. 71) sechs weitere, in sich dogmatisch wenig homogene Gründe, die hierzu Anlass geben können (*Gut* → § 9 Rn. 63 ff.). 95

Ob die **Liste dieser Einstellungsgründe** insgesamt abschließenden Charakter hat (vgl. ErwG 81 S. 2 VO), ist unklar (*Gut* → § 9 Rn. 64, 75).[99] Aus der Formulierung in ErwG 81 S. 1 VO, wonach die Ermittlungen *„in der Regel"* zur Strafverfolgung führen, *„wenn ausreichend Beweise vorliegen und der Strafverfolgung* ***keine rechtlichen Gründe entgegenstehen****"* „no legal ground bars prosecution" ist zu folgern, dass **aus mitgliedstaatlichem Recht resultierende Prozesshindernisse** von der EUStA zu beachten sind.[100] Darüber hinaus wird man auch Gründe fehlender materieller Strafbarkeit (etwa Rechtfertigungs- und Entschuldigungsgründe), die nach nationalem Recht einer prozessualen Verfolgung entgegenstehen, als *„rechtliche Gründe"* iSv ErwG 81 S. VO auffassen müssen. Der verfügende Teil der VO selbst steht dieser These nicht entgegen; welche Wirkung **ErwG 81 S. 2 VO** zukommt, wonach die **Gründe für die Einstellung eines Verfahrens** ***„in dieser Verordnung erschöpfend festgelegt"*** sind, bleibt der Klärung durch den EuGH vorbehalten. 96

Soweit also die Verletzung von Beschuldigtenrechten zu einem Verfahrenshindernis führt, kommt daher auch insoweit eine Einstellung des Verfahrens durch die EUStA in Betracht. Das gilt etwa für 97

98 Die Aussage in ErwG 81 S. 2 VO, wonach die Gründe für die Einstellung eines Verfahrens „in dieser Verordnung erschöpfend festgelegt" werden, bezieht sich nur auf Einstellungen durch die EuStA selbst (Ständige Kammer; vgl. *Gut* → § 9 Rn. 63), nicht durch ein nationales Gericht.

99 Den abschließenden Charakter der Einstellungsgründe bejahend: EBRV 808 Blg NR 27. GP, 11. In Österreich wird in § 14 Abs. 1 EUStA-DG daher vorgesehen, dass die Einstellungsgründe in den §§ 190–192 öStPO und in § 18 VbVG auf Einstellungsentscheidungen der EUStA keine Anwendung finden sollen.

100 Vgl. GesE (Fn. 2), 34.

die Konstellation der **rechtsstaatswidrigen Tatprovokation**, für die als Reaktion auf die Judikatur des EGMR[101] ein Verfahrenshindernis[102] zu fordern ist.[103] Ein für das Verfahren der EUStA ebenfalls relevantes Verfahrenshindernis zeichnet sich über den **Spezialitätsgrundsatz** (im Rahmen der Auslieferung) ab.

## V. Garantie der Beschuldigtenrechte bei grenzüberschreitenden Ermittlungen[104]

98 **1. *„Doppelter rechtlicher Prüfungsmaßstab"*.** Wenn im Rahmen eines durch die EUStA (DEStA) geführten Verfahrens in einem anderen Mitgliedstaat der Union (der die EUStA ebenfalls unterstützt) eine Maßnahme iSv Art. 30, 31 Abs. 6 VO ergriffen werden muss, ordnet der mit den Ermittlungen betraute DEStA diese Maßnahme **nach Maßgabe des für ihn geltenden nationalen Rechts** an und weist sie einem DEStA des anderen Staates zur Durchführung zu (Art. 31 Abs. 1, Abs. 2 S. 1 VO; *Niedernhuber* → § 7 Rn. 124 ff.).

99 **Angeordnet** werden zur Durchführung im Ausland dürfen dabei vom (betrauten) DEStA nur Maßnahmen, die nach den für seine Ermittlungen im eigenen Land einschlägigen nationalen Vorschriften **rechtmäßig** sind (Art. 30 Abs. 2 S. 2 VO).[105]

100 Insofern gilt auch hier der u.a. schon in **Art. 6 Abs. 1 RL-EEA**[106] zum Ausdruck kommende allgemeine Grundsatz, dass eine Beweiserhebung im Ausland nur in Betracht kommt, wenn die *„Ermittlungsmaßnahme in einem vergleichbaren innerstaatlichen Fall unter denselben Bedingungen angeordnet [hätte] werden können."* Zu diesen (hypothetisch) beachtlichen **„Bedingungen"** gehören auch und vor allem die zentralen **Beschuldigten- und Verteidigungsstandards**, determiniert durch GRC, EMRK, GG und StPO.

101 Bei Beweiserhebungen des DEStA in einem **an der Errichtung der EUStA nicht beteiligten EU-Mitgliedstaat oder einem Drittstaat** gelten dagegen für das Erfordernis richterlicher Genehmigungen grundsätzlich die **einschlägigen Vorschriften des Rechtshilferechts**, die allerdings originär auf die zwischenstaatliche Unterstützung ausgerichtet sind und daher nach einer speziellen Regelung der Zusammenarbeit rufen (vgl. Art. 104 Abs. 3–5 bzw. Art. 105 VO iVm Art. 4 Abs. 3 EUV).

102 **2. Richtervorbehalte.** Für die **Vollstreckung** der beantragten Maßnahme gilt ***grundsätzlich* das Recht des Staates, in dem die Durchführung erfolgt** (vgl. Art. 32 S. 1 VO)[107]; das gilt damit auch für die Gewährleistung der Beschuldigtenrechte und der Rechte sonstiger von der Maßnahme Betroffener (z.B. Dritter im Falle einer Durchsuchung), die zunächst der unterstützende DEStA und ggf. ein von ihm angerufenes Gericht nach Maßgabe des dort geltenden Strafprozessrechts zu prüfen haben (Art. 31 Abs. 3 UAbs. 1 VO).[108]

---

101 EGMR 15.10.2020 – 40495/15 u.a. – Akbay u.a./Deutschland, EuGRZ 2021, 179 m. Anm. *Esser* StV 2021, 383 ff.; 23.10.2014 – 54648/09 – Furcht/ Deutschland, JR 2015, 81 = NJW 2015, 3631 = NStZ 2015, 412 = StV 2015, 405.

102 BGH 10.6.2015 – 2 StR 97/14 Rn. 43–44, BGHSt 60, 276 = NJW 2016, 91 m. Anm. *Eisenberg* = NStZ 2016, 52 m. Anm. *Mitsch* = StV 2016, 70 m. Anm. *Eidam* StV 2016, 129; *Esser* StV 2021, 383 ff.; LR/*ders.* EMRK, 26. Aufl., Art. 6 Rn. 263; *Fischer*, StGB, 68. Aufl. 2021, § 46 Rn. 69a; *Gaede/Buermeyer*, HRRS 2008, 279 (286); MüKo-StPO/*Gaede* EMRK, 2018, Rn. 345; *Jahn/Kudlich* JR 2016, 54 (60); *Kempf* StV 1999, 128 (130); *Küpper* JR 2000, 257 (259); Karpenstein/Mayer/*Meyer* EMRK, 2. Aufl. 2015, Art. 6 Rn. 157; *Meyer/Wohlers*, JZ 2015, 761 (769); *Sinner/Kreuzer*, StV 2000, 114 (117); *Tyszkiewicz*, Tatprovokation als Ermittlungsmaßnahme (2014), 225 ff., 232; in diese Richtung auch: LR/*Erb* StPO, 27. Aufl., § 163 Rn. 74.

103 Dagegen: BVerfG v. 18.12.2014 – 2 BvR 209/14 u.a., Tz. 34 („nur in extremen Ausnahmefällen"), NJW 2015, 1083 = NStZ 2016, 49 = StV 2015, 413 = StRR 2015, 221 m. Anm. *Tsambikakis*; zur von den Strafgerichten vertretenen Strafzumessungslösung: BGH 11.12.2013 – 5 StR 240/13 (Akbay), NStZ 2014, 277 (279 f.), Tz. 36 = StV 2014, 321.

104 Ausführlich zu dieser Thematik: *Trautmann* → § 6.

105 Vgl. GesE (Fn. 2), 50.

106 Richtlinie 2014/41/EU des Europäischen Parlaments und des Rates vom 3.4.2014 über die Europäische Ermittlungsanordnung in Strafsachen, ABl. 2014 L 130, 1.

107 Zu den Einzelfragen (u.a. zur Beachtung der Vorgaben des anordnenden DEStA: *Niedernhuber* → § 7 Rn. 161 f.).

108 Siehe auch: GesE (Fn. 2), 30 („doppelter rechtlicher Prüfmaßstab" für die Anordnungs-/Durchführungsvoraussetzungen).

Besondere Relevanz haben im grenzüberschreitenden Kontext vor allem **Richtervorbehalte**, die sowohl dem Schutz der Rechte der von der jeweiligen Maßnahme Betroffenen (Hausrechtsinhaber; Eigentümer von Gegenständen), in den meisten Fällen aber auch dem Schutz des Beschuldigten dienen. 103

Ist nach dem Recht des Mitgliedstaats des unterstützenden DEStA eine **richterliche Genehmigung für die angeordnete Maßnahme erforderlich**, so ist sie von dem unterstützenden DEStA nach dem Recht *seines* Mitgliedstaats einzuholen (Art. 31 Abs. 3 UAbs. 1 VO). 104

Ist dagegen nach dem Recht des Mitgliedstaats des unterstützenden DEStA eine solche richterliche Genehmigung nicht erforderlich, wohl aber **nach dem Recht des Mitgliedstaats des betrauten DEStA**, so ist sie von diesem vor der Übermittlung einzuholen (Art. 31 Abs. 3 UAbs. 3 VO). 105

Das Regelungssystem des Art. 31 Abs. 3 VO ist dabei dahingehend zu interpretieren, dass für den Fall, dass **nach dem Recht *beider* Mitgliedstaaten richterliche Beschlüsse erforderlich** sind, nur *ein* solcher Beschluss erforderlich ist.[109] Dieser *eine* richterliche Beschluss ist **in dem Mitgliedstaat, in dem die Maßnahme durchgeführt werden soll**, durch den unterstützend tätig werdenden DEStA einzuholen, *Niedernhuber* → § 7 Rn. 133. 106

Eine ***„doppelte gerichtliche Prüfung"*** soll es demnach nicht geben: Führt demnach ein DEStA ein Strafverfahren in Deutschland durch, so kommen bei einer Beweiserhebung in einem anderen Mitgliedstaat der Union, die in der StPO vorgesehenen Richtervorbehalte diesem Ansatz zufolge nur dann zur Anwendung (Einholung vor einer Übermittlung der Anordnung), wenn im Ausland keine vorherige richterliche Anordnung, Genehmigung oder Bestätigung für die Maßnahme erforderlich ist, vgl. **§ 3 Abs. 2 EUStAG.** 107

Art. 31 Abs. 3 VO lässt sich dieser Verzicht auf eine zusätzliche (zumindest zeitlich vorrangige) gerichtliche Prüfung in Deutschland allerdings nicht entnehmen. 108

**3. Wahrung des Fairnessgebotes bei der Zulassung und Verwertung im Ausland erhobener Beweise.** Im Rahmen der Beweiswürdigung durch das erkennende Gericht sollen von der EUStA vorgelegte **Beweismittel** *„nicht allein deshalb"* als unzulässig abgelehnt werden können (**Verwertungsverbot**), weil sie in einem anderen Mitgliedstaat oder nach dem Recht eines anderen Mitgliedstaates erhoben wurden (**Art. 37 Abs. 1 VO**); im Grundsatz sind solche Beweise also verwertbar. 109

Alles andere als „präkludiert" sind damit allerdings die Standards, die etwa der EGMR an die Wahrung der **(Gesamt-)Fairness auch im Rahmen der Beweiserhebung und -verwertung** stellt,[110] die in Verfahren der EUStA von besonderer Relevanz sind, da oftmals mehrere Rechtsordnungen (Beweiserhebung) in einer Gesamtschau zu berücksichtigen sein werden. In diesem Sinne ist auch der (deklaratorische) Hinweis in **Art. 37 Abs. 2 VO** zu verstehen, wonach die Befugnis des Gerichts zur ***„freien"* Würdigung** der ihm vorgelegten („beigebrachten") Beweismittel von der VO *„nicht berührt"* wird, *Niedernhuber* → § 7 Rn. 37 ff. Neben der Erkenntnis, dass dem erkennenden Gericht damit auch in Bezug auf ausländische Beweise die Prüfung der beweisrechtlichen Anforderungen der eigenen Rechtsordnung *gestattet* ist,[111] gehören damit zum stets vom Prozessgericht *einzufordernden*[112] Kontrollmaßstab die Grundsätze zur **Wahrung der Verfahrensfairness**[113] und die **Verteidigungsrechte**, wie sie in der **GRC** und der **EMRK** sowie in der dazugehörigen **Judikatur von EuGH und EGMR** zum Ausdruck kommen (vgl. ErwG 80 VO). 110

Für Beweise die von einem DEStA im Ausland „jenseits" des Systems der EUStA erhoben werden, gelten diese Gedanken erst recht. 111

---

109 Vgl. hierzu auch ErwG 72 S. 2 VO, wonach es auf jeden Fall nur eine richterliche Genehmigung geben sollte.

110 Vgl. etwa EGMR (GK) 1.6.2010 – 22978/05 Rn. 162 ff. – Gäfgen/Deutschland, EuGRZ 2010, 417 = NJW 2010, 3145; so auch: *Martin-Vignerte* ERA-Forum 2020, 501 (506).

111 Zu den unionsrechtlichen Grenzen etwaiger „nationaler" Vorbehalte bei der Verwertung und Würdigung im Ausland gewonnener Beweise: *Oehmichen* → § 14 Rn. 15 ff.

112 Dass Art. 37 Abs. 2 VO insoweit (nur) von einer diesbezüglichen *„Befugnis"* des Prozessrechts und ErwG 80 S. 3 VO von „nicht […] verbietet" sprechen, darf über die diesbezügliche Kontrollpflicht des Gerichts nicht hinwegtäuschen.

113 Siehe auch *Damaskou*, The European Public Prosecutor's Office – A Ground-Breaking New Institution of the EU Legal Order, NJECL 2015, 126 (139).

## VI. Art, Umfang, konkrete Ausgestaltung der Beschuldigtenrechte (Art. 41, Art. 45 Abs. 2 VO)

112 Art. 41 VO regelt den Inhalt und „Umfang“ der Rechte von Verdächtigen/Beschuldigten in einem von der EUStA geführten Verfahren auf **drei Ebenen:**[114] **Charta der Grundrechte der Union** (Abs. 1), (sonstige) einschlägige **unionsrechtliche Grundlagen** (Abs. 2) und **nationales Recht** (Abs. 3).[115] Art. 45 Abs. 2 VO gewährt bestimmten am Verfahren beteiligten Personen explizit das Recht auf **Zugang zu der vom jeweiligen DEStA geführten Verfahrensakte** (→ Rn. 241 ff.).

113 **1. Grundkonzept des Art. 41 VO.** Als vom jeweiligen nationalen Recht unabhängig zu betrachtender und zu garantierender **Mindeststandard**[116] werden die in der **Charta der Grundrechte** „verankerten“ Rechte Verdächtiger und Beschuldigter, einschließlich des Rechts auf ein faires Verfahren und der Verteidigungsrechte (Art. 41 Abs. 1 VO, → Rn. 121 ff.) bzw. die im (sonstigen) **Unionsrecht** vorgesehenen **Verfahrensrechte** (Art. 41 Abs. 2 VO, → Rn. 134 ff.) angeführt (vgl. ErwG 85 S. 1 VO).

114 Demnach gelten für die Tätigkeit der EUStA **insbesondere** die auf dem 2009 angenommenen Fahrplan zur Stärkung der Verfahrensrechte im Strafverfahren beruhenden und *„in nationales Recht umgesetzten“* Richtlinien als Akte des Sekundärrechts der Union, u.a. die **Richtlinien 2010/64/EU**[117], **2012/13/EU**[118], **2013/48/EU**[119], **(EU) 2016/343**[120] und **(EU) 2016/1919**[121] (→ Rn. 140 ff.).

115 Keine ausdrückliche Erwähnung gefunden in der Aufzählung hat zwar die **Richtlinie (EU) 2016/800** (Verfahrensgarantien für Kinder)[122]; allerdings sind die in Art. 41 Abs. 2 VO genannten Richtlinien nicht in einem abschließenden Sinne zu verstehen (vgl. **„beispielsweise“**), so dass auch die in der RL (EU) 2016/800 genannten Verfahrensgarantien und etwaige in Zukunft noch folgende Richtlinien in einem Strafverfahren der EUStA zur Anwendung kommen.

---

114 Vgl. hierzu: *Mitsilegas/Giuffrida*, Raising the bar? Thoughts on the establishment of the European Public Prosecutor's Office, Policy Insights No. 2017/39, 11; *Juszczak/Sason*, Fighting Terrorism through the European Public Prosecutor's Office (EPPO)?, eucrim 1/2019, 66 (71); siehe auch: *Aden/Sanchez-Barrueco/Stephenson*, The European Public Prosecutor's Office: strategies for coping with complexity, 2019, 86, wonach es sich dabei um ein "(over)complex multi-level setting" handelt; *Illuminati* in Bachmaier Winter, The European Public Prosecutor's Office, 179 (184); vgl. auch *Brodowski* StV 2017, 684 (689).

115 Vgl. den Hinweis auf den „hybriden“ Charakter der Verordnung: *Mitsilegas/Giuffrida*, Raising the bar? Thoughts on the establishment of the European Public Prosecutor's Office, Policy Insights No. 2017/39, 11, 20.

116 Vgl. auch: *Pawlik/Klip* in Erkelens/Meij/Pawlik, The European Public Prosecutor's Office, 183 (190) in Bezug auf den VO-Vorschlag.

117 Richtlinie **2010/64/EU** des Europäischen Parlaments und des Rates v. 20.10.2010 über das Recht auf Dolmetschleistungen und Übersetzungen in Strafverfahren, ABl. 2010 L 280, 1; zu den Hintergründen: *Esser* in: Sieber/Satzger/Heintschel-Heinegg (Hrsg.), § 53 Rn. 96 ff.; *Kotzurek*, Die Richtlinie 2010/64/EU zum Dolmetschen und Übersetzen in Strafverfahren – Neues Qualitätssiegel oder verpasste Chance?, eucrim 4/2020, 314 (315).

118 Richtlinie **2012/13/EU** des Europäischen Parlaments und des Rates v. 22.5.2012 über das Recht auf Belehrung und Unterrichtung in Strafverfahren, ABl. 2012 L 142, 1; hierzu die kritische Analyse von: *Esser* FS Wolter, 2013, 1329 (1338 ff.).

119 Richtlinie **2013/48/EU** des Europäischen Parlaments und des Rates v. 22.10.2013 über das Recht auf Zugang zu einem Rechtsbeistand in Strafverfahren und in Verfahren zur Vollstreckung des Europäischen Haftbefehls sowie über das Recht auf Benachrichtigung eines Dritten bei Freiheitsentzug und das Recht auf Kommunikation mit Dritten und mit Konsularbehörden während des Freiheitsentzugs, ABl. 2013 L 294, 1. Zu den Anforderungen an die Bestellung des Verteidigers *im Ermittlungsverfahren* im Kontext der EMRK: *Esser* FS Kühne, 2013, 539 (554 ff.).

120 Richtlinie **2016/343/EU** des Europäischen Parlaments und des Rates v. 9.3.2016 über die Stärkung bestimmter Aspekte der Unschuldsvermutung und des Rechts auf Anwesenheit in der Verhandlung in Strafverfahren, ABl. 2016 L 65, 1.

121 Richtlinie **(EU) 2016/1919** des Europäischen Parlaments und des Rates v. 26.10.2016 über Prozesskostenhilfe für Verdächtige und beschuldigte Personen in Strafverfahren sowie für gesuchte Personen in Verfahren zur Vollstreckung eines Europäischen Haftbefehls, ABl. 2016 L 297, 1.

122 Richtlinie **(EU) 2016/800** des Europäischen Parlaments und des Rates v. 11.5.2016 über Verfahrensgarantien in Strafverfahren für Kinder, die Verdächtige oder beschuldigte Personen in Strafverfahren sind, ABl. 2016 L 132, 1; inhaltlicher Überblick bei: *Cras*, The Directive on Procedural Safeguards for Children who Are Suspects or Accused Persons in Criminal Proceedings, eucrim 2/2016, 109 ff.; *Eckel/Körner* NStZ 2019, 433.

Über den Verweis auf die genannten Richtlinien und bei näherer Analyse von deren persönlichem Schutz-/Anwendungsbereich stellt sich allenfalls eine (Mindest)Harmonisierung der – den jeweils zu harmonisierenden Rechten vorgelagerten – **Begriffe des Verdächtigten bzw. Beschuldigten** ein. Deren zeitlich-persönlicher Schutzbereich selbst wird von den RL nur allgemein (Art. 2 S. 2 RL 2016/343/EU: *„ab dem Zeitpunkt, zu dem eine Person verdächtigt oder beschuldigt wird, eine Straftat oder eine mutmaßliche Straftat begangen zu haben“*), jedenfalls aber nicht einheitlich betrachtet. Dies ist insofern misslich, als diese Begriffe über den Zeitpunkt der Zuweisung elementarer Beschuldigtenrechte entscheiden (vgl. Art. 2 Abs. 1 RL 2012/13 EU: *„Zeitpunkt, zu dem Personen von den zuständigen Behörden eines Mitgliedstaats davon* ***in Kenntnis gesetzt werden****, dass sie der Begehung einer Straftat verdächtig oder beschuldigt sind, bis zum Abschluss des Verfahrens“*; Art. 2 Abs. 1 RL 2013/48/EU: *„Zeitpunkt, zu dem sie von den zuständigen Behörden eines Mitgliedstaats* ***durch amtliche Mitteilung oder auf sonstige Art und Weise davon in Kenntnis gesetzt wurden****, dass sie der Begehung einer Straftat verdächtig sind oder beschuldigt werden […]“*).[123] 116

Gerade für **grundrechtsintensive *verdeckte* Maßnahmen** bieten die in Art. 41 Abs. 2 VO genannten RL und die „Mindest-Regelungen“ keinen hinreichenden Schutz, weil die in ihnen enthaltenen Rechte (überwiegend nicht *self-executing*) auf gegenüber dem Beschuldigten **offen geführte Ermittlungen** zugeschnitten sind. Ergänzend ist daher auch im Anwendungsbereich der RL stets ergänzend immer die **Judikatur des EGMR zu Art. 6 Abs. 1 EMRK** in den Blick zu nehmen.[124] Einen großen Beitrag zur Verbesserung und Harmonisierung der Beschuldigtenrechte wird in diesem Zusammenhang der mittelfristig zu erwartende Beitritt der EU zur EMRK leisten.[125] 117

Durch Art. 2 Nr. 2 VO selbst ist immerhin klargestellt, dass für die Zwecke der EUStA-VO der Ausdruck **„Person“** jede **natürliche oder juristische Person**[126] bezeichnet (Art. 2 Nr. 2 VO) – ein Umstand, der bei der Umsetzung der Pläne für ein VerbSanG in Deutschland zu berücksichtigen sein wird.[127] 118

Eine weitere wichtige Kernaussage der VO ist schließlich, dass dem Verdächtigen/Beschuldigten sowie allen anderen Verfahrensbeteiligten über den unionsrechtlichen Mindeststandard hinaus *alle* **Verfahrensrechte** zustehen und gewährt werden müssen, die das jeweils anwendbare **nationale Verfahrensrecht** vorsieht (Art. 41 Abs. 3; ErwG 85 S. 2 VO; → Rn. 213 ff.).[128] Dass ein Strafverfahren durch die EUStA geführt wird, darf daher insgesamt nicht zu einer Absenkung etablierter nationaler Verteidigungsstandards führen. 119

Diese ihm unionsrechtlich und auf nationaler Ebene garantierten Rechte (u.a. das Akteneinsichtsrecht) kann der Beschuldigte direkt *„vis à vis“* der EUStA, d.h. konkret **gegenüber dem des Verfahren führenden DEStA geltend machen**, ergänzend bzw. alternativ gegenüber den nationalen Strafverfolgungsbehörden dagegen nur, soweit diese in die Ermittlungen des DEStA eingebunden sind (Art. 28 Abs. 1 VO).[129] Im Interesse eines menschenrechtlich und rechtsstaatlich gebotenen effekti- 120

123 Vertiefend aus menschenrechtlicher Perspektive: *Gerson*, Das Recht auf Beschuldigung, 2016.

124 EGMR (GK) 9.11.2018 – 71409/10 Rn. 119 – Beuze/Belgien, NJW 2019, 1999 („A “criminal charge” exists from the moment that an individual is officially notified by the competent authority of an allegation that he has committed a criminal offence, or from the point at which his situation has been substantially affected by actions taken by the authorities as a result of a suspicion against him“); (GK) 13.9.2016 – 50541/08 Rn. 249 – Ibrahim u.a./UK.

125 Vgl. *Aden/Sanchez-Barrueco/Stephenson*, The European Public Prosecutor's Office: strategies for coping with complexity, 2019, 86.

126 Zum (unionsrechtlichen) Schuldgrundsatz im Zusammenhang mit der Verhängung von Kriminalstrafen gegenüber Unternehmen (sog. Verbandsstrafrecht): *Dannecker/Dannecker*, NZWiSt 2016, 162; EnzEur/*Gärditz* § 6 Rn. 42.

127 Gesetzentwurf der Bundesregierung – Entwurf eines Gesetzes zur Stärkung der Integrität in der Wirtschaft, BT-Drs. 19/23568.

128 Dazu äußerst knapp: GesE (Fn. 2), 35. Innerhalb der ErwG finden sich die Beschuldigtenrechte damit im hinteren Rang, vgl. kritisch *Reale* in Rafaraci/Belfiore, EU Criminal Justice, 2019, 205 (206).

129 Offengelassen bei: *Pawlik/Klip* in: Leendert/Erkelens/Pawlik (Hrsg.), The European Public Prosecutor's Office, 183 (190).

ven Beschuldigtenschutzes wird man den Begriff der *„Einbindung"* nationaler Stellen weit zu verstehen haben.

121 **2. Charta der Grundrechte der EU (Art. 41 Abs. 1 VO).** Art. 41 Abs. 1 VO stellt (als **objektive Leitlinie**) wie schon Art. 5 Abs. 1 VO klar, dass die Tätigkeit der EUStA **in vollem Einklang** mit den in der Charta der Grundrechte der Union verankerten Rechten **Verdächtiger und Beschuldigter** durchgeführt wird.

122 Sämtliche Vorschriften des abgeleiteten Unionsrechts sind unter Beachtung der in der Charta garantierten Grundrechte auszulegen und anzuwenden, zu denen vor allem die Achtung der Verteidigungsrechte gehört, die sich aus dem in den Art. 47 und 48 GRC verankerten **Recht auf ein faires Verfahren** ergeben.[130]

123 **Tätigkeit der EUStA** meint dabei jede mit der Strafverfolgung und der späteren Anklagevertretung durch die EUStA (sämtliche Organe, Mitarbeiter pp.) verbundene Aktivitäten und Maßnahmen, auf zentraler und dezentraler Ebene (DEStA), solange der entsprechende Vorgang der EUStA **zugerechnet** werden kann (vgl. Art. 28 Abs. 1 VO: *Esser* → § 12 Rn. 161 ff.; *Herrnfeld* → § 4 Rn. 14; *Trautmann* → § 6 Rn. 124 ff.).[131] Die Zurechnung ist dabei weit zu interpretieren; Maßnahmen anderer Behörden und Personen (u.a. Polizei, V-Personen), die auf Veranlassung der EUStA tätig werden, üben deren Tätigkeit aus.[132]

124 Für die **EUStA** selbst (im Ermittlungsverfahren als auch in der späteren Vertretung vor Gericht) sowie für die **weisungsgebunden unterstützenden nationalen Stellen** folgt die Pflicht zur Achtung der Grundrechte der GRC bereits aus **Art. 51 Abs. 1 S. 1 Var. 1 („gilt für die Organe und Einrichtungen der Union")**; für das über die Anklage der EUStA verhandelnde und später über die Schuld des Angeklagten erkennende nationale Strafgericht ergibt sich die Bindung an die GRC über die **„Durchführung des Rechts der Union"**.

125 Diesen Begriff und damit die **Bindung der Mitgliedstaaten an die GRC** interpretiert der EuGH **grundsätzlich weit**, so dass er auch solche Normen des nationalen Straf- und Strafverfahrensrechts erfassen kann, die nicht zur Umsetzung von EU-Richtlinien erlassen wurden, jedoch zur Anwendung kommen, um tatsächlich Verstöße gegen Normen des Unionsrechts (PIF) zu sanktionieren.[133]

126 Für die Umsetzung einer Richtlinie hat der EuGH entschieden, dass das Bestehen und die Wahrnehmung eines **Ermessens- oder Umsetzungsspielraums** für die Mitgliedstaaten einer Durchführung von Unionsrecht nicht entgegenstehen.[134]

127 Beachtung zu finden haben dabei **sämtliche in der GRC niedergelegten subjektiven Rechte**, die für das Strafverfahren relevant werden können, darunter die **Justiziellen Rechte** (Kap. VI) der **Art. 47 ff. GRC**, aber auch strafprozessual neutrale Garantien wie etwa **Art. 1 GRC** (Würde des Menschen), **Art. 3 GRC** (Recht auf Unversehrtheit), **Art. 4 GRC** (Verbot der Folter und unmenschlicher oder erniedrigender Strafe oder Behandlung), **Art. 6 GRC** (Recht auf Freiheit und Sicherheit) und **Art. 7 GRC** (Achtung des Privat- und Familienlebens).

128 Der Terminus ***„in vollem Einklang" / „in full compliance"*** macht deutlich, dass die im Rahmen der justiziellen Zusammenarbeit auf der Basis des Grundsatzes der gegenseitigen Anerkennung (Nichteinhaltung der Garantien der GRC als Verweigerungsgrund für den Vollstreckungsstaat) diskutierten Vorbehalte[135] für die *unmittelbare* Ausführung von Unionsrecht durch eine Einrichtung

---

130 EuGH 17.3.2021 – C-488/19, ECLI:EU:C:2021:206 Rn. 53 – JR (EuHb auf der Grundlage einer justiziellen Entscheidung, mit der die Vollstreckung einer von einem Gericht eines Drittstaats verhängten Strafe angeordnet wird); 10.8.2017 – C-270/17 PPU, ECLI:EU:C:2017:628 Rn. 60 – Tupikas.

131 Vgl. HBB/*Brodowski* Art. 41 Rn. 15.

132 Abweichend HBB/*Brodowski* Art. 41 Rn. 20, der insoweit eine Anwendung der GRC über die mitgliedstaatliche Anknüpfung (Durchführung von Unionsrecht) favorisiert (Art. 51 Abs. 1 S. 1 GRC).

133 EuGH 26.2.2013 – C-617/10, ECLI:EU:C:2013:105 Rn. 28 – Åklagare/Åkerberg Fransson = NJW 2013, 1415 (1416); enger dagegen: BVerfGE 133, 277 (313 f.) = NJW 2013, 1499 (Antiterror-Datei).

134 EuGH 21.12.2011 – C-411/10 u.a. ECLI:EU:C:2011:865 Rn. 68 – N.S./Secretary of State for the Home Department u. a., NVwZ 2012, 417; *Esser* in Sieber/Satzger/v. Heintschel-Heinegg, § 53 Rn. 19.

135 EuGH 21.12.2011 – C-411/10, 493/10, ECLI:EU:C:2011:865 – N.S./Secretary of State for the Home Department u.a., NVwZ 2012, 417 = EuZW 2012, 231; 5.4.2016 – C-404/15 u. C-659/15 PPU, ECLI:EU:C:2016:198

der Union nicht gelten können. Die Gewährleistung der effektiven Geltung der in der Charta garantierten Rechte darf daher weder durch die unionsrechtlichen **Grundsätze der Effektivität und Loyalität** – auch nicht bezogen auf den **Schutz der finanziellen Interessen der Union** – in Frage gestellt werden.[136] Die Geltung der GRC ist ein zentraler Gestaltungauftrag an die EUStA.[137]

Grundlegend für jedes Strafverfahren ist dabei der **Grundsatz der Gesetzmäßigkeit** (*nulla poena sine lege*; **Art. 49 Abs. 1 GRC**). Demzufolge darf niemand wegen einer Handlung oder Unterlassung verurteilt oder einer schwereren Strafe zugeführt werden, die zur Zeit ihrer Begehung nach innerstaatlichem oder internationalem Recht nicht strafbar war. Wird nach der Begehung einer Straftat durch ein Gesetz eine mildere Strafe eingeführt, so ist diese zu verhängen (sog. ***lex-mitior***).[138] Diese Grundsätze sind nicht erst für das erkennende, nationale Gericht (vgl. Art. 36 VO) relevant, sondern stehen am Beginn der Prüfung durch die EUStA, ob ein Strafverfahren gegen eine bestimmte Person eingeleitet werden soll, weil ein entsprechender strafrechtlich relevanter Verdacht besteht. 129

**Art. 47 Abs. 2 S. 1 GRC** regelt, dass jede Person das Recht darauf hat, dass ihre Sache von einem **unabhängigen, unparteiischen** und zuvor **durch Gesetz errichteten** Gericht in einem **fairen Verfahren, öffentlich** und **innerhalb angemessener Frist** verhandelt wird.[139] Für das Strafverfahren hervorgehoben sind in diesem Kontext die **Unschuldsvermutung** (Art. 48 Abs. 1 GRC)[140] und die **Verteidigungsrechte** des Beschuldigten (Art. 48 Abs. 2 GRC).[141] 130

Zur Auslegung und Konturierung sind insbesondere die differenzierten Beschuldigten- und Verteidigungsstandards aus **Art. 6 Abs. 1, Abs. 2 und Abs. 3 EMRK**[142] in den Blick zu nehmen.[143] Für Freiheitsentziehungen im Rahmen des Strafverfahrens (Art. 6 GRC) sind die vom EGMR zu **Art. 5 Abs. 1 bis 5 EMRK** entwickelten Standards relevant.[144] 131

Eine auch in einem Verfahren der EUStA stets zu vermeidende, aber leider wohl in vielen Verfahren aufgrund komplizierter Sprachregelungen und langwieriger organisatorisch-interner Abstimmungen zu befürchtende **unangemessen lange Verfahrensdauer** (vgl. Art. 47 Abs. 2 S. 1 GRC; Art. 6 Abs. 1 EMRK) und der damit einhergehende Verstoß gegen die Pflicht, innerhalb angemessener Frist über einen Tatvorwurf (vgl. Art. 5 Abs. 5 VO) bzw. eine förmliche Anklage zu entscheiden, kann im Falle dadurch bedingter privater und/oder beruflicher Nachteile zu einem **Schadensersatzanspruch** des Beschuldigten führen (*Esser* → § 12 Rn. 140 ff.). Daneben ist eine trotz aller Präventivmaßnahmen im Einzelfall zu konstatierende überlange Dauer des Verfahrens auch bei der konkreten **Bemessung von Strafen** zu berücksichtigen.[145] Die Anwendung der hierzu im deutschen Verfahrensrecht als Modell der Kompensation entwickelten und vom EGMR zwischenzeitlich als 132

– Aranyosi u. Căldăraru – Aufschiebung der Vollstreckung statt Versagung der Anerkennung bei behebbaren Hindernissen = NJW 2016, 1709 m. Anm. *Böhm* = NStZ 2016, 542 m. Bespr. *Satzger* NStZ 2016, 514 (519 ff.); EnzEuR/*Hüttemann* § 13 Rn. 62.

136 HBB/*Brodowski* Art. 41 Rn. 2, 13, 22.

137 Vgl. HBB/*Brodowski* Art. 41 Rn. 22 („the EPPO is a guardian of the protections enshrined in the CFR").

138 Vgl. für Art. 7 Abs. 1 EMRK: EGMR (GK) 17.9.2009 – 10249/03 Rn. 109 – Scoppola/Italien (Nr. 2) („guarantees not only the principle of non-retrospectiveness of more stringent criminal laws but also, and implicitly, the principle of retrospectiveness of the more lenient criminal law").

139 Vgl. GesE (Fn. 2), 44 (55).

140 Art. 47 Abs. 2 und Art. 48 GRC als Anknüpfung: EuGH 2.2.2021 – C-481/19, ECLI:EU:C:2021:84 Rn. 37 – DB/Consob (Schweigerecht).

141 Vgl. *Reale* in: Rafaraci/Belfiore, EU Criminal Justice, 205 (211); *Juszczak/Sason*, Fighting Terrorism through the European Public Prosecutor's Office (EPPO)? eucrim 1/2019, 66 (71); *Csonka* in Bazzocchi, Protecting fundamental and procedural rights from the investigations of OLAF to the future EPPO, 2013, 85 (88).

142 Hierzu: LR/*Esser* EMRK, 26. Aufl. 2012, Art. 6 Rn. 445 ff., 534 ff.; SK-StPO/*Meyer*, EMRK, 5. Aufl. 2018, Art. 6 Rn. 134 ff.

143 Vgl. *Díaz Abad* in Bachmaier Winter, The European Public Prosecutor´s Office, 235 (236); *Reale* in Rafaraci/Belfiore, EU Criminal Justice, 205 (206); *Martin-Vignerte* ERA-Forum 2020, 501 (503).

144 LR/*Esser*, EMRK, 26. Aufl. 2012, Art. 5 Rn. 36 ff.; SK-StPO/*Meyer*, EMRK, 5. Aufl. 2018, Art. 5 Rn. 46 ff.; SSW-StPO/*Satzger*, EMRK, Art. 5.

145 Vgl. dazu *Jarass*, Art. 47 Rn. 55; GesE (Fn. 2), 55.

konventionskonform eingestuften[146] **Vollstreckungslösung** ist zwar über Art. 41 Abs. 3 VO „sichergestellt"; über einen (bislang nicht geklärten) originär unionsrechtlichen Ansatz (Art. 41 Abs. 1 VO) ließe sich aber über die Forderung nach einer über dieses Modell hinausgehenden Reduzierung des Strafmaßes (Abschlag) durchaus diskutieren.

133 **Art. 49 Abs. 3 GRC** regelt den **Grundsatz der Verhältnismäßigkeit im Zusammenhang mit Straftaten und Strafen**; das (vom DEStA am Schluss der gerichtlichen Hauptverhandlung zu beantragende und vom nationalen Gericht zu verhängende) Strafmaß darf gegenüber der Straftat nicht unverhältnismäßig sein. Die Vorschrift bringt das als europäisches Rechtsprinzip verankerte, als gemeinsamer Rechtsgrundsatz der Mitgliedstaaten anzuerkennende, als Garant der Menschenwürde fungierende (Art. 1 GRC) und vom EuGH[147] im kriminalstrafrechtlichen Kontext bestätigte **Schuldprinzip** zum Ausdruck.[148] Die Verhängung einer Strafe ohne die **persönliche Vorwerfbarkeit** inkriminierten Verhaltens ist ausgeschlossen; zudem muss eine verhängte und demzufolge auch eine von der EUStA am Ende der Hauptverhandlung beantragte **Strafe stets schuldangemessen** sein.[149]

134 **3. Mindestmaß an unionsrechtlichen Verfahrensrechten (Art. 41 Abs. 2 VO). a) Regelungsgehalt im Überblick.** Nach Art. 41 Abs. 2 VO soll jedem Verdächtigen bzw. Beschuldigten über die Garantien der Charta hinaus in einem **von der EUStA geführten Verfahren**[150] ein (weiteres) *Mindestmaß* an **Verfahrensrechten** garantiert sein, das sich u.a. aus sämtlichen in diesem Kontext bereits bestehenden und künftigen unionsrechtlichen Rechtsinstrumenten speist (***„im Unionsrecht, […], vorgesehenen Verfahrensrechte"***).[151]

135 Als Berechtigte kommen explizit nur **verdächtige und beschuldigte natürliche bzw. juristische Personen** in Betracht (vgl. dagegen Art. 41 Abs. 3 VO, → Rn. 213), was die verbindliche Klärung der zeitlichen und inhaltlichen Komponenten dieses Status erforderlich macht (vgl. → Rn. 116).

136 Der Terminus ***„in einem Strafverfahren der EUStA"*** erfasst über den damit in Bezug genommenen Gesamtregelungskomplex der VO auch die **Tätigkeit von Gerichten auf nationaler Ebene** (Ermittlungsrichter, erkennendes Gericht) bis zum endgültigen Abschluss des Verfahrens (Verfahrenseinstellung, rechtskräftiges Urteil).[152] Er ist darüber hinaus auch **im territorialen Kontext weit zu interpretieren** und umfasst neben der Rechtsordnung des Mitgliedstaates, in dem der mit dem Fall betraute **DEStA das Verfahren führt**, auch die Rechtsordnungen aller anderen in ein konkretes Verfahren der EUStA (etwa im Wege einer grenzüberschreitenden Beweiserhebung, Art. 31 VO) involvierten Staaten, seien es Mitgliedsstaaten der Union im Allgemeinen, solche, die die Tätigkeit der EUStA unterstützen, oder aber auch **Drittstaaten.**[153]

137 Die nach Art. 41 Abs. 2 VO zu gewährleistenden Garantien müssen als Verfahrensrechte **vorgesehen** sein, und zwar **im Unionsrecht**. Die Gewährleistungen der GRC sind zwar inhaltlich schon über Art. 5 Abs. 1 und Art. 41 Abs. 1 VO abgedeckt, dort allerdings nur als objektive Verpflichtung der EUStA (→ Rn. 121), in Absatz 2 werden die in der Charta abgebildeten Rechte als **subjektiver**

---

146 EGMR 22.1.2009 – 45749/06 u.a. Rn. 87 – Kaemena u. Thöneböhn/Deutschland, JR 2009, 172 = StV 2009, 561 = BeckRS 2009, 70595; EGMR 20.6.2019 – 497/17 Rn. 59 – Chiarello/Deutschland, NJW 2020, 1047.

147 EuGH 11.7.2002 – C-210/00, ECLI:EU:C:2000:462 Rn. 35 – Käserei Champignon Hofmeister GmbH & Co. KG („nur dann gegen den Grundsatz ‚nulla poena sine culpa' verstoßen kann, wenn sie strafrechtlicher Natur ist", d.h. keine Anwendung auf Verwaltungssanktionen); hierzu: *Schaut*, Europäische Strafrechtsprinzipien, 2012, 235 f.

148 Zum Schuldprinzip: Vedder/Heintschel von Heinegg/*Rosenau*/*Petrus*, Art. 83 AEUV Rn. 28; *Zimmermann* Jura 2009, 844 (851).

149 Zum Schuldgrundsatz als Integrationsgrenze iSv Art. 79 Abs. 3 iVm Art. 1 Abs. 1 GG: EnzEur/*Gärditz* § 6 Rn. 37 ff.; als Element europäischer Kriminalpolitik: *Satzger* § 9 Rn. 56.

150 Von einer nationalen Staatsanwaltschaft geführte Verfahren, auch wenn sie ein PIF-Delikt betreffen sollten, sind nicht erfasst (HBB/*Brodowski* Art. 41 Rn. 26).

151 *Ambos* IntStR, § 13 Rn. 29; *Bachmaier Winter* in dies., The European Public Prosecutor's Office, S. 117 (133); *Reale* in Rafaraci/Belfiore, EU Criminal Justice, 205 (208); *Csonka* in Bazzocchi, Protecting fundamental and procedural rights from the investigations of OLAF to the future EPPO, S. 85 (88 f.); *Comi* in Bazzocchi, Protecting fundamental and procedural rights from the investigations of OLAF to the future EPPO, 190 (197).

152 Zurückhaltender: HBB/*Brodowski* Art. 41 Rn. 27 („may already be directly bound by Union law or by national law implementing the Directives").

153 HBB/*Brodowski* Art. 41 Rn. 45 („vis-à-vis the EPPO as a whole").

**Maßstab** klargestellt. Der Schwerpunkt der Gewährleistung liegt bei Art. 41 Abs. 2 VO auch stärker im „Verfahren" der EUStA (an dem im Regelfall auch andere Behörden beteiligt sein werden), weniger auf der EUStA als Institution (vgl. Art. 5 Abs. 1 VO).

Die im VO-Text aufgeführten Richtlinien sind lediglich als Mindestgehalt sowie als prominente Beispiele für einen unionsrechtlich determinierten Beschuldigtenschutz zu verstehen. Als weitere Quellen des Unionsrechts, aus denen sich potentiell Verfahrensrechte ableiten lassen, kommen **sämtliche Primär- und Sekundärrechtsakte** als auch die in der Judikatur des EuGH entwickelten **allgemeinen Grundsätze** in Betracht. 138

Als **subjektive Verfahrensrechte** angesprochen sind dabei alle Garantien, mit deren Hilfe eine verdächtige oder beschuldigte Person als berechtigtes Subjekt auf das gegen sie geführte Verfahren wirksam **Einfluss nehmen** kann, indem etwa für die Ermittlungen bzw. die Strafverfolgung relevantes staatliches Handeln begrenzt oder kontrolliert wird, vor allem aber der Gang der Ermittlungen aktiv mitgestaltet wird. 139

**b) Richtlinien über die Rechte von Verdächtigen und Beschuldigten in Strafverfahren als subjektiver Verfahrensmindeststandard.** Die von Art. 41 Abs. 2 lit. a-e VO – als zusätzlicher, über die GRC hinausgehender zu garantierender Standard – ausdrücklich in Bezug genommenen ***„Richtlinien über die Rechte von Verdächtigen und Beschuldigten in Strafverfahren"*** umfassen die in der **Roadmap zur Stärkung der Verfahrensrechte von verdächtigen und beschuldigten Personen vom 30.11.2009**[154] beschlossenen Instrumente, mit Ausnahme der Richtlinie (EU) 2016/800 (Rn. 115).[155] 140

Konkret im Verfahren zu gewährleisten sind aber nach der Vorgabe des Art. 41 Abs. 2 VO nicht die Richtlinien und das zu ihrer Umsetzung harmonisierte nationale Recht – sondern die aus den Richtlinien abzuleitenden („gemäß") **Rechte**, als **subjektive Verfahrensrechte**, auf die sich Berechtigte (→ Rn. 135) unmittelbar berufen können – sobald und solange sie diesen Status in einem von der EUStA geführten Strafverfahren (→ Rn. 136) innehaben. 141

Die bislang zum Beschuldigtenschutz angenommenen Sekundärrechtsakte sind indes allein schon aufgrund ihres fragmentarischen Regelungscharakters **nicht als abschließender Mindeststandard** zu verstehen.[156] Der Wortlaut der Vorschrift (***„einschließlich"***, ***„wie beispielsweise"***) zeigt, dass zugleich hinreichend Spielraum für die Annahme der Verbindlichkeit weiterer bereits existierender Rechtsinstrumente zum Beschuldigtenschutz besteht; dies gilt für die RL (EU) 2016/800. Zugleich muss die Formulierung Ansporn für die Konzeption und den Erlass zusätzlicher Richtlinien sein, die auf eine **weitere Harmonisierung von Beschuldigtenrechten** abzielen (inhaltlich zu den Bedingungen einer vorläufigen Festnahme, Verhaftung und Untersuchungshaft).[157] 142

Der Terminus **„mindestens"** belegt zum einen das Anliegen der VO, auch „in der Höhe" einen Beschuldigtenschutz auf nationaler Ebene nicht begrenzen zu wollen (vgl. Art. 41 Abs. 3 VO). Zum anderen wird dadurch nochmals bekräftigt, dass eine Unterschreitung dieses „Minimums" auch unter Hinweis auf politische Ziele der Union, insbesondere die Bekämpfung von Straftaten zum Nachteil der Union, nicht in Betracht kommt.[158] 143

Die in **Richtlinien** vorgesehenen **Rechte** stehen allerdings formal betrachtet nur insoweit zur Verfügung als sie tatsächlich auch im nationalen Recht umgesetzt worden sind (vgl. ***„der in nationales*** 144

154 Entschließung des Rates v. 30.11.2009 über einen Fahrplan zur Stärkung der Verfahrensrechte von Verdächtigen oder Beschuldigten in Strafverfahren, ABl. 2009 C 295, 1; hierzu auch: *Esser* FS Wolter, 2013, 1329 (1336 ff.); vgl. auch *Wade*, Securing Defence Rights in Transnational Proceedings, EJCCL 2015, 145 (146); vgl. zur Umsetzung dieser Richtlinien in Deutschland: *Christl* NStZ 2014, 376 ff.; *Yalçın* ZRP 2013, 104 ff.; *Deutscher* StRR 2013, 324 ff.

155 Vgl. auch *Reale* in Rafaraci/Belfiore, EU Criminal Justice, 205 (208).

156 Krit. auch: SLHGT/*Gleß*/*Wahl*, III D 5 (EUStA-VO), Rn. 37 („fragmentierender Ansatz"); *Mitsilegas*, European prosecution between cooperation and integration: The European Public Prosecutor's Office and the rule of law, MJ 2021, 245 (258).

157 Hierzu: *Asselineau*, Agenda 2020: A new Roadmap on minimum standards of certain procedural safeguards, NJECL, 2018, 184 (188 ff.).

158 HBB/*Brodowski* Art. 41 Rn. 31.

*Recht umgesetzten*").[159] Die in Art. 41 Abs. 2 VO angesprochenen RL vermitteln daher lediglich eine Verbindlichkeit, der auf nationaler Ebene (über den Regelungsgehalt der EUStA-VO hinaus in *sämtlichen* Verfahren) erst durch eine Umsetzung der RL zu schaffenden Rechte.

145 **Konzeptionell** offenbart sich damit das dogmatische Dilemma, dass eine für die Tätigkeit der EUStA *unmittelbar wirksame* Verordnung hinsichtlich des von der EUStA inhaltlich tagtäglich dezentral in den nationalen Rechtsordnungen anzuwendenden Prozessrechts ausgerechnet im grundrechtssensiblen Bereich der Beschuldigtenrechte auf Mindest-Standards in umsetzungspflichtigen[160], aber eben lediglich nur ***„hinsichtlich des zu erreichenden Ziels"*** verbindlichen *Richtlinien* verweist.

146 Dem nationalen Gesetzgeber und mittelbar auch den staatlichen Stellen in der operativen Strafverfolgung verbleibt damit innerhalb des durch die RL gesetzten verbindlichen Rahmens jedenfalls im Detail – und gerade hier liegt bekanntlich oft der Hase im Pfeffer – immer eine gewisse ***„Wahl der Form und der Mittel"*** (vgl. Art. 288 Abs. 3 AEUV).[161]

147 Zudem ist die von Art. 42 Abs. 2 VO im Kern stillschweigend vorausgesetzte **inhaltlich vollständige Umsetzung** der genannten Richtlinien zum Beschuldigtenschutz im nationalen Recht aller die Arbeit der EUStA unterstützenden Mitgliedstaaten bei weitem nicht in Bezug auf jeden Regelungsgegenstand garantiert. In Art, Form und Reichweite weichen die Umsetzungsinitiativen der Mitgliedstaaten zum Teil deutlich voneinander ab.[162] Dieses Manko wird aber durch den Regelungstext der VO „überspielt", um nicht zu sagen durch die mit der VO scheinbar verbundene Anweisung der „unmittelbaren Anwendung" (→ Rn. 152) der RL „verdeckt".[163]

148 Dieses durchaus heikle Konzept in einem strafprozessualen Kernregelungsbereich unterstreicht damit nicht nur die Notwendigkeit einer fortwährenden **Evaluierung der Umsetzung und Einhaltung richtlinienspezifischer Vorgaben** durch die Mitgliedsstaaten (**Monitoring**), sondern auch das Gebot einer Klärung der Details durch den EuGH über das **Vorabentscheidungsverfahren** (Art. 267 AEUV) sowie der konsequenten Verfolgung von Missständen bis zur Einleitung von **Vertragsverletzungsverfahren** durch die Kommission im Falle einer augenscheinlich nicht richtlinienkonformen Umsetzung einzelner Standards im nationalen Recht.

149 Im Ergebnis wird es in den von der EUStA auf nationaler Ebene geführten Strafverfahren in der europaweiten Praxis zwar eine größtenteils *harmonisierte*, aber eben – anders als in einem rein innerstaatlichen Verfahren – **keine inhaltlich durchgehend einheitliche Schutzgewährung** der Verfahrensrechte von Verdächtigten/Beschuldigten geben.[164]

150 Die Garantie der Beschuldigtenrechte wird stattdessen trotz der in den Richtlinien festgelegten Mindeststandards **im Detail landesspezifisch unterschiedlich** ausgestaltet sein[165], d.h. maßgeblich

159 Hierzu auch: SLHGT/*Gleß*/*Wahl*, III D 5 (EUStA-VO), Rn. 36.

160 Bereits während des Laufs der Umsetzungsfrist sind die Mitgliedstaaten gehalten, auf den Erlass von Vorschriften zu verzichten, die geeignet sind, das in der jeweiligen Richtlinie vorgeschriebene Ziel ernstlich in Frage zu stellen; EuGH 27.10.2016 – C-439/16 PPU, ECLI:EU:C:2016:818 Rn. 31 – Milev I.

161 Kritisch hierzu: SLHGT/*Gleß*/*Wahl*, III D 5 (EUStA-VO), Rn. 37; grundlegend (im materiell-rechtlichen Kontext): *Schröder*, Europäische Richtlinien und deutsches Strafrecht – Eine Untersuchung über den Einfluß europäischer Richtlinien gemäß Art. 249 Abs. 3 EGV auf das deutsche Strafrecht (2002).

162 Vgl. die Evaluationen der Kommission zur RL-Umsetzung in den Mitgliedstaaten: COM(2018) 857 endg. v. 18.12.2018 (**RL 2010/64/EU**); COM (2018) 858 endg. v. 18.12.2018 (**RL 2012/13/EU**); COM(2019) 560 endg. v. 26.9.2019 (**RL 2013/48/EU**) sowie European Union Agency for Fundamental Rights (Edt.), Rights in practice – Access to a lawyer and procedural rights in criminal and European arrest warrant proceedings (Sept. 2019); COM(2021) 144 v. 31.3.2021 (**RL 2016/343/EU**) sowie European Union Agency for Fundamental Rights (Edt.), Presumption of innocence and related rights – Professional perspectives (März 2021); ferner: *Gros*, eucrim 2017, 27 unter Bezugnahme auf die Umsetzungen in Frankreich.

163 Siehe hierzu etwa: *Oehmichen* → § 14 Rn. 28, 36 bzgl. RL 2010/64/EU (Fn. 117).

164 *Illuminati* in Bachmaier Winter, The European Public Prosecutor's Office, 179 (184); vgl. auch: *Weyembergh*/*Brière*, Towards a European Public Prosecutor's Office, Study for the LIBE Committee, 35; *Mitsilegas*/*Giuffrida* in Geelhoed/Erkelens/Meij, Shifting Perspectives on the European Public Prosecutor's Office, 59 (70); *Herrnfeld* in Brière/Weyembergh, The Needed Balances in EU Criminal Law, 397 (398) bereits in Bezug auf den VO-E.

165 *Mitsilegas*/*Giuffrida*, Raising the bar? Thoughts on the establishment of the European Public Prosecutor's Office, Policy Insights No. 2017/39, 12.

vom nationalen Recht desjenigen Staates abhängen, in dem der mit dem Sachverhalt befasste DEStA seine Ermittlungen führt. Lediglich im Kern, d.h. im Hinblick auf die **allgemeinen Grundsätze**, wird das Unionsrecht eine weitgehend unionsrechtskonforme Achtung von Beschuldigtenrechten garantieren können.[166]

Ein *positiver* Nebeneffekt des Verweises auf das umsetzungspflichtige Sekundärrecht zum Beschuldigtenschutz könnte allerdings darin bestehen, dass sich in der praktischen Rechtsanwendung ein konkreter Bedarf für die Überprüfung der Umsetzung der Richtlinien im nationalen Recht abzeichnet. Im Laufe eines von der EUStA geführten Strafverfahrens werden Mängel in der richtlinienkonformen Umsetzung durch den betreffenden Mitgliedstaat vermutlich häufiger zu Tage treten als in einem rein nationalen Strafverfahren.[167] 151

In diesem Fall stellt sich dann die – von der Anweisung des Art. 41 Abs. 2 VO letztlich unabhängige[168] – Anschlussfrage nach einer **unmittelbaren Anwendung** von unzureichend oder fehlerhaft umgesetzten Bestimmungen der RL zum Beschuldigtenschutz,[169] die nach den **allgemeinen Voraussetzungen des Unionsrechts**[170] zu beurteilen und **von Amts wegen zu prüfen** ist.[171] In Betracht kommen auch insoweit nur Verpflichtungen der Mitgliedstaaten betreffende Regelungen der RL, die **inhaltlich unbedingt und hinreichend genau** gefasst (*self-executing*) sind.[172] 152

**c) Geltung der Richtlinien im Zusammenhang mit einem Europäischen Haftbefehl.** In Teilen gelten die Mindestvorschriften der in Art. 41 Abs. 2 VO genannten Richtlinien auch für Personen, gegen die ein **Verfahren zur Vollstreckung eines EuHb** gemäß dem RB 2002/584/JI anhängig ist[173], mit jeweils additiven Verpflichtungen für den Ausstellungs- und Vollstreckungsstaat (vgl. Art. 2 Abs. 7, Art. 3 Abs. 6 RL 2010/64/EU; Art. 5 RL 2012/13/EU[174]; Art. 10 RL 2013/48/EU[175]; Art. 17 RL (EU) 2016/800; Art. 5 RL (EU) 2016/1919).[176] Das ist insofern von Bedeutung, als in den von der EUStA geführten Strafverfahren in erheblichem Umfang mit der Vollstreckung von EuHb zu rechnen ist.[177] 153

**d) RL 2010/64/EU (Art. 41 Abs. 2 lit. a VO).** Das **Recht auf Dolmetschleistungen und Übersetzungen** steht gemäß **Art. 2 RL 2010/64/EU**[178] verdächtigen oder beschuldigten Personen zu, die die Sprache des betreffenden Strafverfahrens nicht sprechen oder verstehen.[179] Ihnen sind im gesamten 154

166 *Illuminati* in Bachmaier Winter, The European Public Prosecutor's Office, 179 (184).

167 Vgl. *Mitsilegas/Giuffrida*, Raising the bar? Thoughts on the establishment of the European Public Prosecutor's Office, Policy Insights No. 2017/39, 11.

168 So wohl auch: HBB/*Brodowski* Art. 41 Rn. 24 („nor does it extend their scope").

169 Ebenso: NK-RechtshilfeR/*von Galen/Furtwängler*, 4/1044.

170 EuGH 5.4.1979 – C-148/78, ECLI:EU:C:1981:54 Rn. 1, 18 – Ratti; 19.1.1982 – C-8/81, ECLI:EU:C:1982:7 Rn. 1, 29 – Becker; 26.2.1986 – C-152/84, ECLI:EU:C:1986:84 Rn. 46 ff. – Marshall; hierzu: *Schroeder* in Streinz, Art. 288 AEUV Rn. 91.

171 *Nettesheim* in Grabitz/Hilf/Nettesheim, AEUV, Art. 288 Rn. 148; *Schroeder* in Streinz, Art. 288 AEUV Rn. 105; *Ruffert* in Calliess/Ruffert, AEUV, Art. 288 Rn. 73; BGH 4.6.2019 – 1 BGs 170/19.

172 Vgl. *Martin-Vignerte* ERA-Forum 2020, 501 (504) – *„only clear, unequivocal and precise provision from a directive can be directly applied"*; *Eckel/Körner* NStZ 2019, 433 (RL EU/2016/800); restriktiv in Bezug auf die RL (EU) 2016/1919: BGH 4.6.2019 – 1 BGs 170/19; *Tully/Wenske* NStZ 2019, 183.

173 Bei der RL (EU) 2016/343 ergibt sich dies über den weiten Anwendungsbereich des Art. 2: „Personen, die Verdächtige oder beschuldigte Personen in Strafverfahren sind", „für alle Abschnitte des Strafverfahrens ab dem Zeitpunkt, zu dem eine Person verdächtigt oder beschuldigt wird".

174 EuGH 28.1.2021 – C-649/19, ECLI:EU:C:2021:75 Rn. 62 – IR (Art. 4, Art. 6 Abs. 2 und Art. 7 Abs. 1 gelten nicht für Personen, die zum Zwecke der Vollstreckung eines EuHb festgenommen werden).

175 EuGH 12.12.2019 – C-566/19 PPU u. C-626/19 PPU, ECLI:EU:C:2019:1077 Rn. 73 – JR u. YC.

176 Vertiefend: *Mitterhuber*, Rechtsbeistand und Prozesskostenhilfe in Verfahren zur Vollstreckung eines Europäischen Haftbefehls: Unter besonderer Berücksichtigung der EU-Richtlinie 2016/1919 über Prozesskostenhilfe (2021).

177 Zu den Prüfpflichten der Vollstreckungsbehörde („specific and precise verification") bei Anhaltpunkten für systematische oder allgemeine Mängel in Bezug auf die Unabhängigkeit im Ausstellungsstaat: EuGH 17.12.2020 – C-416/20 PPU u.a., ECLI:EU:C:2020:1042 Rn. 53 ff. – L. u. P.

178 Richtlinie 2010/64/EU (Fn. 117).

179 Vgl. *Reale* in Rafaraci/Belfiore, EU Criminal Justice, 205 (208); *Juszczak/Sason*, Fighting Terrorism through the European Public Prosecutor's Office (EPPO)?, eucrim 1/2019, 66 (71); zur Entstehung der Richtlinie 2010/64/EU

Strafverfahren bei Ermittlungs- und Justizbehörden (dazu zählt auch die EUStA), während einer (ersten) Vernehmung durch Polizei und sowie in jedem Stadium des späteren gerichtlichen Strafverfahrens[180] **unverzüglich** Dolmetschleistungen zur Verfügung zu stellen.[181]

155 Damit die Verdächtigen und beschuldigten Personen in der Lage sind, ihre Verteidigungsrechte *effektiv* wahrzunehmen, haben die Mitgliedstaaten nach **Art. 3 RL** sicherzustellen, dass diese Personen innerhalb einer (zur Ermöglichung einer effektiven Wahrnehmung der Verteidigungsrechte)[182] **angemessenen Frist** eine **schriftliche Übersetzung aller wesentlichen Unterlagen** erhalten.[183] Dies schließt insbesondere (in Verfahren der EUStA häufig zu erwartende) Entscheidungen, die eine **Freiheitsentziehung** zur Folge haben, **Beschuldigungen** und **Anklagen** sowie ***jegliches* Urteil** mit ein (Art. 3 Abs. 2 RL).[184] Auch der **Strafbefehl** (§§ 407 ff. StPO) zählt daher zu den zu übersetzenden *„wesentlichen Unterlagen"*.[185] Für eine **wirksame Zustellung** von Urteil/Strafbefehl ist **§ 37 Abs. 3 StPO** zu beachten (**schriftliche Übersetzung als Wirksamkeitserfordernis**).[186]

156 Vor dem Hintergrund der auf nationaler Ebene sehr unterschiedlichen Übersetzungspraxis hat die ECBA zu Recht die **Festlegung einer verbindlichen Liste aller *„essential documents"*** gefordert, von denen in der Regel eine schriftliche Übersetzung erforderlich ist.[187]

157 Der zeitliche Anwendungsbereich der RL erstreckt sich zwar nur auf Personen, die der Begehung einer Straftat **verdächtig oder beschuldigt** sind (Art. 1 Abs. 2, Art. 2 Abs. 2 RL), dies aber eben ***„bis zum Abschluss des Verfahrens**, worunter die endgültige Klärung der Frage zu verstehen ist, ob sie die Straftat begangen haben, gegebenenfalls einschließlich der Festlegung des Strafmaßes und der **abschließenden Entscheidung in einem Rechtsmittelverfahren"*** (Art. 1 Abs. 2 RL). Den Grundsätzen eines Rechtsstaats ohnehin angemessen und zur *effektiven* Ermöglichung einer Verfassungsbeschwerde, Individualbeschwerde zum EGMR sowie zur Einschätzung der Erfolgsaussichten eines Wiederaufnahmeverfahrens geboten sind daher **auch endgültige Urteile** als *„abschließende Entscheidung in einem Rechtsmittelverfahren"* schriftlich zu übersetzen.[188] **§ 187 Abs. 2 GVG** bleibt nicht nur in diesem Punkt hinter den Vorgaben des Art. 3 RL zurück und stellt keine vollständige unionsrechtskonforme Umsetzung dar.[189]

158 Lediglich als Ausnahme sieht **Art. 3 Abs. 7 RL** eine Abweichung vom Gebot der schriftlichen Übersetzung vor (**mündliche Übersetzung oder eine mündliche Zusammenfassung der wesentlichen**

---

vor dem Hintergrund der EMRK und der Rechtsprechung des EGMR: *Brannan*, Raising the standard of language assistance in criminal proceedings, Cyprus HR Law Rev 2012, 128.

180 Keine Anwendung findet die RL auf Verfahren, die die Anerkennung einer rechtskräftigen Entscheidung eines Gerichts eines anderen EU-Mitgliedstaats zum Gegenstand haben; EuGH 9.6.2016 – C-25/15, EU:C:2016:423 Rn. 36 ff. – Balogh.

181 Vgl. hierzu: *Cras/De Matteis*, The Directive on the Right to Interpretation and Translation in Criminal Proceedings, eucrim 4/2010, 153 (157 f.).

182 *Martin-Vignerte* ERA-Forum 2020, 501 (505).

183 Vgl. im Überblick *Díaz Abad* in Bachmaier Winter, The European Public Prosecutor's Office, 235 (239 ff.); *Reale*, in Rafaraci/Belfiore, EU Criminal Justice, 205 (208); *Cras/De Matteis* (Fn. 181), eucrim 4/2010, 153 (159 f.); *Eisenberg* JR 2013, 442 (443); *Kotz* StRR 2012, 124 (126).

184 Vgl. *Katschinka*, The impact of Directive 2010/64/EU on the right to interpretation in criminal proceedings, in Traduzione e interpretatione per la società e le institutioni, 105 (106); vgl. dazu auch *Schneider* StV 2015, 379 (380 f.).

185 Vgl. EuGH 12.10.2017 – C-278/16, EU:C:2017:757 Rn. 25 ff. – Sleutjes; LG Heilbronn 8.9.2020 – 2 Qs 59/20, StraFo 2021, 122; LG Stuttgart 12.5.2014 – 7 Qs 18/14, NStZ-RR 2014, 216; *Schneider* StV 2015, 379 (380); *Kotz* StRR 2012, 124 (126).

186 Hierzu: LR/*Graalmann-Scheerer*, 27. Aufl. 2016, § 37 Rn. 120; *Deutscher* StRR 2013, 324 (328).

187 ECBA, Notes on the Internal Rules of Procedure of the European Public Prosecutor's Office (College Decision 003/2020), 5 f. (auf der Grundlage von Art. 9 Abs. 2, Abs. 4 VO) – „non-exhaustive list of essential documents that normally require a translation"; krit. zur unterschiedlichen nationalen Rechtspraxis: *Martin-Vignerte* ERA-Forum 2020, 501 (505).

188 Nachdrücklich ablehnend dagegen: BGH 13.9.2018 – 1 StR 320/17 Rn. 28 ff., NJW 2018, 3790 (3793) m. krit. Anm. *Oğlakcıoğlu* u. *Kühne* StV 2019, 599; 4.10.2018 – 4 StR 51/17 BeckRS 2018, 26805; 18.2.2020 – 3 StR 430/19, NJW 2020, 2041 m. Anm. *Kulhanek* = StV 2021, 79 m. Anm. *Kühne*; 7.12.2020 – 3 StR 519/18, NStZ-RR 2021, 55.

189 Vgl. im Detail: *Makepeace* StV 2020, 570 (572 f.); krit. auch: LR/*Simon* § 187 GVG Rn. 16–18.

**Unterlagen**), dies allerdings nur unter der Bedingung, dass eine solche mündliche Übersetzung/ Zusammenfassung einem fairen Verfahren nicht entgegensteht.[190]

Für einen etwaigen **Verzicht des Beschuldigten** auf sein Recht auf schriftliche Übersetzung formuliert **Art. 3 Abs. 8 RL** strenge Anforderungen (zuvor rechtliche Beratung oder in anderer Weise volle Kenntnis der Folgen / Verzicht unmissverständlich und freiwillig erklärt).[191] 159

Darüber hinaus muss die **Qualität der Dolmetsch- und Übersetzungsleistung** ein insgesamt **faires Verfahren** ermöglichen, d.h. Verdächtige oder Beschuldigte müssen sich durch diese Hilfestellung der Vorwürfe gegen sie bewusst werden, um ihre Verteidigungsrechte interessengerecht ausüben zu können (Art. 3 Abs. 9; Art. 5 RL).[192] 160

**Art. 2 Abs. 3 S. 1 GO (Sprachregelung)** sieht vor, dass Mitteilungen an Personen, die an einem Strafverfahren beteiligt sind, z.B. Verdächtige oder Beschuldigte, Opfer und Zeugen, oder an andere Dritte in der Sprache erfolgen, die **in den anzuwendenden nationalen Vorschriften des Strafprozessrechts** und ggf. in den einschlägigen EU- oder internationalen Rechtsinstrumenten für die justizielle Zusammenarbeit in Strafsachen vorgeschrieben ist. Erforderlichenfalls wird der Mitteilung eine Übersetzung in eine **Sprache, die vom Empfänger verstanden wird**, beigefügt (Art. 2 Abs. 3 S. 1 GO). 161

Die Dolmetschleistungen müssen gemäß Art. 4 RL außerdem unabhängig vom Verfahrensausgang **unentgeltlich** gewährt werden. 162

**e) RL 2012/13/EU (Art. 41 Abs. 2 lit. b VO).** Das Recht auf **Rechtsbelehrung oder Unterrichtung** (Art. 3 Abs. 1 **RL 2012/13/EU**)[193] umfasst inhaltlich die „umgehende“[194] Belehrung (mündlich oder schriftlich; in einfacher und verständlicher Sprache, Art. 3 Abs. 2; Art. 4 Abs. 4 S. 1 RL) über die folgenden Verfahrensgarantien: die **Hinzuziehung eines Rechtsanwalts**, den etwaigen Anspruch auf **unentgeltliche Rechtsberatung** und die Voraussetzungen für diese Rechtsberatung, das Recht auf **Unterrichtung über den Tatvorwurf** (Art. 6 RL), das Recht auf **Dolmetschleistungen und Übersetzungen** sowie das **Recht auf Aussageverweigerung**.[195] 163

Auf das Vorliegen eines für die EUStA typischen grenzüberschreitenden Sachverhalts stellt die Richtlinie dabei nicht ab, d.h. aber auch, dass sie unabhängig vom Vorliegen einer grenzüberschreitenden Konstellation gilt.[196] 164

Dem Verdächtigten oder Beschuldigten[197] sind in Anlehnung an die Judikatur des EGMR zu **Art. 6 Abs. 3 lit. a und b EMRK** grundlegende **Informationen** über den gegen ihn erhobenen strafrechtli- 165

190 Näher dazu: *Yalçın* ZRP 2013, 104 (106); *Schneider* StV 2015, 379 (382).

191 Vgl. auch *Eisenberg* JR 2013, 442 (444).

192 *Reale* in Rafaraci/Belfiore, EU Criminal Justice, 205 (208); *Katschinka* (Fn. 184), 105 (106). Zur Überprüfung der Qualität der dem Beschuldigten zur Verfügung zu stellenden Dolmetschleistungen siehe das anhängige Vorabentscheidungsersuchen in der Rs. C-564/19 (IS), ABl. 2020 C 95, 6; vgl. ECBA (Fn. 187), 8 – unter Hinweis auf EULITA (European Legal Interpreters and Translators Association); vgl. zudem *Yalçın* ZRP 2013, 104 (106) und *Makepeace* StV 2020, 570 (571), die in dem Qualitätserfordernis eine große Errungenschaft dieser Richtlinie sehen, zugleich aber auch die Friktionen in der gegenwärtigen Praxis bis zur vollständigen Umsetzung des GDolmG im Jahr 2023 aufmerksam machen; *Kotzurek*, Die Richtlinie 2010/64/EU zum Dolmetschen und Übersetzen in Strafverfahren – Neues Qualitätssiegel oder verpasste Chance?, eucrim 4/2020, 314 (315); *Kotz* StRR 2012, 124 (125); zum Rechtsschutz nach deutschem Recht bei unzureichender Qualität der Dolmetschleistung: *Christl* NStZ 2014, 376 (382); krit. zu §§ 74, 338 Nr. 5, 337 StPO in Hinblick auf Art. 5 Abs. 2 RL: *Makepeace* StV 2020, 570 (571 f.).

193 Richtlinie 2012/13/EU (Fn. 118). Art. 3 Abs. 1 RL regelt insoweit zwei gesonderte Rechte; EuGH 13.6.2019 – C-646/17, ECLI:EU:C:2019:489 Rn. 43 – Moro.

194 D.h. „ab dem Zeitpunkt, zu dem der gegen sie [= die betroffenen Personen] gerichtete Verdacht es in einem anderen Kontext als dem der Dringlichkeit rechtfertigt, dass die zuständigen Behörden ihre Freiheit durch Zwangsmaßnahmen einschränken, so schnell wie möglich und spätestens vor ihrer ersten offiziellen Vernehmung durch die Polizei“, EuGH 19.9.2019 – C-467/18, ECLI:EU:C:2019:765 Rn. 53 – EP.

195 Dazu auch *Díaz Abad* in Bachmaier Winter, The European Public Prosecutor's Office, 235 (241 ff.); *Reale* in Rafaraci/Belfiore, EU Criminal Justice, 205 (209); *Juszczak/Sason*, Fighting Terrorism through the European Public Prosecutor's Office (EPPO)?, eucrim 1/2019, 66 (71).

196 EuGH 13.6.2019 (Moro, Fn. 193) Rn. 29 ff., 36.

197 Anwendung findet RL 2012/13/EU auch auf Verfahren der psychiatrischen Unterbringung; EuGH 19.9.2019 (EP, Fn. 194) Rn. 46.

chen Vorwurf, sowohl die relevanten **Tatsachen** als auch deren **rechtliche Bewertung** betreffend, zur Verfügung zu stellen. Dieses Erfordernis ist vor dem Hintergrund des nach **Art. 47 Abs. 1 GRC** zu gewährleistenden effektiven Zugangs zu einem Gericht im Falle einer behaupteten Rechtsverletzung zu sehen (Art. 42 VO; *Esser* → § 12). Aus diesem Grund sind dem Beschuldigten alle sich im weiteren Verfahrensgang in Hinblick auf den Tatvorwurf einstellenden **Veränderungen mitzuteilen**, soweit dies für die zu garantierende Verfahrensfairness erforderlich erscheint (vgl. §§ 136 Abs. 1 S. 1; 243 Abs. 3; 265 StPO).[198]

166 Ein auf Anordnung eines DEStA nach Maßgabe der §§ 112 bis 130 StPO **festgenommener respektive verhafteter Beschuldigter** (Art. 33 VO; § 142b Abs. 1 GVG) muss umgehend eine ***schriftliche* Erklärung seiner Rechte** erhalten (Muster im Anhang I zur RL; bei sprachlichen Problemen kommt eine mündliche Vorab-Belehrung in Betracht, vgl. Art. 4 Abs. 5 RL)[199], die während der gesamten Dauer des Freiheitsentzugs in ihrem Besitz verbleiben darf, verbunden mit der Gelegenheit, die Erklärung der Rechte zu lesen (Art. 4 Abs. 1 RL).

167 ***Inhaltlich*** hat die bei festgenommenen bzw. inhaftierten Beschuldigten geforderte „Erklärung" – über die allen Beschuldigten zu erteilende Belehrung (Art. 3 RL) hinaus – auch Hinweise zu folgenden weiteren Rechten bzw. Informationen zu enthalten (Art. 4 Abs. 2, Abs. 3 RL): **Einsicht in die Verfahrensakte; Unterrichtung der Konsularbehörden** im Falle der Staatsbürgerschaft eines anderen Staates (vgl. Art. 36 Abs. 1 WÜK) **und einer anderen Person über den Umstand der Freiheitsentziehung**; Zugang zu **dringender medizinischer Versorgung; höchstzulässige Dauer der vorläufigen Freiheitsentziehung** nach Stunden oder Tagen bis zur Vorführung vor eine Justizbehörde; einige grundlegende Informationen über jedwede im innerstaatlichen Recht vorgesehene Möglichkeit, die **Rechtmäßigkeit der Festnahme anzufechten**, eine **Haftprüfung** zu erwirken oder einen Antrag auf **vorläufige Haftentlassung** zu stellen.

168 Im Kontext ***„habeas corpus"*** speziell hervorzuheben ist, dass im Falle einer vorläufigen Festnahme/Inhaftierung einer Person, alle **Unterlagen** zum gegenständlichen Fall, die sich im Besitz der zuständigen Behörden befinden und die für eine wirksame Anfechtung der Festnahme/Inhaftierung nach innerstaatlichem Recht **wesentlich** sind,[200] der festgenommenen Person oder ihrem Rechtsanwalt zur Verfügung gestellt werden müssen (**Art. 7 Abs. 1 RL**). Dabei haben sich die Strafgerichte zu vergewissern, dass die verdächtige bzw. beschuldigte Person oder ihr Verteidiger[201] tatsächlich die Möglichkeit zur **Einsicht in die Verfahrensakte** erhalten.[202]

169 Ein **allgemeines Akteneinsichtsrecht** auch für nicht inhaftierte oder festgenommene Beschuldigte oder ihren Rechtsanwalt enthält **Art. 7 Abs. 2 RL**, das jedoch durch die in Art. 7 Abs. 4 RL zugelassenen Ausnahmen zum Schutz des Lebens oder der Grundrechte anderer Personen sowie wichtiger öffentlicher Interessen eingeschränkt werden kann.[203]

170 Darüber hinaus gehende Regelungen sieht **Art. 45 Abs. 2 S. 2 VO** vor, der seinerseits für Deutschland auf **§ 147 StPO** verweist (→ Rn. 250) und stets im Lichte von Art. 7 RL zu interpretieren ist.

171 **Art. 6 Abs. 1 RL** regelt – in Anlehnung an **Art. 6 Abs. 3 lit. a, b EMRK** – das Recht Verdächtiger oder beschuldigter Personen auf Unterrichtung über den Tatvorwurf, d.h. das Recht über die **strafbare Handlung** unterrichtet zu werden, derer sie verdächtigt/beschuldigt werden,[204] und zwar

198 *Reale* in Rafaraci/Belfiore, EU Criminal Justice, 205 (209).

199 Hierzu auch: *Cape/Hodgson*, The Right to Acess to a Lawyer at Police Stations: Making the European Union Directive Work in Practice, NJECL 2014, 450 (452).

200 Diese Unterlagen sind dann konsequent auch als *wesentlich* iSd Art. 3 Abs. 1 RL 2010/64/EU anzusehen und müssen entsprechend übersetzt werden.

201 Siehe zur Bedeutung dieses Rechtes für die Waffengleichheit im Verfahren: ECBA, Cornerstones for a draft regulation on the establishment of a European Public Prosecutor's Office (EPPO) in accordance with Art. 86 Par.1-3 TFEU, 2013, 9.

202 EuGH (GK) 5.6.2018 – C-612/15, ECLI:EU:C:2018:392 Rn. 100 – Kolev u.a.

203 Kritisch zu diesen Einschränkungen des Einsichtsrechts auch vor dem Hintergrund einer geringeren Harmonisierung: *Weyembergh/Brière*, Towards a European Public Prosecutor's Office, Study for the LIBE Committee, 35.

204 Zum Strafbefehl als Form dieser „Unterrichtung", die dann auch die Anforderungen dieses Artikels erfüllen muss: EuGH 15.10.2015 – C-216/14, ECLI:EU:C:2015:686 Rn. 61 – Covaci; ebenso: EuGH 14.5.2020 – C-615/18, ECLI:EU:C:2020:376 Rn. 47 – UY.

umgehend und so detailliert, dass ein faires Verfahren und eine wirksame Ausübung ihrer Verteidigungsrechte gewährleistet werden. Festgenommenen bzw. inhaftierten Personen müssen darüber hinaus die **Gründe für ihre Festnahme/Inhaftierung** mitgeteilt werden (Art. 6 Abs. 2 RL), und zwar unverzüglich im Anschluss an die Freiheitsentziehung in einer verständlichen Sprache (vgl. **Art. 5 Abs. 2 EMRK**).

Spätestens zum Zeitpunkt der formellen Anklageerhebung (§ 170 Abs. 1 StPO)[205] haben dann **detaillierte Informationen** an den Beschuldigten über den Tatvorwurf, einschließlich der Art und der rechtlichen Beurteilung der Straftat sowie der Art der Beteiligung der beschuldigten Person, nachzufolgen (Art. 6 Abs. 3 RL). 172

**Änderungen zu Informationen**, die Gegenstand einer solchen Unterrichtung waren, müssen dem Beschuldigten **umgehend mitgeteilt werden**; Maßstab ist auch hier explizit die Gewährleistung eines fairen Verfahrens (Art. 6 Abs. 4 RL; vgl. § 265 StPO).[206] Eine derartige Unterrichtung hat insbesondere bei einer Veränderung der rechtlicher Beurteilung des der Anklage zugrunde liegenden Sachverhalts zu erfolgen.[207] Ein Recht auf Verständigung über eine zu verhängende Strafe geht damit nicht einher.[208] 173

Die RL 2012/13/EU regelt zwar nicht die konkreten Modalitäten der gemäß Art. 6 RL zu leistenden Unterrichtung des Beschuldigten über den Tatvorwurf,[209] die auf nationaler Ebene festgelegten Förmlichkeiten dürfen allerdings nicht das u.a. mit Art. 6 RL und Art. 6 III lit. a EMRK verfolgte Ziel, dem Beschuldigten eine effektive Vorbereitung seiner Verteidigung zu gewährleisten, sowie die Durchführung eines insgesamt fairen Verfahrens beeinträchtigen.[210] 174

Wie an vielen anderen Stellen, verweist die RL – und damit letztlich auch die VO – auch hier auf die jeweilige konkrete **„Ausgestaltung im innerstaatlichen Recht“**. 175

**f) RL 2013/48/EU (Art. 41 Abs. 2 lit. c VO).** Die RL 2013/48/EU liefert Mindestvorgaben zum **Recht** (aller) verdächtigen/beschuldigten Personen auf **Zugang zu einem Rechtsbeistand in Strafverfahren**[211] (Art. 6 Abs. 3 lit. c EMRK) und in Verfahren zur Vollstreckung eines EuHb.[212] Ebenfalls zum sachlichen Schutzgehalt der RL zählen das **Recht auf Benachrichtigung eines Dritten bei Freiheitsentzug** (Art. 5 RL) und das **Recht auf Kommunikation mit Dritten und mit Konsularbehörden** (Art. 36 WÜK) während des Freiheitsentzugs (Art. 6 RL).[213] 176

205 Hierzu vgl. aber EuGH (GK) 5.6.2018 (Kolev u.a., Fn. 202) Rn. 99: ggf. auch „erst nach Einreichung der Anklageschrift [...], aber bevor das Gericht mit der inhaltlichen Prüfung des Tatvorwurfs beginnt und bevor die Verhandlung vor ihm aufgenommen wird, oder sogar nach Beginn der Verhandlung, aber vor dem Eintritt in die abschließende Beratung, falls die erteilten Informationen später geändert werden, vorausgesetzt, dass das Gericht alles Erforderliche unternimmt, um die Verteidigungsrechte und die Fairness des Verfahrens zu wahren“.

206 Darüber hinaus müssen dem Beschuldigten oder seinem Rechtsanwalt Änderungen zum Tatvorwurf und neue Beweise so rechtzeitig mitgeteilt werden, dass diese noch die Möglichkeit haben, wirksam zu reagieren, bevor das Gericht in die abschließende Beratung eintritt; EuGH 13.6.2019 (Moro, Fn. 193) Rn. 52.

207 EuGH 13.6.2019 (Moro, Fn. 193) Rn. 56.

208 EuGH 13.6.2019 (Moro, Fn. 193) Rn. 65.

209 EuGH 15.10.2015 – C-216/14, ECLI:EU:C:2015:686 Rn. 62, 68 – Covaci (Verpflichtung eines Beschuldigten, der nicht im betreffenden Mitgliedstaat wohnt, im Rahmen eines Strafverfahrens für die Zustellung eines Strafbefehls einen Bevollmächtigten zu benennen); ebenso: EuGH 14.5.2020 – C-615/18, ECLI:EU:C:2020:376 Rn. 48 – UY.

210 EuGH 13.6.2019 (Moro, Fn. 193) Rn. 51; 22.3.2017 – C-124/16, 188/16 u. 213/16, ECLI:EU:C:2017:228 Rn. 38 – Tranca u.a.; 15.10.2015 (Covaci, Fn. 209) Rn. 63.

211 Anwendung findet die RL 2013/48/EU auch auf Verfahren der psychiatrischen Unterbringung aus Anlass einer Straftat; EuGH 19.9.2019 (EP, Fn. 194) Rn. 46.

212 Zur Umsetzung der RL in Österreich: *Venier*, Das Recht auf Zugang zu einem Rechtsbeistand – Die Umsetzung der Richtlinie Rechtsbeistand in Österreich, in: Kert/Lehner (Hrsg.), Vielfalt des Strafrechts im internationalen Kontext, FS Höpfel, 2018, 309 ff.

213 Richtlinie 2013/48/EU (Fn. 119); zum Ganzen *Díaz Abad* in Bachmaier Winter, The European Public Prosecutor's Office, 235 (244 ff.); vgl. auch *Juszczak/Sason*, Fighting Terrorism through the European Public Prosecutor's Office (EPPO)?, eucrim 1/2019, 66 (71).

177 Einbezogen in den **persönlichen Schutzbereich** der RL werden explizit auch Personen, die erst während der Befragung durch die Polizei oder durch eine andere Strafverfolgungsbehörde zu Verdächtigen oder beschuldigten Personen werden (Art. 2 Abs. 3 RL).[214]

178 Dieser Zugang zu einem Rechtsbeistand ist so rechtzeitig und in einer solchen Art und Weise zu ermöglichen, dass die betroffenen Personen ihre **Verteidigungsrechte praktisch und wirksam wahrnehmen** können (vgl. Art. 3 Abs. 1, Abs. 2 S. 1 RL: **„unverzüglich“**).[215] Eine Regelung im nationalen Recht, die das Strafgericht verpflichtet, einen von zwei Beschuldigten beauftragten Rechtsbeistand im Falle eines Interessenkonflikts gegen deren Willen auszuschließen, steht Art. 3 Abs. 1 RL nicht entgegen.[216]

179 Die sprachliche Formulierung **„können [Zugang erhalten]“** erklärt sich aus dem die RL prägenden **„Verzichts-Modell“ (Art. 9 RL)**: zu gewährleisten nach den Bestimmungen der RL sind „Rechte“, auf die der Beschuldigte unter bestimmten, streng zu interpretierenden Bedingungen „verzichten“ kann.

180 Nach Art. 3 Abs. 2 S. 2 RL stellen die Mitgliedstaaten sicher, dass ein Zugang zum Rechtsbeistand ab dem zuerst eintretenden der folgenden Zeitpunkte garantiert ist:[217] a) *vor* der **Befragung durch die Polizei** oder andere Strafverfolgungs- oder Justizbehörden (dazu zählt die EUStA); b) ab der Durchführung **einer „Identifizierungsgegenüberstellung“, „Vernehmungsgegenüberstellung“** oder **„Tatortrekonstruktion“** c) unverzüglich[218] nach dem **Entzug der Freiheit**; d) wenn der Beschuldigte vor ein in Strafsachen zuständiges Gericht geladen wurde, rechtzeitig **bevor der Beschuldigte vor diesem Gericht erscheint.**

181 Mit dem weiten Begriff der **Befragung** sind sowohl förmliche **Vernehmungen** als auch sonstige Erkundigungen, Nachfragen usw. erfasst (sog. **vernehmungsähnliche Situationen**); ausgenommen vom Anwendungsbereich der RL (dies ergibt sich aus ErwG 20 RL) soll nur die **vorläufige Befragung** durch die Polizei oder andere Strafverfolgungsbehörden sein, die zu dem Zweck erfolgt, die Identität der betreffenden Person festzustellen, den Besitz von Waffen festzustellen oder andere, ähnliche **Sicherheitsfragen** zu klären oder festzustellen, ob Ermittlungen eingeleitet werden sollten (u.a. im Laufe einer Straßenkontrolle oder bei regelmäßigen Stichprobenkontrollen), wenn ein Verdächtiger oder eine beschuldigte Person noch nicht identifiziert worden ist; gemeint ist hier die Klärung eines **Anfangsverdachtes** gegen eine bestimmte Person. Sobald dieser Status feststeht – das gilt auch im Rahmen einer **Zeugenvernehmung** (Art. 2 Abs. 3 RL)[219] – sind **förmliche Vernehmungen, Befragungen** ebenso wie (nicht nur „vorläufige“, s.o.) **„informatorische“ Auskunftsverlangen** im Zusammenhang mit einem strafrechtlich relevanten Tatvorwurf vom sachlichen Schutzgehalt der RL erfasst.

182 Für Verfahren der EUStA praktisch relevant werden wird dabei die in Art. 3 Abs. 5 RL vorgesehene Möglichkeit der Einschränkung des Zugangsrechts in der Konstellation **Freiheitsentzug (Art. 3 Abs. 3 lit. c RL)**, wonach unter **außergewöhnlichen** Umständen (nur **vorübergehend** und nur **im vorgerichtlichen Stadium**) von der Zugangsgewährung abgewichen werden kann, wenn es auf-

214 Nach ErwG 21 RL ist die Befragung in diesem Fall sofort auszusetzen bzw. kann nur dann fortgesetzt werden, wenn die betreffende Person auf ihren Beschuldigtenstatus hingewiesen worden ist und ihre Rechte nach der RL uneingeschränkt ausüben kann; vgl. ausführlich hierzu *Symeonidou-Kastanidou*, The Right of Access to a Lawyer in Criminal Proceedings: The transposition of Directive 2013/48/EU of 22 October on national legislation, 68 (72 f.); siehe zudem: *Soo*, Potential Remedies for Violation of the Right to Counsel, EuCLR 3/2016, 284 (288).

215 Siehe auch: *Soo*, Potential Remedies for Violation of the Right to Counsel, EuCLR 3/2016, 284 (289).

216 EuGH (GK) 5.6.2018 (Kolev u.a., Fn. 202) Rn. 111.

217 Vgl. hierzu auch *Mols*, Bringing directives on procedural rights of the EU to police stations: Practical training for criminal defence lawyers, NJECL 2017, 300 f.; *Symeonidou-Kastanidou*, The Right of Access to a Lawyer in Criminal Proceedings: The transposition of Directive 2013/48/EU of 22 October on national legislation, 68 (73).

218 Die „Unverzüglichkeit“ wird hier gegenüber dem allgemeinen Hinweis in Art. 3 Abs. 1 RL nochmals wiederholt; kritisch hinsichtlich der Unbestimmtheit des Begriffs „unverzüglich“ bzw. „undue delay“: *Symeonidou-Kastanidou*, The Right of Access to a Lawyer in Criminal Proceedings: The transposition of Directive 2013/48/EU of 22 October on national legislation, 68 (73 f.).

219 Für Österreich: *Venier* FS Höpfel, 2018, 309 (311).

grund der **geografischen Entfernung des Beschuldigten** nicht möglich ist, das Recht auf Zugang zu einem Rechtsbeistand unverzüglich nach dem Entzug der Freiheit zu gewährleisten. Da auch diese RL nicht auf ein von der EUStA in mehreren Mitgliedstaaten „geführtes" Ermittlungsverfahren zugeschnitten ist, andererseits aber in allen vom Verfahren betroffenen Staaten ein effektives Zugangsrecht zum Verteidiger garantiert sein muss, wird diese Ausnahmeregelung faktisch kaum zur Anwendung kommen können.[220]

Dem mit einer solchen Regelung des Zugangsrechts zum Verteidiger verbundenen **Risiko der Umgehung** zentraler Verteidigungsstandards will der Richtliniengeber mit der in Art. 8 RL *„Allgemeine Bedingungen für die Anwendung vorübergehender Abweichungen"* getroffenen Regelung entgegenwirken, die den **absoluten Ausnahmecharakter** dieser Einschränkungen nochmals verdeutlicht.[221] 183

Inhaltlich ist vom „Zugang" zum Rechtsbeistand zum einen das Recht umfasst, mit dem Rechtsbeistand **unter vier Augen zusammenzutreffen** und mit ihm **vertraulich** (Art. 4 RL) zu **kommunizieren**, explizit auch vor der (ersten) Befragung durch die Polizei oder andere Strafverfolgungs- oder Justizbehörden (Absatz 3 lit. a), was für eine effektive Verteidigung angesichts der weitreichenden Bedeutung einer frühen Einlassung in diesem sensiblen Verfahrensstadium naturgemäß unerlässlich ist („Verteidiger der ersten Stunde").[222] 184

Zum anderen ist sicherzustellen, dass der Rechtsbeistand bei der (jeder) Befragung (des Beschuldigten) **zugegen** sein und an ihr ***wirksam teilnehmen*** kann.[223] Die Modalitäten, insbesondere ein etwaiges Fragerecht, regelt nicht die RL sondern das nationale Recht; Maßstab und Leitlinie bleiben stets der Wesensgehalt des betreffenden Rechts und die Garantie seiner wirksamen („effektiven") Ausübung. 185

Dem Rechtsbeistand muss es erlaubt werden, mindestens den zentralen Ermittlungs-/Beweiserhebungshandlungen „Identifizierungsgegenüberstellung", „Vernehmungsgegenüberstellung" und „Tatortrekonstruktion" **„beizuwohnen"** (die RL verwendet hier anders als bei lit. b bewusst nicht den Begriff der (aktiven) „Teilnahme" – auch hier allerdings unter dem Vorbehalt des nationalen Rechts („falls diese in den einschlägigen nationalen Rechtsvorschriften vorgesehen sind"; dazu zählt allerdings auch Art. 6 Abs. 3 b, c EMRK) und vor allem nur dann, wenn die Anwesenheit des Verdächtigen/Beschuldigten selbst bei den betreffenden Handlungen dort vorgeschrieben oder zulässig ist (vgl. **§ 168c StPO**). 186

Verdächtige oder beschuldigte Personen, denen die Freiheit entzogen ist, müssen – vorbehaltlich eines entsprechenden Verzichts (Art. 9 RL) – in die Lage versetzt werden, ihr Recht auf Zugang zu einem Rechtsbeistand wirksam auszuüben (Absatz 4). 187

Von der „Anwendung" sämtlicher der nach Art. 3 Abs. 3 RL zu gewährenden Rechte können die Strafverfolgungsbehörden – allerdings nur unter **außergewöhnlichen Umständen**, nur im **vorgerichtlichen Stadium** und vor allem auch dort nur **vorübergehend** – abweichen, *wenn* dies angesichts der **besonderen Umstände** des Falles durch einen **zwingenden Grund** gerechtfertigt ist (Art. 3 Abs. 6 RL); als einen solchen nennt die RL abschließend: a) dringend erforderliche Abwehr einer Gefahr für Leib oder Leben oder für die Freiheit einer Person; oder b) zwingendes Gebot sofortigen Handelns der Ermittlungsbehörden, um eine **erhebliche Gefährdung eines Strafverfahrens** abzuwenden. Auch hier gelten die in Art. 8 RL niedergelegten *„Allgemeinen Bedingungen für die Anwendung vorübergehender Abweichungen"* – die Hürden für die Legitimation einer Ausnahme im Einzelfall sind damit insgesamt – den Beschuldigtenbelangen angemessen – hoch. 188

---

220 Ähnlich auch: HBB/*Brodowski* Art. 41 Rn. 44 („apply in all involved Member States").

221 EGMR (GK) 9.11.2018 – 71409/10 Rn. 142 ff. – Beuze/Belgien, NJW 2019, 1999 („compelling reasons"); (GK) 13.9.2016 – 50541/08 Rn. 258 ff. – Ibrahim u.a./UK.

222 *Reale* in Rafaraci/Belfiore, EU Criminal Justice, 205 (210); *Soo*, Potential Remedies for Violation of the Right to Counsel, EuCLR 3/2016, 284 (289); *Vetter*, Verteidigerkonsultation im Ermittlungsverfahren – Eine rechtsvergleichende Untersuchung zum deutschen und englischen Strafverfahrensrecht im Lichte der EMRK, 2018.

223 Die Teilnahme ist *schriftlich* zu protokollieren (Art. 3 lit. b S. 2 RL); kritisch zur Umsetzung der RL-Vorgaben zur effektiven „Teilnahme" des Verteidigers an der Befragung in Österreich (§ 164 öStPO): *Venier* FS Höpfel, 2018, 309 (320 f.).

189 In der RL 2013/48/EU selbst ist nicht ausdrücklich geregelt, inwieweit (Form und Umfang) das Recht auf Zugang zur Verteidigung auch in einem **grenzüberschreitenden Strafverfahren** gewährleistet sein muss, etwa dann, wenn fallrelevante Beweise (auch) in einem anderen Mitgliedstaat erhoben werden (vgl. Art. 31 VO).[224] Auch die Konstellation, dass der Beschuldigte einen Verteidiger bestellt oder beigeordnet erhält, der anwesend ist, während eine Ermittlungsmaßnahme (insbesondere eine Vernehmung) in einem anderen Mitgliedstaat durchgeführt wird, ist der Richtlinie als Regelungsmaterie unbekannt.[225]

190 Die mit einem grenzüberschreitenden Beweisverfahren – für die EUStA eine mutmaßlich typische Konstellation – naturgemäß verbundenen Schwierigkeiten und Herausforderungen für die Fairness des Verfahrens haben in der VO keine Berücksichtigung gefunden.[226] Ob und wie sich dieser Umstand negativ auf das aus Art. 6 Abs. 1 EMRK abzuleitende Prinzip der **Waffen- und Teilhabegleichheit** („equality of arms") auswirkt (**Befragungs-, Teilnahme-, Besichtigungsrechte**), bleibt abzuwarten; die Verteidigung ist aber aufgefordert hier frühzeitig präventiv mitzuwirken und ggf. gegenzusteuern.

191 Im EUStA-Regelwerk sind die zusätzlichen in der Praxis zwangsläufig zu erwartenden Schwierigkeiten, die ein transnationales Strafverfahren mit grenzüberschreitender Beweiserhebung gerade für die Verteidigung mit sich bringt, unberücksichtigt geblieben. Entspricht aber der „grenzüberschreitende" Beschuldigtenschutz nicht demjenigen Niveau eines rein innerstaatlich geführten Strafverfahrens, so gerät der angestrebte Aufbau eines **einheitlichen europäischen Raums** – nicht nur der Freiheit und der Sicherheit, sondern eben auch – **des *Rechts*** im Verfahrenskontext der EUStA ernstlich in Gefahr.[227]

192 **g) RL (EU) 2016/343 (Art. 41 Abs. 2 lit. d VO).** Mittels Einbeziehung der RL (EU) 2016/343[228] werden das **Recht auf Aussageverweigerung** (Art. 7)[229] und die **Unschuldsvermutung** (Art. 3) in die EUStA-VO inkorporiert.[230] Darüber hinaus ergreifen die Mitgliedsstaaten nach Art. 5 RL alle erforderlichen Maßnahmen, um sicherzustellen, dass Verdächtige und beschuldigte Personen vor Gericht oder in der Öffentlichkeit nicht durch den **Einsatz physischer Zwangsmaßnahmen** (u.a. **Hand- und Fußfesseln**, „Schutzhauben", Käfige) so dargestellt werden, als seien sie schuldig.[231] Ferner dürfen Beschuldigte bis zum rechtsförmlichen Nachweis ihrer Schuld[232] nicht in öffentlichen behördlichen Erklärungen oder gerichtlichen Entscheidungen als schuldig dargestellt werden (Art. 4 Abs. 1 RL).[233] Jeglicher Zweifel hinsichtlich der Frage der Schuld muss dem Verdächtigen oder Beschuldigten zugutekommen (Art. 6 Abs. 2 RL).[234]

193 Mithilfe all dieser Instrumente wird das Prinzip der Verfahrensfairness um den speziellen Aspekt der in **Art. 48 Abs. 1 GRC** als einklagbares Recht ausgestalteten und im Lichte der Judikatur des

224 Vgl. *Bachmaier Winter* in dies., The European Public Prosecutor's Office, 117 (133).

225 *Bachmaier Winter* in dies., The European Public Prosecutor's Office, 117 (134).

226 *Bachmaier Winter* in dies., The European Public Prosecutor's Office, 117 (134 f.).

227 Dazu kritisch *Bachmaier Winter* in dies., The European Public Prosecutor's Office, 117 (134).

228 Richtlinie (EU) 2016/343 (Fn. 120).

229 Zur Berücksichtigung kooperativen Verhaltens des Beschuldigten vor dem Hintergrund des Art. 7 Abs. 4 RL: EuGH 24.9.2019 – C-467/19 PPU, ECLI:EU:C:2019:776 Rn. 33 ff. – QR; zu dem in Art. 47 Abs. 2 und Art. 48 GRC verankerten Schweigerecht: EuGH 2.2.2021 – C-481/19, ECLI:EU:C:2021:84 Rn. 37 – DB/Consob (Kartellverfahren); vgl. auch *Lamberigts*, The Directive on the Presumption of Innocence, 2/2016, 36 (37), der dieses als gewisse Schwächung des Rechts auf Aussageverweigerung ansieht.

230 Vgl. bereits *Csonka* in Bazzocchi, Protecting fundamental and procedural rights from the investigations of OLAF to the future EPPO, 85 (88 f.).

231 Vgl. dazu *Reale* in Rafaraci/Belfiore, EU Criminal Justice, 205 (210 f.).

232 Die Beweislast liegt insoweit bei den Strafverfolgungsbehörden (Art. 6 Abs. 1 RL), vgl. vertiefend hierzu: *Cras/Erbežnik*, The Directive on the Presumption of Innocence and the Right to Be Present at Trial, eucrim 1/2016, 25 (30 f.). Auf Verfahrensfragen im Zusammenhang mit der Freilassung aus der Untersuchungshaft ist Art. 6 RL jedoch nicht anwendbar; EuGH 28.11.2019 – C-653/19 PPU, EU:C:2019:1024 Rn. 25 ff., 42 – DK.

233 Näher zu dieser Regelung: EuGH 5.9.2019 – C-377/18, EU:C:2019:670 Rn. 36 ff. – AH u.a.; 12.2.2019 – C-8/19 PPU, EU:C:2019:110 Rn. 49 ff. – RH.

234 Vgl. dazu auch *Cras/Erbežnik*, The Directive on the Presumption of Innocence and the Right to Be Present at Trial, eucrim 1/2016, 25 (31).

EGMR zu **Art. 6 Abs. 2 EMRK** zu interpretierenden Unschuldsvermutung (Art. 5 Abs. 4 VO) konkretisiert.[235]

Darüber hinaus beinhaltet Art. 8 RL das **Recht auf Anwesenheit in der Verhandlung** vor dem 194
Gericht, das über die Anklage entscheidet.[236]

Allerdings regelt die RL nicht sämtliche mit der Unschuldsvermutung im Zusammenhang stehen- 195
den strafprozessualen Fragen, wie etwa die materiellen und prozessualen Voraussetzungen für eine **vorläufige Festnahme/Verhaftung** bzw. für die Anordnung einer **Untersuchungshaft** oder **einstweiligen Unterbringung.**[237]

Art. 3 und Art. 4 Abs. 1 RL (EU) 2016/343 stehen dem Erlass vorläufiger Entscheidungen verfah- 196
rensrechtlicher Art, die auf Verdachtsmomenten oder belastendem Beweismaterial beruhen (z.B. Haftanordnung/-fortdauer) nicht entgegen, *soweit* der Verdächtige darin **nicht als schuldig bezeichnet** wird.[238]

Ergänzend zu den recht abstrakten Regelungen der RL wird man ergänzend auf die Judikatur des 197
EGMR zurückgreifen müssen, sei es direkt (**Art. 6 Abs. 2 EMRK**)[239] oder als Konkretisierung der Garantien der Charta der Grundrechte (**Art. 52 Abs. 3 S. 1 GRC**).[240]

Die RL (EU) 2016/343 findet *formal* ausschließlich in **Strafverfahren** und nur auf **natürliche Perso-** 198
**nen** Anwendung (vgl. zum Anwendungsbereich Art. 2 S. 1 RL; ErwG 13–15 RL).[241] Eine Regelung bezüglich **juristischer Personen** wurde im Hinblick auf das sich in einigen Mitgliedstaaten noch in der Entwicklung befindliche nationale Recht als verfrüht angesehen.[242] In einem Verfahren der EUStA, das auch gegen eine juristische Person geführt werden kann, wird man gleichwohl über den hier einschlägigen Art. 48 Abs. 1 GRC und die einschlägige **Judikatur des EuGH**[243] die in der RL niedergelegten Garantien entsprechend, aber eben auch spezifisch auf die Belange von juristischen Personen anzuwenden haben, was einen abweichenden Schutzstandard zur Folge haben kann.

**h) RL (EU) 2016/1919 (Art. 41 Abs. 2 lit. e VO).** Einbezogen in die EUStA-Verfahrensstandards ist 199
schließlich das Recht auf Prozesskostenhilfe nach den Vorgaben der RL (EU) 2016/1919[244], das Verdächtigen/Beschuldigten, die nicht über **ausreichende Mittel zur Bezahlung eines Rechtsbeistands** verfügen, einen Anspruch auf Prozesskostenhilfe vermittelt (verstanden als die **Bereitstellung finanzieller Mittel** für die Unterstützung durch einen Rechtsbeistand), wenn eine solche Form der Unterstützung **im Interesse der Rechtspflege** erforderlich ist (Art. 4 Abs. 1 RL). Hintergrund der RL-PKH ist, dem Beschuldigten durch die staatliche Bereitstellung eines finanziellen Budgets die

235 EuGH 10.7.2014 – C-220/13 P, ECLI:EU:C:2014:2057 Rn. 35 – Kalliopi Nikolaou; *Jarass*, GRC, Art. 48 Rn. 5.

236 EuGH 13.2.2020 – C-688/18, EU:C:2020:94 Rn. 28 ff. – TX u. UW; *Gros*, The State of Transposition by France of the EU Directives on the Rights of Suspects, eucrim 1/2017, 27 (28).

237 EuGH 19.9.2018 – C-310/18 PPU Rn. 47–48 – Milev II.

238 Hierzu: EuGH 19.9.2018, C-310/18 PPU Rn. 48 – Milev II; zum Problem der Garantie der gerichtlichen Unparteilichkeit in einem Anschluss-/Parallelverfahren (Schuldzuweisung/Bezeichnung als Mittäter): EGMR 16.2.2021 – 1128/17 – Meng/Deutschland.

239 LR/*Esser* EMRK, 26. Aufl. 2012, Art. 6 Rn. 445 ff.; SK-StPO/*Meyer* EMRK; Art. 6 Rn. 305 ff.; grundlegend auch: *Stuckenberg*, Untersuchungen zur Unschuldsvermutung (1997).

240 EuGH 2.2.2021 – C-481/19, ECLI:EU:C:2021:84 Rn. 36 – DB/Consob; 15.10.2019 – C-128/18, ECLI:EU:C:2019:857 Rn. 56 – Dorobantu – Art. 4 GRC//Art. 3 EMRK; 20.3.2018 – C-537/16 ECLI:EU:C:2018:193 Rn. 24 f. – Garlsson Real Estate u.a.; BVerfG 15.12.2015 – 2 BvR 2735/14 Rn. 98 = NJW 2016, 1149 (1148) = NStZ 2016, 546 m. Bespr. *Sachs* JuS 2016, 373.

241 Vgl. auch *Cras/Erbežnik*, The Directive on the Presumption of Innocence and the Right to Be Present at Trial, eucrim 1/2016, 25 (28 f.); kritisch zur unterbliebenen Einbeziehung juristischer Personen in die RL (EU) 2016/343: *Lamberigts*, The Directive on the Presumption of Innocence, 2/2016, 36 f.

242 Vgl. *Díaz Abad* in Bachmaier Winter, The European Public Prosecutor's Office, 235 (246); so auch bei Entstehung der RL (EU) 2016/343, vgl. dort ErwG 14 und 15, wonach dort die Entwicklung der Rechtsprechung des EGMR ausschlaggebend für eine künftige Regelung in Bezug auf juristische Personen auf Unionsebene sein soll; vgl. hierzu *Cras/Erbežnik*, The Directive on the Presumption of Innocence and the Right to Be Present at Trial, eucrim 1/2016, 25 (28 f.).

243 Vgl. EuGH 9.11.2010 – C-92/09, ECLI:EU:C:2010:662 Rn. 53, 87; 22.12.2010 – C-279/09, ECLI:EU:C:2010:811 Rn. 38 f. (Anwendbarkeit einzelner Rechte der Charta auch auf juristische Personen).

244 Richtlinie (EU) 2016/1919 (Fn. 121); zur Umsetzung: *Meyer-Mews* ZRP 2019, 5; *Tully/Wenske* NStZ 2019, 183.

effektive Wahrnehmung des in der **RL 2013/48/EU** garantierten **Rechts auf Zugang zu einem Rechtsbeistand** zu garantieren (vgl. Art. 3 RL, → Rn. 176).

200 Die Mindestvorschriften über das Recht auf Prozesskostenhilfe gelten auch für Personen, gegen die ein **Verfahren zur Vollstreckung eines EuHb** gemäß dem RB 2002/584/JI anhängig ist, mit additiven Verpflichtungen für den Ausstellungs- und Vollstreckungsstaat (vgl. Art. 5 RL).[245]

201 Die Mitgliedstaaten können in einem konkreten Strafverfahren zur Klärung von Ansprüchen auf eine solche aus öffentlichen Mitteln bereitzustellende finanzielle Hilfe eine sog. **Bedürftigkeitsprüfung** („means test", Art. 4 Abs. 3 RL)[246], eine Prüfung der **materiellen Kriterien** („merits test"; **Interesse der Rechtspflege**, Art. 4 Abs. 4 RL)[247] oder eine Prüfung beider Aspekte vornehmen (Art. 4 Abs. 2 RL). Die Verweigerung der Bereitstellung notwendiger finanzieller Ressourcen unter Hinweis auf Haushaltsprobleme ist den Mitgliedstaaten versagt.[248]

202 Bei der Beurteilung eines relevanten **„Interesses der Rechtspflege"** an einer staatlicherseits zu garantierenden Unterstützung des Beschuldigten durch einen Verteidiger wird stets zu berücksichtigen sein, dass auf Seiten der Anklage eine trotz ihrer Unabhängigkeit immer auch im unionspolitischen Kontext agierende (Schutz der finanziellen Interessen) und am **Ermittlungserfolg orientierte, ambitionierte Einrichtung der Union** steht; zudem dürfte in den Verfahren, in denen die EUStA eine Zuständigkeit ausübt, neben der zu erwartenden **spezifischen Komplexität** (grenzüberschreitende Ermittlungen in verschiedenen Rechtsordnungen; sprachliche Hürden) den Beschuldigten zumeist von Anfang an die Verhängung einer **erheblichen strafrechtlichen Sanktion** im Falle ihrer Verurteilung drohen. Auch die etwaige **politisch-gesellschaftliche Größenordnung** eines Falles (Medieninteresse) sollte bei der Frage der Verteidigerbestellung als Interesse der Rechtspflege Berücksichtigung finden.[249]

203 Obwohl bei den von der EUStA geführten Verfahren zumeist Delikte aus dem **Wirtschaftsstrafrecht** den Gegenstand der Ermittlungen bilden werden (vgl. Straftaten zum Nachteil der finanziellen Interessen der Union, Art. 86 Abs. 1 Abs. 1 AEUV)[250] – kann aus diesem Umstand nicht automatisch darauf geschlossen werden, dass sich die verdächtige oder bereits beschuldigte Person stets aus eigenen Mitteln die Unterstützung durch einen Rechtsbeistand leisten können wird. In den meisten Fällen dürfte es schon im Ermittlungsverfahren zur **Konfiskation von Vermögenswerten** kommen, was die Bereitstellung von Mitteln für eine effektive Verteidigung naturgemäß erschwert.

204 **§ 141 StPO** normiert für in Deutschland geführte Verfahren konkrete Situationen bzw. Zeitpunkte, bei/zu denen dem Beschuldigten ein Verteidiger notwendig zu bestellen ist. Praxisrelevant sind hier vor allem die **von Amts wegen** zu beachtenden Konstellationen (§ 141 Abs. 2 StPO), die für die Staatsanwaltschaft schon im Ermittlungsverfahren eine **Pflicht zur Prüfung des individuellen Falles und ggf. zur Stellung eines Antrags auf Beiordnung** auslösen.

205 Gemäß **§ 141 Abs. 1 S. 1 StPO** steht dem Beschuldigten davon unabhängig ein **Antragsrecht**[251] **auf Beiordnung eines Verteidigers** zu, durch dessen Ausübung nun schon im Ermittlungsverfahren eine

245 Vertiefend: *Mitterhuber*, Rechtsbeistand und Prozesskostenhilfe in Verfahren zur Vollstreckung eines Europäischen Haftbefehls: Unter besonderer Berücksichtigung der EU-Richtlinie 2016/1919 über Prozesskostenhilfe (2021).

246 Kritisch in Bezug auf die national unterschiedliche Berücksichtigung „eingefrorener" Vermögenswerte: *Martin-Vignerte* ERA-Forum 2020, 501 (506).

247 Siehe hierzu die Rechtsprechung des EGMR zu Art. 6 Abs. 3 lit. b und c EMRK: LR/*Esser* EMRK, Art. 6 Rn. 570 ff., 655 ff.; MüKo-StPO/*Gaede* EMRK, Art. 6 Rn. 150 ff., 168 ff.; SK-StPO/*Meyer* EMRK, Art. 6 Rn. 415, 428.

248 Vgl. Bemerkung des Europäischen Wirtschafts- und Sozialausschusses, ABl. 2014 C 226, 65 f.; *Csonka* in Bazzocchi, Protecting fundamental and procedural rights from the investigations of OLAF to the future EPPO, 85 (88 f.).

249 In diesem Sinne auch: HBB/*Brodowski* Art. 41 Rn. 50 („will easily pass the merits test").

250 Dazu *Álvarez* in Bachmaier Winter, The European Public Prosecutor`s Office, 25 (26 ff.); *Magnus*, HRRS 2018, 143 (146); *Rheinbay*, Die Errichtung einer Europäischen Staatsanwaltschaft, 2014, 130 ff.

251 Zu den Schwierigkeiten bei der praktischen Umsetzung des Antragsrechts BRAK-Stellungnahme Nr. 1/2019, 7 f. (abrufbar unter: https://www.brak.de/zur-rechtspolitik/stellungnahmen-pdf/stellungnahmen-deutschland/2019/januar/stellungnahme-der-brak-2019-1.pdf).

diesbezüglich unverzügliche[252] Entscheidung herbeizuführen ist. Macht der Beschuldigte von diesem Antragsrecht[253] **bei Vorliegen der Voraussetzungen einer notwendigen Verteidigung** Gebrauch, ist die Bestellung des Verteidigers grundsätzlich zwingend, d.h. das Gericht hat – abgesehen von der richtlinienkonform und in Anlehnung an die Judikatur des EGMR (zwingende Gründe für Beschränkung bei Wahrung der Gesamtfairness des Verfahrens)[254] **eng zu interpretierenden Regelung** des **§ 141a StPO**[255] – **keinen Beurteilungsspielraum** in Bezug auf Aspekte der Rechtspflege oder fiskalische Interessen.[256]

**Art. 6 Abs. 1 RL** verlangt, dass Entscheidungen über die Bewilligung oder Ablehnung von Prozesskostenhilfe und über die Bestellung von Rechtsbeiständen **unverzüglich** (ab dem Eintritt eines für die Bereitstellung von PKH maßgeblichen Grundes nach Art. 2 RL) von einer zuständigen Behörde zu treffen sind. Die Mitgliedstaaten sind zudem gehalten, geeignete Maßnahmen zu ergreifen, sprich Verfahrensabläufe und Rechtsbehelfe einzurichten, damit über Anträge mit Sorgfalt und unter Wahrung der Rechte der Verteidigung entschieden wird.[257] Auch in einem von der EUStA geführten Verfahren sind die wesentlichen Abläufe und Verfahrensfragen für die Bewilligung von Prozesskostenhilfe im nationalen Recht der Mitgliedstaaten zu regeln. 206

Gemäß **§ 142 Abs. 3 Nr. 1 StPO** entscheidet über die Bestellung eines Pflichtverteidigers (als Form der „Prozesskostenhilfe") vor Erhebung der Anklage (abgesehen von den Fällen der §§ 140 Abs. 1 Nr. 4, 162 Abs. 1 S. 3 StPO) das Amtsgericht, in dessen Bezirk die Staatsanwaltschaft oder ihre zuständige Zweigstelle ihren Sitz hat; da die EUStA ihren Sitz in Luxemburg und keine förmliche „Zweigstellen" in Deutschland hat, legt § 3 Abs. 3 S. 1 EUStAG als „Sitz" den **Dienstort des mit den Ermittlungen betrauten DEStA** fest; das dortige Amtsgericht entscheidet also über die Pflichtverteidigerbestellung. 207

Die Regelungen der §§ 141 Abs. 1 S. 1, 142 Abs. 7 StPO (sofortige Beschwerde) können zu einer **erheblichen Beschleunigung der Pflichtverteidigerbestellung** führen.[258] Vor diesem Hintergrund und unter der Annahme, **Art. 4 Abs. 1 RL** diene nicht nur dem Zweck der Gewährleistung des Zugangs zum Rechtsbeistand, sondern insbesondere auch der finanziellen Unterstützung des Beschuldigten, wird in der Rechtsprechung auch die **nachträgliche Bestellung eines Pflichtverteidigers** nach Beendigung des Verfahrens **als richtlinienkonform geboten** angesehen.[259] 208

Mit der von Art. 8 RL aufgestellten **Forderung nach einem wirksamen Rechtsbehelf** im Falle einer (plausibel behaupteten) Verletzung eines in der RL garantierten Rechtes ist es in der Tat nicht vereinbar, dem Beschuldigten die rückwirkende Bestellung eines Verteidigers mit dem Hinweis auf eine 209

---

252 Den Antrag des Beschuldigten hat die Staatsanwaltschaft gemäß § 142 Abs. 1 S. 2 StPO mit einer Stellungnahme in der Regel zuvor unverzüglich dem Gericht vorzulegen; vgl. zur Bedeutung des Begriffs „unverzüglich" in § 141 Abs. 1 S. 1 und § 142 Abs. 1 S. 2 StPO: BGH NStZ-RR 2020, 352, wonach die Bestellung des Pflichtverteidigers zwar nicht sofort zu erfolgen hat, aber „doch so rechtzeitig, dass die Verteidigungsrechte gewahrt werden." Der BGH geht dabei von einer Prüf- und Überlegungsfrist von ein bis maximal zwei Wochen aus.

253 Vgl. BGH NStZ-RR 2020, 352; das Antragsrecht des Beschuldigten dient dabei grundsätzlich der Abdeckung derjenigen Phase des Strafverfahrens, in der eine Verteidigung nach § 140 StPO bereits für erforderlich angesehen wird, aber noch keine Pflicht zur Bestellung von Amts wegen iSd § 141 Abs. 2 StPO vorliegt, vgl. LG Passau 15.4.2020 – 1 Qs 38/20, StV 2021, 164 = BeckRS 2020, 7551; zum Ganzen *Böß* NStZ 2020, 185 (188).

254 Grundlegend: EGMR (GK) 27.11.2008 – 36391/02 Rn. 55 – Salduz/Türkei, NJW 2009, 3707 (3708).

255 In konsequenter Umsetzung der Antragsberechtigung des Beschuldigten (§ 141 Abs. 1 S. 1 StPO) bestimmt § 141a S. 1 StPO, dass dieser hiermit ausdrücklich einverstanden sein muss. Nach Satz 2 bleibt zudem sein Recht, sich jederzeit eines Wahlverteidigers zu bedienen, unberührt.

256 Vgl. *Galneder/Ruppert* StV 2021, 202 (204, 206 f.) – zu berücksichtigen sei, dass der EGMR Einschränkungen des Rechts auf effektive Verteidigung nur sehr zurückhaltend anwendet; insgesamt äußerst restriktive Auslegung des § 141a StPO geboten.

257 Zur Umsetzung der RL in Deutschland: *Zink*, Autonomie und Strafverteidigung zwischen Rechts- und Sozialstaatlichkeit – Das deutsche Modell notwendiger Verteidigung im Lichte der Prozesskostenhilfe-Richtlinie (RL (EU) 2016/1919 (2019).

258 Vgl. OLG Nürnberg StV 2021, 153 = BeckRS 2020, 35193 Rn. 28.

259 Vgl. OLG Nürnberg StV 2021, 153 = BeckRS 2020, 35193 Rn. 25 ff.; LG Passau 15.4.2020 – 1 Qs 38/20, StV 2021, 164 = BeckRS 2020, 7551 Rn. 22 ff. (hiernach jedenfalls, wenn der Antrag auf Beiordnung rechtzeitig gestellt wurde); aA aber: OLG Hamburg BeckRS 2020, 27077; OLG Braunschweig BeckRS 2021, 3268 m. Anm. *Hillenbrand*, StRR 2021, 19; OLG Bremen NStZ 2021, 253; LG Bonn BeckRS 2021, 12660.

zwischenzeitlich (durch ein gegen ihn ergangenes Urteil) eingetretene **prozessuale Überholung seines Rechtsbehelfs (Beschwerde)** zu verweigern.[260] Denn durch eine rückwirkende Bestellung des Verteidigers – auf der Grundlage eines im noch laufenden Verfahren gestellten Antrags – kann auch nach dem rechtskräftigen Abschluss des Verfahrens jedenfalls der durch die RL-PKH intendierte Zweck, einen mittellosen Beschuldigten von den angefallenen Kosten einer bis dahin selbst finanzierten (Wahl)Verteidigung freizustellen, noch erfüllt werden (Geltendmachung von Ansprüchen nach dem StrEG / Klärung von Kostenfragen).[261]

210 Ein Anspruch auf PKH besteht dann, wenn diese zum Zeitpunkt der zu treffenden Entscheidung **„im Interesse der Rechtspflege erforderlich ist"** (Art. 4 RL). Nach Sinn und Zweck sowie in Verbindung mit Art. 8 RL sollte diese Regelung so verstanden werden, dass eine **Pflichtverteidigerbestellung und die damit einhergehende „Kostenerstattung"** auch **rückwirkend** geboten ist, wenn eine (privat vorfinanzierte) Unterstützung zum seinerzeitigen Zeitpunkt für den Verlauf des weiteren Verfahrens von Bedeutung *war*, d.h. im damaligen Zeitpunkt eine „PKH" (Beiordnung) wegen eines **Falles der notwendigen Verteidigung** hätte erfolgen müssen, der **Antrag auf Beiordnung rechtzeitig gestellt** wurde und die Entscheidung über die Beiordnung – unter Missachtung des Erfordernisses der Unverzüglichkeit der Bestellung (§ 141 Abs. 1 S. 1 StPO) – nicht erfolgt ist, so dass der Streit darüber (Beschwerde gegen Ablehnung, § 142 Abs. 7 S. 1 StPO) zeitlich erst nach der Entscheidung in der Sache durch die nationalen Gerichte entschieden werden kann.[262] Unionsrechtlich verbindlich wird hierzu der EuGH judizieren müssen (Art. 267 lit. b AEUV).

211 **Art. 7 Abs. 1 RL** fordert eine **angemessene Qualität** der mit der zu gewährenden PKH verbundenen Dienstleistungen, um auf diese Weise die Fairness des von der EUStA geführten Verfahrens zu wahren, wobei die **Unabhängigkeit der Rechtsberufe** gebührend zu achten ist.[263] Die Qualität ist über ein entsprechendes **Schulungs- und Weiterbildungsangebot** sicherzustellen, sowohl für Personen, die über die Gewährung der PKH entscheiden, als auch für Rechtsbeistände, die Dienstleistungen im Rahmen von PKH erbringen (Art. 7 Abs. 2, 3 RL). Bei nicht gewährleisteter Qualität der Rechtsberatung eines bestellten Verteidigers muss für den Beschuldigten in Anlehnung an die Rechtsprechung des EGMR zu **Art. 6 Abs. 3 lit. c EMRK** auf Antrag die Möglichkeit bestehen, eine **Auswechslung des Verteidigers** herbeizuführen (Art. 7 Abs. 4 RL).

212 **i) Schutz personenbezogener Daten.** Zu den Beschuldigtenrechten im weitesten Sinne gehören auch datenschutzrechtliche Tatbestände. Die in diesem Zusammenhang bedeutsamen, u.a. in der VO und der Geschäftsordnung der EuStA angelegten Schutzstandards (Kapitel VIII, Art. 47 ff.; Art. 63 ff. GO), werden an anderer Stelle (*Hornung/Schindler* → § 13 Rn. 11 ff.) umfassend beleuchtet.

213 **4. Umfassende Geltung nationaler Verfahrensrechte (Art. 41 Abs. 3 VO).** Über die mit Anwendungsvorrang ausgestatteten Rechte der GRC und der übrigen unionsrechtlichen Garantien hinaus („unbeschadet der in diesem Kapitel genannten Rechte") gelten in einem von der EUStA geführten Verfahren **alle Verfahrensrechte, die das für den mit der Führung der Ermittlung betrauten DEStA „geltende nationale Recht"** bereithält – und zwar nicht nur gegenüber dem DEStA sondern gegenüber der EUStA als Institution.

214 **a) Persönlicher Schutzgehalt.** Der Absatz 3 des Art. 41 VO unterscheidet sich konzeptionell von den Absätzen 1 und 2 durch die **Erweiterung des persönlichen Schutzbereichs** (über Verdächtige und Beschuldigte – als natürliche und juristische Personen – hinaus) auf ***andere an Verfahren der EUStA Beteiligte*** – im offenen systematischen Widerspruch zur Überschrift des Art. 41 VO *„Umfang der Rechte Verdächtiger oder Beschuldigter"*.

260 So aber: OLG Hamburg 16.9.2020 – 2 Ws 112/20, BeckRS 2020, 27077 (*ohne* Vorlage der streitgegenständlichen und entscheidungserheblichen Frage an den EuGH nach Art. 267 AEUV).

261 Meyer-Goßner/*Schmitt* § 142 Rn. 20; LG Passau 15.4.2020 – 1 Qs 38/20, StV 2021, 164 = BeckRS 2020, 7551; LG Bochum NStZ-RR 2020, 352 (354).

262 Vgl. LG Bochum NStZ-RR 2020, 352 f.; LG Passau 15.4.2020 – 1 Qs 38/20, StV 2021, 164 = BeckRS 2020, 7551.

263 Hierzu auch: *Cras*, The Directive on the Right to Legal Aid in Criminal and EAW Proceedings, eucrim 2017, 34 (42 f.).

Den Terminus und damit die Gruppe der *„an Verfahren der EUStA Beteiligten"* wird man *grundsätzlich* weit zu verstehen haben; erfasst werden (können) – ebenfalls als **natürliche und juristische Personen** – neben dem **Verletzten** (auch ohne eine förmliche Beteiligung, etwa im Wege einer Nebenklage), der **Zeuge, Sachverständige, Dolmetscher, Verteidiger und Beistand**[264] – nicht aber die auf Seiten der Justiz „Beteiligten" (EUStA; nationaler Richter bzw. Staatsanwalt). 215

Dass in Art. 41 Abs. 3 VO als Verfahrensrecht explizit genannt wird, *„zu beantragen, dass Sachverständige bestellt bzw. vernommen und Zeugen gehört werden"*, steht der Einbeziehung von **Zeugen und Sachverständigen** in den Kreis der am Verfahren „Beteiligten" nicht entgegen (vgl. auch Art. 2 Abs. 3 S. 1 GO)[265]: Zeugen und Sachverständige haben im Verfahren Rechte, aber auch Pflichten, sich der Ausübung von Rechten anderer Verfahrensbeteiligter zu stellen. 216

Damit ist allerdings noch nicht gesagt, ob nur die VO oder im Gegenteil allein das „geltende nationale Recht" oder aber beide Rechtsquellen in einem Zusammenspiel über den Status der ***„Beteiligung"*** einer Person an einem Verfahren der EUStA entscheiden, d.h. mit anderen Worten, konkret darüber, wer als (anderer) „Beteiligter" iSv Art. 41 Abs. 3 VO an einem Strafverfahren (der EUStA) anzusehen ist. Die VO hält sich auch in diesem Punkt sehr bedeckt und klassifiziert verbindlich nur den Verdächtigen/Beschuldigten als einen solchen „Beteiligten"; für die Frage, wer darüber entscheidet, ob und wer die „anderen" Beteiligten sind, schweigt sich das Regelwerk dagegen aus. 217

Die Regelungstechnik des Art. 41 Abs. 3 VO spricht für die folgende Auslegung: Wer als Person und in seiner „Funktion" für das Verfahren als ein ***„anderer an Verfahren der EUStA Beteiligter"*** anzusehen ist, regelt allein das **jeweilige nationale Recht des Staates, in dem der DEStA das Verfahren führt**, ebenso wie die sich daran anschließende Frage, welche konkreten Rechte diesem „anderen Beteiligten" zuerkannt werden. Andernfalls könnte das nationale Recht einen alternativ nach Unionsrecht zu bestimmenden (konkreten) Beteiligungsstatus einer Person im Verfahren schlicht dadurch umgehen, dass es dieser Person eben auf nationaler Ebene keine Rechte iSv Art. 41 Abs. 3 VO „zuerkennt" – dann macht es Sinn, beide Fragen abschließend dem nationalen Recht des Mitgliedstaates vorzubehalten, in dem das Verfahren geführt wird. 218

Dieser Ansatz führt allerdings dazu, dass im internationalen Vergleich im Status vergleichbare *„Beteiligte"* (zB Zeugen) in verschiedenen nationalen Rechtsordnungen mit unterschiedlichen Verfahrensrechten ausgestattet sein können, obwohl die jeweiligen Verfahren formal jeweils von der EUStA als Einrichtung der Union „geführt" werden. 219

**b) Inhaltlicher Schutzgehalt.** Inhaltlich soll der umfassende Verweis auf ***„alle Verfahrensrechte, die ihnen das geltende nationale Recht zuerkennt"*** sicherstellen, dass in der Sache der Verdächtige/Beschuldigte respektive die anderen am Strafverfahren Beteiligten durch die Einrichtung der EUStA auf supranationaler Ebene keine Rechtsnachteile erleiden, die sich aus dem Status der **EUStA als unabhängiger Einrichtung der Union** mit eigener Rechtspersönlichkeit ergeben, Art. 3 Abs. 1, Abs. 2 VO. 220

Zum ***„geltenden nationalen Recht"*** (in dem Land, in dem der DEStA das Verfahren führt), aus dem die Zuerkennung von Verfahrensrechten resultieren kann, gehören in Deutschland neben den Verfassungen (**GG; Landesverfassungen**) sowie den klassischen Bestimmungen der **StPO** und des **GVG** letztlich alle Gesetze[266] auf Bundes- und Landesebene, aus denen die oben genannten Gruppen konkrete subjektive Rechte aus der Beteiligung an einem Strafverfahren oder in Bezug auf ein solches ableiten können, darunter auch und vor allem die **EMRK** in der Auslegung durch den EGMR und der **IPBPR.** Ebenso in Betracht kommen grundsätzlich auch Normen unterhalb des Ranges eines formellen Gesetzes, dies allerdings nur dann, wenn sie den genannten Beteiligten nach nationalem Recht entsprechende Rechte **„zuerkennen"**. 221

264 Vgl. hierzu: § 69 Abs. 3 JGG.

265 „Mitteilungen an Personen, die an einem Strafverfahren beteiligt sind, z.B. Verdächtige oder Beschuldigte, Opfer und Zeugen, oder an andere Dritte".

266 Bei einem jugendlichen bzw. heranwachsenden Tatverdächtigen sind auch die Verfahrensgarantien des JGG heranzuziehen; so z.B. § 45 Abs. 3 JGG aufgrund der Regelung des Art. 40 VO, vgl. BT-Drs. 19/17963, 34.

222 Als Verfahrens*rechte* **beispielhaft** („einschließlich") in Art. 41 Abs. 3 VO genannt, aber ebenso auch als „verbindlich zu gewährleistendes Minimum" zu verstehen, sind die **Möglichkeit, Beweismittel beizubringen**, zu **beantragen**, dass **Sachverständige** bestellt bzw. vernommen und **Zeugen** gehört werden, und die EUStA aufzufordern, derartige Maßnahmen im Namen der Verteidigung zu erwirken – *wenn* die betreffenden Gestaltungs- und Beteiligungsrechte im „nationalen Recht" entsprechend vorgesehen sind. Trotz ihres fragmentarischen Charakters bringt diese Aufzählung den **partizipatorischen Charakter** des von der EUStA zu führenden Strafverfahrens deutlich zum Ausdruck.

223 Unklar ist, was *„das geltende nationale Recht"* (und damit die aus ihm abzuleitenden nationalen Verfahrensrechte) im Fall sog. **grenzüberschreitender Ermittlungen** (Art. 31 VO) ist.[267] Hier wird man gerade bei Beweiserhebungen annehmen müssen, dass die sich im jeweiligen Staat befindlichen und allein dort Betroffenen (z.B. Wohnungsdurchsuchung bei Dritten) sich neben den unionsrechtlichen Garantien nur auf die nationalen Verfahrensrechte „ihres" Staates berufen können; beim Beschuldigten wird man dagegen im Sinne einer **Meistbegünstigung** annehmen müssen, dass zusätzlich zu den im DEStA-Staat maßgeblichen Rechten auch diejenigen im Staat der Beweiserhebung Berücksichtigung finden müssen. Das entspricht der bereits angenommenen weiten Auslegung des Terminus *„in einem Strafverfahren"* (→ Rn. 136); zudem zielt Art. 41 VO generell vom Wortlaut her auf einen **möglichst umfassenden Schutz der Verfahrensrechte** ab (vgl. etwa Absatz 1 „voller Einklang"; Absatz 2 „mindestens Unionsrecht"; Absatz 3: „alle Verfahrensrechte").

224 Im Grundsatz entspricht das deutsche Strafverfahrensrecht (namentlich § 244 StPO) diesen exemplarischen „Vorgaben" des Art. 41 Abs. 3 VO.[268] Der in einem von der EUStA geführten Verfahren auf nationaler Ebene konkret **zu gewährleistende Katalog an Beschuldigten-/Verfahrensrechten** bleibt durch diese „Vorgaben" allerdings sehr **vage und unbestimmt**. Letztlich verlagert sich die Prüfung des *genauen* Umfangs der Rechte eines Verdächtigen/Beschuldigten/Verfahrensbeteiligten vollständig auf das jeweilige nationale Recht. Obwohl der das Verfahren jeweils führende DEStA mit den rechtlichen Details aufgrund seiner Sozialisierung im nationalen Recht vertraut sein dürfte, wird sich eine gewisse aus dem Zusammenspiel von VO und nationalem Recht resultierende **Rechtsunsicherheit** bei der konkreten Durchführung der Verfahren nicht vollständig vermeiden lassen.[269]

225 Vor allem aber: die Verfahrensrechte sind zwar in den in einem EU-Mitgliedstaat geführten innerstaatlichen und EUStA-Verfahren identisch – das gilt aber mangels einer Vollharmonisierung im Bereich der Beschuldigtenrechte (weder über die EMRK noch über das Unionsrecht) nicht für alle von der EUStA in *verschiedenen* Mitgliedstaaten geführten Verfahren.[270]

226 Eine grundlegende **Einschränkung des Anwendungsbereichs nationaler Rechtsvorschriften** ergibt sich inzident aus der VO selbst. Welche nationalen Vorschriften in einem Verfahren der EUStA überhaupt Anwendung finden *können*, regelt **Art. 5 Abs. 3 S. 2 VO:** Im Falle der **Kollision einer Vorschrift der VO und einer solchen des nationalen Rechts** geht die VO vor.[271] Das nationale Recht

---

267 Kritisch im Hinblick auf die Unklarheit des Art. 31 VO auch: *Elholm*, EPPO and a common sense of justice, MJ 2021, 212 (221 f.).

268 Vgl. auch *Juszczak/Sason*, Fighting Terrorism through the European Public Prosecutor's Office (EPPO)?, eucrim 1/2019, 66 (71); ferner *Zagrebelsky* in Bazzocchi, Protecting fundamental and procedural rights from the investigations of OLAF to the future EPPO, 50 (53).

269 Vgl. *Esser* StV 2014, 494 (503); kritisch auch *Illuminati* in Bachmaier Winter, The European Public Prosecutor's Office, 179 (185); *Reale* in Rafaraci/Belfiore, EU Criminal Justice, 2019, S. 205 (207); *Mitsilegas*, European prosecution between cooperation and integration: The European Public Prosecutor's Office and the rule of law, MJ 2021, 245 (254).

270 Kritisch auch: HBB/*Brodowski* Art. 41 Rn. 1.

271 Vgl. zu einer möglichen Einschränkung des nationalen Rechts aufgrund des Anwendungsvorrangs des EU-Rechts: *Elholm*, EPPO and a common sense of justice, MJ 2021, 212 (222 f.), der diesbezüglich auch auf die Rechtssache Melloni verweist: Dabei räumte der EuGH dem Unionsrecht bei einer Kollision mit einer nationalen, sogar in der Verfassung verankerten Verfahrensgarantie den Vorrang ein unter Berufung auf den Anwendungsvorrang des Unionrechts bzw. den Grundsatz des *effet utile*. Vgl. hierzu: EuGH 26.2.2013 – C-399/11, ECLI:EU:C:2013:107 Rn. 58–60 – Melloni; *Harding/Öberg*, The journey of EU criminal law on the ship of fools

bleibt jedoch anwendbar, soweit eine Frage in der Verordnung nicht geregelt ist.[272] Unklar ist aber, ob nationales Recht auch dann anwendbar bleibt, wenn die VO in einer bestimmten Frage zwar eine **teilweise, nicht aber abschließende Regelung** trifft, wie etwa im Falle der Mindeststandards nach Art. 41 Abs. 2 VO. Die Regelung in Art. 41 Abs. 3 VO wird man in diesem Sinne verstehen müssen. Eine Begrenzung des Anwendungsbereichs nationaler Rechtsvorschriften wäre außerdem im Falle einer Kollision mit dem im EU-Recht geltenden Grundsatz des **effet utile** denkbar, wenn etwa nationale Verfahrensvorschriften die effektive Durchführung von Ermittlungen in einem zu hohen Maße einschränken.[273]

## VII. Zugang zur Verfahrensakte

**1. Pflicht zum Anlegen und Führen einer vollständigen Verfahrensakte / Verbindung zum Fallbearbeitungssystem der EUStA. Art. 45 VO** enthält allgemeine Regelungen für die bei der EUStA zu jedem Strafverfahren **nach nationalem Recht** zu führende Verfahrensakte (*Niedernhuber* → § 7 Rn. 182 ff.). 227

Die **GO** der EUStA kann weitere (das jeweilige nationale Recht ergänzende) **Vorschriften über die Organisation und Führung der Verfahrensakten** enthalten, allerdings nur *soweit* dies zur Sicherstellung der Funktion der EUStA als einheitliche Behörde erforderlich ist (Art. 45 Abs. 2 UAbs. 2 S. 1 VO).[274] 228

Nach Absatz 1 UAbs. 1 *ist* eine solche **Verfahrensakte von dem mit dem Verfahren betrauten DEStA stets anzulegen**, sobald ein Ermittlungsverfahren nach Art. 26 Abs. 1 VO eingeleitet wird oder die EUStA nach Art. 27 Abs. 1 VO ein von einer nationalen Behörde eingeleitetes Verfahren (und damit auch die bis dahin auf nationaler Ebene geführte Akte) im Wege der Evokation übernimmt. 229

Die Akte ist **nach dem Recht des Mitgliedstaates zu führen**, in dem der mit dem Fall betraute DEStA agiert (Art. 45 Abs. 2 UAbs. 1 VO),[275] bleibt aber stets eine **Akte der EUStA**, was bis zur Erhebung der Anklage auch administrativ-organisatorisch durch eine Trennung der Verfahrensakte vom Aktenbestand der nationalen Behörden des jeweiligen Landes sicherzustellen ist.[276] 230

Ergänzend normiert **Art. 45 Abs. 1 UAbs. 2 VO** Vorgaben zum **Inhalt der Verfahrensakte:** Die Akte muss **alle dem DEStA zur Verfügung stehenden Informationen *und* Beweismittel** enthalten, die das konkrete Ermittlungs- oder Strafverfolgungsverfahren der EUStA betreffen (**Grundsatz der Aktenvollständigkeit**);[277] dazu zählen auch fallrelevante Informationen, die (zunächst) nur im (internen) **Fallbearbeitungssystem** der EUStA (insbesondere im dortigen „Register", → Rn. 233) enthalten sind; diese müssen in die „führende" und letztlich „vorrangige" Verfahrensakte" (auf nationaler Ebene) übertragen werden;[278] relevante Unterlagen, aus denen sich die in der Akte selbst zu führende Information ergibt, sowie Beweismittel können dagegen physisch auch außerhalb der Akte aufbewahrt werden. Ihre Existenz und Auffindbarkeit müssen sich aber ebenfalls jederzeit aus der Akte entnehmen lassen. Darüber hinaus muss das Zugangsrecht (→ Rn. 241 ff.) zur *vollständigen* Akte stets gewährleistet sein. 231

---

– what are the implications for supranational governance of EU criminal justice agencies?, MJ 2021, 192 (203); *Safferling* NStZ 2014, 545 (548 f.).

272 GesE (Fn. 2), 18, 40, 46, 49.

273 Vgl. *Elholm*, EPPO and a common sense of justice, MS 2021, 212 (222 f.) unter Betonung der damit einhergehenden Dilemmasituation und unter Verweis auf die Rechtssache Melloni, vgl. Fn. 271.

274 Art. 43 Abs. 5 GO normiert seinerseits, dass das Kollegium „weitere Vorschriften" für die Führung und Archivierung der Verfahrensakten der EUStA erlassen kann. Art. 61 GO enthält lediglich Vorgaben zum „Recht auf Zugriff auf das Fallbearbeitungssystem" – jedoch keine weiteren Bestimmungen zum Zugang *des Beschuldigten oder seines Verteidigers* zur Verfahrensakte; krit. ECBA (Fn. 187), 3.

275 Vgl. GesE (Fn. 2), 38.

276 Vgl. HBB/*Herrnfeld* Art. 45 Rn. 3.

277 NK-RechtshilfeR/*von Galen*/*Furtwängler* 4/1095.

278 Vgl. GesE (Fn. 2), 39; der DEStA sorgt in diesem Zuge auch dafür, dass die nationale Verfahrensakte (und nicht die im internen Fallbearbeitungssystem der EUStA enthaltene Information) die „führende Verfahrensakte" darstellt, vgl. HBB/*Herrnfeld* Art. 45 Rn. 8.

232 Nach **Art. 2 Abs. 4 GO**[279] haben die DEStA dafür zu sorgen, dass die Akten der strafrechtlichen Ermittlungen, die sie bearbeiten und die für die zentrale Dienststelle der EUStA zur Erfüllung ihrer Aufgaben unerlässlich sind, in der **Arbeitssprache der EUStA** (Art. 107 Abs. 2 VO)[280] zur Verfügung gestellt (ggf. in zusammengefasster Form) und dem sog. **Fortschrittsbericht** (Art. 44 GO; Arbeitsplan; wichtige Entwicklungen) beigefügt werden, den der mit dem Fall betraute DEStA während des Ermittlungsverfahrens erstellt und fortwährend aktualisiert.[281]

233 Von den fallbezogenen Verfahrensakten zu unterscheiden ist das schon angesprochene (interne) **Fallbearbeitungssystem** der EUStA, das aus **drei wesentlichen Elementen** zusammengesetzt ist (Art. 44 Abs. 4 UAbs. 1 VO): einem **Register** (bestehend aus Informationen, die von der EUStA gemäß Art. 24 VO erlangt wurden, einschließlich aller Entscheidungen in Bezug auf diese Informationen; lit. a)[282], einem **Index**[283] aller Verfahrensakten (lit. b)[284] sowie aus all denjenigen **Informationen aus den Verfahrensakten**, die gemäß **Art. 45 Abs. 3 VO** im Fallbearbeitungssystem elektronisch gespeichert sind (lit. c). Das FBS ist damit als internes Verbund- und Auskunftssystem konzipiert, nicht aber als ein solches zur vollständigen elektronischen „Führung" der Verfahrensakten.

234 Das Fallbearbeitungssystem muss **alle Informationen und Beweismittel aus der** (vom DEStA nach nationalem Recht geführten) **Verfahrensakte** enthalten („spiegeln"), die ***elektronisch* gespeichert** werden können,[285] damit die zentrale Dienststelle der EUStA ihre Aufgaben wahrnehmen kann (Art. 45 Abs. 3 S. 1 VO).[286] Auch bei zeitweiligem technischem Ausfall (Nichtverfügbarkeit) des Fallbearbeitungssystems sind die Verfahrensvorgänge **in geeigneter Weise dauerhaft und überprüfbar zu dokumentieren** und später **nachzutragen** (Art. 71 VO).

235 Dies bedeutet, dass die von einem deutschen DEStA anzulegende Verfahrensakte formal gesehen bis zu der in Deutschland vorgesehenen verbindlichen Einführung der elektronischen Akte in Strafsachen zum 1.1.2026 noch in **Papierform** geführt werden kann, oder aber auch den §§ 32 ff. StPO entsprechend bereits in **elektronischer Form** (für diesen Fall sind §§ 496–499 StPO zu beachten, § 4 Abs. 3 EUStAG).

236 Dem für die Aufnahme von Informationen in das Fallbearbeitungssystem relevanten Terminus (Art. 45 Abs. 3 S. 1 VO) *„alle Informationen und Beweismittel aus der Verfahrensakte, die elektronisch gespeichert werden können"* wird man allerdings **mittelbar eine Pflicht zur Einführung einer elektronischen Aktenführung auf nationaler Ebene** zu entnehmen haben (jedenfalls für Verfahren, die die EUStA betreffen),[287] d.h. das *„Können"* ist objektiv zu verstehen und mittelfristig kaum mehr dem Willen der nationalen Justiz überlassen.

237 Der betraute DEStA hat in jedem Fall, d.h. unabhängig von der Führung der Akte selbst in elektronischer Form, zu gewährleisten, dass der **Inhalt der Informationen im Fallbearbeitungssystem jederzeit dem der („führenden") Verfahrensakte entspricht**; insbesondere müssen bei jeder Löschung oder Berichtigung operativer personenbezogener Daten in der Verfahrensakte (in welcher Form

279 Geschäftsordnung der Europäischen Staatsanwaltschaft v. 12.10.2020; ABl. 2021 C 22, 3.

280 Das Kollegium der EUStA entscheidet mit einer Mehrheit von zwei Dritteln seiner Mitglieder über die interne Sprachenregelung der EUStA.

281 Vgl. zu den Details Art. 3 GO (Übersetzungsmodalitäten).

282 Mit Einleitung eines Ermittlungsverfahrens werden die Informationen aus dem Register Teil der Verfahrensakte, Art. 45 Abs. 1 UAbs. 3 VO.

283 Der Index darf dabei keine operativen personenbezogenen Daten enthalten, mit Ausnahme der Daten, die zur Identifizierung von Fällen oder zur Herstellung von Verknüpfungen zwischen verschiedenen Verfahrensakten erforderlich sind (Art. 44 Abs. 4 UAbs. 2; 49 Abs. 2; Anhang VO).

284 Die weitreichenden hier im Index zu speichernden Informationen und Kategorien personenbezogener Daten (betreffend Tatverdächtige, potentielle Opfer, Anzeigeerstatter, Kontaktpersonen) regelt Art. 41 Abs. 2 GO.

285 Für den internen Zugang auf Informationen und Beweise aus den Verfahrensakten, die nicht elektronisch im Fallbearbeitungssystem gespeichert werden können, werden „praktische Regelungen" vereinbart (Art. 43 Abs. 4 VO); vgl. auch: GesE (Fn. 2), 37, 39.

286 Kopien aller in die Verfahrensakte aufgenommenen Unterlagen werden nach Möglichkeit in einem elektronischen Format im Fallbearbeitungssystem gespeichert (Art. 43 Abs. 3 GO).

287 In diese Richtung auch: NK-RechtshilfeR/*von Galen*/*Furtwängler* 4/1094 („jedenfalls auch elektronisch zu führen").

auch immer diese geführt wird) die entsprechenden Daten auch im Fallbearbeitungssystem stets zeitnah gelöscht oder berichtigt werden (Art. 45 Abs. 3 S. 2 VO).[288]

**Art. 38 Abs. 1 GO** konkretisiert Art. 45 Abs. 3 VO durch eine explizite **Pflicht zur Registrierung** (Absatz 1) strafrechtlich relevanter Informationen im zentralen Fallbearbeitungssystem (Absatz 2: Zeit, Ort, Quelle, Format, Grund der Aktenanlegung; ggf. ergänzend ermittlungs- und verfolgungsrelevante Umstände, Absatz 3: u.a. rechtliche Würdigung des Tatvorwurfs, betroffene Mitgliedstaaten, möglicher Schaden usw.). Angestrebt wird die Umwandlung der die Informationen enthaltenden Dokumente in ein **elektronisch speicherbares Format** mit allen dazugehörigen Unterlagen (Absatz 4). 238

Der nach Einleitung des Verfahrens bzw. Ausübung der Evokation angelegten Verfahrensakte wird im **Index** der Verfahrensakten eine **Kennnummer** zugewiesen (Art. 41 Abs. 1 GO). Im Fallbearbeitungssystem wird automatisch ein dauerhafter Link zu der entsprechenden Registrierung nach Art. 38 Abs. 1 GO erstellt. 239

Die EUStA darf für die Verarbeitung operativer personenbezogener Daten **andere automatisierte Dateien** als die Verfahrensakten nur im Einklang mit der VO und der GO anlegen. Die Einzelheiten zu diesen anderen automatisierten Dateien sind dem EDSB mitzuteilen (Art. 44 Abs. 5 VO). 240

**2. Zugang des Verdächtigen / Beschuldigten zur Verfahrensakte.** Bezüge zum Schutz der Beschuldigtenrechte erhält Art. 45 VO über die Regelung des Zugangs zu dieser Verfahrensakte in Absatz 2 UAbs. 2 S. 2: ***„Der Zugang zur Verfahrensakte für Verdächtige und Beschuldigte sowie für andere an dem Verfahren beteiligte Personen wird von dem betrauten DEStA nach dem Recht des Mitgliedstaats dieses Staatsanwalts gewährt.“*** 241

Zwar hat der europäische Gesetzgeber diese Regelung systematisch im **Kapitel VII zur Informationsverarbeitung** verortet. Bei genauerem Hinsehen ergänzt bzw. konkretisiert die Vorschrift aber den Anwendungsbereich des Art. 41 VO (Abs. 1, Abs. 2[289]: Verdächtiger/Beschuldigter / Abs. 3: Beschuldigter und andere Verfahrensbeteiligte), indem sie klarstellt, dass es für „Außenstehende“ überhaupt einen **Zugang zur Verfahrensakte** der EUStA (nach nationalem Recht) geben muss (und auch durchaus geben kann, soweit die Ausgestaltung einer Bestimmung der VO nicht widerspricht). 242

Als **Kreis der Zugangsberechtigten** nennt Art. 45 Abs. 2 S. 2 VO unionsrechtlich verbindlich: ***„Verdächtige /Beschuldigte sowie andere an dem Verfahren beteiligte Personen“*** (→ Rn. 256). Diese Konzeption lässt keinen Zweifel, dass es auch bei der in Art. 45 Abs. 2 UAbs. 2 S. 2 VO getroffenen Regelung *der Sache nach* um ein (subjektiv-öffentliches) ***Verfahrens*recht des Beschuldigten und anderer *Verfahrensbeteiligter*** geht. 243

Als zur Gewährung des Aktenzugangs **Verpflichteten** nennt Art. 45 Abs. 2 UAbs. 2 S. 2 VO den mit den Ermittlungen betrauten DEStA. 244

Regelungs*inhalt* ist ein Recht auf **Zugang** für die Berechtigten. Regelungs*gegenstand* dieses zu gewährenden Zugangs ist nur die **Verfahrensakte** – nicht aber das Fallbearbeitungssystem der EUStA (vgl. Art. 61 GO). 245

Regelungs*materie*, in der die speziellen Bedingungen und Voraussetzungen des Zugangs rechtlich zu regeln sind und die letztlich das konkrete Zugangsrecht gewährleistet, ist – wie in Art. 41 Abs. 3 VO – das **nationale Recht des Mitgliedsstaats** des betreffenden DEStA (einschließlich der in nationales Recht – in Deutschland als Bundesgesetz – inkorporierten **EMRK** und des **IPBPR**). Das gilt auch für den Zugang für einen Verteidiger **aus dem „Ausland“**, also mit Kanzleisitz in einem anderen Staat, unter Berücksichtigung der unionsrechtlichen Besonderheiten.[290] 246

Die Regelung des Art. 45 Abs. 2 S. 2 VO ist stets im Lichte von **Art. 7** der über Art. 41 Abs. 2 lit. b VO für das Verfahren der EUStA relevanten **RL 2012/13/EU** zu sehen (→ Rn. 163 ff.). 247

---

288 Mit Nachdruck auch: HBB/*Herrnfeld* Art. 45 Rn. 12.

289 Ein zu gewährleistender Zugang zur Verfahrensakte ergibt sich im Unionsrecht außerhalb der Charta über die umsetzungspflichtigen Vorgaben von Art. 7 RL 2012/13/EU.

290 Hierzu: *Traut/Cunningham* StraFo 2017, 222 ff.

248 Aufgrund der Existenz weiterer im strafrechtlichen Kontext arbeitender Einrichtungen der EU, wie Europol, Eurojust oder OLAF, mit einem zum Teil komplexen Zuständigkeitsbereich und Aufgabenfeld in enger Kooperation mit der EUStA, zeichnen sich bereits jetzt auch im Bereich der Aktenführung **überlappende institutionelle Kompetenzen** und **Abstimmungsschwierigkeiten** im Detail ab.[291] Derartige Umstände dürfen allerdings eine effektive **strafprozessuale Informationskontrolle,** zu der für die Verfahrensbeteiligten, namentlich den Beschuldigten, auch der Zugang zur Verfahrensakte gehört (Art. 45 Abs. 2 UAbs. 2 S. 2 VO), nicht erschweren.[292]

249 **3. Zugang zur Verfahrensakte nach nationalem Recht.** *„Access to the case files is mandatory to guarantee a fair trial“*.[293]

250 a) **Verdächtiger/Beschuldigter.** Für ein in Deutschland von einem DEStA geführtes Strafverfahren richtet sich der Zugang des **Beschuldigten** zur Verfahrensakte primär nach dem „nationalen Recht“, d.h. im Kern nach **§ 147 StPO („Akteneinsichtsrecht, Besichtigungsrecht; Auskunftsrecht des Beschuldigten“)**[294]. Soweit das BVerfG spezielle oder ergänzende Zugangsmodalitäten unmittelbar aus der deutschen **Verfassung (Grundgesetz)** abgeleitet hat,[295] sind diese Grundsätze als „Teil“ des nationalen Rechts ebenfalls maßgeblich.

251 Keinen – jedenfalls nach außen verbindlichen – „rechtlichen“ Charakter haben dagegen die als verwaltungsinterne Leitlinien konzipierten **Nr. 182 ff. RiStBV.**[296]

252 Ebenfalls zu dem *„Recht des Mitgliedstaats dieses Staatsanwalts“* [DEStA] zählen die neben § 147 StPO im Range eines (einfachen) Bundesgesetzes unmittelbar geltenden **Art. 5 Abs. 4 EMRK („habeas corpus“)**[297] und **Art. 6 Abs. 1 EMRK** (Aktenzugang für in Freiheit befindliche Beschuldigte), die ihrerseits im Lichte der sie jeweils inhaltlich konturierenden, langjährigen **Rechtsprechung des EGMR** zu interpretieren sind.[298]

253 Parallel dazu sei noch auf **Art. 9 Abs. 4** und **Art. 14 Abs. 1 IPBPR** hingewiesen, die in Deutschland ebenfalls den Rang eines (einfachen) unmittelbar anwendbaren Bundesgesetzes haben; inhaltlich ist für ihre Auslegung und Anwendung die Spruchpraxis des **UN-Human Rights Committees (HRC)** zu beachten.[299]

254 Da der Zugang zur Verfahrensakte (auch) zu den zentralen **„Rechten Verdächtiger oder Beschuldigter“** iSv Art. 41 VO gehört (Abs. 2 lit. b: *„Recht auf Einsicht in die Verfahrensakte“*), werden die in der Strafprozessordnung sowie in den übrigen genannten nationalen Rechtsvorschriften getroffenen Regelungen für *diese* spezielle „am Verfahren beteiligte Person“ flankiert und ergänzt durch die in Art. 41 Abs. 1 VO allgemein in Bezug genommenen Garantien der **Charta der Grundrechte.** Ein Recht auf Zugang zur Verfahrensakte ergibt sich für den Beschuldigten dort aus **Art. 48 Abs. 2 GRC (Achtung der Verteidigungsrechte)**; insoweit sind auch hier bereits die über Art. 52

291 Vgl. für das Verhältnis der EUStA zu Eurojust: *Esser* StV 2020, 636 (641).

292 So schon *Esser* StV 2014, 494 (500); zur Abgrenzung der Kompetenzbereiche: *Ambos* § 13 Rn. 30; *Espina Ramos* in Bachmaier Winter, The European Public Prosecutor's Office, 87 (89 ff., 93); *Rheinbay*, Die Errichtung einer Europäischen Staatsanwaltschaft, 2014, 305 ff.; zum Beschleunigungsgrundsatz, der in Art. 5 Abs. 5 der VO eine Regelung findet, vgl. *Illuminati* in Bachmaier Winter, The European Public Prosecutor's Office, 179 (181).

293 ECBA (Fn. 187), 3.

294 Die diesbezügliche Hinweispflicht gegenüber dem Beschuldigten folgt aus §§ 114b Abs. 2 S. 2; 127 Abs. 4 StPO.

295 Vgl. hierzu BVerfG 11.7.1994 – 2 BvR 777/94, StV 1994, 465 = NStZ 1994, 551 (Akteneinsicht vor Haftprüfung).

296 https://www.verwaltungsvorschriften-im-internet.de/bsvwvbund_01011977_420821R5902002.htm.

297 LR/*Esser* EMRK, 26. Aufl. 2012, Art. 5 Rn. 340, Art. 6 Rn. 635 ff.; SK-StPO/*Meyer* EMRK, 5. Aufl. 2019, Art. 5 Rn. 277, Art. 6 Rn. 163 ff.

298 EuGH 20.3.2018 – C-537/16, ECLI:EU:C:2018:193 Rn. 25 – Garlsson Real Estate SA; hierzu auch die Erläuterungen zur GRC, ABl. 2007 C 303, 17, 33 f. Zu Art. 52 Abs. 3 GRC: *Jarass* GRC, Art. 52 Rn. 56 ff.

299 Zur Akteneinsicht etwa: HRC Zhirnov/Russland, 28.10.2013, 1795/2008, §§ 10.2 ff.; El Abani/Lybien, 26.7.2010, 1640/2007, § 7.8; näher dazu auch *Taylor*, A commentary on the International Covenant on Civil and Political Rights, 2020, Art. 14 IPBPR, 401 f.

Abs. 3 GRC zur Auslegung der GRC heranzuziehenden **einschlägigen Rechte der EMRK (Art. 5 Abs. 4; Art. 6 Abs. 1 EMRK)** und die sie konturierende **Judikatur des EGMR** zu berücksichtigen.[300]

Ebenfalls relevant (**Art. 41 Abs. 2 VO**) im Kontext Zugang des Verdächtigen/Beschuldigten zur Verfahrensakte sind insoweit die durch den EuGH inhaltlich geprägten allgemeinen Grundsätze des Unionsrechts sowie das gesamte Sekundärrecht der Union; gerade aus – im nationalen Recht umgesetzten Richtlinien – können sich partielle Zugangsrechte zur Akte ableiten lassen (vgl. **Art. 7 der RL 2012/13/EU**, → Rn. 169 f.). 255

b) ***„Andere an dem Verfahren beteiligte Personen"***. Der Zugang zur Verfahrensakte ist neben dem Verdächtigen und Beschuldigten ausdrücklich auch *„anderen an dem Verfahren beteiligten Personen"* (dazu in Bezug auf Art. 41 Abs. 3 VO vgl. → Rn. 215) zu gewähren. Auf einen Zugang nach Art. 45 Abs. 2 S. 2 VO kann sich allerdings nur **eine am Verfahren beteiligte Person** berufen; **sonstigen Dritten** kann dagegen nur nach nationalem Recht ein Zugang eröffnet sein (→ Rn. 261). 256

**Wer** abstrakt gesehen diese **„anderen"** am Verfahren beteiligten Personen sind, regelt auch hier (vgl. → Rn. 218) das jeweilige nationale Recht[301], ebenso wie die Frage, auf **welche Art und Weise** diesen Personen dann der konkrete Zugang zur Akte zu ermöglichen ist. 257

Dies kann dazu führen, dass etwa der Verletzte in einem Mitgliedstaat ein Zugangsrecht zur Akte hat, in einem anderen Mitgliedstaat aber nicht, weil er dort nicht als *„an dem Verfahren beteiligt"* angesehen wird. Weitaus häufiger dürften solche Divergenzen aber in der Praxis dahingehend auftauchen, dass eine (von mehreren nationalen Rechtsordnungen) *grundsätzlich* als Verfahrensbeteiligter angesehene Person (wie etwa der Verletzte) über **inhaltlich unterschiedliche Zugangsrechte** zur Akte (Modalitäten pp.) in dem jeweiligen nationalen Verfahren verfügt. 258

Ausdrücklich als Teil des „nationalen Rechts" in den Anwendungsbereich des Art. 45 Abs. 2 UAbs. 2 S. 2 VO (und des Art. 41 Abs. 3 VO) mit einbezogen ist in der deutschen Rechtsordnung das **Akteneinsichtsrecht des Verletzten** (über einen Rechtsanwalt) aus **§ 406e Abs. 1 StPO**, insbesondere in der Konstellation der Nebenklage (vgl. § 406e Abs. 1 S. 2 StPO), aber auch außerhalb einer solchen speziellen Form der Beteiligung.[302] Aus dem stetigen Rekurs der VO auf das nationale Recht ist zu schließen, dass auch **§ 406e Abs. 2 StPO** entgegenstehende überwiegende schutzwürdige Interessen des Beschuldigten oder anderer Personen zu beachten sein werden.[303] Für Verletzte, die nicht durch einen Rechtsanwalt vertreten sind, richten sich die Modalitäten des Zugangs nach § 406e Abs. 3 S. 1 StPO. 259

Das Verfahren der Privatklage (**§§ 374 ff. StPO**; zur Akteneinsicht: **§ 385 StPO**) ist in einem der EUStA geführten Verfahren nicht durch die VO, aber schon durch den begrenzten Katalog in Betracht kommender Delikte faktisch ausgeschlossen.[304] 260

c) **Sonstige Dritte.** Nicht am Verfahren (im weitesten Sinne) *beteiligten* Personen (**Dritte**) kann nur nach nationalem Recht ein Zugang zur Verfahrensakte eröffnet sein (Art. 5 Abs. 3 VO; → Rn. 3). 261

Die in **§ 474 StPO** (Justizbehörden und andere öffentliche Stellen), **§ 475 StPO** (Privatpersonen und sonstige Stellen), **§ 476 StPO** (Forschungszwecken) genannten Rechte auf Auskünfte und Akteneinsicht sind als sonstige Dritte daher nicht von der Zugangs-Garantie des Art. 45 Abs. 2 UAbs. 2 S. 2 VO erfasst; es handelt sich bei den hier genannten Einrichtungen und Personen zum Teil bereits um staatliche und damit generell nicht *anspruchs*berechtigte Stellen, jedenfalls aber nicht um an dem konkreten Strafverfahren ***„Beteiligte"***. 262

Gleiches gilt für die mit der Durchführung eines Täter-Opfer-Ausgleichs (TOA) oder der Schadenswiedergutmachung „beauftragte Stelle" (**§ 155b Abs. 1 S. 2 StPO**) sowie für Polizeibehörden (**§ 481 Abs. 1 S. 2 StPO**). Soweit die Bestimmungen der VO dem nicht entgegenstehen, bleiben aber auch diese Vorschriften in einem von der EUStA geführten Verfahren anwendbar (Art. 5 Abs. 3 S. 2 VO). 263

300 Vgl. hierzu: *Jarass* NStZ 2012, 611 (614); Meyer/Hölscheidt/*Eser*/*Kubiciel* Art. 48 Rn. 28.

301 Kritisch im Hinblick auf eine zu geringe Berücksichtigung des Opferschutzes durch die VO selbst: *Wade*, The EPPO and the pitfalls of actuarial justice, MJ 2021, 265 (273 ff.).

302 Vgl. GesE (Fn. 2), 38.

303 Hierzu *Esser* GA 2010, 65 ff.; *Asholt* ZStW 126 (2014), 925 ff.

304 Vgl. zur Möglichkeit der Rückverweisung an die nationale Justiz Art. 34 Abs. 1 VO: GesE (Fn. 2), 50.

264 Für die Akteneinsicht der Finanzbehörde (§ 395 AO) regelt dies § 7 **Abs. 2 EUStA-Gesetz** mit der Maßgabe, dass im vorbereitenden Verfahren der mit dem Ermittlungsverfahren betraute DEStA über die Gewährung der Akteneinsicht und die Besichtigung der beschlagnahmten oder sonst sichergestellten Gegenstände entscheidet.

265 **4. Modalitäten des konkreten Zugangs. a) Art und Weise des Zugangs.** Art. 45 Abs. 2 UAbs. 2 S. 2 VO spricht von einem zu gewährenden **„Zugang"** zur Verfahrensakte. Dieser Oberbegriff erfasst neben der klassischen Gewährung von **Einsicht** in die (Original)Akte (vgl. den Titel von Art. 7 der RL 2012/13/EU) auch das Recht auf **Erteilung von Auskünften** sowie die **Besichtigung von amtlich verwahrten Beweisgegenständen**; wo aber nach anderen einschlägigen Vorschriften (vgl. Art. 7 RL 2012/13/EU) eine „Einsicht" in die Akte gefordert ist, wird diesem Anspruch nicht mit einer Zurverfügungstellung von Kopien usw. entsprochen.

266 Neben den Vorschriften über die **elektronische Aktenführung (§§ 32–32f StPO)** finden die Pflichten zur gesonderten Aktenführung („Sonderhefte") sowie zur Fertigung eines **Abschlussvermerks (Art. 35 VO; § 169a StPO)** Anwendung; daneben sind auch das **Justizaktenaufbewahrungsgesetz** sowie die **Aktenordnungen der Länder** anwendbar.[305]

267 Für den Zugang zur Akte gilt ebenfalls die in Art. 2 Abs. 3 S. 1 GO für **„Mitteilungen" getroffene Sprachregelung** (→ Rn. 161; Sprache, die in den anzuwendenden nationalen Vorschriften des Strafprozessrechts und ggf.in den einschlägigen EU- oder internationalen Rechtsinstrumenten für die justizielle Zusammenarbeit in Strafsachen vorgeschrieben ist / erforderlichenfalls Übersetzung in eine Sprache, die vom Empfänger verstanden wird).

268 In dem von **Art. 7 Abs. 1, Abs. 2 der RL 2012/13/EU** (vgl. Art. 41 Abs. 2 lit. b VO) geforderten Umfang (→ Rn. 168 f.) ist die „Einsichtnahme" (als solche) in die Verfahrensakte **unentgeltlich** zu gewähren (Art. 7 Abs. 5 RL 2012/13/EU); möglich bleiben soll aber die Erhebung (angemessener) **Gebühren für anzufertigende Kopien** oder für die **Übersendung** von Unterlagen an die Zugangsberechtigten (ErwG 34 VO).[306]

269 **b) Begriff und Inhalt der Verfahrensakte.** Neben dem allgemeinen Erfordernis der „Vollständigkeit" (→ Rn. 231, 270) und dem Pauschalverweis auf das **„Führen"** der Akte nach nationalem Recht regelt die VO den erforderlichen **Inhalt und Umfang** einer von der EUStA anzulegenden „Verfahrensakte" nur abstrakt (Art. 45 Abs. 2 VO) mit der Umschreibung **„alle dem DEStA zur Verfügung stehenden Informationen und Beweismittel [...], die das Ermittlungs- oder Strafverfolgungsverfahren der EUStA betreffen."**

270 Der Regelung lässt sich immerhin eine Differenzierung zwischen **Informationen** (u.a. Tatsachen, Vorgänge wie etwa die Einleitung des Verfahrens, Art. 26 Abs. 1 VO) einerseits und **Beweismitteln** andererseits entnehmen – wobei der Zugang zu beiden zu gewährleisten ist. ErwG 31 der RL 2012/13/EU bringt zum Ausdruck, dass der „Zugang zu Beweismitteln" den Zugang zu **Unterlagen**, „wie" (nicht abschließend) **Dokumenten** und ggf. **Fotos**, sowie **Audio- und Videoaufzeichnungen**, umfassen sollte, also grundsätzlich weit zu verstehen ist, im Sinne eines ***materiellen Aktenbegriffs***, letztlich determiniert durch das Gebot der **Effektivität der Verteidigung** (*Oehmichen* → § 14 Rn. 31 ff.).[307]

271 Zur Verfahrensakte gehört auch der vom DEStA nach Abschluss der Ermittlungen anzufertigende **Bericht** (Art. 35 Abs. 1 VO).[308]

272 In Ermangelung konkreter Vorgaben in Art. 45 VO sind über Art. 41 Abs. 2 lit. b VO die Grundsätze des **Art. 7 der RL 2012/13/EU** heranzuziehen, die ihrerseits als Ausprägung der **Rechtsprechung des EGMR** zum Recht auf Zugang zur Akte (**Art. 5 Abs. 4 / Art. 6 Abs. 1 EMRK**, → Rn. 254) nationales Recht iSv Art. 45 Abs. 2 S. 2 VO darstellen.

273 **c) Umfang des zu gewährleistenden Zugangs.** Wird eine Person in irgendeinem Stadium des von der EUStA geführten Strafverfahrens **festgenommen und inhaftiert**, müssen alle Unterlagen zu dem

305 Vgl. GesE (Fn. 2), 31, 38.
306 Dazu auch: *Esser* FS Wolter, 2013, 1329 (1346).
307 Hierzu: *Wengenroth* StraFo 2021, 111 ff. (speziell auch zur Thematik Asservate).
308 Ebenso: NK-RechtshilfeR/*von Galen/Furtwängler* 4/1066.

gegenständlichen Fall, die sich im Besitz der zuständigen Behörden befinden und die **für eine wirksame Anfechtung der Festnahme oder Inhaftierung** gemäß dem innerstaatlichen Recht **wesentlich sind**, den festgenommenen Personen oder ihren Rechtsanwälten **zur Verfügung gestellt** werden (Art. 7 Abs. 1 RL 2012/13/EU). Zum „innerstaatlichen Recht", das über die „Wesentlichkeit" einer Unterlage entscheidet, gehört auch hier **Art. 5 Abs. 4 EMRK**, neben den in der Strafprozessordnung getroffenen Regelungen.

Außerhalb der Kontrolle freiheitsentziehender Maßnahmen ist verdächtigen und beschuldigten Personen sowie ihren Rechtsanwälten Einsicht in zumindest *alle* im Besitz der zuständigen Behörden befindlichen **Beweismittel** zugunsten oder zulasten der Verdächtigen oder beschuldigten Personen zu gewähren, die sie für ein **faires Verfahren** und für die **Vorbereitung ihrer Verteidigung** benötigen (Art. 7 Abs. 2 RL 2012/13/EU). 274

**d) Zeitpunkt des Zugangs.** Abgesehen von der **Sonderregelung für Termine in „Festnahme-/Haftsachen"** (Art. 7 Abs. 1 RL 2012/13/EU) – hier bestimmt die zu gewährleistende „wirksame Anfechtung der Festnahme oder Inhaftierung" den zu garantierenden Zeitpunkt des Zugangs – sind die **wesentlichen Unterlagen** iSv Art. 7 Abs. 2 RL 2012/13/EU **stets so rechtzeitig** und im geforderten Umfang (→ Rn. 270) zugänglich zu machen, dass die Verteidigungsrechte wirksam wahrgenommen werden können[309] – ***spätestens* aber bei Einreichung der Anklageschrift** durch den DEStA bei einem nationalen Strafgericht (Art. 7 Abs. 3 S. 1 RL 2012/13/EU). Letzteres deckt sich mit der Regelung des **§ 147 Abs. 2 S. 1 StPO** („nach dem Vermerk des Abschlusses der Ermittlungen in den Akten"; → Rn. 282). 275

Gelangen **nach Erhebung der Anklage weitere Beweismittel** in den Besitz der EUStA, so wird Zugang zu ihnen so rechtzeitig gewährt, dass diese Beweismittel von der Verteidigung auf ihre Relevanz geprüft werden können (vgl. Art. 7 Abs. 3 S. 2 RL 2012/13/EU). 276

**e) Zeitliche Einschränkung des Zugangs.** Der Zugang zu diesem vollständigen (→ Rn. 231, 270) (Mindest)Inhalt (→ Rn. 273 f.) der Verfahrensakte muss den Berechtigten *grundsätzlich* **zu jedem Zeitpunkt** des von der EUStA geführten Verfahrens **vollumfänglich** gewährt werden; schon die **zeitweise Zurückhaltung** ist vor dem Hintergrund des dem Beschuldigten zu gewährleistenden fairen Verfahrens (Art. 47 Abs. 2 VO) stets rechtfertigungsbedürftig. 277

Jede (zeitliche oder inhaltliche, → Rn. 279) Verweigerung des Zugangs zur Verfahrensakte muss daher **gegen die Verteidigungsrechte** des Verdächtigen oder der beschuldigten Person abgewogen werden, wobei die **verschiedenen Stadien des Strafprozesses** zu berücksichtigen sind. Einschränkungen des Zugangs sollten **eng** und im Einklang mit dem Recht auf ein **faires Verfahren** ausgelegt werden, wie es in **Art. 6 Abs. 1 EMRK** vorgesehen ist und vom EGMR in seiner Rechtsprechung interpretiert wird (ErwG 32 S. 2 u. 3 RL 2012/13/EU). 278

Sofern das Recht auf ein **faires Verfahren dadurch nicht beeinträchtigt** wird, kann die Einsicht in bestimmte Unterlagen verweigert werden, wenn diese Einsicht das **Leben oder die Grundrechte einer anderen Person ernsthaft gefährden** könnte oder wenn die Verweigerung des Zugangs zur Akte **zum Schutz eines wichtigen öffentlichen Interesses unbedingt erforderlich** ist (z.B. zur Vermeidung einer Gefahr für laufende Ermittlungen oder zum Schutz der nationalen Sicherheit der Mitgliedstaaten, in denen das Verfahren stattfindet, vor einer ernsthaften Beeinträchtigung, Art. 7 Abs. 4 S. 1 RL 2012/13/EU). Die pauschale Beschränkungsmöglichkeit in **§ 147 Abs. 2 S. 1 StPO** ist („soweit dies den Untersuchungszweck gefährden kann") stets im Lichte dieser **engeren unionsrechtlichen Maßstäbe** und der **Judikatur des EGMR zu Art. 6 Abs. 1 EMRK** zu interpretieren. 279

Für die Kontrolle freiheitsentziehender Maßnahmen (Art. 7 Abs. 1 RL 2012/13/EU) gilt die vorgenannte Möglichkeit zur Beschränkung des Zugangs zur Akte explizit nicht (vgl. Art. 7 Abs. 4 S. 1 RL 2012/13/EU): Wenn sich der Beschuldigte in **Untersuchungshaft** befindet oder diese im Fall der vorläufigen Festnahme (§ 127 Abs. 1 StPO) beantragt ist, dann sind dem Verteidiger jedenfalls die für die Beurteilung der Rechtmäßigkeit der Freiheitsentziehung wesentlichen Informationen in 280

309 Zu dieser Forderung auch: ECBA (Fn. 187), 4 – mit der Forderung zur Etablierung von „Guidelines" in dieser Frage.

geeigneter Weise, in der Regel durch eine Akteneinsicht, zugänglich zu machen (§ **147 Abs. 2 S. 2 StPO, Art. 5 Abs. 4 EMRK**).

281 Außerdem darf dem Verteidiger die Einsicht in die Protokolle über die Vernehmung des Beschuldigten und über solche richterlichen Untersuchungshandlungen, bei denen dem Verteidiger die Anwesenheit gestattet worden ist oder hätte gestattet werden müssen, sowie in die Gutachten von Sachverständigen in keiner Lage des Verfahrens versagt werden (§ **147 Abs. 3 StPO**).

282 *Spätestens* ist der Zugang zur Akte nach dem **Vermerk des Abschlusses der Ermittlungen in den Akten** (§ 147 Abs. 2 S. 1 StPO) durch den DEStA zu gewährleisten.

283 **f) Inhaltliche Einschränkung des Zugangs zur Verfahrensakte.** Eine sogar **dauerhafte, vollständige Sperrung von Aktenteilen** ist nur im Einklang mit den höchst restriktiven Prinzipien und Vorgaben aus der Judikatur des EGMR zulässig (vgl. auch hier ErwG 32 RL 2012/13/EU).[310]

284 Als Rechtsmaterie, aus denen sich inhaltliche Beschränkungsmöglichkeiten des Zugangs zur Akte ergeben können, nennt ErwG 33 RL 2012/13/EU Bestimmungen des innerstaatlichen Rechts zum **Schutz personenbezogener Daten** und des **Aufenthaltsorts geschützter Zeugen** – derartige Beschränkungen können allerdings wiederum nur nach Maßgabe der Rechtsprechung des EGMR zu **Art. 6 Abs. 3 lit. d EMRK** erfolgen.

285 **5. Zugang zur Akte für den Beschuldigten in persona.** Der Wortlaut der Verordnung „Zugang zur Verfahrensakte *für* Verdächtige und Beschuldigte" ist in Orientierung an dem für die Verfahrensführung maßgeblichen Recht des Mitgliedsstaats (s.o.) in Bezug auf das deutsche Recht dahingehend zu verstehen, dass *grundsätzlich* nur **der Verteidiger** des (verteidigten) Beschuldigten zur Akteneinsicht berechtigt ist (§ 147 Abs. 1 StPO).

286 Aus der Verordnung selbst folgt damit kein **unmittelbares und persönliches Aktenzugangs-/einsichtsrecht für den *verteidigten* Beschuldigten**; auch hier kann sich aber für inhaftierte Beschuldigte aus Art. 5 Abs. 4 EMRK, für alle übrigen in Freiheit befindlichen Beschuldigten aus Art. 6 Abs. 1 EMRK, ein Anspruch auf einen eigenen „effektiven" Zugang zur Akte – neben dem Verteidiger – ergeben, insbesondere dann, wenn die Aktenbestandteile so komplex sind, dass eine effektive Verteidigung nur in einer engen Abstimmung von Verteidiger und Mandant möglich erscheint.[311]

287 Das Recht auf Zugang zur Akte richtet sich für den **nichtverteidigten Beschuldigten** nach § **147 Abs. 4 StPO** (Grenze: „soweit der Untersuchungszweck auch in einem anderen Strafverfahren nicht gefährdet werden kann und überwiegende schutzwürdige Interessen Dritter nicht entgegenstehen). Werden die Akten nicht elektronisch geführt, können ihm an Stelle der Einsichtnahme in die Akten **Kopien aus den Akten** bereitgestellt werden (Satz 2); allerdings nur soweit eine solche Form des Zugangs noch die von Art. 6 EMRK geforderte Effektivität der Verteidigung garantiert.

288 **6. Zuständigkeit für die Gewährung des Zugangs zur Verfahrensakte / Rechtsschutz.** Die **Entscheidung über die Gewährung der Akteneinsicht** trifft im vorbereitenden Verfahren der DEStA, nach rechtskräftigem Abschluss des Verfahrens die nationale Staatsanwaltschaft als Vollstreckungsbehörde (s.o., → Rn. 17), im Übrigen der Vorsitzende des mit der Sache befassten Gerichts (§ 147 Abs. 5 S. 1 StPO).

---

310 EGMR (GK) 27.10.2004 – 39647/98 Rn. 46 f. – Edwards u. Lewis/UK (der Auffassung der Kammer folgend); (GK), 9.7.2009 – 11364/03 Rn. 52, 92 – Mooren/Deutschland, EuGRZ 2009, 566 = StV 2010, 490; (GK) 19.9.2017, 35289/11 Rn. 148, 150 ff. – Regner/Tschechische Republik.

311 In Bezug auf Art. 6 Abs. 1 EMRK: EGMR (K) 12.3.2003 – 46221/99 Rn. 158 ff. – Öcalan/Türkei; bestätigt durch (GK), 12.5.2005 Rn. 138 ff., EuGRZ 2005, 463 = NVwZ 2006, 1267; zum unverteidigten Beschuldigten (Art. 6 Abs. 1 iVm Abs. 3 EMRK): EGMR 18.3.1997 – 22209/93 Rn. 34 ff. – Foucher/Frankreich; 14.6.2005 – 39553/02 Rn. 46 – Menet/Frankreich. Jeweils in Bezug auf Art. 5 Abs. 4 EMRK: EGMR 13.2.2001 – 23541/94 Rn. 42 – Garcia Alva/Deutschland, NJW 2002, 2018 = StV 2001, 205; 13.2.2001 – 24479/94 Rn. 47 – Lietzow/Deutschland, NJW 2002, 2013 = StV 2001, 201: *„The Court acknowledges the need for criminal investigations to be conducted efficiently, which may imply that part of the information collected during them is to be kept secret in order to prevent suspects from tampering with evidence and undermining the course of justice. However, this legitimate goal cannot be pursued at the expense of substantial restrictions on the rights of the defence. Therefore, information which is essential for the assessment of the lawfulness of a detention should be made available in an appropriate manner to the suspect's lawyer."*

Die Mitgliedstaaten stellen sicher, dass im Einklang mit den Verfahren des innerstaatlichen Rechts die Entscheidung, die Einsicht in bestimmte Unterlagen gemäß Art. 7 Abs. 4 RL 2012/13/EU zu verweigern, von einer Justizbehörde getroffen wird oder zumindest einer richterlichen Prüfung unterliegt (Art. 7 Abs. 4 S. 2 RL 2012/13/EU). Der **gerichtliche Rechtsschutz** gegen eine einschränkende oder ablehnende **Entscheidung des DEStA** zur Akteneinsicht richtet sich nach § 147 Abs. 5 S. 2 StPO (§ 162 StPO iVm § 3 EUStAG). 289

## VIII. Kritische Gesamtwürdigung

Lediglich zwei der insgesamt 120 Artikel umfassenden VO zur Tätigkeit der EUStA befassen sich mit den rechtsstaatlich brisanten und grundrechtssensiblen Rechten des Beschuldigten.[312] Der konzeptionelle Schwerpunkt der VO liegt eindeutig – um nicht zu sagen einseitig – im Bereich der **Ausstattung der EUStA mit effektiven Ermittlungsbefugnissen.**[313] 290

Dennoch lässt Art. 41 VO keinen Zweifel, dass in einem Strafverfahren, das der Führung durch die EUStA unterliegt, sämtliche Beschuldigtenrechte und rechtsstaatlichen Grundsätze zu beachten sind. Insbesondere aus der institutionellen (unionsrechtlichen) Stellung der EUStA dürfen sich für die Beschuldigten in dem letztlich maßgeblich auf nationaler (auch rechtlicher) Ebene „geführten" Strafverfahren **keine Nachteile für die Verfahrensfairness** ergeben. 291

Art. 41 Abs. 3 VO macht deutlich, dass die individuellen Beschuldigtenrechte in einem von der EUStA geführten Verfahren im Detail von der jeweiligen nationalen Rechtsordnung abhängen werden[314], in der das Verfahren spielt, so dass europaweit betrachtet eine **verfahrensrechtliche Ungleichbehandlung** von Beschuldigten bei vergleichbaren Tatvorwürfen droht.[315] 292

Im Kern sind die Beschuldigtenrechte damit zu einem nicht unwesentlichen Maße von der internen Entscheidungsfindung der EUStA abhängig.[316] Erstrebenswert ist stattdessen die systematische Herausbildung **eigenständiger, gleichförmiger Beschuldigtenrechte** für jedes Verfahren, an dem die EUStA beteiligt ist.[317] Eine solche Garantie ist allerdings nur mittel- und langfristig über eine für die Tätigkeit der EUStA festzuschreibende **Europäische Strafprozessordnung** zu gewinnen.[318] 293

Das aus diesem Befund für Beschuldigte nach Abschluss der Ermittlungen (Art. 35 VO) damit unweigerlich drohende **Szenario eines *„forum shopping"*[319] durch die EUStA** wird teils dadurch relativiert, dass gemäß **Art. 36 Abs. 3 S. 1 VO** die Ständige Kammer *grundsätzlich* beschließt, in dem Mitgliedstaat des betrauten DEStA Anklage zu erheben (hierzu *Niedernhuber* → § 7 Rn. 2) und im Falle einer Abweichung von dieser Regel – bei „hinreichenden Gründen, die dies rechtferti- 294

312 *Illuminati* in Bachmaier Winter, The European Public Prosecutor's Office, 179 (181).

313 Kritisch entsprechend zur GO: ECBA (Fn. 187), 2 („it shows that the internal rules are not aimed at providing any interaction with defence and victims' lawyers").

314 Die Abhängigkeit vom nationalen Recht ebenfalls betonend: *Elholm*, EPPO and a common sense of justice, MS 2021, 212 (223); *Mitsilegas*, European prosecution between cooperation and integration: The European Public Prosecutor's Office and the rule of law, MJ 2021, 245 (254).

315 Siehe SLHGT/*Gleß*/*Wahl*, III D 5 (EUStA-VO), Rn. 37; *Esser* StV 2014, 494 (503); *Bachmaier Winter* in dies., The European Public Prosecutor's Office, 117 (134); *Illuminati* in Bachmaier Winter, The European Public Prosecutor's Office, 179 (186); *Ruggeri* in Bachmaier Winter, The European Public Prosecutor's Office, 201 (203); *Magnus* HRRS 2018, 143 (150); *Rackow* KriPoZ 2017, 295 (300); *Langbauer*, Das Strafrecht vor den Unionsgerichten, 2015, 428; vgl. auch Antrag der Fraktion Die Linke zu dem Vorschlag für eine Verordnung des Rates über die Errichtung der EUStA, BT-Drs. 18/1646, 4.

316 Vgl. *Reale* in Rafaraci/Belfiore, EU Criminal Justice, 205 (207).

317 *Rackow* KriPoZ 2017, 295 (300); *Kaiafa-Gbandi* in Asp, The European Public Prosecutor's Office – Legal and Criminal Policy Perspectives, 234 (245 f.), die vor allem auch die ansonsten bestehende Unsicherheit und Unvorhersehbarkeit für die Verteidigung betont.

318 Skeptisch zur Umsetzbarkeit: *Jähnke*/*Schramm*, Europäisches Strafrecht, 2017, § 12 Rn. 67.

319 Vgl. dazu auch: *Mitsilegas*, European prosecution between cooperation and integration: The European Public Prosecutor's Office and the rule of law, MJ 2021, 245 (257); Martín/Wade/Muñoz de Morales in *Ligeti*, Toward a Prosecutor for the European Union, 2012, 781 (795, 802); zudem bereits *Satzger* StV 2003, 137 (139).

gen“ – an die in Art. 26 Abs. 4, 5 VO genannten Kriterien gebunden ist (*Niedernhuber* → § 7 Rn. 6).[320]

295 Im Kern auch zur Wahrung der Beschuldigtenrechte sieht der neu geschaffene **§ 16 Abs. 2 StPO** die Möglichkeit einer der StPO bislang unbekannten **gerichtlichen Überprüfung einer grenzüberschreitenden Forumwahl** durch das Gericht vor, zu dem von der EUStA Anklage erhoben worden ist.[321] Der Angeklagte kann den entsprechenden Einwand – wie im Rahmen der Rüge gemäß § 16 Abs. 2 iVm. Abs. 1 S. 3 StPO – bereits vor der Eröffnung des Hauptverfahrens anbringen, in der Hauptverhandlung allerdings nur bis zum Beginn seiner Vernehmung zur Sache.[322]

296 Auch in **Österreich** wird die Überprüfung der Forumwahl ermöglicht, wobei dem Beschuldigten für einen diesbezüglichen Einwand gemäß **§ 15 Abs. 2 EUStA-DG** das in **§ 212 öStPO** vorgesehene Rechtsmittel des **Anklageeinspruchs** zur Verfügung steht. Bei entsprechenden Zweifeln des nationalen Gerichts an der Richtigkeit der Forumwahl kann es die Anklage jedoch erst zurückweisen, wenn zuvor der **EuGH im Wege einer Vorabentscheidung** (Art. 267 AEUV) die Ungültigkeit der Forumwahl durch die EUStA festgestellt hat (hierzu bereits *Esser* → § 12 Rn. 87 ff.).[323]

297 Die Möglichkeit der **Überprüfung der Entscheidung einer europäischen Strafverfolgungsbehörde über die Auswahl des Forums** ergibt sich aus **Art. 42 Abs. 1 VO**, wonach Verfahrenshandlungen der EUStA mit Wirkung gegenüber Dritten – darunter fällt auch die Wahl des Mitgliedstaats iSd Art. 36 Abs. 3 VO[324] – der Kontrolle durch die zuständigen nationalen Gerichte unterliegen.

298 Interessanter ist auch die Frage, welche Aspekte die VO in punkto Beschuldigtenrechte *nicht* oder jedenfalls nicht ausdrücklich normiert. Kritik muss sich die VO jedenfalls bei der spiegelbildlichen Frage nach der Einrichtung einer **Europäischen Strafverteidigung** (etwa nach dem Modell des „*Eurodefensor*“[325]) gefallen lassen.[326] Es fehlt im Regelungskonzept der VO an einem aus Gründen der Verfahrensfairness, gerade in grenzüberschreitenden Ermittlungen, gebotenen *prozessualen Gegenstück* zur EUStA, etwa in Form eines unionsrechtlich institutionalisierten **Europäischen Strafverteidigers**[327] oder wenigstens in Form eines (über die RL (EU) 2016/1919 hinausgehenden) **europäischen Pflichtverteidigersystems**; dieser Befund läuft dem Gedanken einer in der Praxis auch wirksam zu gewährleistenden Waffengleichheit diametral entgegen.[328] Ob *nationale* Strafverteidiger, die sich auf grenzüberschreitende Sachverhalte spezialisiert und über selbst organisierte Netzwerke verbunden haben, diese Lücke füllen können, bleibt abzuwarten.[329]

---

320 Siehe zur Problematik auch: *Ahlbrecht* in: Ahlbrecht/Böhm/Esser/Eckelmans (Hrsg.), Internationales Strafrecht, 2. Aufl. 2018, Teil 4, Rn. 1499; SLHGT/*Gleß/Wahl*, III D 5 (EUStA-VO), Rn. 37; *Satzger*, § 10 Rn. 24; zur Problematik auch *Panzavolta* in Bachmaier Winter, The European Public Prosecutor`s Office, 59 (63 ff.); *Illuminati* in Bachmaier Winter, The European Public Prosecutor´s Office, 179 (194); *Reale* in Rafaraci/Belfiore, EU Criminal Justice, 2019, 205 (207); ferner sehr knapp GesE (Fn. 2), 32.

321 Vgl. GesE (Fn. 2), 62 f.

322 GesE (Fn. 2), 63; vgl. dazu Meyer-Goßner/*Schmitt* § 16 Rn. 3 m. Verweis auf § 6a Rn. 6 ff.

323 Vgl. EBRV 808 Blg NR 27. GP, 13; vgl. auch EuGH 22.10.1987 – C-314/85, ECLI:EU:C:1987:452 Rn. 15 – Foto Frost: einheitliche Auslegung des Unionsrechts insbesondere dann zwingend, wenn es um die Frage nach der Gültigkeit einer Unionshandlung geht.

324 Vgl. ErwG 87 Abs. 2 VO.

325 Vgl. *Schünemann* ZIS 2007, 528 (534).

326 Dazu *Magnus* HRRS 2018, 143 (152); *dies.* ZRP 2015, 181 (183); vgl. auch *Schünemann* ZIS 2007, 528 (533 f.) oder *Esser* in: Sieber/Satzger/v. Heintschel-Heinegg (Hrsg.), Europäisches Strafrecht, 2. Aufl. 2014, § 59 Rn. 25 ff.

327 Vgl. zu diskutierten Modellen: *Esser* in: Sieber/Satzger/v.Heintschel-Heinegg (Hrsg.), § 59 Rn. 2 ff.; EnzEur/*Rackow* § 24 Rn. 10 ff.; *Arnold*, Grenzüberschreitende Strafverfolgung in Europa, 2015.

328 *Esser* StV 2014, 494 (504); *Bachmaier Winter* in dies., The European Public Prosecutor's Office, 117 (120, 135); *Illuminati* in Bachmaier Winter, The European Public Prosecutor's Office, 179 (195); *Magnus* HRRS 2018, 143 (152); SLHGT/*Gleß/Wahl*, III D 5 (EUStA-VO), Rn. 38; siehe auch *Rackow* KriPoZ 2017, 295 (300); *Satzger* NStZ 2013, 206 (212 f.); *Peters* VerfBlog, 2014/2/20, https://verfassungsblog.de/europaeische-staatsanwaltschaft-gefahr-fuer-fair-trial-grundsatz/; *Scheuermann*, Das Prinzip der gegenseitigen Anerkennung im geltenden und künftigen Europäischen Strafrecht, 2009, 133, 135 f.

329 Vgl. *Magnus* ZRP 2015, 181 (183); siehe schon *Braum* ZRP 2002, 508 (512): „*Ansonsten bleibt der Schutz von Verteidigungsrechten Sache der nationalen Gerichte. Damit stünde einer zentralisierten und geballten Ermittlungskompetenz ein zersplitterter Raum des Rechtsschutzes gegenüber. Dem rechtstechnischen und organisatori-*

Im Ergebnis sind die an der Verstärkten Zusammenarbeit zur EuStA beteiligten Staaten nicht verpflichtet, in allen Verfahren der EUStA einen **gleichwertigen Schutz der Beschuldigtenrechte** zu gewährleisten.[330] Der nach wie vor bestehende Mangel an Harmonisierung im Kontext der Beschuldigtenrechte sowie die Vielzahl unterschiedlicher nationaler Ansätze und Konzepte (Art. 41 Abs. 3 VO) führen für den Beschuldigten zu einer **schwer einschätzbaren konkreten Verfahrensposition.** Es bleibt ein zentraler Mangel der VO, dass Unionsbürger daher letztlich nicht immer mit hinreichender Sicherheit vorhersehen können, welche Befugnisse die jeweiligen Justizbehörden bei der Strafverfolgung ausüben und unter welchen rechtlichen Bedingungen sie von ihnen Gebrauch machen dürfen.[331] 299

Damit einher geht ein weiterer wesentlicher Kritikpunkt, nämlich, dass die VO den Zeitpunkt, ab welchem Grad des Verdachts (Art. 26 VO; § 152 Abs. 2 StPO) eine Person einen **formellen Beschuldigtenstatus** und die damit einhergehenden Rechte erhalten muss, in den einzelnen Mitgliedstaaten weiterhin abweichend regelt.[332] Das *Unionsrecht* gewährt einer Person nur dann die Privilegien eines Rechtsbeistands, ein Aussageverweigerungsrecht und eine Selbstbelastungsfreiheit[333], wenn sie bei der Befragung durch die Polizei oder eine andere Strafverfolgungsbehörde im Rahmen eines Strafverfahrens **verdächtigt oder beschuldigt** wird.[334] Die in Art. 41 Abs. 2 VO genannten Richtlinien machen zu diesem Punkt zwar teilweise Vorgaben[335], die allerdings wiederum nur Mindestvorgaben darstellen, die aus einer Kompromissentscheidung unter den Mitgliedsstaaten hervorgingen.[336] In Sinne einer Mindestharmonisierung (Art. 52 Abs. 3 GRC) maßgeblich sind daher auf absehbare Zeit erst einmal die Vorgaben des EGMR zu Art. 6 Abs. 1 EMRK.[337] 300

---

*schen Vorsprung der Staatsanwaltschaft hätte der Strafverteidiger nichts Entsprechendes entgegenzusetzen.“*; skeptisch auch: *Faletti*, The European Public Prosecutor's Office and the Principle of Equality, eucrim 2017, 25 f.; *Traut/Cunningham* StraFo 2017, 222 ff.

330 *Illuminati* in Bachmaier Winter, The European Public Prosecutor's Office, 179 (186).

331 *Illuminati* in Bachmaier Winter, The European Public Prosecutor's Office, 179 (197); dazu auch *Ruggeri* in Bachmaier Winter, The European Public Prosecutor's Office, 201 (203).

332 Dazu *Ruggeri* in Bachmaier Winter, The European Public Prosecutor's Office, 201 (205 ff.); siehe ferner: HBB/*Herrnfeld* Art. 26 Rn. 35; HBB/*Brodowski* Art. 41 Rn. 14.

333 Vgl. Art. 7 RL (EU) 2016/343 (Fn. 120).

334 Vgl. Art. 2 Abs. 3 RL 2013/48/EU (Fn. 119).

335 Vgl. etwa Art. 1 Abs. 2 RL 2010/64/EU (Fn. 117).

336 Vgl. *Mitsilegas/Giuffrida*, Raising the bar? Thoughts on the establishment of the European Public Prosecutor's Office, Policy Insights No. 2017/39, 12.

337 Hierzu grundlegend: *Gerson*, Das Recht auf Beschuldigung – Strafprozessuale Verfahrensbalance durch kommunikative Autonomie, 2016, S. 67 ff.

# § 12 Rechtsschutz



## I. Notwendigkeit einer effektiven gerichtlichen Kontrolle der Handlungen der EUStA

Ermittlungsmaßnahmen der EUStA stellen in vielerlei Hinsicht zum Teil gravierende und nachhaltige Eingriffe in sensible Grund- und Verfahrensrechte von Betroffenen (Beschuldigter, mutmaßliches Opfer, Dritte) dar. 1

Die unionsrechtliche **Garantie eines wirksamen *gerichtlichen* Rechtsschutzes** für den Einzelnen und die damit einhergehende Pflicht der Mitgliedstaaten zur Einrichtung von **„Gerichten"** sowie die Bereitstellung entsprechender **gerichtlicher Rechtsbehelfe und Verfahren** auf nationaler Ebene *„in den vom Unionsrecht erfassten Bereichen"*[1] folgt schon aus **Art. 19 Abs. 1 UAbs. 2 EUV** und ist zudem ein **allgemeiner Grundsatz** des Unionsrechts.[2] 2

Unionsrechtlicher Maßstab für eine effektive gerichtliche Kontrolle der Rechtmäßigkeit strafprozessualer Handlungen und Maßnahmen der EUStA ist auch das in **Art. 47 Abs. 1 GRC**[3] garantierte **Individualgrundrecht auf Einlegung eines wirksamen Rechtsbehelfs bei einem Gericht.** Die Garan- 3

---

1 Der Begriff ist weiter zu verstehen als die *„Durchführung des Rechts der Union"* iSv Art. 51 Abs. 1 S. 1 GRC: EuGH 27.2.2018 – C-64/16, ECLI:EU:C:2018:117 Rn. 29 – Associação Sindical dos Juízes Portugueses; 24.6.2019 – C-619/18 [Unabhängigkeit des Obersten Gerichts Polens], EU:C:2019:531 Rn. 50; *Jarass*, GRC, Art. 47 Rn. 4.

2 EuGH 5.11.2019 – C-192/18, ECLI:EU:C:2019:924 Rn. 99 f. – Gerichtsbarkeit Polen; 3.10.2013 – C-583/11 P, ECLI:EU:C:2013:625 Rn. 101 f. – Inuit u.a.; vgl. auch ErwG 88 Abs. 1 VO.

3 Art. 47 Abs. 2 S. 1 GRC regelt speziell das Recht auf eine Verhandlung vor einem unabhängigen, unparteiischen und zuvor durch Gesetz errichteten Gericht über die erhobene [strafrechtliche] *Anklage* in einem fairen Verfahren, öffentlich und innerhalb angemessener Frist; vgl. hierzu auch: *Novokmet*, The European public prosecutor's office and the judicial review of criminal prosecution, NJECL 2017, 374 (385); *Langbauer*, Strafrecht vor den Unionsgerichten, 2015, 134 ff.

tie gilt für jede Person (also nicht nur für Unionsbürger[4]), die behauptet, in *„durch das Recht der Union garantierten Rechten oder Freiheiten verletzt worden“*[5] zu sein.[6]

4 Darüber hinaus sieht **Art. 47 Abs. 2 S. 1 GRC**[7] vor, dass jede Person ein Recht darauf hat, dass **ihre Sache** von einem unabhängigen, unparteiischen und zuvor durch Gesetz errichteten Gericht in einem fairen Verfahren[8], öffentlich und innerhalb angemessener Frist **verhandelt** wird. In Anlehnung (Art. 52 Abs. 3 GRC) an **Art. 6 Abs. 1 EMRK** ist als **„Sache“**[9] iSv Art. 47 Abs. 2 S. 1 GRC auch die **„strafrechtliche Anklage“** erfasst, die ihrerseits vom EGMR im sachlichen und vor allem zeitlichen Kontext weit verstanden wird, so dass auch der Schutzgehalt des Art. 47 Abs. 2 GRC schon im strafrechtlichen **Ermittlungsverfahren** Wirkung entfaltet.[10]

5 Art. 47 GRC gilt sowohl für die Organe und **Einrichtungen der Union** als auch für die Mitgliedstaaten, wenn diese das **Recht der Union durchführen** (**Art. 51 Abs. 1 S. 1 GRC**; **Art. 6 Abs. 1 EUV**).

6 Über **Art. 6 Abs. 3 EUV** gelten auch die vom EGMR[11] zu **Art. 6 Abs. 1 EMRK** (*„über eine gegen sie erhobene strafrechtliche Anklage von einem unabhängigen und unparteiischen, auf Gesetz beruhenden Gericht in einem fairen Verfahren, öffentlich und innerhalb angemessener Frist verhandelt wird“*) und zu **Art. 13 EMRK** (*„bei einer innerstaatlichen Instanz eine wirksame Beschwerde zu erheben“*) entwickelten Leitlinien als **allgemeine Grundsätze** und damit als Teil des Unionsrechts.

7 Aus einer Zusammenschau der genannten Bestimmungen lässt sich im Ergebnis die **Notwendigkeit der Gewährleistung eines effektiven, wirksamen gerichtlichen Rechtsschutzes** gegenüber den Handlungen und Maßnahmen der EUStA deduzieren, die mit der Behauptung einer Verletzung von Rechten oder Freiheiten einhergehen.[12] Die über Art. 42 Abs. 1 VO zur Anwendung gebrachten nationalen Verfahrensregeln dürfen dabei *„nicht weniger günstig“* sein als diejenigen, die für vergleichbare inländische Klagen gelten (**Grundsatz der Gleichwertigkeit**; vgl. ErwG 88 Abs. 1 S. 2 VO).

8 Besonders praxisrelevant ist in diesem Zusammenhang der gerichtliche Rechtsschutz gegen – im Regelfall bereits sofort vollzogene – **strafprozessuale Zwangsmaßnahmen** der EUStA, darunter die vorläufige Festnahme bzw. Verhaftung einer Person (Art. 33 VO), die Durchsuchung von Räumlichkeiten (Art. 30 Abs. 1 lit. a VO), die Sicherstellung und Beschlagnahme von Gegenständen

4 Zur Auslieferung eines Unionsbürgers an einen Drittstaat (Art. 18 und 21 AEUV): EuGH 17.12.2020 – C-398/19, ECLI:EU:C:2020:1032 – BY (Unterrichtung des Mitgliedstaats, dessen Staatsangehörigkeit die gesuchte Person besitzt; keine Verpflichtung des ersuchten Mitgliedstaats und des Herkunftsmitgliedstaats, den ersuchenden Drittstaat um Übermittlung der Strafakte zu ersuchen; keine Pflicht des ersuchten Mitgliedstaats, die Auslieferung abzulehnen und die Strafverfolgung nach nationalem Recht selbst zu übernehmen); zuvor EuGH 6.9.2016 – C-182/15, ECLI:EU:C:2016:630 – Petruhhin; 13.11. 2018 – C-247/17, ECLI:EU:C:2018:898 – Raugevicius.

5 Vertiefend: EnzEur/*Gärditz* § 25 Rn. 7.

6 Zur unterstützenden Heranziehung des Effektivitätsgrundsatzes (Art. 4 Abs. 3 EUV): EnzEur/*Gärditz* § 25 Rn. 4.

7 Zum Verhältnis der beiden Absätze des Art. 47 GRC: *Jarass*, GRC, Art. 47 Rn. 2, mit einem Plädoyer für ein „einheitliches Grundrecht“.

8 Vertiefend: *Gaede*, Fairness als Teilhabe – Das Recht auf konkrete und wirksame Teilhabe durch Verteidigung gemäß Art. 6 EMRK (2007).

9 Vgl. *Jarass*, GRC, Art. 47 Rn. 1. Sachlich-zeitlich gesehen gehen Art. 47 Abs. 1 und Abs. 2 GRC mit dem Begriff der „Sache“ im strafrechtlichen Kontext über den Anwendungsbereich der *„strafrechtlichen Anklage“* iSv Art. 6 Abs. 1 EMRK hinaus, was insbesondere für Fragen der Rechtshilfe sowie der Strafvollstreckung relevant werden kann.

10 EGMR 24.11.1993 – 13972/88 Rn. 36 – Imbrioscia/Schweiz, ÖJZ 1994, 517; (GK) 27.11.2008 – 36391/02 Rn. 50 – Salduz/Türkei, NJW 2009, 3707; (GK) 13.9.2016 – 50541/08, Rn. 253 – Ibrahim u.a./UK; (GK) 9.11.2018 – 71409/10 Rn. 119, 124 – Beuze/Belgien, NJW 2019, 1999; 23.5.2019 – 51979/17 Rn. 74 – Doyle/Irland; LR/*Esser*, EMRK, 26. Aufl. 2012, Art. 6 Rn. 92 ff.; dagegen: *Jarass* GRC, Art. 47 Rn. 39 („nur um das faire Verfahren vor Gericht“).

11 Speziell zur geforderten Wirksamkeit/Effektivität eines solchen Rechtsbehelfs: KK-EMRK/GG/*Richter*, Kap. 20 Rn. 33 ff.; LR/*Esser*, EMRK, 26. Aufl. 2012, Art. 13 Rn. 40 ff.; Karpenstein/Mayer/*Breuer* Art. 13 Rn. 42 ff.; Meyer-Ladewig/Nettesheim/v. Raumer/*Meyer-Ladewig/Renger* Art. 13 Rn. 9 ff.

12 Vgl. *Magnus* HRRS 2018, 143 (154); *Vogel/Eisele* in: Grabitz/Hilf/Nettesheim, Art. 86 AEUV Rn. 59; *Novokmet*, The European public prosecutor's office and the judicial review of criminal prosecution, NJECL 2017, 374 (377); siehe ErwG 36 VO-E v. 17.7.2013, COM(2013) 534, 15.

(Art. 30 Abs. 1 lit. b-d VO) und die Überwachung der (elektronischen) Kommunikation (Art. 30 Abs. 1 lit. e VO).[13]

Auch andere Verfahrensakte der EUStA können mit einer Beeinträchtigung grundrechtsrelevanter Positionen verbunden sein, wie etwa die Ablehnung eines Antrags auf **Akteneinsicht** (vgl. Art. 45 Abs. 2 UAbs. 2 S. 2 VO) oder Ausführungen mit Regelungscharakter in **verfahrensabschließenden Entscheidungen**, darunter die Einstellung des Verfahrens (Art. 39 VO).[14] 9

Gerichtlich überprüfbar muss darüber hinaus sein, ob die von der EUStA angenommenen **Voraussetzungen für die Erhebung einer Anklage** vorliegen (Art. 36 Abs. 1 VO).[15] In Deutschland geschieht dies durch das gerichtliche Zwischenverfahren und den am Ende ergehenden **Eröffnungsbeschluss** (§ 203 StPO). 10

## II. Rückblick: Ausgestaltung des Rechtsschutzsystems im VO-Entwurf

Bei der Regelung einer gerichtlichen Kontrolle stellt sich mit Blick auf die EUStA als einer im Schnittfeld zwischen dem nationalen Recht und dem Unionsrecht verankerten Einrichtung der EU die Kernfrage, **welcher Gerichtsbarkeit** – der nationalen oder der unionrechtlichen – die Kompetenz für die justizielle Kontrolle der Handlungen und Maßnahmen der EUStA obliegen soll. 11

Eine **spezielle Gerichtsbarkeit in Strafsachen auf Unionsebene** kennt das derzeitige Unionsrecht nicht, weder für die Kontrolle einzelner Ermittlungshandlungen im Vorverfahren, noch für die Entscheidung über eine erhobene strafrechtliche Anklage. In der Literatur werden in diesem Zusammenhang zwar das Modell eines **Europäischen Ermittlungsrichters**[16] sowie das eines als **Fachgericht** iSv Art. 256, 257 AEUV einzurichtenden **Europäischen Strafgerichts** präsentiert;[17] wegen des politischen Widerstandes einzelner Mitgliedstaaten wurden diese Vorschläge aber bislang nicht in die Praxis umgesetzt, so dass die EUStA auch mittelfristig ohne ein echtes „gerichtliches Pendant" auf Unionsebene auskommen muss. 12

Die Aufgabe und Kompetenz der **gerichtlichen Verhandlung** über eine von der EUStA zu erhebende **strafrechtliche Anklage** weist bereits das Primärrecht (**Art. 86 Abs. 2 S. 2 AEUV**) explizit der **nationalen Strafgerichtsbarkeit** zu. 13

Für einen Rechtsschutz gegen Maßnahme der EUStA auf Unionsebene durch den EuGH stehen dagegen nur die **klassischen Klagearten** (insbesondere Art. 263, 267 AEUV) zur Verfügung; deren Statthaftigkeit und damit die Kompetenzen des EuGH in Abgrenzung zur nationalen Gerichtsbarkeit werden durch Art. 42 VO konturiert und verbindlich festgeschrieben (→ Rn. 25 ff.).[18] 14

Alternativ zum Rechtsschutz auf Unionsebene steht der gerichtliche Rechtsschutz **nach dem nationalen Recht der Mitgliedstaaten**, der nicht schon zwangsläufig aufgrund der **Vorbehaltsklausel (Art. 276 AEUV)** eröffnet ist. Die Regelung des Art. 276 AEUV, wonach dem EuGH keine Zuständigkeit *„für die Überprüfung der Gültigkeit oder Verhältnismäßigkeit von Maßnahmen der Polizei oder anderer Strafverfolgungsbehörden eines Mitgliedstaats oder der Wahrnehmung der Zuständigkeiten der Mitgliedstaaten für die Aufrechterhaltung der öffentlichen Ordnung und den Schutz der inneren Sicherheit"* zukommt, greift im Hinblick auf grundrechtsrelevante Maßnahmen der EUStA[19] nicht ein, da diese bereits keine Behörde eines Mitgliedstaats darstellt (vgl. auch Art. 3 Abs. 1 VO). Das im AEUV geregelte gerichtliche Rechtsschutzsystem steht einer Zuweisung der gerichtlichen Kontrolle von Maßnahmen an den EuGH daher nicht per se entgegen. Maßstab 15

13 Vgl. *Vogel/Eisele* in Grabitz/Hilf/Nettesheim, Art. 86 AEUV Rn. 59.

14 Vgl. hierzu *Böse* JZ 2017, 82 (83).

15 Vgl. *Vogel/Eisele* in Grabitz/Hilf/Nettesheim, Art. 86 AEUV Rn. 59.

16 Hierzu: *Böse* RW 2012, 172; vgl. auch: *Esser* StRR 2010, 133 (137); skeptisch in Bezug auf eine solche „ex-ante"-Kompetenz der Unionsgerichtsbarkeit aus Art. 86 Abs. 3 AEUV: HBB/*Herrnfeld* Art. 42 Rn. 8.

17 Grundlegend: *Langbauer*, Strafrecht vor den Unionsgerichten, 2015; *Esser* StRR 2010, 133 (136); siehe auch: EnzEur/*Gärditz* § 25 Rn. 54.

18 Vgl. HBB/*Herrnfeld* Art. 42 Rn. 1 („regulate and clarify the competence for judicial review in the context of the EPPO").

19 Vgl. hierzu außerdem EnzEur/*Gärditz* § 25 Rn. 71.

bleibt insoweit stets das nach **Art. 47 GRC** zu erfüllende **„Wirksamkeitsgebot"**, das sowohl die Union an sich als auch die Mitgliedstaaten beim indirekten Vollzug von Unionsrecht trifft.

16 Die Notwendigkeit der Festlegung verbindlicher Regelungen zur gerichtlichen Kontrolle von Handlungen der EUStA hatte bereits die Kommission in ihrem **Grünbuch** aus dem Jahr 2001 herausgestellt und sich damals im Grundsatz für einen Rechtsschutz nach den **Grundsätzen des jeweiligen nationalen Rechts des Mitgliedstaates** ausgesprochen, in dem das Verfahren von dem mit dem Fall betrauten DEStA geführt wird.[20]

17 Eine Kontrolle von Verfahrenshandlungen der EUStA durch den **EuGH** (Art. 263, 265, 268 AEUV) war daher im VO-Entwurf (2013)[21] nicht vorgesehen.[22] Art. 36 VO-E stufte die EUStA im Sinne einer „sekundärrechtlichen Fiktion" als „einzel-/mitgliedstaatliche" Behörde ein und wies die **gerichtliche Kontrolle *vollständig* den nationalen Gerichten** zu.[23] Insbesondere eine Kontrolle im Wege der Nichtigkeitsklage (Art. 263 Abs. 4 AEUV) kam aus diesem Grund nicht in Betracht.[24] Lediglich die Zuständigkeit des EuGH für **Vorabentscheidungen zur Klärung der Gültigkeit und Auslegung von Unionsrecht** (Art. 267 AEUV), insbesondere der VO selbst, sollten unberührt bleiben. Davon ausgenommen waren jedoch Fragen zur Auslegung nationaler Rechtsvorschriften, auf die in der VO verwiesen wird (Art. 36 Abs. 2 VO-E).

18 **Zentraler Kritikpunkt** an diesem Konzept der Kommission war die Einstufung einer europäischen, supranationalen Einrichtung als ***„einzelstaatliche Behörde"***[25], anstelle einer justiziellen Kontrolle der das Unionsrecht betreffenden Entscheidungen der EUStA durch ein Unionsgericht; gefordert wurde eine stärkere **Einbeziehung des EuGH** in das Rechtsschutzsystem der EUStA.[26] Gerade angesichts der weitgehend operativen Tätigkeit der EUStA und der damit einhergehenden Möglichkeit von Eingriffen in fundamentale Rechte der Betroffenen, wurde eine gerichtliche Kontrolle auch auf Unionsebene für erforderlich gehalten.[27] Kritisch gesehen wurden außerdem der mit lediglich zwei Absätzen sehr knapp gehaltene Umfang der Regelung sowie die konzeptionell fehlende präventivgerichtliche Kontrolle.[28]

19 Nachdem ein im Jahr 2016 abgefasster, bezüglich der gerichtlichen Kontrolle deutlich modifizierter Textvorschlag für die Beratungen im Rat[29] bereits eine **Aufteilung der Zuständigkeit** für die gerichtliche Kontrolle **zwischen den mitgliedstaatlichen Gerichten und dem EuGH** empfohlen hatte, wurde dieses Konzept auch in der endgültigen VO übernommen.

20 Kommission und Rat entschieden sich letztlich für dieses **„Misch"-System** unter Berücksichtigung ihrer sich von anderen Einrichtungen der EU deutlich unterscheidenden Aufgaben (vgl. ErwG 86

---

20 KOM(2001) 715 endg., 79.

21 VO-Entwurf v. 17.7. 2013, COM(2013) 534 endg., 8, 34.

22 Vgl. ErwG 37 VO-Entwurf; die Kommission begründete dies mit dem besonderen Aufgabenbereich der EUStA, der sich von anderen Einrichtungen der EU deutlich unterscheidet und dem Prinzip der Subsidiarität, COM(2013) 534 endg, 5, 7; *Hecker* Kap. 14 Rn. 48; kritisch zur Auffassung der Kommission: *Mitsilegas/Giuffrida*, Raising the bar? Thoughts on the establishment of the European Public Prosecutor's Office, Policy Insights No. 2017/39, 13; *dies.* in Geelhoed/Erkelens/Meij, Shifting Perspectives on the European Public Prosecutor's Office, 59 (79); *dies.* in Ligeti/Antunes/Giuffrida, The European Public Prosecutor`s Office At Launch, 2020, 115 (118–122).

23 Vgl. *Mitsilegas* MJ 2021, 245 (259); *Böse* JZ 2017, 82 (83); *Herrnfeld* in Brière/Weyembergh, The Needed Balances in EU Criminal Law, 283 (407); *Damaskou*, The European Public Prosecutor's Office – A Ground-Breaking New Institution of the EU Legal Order, NJECL 2015, 126 (139).

24 Vgl. *Schramm* JZ 2014, 749 (757); allgemein zu den Voraussetzungen: EnzEur/*Gärditz* § 25 Rn. 50 ff.

25 Vgl. *Esser* StV 2014, 494 (501).

26 Vgl. *Zeder* StraFo 2014, 239 (246); *Schramm* JZ 2014, 749 (757); *Esser* StV 2014, 494 (501 f.); *Böse* RW 2012, 172 (181); *Weyembergh/Brière*, Towards a European Public Prosecutor's Office, Study for the LIBE Committee, 37, wonach es im VO-Entwurf so aussah, als sollte der Einfluss des EuGH so stark wie möglich reduziert werden; siehe auch die gemeinsame Stellungnahme BRAK/DAV, 48/2013, 9; zur am Entwurf geäußerten Kritik auch: HBB/*Herrnfeld* Art. 42 Rn. 2, 7 f.

27 Vgl. *Mitsilegas/Giuffrida*, Raising the bar? Thoughts on the establishment of the European Public Prosecutor's Office, Policy Insights No. 2017/39, 13; siehe dazu außerdem: *Mitsilegas* MJ 2021, 245 (260).

28 Vgl. *Esser* StV 2014, 494 (501 f.); *Zeder* JSt 2013, 173 (178 f.: „ex-ante Genehmigung").

29 Rats-Dok. 12774/1/16 REV 1 v. 4.10.2016, 57.

VO)[30], der Rolle der EUStA im nationalen Strafverfahren und der Auswirkungen ihrer Maßnahmen im Rechtssystem der vom Verfahren betroffenen Mitgliedstaaten; dies insbesondere vor dem Hintergrund, dass die EUStA durch einen DEStA später auch vor den nationalen Gerichten die Aufgabe der Staatsanwaltschaft wahrnimmt (vgl. Art. 13 Abs. 1 UAbs. 3 VO; ErwG 87 Abs. 1 VO).

Da grundrechtsrelevante Maßnahmen im Rahmen der Ermittlungen vielfach auch – auf eine Wei- 21
sung der EUStA – durch die nationalen Strafverfolgungsbehörden (Art. 28 Abs. 1 VO) oder erst nach dem Erhalt einer durch nationale Gerichte zu treffenden Genehmigung ausgeführt werden (vgl. ErwG 87 Abs. 1 VO)[31] und die EUStA auch selbst nationales Verfahrensrecht der Mitgliedstaaten anwenden wird[32], entschied sich der Unionsgesetzgeber, die **gerichtliche Kontrolle der Tätigkeit der EUStA im Grundsatz den mitgliedstaatlichen Gerichten** zuzuweisen (**Art. 42 VO**).

In Abweichung vom ursprünglichen Konzept räumt die final beschlossene VO nun **auch dem** 22
**EuGH** – wenn auch begrenzte – Kontrollmöglichkeiten ein.[33] Dem acht Absätze umfassenden Art. 42 VO liegt das System eines zwischen den Mitgliedstaaten und der Union **geteilten Rechtsschutzes** zugrunde (vgl. ErwG 87 VO; *„Mischcharakter"*[34]).

Geregelt von Art. 42 VO und damit in weiten Teilen der nationalen Gerichtsbarkeit als Kompetenz 23
zugeschrieben wird die **„gerichtliche Kontrolle"** von Verfahrenshandlungen der EUStA. Der Regelungsgehalt der Vorschrift wird allerdings – in Anlehnung an Art. 86 Abs. 3 AEUV („Regeln [...] für die gerichtliche Kontrolle der [...] bei der Erfüllung ihrer Aufgaben vorgenommenen Prozesshandlungen") und ihre politisch-historische Entstehung – eng interpretiert: Erfasst ist daher nur die **nachträgliche Kontrolle** („judicial review") von Verfahrenshandlungen der EUStA.[35]

Die Anerkennung einer gerichtlichen Zuständigkeit (der nationalen Gerichtsbarkeit) für die Geneh- 24
migung oder Vornahme geplanter Ermittlungsmaßnahmen im Vorverfahren (sog. ***„ex-ante"-Kontrolle/Rechtsschutz***), u.a. bei Freiheitsentziehungen (Haftbefehl), der Durchsuchung sowie der TKÜ und sonstigen verdeckten Maßnahmen, ist der VO „immanent" (vgl. Art. 30 Abs. 3 S. 1 VO: *„Bedingungen"*; Art. 30 Abs. 5 S. 2 VO: „Verfahren und Modalitäten für die Durchführung"; Art. 31 Abs. 3 VO: *„richterliche Genehmigung"*), aber nicht über Art. 42 VO einer expliziten Regelung im Bereich des Rechtsschutzes zugeführt.

## III. Übersicht über die Ausgestaltung des Rechtsschutzsystems (Art. 42 VO)

Die unionsrechtlichen Vorgaben zum Rechtsschutz gegenüber der EUStA normiert Art. 42 VO in 25
Form eines – in Teilen durchaus komplexen[36] – **zweispurigen**[37] **Regelungssystems:**

30 Vgl. hierzu auch: *Mitsilegas* MJ 2021, 245 (260).

31 Hierzu auch: *Damaskou*, The European Public Prosecutor's Office – A Ground-Breaking New Institution of the EU Legal Order, NJECL 2015, 126 (139); *Herrnfeld* in Brière/Weyembergh, The Needed Balances in EU Criminal Law, 283 (408).

32 Vgl. *Herrnfeld* in Brière/Weyembergh, The Needed Balances in EU Criminal Law, 283 (408).

33 Vgl. *Magnus* HRRS 2018, 143 (154); *Aden/Sanchez-Barrueco/Stephenson*, The European Public Prosecutor's Office: strategies for coping with complexity, 2019, 88; *Mitsilegas/Giuffrida*, Raising the bar? Thoughts on the establishment of the European Public Prosecutor's Office, Policy Insights No. 2017/39, 13, wonach zwar eine Verbesserung zum ursprünglichen Konzept vorliegt, die Rolle des EuGH aber noch immer sehr stark limitiert ist; vgl. auch: *Mitsilegas* MJ 2021, 245 (261).

34 Vgl. *Rackow* KriPoZ 2017, 295 (299); EnzEur/*Gärditz* § 25 Rn. 65 („Chance einer konsequenten Dezentralisierung nicht genutzt").

35 HBB/*Herrnfeld* Art. 42 Rn. 5 in Anlehnung an die – gäbe es die in Art. 42 Abs. 1 VO getroffene Regelung nicht – Kompetenz des EuGH nach Art. 263, 265 AEUV, die ebenfalls nur den nachträglichen Rechtsschutz umfasse; vgl. aber auch die sprachlich durchaus „offene" englische Fassung von Art. 42 Abs. 1 VO: *„Procedural acts of the EPPO that are* ***intended to produce*** *legal effects"*.

36 Vgl. *Böse* JZ 2017, 82 (83).

37 Vgl. *Rackow* KriPoZ 2017, 295 (299).

26 Nach **Art. 42 Abs. 1 VO** obliegt grundsätzlich den **nationalen Gerichten** die Kontrolle über **Verfahrenshandlungen** der EUStA mit Rechtswirkung gegenüber Dritten.[38] Zu prüfen hat der nationale Richter im Rahmen des nach **nationalem Recht** anwendbaren Rechtsbehelfs[39] die Vereinbarkeit der ergangenen bzw. unterbliebenen Verfahrenshandlungen **sowohl mit Unionsrecht als auch mit nationalem Recht,** die er jeweils (positiv) feststellen kann, ebenso wie (negativ) die Unvereinbarkeit der Maßnahme mit nationalem Recht (vgl. ErwG 88 Abs. 2 S. 1 VO).

27 Der **EuGH** entscheidet dagegen im Wege der **Vorabentscheidung** (Art. 267 AEUV) über die **Gültigkeit einer *Verfahrenshandlung* der EUStA,** soweit diese Gültigkeitsfrage auf der Grundlage des *Unionsrechts* gestellt wird; ebenso entscheidet er über die **Auslegung oder die Gültigkeit des *Unionsrechts*,** insbesondere die Bestimmungen der VO (**Art. 42 Abs. 2 VO**).

28 Sollte der nach Art. 42 Abs. 1 VO zuständige nationale Richter im Rahmen seiner Prüfung *„**Zweifel an der Gültigkeit** der betreffenden Verfahrenshandlung **nach Unionsrecht** hegen"* (ErwG 88 Abs. 2 S. 2 VO), muss er (in Abkehr von Art. 267 Abs. 3 AEUV sogar auch dann, wenn er nicht letztinstanzlich entscheidet) das Verfahren aussetzen und die Frage dem **EuGH** zur Entscheidung vorlegen (**Art. 42 Abs. 2 lit. a AEUV;** → Rn. 32 ff.)[40]; über die Auslegung des nationalen Rechts entscheidet der EuGH auch in diesem Fall allerdings nicht.

29 Außerdem sieht **Art. 42 Abs. 3 VO** eine Ausnahme von dem in Absatz 1 festgelegten Grundsatz (Rechtsschutz durch die nationalen Gerichte) vor: für *auf der Grundlage des Unionsrechts* angefochtene Beschlüsse der EUStA zur Einstellung des Verfahrens (→ Rn. 122 ff.).

30 Die **Art. 42 Abs. 4 bis 6 VO** regeln eine Zuständigkeit des EuGH für die Klärung von Schadensersatzforderungen gegenüber der EUStA (→ Rn. 130 ff.), für Streitigkeiten im Zusammenhang mit Schiedsklauseln in Verträgen mit der EUStA (→ Rn. 133) sowie für Streitigkeiten in Bezug auf Personalangelegenheiten (→ Rn. 134 ff.).

31 Nach **Art. 42 Abs. 7 VO** fällt die **Entlassung des Europäischen Generalstaatsanwalts** sowie der **Europäischen Staatsanwälte** ebenfalls in den Zuständigkeitsbereich des EuGH (vgl. Art. 14 Abs. 5 bzw. Art. 16 Abs. 5 VO).

32 **Art. 42 Abs. 8 VO** regelt die Kompetenz des EuGH für Nichtigkeitsklagen (Art. 263 Abs. 4 AEUV) gegen **datenschutzrechtliche** Entscheidungen der EUStA[41] sowie gegen solche, die keine Verfahrenshandlungen iSv Art. 42 Abs. 1 VO darstellen (etwa rein **administrativen** Charakter haben).

## IV. Zuständigkeit nationaler Gerichte für die Kontrolle von Verfahrenshandlungen mit Rechtswirkung (Art. 42 Abs. 1 VO)

33 **1. Grundsatz des nationalen Rechtsschutzes.** Art. 42 Abs. 1 VO überträgt im Grundsatz den nach nationalem Recht zuständigen nationalen Gerichten der einzelnen Mitgliedstaaten die Zuständigkeit für die gerichtliche Kontrolle von **Verfahrenshandlungen** der EUStA mit **Rechtswirkung gegenüber *Dritten*** (Abs. 1 S. 1); eine Nichtigkeitsklage (Art. 263 Abs. 4 AEUV) zum EuGH ist insoweit für natürliche und juristische Personen nicht eröffnet.

34 Die nationalen Gerichte sind auch für ein als **pflichtwidrig behauptetes Unterlassen** einer derartigen Verfahrenshandlung durch die EUStA (Art. 42 Abs. 1 S. 2 VO) zuständig, formal zwar nur für den Fall, dass sich eine Handlungspflicht der EUStA unmittelbar aus der VO selbst ergibt („sie nach dieser Verordnung dazu rechtlich verpflichtet wäre"). Ein pflichtwidriges Unterlassen nach nationalem Recht, auf das die VO ergänzend Bezug nimmt, wird man aber auch hierunter fassen müssen. Eine diesbezügliche Kontrolle durch den EuGH über Art. 265 Abs. 3 AEUV ist demnach zwar

38 Anwendbar bleiben daneben die allgemeinen Regelungen der Art. 263, 265 AEUV und damit zusätzliche Klagebefugnisse für die sog. privilegierten Kläger (Art. 263 Abs. 2 AEUV: EP, Kommission, Mitgliedstaat) bzw. Art. 265 Abs. 1 S. 2 AEUV (EP; EuRat, Rat, Kommission, EZB); vgl. ErwG 89 S. 2 VO; HBB/*Herrnfeld* Art. 42 Rn. 11. 18.

39 Zur Notwendigkeit und Befugnis des nationalen Gesetzgebers zur „Umsetzung" des Art. 42 Abs. 1 VO: *Herrnfeld* eucrim 2018, 117 (120): *„be empowered to exercise judicial review"*.

40 EuGH 22.10.1987 – 314/85, ECLI:EU:C:1987:452 Rn. 14 ff. – Foto Frost.

41 Zum Datenschutz wurde erst am Ende der Ratsverhandlungen eine Einigung erzielt, vgl. *Böse*, JZ 2017, 82 (83).

nicht eröffnet.[42] Wohl aber kann das nationale Gericht eine seiner Entscheidung vorgelagerte Frage zur Auslegung der VO und des sonstigen Unionsrechts dem EuGH vorlegen (Art. 42 Abs. 2 lit. b VO; → Rn. 109 ff.). Eine Frage zur „Gültigkeit" der unterlassenen Verfahrenshandlung der EUStA, die sich nach Unionsrecht richtet, ist dem EuGH stets nach Art. 42 Abs. 2 lit. a VO vorzulegen (→ Rn. 92 ff.).

**2. Begriff der „Verfahrenshandlung".** Entscheidend für die Eröffnung der Zuständigkeit der nationalen Gerichte ist demzufolge die Frage, was unter einer **Verfahrenshandlung** der EUStA iSv Art. 42 Abs. 1 VO zu verstehen ist.[43] Die VO selbst enthält dazu keine ausdrückliche Definition oder Regelung, was vor dem Hintergrund misslich ist, dass diese Frage nach **unionsrechtlichen Maßstäben** zu beurteilen sein wird; andernfalls würde die spätere Praxis dazu führen, dass die nationalen Gerichte über die Vorfrage der Klassifizierung eines Vorgangs als „Verfahrenshandlung" entscheiden müssten, was dem Rechtsschutzkonzept des Art. 42 Abs. 1 VO widerspricht. 35

Aus **ErwG 89 VO** ergibt sich (im Sinne eines negativen Ausschlusses), dass **rein verwaltungsrechtliche Entscheidungen**, also solche, die von der EUStA *nicht* in Ausübung ihrer Aufgaben der Ermittlung, Verfolgung oder Anklageerhebung in Bezug auf konkrete mutmaßliche Straftaten erfolgen, nicht als Verfahrenshandlungen einzustufen sind – und daher der Kontrolle durch den EuGH (Art. 42 Abs. 8 VO) unterliegen (→ Rn. 136). Der zulässige Umkehrschluss wäre dann, dass gerade letztere („in Ausübung ihrer **Aufgaben der Ermittlung, Verfolgung oder Anklageerhebung**") als (im positiven Sinne) Verfahrenshandlungen der EUStA iSd Art. 42 Abs. 1 VO anzusehen sind. 36

Eine solche Verfahrenshandlung der EUStA muss zudem **Rechtswirkung** (gegenüber einem Dritten, → Rn. 41) **erzeugen** („intended to produce legal effects vis-à-vis"), d.h. – in Anlehnung an das tradierte **autonome unionsrechtliche Begriffsverständnis** bei Art. 263 Abs. 1 AEUV – darauf gerichtet sein, eine **verbindliche Verhaltensregel** (im Außenverhältnis) zu etablieren oder die **Interessen des Betroffenen direkt und durch eine qualifizierte Änderung seiner Rechtsstellung zu beeinflussen**,[44] was seinerseits als Kehrseite zu einer **unmittelbaren Betroffenheit** des Adressaten führt, ohne dass es einer weiteren Durchführungsbestimmung bedarf. 37

Eine geforderte „qualifizierte Rechtswirkung" kann dabei nicht nur von Maßnahmen und Handlungen ausgehen, die an die jeweilige Person explizit **gerichtet** sind, sondern wird bei der EUStA häufig auch in der durch eine Maßnahme schlicht ausgelösten **individuellen und unmittelbaren Betroffenheit** (eines Dritten; → Rn. 41) iSv Art. 263 Abs. 4 AEUV bestehen.[45] 38

Eine solche Rechtswirkung kann im Strafverfahren auch von **vorläufigen Entscheidungen** (z.B. Beweiserhebungen; Verweigerung des Zugangs zur Akte oder deren Weitergabe zur Einsicht)[46] und im Ermittlungsverfahren getroffenen Maßnahmen ausgehen, die der das Verfahren später abschließenden Entscheidung vorausgehen, soweit ihnen eine **eigenständige („trennbare") Rechtswirkung** im oben beschriebenen Sinne zukommt und ein Rechtsschutz gegen die finale Entscheidung zur Klärung der speziell durch sie aufgeworfenen Rechtsfragen nicht mehr effektiv wäre. 39

Während die abschließende **Entscheidung zur Einstellung eines Verfahrens** regelmäßig die geforderte konkrete Rechtswirkung hat,[47] dürfte der Entscheidung zur **Einleitung des Verfahrens** durch 40

42 Zum Verständnis des Art. 42 Abs. 1 S. 2 VO in Wechselwirkung zu den Begrifflichkeiten bei Art. 265 AEUV: HBB/*Herrnfeld* Art. 42 Rn. 21-22, 29.

43 Vgl. Gesetzentwurf der Bundesregierung – Entwurf eines Gesetzes zur Durchführung der Verordnung (EU) 2017/1939 des Rates v. 12.10.2017 zur Durchführung einer Verstärkten Zusammenarbeit zur Errichtung der Europäischen Staatsanwaltschaft und zur Änderung weiterer Vorschriften, BT-Drs. 19/17963, 35; zu den Hintergründen der Entstehung dieses Begriffs: HBB/*Herrnfeld* Art. 42 Rn. 15.

44 Vgl. EuGH 31.3.1971 – Rs. 22/70, ECLI:EU:C:1971:32 Rn. 38/42, 52/54 – Kommission/Rat; 12.9.2006 – C-131/03, ECLI:EU:C:2006:541, Rn. 54 – Reynolds Tobacco; 25.6.2020 – C-14/19 P; ECLI:EU:C:2020:492, Rn. 69 – SATCEN; Streinz/*Ehricke* Art. 263 Rn. 21; Grabitz/Hilf/Nettesheim/*Dörr* Art. 263 Rn. 38 ff.

45 EuGH 13.10.2011 – C-46 – 3/10, ECLI:EU:C:2011:656 Rn. 38 – Deutsche Post AG.

46 EuGH 24.6.1986 – C-53/85, ECLI:EU:C:1986:256 Rn. 20 – AKZO Chemie BV (Weiterleitung von Unterlagen).

47 EuGH 16.6.1994 – C-39/93, ECLI:EU:C:1994:253 Rn. 28 – SFEI (zu den Akten gelegte Beschwerde).

die EUStA (Art. 26, 27 VO) die geforderte unmittelbare Rechtswirkung (noch) fehlen[48]; gleiches gilt für **Berichte, Meinungsäußerungen, Stellungnahmen** sowie **allgemeine Auskünfte** der EUStA zu ihrer Tätigkeit, *soweit* sie keinen konkreten Personenbezug und damit auch keinen die einem Individuum zustehenden **Grundrechte beschränkenden Inhalt** haben.[49]

41 Um einer nationalen gerichtlichen Kontrolle nach Art. 42 Abs. 1 VO zu unterliegen, muss sich die mit der betreffenden Verfahrenshandlung verbundene Rechtswirkung gegen einen sog. **Dritte** richten (**„gegenüber"**). Der Begriff des „Dritten" in Art. 42 Abs. 1 VO orientiert sich an der „parallelen" Regelung des Art. 263 Abs. 1 AEUV (Nichtigkeitsklage) und der zur diesbezüglichen Klagebefugnis (unmittelbare Betroffenheit) ergangenen Judikatur[50]. Erfasst werden in erster Linie klassische **„Zweite"** wie etwa der **Verdächtige und Beschuldigte**, darüber hinaus auch „Dritte" im engeren Sinne, d.h. das mutmaßliche **Opfer**, sonstige **Zeugen** sowie weitere betroffene Personen (z.B. ein Organ der Union, wie etwa die Kommission, oder ein Mitgliedstaat), bei denen es im Laufe eines Strafverfahrens zu einem Eingriff in *ihre* Rechte kommen kann; vgl. ErwG 87 Abs. 2 VO.[51]

42 Eingeschlossen in das weite Feld des Rechtsschutzes durch die nationalen Gerichte sollen – entgegen dem Wortlaut der VO – auch solche Verfahrenshandlungen der EUStA sein, die **keine Rechtswirkung gegenüber Dritten** entfalten – dies allerdings nur für den Fall, dass **das mitgliedstaatliche Recht** (ohnehin) **eine entsprechende Kontrollmöglichkeit vorsieht** (vgl. ErwG 87 Abs. 3 VO). Hintergrund ist, dass sich die VO insofern nicht verkürzend auf einen im nationalen Recht vorgesehenen, über die VO hinausgehenden Rechtsschutz auswirken soll.[52]

43 **Maßnahmen der Polizei** und **Handlungen von Fachbehörden** in einem Verfahren der EUStA und auf deren Veranlassung (Art. 28 Abs. 1 VO) werden der EUStA zugerechnet und stellen daher ebenfalls „Verfahrenshandlungen" iSv Art. 42 Abs. 1 VO dar.[53]

44 **3. Gerichtliches Verfahren nach nationalem Recht.** Die nach Art. 42 Abs. 1 VO eröffnete gerichtliche Kontrolle findet ***„im Einklang mit den Anforderungen und Verfahren des nationalen Rechts"*** statt. Es gilt also insoweit das **innerstaatliche Verfahrens- und Organisationsrecht** des Staates, in dem die EUStA, im Regelfall ein DEStA, die Maßnahme mit Rechtswirkung vorgenommen hat.

45 *Eine* Verfahrenshandlung der EUStA kann **zugleich in verschiedenen Mitgliedstaaten Rechtswirkung** entfalten, insbesondere dann, wenn sie nicht wie im Regelfall durch einen DEStA sondern auf zentraler Ebene angeordnet wird. Soweit man für die „Handlung" nicht ohnehin auf den Einzelvollzug auf Länderebene abstellt, wird man jedenfalls im Ergebnis den Betroffenen in ihren Ländern einen **separaten gerichtlichen Rechtsschutz** zu eröffnen haben; etwaig widersprüchliche Entscheidungen nimmt das Regelungskonzept des Art. 42 VO letztlich in Kauf.

46 In Deutschland finden für die Kontrolle der Verfahrenshandlungen der EUStA durch die nationalen Gerichte grundsätzlich **alle relevanten Normen** Anwendung, die Rechtsschutz gegenüber den Verfahrenshandlungen der EUStA bieten können, u.a. jene der **StPO**, des **GVG**, des **JGG** und der **AO** (**§ 2 EUStAG**).[54] Gleiches gilt für die Anwendung der strafrechtlichen Verfahrensnormen in Österreich (**§ 1 Abs. 2 EUStA-DG**).[55]

---

48 So auch HBB/*Herrnfeld* Art. 42 Rn. 35; aA *Mitsilegas* MJ 2021, 245 (255, 261 f.), der auch die Einleitung von Ermittlungen bereits als Verfahrenshandlung ansieht, der sich jedoch ihre Kontrolle durch den EuGH wünschen würde.

49 Siehe hierzu bezogen auf Art. 263 AEUV und die Judikatur des EuG/EuGH: HBB/*Herrnfeld* Art. 42 Rn. 35; Calliess/Ruffert/*Cremer* Art. 263 Rn. 15; Streinz/*Ehricke* Art. 263 Rn. 22.

50 EuGH 4.6.1986 – Rs. 78/85, ECLI:EU:C:1986:227 Rn. 11 – Gruppe der Europäischen Rechten/EP; 9.10.1990 – C-366/88, ECLI:EU:C:1990:348 Rn. 9 – Frankreich/Kommission; 23.3.1993 – C-314/91, ECLI:EU:C:1993:109 Rn. 9 – Weber/Parlament; allgemein auch: EnzEur/*Gärditz* § 25 Rn. 51.

51 Vgl. HBB/*Herrnfeld* Art. 42 Rn. 18.

52 GesE (Fn. 43), 35.

53 Ebenso: HBB/*Herrnfeld* Art. 42 Rn. 16.

54 Vgl. GesE (Fn. 43), 35; hierzu auch: *Duesberg* NJW 2021, 1207 (1210).

55 Vgl. Art. 1 des Bundesgesetzes zur Durchführung der Europäischen Staatsanwaltschaft (EUStA-DG), mit dem das Richter- und Staatsanwaltsdienstgesetz, das Bundesgesetz über die justizielle Zusammenarbeit in Strafsachen mit den Mitgliedstaaten der Europäischen Union, das Auslieferungs- und Rechtshilfegesetz, das Finanzstrafgesetz und

Unter die **Kontrolle durch die zuständigen nationalen Gerichte** fallen auch die gegen die erste gerichtliche Entscheidung (über eine Verfahrenshandlung der EUStA) **vorgesehenen Rechtsbehelfe** (Beschwerde, § 304 StPO; sofortige Beschwerde, § 310 StPO; weitere Beschwerde, § 311 StPO); diese Kontroll-Kompetenz innerhalb der nationalen Gerichtsbarkeit folgt allerdings nicht aus der VO sondern allein aus dem Umstand, dass ein nationales Gericht (in erster „Instanz") gehandelt hat (hierzu: → Rn. 67). 47

**4. Nationaler Prüfungs- und Entscheidungsmaßstab für Zwangs- und Ermittlungsmaßnahmen.** Art. 42 VO fordert in seinem Titel eine **„gerichtliche Kontrolle"**, nennt aber in Absatz 1 nicht den konkreten rechtlichen Prüfungsmaßstab, an dem die nationale Gerichtsbarkeit ihre Tätigkeit („Kontrolle") auszurichten hat. 48

Die Überprüfung der Rechtmäßigkeit einer Verfahrenshandlung durch das nationale Gericht erfolgt einerseits auf der **Grundlage des Unionsrechts** (mit Vorlageverpflichtung bei Zweifeln an der diesbezüglichen Gültigkeit der Verfahrenshandlung; → Rn. 93 ff.), andererseits auch auf der **Grundlage des nationalen Rechts** (Art. 88 Abs. 2 VO), auf das die VO an vielen Stellen verweist. 49

Für Letzteres wird man – dem Gesamtkonzept des Art. 42 VO folgend – den Terminus ***„unterliegen im Einklang mit den Anforderungen und Verfahren des nationalen Rechts"*** auch auf die *inhaltlich* zu gewährleistende Kontrolle und auf die Form der am Ende der Prüfung ergehenden Entscheidung[56] erstrecken müssen. Hierbei sind allerdings die vom EGMR zu **Art. 6 Abs. 1 EMRK** entwickelten allgemeinen Grundsätze für die geforderte **Prüfungstiefe** und notwendige **rechtliche Verbindlichkeit** der Entscheidung heranzuziehen.[57] Beizutreten ist auch der Forderung, dass der auf nationaler Ebene bereitgestellte Rechtsschutz (Prüfungsdichte und -tiefe) nicht unterhalb des für Art. 263 AEUV geforderten Niveaus liegen darf.[58] 50

Ein (allerdings abstrakter) unionsrechtlicher Maßstab, den man auch auf die gerichtlich geforderte Kontrolltiefe anwenden *muss*, ist der **Grundsatz der Wirksamkeit**, wonach die Ausübung der durch das Unionsrecht verliehenen Rechte – namentlich die Beschuldigtenrechte (*Esser*, → § 11) – nicht praktisch unmöglich gemacht oder übermäßig erschwert werden darf (vgl. ErwG 88 Abs. 1 S. 2 VO). Eine weitere Leitlinie ist der (auch im nationalen Recht verankerte) **Grundsatz der Verhältnismäßigkeit** (ErwG 88 Abs. 3 S. 3 VO). Geht der nationale Rechtsschutz inhaltlich über diese menschen- und unionsrechtlichen Vorgaben sogar hinaus, ist er auch in Bezug auf Handlungen der EUStA anwendbar. 51

Nach den zu §§ 98 Abs. 2, 162 Abs. 2 StPO („gesetzlich zulässig") entwickelten Kriterien würde damit in Deutschland nur eine eingeschränkte **Kontrolle der Rechtmäßigkeit** der Verfahrenshandlung der EUStA stattfinden müssen; schon die Prüfungstiefe bei der „Notwendigkeit" oder „Rechtfertigung" entsprechender Maßnahmen – gemeint ist im Kern ihre Verhältnismäßigkeit – bleibt lebhaft umstritten.[59] Alle in der derzeitigen Praxis angenommenen inhaltlichen „Prüfungsvorbehalte" werden sich in Zukunft an den **unionsrechtlichen Maßstäben der Art. 47 GRC und Art. 19 Abs. 1 UAbs. 2 EUV** (→ Rn. 2 f.) messen lassen müssen, die im Ergebnis auf eine **vollständige Prüfung der Rechtmäßigkeit** der „Verfahrenshandlung" der EUStA hinauslaufen, nicht aber zusätzlich auch ihrer **Zweckmäßigkeit**. 52

Bei künftig von der EUStA in Deutschland geführten Ermittlungsverfahren wird vor allem dem Rechtsschutz gegen von der Einrichtung angeordnete und durch sie selbst bzw. durch angewiesene Polizei- und Fachbehörden vollzogene **Zwangsmaßnahmen** eine zentrale Bedeutung zukommen. 53

---

das Strafgesetzbuch geändert werden (Strafrechtliches EU-Anpassungsgesetz 2021 – StrEU-AG 2021), BGBl. I Nr. 94/2021; 808 der Beilagen zu den Stenographischen Protokollen des Nationalrates XXVII. GP v. 20.4.2021, 1.

56 Hierzu auch: HBB/*Herrnfeld* Art. 42 Rn. 30.

57 Siehe LR/*Esser* EMRK, 26. Aufl. 2012, Art. 6 Rn. 130 ff.; SK-StPO/*Meyer* EMRK, Art. 6 Rn. 74.

58 HBB/*Herrnfeld* Art. 42 Rn. 33.

59 Vgl. zu den str. Einzelheiten: Meyer-Goßner/*Schmitt*, § 98 Rn. 17, § 162 Rn. 14-15.

54 In den Fokus gerät dabei neben den (wenigen) bereichsspezifischen Kontrollinstrumenten vor allem der schon erwähnte „Auffang"-Rechtsschutz nach § 98 Abs. 2 StPO (ggf. **doppelt analog**).[60] **§ 98 Abs. 2 StPO** gewährt Betroffenen, namentlich dem Beschuldigten, Rechtsschutz gegen sämtliche durch die Staatsanwaltschaft (oder ggf. durch ihre Ermittlungspersonen) in originärer Kompetenz oder in Eilkompetenz angeordnete Zwangsmaßnahmen, soweit **keine speziellere Vorschrift** für den jeweiligen Eingriff einschlägig ist (etwa § 101 Abs. 7 StPO).[61]

55 Zwar gilt ein solcher **Antrag auf gerichtliche Entscheidung** als Rechtsbehelf in *unmittelbarer* Anwendung nur für die Zwangsmaßnahme der Beschlagnahme. Er findet jedoch mittlerweile im Hinblick auf Art. 19 Abs. 4 GG (**Garantie effektiven Rechtsschutzes**) zur Schließung von Rechtsschutzlücken **analog** auch auf andere Zwangsmaßnahmen, etwa die Durchsuchung einer Wohnung, Anwendung.[62]

56 Die Norm gewährt dabei Rechtsschutz sowohl ***vor* der Erledigung** einer Zwangsmaßnahme als auch – bei Bestehen eines *besonderen Rechtsschutzinteresses* – in **analoger bzw. doppelt analoger** Anwendung ***nach* ihrer Erledigung.**[63]

57 Dass nun ausgerechnet der von **(doppelten) Analogien** geprägte und rechtsstaatlich bedenkliche **„Flickenteppich" rund um den § 98 Abs. 2 StPO** auch im unionsrechtlichen Kontext bei der Kontrolle der EUStA in zahlreichen, unterschiedlichen Konstellationen zur Anwendung kommen soll und in Ermangelung eines eingriffsspezifischen Rechtsschutzes letztlich auch muss, ist für den deutschen Rechtsstaat wahrlich kein Ruhmesblatt – und ein ebenso deutlicher wie beklagenswerter Hinweis darauf, dass der deutschen Strafprozessordnung seit Jahrzehnten ein **kohärentes *gesetzlich* geregeltes System für einen maßnahmenspezifischen und zugleich effektiven Individualrechtsschutz gegen strafprozessuale Zwangsmaßnahmen fehlt.**

58 **Gegenstand einer Überprüfung** nach § 98 Abs. 2 StPO kann dabei nicht nur das **„Ob"** der Anordnung einer Zwangsmaßnahme, sondern – in einer weiteren, ggf. zusätzlichen, analogen Anwendung der Norm – auch die konkrete **Art und Weise** ihrer Durchführung sein.[64]

59 **Zuständig** zur Entscheidung über den Antrag ist gemäß § 98 Abs. 2 S. 3 StPO iVm § 162 StPO der **Ermittlungsrichter** (§ 21e Abs. 1 S. 1 GVG) bei dem Amtsgericht, in dessen Bezirk die Staatsanwaltschaft ihren Sitz hat. Als Sitz der EUStA (§ 3 Abs. 3 EUStAG) gilt der Dienstort des gemäß Art. 13 Abs. 1 VO mit den Ermittlungen betrauten DEStA oder des nach Art. 31 VO unterstützend tätig werdenden DEStA.

60 Gegen die Ablehnung eines Antrags auf gerichtliche Entscheidung nach § 98 Abs. 2 StPO (analog) als unzulässig oder unbegründet ist die Einlegung einer **Beschwerde** nach § 304 StPO durch den Betroffenen möglich.[65] Zuständig für die Entscheidung über die Beschwerde ist eine Beschwerdekammer des örtlich zuständigen Landgerichts (§§ 73 Abs. 1, 76 GVG).

61 Dagegen ist in Deutschland z.B. keine gerichtliche Überprüfung dahingehend möglich, ob die Einleitung eines Ermittlungsverfahrens durch einen DEStA zu Recht erfolgt ist.[66]

62 In **Österreich** obliegt die Zuständigkeit über alle gerichtlichen Entscheidungen im Ermittlungsverfahren der EUStA gemäß § 10 EUStA-DG grundsätzlich dem **Landesgericht**, an dessen Sitz sich die Staatsanwaltschaft befindet, die für das Strafverfahren nach den §§ 20a, 25 bis 27 öStPO, nach §§ 197, 198 FinStrG, nach § 15 VbVG oder nach § 29 öJGG zuständig wäre. Ausnahmen von die-

---

60 Vgl. *Duesberg* NJW 2021, 1207 (1210); *Rackow* KriPoZ 2017, 295 (299); *Böse* JZ 2017, 82 (84); *Schramm* JZ 2014, 749 (757); im Überblick: *Kühne*, Rn. 554 ff.

61 Vgl. BGH NStZ-RR 2021, 52 (zur Abgrenzung von Prozesshandlungen von Justizverwaltungsakten iSv §§ 23 ff. EGGVG); *Beulke/Swoboda* § 15 Rn. 496.

62 Vgl. LR/*Menges* § 98 Rn. 50; OLG Oldenburg NStZ 1990, 504; OLG Braunschweig NStZ 1991, 551; *Beulke/Swoboda* § 15 Rn. 496; *Ostendorf* § 13 Rn. 264.

63 Vgl. BGHSt 45, 183, 186; *Bachmann* NJW 1999, 2415; *Beulke/Swoboda* § 15 Rn. 499 ff.

64 Vgl. BGHSt 44, 265 (270) m. Anm. *Eisele* StV 1999, 298; BGH NStZ 1999, 151 m. Anm. *Fezer*; *Ostendorf* § 13 Rn. 275.

65 Vgl. KK-StPO/*Greven* § 98 Rn. 27; LR/*Menges* § 98 Rn. 70; MüKo-StPO/*Hauschild* § 98 Rn. 40.

66 Vgl. *Duesberg* NJW 2021, 1207 (1210).

sem Grundsatz sieht § 11 EUStA-DG jedoch für den Fall grenzüberschreitender Ermittlungen nach Art. 31 VO vor.

**5. Vorläufige Festnahme.** Der mit der Führung eines Verfahrens betraute DEStA kann anordnen, dass der Verdächtige oder Beschuldigte im Einklang mit dem nationalen Recht (§ 127 StPO) vorläufig festgenommen wird (**Art. 33 Abs. 1 VO**). Der nach Art. 42 Abs. 1 VO zu gewährleistende gerichtliche Rechtsschutz auf nationaler Ebene ergibt sich über **§ 128 StPO** in Umsetzung von **Art. 104 Abs. 3 GG**: Der Festgenommene ist, sofern er nicht wieder in die Freiheit entlassen wird, unverzüglich, spätestens am Tage nach der Festnahme, dem Richter bei dem Amtsgericht, in dessen Bezirk er festgenommen worden ist, **vorzuführen** (vgl. **Art. 5 Abs. 3 S. 1 EMRK**; zum Rechtsschutz gegen einen gerichtlichen Haftbefehl bzw. die Verhaftung → Rn. 68). 63

**6. Versagung des Zugangs zur Verfahrensakte.** Neben der gerichtlichen Kontrolle von Zwangsmaßnahmen ist auch eine Überprüfung **von Verfahrenshandlungen** der EUStA im Zusammenhang mit der Verfahrensakte denkbar und geboten. So kann gegen die **Versagung der Akteneinsicht** durch die Staatsanwaltschaft gemäß **§ 147 Abs. 5 S. 2 StPO** gerichtlicher Rechtsschutz beantragt werden (*Esser* → § 11 Rn. 227 ff.); ergänzend gelten die vom EGMR über **Art. 5 Abs. 4 und Art. 6 Abs. 1 EMRK** entwickelten Maßstäbe.[67] 64

Im Falle der Leitung des Ermittlungsverfahrens durch die EUStA ist (§ 162 StPO iVm § 3 EUStAG) der Ermittlungsrichter beim Amtsgericht am Dienstort des DEStA zuständig. 65

**7. Rechtsschutz gegen die gerichtliche Anordnung oder nachträgliche gerichtliche Bestätigung von Ermittlungs-/Zwangsmaßnahmen.** Gegen die gerichtliche Anordnung (einer von der EUStA beantragten Maßnahme) oder gegen eine nachträgliche gerichtliche Bestätigung einer von der EUStA durchgeführten (Eil)Maßnahme sind die allgemeinen **Rechtsbehelfe des deutschen Strafprozessrechts** eröffnet (Beschwerde, § 304 StPO; weitere Beschwerde, § 310 StPO; sofortige Beschwerde, § 311 StPO). 66

Die der gerichtlichen Handlung (Anordnung/Bestätigung) „zugrundeliegende" Maßnahme weiterhin als eine **„Verfahrenshandlung der EUStA"** anzusehen, so dass auch insoweit der nationale Rechtsschutz über Art. 42 Abs. 1 VO eröffnet wäre, scheidet zumindest bezüglich der vom Gericht in originärer Kompetenz angeordneten (d.h. von der EuStA lediglich beantragten) Maßnahme (Untersuchungshaft – Haftbefehl; Durchsuchungsbeschluss) begrifflich aus.[68] 67

Anders sieht es zwar aus, wenn man auf die **Vollstreckung einer gerichtlich angeordneten Maßnahme** (durch die EUStA) abstellt: So kann auf Antrag des mit der Führung eines Verfahrens betrauten DEStA (Art. 33 Abs. 1 VO) der zuständige deutsche Ermittlungsrichter (§ 162 StPO) per Haftbefehl anordnen, dass der Verdächtige/Beschuldigte in Untersuchungshaft genommen wird (§§ 112, 114 StPO). Die Vollstreckung eines solchen Haftbefehls (Verhaftung der gesuchten Person) lässt sich dann als eine „Verfahrenshandlung" der EUStA iSv Art. 42 Abs. 1 VO darstellen, so dass der nationale gerichtliche Rechtsschutz (**Vorführung, § 115 StPO**) über Art. 42 Abs. 1 VO eröffnet ist. Allerdings lässt sich über diesen Weg eben nur die „Vollstreckung" (Art und Weise) des Haftbefehls, nicht aber seine gerichtliche Anordnung (Ob) überprüfen. 68

Der Weg in die nationale Gerichtsbarkeit und den dortigen Rechtsschutz ergibt sich in dieser Konstellation daher stets aus **Art. 30, 33 VO**, d.h. aus dem Umstand, dass die VO den Mitgliedstaaten erlaubt, die Durchführung der Maßnahme von einer vorherigen (nationalen) gerichtlichen Anordnung oder einer nachträglichen gerichtlichen Bestätigung abhängig zu machen. In **Ermangelung eines speziellen strafprozessualen Rechtschutzes auf Unionsebene (Europäischer Ermittlungsrichter; Europäisches Strafgericht** als **Fachgericht** iSv **Art. 256, 257 AEUV**)[69] muss dann zwangsläufig auch die gerichtliche Kontrolle dieser richterlichen Entscheidung auf nationaler Ebene eröffnet sein.[70] 69

---

67 LR/*Esser*, EMRK, Art. 5 Rn. 340 ff.; Art. 6 Rn. 635 ff.; SK-StPO/*Meyer*, EMRK, Art. 5 Rn. 277, Art. 6 Rn. 163 ff.; MüKo-StPO/*Gaede*, EMRK, Art. 5 Rn. 93, Art. 6 Rn. 156 ff.; SSW-StPO/*Satzger*, EMRK, Art. 5 Rn. 64.

68 Vgl. insoweit GesE (Fn. 43), 36.

69 Hierzu: *Böse* RW 2012, 172; *Langbauer*, Strafrecht vor den Unionsgerichten, 2015, 507 ff.; *Esser* StRR 2010, 133 (136 f.); siehe auch: EnzEur/*Gärditz* § 25 Rn. 54.

70 Vgl. GesE (Fn. 43), 51.

70 Das gilt auch, wenn der Ermittlungsrichter im Anschluss an die Vorführung eines vorläufig festgenommenen Verdächtigen, auf Antrag der Staatsanwaltschaft oder, wenn ein Staatsanwalt nicht erreichbar ist, von Amts wegen einen Haftbefehl oder einen Unterbringungsbefehl erlässt (§ 128 Abs. 2 S. 2 StPO).

71 Von hoher praktischer Relevanz im weiteren Verlauf sind die für die Kontrolle freiheitsentziehender (gerichtlich angeordneter) Maßnahmen vorgesehenen Rechtsbehelfe der **Haftprüfung** (§ 117 StPO) – durch den Ermittlungsrichter beim Amtsgericht am Dienstort des DEStA (§ 162 StPO iVm § 3 EUStAG) – und der **Haftbeschwerde** (§ 304 StPO) zu einer Beschwerdekammer am Landgericht.

72 **8. Gerichtlicher Rechtsschutz gegen verdeckte (Zwangs-)Maßnahmen.** Eine Sonderregelung für den gerichtlichen Rechtsschutz gegen verdeckte (Zwangs-)Maßnahmen (vgl. Art. 30 Abs. 1 lit. e und f VO), deren Anordnung durch die Staatsanwaltschaft in der StPO ohnehin, wenn überhaupt, meist dann nur in Eilfällen vorgesehen ist (§§ 100e Abs. 1 S. 2; 100f Abs. 4; 100i Abs. 3; 100j Abs. 3 S. 2 StPO; zu gerichtlichen Entscheidungen allgemein → Rn. 66 ff.), enthält **§ 101 Abs. 7 S. 2 StPO**, der eine gerichtliche Überprüfung der Rechtmäßigkeit sowie der Art und Weise des Vollzugs einer solchen Maßnahme binnen einer Frist von **zwei Wochen** nach der Benachrichtigung über ihre Durchführung (§ 101 Abs. 4 StPO) ermöglicht.[71] Anders als bei §§ 98 Abs. 2, 304 StPO wird hier für das Begehren einer gerichtlichen Kontrolle **nach Beendigung der Maßnahme** kein Nachweis eines besonderen Rechtsschutzinteresses verlangt; ein solches versteht sich bei diesen eingriffsintensiven Maßnahmen quasi von selbst.[72] **Zuständiges Gericht** ist im Falle einer durch die EUStA angeordneten Maßnahme das Gericht am Dienstort des DEStA (§ 101 Abs. 7 S. 1 StPO iVm § 3 Abs. 3 EUStAG). Gegen eine diesen Antrag ablehnende Entscheidung ist eine **sofortige Beschwerde** (§ 311 StPO) statthaft, § 101 Abs. 7 S. 3 StPO.

73 **9. Einstellung des Verfahrens.** Entscheidet sich die EUStA nach dem Abschluss der Ermittlungen dafür, das Verfahren einzustellen (Art. 39 VO), so hat sie einen etwaigen **Antragsteller** (Antrag auf Erhebung der öffentlichen Klage) unter Angabe der Gründe **zu bescheiden** (§ 171 S. 1 StPO).[73]

74 In dem Bescheid ist der Antragsteller, der zugleich der Verletzte[74] ist, über die Möglichkeit der Anfechtung des Bescheides nach § 172 Abs. 2–4 StPO iVm § 3 Abs. 5 S. 3 EUStAG (**Antrag auf gerichtliche Entscheidung**, → Rn. 77) ebenso zu belehren wie über die Möglichkeit der Anfechtung gemäß Art. 42 Abs. 3 VO (**Nichtigkeitsklage**, § 263 Abs. 4 AEUV)[75], § 171 S. 2 StPO iVm § 3 Abs. 4 EUStAG), einschließlich der dafür jeweils vorgesehenen **Fristen** (mit den **Besonderheiten und Abweichungen**, die sich aus § 3 Abs. 5 S. 2 EUStAG ergeben).

75 Demzufolge kann der **Einstellungsbescheid** nach der differenzierten Ausgestaltung des Art. 42 VO entweder nach nationalem Recht (§§ 172 ff. StPO) oder unmittelbar nach Unionsrecht angefochten werden.

76 Welcher Rechtsweg vom Betroffenen einzuschlagen ist, hängt davon ab, **auf welcher Grundlage** (Rechtsgrund der behaupteten Mangelhaftigkeit) der Einstellungsbeschluss angefochten werden soll.

77 Wird ein **Fehler auf der Basis des nationalen Rechts** gerügt (z.B. Einstellung trotz eines hinreichenden Tatverdachts), findet eine Kontrolle der Einstellungsentscheidung als Verfahrenshandlung iSv Art. 42 Abs. 1 VO nach nationalem Recht[76] wie gewohnt im Wege des Klageerzwingungsverfahrens,

---

71 Vgl. *Kindhäuser/Schumann* § 29 Rn. 7; KK-StPO/*Bruns* § 101 Rn. 34.

72 Vgl. *Ostendorf* § 13 Rn. 269; *Kindhäuser/Schumann* § 29 Rn. 7.

73 Der Beschuldigte ist von der Einstellung zu benachrichtigen (Art. 39 Abs. 4 VO; § 170 Abs. 2 S. 2 StPO).

74 Mit Blick auf einen möglichst umfassenden Schutz des Legalitätsprinzips ist der Verletztenbegriff der StPO grundsätzlich weit auszulegen, vgl. OLG Dresden NStZ-RR 1998, 338; KK-StPO/*Moldenhauer* § 172 Rn. 18; insofern kommt insbesondere auch die Kommission als Verletzte iSd § 172 StPO in Betracht, sodass ihr neben dem Rechtsweg zum EuGH prinzipiell auch die Möglichkeit eines Klageerzwingungsverfahrens offenstehen kann.

75 Eine ähnliche Regelung enthält die österreichische Vorschrift des § 14 Abs. 2 EUStA-DG.

76 Vgl. zur diesbezüglichen Anwendung des § 195 öStPO (Fortführungsantrag) in Österreich die Erläuterungen zur österreichischen Regierungsvorlage, 808 der Beilagen XXVII. GP – Regierungsvorlage – Erläuterungen v. 20.4.2021, 11; abkürzend dafür im Folgenden: EBRV 808 Blg NR 27. GP.

§§ 172 ff. StPO, statt, allerdings mit gewissen verfahrensrechtlichen Besonderheiten.[77] So ist **§ 172 Abs. 1 StPO** (Beschwerde an den vorgesetzten Beamten der Staatsanwaltschaft) **nicht anzuwenden** (§ 3 Abs. 5 S. 2 EUStAG). Stattdessen soll § 172 Abs. 2 S. 1 StPO mit der Maßgabe gelten, dass der Antragsteller und zugleich Verletzte **innerhalb eines Monats** nach Bekanntgabe des Einstellungsbescheids (§ 171 StPO) die **gerichtliche Entscheidung** gegen diesen beantragen kann (§ 3 Abs. 5 S. 3 EUStAG). Im Einstellungsbescheid ist dementsprechend über diese Möglichkeit der unmittelbaren gerichtlichen Anfechtung nach § 172 Abs. 2 StPO nebst Frist zu belehren (§ 3 Abs. 4 EUStAG). Zuständig für die gerichtliche Überprüfung des Einstellungsbescheides ist wie üblich das **Oberlandesgericht**, § 172 Abs. 4 StPO.

Erfolgt die Anfechtung des Einstellungsbeschlusses jedoch **„unmittelbar auf der Grundlage des Unionsrechts"**, ist gemäß **Art. 42 Abs. 3 VO** (ausschließlich) im Wege einer **Nichtigkeitsklage**, Art. 264 Abs. 4 AEUV, zum **EuGH** vorzugehen (innerhalb einer Frist von **zwei Monaten**, Art. 263 Abs. 6 AEUV; vertiefend hierzu → Rn. 125).[78] Auch hierüber hat im Einstellungsbescheid (§ 171 StPO) der EUStA eine Belehrung zu erfolgen, § 3 Abs. 4 EUStAG. 78

Beschließt ein nationales Gericht (→ Rn. 77) oder der EuGH (→ Rn. 123) nach Überprüfung des Beschlusses zur Einstellung des Verfahrens, dass die EUStA das Verfahren wiederaufnehmen sollte (z.B. weil ein hinreichender Tatverdacht vorliegt oder ein Einstellungsgrund tatsächlich nicht vorlag), so bestimmt der die Aufsicht führende EStA einen DEStA, der die Ermittlungen fortführt (**Art. 59 Abs. 5 GO**). 79

**10. Wahl des Mitgliedstaates (forum) zur Entscheidung über die Anklage.** Die Möglichkeit der gerichtlichen **Überprüfung der Entscheidung der EUStA** als europäischer Strafverfolgungsbehörde **über die Auswahl des Forums** (Gerichts), das zur Entscheidung über die erhobene Anklage von nun an zuständig sein soll, und damit auch der gesamten **prozessualen Verfahrensordnung**, die das sich anschließende Hauptverfahren prägen wird, ergibt sich ebenfalls aus **Art. 42 Abs. 1 VO.** 80

Die Formulierung in **ErwG 87 Abs. 2 VO** spricht dafür, dass zu den dort genannten Verfahrenshandlungen der EUStA mit Wirkung gegenüber Dritten auch die Wahl des Mitgliedstaats iSd Art. 36 Abs. 3 VO zählt. 81

Deutlich wird dies durch einen Umkehrschluss: Art. 42 Abs. 2 lit. c VO (→ Rn. 115 ff.) betrifft nur die dem **EuGH** zugewiesene Klärung von Konflikten zwischen der EuStA und den Mitgliedstaaten bzgl. Art. 22 und 23 VO, d.h. über das **„Ob" der Zuständigkeit**; das „Wo" der Anklage (durch die EUStA) ist dann eine unter Art. 42 Abs. 1 VO fallende Streitigkeit.[79] 82

Ein Bedürfnis nach einer effektiven gerichtlichen Kontrolle der EUStA besteht insbesondere angesichts der für die EUStA bestehenden **Möglichkeit zur Anklageerhebung in einem *anderen* Mitgliedstaat**, vgl. Art. 36 Abs. 3 S. 2 VO, als demjenigen, in dem ein DEStA bislang mit dem Fall betraut war und das Ermittlungsverfahren geführt hat. Hierbei werden in der Praxis die nach der VO maßgeblichen Kriterien *„Schwerpunkt der strafbaren Handlung"* bzw. *„Großteil der Straftaten"* (Art. 26 Abs. 4 S. 1 VO) und *„Abweichung gebührend begründet"* ebenso eine Rolle spielen wie der etwaig zu bestimmende Ort, an dem der Hauptteil des finanziellen Schadens durch eine Tat eingetreten ist, vgl. Art. 26 Abs. 4 S. 2 lit. c VO[80] (hierzu: *Oehmichen* → § 14 Rn. 39 ff.). 83

Zwar kann diese Wahlmöglichkeit durch die EUStA dem Beschuldigten im Einzelfall auch zum Vorteil gereichen, z.B., wenn dadurch die Anklageerhebung beim Gericht am Wohnort des Täters und nicht bei einem Gericht am ausländischen Tatort ermöglicht und dem Beschuldigten auf diese Weise etwa eine Überstellung mittels eines Europäischen Haftbefehls erspart wird. In der Regel 84

77 Vgl. GesE (Fn. 43), 34.

78 Art. 42 Abs. 3 VO (→ Rn. 122 ff.) normiert mit dem Verweis auf Art. 263 Abs. 4 AEUV insofern eine Ausnahme von der Grundsatzregelung des Absatzes 1.

79 Kritisch in Bezug auf die nicht der Unionsgerichtsbarkeit obliegende gerichtliche Kontrolle der Wahl des Forums: *Mitsilegas/Giuffrida*, Raising the bar? Thoughts on the establishment of the European Public Prosecutor's Office, Policy Insights No. 2017/39, 13; *Mitsilegas* MJ 2021, 245 (262).

80 Vgl. dazu *Panzavolta* in Bachmaier Winter, The European Public Prosecutor`s Office, 59 (71 ff., 81); *Ruggeri* in Bachmaier Winter, The European Public Prosecutor's Office, 201 (210). Vorsicht ist auch mit Blick auf Art. 10 Abs. 1 UAbs. 1 VO geboten.

dürfte die Ausübung der Wahlmöglichkeit durch die EuStA jedoch vor allem mit der deutlichen Erschwerung einer effektiven Verteidigung einhergehen.[81] Der Beschuldigte bzw. sein im Ermittlungsverfahren tätiger Rechtsbeistand, die mit der „ab jetzt" fremden Rechtsordnung in der Regel nicht vertraut sind[82], müssten in einem solchen Fall u.a. die **Verwertbarkeit der in einem anderen Staat erlangten Beweise** überprüfen; bei einem im Forum-Staat neu ins Verfahren eintretenden Rechtsbeistand wäre dies in Bezug auf die im Ermittlungsverfahren im „Ausgangsstaat" erhobenen Beweise ebenso der Fall. Für den bis zur Anklageerhebung tätigen Rechtsbeistand bedeutet dies faktisch, dass er sich von nun an auch in einer anderen Rechtsordnung, Sprache und vor allem in den informellen Verfahrensabläufen auskennen muss, um die jeweiligen für den jetzt folgenden Abschnitt des Verfahrens relevanten Vorschriften des nationalen Strafprozessrechts zügig überprüfen, bewerten und entsprechend der gewonnenen Erkenntnis handeln zu können.[83]

85 Darüber hinaus kann die **Wirksamkeit einer im Ermittlungsverfahren bereits erarbeiteten Verteidigungsstrategie** durch die Entscheidung der EUStA, das Verfahren in ein anderes Land zu verlagern (Art. 26 Abs. 5 VO), beeinträchtigt werden.[84] Auch die Bundesregierung hat erkannt, dass sowohl die grenzüberschreitende Übertragung der Anklage (Art. 36 Abs. 3 VO) als auch die grenzüberschreitende Verbindung von Verfahren (Art. 36 Abs. 4 VO) Nachteile für den Beschuldigten mit sich bringen können. Erschwernisse für die Verteidigung können sich vor allem aus einem späteren **Wechsel des anwendbaren materiellen Rechts sowie des Prozessrechts** ergeben, ebenso daraus, dass das nunmehr anwendbare mitgliedstaatliche Recht für die Verteidigung möglicherweise nachteilige Folgen hat.[85]

86 In diesem Zusammenhang spielt auch das **Prinzip des gesetzlichen Richters**, das nicht nur in den nationalen Verfassungen der Mitgliedstaaten sondern auch unionsrechtlich in Art. 47 Abs. 1 GRC und Art. 6 Abs. 1 EMRK eine Verankerung findet, eine wesentliche Rolle. Die Zuständigkeit des Richters hat bereits vor Begehung der Straftat eine gesetzliche Bestimmung zu erhalten. Zwar hat der Verordnungsgeber mit dem Katalog in Art. 26 Abs. 4 VO erstmals unionsrechtliche Kriterien zur Festlegung der grenzüberschreitenden Zuständigkeit fixiert.[86] Dennoch dürfte insbesondere bei Straftaten mit transnationalem Bezug – auch aufgrund des unbestimmten Begriffs des „Schwerpunkt(s)" in Art. 26 Abs. 4 VO – regelmäßig keine frühzeitige Kenntnis über die für die Ermittlungen und die Strafverfolgung zuständige Behörde und das spätere Gericht möglich sein.[87]

87 Der durch Art. 3 des EUStA-Durchführungs-Gesetzes[88] neu geschaffene **§ 16 Abs. 2 StPO** sieht daher die Möglichkeit einer der StPO bislang unbekannten **gerichtlichen Überprüfung einer grenzüberschreitenden Forumswahl** vor; zuständig ist das (nationale) Gericht, zu dem die EUStA Anklage erhoben hat.[89] Der Angeklagte kann den entsprechenden Einwand – wie im Rahmen der

81 Kritisch im Hinblick auf den gesetzlichen Richter: *Ruggeri* in Bachmaier Winter, The European Public Prosecutor's Office, 201 (203, 212); zur Problematik des Verstoßes gegen das Bestimmtheitsgebot, vgl. *Peters*, VerfBlog, 2014/2/20, https://verfassungsblog.de/europaeische-staatsanwaltschaft-gefahr-fuer-fair-trial-grundsatz/; vgl. auch *Illuminati* in Bachmaier Winter, The European Public Prosecutor's Office, 179 (196 f.).

82 *Ruggeri* in Bachmaier Winter, The European Public Prosecutor's Office, 201 (212).

83 Vgl. *Panzavolta* in Bachmaier Winter, The European Public Prosecutor's Office, 59 (81 ff.); *Peters*, VerfBlog, 2014/2/20, aaO; *Nürnberger* ZJS 2009, 494 (500 f.), vgl. dort auch zur Problematik des Gebrauchs des Schweigerechts sowie der Ziehung negativer Schlüsse aus dem Schweigen; *Scheuermann*, Das Prinzip der gegenseitigen Anerkennung im geltenden und künftigen Europäischen Strafrecht, 2009, 136; *Nestler* ZStW 116 (2004), 332 (351 f.).

84 Vgl. *Ruggeri* in Bachmaier Winter, The European Public Prosecutor's Office, 201 (210); *Mitsilegas/Giuffrida*, Raising the bar? Thoughts on the establishment of the European Public Prosecutor's Office, Policy Insights No. 2017/39, 12.

85 GesE (Fn. 43), 32.

86 Vgl. dazu auch HBB/*Herrnfeld* Art. 36 Rn. 26, der durch diese Kriterien bereits ein hinreichendes Maß an Vorhersehbarkeit gewährleistet sieht.

87 Vgl. *Ruggeri* in Bachmaier Winter, The European Public Prosecutor's Office, 201 (212); vgl. auch *Reale* in Rafaraci/Belfiore, EU Criminal Justice, 205 (212).

88 Gesetz zur Durchführung der Verordnung (EU) 2017/1939 des Rates v. 12.10.2017 zur Durchführung einer Verstärkten Zusammenarbeit zur Errichtung der Europäischen Staatsanwaltschaft und zur Änderung weiterer Vorschriften, BGBl. 2020 I 1648 (1651).

89 Vgl. GesE (Fn. 43), 36, 62 f.

Rüge gemäß § 16 Abs. 2 iVm Abs. 1 S. 3 StPO – bereits vor der Eröffnung des Hauptverfahrens anbringen, in der Hauptverhandlung allerdings nur bis zum Beginn seiner Vernehmung zur Sache.[90]

Auch in **Österreich** ist eine gerichtliche Überprüfung der Forumswahl der EUStA vorgesehen (**§ 15 Abs. 2 EUStA-DG**): Dem Beschuldigten soll dabei das in § 212 öStPO geregelte Rechtsmittel des Anklageeinspruchs zur Verfügung stehen. Das Gericht selbst kann Zweifel an seiner Zuständigkeit nach § 213 Abs. 6 öStPO dem Oberlandesgericht mitteilen. Bei der Überprüfung sollen die einschlägigen Vorgaben des Unionsrechts besondere Beachtung finden.[91] 88

Allerdings wird durch ein die Forumswahl überprüfendes mitgliedstaatliches Gericht selbst – d.h. ohne vorherige Konsultation des EuGH im Wege der Vorabentscheidung – grundsätzlich nur eine Bestätigung der von der EUStA getroffenen Auswahlentscheidung erfolgen können.[92] Hat das nationale Gericht dagegen Zweifel hinsichtlich der Forumswahl der EUStA, d.h. an der Anwendung der Kriterien des Art. 26 Abs. 4 VO, und findet es, dass die Anklageerhebung bei dem Gericht eines anderen Mitgliedstaats zu erfolgen hätte, muss es zunächst ein **Vorabentscheidungsersuchen über die Gültigkeit der Handlung der EUStA** (Art. 267 AEUV) an den EuGH stellen.[93] Eine Zurückweisung der Anklage kann durch das nationale Gericht daher im Ergebnis erst erfolgen, wenn der EuGH die Ungültigkeit der Forumswahl festgestellt hat.[94] 89

**11. Kontrolle der Voraussetzungen für die Erhebung der Anklage.** Hat die EUStA schließlich Anklage zu einem deutschen Strafgericht erhoben, wird bei der Entscheidung über die Eröffnung des Hauptverfahrens durch das nach dem GVG zuständige deutsche Gericht von Amts wegen (*ex officio*) eine Überprüfung der Anklage durch die EUStA vorgenommen.[95] Das nationale Gericht prüft dabei, ob die Voraussetzungen für eine Anklageerhebung vorliegen (Prozessvoraussetzungen/-hindernisse; hinreichender Tatverdacht) und erlässt sodann entweder einen **Eröffnungsbeschluss** (§§ 203, 207 StPO) oder es **lehnt die Eröffnung des Hauptverfahrens ab** (§ 204 StPO). 90

**12. Sonstiger Rechtsschutz.** Rechtsschutzmöglichkeiten außerhalb der StPO (z.B. für Justizverwaltungsakte, **§§ 23 ff. EGGVG**) oder nach **§ 40 VwGO** vor den Verwaltungsgerichten (etwa bei Sperrerklärungen von Dokumenten/Zeugen) stehen in einem Verfahren der EUStA über Art. 42 Abs. 1 VO ebenfalls zur Verfügung. Für Sperrerklärungen *deutscher Behörden* in Bezug auf Zeugen (§ 96 StPO analog)[96] gilt § 40 VwGO unmittelbar. 91

## V. Art. 42 Abs. 2 lit. a VO: Vorabentscheidung (Art. 267 AEUV) über die Gültigkeit einer Verfahrenshandlung der EUStA

Im Rahmen der nach Art. 42 Abs. 1 VO geforderten Kontrolle *überprüfen* die nationalen Gerichte die Vereinbarkeit der Verfahrenshandlungen der EUStA sowohl mit den Bestimmungen des nationalen Rechts als auch mit dem gesamten Unionsrecht (→ Rn. 26).[97] Die Vereinbarkeit einer solchen Handlung mit Unionsrecht können sie jederzeit und in vollem Umfang feststellen. 92

Bei bestehenden Zweifeln hinsichtlich der **Gültigkeit einer Verfahrenshandlung der EUStA** unmittelbar auf der **Grundlage des Unionsrechts** (und bei entsprechender Entscheidungserheblichkeit dieser Frage) jedoch hat der nationale Strafrichter („Gericht“ / „any court or tribunal“) das Verfahren 93

90 GesE (Fn. 43), 63; dazu Meyer-Goßner/*Schmitt* § 16 Rn. 3 mit Verweis auf § 6a StPO Rn. 6 ff.

91 EBRV 808 Blg NR 27. GP, 13.

92 Vgl. EuGH 22.10.1987 – C-314/85, ECLI:EU:C:1987:452 Rn. 14 – Foto Frost; EBRV 808 Blg NR 27. GP, 13.

93 Vgl. EBRV 808 Blg NR 27. GP, 13.

94 Vgl. EBRV 808 Blg NR 27. GP, 13; vgl. auch EuGH 22.10.1987 – C-314/85, ECLI:EU:C:1987:452 Rn. 15 – Foto Frost, wonach eine einheitliche Auslegung des Unionsrechts insbesondere dann zwingend ist, wenn es um die Frage nach der Gültigkeit einer Unionshandlung geht.

95 Vgl. *Böse* JZ 2017, 82 (83).

96 Hierzu: Meyer-Goßner/*Schmitt* § 96 Rn. 12, 14; LR/*Menges* § 96 Rn. 104 ff.

97 GesE (Fn. 43), 36.

nach Art. 42 Abs. 2 lit. a VO auszusetzen und die betreffende Frage dem EuGH zur Vorabentscheidung nach Art. 267 AEUV vorzulegen (vgl. ErwG 88 Abs. 2 S. 2 VO).[98]

94 Der Prüfungsmaßstab der **„Gültigkeit"** der Verfahrenshandlung orientiert sich an demjenigen der **„Rechtmäßigkeit"** iSv Art. 263 Abs. 1 AEUV; nicht von der Kompetenz des EuGH formal erfasst ist damit allerdings die „Auslegung" der Verfahrenshandlung der EUStA (vgl. dagegen Art. 267 Abs. 1 lit. b AEUV), wobei die Dinge in der späteren Praxis sicherlich fließend verlaufen werden.[99]

95 **„Verfahrenshandlung"** iSv Art. 42 Abs. 2 lit. a VO meint jedes auf eine konkrete Maßnahme bezogene Handeln der EUStA (→ Rn. 35 ff.), hier auch ein solches ohne „Rechtswirkung gegenüber Dritten" (vgl. abweichend Art. 42 Abs. 1 VO), nicht jedoch rein administratives Handeln (Art. 42 Abs. 8 VO).[100]

96 Unter den Anwendungsbereich des Art. 42 Abs. 2 lit. a VO fällt ferner die Klärung der „Gültigkeit" einer von der EUStA (mutmaßlich pflichtwidrig) **unterlassenen Verfahrenshandlung**, wenn sich die Rechtmäßigkeit des Unterlassens nach Unionsrecht, vor allem nach der VO, bemisst (→ Rn. 28).[101]

97 Schon nach dem Text der VO besteht die besagte **Pflicht zur Vorlage** nach Art. 42 Abs. 2 lit. a VO für *jeden* nationalen Strafrichter, d.h. – abweichend von der für die Auslegung des Unionsrechts geltenden Regelung in Art. 267 Abs. 2–3 AEUV – auch dann, wenn er den Rechtsstreit, in dem sich die Vorlagefrage stellt, auf nationaler Eben nicht letztinstanzlich entscheidet.[102] Dies entspricht den Art. 267 Abs. 2 AEUV insoweit einschränkenden Vorgaben des EuGH zur Klärung der **Gültigkeit** von *„Handlungen der Organe, Einrichtungen oder sonstigen Stellen der Union"* iSv Art. 267 Abs. 1 lit. b, Abs. 2 u. Abs. 3 AEUV, die nicht durch nationale Gerichte erfolgen darf.[103]

98 Art. 42 Abs. 2 lit. a VO iVm. Art. 267 AEUV selbst eröffnet auch den an einem Strafverfahren der EUStA Beteiligten (innerhalb des nach Art. 42 Abs. 1 AEUV eröffneten gerichtlichen Rechtsschutzes) **keinen „Rechtsbehelf" zum EuGH**. Das nach Art. 42 Abs. 1 VO mit der Kontrolle einer Verfahrenshandlung der EUStA nach Maßgabe des nationalen Rechts und des Unionsrechts befasste nationale Gericht ist daher nicht allein deshalb zur Vorlage an den EuGH verpflichtet, weil ein Verfahrensbeteiligter geltend macht, die vom Gericht vorzunehmende Kontrolle der Verfahrenshandlung der EUStA betreffe (auch) deren nach Maßgabe des Unionsrechts zu beurteilende Gültigkeit (Rechtmäßigkeit); demnach rechtfertigen auch vor dem nationalen Gericht erhobene **Einwände gegen die Gültigkeit** der Verfahrenshandlung als solche noch nicht automatisch die entsprechende Vorlage an den Gerichtshof oder eine diesbezügliche Pflicht des nationalen Gerichts.[104]

99 Das nationale Gericht muss vielmehr selbst ***„Zweifel an der Gültigkeit der betreffenden Verfahrenshandlung nach Maßgabe des Unionsrechts hegen"*** (ErwG 88 Abs. 2 VO);[105] ursprünglich entstanden sein können diese Zweifel entweder beim Gericht selbst oder aber durch einen Hinweis der Verfahrensbeteiligten.

98 EuGH 22.10.1987 – Rs. 314/85, ECLI:EU:C:1987:452 Rn. 14 ff. – Foto Frost; GesE (Fn. 43), 36; zum Prozedere und den Obliegenheiten des nationalen Richters: Empfehlungen an die nationalen Gerichte bezüglich der Vorlage von Vorabentscheidungsersuchen, ABl. 2019 C 380, 1; HBB/*Herrnfeld* Art. 42 Rn. 48.

99 EuGH 22.10.1987 – C-314/85, ECLI:EU:C:1987:452 Rn. 16 – Foto-Frost; HBB/*Herrnfeld* Art. 42 Rn. 38, 50.

100 Hierzu: HBB/*Herrnfeld* Art. 42 Rn. 38.

101 Zur Unzulässigkeit sog. **vorläufiger Anordnungen** durch das nationale Gericht: EuGH 26.11.1996 – C-68/95, ECLI: EU:C:1996:452 Rn. 48, 53 – T. Port KG („keine Möglichkeit für ein nationales Gericht vor, den Gerichtshof im Wege der Vorlage zu ersuchen, durch Vorabentscheidung die Untätigkeit eines Organs festzustellen; daher sind die nationalen Gerichte nicht befugt, vorläufige Maßnahmen zu erlassen, bis das Organ tätig geworden ist"); restriktiv auch: HBB/*Herrnfeld* Art. 42 Rn. 44.

102 HBB/*Herrnfeld* Art. 42 Rn. 42. Zutreffend bzgl. Art. 86 Abs. 3 VO als spezieller Ermächtigung zur Abweichung vom allgemeinen Regelungsmodell des Art. 267 Abs. 3 AEUV: EnzEur/*Gärditz* § 25 Rn. 65; abl. dagegen: *Böse* JZ 2017, 82 (86 f.).

103 EuGH 22.10.1987 – C-314/85, ECLI:EU:C:1987:452 Rn. 20- Foto-Frost; 6.10.2015 – C-362/14, ECLI:EU:C:2015:650 Rn. 62 – Maximilian Schrems.

104 Vgl. hierzu die allgemeine Judikatur: EuGH 6.10.1982 – 283/81, ECLI:EU:C:1982:335 Rn. 9 – Cilfit (Auslegung von [früherem] Gemeinschaftsrecht); 10.1.2006 – C-344/04, EU:C:2006:10 Rn. 28 – IATA u. ELFAA (Gültigkeit von [früherem] Gemeinschaftsrecht).

105 Dagegen aber: HBB/*Herrnfeld* Art. 42 Rn. 39 („even where the court considers the procedural act of the EPPO to be *in compliance* with Union law but requests the ECJ to confirm this").

Einschränkungen von dieser Vorlageverpflichtung über die vom EuGH (zur *Auslegung* von Unionsrecht) entwickelten **Grundsätze *„acte éclairé"*** bzw. ***„acte clair"***[106] gelten in Bezug auf die Vorlage von Fragen zur *Gültigkeit* von Unions*rechtsakten* nicht,[107] demnach auch und erst Recht nicht für Verfahrenshandlungen der EUStA, weil auch insoweit immer die Gefahr besteht, dass ein nationales Gericht auf diese Weise über die Verbindlichkeit eines Unionrechtsaktes entscheidet. 100

Angesichts der **Individualität und Einzelfallbezogenheit von Verfahrenshandlungen der EUStA**[108] wird man selbst die zur Gültigkeit von Unionsrechtsakten entwickelte einschränkende Judikatur des EuGH, wonach ein letztinstanzliches Gericht von einer Vorlage befreit ist und den *Rechtsakt* demzufolge in vollem Umfang für gültig erklären darf, wenn es annimmt, *„dass die Gültigkeit des beanstandeten [Unions-]rechtsakts **völlig unzweifelhaft** ist und daher der Gerichtshof hierzu nicht angerufen zu werden braucht"*,[109] bei der Kontrolle von *Verfahrenshandlungen* der EUStA **nur eingeschränkt** zur Anwendung kommen lassen können.[110] Zwar wird man ein letztinstanzlich entscheidendes nationales Gericht nicht aufgrund jeglicher vor ihm erhobener Rüge der Unionsrechtswidrigkeit einer Verfahrenshandlung der EUStA zu einer Vorlage verpflichtet sehen können, wenn es selbst keinen Zweifel an der Unionsrechtskonformität der Handlung hat. Anzunehmen ist aber ein **besonders strenger Maßstab** für das letztinstanzliche Gericht bei der Einstufung einer ***„völlig unzweifelhaften"* Gültigkeit**; eine solche darf nur ausnahmsweise angenommen werden, weil wegen der Einzelfallbezogenheit die Gültigkeit einer speziellen Verfahrenshandlung selten völlig unzweifelhaft feststehen dürfte. 101

Beschränkt in der Sache ist die Verpflichtung des nationalen Gerichts zur Vorlage allerdings dadurch, dass die Frage zur Gültigkeit der Verfahrenshandlung sich **„unmittelbar auf der Grundlage des Unionsrechts"** (einschließlich der **GRC**) stellen und dementsprechend auch so dem EuGH gestellt werden muss. 102

Dies bedeutet zunächst, dass Fragen zur **Rechtmäßigkeit** von Verfahrenshandlungen der EUStA in Bezug auf ***nationales* Verfahrensrecht** (auch nicht auf solches, das zur Umsetzung von Richtlinien[111] ergangen ist) dem EuGH nicht zur Vorabentscheidung vorgelegt werden können.[112] Auch in der Konstellation des Art. 42 Abs. 1 lit. a VO bleibt es bei der allgemeinen Regel, dass der EuGH **nicht über die Auslegung des nationalen Rechts** entscheidet, auch dann nicht, wenn die VO auf dieses explizit verweist (vgl. ErwG 88 Abs. 3 S. 1 VO). 103

Gerade in Hinblick auf die Auslegung des Merkmals ***„unmittelbar auf der Grundlage des Unionsrechts"*** im Einzelfall werden sich in der Praxis zwischen den Prüfkonzepten des Art. 42 Abs. 1 VO einerseits und des Art. 42 Abs. 2 lit. a VO andererseits gleichwohl Probleme bei der Abgrenzung des im Einzelfall eröffneten Rechtsschutzes ergeben, weil auch das nationale Strafverfahrensrecht jedenfalls in Teilen bereits unionsrechtlich determiniert ist.[113] 104

---

106 EuGH 6.10.1982 – C-283/81, ECLI:EU:C:1982:335 Rn. 14, 16 – Cilfit u.a.

107 EuGH 6.12.2005 – C-461/03, ECLI:EU:C:2005:742 Rn. 19, 25 – Gaston Schul („auch dann die Verpflichtung auferlegt, dem Gerichtshof eine Frage nach der Gültigkeit von Bestimmungen einer Verordnung vorzulegen, wenn der Gerichtshof entsprechende Bestimmungen einer anderen, vergleichbaren Verordnung bereits für ungültig erklärt hat.").

108 Vgl. hierzu: EuGH 6.12.2005 – C-461/03, ECLI:EU:C:2005:742 Rn. 20 – Gaston Schul („dass es sich bei eingehender Prüfung auch in auf den ersten Blick ähnlich gelagerten Fällen insbesondere aufgrund ihres unterschiedlichen rechtlichen oder gegebenenfalls tatsächlichen Kontextes zeigen kann, dass eine Bestimmung, deren Gültigkeit in Frage steht, nicht einer bereits für ungültig erklärten anderen Bestimmung gleichgestellt werden kann.").

109 EG 21.6.2006 – T-47/02, ECLI:EU:T:2006:167 Rn. § 37 – Danzer.

110 Dagegen aber: HBB/*Herrnfeld* Art. 42 Rn. 46 („if it considers that a question of invalidity of the EPPO's procedural act, […] is **manifestly unfounded**.").

111 Fragen zur *Auslegung einschlägiger Richtlinien*, um dann als nationaler Richter im Anschluss mit dieser Vorgabe das nationale Recht überprüfen zu können, sind dem EuGH nach Maßgabe von Art. 42 Abs. 2 lit. b VO iVm Art. 267 AEUV vorzulegen (→ Rn. 109 ff.).

112 Vgl. ErwG 88 Abs. 3 VO; hierzu auch: *Herrnfeld* in Brière/Weyembergh, The Needed Balances in EU Criminal Law, 283 (410); *Aden/Sanchez-Barrueco/Stephenson*, The European Public Prosecutor's Office: strategies for coping with complexity, 2019, 88.

113 Vgl. *Rackow* KriPoZ 2017, 295 (299); EnzEur/*Zöller/Bock* § 22 Rn. 38 (zur „Gefahr" parallel beschrittener Rechtswege); siehe dazu auch: *Weyembergh/Brière*, Towards a European Public Prosecutor's Office, Study for the

105 Diese Probleme für den nationalen Strafrichter lassen sich nur durch eine **enge Auslegung** des Merkmals und eine damit verbundene Begrenzung auf Fragen lösen, die sich eben **„unmittelbar"**, d.h. **im Kern** auf der Grundlage des Unionsrechts stellen.[114] In keinem Fall darf auf diese Weise jedoch die unionsrechtlich gebotene Kontrolle der Tätigkeit der EUStA ausgehebelt werden, soweit sich die Frage der Rechtmäßigkeit einer ihrer Maßnahmen eben (im Kern) nach Unionsrecht bemisst.

106 Es verbleiben sodann Konstellationen, in denen die Rechtsfrage, die mutmaßlich gegen die Gültigkeit einer Verfahrenshandlung der EUStA spricht, sowohl im Unionsrecht als auch im nationalen Recht abgebildet wird. Das belegt schon ein kurzer Blick auf den **Grundsatz der Verhältnismäßigkeit**, der sowohl ein Grundelement des verfassungsrechtlich determinierten Rechtsstaatsprinzips (Art. 20 Abs. 3 GG) als auch einen tragenden allgemeinen Grundsatz des Unionsrechts darstellt (vgl. Art. 52 Abs. 1 GRC; Art. 6 Abs. 3 EUV) und zudem in der VO selbst abgebildet wird (Art. 5 Abs. 2; Art. 30 Abs. 5 VO: *„und keine weniger eingreifende Maßnahme zur Verfügung steht, mit der sich dasselbe Ziel erreichen ließe"*).[115] Dass eine Handlung der EUStA in diesem Fall vom Strafrichter schon nach Art. 42 Abs. 1 VO (d.h. ohne Vorlage an den EuGH) für ungültig erklärt werden kann (wenn man den Hinweis in ErwG 88 S. 3 VO so versteht), wird man nur annehmen können, wenn der relevante Schutzgehalt in der betreffenden Frage in beiden Rechtsordnungen identisch ist; ist der unionsrechtliche Schutz „weitergehend" als der nationale, muss eine Vorlage nach Art. 42 Abs. 2 lit. a VO an den EuGH erfolgen, weil dann die etwaige Erklärung der Ungültigkeit der Maßnahme „nach Unionsrecht" erfolgt, wozu nur der EuGH befugt ist. Ob der Schutzgehalt identisch ist, muss der nationale Strafrichter zuvor – bei entsprechenden Zweifeln – durch eine Vorlage nach Art. 42 Abs. 2 lit. b VO (Auslegung der maßgeblichen unionsrechtlichen Rechtsnorm) beim EuGH in Erfahrung bringen.

107 Ein Vorabentscheidungsverfahren beim EuGH betreffend Verfahrenshandlungen der EUStA wird in Bezug auf die meisten Fragen erheblich schneller als gewöhnlich vonstattengehen, da für die Tätigkeit der EUStA die Vorschriften des für „dringliche" Rechtsfragen (insbesondere in Haftsachen) zum Titel V des Dritten Teils des AEUV eröffneten **Eilvorabentscheidungsverfahrens (Art. 107–114 VerfO-EuGH)** anwendbar sein werden,[116] entweder auf Antrag des vorlegenden Gerichts oder von Amts wegen durch den EuGH (vgl. Art. 107 Abs. 1, Abs. 3 VerfO-EuGH).

108 Erklärt der EuGH eine Verfahrenshandlung der EUStA für nach dem Unionsrecht „ungültig", so hat der nationale Richter diese in dem vor ihm anhängigen nationalen strafprozessualen Rechtsstreit als **rechtswidrig** und damit **unwirksam** einzustufen, mit Rückwirkung.[117] Einem solchen Urteil muss darüber hinaus eine unionsweit allgemein verbindliche Wirkung zukommen, auch für die Staaten, die die Aktivitäten der EUStA nicht unterstützen; die Handlung muss daher von allen nationalen Gerichten der Union als ungültig betrachtet werden.[118] Für die EUStA ergibt sich eine Pflicht zur Beseitigung der aus ihrer unionsrechtswidrigen Handlung resultierenden Folgen.[119]

LIBE Committee, 38, die in Bezug auf den ähnlichen Art. 36 des Ratsentwurfs (2016) Kritik an der hohen Abstraktheit der Formulierung üben; diese könne für die Beteiligten zu großen Unsicherheiten bei der Bestimmung des für die gerichtliche Kontrolle im Einzelfall zuständigen Gerichts führen.

114 Vgl. eingehend *Rackow* KriPoZ 2017, 295 (299).

115 Vgl. etwa EuGH (GK) 8.12.2020 – C-626/18, ECLI:EU:C:2020:1000 Rn. 91 f. – Polen/Parlament und Rat; ferner EuGH (GK) 12.12.2006 – C-380/03, ECLI:EU:C:2006:772 Rn. 144 mwN – Deutschland/Parlament und Rat; näher zur Entwicklung der Rechtsprechung: *Kischel* EuR 2000, 380 (382 ff.).

116 Vgl. *Herrnfeld* in Brière/Weyembergh, The Needed Balances in EU Criminal Law, 283 (410); HdbStR/*Esser* § 64 Rn. 264 ff.

117 EuGH 26.4.1994 – C-228/92, ECLI:EU:C:1994:168 Rn. 17 – Roquette Frères.

118 Hierzu: HBB/*Herrnfeld* Art. 42 Rn. 49.

119 HBB/*Herrnfeld* Art. 42 Rn. 49 (Art. 266 AEUV analog) mit Nachweisen zur Judikatur des EuG.

## VI. Art. 42 Abs. 2 lit. b VO: Vorabentscheidung (Art. 267 AEUV) über Auslegung und Gültigkeit des Unionsrechts

Weiterhin können nationale **Gerichte** (darunter auch hier der Ermittlungsrichter, § 162 StPO) Fragen zur **Gültigkeit oder Auslegung von Unionsrecht** (keinesfalls aber nach nationalem Recht) an den EuGH richten; Art. 42 Abs. 2 lit. b VO stellt dies nur der Vollständigkeit halber klar.[120] 109

Die **allgemeinen Zuständigkeiten des EuGH** und die damit einhergehenden **Kontrollmöglichkeiten bzw. -pflichten der nationalen Gerichte nach Art. 267 AEUV** bleiben damit also unberührt.[121] 110

Eine Vorlageberechtigung für andere Verfahrensbeteiligte (EUStA, Beschuldigter, Verteidiger, Dritte) eröffnet Art. 42 Abs. 2 lit. b VO nicht; dass nur Art. 42 Abs. 2 lit. a VO schon im Wortlaut die Vorlage auf den Richter beschränkt, liegt schlicht daran, dass diesem die speziell von Art. 42 Abs. 2 lit. a VO angesprochene Aufgabe – Kontrolle der Verfahrenshandlung der EUStA – zugewiesen ist. 111

Die **Kontrolle konkreter Verfahrens*handlungen*** der EUStA nach nationalem Recht und Unionsrecht obliegt dagegen der nationalen Gerichtsbarkeit (Art. 42 Abs. 1 VO; nur bei Zweifeln an deren Gültigkeit nach Unionsrecht kommt der EuGH ins Spiel (Art. 42 Abs. 2 lit. a VO; → Rn. 99). 112

Zu einer Vorlage nach Art. 42 Abs. 2 lit. b VO (die Auslegung der VO und des sonstigen Unionsrechts, darunter die RL zum Beschuldigtenschutz betreffend, *Esser* → § 11 Rn. 140 ff.) kann und wird es auch in der Praxis kommen, wenn der **nationale Richter nach Art. 42 Abs. 1 VO** die gerichtliche Kontrolle über eine Verfahrenshandlung der EUStA ausübt und sich ihm dabei eine Frage zur Auslegung der VO selbst oder aber auch die vorgelagerte Frage stellt, ob ein bestimmter rechtlicher Aspekt von der VO überhaupt erfasst ist oder eben nicht, was dann die Anwendbarkeit des nationalen Rechts eröffnet (Art. 5 Abs. 3 VO). 113

Ein **allgemeiner Individualrechtsschutz** ist mit diesem Konzept allerdings auf unionsrechtlicher Ebene weiterhin nicht eröffnet, dieser erschließt sich **nur punktuell über die Nichtigkeitsklage**, was zwangsläufig zu der Frage überleitet, inwieweit Handlungen der EUStA dem Verfahren der **Verfassungsbeschwerde** zum BVerfG (→ Rn. 147 ff.) bzw. der **Individualbeschwerde (Art. 34 EMRK) zum EGMR** (→ Rn. 166 ff.) unterliegen. 114

## VII. Art. 42 Abs. 2 lit. c VO: Vorabentscheidung (Art. 267 AEUV) über die Auslegung in Bezug auf Zuständigkeitskonflikte

Der EuGH entscheidet über **Fragen zur Auslegung von Art. 22 und 25 VO** im Falle etwaig aufkommender Zuständigkeitskonflikte zwischen der EUStA und den nationalen Behörden (Art. 42 Abs. 2 lit. c VO). Angesprochen ist dabei die Konstellation, dass zwischen der EUStA und den nationalen Strafverfolgungsbehörden Uneinigkeit darüber besteht, ob die strafbare Handlung in den Anwendungsbereich der Art. 22 Abs. 2, Abs. 3 VO oder Art. 25 Abs. 2, Abs. 3 VO fällt (**Art. 25 Abs. 6 VO**; *Niedernhuber* → § 7 Rn. 34). 115

Die Entscheidung zu treffen haben stets die ***„nationalen Behörden"***, die für die Verteilung der Strafverfolgungszuständigkeiten auf nationaler Ebene zuständig sind. ErwG 62 S. 2 VO spricht in diesem Zusammenhang von ***„Justizbehörden"***, so dass grundsätzlich sowohl ein Gericht als auch eine Staatsanwaltschaft auf nationaler Ebene als zuständige Behörde bestimmt werden kann. 116

Zuständige *„nationale Behörde"* für die Entscheidung nach Art. 25 Abs. 6 VO ist in Deutschland der **Generalbundesanwalt**, der auf Antrag der betroffenen Staatsanwaltschaft oder der EUStA tätig wird (§ 142b Abs. 2 S. 1 GVG).[122] Gegen die Entscheidung des GBA kann die betroffene Staatsanwaltschaft oder die EUStA **Beschwerde beim BGH** erheben (§ 142b Abs. 2 S. 2 GVG). In **Österreich** 117

120 GesE (Fn. 43), 36.

121 Hierzu: HBB/*Herrnfeld* Art. 42 Rn. 27, 50.

122 Vgl. dazu auch: *Duesberg* NJW 2021, 1207 (1209).

liegt die Zuständigkeit für Entscheidungen nach Art. 25 Abs. 6 VO gemäß § 7 EUStA-DG beim **Obersten Gerichtshof**, der durch Dreier-Senate entscheidet.[123]

118 Die hier stets von den **zuständigen nationalen Behörden** zu treffende Entscheidung darüber, wer für die Einleitung und Führung des Ermittlungsverfahrens in einem konkreten Fall zuständig sein soll, wird über Art. 42 Abs. 2 lit. c VO allerdings **keiner Überprüfung** durch den EuGH zugeführt (etwa auf Antrag der EUStA, eines Verfahrensbeteiligten oder Dritten).[124]

119 Aufgabe und Zuständigkeit des EuGH bleiben auch in diesem Kontext im Rahmen („gemäß") von Art. 267 AEUV, d.h. beschränkt auf die **Klärung relevanter unionsrechtlicher Vorfragen**, die sich im Zusammenhang mit der **Auslegung von Art. 22 und Art. 25 VO** stellen.

120 Zur Vorlage einer solcher Frage an den EuGH im Wege der Auslegung berechtigt und häufig auch verpflichtet (Art. 267 Abs. 3 AEUV) kann daher auch im Rahmen von Art. 42 Abs. 2 lit. c VO **nur ein nationales Gericht** sein, in Deutschland der BGH (§ 142b Abs. 2 S. 2 GVG).

121 Im Ergebnis stellt Art. 42 Abs. 2 lit. c VO damit lediglich einen speziell geregelten Fall einer bereits nach Art. 42 Abs. 2 lit. b VO („Auslegung [...] der Bestimmungen des Unionsrechts) eröffneten Vorlagemöglichkeit für ein nationale Gericht dar: ein solches, das selbst *„nationale Behörde"* iSv Art. 25 Abs. 6 S. 1 VO ist oder zur gerichtlichen Kontrolle einer als *„nationale Behörde"* tätigen Staatsanwaltschaft agiert.

## VIII. Art. 42 Abs. 3 VO: Anfechtung von Einstellungsbeschlüssen auf der Grundlage des Unionsrechts

122 Eine Ausnahme vom Grundsatz der gerichtlichen Kontrolle von Verfahrenshandlungen der EUStA durch die nationalen Gerichte (Art. 42 Abs. 1 VO) normiert der bereits angesprochene (→ Rn. 74) Art. 42 Abs. 3 VO.

123 Der Kontrolle durch den **EuGH** unterliegen demnach **„Beschlüsse der EUStA über die Einstellung des Verfahrens"**; dies bezieht sich (schon begrifflich) ausschließlich auf solche der Ständigen Kammer nach **Art. 39 Abs. 1 VO** (d.h. nicht solche zur „Wiederaufnahme" nach Art. 39 Abs. 2 VO).[125]

124 *Nicht* erfasst von der Kontrolle durch den EuGH nach Art. 42 Abs. 3 VO werden dagegen Beschlüsse oder sonstige Entscheidungen im **Vereinfachten Strafverfolgungsverfahren** (Art. 40 VO), zur Abgabe (**„Verweisung") des Verfahrens** an die nationale Justiz (Art. 34 VO) oder solche, die das Verfahren auf anderem Wege nach nationalem Recht (Art. 5 Abs. 3 VO) beenden; diese unterliegen sämtlich der Kontrolle durch die nationale Justiz nach Art. 42 Abs 1 VO.

125 Beschlüsse nach Art. 39 Abs. 1 VO zur **„Einstellung des Verfahrens"** unterliegen allerdings nur dann dem Rechtsschutz nach Art. 42 Abs. 3 VO, *wenn* sie **unmittelbar auf der Grundlage des Unionsrechts** angefochten werden (ansonsten → Rn. 77). Ist dies der Fall, so ist ein Klageerzwingungsverfahren nach §§ 172-177 StPO zum Oberlandesgericht nicht statthaft (vgl. § 3 Abs. 5 EUStAG; → Rn. 78).[126] Die Beschlüsse können dann stattdessen im Wege einer **Nichtigkeitsklage, Art. 263 Abs. 4 AEUV**, innerhalb einer **Frist von zwei Monaten** (Art. 263 Abs. 6 AEUV), zum **EuGH** angefochten werden. Über diese Formalia muss der Antragsteller ausdrücklich im Einstellungsbescheid (§ 171 StPO) der EUStA belehrt werden, § 3 Abs. 4 EUStAG.

126 Art. 263 Abs. 4 AEUV bietet so **natürlichen und juristischen Personen**[127] – im Fall eines Einstellungsbeschlusses der EUStA nach Art. 39 Abs. 1 VO dem **Verletzten** – die Möglichkeit, die Rechtmäßigkeit des Beschlusses überprüfen zu lassen. Als Adressat des Einstellungsbescheids (Art. 39 Abs. 4 VO) ist der Verletzte klagebefugt. Eine Nichtigkeitsklage kann von ihm jedoch – nach fran-

123 Vgl. hierzu auch: EBRV 808 Blg NR 27. GP, 8.
124 Siehe HBB/*Herrnfeld* Art. 42 Rn. 52.
125 Ebenso: HBB/*Herrnfeld* Art. 42 Rn. 58 mit dem Hinweis auf einen etwaigen Rechtsschutz nach nationalem Recht (für Beschlüsse nach Art. 39 Abs. 2 VO).
126 GesE (Fn. 43), 36.
127 Siehe für die sog. privilegierten Kläger (Art. 263 Abs. 2 AEUV): ErwG 89 S. 2 VO.

zösischem Vorbild – nur auf die ausdrücklich in Art. 263 Abs. 2 AEUV aufgezählten Klagegründe (*cas d'ouverture*) gestützt werden.[128]

Im Falle eines Einstellungsbeschlusses der EUStA können dabei – *unmittelbar auf der Grundlage des Unionsrechts* – **Fragen der Zuständigkeit**, die **Verletzung wesentlicher Formvorschriften**, die **Verletzung des Vertrags** oder ein **Ermessensmissbrauch** in Betracht kommen. Diese Gründe müssen sich aus der Klageschrift konkret *„erkennen lassen"* und durch Tatsachen plausibel gemacht werden.[129] 127

Ist ein Klagegrund gegeben und die Nichtigkeitsklage damit begründet, wird der Einstellungsbeschluss der EUStA gemäß **Art. 264 Abs. 1 AEUV** vom EuGH für **nichtig** erklärt.[130] Das Urteil wirkt dabei ***ex tunc*** und ***erga omnes***[131], mit der Rechtsfolge, dass das Verfahren bei der EUStA weiter anhängig ist und von dieser weiter betrieben wird. 128

Außerhalb des Regelungsrahmens von Art. 39 VO liegende und daher nach nationalem Recht bestehende Möglichkeiten der endgültigen „Einstellung des Verfahrens" (Rn. 95 ff.) unterliegen auch weiterhin der Kontrolle durch die nationalen Gerichte nach den im innerstaatlichen Recht vorgesehenen Formen und Bedingungen. 129

## IX. Schadensersatzforderungen

Art. 42 Abs. 4 VO, Art. 113 Abs. 5 VO weisen die Zuständigkeit für die Entscheidung über gegen die EUStA erhobene Schadensersatzforderungen ebenfalls dem **EuGH** und nicht der nationalen Gerichtsbarkeit (etwa im Wege der Amtshaftung zu), auch wenn die Ursache im Handeln des für den betreffenden Staat bestellten DEStA liegt. 130

**Art. 268 AEUV** regelt die Zuständigkeit des EuGH für Streitsachen, die den in **Art. 340 Abs. 2 AEUV** normierten Ersatz des Schadens (**außervertragliche Haftung**) betreffen, den Organe oder Bedienstete der Union in Ausübung ihrer (rechtswidrigen) Amtstätigkeit verursachen. Der Ersatz folgt den **allgemeinen Rechtsgrundsätzen**, die den Rechtsordnungen der Mitgliedstaaten gemeinsam sind. 131

Ein Entschädigungsanspruch für den durch eine (rechtmäßige) Strafverfolgungsmaßnahme erlittenen Schaden in einem Verfahren, das später – etwa aus Mangel an Beweisen – eingestellt wird, kann ggf. auch nach **nationalem Recht** geltend gemacht werden.[132] Das StrEG ist dabei allerdings nicht anzuwenden, wenn die jeweilige Strafverfolgungsmaßnahme auf einer Anordnung der EUStA beruht und ihr der dadurch entstandene Schaden zuzurechnen ist (§ 8 S. 1 EUStAG). 132

## X. Streitigkeiten bei Schiedsklauseln bzw. Personalangelegenheiten

Nach **Art. 42 Abs. 5 VO** ist der EuGH auch für Streitigkeiten im Zusammenhang mit Schiedsklauseln in Verträgen zuständig, die von der EUStA im Einklang mit Art. 272 AEUV geschlossen wurden (vgl. auch Art. 113 Abs. 1, Abs. 2, Abs. 6 VO). 133

Ebenso entscheidet der Gerichtshof über Streitigkeiten im Zusammenhang mit **Personalangelegenheiten** (**Art. 42 Abs. 6 VO**; Art. 270 AEUV). Der für den Umfang der Kontrollzuständigkeit des EuGH maßgebliche Begriff des „Personals" richten sich nach dem sog. **Statut der Beamten** und über die **Beschäftigungsbedingungen** (vgl. Art. 96 Abs. 1 VO; ErwG 114 VO[133]). 134

128 Vgl. HdbStR/*Esser* § 64 Rn. 283.

129 *Oppermann/Classen/Nettesheim*, EuropaR, § 13 Rn. 45; HdbStR/*Esser* § 64 Rn. 283.

130 Vgl. Streinz/*Ehricke* Art. 264 AEUV Rn. 1; Grabitz/Hilf/Nettesheim/*Dörr* Art. 264 AEUV Rn. 3; HdbStR/*Esser* § 46 Rn. 284.

131 Vgl. EuGH 17.2.1987 – 21/86, ECLI:EU:C:1987:88 Rn. 7 ff., BeckRS 2004, 72312 (Samara/Kommission); Grabitz/Hilf/Nettesheim/*Dörr* Art. 264 AEUV, Rn. 7, 10; HK-UnionsR/*Pache* Art. 264 AEUV Rn. 3 f.

132 Vgl. HBB/*Herrnfeld* Art. 42 Rn. 60.

133 Mit Hinweis auf: Verordnung Nr. 31 (EWG), 11 (EAG) des Rates über das Statut der Beamten und über die Beschäftigungsbedingungen für die sonstigen Bediensteten der Europäischen Wirtschaftsgemeinschaft und der Europäischen Atomgemeinschaft (ABl. 1962 45/1385).

135 Eine spezielle, ebenfalls dem EuGH zur Entscheidung zugewiesene Personalfrage ist die Entlassung des EGStA oder der EStA (Art. 14 Abs. 5 bzw. Art. 16 Abs 5 VO; **Art. 42 Abs. 7 VO**).

## XI. Datenschutzrechtliche und administrative Entscheidungen

136 Für die gerichtliche Kontrolle der Rechtmäßigkeit von **Entscheidungen der EUStA**, die die Rechte betroffener Personen zum **Datenschutz** berühren (**Kapitel VIII, Art. 47 ff. VO**), sieht **Art. 42 Abs. 8 VO** eine **Zuständigkeit des EuGH** nach **Art. 263 Abs. 1, Abs. 4 AEUV** (→ Rn. 35 ff.) vor; es gelten verfahrensrechtlich die allgemeinen vom EuGH zur Nichtigkeitsklage entwickelten Grundsätze. Insoweit besteht eine abweichende Sonderregelung zu der in Art. 42 Abs. 1 VO für „Verfahrenshandlungen" begründeten Zuständigkeit der nationalen Gerichte. Hintergrund ist dabei vor allem die in der VO selbst detailliert und gegenüber dem nationalen Recht weitgehend abschließend geregelte Materie des Datenschutzes.

137 In der Praxis relevant dürften dabei vor allem die **Informations- und Auskunftsrechte** der von einer Datenverarbeitung durch die EUStA betroffenen Personen werden (Art. 58, 59 VO). Eine der Regelung von Art. 42 Abs. 8 VO unterfallende „Entscheidung" der EUStA mit datenschutzrechtlicher Relevanz wird zudem häufig in der (teilweisen oder vollständigen) „Nichterteilung" von Informationen und Auskünften aus ermittlungstaktischen Gründen bestehen (Art. 265 Abs. 3 AEUV).[134]

138 Parallel dazu hat jede betroffene Person das **Recht auf Beschwerde beim EDSB**, wenn sie der Ansicht ist, dass die Verarbeitung der sie betreffenden operativen personenbezogenen Daten durch die EUStA gegen die Regelungen der Verordnung verstößt (**Art. 88 Abs. 1 VO**). Gegen diesbezügliche Entscheidungen des EDSB kann ebenfalls **Klage beim EuGH** erhoben werden (**Art. 89 VO**).[135]

## XII. Kontrolle administrativer Entscheidungen

139 Ebenfalls der Kontrolle durch den **EuGH** nach **Art. 263 Abs. 1, Abs. 4 AEUV** unterliegen Handlungen und Entscheidungen der EUStA, die keine „Verfahrenshandlungen" iSv Art. 42 Abs. 1 VO darstellen (→ Rn. 35 ff.), wie etwa **administrative/verwaltungsrechtliche Entscheidungen**. Beispielhaft genannt werden in Art. 42 Abs. 8 VO Entscheidungen der EUStA über das Recht auf **Zugang der Öffentlichkeit zu Dokumenten** oder über die **Entlassung eines DEStA** (Art. 17 Abs. 3 VO); ErwG 89 S. 1 VO erklärt darüber hinaus *alle* Entscheidungen (mit Rechtswirkung gegenüber Dritten), die von der EUStA **nicht in Ausübung ihrer Aufgaben der Ermittlung, Verfolgung oder Anklageerhebung** getroffen werden, zum tauglichen Klagegegenstand.

## XIII. Entschädigung für rechtswidriges Handeln der EUStA

140 Die im nationalen Recht unmittelbar anwendbaren **Regelungen der VO zur außervertraglichen Haftung der EUStA** (Art. 113 Abs. 3 VO: *„ersetzt die EUStA […] jeden von der EUStA oder ihrem Personal in Ausübung ihres Amtes verursachten Schaden, soweit er diesen zuzurechnen ist"* / Art. 113 Abs. 4 VO: *„auch für einen Schaden, der durch Verschulden eines Delegierten Europäischen Staatsanwalts in Ausübung seines Amtes verursacht wird"*) sind so zu verstehen, dass sie die einschlägigen nationalen Vorschriften zur Entschädigung für Strafverfolgungsmaßnahmen in einem **von der EUStA geführten Verfahren** und für **Schäden, die der EUStA zuzurechnen sind**, im Wege des Anwendungsvorrangs verdrängen.

141 Hat die EUStA eine Strafverfolgungsmaßnahme angeordnet und dadurch zurechenbar einen Schaden verursacht, kann eine Entschädigung demnach **nicht nach den Vorschriften des StrEG** erfolgen;[136] diese werden von den unmittelbar wirksamen spezielleren Art. 113 Abs. 3, Abs. 4 VO verdrängt, **§ 8 S. 1 EUStAG.**

---

134 Vgl. HBB/*Herrnfeld* Art. 42 Rn. 66.

135 Zur weiteren Kontrolltätigkeit des EDSB → *Hornung/Schindler* § 13 Rn 47 ff.

136 GesE (Fn. 43), 37.

Ebenso ist ein Anspruch auf Entschädigung wegen einer unangemessenen Verfahrensdauer (vgl. Art. 47 Abs. 2 S. 1 GRC; Art. 6 Abs. 1 EMRK; Art. 5 Abs. 5 VO) nach **§§ 198–201 GVG** ausgeschlossen, soweit der durch die rechtsstaatswidrige Verfahrensverzögerung erlittene Nachteil von der EUStA oder ihrem Personal in Ausübung ihres Amtes verursacht worden und diesen zuzurechnen ist, **§ 5 Abs. 2 EUStAG.**[137] 142

**Art. 42 Abs. 4 VO** erklärt den **EuGH** als im Einklang mit Art. 268 AEUV zuständig für Streitigkeiten im Zusammenhang mit derartigen Schadensersatzforderungen gegenüber der EUStA (→ Rn. 130). 143

Für **Strafverfolgungsmaßnahmen**, die durch eine **deutsche Strafverfolgungsbehörde oder ein deutsches Gericht angeordnet** wurden (z.B. Eilmaßnahmen, während die EUStA über die Evokation des Verfahrens berät, Art. 27 Abs. 2 UAbs. 2; Art. 28 Abs. 2 VO), bleibt das StrEG für insoweit zurechenbare Schäden dagegen anwendbar (**§ 8 S. 2 EUStAG**).[138] 144

Ferner verdrängt die VO nur „kollidierende" Vorschriften des *nationalen* Rechts. Anspruchsgrundlagen für Schadensersatz oder Entschädigungsleistungen, die sich über Art. 113 VO **unmittelbar aus dem von der VO in Bezug genommenen Unionsrecht ergeben** (Art. 5 Abs. 3 S. 1, 2 VO, → Rn. 149 f.), bleiben insoweit unberührt. 145

Dazu zählt **Art. 5 Abs. 5 EMRK**, der eine unmittelbare Anspruchsgrundlage für Entschädigungen als Ausgleich für eine **rechtswidrige Freiheitsentziehung** bereithält[139], die über Art. 52 Abs. 3 GRC ins Unionsrecht einbezogen werden kann.[140] In Übertragung dieser Garantie ergibt sich daher auch im Falle einer Verletzung des Art. 6 GRC (Recht auf Freiheit und Sicherheit) ein Anspruch auf Schadensersatz.[141] 146

## XIV. Verfassungsgerichtliche Kontrolle der Handlungen der EUStA

**1. Allgemeine Grundsätze zum Verhältnis von GRC und GG.** Gemäß **Art. 93 Abs. 1 Nr. 4a GG** iVm § 13 Nr. 8a, 90 ff. BVerfGG entscheidet das BVerfG über **Verfassungsbeschwerden**, die von jedermann mit der Behauptung erhoben werden können, durch die **öffentliche Gewalt** in einem seiner Grundrechte oder grundrechtsgleichen Rechte verletzt zu sein, § 90 Abs. 1 BVerfGG. Tauglicher Beschwerdegegenstand kann jeder Akt der öffentlichen Gewalt sein; „öffentliche Gewalt" als Urheber einer relevanten Verletzung meint dabei alle drei Bereiche der inländischen (**deutschen**) öffentlichen Gewalt.[142] 147

Bei der EUStA handelt es sich um eine **Einrichtung der Union** (Art. 3 Abs. 1 VO) und nicht um eine Behörde des Bundes oder der Länder. Die von den Mitgliedstaaten benannten, vom Kollegium der EUStA ernannten und als „Sonderberater" (Art. 96 Abs. S. 1 VO) eingestellten DEStA (Art. 17 Abs. 1 VO; § 33 GO) sollen sowohl integraler Bestandteil der EUStA sein als auch weiterhin die operative **Stellung eines Staatsanwalts nach innerstaatlichem Recht**[143] haben und **in die nationalen Strafverfolgungsbehörden integriert** sein (vgl. Art. 17 Abs. 2 VO). In Deutschland zeigt sich dies gerade auch daran, dass für die Tätigkeit des DEStA durch die Gleichstellung mit Amtsträgern für die Anwendung des StGB (vgl. § 14 EUStAG) das gleiche strafrechtliche Schutzniveau[144] (z.B. aus 148

137 GesE (Fn. 43), 37, 55.

138 Vgl. GesE (Fn. 43), 58.

139 Vgl. EGMR 27.9.1990 – 12535/86 Rn. 38 – *Wassink*/Niederlande; *Grabenwarter/Pabel* § 21 Rn. 55; *Frowein/Peukert* Art. 5 Rn. 147; zur Geltendmachung in Deutschland: BGH 31.1.1966 – III ZR 118/64, NJW 1966, 1021.

140 Vgl. *Jarass* GRC Art. 6 Rn. 4.

141 Vgl. *Jarass* GRC Art. 6 Rn. 4; *Calliess* in Calliess/Ruffert, Art. 6 GrCH Rn. 17.

142 Vgl. BVerfG 23.6.1981 – 2 BvR 1107/77 u.a., NJW 1982, 507 (508); 6.7.2010 – 2 BvR 2661/06, NJW 2010, 3422; *Bethge* in Maunz/Schmidt-Bleibtreu/Klein/Bethge, BVerfGG, § 90 Rn. 326.

143 Vgl. hierzu auch: GesE (Fn. 43), 60, wonach der deutsche Europäische Staatsanwalt und die deutschen Delegierten Europäischen Staatsanwälte (vorbehaltlich abweichender Regelungen in der VO) mit denselben Rechten und Pflichten im Strafverfahren auftreten wie ein deutscher Staatsanwalt.

144 Zur künftigen Gleichstellung der EUStA mit den nationalen Staatsanwaltschaften im materiellen Strafrecht in Österreich, vgl. EBRV 808 Blg NR 27. GP, 1.

§ 340 StGB) wie deutschen Staatsanwälten zugrunde gelegt wird.[145] Gleichwohl wird man das Handeln eines DEStA vollständig der Einrichtung EUStA zurechnen müssen, was die Notwendigkeit der Frage nach einem ***effektiven* Schutz der Grundrechte** durch eine gerichtliche Kontrolle seiner Verfahrenshandlungen unterstreicht.[146]

149 Handlungen eines Organs oder einer anderen Stelle der EU, wie der EUStA, können vom BVerfG – mit Blick auf den auch für das Verfassungsrecht geltenden **Anwendungsvorrang des Unionsrechts** – *grundsätzlich* nicht auf ihre Vereinbarkeit mit den nationalen Grundrechten des GG überprüft werden.[147]

150 **Grenzen dieses Anwendungsvorrangs** ergeben sich aber durch die Reichweite der **Übertragung von Hoheitsrechten** auf die Union einerseits sowie durch die in Art. 23 Abs. 1 S. 3 iVm Art. 79 Abs. 3 GG ausgestaltete **Verfassungsidentität** des Grundgesetzes andererseits[148], d.h. der Anwendungsvorrang endet, sobald Maßnahmen eines Organs oder einer anderen Stelle der EU, wie der EUStA, die übertragenen Hoheitsrechte hinreichend qualifiziert[149] überschreiten oder die in der Ewigkeitsgarantie des Art. 79 Abs. 3 GG verbürgten Grundsätze berühren.[150]

151 Dann würde das BVerfG entweder in Form einer **Ultra-vires-Kontrolle**[151] prüfen, ob die Maßnahme der EUStA noch im Rahmen der insoweit der Union übertragenen Kompetenzen liegt, oder eine **Identitätskontrolle**[152] dahingehend vornehmen, ob die Verfahrenshandlung die von Art. 79 Abs. 3 GG für unantastbar erklärten Grundsätze (namentlich die Vereinbarkeit mit Art. 1 EMRK) tangiert.

152 In seiner jüngeren Rechtsprechung (**„Recht auf Vergessen I und II“**)[153] öffnet das BVerfG jedoch den Prüfungsumfang der Verfassungsbeschwerde nun auch für **Unionsgrundrechte** und lässt in der Folge u.a. über die beschriebenen „Ausnahmefälle“ der Ultra-vires- und Identitätskontrolle hinaus Verfassungsbeschwerden in dem für das Handeln der EUStA relevanten vollharmonisierten Bereich zu. Der Prüfungsmaßstab der Verfassungsbeschwerde soll sich grundsätzlich nach dem **zugrundeliegenden Gestaltungsspielraum** der Mitgliedstaaten richten, der seinerseits **für jede Norm separat festzustellen** ist:[154]

153 Besteht bei der Umsetzung von Unionsrecht ein solcher **Gestaltungsspielraum („Recht auf Vergessen I“)**, sollen insoweit (weiterhin) primär die **Grundrechte des GG als Maßstab** der Kontrolle dienen[155], die jedoch gemäß Art. 1 Abs. 1 iVm Art. 59 Abs. 2 GG – ähnlich wie die Unionsgrundrechte

---

145 GesE (Fn. 43), 60.

146 So auch: *Callewaert*, No Case to Answer for the European Public Prosecutor under the European Convention on Human Rights? Considerations on Convention Liability for Actions of the European Public Prosecutor's Office, Europe of Rights & Liberties/Europe des Droits & Libertés 2021, 20 (25); aA *Aden/Sanchez-Barrueco/Stephenson*, The European Public Prosecutor's Office: strategies for coping with complexity, 2019, 88: „In Member States where individuals can bring fundamental rights cases directly before the constitutional court in a constitutional complaint, for example in Germany, the individuals concerned will have stronger legal remedies compared to Member States without this option."

147 Vgl. BVerfG 15.12.2015 – 2 BvR 2735/14 Rn. 39 f. = NJW 2016, 1149 (1150); der Anwendungsvorrang ist dabei Folge der Übertragung von Hoheitsrechten auf die Europäische Union über Art. 23 Abs. 1 S. 2 GG, vgl. dazu auch: *Meyer-Mews* StV 2020, 564 (565).

148 Vgl. BVerfG NJW 2016, 1149 (1150).

149 Vgl. BVerfG 6.7.2010 – 2 BvR 2661/06 = NJW 2010, 3422 (Honeywell); BVerfG Vorlagebeschluss. v. 14.1.2014 – 2 BvR 2728/13 u.a. = NJW 2014, 907 (908).

150 Vgl. BVerfG NJW 2016, 1149 (1150).

151 Vgl. BVerfG 30.6.2009 – 2 BvE 2/08 u.a. = NJW 2009, 2267 (Lissabon); NJW 2010, 3422; NJW 2014, 907; NJW 2019, 3204.

152 Vgl. BVerfG NJW 2009, 2267; NJW 2016, 1149 (1150); 30.7.2019 – 2 BvR 1685/14, 2 BvR 2631/14 = NJW 2019, 3204.

153 Vgl. BVerfG 6.11.2019 – 1 BvR 16/13 = NJW 2020, 300 = EuZW 2019, 1021 (Recht auf Vergessen I); 6.11.2019 – 1 BvR 276/17, NJW 2020, 314 = EuZW 2019, 1035 (Recht auf Vergessen II); diesen Leitlinien des 1. Senats folgt auch der 2. Senat (EuHb; Auslieferung nach Rumänien; Art. 4 GRC); BVerfG 1.12.2020 – 2 BvR 1845/18 u.a. Rn. 36, NStZ-RR 2021, 86; 14.1.2021 – 2 BvR 1285/20 Rn. 23, BeckRS 2021, 432.

154 Vgl. *Neumann/Eichberger* JuS 2020, 502 (504).

155 Vgl. BVerfG (Fn. 153), Rn. 42, EuZW 2019, 1021 (1022); siehe auch: *Neumann/Eichberger* JuS 2020, 502, 505.

über Art. 52 Abs. 3, 53 GRC – im **Lichte der EMRK** auszulegen sind.[156] Außerdem erfolgt ggf. auch eine Auslegung anhand der GRC.[157] Vor diesem Hintergrund und aufgrund des „gemeinsamen Fundaments" der Grundrechte des GG und der GRC in der EMRK, wird regelmäßig vermutet, dass die Grundrechte des GG das Schutzniveau aus der GRC ohnehin mitgarantieren.[158] Auch der EuGH eröffnet den nationalen Gerichten die Möglichkeit, weiterhin nationale Grundrechte anzuwenden, sofern durch diese Anwendung weder das Schutzniveau der Charta, noch der Vorrang, die Einheit und die Wirksamkeit des Unionsrechts beeinträchtigt werden".[159]

Stammt die zu klärende Frage zur Tätigkeit der EUStA dagegen aus einem unionsrechtlich **vollharmonisierten Bereich** oder kommt der Schutzstandard der deutschen Grundrechte demjenigen der europäischen Grundrechte in der betreffenden Frage nicht mindestens gleich (**„Recht auf Vergessen II"**), soll nun anders als früher grundsätzlich ebenfalls eine Verfassungsbeschwerde eröffnet sein, jedoch mit dem **Prüfungsmaßstab** der für diesen Bereich dann allein maßgeblichen **Unionsgrundrechte der GRC.**[160] Begründet wird diese Ausweitung des Prüfungsmaßstabs auf Unionsgrundrechte vor allem mit der in Art. 23 Abs. 1 GG statuierten Integrationsverantwortung und dem allgemeinen Rechtsschutzauftrag des BVerfG.[161] 154

Eine Pflicht zur Vorlage einer Bestimmung der GRC zur Auslegung durch den EuGH bedarf es nach Ansicht des BVerfG (nur) dann nicht, wenn *„der EuGH deren Auslegung bereits geklärt hat oder die anzuwendenden Auslegungsgrundsätze aus sich heraus offenkundig sind – etwa auf der Grundlage der Rechtsprechung des EGMR, die im Einzelfall auch den Inhalt der Charta bestimmt (vgl. Art. 52 III GRCh), oder unter Heranziehung der Rspr. mitgliedstaatlicher Verfassungs- und Höchstgerichte zu Grundrechten, die sich aus den gemeinsamen Verfassungsüberlieferungen ergeben und den in der Charta der Grundrechte gewährleisteten Grundrechten entsprechen (vgl. Art. 52 IV GRCh)"*.[162] 155

**2. Verfahrenshandlungen der EUStA.** Bezüglich der Handlungen der EUStA ist damit künftig eine Kontrolle durch das BVerfG im Wege der **Verfassungsbeschwerde** eröffnet, mit den **nationalen Grundrechten** des GG als Prüfungsmaßstab in all jenen Bereichen (insbesondere zum Recht der strafprozessualen Zwangsmaßnahmen), in denen noch keine Vollharmonisierung des nationalen Rechts durch das Unionsrecht vorliegt und im nationalen Recht daher ein insoweit bestehender Umsetzungsspielraum verbleibt. 156

In den übrigen Bereichen, in denen die VO oder das sonstige Unionsrecht das **Handeln der EUStA rechtlich vollständig determiniert**, kann – in Übertragung der Rechtsprechung des BVerfG („Recht auf Vergessen II") – ebenfalls eine Verfassungsbeschwerde eröffnet sein, allerdings nur in Bezug auf eine Prüfung der **Konformität der relevanten Maßnahme der EUStA mit den Unionsgrundrechten.** Setzt die GRC in einer Einzelfrage einen höheren Standard als das nationale Recht, so geht dieser vor. 157

Die Möglichkeit der Durchführung einer **Ultra-vires- oder Identitätskontrolle** anhand der (insoweit allerdings inhaltlich beschränkten) nationalen Grundrechte bleibt davon stets unberührt,[163] aber wohl auf sehr spezielle Konstellationen im Kontext der Menschenwürde beschränkt. 158

156 Vgl. BVerfG (Fn. 153), Rn. 57 f. = EuZW 2019, 1021 (1024).
157 Vgl. BVerfG (Fn. 153), Rn. 60 = EuZW 2019, 1021 (1024).
158 Vgl. BVerfG (Fn. 153), Rn. 59 = EuZW 2019, 1021 (1024).
159 EuGH 26.2.2013 – 617/10, ECLI:EU:C:2013:105 Rn. 29 – Åkerberg Fransson = NJW 2013, 1415; 26.2.2013 – C-399/11, ECLI:EU:C:2013:107 Rn. 60 – Melloni = NJW 2013, 1215.
160 Vgl. BVerfG (Fn. 153), Rz 42, 50 ff. = EuZW 2019, 1035 (1037, 1039); hierzu aus datenschutzstrafrechtlicher Sicht: *Meyer-Mews* StV 2020, 564 ff.; zur unionsrechtlichen Zulässigkeit und Anwendung nationaler Schutzstandards auf die Grundrechte auch: EuGH 5.12.2017 – C-42/17, ECLI:EU:C:2017:936 Rn. 47 – M.A.S. u. M.B.
161 Vgl. BVerfG (Fn. 153), Rn. 44, 53 ff., 58 ff. = EuZW 2019, 1035 (1038 ff.); *Neumann/Eichberger* JuS 2020, 502 (505).
162 BVerfG 1.12.2020 – 2 BvR 1845/18 u.a. Rn. 39, NStZ-RR 2021, 86; hierzu auch: *Meyer-Mews* StV 2020, 564 (565 f.).
163 Vgl. BVerfG (Fn. 153), Rn. 47, 49 = EuZW 2019, 1035 (1038).

159 Wenngleich das BVerfG also die Kompetenz des EuGH für die letztverbindliche Auslegung von Unionsrecht und die sich daraus ergebende Vorlagepflicht anerkennt[164], ist das Verhältnis der vom BVerfG konstruierten „Unionsrechts/GRC-Verfassungsbeschwerde" zur – im Bereich der EUStA nur sehr begrenzt eröffneten (→ Rn. 126 ff.) – Nichtigkeitsklage (Art. 263 AEUV) bislang noch weitgehend ungeklärt.

160 Der EuGH wird sich zur speziellen Rolle der EUStA zeitnah nach deren Arbeitsbeginn, so ist zu erwarten, positionieren und dabei angesichts der selbst in der VO an vielen Stellen (vgl. nur Art. 5 Abs. 3 VO) ***explizit* vorgesehenen Anwendung nationalen Rechts durch eine Einrichtung der Union** seine allgemeine Zurückhaltung[165] zur Prüfung von Unionsrechtsakten anhand nationaler Grundrechte relativieren müssen.

161 **3. Handeln nationaler Behörden im Auftrag der EUStA.** Die EUStA bedient sich bei der Wahrnehmung ihrer Aufgaben und **zur Durchführung ihrer Ermittlungen** nicht nur der *„im Namen der EUStA in ihrem jeweiligen Mitgliedstaat"* handelnden DEStA sondern auch der **nationalen Behörden** (vgl. Art. 28 Abs. 1 VO).

162 Art. 5 Abs. 6 VO fordert die im Einzelfall zuständigen nationalen Behörden im Sinne einer **loyalen Zusammenarbeit** auf, *„aktiv die Ermittlungen und Strafverfolgungsmaßnahmen der EUStA [zu fördern und unterstützen]"*.

163 Diese nationalen Behörden (**Polizei-, Zoll- und Steuerbehörden** sowie **Fachämter und -behörden**) sind gegenüber der EUStA **weisungsgebunden** (vgl. Art. 28 Abs. 1 S. 1 u. 2 VO), so dass auch *ihr* Handeln der Einrichtung EUStA und damit einer nichtdeutschen Institution iSv Art. 93 Abs. 1 Nr. 4a GG zuzurechnen ist, für die dann ebenfalls in dem oben beschriebenen Rahmen die Möglichkeit einer Verfassungsbeschwerde eröffnet sein muss.

164 **4. Handeln nationaler Staatsanwälte.** Die Bundesregierung hat sich in der Begründung für den Entwurf des EUStAG dafür ausgesprochen, die **nationalen Staatsanwaltschaften** als gegenüber der EUStA generell *nicht* weisungsgebundene Behörden iSv Art. 28 Abs. 1 VO anzusehen.[166] Dem zur Umsetzung, Ausgestaltung und Gewährleistung des von der VO geforderten *loyalen* Verhältnisses zwischen der EUStA und den nationalen Staatsanwaltschaften erlassenen **§ 13 EUStAG** soll vielmehr das **Konzept der Amtshilfe** zugrunde liegen (*Trautmann* → § 6 Rn. 136 ff.)[167] – ein Umstand, der gleichwohl nicht dagegenspricht, ein Tätigwerden deutscher Staatsanwälte für die EUStA dieser dann auch als weit verstandene Verfahrenshandlung zuzurechnen. Andernfalls müsste man von einer Art **„Hilfstätigkeit" einer deutschen öffentlichen Gewalt in eigener Verantwortung** ausgehen, was dem Konzept einer loyalen Zusammenarbeit widerspricht. Ob der EuGH dieser Auslegung allerdings folgt, bleibt abzuwarten.

165 **5. Eilmaßnahmen. Art. 28 Abs. 2 S. 1 VO** regelt, dass die zuständigen nationalen Behörden zu jedem Zeitpunkt während eines von der EUStA geführten Verfahrens **dringend erforderliche Maßnahmen** im Einklang mit dem nationalen Recht treffen dürfen, auch wenn sie dabei nicht explizit auf Weisung des DEStA handeln – gemeint ist also: **in eigener Verantwortung.** Diese Handlungen stellen daher eindeutig „deutsche" öffentliche Gewalt iSv Art. 93 Abs. 1 Nr. 4a GG dar. Die in Art. 28 Abs. 2 VO geregelte **„Eilzuständigkeit" nationaler Stellen** soll dabei nicht nur für die Polizei-, Zoll- und Steuerbehörden gelten; hier sollen auch die nach § 143 Abs. 2 GVG zuständigen nationalen Staatsanwaltschaften erfasst sein.

---

164 Vgl. *Neumann/Eichberger* JuS 2020, 502 (505).

165 EuGH 26.2.2013 – C-399/11, ECLI:EU:C:2013:107 Rn. 57-59 – Melloni; hierzu: *Esser* in Anwendungsbereich der Grundrechtecharta – Konsequenzen der Bindungswirkung, in Jahn/Radtke (Hrsg.), Deutsche Strafprozessreform und Europäische Grundrechte – Herausforderungen auch an die Rechtsprechung des BGH in Strafsachen?, 2015, 55 (59 f.).

166 GesE (Fn. 43), 25 f., 60.

167 GesE (Fn. 43), 60; siehe die Anwendung des Konzepts der Amtshilfe in diesem Zusammenhang auch in Österreich (§ 12 EUStA-DG): EBRV 808 Blg NR 27. GP, 6.

## XV. Kontrolle der Tätigkeit der EUStA durch den EGMR

Art. 1 EMRK umschreibt die Verpflichtung der *„Hohen Vertragsparteien"* der EMRK zur Achtung der Menschenrechte gegenüber *„allen ihrer Hoheitsgewalt unterstehenden Personen"*. Damit ist zum einen der Geltungsbereich der Konventionsgarantien umrissen, zum anderen aber auch der prozessuale **Schutz- und Anwendungsbereich des Individualbeschwerdeverfahrens zum EGMR** (Art. 34 EMRK) beschrieben. 166

Der gerichtlichen Kontrolle durch das Individualbeschwerdeverfahren unterstehen demnach grundsätzlich nur Handlungen der *Vertragsparteien* der EMRK. Da ein Beitritt der EU zur EMRK noch nicht erfolgt ist, d.h. die EU noch nicht zur Vertragspartei der EMRK geworden ist, besteht für den Einzelnen bislang keine Rechtsschutzmöglichkeit aus der EMRK unmittelbar gegenüber der EU bzw. Unionseinrichtungen wie der EUStA.[168] Der EUStA zurechenbar sind dabei z.B. neben den Handlungen eines DEStA auch weisungsgebundene (vgl. Art. 28 Abs. 1 S. 1 u. 2 VO) Tätigkeiten nationaler Behörden im Auftrag der EUStA (siehe hierzu bereits → Rn. 163), hinsichtlich derer der Anwendungsbereich des Art. 1 EMRK dann nicht eröffnet ist.[169] Für den Einzelnen ist Rechtsschutz durch den EGMR daher allenfalls in Bezug auf eigene Handlungen von Mitgliedstaaten der EUStA denkbar, wenn diese gleichzeitig Vertragsstaaten der EMRK sind. In diesem Falle dürfte jedoch den vom EGMR im Jahr 2005 in seinem Urteil in der Rs. **Bosphorus vs. Irland**[170] entwickelten Grundsätzen besondere Bedeutung zukommen: Wie der EGMR dort herausstellt, besteht eine Bindung der Konventionsstaaten an die EMRK grundsätzlich auch im Falle der Erfüllung von Pflichten, die sich aus der Mitgliedschaft in einer internationalen Organisation und der Durchführung ihres Rechts ergeben, der sie Souveränitätsrechte übertragen haben.[171] Bietet diese Organisation ein der EMRK vergleichbares Grundrechtsschutzsystem, wird vom EGMR die Konventionskonformität eines streitgegenständlichen Aktes jedoch vermutet.[172] In Bezug auf die EU und ihre Einrichtungen geht der EGMR dabei – dies dürfte umso mehr noch seit der verbindlichen Geltung der GRC in der EU gelten[173] – für **unionsrechtlich determinierten Bereiche** von der **Gewährung solch eines gleichwertigen Grundrechtsschutzes** aus.[174] Eine Widerlegung der Vermutung ist jedoch ausnahmsweise möglich, wenn der Schutz von Konventionsrechten im Einzelfall **offensichtlich nicht hinlänglich gewährleistet** wurde.[175] 167

Daraus ergibt sich, dass die Konventionsstaaten zwar auch im Rahmen der Erfüllung ihrer Verpflichtungen im Zusammenhang mit der EUStA stets die Anforderungen der EMRK zu beachten haben, d.h. **ihrer nationalen Verantwortung insofern nicht durch die Erfüllung unionsrechtlicher Pflichten „entfliehen" können;**[176] der EGMR wird die Konventionskonformität der mitgliedstaatli- 168

168 Vgl. hierzu: *Callewaert*, No Case to Answer for the European Public Prosecutor under the European Convention on Human Rights? Considerations on Convention Liability for Actions of the European Public Prosecutor's Office, Europe of Rights & Liberties/Europe des Droits & Libertés 2021, 20 (21 f.). Siehe hierzu allgemein: EGMR 30.6.2005 – 45036/98 Rn. 152 – Bosphorus Hava Yollari Turizm ve Ticaret Anonim Sirketi/Irland, EuGRZ 2007, 662 = NJW 2006, 197, wonach auch die erfolgte Übertragung von Souveränitätsrechten durch Konventionsstaaten nichts ändert.

169 Vgl. *Callewaert*, No Case to Answer for the European Public Prosecutor under the European Convention on Human Rights? Considerations on Convention Liability for Actions of the European Public Prosecutor's Office, Europe of Rights & Liberties/Europe des Droits & Libertés 2021, 20 (24 f., 28 ff.).

170 EGMR Bosphorus (Fn. 168), Rn. 152 ff. = NJW 2006, 197 (202) m. Anm. *Dörr* JuS 2006, 442; vgl. hierzu: *Aden/Sanchez-Barrueco/Stephenson*, The European Public Prosecutor's Office: strategies for coping with complexity, 2019, 90.

171 Vgl. dazu auch: EGMR 6.12.2012 – 12323/11 Rn. 102 – Michaud/Frankreich; *Vondung* EuR 2013, 688 (690 f.).

172 EGMR Bosphorus (Fn. 168), Rn. 155 f.; *Vondung* EuR 2013, 688 (690).

173 *Vondung*, EuR 2013, 688 (691).

174 EGMR 6.12.2012 – 12323/11 Rn. 111 – Michaud/Frankreich, NJW 2013, 3423.

175 EGMR Bosphorus (Fn. 168), Rn. 156.

176 Vgl. EGMR Bosphorus (Fn. 168), Rn. 154; hierzu auch: *Callewaert*, No Case to Answer for the European Public Prosecutor under the European Convention on Human Rights? Considerations on Convention Liability for Actions of the European Public Prosecutor's Office, Europe of Rights & Liberties/Europe des Droits & Libertés 2021, 20 (21 f.).

chen Handlungen zur Erfüllung der sich aus der EUStA-VO ergebenden Pflichten jedoch grundsätzlich vermuten.

169 Keine Anwendung finden diese vom EGMR im *Bosphorus*-Urteil aufgestellten Grundsätze allerdings dann, wenn der Konventionsstaat innerhalb eines ihm selbst **unionrechtlich eingeräumten Ermessensspielraums** tätig wird.[177] In diesen unionsrechtlich nicht determinierten „Restbereichen" findet die EMRK von vornherein vollumfänglich Anwendung.[178]

170 Erwähnenswert ist im Hinblick auf die in Art. 42 Abs. 2 VO vorgesehenen Rechtsschutzmöglichkeiten außerdem, dass die EMRK grundsätzlich kein Recht eines Beschwerdeführers als solches darauf enthält, dass ein nationales Gericht dem EuGH eine bestimmte Frage zur Vorabentscheidung vorlegt (Art. 267 AEUV).[179] Aus dem Grundsatz auf ein faires Verfahren aus Art. 6 Abs. 1 EMRK ergibt sich jedoch, dass das Gericht seine **Entscheidung zur Nichtvorlage** nicht willkürlich fällen darf, sondern hinreichend begründen muss.[180]

171 Ein derzeit wieder lebhaft diskutierter Beitritt der EU zur EMRK (Art. 6 Abs. 2 S. 1 EUV, Art. 59 Abs. 2 EMRK) würde allerdings eine **Kontrolle der EUStA durch den EGMR** eröffnen (Art. 32 EMRK).[181] Das Austarieren des Rechtsschutzes in der künftigen Praxis zwischen den nationalen Gerichten, dem EuGH (und ggf. auch dem EGMR) bleibt eine komplexe Herausforderung für Wissenschaft und justizielle Praxis.[182]

## XVI. Immunität der EUStA gegenüber der nationalen Gerichtsbarkeit

172 § 14 EUStAG regelt, dass DEStA und der deutsche EUStA für die Anwendung des StGB Amtsträgern gleichstehen, sofern sie nicht bereits als Europäische Amtsträger (§ 11 Nr. 2a StGB) erfasst sind (vgl. §§ 331 ff. StGB).

173 Der deutsche EUStA und die deutschen DEStA sind in Bezug auf eigene Rechtsverstöße gegenüber der nationalen Gerichtsbarkeit grundsätzlich immun. Im Einzelnen richtet sich dies nach dem **Protokoll über die Vorrechte und Befreiungen der Europäischen Union**[183], das nach **Art. 96 Abs. 5 VO** auch auf die EUStA und ihr Personal Anwendung findet. Von Bedeutung ist dabei insbesondere Art. 17 Abs. 2 des Protokolls, wonach jedes Organ der Union die Befreiung eines Beamten oder sonstigen Bediensteten in allen Fällen aufzuheben hat, in denen dies nach seiner Auffassung den Interessen der Union nicht zuwiderläuft.[184]

## XVII. Dienstaufsichtsbeschwerde

174 Dem gerichtlichen Rechtsschutz vorgelagert sind die Fragen des Disziplinarwesens. Gemäß Art. 12 Abs. 4 VO entscheidet der EStA als vorgesetzter Beamter über etwaige gegen einen DEStA erhobene Dienstaufsichtsbeschwerden.[185] § 5 Abs. 1 EUStAG stellt insoweit klar, dass § 147 GVG nicht anwendbar ist.

177 EGMR 6.12.2012 – 12323/11 Rn. 103 – Michaud/Frankreich; 21.1.2011 – 30696/09 Rn. 338 – M.S.S./Belgien u. Griechenland, EuGRZ 2011, 243 (249).

178 EnzEur/*Burchard* § 14 Rn. 34.

179 Vgl. EGMR 24.4.2018 – 55385/14 Rn. 39 – Baydar/Niederlande; 11.4.2019 – 50053/16 Rn. 33 – Harisch/Deutschland; 30.4.2019 – 70750/14 Rn. 48 – Repcevirág Szövetkezet/Ungarn.

180 Vgl. EGMR 11.4.2019 – 70750 Rn. 33 – Harisch/Deutschland; 24.4.2018 – 50053/16 Rn. 39 – Baydar/Niederlande; 30.4.2019 – 70750/14 Rn. 48 – Repcevirág Szövetkezet/Ungarn.

181 Vgl. *Schramm* JZ 2014, 749 (757); hierzu auch: *Obweser* EuR 2012, 115 (148); *Callewaert*, No Case to Answer for the European Public Prosecutor under the European Con-vention on Human Rights? Considerations on Convention Liability for Actions of the European Public Prosecutor's Office, Europe of Rights & Liberties/Europe des Droits & Libertés 2021, 20 (33), dies u.a. vor dem Hintergrund des „Mischcharakters" der EUStA befürwortend.

182 Vgl. *Schramm* JZ 2014, 749 (757).

183 Protokoll (Nr. 7) über die Vorrechte und Befreiungen der Europäischen Union, ABl. 2012 C 326, 266 (269).

184 Parallel zu Eurojust: *Esser* StV 2020, 636 (639 f.). Zur Aufhebung der Immunität des ehemaligen OLAF-Generaldirektors siehe: EuGH 18.6.2020 – C-831/18 P, ECLI:EU:C:2020:481 – Kommission/RQ.

185 Vgl. insoweit auch ErwG 30 VO.

In **Österreich** soll bei Aufsichtsbeschwerden gegen den DEStA gemäß **§ 22 Abs. 4 EUStA-DG** die entsprechende nationale Vorschrift des § 37 StAG jedoch sinngemäß Anwendung finden. Durch den neuen **§ 204a RStDG** ist das österreichische Recht außerdem um mehrere disziplinar- und dienstrechtliche Sonderbestimmungen für nationale Staatsanwälte, die zu DEStA bestellt wurden, ergänzt worden: So kann ein Disziplinarverfahren gemäß § 204a Abs. 1 RStDG nur durch einen Antrag der Dienstbehörde eingeleitet werden. Allerdings darf diese gemäß § 204a Abs. 3 RStDG einen Antrag auf Einleitung eines Disziplinarverfahrens gegen einen DEStA nicht ohne Zustimmung des EUGenStA stellen, wenn das Disziplinarverfahren in einem Verstoß im Zusammenhang mit den Pflichten aus der VO begründet liegt. Im Falle eines Antrags auf Einleitung eines Disziplinarverfahrens wegen eines Verstoßes gegen außerhalb der VO liegender – d.h. innerstaatlicher – Dienstpflichten des DEStA, ist der EUGenStA gemäß § 204a Abs. 2 RStDG vorab zu informieren.[186] 175

## XVIII. Fazit

Die Regelungen zum gerichtlichen Rechtsschutz sind ein wichtiger und notwendiger Bestandteil der zu gewährleistenden justiziellen Kontrolle der stets an rechtsstaatlichen Maßstäben zu messenden Verfahrenshandlungen der EUStA. 176

Das Grundkonzept der justiziellen Kontrolle der EUStA durch die *nationalen* Gerichte (Art. 42 Abs. 1 VO) ist keineswegs frei von rechtlichen und praxisrelevanten Widersprüchen. Diese treten bereits mit Blick auf die Eigenschaft der **EUStA als Einrichtung der Union** zutage.[187] So wurde auf diese Weise mit der nationalen Gerichtsbarkeit de facto eine zusätzliche „Agentur" der Union geschaffen, die für wesentliche grundrechtssensible Maßnahmen außerhalb der Gerichtsbarkeit der Union liegt.[188] 177

Solange sich aber die Rechtmäßigkeit von Verfahrenshandlungen der EUStA – in **Ermangelung einer unionsrechtlichen Strafprozessordnung** – nach nationalem Recht bestimmt, ist es in Anlehnung an **Art. 19 Abs. 1 UAbs. 1 S. 2 EUV** letztlich folgerichtig, die Kompetenz des EuGH auch bei der EUStA auf die *„Wahrung des Rechts bei der Auslegung und Anwendung der Verträge"* zu beschränken und nicht – ohne verbindlich geklärte primärrechtliche Kompetenz – auf die Kontrolle des nationalen Rechts zu erweitern.[189] 178

Gleichwohl bestehen begründete Zweifel, ob nationale Gerichte (zumeist ein Amtsrichter), in der Lage sind, die Handlungen der EUStA als supranationaler Institution und Einrichtung der Union **wirksam** und **effektiv** zu kontrollieren.[190] Das gilt etwa für die nicht fernliegende Konstellation eines erneuten Versuchs der EUStA zur Initiierung einer richterlichen Beweiserhebung (Vornahme/Genehmigung) in einem weiteren Mitgliedstaat, nach ersten erfolglosen Versuchen in demjenigen des DEStA.[191] Sprachliche, aber auch fachliche Hürden[192] sind insbesondere bei grenzüberschreitenden Sachverhalten durchaus in Rechnung zu stellen, etwa bei der erforderlichen **Einschätzung des Verfahrensstandes** und der **Notwendigkeit/Verhältnismäßigkeit** einer von der EUStA im Ermittlungsverfahren begehrten Ermittlungsmaßnahme.[193] Nicht zu unterschätzen sind auch **sprachliche Hürden** (Verfahrensakte), die selbst durch umfangreiche Übersetzungsleistungen nicht ohne weite- 179

186 Vgl. zum Ganzen auch EBRV 808 Blg NR 27. GP, 18.

187 Vgl. *Satzger* § 10 Rn. 22 („unstimmig"); *Herrnfeld* eucrim 13 (2018), 117 (120); krit. auch: *Zeder* StraFo 2014, 239 (246); *Mitsilegas/Giuffrida*, Raising the bar? Thoughts on the establishment of the European Public Prosecutor's Office, Policy Insights No. 2017/39, S. 13.

188 Vgl. *Mitsilegas/Giuffrida*, Raising the bar? Thoughts on the establishment of the European Public Prosecutor's Office, Policy Insights No. 2017/39, 13.

189 In diesem Sinne auch: HBB/*Herrnfeld* Art. 42 Rn. 9.

190 Vgl. *Magnus* HRRS 2018, 143, 154; *Esser* StV 2014, 494 (501); vgl. *Vervaele* Criminal Investigations and Prosecutions by a European Public Prosecutor`s Office in the EU: Di Meliora in Kert/Lehner (Hrsg.), Vielfalt des Strafrechts im internationalen Kontext, FS Höpfel, 2018, 667 (678 f. – „patchwork of national regimes").

191 Vgl. *Vervaele* (Fn. 190), 667 (678).

192 Vgl. *Magnus* HRRS 2018, 143 (154); *Esser* StV 2014, 494 (501).

193 Vgl. *Esser* StV 2014, 494 (501); *Rackow* KriPoZ 2017, 295 (299).

res aufgefangenen werden,[194] sich aber umgekehrt durchaus negativ auf die zu wahrende **Angemessenheit der Verfahrensdauer** (Art. 47 Abs. 2 GRC / Art. 5 Abs. 3 S. 2, Art. 6 Abs. 1 EMRK) auswirken dürften.

180 Angesichts unterschiedlich ausgestalteter nationaler Rechtsschutzsysteme droht zudem eine **gewisse Rechtszersplitterung.**[195] Aus unionsrechtlicher Sicht deutet sich ebenfalls eine Komplikation an: Zwar ist aufgrund einer gewissen Öffnung der gerichtlichen Kontrolle für die Anwendung des Art. 263 Abs. 4 AEUV in Art. 42 Abs. 3 und 8 VO – anders als noch im ursprünglichen VO-E[196] – kein Totalausschluss der Nichtigkeitsklage zum EuGH mehr vorgesehen. Dennoch wirkt es dogmatisch befremdlich, dass **durch eine sekundärrechtliche VO** ein zumindest immer noch **weitgehender Ausschluss der Nichtigkeitsklage** durch den in Art. 42 Abs. 1 VO verankerten Grundsatz mit Blick auf die Anforderungen des Art. 263 Abs. 5 AEUV zulässig sein soll.[197]

181 Der Großteil der Verfahrenshandlungen der EUStA, insbesondere die grundrechtssensiblen Zwangsmaßnahmen, wird in der Praxis der Kontrolle durch die nationale Gerichtsbarkeit unterliegen. Aus der Perspektive des Beschuldigten bzw. seines Verteidigers ergeben sich aus der Eröffnung des nationalen Rechtsschutzes durchaus auch Vorteile. Für sie besteht die Möglichkeit, auch bei einem durch die EUStA geführten Ermittlungsverfahren **auf die aus dem nationalen Verfahren bekannten und vertrauten Rechtsbehelfe** zurückzugreifen.[198] Zudem dürfte das Konzept, sowohl die *„ex-ante-“* (→ Rn. 24) als auch (weitgehend) die *„ex-post-“* Kontrolle der Handlungen einer Strafverfolgungsbehörde der Union durch nationale Gerichte und damit „in einer Hand“ zu ermöglichen, die **„nationale Akzeptanz“** der EUStA und des Systems ihrer Rechtskontrolle zunächst erhöhen. Bei zu erwartenden widersprüchlichen Entscheidungen aus den verschiedenen nationalen Rechtsordnungen und einer zu befürchtenden unangemessenen Verfahrensdauer in zahlreichen Verfahren, dürfte das Erscheinungsbild der EUStA dann aber auch schnell wieder bröckeln.

194 Vgl. *Esser* StV 2014, 494 (501).

195 Vgl. von der Groeben/Schwarze/Hatje/*Wasmeier/Killmann* Art. 86 AEUV Rn. 149; optimistisch für die Nichtigkeitsklage dagegen: *Zeder* JSt 2013, 173 (178): „ohne Schwierigkeiten“.

196 COM(2013) 534, 34.

197 Vgl. hierzu *Esser* StV 2014, 494 (501); eine primärrechtliche Grundlage für diese Regelung könnte wohl am ehesten noch in Art. 86 Abs. 3 AEUV zu erblicken sein, vgl. HBB/*Herrnfeld* Art. 42 Rn. 7.

198 Vgl. *Rackow* KriPoZ 2017, 295 (299).

# § 13 Datenschutz: Europäische und nationale Vorgaben



## I. Datenverarbeitung und Datenschutz im Strafverfahren

1 Datenschutz meint den Schutz natürlicher Personen bei Verarbeitung sie betreffender personenbezogener Daten. Er spielt im Rahmen der Tätigkeit der Europäischen Staatsanwaltschaft (EUStA) eine nicht zu unterschätzende Rolle.

2 **1. Verarbeitung personenbezogener Daten als Charakteristikum des Strafverfahrens.** Übergreifendes Ziel des Strafverfahrens ist es, durch ein gewissenhaftes Streben nach Gerechtigkeit Rechtsfrieden zu schaffen und zu bewahren.[1] Dies lässt sich nur erreichen, wenn zur Ermittlung des „wahren Sachverhalts"[2] alle erforderlichen Informationen sorgfältig erfasst, in Verfahrensakten dokumentiert und in geordneten Abläufen allen maßgeblichen Beteiligten verfügbar gemacht werden. Die Verarbeitung von Informationen ist daher ein inhärentes Charakteristikum des Strafverfahrens.[3]

3 Zur Erhebung und Verarbeitung von Informationen stehen den zuständigen Behörden **vielfältige Befugnisse** zur Verfügung. Dies zeigt sich für die EUStA-VO in Art. 30 Abs. 1 VO, wenn dort bspw. die Durchsuchung von Computersystemen (lit. a), die Erwirkung der Herausgabe von Gegenständen (lit. b) und Computerdaten (lit. c), die Überwachung der ein- und ausgehenden elektronischen Kommunikation des Verdächtigen (lit. e) oder die Verfolgung und Ortung von Gegenständen mit technischen Mitteln (lit. f) angesprochen wird. Auf nationaler deutscher Ebene meint dies etwa die Regelungen zur Sicherstellung, Beschlagnahme und Durchsuchung (§§ 94 ff. StPO sowie §§ 102, 103 StPO), zur Telekommunikationsüberwachung (§§ 100a, 100g StPO) oder zur Observation (§§ 100h, 163f StPO).[4]

4 Bei den verarbeiteten Informationen wird es sich regelmäßig um **personenbezogene Daten** handeln. Dies meint gemäß Art. 2 Nr. 7 VO[5] alle Informationen, die sich auf eine identifizierte oder identifizierbare natürliche Person beziehen. Zu denken ist bspw. an Informationen, die einen Bezug zu Verdächtigten, Beschuldigten, Geschädigten oder Zeugen aufweisen und etwas über ihren Aufenthaltsort, ihre Verhaltensweisen oder ihre Äußerungen aussagen. Angaben über juristische Personen werden hingegen nicht erfasst.

1 Meyer-Goßner/Schmitt/*Meyer-Goßner* Einl. Rn. 4.
2 KK-StPO/*Fischer* Einl. Rn. 3.
3 S. für die EUStA *De Hert/Papakonstantinou* NJECL 2019, 34 (34 f.); allg. zu Strafverfolgung (und Gefahrenabwehr) als Daten- und Informationsverarbeitung s. Lisken/Denninger PolR-HdB/*Schwabenbauer* Kap. G Rn. 1 ff.; bezogen auf die JI-Richtlinie 2016/680 *Hornung/Schindler/Schneider* ZIS 2018, 566 (566).
4 S. die Begründung des EUStAG, BT-Drs. 19/17963, 27.
5 Wortgleich Art. 3 Nr. 1 JI-RL und Art. 4 Nr. 1 DS-GVO.

5 **2. Datenverarbeitung bei der EUStA.** Im Rahmen ihrer Tätigkeit verarbeitet die EUStA daher zwangsläufig personenbezogene Daten.[6] Die Datenverarbeitung soll grundsätzlich **in elektronischer Form** erfolgen (ErwG 47 S. 1 VO). Allerdings ergibt sich aus Art. 49 Abs. 1 VO, dass auch andere Formen der Verarbeitung (zB in strukturierten manuell geführten Dateien) nicht ausgeschlossen sind.

6 Unter Rückgriff auf Art. 49 Abs. 1 VO können verschiedene **Zielrichtungen der Verarbeitung** identifiziert werden, die alle im Zusammenhang mit der übergeordneten Aufgabe der Verfolgung von Straftaten zum Nachteil der finanziellen Interessen der Europäischen Union (Art. 4 VO) stehen. Dies betrifft strafrechtliche Ermittlungen und Strafverfolgungsmaßnahmen (Art. 49 Abs. 1 lit. a VO), den Informationsaustausch mit den zuständigen Behörden der Mitgliedstaaten der Europäischen Union und den anderen Organen, Einrichtungen und sonstigen Stellen der Union (lit. b) sowie die Zusammenarbeit mit Drittländern und internationalen Organisationen (lit. c).

7 Daten, die zu den Zwecken nach Art. 49 VO verarbeitet werden, heißen **operative personenbezogene Daten** (Art. 2 Nr. 18 VO),[7] alle übrigen **verwaltungstechnische personenbezogene Daten** (Art. 2 Nr. 17 VO). Dies meint bspw. die Daten von Beschäftigten (bzw. „Personaldaten“[8]) oder Kontaktstellen.[9] Derartige Daten werden im Folgenden nur am Rande betrachtet.

8 Systematisch bestehen vielfältige Bezüge zu den Vorschriften außerhalb der datenschutzrechtlichen Regelungen in Art. 47 bis 89 VO. Eine Verarbeitung personenbezogener Daten findet zunächst im Rahmen der gemäß Art. 28 und 30 VO vom betrauten DEStA und den zuständigen nationalen Behörden durchzuführenden Ermittlungsmaßnahmen statt (zB die Herausgabe von Computerdaten oder die Überwachung elektronischer Kommunikation, s. *Niedernhuber* → § 7 Rn. 93 ff.). Damit im Zusammenhang stehend legt der betraute DEStA bei Einleitung des Ermittlungsverfahrens (Art. 26 VO) oder Ausübung des Evokationsrechts (Art. 27 VO) eine **Verfahrensakte** an (Art. 45 Abs. 1 VO), die alle das Verfahren betreffenden Informationen und Beweismittel – und damit auch personenbezogene Daten – enthält (s. *Niedernhuber* → § 7 Rn. 182 ff.).

9 Zudem betreibt die EUStA gemäß Art. 44 Abs. 1 VO ein **Fallbearbeitungssystem** (s. *Niedernhuber* → § 7 Rn. 182 ff.), um die Ermittlungen zu unterstützen, den Zugang zu Informationen zu gewährleisten und die Überwachung der Rechtmäßigkeit der Verarbeitung operativer personenbezogener Daten zu erleichtern. Das Fallbearbeitungssystem beinhaltet gemäß Art. 44 Abs. 4 UAbs. 1 VO die Informationen aus den Verfahrensakten (Art. 45 Abs. 3 VO), einen Index aller Verfahrensakten (der aber nur die in Art. 44 Abs. 4 UAbs. 2 VO genannten operativen personenbezogenen Daten enthalten darf) sowie ein Register der nach Art. 24 VO erlangten Informationen.[10] Die Informationen aus dem Register werden mit Einleitung eines Ermittlungsverfahrens Teil der Verfahrensakte (Art. 45 Abs. 1 UAbs. 3 VO). Zugriff auf das Fallbearbeitungssystem haben die internen Stellen der EUStA (Art. 46 VO) sowie – im Treffer/Kein-Treffer-Verfahren – Eurojust und OLAF (Art. 100 Abs. 3 S. 3 und 101 Abs. 5 S. 3 VO).

10 Ein **Informationsaustausch** zwischen der EUStA und verschiedenen nationalen und europäischen Stellen findet unter anderem im Zusammenhang mit der Bestimmung der Zuständigkeit (zB Art. 24 VO) sowie der Durchführung der Ermittlungen (zB Art. 28 VO; s. *Trautmann* → § 6 Rn. 52 ff.) statt. Art. 43 VO sieht vor, dass die DEStA bzw. die EUStA sachdienliche Informationen aus ein-

6 EnzEuR/*Zöller/Bock* § 22 Rn. 39; zur Entstehungsgeschichte der datenschutzrechtlichen Normen der EUStA-VO s. *De Hert/Papakonstantinou* NJECL 2019, 34 (35 ff.).

7 S. allgemein Art. 3 Nr. 2 VO (EU) 2018/1725.

8 ErwG 14 VO (EU) 2018/1725.

9 NK-RechtshilfeR/*Gräfin v. Galen/Furtwängler* 4. Hauptteil, 8. Teil, 6. Abschn. Art. 48 Rn. 1102; zur Unterscheidung auch *Franssen/Corhay*, Report – Interpretation of the EPPO Regulation in view of EPPO's supervision by the EDPS, 2021, 18 f.

10 Im Fallbearbeitungssystem festzuhalten ist außerdem: Einleitung eines Ermittlungsverfahrens (Art. 26 Abs. 1 VO), Begründung bei Nichteinleitung (Art. 24 Abs. 7 UAbs. 1 VO), Anwendung des vereinfachten Strafverfahrens (Art. 40 Abs. 3 S. 1 VO). Außerdem sind der zuständige Europäische Staatsanwalt und die Ständige Kammer über alle wesentlichen Entwicklungen des Falles zu unterrichten (Art. 28 Abs. 1 S. 3 VO).

schlägigen Datenbanken und Registern der nationalen Behörden (zB §§ 492 ff. StPO[11]) und der Union erhalten können (s. *Niedernhuber* → § 7 Rn. 116 ff.). Auch ist im Rahmen der Zusammenarbeit der EUStA mit ihren Partnern iSv Art. 99 ff. VO (vor allem Eurojust, OLAF und Europol, s. *Brodowski* → § 8 Rn. 30 ff.) der Austausch von Informationen vorgesehen. Dies betrifft auch[12] personenbezogene Daten (vgl. Art. 99 Abs. 3 und Abs. 2 lit a VO).

## II. Systematik der relevanten Datenschutzbestimmungen

Die Verarbeitung personenbezogener Daten durch die Organe, Einrichtungen und sonstige Stellen der Union ist grundsätzlich in der VO (EU) 2018/1725 geregelt. Allerdings enthält die EUStA-VO in den Art. 47 bis 89 VO eigene Datenschutzvorschriften.[13] Aufgrund der Anbindung der EUStA an die jeweiligen Mitgliedstaaten durch die DEStA (s. Art. 8 Abs. 4 VO) und der Vorgabe in Art. 5 Abs. 3 S. 2 VO, demnach für Fragen, die nicht in der EUStA-VO geregelt sind, nationales Recht gilt, kann zudem das jeweilige nationale Datenschutzrecht anwendbar sein. Schließlich können beim Datenaustausch auch Datenschutzvorschriften der Partnerorganisationen relevant werden (zB Art. 28 ff. VO (EU) 2016/794 bzgl. Europol). 11

**1. Grundrechtliche Fundierung auf europäischer und nationaler Ebene.** Den infrage kommenden Regelungen ist gemeinsam, dass sie grund- und menschenrechtlich fundiert sind.[14] Die Verarbeitung personenbezogener Daten ist auf Ebene der Europäischen Union vor allem[15] an **Art. 7 und 8 GRC** – unter Berücksichtigung der Europäischen Menschenrechtskonvention (Art. 52 Abs. 3 GRC) – zu messen. Die Beachtung der Charta ist in Art. 5 Abs. 1 VO explizit vorgeschrieben, wobei sich ihre Anwendbarkeit aber bereits daraus ergibt, dass es sich bei der EUStA gemäß Art. 3 Abs. 1 VO um eine Einrichtung der Union handelt (Art. 51 Abs. 1 S. 1 GRC). 12

Des Weiteren werden natürliche Personen bei der Verarbeitung personenbezogener Daten durch das deutsche **Grundrecht auf informationelle Selbstbestimmung** geschützt (Art. 2 Abs. 1 i.V.m. Art. 1 Abs. 1 GG).[16] Bei der Auslegung der deutschen Grundrechte ist zudem die Europäische Menschenrechtskonvention – hier vor allem **Art. 8 EMRK** – zu berücksichtigen.[17] Handeln deutsche Stellen im Rahmen der Tätigkeit der EUStA (zB Art. 28 Abs. 1 S. 1 VO), sind sie vom Ausgangspunkt her an die deutschen Grundrechte gebunden (Art. 1 Abs. 3 GG). Ihr Tätigwerden für die EUStA ist aber gleichzeitig als **Durchführung des Rechts der Union** zu verstehen (Art. 51 Abs. 1 S. 1 GRC), so dass – zumindest auch[18] – die Grundrechte der Charta Anwendung finden.[19] 13

---

11 S. BT-Drs. 19/17963, 37.

12 Aber nicht nur, s. Art. 104 Abs. 1 und 105 Abs. 1 VO: strategische Informationen.

13 Ausweislich des ersten Bezugsvermerks in der Präambel stützt sich die gesamte EUStA-VO – einschließlich der Datenschutzvorschriften – auf Art. 86 AEUV und wurde deshalb im Rahmen einer Verstärkten Zusammenarbeit im besonderen Gesetzgebungsverfahren erlassen. Auf Art. 16 Abs. 2 AEUV, wonach Datenschutzvorschriften im ordentlichen Gesetzgebungsverfahren erlassen werden, wurde (trotz ErwG 92 VO) erkennbar nicht zurückgegriffen.

14 Zur grundrechtlichen Fundierung auf europäischer Ebene s. Simitis/Hornung/Spiecker gen. Döhmann/*Schiedermair* Einl. Rn. 161 ff.; Analyse der Rspr. bei *Schiedermair*, Der Schutz des Privaten als internationales Grundrecht, 2012; für weiterführende dogmatische Erwägungen s. *Marsch*, Das europäische Datenschutzgrundrecht, 2018.

15 Beachte daneben Art. 6 Abs. 3 EUV sowie Art. 16 Abs. 1 AEUV.

16 Grundlegend BVerfGE 65, 1.

17 Zu Rang und Stellung der EMRK in der deutschen Rechtsordnung zB BVerfGE 128, 326 (366 ff.).

18 Das genaue Verhältnis der Grundrechtsräume ist umstritten und kann hier nicht vertieft werden. S. zB *Ludwigs/Sikora* JuS 2017, 385 und *Kirchhof* NVwZ 2014, 1537. Der EuGH lässt eine Doppelgeltung von nationalen und unionsrechtlichen Grundrechten grundsätzlich zu, s. zB EuGH NJW 2013, 1415 (1416). Das BVerfG prüft nicht vollständig unionsrechtlich determiniertes innerstaatliches Recht primär am Maßstab der Grundrechte des GG, schließt aber nicht aus, dass daneben auch die GRC anwendbar ist, s. BVerfGE 152, 152 (168 ff.). Sind die Grundrechte des GG in Fällen unionsrechtlich vollständig vereinheitlichter Materien nicht anwendbar (zB im Falle der Anwendung der DS-GVO jenseits der Öffnungsklauseln), gilt allein die GRC. Das BVerfG kontrolliert dann die Anwendbarkeit des Unionsrechts durch deutsche Stellen am Maßstab der GRC, s. BVerfGE 152, 216 (229 ff.).

19 S. näher HBB/*Burchard* Art. 5 Rn. 10 ff. In ähnlicher Weise führt die JI-RL zu einer erweiterten Anwendung der GRC, s. schon *Bäcker/Hornung* ZD 2012, 147 (152).

14 **2. Anwendbare Datenschutzvorschriften. a) Sekundärrechtliche Systematik.** Die wohl bekannteste europarechtliche Datenschutzvorschrift ist die Datenschutz-Grundverordnung. Für die Verarbeitung personenbezogener Daten zur Verhinderung und Verfolgung von Straftaten durch die zuständigen Behörden gilt allerdings nicht die Datenschutz-Grundverordnung (Art. 2 Abs. 2 lit. d DS-GVO), sondern die JI-Richtlinie 2016/680 (Art. 2 Abs. 1 i.V.m. Art. 1 Abs. 1 JI-RL).[20] Indes sind beide Vorschriften nicht auf die Verarbeitung personenbezogener Daten durch die Organe, Einrichtungen und sonstigen Stellen der Union anwendbar (Art. 2 Abs. 3 lit. b JI-RL, Art. 2 Abs. 3 DS-GVO). Diesbezüglich greift grundsätzlich die **VO (EU) 2018/1725** (s. Art. 2 VO (EU) 2018/1725).[21] Dies betrifft auch die EUStA, bei der es sich um eine Einrichtung der Union handelt (Art. 3 Abs. 1 VO).

15 Gemäß Art. 48 Abs. 1 VO und ErwG 90 VO gilt die VO (EU) 2018/1725 für alle von der EUStA verarbeiteten **verwaltungstechnischen personenbezogenen Daten** (Art. 2 Nr. 17 VO).[22] Diese Zuordnung ist abschließend und erfasst insbesondere die Grundsätze der Verarbeitung, die sich für verwaltungstechnische Daten nicht aus Art. 47 VO, sondern aus Art. 4 VO (EU) 2018/1725 ergeben. Eine andere Ansicht[23] hätte zB zur Folge, dass für die Daten der Beschäftigten der EUStA der in Art. 47 VO fehlende Transparenzgrundsatz nicht gelten würde. Dies wäre jedoch eine nicht zu rechtfertigende Schlechterstellung gegenüber anderen Beschäftigten der Union. Die in anderen Normen wie Art. 48 VO enthaltenen expliziten Verweise auf die VO (EU) 2018/1725[24] belegen gerade, dass Normen ohne derartigen Verweis nur für operative personenbezogene Daten gelten.

16 Für die Verarbeitung **operativer personenbezogener Daten** (Art. 2 Nr. 18 VO) sieht Art. 2 Abs. 2 VO (EU) 2018/1725 vor, dass Art. 3 und 70 bis 95 VO (EU) 2018/1725 anwendbar sind, wenn die Verarbeitung durch Einrichtungen der Union bei der Ausübung von Tätigkeiten erfolgt, die in den Anwendungsbereich des Dritten Teils Titel V Kapitel 4 oder 5 AEUV fallen. Dies betrifft auch die EUStA (s. Art. 86 AEUV[25]). Allerdings bestimmt Art. 2 Abs. 3 VO (EU) 2018/1725, dass die VO (EU) 2018/1725 solange nicht für die Verarbeitung operativer personenbezogener Daten durch die EUStA gilt, bis die EUStA-VO im Einklang mit Art. 98 VO (EU) 2018/1725 angepasst worden ist. Dies soll einen einheitlichen und kohärenten Schutz bei der Datenverarbeitung sicherstellen, wozu die Kommission zu gegebener Zeit (die Überprüfung soll bis zum 30.4.2022 erfolgt sein) geeignete Gesetzgebungsvorschläge unterbreitet (Art. 98 Abs. 2 VO (EU) 2018/1725).[26] Da die Anpassung iSv Art. 98 VO (EU) 2018/1725 bisher noch nicht stattgefunden hat, ist die **VO (EU) 2018/1725 (derzeit) nicht** – d.h. auch nicht subsidiär – auf die Verarbeitung operativer personenbezogener Daten durch die EUStA **anwendbar.**[27]

17 Im Ergebnis gilt europarechtlich damit für Datenverarbeitungen durch die EUStA hinsichtlich der verwaltungstechnischen personenbezogenen Daten die VO (EU) 2018/1725, hinsichtlich der **opera-**

---

20 Zum Anwendungsbereich der JI-RL *Hornung/Schindler/Schneider* ZIS 2018, 566; Lisken/Denninger PolR-HdB/*Schwabenbauer* Kap. G Rn. 364 ff.; *Weinhold/Johannes* DVBl. 2016, 1501 (1502 f.).

21 Die VO (EU) 2018/1725 ersetzt die VO (EG) Nr. 45/2001, s. Art. 99 VO (EU) 2018/1725. Dementsprechend gilt der Verweis in Art. 2 Abs. 3 DS-GVO als Verweis auf die VO (EU) 2018/1725.

22 Der Verweis auf VO (EG) Nr. 45/2001 ist als Verweis auf die VO (EU) 2018/1725 zu verstehen, s. Art. 99 VO (EU) 2018/1725. Zur Entstehung der Unterscheidung s. *De Hert/Papakonstantinou* NJECL 2019, 34 (36 f.).

23 S. HBB/*Herrnfeld* Introduction Art. 47–89 Rn. 2, Art. 47 Rn. 1 und Art. 48 Rn. 2.

24 S. den Hinweis bei HBB/*Herrnfeld* Art. 48 Rn. 2 (der Verweis in Art. 48 VO bezieht sich jetzt auf diese VO, s. Fn. 22).

25 S. a. ErwG 10 VO.

26 S. zunächst Art. 2 Abs. 3 i.V.m. Art. 98 DS-GVO, demnach die Datenschutzvorschriften für die Organe und Einrichtungen der Union (insbes. auch die VO (EG) Nr. 45/2001) angepasst werden sollen. Hierauf bezieht sich Art. 118 VO, der bei Anpassung der VO (EG) Nr. 45/2001 eine Überprüfung der Datenschutzvorschriften der EUStA-VO vorsieht. Die VO (EG) Nr. 45/2001 wurde sodann – nach Erlass der EUStA-VO – durch die VO (EU) 2018/1725 ersetzt. In Art. 98 VO (EU) 2018/1725 (s. a. ErwG 13 VO (EU) 2018/1725) ist nun vorgesehen, dass unter anderem die Datenschutzvorschriften der EUStA-VO (Dritter Teil Titel V Kapitel 4 oder Kapitel 5 AEUV) bis zum 30.04.2022 überprüft werden sollen, woraufhin die Kommission geeignete Gesetzgebungsvorschläge unterbreiten kann, um einen einheitlichen und kohärenten Datenschutz sicherzustellen; dazu auch HBB/*Burchard* Art. 118 Rn. 1–4.

27 Dazu auch HBB/*Herrnfeld* Introduction Art. 47–89 Rn. 3.

**tiven personenbezogenen Daten** ausschließlich **die EUStA-VO.** Seit Oktober 2020 wird diese durch die auf Art. 21 VO gestützte Geschäftsordnung konkretisiert,[28] die in Art. 63 bis 65 GO auch Bestimmungen zum Datenschutz enthält.

**b) Abgrenzung zum nationalen Datenschutzrecht: Grundüberlegungen.** Fraglich ist allerdings, inwieweit daneben das nationale Datenschutzrecht zur Anwendung kommt. Zu denken ist dabei für Deutschland an die datenschutzrechtlichen Vorschriften in der StPO sowie im allgemeinen Datenschutzrecht (1. und 3. Teil des BDSG). 18

Die genaue Abgrenzung wird **aus der EUStA-VO nicht deutlich** und ist deshalb bisher nicht geklärt.[29] Die Relevanz der Frage wird zwar dadurch gemildert, dass die Datenschutzregeln der EUStA-VO (s. ErwG 93 VO[30]) unter dem Einfluss der JI-RL entstanden sind. Die einzelnen Anforderungen der EUStA-VO sind deshalb vielfach mit der JI-RL, und damit auch mit deren Umsetzungen im Recht der Mitgliedstaaten, kongruent.[31] Da es jedoch auch Unterschiede gibt (→ Rn. 25 ff.), muss die Frage entschieden werden. 19

Grundsätzlich ist davon auszugehen, dass die Art. 47 bis 89 VO abschließende Regelungen zum Datenschutz bei der EUStA treffen.[32] Allerdings ist in Art. 5 Abs. 3 S. 2 VO vorgesehen, dass bei Fragen, die nicht in der EUStA-VO geregelt sind, das **nationale Recht** gilt. Es ist nicht erkennbar, warum dies nicht auch für das Datenschutzrecht gelten soll.[33] Mithin kann das nationale Datenschutzrecht **zumindest subsidiär** zur Anwendung kommen. Ist eine Frage aber sowohl im nationalen Recht als auch in der EUStA-VO geregelt, gilt gemäß Art. 5 Abs. 3 S. 4 VO sowie nach dem allgemeinen Anwendungsvorrang des Europarechts die EUStA-VO. Die umfangreichen Regelungen der EUStA-VO zum Datenschutz (Art. 47 bis 89 VO) sprechen daher zunächst dafür, den Anwendungsbereich des nationalen Datenschutzrechts auf Ausnahmen zu beschränken. 20

Eindeutig greifen nationale Vorschriften, wenn in Art. 47 bis 89 VO auf sie verwiesen wird. So sind bei Zweckänderungen die Vorschriften aus dem „nationalen Verfahrensrecht" zu beachten (Art. 47 Abs. 3 lit. c VO; engl.: „national procedural law"). Entsprechende Verwendungsbeschränkungen sind in § 479 StPO geregelt.[34] Zudem handelt die EUStA gemäß Art. 49 Abs. 6 S. 1 VO bei Anwendung der Art. 57 bis 62 VO unter Beachtung „nationaler Verfahrensvorschriften" über die Informationspflicht gegenüber der betroffenen Person und die Möglichkeiten, diese Informationen zu unterlassen, einzuschränken oder zu verzögern. Dies betrifft etwa die Regelungen in § 101 Abs. 4 bis 7 StPO sowie in § 101a Abs. 6 StPO[35] bzgl. der Benachrichtigung von Personen, die von bestimmten Ermittlungsmaßnahmen betroffen sind. Außerdem beachtet die EUStA gemäß Art. 53 Abs. 2 VO die von einer nationalen Behörde gemäß Art. 9 Abs. 3 und 4 JI-RL vorgesehenen[36] besonderen Verarbeitungsbedingungen. Diese in § 74 Abs. 2 und 3 BDSG[37] allgemein umgesetzten Normen der JI-RL führen hier zB dazu, dass die **Verwendungsbeschränkungen in § 161 Abs. 3 und 4 StPO** auch für die EUStA gelten.[38] 21

---

28 Geschäftsordnung der Europäischen Staatsanwaltschaft v. 12.10.2020, ABl. 2021 C 22, 3.

29 Aufgrund der „hybriden" Struktur der EUStA (zentrale u. dezentrale Ebene; s. *Herrnfeld* → § 4 Rn. 16 ff.) betonen auch *Franssen/Corhay* in ihrem Report für den EDSB, „it may in practice not always be easy to define the precise scope of EU and national law", s. *Franssen/Corhay,* Report – Interpretation of the EPPO Regulation in view of EPPO's supervision by the EDPS, 2021, 16; s. a. ebd., S. 37: „patchwork of EU and national rules".

30 Ebenfalls BT-Drs. 19/17963, 39.

31 Die häufige Übereinstimmung betont mit Blick auf die JI-RL auch *Franssen/Corhay,* Report – Interpretation of the EPPO Regulation in view of EPPO's supervision by the EDPS, 2021, 39. Im Folgenden wird dann aber auch auf Unterschiede bei den Betroffenenrechten, der Verarbeitung besonderer Kategorien personenbezogener Daten und der Datenübermittlung verwiesen.

32 HBB/*Herrnfeld* Introduction Art. 47–89 Rn. 6; ebenfalls BT-Drs. 19/17963, 39.

33 HBB/*Herrnfeld* Introduction Art. 47–89 Rn. 7.

34 S. BT-Drs. 19/17963, 40.

35 BT-Drs. 19/17963, 40.

36 Diese missverständliche Formulierung in Art. 53 Abs. 2 VO meint nicht eine Anordnungskompetenz der nationalen Behörde, sondern wie in Art. 9 Abs. 3 und 4 JI-RL einen Hinweis dieser Behörde auf gesetzlich bestehende Beschränkungen.

37 S. BT-Drs. 18/11325, 119.

38 S. BT-Drs. 19/17963, 40.

22 Unklar ist, ob die genannten **Verweisvorschriften** lediglich die erwähnten (verfahrens-, inhaltlich aber zugleich datenschutzrechtlichen) Normen in der StPO erfassen, wovon erkennbar der deutsche Gesetzgeber ausgeht, der „kein[en] Raum für die Anwendung des Bundesdatenschutzgesetzes“[39] sieht (dazu → Rn. 51 ff.), oder ob auch korrespondierende Regelungen im allgemeinen Datenschutzrecht (also dem BDSG) anwendbar sein können.[40] So sind Verwendungsbeschränkungen nicht nur in § 479 StPO, sondern auch in § 49 BDSG zu finden, Einschränkungen der Informationspflichten nicht nur in §§ 101 Abs. 4 bis 7, 101a Abs. 6 StPO, sondern auch in § 56 Abs. 2 BDSG.

23 Zwar sind die StPO-Regelungen jeweils spezieller, sodass die Frage hier nicht virulent wird. Außerdem enthalten die BDSG-Normen keine Beschränkungen, die über die korrespondierenden Vorschriften der EUStA-VO hinausgehen.[41] Die Parallelität der normativen Inhalte in der StPO und im BDSG zeigt aber, dass die durch den europäischen Gesetzgeber offenbar beabsichtigte oder vorausgesetzte – und im Zusammenhang mit der Aktenführung und den Ermittlungsmaßnahmen noch relevant werdende (→ Rn. 68 ff.) – **Trennung zwischen verfahrensrechtlichen Vorschriften** (die sich auch aus dem nationalen Recht ergeben können; hier der StPO) und allgemeinem **Datenschutzrecht** (das abschließend in Art. 47 ff. VO geregelt sein soll),[42] **nicht aufgeht**. Der Grund ist zum einen, dass (zumindest deutsches) Strafverfahrensrecht in vielen Bereichen inhaltlich Datenschutzrecht ist. So betreffen etwa viele der im Achten Abschnitt des ersten Buches der StPO geregelten Ermittlungsmaßnahmen (zumindest auch) den Umgang mit personenbezogenen Daten.[43] Zum anderen steht es dem nationalen Gesetzgeber frei, bestimmte Verarbeitungsregelungen in der StPO oder im BDSG zu platzieren. Allein dieser Standort kann also nicht über die Zuordnung zu der einen oder der anderen Materie entscheiden.[44] Hätte der Gesetzgeber zB auf die Regelung in § 479 StPO verzichtet und den Inhalt von § 479 StPO – oder andersartige, über Art. 47 Abs. 3 VO hinausgehende allgemein geltende Beschränkungen – in § 49 BDSG aufgenommen, würde alles dafürsprechen, dass Art. 47 Abs. 3 lit. c VO den § 49 BDSG zur Anwendung bringen würde. Denn dieser durch den nationalen Gesetzgeber frei wählbare Regelungsstandort kann nichts daran ändern, dass es sich bei der Sachmaterie um ein Element des „nationalen Verfahrensrechts“ iSv Art. 47 Abs. 3 lit. c VO handelt. Dieses Beispiel – es ließen sich weitere hinzufügen – zeigt, dass eine konfliktfreie Handhabung der Trennung zwischen Datenschutzrecht und Strafprozessrecht im Rahmen der Verweise so gut wie unmöglich ist.

24 Daneben ist zu berücksichtigen, dass in der EUStA-VO an verschiedenen Stellen **global auf das nationale Recht verwiesen** wird. So sind Ermittlungsmaßnahmen (s. *Niedernhuber* → § 7 Rn. 63 ff. und 93 ff.) im Einklang mit der EUStA-VO und dem nationalen Recht zu treffen (Art. 28 Abs. 1 S. 1 VO), wobei sich die Verfahren und Modalitäten für die Durchführung der Ermittlungsmaßnahmen (Art. 30 Abs. 1 VO) nach dem geltenden nationalen Recht richten (Art. 30 Abs. 5 S. 2 VO). Überdies führen die betrauten DEStA die Verfahrensakten nach dem Recht ihrer Mitgliedstaaten (Art. 45 Abs. 2 UAbs. 1 VO; s. *Niedernhuber* → § 7 Rn. 182 ff.). In beiden Fällen lässt sich – wie im

39 BT-Drs. 19/17963, 40 im Zusammenhang mit dem EUStAG.

40 Davon gehen im Grundsatz auch *Franssen/Corhay,* Report – Interpretation of the EPPO Regulation in view of EPPO's supervision by the EDPS, 2021, 37 aus: „national rules may be laid down in data protection legislation, but also in criminal procedure“.

41 § 49 BDSG entspricht inhaltlich Art. 47 Abs. 3 lit a und b VO, § 56 Abs. 2 BDSG Art. 58 Abs. 3 VO.

42 So das Verständnis bei HBB/*Herrnfeld* Introduction Art. 47–89 Rn. 6, demnach Kapitel VIII ein eigenständiges Datenschutzregime errichtet („self-standing legal regime“), welches – mit Ausnahme einiger verfahrensrechtlicher Vorschriften („national criminal procedural law“) – alle relevanten datenschutzrechtlichen Fragen ohne Rückgriff auf nationales Recht regeln soll. Die verfahrensrechtlichen Vorschriften werden dabei nicht als Datenschutzrecht verstanden („the provisions of Chapter VIII only address […] questions from the perspective of data protection, thus leaving the possibility to apply any corresponding rules of national criminal procedural law untouched“).

43 Ebenfalls im siebten Abschnitt des ersten Buches, zB erkennungsdienstliche Maßnahmen (§ 81b StPO) oder genetische Untersuchungen (§ 81e ff. StPO). Starke datenschutzrechtliche Bezüge weisen auch die Vorschriften im achten Buch der StPO zu Schutz und Verwendung von Daten auf (§§ 474 ff. StPO).

44 S. a. *Franssen/Corhay,* Report – Interpretation of the EPPO Regulation in view of EPPO's supervision by the EDPS, 2021, 14 f., 37 f. zur Verankerung der nationalen Vorschriften iSv Art. 49 Abs. 6 VO je nach Mitgliedstaat im Strafverfahrens-, Gerichtsverfassungs- oder Datenschutzrecht.

vorgenannten Beispiel zu § 479 StPO und § 49 BDSG – eine klare Trennung zwischen dem Verfahrensrecht und dem Datenschutzrecht nicht durchführen, weil die verfahrensrechtlichen Bestimmungen zu Ermittlungsmaßnahmen und Verfahrensakten vielfach inhaltliches Datenschutzrecht enthalten. Sowohl für die Ermittlungsmaßnahmen (zB die Überwachung elektronischer Kommunikation, s. Art. 30 Abs. 1 lit. e VO) als auch für die Verfahrensakten stellt sich deshalb die Frage, ob sich der Datenschutz im Einzelfall jeweils nach einer Regelung aus den Art. 47 bis 89 VO oder nach einer Bestimmung des nationalen Rechts richtet. Letzteres meint vor allem die datenschutzrechtlichen Regelungen in der StPO sowie – subsidiär – im 1. und 3. Teil des BDSG (s. § 1 Abs. 2 BDSG). Zwar bestimmt Art. 5 Abs. 3 S. 4 VO, dass die Vorschriften in der EUStA-VO – und dies betrifft auch die Datenschutzregelungen in Art. 47 ff. VO – denen im nationalen Recht vorgehen (so sie dieselbe Frage regeln). Diese allgemeine Vorschrift gilt aber nur vorbehaltlich spezieller Inbezugnahmen des nationalen Rechts. Wenn also Verweisnormen wie Art. 28 Abs. 1 S. 1 und Art. 30 Abs. 5 S. 2 VO sich auch auf Fragen beziehen, die im allgemeinen nationalen Datenschutzrecht geregelt sind, so treten diese Bestimmungen – auch wenn die inhaltliche Frage in der EUStA-VO ebenfalls geregelt ist – gerade nicht nach Art. 5 Abs. 3 S. 4 VO zurück. Auf diese Frage ist nach Darstellung der inhaltlichen Anforderungen der datenschutzrechtlichen Vorgaben in den Art. 47 ff. VO zurückzukommen (→ Rn. 50 ff.).

## III. Anforderungen in der EUStA-VO

Die Art. 47 bis 89 VO enthalten im Grundsatz **materiell- und verfahrensrechtliche Anforderungen** an die Datenverarbeitung, die weitgehend denen entsprechen, die 2016 in die DS-GVO und die JI-RL aufgenommen wurden. Die umfangreichen Normen machen mehr als ein Drittel der EUStA-VO aus und können hier nicht im Detail vorgestellt, geschweige denn hinsichtlich aller auftretenden Rechtsfragen diskutiert werden. 25

Die Darstellung in diesem Abschnitt beschränkt sich deshalb auf Grundzüge, wichtige Regelungsfragen und auffällige Unterschiede zur JI-RL bzw. deren deutscher Umsetzung. Gemäß ErwG 93 VO soll die Auslegung und Anwendung der EUStA-VO der Auslegung und Anwendung der JI-RL entsprechen.[45] Das bedeutet aber nicht, dass die beiden Vorschriften mit Blick auf die datenschutzrechtlichen Regelungen in allen Punkten identisch sind. Dies zeigt sich bereits daran, dass die Vorschriften in Kapitel VIII der EUStA-VO nicht in weitere Abschnitte untergliedert sind.[46] Von seiner Struktur her entspricht Kapitel VIII aber zu großen Teilen der JI-RL. An einigen Stellen fallen die Vorschriften naturgemäß **detaillierter aus als die umsetzungsbedürftigen Vorschriften der JI-RL.**[47] Die EUStA-VO erreicht aber an keiner Stelle den Detaillierungsgrad der deutschen Umsetzungsvorschriften zur JI-RL, sodass sich für den Rechtsanwender schon aufgrund des erheblich größeren Abstraktionsgrads Unterschiede ergeben. Diese werden in anderen Ländern mutmaßlich geringer ausfallen. 26

**1. Definitionen.** Art. 2 Nr. 7 bis 23 VO enthält die datenschutzspezifischen Definitionen, die ganz überwiegend mit denen in Art. 3 JI-RL identisch sind. Als **Verantwortlichen** nennt Art. 2 Nr. 13 VO explizit die EUStA und daneben entsprechend Art. 3 Nr. 8 JI-RL auch andere Behörden, die allein oder gemeinsam mit anderen über Zwecke und Mittel der Verarbeitung entscheiden; anders als in Art. 3 Nr. 7 JI-RL wird die zuständige Behörde aber nicht definiert. Art. 2 VO definiert außerdem verwaltungstechnische und operative personenbezogene Daten (Nr. 17 und 18). Eine solche Unterscheidung ist der JI-RL fremd und daher auch nicht in Art. 3 JI-RL abgebildet. 27

**2. Anwendungsbereich.** Gemäß Art. 2 Abs. 2 JI-RL gilt die JI-RL für die ganz oder teilweise automatisierte sowie die nichtautomatisierte Verarbeitung personenbezogener Daten, die in einem 28

45 Dies betonen auch BT-Drs. 19/17963, 39 sowie HBB/*Herrnfeld* Introduction Art. 47–89 Rn. 1 und 4. Die praktischen Folgen von ErwG 93 VO sind bisher begrenzt, weil es keine EuGH-Rspr. zur JI-RL gibt, s. *Franssen/Corhay*, Report – Interpretation of the EPPO Regulation in view of EPPO's supervision by the EDPS, 2021, 20.

46 HBB/*Herrnfeld* Art. 47 Fn. 1 hält dies für ein Versehen.

47 S. zB die Regelungen zu Speicherfristen in Art. 50 VO gegenüber der Vorgabe an die Mitgliedstaaten in Art. 5 JI-RL.

Dateisystem[48] gespeichert sind oder gespeichert werden sollen – und damit nicht für nichtautomatisierte Verarbeitungsvorgänge ohne Dateibezug.[49] Eine vergleichbare Regelung zum **sachlichen Anwendungsbereich fehlt** in der EUStA-VO. Die Formulierung aus Art. 2 Abs. 2 JI-RL zur automatisierten oder dateibezogenen Verarbeitung findet sich aber in Art. 47 Abs. 2 Hs. 2 VO für die Rechenschaftspflicht und – sprachlich abgewandelt[50] – in der Zulässigkeitsvorschrift des Art. 49 Abs. 1 VO.

29 Es lässt sich darüber streiten, ob (1.) **Art. 47 Abs. 2 2. HS und Art. 49 Abs. 1 VO** – missglückte – Regelungen zum sachlichen Anwendungsbereich der EUStA-VO sind, ob (2.) Art. 49 Abs. 1 VO gar so zu verstehen ist, dass die EUStA personenbezogene Daten nur in automatisierter oder dateibezogener Form verarbeiten darf,[51] oder ob (3.) die EUStA-VO keine Einschränkung des sachlichen Anwendungsbereichs auf automatisierte oder dateibezogene Verarbeitungsvorgänge vorsieht (wie zB § 1 Abs. 1 S. 1 Nr. 1 BDSG für öffentliche Stellen), so dass jede Form der Verarbeitung personenbezogener Daten erfasst, aber nicht immer geregelt wird (zB wären Art. 47 Abs. 2 und 49 Abs. 1 VO auf nichtautomatisierte und nichtdateimäßige Verarbeitungen nicht anwendbar). Da die zweitgenannte Auffassung handgeschriebene personenbezogene Notizen, die nicht in ein Dateisystem überführt werden sollen, unzulässig machen würde, was je nach Arbeitsweise der EUStA unangemessene Einschränkungen zur Folge haben könnte, und da die zuletzt genannte Auffassung dem Vorbild der JI-RL widerspräche (s. ErwG 93 VO), spricht viel dafür, iSd erstgenannten Auffassung **Regelungen zum sachlichen Anwendungsbereich** anzunehmen. Eine Datenverarbeitung in rein handschriftliche Notizen wird demnach von der EUStA-VO nicht erfasst, ist aber grundsätzlich zulässig und unterliegt ebenso grundrechtlichen Grenzen aus Art. 8 GRC wie Datenverarbeitungen im Anwendungsbereich der EUStA-VO. Da der weit überwiegende Teil der Datenverarbeitung ohnehin automatisiert oder dateibezogen erfolgen wird, kommt dieser Frage aber nur eine geringe praktische Relevanz zu.

30 **3. Materielle Vorgaben für die Verarbeitung.** Materiellrechtliche Anforderungen an die Datenverarbeitung enthält die EUStA-VO maßgeblich in den **Grundsätzen für die Verarbeitung** (Art. 47 VO), im Verweis auf die VO 45/2001 (d.h. nunmehr auf die VO (EU) 2018/1725)[52] für verwaltungstechnische personenbezogene Daten nach Art. 2 Nr. 17 VO (Art. 48 VO),[53] in der **zentralen Zulässigkeitsvorschrift** für die Verarbeitung zu Zwecken der EUStA (Art. 49 VO) und in den zusätzlichen Anforderungen an die Verarbeitung **besonderer Kategorien von Daten** (Art. 55 VO). Diese grundsätzlichen Vorgaben werden ergänzt durch Regelungen zu Speicherfristen (Art. 50 VO), zu ggf. bestehenden besonderen Verarbeitungsbedingungen (Art. 53 VO) und zur Übermittlung an andere Stellen der Union (Art. 54 VO). Daneben gibt es Vorgaben zur Struktur der Daten, nämlich zur Unterscheidung verschiedener Personenkategorien (Art. 51 VO) und zwischen Fakten und persönlichen Einschätzungen (Art. 52 VO).

31 **Art. 47 Abs. 1 VO** regelt die **Grundsätze für die Verarbeitung** personenbezogener Daten, die weitgehend denen in Art. 4 Abs. 1 JI-RL entsprechen. Genannt werden – ebenso wie in Art. 63 Abs. 1 GO – die Grundsätze der Rechtmäßigkeit, der Verarbeitung nach Treu und Glauben,[54] der Zweckbin-

48 Zu diesem Begriff s. Art. 2 Nr. 12 VO sowie Art. 3 Nr. 6 JI-RL, Art. 4 Nr. 6 DS-GVO, Art. 3 Nr. 7 VO (EU) 2018/1725.

49 Analog in Art. 2 Abs. 1 DS-GVO und Art. 2 Abs. 5 VO (EU) 2018/1725; zum Anwendungsbereich der JI-RL s. Fn. 20.

50 In der EUStA-VO (und der JI-RL, der DS-GVO sowie der VO (EU) 2018/1725) wird an keiner anderen Stelle von „strukturierten manuell geführten Dateien" gesprochen. Es ist anzunehmen, dass dies Dateisysteme iSv Art. 2 Nr. 12 VO meint, s. HBB/*Herrnfeld* Art. 49 Rn. 2.

51 In diese Richtung HBB/*Herrnfeld* Art. 47 Rn. 11 und Art. 49 Rn. 2. Dafür spricht auch ErwG 47 S. 1 VO.

52 S.o. → Rn. 14 ff.

53 Diese Daten werden hier nicht weiter betrachtet.

54 Während die anderen Grundsätze näher ausgeformt werden, ist dieser Grundsatz unbestimmt und inhaltlich unklar, s. Simitis/Hornung/Spiecker gen. Döhmann/*Roßnagel* Art. 5 Rn. 44 ff.; der Grundsatz findet sich auch in Art. 8 Abs. 2 S. 1 GRC, wobei seine Bedeutung auch dort unklar ist, s. Pechstein/Nowak/Häde/*Wolff* Art. 8 GRC Rn. 35 ff. ErwG 47 VO beschränkt sich auf die rein negative Aussage, dass Treu und Glauben ein anderes Konzept ist als das Recht auf ein faires Verfahren.

dung, der Datenminimierung, der Richtigkeit, der Speicherbegrenzung (betont in Art. 63 Abs. 5 GO)[55] sowie der Integrität und Vertraulichkeit. Ebenso wie in Art. 4 Abs. 1 lit. a JI-RL und dessen Umsetzung in § 47 Nr. 1 BDSG fehlt in Art. 47 Abs. 1 lit. a VO der in Art. 5 Abs. 1 lit. a DS-GVO normierte Grundsatz der Transparenz.[56] Beachtenswert ist zudem die nur in der englischen, nicht aber in der deutschen Version der EUStA-VO auftretende **Abschwächung** des Grundsatzes der **Datenminimierung** (Art. 47 Abs. 1 lit. c VO).[57] Beide Sprachfassungen der EUStA-VO lockern in Art. 47 Abs. 1 lit. b und lit. e VO die Zweckbindung für Archivzwecke, wissenschaftliche oder historische Forschungszwecke sowie statistische Zwecke.[58]

Art. 47 Abs. 2 VO enthält die **Rechenschaftspflicht** der EUStA (vgl. Art. 4 Abs. 4 JI-RL). Demnach ist die EUStA für die Einhaltung der Grundsätze gemäß Art. 47 Abs. 1 VO verantwortlich und muss die Einhaltung nachweisen können. 32

Entsprechend dem **Grundsatz der Rechtmäßigkeit** (Art. 47 Abs. 1 lit. a VO) enthält Art. 49 VO – auch wenn dies sprachlich nicht wirklich deutlich wird – die **zentrale Rechtsgrundlage** für die Datenverarbeitung durch die EUStA.[59] Operative Daten dürfen danach (nur) für strafrechtliche Ermittlungen und Strafverfolgungsmaßnahmen[60] (Art. 49 Abs. 1 lit. a VO), den Informationsaustausch mit den zuständigen Behörden der Mitgliedstaaten der Europäischen Union und den anderen Organen, Einrichtungen und sonstigen Stellen der Union (lit. b) sowie die Zusammenarbeit mit Drittländern und internationalen Organisationen (lit. c) verarbeitet werden.[61] Hierdurch werden zugleich die zulässigen Verarbeitungszwecke bestimmt (vgl. Art. 47 Abs. 1 lit. b VO).[62] Ist die Relevanz für diese Zwecke noch unklar, gestattet Art. 49 Abs. 4 VO eine vorübergehende Verarbeitung, um diese Frage zu klären. 33

Besonders strenge Anforderungen gelten gemäß Art. 55 VO (vgl. Art. 10 JI-RL[63]) bei Verarbeitung **besonderer Kategorien personenbezogener Daten** (zB genetische Daten, Art. 2 Nr. 19 VO). Die Verarbeitung muss „unbedingt erforderlich“[64] sein, es müssen geeignete Garantien für die Rechte und Freiheiten getroffen werden (zB ein hohes Maß an Datensicherheit, s. Art. 73 VO)[65] und die Daten dürfen nur bereits verarbeitete Daten ergänzen. Zudem ist der Datenschutzbeauftragte (Art. 77 bis 79 VO) zu unterrichten.[66] 34

Art. 47 Abs. 3 VO regelt, dass eine Verarbeitung (operativer) personenbezogener Daten **für einen anderen** der in Art. 49 (Abs. 1 oder 4 VO[67]) genannten **Zwecke** als den, für den sie erhoben wur- 35

55 S. dazu *Franssen/Corhay*, Report – Interpretation of the EPPO Regulation in view of EPPO's supervision by the EDPS, 2021, 28 ff.

56 Zu weiteren Unterschieden zwischen DS-GVO und JI-RL s. *Hornung/Schindler/Schneider* ZIS 2018, 566 (568).

57 Im Englischen heißt es in Art. 47 Abs. 1 lit. c VO wie in Art. 4 Abs. 1 lit. c JI-RL, dass Daten „not excessive in relation to the purposes“ sein dürfen (anders Art. 5 Abs. 1 lit. c DS-GVO: „limited to what is necessary in relation to the purposes"). Diese Übereinstimmung von Art. 47 Abs. 1 lit. c VO und Art. 4 Abs. 1 lit. c JI-RL findet sich auch in der französischen und spanischen Sprachfassung. Die deutsche Version formuliert wortgleich zu Art. 5 Abs. 1 lit. c DS-GVO, dass sie „auf das für die Zwecke der Verarbeitung notwendige Maß beschränkt sein“ müssen, anstatt wie in Art. 4 Abs. 1 lit. c JI-RL zu fordern, dass sie „in Bezug auf die Zwecke, für die sie verarbeitet werden, nicht übermäßig sind“.

58 Regelungstechnisch entspricht dies Art. 5 Abs. 1 lit. b und e DS-GVO statt Art. 4 Abs. 1 lit. b und e i.V.m. Abs. 3 JI-RL; inhaltlich besteht kein relevanter Unterschied.

59 Den Zusammenhang mit dem Grundsatz der Rechtmäßigkeit (und Art. 8 JI-RL) stellt auch HBB/*Herrnfeld* Art. 49 Rn. 1 f. her („legal basis for the processing“). S. zu Art. 49 VO auch → Rn. 29.

60 S. in diesem Zusammenhang die Aufgabenzuweisung in Art. 4 VO und die Zuständigkeit in Art. 22 und 23 VO.

61 S. HBB/*Herrnfeld* Art. 49 Rn. 5.

62 S. HBB/*Herrnfeld* Art. 49 Rn. 2.

63 Zu Unterschieden zwischen Art. 55 VO und Art. 10 JI-RL hinsichtlich der Verarbeitungsbefugnis s. *Franssen/Corhay*, Report – Interpretation of the EPPO Regulation in view of EPPO's supervision by the EDPS, 2021, 46 f. Art. 55 VO weicht insbesondere insoweit ab, als die besonderen Kategorien personenbezogener Daten „andere, von der EUStA bereits verarbeitete Daten ergänzen“ müssen.

64 Zum Verständnis bei der Parallelnorm des Art. 10 JI-RL s. Lisken/Denninger PolR-HdB/*Schwabenbauer* Kap. G Rn. 558; *Petri* GSZ 2018, 144 (146); für § 48 BDSG Gola/Heckmann/*Braun* § 48 Rn. 10.

65 Zu geeigneten Garantien s. ErwG 37 S. 4 JI-RL bzgl. Art. 10 JI-RL.

66 Die beiden zuletzt genannten Anforderungen finden sich in Art. 10 JI-RL und in § 48 BDSG nicht.

67 S. HBB/*Herrnfeld* Art. 47 Rn. 14.

den, nur erlaubt ist, wenn die EUStA nach der EUStA-VO befugt ist, die Daten für diesen anderen Zweck zu verarbeiten (lit. a), diese Verarbeitung nach Unionsrecht erforderlich und verhältnismäßig ist (lit. b) und – sofern es sich um Ermittlungsmaßnahmen der DEStA nach Art. 30 VO handelt – kein Nutzungsverbot nach dem nationalen Verfahrensrecht (zB § 479 Abs. 2 und 3 StPO) greift (lit. c). Von Art. 49 Abs. 3 VO werden zB Fälle erfasst, in denen Daten für strafrechtliche Ermittlungen erhoben wurden (Art. 49 Abs. 1 lit. a VO) und jetzt zum Zweck der Zusammenarbeit in ein Drittland (Art. 49 Abs. 1 lit. c VO) übermittelt werden sollen.[68]

36 Zur Umsetzung der genannten und weiteren Anforderungen erlässt das Kollegium auf Vorschlag des Europäischen Generalstaatsanwalts gemäß Art. 63 Abs. 6 iVm Art. 64 GO **Durchführungsvorschriften.**[69]

37 **4. Betroffenenrechte.** Die EUStA-VO enthält bestimmte Rechte der betroffenen Person. Diese sind Ausprägung der **verfahrensrechtlichen Schutzdimension** des Datenschutzes und – vor allem in deutscher Tradition – eng mit der persönlichen Selbstbestimmung verknüpft.[70]

38 Zunächst darf die betroffene Person **nicht** einer ausschließlich auf einer **automatisierten Verarbeitung** beruhenden Entscheidung unterworfen werden (Art. 56 VO), wobei – anders als in Art. 11 JI-RL und Art. 22 DS-GVO – bemerkenswerterweise keine Ausnahmen vorgesehen sind.[71] Zudem hat sie das Recht auf präzise, verständliche und leicht zugängliche Informationen (Art. 57, 58 VO), ein – eingeschränktes – Auskunftsrecht (Art. 59, 60 VO) sowie Rechte auf Berichtigung, Löschung und Einschränkung der Verarbeitung (Art. 61 VO; zur Einschränkung s. a. § 4 Abs. 1 EUStAG unter → Rn. 52).[72] Die Rechte können auch über den Europäischen Datenschutzbeauftragten ausgeübt werden (Art. 62 VO).[73]

39 Die besondere Bedeutung des **Auskunftsrechts** kommt in seiner primärrechtlichen Verankerung in Art. 8 Abs. 2 S. 2 GRC zum Ausdruck (der zudem noch das Recht auf Berichtigung nennt). Ohne Kenntnis der verarbeiteten Daten und der Verarbeitungsvorgänge sind betroffene Personen in einer strukturell schwachen Position und werden ggf. noch nicht einmal auf die Idee kommen, Rechtsschutz zu erstreben. Zugleich bedürfen strafrechtliche Ermittlungen oftmals zumindest **temporärer Geheimhaltung**, da eine (vorzeitige) Preisgabe von Informationen den Erfolg der Ermittlungen gefährden oder schutzwürdige Belange betroffener Personen beeinträchtigen kann. Dieses Spannungsfeld sucht Art. 60 VO – analog zu Art. 15 JI-RL[74] – aufzulösen, indem er es der EUStA gestattet, das Recht auf Auskunft einzuschränken, soweit und solange dies insbesondere zur Gewährleistung der Ermittlungen oder zum Schutz der öffentlichen oder nationalen Sicherheit sowie der Rechte und Freiheiten anderer erforderlich ist. Ausnahmen enthält daneben Art. 9 der College Decision 009/2020.[75]

---

68 Beispiel nach HBB/*Herrnfeld* Art. 47 Rn. 14.

69 S. College Decision 009/2020, Rules Concerning the Processing of Personal Data by the European Public Prosecutor's Office, abrufbar unter https://www.eppo.europa.eu/en/documents.

70 S. zur Systematik der Betroffenenrechte (am Beispiel der DS-GVO) allgemein *Albrecht/Jotzo* DatenschutzR Teil 4; *Frank* RDV 2016, 111; aus polizeirechtlicher Sicht Lisken/Denninger PolR-HdB/*Schwabenbauer* Kap. G Rn. 1124; zur EUStA-VO *Franssen/Corbay,* Report – Interpretation of the EPPO Regulation in view of EPPO's supervision by the EDPS, 2021, 40 ff.; Einzelheiten sind in den Art. 4–7 College Decision 009/2020 (Fn. 69) enthalten.

71 Wann eine solche „ausschließlich" auf einer automatisierten Verarbeitung beruhende Entscheidung vorliegt, ist umstritten. Überwiegend wird vertreten, dass eine nachfolgende menschliche Beteiligung die Anwendung nur dann ausschließt, wenn ein Mensch eine echte Entscheidungsmacht hat, diese bewusst ausübt und damit Verantwortung für die Entscheidung übernimmt (Däubler/Wedde/Weichert/Sommer/*Weichert* Art. 22 Rn. 25; Simitis/Hornung/Spiecker gen. Döhmann/*Scholz* Art. 22 Rn. 25 ff.). Sollte sich eine (noch) weitere Auslegung durchsetzen, die auch KI-basierte Entscheidungsunterstützungssysteme umfasst, könnte dies künftig eine mehr oder weniger deutliche Beschränkung der automatisierten Entscheidung(sunterstützung) der EUStA darstellen.

72 Anlehnung an Art. 12, 13 JI-RL (vgl. §§ 55, 56, 59 BDSG) bzgl. der Modalitäten und der zur Verfügung zu stellenden Informationen, Art. 14, 15 JI-RL (§ 57 BDSG) bzgl. des (einschränkbaren) Auskunftsrechts und Art. 16 JI-RL (vgl. § 58 BDSG) bzgl. der Rechte auf Berichtigung, Löschung und Einschränkung der Verarbeitung.

73 Vgl. Art. 17 JI-RL und § 57 Abs. 7 BDSG sowie §§ 56 Abs. 4 und 58 Abs. 7 BDSG.

74 Unterschiede ergeben sich zu den nationalen Umsetzungen, zB zu § 57 BDSG, der Art. 15 JI-RL konkretisiert.

75 S. Fn. 69.

Art. 49 Abs. 6 VO sieht überdies vor, dass **nationale** Verfahrensvorschriften über **Informationspflichten** gegenüber betroffenen Personen und die Möglichkeiten, diese Informationen einzuschränken, zu beachten sind. Außerdem können Details der Betroffenenrechte nach Art. 64 Abs. 2 lit. a GO in Durchführungsvorschriften geregelt werden. 40

Die **gerichtliche Durchsetzung** der Betroffenenrechte und der **Rechtsschutz** gegen rechtswidrige Datenverarbeitungen der EUStA sind in der EUStA-VO nicht umfassend geregelt. Art. 60 Abs. 2 UAbs. 2 und 61 Abs. 5 VO verpflichten die EUStA zur Information über Rechtsbehelfe zum EuGH im Falle der Ablehnung einer Auskunft, Berichtigung, Löschung oder Einschränkung der Verarbeitung. Sie setzen also einen entsprechenden Rechtsbehelf voraus, der aber – anders als in Art. 64 VO (EU) 2018/1725, Art. 54 JI-RL und Art. 79 DS-GVO – nicht geregelt wird. Insoweit bestimmt Art. 42 Abs. 8 VO, dass – anders als beim Rechtsschutz gegen Verfahrenshandlungen der EUStA (s. *Esser* → § 12 Rn. 33 ff.) – eine gerichtliche Überprüfung durch den EuGH im Einklang mit Art. 263 Abs. 4 AEUV erfolgt.[76] Dies bezieht sich auf „Entscheidungen" der EUStA, „die die Rechte der betroffenen Person nach Kapitel VIII berühren", und umfasst jedenfalls die genannten Fälle einer Ablehnung der Betroffenenrechte. Es sollte außerdem in einem umfassenden Sinn so verstanden werden, dass es auch Konstellationen einschließt, in denen betroffenen Personen sich ganz allgemein gegen eine aus ihrer Sicht unzulässige Datenverarbeitung wenden.[77] 41

**5. Technische und organisatorische Maßnahmen und Gestaltung.** Eine zentrale Erkenntnis der datenschutzrechtlichen Praxis und Forschung ist schon seit langem, dass es nicht ausreicht, allein auf rechtliche Schutzinstrumente zu setzen. Technische Gestaltung kann Datenschutzprobleme vermindern oder sogar ganz vermeiden.[78] Dementsprechend hat auch die EUStA bei der Verarbeitung **risikoadäquate technische und organisatorische Maßnahmen** umzusetzen, um die Einhaltung der Verordnung sicherzustellen (Art. 63 VO).[79] Diese Pflicht steht in engem Zusammenhang mit den Vorgaben zum **Datenschutz durch Technikgestaltung** und durch datenschutzfreundliche Voreinstellungen (Art. 67 VO; s. a. Art. 63 Abs. 2 GO)[80] und denen zur Sicherheit der Verarbeitung (Art. 73 VO)[81]. Letztere umfassen etwa Maßnahmen zur Verschlüsselung, zur Protokollierung und zur Einrichtung eines Rechte- und Rollenkonzepts. Wird der Schutz personenbezogener Daten verletzt (s. Art. 2 Nr. 16 VO, zB durch unbefugten Zugang zu personenbezogenen Daten), sind unter bestimmten Voraussetzungen der Europäische Datenschutzbeauftragte (Art. 74 VO) und die betroffene Person (Art. 75 VO) zu informieren.[82] 42

**6. Interne Organisation und Zusammenarbeit mit Dritten.** Datenschutzrechtliche Risiken steigen typischerweise mit der Zahl der zugriffsberechtigten Personen und Organisationen. Innerhalb der EUStA ist der **Datenzugriff** deshalb auf befugte Personen und ihr Personal **beschränkt** (Art. 76 VO).[83] Wenn die EUStA enger mit anderen Stellen zusammenarbeitet, so sind je nach Konstellation die Vorgaben für die gemeinsame Verantwortlichkeit (Art. 64 VO), die Auftragsverarbeitung (Art. 65 VO) oder die untergeordnete Verarbeitung unter der Aufsicht des Verantwortlichen oder des Auftragsverarbeiters (Art. 66 VO) zu beachten.[84] 43

---

76 S. HBB/*Herrnfeld* Introduction Art. 47–89 Rn. 11 und Art. 42 Rn. 64 ff.

77 Einschließlich Untätigkeitskonstellationen entsprechend Art. 265 Abs. 3 AEUV, s. HBB/*Herrnfeld* Art. 42 Rn. 66.

78 S. zu entsprechenden Konzepten zB *Borking* DuD 1998, 636; *ders.* DuD 2001, 607; zum Verhältnis von Recht und Technik auch Simitis/Hornung/Spiecker gen. Döhmann/*Hornung/Spiecker gen. Döhmann* Einl. Rn. 244 ff.; grundlegend *Roßnagel*, Rechtswissenschaftliche Technikfolgenforschung, 1993, 241 ff. et passim.

79 Die Vorschrift entspricht Art. 19 JI-RL (eine entsprechende Vorschrift fehlt im BDSG); zur Risikobeurteilung Simitis/Hornung/Spiecker gen. Döhmann/*Petri* Art. 24 Rn. 11 ff.; allg. zu technischen und organisatorischen Maßnahmen im polizeilichen Kontext *Borell/Schindler* DuD 2019, 767.

80 Die Vorschrift entspricht Art. 20 JI-RL (vgl. § 71 BDSG); dazu aus polizeilicher Sicht Lisken/Denninger PolR-HdB/*Petri* Kap. G Rn. 1210 ff.; grundlegend *Cavoukian*, Privacy by Design – The 7 Foundational Principles.

81 Die Vorschrift entspricht Art. 29 JI-RL (vgl. § 64 BDSG).

82 Die Vorschriften entsprechen Art. 30 und 31 JI-RL (vgl. §§ 65, 66 BDSG). Details ergeben sich aus Art. 8 College Decision 009/2020 (Fn. 69).

83 Diese Vorschrift hat keine Entsprechung in der JI-RL. S. näher *Franssen/Corhay*, Report – Interpretation of the EPPO Regulation in view of EPPO's supervision by the EDPS, 2021, 33 ff.

84 Die Vorschriften finden ihre Entsprechung in Art. 21 bis 23 JI-RL (vgl. §§ 63, 62, 52 BDSG).

44 **7. Verfahrensrechtliche Anforderungen.** Ebenso wie die DS-GVO und die JI-RL enthält auch die EUStA-VO deutlich ausgebaute verfahrensrechtliche Anforderungen. Letztlich liegen die zentralen Innovationen durch die Datenschutzreformen der EU in den letzten Jahren praktisch durchgängig in diesem Bereich, während materiellrechtliche Fragen kaum verändert und weiterhin oftmals durch Generalklauseln geregelt wurden.[85] Um die Einhaltung der datenschutzrechtlichen Vorgaben nachweisen zu können, muss die EUStA ein **Verzeichnis der Kategorien von Verarbeitungstätigkeiten** führen (Art. 68 VO).[86] Das Verzeichnis ist auf Anfrage dem Europäischen Datenschutzbeauftragten zur Verfügung zu stellen (Art. 68 Abs. 3 VO). Auch muss die EUStA Verarbeitungsvorgänge **protokollieren** (Art. 69 VO)[87] und mit dem Europäischen Datenschutzbeauftragten zusammenarbeiten (Art. 70 VO) bzw. ihn in bestimmten Fällen konsultieren (Art. 72 VO).[88] Bei voraussichtlich hoch riskanten Verarbeitungen hat die EUStA eine **Datenschutz-Folgenabschätzung** durchzuführen (Art. 71 VO).[89] Außerdem muss sie einen unabhängig und weisungsfrei agierenden **Datenschutzbeauftragten** benennen (Art. 77 bis 79 VO).[90] Gemäß Art. 63 Abs. 7 GO erlässt das Kollegium auf Vorschlag des Europäischen Generalstaatsanwalts den Datenschutzbeauftragten betreffende Durchführungsvorschriften. Seine Unabhängigkeit wird in Art. 63 Abs. 8 GO nochmals betont.

45 **8. Übermittlung in Drittländer und an internationale Organisationen.** Die Art. 80 bis 84 VO regeln die Übermittlung operativer Daten an Empfänger in Drittländern und an internationale Organisationen.[91] Wie aus Art. 80 Abs. 1 VO hervorgeht, sind dabei die übrigen Vorschriften der EUStA-VO einzuhalten. M.a.W. gilt ebenso wie nach der DS-GVO eine **zweistufige Prüfung:**[92] Die Übermittlung muss als solche zulässig sein (also zB dem hier explizit erwähnten Art. 53 VO, aber auch den sonstigen Bestimmungen der Art. 49 ff. VO genügen). Zusätzlich sind entweder ein Beschluss der Kommission über ein **angemessenes Schutzniveau** beim Empfänger (Art. 81 VO), das Bestehen geeigneter Garantien (Art. 82 VO) oder eine der Ausnahmen in Art. 83 VO erforderlich. Während Art. 81 bis 83 VO die Übermittlung an einen Verantwortlichen (= eine zuständige Behörde, s. Art. 2 Nr. 13 VO) in einem Drittland oder einer internationalen Organisation, die eine für die Zwecke von Art. 104 VO zuständige Behörde ist, regeln (Art. 80 Abs. 1 lit. b VO),[93] sieht Art. 84 VO Übermittlungen an andere in Drittländern niedergelassene Empfänger (s. Art. 2 Nr. 15 VO), etwa private Stellen wie Internetdienstanbieter, vor.[94] Einzelheiten des Informationsaustauschs sind nach Art. 64 Abs. 2 lit. c GO in Durchführungsvorschriften geregelt.

46 Die Zulässigkeit der Übermittlung in Drittländer gehört zu den derzeit am stärksten umstrittenen Fragen des Datenschutzrechts. Der EuGH hat 2020 mit dem **Privacy Shield** zum zweiten Mal den im transatlantischen Verhältnis zentralen Legitimationsmechanismus für die Übermittlung an private Empfänger in den USA für **ungültig** erklärt. Wichtige Aussagen zur fehlenden Ange-

---

85 S. dazu Simitis/Hornung/Spiecker gen. Döhmann/*Hornung/Spiecker gen. Döhmann* Einl. Rn. 208 ff.; eine Ausnahme (d.h. eine materiellrechtliche Innovation) bildet Art. 3 Abs. 2 DS-GVO, s. Simitis/Hornung/Spiecker gen. Döhmann/*Hornung* Art. 3 Rn. 4 mwN.

86 Die Vorschrift entspricht zu großen Teilen Art. 24 JI-RL (vgl. § 70 BDSG); s. a. ErwG 56 JI-RL.

87 Die Vorschrift entspricht Art. 25 JI-RL (vgl. § 76 BDSG).

88 Die Vorschriften entsprechen Art. 26 und 28 JI-RL (vgl. §§ 68, 69 BDSG).

89 Die Vorschrift entspricht Art. 27 JI-RL (vgl. § 67 BDSG).

90 Die Vorschriften haben ihre Gegenstücke in Art. 32 bis 34 JI-RL (vgl. §§ 5 bis 7 BDSG). S. a. College Decision 005/2020, Rules Concerning the Data Protection Officer of the European Public Prosecutor's Office, abrufbar unter https://www.eppo.europa.eu/en/documents.

91 Die Vorschriften finden ihre Entsprechung in Art. 35 bis 39 JI-RL (§§ 78 bis 81 BDSG); zu Unterschieden und Gemeinsamkeiten *Franssen/Corhay*, Report – Interpretation of the EPPO Regulation in view of EPPO's supervision by the EDPS, 2021, 47 ff.

92 Dazu Simitis/Hornung/Spiecker gen. Döhmann/*Schantz* Art. 44 Rn. 26. Details sind in Art. 11–14 College Decision 009/2020 (Fn. 69) geregelt.

93 Es ist davon auszugehen, dass sich der Zusatz „die eine für die Zwecke von Artikel 104 zuständige Behörde ist", sowohl auf den Verantwortlichen in dem Drittland als auch die internationale Organisation bezieht; hierfür spricht insbesondere, dass Art. 104 VO beide Fälle regelt. Gemeint sind also Stellen in dem Drittland oder der internationalen Organisation, die entsprechend den jeweiligen gesetzlichen Vorschriften oder Statuten für eine Kooperation mit der EUStA zuständig sind; s. HBB/*Herrnfeld* Art. 84 Rn. 7.

94 HBB/*Herrnfeld* Art. 84 Rn. 19.

messenheit des Schutzniveaus in den USA sind – so die wohl überwiegende Einschätzung – für alle Übermittlungsgrundlagen relevant, also auch für die Frage der geeigneten Garantien.[95] Die konkreten Folgen sind aber bislang schon für die DS-GVO nicht absehbar, viel weniger für den strafrechtlichen Bereich.

**9. Aufsichtsbehördliche Kontrolle.** Abschließend finden sich Vorgaben zur Kontrolle durch den **Europäischen Datenschutzbeauftragten** (s. Art. 52 ff. VO (EU) 2018/1725[96]) und zu seinen Kompetenzen (Art. 85 VO). Dieser ist zur Verschwiegenheit verpflichtet (Art. 86 VO) und arbeitet mit den nationalen Aufsichtsbehörden zusammen (Art. 87 VO). Betroffene Personen könnten sich bei ihm beschweren (Art. 88 VO) und eine ggf. ablehnende Entscheidung beim Gerichtshof anfechten (Art. 89 VO). Die EUStA ist auf Anfrage verpflichtet, mit dem Europäischen Datenschutzbeauftragten zusammenzuarbeiten (Art. 70 VO). 47

Die **unabhängige Kontrolle** ist in Art. 16 Abs. 2 S. 2 AEUV und Art. 8 Abs. 3 GRC primärrechtlich vorgegeben (s. a. ErwG 98 VO). Für die DS-GVO hat sich neben der für die betroffenen Personen wichtigen Frage eines Anspruchs auf behördliches Einschreiten[97] die Abstimmung zwischen den europäischen Aufsichtsbehörden als zentrales Problem herauskristallisiert. Das Kohärenzverfahren nach Art. 63 ff. DS-GVO hat sich bisher als zu schwerfällig erwiesen. Demgegenüber hat der Europäische Datenschutzausschuss nach Art. 51 JI-RL (anwendbar über Art. 87 Abs. 3 VO) deutlich weniger Kompetenzen. Die **spezifische Form der Zusammenarbeit** in Art. 87 VO ist schwächer ausgestaltet als in den Regelungen zur Amtshilfe in Art. 50 JI-RL und folgt dem Vorbild in Art. 62 VO (EU) 2018/1725. Dies ist konsequent, da es sich bei der EUStA um eine Einrichtung der Union handelt (Art. 3 Abs. 1 VO). 48

Die Abgrenzung der Kompetenzen des Europäischen Datenschutzbeauftragten und der nationalen Aufsichtsbehörden bei der Verarbeitung operativer[98] personenbezogener Daten bestimmt sich nach Art. 85 Abs. 1 VO. Der Europäische Datenschutzbeauftragte ist danach **nur zuständig** für die Überwachung und Gewährleistung der Anwendung der Bestimmungen der EUStA-VO. Damit ist es für die Frage der Aufsicht entscheidend, inwieweit auf die Datenverarbeitungsvorgänge der EUStA das Datenschutzregime der EUStA-VO oder das nationale Datenschutzrecht anwendbar ist.[99] Wenn zB in einem Mitgliedstaat auf die Verfahrensakte **nationales Datenschutzrecht** angewendet werden soll, ist **unklar, welche Aufsichtsbehörde** dies kontrollieren soll. Dieses Problem betrifft zB Österreich (→ Rn. 61 und 66). Es tritt aber in abgeschwächter Form auch in Deutschland auf, wenn etwa § 4 Abs. 3 EUStAG die Anwendung der §§ 496 bis 499 StPO auf die EUStA anordnet und die Gesetzesbegründung von der Anwendbarkeit weiterer Vorschriften der StPO ausgeht,[100] die wie die §§ 496 bis 499 StPO inhaltlich Datenschutzrecht sind. Die Anwendung derartiger „sonstiger Vorschriften über den Datenschutz“ wird in Deutschland durch die Aufsichtsbehörden kontrolliert (s. zB § 14 Abs. 1 S. 1 Nr. 1 BDSG, § 13 Abs. 2 S. 1 Nr. 1, Art. 15 Abs. 1 S. 1 BayDSG), was aber im Falle der EUStA ausgeschlossen sein dürfte. 49

## IV. Anwendbarkeit nationalen Datenschutzrechts

Das Verhältnis der datenschutzrechtlichen Vorschriften in Art. 47 ff. VO zum nationalen Datenschutzrecht ist komplex und nicht frei von Friktionen (dazu bereits → Rn. 18 ff.). Probleme bereitet 50

95 S. näher zB *Paal/Kumkar* MMR 2020, 733.

96 In der JI-RL handelt es sich um Art. 41 ff. JI-RL; im BDSG s. §§ 8 ff. BDSG für den BfDI.

97 S. *Will* ZD 2020, 97; einen Anspruch grds. bejahend OVG Hamburg 7.10.2019 – 5 Bf 291/17, ZD 2020, 598; verneinend SG Frankfurt 8.5.2019 – S 49 SF 8/19 DS, ZD 2020, 372. Im Falle der EUStA ist für einen solchen Anspruch das Recht auf gerichtliche Nachprüfung (Art. 89 VO) einschlägig.

98 Bzgl. verwaltungstechnischer Daten ist der Europäische Datenschutzbeauftragte gemäß Art. 52 Abs. 3 VO (EU) 2018/1725 iVm Art. 48 Abs. 1 VO zuständig.

99 Zu der Frage, ob der Europäische Datenschutzbeauftragte oder die nationalen Aufsichtsbehörden zuständig sind, s. *Franssen/Corhay*, Report – Interpretation of the EPPO Regulation in view of EPPO's supervision by the EDPS, 2021, 69 ff.; dort wird allerdings von einer anderen Konzeption des Anwendungsbereichs der EUStA-VO im Verhältnis zum nationalen Datenschutzrecht ausgegangen; dazu → Rn. 18 ff., 50 ff.

100 S. BT-Drs. 19/17963, 40 f., 53.

insbesondere das Verständnis von § 4 EUStAG sowie die Frage, inwieweit nationales Datenschutzrecht bei der Führung der Verfahrensakten und beim Umgang mit Informationen, die durch nationale Ermittlungsmaßnahmen gewonnen wurden, zur Anwendung kommt.

51 **1. Konzeption und Regelungen des EUStAG.** Der deutsche Gesetzgeber geht davon aus, dass „**kein Raum für die Anwendung des Bundesdatenschutzgesetzes** [bleibt]", wenn die EUStA (einschließlich ihrer dezentralen Ebene, d.h. den DEStA) „Verantwortlicher" iSd Datenschutzrechts ist.[101] Dem liegt augenscheinlich die Idee einer (zumindest relativ) klaren Unterscheidbarkeit zwischen Strafverfahrensrecht und allgemeinem Datenschutzrecht zugrunde, die sich auch in der Konzeption der EUStA-VO durch den europäischen Gesetzgeber zeigt.[102]

52 Nach **§ 4 Abs. 1 EUStAG** sind § 161 Abs. 2 und §§ 483 bis 491 StPO auf die Verarbeitung personenbezogener Daten durch die EUStA nicht anzuwenden. § 161 Abs. 2 StPO schließt es aus, auf nach der StPO angeordnete Löschungen § 58 Abs. 3 BDSG anzuwenden, der unter bestimmten Voraussetzungen anstelle der Löschung eine Einschränkung der Verarbeitung[103] ermöglicht.[104] Eine solche Möglichkeit sieht indes – wenn auch tlw. unter anderen Voraussetzungen – Art. 61 Abs. 3 VO vor. Nach der Lösung des EUStAG-Gesetzgebers ist § 58 Abs. 3 BDSG wegen der „Nichtanwendbarkeit des BDSG"[105] zwar ohnehin nicht direkt anwendbar. Die Begründung verweist aber darauf, dass etwa die Löschvorschriften in §§ 101 Abs. 8, 101a Abs. 3 StPO (insoweit ohne Widerspruch zu Art. 61 Abs. 3 VO) anwendbar seien.[106] Daraus wird vermutlich – ganz deutlich wird das nicht – die Gefahr abgeleitet, über den Umweg dieser Normen am Ende doch wieder § 161 Abs. 2 StPO anzuwenden, der § 58 Abs. 3 BDSG ausschließt.[107] Da jedoch der nach Ansicht des Gesetzgebers vorranginge Art. 61 Abs. 3 VO (ähnlich wie § 58 Abs. 3 BDSG, wenn auch tlw. unter anderen Voraussetzungen) eine Einschränkung der Verarbeitung zulässt, soll § 4 Abs. 1 EUStAG im Ergebnis die durchgängige Anwendbarkeit von Art. 61 Abs. 3 VO anordnen. Dies führt freilich zu einer Ungleichbehandlung innerhalb Deutschlands zwischen Beschuldigten im Anwendungsbereich der EUStA-VO und solchen außerhalb des Anwendungsbereichs der EUStA-VO.

53 Auch die in § 4 Abs. 1 EUStAG normierte Unanwendbarkeit der §§ 483 bis 491 StPO ist nach gesetzgeberischer Intention ausdrücklich eine Klarstellung;[108] diese würden durch speziellere Regelungen in Art. 47 ff. VO verdrängt und könnten daher keine Anwendung finden.[109] Welche konkreten Regelungen der Gesetzgeber hier meint, bleibt unklar. Die §§ 483 bis 491 StPO dürften etliche Dinge enthalten, die die EUStA-VO nicht regelt, und die deshalb von ihr auch nicht verdrängt werden können. Aus diesem Grund ist der Wortlaut von § 4 Abs. 1 EUStAG ernst zu nehmen und die Norm eng zu verstehen. Sie bezieht sich **nur auf Datenverarbeitungen**, die die EUStA auch tatsächlich durchführt bzw. für die sie eine Kompetenz hat. Da sie zB keine Daten für Zwecke künftiger Strafverfahren (§ 484 StPO) oder für Vollzug und Gnadenverfahren (§ 487 StPO) verarbeitet, lässt § 4 Abs. 1 EUStAG eine entsprechende Verarbeitung durch nationale Behörden gerade zu.

54 **§ 4 Abs. 2 EUStAG** schließt die Anwendung von § 479 Abs. 5 S. 2 und 3 StPO aus, wenn die EUStA Empfängerin übermittelter Daten ist. Gemäß § 479 Abs. 5 S. 1 StPO trägt grundsätzlich die übermittelnde Stelle die **Verantwortung für die Zulässigkeit der Übermittlung**. In Abweichung davon weist § 479 Abs. 5 S. 2 StPO die Verantwortung für die Zulässigkeit von Datenübermittlun-

101 BT-Drs. 19/17963, 40.

102 Da Strafverfahrensrecht inhaltlich weithin Datenschutzrecht ist und die Aufteilung der Materie zwischen StPO und BDSG im Ermessen des nationalen Gesetzgebers steht, ist diese Unterscheidung prinzipiell problematisch, s. dazu → Rn. 22 ff.

103 Einschränkung der Verarbeitung meint nach § 46 Nr. 3 BDSG die Markierung gespeicherter personenbezogener Daten mit dem Ziel, ihre künftige Verarbeitung einzuschränken. Dies entspricht der früheren „Sperrung" (vgl. §§ 20, 35 BDSG a.F.), s. Gola/Heckmann/*Schulz* § 46 Rn. 29.

104 Hinter § 161 Abs. 2 StPO steht die Befürchtung, dass § 58 Abs. 3 BDSG „die bewusst strikte Ausgestaltung der innerhalb der StPO geregelten Löschungspflichten unterlaufen [würde]", BT-Drs. 19/4671, 63.

105 BT-Drs. 19/17963, 53; ebenfalls S. 40: „kein Raum für die Anwendung des Bundesdatenschutzgesetzes".

106 BT-Drs. 19/17963, 53.

107 Nach BT-Drs. 19/17963, 53 soll § 4 Abs. 1 EUStAG „klarstellen", dass § 161 Abs. 2 StPO nicht anwendbar ist.

108 BT-Drs. 19/17963, 40.

109 BT-Drs. 19/17963, 53.

gen in den Fällen der §§ 474 bis 476 (Auskünfte und Akteneinsicht für öffentliche Stellen oder Rechtsanwälte) dem Empfänger zu,[110] während § 479 Abs. 5 S. 3 StPO die Prüfpflicht der übermittelnden Stelle darauf beschränkt, ob das Übermittlungsersuchen im Rahmen der Aufgaben des Empfängers liegt (es sei denn, es gibt Anlass für weitergehende Prüfungen). Nach der etwas unentschiedenen Gesetzesbegründung „dürfte“ die EUStA-VO eine solche Zuweisung der Verantwortung an die EUStA durch nationales Recht „nicht erlauben“.[111] Dies ist in der Logik der Unterscheidung zwischen Strafverfahrensrecht und Datenschutzrecht konsequent, da sich die Frage des datenschutzrechtlichen Prüfungsumfangs hinsichtlich der Zulässigkeit einer Verarbeitung (einschließlich der Übermittlung) nach der allgemeinen Rechenschaftspflicht (Art. 47 Abs. 2 VO) sowie nach Art. 63 VO bestimmt. Letzterer verlangt zwar von der EUStA die Umsetzung geeigneter technischer und organisatorischer Maßnahmen, die die Einhaltung der Verordnung sicherstellen und den entsprechenden Nachweis ermöglichen. Mit dieser Regelung wird aber im Falle der Übermittlung an die EUStA nicht eine so weitgehende Verantwortung wie nach § 479 Abs. 5 S. 2[112] und 3 StPO begründet.

Problematisch ist allerdings § 479 Abs. 5 S. 1 StPO, wonach die Verantwortung für die Zulässigkeit der Übermittlung die übermittelnde Stelle trägt. Dies könnte man im Sinne einer alleinigen Verantwortung der nationalen Stelle verstehen. Eine solche Zuweisung wäre hingegen ebenfalls europarechtlich unzulässig, denn der nationale Gesetzgeber kann die EUStA nicht von ihrer Verantwortung zur Prüfung der Zulässigkeit der Übermittlung freistellen, wenn diese Prüfungspflicht nach der EUStA-VO besteht. Man wird § 4 Abs. 2 EUStAG deshalb **europarechtskonform** so verstehen müssen, dass er **nur die Verantwortung der deutschen** übermittelnden Behörde regelt, während die Verantwortung auf Empfängerseite ausschließlich nach der EUStA-VO besteht und zu beurteilen ist. 55

**§ 4 Abs. 3 EUStAG** regelt, dass die §§ 496 bis 499 StPO (Schutz personenbezogener Daten in und Verwendung personenbezogener Daten aus elektronischen Akten) „nur anzuwenden“ sind, wenn die DEStA gemäß Art. 45 VO elektronische Akten in **Datenverarbeitungsanlagen einer Bundes- oder Landesbehörde** führen. Damit wird zum einen – wegen des Vorrangs der Verordnung deklaratorisch[113] – klargestellt, dass die Normen nicht auf das Fallbearbeitungssystem anwendbar sind, das sich datenschutzrechtlich ausschließlich nach den Vorgaben der EUStA-VO richtet. Zugleich soll die Norm aber auch verdeutlichen, dass die §§ 496 bis 499 StPO (über Art. 5 Abs. 3 VO) auch zu beachten sind, wenn die EUStA elektronische Akten in deutschen IT-Systemen führt. Dahinter steckt der zutreffende Ansatz, dass unterschiedliche Verarbeitungsregelungen für Akten in einem System zu erheblichen Problemen führen können. Allerdings löst § 4 Abs. 3 EUStAG dieses Problem nur für die §§ 496 bis 499 StPO, nicht (wie § 5 S. 1 EUStA-DG)[114] auch für das allgemeine Datenschutzrecht. Die in → Rn. 18 ff. erläuterten Probleme der Abgrenzung der beiden Materien setzen sich deshalb hier fort.[115] 56

Schließlich ordnet **§ 4 Abs. 4 EUStAG** die Anwendung der §§ 12 bis 14 und 16 bis 20 EGGVG an, wenn die EUStA nach der EUStA-VO befugt ist, die zuständigen innerstaatlichen Behörden unter Übermittlung personenbezogener Daten zu unterrichten; §§ 21 und 22 EGGVG sind nicht anzuwenden. 57

110 Für die EUStA als Empfängerin käme wohl nur § 474 StPO in Betracht.

111 BT-Drs. 19/17963, 53.

112 Ob die Regelung in § 479 Abs. 5 S. 2 StPO grundsätzlich mit der durch Art. 4 Abs. 3 JI-RL vorgegebenen Rechenschaftspflicht vereinbar ist (die auch die übermittelnde Stelle trifft), kann hier nicht erörtert werden.

113 BT-Drs. 19/17963, 53.

114 S. u. → Rn. 62 ff.

115 So enthält der über § 4 Abs. 3 EUStAG anwendbare § 497 StPO Bestimmungen zur Datenverarbeitung im Auftrag, die die allgemeinere Regelung in § 62 BDSG verdrängt. Der deutsche Gesetzgeber geht offenbar davon aus, dass nach Art. 5 Abs. 3 VO die Anwendbarkeit von § 497 StPO zulässig ist, die von § 62 BDSG jedoch nicht. Diese Unterscheidung – und der Regelungsstandort – sind jedoch rein nationale Fragen, die für die Anwendbarkeit nicht entscheidend sein können, s. → Rn. 23.

58 Das systematische Zusammenspiel zwischen § 4 Abs. 4 EUStAG und der EUStA-VO ist komplex. Die EGGVG-Vorschriften regeln **verfahrensübergreifende Mitteilungen** von Amts wegen. Die Begründung geht davon aus, dass diese Regelungen aufgrund von Art. 5 Abs. 3 S. 2 VO anwendbar sind,[116] die Verordnung diese Mitteilungen also nicht regelt. Zugleich wird aber auf Art. 47 Abs. 3 VO verwiesen, der Bestimmungen zur Zweckänderung enthält. In einer verfahrensübergreifenden Mitteilung lässt sich eine solche Zweckänderung sehen. Diesen Verweis wird man so zu verstehen haben, dass er darauf aufmerksam machen möchte, dass auf diesem Weg eine Verarbeitung zu anderen in Art. 49 VO genannten Zwecken zulässig ist, also auch zum Informationsaustausch mit den zuständigen Behörden der Mitgliedstaaten sowie mit Organen, Einrichtungen und sonstigen Stellen der Union (Art. 49 Abs. 1 lit. b VO). Allerdings ist nach Art. 47 Abs. 3 lit. a VO zusätzlich erforderlich, dass die EUStA „nach dieser Verordnung" befugt ist, die operativen Daten für diesen anderen Zweck zu verarbeiten. Insoweit verweist die Begründung auf Regelungen der Verordnung, die eine Übermittlung an nationale Strafverfolgungs- und sonstige Behörden gestatten. Derartige Normen gibt es; so lässt zB Art. 24 Abs. 8 VO die Unterrichtung nationaler Behörden über Straftaten zu, für die die EUStA nicht zuständig ist. Aber jenseits dieses – praktisch wichtigen – Falles enthält die EUStA-VO nur sehr rudimentäre Übermittlungsvorschriften, zB zum Verfahrensstand (Art. 25 Abs. 5, 26 Abs. 7, 36 Abs. 6, 39 Abs. 4 VO).[117]

59 Diese Regelungen decken also nur einen **Bruchteil der vielen Anwendungsfälle der §§ 12 ff. EGGVG** ab. Insofern ist es zutreffend, dass Art. 5 Abs. 3 S. 2 VO ihre Anwendung ermöglicht. Der Norminhalt von § 4 Abs. 4 EUStAG ist insoweit deklaratorisch, als er diese Anwendung regelt. Problematisch ist aber, dass die Vorschrift die Anwendung der EGGVG-Regelungen explizit daran bindet, dass die EUStA zur Übermittlung befugt ist. Woraus sich eine solche Befugnis ergeben soll, ist unklar. Der wie erwähnt in der Begründung genannte[118] Art. 47 Abs. 3 VO kann nicht gemeint sein, da er eben eine Befugnis nach der EUStA-VO verlangt, die es für die meisten Anwendungsfälle der §§ 12 ff. EGGVG – und damit gerade für den relevanten Bereich von § 4 Abs. 4 EUStAG – nicht gibt.[119]

60 Angesichts dieses Befundes sollte dem Ausgangspunkt der Gesetzesbegründung von § 4 Abs. 4 EUStAG gefolgt werden: Die EUStA-VO regelt diese Übermittlungen nicht, sodass die Normen des EGGVG aufgrund von Art. 5 Abs. 3 S. 2 VO anwendbar sind. Die Rückbindung an eine – weithin nicht bestehende – Übermittlungsbefugnis nach der EUStA-VO schränkt die Anwendung der EGGVG-Regelungen hingegen in unangemessener Weise ein. Dies steht europarechtlich grundsätzlich im Ermessen des nationalen Gesetzgebers, es gibt aber keinen Anhaltspunkt dafür, dass dies beabsichtigt war. Die Norm ist **dementsprechend missglückt.** Wenn sie als Klarstellung sinnvoll ist (zB um deutlich zu machen, dass nach Ansicht des Gesetzgebers die Unterrichtungsbefugnisse nach der EUStA-VO nicht abschließend sind, sondern Art. 5 Abs. 3 S. 2 VO den Weg zu den §§ 12 ff. EGGVG eröffnet), sollte der Satzteil ab „soweit" gestrichen werden.

61 **2. Konzeption und Regelungen im EUStA-DG.** Im österreichischen EUStA-DG[120] **weichen** sowohl die konkreten Regelungen als auch die hinter ihnen stehende Grundkonzeption des Verhältnisses zwischen EUStA-VO und nationalem (Datenschutz-)Recht von den Regelungen und dem **Konzept des deutschen EUStAG ab.** § 5 EUStA-DG enthält eine Bestimmung zum Datenschutz. Gemäß Satz 1 sind auf die Verarbeitung personenbezogener Daten durch die EUStA § 74 und § 75 öStPO nur in dem Fall anzuwenden, dass sich die Aktenführung nach innerstaatlichen Rechtsvorschriften richtet oder die EUStA Datenverarbeitungen des Bundes nutzt. Nach Satz 2 unterliegt die EUStA in diesem Umfang jedoch nicht der Aufsicht durch die Datenschutzbehörde gemäß § 31 öDSG, was –

116 BT-Drs. 19/17963, 54.
117 S. BT-Drs. 19/17963, 41; auf diese Auflistung verweist (wohl) die Begründung zu Abs. 4 auf S. 54.
118 BT-Drs. 19/17963, 54.
119 Dies wird zutreffend kritisiert von HBB/*Herrnfeld* Introduction Art. 49 Rn. 6, der berichtet, dass ein entsprechender Vorschlag in der Ratsarbeitsgruppe vorgetragen, von der Mehrheit aber – trotz der Anerkennung des Bedürfnisses für Übermittlungen an die Behörden der Mitgliedstaaten – für nicht notwendig betrachtet wurde.
120 BGBl. I Nr. 94/2021.

da es sich bei der EuStA um eine europäische Behörde handelt – lediglich als Klarstellung zu verstehen ist.[121]

**§ 5 S. 1 EUStA-DG** betrifft also tatbestandlich **zwei Fälle.** Die erste Variante (Aktenführung richtet sich nach innerstaatlichem Recht) verweist auf Art. 45 Abs. 2 UAbs. 1 VO und erfasst folglich sämtliche Verfahrensakten der österreichischen betrauten DEStA.[122] Eine „Datenverarbeitung" nach der zweiten Variante ist kein elektronischer Verarbeitungsvorgang, sondern bezeichnet in der Terminologie des österreichischen Rechts das elektronische Fallverwaltungsprogramm der Justiz. 62

Auf **Rechtsfolgenseite** ordnet § 5 S. 1 EUStA-DG für diese beiden Fälle die Anwendung der § 74 und § 75 öStPO an. § 74 Abs. 1 S. 1 öStPO gestattet Kriminalpolizei, Staatsanwaltschaft und Gericht im Rahmen ihrer Aufgaben die Verarbeitung der hierfür erforderlichen personenbezogenen Daten. § 74 Abs. 1 S. 2 öStPO bestimmt die subsidiäre Anwendung des öDSG. 63

Trotz des leicht missverständlichen „nur" in § 5 S. 1 EUStA-DG erfasst diese Regelung wie erwähnt **sämtliche österreichischen Verfahrensakten.** Mithin geht der österreichische Gesetzgeber davon aus, dass nationales Datenschutzrecht für diese Aktenführung gilt, oder dass zumindest der nationale Gesetzgeber diese Geltung anordnen darf. Beides weicht vom Inhalt des § 4 EUStAG und von der Konzeption des deutschen Gesetzgebers ab. 64

Ob der Verweis in das allgemeine österreichische Datenschutzrecht praktisch relevant wird, hängt davon ab, inwieweit die nur subsidiäre Geltung des öDSG neben den speziellen Bestimmungen der öStPO im jeweiligen Einzelfall wirksam wird.[123] Die Gesetzesbegründung enthält aber die zutreffende Erwägung,[124] dass im nationalen Strafverfahrensrecht Bestimmungen zur **Aktenführung** und zum **Datenschutz nicht sinnvoll zu trennen** sind. Um „unauflösliche Widersprüche" zwischen den Datenschutzvorschriften der EUStA-VO und den nationalen Strafverfahrens- und Datenschutzvorschriften zu vermeiden, soll bei Verwendung von nationalen Datenverarbeitungen und der Führung des Ermittlungsaktes ausschließlich nationales Recht anzuwenden sein.[125] 65

Ein Folgeproblem hat der österreichische Gesetzgeber allerdings nicht gelöst, sondern in § 5 S. 2 EUStA-DG eher bekräftigt. Danach unterliegt die EUStA nicht der Aufsicht durch die Datenschutzbehörde (§ 31 öDSG). Eine Zuständigkeitserstreckung auf die EUStA wäre dem nationalen Gesetzgeber wohl auch nicht möglich gewesen. Da sich die Kontrollbefugnis des Europäischen Datenschutzbeauftragten allerdings nach Art. 85 Abs. 1 S. 1 VO auf die Überwachung und Gewährleistung der Bestimmungen der EUStA-VO beschränkt (und die allgemeinere Vorschrift in Art. 52 Abs. 3 VO (EU) 2018/1725 ebenfalls nur Rechtsakte der Union umfasst), **bleibt offen,** wer die Einhaltung derjenigen Bestimmungen des **öDSG kontrollieren soll,** die über § 74 Abs. 1 S. 2 öStPO auf die EUStA anwendbar sind. 66

Die **österreichische Datenschutzbehörde** konnte sich mit prinzipiellen Einwänden gegen § 5 EUStA-DG **nicht durchsetzen.** Sie geht davon aus, „dass die Art. 47 bis 89 EUStA-VO abschließende und vollharmonisierte Regelungen zum Schutz personenbezogener Daten durch die EUStA normieren und somit für nationale Bestimmungen zum Schutz personenbezogener Daten – wie §§ 74 und 75 [ö]StPO – kein Raum bleibt".[126] Insoweit kommt hier tendenziell ein noch restriktiveres Verständnis bzgl. der Anwendbarkeit des nationalen Datenschutzrechts als beim deutschen Gesetzgeber zum Ausdruck. Letzterer sieht zwar für eine Anwendbarkeit des allgemeinen Datenschutzrechts (also des BDSG) keinen Raum, wohl aber für die Datenschutzvorschriften in der deutschen StPO. Ob 67

121 EBRV 808 Blg NR 27.GP, 7. Die Regelung weicht vom Ministerialentwurf (Referentenentwurf) des österreichischen Justizministeriums ab. In diesem fehlte der jetzige Satz 2. Stattdessen sah dieser Entwurf einen Satz 2 vor, nach dem die EUStA in dem Umfang, in dem § 5 S. 1 EUStA-DG die Geltung der §§ 74, 75 öStPO anordnet, zuständige Behörde gemäß § 36 Abs. 2 Nr. 7 öDSG sein sollte.

122 Dieser Fall ist in § 4 Abs. 3 EUStAG geregelt, allerdings mit abweichender Rechtsfolge: Während dort (nur) die Bestimmungen in §§ 496 bis 499 StPO für anwendbar erklärt werden, findet hier über § 74 Abs. 1 S. 2 öStPO subsidiär auch das allgemeine österreichische Datenschutzrecht Anwendung (s. sofort).

123 So werden zB die allgemeinen Regelungen zur Weiterübermittlung in § 40 öDSG durch § 76 Abs. 4 öStPO verdrängt.

124 S. schon oben → Rn. 22 ff.

125 S. EBRV 808 Blg NR 27.GP, 7.

126 Stellungnahme der Datenschutzbehörde zum EUStA-DG v. 24.03.2021, S. 3.

und inwieweit die Datenschutzbehörde neben §§ 74 und 75 öStPO auch andere datenbezogene Vorschriften in der öStPO, etwa im 8. Hauptstück, als nicht anwendbares Datenschutzrecht versteht, wird aus der Stellungnahme nicht deutlich. Allerdings ist davon auszugehen, dass sich auch nach ihrem Verständnis die Ermittlungsbefugnisse der EUStA-VO – auch wenn sie die Verarbeitung personenbezogener Daten betreffen – nach österreichischem Recht richten. Wo die Datenschutzbehörde dann aber die Grenze zum (allgemeinen) Datenschutzrecht zieht, ist nicht erkennbar, da sie insbesondere auch eine Anwendbarkeit der Pflichten zur Berichtigung, Löschung und Sperrung gemäß § 75 öStPO ablehnt.

68 **3. Problematik der Abgrenzung und der nationalen Lösungen.** Die **nationalen Ausführungsgesetze zur EUStA-VO unterscheiden sich** also hinsichtlich der Anwendung der nationalen Datenschutzgesetze auf die EUStA. Während der deutsche Gesetzgeber davon ausgeht, dass für die Anwendung der Bestimmungen des BDSG kein Raum ist, ordnet der österreichische Gesetzgeber die Geltung des öDSG über § 74 Abs. 1 öStPO gerade an. Das öDSG ist danach zwar gegenüber den Regelungen der öStPO subsidiär, sodass die Anwendbarkeit im Einzelfall zu prüfen ist. Dies ändert jedoch nichts daran, dass nach dem ausdrücklichen Willen des österreichischen Gesetzgebers bei Verwendung des elektronischen Fallverwaltungsprogramms der Justiz und allgemein auf Verfahrensakten der österreichischen betrauten DEStA „ausschließlich nationales Recht“[127] – also gerade nicht Art. 47 ff. VO – anzuwenden ist.

69 Beide Ansätze erscheinen dabei auf Basis der EUStA-VO möglich, denn diese enthält keine explizite Bestimmung zum nationalen Datenschutzrecht, und die offenbar angestrebte Trennung zwischen Strafprozess- und Datenschutzrecht bleibt undeutlich, solange diese Bereiche nicht – europaweit einheitlich, d.h. durch Legislativakt der Union – getrennt werden. Dies macht einen nochmaligen grundsätzlichen Blick auf das **Verhältnis der Verordnung zum nationalen Recht** erforderlich.

70 **a) Fallbearbeitungssystem. Unproblematisch** ist die Frage des anwendbaren Rechts für das **Fallbearbeitungssystem.** Dieses unterfällt – einschließlich der darin gemäß Art. 45 Abs. 3 VO enthaltenen Informationen aus den Verfahrensakten (s. a. § 4 Abs. 3 EUStAG[128]) – unstreitig ausschließlich den datenschutzrechtlichen Vorschriften in Art. 47 bis 89 VO. Dasselbe gilt für alle anderen Datenverarbeitungsvorgänge, die nicht in der Führung der Verfahrensakten und nicht in der Durchführung von Ermittlungsmaßnahmen bestehen. Findet ein Datenaustausch mit den europäischen und internationalen Partnern der EUStA statt, ist gegebenenfalls deren spezifisches Datenschutzrecht (zB Art. 28 ff. Europol-VO) in Rechnung zu stellen.

71 **b) Verfahrensakten.** Bzgl. der Verfahrensakten enthält Art. 45 Abs. 1 VO eher allgemeine Vorgaben zum Inhalt (s. *Niedernhuber* → § 7 Rn. 191 ff.). Trotz dieser verbindlichen Regelungen wird die Akte nach Art. 45 Abs. 2 UAbs. 1 VO aber nach dem Recht des jeweiligen Mitgliedstaats „geführt“. Die Norm ordnet also jedenfalls für die **Aktenführung im engeren Sinne** die Anwendung der jeweiligen Regelungen der Mitgliedstaaten an. Für Deutschland betrifft dies bspw. die §§ 32 ff. StPO sowie die Vorschriften zur Akteneinsicht (vor allem § 147 StPO; s. Art. 45 Abs. 2 UAbs. 2 S. 2 VO).[129] Daneben gelten die allgemeinen Grundsätze ordnungsgemäßer Aktenführung.[130]

72 Nicht eindeutig ist hingegen, ob die Vorgabe, dass die Verfahrensakten nach dem Recht der Mitgliedstaaten zu führen sind, sich darüber hinaus auch auf das (übrige) nationale Datenschutzrecht erstreckt.[131] Diese Unklarheit führt dazu, dass Deutschland („kein Raum für die Anwendung“ des

127 EBRV 808 Blg NR 27.GP, 7.

128 Die Vorschrift soll deutlich machen, dass die §§ 496 bis 499 StPO nicht für im Fallbearbeitungssystem gespeicherte „elektronische Aktenkopien“ iSv Art. 45 Abs. 3 VO gelten, BT-Drs. 19/17963, 53.

129 BT-Drs. 19/17963, 37.

130 Gebote der Aktenmäßigkeit, Vollständigkeit und Nachvollziehbarkeit sowie wahrheitsgetreuen Aktenführung; dazu zB Schoch/Schneider/*Schneider* VwVfG § 29 Rn. 46 ff.; Hoffmann-Riem/Schmidt-Aßmann/Voßkuhle VerwR/*Ladeur* § 21 Rn. 7 ff. und 12 ff.

131 Ausführlich zu dem Problem des auf die Verfahrensakten anwendbaren Rechts s. *Franssen/Corhay*, Report – Interpretation of the EPPO Regulation in view of EPPO's supervision by the EDPS, 2021, 51 ff. S. a. ebd., 23 f. zu der Frage, ob Art. 45 Abs. 2 VO die Anwendbarkeit des nationalen Rechts nur für die Aktenführung ieS oder vollumfänglich bewirkt.

BDSG als implizite Voraussetzung der Umsetzung)[132] und Österreich (explizite Regelung der – subsidiären – Anwendbarkeit in § 5 S. 1 EUStA-DG iVm § 74 Abs. 1 S. 2 öStPO)[133] grundsätzlich unterschiedliche Regulierungsansätze gewählt haben.

Der Wortlaut von Art. 45 Abs. 2 UAbs. 1 VO spricht eher für eine weite, das allgemeine Datenschutzrecht einschließende Auslegung, da sehr allgemein von „geführt“ (englisch „managed“) die Rede ist. Jedoch nennt die Norm nicht explizit das Datenschutzrecht, und nach der Systematik geht der Gesetzgeber wohl von einer **Unterscheidbarkeit zwischen dem Datenschutzrecht und dem Recht der Aktenführung** aus. 73

Allerdings ist **nicht erkennbar**, wie die Aktenführung – europarechtlich autonom – vom Datenschutzrecht abzugrenzen sein könnte. Ein Beispiel sind die §§ 496 ff. StPO, die eine Schnittmenge zwischen Datenschutz- und Aktenführungsrecht bilden. Die Begründung zu § 4 Abs. 3 EUStAG ordnet sie letzterem zu.[134] Wieso jedoch zB eine Regelung zur Auftragsverarbeitung (§ 497 StPO) Aktenführung sein soll, eine andere Regelung zur Auftragsverarbeitung (§ 62 BDSG) jedoch nicht, ist nicht recht ersichtlich. Wichtiger noch: Die Entscheidung über diese Zuordnung kann kaum den Mitgliedstaaten überlassen bleiben, weil dann in einem Mitgliedstaat auf diesem Wege allgemeines nationales Datenschutzrecht anwendbar werden könnte, in einem anderen jedoch die Regelungen der Art. 47 ff. VO. Dies spricht dafür, auf den Umgang mit den **Verfahrensakten einheitlich nationales Recht** anzuwenden. 74

Zwar kann dies zu gewissen **Abweichungen der Datenschutzregelungen** für die einzelnen Verfahrensakten der Mitgliedstaaten führen, obwohl es sich in allen diesen Fällen um Verfahrensakten der EUStA (nämlich ihrer dezentralen Ebene) handelt. Genau diesen Effekt nimmt Art. 45 Abs. 2 UAbs. 1 VO jedoch hin, und zwar unstreitig jedenfalls hinsichtlich des Rechts der Aktenführung im engeren Sinne. Wenn es zu relevanten Abweichungen kommt, so ist dies beim nicht-harmonisierten Recht der Aktenführung im engeren Sinne viel mehr zu befürchten als in dem aufgrund der JI-RL harmonisierten Datenschutzrecht. 75

Gewichtiger ist der Einwand, dass die Anwendung nationalen Datenschutzrechts in unangemessener Art und Weise dazu führen kann, dass für die Verfahrensakten selbst und für die von ihnen angefertigten **Kopien im Fallbearbeitungssystem** (Art. 44 Abs. 4 UAbs. 1 lit. c und 45 Abs. 3 VO) **unterschiedliche Datenschutzvorschriften** gelten.[135] Denn auf letztere sind unstreitig die Datenschutzvorschriften der EUStA-VO anzuwenden.[136] 76

Allerdings ist diese Aufspaltung eben eine Folge der besonderen Struktur der EUStA, die sowohl europäisches als auch nationales Recht zur Anwendung kommen lässt. Überdies würde eine Anwendung der EUStA-VO auch auf die nationale Verfahrensakte zwar eine Harmonisierung mit der Kopie im Fallbearbeitungssystem bewirken, dafür aber zu einer Ungleichbehandlung mit den übrigen, in rein national geführten Verfahren verarbeiteten Daten führen. Dies könnte nicht nur zu **unterschiedlichen Betroffenenrechten**, sondern auch zur Notwendigkeit einer – aufwändigen – **separaten technisch-organisatorischen Führung** der EUStA-Verfahrensakten auf nationaler Ebene führen, die Art. 45 Abs. 2 UAbs. 1 VO gerade verhindern will. 77

---

132 S. BT-Drs. 19/17963, 40 und 53; s.o. → Rn. 22 und 51.

133 S.o. → Rn. 63.

134 BT-Drs. 19/17963, 53, s.o. → Rn. 56.

135 So HBB/*Herrnfeld* Introduction Art. 47–89 Rn. 9: „it would not be appropriate to have different data protection rules apply to the ´original` case file, kept in the EDP's office than those that apply to the copy of that file contained in the CMS" (CMS = case management system = Fallbearbeitungssystem). Unstreitig dürfte wiederum sein, dass nationales Datenschutzrecht anwendbar ist, sobald ein nationaler Verantwortlicher (zB ein Gericht) Daten (weiter-)verarbeitet, die aus einer Verfahrensakte stammen, oder wenn andere nationale Verantwortliche an einem Ermittlungsverfahren der EUStA beteiligt sind, s. ebd.

136 S.o. → Rn. 70. *Franssen/Corbay,* Report – Interpretation of the EPPO Regulation in view of EPPO's supervision by the EDPS, 2021, 57 gehen mit Blick auf den Gleichlauf von Verfahrensakten und Fallbearbeitungssystem davon aus, dass die Datenschutzvorschriften der EUStA-VO auch auf die Verfahrensakten anwendbar sind. Sie übersehen aber die im Folgenden erläuterten Probleme dieser Lösung und erklären sie deshalb ohne weiteres für logisch („logical“).

78 Dieser zweiseitige **Konflikt ist nicht auflösbar**: Entweder (Lösung 1) man unterwirft die Verfahrensakte den nationalen Datenschutzgesetzen und nimmt zweierlei in Kauf: Erstens gelten für die Verfahrensakte und ihre Kopie im Fallbearbeitungssystem unterschiedliche Regeln, obwohl es sich um dieselben Informationen handelt und beides Verarbeitungen durch die EUStA sind. Zweitens werden Beschuldigte in verschiedenen Mitgliedstaaten unterschiedlich behandelt, soweit sich die nationalen Datenschutzgesetze unterscheiden. Oder (Lösung 2) man wendet europaweit auf die Verfahrensakten dieselben Regeln wie auf das Fallbearbeitungssystem an (nämlich die Art. 47 ff. VO) und nimmt ebenfalls zwei Nachteile hin: Erstens genießen Beschuldigte innerhalb ein und desselben Mitgliedstaates unterschiedlich Rechte je nachdem, ob ein Verfahren im Anwendungsbereich der EUStA-VO gegen sie geführt wird oder ein anderes Verfahren. Zweitens kann es dazu kommen, dass die Vorgaben der Verordnung – oder der Durchführungsvorschriften nach Art. 63 Abs. 6 GO – nicht mit nationalem Recht kompatibel sind und separate Vorgangsbearbeitungssysteme auf nationaler Ebene erzwingen.

79 Beide Wege sind unbefriedigend. Im Ergebnis dürfte aber **mehr für den ersten** sprechen. Die Verfahrensakten und das Fallbearbeitungssystem gehören zwar beide zur EUStA, erstere sind aber eben doch in den nationalen Strafverfolgungssystemen verankert. Die Ungleichbehandlung von Beschuldigen zwischen Mitgliedstaaten entspricht der allgemeinen Situation in einer nur teilweise harmonisierten Strafverfolgung innerhalb der Union und wird auch ansonsten hingenommen. Insofern erscheint die Ungleichbehandlung innerhalb eines Mitgliedstaats als der deutlich schwerere Eingriff.

80 Im Ergebnis sind dementsprechend die bei der Aktenführung relevanten datenschutzrechtlichen Vorschriften (zB zur Datensicherheit) ebenfalls **dem Recht der Mitgliedstaaten** – nicht nur dem spezifischen Fachrecht (s. §§ 496 bis 499 StPO),[137] sondern auch dem allgemeinen Datenschutzrecht – zu entnehmen. Art. 5 Abs. 3 S. 4 VO wird insoweit durch die spezielleren Vorgaben in Art. 45 Abs. 2 UAbs. 1 VO verdrängt, welcher explizit – und ohne dabei das Datenschutzrecht auszunehmen – auf das nationale Recht verweist. Diese Lösung entspricht weitgehend § 5 S. 1 EUStA-DG und der hinter ihm stehenden Intention des österreichischen Gesetzgebers und bewegt sich damit jedenfalls innerhalb des durch die EUStA-VO gesetzten Rahmens.

81 c) **Ermittlungsmaßnahmen.** Abgrenzungsprobleme stellen sich auch hinsichtlich der Ermittlungsmaßnahmen. Zwar **wollte** der europäische Gesetzgeber diesen Bereich **an sich nicht regeln**, wie sich aus Art. 30 Abs. 5 S. 2 VO ergibt. Ebenso wie beim Recht der Aktenführung zeigt sich aber, dass eine klare Abgrenzung zum Datenschutzrecht nur schwer möglich ist. Dies liegt daran, dass Ermittlungsmaßnahmen regelmäßig eine Erhebung und weitere Verarbeitung personenbezogener Daten bedingen. Regelungen zu ihrer Zulässigkeit und zu technisch-organisatorischen Maßnahmen bei ihrer Durchführung sind deshalb der Sache nach datenschutzrechtlicher Natur.

82 Die EUStA-VO verweist für die Führung der Ermittlungen weithin auf nationales Recht. Dabei ist die Bezugnahme in Art. 28 Abs. 1 VO vor allem als Verweis auf die in den Mitgliedstaaten geltende Zuständigkeitsverteilung zu verstehen (s. *Trautmann* → § 6 Rn. 124 ff.; *Niedernhuber* → § 7 Rn. 63 ff.).[138] Gemäß Art. 30 Abs. 5 S. 2 VO richten sich aber auch die Verfahren und Modalitäten für die Durchführung der Ermittlungsmaßnahmen nach dem nationalen Recht. Mithin finden nach der Begründung zum EUStAG grundsätzlich alle Regelungen der StPO über die Anordnung und Durchführung von Ermittlungsmaßnahmen Anwendung, was auch für Regelungen gelten soll, die einen Richtervorbehalt vorsehen oder „besondere Vorkehrungen unter dem Gesichtspunkt des Datenschutzes oder der Privatsphäre treffen" (zB §§ 101 Abs. 3, 101a Abs. 3, 101b StPO).[139] Vor allem aber bedeuten die Art. 28 und 30 VO, dass sich die **konkreten Ermittlungsbefugnisse und die damit verbundenen Datenverarbeitungen** nach dem nationalen Recht bestimmen, wobei die Vorga-

137 Dies auch nach der Lösung in § 4 Abs. 3 EUStAG, s.o. → Rn. 56.

138 BT-Drs. 19/17963, 25.

139 BT-Drs. 19/17963, 28.

ben gemäß Art. 30 Abs. 1 VO (einschließlich möglicher Beschränkungen nach Abs. 2 und 3) zu beachten sind.[140]

Fraglich ist allerdings, nach welchem Recht sich die datenschutzrechtlichen Vorkehrungen bestimmen, die nicht die Durchführung der Ermittlungsmaßnahmen im engeren Sinne, sondern (auf den ersten Blick) **eher begleitende Fragen** betreffen. Dies meint etwa Maßnahmen zur Datensicherheit (§ 64 BDSG, Art. 73 VO) oder die Beachtung von Betroffenenrechten (§§ 55 ff. BDSG, Art. 57 ff. VO). Diese kann man – quasi als anschließende datenschutzrechtliche Behandlung der durch die Ermittlungsmaßnahmen gewonnen personenbezogenen Daten – aus Art. 30 Abs. 5 S. 2 VO auslagern. Dies führt zu der bereits erläuterten Frage, ob auf die Verfahrensakten, in denen diese Daten rglm. enthalten sind, entweder maßgeblich die Art. 47 ff. VO, ggf. iVm datenschutzrelevanten Bestimmungen des nationalen Strafverfahrensrechts, oder aber insgesamt ausschließlich nationales Strafverfahrens- und Datenschutzrecht anzuwenden ist.[141] Nimmt man mit dem deutschen Gesetzgeber ersteres an,[142] so beschränkt sich die Anwendbarkeit nationalen Rechts auf Fälle wie Art. 49 Abs. 6 VO.[143] Bejaht man mit dem österreichischen Gesetzgeber letzteres, so stellt sich die Abgrenzungsfrage nicht, weil dann ohnehin (d.h. unabhängig von der Reichweite von Art. 30 Abs. 5 S. 2 VO) nationales Datenschutzrecht auf die Verfahrensakten anwendbar ist. 83

Die deutsche Lösung führt allerdings zu Problemen, wenn bestimmte Ermittlungsbefugnisse nicht ohne das allgemeine nationale Datenschutzrecht verstanden oder rechtlich bewertet werden können. So wären etwa die Vorschriften zur Observation in §§ 100h, 163f StPO für sich gesehen verfassungswidrig, da sie keine **verfahrensrechtlichen Schutzvorkehrungen** (zB Informations-, Auskunfts- und Löschpflichten[144]) und auch keine Vorkehrungen zu Datensicherheit[145] enthalten, obwohl das deutsche Verfassungsrecht dies mit Blick auf Art. 2 Abs. 1 i.V.m. Art. 1 Abs. 1 GG gebietet. Derartige Vorgaben ergeben sich im deutschen Recht – in regelungstechnisch zulässiger Weise – größtenteils (s. aber zB § 101 StPO) aus den **allgemeinen Datenschutzgesetzen** (etwa §§ 55 ff. und 62 ff. BDSG[146]). 84

Folgt man der Trennung, die der deutschen Regelung zugrunde liegt, so werden diese Bestimmungen durch die Art. 47 ff. VO ersetzt. Dies führt nur dann nicht zu Konflikten mit deutschen Grundrechten, wenn man eine Zusammenschau aus nationalen Ermittlungsbefugnissen und europarechtlichen Schutzinstrumenten zur Legitimation des Grundrechtseingriffs akzeptiert und die Art. 47 ff. VO den Anforderungen genügen, die aus grundrechtlicher Sicht an entsprechende Schutzinstrumente zu stellen sind. Letzteres kann an dieser Stelle nicht geprüft werden, erscheint angesichts des Bemühens um Konsistenz mit der JI-RL aber zumindest wahrscheinlich. Ersteres ist problematischer, weil es die gesetzgeberische Verantwortung für die Gesamtmaßnahme unmöglich machen würde und auch für die Beschuldigten wenig transparent wäre. Im Ergebnis sprechen auch diese Friktionen für die Lösung, die **Verfahrensakten dem nationalen Datenschutzrecht** zu unterwerfen. 85

## V. Bewertung und Ausblick

Angesichts der Bedeutung des Datenschutzes für das Strafverfahren und die mit ihm verbundenen nachgelagerten Datenverarbeitungsprozesse ist es **zu begrüßen**, dass der europäische Gesetzgeber in den Art. 47 ff. VO **umfassende Vorgaben** zum Datenschutz gemacht hat. Die Regelungen sind – auch wenn das nicht immer im Detail geglückt ist – von dem Bemühen geprägt, eine Harmonisierung mit der JI-RL herzustellen. Dies ist sinnvoll, um in der neuartigen Zweiebenenstruktur der EUStA Friktionen mit dem nationalen Datenschutzrecht zu vermeiden, die andernfalls unabhängig 86

140 Bzgl. Art. 30 Abs. 1 VO besteht für Deutschland kein zusätzlicher Umsetzungsbedarf, da entsprechende Vorschriften in der StPO vorgesehen sind, BT-Drs. 19/17963, 27.

141 S.o. → Rn. 71 ff. und zu der Sichtweise des österreichischen Gesetzgebers → Rn. 61 ff.

142 S.o. → Rn. 51 ff.

143 S.o. → Rn. 21.

144 So bereits BVerfG 65, 1 (44 und 46).

145 Zu den verfassungsrechtlichen Anforderungen an die Datensicherheit am Beispiel der Vorratsdatenspeicherung s. BVerfGE 125, 260 (325 ff.).

146 Wobei hierdurch gleichzeitig die Vorgaben der JI-RL umgesetzt werden.

von der genauen Abgrenzung der Regelungsebenen drohen würden. Problematisch bleibt freilich, dass die JI-RL in den Mitgliedstaaten in unterschiedlicher Art und Weise umgesetzt worden ist. Die Übereinstimmung mit der JI-RL ist deshalb allein keine Gewähr dafür, dass die Bestimmungen der EUStA auch mit den für die nationalen Strafverfolgungsbehörden anwendbaren Regelungen übereinstimmen.

87 Die zentrale Herausforderung des für die EUStA geltenden Datenschutzrechts ist das **Fehlen einer klaren Abgrenzung** zwischen den Art. 47 ff. VO und dem nationalen Datenschutzrecht. Die DEStA sollen nach nationalem Strafverfahrensrecht agieren, werden aber zugleich als Teil einer europäischen Behörde definiert, für die unmittelbar anwendbares europäisches Datenschutzrecht gelten soll. Dies kann nur aufgehen, wenn beide Rechtsmaterien eindeutig getrennt werden. Hierfür enthält die EUStA-VO keine hinreichenden Aussagen, und derartige Aussagen sind auch kaum möglich, weil das Verwaltungsverfahren im allgemeinen sowie strafprozessuale Ermittlungen im Besonderen der Sache nach vielfach Datenschutzrecht sind. Dass der europäische Gesetzgeber dieses Problem wohl nicht hinreichend erkannt, jedenfalls aber nicht gelöst hat, zeigt sich schon an den Beispielen der österreichischen und deutschen Gesetzgeber, die die Anwendbarkeit nationalen Datenschutzrechts für die Verfahrensakten unterschiedlich gelöst haben.

88 Die Folgen dieser fehlenden Abgrenzung sind schwer absehbar. **Materiellrechtlich** sollten die Unterschiede **beherrschbar** sein. Für die Fragen der Zuständigkeit der Aufsichtsbehörden und der Gerichte bei der Überprüfung der Einhaltung der nationalen und europäischen Datenschutzregelungen muss die Frage jedoch entschieden werden. Ob die nationalen Gesetzgeber die Abgrenzung in zutreffender oder zumindest vertretbarer Weise geregelt haben, wird der EuGH zu bewerten haben. Während also in materiellrechtlicher Hinsicht weitgehend Klarheit über die Verpflichtungen der EUStA besteht, werden die Beteiligten sich **prozessrechtlich** noch für längere Zeit auf **Rechtsunsicherheit** einstellen müssen.

# § 14 Verteidigung in EUStA-Verfahren



## I. Einführung

1 Das EUStA-Verfahren ist naturgemäß auf die Rolle der Europäischen Staatsanwältin,[1] nicht der Europäischen Verteidigerin, fokussiert; dass aber eine gute Verteidigung nicht weniger wichtig für die Findung eines schuldangemessenen Urteils und Voraussetzung der – und sei es auch nur prozessualen – Wahrheitsfindung ist, wurde vom Gesetzgeber leider übersehen. So findet sich in der EUStA-Verordnung lediglich ein einzelnes Kapitel allgemein zu Verfahrensgarantien, das ganze zwei Artikel umfasst und sich letztlich – was die Verteidigung im engeren Sinne anbelangt – auf das Recht auf Zugang zu einem Rechtsbeistand „gemäß der Richtlinie 2013/48/EU" beschränkt.[2] Dass in den Erwägungsgründen, die nicht mehr als Auslegungshilfen sind,[3] an der einen oder anderen Stelle auf die Notwendigkeit der Einhaltung von Verteidigungsrechten hingewiesen wird,[4] schmälert deren Bedeutung leider eher, zumal in den unmittelbar rechtsverbindlichen Vorschriften die Verteidigungsrechte lediglich in einer sehr allgemeinen Formulierung in Art. 41 Abs. 1 VO zu finden sind („Die Tätigkeiten der EUStA werden in vollem Einklang mit den in der Charta verankerten Rechten Verdächtiger und Beschuldigter, einschließlich des Rechts auf ein faires Verfahren und der Verteidigungsrechte, durchgeführt").[5]

2 Das stiefmütterliche Dasein, das die Verteidigung somit in der VO führt,[6] setzt sich in der vorläufigen Geschäftsordnung („internal rules") der EUStA leider fort. So findet sich darin keine einzige Bezugnahme auf die Verteidigung, gleich als wenn diese nicht existiere. Selbst in Art. 2 der GO, der immerhin vorsieht, dass Kommunikation mit Personen, die am Strafverfahren beteiligt sind, wie etwa Verdächtige oder Beschuldigte, Opfer und Zeugen, oder „andere Dritte" („other third parties"), „wenn notwendig" zu übersetzen ist, lassen sich Verteidiger nur als **„andere Dritte"** subsumieren. Dabei ist gerade die Kommunikation mit der Verteidigung und deren frühzeitige Einbindung in komplexen Fällen, wie es die EUStA-Verfahren in aller Regel sein werden, zur Förderung

1 Aus Gründen der Gleichbehandlung wird nachfolgend zur Vereinfachung entweder die weibliche oder die männliche Form gewählt, wobei das jeweils andere Geschlecht ebenfalls gemeint ist.

2 Kap. 6, Art. 41, 42 der VO, vgl. hierzu vertiefend *Esser* → § 11 Rn. 176 ff. S. auch *Illuminati* in Bachmaier Winter, 179 ff.

3 *Esser* → § 11 Rn. 6 mwN.

4 Vgl. ErwG 80, 83–85 VO.

5 Vgl. auch *Mitsilegas*: The European Public Prosecutor's Office between EU and National Law: The Challenge of Effective Judicial Protection, Hrvatski ljetopis za kaznene znanosti i praksu 2020, 79 (84).

6 Vgl. auch *Esser* → § 11 Rn. 13.

des Verfahrens und damit auch im Interesse der effektiven Strafverfolgung elementar.[7] Man könnte einwenden, dass es solcher Regelungen nicht bedürfe, da auf das jeweilige nationale Recht verwiesen wird. Angesichts der unterschiedlichen Ausgestaltung der Verteidigungsrechte in nationalen Verfahrensordnungen in Europa[8] verschärft dieser Umstand allerdings die bereits bestehenden Ungleichheiten bei transnationalen Verfahren; denn je nachdem, in welchem Staat ein EUStA-Verfahren eingeleitet oder geführt wird, gestalten sich die Rechte der Verteidigung bspw. in Hinblick auf den Zugang zum Anwalt, den Zugang zu den Akten, den Umfang der Akteneinsicht, das Recht auf Übersetzungen, die Verteidigungsrechte in der Haft etc durchaus unterschiedlich[9] und damit ungleich. Die zwischenzeitlich eingeführten und auch überwiegend irgendwie in nationales Recht umgesetzten Richtlinien zur Stärkung der Verfahrensrechte von Verdächtigen und Beschuldigten haben dieses Problem adressiert, aber nicht gelöst, zumal den Mitgliedstaaten bei der Umsetzung von Richtlinien die konkrete Ausgestaltung überlassen bleibt. Wie die Europäische Grundrechteagentur in ihren Berichten zur Umsetzung dieser Richtlinien festgestellt hat, bleiben erhebliche Divergenzen zwischen den Mitgliedstaaten bestehen. Die durch die Richtlinien und die GRC gewährten Rechte sind nicht gleichwirksam gewährt.[10]

3 Vor diesem Hintergrund kann den Art. 5 Abs. 1 und 2, Art. 41 VO sowie ErwG 83[11] nicht genug Aufmerksamkeit geschenkt werden. Danach sind die **Rechte der GRC für die EUStA als bindend** zu unterstellen, und zwar für alle Verfahrensstadien, von der Einleitung eines Strafverfahrens bis zur rechtskräftigen Verurteilung.[12] Die nachfolgenden Ausführungen sollen sich daher im Wesentlichen darauf beschränken, herauszuarbeiten, wie diese Rechte im Rahmen des EUStA-Verfahrens für die Verteidigerpraxis fruchtbar gemacht werden können, und wie sie auch auf die ansonsten gem. § 2 EUStAG bzw. § 4 Abs. 2 öEuStA-DG-E anwendbaren deutschen Verfahrensvorschriften der StPO „durchstrahlen".

## II. Prozedurale Rolle der Verteidigung in EUStA-Verfahren

4 Die Rolle des Verteidigers ist in der VO nicht näher konkretisiert. Der EGMR hat im Verfahren *Dayanan/Türkei*[13] klargestellt, dass der Fair Trial Grundsatz voraussetzt, dass der Beschuldigte die Dienste eines Rechtsbeistandes vollumfänglich wahrnehmen kann. Der Anwalt muss die fundamentalen Aspekte der Verteidigung ohne Einschränkungen geltend machen können, d.h. zB die Besprechung des Sachverhalts, die Organisation der Verteidigung, die Sammlung entlastender Beweise, die Vorbereitung des Mandanten auf Befragungen, die Unterstützung des Beschuldigten in Stresssituationen und die Überprüfung der Haftbedingungen. Im Übrigen richtet sich aufgrund der

7 Vgl. auch ECBA Notes on the Internal Rules of Procedure of the EPPO, online verfügbar auf https://www.ecba.org/content/index.php/projects/european-public-prosecutor-s-office/806-ecba-notes-on-the-internal-rules-of-procedure-of-the-eppo (zul. besucht: 31.03.2021).

8 Vgl. etwa Cape/Smith/Spronken, Effective Criminal Defence in Europe, 2010.

9 Ebd.

10 Vgl. bspw. Fundamental Rights Agency (FRA), Rights in practice: access to a lawyer and procedural rights in criminal and European arrest warrant proceedings, 13.9.2019, online verfügbar auf https://fra.europa.eu/en/publication/2019/rights-practice-access-lawyer-and-procedural-rights-criminal-and-european-arrest (zul. besucht: 26.3.2021); FRA, Rights of suspected and accused persons across the EU: translation, interpretation and information, 10.11.2016, online verfügbar auf https://fra.europa.eu/en/publication/2016/rights-suspected-and-accused-persons-across-eu-translation-interpretation-and (zul. besucht: 26.3.2021); FRA, Criminal detention and alternatives: fundamental rights aspects in EU cross-border transfers, 9.11.2016, online verfügbar auf https://fra.europa.eu/en/publication/2016/criminal-detention-and-alternatives-fundamental-rights-aspects-eu-cross-border (zul. besucht: 26.3.2021).

11 ErwG 83 VO lautet wie folgt: *Gemäß dieser Verordnung muss die EUStA insbesondere das* ***Recht auf ein faires Verfahren****, die* ***Verteidigungsrechte und die Unschuldsvermutung****, wie sie in den* ***Artikeln 47 und 48 der Charta*** *verankert sind, achten.* ***Artikel 50 der Charta****, der das Recht schützt, wegen derselben Straftat nicht zweimal strafrechtlich verfolgt oder bestraft zu werden (****ne bis in idem****), gewährleistet, dass es aufgrund der Strafverfolgung durch die EUStA nicht zu einer Doppelbestrafung kommt. Die EUStA sollte ihre Tätigkeit daher* ***in vollem Einklang mit diesen Rechten*** *ausüben, und diese Verordnung sollte entsprechend angewandt und ausgelegt werden.* [Hervorhebungen durch Verf.].

12 Zur „full compliance" der EUStA mit der GRC vgl. auch HBB/*Brodowski* Art. 41 Rn. 20.

13 EGMR 13.1.2009 – 7377/03 Rn. 32 – Dayanan/Türkei.

generellen Verweisung auf nationales Recht in Art. 41 Abs. 3 VO auch die Verteidiger-Rolle grundsätzlich nach nationalem Recht, in Deutschland somit vor allem nach den §§ 137 ff. StPO. Der Rechtsanwalt hat als Organ der Rechtspflege und als berufener Berater und Vertreter der Rechtsuchenden die Aufgabe, zum Finden einer sachgerechten Entscheidung beizutragen, das Gericht – und ebenso Staatsanwaltschaft oder andere Behörden – vor Fehlentscheidungen zu Lasten seines Mandanten zu bewahren; insbes. soll er die rechtsunkundige Partei vor der Gefahr des Rechtsverlustes schützen.[14] Von besonderer Bedeutung ist hierbei die Wahrnehmung der Anhörungs- und Informationsrechte, da diese Grundlage für eine effektive Verteidigung sind.

**1. Transnationale Verteidigung als Voraussetzung effektiver Teilhabe und Waffengleichheit.** (Nicht nur) im deutschen Strafprozess werden Wahrheit und Recht durch Kommunikation und Diskurs gefunden.[15] Eine „ideale Sprechsituation" als Bedingung von Wahrheit und Recht setzt die **chancengleiche, ungeschmälerte und effektive Mitwirkung der Teilnehmer am Verfahren** voraus.[16] Hierzu gehört auch gleicher Zugang zum Recht und den dem Verfahren zu Grunde liegenden Informationen. Die auch durch Art. 6 Abs. 1 EMRK garantierte Waffengleichheit ist allerdings in einem transnationalen Prozess, bei dem auf staatlicher Seite allein schon mindestens ein(e) EStA und zwei DEStA zusammenwirken, mittels eines einzelnen Verteidigers praktisch nicht zu gewährleisten. Er ist schon nicht befähigt, im ausländischen Staat Rechtsmittel gegen ergriffene Maßnahmen einzulegen. 5

Vielmehr muss aufgrund der Transnationalität der Ermittlungen auch die **Verteidigung transnational gestaltet** werden, und für die kommunikativen Prozesse mit den Behörden muss der richtige Ansprechpartner identifiziert und sichergestellt werden, dass die kommunizierten Inhalte durch die Weiterleitung und Übersetzung an den die Aufsicht führenden EStA nicht inhaltlich verkürzt oder verändert ankommen, was auch die Überprüfung der Richtigkeit von Übersetzungen implizieren kann. Bei EUStA-Verfahren wird es daher unabdingbar, Verteidigerkollegen aus anderen von den Ermittlungen betroffenen Rechtskreisen einzubinden, um die Verteidigung bestmöglich zu koordinieren. Das bedeutet, dass im Interesse der Waffengleichheit die Rolle des Verteidigers sich nicht auf die Wahrnehmung der Rechte seines Mandanten im *deutschen* Strafverfahren beschränkt, sondern dieser sich international sowie technisch entsprechend aufstellen muss, und dabei auch sicheren und vertraulichen Austausch von Daten und Informationen grenzüberschreitend in gleicher Weise gewähren muss, wie dies die EUStA kann. 6

Dass sich die Anwaltschaft hierfür international organisieren und koordinieren muss, und dass es **spezieller Expertise und Trainingsmöglichkeiten** in diesem Bereich bedarf, wie dies den Staatsanwälten, die Teil des Europäischen Justiziellen Netzwerkes (EJN) sind, frei zur Verfügung steht, dürfte auf der Hand liegen. Ob es hierfür indes eines von manchen Autoren geforderten sog. **„Eurodefensor"**[17] bedarf, also einer „unabhängigen Einrichtung zur Wahrung der Verteidigungsrechte", ist zweifelhaft. Hilfreich wäre sicher, ähnlich der für internationale Strafgerichtshöfe aufgestellten Association of Defence Counsel practising before the International Courts and Tribunals (ADC-ICT) eine Art **„Europäische Anwaltskammer"** aufzustellen, die die kollektive Interessenvertretung der Verteidigung bei EUStA-Verfahren wahrnimmt, zugleich aber auch als berufsrechtliches Disziplinarorgan die Qualität der in EUStA-Verfahren tätigen Verteidiger sichert, und etwa bei besonders eingreifenden Maßnahmen wie Durchsuchungen in Anwaltskanzleien ähnlich dem französischen *Bâtonnier* (Präsident der französischen Anwaltskammer) oder dem portugiesischen Presidente do Conselho Regional (Präsident der regionalen Rat der portugiesischen Anwaltskammer) Anwesenheits- oder Überwachungsrechte hat. Der Strafrechtsausschuss (Criminal Law Committee) 7

14 BVerfG NJW 1996, 3267.

15 Müller/Schlothauer/*Salditt* MAH Strafverteidigung § 1 Rn. 2.

16 Müller/Schlothauer/*Salditt* MAH Strafverteidigung § 1 Rn. 2, mit Verweis auf: *Habermas* FS Schulz, 1973, 211; *Duttge*, Möglichkeiten eines Konsensualprozesses nach deutschem Strafprozeßrecht, ZStW 115, 539 (549).

17 Vgl. den „Alternativentwurf Europäische Strafverfolgung" (2003), vorgestellt etwa in *Schünemann* (Hrsg.), Alternativentwurf Europäische Strafverfolgung; *ders.* ZStW 116 (2004), 376. Vertiefend hierzu HdB-EuStrafR/*Esser*, § 59 Rn. 25 ff.

des **Council of Bars and Law Societies in Europe** (**CCBE**)[18] und/oder die **European Criminal Bar Association** (**ECBA**)[19] könnten eine solche Rolle in der Zukunft spielen, allerdings nur, wenn aus Sicht der EUStA ein Bedürfnis der Einbindung von Verteidigern besteht. Dies bleibt abzuwarten. So ist auch die Entstehung der ADC-ICT nicht etwa dem Wunsch der Anklagebehörde des Internationalen Strafgerichtshofes für das ehemalige Jugoslawien (ICTY) zu verdanken, sondern vielmehr dem Anliegen der dort tätigen Richter, die sich eine höhere Qualität der Verteidiger und eine kollektive Vertretung derselben gewünscht hatten, nicht zuletzt auch, da der von den Richtern entwickelte Code of Professional Conduct for Counsel Appearing Before the International Tribunal ein Disziplinierungs-Organ benötigte.

8 Da sich die EUStA weiterhin am nationalen Verfahren orientieren wird und die Verteidiger damit auch weiterhin ihrer nationalen berufsrechtlichen Kontrolle unterliegen, erscheint die Notwendigkeit eines solchen Kollektivorgans jedenfalls aus Sicht der EUStA in nächster Zukunft wohl eher fernliegend. Damit wird es der Verteidigung bis auf weiteres überlassen bleiben, sich in europäischen **Verteidiger-Netzwerken** wie der ECBA oder dem **Legal Experts Advisory Panel** (**LEAP**)[20] zu organisieren, die neben Fortbildungen auch bei der Koordinierung und Organisation einer transnationalen Verteidigung oder auch bei etwaigen künftigen Verfahren vor dem EuGH helfen können.

9 **2. Disziplinierung und Kontrolle.** Eine weitere, wichtige Funktion der Anwaltschaft ist die **Sicherung gegen staatliche Machtüberschreitung.**[21] Auch in dieser Rolle sieht sich der EUStA-Verteidiger mit Herausforderungen konfrontiert: zwar sollen gem. Art. 45 Abs. 3 VO die Informationen im Fallbearbeitungssystem (FBS) jederzeit der Verfahrensakte entsprechen, aber je nachdem, wie regelmäßig der die Akte führende betraute DEStA die Informationen aus der Verfahrensakte ins FBS überträgt, besteht das Risiko, dass die zuständige ständige Kammer der EUStA, der nur die Informationen aus dem FBS vorliegen, auf Basis unvollständiger Informationen Entscheidungen trifft. Die umgekehrte Gefahr, dass verfahrensrelevante Informationen aus dem FBS nicht regelmäßig (oder aus prozesstaktischen Erwägungen verspätet) zur Verfahrensakte gelangen, sollte die Verteidigung ggfs. vorsorglich unter Hinweis auf die klare Vorgabe des Art. 45 Abs. 3 VO ausräumen können. Eine ähnliche Gefahr ist auch bei Eurojust gegeben, allerdings kann dort immerhin Einsicht nach Art. 31 der EUROJUST-Verordnung[22] (bzw. bis zu deren Inkrafttreten gem. Art. 19 des EUROJUST-Beschlusses[23]) gewährt werden. Der „*Encrochat*-Skandal", bei dem die französische Gendarmerie zwischen April und Juni 2020 eine Unmenge an TK-Daten gehackt und anschließend ausländischen Behörden, u.a. dem BKA, zur Verfügung gestellt hatte, ohne dass geklärt war, ob bzw. inwieweit diese Daten rechtmäßig erhoben worden waren,[24] zeigt die **disziplinierende Rolle**, die die Anwaltschaft, die sich auch hier freilich international organisieren muss, spielen muss, um derart rechtswidrige Beweiserhebungen offenzulegen, zB durch Einlegung einer Verfassungs-/Menschenrechtsbeschwerde.

---

18 www.ccbe.eu.

19 www.ecba.org.

20 https://www.fairtrials.org/legal-experts-advisory-panel.

21 Müller/Schlothauer/*Salditt* MAH Strafverteidigung § 1 Rn. 16.

22 Verordnung (EU) 2018/1727 des Europäischen Parlaments und des Rates vom 14. November 2018 betreffend die Agentur der Europäischen Union für justizielle Zusammenarbeit in Strafsachen (Eurojust) und zur Ersetzung und Aufhebung des Beschlusses 2002/187/JI des Rates, PE/37/2018/REV/1, ABl. 2018 L 295, 138.

23 2002/187/JI: Beschluss des Rates vom 28. Februar 2002 über die Errichtung von Eurojust zur Verstärkung der Bekämpfung der schweren Kriminalität, ABl. 2002 L 63, 1.

24 *Tremmel*, Auch deutsche Polizei wertet Chat-Verläufe aus, Golem, 24.9.2020, online verfügbar auf https://www.golem.de/news/nach-encrochat-hack-auch-deutsche-polizei-wertet-chat-verlaeufe-aus-2009-151081.html (zul. besucht: 26.3.2021); *Campbell*, Hacked Encrypted Private Messaging Leads to Biggest Organised Crime Bust in Years, Byline Times, 11 August 2020, online verfügbar auf https://bylinetimes.com/2020/08/11/hacked-encrypted-private-messaging-leads-to-biggest-organised-crime-bust-in-years/ (zul. besucht: 26.3.2021); Verwertbarkeit verneinend: LG Berlin 1.7.2021, (525 KLs) 254 Js 592/20 (10/21); Verwertbarkeit bejahend: OLG Bremen 18.12.2020 – 1 Ws 166/20; OLG Hamburg 29.1.2021 – 1 Ws 2/21 – 7 OBL 3/21.

**3. Einhaltung der Verteidigungsrechte im engeren Sinne.** Wie eingangs erwähnt, wird die Verteidigung in den EUStA-Verfahren insbesondere über die Rechte aus der **GRC** sowie aus den **EU-Richtlinien zur Stärkung der Verfahrensrechte** (Art. 41 VO) zu wachen haben. Auch wenn hierauf nicht ausdrücklich in der VO verwiesen wird, hat natürlich auch die EUStA die **Europäische Menschenrechtskonvention (EMRK)** sowie den **Internationalen Pakt für bürgerliche und politische Rechte (IPbpR)** als Bundesgesetze (in Deutschland gem. Art. 59 Abs. 2 GG) zu beachten. Daneben sind außerdem verfassungsrechtliche Vorgaben zu beachten nach dem jeweiligen nationalen Recht, wobei sich die Frage stellt, ob das jeweilige nationale Verfassungsrecht nicht auch grenzüberschreitend *rationae personae* Anwendung auf Staatsbürger oder Anwohner finden sollte, wenn das Verfahren in einem anderen Mitgliedstaat geführt wird.[25] 10

**a) Verteidigungsrechte aus der GRC.** An mehreren Stellen der VO wird darauf hingewiesen, dass die EUStA die durch die GRC gewährten Rechte zu beachten hat. Als Primärrecht ist die GRC ohnehin bindend für die Mitgliedstaaten (Art. 6 Abs. 1 EUV), und als solches steht sie auch über dem Sekundärrecht, wie es die VO darstellt. Die EUStA ist an die GRC nicht nur selbst gebunden; sie hat auch über deren Einhaltung zu wachen.[26] Um eine Ungleichbehandlung zu vermeiden, muss dies insbesondere auch in Verfahren mit Drittstaaten oder solchen EU-Mitgliedstaaten gelten, die nicht Mitglieder der EUStA sind. Für das Strafverfahren sind dabei insbesondere[27] folgende Rechte von Bedeutung, die teilweise unmittelbar anwendbar sind[28]: 11

- die Justizgrundrechte nach Kapitel VI der GRC, dh das Recht auf effektiven Rechtsschutz und ein faires Verfahren (Art. 47 GRC), die Unschuldsvermutung und Verteidigungsrechte (Art. 48 GRC), Legalitätsgrundsatz und Verhältnismäßigkeit von Strafen (Art. 49 GRC), sowie das (transnationale) ne bis in idem (Art. 50 GRC), aber auch
- die Menschenwürde als über allem stehendes Grundrecht (Art. 1 GRC),
- Achtung des Privat- und Familienlebens sowie des Datenschutzes (Art. 7, 8 GRC),
- Recht auf Zugang zu Dokumenten (Art. 42 GRC),
- Recht auf eine gute Verwaltung (Art. 41 GRC, von Bedeutung etwa bei der Aktenführung,
- das Verbot von Folter und unmenschlicher oder erniedrigender Strafe oder Behandlung (Art. 4 GRC),
- Schutz bei Auslieferung (Art. 19 Abs. 2 GRC),
- Freiheit der Person (Art. 5 GRC) und
- Recht auf Eigentum (Art. 17 GRC).

Neben der Datenbank des EuGH und nationaler juristischer Datenbanken ist zur Auslegung der GRC auch die **Fall-Datenbank der Europäischen Grundrechteagentur** hilfreich.[29] 12

**b) Verteidigungsrechte aus den Richtlinien zur Stärkung der Verfahrensrechte.** Weitere Verteidigungsrechte ergeben sich aus den „in nationales Recht umgesetzten“ Richtlinien zur Stärkung der Verfahrensrechte. So ergibt sich zB aus Art. 3 Abs. 1 der RL 2013/48/EU, dass Verdächtigen und beschuldigten Personen das Recht auf **Zugang zu einem Rechtsbeistand** so rechtzeitig und in einer solchen Art und Weise zukommt, dass die betroffenen Personen ihre Verteidigungsrechte praktisch und wirksam wahrnehmen können. Art. 4 Abs. 1 der RL (EU) 2016/1919 („PKH-Richtlinie“) sichert einen **Anspruch auf Prozesskostenhilfe** für Verdächtige und Beschuldigte. Art. 5 derselben RL, in Verbindung mit Art. 10 Abs. 4 und 5 RL 2013/48/EU, sichert zudem in Fällen eines Europäischen Haftbefehls die **Prozesskostenhilfe für die doppelte Verteidigung**, d.h. sowohl im Vollstreckungs- als auch im Ausstellungsstaat. Art. 3 Abs. 1 der RL 2010/64/EU schließlich gewährt einen **Anspruch auf die Übersetzung wesentlicher Unterlagen** (s. hierzu → Rn. 36). 13

25 Vertiefend hierzu *Ruggeri* in Bachmaier Winter, 201 ff.

26 HBB/*Brodowski* Art. 41 Rn. 22.

27 Vgl. hierzu eingehend HBB/*Brodowski* Art. 41 Rn. 16 ff.

28 Vgl. EuGH 20.3.2018 – C-537/16, ECLI:EU:C:2018:193 Rn. 68: „[…] the answer to the second question is that the *ne bis in idem* principle guaranteed by Article 50 of the Charter confers on individuals a right which is directly applicable […]".

29 FRA, Case Law Database, online verfügbar auf https://fra.europa.eu/en/case-law-database.

14 Fraglich ist aber, welche Reichweite diese Verteidigungsrechte haben können, handelt es sich doch zum einen um Mindestrechte, hängen ihr Umfang und ihre Effektivität zum anderen von ihrer jeweiligen Umsetzung in nationales Recht ab.

15 Art. 41 Abs. 2 VO sieht vor, dass jeder Verdächtige oder Beschuldigte in einem Strafverfahren der EUStA „**mindestens die im Unionsrecht**, einschließlich der **in nationales Recht umgesetzten** Richtlinien über die Rechte von Verdächtigen und Beschuldigten in Strafverfahren, vorgesehenen Verfahrensrechte" haben soll.[30]

16 Nach dem Wortlaut des Art. 41 Abs. 2 VO erscheint somit das Unionsrecht maßgeblich, das Recht der Richtlinien über die Rechte von Verdächtigen und Beschuldigten im Strafverfahren indes nur soweit, als diese bereits ins nationale Recht (dh vollständig und richtlinienkonform) umgesetzt wurden.[31]

17 Eine solche Lesart wäre auch sinnvoll, wenn von zwei Prämissen ausgegangen werden könnte:

(1) die Richtlinien über die Rechte von Verdächtigen und Beschuldigten in Strafverfahren würden einen umfassenden und ausreichenden Schutz der Verfahrensrechte gewähren, und

(2) die Richtlinien seien in allen Mitgliedstaaten vollumfänglich und richtlinienkonform umgesetzt worden.

18 Dass der Gesetzgeber offenbar von diesen beiden Prämissen auszugehen scheint, bestätigt **ErwG 85**, der zur Auslegung herangezogen werden kann:

*Für die Tätigkeit der EUStA sollten die Verteidigungsrechte gelten, die im einschlägigen Unionsrecht vorgesehen sind, wie den Richtlinien 2010/64/EU (1), 2012/13/EU (2), 2013/48/EU (3), (EU) 2016/343 (4) und (EU) 2016/1919 (5) des Europäischen Parlaments und des Rates, in ihrer Umsetzung in nationales Recht. Allen Verdächtigen oder Beschuldigten, gegen die die EUStA ein Ermittlungsverfahren einleitet, sollten diese Rechte ebenso wie die in nationalem Recht vorgesehenen Rechte auf Beantragung der Bestellung von Sachverständigen oder der Anhörung von Zeugen oder der sonstigen Erhebung von Beweisen durch die EUStA für die Verteidigung zugutekommen.*

19 Die Verteidigungsrechte der einschlägigen Richtlinien sollen hiernach für die Tätigkeit der EUStA gelten, und wenn der Gesetzgeber hinzufügt „in ihrer Umsetzung in nationales Recht", dann kann dieser Zusatz nach dem Willen des Gesetzgebers nur dazu dienen, den Besonderheiten des nationalen Rechts Rechnung zu tragen, nicht aber, den durch die Richtlinien gewährten Schutzumfang zu verringern.

20 Bedauerlicherweise handelt es sich allerdings bei beiden o.g. Prämissen bis heute um nicht mehr als „wishful thinking".

21 Die bisher verabschiedeten EU-Richtlinien zur Stärkung der Verfahrensrechte bieten bis heute keinen umfassenden Schutz für den Betroffenen eines transnationalen Verfahrens. Sie beruhen auf dem **Fahrplan zur Stärkung der Verfahrensrechte von Verdächtigen oder Beschuldigten in Strafverfahren** aus 2009, der eine Reihe von Maßnahmen zur Stärkung der Verfahrensrechte vorsah, da die Erfahrung mit dem Europäischen Haftbefehl bis dato gelehrt hatte, dass ohne ein gleiches Niveau von Verfahrensrechten auch der Grundsatz der gegenseitigen Anerkennung, der wiederum auf gegenseitigem Vertrauen beruht, nicht umgesetzt werden kann.[32]

22 Eine der wichtigsten in diesem Fahrplan vorgesehene Maßnahme war Maßnahme F: „Ein **Grünbuch über die Untersuchungshaft**". Ausgerechnet diese Maßnahme harrt bis heute der Umsetzung. Auch handelt es sich bei den bisher verabschiedeten Richtlinien erst um den Anfang oder die Spitze des Eisberges; sie sind bloße Mindeststandards in bestimmten ausgewählten Bereichen. Einen

30 Zu den Richtlinien vgl. zur Vertiefung *Esser* → § 11 Rn. 140 ff. sowie Herrnfeld/Brodowski/Burchard, HBB/*Brodowski* Art. 41 Rn. 24 ff.

31 S. auch HBB/*Brodowski* Art. 41 Rn. 29 ff.; *Herrnfeld* in Brière/Weyembergh, The Draft Regulation on the Establishment of the European Public Prosecutor's Office – Issues of Balance Between the Prosecution and the Defence, 2018, 383 (398); *Illuminati* in Bachmaier Winter, 179, 190 ff.

32 ABl. 2009 C 295, 1.

Anspruch auf Vollständigkeit erheben die Richtlinien nicht. Bestimmte Kernverfahrensrechte wie bspw. Rechtsmittel[33] oder auch rechtliches Gehör sind bislang nicht in EU-Richtlinien geregelt.

Aber auch die bereits verabschiedeten EU-Richtlinien wurden, wie die Umsetzungsberichte der Kommission[34] sowie die Berichte der Europäischen Grundrechteagentur[35] ergeben haben, **wenn überhaupt, verspätet und vielfach nicht hinreichend umgesetzt.**[36] Dabei zählte zu den häufigsten Umsetzungsproblemen, dass die gewährten Rechte auf Zugang zum Rechtsbeistand nicht in gleichem Umfang in allen Mitgliedstaaten gewährt wurden. Auch gab es erhebliche Unterschiede bei der Gewährung von Akteneinsicht (sowohl in Bezug auf den Zeitpunkt als auch auf den Umfang).[37] 23

Wenn sich nun der durch die VO gewährte Schutz auf die durch Richtlinien gewährten Verfahrensrechte beschränken würde, wie sie in nationales Recht umgesetzt wurden, griffe er naturgemäß zu kurz und würde zu einer Ungleichbehandlung von Beschuldigten und Verdächtigen führen, je nachdem, in welchem Land die EUStA gerade tätig wird. 24

Dies ist auch aus rechtspolitischer Sicht problematisch, da die vom europäischen Gesetzgeber gewählte Lösung die Verfahrensrechte aller Betroffenen nicht stärkt, sondern schwächt. Wenn im EUStA-Verfahren wirklich durchgehend gleiche Verfahrensstandards gegeben wären – quod non –, würde dies aus Gründen der Gleichbehandlung zur Verbesserung auch der Verfahrensstandards nach nationalem Recht führen. Wenn nun aber in Kauf genommen wird, den Verfahrensstandard dem jeweiligen nationalen Recht zu überlassen, besteht für die Mitgliedstaaten kein Anreiz, die Standards für EUStA-Verfahren zu verbessern. 25

Hinzu käme, dass bei Drittstaaten, in denen die EUStA auch auf Basis von Kooperationsabkommen tätig werden soll, ein noch geringerer Standard gälte, weil diese mangels EU-Mitgliedschaft noch nicht einmal zur Umsetzung der EU-Richtlinien zur Stärkung der Verfahrensrechte verpflichtet sind.[38] 26

Es bleibt derzeit zu hoffen, dass die EUStA zumindest **interne Regularien** (Richtlinien, Handlungsanweisungen o.ä.) entwickeln wird, die ihre jeweiligen DEStA verpflichten, unabhängig vom jeweiligen nationalen Recht des Landes, in welchem sie tätig sind, die durch die EU-Richtlinien (unabhängig vom jeweiligen Umsetzungsstatus), die GRC, die EMRK in ihrer Auslegung durch den EGMR sowie andere international anerkannte Menschenrechtsinstrumente (u.a. den IPPBR) sowie die durch nationales Verfassungsrecht bestehenden Verfahrensgarantien einzuhalten und damit vergleichbare Verfahrensstandards in allen Ländern, in denen EUStA-Verfahren durchgeführt werden, zu etablieren. 27

Bis dies der Fall sein wird, wird das Schutzniveau in EUStA-Verfahren maßgeblich davon abhängig zu sein, wie es mit den Verteidigungsrechten auf nationaler Ebene bestellt ist. Da diese je nach Staat unterschiedlich weitreichend sind, bleibt die **Gefahr des „Forum shoppings“ und der Rechtsverkürzung** durch bewusste Wahl einer „verfolgerfreundlichen“ Gerichtsbarkeit präsent.[39] Der Verteidigung bleibt daher nur, unter Hinweis auf die unmittelbare Anwendbarkeit[40] von begünstigenden, 28

33 S. auch den Vorschlag der ECBA für einen neuen „Fahrplan 2020“ zur Stärkung der Verfahrensrechte, ECBA, ECBA Initiative 2017/18: „Agenda 2020: A new Roadmap on minimum standards of certain prodecural safeguards, online verfügbar auf http://www.ecba.org/extdocserv/20180424_ECBA_Agenda2020_NewRoadMap.pdf (zul. besucht: 26.3.2021).

34 COM(2018) 857; COM(2018) 858; COM(2019) 560 final.

35 FRA, Defendants‘ rights, online verfügbar auf https://fra.europa.eu/en/themes/defendants-rights.

36 Vgl. hierzu im Einzelnen auch die Stellungnahme des Deutschen Anwaltvereins (DAV) durch den Ausschuss Strafrecht zum Stand und zur rechtsstaatlich gebotenen Stärkung der Verfahrensrechte von Verdächtigen und Beschuldigten auf EU-Ebene (Stellungnahme Nr. 05/20).

37 Vgl. die jeweiligen Umsetzungsberichte der Kommission zu den Richtlinien (COM (2018) 857, COM (2018) 858, COM (2019) 560 final, COM(2021) 144 final).

38 *Jähnke*, Das Legalitätsprinzip – eine Maxime gemeineuropäischen Strafverfahrensrechts, ZIS 2020, 241 (241 f.).

39 S. auch *Martin-Vignerte*, Procedural Safeguards in EPPO cross-border investigations, ERA Forum 2020, 501 (506).

40 EuGH 4.12.1974 – C-41/74, ECLI:EU:C:1974:133, Rn. 13 f.; EuGH 19.1.1982 – C-8/81, ECLI:EU:C:1982:7 Rn. 25; Geiger/Khan/Kotzur/*Kotzur* European Union Treaties TFEU Art. 288 Rn. 17; siehe hierzu auch *Kaiafa-*

hinreichend konkret individuell bestimmten Vorschriften aus EU-Richtlinien, deren Umsetzungsfrist bereits abgelaufen ist, im Sinne einer **Gleichbehandlung**[41] **und Harmonisierung des Schutzniveaus** einen über das nationale Recht hinausgehenden, weitergehenden Schutz einzufordern.[42]

29 Ggf. wird es erforderlich sein, diese Harmonisierung über **Vertragsverletzungsverfahren** (Art. 258, 259 AEUV) zu erreichen, mit denen in den nächsten Jahren vermehrt zu rechnen sein wird. Ob solche Verfahren initiiert werden, liegt aber in der Hand der Mitgliedstaaten bzw. der Kommission, die allerdings auch aufgrund von Beschwerden von EU-Bürgern tätig werden kann. Ein wirksameres Mittel zur Umsetzung der durch die Richtlinien gewährten Rechte könnte daher je nach Einzelfall das in Art. 42 Abs. 2, 3, 8 VO vorgesehene **Vorabentscheidungsverfahren** für die Auslegung der Vorschriften der VO darstellen (→ s. Rn. 107 f. sowie vertiefend *Esser* → § 12 Rn. 92 ff.).

30 Vor diesem Hintergrund wird nachfolgend nicht nur auf das jeweils nationale Recht, sondern auch auf die bisweilen weitergehenden Rechte aus den Richtlinien oder der europäischen Rechtsprechung, Bezug genommen.

## III. Gang des Verfahrens aus der EUStA-Verteidigungs-Perspektive

31 **1. Verfahrenseinleitung.** Meldungen, die zur Einleitung von EUStA-Strafverfahren führen, können **durch Organe, Einrichtungen und sonstige Stellen der Union sowie die nach anwendbarem nationalem Recht zuständigen Behörden** der Mitgliedstaaten erfolgen.[43] Die mitgliedstaatlichen und EU-Behörden sind zur Anzeige hiernach verpflichtet.[44] Auch Meldungen von **Whistleblowern** oder anderen Dritten können die Einleitung von Ermittlungen bewirken.[45] Des Weiteren können Informationen, die zur Einleitung eines Verfahrens führen, aus **einschlägigen behördlichen Registern und Datenbanken nationaler Behörden oder solcher von Organen, Einrichtungen und sonstigen Stellen der Union** (also zB auch von Europol, Eurojust[46] oder OLAF) gewonnen werden, Art. 43 VO.

---

*Gbandi*, The Establishment of an EPPO and the Rights of Suspects and Defendants: Reflections upon the Commission's 2013 Proposal and the Council's Amendments, 2015, 234 (244 f.).

41 Mit „Gleichbehandlung" ist hier die gleiche Behandlung aller durch EUStA-Verfahren Betroffenen, unabhängig vom Mitgliedstaat, in welchem das Verfahren geführt wird, gemeint. Diese Gleichbehandlung zu opfern zu Gunsten der anscheinenden Gleichbehandlung der von EUStA-Verfahren Betroffenen im Verhältnis zu von nationalen Verfahren Betroffenen (so aber *Faletti*, The European Public Prosecutor's Office and the Principle of Equality, eucrim 1/2017, 25 ff.), ist nicht überzeugend, da es um verschiedene Straftaten geht und damit nicht gleiches mit gleichem verglichen wird.

42 Kritisch hierzu auch *Martin-Vignerte*, Procedural Safeguards in EPPO cross-border investigations, ERA Forum 2020, 501 (504). Vgl. zur praktischen Anwendung der Verfahrensrichtlinien insbes. die von Fair Trials International entwickelten „Tool Kits": Fair Trials, Practitioners' Tools on EU Law, zB Access to a Lawyer Directive, August 2020, https://fairtrials.us10.list-manage.com/track/click?u=dfa141a6ac7af584732e52c69&id=0a5d6ec37e&e=f246eb8b73 (zul. besucht: 26.3.2021); Fair Trials, Practitioners' Tools on EU Law, Right to Information Directive, August 2020, https://fairtrials.us10.list-manage.com/track/click?u=dfa141a6ac7af584732e52c69&id=71878d4c46&e=f246eb8b73 (zul. besucht: 26.3.2021); Fair Trials, Practitioners' Tools on EU Law, Interpretation and Translation Directive, August 2020, https://fairtrials.us10.list-manage.com/track/click?u=dfa141a6ac7af584732e52c69&id=a91c559c61&e=f246eb8b73 (zul. besucht: 26.3.2021); Fair Trials, Practitioners' Tools on EU Law, Presumption of Innocence and Right to be present at trial Directive, Oktober 2020, https://www.fairtrials.org/sites/default/files/FT-Toolkit-on-Presumption-of-Innocence-Directive.pdf (zul. besucht: 26.3.2021); Fair Trials, Practitioners' Tools on EU Law, Legal Aid Directive, November 2020, https://fairtrials.us10.list-manage.com/track/click?u=dfa141a6ac7af584732e52c69&id=c1b3891f14&e=f246eb8b73 (zul. besucht: 26.3.2021).

43 Art. 24 Abs. 1 VO; ErwG 48 VO.

44 Die Meldepflicht der nationalen Behörden setzt nach der Gesetzesbegründung allerdings keinen Anfangsverdacht iSd § 152 StPO voraus, sondern sollte sich an § 116 AO orientieren, der für die Meldung eine gewisse Wahrscheinlichkeit für das Vorliegen einer Straftat, der zwar weder einen Anfangsverdacht gem. § 152 Abs. 2 StPO oder einen sonstigen qualifizierten Tatverdacht iSd §§ 112, 203 StPO voraussetzt, aber mehr als eine bloße Vermutung ist (BT-Drs. 19/17963, 21). Siehe hierzu auch: *Becková*, The European Public Prosecutor's Office: New Actor in EU Criminal Law, Bratislava Law Review 2020, 163 (168).

45 ErwG 50 VO; s.a. *Bittmann*, EU-direkt: Die Europäische Staatsanwaltschaft vor dem Start, WiJ 2020, 38 (40).

46 Vgl. hierzu auch *Spiezia*, The European Public Prosecutor's Office – How to Implement the Relations with Eurojust?, eucrim 2/2018, 130 ff. sowie *Espina Ramos*, The Relationship between Eurojust and the European Public Prosecutor's Office, in Bachmaier Winter, 87 ff.

Schließlich kommt – etwa im Falle des Mehrwertsteuerbetruges – auch die **Selbstanzeige** in Betracht, um Ermittlungen der EUStA auszulösen. Wegen der unterschiedlichen Regelungen zur Aufklärungshilfe in den Mitgliedstaaten (in Deutschland und Österreich ist die Selbstanzeige als strafrechtliches Hindernis im Falle von Steuerbetrug geregelt, in anderen Mitgliedstaaten hingegen nicht) ist diese aber in EUStA-Verfahren aufgrund der unterschiedlichen Jurisdiktionsanknüpfungspunkte mit erheblichen Risiken verbunden.[47] 32

Die EUStA kann **entweder selbst** gem. Art. 26 VO Ermittlungen einleiten **oder** ihr **Evokationsrecht** gem. Art. 27 VO ausüben und so nationale Verfahren unter bestimmten Voraussetzungen an sich ziehen.[48] Die nationalen Staatsanwaltschaften haben dann davon abzusehen, ihre eigene Zuständigkeit auszuüben (Vorrang der EUStA).[49] Während in Deutschland nur dann keine Ermittlungsverfahren eingeleitet werden sollen, wenn die EUStA von ihrer Zuständigkeit Gebrauch gemacht hat (§ 142b Abs. 1 GVG), sollen die österreichischen Ermittlungsbehörden Strafverfahren gar nicht erst einleiten, wenn nur die Möglichkeit besteht, dass die EUStA ihre Zuständigkeit ausüben kann (§ 9 öEUStA-DG). Tut dies die EUStA allerdings nicht, kann in Österreich bei Gefahr im Verzug auch ein nationales Verfahren zunächst durch die Kriminalpolizei oder Finanzstrafbehörde eingeleitet werden, welches aber gem. Art. 24 Abs. 2 VO an die EUStA berichtet werden muss.[50] Leitet eine deutsche DEStA die Ermittlungen ein, ist § 152 Abs. 2 StPO als Maßstab zur Prüfung des Anfangsverdachts anwendbar. Es besteht also kein Ermessen (Legalitätsprinzip).[51] 33

Neben der Einleitung von Verfahren durch die EUStA ist aber auch an einen möglichen **Paralleleffekt für nationale Verfahren** zu denken: So könnte die Einführung der EUStA auch zu einer Zunahme an nationalen Verfahren führen, die aufgrund des Informationsaustausches im Rahmen des Fallbearbeitungssystems der EUStA überhaupt erst deutschen Strafverfolgungsbehörden bekannt werden: Gemäß ErwG 47 VO, Art. 44 VO soll die EUStA ein **Fallbearbeitungssystem** (FBS) einrichten, führen und verwalten. Zu den Informationen im FBS sollten Informationen über etwaige Straftaten, die in die Zuständigkeit der EUStA fallen sowie Informationen aus den Verfahrensakten gehören, auch wenn sie abgeschlossen sind. Nach ErwG 48 VO, Art. 24 Abs. 8 VO soll aber auch die EUStA in Fällen, die nicht in die Zuständigkeit der EUStA fallen, die zuständigen nationalen Behörden über Sachverhalte informieren, von denen sie Kenntnis erhalten hat und die (aus ihrer Sicht) eine Straftat darstellen könnten, wie zB „Falschaussagen", und alle sachdienlichen Beweise weiterleiten. Aufgrund des in Deutschland herrschenden Legalitätsprinzips erscheint es daher denkbar, dass in Zukunft auch einige nationale Verfahren auf Basis von EUStA-Informationen eingeleitet werden.[52] 34

**2. Frühzeitiger Zugang zum Anwalt.** Über Art. 41 Abs. 2 lit. c VO ist die RL 2013/48/EU anwendbar. Dies beinhaltet über Art. 3 Abs. 1 RL 2013/48/EU auch das Recht auf Zugang zum Rechtsbeistand „so rechtzeitig und in einer solchen Art und Weise, dass die betroffenen Personen ihre Verteidigungsrechte praktisch und wirksam wahrnehmen können." Der Zugang zum Rechtsbeistand ist „unverzüglich" und **jedenfalls vor der ersten Befragung durch die EUStA** zu gewährleisten (Art. 3 Abs. 2 RL 2013/48/EU).[53] In transnationalen Strafverfahren gelten diese Rechte in allen betroffe- 35

47 Vgl. hierzu eingehend *Farkas/Udvarhelyi/Jacsó*, Zum strafrechtlichen Schutz der finanziellen Interessen der Europäischen Union, NZWiSt 2019, 369 (371 f.).

48 *Herrnfeld* in Brière/Weyembergh, The Draft Regulation on the Establishment of the European Public Prosecutor's Office – Issues of Balance Between the Prosecution and the Defence, 2018, 383 (385, 392); *Becková*, The European Public Prosecutor's Office: New Actor in EU Criminal Law, Bratislava Law Review 2020, 163 (168 f.). Vertiefend hierzu auch *Herrnfeld/Brodowski* → § 5 Rn. 67 ff.; *Trautmann* → § 6 Rn. 121; sowie *Niedernhuber* → § 7 Rn. 42 ff.

49 Art. 25 Abs. 1 S. 2 VO, ErwG 58 VO, s. a. BT-Drs. 19/17963, 23 sowie vertiefend hierzu *Esser* → § 11 Rn. 34.

50 § 9 öEuSt-DG-E. Dies ist in der VO nicht explizit erwähnt, ist jedoch (laut österreichischem Gesetzgeber) im Einklang mit der VO (s. Erläuterungen zu EUStA-DG, 9).

51 BT-Drs. 19/17963, 24.

52 Vertiefend hierzu siehe: *Jähnke*, Das Legalitätsprinzip – eine Maxime gemeineuropäischen Strafverfahrensrechts, ZIS 2020, 241.

53 Vgl. näher hierzu *Esser* → § 11 Rn. 178; s.a. HBB/*Brodowski* Art. 41 Rn. 44.

nen Mitgliedstaaten,[54] mit der Folge, dass bspw. im Falle eines europäischen Haftbefehls Zugang zum Anwalt sowohl im Vollstreckungsstaat als auch im Ausstellungsstaat zu gewähren ist.[55] Für eine effektive Verteidigung bedarf es auch eines anwaltlichen Einsatzes an beiden „Fronten".

36 Aus Art. 3 Abs. 1 RL 2013/48/EU folgt zugleich die Notwendigkeit eines **frühzeitigen und proaktiven Tätigwerdens des Verteidigers.** Dies ist auch zur Wahrnehmung der Verteidigungsrechte, insbes. der Durchsetzung des Rechts auf effektive Verteidigung, erforderlich. Die Verteidigerin sollte von Beginn der Kenntnis über das Ermittlungsverfahren an aktiv am Verfahren teilnehmen, bspw. indem sie auch an Zeugen-Befragungen aktiv teilnimmt und das Konfrontationsrecht ihres Mandanten wahrnimmt. Dies ist allerdings im Ermittlungsverfahren nicht in allen Mitgliedstaaten möglich, und in Deutschland bspw. ist ein Anwesenheitsrecht nur bei richterlichen Vernehmungen gegeben (§ 168c StPO).[56] Soweit hierzu Dolmetscher- und Übersetzungsleistungen für den Mandanten erforderlich sind, können sich entsprechende Ansprüche – ggfs. aufgrund unmittelbarer Anwendbarkeit – aus der RL 2010/64/EU ergeben. Die Kostentragung sollte auch für grenzüberschreitend tätig werdende Verteidiger über RL (EU) 2016/1919 sichergestellt werden.

37 **3. Einflussmöglichkeiten der Verteidigung während des Ermittlungsverfahrens**[57] Die erste von der Verteidigung zu prüfende Frage wird in vielen Fällen die **Zuständigkeit der EUStA** und, damit einhergehend, die Frage nach möglichen, noch nicht bekannten **parallelen Ermittlungen** in anderen Staaten sein. Das Grundrecht des **Verbots der Doppelbestrafung** (*ne bis in idem*, Art. 50 GRC) soll auch bei Verfahren der EUStA gelten.[58] Dies ist zwar nur in einem Erwägungsgrund der VO geregelt, doch sind Art. 50 GRC[59] sowie Art. 54 SDÜ ohnehin für alle 27 EU-Mitgliedstaaten bindend; bzgl. der GRC stellen dies Art. 5 Abs. 1, Art. 41 Abs. 1 VO noch einmal ausdrücklich klar. Sollte der Mandant bereits in einem der EU-Mitgliedstaaten rechtskräftig verurteilt worden sein oder das Verfahren anderweitig rechtskräftig mit der Folge eines Strafklageverbrauchs (zB § 153a StPO) eingestellt sein, steht dies einer erneuten Verfolgung durch die EUStA somit entgegen. Soweit ein Verfahren durch die EUStA bereits eingeleitet wurde, ist dieses aufgrund der bereits abgeschlossenen Verurteilung einzustellen (Art. 39 Abs. 1 VO). Problematisch könnte es aber werden, wenn die EUStA Verfahren in Drittstaaten wie zB dem Vereinigten Königreich führt, die weder an Art. 50 GRC noch an Art. 54 SDÜ gebunden sind und sich auch der EUStA-VO ja bewusst nicht unterworfen haben. Es wäre daher wichtig, dass die EUStA bei dem Abschluss von Working Arrangements mit Drittstaaten auf die Einhaltung von ne bis in idem insistieren wird.

38 Aber nicht nur eine doppelte Verurteilung, sondern **auch eine doppelte Verfolgung** soll bei der EUStA vermieden werden. Sollte die Betroffene eines EUStA-Verfahrens Kenntnis über weitere nationale Straf- oder Verwaltungsverfahren gegen sie haben, die identische Tatvorwürfe betreffen oder mit diesen in Zusammenhang stehen könnten (bzw. „untrennbar verbunden" sind, vgl. Art. 22 Abs. 3 VO[60]), kann sie unter Berufung auf ErwG 67, 83 VO iVm Art. 50 GRC sowie Art. 54 SDÜ bei einer der Behörden – EUStA oder nationale Behörden – die Einstellung des Verfahrens anregen.

39 a) **Gerichtsbarkeitswechsel.** Die Kriterien zur Entscheidung, welche DEStA zuständig ist, ein EUStA-Verfahren einzuleiten, wenn nach nationalem Recht Gerichtsbarkeit in mehreren Staaten gleichzeitig besteht,[61] gem. Art. 26 Abs. 4 VO sind weich („Schwerpunkt der strafbaren Hand-

54 HBB/*Brodowski* Art. 41 Rn. 35.

55 S. a. Art. 10 Abs. 1, Abs. 4 RL 2013/48/EU.

56 Vgl. hierzu auch EGMR (GK) 17.4.2014 – 9154/10 Rn. 75 – Schatschaschwilli/Deutschland.

57 Vertiefend zum Ermittlungsverfahren vgl. *Niedernhuber* → § 7 Rn. 8 ff.

58 ErwG 67, 83 VO; s.a. *Herrnfeld* in Brière/Weyembergh, The Draft Regulation on the Establishment of the European Public Prosecutor's Office – Issues of Balance Between the Prosecution and the Defence, 2018, 383 (389). Zur Vertiefung vgl. *Esser* → § 11 Rn. 41 ff.

59 S. a. *Esser* → § 11 Rn. 41 ff.

60 Zur Vertiefung s. auch *Herrnfeld/Brodowski* → § 5 Rn. 49 f.

61 S. auch *Niedernhuber* → § 7 Rn. 46 ff.; *Herrnfeld/Brodowski* → § 5 Rn. 89 ff. sowie HBB/*Herrnfeld* Art. 26 Rn. 12.

lung", oder bei mehreren Straftaten: „Großteil der Straftaten"), und in begründeten Fällen kann überdies von ihnen abgewichen werden.

40 Zudem kann die EUStA zu jedem Zeitpunkt im Verfahren ihr Evokationsrecht (Art. 27 VO) ausüben und damit ein nationales Verfahren an sich ziehen, mit der möglichen Konsequenz, dass sie aus einem rein nationalen Strafverfahren ein EUStA-Verfahren macht. Zwar soll die Evokation von dem DEStA des Mitgliedstaates ausgeübt werden, in dem das nationale Verfahren bis dahin geführt wurde, um so einen „automatischen" Wechsel des zuständigen Gerichts zu vermeiden.[62] Allerdings kann unter den Voraussetzungen des Art. 26 Abs. 3 VO bzw. 26 Abs. 5 VO ggf. anschließend eine Übertragung an einer DEStA eines anderen Mitgliedstaates erfolgen.

41 Gem. Art. 26 Abs. 4 VO gibt es zwar eine klare Zuordnung, nach der sich die örtliche Zuständigkeit innerhalb der EUStA richten soll, nämlich entweder nach dem Schwerpunkt der strafbaren Handlungen oder, für den Fall, dass mehrere miteinander verbundene Straftaten innerhalb des Zuständigkeitsbereichs der EUStA begangen wurden, in dem Mitgliedstaat, in dem der Großteil der Straftaten begangen wurde. Dabei fällt auf, dass bei der Entscheidung darüber, welcher nach nationalem Recht Gerichtsbarkeit innehabende DEUStA das EUStA-Verfahren einleiten soll, in erster Linie Verfolgungsinteressen eine Rolle spielen. Die nunmehr in der VO auch vorgesehene Möglichkeit, dass ein Verfahren im Heimatstaat des Beschuldigten geführt werden kann bzw. im Staat seines gewöhnlichen Aufenthaltes, ist zu begrüßen. Unter Umständen – abhängig aber vom Ermessen der DEStA – kann damit schon zum frühen Zeitpunkt der Einleitung des Ermittlungsverfahrens theoretisch den Interessen des Beschuldigten Rechnung getragen werden. Ob dies auch so praktiziert werden wird, bleibt abzuwarten. Diese Regelungen bieten insgesamt mehr Rechtssicherheit als dies bei gewöhnlichen grenzüberschreitenden Verfahren der Fall ist. Zu bedauern ist aber, dass die Möglichkeit der Verfahrenseinleitung am Wohn- oder Heimatort des Beschuldigten gem. Art. 26 Abs. 4 S. 2 lit. a, b VO die Ausnahme bleibt, die zudem einer besonderen Begründung bedarf. Mit entsprechender Begründung kann überdies das Verfahren in Abweichung von der oben genannten Regel am Erfolgsort einer Finanzstraftat eingeleitet werden (Art. 26 Abs. 4 S. 2 lit. c VO).

42 Zu beachten ist ferner, dass es in mindestens zwei Fällen im Laufe eines Ermittlungsverfahrens zu Abweichungen von dieser Regel mit der Folge eines – mitunter plötzlichen – Jurisdiktionswechsels, kommen kann:

43 aa) Einerseits kann gem. Art. 26 Abs. 5 VO auch die **zuständige Ständige Kammer**[63] „im allgemeinen Interesse der Rechtspflege" **bis zur Anklageerhebung die Gerichtsbarkeit einem anderen Mitgliedstaat zuweisen.**[64] Vor einer solchen Entscheidung sind die betreffenden EStA und/oder die DEStA anzuhören, bedauerlicherweise nicht aber die Beschuldigten selbst oder ihre Verteidiger.

44 bb) Und schließlich kann selbst, wenn die Ermittlungen vollumfänglich in Land A geführt wurden, der DEStA nach Abschluss der Ermittlungen beantragen, dass Anklage in Land B erhoben wird. So kann nämlich gem. Art. 35 Abs. 3 VO der DEStA mit entsprechender Begründung in seinem Bericht erläutern, weshalb er die **Anklageerhebung in einem Gericht eines anderen Mitgliedstaates** für geeignet hält.

45 Die Bestimmung des Gerichtsstandes bleibt bei grundsätzlich bestehenden parallelen Zuständigkeiten mehrerer Staaten aufgrund der Vagheit dieser Regelungen (was bspw. ist konkret „im allgemeinen Interesse der Rechtspflege" und wann ist eine Begründung für die Anklage in einem anderen Staat „hinreichend"?) für den Betroffenen weitestgehend unvorhersehbar; es werden daher Bedenken hinsichtlich der Vereinbarkeit dieser Regelungen mit Art. 47 Abs. 2 GRC, dem Recht jeder Person, dass ihre Sache von einem „zuvor durch Gesetz errichteten Gericht" verhandelt wird, geltend gemacht.[65]

46 Nicht übersehen werden sollte aber das Potential, welches diese Regelungen für die Verteidigung bieten: anders als in gewöhnlichen grenzüberschreitenden Sachverhalten, bei denen Parallelermitt-

62 HBB/*Herrnfeld* Art. 27 Rn. 11.
63 Vgl. hierzu auch EPPO, College Decision 015/2020, Decision on the permanent Chambers, 12.10. 2020.
64 S. auch *Herrnfeld/Brodowski* → § 5 Rn. 89 f.
65 So auch *Illuminati* in Bachmaier Winter, 179 (196).

lungen bisweilen gar praxisüblich[66] sind und erst die rechtskräftige Vollstreckung in einem Staat die weitere Verfolgung innerhalb der Schengen- und EU-Mitgliedstaaten (aber auch nur da) verhindert, sollen mit der VO Fälle der Doppelverfolgung bei EUStA-Verfahren jedenfalls zwischen den an der verstärkten Zusammenarbeit beteiligten Staaten grundsätzlich ausgeschlossen werden.

47 In vielen Fällen wird die Verteidigung Anlass haben, einen solchen plötzlichen Zuständigkeitswechsel oder auch die initiale Zuständigkeitsbegründung zu rügen oder auch, soweit dies für den Beschuldigten vorteilhafter sein mag, einen Zuständigkeitswechsel zu beantragen oder anzuregen. Nicht immer ist das, was im „allgemeinen Interesse der Rechtspflege“ ist, auch im Interesse des Beschuldigten. Dieser mag ein Interesse daran haben, dass das Verfahren in einem ihm vertrauten Rechtskreis in einer ihm vertrauten Sprache geführt wird. Für ihn mag aber auch aus Resozialisierungsgesichtspunkten ein ausländischer Staat sinnvoller erscheinen, wenn er dort seine Arbeitsstelle, seine Wohnung und seine Familie hat. Er kann aber auch ein Interesse haben, in einem anderen Staat verfolgt zu werden, schlicht, weil ihn dort eine geringere Strafe erwartet oder er im Falle einer Verurteilung zu einer Freiheitsstrafe schneller in den Genuss frühzeitiger Entlassung kommt. Die Möglichkeiten der Verteidigung, auf den Gerichtsstand Einfluss zu nehmen, erscheinen auf den ersten Blick inexistent, da es weder in der VO noch in der GO entsprechende explizite Regelungen gibt. Ein entsprechendes **Antragsrecht** dürfte sich aber insoweit aus dem Rechtstaatsprinzip ergeben.

48 Nach richtiger Ansicht sollte die Verteidigung die Möglichkeit haben, die Entscheidung über die Verfahrenseröffnung in einem bestimmten Mitgliedstaat vor dem EuGH anzugreifen.[67] Dies wäre jedenfalls konsequent, da ja auch die Entscheidung über die Verfahrenseinstellung der gerichtlichen Kontrolle des EuGH unterliegt (Art. 42 Abs. 3 VO). Wenn auch die VO keine Anhörung des Verdächtigen oder Beschuldigten bei der Entscheidung über die Zuständigkeit vorsieht, hindert dies die Verteidigung nicht daran, mit entsprechender Begründung eine Neuzuweisung zu beantragen. Ein solches **Anhörungs- und Antragsrecht** lässt sich aus dem Grundsatz der Waffengleichheit, der Ausfluss des Rechts auf ein faires Verfahren (Art. 6 Abs. 1 EMRK) ist, sowie aus dem Rechtsstaatsprinzip (Art. 5 Abs. 2 VO) ableiten, woran auch die EUStA gebunden ist. Umgekehrt besteht, soweit die Anklageerhebung der EUStA vor einem deutschen oder österreichischen Gericht angegriffen werden soll, da auch der deutsche und ebenfalls der österreichische Gesetzgeber das Problem fehlerhafter Zuständigkeit gesehen hat, eine **neue Rügemöglichkeit der Anklageerhebung der EUStA vor einem deutschen Gericht** gem. § 16 Abs. 2 StPO nF bzw. noch weitergehend § 15 Abs. 2 öEUStA-DG.[68]

49 Abgesehen hiervon wird die Verteidigung auf eine gute Kommunikation mit den Ermittlungsbehörden angewiesen sein, um zumindest frühzeitig von einem avisierten Gerichtsstandwechsel Kenntnis zu erhalten und für eine gute Verteidigung im zugewiesenen Staat zu sorgen. Eine solche „gute Kommunikation“ setzt allerdings in den meisten Fällen „Kooperation“ und damit in aller Regel ein wenigstens teilweises Schuldeingeständnis auf Seiten des Beschuldigten voraus. Ist dieser unschuldig und insistiert gar darauf, wird er wenig Chancen haben, dass seine Interessen bei der Wahl des Gerichtsstandes Berücksichtigung finden.

66 Vgl. den Kommentar von Eurojust im Rahmen der Diskussionen des COPEN Treffens, wonach dies zur Erleichterung der Rechtshilfe gängige Praxis sei, Rat der Europäischen Union, 9968/19 (4.6.2019), 8.

67 *Illuminati* in Bachmaier Winter, 179 (197 mwN).

68 So heißt es in der Gesetzesbegründung:
„Sowohl die grenzüberschreitende Übertragung nach Absatz 3 wie auch die grenzüberschreitende Verbindung von Verfahren nach Absatz 4 können zu Nachteilen für den Beschuldigten führen – sei es, dass allein der späte Wechsel des anwendbaren materiellen Rechts beziehungsweise Prozessrechts die Verteidigung erschweren oder dass das nach der Übertragung anwendbare mitgliedstaatliche Recht aus Sicht der Verteidigung möglicherweise nachteilige Auswirkungen haben kann. Aus diesem Grund weist Erwägungsgrund Nummer 87 Unterabsatz 2 der VO darauf hin, dass Verfahrenshandlungen, welche die Wahl des Mitgliedstaates betreffen, dessen Gerichte für die Entscheidung über die Anklage zuständig sein sollen, „Rechtswirkung gegenüber Dritten“ entfalten und daher „der gerichtlichen Kontrolle durch die einzelstaatlichen Gerichte spätestens im Hauptverfahren unterliegen“ sollten.“ (BT-Drs. 19/17963, 32). Vertiefend hierzu auch *Esser* → § 11 Rn. 90 sowie § 12 Rn. 81 ff.

Dass sich die Zuständigkeit bis zur Anklageerhebung noch einmal ändern kann, wenn die Ständige Kammer das Verfahren einem anderen DEStA zuweist, bewirkt **erhebliche Rechtsunsicherheit für alle Beteiligten.**[69] Es sollte im Interesse aller Beteiligten daher frühzeitig die Zuständigkeit bestimmt und ein späterer Zuständigkeitswechsel vermieden werden. Dies sieht Art. 36 Abs. 3 VO grundsätzlich auch vor; allerdings wird die Praxis zeigen, ob dies auch so „gelebt" wird. Ein willkürlicher Zuständigkeitswechsel seitens der EUStA wird jedenfalls nicht mit der Unparteilichkeit und Rechtsstaatlichkeit sowie der Grundrechtsgebundenheit der EUStA vereinbar sein (Art. 5 VO) und sollte vor dem bis dahin zuständigen deutschen Gericht nach den Regeln der Strafprozessordnung angegriffen werden, dh, da die Entscheidung durch einen, wenn auch nicht deutschen, Staatsanwalt getroffen wurde, mittels Antrages auf gerichtliche Entscheidung Art. 5 Abs. 3 VO iVm § 98 Abs. 2 S. 2 StPO analog und, soweit erforderlich, ggf. anschließender Beschwerde (Art. 5 Abs. 3 VO iVm § 304 StPO). 50

**b) Koordinierte Verfolgung gemeinsam mit Europol, Eurojust und OLAF, ausländischen Behörden sowie internationalen Organisationen**[70]**.** Weitere schwer einschätzbare Faktoren für die Verteidigung, die die Waffengleichheit einschränken, ergeben sich aus der engen Einbindung und Kooperation der EUStA mit anderen europäischen Strafverfolgungseinrichtungen wie Europol, Eurojust und OLAF sowie ausländischen Behörden und internationalen Organisationen, zB Interpol (Art. 99 ff. VO). Der in Art. 99 Abs. 2 VO mögliche direkte (auf Ersuchen oder spontane) Informationsaustausch auch jenseits der EU-Grenzen auf Basis noch zu schließender oder bereits verhandelter Kooperationsabkommen mit anderen Agenturen und Drittstaaten wird allerdings erheblich eingeschränkt: zum einen ist der Austausch persönlicher Daten hiervon nicht erfasst (Art. 99 Abs. 3 S. 3 VO). Zum andern steht er unter dem Vorbehalt, dass dies nicht näher in der VO geregelt ist.[71] Nähere Regelungen finden sich aber bspw. in Art. 54 in Bezug auf Organe, Einrichtungen und sonstige Stellen der EU sowie in Art. 80 ff in Bezug auf Drittstaaten und internationale Organisationen.[72] Die EUStA kann aber operative personenbezogene Daten an Eurojust und OLAF weitergeben, soweit dies zur Erfüllung der Aufgaben dieser Organe erforderlich ist.[73] Außerdem hat die EUStA indirekten Zugriff auf die Daten im jeweiligen Fallbearbeitungssystem dieser Einrichtungen nach dem Treffer/Kein-Treffer-System.[74] Auch Eurojust und OLAF sollen umgekehrt Zugriff auf das Fallbearbeitungssystem der EUStA nach dem Treffer/Kein-Treffer-System erlangen.[75] Eingeschränkter ist die Zusammenarbeit mit der Europäischen Polizeibehörde Europol: Soweit zu Ermittlungszwecken erforderlich, kann die EUStA auch von Europol alle sachlichen Informationen über eine in ihren Zuständigkeitsbereich fallende Straftat einholen.[76] Die EUStA kann Drittstaaten um Rechtshilfe in Strafsachen ersuchen sowie den zuständigen Behörden von Drittländern oder internationalen Organisationen auf Ersuchen Informationen oder Beweismittel, die sich bereits im Besitz der EUStA befinden, für Ermittlungszwecke oder für die Verwendung als Beweismittel bei strafrechtlichen Ermittlungen bereitstellen.[77] 51

Bei Eurojust, OLAF und Europol stellt der jeweils bestehende datenschutzrechtliche Auskunftsanspruch der Betroffenen für die Verteidigung eine Möglichkeit dar, zumindest Kenntnis über die bei der jeweiligen Behörde gespeicherten persönlichen Daten der Mandanten zu erlangen und bei Fehlinformation ggf. Berichtigung oder Löschung zu beantragen.[78] Auch bei der EUStA gibt es übrigens entsprechende Möglichkeiten (Art. 59–61 VO). Ggf. kann beim Europäischen Datenschutzbeauf- 52

69 Vgl. auch Gemeinsame Stellungnahme BRAK und DAV zum Vorschlag der Europäischen Kommission für eine Verordnung des Rates über die Errichtung der Europäischen Staatsanwaltschaft, Stellungnahme Nr. 13/2015 (BRAK) bzw. Nr. 19/2015 (DAV), 4.

70 Vgl. hierzu vertiefend *Brodowski* → § 8 Rn. 36 ff.

71 S. auch HBB/*Brodowski* Art. 99 Rn. 8.

72 HBB/*Brodowski* Art. 99 Rn. 9.

73 Art. 54 Abs. 1, Art. 100 Abs. 2 (Eurojust), Art. 101 Abs. 4 VO (OLAF).

74 Art. 100 Abs. 3 VO (Eurojust) bzw. Art. 101 Abs. 5 VO (OLAF).

75 Art. 100 Abs. 3 S. 3 VO (Eurojust) bzw. Art. 101 Abs. 5 S. 3 (OLAF).

76 Art. 102 Abs. 2 VO.

77 Art. 104 Abs. 3 bis 6 VO.

78 Vgl. Art. 36 Europol-Verordnung sowie Art. 31 Eurojust-Verordnung sowie Art. 17 VO (EU) 2018/1725.

tragten Beschwerde eingelegt werden (Art. 88 VO). Gegen dessen Entscheidungen kann zudem Klage vor dem EuGH erhoben werden (Art. 89 VO).

53 c) **Haftsachen.** Art. 33 Abs. 1 VO regelt, dass die DEStA „im Einklang mit dem nationalen Recht […], das in einem vergleichbaren innerstaatlichen Fall anwendbar ist“, anordnen oder beantragen kann, dass der Beschuldigte festgenommen oder in Untersuchungshaft genommen wird. §§ 112 bis 131 StPO finden daher bei in Deutschland durchgeführten Ermittlungen der EUStA Anwendung.[79]

54 Durch das grundsätzlich verlängerte Berichtswesen und die teilweise hierfür erforderlichen Zusammenfassungen und Übersetzungen (unterstützender DEStA berichtet nach Art. 31 VO an betrauten DEStA, dieser berichtet an den die Ermittlungen beaufsichtigenden EStA, der wiederum gegenüber der Ständigen Kammer berichtet) sowie die Notwendigkeit, laufend die aus der Verfahrensakte relevanten Informationen in das FBS zu übertragen (und ggfs. vorher zu übersetzen), ist damit zu rechnen, dass es zu **erheblichen Verfahrensverzögerungen** im Vergleich zu nationalen Verfahren kommen wird. Vor diesem Hintergrund wird in Haftsachen die **Verhältnismäßigkeit** und die Anwendung von **milderen Alternativen**, zB Europäische Überwachungsanordnung (EÜA) oder Europäische Ermittlungsanordnung (EEA) vermehrt zu thematisieren sein, die bereits bei „herkömmlichen“ Europäischen Haftbefehlen ein Problem in der Praxis darstellt.[80]

55 Ein weiteres Streitpotential bietet die **Zuständigkeitsregelung für die Ausstellung Europäischer Haftbefehle (EuHb)**:[81] Gem. § 6 Abs. 2 S. 2 EUStAG, ErwG 76 VO sollen EuHb für die EUStA vom betrauten DEStA ausgestellt werden. In Österreich sind EuHb in EUStA-Verfahren in Abweichung vom österreichischen Rechtshilferecht gem. § 18 öEUStA-DG nicht vom Gericht zu bewilligen. Sowohl die deutsche als auch die österreichische Rechtslage könnte hier allerdings aufgrund der Rspr. des EuGH zur Unabhängigkeit der Staatsanwälte einschränkend auszulegen sein: Mit seinem Urteil vom 27.5.2019 hat der EuGH festgestellt, dass deutsche Staatsanwälte nicht über die für die Ausstellung eines EuHb erforderliche Unabhängigkeit verfügen.[82] Der deutsche Gesetzgeber meint, diese mangelnde Unabhängigkeit treffe bei der EUStA nicht zu, da diese den vom EuGH gestellten Anforderungen in Bezug auf die Unabhängigkeit der Staatsanwaltschaft (Rn. 74 des Urteils) gerecht werde.[83] Im österreichischen Recht ist, in Einklang mit der Rspr. des EuGH,[84] der durch die Staatsanwaltschaft ausgestellte EuHb gerichtlich zu bewilligen. Auch der österreichische Gesetzgeber meint, aufgrund der Unabhängigkeit von der Exekutive der EuStA sei es möglich, dass diese den Europäischen Haftbefehl auch ohne gerichtliche Bewilligung ausstellt.[85]

56 Dies überzeugt aber jedenfalls in den Fällen nicht, in denen der zuständige DEStA nur in Teilzeit für die EUStA arbeitet, daneben aber auch noch als nationaler Staatsanwalt tätig ist, denn jedenfalls für diese letztere Tätigkeit bleibt er dem deutschen Recht und damit auch den vom EuGH kritisierten Weisungen unterworfen (§§ 146, 147 GVG). Soweit die DEStA aber in Vollzeit für die EUStA tätig sind, dürften sich diese Fragen der Unabhängigkeit nicht stellen.

57 Zumindest aber sollte die enge grenzüberschreitende Zusammenarbeit der Verfolgungsbehörden, die in EUStA-Verfahren stattfindet, die Notwendigkeit von EuHb verringern, da die Verdächtigen leichter lokalisiert und zunächst vernommen und/oder gehört werden können. Mildere Maßnahmen wie die EÜA oder die EEA werden in vielen Fällen ausreichen und verhältnismäßiger sein als

79 BT-Drs. 19/17963, 30.

80 Vgl. zul. den Initiativbericht des Europäischen Parlaments über den Europäischen Haftbefehl v. 20.01.2021, Europäisches Parlament, Europäischer Haftbefehl und Übergabeverfahren zwischen den Mitgliedsstaaten, P9_TA-PROV (2021)0006, 2019/2207 (INI): online verfügbar auf https://www.europarl.europa.eu/doceo/document/TA-9-2021-0006_DE.html (zul. besucht: 26.3.2021).

81 S. hierzu auch *Martin-Vignerte*, Procedural Safeguards in EPPO cross-border investigations, ERA Forum 2020, 501 (509 f.).

82 EuGH 27.5.2019 – C-508/18, C-82/19 PPU, ECLI:EU:C:2019:456; vgl. hierzu *Kreiner*, FD-StrafR 2019, 418016; *Trueg/Ulrich* NJW 2019, 2811; *Hiéramente*, jurisPR-StrafR 1/2020 Anm. 2; *Oehmichen/Schmid*, StraFo 2019, 397; Meyer-Goßner/Schmitt StPO Vor §§ 112 Rn. 9g ff.

83 BT-Drs. 19/17963, 30.

84 Vgl. EuGH 9.10.2019 – C-489/19 PPU, ECLI:EU:C:2019:849.

85 Vgl. Erläuterungen zum EUStA-DG, 13.

eine Inhaftierung.[86] Der Umstand, dass ein Verdächtiger in einem anderen Mitgliedstaat seinen Wohnsitz hat und somit von seiner unionsrechtlichen Freizügigkeit (Art. 21 AEUV) Gebrauch macht, darf keine einen Haftbefehl auslösende Fluchtgefahr begründen.

**4. Frühzeitige und vollständige Akteneinsicht. a) Zeitpunkt.** Um die oben ausgeführten Einflussmöglichkeiten fruchtbar zu machen, bedarf es frühzeitiger Akteneinsicht. Der Zugang zur Akte „für Verdächtige und Beschuldigte sowie für andere aus dem Verfahren beteiligte Personen" richtet sich wieder nach nationalem Recht (Art. 45 Abs. 2 UA 2 VO). Für in Deutschland geführte Verfahren wird daher grundsätzlich gem. § 147 Abs. 2 S. 2 StPO Akteneinsicht in Haftsachen immer jedenfalls insoweit, als diese für die Beurteilung der Rechtmäßigkeit der Haft von Belang sind, zu gewähren sein. Das gilt auch, wenn ein entsprechender Haftbefehl noch nicht vollstreckt oder außer Vollzug gesetzt wurde, oder wenn es sich um einen EuHb handelt und der Betroffene sich in ausländischer Auslieferungshaft oder Freiheit unter Auflagen („bail") befindet. Auch ist stets und unabhängig von einer etwaigen Gefährdung des Ermittlungszweckes in die in § 147 Abs. 3 StPO bezeichneten Unterlagen Einsicht zu gewähren. Bei strafprozessualen Zwangsmaßnahmen wird in der Regel zumindest in Deutschland meist (Teil-)Akteneinsicht gewährt; wenn dies ausnahmsweise nicht der Fall ist, kann die Einlegung der Beschwerde die Akteneinsicht beschleunigen. Spätestens zum Abschluss des Ermittlungsverfahrens ist Akteneinsicht zu gewähren. Der Abschluss des Verfahrens ist daher in der Verfahrensakte durch den DEStA zu vermerken, sobald die Ständige Kammer über die Anklageerhebung entschieden hat.[87] 58

Darüber hinaus hat aber auch die EUStA aktiv an der Information der Beschuldigten und ihrer Verteidiger mitzuwirken und mit den zuständigen nationalen Behörden zusammenzuarbeiten, um sicherzustellen, dass die sich aus Art. 7 der RL 2012/13/EU ergebenden Informationsrechte gewährt werden.[88] 59

**b) Umfang.** Gem. Art. 45 Abs. 1 UA 2 VO muss die Akte „alle dem Delegierten Europäischen Staatsanwalt zur Verfügung stehenden Informationen und Beweismittel enthalten, die das Ermittlungs- oder Strafverfolgungsverfahren der EUStA betreffen." Der **Grundsatz der Aktenvollständigkeit** gilt somit auch in EUStA-Verfahren. Gem. Art. 45 Abs. 2 UA 1 VO wird die Verfahrensakte von der betrauten DEStA nach dem Recht ihres Mitgliedstaats geführt. Auch der Zugang zur Verfahrensakte für den Verdächtigen oder Beschuldigten soll sich gem. Art. 45 Abs. 2 UA 2 S. 2 VO nach nationalem Recht richten. Eine Diskrepanz zwischen der VO und nationalem Recht kann sich ergeben, wenn nach nationalem Recht – wie etwa in Deutschland – bestimmte Informationen nicht Bestandteil der Akte werden (zB Entscheidungen und sonstige Unterlagen zu Verdeckten Ermittlern, die gem. §§ 101 Abs. 2, 110a StPO zunächst getrennt von den Verfahrensakten zu führen sind), obgleich gem. Art. 45 Abs. 1 UA 2 VO die Akte auch diese Informationen enthalten müsste.[89] Bis zu einer Klärung durch den EuGH wird sich die Verteidigerin daher nicht weitergehender auf die Vollständigkeit der Akten verlassen können als dies in anderen nationalen Verfahren der Fall wäre. Für ein in Deutschland geführtes Verfahren gelten somit die Vorschriften über die Bildung, Führung und Aufbewahrung der Akten des Bundes und der Länder. Der Gesetzgeber geht davon aus, dass die Verfahrensakten zum geplanten Zeitpunkt des operativen Tätigwerdens der EUStA in Deutschland noch als Papierakten geführt werden und seitens der EUStA dafür Sorge getragen werden muss, dass die Akten gem. Art. 45 Abs. 3 VO im FBS der EUStA gespiegelt wer- 60

---

86 So auch *Martin-Vignerte*, Procedural Safeguards in EPPO cross-border investigations, ERA Forum 2020, 501 (510).

87 Die Vorschrift des § 169a StPO findet ergänzende Anwendung, soweit sie vorsieht, dass die Staatsanwaltschaft (für den Fall der Anklageerhebung) den Abschluss der Ermittlungen in den Akten vermerkt (BT-Drs. 19/17963, 31).

88 HBB/*Brodowski* Art. 41 Rn. 41 mwN.

89 Dies umfasst über die in der StPO geregelten Vorschriften über die elektronische Aktenführung (§§ 32 f. StPO, vgl. *Martin-Vignerte*, Procedural Safeguards in EPPO cross-border investigations, ERA Forum 2020, 501, 504 f.), hinaus etwa Pflichten zur gesonderten Aktenführung („Sonderhefte") oder die Fertigung eines Abschlussvermerks gem. § 169a StPO. Anzuwenden sind ferner das Justizaktenaufbewahrungsgesetz und die auf dieser Grundlage erlassene VO in der jeweils geltenden Fassung sowie die Aktenordnungen der Länder.

den können.[90] Unter Hinweis auf diese Spiegelung sollte die Verteidigung daher von einer **frühzeitigen Digitalisierung** der Akte ausgehen dürfen.

61 Gem. Art. 45 Abs. 1, UA 2 VO muss die Verfahrensakte alle dem DEStA zur Verfügung stehenden Informationen und Beweismittel enthalten, die das Ermittlungs- oder Strafverfolgungsverfahren der EUStA betreffen.[91]

62 Jedenfalls in den in Deutschland geführten EUStA-Verfahren gilt der Grundsatz der **Aktenwahrheit und Aktenvollständigkeit.**[92] Hiernach müssen die Akten alle bislang erzielten Ergebnisse des Ermittlungsverfahrens und seine Entwicklung umfassend, klar und wahr erkennen lassen. Dies ist nicht nur Voraussetzung für ggf. erforderliche gerichtliche Entscheidungen im Vorverfahren und nach einer etwaigen Anklageerhebung, sondern auch für eine sachgerechte Verteidigung.[93]

63 Aber auch in außerhalb von Deutschland geführten Verfahren sollte der deutsche Verteidiger an diese Grundsätze im Verfahren bei Bedarf ggf. erinnern und diese *„good practice"* auch über die deutschen Grenzen tragen, da das Ziel der EUStA, die Kohärenz, Effizienz und Einheitlichkeit bei der Strafverfolgungspolitik in Europa sicherzustellen (vgl. Art. 9 Abs. 2 VO), nur durch einheitliche Aktenführung sichergestellt werden kann.

64 Eine besondere Herausforderung ergibt sich bei der EUStA in dem Zusammenhang aus dem Umstand, dass die **fallbezogenen Informationen nicht nur in der Verfahrensakte, sondern zugleich auch in dem EUStA internen FBS** enthalten sein und ständig aktualisiert werden müssen (Art. 45 Abs. 3 VO). Erschwerend kommt hinzu, dass sich durch die enge Zusammenarbeit mit Eurojust, Europol und OLAF weitere Informationen in den von diesen Stellen geführten FBS befinden können. Gem. Art. 45 Abs. 3 S. 2 VO ist die betraute DEStA verpflichtet, alle Ergänzungen und Änderungen der Verfahrensakte sowie alle Löschungen und Berichtigungen von in der Verfahrensakte enthaltenen personenbezogenen Daten im EUStA-Fallbearbeitungssystem **zeitnah** nachzuvollziehen. Umgekehrt sind Informationen, die im FBS enthalten sind, nicht aber in der Verfahrensakte, stets **unmittelbar und vollständig** in die Verfahrensakte aufzunehmen.[94]

65 Maßgeblich, und auch daran wird die Verteidigung in der Praxis ggf. erinnern müssen, muss zu jeder Zeit der Aktenstand in den Verfahrensakten, nicht im FBS, sein.[95] Andernfalls besteht die Gefahr, dass der DEStA die Informationen erst einmal im FBS „sammelt", bis die Sache anklagereif ist, mit der Folge, dass damit das aus Art. 7 RL 2012/13/EU gewährte Informationsrecht leerläuft und der Grundsatz der Waffengleichheit (Art. 6 Abs. 1 EMRK), zu dessen Beachtung die EUStA verpflichtet ist, verletzt wäre.

66 Ein weiteres Problemfeld, das sich für die Praktikerin abzeichnet und schon aus nationalen Verfahren bekannt ist, in einem Verfahren der EUStA aber mit erschwerten Bedingungen verknüpft sein wird, ist der Umstand, dass die EUStA **gegen verschiedene Beschuldigte** in einem identischen Sachverhalt die Ermittlungen **zunächst getrennt** in den verschiedenen Mitgliedstaaten führt, um sich erst am Ende zu entscheiden, ob die Verfahren zu verbinden sind,[96] und, in welchem Mitgliedstaat Anklage erhoben werden soll. Es empfiehlt sich daher frühzeitig prophylaktisch die elektronische Beiziehung aller Verfahrensakten, die untrennbar mit dem gegenständlichen Sachverhalt verbunden sind, zu beantragen, um sich zumindest auf einen annähernd vergleichbaren Informationsstand mit der EUStA zu bringen. Der Anspruch hieraus folgt ebenfalls aus dem **Grundsatz der Waffengleichheit** (Art. 6 Abs. 1 EMRK) sowie aus den **Informationsrechten** (Art. 7 RL 2012/13/EU). Dass die ausländischen Verfahrensakten ggf. in einer anderen Sprache verfasst sein werden, wird eine weitere Herausforderung sein, der die Verteidigung durch Kooperation mit ausländischen Kollegen

90 BT-Drs. 19/17963, 38.
91 Vertiefend s. a. *Esser* → § 11 Rn. 269 ff.
92 Müller/Schlothauer/*Schlothauer* MAH Strafverteidigung § 3 Rn. 35.
93 Müller/Schlothauer/*Schlothauer* MAH Strafverteidigung § 3 Rn. 35 mwN.
94 S. auch BT-Drs. 19/17963, 39.
95 So auch BT-Drs. 19/17963, 39.
96 Art. 36 Abs. 4 VO.

und anschließenden ggf. Anträgen auf Übersetzung ausgewählter wesentlicher Unterlagen wird begegnen müssen.

c) **Grenzüberschreitende Akteneinsicht.** Werden die Ermittlungen in einem anderen Staat federführend von dem dortigen DEStA geführt, kann es nach dem dortigen Verfahrensrecht schwierig sein, Akteneinsicht zu erlangen. Hierfür wird es in aller Regel sinnvoll sein, einen örtlich ansässigen Verteidiger zu beauftragen. Beachtlich ist insoweit, dass in Verfahren mit einem EuHb Art. 5 Abs. 2 der RL (EU) 2016/1919 (PKH-RL) iVm Art. 10 Abs. 4 und 5 RL 2013/48/EU die Möglichkeit von Prozesskostenhilfe sowohl für die Verteidigung im Ausstellungs- als auch im Vollstreckungsstaat vorsieht. Daneben kann auch grenzüberschreitend von Deutschland aus Einsicht in die in einem anderen Land von einem DEStA geführten Verfahrensakten beantragt werden. Ein solcher Anspruch ergibt sich aus Art. 41 VO iVm Art. 6 Abs. 1 EMRK (Anspruch auf Akteneinsicht bzw. auf die Offenlegung der dem Staat zugänglichen Beweismaterialien, der auch im rechtlichen Gehör und insbes. in der Waffengleichheit begründet liegt)[97] bzw. aus Art. 3 RL 2013/48/EU.[98] 67

d) **Übersetzungen.** Zur Gewährleistung einer effektiven Verteidigung ist es ferner erforderlich, dass die Verteidigerin in die Lage versetzt wird, die **Ermittlungsakte intensiv mit dem Mandanten zu besprechen.** Letzteres setzt freilich voraus, dass sowohl die Verteidigerin als auch ihr Mandant die Aktensprache beherrschen. Allerdings lässt sich aus der VO auch ein **Anspruch auf eine schriftliche Übersetzung**[99] aller Unterlagen, „die wesentlich sind, um zu gewährleisten, dass sie imstande sind, ihre Verteidigungsrechte wahrzunehmen, und um ein faires Verfahren zu gewährleisten", ableiten.[100] Welche Dokumente wesentlich sind, wird von der RL 2010/64/EU, die gem. Art. 41 VO anwendbar ist, nur anhand von drei Beispielen konkretisiert: *„jegliche Anordnung einer freiheitsentziehenden Maßnahme, jegliche Anklageschrift und jegliches Urteil"* (Art. 3 Abs. 2 RL 2010/64/EU). Indes sind für eine gute Verteidigung mehr als nur jene Unterlagen *wesentlich*: ganz offenkundig gilt dies bspw. für Vernehmungsprotokolle von Belastungszeugen oder belastende Telefonüberwachungsprotokolle, erst recht, wenn diese gar nicht in der Originalsprache, sondern nur in einer deutschen Zusammenfassung Eingang in die Ermittlungsakte gefunden haben. Wie kann der Beschuldigte Unwahrheiten in solchen Protokollzusammenfassungen aufdecken, wenn ihm diese nicht in seiner Sprache verfügbar sind? Bei der Verteidigung eines EUStA-Verfahrens in Deutschland wird es sich daher anbieten, auf die Wesentlichkeit auch anderer Unterlagen hinzuwirken, auch wenn sich diese nicht unmittelbar aus § 187 GVG ergibt, der die Richtlinie leider nicht europarechtskonform umgesetzt hat.[101] 68

Nach einer Studie aus dem Jahr 2016 der FRA listen die Mehrzahl der Mitgliedstaaten (22 der 27) in ihrer nationalen Gesetzgebung auf, welche Unterlagen *„wesentlich"* in diesem Sinne sind, wobei einige über die drei in der Richtlinie genannten Beispiele hinausgehen.[102] 69

---

97 Vgl. MüKoStPO/*Gaede* EMRK Art. 6 Rn. 156.

98 Denn der in Art. 3 RL 2013/48/EU enthaltene Zugang zum Rechtsbeistand impliziert, dass dieser auch mit entsprechenden Informationsrechten ausgestattet ist.

99 S. hierzu auch *Martin-Vignerte*, Procedural Safeguards in EPPO cross-border investigations, ERA Forum 2020, 501 (505).

100 Art. 41 Abs. 2 lit. a VO iVm Art. 3 Abs. 1 RL 2010/64/EU des Europäischen Parlaments und des Europäischen Rates vom 20.10.2010 über das Recht auf Dolmetscherleistungen und Übersetzungen in Strafverfahren, ABl. 2010 L 280, 1.

101 Hierzu vertiefend *Schneider* StV 2015, 379 sowie *Makepeace* StV 2020, 570 (574); aA LR/*Simon*, 27. Aufl. 2022, § 187 GVG Rn. 18 mwN.

102 So gelten nach Art. 8 des slowenischen Gesetzbuches bspw. auch Anklageschriften, Ladungen, alle Entscheidungen über Freiheitsentziehungen, alle Gerichtsurteile sowie richterliche Beschlüsse über den Ausschluss von Beweisen, Gerichtsbeschlüsse, mit denen Beweisanträge abgelehnt werden sowie Beschlüsse über Befangenheitsanträge als wesentliche Unterlagen. Nach kroatischem Recht sind auch Belehrungen, Entscheidungen über die Einleitung von Ermittlungen, Beweiserhebungsbeschlüsse sowie jeglicher Gerichtsbeschluss nach der Anklageerhebung sowie Gerichtsbeschlüsse betreffend Rechtsmittel als wesentlich. Bezeichnend erscheint, dass außerhalb der EU – in England und Wales – im Ermittlungsverfahren auch Vernehmungsprotokolle und schriftliche Stellungnahmen zu übersetzen sind. Vgl. FRA, Rights of suspected and accused persons across the EU: translation, interpretation and information, 9.11.2016, 36 ff., https://fra.europa.eu/en/publication/2016/rights-suspected-and-accused-persons-across-eu-translation-interpretation-and (zul. besucht: 26.3.2021).

70 Allerdings verliert die Notwendigkeit einer Übersetzung dank moderner Technologien und Übersetzungsprogramme zum Glück zunehmend an Bedeutung, zumal die Anforderung einer Übersetzung, wenn sie denn gewährt wird, in vielen Fällen das Verfahren um einige Tage, wenn nicht Wochen oder Monate verzögern wird, sodass im Einzelfall abgewogen werden sollte, ob sich der vermehrte Zeitaufwand und die damit einhergehenden Verzögerungen wirklich für den Mandanten lohnen.

71 **5. Strafprozessuale Ermittlungsmaßnahmen.** Art. 30 VO listet eine Anzahl von Ermittlungsmaßnahmen auf, zu denen die DEStA befugt sein sollen. Art. 30 Abs. 5 S. 2 VO stellt klar, dass sich das Verfahren nach dem jeweiligen nationalen Recht richtet. Daher hat der deutsche Gesetzgeber keinen Änderungsbedarf gesehen und hat hierzu in der Begründung zum EUStAG ausgeführt:

*„So wird den in Absatz 1 Buchstabe a und b aufgeführten Ermittlungsmaßnahmen durch die* ***Durchsuchungs- und Beschlagnahmevorschriften*** *der StPO (§§ 94, 98; §§ 99, 100 Absatz 1; §§ 102, 103; § 108) ausreichend Rechnung getragen. Die Herausgabe von gespeicherten (verschlüsselten oder entschlüsselten) Computerdaten (Absatz 1 Buchstabe c) kann durch die* ***Sicherstellung des Computers oder Mobiltelefons*** *und die* ***einmalige Beschlagnahme von E-Mails beim Provider*** *gemäß den §§ 94, 98 StPO erreicht werden. Die* ***Erhebung von Verkehrs- und Standortdaten*** *wird in § 100g StPO geregelt. Bankauskünfte sind von § 161a StPO umfasst.*

*Die* ***Sicherstellung von Tatwerkzeugen und Erträgen aus Straftaten****, einschließlich Vermögenswerten gemäß Artikel 30 Absatz 1 Buchstabe d der Verordnung wird zum einen durch die Durchsuchungs- und Beschlagnahmevorschriften und zum anderen durch die Möglichkeit der Beantragung eines* ***Arrestbeschlusses*** *(§§ 111e Absatz 1 und Absatz 4, 111j StPO in Verbindung mit §§ 73 Absatz 1, 73c, 73d StGB) sowie der Vollziehung des* ***Vermögensarrestes*** *durch einen* ***Pfändungsbeschluss*** *(§§ 73 ff. StGB in Verbindung mit den §§ 111b, 111d, 111e, 111f Absatz 3 Satz 3 StPO in Verbindung mit den §§ 928, 930, 829, 840 ZPO) ermöglicht.*

*Die* ***Überwachung der*** *aus- und eingehenden elektronischen Kommunikation gemäß Absatz 1 Buchstabe e ist über die* ***Telefonüberwachung*** *(Festnetz und Mobilfunk) inklusive Verkehrs- und Standortdaten (§§ 100a, 100g StPO) möglich. Auch die Internetkommunikation kann gemäß den §§ 100a Absatz 2, 100g Absatz 1 StPO überwacht werden.*

*Die in Absatz 1 Buchstabe f genannte* ***Verfolgung und Ortung von Gegenständen mit technischen Mitteln*** *wird über die* ***Erhebung der Verkehrs- und Standortdaten*** *(§ 100g StPO), den* ***Einsatz eines IMSI-Catchers*** *(§ 100i StPO) sowie die* ***Observationsvorschriften*** *(§ 163f StPO in Verbindung mit § 100h StPO) ermöglicht. Die* ***kontrollierte Warenlieferung*** *kann auf die allgemeine Ermittlungskompetenz gemäß den §§ 161, 163 StPO in Verbindung mit Nummer 29a bis d Richtlinien für das Strafverfahren und das Bußgeldverfahren (RiStBV) Drucksache 47/20 – 24 – gestützt werden. Erfolgt eine* ***längerfristige Observation****, sind zusätzlich die Vorschriften des § 163f StPO zu beachten.“*[103]

72 Gemäß Art. 30 Abs. 3 VO können mitgliedstaatliche Rechtsvorschriften an die in Art. 30 Abs. 1 lit. c, e und f VO genannten Ermittlungsmaßnahmen zusätzliche Bedingungen oder Anwendungseinschränkungen knüpfen, insbes. kann die Anwendung der Maßnahmen auf einen Straftatenkatalog beschränkt werden. Die Bundesregierung beabsichtigt, in Bezug auf besonders eingriffsintensive Ermittlungsmaßnahmen (§§ 100a, 100c, 100f, 100g, 100h und 100i StPO), von dieser Regelung Gebrauch zu machen und wird die entsprechende Liste der EUStA gem. Art. 117 VO übermitteln.[104]

73 Für die Verteidigung ändert sich somit bzgl. dieser Maßnahmen, sofern sie denn in Deutschland unter Beachtung der StPO durchgeführt werden, nichts. Rechtsschutz kann nach dem deutschen Strafprozessrecht gegen die jeweiligen Maßnahmen ergriffen werden. Zeugnisverweigerungsrechte (§ 53 StPO), Beschlagnahmeverbote (§ 97 StPO) sowie die Beweiserhebungs- und Beweisverwertungsverbote gem. § 160a StPO sowie § 160 Abs. 4 StPO finden weiterhin Anwendung.[105]

74 Etwas anderes gilt allerdings, wenn diese Maßnahmen **in anderen Staaten** durchgeführt werden. Die grenzüberschreitende Zusammenarbeit zwischen den DEStA wird in Art. 31 VO nach Ansicht

103 BR-Drs. 47/20, 24 f.; BT-Drs. 19/17963, 27 f.
104 BT-Drs. 19/17963, 27 f.
105 BT-Drs. 19/17963, 27 f.

des deutschen Gesetzgebers abschließend geregelt, mit der Folge, dass die Vorschriften des IRG grundsätzlich ebenso wenig Anwendung finden wie internationale Übereinkommen über die Rechtshilfe in Strafsachen (§ 6 Abs. 1 EUStAG). Anwendbar bleiben jedoch völkerrechtliche Vereinbarungen, Rechtsakte der EU und gesetzliche Regelungen über die Zusammenarbeit von anderen Behörden, wie etwa den Polizei- und Zollbehörden. Gleiches gilt für die Rechtshilfe in Strafsachen auf Ersuchen eines Gerichts im Hauptverfahren.[106] Auch in Österreich gehen im Ermittlungsverfahren aufgrund der Spezialzuständigkeit der EUStA deren Rechtshilferegelungen vor, so dass die Bestimmungen des ARHG, des EU-JZG und des INÜG grundsätzlich nicht angewendet werden sollen, außer sie werden in den §§ 18–21 öEuStA-DG ausdrücklich erwähnt.[107]

Der unterstützende DEStA hat anders als bei der EEA keine Entscheidung über die Anerkennung 75
zu treffen, sondern vielmehr weisungsgemäß die ihm zugewiesene Maßnahme auszuführen. Er verfügt lediglich über eine Art „Gegenvorstellung" gem. Art. 31 Abs. 5 VO, der vorsieht, dass er den die Aufsicht führenden EStA davon in Kenntnis setzt.[108]

Inwieweit dann **Rechtsschutz** gegen die entsprechenden Maßnahmen im Ausland ergriffen werden 76
kann, liegt mithin außerhalb der Kontrolle des deutschen Strafverteidigers. Gibt es bspw. Ermittlungsmaßnahmen in drei anderen Ländern, bedarf es der Zusammenarbeit mit Rechtsanwälten in allen drei Ländern, um die Zulässigkeit der ergriffenen Maßnahmen und die Erfolgsaussichten von Rechtsmitteln zu klären. Das Verbot der Mehrfachvertretung (§ 137 StPO) erstreckt sich nicht auf die ausländischen, nicht nach deutschem Recht zugelassenen Rechtsanwälte (§ 138 StPO)[109], sodass auch die in EUStA-Verfahren erforderlich werdende Vertretung durch mehr als drei ausländische Verteidiger, ggf. unter jeweiliger Gewährung von Prozesskostenhilfe gem. den Vorgaben der RL (EU) 2016/1919[110] möglich und zur Aufrechterhaltung der Waffengleichheit auch zwingend erforderlich sein kann.

Von Besonderheit ist im Rahmen **grenzüberschreitender Ermittlungen** ferner Art. 31 Abs. 3 UA 3 77
VO. Für den Fall, dass das Ermittlungsverfahren federführend in Deutschland geführt wird, aber eine konkrete Ermittlungsmaßnahme (zB Durchsuchung) in einem anderen Staat angeordnet werden soll und nach deutschem Recht ein **Richtervorbehalt** gilt, hat der DEStA die Maßnahme zunächst bei der zuständigen deutschen Ermittlungsrichterin zu beantragen und den anschließenden Gerichtsbeschluss gemeinsam mit der Weisung an den unterstützenden DEStA des anderen Mitgliedstaates zu übermitteln. Dies gilt allerdings nur, wenn es nach der betroffenen ausländischen Rechtsordnung keines Gerichtsbeschlusses bedarf (ErwG 72 VO, vgl. auch § 3 Abs. 2 EUStAG, § 11 Abs. 1 öEuStA-DG-E).[111] Im umgekehrten Fall, also wenn nach dem Rechtssystem des ersuchten Staates ein richterlicher Beschluss erforderlich ist, hat die unterstützende DEStA nur diesen einzuholen. Diese Konstellation könnte zu einer gravierenden Rechtsverkürzung führen, wenn die befasste ausländische Richterin im ersuchten Staat die entsprechende Anordnung treffen müsste, ohne dass sie die vollständige Ermittlungsakte sehen bzw. verstehen kann. In solchen Fällen muss der Richterin daher die gesamte Akte in einer ihr verständlichen Sprache zur Verfügung gestellt werden, damit sie in die Lage versetzt wird, den Durchsuchungs-/Beschlagnahme-/etc.-Beschluss überhaupt zu erlassen. Dies ist im Übrigen auch ein gravierender Unterschied (und Rückschritt) zur EEA, bei der die anordnende Behörde in den Fällen, in denen nach dem Recht des Anordnungsstaates (das wäre bei der EUStA das Recht des Staates des betrauten DEStA) eine richterliche Anordnung erforderlich ist (Richtervorbehalt), die richterliche Entscheidung herbeigeführt werden muss (Art. 6 Abs. 1 lit. b der RL-EEA[112]). Fehlt es an einem entsprechenden zu Grunde lie-

106 BT-Drs. 19/17963, 29.

107 Vgl. Erläuterungen StrEU-AG 2021, 13, sowie §§ 17–21 öEUStA-DG-E.

108 BT-Drs. 19/17963, 29.

109 „Verteidiger" iSd § 137 StPO sind nur die bei einem Gericht in der Bundesrepublik Deutschland zugelassenen Rechtsanwälte, BeckOK StPO/*Wessing*, 38. Ed. 1.1.2020, § 138 Rn. 1.

110 Vgl. hierzu im Einzelnen *Esser* → § 11 Rn. 199; HBB/*Brodowski* Art. 41, Rn. 48–50.

111 Siehe auch Erläuterungen zum EUStA-DG, 10. Kritisch hierzu *Esser* → § 11 Rn. 104 ff.

112 Richtlinie 2014/41/EU des Europäischen Parlaments und des Rates vom 3. April 2014 über die Europäische Ermittlungsanordnung in Strafsachen, ABl. 2014 L 130, 1.

genden Gerichtsbeschluss, kann die Verteidigung vor dem zuständigen deutschen Gericht um Rechtsschutz nach den Vorschriften der StPO (soweit es sich um verdeckte Maßnahmen handelt, idR allerdings nur nach entsprechender Benachrichtigung und nur retrospektiv, vgl. § 101 StPO) ersuchen. Örtlich zuständig ist in Deutschland der Ermittlungsrichter am Dienstort des mit den Ermittlungen betrauten DEStA (§ 3 Abs. 3 EUStAG),[113] in Österreich das Landesgericht, an dessen Sitz sich die Staatsanwaltschaft befindet, die für das Strafverfahren nach nationalem Recht zuständig wäre.[114]

78 **6. Beweisrechtliche Aspekte.** Es gilt der Grundsatz der freien Beweiswürdigung nach dem Recht des Staates, in dem das Hauptverfahren geführt wird.[115] Auch wenn die EUStA der **Amtsermittlungspflicht** unterliegt und sowohl belastende als auch entlastende Beweismittel zu erheben hat,[116] zeigt die forensische Erfahrung, dass der Schwerpunkt der Ermittlungen auf den belastenden Beweismitteln liegt, sodass die Verteidigerin idR gut beraten sein wird, sich frühzeitig um **die Erhebung entlastender Beweismittel** zu bemühen.

79 Eine Anekdote mag dies veranschaulichen: So äußerte einmal ein Staatsanwalt in öffentlicher Hauptverhandlung auf die Frage der Verteidigerin, warum jener (entlastende) Zeuge nicht vernommen worden sei, dass die Unschuldsvermutung gelte und es daher Aufgabe der Staatsanwaltschaft sei, allein belastende Beweismittel zur Akte zu nehmen; da der Zeuge nur Entlastendes sagen werde, sei seine Vernehmung zum Schuldnachweis nicht erforderlich. Bedenkt man, dass diese Äußerung von einem deutschen Staatsanwalt stammt, obgleich sich die deutsche Staatsanwaltschaft als „objektivste Behörde der Welt" feiert, und obgleich die Pflicht zur Ermittlung auch entlastender Beweise in § 160 Abs. 2 StPO fest verankert ist, ist auch der aus Art. 5 Abs. 4 VO hervortretende Anspruch der EUStA auf Objektivität bei allem guten Willen mit einer Portion gesunden Misstrauens zu begegnen. Umso wichtiger ist es daher für die Verteidigung, **(pro-)aktiv selbst Beweise zu erheben.**[117] Dies wird auch durch die VO gestützt: Art. 41 Abs. 3 VO stellt klar, dass „Verdächtige und Beschuldigte sowie andere an Verfahren der EUStA Beteiligte" (und damit auch Verteidiger) alle Verfahrensrechte haben, die ihnen das geltende nationale Recht zuerkennt, „einschließlich der Möglichkeit, Beweismittel beizubringen, zu beantragen, dass Sachverständige bestellt bzw. vernommen und Zeugen gehört werden, und die EUStA aufzufordern, derartige Maßnahmen im Namen der Verteidigung zu erwirken.[118] Für die Verteidigung bietet sich hiermit die Möglichkeit, **frühzeitig aktiv Einfluss** auf die Richtung der Ermittlungen zu nehmen und aufgrund der im Vergleich zur deutschen StPO klareren Regelung ist auch davon auszugehen, dass entsprechenden Anträgen der Verteidigung schon im Ermittlungsverfahren Folge geleistet wird. Im Verhältnis zu Drittstaaten sollte in dem Zusammenhang nicht vergessen werden, dass nach der RL-EEA der justizielle Erlass einer EEA auch vom Verteidiger beantragt werden kann.[119] Für Deutschland bedeutet dies in den Fällen, in denen bspw. die Befragung eines Auslandszeugen beantragt wird, dass ein entsprechender Beweisantrag nicht mehr ohne weiteres mit der Begründung der Unerreichbarkeit (§ 244 Abs. 3 S. 3 Nr. 5 StPO) abgelehnt werden kann, sondern im Rahmen der Amtsaufklärung (§ 244 Abs. 2 StPO) unter unionsrechtskonformer Auslegung der RL-EEA beschieden werden muss.

80 Was die **Beweismittel, die seitens der EUStA im Ausland erhoben** werden, anbelangt, schließt allein die Erhebung derselben im Ausland deren gerichtliche Verwertbarkeit nicht aus. Art. 37 Abs. 1 VO sieht vor:

113 BT-Drs. 19/17963, 28.

114 § 10 öEUStA-DG, vgl. auch die Erläuterungen zum EUStA-DG, 9.

115 Art. 37 Abs. 2 VO.

116 Vgl. Art. 5 Abs. 4 VO.

117 Zur aktiven Teilhabe des Beschuldigten am Verfahren siehe auch HBB/*Brodowski* Art. 41 Rn. 10.

118 Art. 5 Abs. 4 VO. Vgl. auch ErwG 85 VO. Auch ErwG 65 VO stellt klar, dass die Verpflichtung zur Unparteilichkeit der EUStA auch die Verpflichtung beinhaltet, „alle Arten von Beweisen zu erheben, belastende wie entlastende, entweder von sich aus oder auf Antrag der Verteidigung."

119 Vgl. Art. 1 Abs. 3 der RL 2014/41/EU: „Der Erlass einer EEA kann von einer verdächtigen oder beschuldigten Person oder in deren Namen von einem Rechtsanwalt im Rahmen der geltenden Verteidigungsrechte im Einklang mit dem nationalen Strafverfahrensrecht beantragt werden."

*(1) Die von den Staatsanwälten der EUStA oder von dem Angeklagten vor einem Gericht beigebrachten Beweismittel dürfen nicht allein deshalb als unzulässig abgelehnt werden, weil sie in einem anderen Mitgliedstaat oder nach dem Recht eines anderen Mitgliedstaats erhoben wurden.*

Für die – autonome – Auslegung dieser Regelung ist ferner ErwG 80 VO von Bedeutung: 81

*(80) Die von der EUStA vor Gericht beigebrachten Beweismittel sollten nicht allein deshalb als unzulässig abgelehnt werden, weil sie in einem anderen Mitgliedstaat oder nach dem Recht eines anderen Mitgliedstaats erhoben wurden, **sofern** dabei nach Auffassung des Prozessgerichts mit der Zulassung der Beweismittel die **Fairness des Verfahrens** und die **Verteidigungsrechte** des Verdächtigen oder Beschuldigten **nach der Charta gewahrt sind.** Diese Verordnung wahrt die **Grundrechte** und **Grundsätze, die in Artikel 6 EUV und in der Charta,** insbesondere deren Titel VI, in ihren jeweiligen Anwendungsbereichen im Völkerrecht und durch internationale Übereinkünfte, bei denen die Union oder alle Mitgliedstaaten Vertragsparteien sind, darunter **insbesondere die Europäische Konvention zum Schutz der Menschenrechte und Grundfreiheiten,** sowie von den **Verfassungen der Mitgliedstaaten** anerkannt werden. Im Einklang mit diesen Grundsätzen und unter Achtung der verschiedenen Rechtsordnungen und -traditionen der Mitgliedstaaten gemäß Artikel 67 Absatz 1 AEUV darf diese Verordnung nicht in dem Sinne ausgelegt werden, dass sie es den Gerichten verbietet, die Grundprinzipien des nationalen Rechts hinsichtlich der Fairness des Verfahrens anzuwenden, wie sie in ihren nationalen Rechtsordnungen, einschließlich denen des Common Law, gelten.*

Aus beiden Vorschriften folgt zum einen, dass die Unzulässigkeit – also auch Unverwertbarkeit – 82
eines Beweises *nicht allein* mit der Erhebung im Ausland begründet werden kann. Zum anderen schließt die VO aber auch nicht aus, dass im Ausland erhobene Beweise *aus anderen Gründen* unzulässig sein können. Wie ErwG 80 VO klarstellt, spielen die Grundrechte und auch die Verfassungen anderer Mitgliedstaaten eine nicht zu unterschätzende Rolle bei der Beurteilung der Verwertbarkeit der Beweise, ebenso wie die EMRK und ihre Auslegung durch den EGMR. Insbes. die **umfangreiche Kasuistik des EGMR** ist daher für die Verwertbarkeit von Beweisen von Bedeutung.[120] Unzulässigkeitsgründe können sich somit etwa daraus ergeben, dass bei der Erhebung zB das Konfrontationsrecht (Art. 6 Abs. 3 lit. d EMRK) bei einer Befragung eines Zeugen im Ausland, oder der Grundsatz des fairen Verfahrens etwa bei einer Tatprovokation, verletzt wurde.[121] Eine **Harmonisierung des Beweisrechts**[122] durch Entwicklung von Mindeststandards zB in Form von Richtlinien unter Berücksichtigung der Rechtsprechung des EGMR könnte das gegenseitige Vertrauen auch in diesem Bereich stärken.

Fraglich bleibt damit allerdings, inwieweit das Gericht daneben **weitere nationale Beweisverwer-** 83
**tungsverbote** geltend machen kann, auch wenn sich diese – zumindest nicht unmittelbar – aus Verfassungsrecht, der EMRK oder der GRC ergeben.[123] Nach richtiger Ansicht müssen auch diese Beweisverwertungsverbote grundsätzlich anwendbar sein, da sich das Verfahren grundsätzlich nach nationalem Recht richtet und gem. Art. 31 Abs. 2 VO der betraute DEStA nur um Maßnahmen im Ausland ersuchen darf, die er auch nach seinem eigenen nationalen Recht anordnen darf. Wie der Wortlaut sowohl von Art. 37 Abs. 1 VO als auch von ErwG 80 VO klarstellen, kann allein aus der Erhebung im Ausland keine Unzulässigkeit des Beweises geschlossen werden. Dies entspricht grundsätzlich auch der deutschen Rechtslage.[124]

---

120 Vgl. hierzu die einschlägigen Kommentierungen von L/R-Esser sowie SK/StPO-Meyer sowie Jacobs, White and Ovey, The European Convention on Human Rights, 8th ed. 2021.

121 Vgl. hierzu auch *Martin-Vignerte*, Procedural Safeguards in EPPO cross-border investigations, ERA Forum 2020, 501 (507 mwN).

122 Siehe hierzu auch *Farkas/Udvarhelyi/Jacsó*, Zum strafrechtlichen Schutz der finanziellen Interessen der Europäischen Union, NZWiSt 2019, 369 (373); *Seibel*, Collection and Evaluation of Evidence in the EU Multilevel System: The Impact of Inadmissibility of Evidence, in: Farkas/Dannecker/Jacsó, Criminal Law Aspects of the Protection of the Financial Interests of the European Union, 2019, 505 ff.

123 Hierzu auch *Niedernhuber* → § 7.

124 Zur Vertiefung *Oehmichen/Schneider/von Wistinghausen*, Der Ausländische Beweis, StraFo 2015, 230 ff.

84 Umgekehrt, wenn das Verfahren im EU-Ausland federführend geleitet wird und nur einzelne Beweiserhebungen in Deutschland erfolgt sind, wird es Aufgabe der deutschen Mitverteidigerin sein, zu überprüfen, ob bei der Erhebung nationales Verfassungsrecht, bspw. bei einer TKÜ der Kernbereichsschutz, eingehalten wurde.[125]

85 Für die **Beweisaufnahme** während der Hauptverhandlung, aber auch schon im Ermittlungsverfahren, sieht Art. 41 Abs. 3 VO eine Besonderheit vor, die den Anspruch der Unabhängigkeit der EUStA und zugleich den angestrebten partizipatorischen Charakter des EUStA-Verfahrens[126] unterstreicht:

*„Unbeschadet der in diesem Kapitel genannten Rechte haben Verdächtige und Beschuldigte sowie andere an Verfahren der EUStA Beteiligte alle Verfahrensrechte, die ihnen das geltende nationale Recht zuerkennt, einschließlich der Möglichkeit, Beweismittel beizubringen, zu beantragen, dass Sachverständige bestellt bzw. vernommen und Zeugen gehört werden, **und die EUStA aufzufordern, derartige Maßnahmen im Namen der Verteidigung zu erwirken.**" [Hervorhebung durch Verf.]*

86 Unbeschadet des Beweisantragsrechts der Verteidigung sieht also Art. 41 Abs. 3 VO ein weiteres Recht vor, die EUStA direkt aufzufordern, für die Verteidigung (entlastende) Beweismittel zu „erwirken" oder zu beantragen. Es bleibt abzuwarten, wie sich dieses Recht in der Praxis auswirkt. Bei entlastenden Auslandsbeweisen könnten sich hier in der Tat für die Verteidigung die Möglichkeiten verbessern, diese in das Verfahren einzuführen.

87 **7. Abschluss der Ermittlungen.** Nach Abschluss der Ermittlungen unterbreitet der DEStA der die Aufsicht führenden EStA einen Bericht, der eine Zusammenfassung des Sachverhalts und lediglich einen Entscheidungsvorschlag enthält (Art. 35 VO). Anders als in nationalen Verfahren entscheidet dann nicht der die Ermittlungen operativ führende Staatsanwalt (DEStA), sondern die Ständige Kammer über die **Anklageerhebung** vor einem nationalen Gericht (Art. 36 VO) ebenso wie über **Verfahrenseinstellungen** (Art. 39 VO) und über Verweisungen und Übertragungen von Verfahren auf die nationalen Behörden (Art. 34 VO) sowie über die Möglichkeit eines **vereinfachten Verfahrens** (Art. 40 VO).[127] Die Entscheidungen und Weisungen der Ständigen Kammern sind schriftlich festzuhalten und werden Teil der Verfahrensakte (Art. 10 Abs. 8 UAbs. 2 VO).

88 Für die Verteidigung ist es somit mindestens ebenso wichtig, mit der die Ermittlungen beaufsichtigenden Ständigen Kammer regelmäßig zu kommunizieren, wie mit dem die Ermittlungen im Übrigen führenden DEStA. Allerdings sitzt der deutsche EStA nicht in allen Ständigen Kammern; vielmehr soll das Kollegium über die Besetzung entscheiden, wobei jeder EStA in mindestens einer Ständigen Kammer sein soll,[128] aber die Fälle nach dem Zufallsprinzip und unter Berücksichtigung der „Arbeitsbelastung" zugeteilt werden: *„Das System basiert auf der zufälligen, automatischen und wechselnden Zuweisung von Fälle an die Ständigen Kammern in der Reihenfolge der Registrierung neuer Fälle und stellt eine gleichmäßige Verteilung der Arbeitsbelastung auf die Ständigen Kammern sicher."*[129] Nach einer aktuellen Änderung der Geschäftsordnung soll nunmehr ausgeschlossen sein, dass die die Aufsicht führende EStA ständiges Mitglied der Ständigen Kammer sein soll.[130]

125 Der Kernbereich privater Lebensgestaltung ist ein wesentliches Schutzgut des Grundrechts auf informationelle Selbstbestimmung, auf Vertraulichkeit und Integrität informationstechnischer Systeme und der Menschenwürde gem. Art. 2 Abs. 1 iVm Art. 1 Abs. 1 GG, umfassend *Barrot*, Der Kernbereich privater Lebensgestaltung, 2012; zum Schutz dieses Kernbereichs durch den Einsatz von KI: *Esser/Reißmann*, StV 2021,526.

126 *Esser* → § 11 Rn. 222.

127 ErwG 79 VO, Art. 10 Abs. 3 VO.

128 Art. 16 GO.

129 Art. 19 Abs. 1 GO.

130 Art. 19 wurde mit Änderungsbeschluss des Kollegiums vom 11.08.2021, College Decision 085/2021, wie folgt geändert (eine deutsche Fassung liegt zur Zeit der Verfassung dieses Beitrages noch nicht vor): "The system shall be based on a random, automatic and alternating allocation of cases to Permanent Chambers, *whose permanent members do not include the supervising European Prosecutor,* according to the order of registration of each new case and shall ensure an even distribution of workload among the Permanent Chambers." S. auch den geänderten Art. 4 a) der GO: "The Case Management System of the EPPO shall, upon the registration of a case, ran-

Da an den Sitzungen der Ständigen Kammern auch die die Ermittlungen beaufsichtigende EStA teilnimmt (Art. 10 Abs. 9 VO), ist zu erwarten, dass diese als mit der deutschen Rechtsordnung Vertraute – abgesehen vom Vorsitzenden, den entweder die Europäische Generalstaatsanwältin, einer ihrer Stellvertreter oder ein gem. der GO zum Vorsitzenden benannter EStA führt[131] – bei der Entscheidungsfindung eine nicht unerhebliche Rolle spielen wird. Hinzu kommt, dass die EStA auch Weisungen an den DEStA erteilen kann (Art. 12 Abs. 3, Art. 13 Abs. 2 VO). Die Kommunikation mit all diesen Entscheidungsträgern wird insbesondere gegen Ende des Verfahrens für die Verteidigung immer wichtiger werden. Um daher mit den die Entscheidungen treffenden Mitgliedern der zuständigen Ständigen Kammer kommunizieren zu können, kann es hilfreich sein, mit in Luxemburg ansässigen Verteidigerinnen vor Ort oder mit solchen Rechtsanwältinnen, die mit der jeweiligen Rechtsordnung vertraut sind, aus der der jeweils Vorsitzende der Ständigen Kammer kommt, zu kooperieren. 89

**Gründe, wegen derer ein Verfahren beendet werden kann**, werden in Art. 39 VO aufgelistet. Aus ErwG 81 S. 2 VO scheint zu folgen, dass die „Einstellungsgründe" grundsätzlich abschließend sein sollen.[132] Weitere Einstellungen kommen allerdings nach nationalem Recht in Betracht.[133] 90

ErwG 81 VO lautet : 91

*Unter Berücksichtigung des Legalitätsprinzips sollten die Ermittlungen der EUStA in der Regel zur Strafverfolgung vor den zuständigen nationalen Gerichten führen, wenn ausreichend Beweise vorliegen und der Strafverfolgung* ***keine rechtlichen Gründe*** *entgegenstehen oder wenn kein vereinfachtes Strafverfolgungsverfahren angewandt wird. Die* ***Gründe für die Einstellung eines Verfahrens*** *sind in dieser Verordnung erschöpfend festgelegt. [Hervorhebung durch Verf.]*

Abgesehen von den abschließend aufgeführten Einstellungsgründen in Art. 39 VO kann das Verfahren daher auch aus diversen anderen rechtlichen Gründen eingestellt werden, etwa bei Vorliegen anderer Prozesshindernisse,[134] zB der Verletzung von Beschuldigtenrechten[135] wie etwa rechtsstaatswidriger Tatprovokation,[136] dauerhafte Verhandlungsunfähigkeit,[137] überlanger Verfahrensdauer, aber auch bspw. bei Vorliegen von Rechtfertigungs-, Entschuldigungs- oder Schuldausschließungsgründen wie zB der actio libera in causa (sofern man nicht in solchen Fällen mangels nachweisbarer Schuld bereits den Tatverdacht entfallen lässt). Wie *Gut* in diesem Handbuch ausführt, wäre eine Anklageerhebung bei zu erwartender Einstellung durch das Gericht kaum rechtstaatlich vertretbar.[138] 92

§ 170 Abs. 2 StPO ist nicht anwendbar,[139] und ebenso sind in Österreich die in §§ 190–192 öStPO aufgeführten Einstellungsgründe[140] nicht anwendbar, allerdings enthält Art. 39 VO einen vergleichbaren Grund. Die dort aufgelisteten Gründe lassen sich indes nicht in einheitliche dogmatische 93

domly allocate that case to a Permanent Chamber *whose permanent members do not include the supervising European Prosecutor*. For the purpose of evocation, the case shall be immediately allocated to a Permanent Chamber that has a meeting scheduled between the third and the fifth day from the registration of the case and whose permanent members do not include the supervising European Prosecutor."

131 Art. 10 Abs. 1 VO.

132 So wohl auch das Verständnis des österreichischen Gesetzgebers aufgrund der irreführenden Übersetzung (dazu sogleich), vgl. Erläuterungen zum öEUStA-DG, 11.

133 Vgl. hierzu vertiefend auch *Gut* →, § 9 Rn. 74 ff.

134 So die BR-Drs. 47/20,31 f.; *Esser* → § 11 Rn. 31 ff.

135 *Esser* → § 11 Rn. 95 ff.

136 EGMR 15.10.2020 – 40495/15 – Akbay u.a./Deutschland, EuGRZ 2021, 179 m. Anm. *Esser* StV 2021, 383 ff.; EGMR 23.10.2014 – 54648/09 – Furcht/Deutschland; s.a. *Esser* → § 11 Rn. 97 mwN; *Oehmichen*, Die Rechtsprechung des Europäischen Gerichtshofs für Menschenrechte zur Tatprovokation im Rahmen verdeckter Ermittlungen und ihre Rezeption durch den Bundesgerichtshof, CHKD, Cilt:2, 2014, 105 ff. *Esser*, Lockspitzel und V-Leute in der Rechtsprechung des EGMR: Strafrechtliche Ermittlungen jenseits der StPO – außerhalb des Gesetzes?, in: Abschied von der Wahrheitssuche, Texte und Ergebnisse des 35. Strafverteidigertages in Berlin (2012), 197.

137 *Gut* → § 9 Rn. 75 mwN.

138 *Gut* → § 9 Rn. 75 mwN.

139 § 3 Abs. 1 EUStAG.

140 § 14 Abs. 1 öEUStA-DG-E.

Kategorien einordnen. Zum Teil handelt es sich um Strafverfolgungshindernisse (zB Verjährung, Tod des Beschuldigten, Strafklageverbrauch) und um Vollstreckungshindernisse (Amnestie, Immunität), auch ein Schuldausschließungsgrund (Schuldunfähigkeit) wird genannt, und als letzter „echter" Einstellungsgrund folgt schließlich die fehlende Beweisbarkeit der Vorwürfe.[141]

94 Insbes. Verjährung, Amnestie, Immunität und Schuldunfähigkeit sind dabei Kriterien, die von Land zu Land anderen Voraussetzungen unterliegen, sodass sich ein Blick in weitere beteiligte Rechtsordnungen lohnen mag und ggf. auch die Beantragung eines ausländischen Sachverständigen über die Schuldunfähigkeit angezeigt sein kann.

95 Der Umstand, dass die VO eigene Gründe für den rechtskräftigen Abschluss der Verfahren auch ohne Urteil oder Freispruch vorsieht, spricht schließlich dafür, dass die VO davon ausgeht, dass es in vielen Fällen auch Anlass für eine solche Verfahrensbeendigung geben wird. Dies sollte die Verteidigung stets im Blick behalten.

96 Gem. Art. 39 Abs. 2 VO kann das Verfahren nur bei Vorliegen neuer Tatsachen **wieder aufgenommen** werden. Hieraus folgert der deutsche Gesetzgeber, dass die Einstellung gem. Art. 39 Abs. 1 VO anders als § 170 Abs. 2 StPO zur **endgültigen (iSv rechtskräftigen) Verfahrenseinstellung** führt, sodass diese Art der Verfahrensbeendigung auch einer Verfolgung durch andere mitgliedstaatliche Behörden entgegensteht (**ne bis in idem**, Art. 50 GRC, Art. 54 SDÜ).[142]

97 Soweit **Einstellungen oder Absehen von Verfolgung unter Auflagen** (§ 153a Abs. 1 StPO, § 45 Abs. 3 JGG und § 398a AO)[143] oder auf Grundlage von **Verständigungsgesprächen** (§ 257c StPO) in Betracht kommen, werden diese in der VO zwar als **„vereinfachtes Verfahren"** bezeichnet,[144] sind aber unter den nach nationalem Recht erforderlichen Bedingungen grundsätzlich möglich. Allerdings werden die Verständigungen, die schon nach deutschem Recht komplexen Regelungen unterliegen, zusätzlich verkompliziert, da darüber hinaus eine Zustimmung zur Verständigung durch die Ständige Kammer von den in Art. 40 Abs. 2 VO genannten Kriterien abhängt, insbes. auch der Wiedergutmachung durch die Beschuldigte. Spannend und auslegungsbedürftig in dem Zusammenhang ist das Kriterium, dass die Anwendung des Verfahrens „im Einklang mit den allgemeinen Zielen und Grundsätzen der EUStA gemäß dieser Verordnung" stehen muss. Die Grundprinzipien sind die in Art. 5 VO genannten: Beachtung der Rechte der GRC, Bindung an Rechtsstaatlichkeit und Verhältnismäßigkeit, Unparteilichkeit, Beschleunigungsmaxime und schließlich der Grundsatz der loyalen Zusammenarbeit.

98 Ist die EUStA gemäß Art. 22 Abs. 3 VO zuständig, stellt sie das Verfahren gem. Art. 39 Abs. 3 VO erst nach Konsultation mit den zuständigen nationalen Behörden (Art. 25 Abs. 6 VO) ein bzw. verweist das Verfahren gem. Art. 34 Abs. 6–8 VO an diese. Die in Art. 39 VO aufgeführten „Einstellungs"-Gründe schützen somit die Verteidigung nicht unbedingt vor weiterer Strafverfolgung nach nationalem Recht. In Österreich ist die in Art. 39 Abs. 3 VO vorgesehene Konsultation zudem weiter konkretisiert: Im Rahmen dieser Konsultation sieht § 14 Abs. 3 öEUStA-DG vor, dass sich die Generalprokuratur in drei Fällen gegen die Einstellung auszusprechen hat und um die Übertragung des Strafverfahrens zu ersuchen hat, nämlich

- wenn der Sachverhalt noch nicht ausreichend geklärt ist (Nr. 1),
- eine Verurteilung aufgrund ausreichend geklärten Sachverhalts naheliegt (Nr. 2), oder
- kein Grund für die Einstellung des Verfahrens oder den Rücktritt von der Verfolgung vorliegt (Nr. 3).

141 Bei letzterem verdeutlicht die Formulierung „Die Ständige Kammer beschließt (…), dass das Verfahren gegen eine Person eingestellt wird, wenn die Strafverfolgung (…) aus einem der folgenden Gründe nicht mehr möglich ist: (…) es fehlen sachdienliche Beweise.", dass auch eine Verfahrenseinstellung nicht das Makel beseitigt, dass die Ermittlungen für den Betroffenen geschaffen haben: er ist nicht etwa unschuldig, nein, nur die Strafverfolgung ist (leider) nicht mehr möglich.

142 BR-Drs. 47/20, 32; BT-Drs. 19/17963, 33.

143 BT-Drs. 19/17963, 34, 35.

144 Art. 40 VO, ErwG 82 VO.

Die Einstellungen nach Art. 40 VO sind endgültig und lassen daher keine erneute Verfolgung durch die EUStA zu. Sie führen zugleich zum **beschränkten (transnationalen) Strafklageverbrauch** gem. Art. 50 GRC jedenfalls gegenüber denjenigen Mitgliedstaaten, die sich an der Verstärkten Zusammenarbeit zur EUStA beteiligen.[145] Ob auch EU-Mitgliedstaaten, die nicht an der Verstärkten Zusammenarbeit zur EUStA teilnehmen, an Art. 50 GRC gebunden sind bzgl. Einstellungen durch die EUStA, ist bislang noch offen und bedarf einer verbindlichen Klärung durch Vorlage zum EuGH nach § 267 AEUV. Angesichts dieses nur eingeschränkten Strafklageverbrauches kann es für den Mandanten im Einzelfall ratsam sein, sich lieber von einem deutschen Gericht verurteilen zu lassen, als dem vereinfachten Verfahren zuzustimmen. 99

Neben den in der VO vorgesehenen Verfahrensbeendigungen dürfte auch das **Strafbefehlsverfahren** gem. den §§ 407 ff. StPO anwendbar sein.[146] Gem. Art. 36 Abs. 7 VO werden solche Entscheidungen nicht vom DEStA, sondern von der Ständigen Kammer getroffen. Kann aber im Rahmen der Hauptverhandlung die Weisung der Ständigen Kammer nicht abgewartet werden, dürfte der DEStA berechtigt sein, seine Zustimmung zur Einstellung des Ermittlungsverfahrens auch ohne vorherige Weisung durch die Ständige Kammer zu erteilen.[147] 100

Während in Österreich Einstellungen gem. §§ 190–192 öStPO nicht möglich sind,[148] bleiben **Einstellungen aus anderen Opportunitätserwägungen** gem. §§ 153 ff. StPO in Verfahren der EUStA in Deutschland denkbar. Dies bejaht der deutsche Gesetzgeber jedenfalls bzgl. § 153 Abs. 1, § 154 Abs. 1, § 154a Abs. 1, § 154b Abs. 1 und § 154f StPO; § 398 AO; § 45 Abs. 1 und Abs. 2 JGG.[149] Auch § 153b StPO sollte gem. Art. 5 Abs. 3 VO laut der Gesetzesbegründung Anwendung finden können, etwa in Fällen, in denen ein Hinweisgeber Informationen weitergibt und deshalb ein Absehen von Strafe durch das Gericht, zB gem. § 46b StGB in Betracht kommt. Die übrigen Vorschriften werden schon der Sache nach nicht einschlägig (§§ 153d, 153e, 153f, 154c StPO) bzw. nicht anwendbar (zB § 153c StPO[150]) sein. Teileinstellungen (§§ 154, 154a StPO) fallen vermutlich nicht unter eine „Einstellung des Verfahrens" iSd Art. 39 VO, so dass diese weiterhin in von Deutschland aus geführten Verfahren möglich sein sollten. Einstellungen gem. § 153 ff. StPO nach Anklageerhebung sind uneingeschränkt anwendbar.[151] 101

Für die Verteidigung in Deutschland ferner zu beachten ist, dass Art. 42 Abs. 3 VO für **Klageerzwingungsverfahren** dem Antragsteller bei Verletzungen des Unionsrechts den Rechtsweg direkt zum EuGH eröffnet, sodass §§ 172 ff. StPO nicht anzuwenden sind und der Antragsteller entsprechend ergänzend zu belehren ist.[152] 102

Auf **Strafzumessungsebene** schließlich wird die in den meisten EUStA-Verfahren zu erwartende überlange Verfahrensdauer (Art. 47 Abs. 2 S. 1 GRC; Art. 6 Abs. 1 EMRK) mildernd zu berücksichtigen und ggf. auch Grundlage für Ersatzansprüche sein.[153] 103

## IV. Rechtsmittel

Da der Rechtsschutz eingehend von *Esser* → § 11 kommentiert wird, beschränkt sich dieser Abschnitt auf die für die Verteidigung wesentlichen Aspekte: 104

145 Siehe auch *Esser* → § 11 Rn. 41 ff.
146 BT-Drs. 19/17963, 31.
147 BT-Drs. 19/17963, 32.
148 Einstellungen aus Opportunitätserwägungen sind nach österreichischer Rechtslage nicht anzuwenden, § 14 Abs. 1 öEUStA-DG (vgl. auch Erläuterungen zum EUStA-DG, S. 11).
149 BT-Drs. 19/17963, 34.
150 § 1 Abs. 3 EUStAG.
151 BT-Drs. 19/17963, 34.
152 § 3 Abs. 4, Abs. 5 EUStAG.
153 *Esser* → § 11 Rn. 132.

105 Über Art. 41 Abs. 1 VO sind die Rechte der GRC[154] zu gewähren. Das Recht auf effektiven Rechtsschutz wird durch Art. 47 Abs. 1 GRC in seiner Auslegung durch den EuGH[155], Art. 13 EMRK in seiner Auslegung durch den EGMR gewährt.[156] Nach letzterer Rspr.[157] muss

- das Rechtsmittel erreichbar und schnell[158] sein und die Mindestgarantien von Fairness bieten, indem den Antragstellern ermöglicht wird, eine Entscheidung, die ihre Rechte einschränkt (zB Waffengleichheit),[159] anzufechten,
- eine materiell-rechtliche Auseinandersetzung mit dem Rechtsmittel stattfinden[160],
- das Rechtsmittel geeignet sein, der Situation unmittelbar abzuhelfen,[161] dh es muss geeignet sein, die behauptete Verletzung oder ihre Fortsetzung zu verhindern oder angemessene Entschädigung für eine bereits erfolgte Verletzung vorzusehen.[162]

106 Was **einzelne strafprozessuale Maßnahmen** anbelangt, richten sich die Rechtsmittel grundsätzlich nach dem nationalen Recht (ErwG 87 VO, Art. 42 VO; Rechtsgrundlage dürfte hiernach in den meisten Fällen Art. 5 Abs. 3, 28 Abs. 1 VO iVm zB §§ 98 Abs. 2 S. 2 StPO, ggf. (doppelt) analog,[163] § 304 StPO, § 147 Abs. 5 S. 2 StPO bei Akteneinsicht, bei verdeckten Ermittlungen § 101 Abs. 7 StPO, § 311 StPO etc sein).[164] Zwar spricht Art. 42 VO nur allgemein von „Verfahrenshandlungen“, doch zählen dazu alle Entscheidungen der EUStA, die diese „in Ausübung ihrer Aufgaben der Ermittlung, Verfolgung oder Anklageerhebung“ getroffen hat.[165] Zuständiges Gericht ist im Falle einer durch die EUStA angeordneten Maßnahme das Gericht am Dienstort der deutschen Staatsanwältin (§ 3 Abs. 3 EUStAG iVm der jeweils anwendbaren Norm der StPO).[166] Auch die Entscheidung über die Einleitung der Ermittlungen selbst ist rechtsmittelfähig.[167]

107 Zu bedauern ist, dass es keinen Rechtsschutz gegen Ermittlungsmaßnahmen direkt vor dem EuGH gibt.[168] Nur ausnahmsweise besteht für den nationalen Richter eine **Vorlagepflicht**. In der deutschen Gesetzesbegründung zum EUStAG heißt es hierzu:

*„Im Rahmen eines nach Art. 42 Abs. 1 VO anwendbaren nationalen Rechtsbehelfs soll der Richter auch die Vereinbarkeit der Verfahrenshandlungen der EUStA mit Unionsrecht prüfen. Der nationale Richter soll gegebenenfalls die Vereinbarkeit mit nationalem Recht und mit Unionsrecht feststellen können – ebenso wie gegebenenfalls die Unvereinbarkeit mit nationalem Recht. Sollte er allerdings „Zweifel an der Gültigkeit der betreffenden Verfahrenshandlung nach Unionsrecht hegen“ (siehe Erwgr 88 Abs. 2 VO), so muss er das Verfahren aussetzen und dem Gerichtshof gemäß Art. 42 Abs. 2 lit. a zur Vorabentscheidung nach Art. 267 AEUV vorlegen. Diese Regelung folgt der sogenannten „Foto-Frost“-Rechtsprechung des EuGH (EuGH, Rs. 314/85, ECLI:EU:C:1987:452, Rn. 14ff.), wonach nationale Gerichte nicht befugt sind, die Ungültigkeit eines Unions-*

154 Zur praktischen Anwendung der GRC hat Fair Trials International ein hilfreiches „Tool-Kit“ entwickelt: Fair Trials, Practitioners‘ Tools on EU Law, EU Charter of Fundamental Rights, September 2020, online verfügbar auf https://fairtrials.us10.list-manage.com/track/click?u=dfa141a6ac7af584732e52c69&id=ccd2bf3923&e=f246eb8b73 (zul. besucht: 26.3.2021).

155 EuGH 28.2.2018 – C-64/16, ECLI:EU:C:2018:117 Rn. 35.

156 Vertiefend hierzu auch *Novokmet*, The European public prosecutor's office and the judicial review of criminal prosecution, NJECL 2017, 374.

157 S. auch „Tool-Kit", Fair Trials, Practitioners‘ Tools on EU Law, EU Charter of Fundamental Rights, September 2020, online verfügbar auf https://fairtrials.us10.list-manage.com/track/click?u=dfa141a6ac7af584732e52c69&id=ccd2bf3923&e=f246eb8b73, 18 ff.

158 EGMR 26.10.2004 – 44093/98 Rn. 59 – Çelik u. Imret/Türkei.

159 EGMR 7.6.2011 – 30042/08 Rn. 46 – Csüllög/Ungarn.

160 EGMR 26.10.2000 – 30985/96 Rn. 96 – Hasan and Chaush/Bulgarien.

161 EGMR 29.11.1991 – 12742/87 – Pine Valley Developments Ltd./Irland.

162 EGMR 26.10.2000 – 30210/96 Rn. 158 – Kudla/Polen.

163 Kritisch hierzu *Esser* → § 12 Rn. 57.

164 Vertiefend hierzu auch *Esser* → § 12 Rn. 66 ff., sowie die einschlägige Kommentarliteratur.

165 Umkehrschluss aus ErwG 89 VO, s. *Esser* → § 12 Rn. 35 f.

166 *Heger*, Einführung der Europäischen Staatsanwaltschaft in das deutsche Recht, ZRP 2020, 115 (118).

167 Vertiefend hierzu: *Novokmet*, The European public prosecutor's office and the judicial review of criminal prosecution, NJECL 2017, 374.

168 *Illuminati* in Bachmaier Winter 179 (195).

*aktes festzustellen, und daher – entgegen Art. 267 Abs. 2 AEUV – auch Gerichte, gegen deren Entscheidungen noch ein Rechtsmittel besteht, gegebenenfalls die Frage der Gültigkeit dem EuGH vorlegen müssen.*“[169]

Soweit daher Zweifel an der Gültigkeit der Verfahrenshandlung bestehen und diese unmittelbar auf der VO beruht (was in den wenigsten Fällen der Fall sein wird, da sich die Verfahrenshandlungen ganz überwiegend nach nationalem Recht richten), ist das Verfahren auszusetzen und dem EuGH vorzulegen. Dies kann und sollte die Verteidigung in den hierfür geeigneten Fällen beantragen. In Haftfällen sollte ein **beschleunigtes Verfahren** (PPU) angestrengt werden. 108

Bzgl. **Klageerzwingungsverfahren** wird nun ein komplexes Mischsystem zwischen nationalem Recht und EuGH-Zuständigkeit gelten (zu Einzelheiten vgl. *Esser* → § 12 Rn. 77 ff.). 109

Von besonderer Bedeutung für die Verteidigung wird in EUStA-Verfahren voraussichtlich sein, die **Entscheidung über die territoriale Zuständigkeit** gem. Art. 36 Abs. 3 VO anzugreifen, wenn die Ständige Kammer beschließt, in einem anderen Staat als dem Mitgliedstaat der betrauten DEStA Anklage zu erheben. Auch diese Anklageentscheidung richtet sich nach nationalem Recht und kann daher im Zwischenverfahren im Rahmen der Stellungnahme die in Deutschland begründete Zuständigkeit rügen. Zusätzlich besteht insoweit vor deutschen Gerichten nunmehr die Möglichkeit, gem. § 16 Abs. 2 StPO nF den **Einwand der Unzuständigkeit** zu erheben. In Österreich hat bei Zuständigkeitskonflikten zwischen EUStA und nationalen Verfolgungsbehörden der Oberste Gerichtshof durch Dreiersenate zu entscheiden, § 7 öEUStA-DG. 110

Ein solcher Zuständigkeitswechsel sollte aber zugleich **auch im Sitzstaat des DEStA** angegriffen werden. Da es sich bei dieser Entscheidung um die Anwendung von originärem EU-Recht (Art. 36 VO) handelt, dürfte jedenfalls für das jeweilige nationale Gericht eine **Vorlagepflicht gem. Art. 42 Abs. 2 lit. a VO** sowie letztlich auch gem. Art. 267 AEUV bestehen. 111

Für den **Instanzenzug** dürfte, auch wenn hierfür keine Regelungen vorgesehen sind, erneut das nationale Recht maßgeblich sein, sodass gegen Urteile nationaler Gerichte aufgrund einer EUStA-Anklage der Rechtsweg bis hin zum **BVerfG** und ggf. **EGMR** grundsätzlich eröffnet sein dürfte.[170] 112

Insbes. grenzüberschreitende EUStA-Verfahren werden die Verteidigung gerade auch bei dem Ersuchen um Rechtsschutz mit den bei grenzüberschreitenden Verfahren bereits bekannten Herausforderungen konfrontieren. Ohne eine intensive **paneuropäische Vernetzung der Anwaltschaft** wird ein umfassender Rechtsschutz in solchen Verfahren kaum möglich sein, wobei Kostenaspekte die Ungleichheit der von EUStA-Betroffenen vergrößern werden. Allerdings wird die Anregung von Vorabentscheidungsverfahren[171] für die Verteidigung eine immer wichtigere Rolle spielen. 113

## V. Zusammenfassung und Ausblick

Nach alledem ergibt sich ein ernüchterndes Bild für die Verteidigerin in einem EUStA-Verfahren: 114

Die VO enthält **nur wenig und sehr allgemein gehaltene Referenzen auf Verteidigungsrechte**, deren konkrete Ausgestaltung weiterhin den jeweiligen Mitgliedstaaten überlassen bleiben. Die **Transnationalität** der EUStA-Verfahren verlangt den EUStA-Verteidigern zugleich ein gesteigertes Maß an internationaler Zusammenarbeit und Expertise anderer Rechtsordnungen sowie in Verfahren vor dem EuGH ab. Dennoch besteht bislang kein der EUStA gegenüber gesetztes Kollektivorgan europäischer Verteidiger, welches bei der Entwicklung weiterer Regularien wie etwa der Geschäftsordnung eine bessere Berücksichtigung der Verteidigungsrechte sicherstellen könnte. 115

Zu den bereits bei „gewöhnlichen“ transnationalen Verfahren bestehenden Schwierigkeiten bzgl. Zugang zum Verteidiger, Teilhabe- und Informationsrechte inkl. Akteneinsicht, Übersetzung 116

169 BT-Drs. 19/17963, 36.

170 Zu den Schwierigkeiten bzgl. der Kontrolle durch BVerfG und EGMR bei Handlungen der EUStA vgl. *Esser* → § 12 Rn. 147 ff., 166 ff.

171 Vgl. hierzu zB das von Fair Trials International entwickelten Toolkit: Fair Trials, Preliminary Reference Toolkit, July 2020, online verfügbar auf https://www.fairtrials.org/sites/default/files/CJEU-preliminary-reference-Toolkit%20July.pdf (zul. besucht: 26.3.2021).

wesentlicher Unterlagen, rechtlichem Gehör, adäquatem Rechtsschutz gegen verdeckte Ermittlungsmaßnahmen etc. gesellt sich in EUStA-Verfahren die bis zur Anklageerhebung fortbestehende **Unsicherheit des Gerichtsstandes** hinzu und die damit einhergehende **Gefahr des Forumshoppings bei der Beweiserhebung**, sowie die Einbindung und **Einmischung ausländischer Staatsanwälte** in ein ansonsten überwiegend national regiertes Verfahren, die die Verfahrensentwicklung nicht nur für die Verteidigung, sondern letztlich auch für den nationalen DEStA praktisch unkalkulierbar machen. Soweit die Verteidigung ihrerseits einen Gerichtstandswechsel beantragen will, kann sie ein solches Recht – unmittelbar aus dem Grundsatz der Waffengleichheit, der Ausfluss des Rechts auf ein faires Verfahren (Art. 6 Abs. 1 EMRK) ist, sowie aus dem Rechtsstaatsprinzip (Art. 5 Abs. 2 VO) ableiten. Der in der VO vorgesehene direkte Informationsaustausch der EUStA mit Europol, Eurojust, OLAF sowie den nationalen Strafverfolgungsbehörden und Drittstaaten wird, da auf all diese Fallbearbeitungssysteme nur die EUStA, nicht aber die Verteidigung Zugriff hat, den Grundsatz der **Waffengleichheit** weiter aushebeln.[172]

117 Schließlich erscheinen **Verfahrensverzögerungen** angesichts des umständlichen Verwaltungsapparats vorprogrammiert, die sich besonders grundrechtsintensiv in Haftfällen auswirken werden. Es bleibt zu hoffen, dass es nicht nur wegen der Art der verfolgten Straftaten (Finanzstrafrecht), sondern auch dank der guten internationalen Organisation und Koordination der EUStA eine **Haftsituation** in den allermeisten Fällen wird **vermieden** werden können, denn die EUStA ist nicht nur gem. Art. 5 Abs. 2 VO in all ihren Handlungen an den Grundsatz der Verhältnismäßigkeit gebunden. Sie wird auch mit fachkundigen, mit den Alternativen zum Europäischen Haftbefehl (EEA, EÜA) hinreichend vertrauten EU-Strafrechtsexperten besetzt sein, so dass die Anordnung eines Haftbefehls in aller Regel entbehrlich sein sollte.

118 Der aus Art. 5 Abs. 4 VO hervorgehende Anspruch der EUStA auf **Unparteilichkeit und Objektivität** sollte seitens der Verteidigung genutzt werden, um proaktiv auf die Erhebung und Berücksichtigung entlastender Beweismittel hinzuwirken, etwa die Aufforderung an die EUStA, bestimmte Beweisanträge zu erwirken (Art. 41 Abs. 3 VO) oder, falls sich die Beweise in einem Staat befinden, der nicht an der Verstärkten Zusammenarbeit teilnimmt, durch die Beantragung einer EEA.

119 Indem sich das Verfahren im Übrigen im Wesentlichen nach dem jeweiligen nationalen Recht richten wird, wird auch der Standard der jeweils anwendbaren Verteidigungsrechte maßgeblich von diesem nationalen Recht abhängen, ebenso wie die Bestrafung,[173] so dass die Betroffenen von EUStA-Verfahren trotz gleicher, harmonisierter Straftaten je nach Gerichtsstand weiterhin völlig unterschiedlich behandelt werden. Hervorzuheben ist aber die Bedeutung, die sowohl die **GRC** als auch die **Stärkung der Verfahrensrechte** in der EUStA-VO spielt; gerade der Umstand, dass es kaum weitere Regelungen zu den Verteidigungsrechten in der VO und der Geschäftsordnung der EUStA gibt, verstärkt nur die Wirkung, die diesen Rechtsinstrumenten in Zukunft zuzuweisen sein wird. Dies gibt Anlass zu leiser Hoffnung, dass durch die VO sowohl die GRC als auch die Richtlinien zur Stärkung der Verfahrensrechte an Bedeutung gewinnen und letztere vermehrt Gegenstand von Vertragsverletzungsverfahren sein werden mit der Folge, dass dank EUStA-Verfahren letztlich die Verfahrensrechte auch insgesamt europaweit gestärkt werden.

120 Umso wichtiger ist es für die Verteidigung, sich **früh und proaktiv** in die EUStA-Verfahren einzuschalten und die Verfahrensrechte, wie sie nicht nur die VO, sondern auch die GRC, die RL zur Stärkung der Verfahrensrechte, die Rspr. des EGMR und schließlich die nationalen Verfahrensordnungen bieten, bestmöglich auszuschöpfen und – insbesondere mittels der Anregung von Vorlageverfahren zum EuGH – zugleich fortzuentwickeln.

---

172 Ebenso eine Gefährdung des Grundsatzes der Waffengleichheit befürchtend: Streinz/*Danneker*, EUV/AEUV, Art. 86, Rn. 13.

173 Auch die sog. PIF-Richtlinie (EU) 2017/1371 des Europäischen Parlaments und des Rates vom 5.7.2017 über die strafrechtliche Bekämpfung von gegen die finanziellen Interessen der Union gerichtetem Betrug, ABl. 2017 L 198, 29) stellt lediglich Anforderungen hinsichtlich des „Ob" der Bestrafung bestimmter Verhaltensweisen, ohne konkrete Mindest- oder Höchststrafmaße vorzugeben.

# Anhang I.

## Verordnung (EU) 2017/1939 des Rates vom 12. Oktober 2017 zur Durchführung einer Verstärkten Zusammenarbeit zur Errichtung der Europäischen Staatsanwaltschaft (EUStA)

(ABl. L 283 S. 1)
(Celex-Nr. 3 2017 R 1939)
zuletzt geändert durch Art. 1 VO (EU) 2020/2153 vom 14. Oktober 2020
(ABl. L 431 S. 1, ber. ABl. L 433 S. 80)

DER RAT DER EUROPÄISCHEN UNION –

gestützt auf den Vertrag über die Arbeitsweise der Europäischen Union, insbesondere auf Artikel 86,

auf Vorschlag der Europäischen Kommission,

nach Zuleitung des Entwurfs des Gesetzgebungsakts an die nationalen Parlamente,

gestützt auf die Mitteilung Belgiens, Bulgariens, Deutschlands, Finnlands, Frankreichs, Griechenlands, Kroatiens, Litauens, Luxemburgs, Portugals, Rumäniens, der Slowakei, Sloweniens, Spaniens, der Tschechischen Republik und Zyperns, mit der sie dem Europäischen Parlament, dem Rat und der Kommission am 3. April 2017 mitteilt haben, dass sie eine Verstärkte Zusammenarbeit auf der Grundlage des Verordnungsentwurfs begründen möchten,

nach Zustimmung des Europäischen Parlaments[1],

gemäß einem besonderen Gesetzgebungsverfahren,

in Erwägung nachstehender Gründe:

(1) Die Union hat sich die Schaffung eines Raums der Freiheit, der Sicherheit und des Rechts zum Ziel gesetzt.

(2) Die Möglichkeit der Errichtung der Europäischen Staatsanwaltschaft (im Folgenden „EUStA“) ist im Vertrag über die Arbeitsweise der Europäischen Union (AEUV) im Rahmen des Titels über den Raum der Freiheit, der Sicherheit und des Rechts vorgesehen.

(3) Sowohl die Union als auch ihre Mitgliedstaaten sind verpflichtet, die finanziellen Interessen der Union vor Straftaten zu schützen, die jedes Jahr einen beträchtlichen finanziellen Schaden verursachen. Diese Straftaten werden jedoch von den nationalen Behörden der Strafjustiz derzeit nicht immer in ausreichendem Maße untersucht und strafrechtlich verfolgt.

(4) Die Kommission hat am 17. Juli 2013 einen Vorschlag für eine Verordnung des Rates zur Errichtung der EUStA angenommen.

(5) Auf seiner Tagung vom 7. Februar 2017 hat der Rat festgestellt, dass über den Verordnungsentwurf keine Einstimmigkeit bestand.

(6) Eine Gruppe von 17 Mitgliedstaaten hat mit Schreiben vom 14. Februar 2017 gemäß Artikel 86 Absatz 1 Unterabsatz 2 AEUV beantragt, den Europäischen Rat mit dem Verordnungsentwurf zu befassen.

(7) Der Europäische Rat hat am 9. März 2017 über den Verordnungsentwurf beraten und festgestellt, dass im Sinne des Artikels 86 Absatz 1 Unterabsatz 3 AEUV kein Einvernehmen erzielt wurde.

(8) Am 3. April 2017 haben Belgien, Bulgarien, Deutschland, Finnland, Frankreich, Griechenland, Kroatien, Litauen, Luxemburg, Portugal, Rumänien, die Slowakei, Slowenien, Spanien, die Tschechische Republik und Zypern dem Europäischen Parlament, dem Rat und der Kommission mitgeteilt, dass sie eine Verstärkte Zusammenarbeit zur Errichtung der EUStA begründen möchten. Daher gilt gemäß Artikel 86 Absatz 1 Unterabsatz 3 AEUV die Ermächtigung zu einer Verstärkten Zusammenarbeit nach Artikel 20 Absatz 2 des Vertrags über die Europäische Union (EUV) und Artikel 329 Absatz 1 AEUV als erteilt und finden die Bestimmungen über die Verstärkte Zusammenarbeit ab dem 3. April 2017 Anwendung. Außerdem

1 **Amtl. Anm.:** Zustimmung vom 5. Oktober 2017 (noch nicht im Amtsblatt veröffentlicht).

haben mit Schreiben vom 19. April 2017, 1. Juni 2017, 9. Juni 2017 bzw. 22. Juni 2017 Lettland, Estland, Österreich und Italien den Wunsch bekundet, sich an der Durchführung der Verstärkten Zusammenarbeit zu beteiligen.

(9) Nach Artikel 328 Absatz 1 AEUV steht eine Verstärkte Zusammenarbeit bei ihrer Begründung allen Mitgliedstaaten der Europäischen Union offen. Dies gilt auch zu jedem anderen Zeitpunkt, auch für eine bestehende Verstärkte Zusammenarbeit, sofern sie die in diesem Rahmen bereits erlassenen Rechtsakte beachten. Die Kommission und die Mitgliedstaaten, die an der Verstärkten Zusammenarbeit zur Errichtung der EUStA teilnehmen (im Folgenden „Mitgliedstaaten“) sollten für die Teilnahme möglichst vieler Mitgliedstaaten der Europäischen Union werben. Diese Verordnung sollte nur in denjenigen Mitgliedstaaten in allen ihren Teilen verbindlich sein und auch nur in denjenigen Mitgliedstaaten unmittelbar gelten, die an der Verstärkten Zusammenarbeit zur Errichtung der EUStA oder kraft eines Beschlusses gemäß Artikel 331 Absatz 1 Unterabsatz 2 oder 3 AEUV daran teilnehmen.

(10) Gemäß Artikel 86 AEUV sollte die Europäische Staatsanwaltschaft ausgehend von Eurojust eingesetzt werden. Dies bedeutet, dass mit dieser Verordnung eine enge Beziehung zwischen ihnen geschaffen werden sollte, die sich auf gegenseitige Zusammenarbeit stützt.

(11) Der AEUV sieht vor, dass der sachliche Zuständigkeitsbereich der EUStA auf Straftaten zum Nachteil der finanziellen Interessen der Union gemäß dieser Verordnung beschränkt ist. Die Aufgaben der EUStA sollten daher in der strafrechtlichen Untersuchung und Verfolgung sowie der Anklageerhebung in Bezug auf Personen bestehen, die Straftaten zum Nachteil der finanziellen Interessen der Union im Sinne der Richtlinie (EU) 2017/1371 des Europäischen Parlaments und des Rates[2] und untrennbar damit verbundene Straftaten begangen haben. Für eine Ausdehnung ihrer Zuständigkeit auf schwere Straftaten mit grenzüberschreitender Dimension ist ein einstimmiger Beschluss des Europäischen Rates erforderlich.

(12) Im Einklang mit dem Subsidiaritätsprinzip lässt sich die Bekämpfung von Straftaten zum Nachteil der finanziellen Interessen der Union in Anbetracht ihres Umfangs und ihrer Wirkungen besser auf Unionsebene verwirklichen. In der jetzigen Situation, in der Straftaten zum Nachteil der finanziellen Interessen der Union ausschließlich von den Behörden der Mitgliedstaaten der Europäischen Union strafrechtlich verfolgt werden, lässt sich dieses Ziel nicht immer zufriedenstellend erreichen. Da das Ziel dieser Verordnung, nämlich die bessere Bekämpfung von Straftaten in Bezug auf die finanziellen Interessen der Union durch die Errichtung der EUStA, wegen der Zersplitterung der nationalen Strafverfolgungsmaßnahmen im Bereich von Straftaten zum Nachteil der finanziellen Interessen der Union von deren Mitgliedstaaten allein nicht verwirklicht werden kann und sich daher besser auf Unionsebene erreichen lässt, indem der EUStA die Zuständigkeit für die Verfolgung dieser Straftaten übertragen wird, kann die Union im Einklang mit dem in Artikel 5 EUV niedergelegten Subsidiaritätsprinzip tätig werden. Entsprechend dem in jenem Artikel niedergelegten Grundsatz der Verhältnismäßigkeit geht diese Verordnung nicht über das für die Erreichung dieses Ziels erforderliche Maß hinaus und gewährleistet, dass ihre Auswirkungen auf die Rechtsordnungen und die institutionellen Strukturen der Mitgliedstaaten so gering wie möglich gehalten werden.

(13) In dieser Verordnung ist ein System der geteilten Zuständigkeit zwischen der EUStA und den nationalen Behörden bei der Bekämpfung von Straftaten zum Nachteil der finanziellen Interessen der Union vorgesehen, das sich auf das Evokationsrecht der EUStA stützt.

(14) Im Sinne des Grundsatzes der loyalen Zusammenarbeit sollten die EUStA und die zuständigen nationalen Behörden einander unterstützen und unterrichten, damit die Straftaten, die in die Zuständigkeit der EUStA fallen, wirksam bekämpft werden können.

(15) Diese Verordnung lässt die nationalen Systeme der Mitgliedstaaten in Bezug auf die Art und Weise, wie strafrechtliche Ermittlungen organisiert werden, unberührt.

2 **Amtl. Anm.:** Richtlinie (EU) 2017/1371 des Europäischen Parlaments und des Rates vom 5. Juli 2017 über die strafrechtliche Bekämpfung von gegen die finanziellen Interessen der Union gerichtetem Betrug (ABl. L 198 vom 28.7.2017, S. 29).

(16) Da der EUStA Ermittlungs- und Strafverfolgungsbefugnisse zu übertragen sind, sollte ihre Unabhängigkeit und ihre Rechenschaftspflicht gegenüber den Organen der Union durch institutionelle Garantien gewährleistet werden.

(17) Die EUStA sollte im Interesse der Union insgesamt handeln und Weisungen von Personen außerhalb der EUStA weder einholen noch entgegennehmen.

(18) Die strenge Rechenschaftspflicht ergänzt die Unabhängigkeit und die Befugnisse, die der EUStA durch diese Verordnung verliehen werden. Der Europäische Generalstaatsanwalt ist für die Erfüllung seiner Pflichten als Leiter der EUStA uneingeschränkt rechenschaftspflichtig und trägt als solcher gegenüber dem Europäischen Parlament, dem Rat und der Kommission die institutionelle Gesamtverantwortung für die allgemeine Tätigkeit der EUStA. Jedes dieser Organe kann daher beim Gerichtshof der Europäischen Union (im Folgenden „Gerichtshof") unter bestimmten Umständen, einschließlich im Falle schweren Fehlverhaltens, seine Entlassung beantragen. Dasselbe Verfahren sollte bei der Entlassung von Europäischen Staatsanwälten zur Anwendung kommen.

(19) Die EUStA sollte einen Jahresbericht über ihre allgemeine Tätigkeit veröffentlichen, der zumindest statistische Daten zur Arbeit der EUStA enthalten sollte.

(20) Die Organisationsstruktur der EUStA sollte eine schnelle und effiziente Entscheidungsfindung in Bezug auf die Durchführung strafrechtlicher Ermittlungen und von Strafverfolgungsmaßnahmen ermöglichen, unabhängig davon, ob ein oder mehrere Mitgliedstaaten betroffen sind. Ferner sollte die Struktur sicherstellen, dass alle nationalen Rechtsordnungen und -traditionen der Mitgliedstaaten in der EUStA vertreten sind und dass Staatsanwälte, die Kenntnisse über die einzelnen Rechtsordnungen besitzen, grundsätzlich Ermittlungen und Strafverfolgungsmaßnahmen in ihren jeweiligen Mitgliedstaaten durchführen.

(21) Zu diesem Zweck sollte die EUStA eine unteilbare Einrichtung der Union sein, die als eine einheitliche Behörde handelt. Die zentrale Ebene besteht aus dem Europäischen Generalstaatsanwalt, der der Leiter der EUStA insgesamt und der Leiter des Kollegiums Europäischer Staatsanwälte ist, den Ständigen Kammern und den Europäischen Staatsanwälten. Die dezentrale Ebene besteht aus den Delegierten Europäischen Staatsanwälten, die in den Mitgliedstaaten angesiedelt sind.

(22) Um die Kohärenz ihres Handelns und damit einen einheitlichen Schutz der finanziellen Interessen der Union zu gewährleisten, sollte die EUStA darüber hinaus durch ihre Organisationsstruktur und ihren internen Entscheidungsprozess der zentralen Dienststelle ermöglichen, alle Ermittlungen und Strafverfolgungsmaßnahmen, die von den Delegierten Europäischen Staatsanwälten durchgeführt werden, zu überwachen, zu leiten und zu beaufsichtigen.

(23) Die in dieser Verordnung verwendeten Begriffe „allgemeine Aufsicht", "überwachen und leiten" und "Aufsicht" beschreiben unterschiedliche Kontrollmaßnahmen, die von der EUStA ausgeübt werden. "Allgemeine Aufsicht" sollte die allgemeine Verwaltung der Tätigkeit der EUStA, in deren Rahmen Weisungen nur zu Angelegenheiten gegeben werden, die für die EUStA von übergreifender Bedeutung sind, bezeichnen. "Überwachen und leiten" sollte die Befugnisse, einzelne Ermittlungen und Strafverfolgungsmaßnahmen zu überwachen und zu leiten, bezeichnen. "Aufsicht" sollte eine engere und durchgängige Aufsicht über die Ermittlungen und Strafverfolgungsmaßnahmen bezeichnen; dazu gehört, dass, wenn erforderlich, eingegriffen und Weisungen zu Ermittlungen und Strafverfolgungsangelegenheiten erteilt werden können.

(24) Das Kollegium sollte über strategische Fragen, einschließlich hinsichtlich der Festlegung der Prioritäten und der Ermittlungs- und Strafverfolgungspolitik der EUStA, sowie über allgemeine Fragen entscheiden, die sich aus Einzelfällen ergeben, z.B. hinsichtlich der Anwendung dieser Verordnung, der ordnungsgemäßen Umsetzung der Ermittlungs- und Strafverfolgungspolitik der EUStA oder hinsichtlich Grundsatzfragen oder Fragen von erheblicher Bedeutung in Bezug auf die Entwicklung einer kohärenten Ermittlungs- und Strafverfolgungspolitik der EUStA. Die Entscheidungen des Kollegiums über allgemeine Fragen sollten die Pflicht, die Ermittlungen und die Strafverfolgung in Übereinstimmung mit dieser Verordnung und

nationalem Recht vorzunehmen, unberührt lassen. Das Kollegium sollte sich nach Kräften bemühen, Entscheidungen im Konsens zu treffen. Kann kein Konsens erzielt werden, so sollten Entscheidungen durch Abstimmung getroffen werden.

(25) Die Ständigen Kammern sollten Ermittlungen überwachen und leiten und die Kohärenz der Tätigkeit der EUStA gewährleisten. Die Zusammensetzung der Ständigen Kammern sollte im Einklang mit der Geschäftsordnung der EUStA festgelegt werden, worin unter anderem gestattet werden sollte, dass ein Europäischer Staatsanwalt Mitglied mehr als einer Ständigen Kammer ist, sofern sich dies als zweckmäßig erweist, um eine möglichst ausgewogene Arbeitsbelastung der einzelnen Europäischen Staatsanwälten sicherzustellen.

(26) Den Vorsitz der Ständigen Kammern sollte der Europäische Generalstaatsanwalt, einer seiner Stellvertreter oder ein Europäischer Staatsanwalt im Einklang mit den in der Geschäftsordnung der EUStA niedergelegten Grundsätzen führen.

(27) Die Zuteilung der Verfahren auf die Ständigen Kammern sollte nach dem Zufallsprinzip erfolgen, um so weit wie möglich eine ausgewogene Verteilung der Arbeitsbelastung sicherzustellen. Abweichungen von diesem Prinzip sollten auf Entscheidung des Europäischen Generalstaatsanwalts möglich sein, um ein ordnungsgemäßes und wirksames Funktionieren der EUStA zu gewährleisten.

(28) Aus jedem Mitgliedstaat sollte ein Europäischer Staatsanwalt für das Kollegium ernannt werden. Grundsätzlich sollten die Europäischen Staatsanwälte im Auftrag der zuständigen Ständigen Kammer die Ermittlungen und Strafverfolgungsmaßnahmen beaufsichtigen, für die die Delegierten Europäischen Staatsanwälte in ihrem Herkunftsmitgliedstaat zuständig sind. Sie sollten als Verbindungsstelle zwischen der zentralen Dienststelle und der dezentralen Ebene in ihren Mitgliedstaaten fungieren und so die Funktionsweise der EUStA als einer einheitlichen Dienststelle erleichtern. Der Aufsicht führende Europäische Staatsanwalt sollte außerdem prüfen, ob alle Weisungen im Einklang mit dem nationalen Recht stehen, und die Ständige Kammer darüber unterrichten, falls dies nicht der Fall sein sollte.

(29) Im Falle hoher Arbeitsbelastung aufgrund der großen Zahl an Ermittlungen und Strafverfolgungsmaßnahmen in einem bestimmten Mitgliedstaat sollte ein Europäischer Staatsanwalt die Möglichkeit haben, zu beantragen, dass ausnahmsweise anderen Europäischen Staatsanwälten die Aufsicht über bestimmte Ermittlungen und Strafverfolgungsmaßnahmen in seinem Herkunftsmitgliedstaat zugewiesen werden kann. Die Entscheidung darüber sollte vom Europäischen Generalstaatsanwalt mit Zustimmung des Europäischen Staatsanwalts, der die betreffenden Fälle übernehmen würde, getroffen werden. Die Kriterien für derartige Entscheidungen sollten in der Geschäftsordnung der EUStA festgelegt werden; zu diesen Kriterien sollte gehören, dass der Europäische Staatsanwalt, der die Fälle übernimmt, ausreichende Kenntnisse der Sprache und der Rechtsordnung des betreffenden Mitgliedstaats besitzt.

(30) Die Ermittlungen der EUStA sollten in der Regel von den Delegierten Europäischen Staatsanwälten in den Mitgliedstaaten durchgeführt werden. Sie sollten hierbei gemäß dieser Verordnung bzw. in Angelegenheiten, die nicht unter diese Verordnung fallen, gemäß nationalem Recht handeln. Die Delegierten Europäischen Staatsanwälte sollten ihre Aufgaben unter Aufsicht des Aufsicht führenden Europäischen Staatsanwalts und unter der Lenkung und nach Weisung der zuständigen Ständigen Kammer ausführen. Ist nach nationalem Recht eines Mitgliedstaats die interne Überprüfung bestimmter Handlungen innerhalb der Struktur der nationalen Staatsanwaltschaft vorgesehen, so sollte im Einklang mit der Geschäftsordnung der EUStA die Überprüfung solcher vom Delegierten Europäischen Staatsanwalt getroffenen Entscheidungen unter die Aufsichtsbefugnis des Aufsicht führenden Europäischen Staatsanwalts fallen. In diesen Fällen sollten die Mitgliedstaaten nicht verpflichtet sein, eine Überprüfung durch nationale Gerichte vorzusehen; Artikel 19 EUV und Artikel 47 der Charta der Grundrechte der Europäischen Union (im Folgenden „Charta") bleiben hiervon unberührt.

(31) Die Aufgaben der Staatsanwaltschaft vor den zuständigen Gerichten gelten bis zum Abschluss des Verfahrens, worunter die endgültige Klärung der Frage zu verstehen ist, ob der Verdächtige oder Beschuldigte die Straftat begangen hat, gegebenenfalls einschließlich der Festlegung

des Strafmaßes und der abschließenden Entscheidung über alle verfügbaren Rechtshandlungen oder Rechtsbehelfe, bis hierüber rechtskräftig entschieden ist.

(32) Die Delegierten Europäischen Staatsanwälte sollten ein integraler Bestandteil der EUStA sein; als solche sollten sie daher bei der Ermittlung und Verfolgung von Straftaten, die in die Zuständigkeit der EUStA fallen, ausschließlich im Auftrag und im Namen der EUStA im Hoheitsgebiet ihres jeweiligen Mitgliedstaats handeln. Dies erfordert, dass ihnen im Rahmen dieser Verordnung ein funktional und rechtlich unabhängiger Status gewährt wird, der sich von einem Status nach nationalem Recht unterscheidet.

(33) Ungeachtet ihres besonderen Status im Rahmen dieser Verordnung sollten Delegierte Europäische Staatsanwälte während ihrer Amtszeit ferner Mitglieder der Staatsanwaltschaft ihres Mitgliedstaats, d.h. Staatsanwalt oder Mitglied der Richterschaft, sein; von ihren Mitgliedstaaten sollten ihnen zumindest die gleichen Befugnisse wie nationalen Staatsanwälten zuerkannt werden.

(34) Die Delegierten Europäischen Staatsanwälte sollten an Weisungen der Ständigen Kammern und der Europäischen Staatsanwälte gebunden sein. Ist ein Delegierter Europäischer Staatsanwalt der Auffassung, dass er zur Ausführung einer Weisung Maßnahmen treffen müsste, die nicht im Einklang mit dem nationalen Recht stehen, so sollte er um eine Überprüfung der Weisung durch den Europäischen Generalstaatsanwalt ersuchen.

(35) Der mit einem Verfahren betraute Delegierte Europäische Staatsanwalt sollte den Aufsicht führenden Europäischen Staatsanwalt und die zuständige Ständige Kammer von allen wesentlichen Entwicklungen des Falles, wie z.B. die Durchführung von Ermittlungsmaßnahmen oder Änderungen des Kreises verdächtiger Personen, unterrichten.

(36) Die Ständigen Kammern sollten ihre Entscheidungsbefugnisse in spezifischen Phasen der Verfahren der EUStA ausüben, damit eine gemeinsame Ermittlungs- und Strafverfolgungspraxis gewährleistet wird. Sie sollten Entscheidungen auf der Grundlage eines vom betrauten Delegierten Europäischen Staatsanwalt vorgeschlagenen Entscheidungsentwurfs treffen. In Ausnahmefällen sollte eine Ständige Kammer jedoch Entscheidungen ohne einen Entscheidungsentwurf des betrauten Delegierten Europäischen Staatsanwalts treffen können. In derartigen Fällen kann der die Aufsicht über das Verfahren führende Europäische Staatsanwalt einen solchen Entscheidungsentwurf vorlegen.

(37) Eine Ständige Kammer sollte in spezifischen Fällen, in denen die Straftat nicht schwerwiegend oder das Verfahren nicht komplex ist, ihre Entscheidungsbefugnisse dem Aufsicht führenden Europäischen Staatsanwalt übertragen können. Bei der Bewertung der Schwere einer Straftat sollte den Auswirkungen der Straftat auf Unionsebene Rechnung getragen werden.

(38) Eine Regelung zur Vertretung der Europäischen Staatsanwälte untereinander sollte in der Geschäftsordnung der EUStA vorgesehen werden. Die Vertretungsregelung sollte in Fällen angewendet werden, in denen ein Europäischer Staatsanwalt seine Aufgaben kurzzeitig nicht erfüllen kann, beispielsweise wegen Abwesenheit.

(39) Darüber hinaus sollte ein Europäischer Staatsanwalt von einem der Delegierten Europäischen Staatsanwälte seines Mitgliedstaats vertreten werden, wenn er zurücktritt, entlassen wird oder aus anderem Grund, beispielsweise wegen längerer Krankheit, aus dem Amt ausscheidet. Die Vertretung sollte auf einen Zeitraum von höchstens drei Monaten beschränkt sein. Die Möglichkeit der Verlängerung dieses Zeitraums bis zur Ersetzung oder Rückkehr des Europäischen Staatsanwalts sollte im Ermessen des Kollegiums liegen, soweit dies für erforderlich erachtet wird unter Berücksichtigung der Arbeitsbelastung der EUStA und der Dauer der Abwesenheit. Der Delegierte Europäische Staatsanwalt, der den Europäischen Staatsanwalt vertritt, sollte für die Zeit der Vertretung von den Ermittlungen oder Strafverfolgungsmaßnahmen entbunden werden, die er als Delegierter Europäischer Staatsanwalt oder nationaler Staatsanwalt leitet. Hinsichtlich der Verfahren der EUStA, für die der einen Europäischen Staatsanwalt vertretende Delegierte Europäische Staatsanwalt zuständig ist, sollten die Neuzuweisungsvorschriften der EUStA gelten.

(40) Das Verfahren für die Ernennung des Europäischen Generalstaatsanwalts und der Europäischen Staatsanwälte sollte deren Unabhängigkeit gewährleisten. Ihre Legitimität sollte sich aus der Beteiligung der Organe der Union an dem Verfahren für die Ernennung herleiten. Die Stellvertreter des Europäischen Generalstaatsanwalts sollten vom Kollegium aus dem Kreis seiner Mitglieder ernannt werden.

(41) Ein Auswahlausschuss sollte eine Auswahlliste der Bewerber für das Amt des Europäischen Generalstaatsanwalts erstellen. Die Befugnis zur Festlegung der Regeln für die Tätigkeit des Ausschusses und zur Ernennung seiner Mitglieder sollte dem Rat übertragen werden, der auf Vorschlag der Kommission handelt. Eine solche Durchführungsbefugnis würde die spezifischen Befugnisse, die dem Rat nach Artikel 86 AEUV übertragen sind, und die Besonderheit der EUStA widerspiegeln, die fest in die nationalen Rechtsstrukturen eingebettet bleiben, zugleich aber eine Einrichtung der Union sein wird. Die EUStA wird in Verfahren tätig sein, in denen die meisten der übrigen Akteure nationale Akteure sind, beispielsweise die Gerichte, die Polizei und sonstige Strafverfolgungsbehörden; der Rat hat daher ein spezifisches Interesse daran, an dem Ernennungsverfahren eng beteiligt zu sein. Mit der Übertragung dieser Befugnisse auf den Rat wird außerdem dem potenziell sensiblen Charakter von Entscheidungsbefugnissen mit unmittelbaren Auswirkungen auf die nationalen Justiz- und Strafverfolgungsstrukturen angemessen Rechnung getragen. Das Europäische Parlament und der Rat sollten im gegenseitigen Einvernehmen einen der Bewerber, die in die Auswahlliste aufgenommen wurden, zum Europäischen Generalstaatsanwalt ernennen.

(42) Jeder Mitgliedstaat sollte drei Kandidaten für das Amt eines Europäischen Staatsanwalts, der vom Rat auszuwählen und zu ernennen ist, benennen. Damit die Kontinuität der Arbeit des Kollegiums gewährleistet wird, sollte alle drei Jahre eine Neubesetzung eines Drittels der Stellen der Europäischen Staatsanwälte stattfinden. Dem Rat sollte die Befugnis übertragen werden, Übergangsvorschriften für die Ernennung der Europäischen Staatsanwälte für die erste Amtszeit und während der ersten Amtszeit zu erlassen. Diese Durchführungsbefugnis spiegelt die Befugnis des Rates wider, die Europäischen Staatsanwälte auszuwählen und zu ernennen. Dies ist außerdem durch die Besonderheit der Europäischen Staatsanwälte, die darin besteht, dass sie mit ihrem jeweiligen Herkunftsmitgliedstaat verbunden sind, während sie zugleich Mitglieder des Kollegiums sind, und ganz allgemein durch die Besonderheit der EUStA gerechtfertigt, wobei der gleichen Logik wie bei der Durchführungsbefugnis des Rates zur Festlegung der Regeln für die Tätigkeit des Ausschusses und zur Ernennung von dessen Mitgliedern gefolgt wird. Der Rat sollte das geografische Spektrum der Mitgliedstaaten bei der Neubesetzung eines Drittels der Stellen der Europäischen Staatsanwälte während ihrer ersten Amtszeit berücksichtigen.

(43) Das Verfahren für die Ernennung der Delegierten Europäischen Staatsanwälte sollte gewährleisten, dass sie integraler Bestandteil der EUStA sind, während sie auf operativer Ebene weiterhin in ihre nationalen Rechtsordnungen und Gerichts- und Strafverfolgungsstrukturen integriert sind. Die Mitgliedstaaten sollten Bewerber für die Stellen der Delegierten Europäischen Staatsanwälte benennen, die vom Kollegium auf Vorschlag des Europäischen Generalstaatsanwalts ernannt werden sollten.

(44) In jedem Mitgliedstaat sollte es zwei oder mehr Delegierte Europäische Staatsanwälte geben, damit die reibungslose Bearbeitung der Fälle der EUStA gewährleistet wird. Der Europäische Generalstaatsanwalt sollte in Konsultation mit jedem einzelnen Mitgliedstaat die Anzahl der Delegierten Europäischen Staatsanwälte je Mitgliedstaat sowie die funktionale und örtliche Aufteilung der Zuständigkeiten zwischen den Delegierten Europäischen Staatsanwälten genehmigen. Bei dieser Konsultation sollte der Organisationsstruktur des nationalen Strafverfolgungssystems gebührend Rechnung getragen werden. Der Begriff der funktionalen Aufteilung der Zuständigkeiten zwischen den Delegierten Europäischen Staatsanwälten könnte eine Aufteilung der Aufgaben ermöglichen.

(45) Die Gesamtzahl der Delegierten Europäischen Staatsanwälte in einem Mitgliedstaat kann mit der Genehmigung des Europäischen Generalstaatsanwalts und vorbehaltlich der Obergrenze der jährlichen Haushaltslinie der EUStA geändert werden.

(46) Das Kollegium sollte für Disziplinarverfahren gegen Delegierte Europäische Staatsanwälte, die nach dieser Verordnung tätig werden, zuständig sein. Da Delegierte Europäische Staatsanwälte aktive Mitglieder der Staatsanwaltschaft oder der Richterschaft der Mitgliedstaaten bleiben und auch Aufgaben als nationale Staatsanwälte wahrnehmen können, können nationale Disziplinarvorschriften aus Gründen, die nicht mit dieser Verordnung im Zusammenhang stehen, anzuwenden sein. In derartigen Fällen sollte jedoch der Europäische Generalstaatsanwalt aufgrund seiner Verantwortlichkeit für die Verwaltung der EUStA über die Entlassung oder Disziplinarmaßnahme unterrichtet werden, damit die Integrität und Unabhängigkeit der EUStA gewahrt bleibt.

(47) Die Arbeit der EUStA sollte grundsätzlich in elektronischer Form erfolgen. Die EUStA sollte ein Fallbearbeitungssystem einrichten, führen und verwalten. Zu den Informationen im Fallbearbeitungssystem sollten Informationen über etwaige Straftaten, die in die Zuständigkeit der EUStA fallen, sowie Informationen aus den Verfahrensakten gehören, auch wenn sie abgeschlossen sind. Die EUStA sollte bei der Einrichtung des Fallbearbeitungssystems gewährleisten, dass die EUStA durch das System als einheitliche Dienststelle fungieren kann, bei der die von den Delegierten Europäischen Staatsanwälten geführten Verfahrensakten der zentralen Dienststelle für die Ausübung ihrer Entscheidungs-, Überwachungs- und Leitungs- und Aufsichtsaufgaben zur Verfügung stehen.

(48) Die nationalen Behörden sollten die EUStA unverzüglich über Handlungen unterrichten, die eine in die Zuständigkeit der EUStA fallende Straftat darstellen könnten. In Fällen, die nicht in die Zuständigkeit der EUStA fallen, sollte diese die zuständigen nationalen Behörden über Sachverhalte informieren, von denen sie Kenntnis erhalten hat und die eine Straftat darstellen könnten, wie z.B. Falschaussagen.

(49) Die Organe, Einrichtungen und sonstigen Stellen der Union sowie die nationalen Behörden sollten der EUStA unverzüglich Informationen über Straftaten mitteilen, bezüglich deren sie ihre Zuständigkeit ausüben könnte. Die EUStA kann auch Informationen von anderen Quellen wie privaten Dritten erhalten oder einholen. Bei der EUStA sollte mit einem Überprüfungsmechanismus festgestellt werden, ob ausgehend von den erhaltenen Informationen die Voraussetzungen für die sachliche, territoriale und personelle Zuständigkeit der EUStA erfüllt sind.

(50) Hinweisgeber können der EUStA neue Informationen zur Kenntnis bringen und sie dadurch in ihrer Arbeit der strafrechtlichen Untersuchung und Verfolgung sowie der Anklageerhebung in Bezug auf Personen, die Straftaten zum Nachteil der finanziellen Interessen der Union begangen haben, unterstützen. Hinweisgeber können jedoch aus Angst vor Vergeltung abgeschreckt werden. Zur Erleichterung der Aufdeckung von Straftaten, die in die Zuständigkeit der EUStA fallen, werden die Mitgliedstaaten aufgefordert, im Einklang mit ihren nationalen Rechtsvorschriften wirksame Verfahren vorzusehen, um die Meldung etwaiger Straftaten, die in die Zuständigkeit der EUStA fallen, zu ermöglichen und den Schutz der Personen, die diese Straftaten melden, vor Vergeltung und insbesondere vor nachteiligen oder diskriminierenden Maßnahmen im Beschäftigungsverhältnis sicherzustellen. Die EUStA sollte erforderlichenfalls ihre eigenen internen Vorschriften entwickeln.

(51) Um in vollem Umfang ihre Verpflichtung zu erfüllen, die EUStA in Kenntnis zu setzen, wenn der Verdacht auf eine in deren Zuständigkeit fallende Straftat besteht, sollten die nationalen Behörden der Mitgliedstaaten sowie alle Organe, Einrichtungen und sonstigen Stellen der Union die bestehenden Meldeverfahren einhalten und über effiziente Mechanismen für eine erste Bewertung der ihnen gegenüber geäußerten Behauptungen verfügen. Die Organe, Einrichtungen und sonstigen Stellen der Union können zu diesem Zweck das Europäische Amt für Betrugsbekämpfung (OLAF) in Anspruch nehmen.

(52) Die Behörden der Mitgliedstaaten sollten ein System schaffen, mit dem sichergestellt wird, dass Informationen der EUStA so bald wie möglich übermittelt werden. Es ist Sache der Mitgliedstaaten, zu entscheiden, ob sie ein direktes oder ein zentralisiertes System errichten.

(53) Die Einhaltung dieser Mitteilungspflicht ist für das einwandfreie Funktionieren der EUStA unerlässlich und sollte weit ausgelegt werden, um zu gewährleisten, dass nationale Behörden Fälle mitteilen, in denen die Prüfung bestimmter Kriterien nicht sofort möglich ist (beispielsweise das Ausmaß des Schadens oder die anzuwendende Strafe). Die EUStA sollte außerdem von den Behörden der Mitgliedstaaten im Einzelfall Informationen über sonstige Straftaten zum Nachteil der finanziellen Interessen der Union einholen können. Dies sollte nicht so verstanden werden, dass die EUStA von den Behörden der Mitgliedstaaten systematisch oder in regelmäßigen Abständen Informationen über geringfügige Delikte einholen kann.

(54) Die effiziente Ermittlung von Straftaten zum Nachteil der finanziellen Interessen der Union und der Grundsatz *Ne bis in idem* können in bestimmten Fällen eine Ausdehnung der Ermittlungen auf andere Straftaten nach nationalem Recht erfordern, wenn Letztere mit einer Straftat zum Nachteil der finanziellen Interessen der Union untrennbar verbunden sind. Der Begriff „untrennbar miteinander verbundene Straftaten“ sollte im Lichte der einschlägigen Rechtsprechung ausgelegt werden, die als relevantes Kriterium für die Anwendung des Grundsatzes *Ne bis in idem* die Identität der Sachverhalte (oder im Wesentlichen gleichartige Sachverhalte) heranzieht, was so zu verstehen ist, dass es eine Reihe konkreter Umstände gibt, die zeitlich und räumlich untrennbar miteinander verbunden sind.

(55) Die EUStA sollte zur Ausübung ihrer Zuständigkeit berechtigt sein, wenn Straftaten untrennbar miteinander verbunden sind und der Schwerpunkt gemessen an der Schwere der betreffenden Straftat, wie sie sich in der Höchststrafe widerspiegelt, die verhängt werden könnte, auf der Straftat zum Nachteil der finanziellen Interessen der Union liegt.

(56) Bei untrennbar miteinander verbundenen Straftaten sollte die EUStA jedoch auch dann zur Ausübung ihrer Zuständigkeit berechtigt sein, wenn der Schwerpunkt gemessen am Strafmaß nicht auf der Straftat zum Nachteil der finanziellen Interessen der Union liegt, die untrennbar verbundene andere Straftat jedoch als akzessorisch zu betrachten ist, da sie lediglich Mittel zur Begehung der Straftat zum Nachteil der finanziellen Interessen der Union ist, insbesondere wenn eine derartige andere Straftat zu dem Hauptzweck begangen wurde, Voraussetzungen für die Begehung der Straftat zum Nachteil der finanziellen Interessen der Union zu schaffen, wie z.B. Straftaten, die gerade darauf ausgerichtet sind, für die materiellen oder rechtlichen Mittel zu sorgen, die die Begehung der Straftat zum Nachteil der finanziellen Interessen der Union ermöglichen oder die aus dieser Straftat hervorgehenden Vorteile oder Erträge zu sichern.

(57) Für den Begriff „Straftaten im Zusammenhang mit der Beteiligung an einer kriminellen Vereinigung“ sollte die im nationalen Recht gemäß dem Rahmenbeschluss 2008/841/JI des Rates[3] vorgesehene Definition maßgeblich sein, und er kann beispielsweise die Mitgliedschaft in einer kriminellen Vereinigung oder deren Organisation und Führung umfassen.

(58) Die Zuständigkeit der EUStA für Straftaten zum Nachteil der finanziellen Interessen der Union sollte in der Regel Vorrang vor nationalen Zuständigkeitsansprüchen haben, damit die EUStA für Kohärenz sorgen und die Ermittlungen und Strafverfolgungsmaßnahmen auf Unionsebene lenken kann. Hinsichtlich dieser Straftaten sollten die Behörden der Mitgliedstaaten nicht tätig werden, es sei denn, es müssen Eilmaßnahmen getroffen werden, bis die EUStA entschieden hat, ob sie Ermittlungen führt.

(59) Bei einem konkreten Fall sollte u.a. dann davon ausgegangen werden, dass er Auswirkungen auf Unionsebene hat, wenn es sich um eine Straftat grenzübergreifender Art und Größenordnung handelt, an einer derartigen Straftat eine kriminelle Vereinigung beteiligt ist oder die besondere Art der Straftat eine ernste Gefahr für die finanziellen Interessen der Union oder für die Glaubwürdigkeit ihrer Organe und das Vertrauen ihrer Bürger darstellen könnte.

---

3 **Amtl. Anm.:** Rahmenbeschluss 2008/841/JI des Rates vom 24. Oktober 2008 zur Bekämpfung der organisierten Kriminalität (ABl. L 300 vom 11.11.2008, S. 42).

(60) Kann die EUStA ihre Zuständigkeit in einem bestimmten Fall nicht ausüben, da Grund zu der Annahme besteht, dass der den finanziellen Interessen der Union entstandene oder wahrscheinlich entstehende Schaden den einem anderen Opfer entstandenen oder wahrscheinlich entstehenden Schaden nicht übersteigt, so sollte die EUStA dennoch in der Lage sein, ihre Zuständigkeit auszuüben, sofern sie besser als die Behörden des jeweiligen Mitgliedstaats bzw. der jeweiligen Mitgliedstaaten dafür geeignet ist, die Ermittlungs- oder Strafverfolgungsmaßnahmen durchzuführen. Die EUStA könnte u.a. dann besser dafür geeignet sein, wenn es effizienter wäre, bei einer Straftat aufgrund deren grenzübergreifender Art und Größenordnung die EUStA die Ermittlungen und Strafverfolgungsmaßnahmen durchführen zu lassen, wenn an der Straftat eine kriminelle Vereinigung beteiligt ist oder wenn eine bestimmte Art der Straftat eine ernste Gefahr für die finanziellen Interessen der Union oder für die Glaubwürdigkeit ihrer Institutionen und das Vertrauen ihrer Bürger darstellen könnte. In einem derartigen Fall sollte die EUStA ihre Zuständigkeit mit Zustimmung der zuständigen nationalen Behörde des Mitgliedstaats bzw. der Mitgliedstaaten ausüben können, in dem bzw. in denen einem oder mehreren solchen anderen Opfern ein Schaden entstanden ist.

(61) Leitet eine Justiz- oder Strafverfolgungsbehörde eines Mitgliedstaats ein Ermittlungsverfahren wegen einer Straftat ein und ist sie der Ansicht, dass die EUStA ihre Zuständigkeit nicht ausüben könnte, so unterrichtet sie die EUStA hiervon, damit diese beurteilen kann, ob sie die Zuständigkeit ausüben sollte.

(62) Bei Uneinigkeit über die Frage der Ausübung der Zuständigkeit sollten die zuständigen nationalen Behörden über die Zuständigkeitsverteilung entscheiden. Unter dem Begriff der zuständigen nationalen Behörden sollten die Justizbehörden verstanden werden, die nach dem nationalen Recht für die Entscheidung über die Zuständigkeitsverteilung zuständig sind.

(63) Da die EUStA bei nationalen Gerichten Anklage erheben soll, sollte ihre Zuständigkeit unter Verweis auf die strafrechtlichen Vorschriften der Mitgliedstaaten festgelegt werden, mit denen im Wege der Umsetzung der einschlägigen Rechtsvorschriften der Union, insbesondere der Richtlinie (EU) 2017/1371, in die nationalen Rechtsordnungen Handlungen oder Unterlassungen zum Nachteil der finanziellen Interessen der Union unter Strafe gestellt und die anwendbaren Sanktionen festgelegt werden.

(64) Die EUStA sollte ihre Zuständigkeit so umfassend wie möglich ausüben, damit sich ihre Ermittlungen und Strafverfolgungsmaßnahmen auf außerhalb der Hoheitsgebiete der Mitgliedstaaten begangene Straftaten erstrecken können.

(65) Die EUStA sollte sich bei ihren Ermittlungen und Strafverfolgungsmaßnahmen von den Grundsätzen der Verhältnismäßigkeit, der Unparteilichkeit und der Fairness gegenüber dem Verdächtigen oder Beschuldigten leiten lassen. Dies schließt die Verpflichtung ein, alle Arten von Beweisen zu erheben, belastende wie entlastende, entweder von sich aus oder auf Antrag der Verteidigung.

(66) Um Rechtssicherheit zu gewährleisten und Straftaten zum Nachteil der finanziellen Interessen der Union wirksam zu bekämpfen, sollte die Ermittlungs- und Strafverfolgungstätigkeit der EUStA vom Legalitätsprinzip geleitet sein, nach dem die EUStA die Vorschriften dieser Verordnung strikt einhält, insbesondere in Bezug auf die Zuständigkeit und ihre Ausübung, die Einleitung von Ermittlungsverfahren, die Beendigung von Ermittlungen, die Verweisung eines Verfahrens, die Einstellung des Verfahrens und vereinfachte Strafverfolgungsverfahren.

(67) In der Regel sollte gegen einen Verdächtigen oder Beschuldigten nur ein einziges Ermittlungs- oder Strafverfolgungsverfahren der EUStA laufen, damit die Rechte des Verdächtigen bzw. des Beschuldigten am besten gewahrt werden. Wurde eine Straftat von mehreren Personen begangen, so sollte die EUStA grundsätzlich nur ein Verfahren einleiten und die Ermittlungen gegen alle Verdächtigen oder Beschuldigten verbunden durchführen.

(68) Haben mehrere Delegierte Europäische Staatsanwälte Ermittlungsverfahren in Bezug auf dieselbe Straftat eingeleitet, so sollte die Ständige Kammer diese Ermittlungsverfahren gegebenenfalls verbinden. Die Ständige Kammer kann entscheiden, die betreffenden Verfahren nicht zu verbinden, oder aber entscheiden, diese Verfahren anschließend zu trennen, sofern dies

im Interesse der Effizienz der Ermittlungen liegt – beispielsweise wenn ein Verfahren gegen einen Verdächtigen oder Beschuldigten zu einem früheren Zeitpunkt abgeschlossen werden könnte, während die Verfahren gegen andere Verdächtige oder Beschuldigte noch fortgeführt werden müssten, oder wenn die Abtrennung des Verfahrens die Dauer der Untersuchungshaft eines der Verdächtigen verkürzen könnte. Sind verschiedene Ständige Kammern mit den zu verbindenden Verfahren befasst, so sollte die Geschäftsordnung der EUStA die geeignete Zuständigkeit und das geeignete Verfahren bestimmen. Entscheidet die Ständige Kammer, ein Verfahren in mehrere Verfahren zu trennen, so sollte ihre Zuständigkeit für die daraus folgenden Verfahren fortbestehen.

(69) Insbesondere für die Durchführung von Zwangsmaßnahmen sollte die EUStA die nationalen Behörden einschließlich der Polizeibehörden in Anspruch nehmen. Nach dem Grundsatz der loyalen Zusammenarbeit sollten alle nationalen Behörden und die zuständigen Stellen der Union, einschließlich Eurojust, Europol und OLAF, die Ermittlungen und Strafverfolgungsmaßnahmen der EUStA aktiv unterstützen und mit ihr zusammenarbeiten, und zwar ab dem Zeitpunkt, zu dem der EUStA eine mutmaßliche Straftat gemeldet wird, bis zu dem Zeitpunkt, zu dem sie entscheidet, Anklage zu erheben oder die Sache anderweitig abzuschließen.

(70) Für die wirksame Ermittlung und Strafverfolgung bei Straftaten zum Nachteil der finanziellen Interessen der Union ist es unerlässlich, dass die EUStA Beweise erheben und zu diesem Zweck wenigstens ein Minimum an Ermittlungsmaßnahmen einsetzen kann, dabei jedoch den Grundsatz der Verhältnismäßigkeit achtet. Diese Maßnahmen sollten hinsichtlich der unter den Auftrag der EUStA fallenden Straftaten zumindest in den Fällen, in denen die Straftaten mit einer Freiheitsstrafe im Höchstmaß von mindestens vier Jahren bedroht sind, für die Zwecke ihrer Ermittlungen und Strafverfolgungsmaßnahmen zur Verfügung stehen, können aber nach dem nationalen Recht Beschränkungen unterliegen.

(71) Zusätzlich zu dem in dieser Verordnung aufgeführten Minimum an Ermittlungsmaßnahmen sollten Delegierte Europäische Staatsanwälte befugt sein, Maßnahmen zu beantragen oder anzuordnen, die nach nationalem Recht in vergleichbaren innerstaatlichen Fällen Staatsanwälten zur Verfügung stehen. Die Verfügbarkeit sollte in allen Situationen gewährleistet sein, in denen die genannte Ermittlungsmaßnahme zwar existiert, aber Beschränkungen nach dem nationalen Recht unterliegen kann.

(72) In grenzüberschreitenden Fällen sollte der betraute Delegierte Europäische Staatsanwalt unterstützende Delegierte Europäische Staatsanwälte heranziehen können, wenn in anderen Mitgliedstaaten Maßnahmen ergriffen werden müssen. Ist eine richterliche Genehmigung für die Maßnahme erforderlich, so ist eindeutig festzulegen, in welchem Mitgliedstaat die Genehmigung eingeholt werden sollte; es sollte indes auf jeden Fall nur eine Genehmigung geben. Verweigern die Justizbehörden schließlich eine Ermittlungsmaßnahme, nämlich nachdem der Rechtsweg ausgeschöpft ist, so sollte der betraute Delegierte Europäische Staatsanwalt den Antrag oder die Anordnung zurückziehen.

(73) Die in dieser Verordnung vorgesehene Möglichkeit, sich auf Rechtsinstrumente über gegenseitige Anerkennung oder grenzüberschreitende Zusammenarbeit zu berufen, sollte nicht die spezifischen Bestimmungen über grenzüberschreitende Ermittlungen gemäß dieser Verordnung ersetzen. Vielmehr sollte sie sie ergänzen, damit sichergestellt wird, dass eine Maßnahme, die in einem grenzüberschreitenden Fall erforderlich ist, im nationalen Recht für einen rein innerstaatlichen Fall aber nicht vorgesehen ist, im Einklang mit den nationalen Rechtsvorschriften zur Umsetzung des einschlägigen Rechtsinstruments bei der Durchführung der Ermittlungen oder der Strafverfolgung angewandt werden kann.

(74) Die Bestimmungen dieser Verordnung über die grenzüberschreitende Zusammenarbeit sollten die bestehenden Rechtsinstrumente zur Erleichterung der grenzüberschreitenden Zusammenarbeit zwischen nationalen Behörden, abgesehen von Staatsanwaltschaften und Gerichten, unberührt lassen. Das Gleiche sollte für die Zusammenarbeit nationaler Behörden auf der Grundlage des Verwaltungsrechts gelten.

(75) Die Bestimmungen dieser Verordnung über die Festnahme im Ermittlungsverfahren und die grenzüberschreitende Übergabe sollten die spezifischen Verfahren in Mitgliedstaaten unberührt lassen, in denen die anfängliche Festnahme eines Verdächtigen oder Beschuldigten keiner richterlichen Genehmigung bedarf.

(76) Der betraute Delegierte Europäische Staatsanwalt sollte berechtigt sein, im Zuständigkeitsbereich der EUStA Europäische Haftbefehle zu erlassen oder zu beantragen.

(77) Die EUStA sollte berechtigt sein, einen Fall an die nationalen Behörden zu verweisen, wenn sich im Ermittlungsverfahren herausstellt, dass die Straftat nicht in die Zuständigkeit der EUStA fällt. Bei einer solchen Verweisung sollten die nach nationalem Recht bestehenden Befugnisse der nationalen Behörden, Ermittlungen einzuleiten, fortzuführen oder einzustellen, weiterhin uneingeschränkt gewahrt werden.

(78) Nach dieser Verordnung hat die EUStA die Aufgaben einer Staatsanwaltschaft wahrzunehmen, zu denen die Entscheidung über die Anklageerhebung und die Wahl des Mitgliedstaats, dessen Gerichte für die Entscheidung über die Anklage zuständig sein sollen, gehören. Die Entscheidung, ob gegen einen Verdächtigen oder Beschuldigten Anklage erhoben wird, sollte grundsätzlich von der zuständigen Ständigen Kammer auf der Grundlage eines Entscheidungsentwurfs des Delegierten Europäischen Staatsanwalts getroffen werden, damit eine gemeinsame Strafverfolgungspolitik gewährleistet ist. Die Ständige Kammer sollte befugt sein, jede Entscheidung, einschließlich der Anforderung weiterer Beweismittel, binnen 21 Tagen nach Erhalt des Entscheidungsentwurfs zu treffen, bevor sie entscheidet, Anklage zu erheben; dies gilt nicht für eine Entscheidung, ein Verfahren einzustellen, wenn der Delegierte Europäische Staatsanwalt vorgeschlagen hat, Anklage zu erheben.

(79) Der Mitgliedstaat, dessen Gerichte für die Entscheidung über die Anklage zuständig sein sollen, sollte von der zuständigen Ständigen Kammer anhand einer Reihe in dieser Verordnung festgelegter Kriterien ausgewählt werden. Die Ständige Kammer sollte ihre Entscheidung auf der Grundlage eines Berichts und eines Entscheidungsentwurfs des betrauten Delegierten Europäischen Staatsanwalts treffen, der der Ständigen Kammer von dem die Aufsicht führenden Europäischen Staatsanwalt erforderlichenfalls zusammen mit seiner eigenen Bewertung übermittelt wird. Der die Aufsicht führende Europäische Staatsanwalt sollte weiterhin uneingeschränkt befugt sein, dem Delegierten Europäischen Staatsanwalt gemäß dieser Verordnung spezifische Weisungen zu erteilen.

(80) Die von der EUStA vor Gericht beigebrachten Beweismittel sollten nicht allein deshalb als unzulässig abgelehnt werden, weil sie in einem anderen Mitgliedstaat oder nach dem Recht eines anderen Mitgliedstaats erhoben wurden, sofern dabei nach Auffassung des Prozessgerichts mit der Zulassung der Beweismittel die Fairness des Verfahrens und die Verteidigungsrechte des Verdächtigen oder Beschuldigten nach der Charta gewahrt sind. Diese Verordnung wahrt die Grundrechte und Grundsätze, die in Artikel 6 EUV und in der Charta, insbesondere deren Titel VI, in ihren jeweiligen Anwendungsbereichen im Völkerrecht und durch internationale Übereinkünfte, bei denen die Union oder alle Mitgliedstaaten Vertragsparteien sind, darunter insbesondere die Europäische Konvention zum Schutz der Menschenrechte und Grundfreiheiten, sowie von den Verfassungen der Mitgliedstaaten anerkannt werden. Im Einklang mit diesen Grundsätzen und unter Achtung der verschiedenen Rechtsordnungen und -traditionen der Mitgliedstaaten gemäß Artikel 67 Absatz 1 AEUV darf diese Verordnung nicht in dem Sinne ausgelegt werden, dass sie es den Gerichten verbietet, die Grundprinzipien des nationalen Rechts hinsichtlich der Fairness des Verfahrens anzuwenden, wie sie in ihren nationalen Rechtsordnungen, einschließlich denen des Common Law, gelten.

(81) Unter Berücksichtigung des Legalitätsprinzips sollten die Ermittlungen der EUStA in der Regel zur Strafverfolgung vor den zuständigen nationalen Gerichten führen, wenn ausreichend Beweise vorliegen und der Strafverfolgung keine rechtlichen Gründe entgegenstehen oder wenn kein vereinfachtes Strafverfolgungsverfahren angewandt wird. Die Gründe für die Einstellung eines Verfahrens sind in dieser Verordnung erschöpfend festgelegt.

(82) Die nationalen Rechtsordnungen sehen verschiedene Arten von vereinfachten Strafverfolgungsverfahren vor, bei denen ein Gericht einbezogen werden kann oder nicht, z.B. in Form von Transaktionen mit dem Verdächtigen oder dem Beschuldigten. Falls solche Verfahren bestehen, sollte der Delegierte Europäische Staatsanwalt die Befugnis haben, diese unter den im nationalen Recht geregelten Bedingungen und in den durch diese Verordnung vorgesehenen Situationen anzuwenden. Zu diesen Situationen sollten Fälle zählen, in denen der endgültige Schaden durch die Straftat, nach der etwaigen Wiedereinziehung eines Betrags in Höhe des Schadens, nicht erheblich ist. Im Interesse einer kohärenten und wirksamen Strafverfolgungspolitik der EUStA sollte die zuständige Ständige Kammer stets um ihre Zustimmung zu einem solchen Verfahren ersucht werden. Nach der erfolgreichen Anwendung des vereinfachten Verfahrens sollte der Fall endgültig abgeschlossen werden.

(83) Gemäß dieser Verordnung muss die EUStA insbesondere das Recht auf ein faires Verfahren, die Verteidigungsrechte und die Unschuldsvermutung, wie sie in den Artikeln 47 und 48 der Charta verankert sind, achten. Artikel 50 der Charta, der das Recht schützt, wegen derselben Straftat nicht zweimal strafrechtlich verfolgt oder bestraft zu werden *(ne bis in idem)*, gewährleistet, dass es aufgrund der Strafverfolgung durch die EUStA nicht zu einer Doppelbestrafung kommt. Die EUStA sollte ihre Tätigkeit daher in vollem Einklang mit diesen Rechten ausüben, und diese Verordnung sollte entsprechend angewandt und ausgelegt werden.

(84) Nach Artikel 82 Absatz 2 AEUV kann die Union Mindestvorschriften über die Rechte des Einzelnen im Strafverfahren festlegen, um zu gewährleisten, dass die Verteidigungsrechte und die Fairness des Verfahrens geachtet werden. Diese Mindestvorschriften wurden vom Unionsgesetzgeber in Richtlinien über spezifische Rechte nach und nach festgelegt.

(85) Für die Tätigkeit der EUStA sollten die Verteidigungsrechte gelten, die im einschlägigen Unionsrecht vorgesehen sind, wie den Richtlinien 2010/64/EU[4], 2012/13/EU[5], 2013/48/EU[6], (EU) 2016/343[7] und (EU) 2016/1919[8] des Europäischen Parlaments und des Rates, in ihrer Umsetzung in nationales Recht. Allen Verdächtigen oder Beschuldigten, gegen die die EUStA ein Ermittlungsverfahren einleitet, sollten diese Rechte ebenso wie die in nationalem Recht vorgesehenen Rechte auf Beantragung der Bestellung von Sachverständigen oder der Anhörung von Zeugen oder der sonstigen Erhebung von Beweisen durch die EUStA für die Verteidigung zugutekommen.

(86) Nach Artikel 86 Absatz 3 AEUV kann der Unionsgesetzgeber die Regeln für die gerichtliche Kontrolle der von der EUStA bei der Erfüllung ihrer Aufgaben vorgenommenen Prozesshandlungen festlegen. Diese dem Unionsgesetzgeber gewährte Befugnis spiegelt die besondere Art der Aufgaben und Struktur der EUStA wider, die sich von der aller anderen Einrichtungen und sonstigen Stellen der Union unterscheidet und eine besondere Regelung der gerichtlichen Kontrolle erfordert.

(87) Gemäß Artikel 86 Absatz 2 AEUV nimmt die EUStA vor den zuständigen Gerichten der Mitgliedstaaten die Aufgaben der Staatsanwaltschaft wahr. Die Handlungen, die die EUStA im Laufe ihrer Ermittlungen vornimmt, stehen in engem Zusammenhang mit einer etwaigen

4 **Amtl. Anm.:** Richtlinie 2010/64/EU des Europäischen Parlaments und des Rates vom 20. Oktober 2010 über das Recht auf Dolmetschleistungen und Übersetzungen in Strafverfahren (ABl. L 280 vom 26.10.2010, S. 1).

5 **Amtl. Anm.:** Richtlinie 2012/13/EU des Europäischen Parlaments und des Rates vom 22. Mai 2012 über das Recht auf Belehrung und Unterrichtung in Strafverfahren (ABl. L 142 vom 1.6.2012, S. 1).

6 **Amtl. Anm.:** Richtlinie 2013/48/EU des Europäischen Parlaments und des Rates vom 22. Oktober 2013 über das Recht auf Zugang zu einem Rechtsbeistand in Strafverfahren und in Verfahren zur Vollstreckung des Europäischen Haftbefehls sowie über das Recht auf Benachrichtigung eines Dritten bei Freiheitsentzug und das Recht auf Kommunikation mit Dritten und mit Konsularbehörden während des Freiheitsentzugs (ABl. L 294 vom 6.11.2013, S. 1).

7 **Amtl. Anm.:** Richtlinie (EU) 2016/343 des Europäischen Parlaments und des Rates vom 9. März 2016 über die Stärkung bestimmter Aspekte der Unschuldsvermutung und des Rechts auf Anwesenheit in der Verhandlung in Strafverfahren (ABl. L 65 vom 11.3.2016, S. 1).

8 **Amtl. Anm.:** Richtlinie 2016/1919/EU des Europäischen Parlaments und des Rates vom 26. Oktober 2016 über Prozesskostenhilfe für Verdächtige oder beschuldigte Personen in Strafverfahren sowie für gesuchte Personen in Verfahren zur Vollstreckung eines Europäischen Haftbefehls (ABl. L 297 vom 4.11.2016, S. 1).

Strafverfolgung und entfalten somit Wirkungen in den Rechtsordnungen der Mitgliedstaaten. In vielen Fällen werden die Handlungen von nationalen Strafverfolgungsbehörden auf Weisung der EUStA ausgeführt, in einigen Fällen nach Einholung der Genehmigung eines nationalen Gerichts.

Daher sollten Verfahrenshandlungen der EUStA mit Rechtswirkung gegenüber Dritten im Einklang mit den Anforderungen und Verfahren des nationalen Rechts der Kontrolle durch die zuständigen nationalen Gerichte unterliegen. Damit sollte gewährleistet werden, dass die Verfahrenshandlungen der EUStA, die vor Anklageerhebung vorgenommen werden und Rechtswirkung gegenüber Dritten (diese Kategorie umfasst den Verdächtigen, das Opfer und andere betroffene Personen, deren Rechte durch solche Verfahrenshandlungen beeinträchtigt werden könnten) entfalten, der gerichtlichen Kontrolle durch nationalen Gerichte unterliegen. Verfahrenshandlungen, die die Wahl des Mitgliedstaats betreffen, dessen Gerichte für die Entscheidung über die Anklage zuständig sein sollen – wobei dieser Mitgliedstaat nach den in dieser Verordnung niedergelegten Kriterien bestimmt wird –, haben Rechtswirkung gegenüber Dritten und sollten daher der gerichtlichen Kontrolle durch die einzelstaatlichen Gerichte spätestens im Hauptverfahren unterliegen.

Klagen vor den zuständigen nationalen Gerichten wegen Untätigkeit der EUStA beziehen sich auf Verfahrenshandlungen, zu deren Vornahme die EUStA rechtlich verpflichtet ist und die Rechtswirkung gegenüber Dritten entfalten sollen. Wenn nationales Recht eine gerichtliche Kontrolle von Verfahrenshandlungen ohne Rechtswirkung gegenüber Dritten oder rechtliche Schritte in Bezug auf andere Fälle von Untätigkeit vorsieht, so sollte diese Verordnung nicht in dem Sinne ausgelegt werden, dass durch sie die betreffenden Rechtsvorschriften berührt werden. Außerdem sollten die Mitgliedstaaten nicht verpflichtet sein, eine gerichtliche Kontrolle von Verfahrenshandlungen ohne Rechtswirkung gegenüber Dritten, wie etwa die Ernennung von Sachverständigen oder die Erstattung von Zeugenauslagen, durch die zuständigen nationalen Gerichte vorzusehen.

Schlussendlich berührt diese Verordnung nicht die Befugnisse der nationalen Prozessgerichte.

(88) Die Rechtmäßigkeit von Verfahrenshandlungen der EUStA mit Rechtswirkung gegenüber Dritten sollte der gerichtlichen Kontrolle durch nationale Gerichte unterliegen. Diesbezüglich sollte für wirksame Rechtsbehelfe im Einklang mit Artikel 19 Absatz 1 Unterabsatz 2 EUV gesorgt werden. Außerdem dürfen – wie der Gerichtshof in seiner Rechtsprechung hervorhebt – die nationalen Verfahrensregeln, die für Klagen auf Schutz der vom Unionsrecht gewährten individuellen Rechte gelten, nicht weniger günstig sein als diejenigen, die für vergleichbare inländische Klagen gelten (Grundsatz der Gleichwertigkeit), und sie dürfen die Ausübung der durch das Unionsrecht verliehenen Rechte nicht praktisch unmöglich machen oder übermäßig erschweren (Grundsatz der Wirksamkeit).

Die Überprüfung der Rechtmäßigkeit einer solchen Handlung durch nationale Gerichte kann auf der Grundlage des Unionsrechts – einschließlich dieser Verordnung – bzw. auf der Grundlage nationalen Rechts erfolgen, das dann anwendbar ist, wenn ein Gegenstand nicht in dieser Verordnung geregelt ist. Wie in der Rechtsprechung des Gerichtshofs hervorgehoben wird, sollten nationale Gerichte dem Gerichtshof stets Fragen zur Vorabentscheidung vorlegen, wenn sie Zweifel an der Gültigkeit der betreffenden Verfahrenshandlung nach Unionsrecht hegen.

Nationale Gerichte können dem Gerichtshof jedoch keine Vorabentscheidungsfragen zur Gültigkeit von Verfahrenshandlungen der EUStA im Hinblick auf nationales Verfahrensrecht oder nationale Maßnahmen zur Umsetzung von Richtlinien vorlegen, selbst wenn diese Verordnung auf diese Bezug nimmt. Dies berührt jedoch nicht Vorabentscheidungsersuchen zur Auslegung von Bestimmungen des Primärrechts, einschließlich der Verträge und der Charta, oder die Auslegung und Gültigkeit von Bestimmungen des Sekundärrechts der Union, einschließlich dieser Verordnung und geltender Richtlinien. Außerdem schließt diese Verordnung nicht die Möglichkeit für die nationalen Gerichte aus, die Gültigkeit der Verfahrenshandlungen der EUStA mit Rechtswirkung gegenüber Dritten hinsichtlich des im nationalen Recht verankerten Grundsatzes der Verhältnismäßigkeit zu überprüfen.

(89) Die Bestimmung dieser Verordnung über die gerichtliche Kontrolle ändert nicht die Befugnisse des Gerichtshofs, verwaltungsrechtliche Entscheidungen der EUStA mit Rechtswirkung gegenüber Dritten zu überprüfen, d.h. Entscheidungen, die sie nicht in Ausübung ihrer Aufgaben der Ermittlung, Verfolgung oder Anklageerhebung getroffen hat. Diese Verordnung berührt ferner nicht die Möglichkeit für einen Mitgliedstaat der Europäischen Union, das Europäische Parlament, den Rat oder die Kommission, Klage auf Nichtigerklärung gemäß Artikel 263 Absatz 2 AEUV und Artikel 265 Absatz 1 AEUV oder wegen Vertragsverletzung gemäß den Artikeln 258 und 259 AEUV zu erheben.

(90) Für die von der EUStA vorgenommene Verarbeitung verwaltungstechnischer personenbezogener Daten gilt die Verordnung (EG) Nr. 45/2001 des Europäischen Parlaments und des Rates[9].

(91) Die kohärente, homogene Anwendung der Bestimmungen für den Schutz der Grundrechte und Grundfreiheiten von Personen bei der Verarbeitung personenbezogener Daten sollte in der gesamten Union gewährleistet sein.

(92) Gemäß der dem EUV und dem AEUV beigefügten Erklärung Nr. 21 zum Schutz personenbezogener Daten im Bereich der justiziellen Zusammenarbeit in Strafsachen und der polizeilichen Zusammenarbeit könnte es sich aufgrund der Besonderheit dieser Bereiche als erforderlich erweisen, auf Artikel 16 AEUV gestützte Vorschriften über den Schutz personenbezogener Daten und den freien Datenverkehr im Bereich der justiziellen Zusammenarbeit in Strafsachen und der polizeilichen Zusammenarbeit zu erlassen.

(93) Die Auslegung und Anwendung der Vorschriften dieser Verordnung über den Schutz personenbezogener Daten sollte der Auslegung und Anwendung der Richtlinie (EU) 2016/680 des Europäischen Parlaments und des Rates[10] entsprechen, die für die Verarbeitung personenbezogener Daten durch die zuständigen Behörden der Mitgliedstaaten der Europäischen Union zum Zwecke der Verhütung, Ermittlung, Aufdeckung oder Verfolgung von Straftaten oder der Strafvollstreckung gelten wird.

(94) Der Datenschutzgrundsatz der Verarbeitung nach Treu und Glauben ist ein anderes Konzept als das Recht auf ein faires Verfahren im Sinne des Artikels 47 der Charta und des Artikels 6 der Europäischen Konvention zum Schutze der Menschenrechte und Grundfreiheiten.

(95) Die Bestimmungen dieser Verordnung über den Datenschutz lassen die geltenden Vorschriften über die Zulässigkeit personenbezogener Daten als Beweismittel in Gerichtsverfahren in Strafsachen unberührt.

(96) Alle Mitgliedstaaten der Europäischen Union sind Mitglied der Internationalen Kriminalpolizeilichen Organisation (Interpol). Interpol erhält, speichert und übermittelt für die Erfüllung ihres Auftrags personenbezogene Daten, um die zuständigen Behörden bei der Verhütung und Bekämpfung von internationaler Kriminalität zu unterstützen. Daher sollte die Zusammenarbeit zwischen der Union und Interpol gestärkt werden, indem ein effizienter Austausch personenbezogener Daten gefördert und zugleich die Achtung der Grundrechte und Grundfreiheiten hinsichtlich der automatischen Verarbeitung personenbezogener Daten gewährleistet wird. Wenn operative personenbezogene Daten von der EUStA an Interpol und die Staaten, die Mitglieder zu Interpol abgestellt haben, übermittelt werden, sollte diese Verordnung, insbesondere die Bestimmungen über grenzüberschreitende Datenübermittlungen, zur Anwendung kommen. Diese Verordnung sollte die spezifischen Vorschriften unberührt lassen,

9 **Amtl. Anm.:** Verordnung (EG) Nr. 45/2001 des Europäischen Parlaments und des Rates vom 18. Dezember 2000 zum Schutz natürlicher Personen bei der Verarbeitung personenbezogener Daten durch die Organe und Einrichtungen der Gemeinschaft und zum freien Datenverkehr (ABl. L 8 vom 12.1.2001, S. 1).

10 **Amtl. Anm.:** Richtlinie (EU) 2016/680 des Europäischen Parlaments und des Rates vom 27. April 2016 zum Schutz natürlicher Personen bei der Verarbeitung personenbezogener Daten durch die zuständigen Behörden zum Zwecke der Verhütung, Ermittlung, Aufdeckung oder Verfolgung von Straftaten oder der Strafvollstreckung sowie zum freien Datenverkehr und zur Aufhebung des Rahmenbeschlusses 2008/977/JI des Rates (ABl. L 119 vom 4.5.2016, S. 89).

die im Gemeinsamen Standpunkt 2005/69/JI des Rates[11] und im Beschluss 2007/533/JI des Rates[12] festgelegt sind.

(97) Wenn die EUStA einer Behörde eines Drittlands oder einer internationalen Organisation oder Interpol auf der Grundlage einer nach Artikel 218 AEUV geschlossenen Übereinkunft operative personenbezogene Daten übermittelt, sollten angemessene Garantien für den Schutz der Privatsphäre, der Grundrechte und der Grundfreiheiten von Personen gewährleisten, dass die Datenschutzbestimmungen dieser Verordnung eingehalten werden.

(98) Um die wirksame, zuverlässige und einheitliche Überwachung der Einhaltung und Durchsetzung dieser Verordnung hinsichtlich operativer personenbezogener Daten sicherzustellen, wie in Artikel 8 der Charta gefordert, sollte der Europäische Datenschutzbeauftragte die in dieser Verordnung festgelegten Aufgaben und wirksame Befugnisse haben, darunter Untersuchungsbefugnisse, Abhilfebefugnisse und beratende Befugnisse, die die notwendigen Instrumente zur Erfüllung dieser Aufgaben darstellen. Die Befugnisse des Europäischen Datenschutzbeauftragten sollten jedoch weder die speziellen Vorschriften für Strafverfahren, einschließlich der Ermittlung und Verfolgung von Straftaten, noch die Unabhängigkeit der Gerichte unangemessen beeinträchtigen.

(99) Um der EUStA die Wahrnehmung ihrer Aufgaben zu ermöglichen und die Entwicklungen in der Informationstechnologie und die Fortschritte in der Informationsgesellschaft zu berücksichtigen, sollte der Kommission die Befugnis zum Erlass von Rechtsakten gemäß Artikel 290 AEUV übertragen werden, und zwar in Bezug auf die Erstellung und Aktualisierung der Liste der in einem Anhang genannten Kategorien operativer personenbezogener Daten und Kategorien betroffener Personen. Es ist von besonderer Bedeutung, dass die Kommission im Zuge ihrer Vorbereitungsarbeit angemessene Konsultationen, auch auf Sachverständigenebene, durchführt und dass diese Konsultationen im Einklang mit den Grundsätzen geführt werden, die in der Interinstitutionellen Vereinbarung über bessere Rechtsetzung vom 13. April 2016[13] niedergelegt sind. Damit insbesondere eine gleichberechtigte Beteiligung des Europäischen Parlament und des Rates an der Ausarbeitung delegierter Rechtsakte gewährleistet ist, sollten sie alle Dokumente zur gleichen Zeit wie die Sachverständigen der Mitgliedstaaten erhalten, und sollten ihre Sachverständigen systematisch Zugang zu den Sitzungen der Sachverständigengruppe der Kommission haben, die mit der Ausarbeitung der delegierten Rechtsakte befasst ist.

(100) Die EUStA sollte eng mit anderen Organen, Einrichtungen und sonstigen Stellen der Union zusammenarbeiten, um die Wahrnehmung ihrer Aufgaben nach dieser Verordnung zu erleichtern und, falls erforderlich, förmliche Vereinbarungen über detaillierte Vorschriften für Informationsaustausch und Zusammenarbeit zu treffen. Die Zusammenarbeit mit Europol und dem OLAF dürfte von besonderer Bedeutung sein, um Doppelarbeit zu vermeiden und es der EUStA zu ermöglichen, in deren Besitz befindliche sachdienliche Informationen zu erhalten und sich bei konkreten Ermittlungen auf deren Analysen zu stützen.

(101) Die EUStA sollte in ihre Zuständigkeit fallende sachdienliche Informationen einholen können, die in Datenbanken und Registern der Organe, Einrichtungen und sonstigen Stellen der Union gespeichert sind.

(102) Die EUStA und Eurojust sollten Partner werden und bei operativen Angelegenheiten gemäß ihren jeweiligen Aufgabenbereichen zusammenarbeiten. Eine derartige Zusammenarbeit kann Ermittlungen der EUStA betreffen, bei denen ein Informationsaustausch oder die Koordinierung von Ermittlungsmaßnahmen in Fällen, die in die Zuständigkeit von Eurojust fallen, als erforderlich oder angemessen erachtet werden. Beantragt die EUStA eine derartige Zusam-

11 **Amtl. Anm.:** Gemeinsamer Standpunkt 2005/69/JI des Rates vom 24. Januar 2005 zum Austausch bestimmter Daten mit Interpol (ABl. L 27 vom 29.1.2005, S. 61).

12 **Amtl. Anm.:** Beschluss 2007/533/JI des Rates vom 12. Juni 2007 über die Einrichtung, den Betrieb und die Nutzung des Schengener Informationssystems der zweiten Generation (SIS II) (ABl. L 205 vom 7.8.2007, S. 63).

13 **Amtl. Anm.:** Interinstitutionelle Vereinbarung zwischen dem Europäischen Parlament, dem Rat der Europäischen Union und der Europäischen Kommission über bessere Rechtsetzung (ABl. L 123 vom 12.5.2016, S. 1).

menarbeit mit Eurojust, sollte sie sich mit dem nationalen Eurojust-Mitglied des Mitgliedstaats in Verbindung setzen, dessen Delegierter Europäischer Staatsanwalt den Fall bearbeitet. An der operativen Zusammenarbeit können außerdem Drittländer beteiligt sein, die ein Kooperationsabkommen mit Eurojust geschlossen haben.

(103) Die EUStA und das OLAF sollten eine enge Zusammenarbeit einrichten und unterhalten, mit der die Komplementarität ihrer jeweiligen Aufgabenbereiche sichergestellt und Doppelarbeit vermieden werden soll. Diesbezüglich sollte das OLAF grundsätzlich keine verwaltungsrechtlichen Untersuchungen einleiten, wenn parallel dazu Ermittlungen der EUStA zu demselben Sachverhalt durchgeführt werden. Dies sollte jedoch nicht die Befugnis des OLAF berühren, auf eigene Initiative eine verwaltungsrechtliche Untersuchung in enger Abstimmung mit der EUStA einzuleiten.

(104) Gemäß der Verordnung (EU, Euratom) Nr. 883/2013 des Europäischen Parlaments und des Rates[14] handelt das OLAF bei sämtlichen zur Unterstützung der EUStA durchgeführten Maßnahmen unabhängig von der Kommission.

(105) In Fällen, zu denen die EUStA keine Ermittlung eingeleitet hat, sollte sie dem OLAF sachdienliche Informationen zur Verfügung stellen können, damit dieses im Einklang mit seinem Mandat angemessene Maßnahmen in Erwägung ziehen kann. So könnte die EUStA insbesondere bei Fällen, in denen kein triftiger Grund zu der Annahme besteht, dass eine unter ihre Zuständigkeit fallende Straftat begangen wird oder begangen wurde, eine verwaltungsrechtliche Untersuchung durch das OLAF jedoch angebracht sein kann, oder bei Fällen, in denen sie eine Untersuchung eingestellt hat und eine Überweisung an das OLAF für die Zwecke verwaltungsrechtlicher Folgemaßnahmen oder der Wiedereinziehung wünschenswert ist, in Erwägung ziehen, das OLAF hiervon in Kenntnis zu setzen. Wenn die EUStA Informationen weitergibt, kann sie das OLAF darum ersuchen, die Einleitung einer verwaltungsrechtlichen Untersuchung oder anderer verwaltungsrechtlicher Folge- oder Kontrollmaßnahmen in Erwägung zu ziehen, insbesondere zum Zwecke von Sicherungsmaßnahmen, der Wiedereinziehung oder einer disziplinarischen Maßnahme gemäß der Verordnung (EU, Euratom) Nr. 883/2013.

(106) Soweit Verfahren zur Wiedereinziehung infolge einer Entscheidung der EUStA in Verbindung mit Ermittlungen oder Strafverfolgungsmaßnahmen gemäß dieser Verordnung aufgeschoben werden, sollte dies nicht als Fehler oder Fahrlässigkeit der Mitgliedstaaten im Sinne von Artikel 122 der Verordnung (EU) Nr. 1303/2013 des Europäischen Parlaments und des Rates[15] für die Zwecke des Verfahrens zur Wiedereinziehung betrachtet werden.

(107) Die EUStA sollte es den Organen, Einrichtungen und sonstigen Stellen der Union sowie anderen Geschädigten ermöglichen, angemessene Maßnahmen zu ergreifen. Hierzu kann das Ergreifen von Sicherungsmaßnahmen zählen, insbesondere zur Verhinderung eines andauernden Fehlverhaltens oder zum Schutz der Union vor Rufschädigung oder um ihnen das Auftreten als Zivilkläger in Verfahren gemäß nationalem Recht zu ermöglichen. Der Informationsaustausch sollte in einer Weise erfolgen, die uneingeschränkt die Unabhängigkeit der EUStA wahrt, und nur so weit, wie dies möglich ist, ohne dass die ordnungsgemäße Durchführung und Vertraulichkeit der Untersuchungen gefährdet sind.

(108) Soweit dies zur Erfüllung ihrer Aufgaben erforderlich ist, sollte die EUStA auch in der Lage sein, Kooperationsbeziehungen zu den Behörden von Drittländern und internationalen Organisationen herzustellen und zu unterhalten. Für die Zwecke dieser Verordnung bezeichnet der

---

14 **Amtl. Anm.:** Verordnung (EU, Euratom) Nr. 883/2013 des Europäischen Parlaments und des Rates vom 11. September 2013 über die Untersuchungen des Europäischen Amtes für Betrugsbekämpfung (OLAF) und zur Aufhebung der Verordnung (EG) Nr. 1073/1999 des Europäischen Parlaments und des Rates und der Verordnung (Euratom) Nr. 1074/1999 des Rates (ABl. L 248 vom 18.9.2013, S. 1).

15 **Amtl. Anm.:** Verordnung (EU) Nr. 1303/2013 des Europäischen Parlaments und des Rates vom 17. Dezember 2013 mit gemeinsamen Bestimmungen über den Europäischen Fonds für regionale Entwicklung, den Europäischen Sozialfonds, den Kohäsionsfonds, den Europäischen Landwirtschaftsfonds für die Entwicklung des ländlichen Raums und den Europäischen Meeres- und Fischereifonds sowie mit allgemeinen Bestimmungen über den Europäischen Fonds für regionale Entwicklung, den Europäischen Sozialfonds, den Kohäsionsfonds und den Europäischen Meeres- und Fischereifonds und zur Aufhebung der Verordnung (EG) Nr. 1083/2006 des Rates (ABl. L 347 vom 20.12.2013, S. 320).

Begriff „internationale Organisationen“ völkerrechtliche internationale Organisationen und nachgeordnete Einrichtungen dieser Organisationen oder sonstige Einrichtungen, die durch eine zwischen zwei oder mehr Ländern geschlossene Übereinkunft oder auf der Grundlage einer solchen Übereinkunft geschaffen wurden, sowie Interpol.

(109) Stellt das Kollegium fest, dass die Zusammenarbeit mit einem Drittland oder einer internationalen Organisation operativ notwendig ist, so sollte es dem Rat vorschlagen können, die Kommission darauf hinzuweisen, dass ein Angemessenheitsbeschluss oder eine Empfehlung zur Aufnahme von Verhandlungen über eine internationale Übereinkunft erforderlich ist.

Bis zum Abschluss neuer internationaler Übereinkünfte über die Rechtshilfe in Strafsachen durch die Union oder bis zum Beitritt der Union zu entsprechenden bereits von ihren Mitgliedstaaten geschlossenen multilateralen Übereinkünften sollten die Mitgliedstaaten gemäß dem in Artikel 4 Absatz 3 EUV verankerten Grundsatz der loyalen Zusammenarbeit der EUStA die Ausübung ihrer Funktionen erleichtern. Falls dies nach der entsprechenden multilateralen Übereinkunft zulässig ist, sollten die Mitgliedstaaten vorbehaltlich der Zustimmung des Drittlands die EUStA als eine zuständige Behörde für die Zwecke der Anwendung dieser multilateralen Übereinkünfte anerkennen und gegebenenfalls notifizieren. Dies kann in bestimmten Fällen eine Änderung dieser Übereinkünfte nach sich ziehen, aber die Neuaushandlung solcher Übereinkünfte sollte nicht als obligatorischer Schritt betrachtet werden, da sie vielleicht nicht immer möglich ist. Die Mitgliedstaaten können auch die EUStA als eine zuständige Behörde für die Zwecke der Anwendung anderer von ihnen geschlossener internationaler Übereinkünfte über die Rechtshilfe in Strafsachen notifizieren; dies kann auch im Wege einer Änderung dieser Übereinkünfte erfolgen.

Wenn die Notifizierung der EUStA als eine zuständige Behörde für die Zwecke einer von den Mitgliedstaaten bereits geschlossenen multilateralen Übereinkunft mit Drittländern nicht möglich ist oder von den Drittländern nicht akzeptiert wird und solange die Union einer solchen internationalen Übereinkunft noch nicht beigetreten ist, können die Delegierten Europäischen Staatsanwälte gegenüber diesen Drittländern von ihrem Status als nationaler Staatsanwalt Gebrauch machen, sofern sie die Behörden der Drittländer davon in Kenntnis setzen, dass die von diesen Drittländern auf der Grundlage der betreffenden internationalen Übereinkunft erlangten Beweismittel bei Ermittlungen und Strafverfolgungsmaßnahmen, die die EUStA durchführt, verwendet werden, und sofern sie sich gegebenenfalls darum bemühen, die Zustimmung dieser Behörden dazu einzuholen.

Außerdem sollte die EUStA sich gegenüber den Behörden von Drittländern auf die Gegenseitigkeit oder die diplomatischen Gepflogenheiten berufen können. Dies sollte jedoch fallweise innerhalb der Grenzen der sachlichen Zuständigkeit der EUStA und vorbehaltlich der von den Behörden des Drittlands möglicherweise festgelegten Bedingungen erfolgen.

(110) Mitgliedstaaten der Europäischen Union, die nicht an der Verstärkten Zusammenarbeit zur Errichtung der EUStA teilnehmen, sind durch diese Verordnung nicht gebunden. Die Kommission sollte gegebenenfalls Vorschläge zur Gewährleistung einer wirksamen justiziellen Zusammenarbeit in Strafsachen zwischen der EUStA und den Mitgliedstaaten der Europäischen Union, die nicht an der Verstärkten Zusammenarbeit zur Errichtung der EUStA teilnehmen, vorlegen. Dies sollte insbesondere die Vorschriften über die justizielle Zusammenarbeit in Strafsachen und die Überstellung betreffen, wobei der Besitzstand der Union auf diesem Gebiet sowie der Grundsatz der loyalen Zusammenarbeit nach Artikel 4 Absatz 3 EUV uneingeschränkt zu achten sind.

(111) Um die vollständige Selbstständigkeit und Unabhängigkeit der EUStA zu gewährleisten, sollte sie mit einem eigenständigen Haushalt ausgestattet werden, dessen Einnahmen im Wesentlichen aus einem Beitrag aus dem Haushalt der Europäischen Union bestehen. Die Finanz-, Haushalts- und Personalregelung der EUStA sollte den in Artikel 208 der Verordnung (EU,

Euratom) Nr. 966/2012 des Europäischen Parlaments und des Rates[16] genannten einschlägigen Unionsnormen für Einrichtungen entsprechen, wobei jedoch der Tatsache gebührend Rechnung zu tragen ist, dass die Zuständigkeit der EUStA für strafrechtliche Ermittlungen und Strafverfolgungsmaßnahmen auf Unionsebene einzigartig ist.

(112) Die Kosten der Ermittlungsmaßnahmen der EUStA sollten grundsätzlich von den nationalen Behörden, die sie ausführen, übernommen werden. Außergewöhnlich hohe Kosten von Ermittlungsmaßnahmen, beispielsweise für komplexe Sachverständigengutachten, polizeiliche Großeinsätze oder Überwachungstätigkeiten über einen langen Zeitraum könnten teilweise durch die EUStA erstattet werden, soweit möglich auch mittels Umverteilung von Mitteln von anderen Haushaltslinien der EUStA oder mittels Abänderungen des Haushaltsplans im Einklang mit dieser Verordnung und den geltenden Finanzvorschriften.

Bei der Ausarbeitung des Vorschlags für den vorläufigen Entwurf des Voranschlags der Einnahmen und Ausgaben sollte der Verwaltungsdirektor berücksichtigen, dass die EUStA außergewöhnlich hohe Kosten von Ermittlungsmaßnahmen, die von der Ständigen Kammer genehmigt wurden, teilweise erstatten muss.

(113) Die operativen Ausgaben der EUStA sollten aus ihrem eigenen Haushalt gedeckt werden. Hierzu sollten die Kosten der operativen Kommunikation zwischen dem Delegierten Europäischen Staatsanwalt und der zentralen Ebene der EUStA gehören, wie etwa die Kosten der Briefzustellung, Reisekosten, Kosten für Übersetzungen, die für die interne Funktionsweise der EUStA notwendig sind, und andere Kosten, die den Mitgliedstaaten bei Ermittlungen vorher nicht entstanden sind und die nur darauf zurückzuführen sind, dass die EUStA die Verantwortung für die Ermittlung und Strafverfolgung übernommen hat. Die Kosten für Büro und Sekretariat des Delegierten Europäischen Staatsanwalts sollten jedoch von den Mitgliedstaaten getragen werden.

Gemäß Artikel 332 AEUV werden die Ausgaben für die Errichtung der EUStA von den Mitgliedstaaten getragen. Diese Ausgaben beinhalten nicht die Verwaltungskosten der Organe im Sinne des Artikels 13 Absatz 1 EUV.

(114) Das Kollegium sollte die Befugnisse, die der Anstellungsbehörde durch das Statut der Beamten und die Beschäftigungsbedingungen für die sonstigen Bediensteten[17] (im Folgenden „Statut und Beschäftigungsbedingungen") zum Abschluss von Dienstverträgen übertragen wurden, grundsätzlich immer dem Verwaltungsdirektor übertragen, es sei denn, konkrete Umstände erfordern, dass es diese Befugnis selbst ausübt.

(115) Der Verwaltungsdirektor ist als Anweisungsbefugter für die Ausführung des Haushaltsplans der EUStA zuständig. Bei den Beratungen mit der Ständigen Kammer über außergewöhnlich hohe Kosten von Ermittlungsmaßnahmen ist der Verwaltungsdirektor zuständig für die Entscheidung über die Höhe der zu gewährenden Finanzhilfe auf der Grundlage der verfügbaren Finanzmittel und im Einklang mit den in der Geschäftsordnung der EUStA festgelegten Kriterien.

(116) Die Vergütung der Delegierten Europäischen Staatsanwälte als Sonderberater, die durch unmittelbare Vereinbarung erfolgt, sollte auf einem konkreten, vom Kollegium zu fassenden Beschluss gründen. Dieser Beschluss sollte unter anderem gewährleisten, dass die Delegierten Europäischen Staatsanwälte in dem besonderen Fall, in dem sie auch Aufgaben als nationale Staatsanwälte gemäß Artikel 13 Absatz 3 wahrnehmen, grundsätzlich weiterhin in ihrer Eigenschaft als nationale Staatsanwälte vergütet werden und dass sich die Vergütung als Sonderberater lediglich auf die im Auftrag der EUStA in der Eigenschaft als Delegierter Europäischer Staatsanwalt durchgeführte Arbeit bezieht. Jeder Mitgliedstaat bleibt dafür zuständig,

16 **Amtl. Anm.:** Verordnung (EU, Euratom) Nr. 966/2012 des Europäischen Parlaments und des Rates vom 25. Oktober 2012 über die Haushaltsordnung für den Gesamthaushaltsplan der Union und zur Aufhebung der Verordnung (EG, Euratom) Nr. 1605/2002 des Rates (ABl. L 298 vom 26.10.2012, S. 1).

17 **Amtl. Anm.:** Verordnung Nr. 31 (EWG), 11 (EAG) des Rates über das Statut der Beamten und über die Beschäftigungsbedingungen für die sonstigen Bediensteten der Europäischen Wirtschaftsgemeinschaft und der Europäischen Atomgemeinschaft (ABl. 45 vom 14.6.1962, S. 1385).

im Einklang mit dem Unionsrecht in seinen Rechtsvorschriften festzulegen, unter welchen Voraussetzungen die Leistungen seines Systems der sozialen Sicherheit gewährt werden.

(117) Die EUStA braucht Personal mit Erfahrung in den Organen, Einrichtungen und sonstigen Stellen der Union, um zu einem noch festzulegenden Zeitpunkt voll einsatzbereit zu sein. Um diesen Bedarf zu decken, sollte die Einstellung von Zeit- und Vertragsbediensteten, die bereits in den Organen, Einrichtungen und sonstigen Stellen der Union arbeiten, bei der EUStA dadurch erleichtert werden, dass diesen Mitarbeitern der Fortbestand ihrer vertraglichen Rechte zugesichert wird, sofern ihre Einstellung bei der EUStA in deren Anfangsphase binnen einen Jahres, nachdem die EUStA gemäß dem in Artikel 120 Absatz 2 genannten Beschluss ihre Tätigkeit aufgenommen hat, erfolgt.

(118) Die Tätigkeit der EUStA sollte gemäß Artikel 15 Absatz 3 AEUV transparent sein und das Kollegium müsste genaue Bestimmungen darüber erlassen, wie das Recht der Öffentlichkeit auf Zugang zu Dokumenten gewährleistet wird. Mit dieser Verordnung soll keinesfalls das Recht auf Zugang der Öffentlichkeit zu Dokumenten eingeschränkt werden, insoweit es in der Union und in den Mitgliedstaaten, insbesondere gemäß Artikel 42 der Charta und anderer einschlägiger Vorschriften, garantiert wird.

(119) Die allgemeinen Transparenzvorschriften für Agenturen der Union sollten auch für die EUStA gelten, allerdings nur hinsichtlich anderer Dokumente als Verfahrensakten einschließlich deren elektronischer Abbildungen, um die Vertraulichkeit ihrer operativen Arbeit in keiner Weise zu gefährden. Desgleichen sollte der Europäische Bürgerbeauftragte bei seinen Verwaltungsuntersuchungen die Vertraulichkeit der Tätigkeit der EUStA wahren. Im Hinblick auf die Integrität der Ermittlungs- und Strafverfolgungsmaßnahmen der EUStA sollten die Transparenzvorschriften nicht für Dokumente gelten, die ihre operative Tätigkeit betreffen.

(120) Der Europäische Datenschutzbeauftragte wurde angehört und hat seine Stellungnahme am 10. März 2014 abgegeben.

(121) Die auf Ebene der Staats- und Regierungschefs vereinigten Vertreter der Mitgliedstaaten haben auf ihrer Tagung vom 13. Dezember 2003 in Brüssel im Einklang mit den Bestimmungen des Beschlusses vom 8. April 1965[18] den Sitz der EUStA festgelegt –

HAT FOLGENDE VERORDNUNG ERLASSEN:

## Kapitel I Gegenstand und Begriffsbestimmungen

### Artikel 1 Gegenstand

Mit dieser Verordnung wird die Europäische Staatsanwaltschaft (im Folgenden „EUStA“) errichtet und ihre Arbeitsweise geregelt.

### Artikel 2 Begriffsbestimmungen

Für die Zwecke dieser Verordnung bezeichnet der Ausdruck

1. „Mitgliedstaat“, soweit insbesondere in Kapitel VIII nicht anderes bestimmt ist, einen Mitgliedstaat, der im Rahmen einer Ermächtigung, die gemäß Artikel 86 Absatz 1 Unterabsatz 3 AEUV als erteilt gilt, oder kraft eines nach Artikel 331 Absatz 1 Unterabsatz 2 oder 3 AEUV angenommenen Beschlusses an der Verstärkten Zusammenarbeit zur Errichtung der EUStA teilnimmt;
2. „Person“ jede natürliche oder juristische Person;
3. „finanzielle Interessen der Union“ sämtliche Einnahmen, Ausgaben und Vermögenswerte, die vom Haushaltsplan der Union oder von den Haushaltsplänen der nach den Verträgen geschaf-

18 **Amtl. Anm.:** Beschluss (67/446/EWG) (67/30/Euratom) der Vertreter der Regierungen der Mitgliedstaaten über die vorläufige Unterbringung bestimmter Organe und Dienststellen der Gemeinschaften (ABl. EWG 152 vom 13.7.1967, S. 18).

fenen Organe, Einrichtungen und sonstigen Stellen oder von den von diesen verwalteten und überwachten Haushaltsplänen erfasst, von ihnen erworben oder ihnen geschuldet werden;

4. „Personal der EUStA“ das Personal auf zentraler Ebene, das das Kollegium, die Ständigen Kammern, den Europäischen Generalstaatsanwalt, die Europäischen Staatsanwälte, die Delegierten Europäischen Staatsanwälte und den Verwaltungsdirektor bei ihren laufenden Tätigkeiten zur Erfüllung der Aufgaben der EUStA nach dieser Verordnung unterstützt;
5. „betrauter Delegierter Europäischer Staatsanwalt“ einen für die von ihm eingeleiteten, ihm zugewiesenen oder ihm durch Wahrnehmung seines Evokationsrechts nach Artikel 27 übertragenen Ermittlungen und Strafverfolgungsmaßnahmen zuständigen Delegierten Europäischen Staatsanwalt;
6. „unterstützender Delegierter Europäischer Staatsanwalt“ einen Delegierten Europäischen Staatsanwalt, der in einem anderen Mitgliedstaat als dem des betrauten Delegierten Europäischen Staatsanwalts ansässig ist, in dem ihm zugewiesene Ermittlungen oder andere Maßnahmen auszuführen sind;
7. „personenbezogene Daten“ alle Informationen, die sich auf eine identifizierte oder identifizierbare natürliche Person (im Folgenden "betroffene Person") beziehen; als identifizierbar wird eine natürliche Person angesehen, die direkt oder indirekt, insbesondere mittels Zuordnung zu einer Kennung wie einem Namen, zu einer Kennnummer, zu Standortdaten, zu einer Online-Kennung oder zu einem oder mehreren besonderen Merkmalen, die Ausdruck der physischen, physiologischen, genetischen, psychischen, wirtschaftlichen, kulturellen oder sozialen Identität dieser natürlichen Person sind, identifiziert werden kann;
8. „Verarbeitung“ jeden mit oder ohne Hilfe automatisierter Verfahren ausgeführten Vorgang oder jede solche Vorgangsreihe im Zusammenhang mit personenbezogenen Daten wie das Erheben, das Erfassen, die Organisation, das Ordnen, die Speicherung, die Anpassung oder Veränderung, das Auslesen, das Abfragen, die Verwendung, die Offenlegung durch Übermittlung, Verbreitung oder eine andere Form der Bereitstellung, den Abgleich oder die Verknüpfung, die Einschränkung, das Löschen oder die Vernichtung;
9. „Einschränkung der Verarbeitung“ die Markierung gespeicherter personenbezogener Daten mit dem Ziel, ihre künftige Verarbeitung einzuschränken;
10. „Profiling“ jede Art der automatisierten Verarbeitung personenbezogener Daten, die darin besteht, dass diese personenbezogenen Daten verwendet werden, um bestimmte persönliche Aspekte, die sich auf eine natürliche Person beziehen, zu bewerten, insbesondere um Aspekte bezüglich Arbeitsleistung, wirtschaftlicher Lage, Gesundheit, persönlicher Vorlieben, Interessen, Zuverlässigkeit, Verhalten, Aufenthaltsort oder Ortswechsel dieser natürlichen Person zu analysieren oder vorherzusagen;
11. „Pseudonymisierung“ die Verarbeitung personenbezogener Daten in einer Weise, dass die personenbezogenen Daten ohne Hinzuziehung zusätzlicher Informationen nicht mehr einer spezifischen betroffenen Person zugeordnet werden können, sofern diese zusätzlichen Informationen gesondert aufbewahrt werden und technischen und organisatorischen Maßnahmen unterliegen, die gewährleisten, dass die personenbezogenen Daten nicht einer identifizierten oder identifizierbaren natürlichen Person zugewiesen werden;
12. „Dateisystem“ jede strukturierte Sammlung personenbezogener Daten, die nach bestimmten Kriterien zugänglich sind, unabhängig davon, ob diese Sammlung zentral, dezentral oder nach funktionalen oder geografischen Gesichtspunkten geordnet geführt wird;
13. „Verantwortlicher“ die EUStA oder eine andere zuständige Behörde, die allein oder gemeinsam mit anderen über die Zwecke und Mittel der Verarbeitung von personenbezogenen Daten entscheidet; sind die Zwecke und Mittel dieser Verarbeitung durch das Unionsrecht oder das Recht eines Mitgliedstaats der Europäischen Union vorgegeben, so kann der Verantwortliche beziehungsweise können die bestimmten Kriterien für seine Benennung nach dem Unionsrecht oder dem Recht eines Mitgliedstaats der Europäischen Union vorgesehen werden;
14. „Auftragsverarbeiter“ eine natürliche oder juristische Person, Behörde, Einrichtung oder andere Stelle, die personenbezogene Daten im Auftrag des Verantwortlichen verarbeitet;

15. „Empfänger“ eine natürliche oder juristische Person, Behörde, Einrichtung oder jede andere Stelle, der personenbezogene Daten offengelegt werden, unabhängig davon, ob es sich bei ihr um einen Dritten handelt oder nicht. Andere Behörden der Mitgliedstaaten der Europäischen Union als die zuständigen Behörden im Sinne des Artikels 3 Nummer 7 Buchstabe a der Richtlinie (EU) 2016/680, die im Rahmen eines bestimmten Untersuchungsauftrags der EUStA personenbezogene Daten erhalten, gelten jedoch nicht als Empfänger; die Verarbeitung dieser Daten durch die genannten Behörden erfolgt im Einklang mit den geltenden Datenschutzvorschriften gemäß den Zwecken der Verarbeitung;
16. „Verletzung des Schutzes personenbezogener Daten“ eine Verletzung der Sicherheit, die zur Vernichtung, zum Verlust oder zur Veränderung, ob unbeabsichtigt oder unrechtmäßig, oder zur unbefugten Offenlegung von beziehungsweise zum unbefugten Zugang zu personenbezogenen Daten führt, die übermittelt, gespeichert oder auf sonstige Weise verarbeitet wurden;
17. „verwaltungstechnische personenbezogene Daten“ alle von der EUStA verarbeiteten personenbezogenen Daten mit Ausnahme der operativen personenbezogenen Daten;
18. „operative personenbezogene Daten“ alle von der EUStA für die in Artikel 49 festgelegten Zwecke verarbeiteten personenbezogenen Daten;
19. „genetische Daten“ personenbezogene Daten zu den ererbten oder erworbenen genetischen Eigenschaften einer natürlichen Person, die eindeutige Informationen über die Physiologie oder die Gesundheit dieser natürlichen Person liefern und insbesondere aus der Analyse einer biologischen Probe der betreffenden natürlichen Person gewonnen wurden;
20. „biometrische Daten“ mit speziellen technischen Verfahren gewonnene personenbezogene Daten zu den physischen, physiologischen oder verhaltenstypischen Merkmalen einer natürlichen Person, die die eindeutige Identifizierung dieser natürlichen Person ermöglichen oder bestätigen, wie Gesichtsbilder oder daktyloskopische Daten;
21. „Gesundheitsdaten“ personenbezogene Daten, die sich auf die körperliche oder geistige Gesundheit einer natürlichen Person, einschließlich der Erbringung von Gesundheitsdienstleistungen, beziehen und aus denen Informationen über deren Gesundheitszustand hervorgehen;
22. „Aufsichtsbehörde“ eine von einem Mitgliedstaat der Europäischen Union gemäß Artikel 51 der Verordnung (EU) 2016/679 des Europäischen Parlaments und des Rates[1] oder gemäß Artikel 41 der Richtlinie (EU) 2016/680 eingerichtete unabhängige staatliche Stelle;
23. „internationale Organisation“ eine völkerrechtliche Organisation und ihre nachgeordneten Stellen oder jede sonstige Einrichtung, die durch eine zwischen zwei oder mehr Ländern geschlossene Übereinkunft oder auf der Grundlage einer solchen Übereinkunft geschaffen wurde.

## Kapitel II Errichtung, Aufgaben und Grundprinzipien der EUStA

### Artikel 3 Errichtung

(1) Die EUStA wird als Einrichtung der Union errichtet.

(2) Die EUStA besitzt Rechtspersönlichkeit.

(3) Die EUStA arbeitet mit Eurojust zusammen und wird von dieser Stelle im Einklang mit Artikel 100 unterstützt.

### Artikel 4 Aufgaben

[1]Die EUStA ist zuständig für die strafrechtliche Untersuchung und Verfolgung sowie die Anklageerhebung in Bezug auf Personen, die als Täter oder Teilnehmer Straftaten zum Nachteil der finanziellen Interessen der Union, die in der Richtlinie (EU) 2017/1371 vorgesehen und in die-

1 **Amtl. Anm.:** Verordnung (EU) 2016/679 des Europäischen Parlaments und des Rates vom 27. April 2016 zum Schutz natürlicher Personen bei der Verarbeitung personenbezogener Daten, zum freien Datenverkehr und zur Aufhebung der Richtlinie 95/46/EG (Datenschutz-Grundverordnung) (ABl. L 119 vom 4.5.2016, S. 1).

ser Verordnung bestimmt sind, begangen haben. [2]Hierzu führt die EUStA Ermittlungen, ergreift Strafverfolgungsmaßnahmen und nimmt vor den zuständigen Gerichten der Mitgliedstaaten die Aufgaben der Staatsanwaltschaft wahr, bis das Verfahren endgültig abgeschlossen ist.

## Artikel 5 Grundprinzipien für die Tätigkeit

(1) Die EUStA gewährleistet, dass bei ihrer Tätigkeit die in der Charta verankerten Rechte beachtet werden.

(2) Die EUStA ist bei allen ihren Tätigkeiten an die Grundsätze der Rechtsstaatlichkeit und der Verhältnismäßigkeit gebunden.

(3) [1]Die Ermittlungen und Strafverfolgungsmaßnahmen im Namen der EUStA unterliegen dieser Verordnung. [2]Soweit eine Frage in dieser Verordnung nicht geregelt ist, gilt nationales Recht. [3]Soweit in dieser Verordnung nichts anderes bestimmt ist, ist das anwendbare nationale Recht das Recht des Mitgliedstaats des gemäß Artikel 13 Absatz 1 mit dem Verfahren betrauten Delegierten Europäischen Staatsanwalts. [4]Ist eine Frage sowohl im nationalen Recht als auch in dieser Verordnung geregelt, so ist diese Verordnung maßgebend.

(4) Die EUStA führt ihre Ermittlungen unparteiisch und ermittelt alle sachdienlichen Beweise, belastende wie entlastende.

(5) Die EUStA leitet Ermittlungen unverzüglich ein und führt diese zügig durch.

(6) [1]Die zuständigen nationalen Behörden fördern und unterstützen aktiv die Ermittlungen und Strafverfolgungsmaßnahmen der EUStA. [2]Handlungen, Vorgehensweisen und Verfahren nach dieser Verordnung richten sich nach dem Grundsatz der loyalen Zusammenarbeit.

## Artikel 6 Unabhängigkeit und Rechenschaftspflicht

(1) [1]Die EUStA ist unabhängig. [2]Der Europäische Generalstaatsanwalt, die Stellvertreter des Europäischen Generalstaatsanwalts, die Europäischen Staatsanwälte, die Delegierten Europäischen Staatsanwälte, der Verwaltungsdirektor sowie das Personal der EUStA handelt beziehungsweise handeln im gesetzlich festgelegten Interesse der Union insgesamt und darf beziehungsweise dürfen bei der Erfüllung seiner/ihrer Pflichten im Rahmen dieser Verordnung Weisungen von Personen außerhalb der EUStA, von Mitgliedstaaten der Europäischen Union oder Organen, Einrichtungen oder sonstigen Stellen der Union weder einholen noch entgegennehmen. [3]Die Mitgliedstaaten der Europäischen Union und die Organe, Einrichtungen und sonstigen Stellen der Union achten die Unabhängigkeit der EUStA und versuchen nicht, sie bei der Wahrnehmung ihrer Aufgaben zu beeinflussen.

(2) Die EUStA ist dem Europäischen Parlament, dem Rat und der Kommission für ihre allgemeinen Tätigkeiten rechenschaftspflichtig und gibt Jahresberichte nach Artikel 7 heraus.

## Artikel 7 Berichterstattung

(1) [1]Die EUStA erstellt jährlich einen Jahresbericht über ihre allgemeine Tätigkeit in den Amtssprachen der Organe der Union und veröffentlicht ihn. [2]Sie übermittelt den Bericht dem Europäischen Parlament und den nationalen Parlamenten sowie dem Rat und der Kommission.

(2) [1]Der Europäische Generalstaatsanwalt erscheint einmal jährlich vor dem Europäischen Parlament und vor dem Rat sowie auf Verlangen vor den nationalen Parlamenten der Mitgliedstaaten, um – unbeschadet der Verpflichtung der EUStA zur Verschwiegenheit und Geheimhaltung im Hinblick auf Einzelfälle und personenbezogene Daten – über die allgemeine Tätigkeit der EUStA Bericht zu erstatten. [2]Der Europäische Generalstaatsanwalt kann bei Anhörungen durch die nationalen Parlamente von einem seiner Stellvertreter vertreten werden.

## Kapitel III Status, Aufbau und Organisation der EUStA

## Abschnitt 1 Status und Aufbau der EUStA

### Artikel 8 Aufbau der EUStA

(1) Die EUStA ist eine unteilbare Einrichtung der Union, die als eine einheitliche Behörde mit einem dezentralen Aufbau handelt.

(2) Die EUStA gliedert sich in eine zentrale Ebene und in eine dezentrale Ebene.

(3) [1]Die zentrale Ebene besteht aus der zentralen Dienststelle am Sitz der EUStA. [2]Die zentrale Dienststelle setzt sich aus dem Kollegium, den Ständigen Kammern, dem Europäischen Generalstaatsanwalt, den Stellvertretern des Europäischen Generalstaatsanwalts, den Europäischen Staatsanwälten und dem Verwaltungsdirektor zusammen.

(4) Die dezentrale Ebene besteht aus den Delegierten Europäischen Staatsanwälten, die in den Mitgliedstaaten angesiedelt sind.

(5) Die zentrale Dienststelle und die Delegierten Europäischen Staatsanwälte werden bei ihren Aufgaben nach dieser Verordnung vom Personal der EUStA unterstützt.

### Artikel 9 Das Kollegium

(1) [1]Das Kollegium der EUStA besteht aus dem Europäischen Generalstaatsanwalt und einem Europäischen Staatsanwalt je Mitgliedstaat. [2]Der Europäische Generalstaatsanwalt leitet die Sitzungen des Kollegiums und ist für deren Vorbereitung zuständig.

(2) [1]Das Kollegium tritt regelmäßig zusammen und ist für die allgemeine Aufsicht über die Tätigkeiten der EUStA zuständig. [2]Es entscheidet über strategische Fragen und über allgemeine Angelegenheiten, die sich aus Einzelfällen ergeben, insbesondere mit Blick darauf, die Kohärenz, Effizienz und Einheitlichkeit bei der Strafverfolgungspolitik der EUStA in allen Mitgliedstaaten sicherzustellen, sowie über in dieser Verordnung angegebene andere Fragen. [3]Das Kollegium trifft keine operativen Entscheidungen in Einzelfällen. [4]In der Geschäftsordnung der EUStA werden die Einzelheiten der Wahrnehmung der allgemeinen Aufsichtstätigkeiten durch das Kollegium und für dessen Entscheidungen über strategische Fragen und allgemeine Angelegenheiten im Einklang mit diesem Artikel geregelt.

(3) Auf Vorschlag des Europäischen Generalstaatsanwalts und gemäß der Geschäftsordnung der EUStA richtet das Kollegium Ständige Kammern ein.

(4) Das Kollegium nimmt eine Geschäftsordnung der EUStA gemäß Artikel 21 an und legt ferner die Zuständigkeiten für die Ausführung der Aufgaben der Mitglieder des Kollegiums und des Personals der EUStA fest.

(5) [1]Soweit in dieser Verordnung nichts anderes bestimmt ist, fasst das Kollegium Beschlüsse mit einfacher Mehrheit. [2]Jedes Mitglied des Kollegiums ist berechtigt, über die vom Kollegium zu entscheidenden Fragen eine Abstimmung vorzuschlagen. [3]Jedes Mitglied des Kollegiums hat eine Stimme. [4]Bei Stimmengleichheit in einer vom Kollegium zu entscheidenden Frage gibt die Stimme des Europäischen Generalstaatsanwalts den Ausschlag.

### Artikel 10 Die Ständigen Kammern

(1) [1]Den Vorsitz der Ständigen Kammern führt der Europäische Generalstaatsanwalt oder einer der Stellvertreter des Europäischen Generalstaatsanwalts oder ein gemäß der Geschäftsordnung der EUStA zum Vorsitzenden benannter Europäischer Staatsanwalt. [2]Neben dem Vorsitzenden gehören den Ständigen Kammern zwei ständige Mitglieder an. [3]Die Anzahl der Ständigen Kammern und ihre Zusammensetzung sowie die Aufteilung der Zuständigkeiten zwischen den Kammern

tragen den funktionalen Bedürfnissen der EUStA angemessen Rechnung und werden gemäß der Geschäftsordnung der EUStA festgelegt.

Die Geschäftsordnung der EUStA gewährleistet eine ausgewogene Verteilung der Arbeitsbelastung auf der Grundlage einer Fallzuweisung nach dem Zufallsprinzip und legt in Ausnahmefällen Verfahren fest, die es dem Europäischen Generalstaatsanwalt ermöglichen, zu entscheiden, dass von der Fallzuweisung nach dem Zufallsprinzip abgewichen wird, sofern dies für ein ordnungsgemäßes Funktionieren der EUStA notwendig ist.

(2) [1]Die Ständigen Kammern überwachen und leiten gemäß den Absätzen 3, 4 und 5 des vorliegenden Artikels die von den Delegierten Europäischen Staatsanwälten geführten Ermittlungen und Strafverfolgungsmaßnahmen. [2]Sie gewährleisten außerdem die Koordination der Ermittlungen und Strafverfolgungsmaßnahmen in grenzübergreifenden Fällen und gewährleisten die Durchführung der vom Kollegium gemäß Artikel 9 Absatz 2 getroffenen Entscheidungen.

(3) Gemäß den Bedingungen und Verfahren dieser Verordnung, gegebenenfalls nach Prüfung des vom betrauten Delegierten Europäischen Staatsanwalt vorgeschlagenen Entscheidungsentwurfs, treffen die Ständigen Kammern Entscheidungen bezüglich

a) der Anklageerhebung gemäß Artikel 36 Absätze 1, 3 und 4;
b) der Einstellung eines Verfahrens gemäß Artikel 39 Absatz 1 Buchstaben a bis g;
c) der Anwendung eines vereinfachten Strafverfolgungsverfahrens und der Weisung an den Delegierten Europäischen Staatsanwalt, im Hinblick auf den endgültigen Abschluss des Verfahrens tätig zu werden, gemäß Artikel 40;
d) der Verweisung eines Verfahrens an die nationalen Behörden gemäß Artikel 34 Absatz 1, 2, 3 oder 6;
e) der Wiederaufnahme von Ermittlungen gemäß Artikel 39 Absatz 2.

(4) Soweit erforderlich, treffen die Ständigen Kammern gemäß den Bedingungen und Verfahren dieser Verordnung die folgenden Entscheidungen:

a) dem Delegierten Europäischen Staatsanwalt die Weisung zu erteilen, Ermittlungen gemäß den Bestimmungen des Artikels 26 Absätze 1 bis 4 einzuleiten, sofern noch keine Ermittlungen eingeleitet wurden;
b) dem Delegierten Europäischen Staatsanwalt die Weisung zu erteilen, das Evokationsrecht nach Artikel 27 Absatz 6 auszuüben, sofern das Verfahren noch nicht evoziert wurde;
c) strategische Fragen oder allgemeine Angelegenheiten, die sich aus Einzelfällen ergeben, gemäß Artikel 9 Absatz 2 an das Kollegium zu verweisen;
d) ein Verfahren gemäß Artikel 26 Absatz 3 zuzuweisen;
e) ein Verfahren gemäß Artikel 26 Absatz 5 oder Artikel 28 Absatz 3 neu zuzuweisen;
f) die Entscheidung eines Europäischen Staatsanwalts zu genehmigen, die Ermittlungen gemäß Artikel 28 Absatz 4 selbst durchzuführen.

(5) Die zuständige Ständige Kammer kann über den die Aufsicht über die Ermittlungen oder die Strafverfolgungsmaßnahmen führenden Europäischen Staatsanwalt in einem konkreten Verfahren dem betrauten Delegierten Europäischen Staatsanwalt Weisungen erteilen, die im Einklang mit dem geltenden nationalen Recht stehen, sofern dies für die effiziente Durchführung der Ermittlungen oder Strafverfolgungsmaßnahmen im Interesse der Rechtspflege oder zur Gewährleistung der kohärenten Funktionsweise der EUStA notwendig ist.

(6) [1]Die Ständige Kammer fasst Beschlüsse mit einfacher Mehrheit. [2]Die Kammer stimmt auf Antrag eines ihrer Mitglieder ab. [3]Jedes Mitglied hat eine Stimme. [4]Bei Stimmengleichheit gibt die Stimme des Vorsitzenden den Ausschlag. [5]Entscheidungen werden nach Beratungen der Kammern gegebenenfalls auf der Grundlage des vom betrauten Delegierten Europäischen Staatsanwalt vorgeschlagenen Entscheidungsentwurfs getroffen.

Die gesamte Verfahrensakte wird der zuständigen Ständigen Kammer auf Verlangen für die Vorbereitung der Entscheidungen zur Verfügung gestellt.

(7) [1]Die Ständigen Kammern können beschließen, ihre Entscheidungsbefugnisse gemäß Absatz 3 Buchstabe a oder Buchstabe b und in letzterem Fall nur in Bezug auf die in Artikel 39 Absatz 1

Buchstaben a bis f festgelegten Vorschriften dem im Einklang mit Artikel 12 Absatz 1 die Aufsicht über das Verfahren führenden Europäischen Staatsanwalt hinsichtlich einer Straftat zu übertragen, die einen Schaden von weniger als 100 000 EUR zum Nachteil der finanziellen Interessen der Union verursacht hat bzw. verursachen könnte, wenn eine solche Befugnisübertragung im Hinblick auf die Schwere der Straftat oder die Komplexität des Verfahrens im Einzelfall hinreichend begründet werden kann. [2]In der Geschäftsordnung der EUStA sind Leitlinien festzulegen, damit eine kohärente Anwendung im Rahmen der EUStA gewährleistet werden kann.

[1]Die Ständige Kammer unterrichtet den Europäischen Generalstaatsanwalt über jede Entscheidung zur Übertragung ihrer Entscheidungsbefugnisse. [2]Nach Eingang dieser Mitteilung kann der Europäische Generalstaatsanwalt die Ständige Kammer innerhalb von drei Tagen ersuchen, ihre Entscheidung zu überprüfen, sofern der Europäische Generalstaatsanwalt der Auffassung ist, dass dies im Interesse der Gewährleistung kohärenter Ermittlungs- und Strafverfolgungsmaßnahmen der EUStA erforderlich ist. [3]Ist der Europäische Generalstaatsanwalt Mitglied der jeweiligen Ständigen Kammer, so übt einer der Stellvertreter des Europäischen Generalstaatsanwalts das Recht auf Ersuchen um diese Überprüfung aus. [4]Der die Aufsicht führende Europäische Staatsanwalt unterrichtet die Ständige Kammer über den endgültigen Abschluss des Verfahrens sowie über alle Informationen oder Umstände, die nach seinem Dafürhalten eine Neubewertung der Frage, ob eine Aufrechterhaltung der Befugnisübertragung zweckmäßig ist, erforderlich machen könnten, insbesondere unter den in Artikel 36 Absatz 3 genannten Umständen.

[1]Die Entscheidung zur Übertragung von Entscheidungsbefugnissen kann auf Antrag eines der Mitglieder der Ständigen Kammer jederzeit aufgehoben werden; der entsprechende Beschluss wird gemäß Absatz 6 gefasst. [2]Eine Befugnisübertragung wird aufgehoben, wenn ein Delegierter Europäischer Staatsanwalt im Einklang mit Artikel 16 Absatz 7 den Europäischen Staatsanwalt vertritt.

Zur Gewährleistung der kohärenten Anwendung des Grundsatzes der Befugnisübertragung erstattet jede Ständige Kammer dem Kollegium jährlich über die Vornahme von Befugnisübertragungen Bericht.

(8) Die Geschäftsordnung der EUStA gestattet den Ständigen Kammern, Entscheidungen im Wege eines schriftlichen Verfahrens zu treffen, das in der Geschäftsordnung der EUStA im Einzelnen festzulegen ist.

Sämtliche Entscheidungen und Weisungen, die im Einklang mit den Absätzen 3, 4, 5 und 7 getroffen bzw. erteilt werden, sind schriftlich festzuhalten und werden Teil der Verfahrensakte.

(9) [1]Zusätzlich zu den ständigen Mitgliedern nimmt der Europäische Staatsanwalt, der die Ermittlungen oder Strafverfolgungsmaßnahmen gemäß Artikel 12 Absatz 1 beaufsichtigt, an den Beratungen der Ständigen Kammer teil. [2]Der Europäische Staatsanwalt ist stimmberechtigt, außer bei Entscheidungen der Ständigen Kammer über eine Befugnisübertragung oder Aufhebung der Befugnisübertragung gemäß Artikel 10 Absatz 7, über eine Zuweisung und Neuzuweisung gemäß Artikel 26 Absätze 3, 4 und 5 und Artikel 27 Absatz 6 und über die Anklageerhebung nach Artikel 36 Absatz 3, wenn mehr als ein Mitgliedstaat Gerichtsbarkeit für den Fall hat, sowie in den in Artikel 31 Absatz 8 beschriebenen Fällen.

Eine Ständige Kammer kann außerdem entweder auf Antrag eines Europäischen Staatsanwalts oder eines Delegierten Europäischen Staatsanwalts oder auf eigene Initiative andere von einem Verfahren betroffene Europäische Staatsanwälte oder Delegierte Europäische Staatsanwälte ohne Stimmrecht zur Teilnahme an ihren Sitzungen einladen.

(10) Die Vorsitzenden der Ständigen Kammern halten das Kollegium im Einklang mit der Geschäftsordnung der EUStA über die gemäß diesem Artikel gefassten Beschlüsse auf dem Laufenden, damit das Kollegium seine Funktion gemäß Artikel 9 Absatz 2 ausüben kann.

## Artikel 11 Der Europäische Generalstaatsanwalt und die Stellvertreter des Europäischen Generalstaatsanwalts

(1) [1]Der Europäische Generalstaatsanwalt ist der Leiter der EUStA. [2]Der Europäische Generalstaatsanwalt organisiert die Arbeit der EUStA, leitet ihre Tätigkeit und trifft Entscheidungen gemäß dieser Verordnung und der Geschäftsordnung der EUStA.

(2) Es werden zwei Stellvertreter des Europäischen Generalstaatsanwalts ernannt, die den Europäischen Generalstaatsanwalt bei der Erfüllung seiner Aufgaben unterstützen und ihn bei Abwesenheit oder Verhinderung vertreten.

(3) [1]Der Europäische Generalstaatsanwalt vertritt die EUStA gegenüber den Organen der Union und der Mitgliedstaaten der Europäischen Union und gegenüber Dritten. [2]Der Europäische Generalstaatsanwalt kann seine mit der Vertretung verbundenen Aufgaben auf einen der Stellvertreter des Europäischen Generalstaatsanwalts oder einen Europäischen Staatsanwalt übertragen.

## Artikel 12 Die Europäischen Staatsanwälte

(1) [1]Die Europäischen Staatsanwälte beaufsichtigen für die Ständige Kammer und im Einklang mit etwaigen von dieser gemäß Artikel 10 Absätze 3, 4 und 5 erteilten Weisungen die Ermittlungen und Strafverfolgungsmaßnahmen, für die die mit dem Verfahren betrauten Delegierten Europäischen Staatsanwälte in ihrem Herkunftsmitgliedstaat zuständig sind. [2]Die Europäischen Staatsanwälte unterbreiten Zusammenfassungen zu den jeweils von ihnen beaufsichtigten Verfahren und gegebenenfalls – auf der Grundlage von Entscheidungsentwürfen, die von den Delegierten Europäischen Staatsanwälten ausgearbeitet werden – Vorschläge für die von der Ständigen Kammer zu fassenden Entscheidungen.

[1]In der Geschäftsordnung der EUStA ist unbeschadet des Artikels 16 Absatz 7 eine Regelung für die Vertretung der Europäischen Staatsanwälte untereinander vorzusehen für den Fall, dass der die Aufsicht führende Europäische Staatsanwalt zeitweilig abwesend ist oder aus anderen Gründen zur Wahrnehmung der Aufgaben eines Europäischen Staatsanwalts nicht zur Verfügung steht. [2]Der vertretende Europäische Staatsanwalt kann – abgesehen von der Möglichkeit, eine Ermittlung gemäß Artikel 28 Absatz 4 zu führen – jede Aufgabe eines Europäischen Staatsanwalts ausführen.

(2) [1]Ein Europäischer Staatsanwalt kann im Ausnahmefall aufgrund der Arbeitsbelastung, die sich aus der Zahl der Ermittlungen und Strafverfolgungsmaßnahmen im Herkunftsmitgliedstaat des Europäischen Staatsanwalts ergibt, oder aufgrund einer persönlichen Befangenheit beantragen, dass die Aufsicht über Ermittlungen und Strafverfolgungsmaßnahmen in einzelnen Verfahren, mit denen Delegierte Europäische Staatsanwälte in seinem Herkunftsmitgliedstaat betraut sind, anderen Europäischen Staatsanwälten zugewiesen wird, vorausgesetzt, diese stimmen der Zuweisung zu. [2]Der Europäische Generalstaatsanwalt entscheidet über den Antrag auf der Grundlage der Arbeitsbelastung eines Europäischen Staatsanwalts. [3]Im Falle einer einen Europäischen Staatsanwalt betreffenden Befangenheit gibt der Europäische Generalstaatsanwalt dem Antrag statt. [4]In der Geschäftsordnung der EUStA werden die Grundsätze für diese Entscheidung und das Verfahren zur anschließenden Zuweisung der betreffenden Verfahren festgelegt. [5]Artikel 28 Absatz 4 gilt nicht für Ermittlungen und Strafverfolgungsmaßnahmen, in denen die Aufsicht nach Maßgabe des vorliegenden Absatzes erfolgt.

(3) Der die Aufsicht führende Europäische Staatsanwalt kann in einem spezifischen Fall im Einklang mit anwendbarem nationalen Recht und mit den Weisungen der zuständigen Ständigen Kammer dem betrauten Delegierten Europäischen Staatsanwalt Weisungen erteilen, wenn dies für die effiziente Durchführung der Ermittlungen oder Strafverfolgungsmaßnahmen oder im Interesse der Rechtspflege oder zur Gewährleistung der kohärenten Funktionsweise der EUStA erforderlich ist.

(4) Ist nach nationalem Recht eines Mitgliedstaats die interne Überprüfung bestimmter Handlungen innerhalb der Struktur einer nationalen Staatsanwaltschaft vorgesehen, so fällt im Einklang mit

der Geschäftsordnung der EUStA die Überprüfung solcher Handlungen des Delegierten Europäischen Staatsanwalts unter die Aufsichtsbefugnis des Aufsicht führenden Europäischen Staatsanwalts; dies berührt nicht die Aufsichts- und Überwachungsbefugnisse der Ständigen Kammer.

(5) [1]Die Europäischen Staatsanwälte fungieren als Verbindungsstellen und Informationskanäle zwischen den Ständigen Kammern und den Delegierten Europäischen Staatsanwälten in ihrem jeweiligen Herkunftsmitgliedstaat. [2]Sie überwachen die Durchführung der Aufgaben der EUStA in ihrem jeweiligen Mitgliedstaat in enger Abstimmung mit den Delegierten Europäischen Staatsanwälten. [3]Sie stellen im Einklang mit dieser Verordnung und der Geschäftsordnung der EUStA sicher, dass alle einschlägigen Informationen aus der zentralen Dienststelle den Delegierten Europäischen Staatsanwälten zur Verfügung gestellt werden und umgekehrt.

## Artikel 13 Die Delegierten Europäischen Staatsanwälte

(1) Die Delegierten Europäischen Staatsanwälte handeln im Namen der EUStA in ihrem jeweiligen Mitgliedstaat und haben neben und vorbehaltlich der ihnen übertragenen besonderen Befugnisse und des ihnen zuerkannten besonderen Status und nach Maßgabe dieser Verordnung in Bezug auf Ermittlungen, Strafverfolgungsmaßnahmen und Anklageerhebung die gleichen Befugnisse wie nationale Staatsanwälte.

[1]Die Delegierten Europäischen Staatsanwälte sind für die von ihnen eingeleiteten, für die ihnen zugewiesenen oder für die durch Wahrnehmung ihres Evokationsrechts von ihnen übernommenen Ermittlungen und Strafverfolgungsmaßnahmen zuständig. [2]Die Delegierten Europäischen Staatsanwälte folgen der Leitung und befolgen die Weisungen der für das Verfahren zuständigen Ständigen Kammer sowie die Weisungen des die Aufsicht führenden Europäischen Staatsanwalts.

Die Delegierten Europäischen Staatsanwälte sind ferner für die Anklageerhebung zuständig und haben insbesondere die Befugnis, vor Gericht zu plädieren, an der Beweisaufnahme teilzunehmen und die zur Verfügung stehenden Rechtsbehelfe gemäß dem nationalen Recht einzulegen.

(2) [1]In jedem Mitgliedstaat muss es zwei oder mehr Delegierte Europäische Staatsanwälte geben. [2]Der Europäische Generalstaatsanwalt genehmigt nach Beratung und Einigung mit den einschlägigen Behörden der Mitgliedstaaten die Anzahl der Delegierten Europäischen Staatsanwälte sowie die funktionale und räumliche Aufteilung der Zuständigkeiten zwischen den Delegierten Europäischen Staatsanwälten in jedem einzelnen Mitgliedstaat.

(3) [1]Die Delegierten Europäischen Staatsanwälte können auch Aufgaben als nationale Staatsanwälte wahrnehmen, soweit sie dadurch nicht daran gehindert sind, ihren Pflichten nach dieser Verordnung nachzukommen. [2]Sie unterrichten den die Aufsicht führenden Europäischen Staatsanwalt über solche Aufgaben. [3]Ist ein Delegierter Europäischer Staatsanwalt zu irgendeinem Zeitpunkt wegen der Wahrnehmung solcher Aufgaben als nationaler Staatsanwalt nicht in der Lage, seinen Aufgaben als Delegierter Europäischer Staatsanwalt nachzukommen, so setzt er den die Aufsicht führenden Europäischen Staatsanwalt davon in Kenntnis; dieser konsultiert die zuständigen nationalen Strafverfolgungsbehörden, um festzulegen, ob den Aufgaben im Rahmen dieser Verordnung Vorrang einzuräumen ist. [4]Der Europäische Staatsanwalt kann der Ständigen Kammer gemäß Artikel 28 Absätze 3 und 4 vorschlagen, dass das Verfahren einem anderen Delegierten Europäischen Staatsanwalt in demselben Mitgliedstaat neu zugewiesen wird oder dass er die Ermittlungen selbst führt.

## Abschnitt 2 Ernennung und Entlassung der Mitglieder der EUStA

## Artikel 14 Ernennung und Entlassung des Europäischen Generalstaatsanwalts

(1) [1]Das Europäische Parlament und der Rat ernennen in gegenseitigem Einvernehmen den Europäischen Generalstaatsanwalt für eine nicht verlängerbare Amtszeit von sieben Jahren. [2]Der Rat beschließt mit einfacher Mehrheit.

(2) Der Europäische Generalstaatsanwalt wird aus einem Kreis von Bewerbern ausgewählt, die

a) aktive Mitglieder der Staatsanwaltschaft oder der Richterschaft in den Mitgliedstaaten oder aktive Europäische Staatsanwälte sind,
b) jede Gewähr für Unabhängigkeit bieten,
c) in ihrem jeweiligen Mitgliedstaat die für die höchsten staatsanwaltlichen oder richterlichen Ämter erforderlichen Voraussetzungen erfüllen und über einschlägige praktische Erfahrungen in den nationalen Rechtsordnungen, in Finanzermittlungen und in der internationalen justiziellen Zusammenarbeit in Strafsachen verfügen oder das Amt eines Europäischen Staatsanwalts ausgeübt haben und
d) hinreichende Erfahrungen und Qualifikationen als Führungskraft für das Amt besitzen.

(3) [1]Die Auswahl wird auf der Grundlage einer im *Amtsblatt der Europäischen Union* zu veröffentlichenden offenen Aufforderung zur Einreichung von Bewerbungen vorgenommen, nach der ein Auswahlausschuss eine Auswahlliste der qualifizierten Bewerber erstellt, die dem Europäischen Parlament und dem Rat vorzulegen ist. [2]Der Auswahlausschuss setzt sich aus zwölf Personen zusammen, die aus dem Kreis ehemaliger Mitglieder des Gerichtshofs und des Rechnungshofs, ehemaliger nationaler Mitglieder von Eurojust, der Mitglieder der höchsten nationalen Gerichte, hochrangiger Staatsanwälte und von Juristen von anerkannt hervorragender Befähigung ausgewählt werden. [3]Eine der ausgewählten Personen wird vom Europäischen Parlament vorgeschlagen. [4]Der Rat legt die Regeln für die Tätigkeit des Auswahlausschusses fest und nimmt einen Beschluss zur Ernennung seiner Mitglieder auf Vorschlag der Kommission an.

(4) Wird ein Europäischer Staatsanwalt zum Europäischen Generalstaatsanwalt ernannt, so wird sein Amt als Europäischer Staatsanwalt nach dem Verfahren des Artikels 16 Absätze 1 und 2 unverzüglich wieder besetzt.

(5) Der Gerichtshof kann auf Antrag des Europäischen Parlaments, des Rates oder der Kommission den Europäischen Generalstaatsanwalt entlassen, wenn er zu der Feststellung gelangt, dass er seine Aufgaben nicht mehr wahrnehmen kann oder dass er sich eines schweren Fehlverhaltens schuldig gemacht hat.

(6) Tritt der Europäische Generalstaatsanwalt zurück, wird entlassen oder scheidet aus einem anderen Grund aus dem Amt aus, so wird die Stelle nach dem Verfahren der Absätze 1, 2 und 3 umgehend wieder besetzt.

## Artikel 15 Ernennung und Entlassung der Stellvertreter des Europäischen Generalstaatsanwalts

(1) [1]Das Kollegium ernennt zwei Europäische Staatsanwälte für eine verlängerbare Amtszeit von drei Jahren zu Stellvertretern des Europäischen Generalstaatsanwalts, wobei ihre Amtszeiten als Europäischer Staatsanwalt nicht überschritten werden dürfen. [2]Das Auswahlverfahren wird in der Geschäftsordnung der EUStA geregelt. [3]Die Stellvertreter des Europäischen Generalstaatsanwalts behalten ihren Status als Europäische Staatsanwälte.

(2) [1]In der Geschäftsordnung der EUStA werden die Regeln und Bedingungen für die Ausübung der Funktion eines Stellvertreters des Europäischen Generalstaatsanwalts festgelegt. [2]Kann ein Europäischer Staatsanwalt seine Aufgaben als Stellvertreter des Europäischen Generalstaatsanwalts nicht mehr wahrnehmen, so kann das Kollegium im Einklang mit der Geschäftsordnung der EUStA beschließen, dass er aus dem Amt als Stellvertreter des Europäischen Generalstaatsanwalts entlassen wird.

(3) [1]Tritt ein Stellvertreter des Europäischen Generalstaatsanwalts zurück, wird entlassen oder scheidet aus einem anderen Grund aus seinem Amt als Stellvertreter des Europäischen Generalstaatsanwalts aus, so wird die Stelle nach dem Verfahren des Absatzes 1 unverzüglich wieder besetzt. [2]Vorbehaltlich der Bestimmungen des Artikels 16 bleibt er Europäischer Staatsanwalt.

## Artikel 16 Ernennung und Entlassung der Europäischen Staatsanwälte

(1) Jeder Mitgliedstaat benennt drei Kandidaten für das Amt eines Europäischen Staatsanwalts aus einem Kreis von Bewerbern, die

a) aktive Mitglieder der Staatsanwaltschaft oder der Richterschaft des jeweiligen Mitgliedstaats sind,
b) jede Gewähr für Unabhängigkeit bieten und
c) in ihrem jeweiligen Mitgliedstaat die für hohe staatsanwaltliche oder richterliche Ämter erforderlichen Voraussetzungen erfüllen und die über einschlägige praktische Erfahrungen im Rahmen der nationalen Rechtsordnungen, der Finanzermittlungen und der internationalen justiziellen Zusammenarbeit in Strafsachen verfügen.

(2) [1]Nach Eingang der begründeten Stellungnahme des Auswahlausschusses gemäß Artikel 14 Absatz 3 wählt der Rat einen der Kandidaten aus und ernennt ihn zum Europäischen Staatsanwalt des betreffenden Mitgliedstaats. [2]Stellt der Auswahlausschuss fest, dass ein Bewerber nicht die erforderlichen Voraussetzungen für die Wahrnehmung der Aufgaben eines Europäischen Staatsanwalts erfüllt, so ist die Stellungnahme des Ausschusses bindend für den Rat.

(3) [1]Der Rat wählt die Europäischen Staatsanwälte mit einfacher Mehrheit aus und ernennt sie für eine Amtszeit von sechs Jahren; Wiederernennung ist nicht zulässig. [2]Der Rat kann beschließen, das Mandat am Ende der sechsjährigen Amtszeit um höchstens drei Jahre zu verlängern.

(4) [1]Alle drei Jahre wird ein Drittel der Stellen der Europäischen Staatsanwälte neu besetzt. [2]Der Rat erlässt mit einfacher Mehrheit Übergangsvorschriften für die Ernennung der Europäischen Staatsanwälte für die erste Amtszeit und während der ersten Amtszeit.

(5) Der Gerichtshof kann auf Antrag des Europäischen Parlaments, des Rates oder der Kommission einen Europäischen Staatsanwalt entlassen, wenn er zu der Feststellung gelangt, dass dieser seine Aufgaben nicht mehr wahrnehmen kann oder dass er sich eines schweren Fehlverhaltens schuldig gemacht hat.

(6) [1]Tritt ein Europäischer Staatsanwalt zurück, wird entlassen oder scheidet aus einem anderen Grund aus dem Amt aus, so wird die Stelle nach dem Verfahren der Absätze 1 und 2 unverzüglich wieder besetzt. [2]Übt der betreffende Europäische Staatsanwalt auch das Amt eines Stellvertreters des Europäischen Generalstaatsanwalts aus, so wird er automatisch auch aus diesem Amt entlassen.

(7) Das Kollegium bestimmt nach der Benennung jedes Europäischen Staatsanwalts einen der Delegierten Europäischen Staatsanwälte desselben Mitgliedstaats zum Vertreter des Europäischen Staatsanwalts, für den Fall, dass dieser seine Aufgaben nicht wahrnehmen kann oder gemäß den Absätzen 5 und 6 aus seinem Amt ausgeschieden ist.

[1]Erkennt das Kollegium die Notwendigkeit einer Vertretung an, so wird die so bestimmte Person bis zur Ersetzung oder Rückkehr des Europäischen Staatsanwalts für einen Zeitraum von höchstens drei Monaten als Europäischer Interims-Staatsanwalt tätig. [2]Auf Antrag kann das Kollegium diesen Zeitraum gegebenenfalls verlängern. [3]Die Verfahren und die Einzelheiten für eine vorübergehende Vertretung werden in der Geschäftsordnung der EUStA festgelegt und geregelt.

## Artikel 17 Ernennung und Entlassung der Delegierten Europäischen Staatsanwälte

(1) [1]Das Kollegium ernennt auf Vorschlag des Europäischen Generalstaatsanwalts die von den Mitgliedstaaten benannten Delegierten Europäischen Staatsanwälte. [2]Das Kollegium kann eine Person, die benannt wurde, ablehnen, wenn sie den Kriterien nach Absatz 2 nicht genügt. [3]Die Delegierten Europäischen Staatsanwälte werden für eine verlängerbare Amtszeit von fünf Jahren ernannt.

(2) [1]Die Delegierten Europäischen Staatsanwälte müssen ab dem Zeitpunkt ihrer Ernennung zum Delegierten Europäischen Staatsanwalt bis zur Amtsentlassung aktive Mitglieder der Staatsanwaltschaft oder der Richterschaft des Mitgliedstaats sein, der sie benannt hat. [2]Sie müssen jede Gewähr

für Unabhängigkeit bieten und über die erforderlichen Voraussetzungen und einschlägige praktische Erfahrungen im Rahmen ihrer nationalen Rechtsordnung verfügen.

(3) Das Kollegium entlässt einen Delegierten Europäischen Staatsanwalt, falls es zu der Feststellung gelangt, dass er die Voraussetzungen nach Absatz 2 nicht mehr erfüllt, seine Aufgaben nicht wahrnehmen kann oder sich eines schweren Fehlverhaltens schuldig gemacht hat.

(4) [1]Beschließt ein Mitgliedstaat, einen nationalen Staatsanwalt, der zum Delegierten Europäischen Staatsanwalt ernannt wurde, aus Gründen, die nicht mit seinen Pflichten nach dieser Verordnung im Zusammenhang stehen, zu entlassen oder disziplinarische Maßnahmen gegen ihn zu ergreifen, so informiert er den Europäischen Generalstaatsanwalt, bevor er tätig wird. [2]Ein Mitgliedstaat darf einen Delegierten Europäischen Staatsanwalt nicht ohne Zustimmung des Europäischen Generalstaatsanwalts aus Gründen, die im Zusammenhang mit seinen Pflichten nach dieser Verordnung stehen, entlassen oder disziplinarische Maßnahmen gegen ihn ergreifen. [3]Erteilt der Europäische Generalstaatsanwalt seine Zustimmung nicht, so kann der betroffene Mitgliedstaat das Kollegium um Überprüfung der Angelegenheit ersuchen.

(5) Tritt ein Delegierter Europäischer Staatsanwalt zurück, sind seine Dienste für die Erfüllung der Aufgaben der EUStA nicht mehr erforderlich, wird er entlassen oder scheidet er aus anderem Grund aus dem Amt, so unterrichtet der betroffene Mitgliedstaat unverzüglich den Europäischen Generalstaatsanwalt und benennt, soweit erforderlich, umgehend einen anderen Staatsanwalt, damit dieser gemäß Absatz 1 zum neuen Delegierten Europäischen Staatsanwalt ernannt wird.

## Artikel 18 Status des Verwaltungsdirektors

(1) Der Verwaltungsdirektor wird als Zeitbediensteter der EUStA gemäß Artikel 2 Buchstabe a der Beschäftigungsbedingungen eingestellt.

(2) [1]Der Verwaltungsdirektor wird vom Kollegium aus einer Liste von Bewerbern ernannt, die der Europäische Generalstaatsanwalt im Anschluss an ein offenes und transparentes Auswahlverfahren gemäß der Geschäftsordnung der EUStA vorschlägt. [2]Für den Abschluss des Vertrags des Verwaltungsdirektors wird die EUStA durch den Europäischen Generalstaatsanwalt vertreten.

(3) [1]Die Amtszeit des Verwaltungsdirektors beträgt vier Jahre. [2]Am Ende dieses Zeitraums nimmt das Kollegium eine Bewertung vor, bei der die Leistung des Verwaltungsdirektors berücksichtigt wird.

(4) Das Kollegium kann auf Vorschlag des Europäischen Generalstaatsanwalts unter Berücksichtigung der Bewertung nach Absatz 3 die Amtszeit des Verwaltungsdirektors einmal um einen Zeitraum von höchstens vier Jahren verlängern.

(5) Ein Verwaltungsdirektor, dessen Amtszeit verlängert wurde, darf am Ende des Gesamtzeitraums nicht an einem weiteren Auswahlverfahren für dieselbe Stelle teilnehmen.

(6) Der Verwaltungsdirektor legt dem Europäischen Generalstaatsanwalt und dem Kollegium Rechenschaft ab.

(7) Unbeschadet der geltenden Vorschriften in Bezug auf die Kündigung eines Vertrags im Statut und in den Beschäftigungsbedingungen kann der Verwaltungsdirektor aufgrund eines Beschlusses des Kollegiums, der mit einer Mehrheit von zwei Dritteln seiner Mitglieder gefasst wird, seines Amtes enthoben werden.

## Artikel 19 Zuständigkeiten des Verwaltungsdirektors

(1) Für Verwaltungs- und Haushaltszwecke wird die EUStA von ihrem Verwaltungsdirektor verwaltet.

(2) Unbeschadet der Befugnisse des Kollegiums und des Europäischen Generalstaatsanwalts übt der Verwaltungsdirektor sein Amt unabhängig aus; er holt keine Weisungen von Regierungen oder sonstigen Stellen ein und nimmt auch keine Weisungen von diesen entgegen.

(3) [1]Der Verwaltungsdirektor ist der gesetzliche Vertreter der EUStA für Verwaltungs- und Haushaltszwecke. [2]Der Verwaltungsdirektor führt den Haushaltsplan der EUStA aus.

(4) Der Verwaltungsdirektor ist für die Wahrnehmung der Verwaltungsaufgaben der EUStA zuständig, insbesondere für

a) die Führung der laufenden Geschäfte der EUStA und die Personalverwaltung;
b) die Durchführung der vom Europäischen Generalstaatsanwalt und vom Kollegium gefassten Beschlüsse;
c) die Erstellung eines Vorschlags für das jährliche und das mehrjährige Programmdokument, den er dem Europäischen Generalstaatsanwalt vorlegt;
d) die Umsetzung des jährlichen und des mehrjährigen Programmdokuments und die Berichterstattung darüber an das Kollegium;
e) die Erstellung der die Verwaltung und den Haushalt betreffenden Teile des Jahresberichts der EUStA über ihre Tätigkeiten;
f) die Ausarbeitung eines Aktionsplans als Folgemaßnahme zu den Schlussfolgerungen interner oder externer Prüfberichte, Bewertungen und Ermittlungen, zu denen auch diejenigen des Europäischen Datenschutzbeauftragten und des OLAF zählen, sowie die Berichterstattung darüber an diese und das Kollegium zweimal pro Jahr;
g) die Ausarbeitung einer internen Betrugsbekämpfungsstrategie für die EUStA, die er dem Kollegium zur Billigung vorlegt;
h) die Erstellung eines Vorschlags für den Entwurf der für die EUStA geltenden Finanzregelung und die Übermittlung des Vorschlags an den Europäischen Generalstaatsanwalt;
i) die Erstellung eines Vorschlags für den Entwurf des Voranschlags der Einnahmen und Ausgaben der EUStA und die Übermittlung des Vorschlags an den Europäischen Generalstaatsanwalt;
j) die erforderliche verwaltungstechnische Unterstützung zur Erleichterung der operativen Arbeit der EUStA;
k) die Unterstützung des Europäischen Generalstaatsanwalts und der Stellvertreter des Europäischen Generalstaatsanwalts bei der Wahrnehmung ihrer Aufgaben.

## Artikel 20 Vorläufige Verwaltungsregelungen der EUStA

(1) [1]Auf der Grundlage vorläufig zugewiesener Mittel aus ihrem eigenen Haushalt ist die Kommission für die Errichtung und den anfänglichen administrativen Betrieb der EUStA zuständig, bis diese in der Lage ist, ihren eigenen Haushalt auszuführen. [2]Zu diesem Zweck kann die Kommission

a) nach Anhörung des Rates einen Beamten der Kommission benennen, der die Aufgaben des Verwaltungsdirektors – einschließlich der Befugnisse, die der Anstellungsbehörde durch das Statut und die Beschäftigungsbedingungen im Hinblick auf das Verwaltungspersonal der EUStA übertragen wurden – in Bezug auf Stellen, die zu besetzen sind, bevor der Verwaltungsdirektor seine Tätigkeit gemäß Artikel 18 beginnt, als Interimsverwaltungsdirektor wahrnimmt;
b) der EUStA Unterstützung leisten, insbesondere durch die Entsendung einer begrenzten Zahl von Kommissionsbeamten, die für die Ausübung der Verwaltungstätigkeit der EUStA unter der Verantwortung des Interimsverwaltungsdirektors erforderlich sind.

(2) Der Interimsverwaltungsdirektor kann alle Zahlungen, die durch Mittelzuweisungen im Haushalt der EUStA gedeckt sind, genehmigen und kann Verträge – einschließlich Dienstverträgen – abschließen.

(3) [1]Sobald das Kollegium seine Tätigkeit gemäß Artikel 9 Absatz 1 aufnimmt, übt der Interimsverwaltungsdirektor seine Tätigkeit gemäß Artikel 18 aus. [2]Der Interimsverwaltungsdirektor übt seine Funktion nicht mehr aus, sobald der Verwaltungsdirektor im Anschluss an seine Ernennung durch das Kollegium gemäß Artikel 18 seine Tätigkeit aufgenommen hat.

(4) Bis das Kollegium seine Tätigkeit gemäß Artikel 9 Absatz 1 aufnimmt, nimmt die Kommission ihre in dem vorliegenden Artikel festgelegten Aufgaben in Absprache mit einer Expertengruppe wahr, die aus Vertretern der Mitgliedstaaten zusammengesetzt ist.

## Abschnitt 3 Geschäftsordnung der EUStA

### Artikel 21 Geschäftsordnung der EUStA

(1) Die Organisation der Arbeit der EUStA wird durch deren Geschäftsordnung geregelt.

(2) Sobald die EUStA errichtet wurde, erstellt der Europäische Generalstaatsanwalt unverzüglich einen Vorschlag für ihre Geschäftsordnung, der vom Kollegium mit Zweidrittelmehrheit angenommen wird.

(3) Änderungen der Geschäftsordnung der EUStA können von jedem Europäischen Staatsanwalt vorgeschlagen werden und sind angenommen, wenn das Kollegium dies mit Zweidrittelmehrheit beschließt.

## Kapitel IV Zuständigkeit und Ausübung der Zuständigkeit der EUStA

## Abschnitt 1 Zuständigkeit der EUStA

### Artikel 22 Sachliche Zuständigkeit der EUStA

(1) [1]Die Zuständigkeit der EUStA umfasst die Straftaten zum Nachteil der finanziellen Interessen der Union, die in der Richtlinie (EU) 2017/1371 in ihrer Umsetzung in nationales Recht festgelegt sind, ungeachtet dessen, ob dieselbe strafbare Handlung im nationalen Recht als andere Art von Straftat eingestuft werden könnte. [2]Für Straftaten, die in Artikel 3 Absatz 2 Buchstabe d der Richtlinie (EU) 2017/1371 in ihrer Umsetzung in nationales Recht festgelegt sind, ist die EUStA nur zuständig, wenn die vorsätzlichen Handlungen oder Unterlassungen nach dieser Bestimmung mit dem Hoheitsgebiet von zwei oder mehr Mitgliedstaaten verbunden sind und einen Gesamtschaden von mindestens 10 Mio. EUR umfassen.

(2) Die EUStA ist ferner zuständig für Straftaten bezüglich der Beteiligung an einer kriminellen Vereinigung im Sinne des in nationales Recht umgesetzten Rahmenbeschlusses 2008/841/JI, wenn der Schwerpunkt der strafbaren Aktivitäten der kriminellen Vereinigung auf der Begehung von Straftaten nach Absatz 1 liegt.

(3) [1]Die EUStA ist außerdem für alle anderen Straftaten zuständig, die mit einer unter Absatz 1 des vorliegenden Artikels fallenden strafbaren Handlung untrennbar verbunden sind. [2]Die Zuständigkeit für diese Straftaten darf nur im Einklang mit Artikel 25 Absatz 3 ausgeübt werden.

(4) [1]Jedenfalls ist die EUStA nicht zuständig für Straftaten in Bezug auf nationale direkte Steuern, auch nicht für Straftaten, die mit diesen untrennbar verbunden sind. [2]Die Struktur und die Funktionsweise der Steuerverwaltung der Mitgliedstaaten werden von dieser Verordnung nicht berührt.

### Artikel 23 Territoriale und personelle Zuständigkeit der EUStA

Die EUStA ist zuständig für die in Artikel 22 genannten Straftaten, wenn diese

a) ganz oder teilweise im Hoheitsgebiet eines oder mehrerer Mitgliedstaaten begangen wurden,
b) von einem Staatsangehörigen eines Mitgliedstaats begangen wurden, sofern ein Mitgliedstaat über Gerichtsbarkeit für solche Straftaten verfügt, wenn sie außerhalb seines Hoheitsgebiets begangen wurden, oder
c) außerhalb der in Buchstabe a genannten Hoheitsgebiete von einer Person begangen wurden, die zum Zeitpunkt der Straftat dem Statut oder den Beschäftigungsbedingungen unterlag, sofern ein Mitgliedstaat über Gerichtsbarkeit für solche Straftaten verfügt, wenn sie außerhalb seines Hoheitsgebiets begangen wurden.

## Abschnitt 2 Ausübung der Zuständigkeit der EUStA

### Artikel 24 Meldung, Registrierung und Prüfung von Informationen

(1) Die Organe, Einrichtungen und sonstigen Stellen der Union und die nach anwendbarem nationalem Recht zuständigen Behörden der Mitgliedstaaten melden der EUStA unverzüglich jegliche

Straftaten, für die sie ihre Zuständigkeit gemäß Artikel 22 und Artikel 25 Absätze 2 und 3 ausüben könnte.

(2) Leitet eine Justiz- oder Strafverfolgungsbehörde eines Mitgliedstaats ein Ermittlungsverfahren wegen einer Straftat ein, für die die EUStA gemäß Artikel 22 und Artikel 25 Absätze 2 und 3 ihre Zuständigkeit ausüben könnte, oder gewinnt die zuständige Justiz- oder Strafverfolgungsbehörde eines Mitgliedstaats nach der Einleitung eines Ermittlungsverfahrens den Eindruck, dass ein Ermittlungsverfahren eine solche Straftat betrifft, so unterrichtet diese Behörde die EUStA unverzüglich, damit diese entscheiden kann, ob sie ihr Evokationsrecht gemäß Artikel 27 ausübt.

(3) Leitet eine Justiz- oder Strafverfolgungsbehörde eines Mitgliedstaats ein Ermittlungsverfahren wegen einer Straftat im Sinne des Artikels 22 ein und ist sie der Ansicht, dass die EUStA gemäß Artikel 25 Absatz 3 ihre Zuständigkeit nicht ausüben könnte, so unterrichtet sie die EUStA hiervon.

(4) Der Bericht enthält mindestens eine Beschreibung des Sachverhalts einschließlich einer Bewertung des entstandenen oder voraussichtlichen Schadens, die mögliche rechtliche Würdigung und alle vorliegenden Informationen über mögliche Opfer, Verdächtige und andere Beteiligte.

(5) Die EUStA wird außerdem gemäß den Absätzen 1 und 2 von Fällen unterrichtet, in denen sich nicht feststellen lässt, ob die Kriterien des Artikels 25 Absatz 2 erfüllt sind.

(6) [1]Die der EUStA übermittelten Informationen werden gemäß ihrer Geschäftsordnung registriert und geprüft. [2]Durch die Prüfung wird festgestellt, ob aufgrund der nach den Absätzen 1 und 2 übermittelten Informationen Gründe vorliegen, ein Ermittlungsverfahren einzuleiten oder das Evokationsrecht auszuüben.

(7) Entscheidet die EUStA nach einer Prüfung, dass keine Gründe für die Einleitung eines Ermittlungsverfahrens nach Artikel 26 oder für die Ausübung ihres Evokationsrechts nach Artikel 27 vorliegen, so wird die Begründung im Fallbearbeitungssystem verzeichnet.

Die EUStA unterrichtet die Behörde, die die strafbare Handlung gemäß den Absätzen 1 und 2 gemeldet hat, sowie die Opfer der Straftat und, wenn dies im nationalen Recht so vorgesehen ist, andere Personen, die die strafbare Handlung gemeldet haben.

(8) Erlangt die EUStA Kenntnis davon, dass möglicherweise eine nicht in ihre Zuständigkeit fallende Straftat begangen wurde, so unterrichtet sie unverzüglich die zuständigen nationalen Behörden und leitet alle sachdienlichen Beweise an sie weiter.

(9) [1]In bestimmten Fällen kann die EUStA die Organe, Einrichtungen und sonstigen Stellen der Union und die Behörden der Mitgliedstaaten um weitere ihnen vorliegende einschlägige Informationen ersuchen. [2]Die erbetenen Informationen können andere Verstöße zum Nachteil der finanziellen Interessen der Union als diejenigen betreffen, die gemäß Artikel 25 Absatz 2 in die Zuständigkeit der EUStA fallen.

(10) Die EUStA kann um weitere Informationen ersuchen, um es dem Kollegium gemäß Artikel 9 Absatz 2 zu ermöglichen, allgemeine Leitlinien für die Auslegung der Verpflichtung zur Unterrichtung der EUStA über unter Artikel 25 Absatz 2 fallende Fälle zu erlassen.

## Artikel 25 Ausübung der Zuständigkeit der EUStA

(1) [1]Die EUStA übt ihre Zuständigkeit entweder durch Einleitung eines Ermittlungsverfahrens nach Artikel 26 oder durch die Entscheidung, ihr Evokationsrecht nach Artikel 27 wahrzunehmen, aus. [2]Wenn die EUStA entscheidet, ihre Zuständigkeit auszuüben, üben die zuständigen nationalen Behörden ihre eigene Zuständigkeit in Bezug auf dieselbe strafbare Handlung nicht aus.

(2) Ist durch eine Straftat, die unter Artikel 22 fällt, ein Schaden von weniger als 10 000 EUR zum Nachteil der finanziellen Interessen der Union entstanden oder zu erwarten, kann die EUStA ihre Zuständigkeit nur ausüben, wenn

a) der Fall Auswirkungen auf Unionsebene hat, die es erforderlich machen, dass die Ermittlungen von der EUStA geführt werden, oder

b) Beamte oder sonstige Bedienstete der Europäischen Union oder Mitglieder der Organe der Union der Begehung der Straftat verdächtigt werden könnten.

Die EUStA konsultiert gegebenenfalls die zuständigen nationalen Behörden oder Unionsstellen, um festzustellen, ob die in Unterabsatz 1 Buchstaben a und b genannten Kriterien erfüllt sind.

(3) In Bezug auf unter Artikel 22 fallende Straftaten übt die EUStA ihre Zuständigkeit nicht aus und verweist den Fall nach Konsultation der zuständigen nationalen Behörden gemäß Artikel 34 unverzüglich an diese Behörden, wenn

a) die im nationalen Recht vorgesehene Höchststrafe für eine unter Artikel 22 Absatz 1 fallende Straftat der Höchststrafe für eine untrennbar verbundene Straftat nach Artikel 22 Absatz 3 entspricht oder geringer ist, es sei denn, Letztere war nur Mittel zur Begehung der unter Artikel 22 Absatz 1 fallenden Straftat, oder
b) Grund zu der Annahme besteht, dass der entstandene oder voraussichtliche Schaden zum Nachteil der finanziellen Interessen der Union aufgrund einer Straftat im Sinne des Artikels 22 den Schaden nicht übersteigt, der einem anderen Opfer entstanden ist oder wahrscheinlich entstehen wird.

Unterabsatz 1 Buchstabe b des vorliegenden Absatzes gilt nicht für Straftaten nach Artikel 3 Absatz 2 Buchstaben a, b und d der Richtlinie (EU) 2017/1371 in ihrer Umsetzung in nationales Recht.

(4) Die EUStA kann mit Zustimmung der zuständigen nationalen Behörden ihre Zuständigkeit für Straftaten im Sinne des Artikels 22 in Fällen ausüben, die ansonsten aufgrund der Anwendung von Absatz 3 Buchstabe b des vorliegenden Artikels von ihrer Zuständigkeit ausgeschlossen wären, wenn sich herausstellt, dass sie besser in der Lage ist, die Ermittlungen durchzuführen oder Straftaten zu verfolgen.

(5) Die EUStA unterrichtet die zuständigen nationalen Behörden unverzüglich über jede Entscheidung, ihre Zuständigkeit auszuüben oder nicht auszuüben.

(6) [1]Besteht zwischen der EUStA und den nationalen Strafverfolgungsbehörden Uneinigkeit darüber, ob die strafbare Handlung in den Anwendungsbereich der Artikel 22 Absätze 2 oder 3 oder Artikel 25 Absätze 2 oder 3 fällt, so liegt die Entscheidung darüber, wer für das Ermittlungsverfahren im betreffenden Fall zuständig sein soll, bei den nationalen Behörden, die für die Verteilung der Strafverfolgungszuständigkeiten auf nationaler Ebene zuständig sind. [2]Die Mitgliedstaaten bestimmen die nationale Behörde, die über die Zuständigkeitsverteilung entscheidet.

## Kapitel V Verfahrensvorschriften für Ermittlungsverfahren, Ermittlungsmaßnahmen, Strafverfolgung und Alternativen zur Strafverfolgung

### Abschnitt 1 Vorschriften für Ermittlungsverfahren

#### Artikel 26 Einleitung von Ermittlungsverfahren und Aufteilung der Zuständigkeiten innerhalb der EUStA

(1) Besteht nach dem anwendbaren nationalen Recht berechtigter Grund zu der Annahme, dass eine in die Zuständigkeit der EUStA fallende Straftat begangen wird oder wurde, so leitet ein Delegierter Europäischer Staatsanwalt in einem Mitgliedstaat, der nach seinem nationalen Recht Gerichtsbarkeit für die Straftat hat, unbeschadet der in Artikel 25 Absätze 2 und 3 niedergelegten Vorschriften ein Ermittlungsverfahren ein und hält dies im Fallbearbeitungssystem fest.

(2) Beschließt die EUStA nach Prüfung gemäß Artikel 24 Absatz 6, ein Ermittlungsverfahren einzuleiten, so unterrichtet sie unverzüglich die Behörde, die das strafbare Verhalten nach Artikel 24 Absatz 1 oder 2 gemeldet hat.

(3) Wurde kein Ermittlungsverfahren durch einen Delegierten Europäischen Staatsanwalt eingeleitet, so weist die Ständige Kammer, der der Fall zugewiesen wurde, unter den in Absatz 1 aufgeführten Bedingungen einen Delegierten Europäischen Staatsanwalt an, ein Ermittlungsverfahren einzuleiten.

(4) [1]Ein Verfahren wird in der Regel von einem Delegierten Europäischen Staatsanwalt aus dem Mitgliedstaat eingeleitet und bearbeitet, in dem der Schwerpunkt der strafbaren Handlung liegt, oder, falls mehrere miteinander verbundene Straftaten innerhalb des Zuständigkeitsbereichs der EUStA begangen wurden, aus dem Mitgliedstaat, in dem der Großteil der Straftaten begangen wurde. [2]Ein Delegierter Europäischer Staatsanwalt eines anderen Mitgliedstaats, der Gerichtsbarkeit für den Fall hat, kann nur dann ein Ermittlungsverfahren einleiten oder von der zuständigen Ständigen Kammer zur Einleitung eines Ermittlungsverfahrens angewiesen werden, wenn eine Abweichung von der im vorstehenden Satz dargelegten Regel gebührend begründet ist, wobei die folgenden Kriterien in der angegebenen Rangordnung zu berücksichtigen sind:

a) gewöhnlicher Aufenthaltsort des Verdächtigen oder Beschuldigten;
b) Staatsangehörigkeit des Verdächtigen oder Beschuldigten;
c) Ort, an dem der Hauptteil des finanziellen Schadens eingetreten ist.

(5) Bis zu einer Entscheidung über eine Strafverfolgung nach Artikel 36 kann die zuständige Ständige Kammer in einem Fall, für den mehr als ein Mitgliedstaat Gerichtsbarkeit hat, nach Anhörung der betreffenden Europäischen Staatsanwälte und/oder Delegierten Europäischen Staatsanwälte beschließen,

a) das Verfahren einem Delegierten Europäischen Staatsanwalt in einem anderen Mitgliedstaat neu zuzuweisen,
b) Verfahren zu verbinden oder abzutrennen und für jedes Verfahren den für die Bearbeitung zuständigen Delegierten Europäischen Staatsanwalt zu wählen,

sofern derartige Entscheidungen im allgemeinen Interesse der Rechtspflege liegen und mit den Kriterien für die Wahl des betrauten Delegierten Europäischen Staatsanwalts gemäß Absatz 4 des vorliegenden Artikels übereinstimmen.

(6) Bei jeder Entscheidung über eine Neuzuweisung, Verbindung oder Trennung von Verfahren berücksichtigt die Ständige Kammer den aktuellen Stand der Ermittlungen.

(7) Die EUStA unterrichtet die zuständigen nationalen Behörden unverzüglich über jede Entscheidung, ein Ermittlungsverfahren einzuleiten.

## Artikel 27 Evokationsrecht

(1) [1]Nach Erhalt aller einschlägigen Informationen gemäß Artikel 24 Absatz 2 entscheidet die EUStA so bald wie möglich, spätestens jedoch fünf Tage nachdem sie die Informationen von den nationalen Behörden erhalten hat, ob sie ihr Evokationsrecht ausüben wird, und setzt die nationalen Behörden von dieser Entscheidung in Kenntnis. [2]Der Europäische Generalstaatsanwalt kann im Einzelfall die mit einer Begründung versehene Entscheidung treffen, die Frist um höchstens fünf Tage zu verlängern, und setzt die nationalen Behörden entsprechend davon in Kenntnis.

(2) Während der in Absatz 1 genannten Fristen sehen die nationalen Behörden davon ab, eine Entscheidung nach nationalem Recht zu treffen, die möglicherweise zur Folge hat, dass die EUStA daran gehindert wird, ihr Evokationsrecht auszuüben.

Die nationalen Behörden treffen nach nationalem Recht alle Maßnahmen, die dringend erforderlich sind, um effektive Ermittlungen und eine effektive Strafverfolgung sicherzustellen.

(3) [1]Erhält die EUStA auf anderem Wege als die in Artikel 24 Absatz 2 genannte Unterrichtung davon Kenntnis, dass von den zuständigen Behörden eines Mitgliedstaats bereits Ermittlungen in Bezug auf eine Straftat, für die sie zuständig sein könnte, durchgeführt werden, so setzt sie diese Behörden unverzüglich davon in Kenntnis. [2]Nachdem die EUStA ordnungsgemäß nach Artikel 24 Absatz 2 unterrichtet wurde, entscheidet sie, ob sie ihr Evokationsrecht ausüben wird. [3]Diese Entscheidung ist innerhalb der in Absatz 1 des vorliegenden Artikels genannten Fristen zu treffen.

(4) Die EUStA konsultiert gegebenenfalls die zuständigen Behörden des betreffenden Mitgliedstaats, bevor sie entscheidet, ob sie ihr Evokationsrecht ausübt.

(5) Wenn die EUStA ihr Evokationsrecht ausübt, geben ihr die zuständigen Behörden des Mitgliedstaats unverzüglich die Akte ab und führen keine weiteren Ermittlungstätigkeiten in Bezug auf dieselbe Straftat durch.

(6) Das in diesem Artikel genannte Evokationsrecht kann ein Delegierter Europäischer Staatsanwalt jedes Mitgliedstaats ausüben, dessen zuständige Behörden ein Ermittlungsverfahren in Bezug auf eine Straftat eingeleitet haben, die in den Anwendungsbereich der Artikel 22 und 23 fällt.

Erwägt ein Delegierter Europäischer Staatsanwalt, der die Informationen nach Artikel 24 Absatz 2 erhalten hat, sein Evokationsrecht nicht auszuüben, so unterrichtet er über den Europäischen Staatsanwalt seines Mitgliedstaats die zuständige Ständige Kammer, damit die Ständige Kammer in der Lage ist, eine Entscheidung nach Artikel 10 Absatz 4 zu treffen.

(7) [1]Hat die EUStA auf die Ausübung ihrer Zuständigkeit verzichtet, so setzt sie die zuständigen nationalen Behörden unverzüglich davon in Kenntnis. [2]Zu jedem Zeitpunkt des Verfahrens unterrichten die zuständigen nationalen Behörden die EUStA über alle neuen Sachverhalte, die diese dazu veranlassen könnten, ihre Entscheidung, ihre Zuständigkeit nicht auszuüben, zu überprüfen.

[1]Die EUStA kann nach Erhalt derartiger Informationen ihr Evokationsrecht ausüben, sofern die nationalen Ermittlungen noch nicht abgeschlossen worden sind und noch keine Anklage bei einem Gericht eingebracht wurde. [2]Diese Entscheidung ist innerhalb der in Absatz 1 genannten Frist zu treffen.

(8) Vertritt das Kollegium in Bezug auf Straftaten, die einen Schaden von weniger als 100 000 EUR zum Nachteil der finanziellen Interessen der Union verursacht haben oder verursachen könnten, die Auffassung, dass mit Bezug auf die Schwere der Straftat oder die Komplexität des Verfahrens im Einzelfall kein Ermittlungs- oder Strafverfolgungsverfahren auf Unionsebene erforderlich ist, so erlässt es nach Artikel 9 Absatz 2 allgemeine Leitlinien, die es den Delegierten Europäischen Staatsanwälten gestatten, unabhängig und unverzüglich zu entscheiden, das Verfahren nicht an sich zu ziehen.

In diesen Leitlinien wird mit allen erforderlichen Einzelheiten angegeben, unter welchen Umständen sie anzuwenden sind, indem eindeutige Kriterien festgelegt werden, die insbesondere der Art der Straftat, der Dringlichkeit der Situation sowie der Bereitschaft der zuständigen nationalen Behörden Rechnung tragen, alle notwendigen Maßnahmen zu ergreifen, um einen vollständigen Ausgleich des Schadens, der den finanziellen Interessen der Union entstanden ist, zu erreichen.

(9) Damit eine kohärente Anwendung der Leitlinien gewährleistet wird, unterrichtet ein Delegierter Europäischer Staatsanwalt die zuständige Ständige Kammer von jeder Entscheidung nach Absatz 8 und erstattet jede Ständige Kammer dem Kollegium jährlich über die Anwendung der Leitlinien Bericht.

## Artikel 28 Führung der Ermittlungen

(1) [1]Der mit einem Verfahren betraute Delegierte Europäische Staatsanwalt kann im Einklang mit dieser Verordnung und dem nationalen Recht die Ermittlungsmaßnahmen und andere Maßnahmen entweder selbst treffen oder die zuständigen Behörden seines Mitgliedstaats dazu anweisen. [2]Diese Behörden stellen im Einklang mit dem nationalen Recht sicher, dass alle Weisungen befolgt werden, und treffen die ihnen zugewiesenen Maßnahmen. [3]Der betraute Delegierte Europäische Staatsanwalt unterrichtet gemäß den in der Geschäftsordnung der EUStA festgelegten Vorschriften den zuständigen Europäischen Staatsanwalt und die Ständige Kammer durch das Fallmanagementsystem von allen wesentlichen Entwicklungen des Falles.

(2) [1]Zu jedem Zeitpunkt während des von der EUStA durchgeführten Ermittlungsverfahrens ergreifen die zuständigen nationalen Behörden im Einklang mit dem nationalen Recht die Maßnahmen, die dringend erforderlich sind, um wirksame Ermittlungen sicherzustellen, auch wenn sie nicht explizit auf Weisung des betrauten Delegierten Europäischen Staatsanwalts handeln. [2]Die nationalen Behörden setzen den betrauten Delegierten Europäischen Staatsanwalt unverzüglich von den ergriffenen Eilmaßnahmen in Kenntnis.

(3) Die zuständige Ständige Kammer kann auf Vorschlag des die Aufsicht führenden Europäischen Staatsanwalts beschließen, ein Verfahren einem anderen Delegierten Europäischen Staatsanwalt in demselben Mitgliedstaat neu zuzuweisen, wenn der betraute Delegierte Europäische Staatsanwalt:

a) die Ermittlungen oder Strafverfolgungsmaßnahmen nicht durchführen kann oder
b) den Weisungen der zuständigen Ständigen Kammer oder des Europäischen Staatsanwalts nicht Folge leistet.

(4) In Ausnahmefällen kann der die Aufsicht führende Europäische Staatsanwalt nach Einholen der Genehmigung der zuständigen Ständigen Kammer eine begründete Entscheidung treffen, die Ermittlungen selbst zu führen, indem er entweder selbst die Ermittlungsmaßnahmen und andere Maßnahmen trifft oder indem er die zuständigen Behörden in seinem Mitgliedstaat dazu anweist, sofern dies im Interesse der Effizienz der Ermittlungen oder Strafverfolgungsmaßnahmen aufgrund eines oder mehrerer der folgenden Kriterien unabdingbar scheint:

a) Schwere der Straftat, insbesondere im Hinblick auf ihre möglichen Auswirkungen auf Unionsebene,
b) wenn die Ermittlungen Beamte oder sonstige Bedienstete der Europäischen Union oder Mitglieder der Organe der Union betreffen,
c) falls die in Absatz 3 vorgesehene Regelung zur Neuzuweisung nicht zum Erfolg führt.

Unter diesen außergewöhnlichen Umständen stellen die Mitgliedstaaten sicher, dass der Europäische Staatsanwalt befugt ist, Ermittlungsmaßnahmen und andere Maßnahmen anzuordnen oder zu beantragen, und dass er alle Befugnisse, Verantwortlichkeiten und Pflichten eines Delegierten Europäischen Staatsanwalts im Einklang mit dieser Verordnung und dem nationalen Recht hat.

Die von dem Fall betroffenen zuständigen nationalen Behörden und Delegierten Europäischen Staatsanwälte werden unverzüglich von den gemäß diesem Absatz getroffenen Entscheidungen in Kenntnis gesetzt.

## Artikel 29 Aufhebung von Vorrechten oder Befreiungen

(1) Betreffen die Ermittlungen der EUStA Personen, die nach nationalem Recht durch ein Vorrecht oder eine Befreiung geschützt sind, und behindert dieses Vorrecht oder diese Befreiung die Durchführung eines bestimmten Ermittlungsverfahrens, so stellt der Europäische Generalstaatsanwalt im Einklang mit den in dem betreffenden nationalen Recht vorgesehenen Verfahren schriftlich einen mit Gründen versehenen Antrag auf ihre Aufhebung.

(2) Betreffen die Ermittlungen der EUStA Personen, die durch Vorrechte oder Befreiungen nach dem Unionsrecht, insbesondere dem Protokoll über die Vorrechte und Befreiungen der Europäischen Union, geschützt sind, und behindern diese Vorrechte oder Befreiungen die Durchführung eines bestimmten Ermittlungsverfahrens, so stellt der Europäische Generalstaatsanwalt im Einklang mit den im Unionsrecht vorgesehenen Verfahren schriftlich einen mit Gründen versehenen Antrag auf ihre Aufhebung.

## Abschnitt 2 Regeln für Ermittlungsmaßnahmen und andere Maßnahmen

## Artikel 30 Ermittlungsmaßnahmen und andere Maßnahmen

(1) Zumindest in den Fällen, in denen die den Ermittlungen zugrunde liegende Straftat mit einer Freiheitsstrafe im Höchstmaß von mindestens vier Jahren bedroht ist, stellen die Mitgliedstaaten sicher, dass die Delegierten Europäischen Staatsanwälte befugt sind, die folgenden Ermittlungsmaßnahmen anzuordnen oder zu beantragen:

a) Durchsuchung von Gebäuden, Grundstücken, Beförderungsmitteln, Privatwohnungen, Kleidungsstücken und sonstigen persönlichen Gegenständen oder Computersystemen sowie Durchführung von Sicherungsmaßnahmen, um die Integrität zu erhalten oder einen Beweisverlust oder eine Beweisbeeinträchtigung zu verhindern;

b) Erwirkung der Herausgabe von relevanten Gegenständen oder Schriftstücken entweder in ihrer ursprünglichen oder in einer angegebenen anderen Form;
c) Erwirkung der Herausgabe von gespeicherten Computerdaten, verschlüsselt oder entschlüsselt, entweder in ihrer ursprünglichen oder in einer angegebenen anderen Form, einschließlich Bankkontodaten und Verkehrsdaten mit Ausnahme von Daten, die im Einklang mit nationalen Rechtsvorschriften gemäß Artikel 15 Absatz 1 Satz 2 der Richtlinie 2002/58/EG des Europäischen Parlaments und des Rates[1] eigens aufbewahrt werden;
d) Sicherstellung von Tatwerkzeugen oder Erträgen aus Straftaten, einschließlich Vermögenswerten, deren Einziehung durch das Prozessgericht zu erwarten ist, sofern Grund zu der Annahme besteht, dass der Eigentümer, Besitzer oder Inhaber dieser Tatwerkzeuge oder Erträge versuchen wird, die vom Gericht angeordnete Einziehung zu vereiteln;
e) Überwachung der ein- und ausgehenden elektronischen Kommunikation des Verdächtigen oder Beschuldigten über alle von ihm genutzten elektronischen Kommunikationsmittel;
f) Verfolgung und Ortung von Gegenständen mit technischen Mitteln, einschließlich kontrollierter Warenlieferungen.

(2) Unbeschadet des Artikels 29 können die in Absatz 1 des vorliegenden Artikels genannten Ermittlungsmaßnahmen im Einklang mit dem geltenden nationalen Recht an Bedingungen geknüpft werden, sofern das nationale Recht bestimmte Beschränkungen enthält, die für bestimmte Personen- oder Berufsgruppen, die rechtlich zur Geheimhaltung verpflichtet sind, gelten.

(3) [1]Die in Absatz 1 Buchstaben c, e und f genannten Ermittlungsmaßnahmen können nach Maßgabe des geltenden nationalen Rechts an zusätzliche Bedingungen – einschließlich Beschränkungen – geknüpft werden. [2]Die Mitgliedstaaten können insbesondere die Anwendung des Absatzes 1 Buchstaben e und f auf bestimmte schwere Straftaten beschränken. [3]Will ein Mitgliedstaat von dieser Beschränkung Gebrauch machen, so übermittelt er der EUStA die betreffende Liste der bestimmten schweren Straftaten gemäß Artikel 117.

(4) Die Delegierten Europäischen Staatsanwälte sind befugt, zusätzlich zu den in Absatz 1 genannten Maßnahmen in ihrem Mitgliedstaat andere Maßnahmen, die den Staatsanwälten nach dem nationalen Recht in vergleichbaren innerstaatlichen Fällen zur Verfügung stehen, zu beantragen oder anzuordnen.

(5) [1]Die Delegierten Europäischen Staatsanwälte können die in den Absätzen 1 und 4 genannten Maßnahmen nur dann anordnen, wenn hinreichende Gründe zu der Annahme bestehen, dass durch die betreffende Maßnahme Informationen oder Beweismittel erlangt werden können, die für die Ermittlungen nützlich sind, und keine weniger eingreifende Maßnahme zur Verfügung steht, mit der sich dasselbe Ziel erreichen ließe. [2]Die Verfahren und Modalitäten für die Durchführung dieser Maßnahmen richten sich nach dem geltenden nationalen Recht.

## Artikel 31 Grenzüberschreitende Ermittlungen

(1) [1]Die Delegierten Europäischen Staatsanwälte arbeiten eng zusammen, indem sie einander bei grenzüberschreitenden Fällen unterstützen und regelmäßig konsultieren. [2]Muss in einem anderen Mitgliedstaat als dem des betrauten Delegierten Europäischen Staatsanwalts eine Maßnahme ergriffen werden, so entscheidet dieser Delegierte Europäische Staatsanwalt über die Anordnung der erforderlichen Maßnahme und weist sie einem Delegierten Europäischen Staatsanwalt zu, der in dem Mitgliedstaat angesiedelt ist, in dem die Maßnahme durchgeführt werden muss.

(2) [1]Der betraute Delegierte Europäische Staatsanwalt kann alle Maßnahmen zuweisen, die ihm nach Artikel 30 zur Verfügung stehen. [2]Für die Begründung und Anordnung derartiger Maßnahmen ist das Recht des Mitgliedstaats des betrauten Delegierten Europäischen Staatsanwalts maßgeblich. [3]Weist der betraute Delegierte Europäische Staatsanwalt eine Ermittlungsmaßnahme einem

1 **Amtl. Anm.:** Richtlinie 2002/58/EG des Europäischen Parlaments und des Rates vom 12. Juli 2002 über die Verarbeitung personenbezogener Daten und den Schutz der Privatsphäre in der elektronischen Kommunikation (ABl. L 201 vom 31.7.2002, S. 37).

oder mehreren Delegierten Europäischen Staatsanwälten eines anderen Mitgliedstaats zu, so setzt er gleichzeitig seinen die Aufsicht führenden Europäischen Staatsanwalt davon in Kenntnis.

(3) Ist nach dem Recht des Mitgliedstaats des unterstützenden Delegierten Europäischen Staatsanwalts eine richterliche Genehmigung für die Maßnahme erforderlich, so ist sie von dem unterstützenden Delegierten Europäischen Staatsanwalt nach dem Recht seines Mitgliedstaats einzuholen.

Wird die richterliche Genehmigung für die zugewiesene Maßnahme verweigert, so zieht der betraute Delegierte Europäische Staatsanwalt die Zuweisung zurück.

Ist nach dem Recht des Mitgliedstaats des unterstützenden Delegierten Europäischen Staatsanwalts eine solche richterliche Genehmigung nicht erforderlich, verlangt aber das Recht des Mitgliedstaats des betrauten Delegierten Europäischen Staatsanwalts eine solche, so ist sie von dem betrauten Delegierten Europäischen Staatsanwalt einzuholen und zusammen mit der Zuweisung zu übermitteln.

(4) Der unterstützende Delegierte Europäische Staatsanwalt führt die ihm zugewiesene Maßnahme entweder selbst durch oder beauftragt die zuständige nationale Behörde mit der Durchführung.

(5) Ist der unterstützende Delegierte Europäische Staatsanwalt der Auffassung, dass

a) die Zuweisung unvollständig ist oder einen offensichtlichen erheblichen Fehler enthält,
b) die Maßnahme aus berechtigten, objektiven Gründen nicht innerhalb der in der Zuweisung gesetzten Frist durchgeführt werden kann,
c) sich mit einer alternativen, weniger eingreifenden Maßnahme dieselben Ergebnisse wie mit der zugewiesenen Maßnahme erreichen ließen oder
d) die zugewiesene Maßnahme nach dem Recht seines Mitgliedstaats nicht existiert oder in einem vergleichbaren innerstaatlichen Fall nicht zur Verfügung stünde,

so setzt er seinen die Aufsicht führenden Europäischen Staatsanwalt davon in Kenntnis und berät sich mit dem betrauten Delegierten Europäischen Staatsanwalt, um die Angelegenheit in beiderseitigem Einvernehmen zu regeln.

(6) Existiert die zugewiesene Maßnahme in einem rein innerstaatlichen Fall nicht, wohl aber in einem grenzüberschreitenden Fall nach Maßgabe von Rechtsinstrumenten über gegenseitige Anerkennung oder grenzüberschreitende Zusammenarbeit, so können die betreffenden Delegierten Europäischen Staatsanwälte im Einvernehmen mit den jeweiligen die Aufsicht führenden Europäischen Staatsanwälten auf diese Instrumente zurückgreifen.

(7) [1]Gelingt es den Delegierten Europäischen Staatsanwälten nicht, die Angelegenheit innerhalb von sieben Werktagen zu regeln, wird die Zuweisung aber aufrechterhalten, so wird die Angelegenheit an die zuständige Ständige Kammer verwiesen. [2]Gleiches gilt, wenn die zugewiesene Maßnahme nicht innerhalb der in der Zuweisung gesetzten Frist oder in angemessener Zeit durchgeführt wird.

(8) Die zuständige Ständige Kammer hört die von dem Fall betroffenen Delegierten Europäischen Staatsanwälte an, soweit dies erforderlich ist, und entscheidet dann im Einklang mit dem geltenden nationalen Recht und mit dieser Verordnung unverzüglich, ob und bis wann die erforderliche zugewiesene Maßnahme oder eine Ersatzmaßnahme von dem unterstützenden Delegierten Europäischen Staatsanwalt durchzuführen ist, und teilt diese Entscheidung den genannten Delegierten Europäischen Staatsanwälten über den zuständigen Europäischen Staatsanwalt mit.

## Artikel 32 Vollstreckung der zugewiesenen Maßnahmen

[1]Die zugewiesenen Maßnahmen werden gemäß dieser Verordnung und dem Recht des Mitgliedstaats des unterstützenden Delegierten Europäischen Staatsanwalts durchgeführt. [2]Formvorschriften und Verfahren, die vom betrauten Delegierten Europäischen Staatsanwalt ausdrücklich angegeben werden, sind einzuhalten, es sei denn, sie stehen im Widerspruch zu den wesentlichen Rechtsgrundsätzen des Mitgliedstaats des unterstützenden Delegierten Europäischen Staatsanwalts.

### Artikel 33 Festnahme im Ermittlungsverfahren und grenzüberschreitende Übergabe

(1) Der betraute Delegierte Europäische Staatsanwalt kann anordnen oder beantragen, dass der Verdächtige oder Beschuldigte im Einklang mit dem nationalen Recht festgenommen oder in Untersuchungshaft genommen wird, das in einem vergleichbaren innerstaatlichen Fall anwendbar ist.

(2) Ist die Festnahme oder Übergabe einer Person erforderlich, die sich nicht in dem Mitgliedstaat aufhält, in dem der betraute Delegierte Europäische Staatsanwalt angesiedelt ist, so erlässt Letzterer einen Europäischen Haftbefehl im Einklang mit dem Rahmenbeschluss 2002/584/JI des Rates[1] oder ersucht die zuständige Behörde jenes Mitgliedstaats um Erlass eines solchen Haftbefehls.

## Abschnitt 3 Regeln zur Strafverfolgung

### Artikel 34 Verweisung und Übertragung von Verfahren an bzw. auf die nationalen Behörden

(1) Stellt sich bei einem von der EUStA durchgeführten Ermittlungsverfahren heraus, dass der den Ermittlungen zugrunde liegende Sachverhalt keine Straftat darstellt, für die sie gemäß den Artikeln 22 und 23 zuständig ist, so beschließt die zuständige Ständige Kammer, das Verfahren unverzüglich an die zuständigen nationalen Behörden zu verweisen.

(2) Stellt sich bei einem von der EUStA durchgeführten Ermittlungsverfahren heraus, dass die spezifischen Bedingungen für die Ausübung ihrer Zuständigkeit nach Artikel 25 Absätze 2 und 3 nicht mehr erfüllt sind, so beschließt die zuständige Ständige Kammer, das Verfahren unverzüglich und vor Erhebung der Anklage bei den nationalen Gerichten an die zuständigen nationalen Behörden zu verweisen.

(3) Ist das Kollegium in Bezug auf Straftaten, die einen Schaden von weniger als 100 000 EUR zum Nachteil der finanziellen Interessen der Union verursacht haben bzw. verursachen könnten, der Auffassung, dass im Hinblick auf die Schwere der Straftat oder die Komplexität des Verfahrens im Einzelfall keine Ermittlung oder Strafverfolgung auf Unionsebene erforderlich ist und eine Verweisung im Interesse der Effizienz der Ermittlungen oder der Strafverfolgung besser wäre, so erlässt es gemäß Artikel 9 Absatz 2 allgemeine Leitlinien, die es den Ständigen Kammern gestatten, ein Verfahren an die zuständigen nationalen Behörden zu verweisen.

Diese Leitlinien sollen es den Ständigen Kammern ferner gestatten, ein Verfahren an die zuständigen nationalen Behörden zu verweisen, wenn die EUStA ihre Zuständigkeit im Hinblick auf Straftaten im Sinne des Artikels 3 Absatz 2 Buchstaben a und b der Richtlinie (EU) 2017/1371 ausübt und der entstandene oder voraussichtliche Schaden zum Nachteil der finanziellen Interessen der Union den Schaden, der einem anderen Opfer entstanden ist oder entstehen könnte, nicht übersteigt.

Um eine kohärente Anwendung der Leitlinien zu gewährleisten, erstattet jede Ständige Kammer dem Kollegium jährlich über die Anwendung der Leitlinien Bericht.

Solche Verweisungen gelten auch für untrennbar verbundene Straftaten, die gemäß Artikel 22 Absatz 3 in die Zuständigkeit der EUStA fallen.

(4) [1]Die Ständige Kammer unterrichtet den Europäischen Generalstaatsanwalt über jeden Beschluss, ein Verfahren nach Maßgabe von Absatz 3 an die nationalen Behörden zu verweisen. [2]Innerhalb von drei Tagen nach Erhalt dieser Information kann der Europäische Generalstaatsanwalt die Ständige Kammer ersuchen, ihren Beschluss zu überprüfen, sofern er der Auffassung ist, dass dies im Interesse der Gewährleistung einer kohärenten Verweisungspraxis der EUStA erforderlich ist. [3]Ist der Europäische Generalstaatsanwalt Mitglied der jeweiligen Ständigen Kammer, so übt

1 **Amtl. Anm.:** Rahmenbeschluss 2002/584/JI des Rates vom 13. Juni 2002 über den Europäischen Haftbefehl und die Übergabeverfahren zwischen den Mitgliedstaaten (ABl. L 190 vom 18.7.2002, S. 1).

einer der Stellvertreter des Europäischen Generalstaatsanwalts das Recht auf Ersuchen um diese Überprüfung aus.

(5) Stimmen die zuständigen nationalen Behörden nicht innerhalb einer Frist von höchstens 30 Tagen der Übernahme des Verfahrens nach den Absätzen 2 und 3 zu, so bleibt die EUStA zuständig für die Strafverfolgung in dem Verfahren oder dessen Einstellung gemäß den Vorschriften dieser Verordnung.

(6) Erwägt die EUStA eine Einstellung gemäß Artikel 39 Absatz 3, so verweist die Ständige Kammer das Verfahren unverzüglich an die nationale Behörde, wenn diese darum ersucht.

(7) Wenn die nationale Behörde im Anschluss an eine Verweisung gemäß den Absätzen 1, 2 oder 3 des vorliegenden Artikels und gemäß Artikel 25 Absatz 3 die Einleitung eines Ermittlungsverfahrens beschließt, gibt die EUStA die Akte an diese nationale Behörde ab, sieht von weiteren Ermittlungs- oder Strafverfolgungsmaßnahmen ab und beendet das Verfahren.

(8) Wenn eine Akte gemäß den Absätzen 1, 2 oder 3 des vorliegenden Artikels und gemäß Artikel 25 Absatz 3 abgegeben wird, setzt die EUStA die einschlägigen Organe, Einrichtungen und sonstigen Stellen der Union sowie gegebenenfalls im Einklang mit dem nationalen Recht Verdächtige oder Beschuldigte und die Opfer der Straftat von der Übergabe in Kenntnis.

## Artikel 35 Abschluss der Ermittlungen

(1) [1]Wenn der betraute Delegierte Europäische Staatsanwalt die Ermittlungen als abgeschlossen erachtet, unterbreitet er dem die Aufsicht führenden Europäischen Staatsanwalt einen Bericht, der eine Zusammenfassung des Verfahrens und einen Beschlussentwurf zu der Frage enthält, ob die Strafverfolgung vor einem nationalen Gericht erfolgen oder eine Verweisung des Verfahrens, eine Einstellung oder ein vereinfachtes Strafverfolgungsverfahren gemäß Artikel 34, 39 oder 40 erwogen werden soll. [2]Der die Aufsicht führende Europäische Staatsanwalt leitet diese Dokumente an die zuständige Ständige Kammer weiter, versehen mit einer eigenen Bewertung, falls er diese für erforderlich hält. [3]Wenn die Ständige Kammer gemäß Artikel 10 Absatz 3 den Beschluss wie vom Delegierten Europäischen Staatsanwalt vorgeschlagen fasst, verfolgt dieser die Angelegenheit entsprechend weiter.

(2) Erwägt die Ständige Kammer auf der Grundlage der vorgelegten Berichte, den vom Delegierten Europäischen Staatsanwalt vorgeschlagenen Beschluss nicht zu fassen, so nimmt sie, soweit erforderlich, eine eigene Prüfung der Verfahrensakte vor, bevor sie einen endgültigen Beschluss fasst oder dem Delegierten Europäischen Staatsanwalt weitere Weisungen erteilt.

(3) Gegebenenfalls enthält der Bericht des Delegierten Europäischen Staatsanwalts auch eine hinreichende Begründung dafür, die Anklage entweder vor einem Gericht des Mitgliedstaats, in dem er angesiedelt ist, zu erheben oder gemäß Artikel 26 Absatz 4 vor einem Gericht eines anderen Mitgliedstaats, der Gerichtsbarkeit für den Fall hat.

## Artikel 36 Strafverfolgung vor nationalen Gerichten

(1) [1]Unterbreitet der Delegierte Europäische Staatsanwalt einen Beschlussentwurf, in dem vorgeschlagen wird, Anklage zu erheben, so beschließt die Ständige Kammer nach den Verfahren des Artikels 35 innerhalb von 21 Tagen über diesen Entwurf. [2]Die Ständige Kammer kann nicht beschließen, das Verfahren einzustellen, wenn in einem Beschlussentwurf vorgeschlagen wird, Anklage zu erheben.

(2) Fasst die Ständige Kammer innerhalb der 21-Tage-Frist keinen Beschluss, so gilt der vom Delegierten Europäischen Staatsanwalt vorgeschlagene Beschluss als angenommen.

(3) [1]Hat mehr als ein Mitgliedstaat Gerichtsbarkeit für den Fall, so beschließt die Ständige Kammer grundsätzlich, in dem Mitgliedstaat des betrauten Delegierten Europäischen Staatsanwalts Anklage zu erheben. [2]Die Ständige Kammer kann allerdings unter Berücksichtigung des gemäß Artikel 35

Absatz 1 vorgelegten Berichts beschließen, in einem anderen Mitgliedstaat Anklage zu erheben, wenn hinreichende Gründe vorliegen, die dies rechtfertigen, wobei die Kriterien nach Artikel 26 Absätze 4 und 5 heranzuziehen sind, und einen Delegierten Europäischen Staatsanwalt dieses Mitgliedstaats entsprechend anweisen.

(4) Bevor sie über die Anklageerhebung entscheidet, kann die zuständige Ständige Kammer auf Vorschlag des betrauten Delegierten Europäischen Staatsanwalts beschließen, mehrere Verfahren miteinander zu verbinden, wenn Ermittlungen von verschiedenen Delegierten Europäischen Staatsanwälten gegen dieselbe(n) Person(en) geführt wurden, damit die Strafverfolgung in diesen Fällen vor den Gerichten eines einzigen Mitgliedstaats, der nach seinem Recht für jedes dieser Verfahren Gerichtsbarkeit hat, erfolgen kann.

(5) Sobald darüber entschieden ist, in welchem Mitgliedstaat die Anklageerhebung erfolgen soll, wird das in diesem Mitgliedstaat zuständige nationale Gericht nach Maßgabe des nationalen Rechts bestimmt.

(6) Soweit dies für die Zwecke der Wiedereinziehung, verwaltungsrechtlicher Folgemaßnahmen oder Überwachung erforderlich ist, setzt die zentrale Dienststelle die zuständigen nationalen Behörden, die betroffenen Personen und die einschlägigen Organe, Einrichtungen und sonstigen Stellen der Union von der Erhebung der Anklage in Kenntnis.

(7) [1]Hat die Anklagebehörde im Anschluss an ein Urteil des Gerichts zu entscheiden, ob sie ein Rechtsmittel einlegen soll, so unterbreitet der Delegierte Europäische Staatsanwalt der zuständigen Ständigen Kammer einen Bericht, der auch einen Beschlussentwurf umfasst, und erwartet deren Weisungen. [2]Sollte es innerhalb der nach nationalem Recht festgesetzten Frist nicht möglich sein, diese Weisungen abzuwarten, so ist der Delegierte Europäische Staatsanwalt berechtigt, das Rechtsmittel ohne vorherige Weisungen der Ständigen Kammer einzulegen; anschließend legt er der Ständigen Kammer den Bericht unverzüglich vor. [3]Die Ständige Kammer weist den Delegierten Europäischen Staatsanwalt sodann an, das Rechtsmittel entweder aufrechtzuerhalten oder zurückzunehmen. [4]Dasselbe Verfahren gilt, wenn im Verlauf des Gerichtsverfahrens und im Einklang mit dem geltenden nationalen Recht der betraute Delegierte Europäische Staatsanwalt einen Standpunkt einnimmt, der zur Einstellung des Verfahrens führen würde.

## Artikel 37 Beweismittel

(1) Die von den Staatsanwälten der EUStA oder von dem Angeklagten vor einem Gericht beigebrachten Beweismittel dürfen nicht allein deshalb als unzulässig abgelehnt werden, weil sie in einem anderen Mitgliedstaat oder nach dem Recht eines anderen Mitgliedstaats erhoben wurden.

(2) Die Befugnis des Prozessgerichts, die vom Angeklagten oder von den Staatsanwälten der EUStA beigebrachten Beweismittel frei zu würdigen, wird von dieser Verordnung nicht berührt.

## Artikel 38 Verwertung eingezogener Vermögenswerte

[1]Hat das zuständige nationale Gericht im Einklang mit den Anforderungen und Verfahren des nationalen Rechts, einschließlich der nationalen Rechtsvorschriften zur Umsetzung der Richtlinie 2014/42/EU des Europäischen Parlaments und des Rates[1], eine rechtskräftige Entscheidung zur Einziehung von Vermögenswerten, die mit einer in die Zuständigkeit der EUStA fallenden Straftat in Zusammenhang stehen, oder von Erträgen aus einer solchen Straftat erlassen, so werden diese Vermögenswerte oder diese Erträge im Einklang mit dem geltenden nationalen Recht verwertet. [2]Diese Verwertung darf die Rechte der Union oder anderer Opfer auf Ausgleich des ihnen entstandenen Schadens nicht beeinträchtigen.

1 **Amtl. Anm.:** Richtlinie 2014/42/EU des Europäischen Parlaments und des Rates vom 3. April 2014 über die Sicherstellung und Einziehung von Tatwerkzeugen und Erträgen aus Straftaten in der Europäischen Union (ABl. L 127 vom 29.4.2014, S. 39).

## Abschnitt 4 Regeln für Alternativen zur Strafverfolgung

### Artikel 39 Einstellung des Verfahrens

(1) Die Ständige Kammer beschließt auf der Grundlage eines Berichts, der von dem mit dem Verfahren betrauten Delegierten Europäischen Staatsanwalt gemäß Artikel 35 Absatz 1 vorgelegt wird, dass das Verfahren gegen eine Person eingestellt wird, wenn die Strafverfolgung aufgrund des Rechts des Mitgliedstaats des betrauten Delegierten Europäischen Staatsanwalts aus einem der folgenden Gründe nicht mehr möglich ist:

a) Tod des Verdächtigen oder Beschuldigten oder Auflösung einer verdächtigen oder beschuldigten juristischen Person;
b) Schuldunfähigkeit des Verdächtigen oder Beschuldigten;
c) dem Verdächtigen oder Beschuldigten gewährte Amnestie;
d) dem Verdächtigen oder Beschuldigten gewährte Immunität, sofern sie nicht aufgehoben ist;
e) Ablauf der nationalen gesetzlichen Verjährungsfrist für die Strafverfolgung;
f) ein Verfahren gegen den Verdächtigen oder Beschuldigten wegen derselben Tat wurde bereits rechtskräftig abgeschlossen;
g) es fehlen sachdienliche Beweise.

(2) [1]Ein Beschluss gemäß Absatz 1 schließt weitere Ermittlungen auf der Grundlage neuer Tatsachen, die der EUStA zum Zeitpunkt des Beschlusses nicht bekannt waren und erst danach bekannt werden, nicht aus. [2]Die Entscheidung über die Wiederaufnahme der Ermittlungen auf der Grundlage solcher neuen Tatsachen trifft die zuständige Ständige Kammer.

(3) [1]Ist die EUStA gemäß Artikel 22 Absatz 3 zuständig, so stellt sie ein Verfahren erst nach Konsultation mit den in Artikel 25 Absatz 6 genannten nationalen Behörden des Mitgliedstaats ein. [2]Die Ständige Kammer verweist das Verfahren gegebenenfalls an die zuständigen nationalen Behörden gemäß Artikel 34 Absätze 6, 7 und 8.

Gleiches gilt in Fällen, in denen die EUStA ihre Zuständigkeit im Hinblick auf Straftaten im Sinne des Artikels 3 Absatz 2 Buchstaben a und b der Richtlinie (EU) 2017/1371 ausübt und der entstandene oder voraussichtliche Schaden zum Nachteil der finanziellen Interessen der Union den Schaden, der einem anderen Opfer entstanden ist oder entstehen könnte, nicht übersteigt.

(4) [1]Wurde ein Verfahren eingestellt, so setzt die Europäische Staatsanwaltschaft die zuständigen nationalen Behörden davon offiziell in Kenntnis und unterrichtet die einschlägigen Organe, Einrichtungen und sonstigen Stellen der Union sowie, wenn dies nach nationalem Recht geboten ist, die Verdächtigen oder Beschuldigten und die Opfer der Straftat. [2]Die eingestellten Verfahren können auch an das OLAF oder die zuständigen nationalen Verwaltungs- oder Justizbehörden zum Zwecke der Wiedereinziehung oder sonstiger verwaltungsrechtlicher Folgemaßnahmen verwiesen werden.

## Abschnitt 5 Regeln zu vereinfachten Verfahren

### Artikel 40 Vereinfachte Strafverfolgungsverfahren

(1) Wenn das geltende nationale Recht ein vereinfachtes Strafverfolgungsverfahren zum endgültigen Abschluss des Verfahrens auf der Grundlage von mit dem Verdächtigen vereinbarten Bedingungen vorsieht, kann der betraute Delegierte Europäische Staatsanwalt gemäß Artikel 10 Absatz 3 und Artikel 35 Absatz 1 der zuständigen Ständigen Kammer vorschlagen, dieses Verfahren gemäß den im nationalen Recht vorgesehenen Bedingungen anzuwenden.

Übt die EUStA ihre Zuständigkeit im Hinblick auf Straftaten im Sinne des Artikels 3 Absatz 2 Buchstaben a und b der Richtlinie (EU) 2017/1371 aus und übersteigt der entstandene oder voraussichtliche Schaden zum Nachteil der finanziellen Interessen der Union den Schaden, der einem anderen Opfer entstanden ist oder entstehen könnte, nicht, so konsultiert der betraute Delegierte Europäische Staatsanwalt die nationalen Strafverfolgungsbehörden, bevor er die Anwendung eines vereinfachten Strafverfolgungsverfahrens vorschlägt.

(2) Die zuständige Ständige Kammer entscheidet über den Vorschlag des betrauten Europäischen Delegierten Staatsanwalts unter Berücksichtigung der folgenden Kriterien:

a) der Schwere der Straftat, insbesondere gemessen an dem entstandenen Schaden,
b) der Bereitschaft des mutmaßlichen Straftäters, den durch das rechtswidrige Verhalten entstandenen Schaden zu beheben,
c) die Anwendung des Verfahrens stünde im Einklang mit den allgemeinen Zielen und Grundsätzen der EUStA gemäß dieser Verordnung.

Das Kollegium erlässt nach Artikel 9 Absatz 2 Leitlinien zur Anwendung dieser Kriterien.

(3) [1]Stimmt die Ständige Kammer dem Vorschlag zu, so wendet der betraute Delegierte Europäische Staatsanwalt das vereinfachte Strafverfolgungsverfahren gemäß den im nationalen Recht geregelten Bedingungen an und vermerkt dies im Fallbearbeitungssystem. [2]Ist das vereinfachte Strafverfolgungsverfahren nach der Erfüllung der mit dem Verdächtigen vereinbarten Bedingungen abgeschlossen, so weist die Ständige Kammer den Delegierten Europäischen Staatsanwalt an, im Hinblick auf den endgültigen Abschluss des Verfahrens tätig zu werden.

## Kapitel VI Verfahrensgarantien

### Artikel 41 Umfang der Rechte Verdächtiger oder Beschuldigter

(1) Die Tätigkeiten der EUStA werden in vollem Einklang mit den in der Charta verankerten Rechten Verdächtiger und Beschuldigter, einschließlich des Rechts auf ein faires Verfahren und der Verteidigungsrechte, durchgeführt.

(2) Jeder Verdächtige oder Beschuldigte in einem Strafverfahren der EUStA hat mindestens die im Unionsrecht, einschließlich der in nationales Recht umgesetzten Richtlinien über die Rechte von Verdächtigen und Beschuldigten in Strafverfahren, vorgesehenen Verfahrensrechte, wie beispielsweise

a) das Recht auf Dolmetschleistungen und Übersetzungen gemäß der Richtlinie 2010/64/EU,
b) das Recht auf Belehrung oder Unterrichtung und das Recht auf Einsicht in die Verfahrensakte gemäß der Richtlinie 2012/13/EU,
c) das Recht auf Zugang zu einem Rechtsbeistand und das Recht auf Kommunikation mit Dritten und auf Benachrichtigung eines Dritten im Falle einer Festnahme gemäß der Richtlinie 2013/48/EU,
d) das Recht auf Aussageverweigerung und Unschuldsvermutung gemäß der Richtlinie (EU) 2016/343,
e) das Recht auf Prozesskostenhilfe gemäß der Richtlinie (EU) 2016/1919.

(3) Unbeschadet der in diesem Kapitel genannten Rechte haben Verdächtige und Beschuldigte sowie andere an Verfahren der EUStA Beteiligte alle Verfahrensrechte, die ihnen das geltende nationale Recht zuerkennt, einschließlich der Möglichkeit, Beweismittel beizubringen, zu beantragen, dass Sachverständige bestellt bzw. vernommen und Zeugen gehört werden, und die EUStA aufzufordern, derartige Maßnahmen im Namen der Verteidigung zu erwirken.

### Artikel 42 Gerichtliche Kontrolle

(1) [1]Verfahrenshandlungen der EUStA mit Rechtswirkung gegenüber Dritten unterliegen im Einklang mit den Anforderungen und Verfahren des nationalen Rechts der Kontrolle durch die zuständigen nationalen Gerichte. [2]Gleiches gilt, wenn es die EUStA unterlässt, eine Verfahrenshandlung mit Rechtswirkung gegenüber Dritten vorzunehmen, obwohl sie nach dieser Verordnung dazu rechtlich verpflichtet wäre.

(2) Der Gerichtshof entscheidet im Wege der Vorabentscheidung gemäß Artikel 267 AEUV über Folgendes:

a) die Gültigkeit einer Verfahrenshandlung der EUStA, sofern einem Gericht eines Mitgliedstaats die Frage der Gültigkeit unmittelbar auf der Grundlage des Unionsrechts gestellt wird;

b) die Auslegung oder die Gültigkeit der Bestimmungen des Unionsrechts, einschließlich dieser Verordnung;
c) die Auslegung der Artikel 22 und 25 dieser Verordnung in Bezug auf etwaige Zuständigkeitskonflikte zwischen der EUStA und den zuständigen nationalen Behörden.

(3) Abweichend von Absatz 1 des vorliegenden Artikels unterliegen die Beschlüsse der EUStA über die Einstellung eines Verfahrens, sofern diese unmittelbar auf der Grundlage des Unionsrechts angefochten werden, im Einklang mit Artikel 263 Absatz 4 AEUV der Kontrolle durch den Gerichtshof.

(4) Für Streitigkeiten im Zusammenhang mit Schadensersatzforderungen gegenüber der EUStA ist im Einklang mit Artikel 268 AEUV der Gerichtshof zuständig.

(5) Für Streitigkeiten im Zusammenhang mit Schiedsklauseln in Verträgen, die von der EUStA geschlossen wurden, ist im Einklang mit Artikel 272 AEUV der Gerichtshof zuständig.

(6) Für Streitigkeiten im Zusammenhang mit Personalangelegenheiten ist im Einklang mit Artikel 270 AEUV der Gerichtshof zuständig.

(7) In Bezug auf die Entlassung des Europäischen Generalstaatsanwalts oder der Europäischen Staatsanwälte ist im Einklang mit Artikel 14 Absatz 5 bzw. Artikel 16 Absatz 5 der Gerichtshof zuständig.

(8) Dieser Artikel gilt unbeschadet einer gerichtlichen Überprüfung durch den Gerichtshof im Einklang mit Artikel 263 Absatz 4 AEUV von Entscheidungen der EUStA, die die Rechte der betroffenen Person nach Kapitel VIII berühren, und von Entscheidungen der EUStA, bei denen es sich nicht um Verfahrenshandlungen handelt, wie etwa Entscheidungen der EUStA über das Recht auf Zugang der Öffentlichkeit zu Dokumenten oder Entscheidungen gemäß Artikel 17 Absatz 3 dieser Verordnung über die Entlassung eines Delegierten Europäischen Staatsanwalts oder sonstige administrative Entscheidungen.

## Kapitel VII Informationsverarbeitung

### Artikel 43 Zugang der EUStA zu Informationen

(1) Delegierte Europäische Staatsanwälte können – unter den gleichen Bedingungen, wie sie nach nationalem Recht in vergleichbaren Fällen gelten – sachdienliche Informationen erhalten, die in nationalen Ermittlungs- und Strafverfolgungsdatenbanken oder anderen einschlägigen Registern von Behörden gespeichert sind.

(2) Die EUStA kann darüber hinaus in ihre Zuständigkeit fallende sachdienliche Informationen erhalten, die in Datenbanken und Registern der Organe, Einrichtungen und sonstigen Stellen der Union gespeichert sind.

### Artikel 44 Fallbearbeitungssystem

(1) Die EUStA richtet ein Fallbearbeitungssystem ein, das gemäß den Vorschriften dieser Verordnung und der Geschäftsordnung der EUStA geführt und verwaltet wird.

(2) Zweck des Fallbearbeitungssystems ist es,

a) die Verwaltung der Ermittlungen und Strafverfolgungsmaßnahmen der EUStA insbesondere durch die Organisation der internen Informationsabläufe und durch Hilfestellung für die Ermittlungsarbeit in grenzüberschreitenden Fällen zu unterstützen;
b) den sicheren Zugang zu Informationen über Ermittlungen und Strafverfolgungsmaßnahmen bei der zentralen Dienststelle und durch die Delegierten Europäischen Staatsanwälte zu gewährleisten;
c) den Abgleich von Informationen und die Extraktion von Daten für operative Analysen und statistische Zwecke zu ermöglichen;

d) die Überwachung zu erleichtern, um sicherzustellen, dass die Verarbeitung operativer personenbezogener Daten rechtmäßig ist und mit den einschlägigen Bestimmungen dieser Verordnung im Einklang steht.

(3) Das Fallbearbeitungssystem kann an die gesicherte Telekommunikationsverbindung angebunden werden, auf die in Artikel 9 des Beschlusses 2008/976/JI des Rates[1] Bezug genommen wird.

(4) Das Fallbearbeitungssystem enthält Folgendes:

a) ein Register der Informationen, die von der EUStA gemäß Artikel 24 erlangt wurden, einschließlich aller Entscheidungen in Bezug auf diese Informationen,
b) einen Index aller Verfahrensakten,
c) alle Informationen aus den Verfahrensakten, die gemäß Artikel 45 Absatz 3 im Fallbearbeitungssystem elektronisch gespeichert sind.

Der Index darf keine operativen personenbezogenen Daten enthalten, mit Ausnahme der Daten, die zur Identifizierung von Fällen oder zur Herstellung von Verknüpfungen zwischen verschiedenen Verfahrensakten erforderlich sind.

(5) [1]Die EUStA darf für die Verarbeitung operativer personenbezogener Daten andere automatisierte Dateien als die Verfahrensakten nur im Einklang mit dieser Verordnung und der Geschäftsordnung der EUStA anlegen. [2]Die Einzelheiten zu diesen anderen automatisierten Dateien werden dem Europäischen Datenschutzbeauftragten mitgeteilt.

## Artikel 45 Verfahrensakten der EUStA

(1) Wenn die EUStA entscheidet, gemäß dieser Verordnung ein Ermittlungsverfahren einzuleiten oder ihr Evokationsrecht auszuüben, legt der betraute Europäische Delegierte Staatsanwalt eine Verfahrensakte an.

Die Verfahrensakte muss alle dem Delegierten Europäischen Staatsanwalt zur Verfügung stehenden Informationen und Beweismittel enthalten, die das Ermittlungs- oder Strafverfolgungsverfahren der EUStA betreffen.

Mit Einleitung eines Ermittlungsverfahrens werden die Informationen aus dem in Artikel 44 Absatz 4 Buchstabe a genannten Register Teil der Verfahrensakte.

(2) Die Verfahrensakte wird von dem betrauten Delegierten Europäischen Staatsanwalt nach dem Recht seines Mitgliedstaats geführt.

[1]Die Geschäftsordnung der EUStA kann Vorschriften über die Organisation und Führung der Verfahrensakten enthalten, soweit dies zur Sicherstellung der Funktion der Europäischen Staatsanwaltschaft als einheitliche Behörde erforderlich ist. [2]Der Zugang zur Verfahrensakte für Verdächtige und Beschuldigte sowie für andere an dem Verfahren beteiligte Personen wird von dem betrauten Delegierten Europäischen Staatsanwalt nach dem Recht des Mitgliedstaats dieses Staatsanwalts gewährt.

(3) [1]Das Fallbearbeitungssystem der EUStA muss alle Informationen und Beweismittel aus der Verfahrensakte, die elektronisch gespeichert werden können, enthalten, damit die zentrale Dienststelle ihre Aufgaben gemäß dieser Verordnung wahrnehmen kann. [2]Der betraute Delegierte Europäische Staatsanwalt gewährleistet, dass der Inhalt der Informationen im Fallbearbeitungssystem jederzeit dem der Verfahrensakte entspricht; insbesondere müssen bei jeder Löschung oder Berichtigung operativer personenbezogener Daten in der Verfahrensakte die entsprechenden Daten auch im Fallbearbeitungssystem gelöscht oder berichtigt werden.

---

1 **Amtl. Anm.:** Beschluss 2008/976/JI des Rates vom 16. Dezember 2008 über das Europäische Justizielle Netz (ABl. L 348 vom 24.12.2008, S. 130).

## Artikel 46 Zugriff auf das Fallbearbeitungssystem

Der Europäische Generalstaatsanwalt, die Stellvertreter des Europäischen Generalstaatsanwalts, andere Europäische Staatsanwälte und die Delegierten Europäischen Staatsanwälte haben unmittelbaren Zugriff auf das Register und den Index.

[1]Der die Aufsicht führende Europäische Staatsanwalt sowie die zuständige Ständige Kammer haben bei der Ausübung ihrer Befugnisse gemäß den Artikeln 10 und 12 unmittelbaren Zugriff auf die im Fallbearbeitungssystem elektronisch gespeicherten Informationen. [2]Der die Aufsicht führende Europäische Staatsanwalt hat außerdem unmittelbaren Zugriff auf die Verfahrensakte. [3]Die zuständige Ständige Kammer hat auf Antrag Zugang zur Verfahrensakte.

[1]Andere Delegierte Europäische Staatsanwälte können den Zugang zu den im Fallbearbeitungssystem elektronisch gespeicherten Informationen sowie zu Verfahrensakten beantragen. [2]Der betraute Delegierte Europäische Staatsanwalt entscheidet gemäß dem geltenden nationalen Recht darüber, ob anderen Delegierten Europäischen Staatsanwälten der Zugang gewährt wird. [3]Wird der Zugang nicht gewährt, so kann die zuständige Ständige Kammer mit der Angelegenheit befasst werden. [4]Die zuständige Ständige Kammer hört, soweit erforderlich, die betreffenden Delegierten Europäischen Staatsanwälte und trifft sodann im Einklang mit dem geltenden nationalen Recht sowie der vorliegenden Verordnung eine Entscheidung.

Die Geschäftsordnung der EUStA enthält weitere Regeln für das Recht auf Zugang und das Verfahren zur Festlegung des Umfangs, in dem dem Europäischen Generalstaatsanwalt, den Stellvertretern des Europäischen Generalstaatsanwalts, anderen Europäischen Staatsanwälten, den Delegierten Europäischen Staatsanwälten und dem Personal der EUStA Zugang zum Fallbearbeitungssystem gewährt wird, soweit dies für die Wahrnehmung ihrer Aufgaben erforderlich ist.

# Kapitel VIII Datenschutz

## Artikel 47 Grundsätze für die Verarbeitung personenbezogener Daten

(1) Personenbezogene Daten müssen

a) auf rechtmäßige Weise und nach Treu und Glauben verarbeitet werden („Rechtmäßigkeit und Verarbeitung nach Treu und Glauben");
b) für festgelegte, eindeutige und rechtmäßige Zwecke erhoben werden und dürfen nicht in einer mit diesen Zwecken nicht zu vereinbarenden Weise weiterverarbeitet werden; eine Weiterverarbeitung für im öffentlichen Interesse liegende Archivzwecke, für wissenschaftliche oder historische Forschungszwecke oder für statistische Zwecke gilt nicht als unvereinbar mit den ursprünglichen Zwecken, sofern die EUStA angemessene Garantien für die Rechte und Freiheiten der betroffenen Personen bietet („Zweckbindung");
c) dem Zweck angemessen und erheblich sowie auf das für die Zwecke der Verarbeitung notwendige Maß beschränkt sein („Datenminimierung");
d) sachlich richtig sein und erforderlichenfalls auf den neuesten Stand gebracht werden; es sind alle angemessenen Maßnahmen zu treffen, damit personenbezogene Daten, die im Hinblick auf die Zwecke ihrer Verarbeitung unrichtig sind, unverzüglich gelöscht oder berichtigt werden („Richtigkeit");
e) in einer Form gespeichert werden, die die Identifizierung der betroffenen Personen nur so lange ermöglicht, wie es für die Zwecke, für die sie verarbeitet werden, erforderlich ist; personenbezogene Daten dürfen länger gespeichert werden, soweit die personenbezogenen Daten ausschließlich für im öffentlichen Interesse liegende Archivzwecke, für wissenschaftliche oder historische Forschungszwecke oder für statistische Zwecke verarbeitet werden, sofern die EUStA angemessene Garantien für die Rechte und Freiheiten der betroffenen Personen bietet, insbesondere durch die Durchführung der geeigneten technischen und organisatorischen Maßnahmen nach Maßgabe dieser Verordnung („Speicherbegrenzung");
f) in einer Weise verarbeitet werden, die eine angemessene Sicherheit der personenbezogenen Daten gewährleistet, einschließlich Schutz vor unbefugter oder unrechtmäßiger Verarbeitung

und vor unbeabsichtigtem Verlust, unbeabsichtigter Zerstörung oder unbeabsichtigter Schädigung durch geeignete technische und organisatorische Maßnahmen („Integrität und Vertraulichkeit“);

(2) Die EUStA ist für die Einhaltung des Absatzes 1 verantwortlich und muss dessen Einhaltung nachweisen können („Rechenschaftspflicht“); dies gilt für die ganz oder teilweise automatisierte Verarbeitung personenbezogener Daten sowie für die nichtautomatisierte Verarbeitung personenbezogener Daten, die in einem Dateisystem gespeichert sind oder gespeichert werden sollen.

(3) Eine Verarbeitung durch die EUStA für einen anderen der in Artikel 49 genannten Zwecke als den, für den die operativen personenbezogenen Daten erhoben werden, ist erlaubt, soweit

a) die EUStA nach dieser Verordnung befugt ist, solche operativen personenbezogenen Daten für diesen anderen Zweck zu verarbeiten, und
b) die Verarbeitung für diesen anderen Zweck nach dem Unionsrecht erforderlich und verhältnismäßig ist und
c) nicht gegebenenfalls die Nutzung operativer personenbezogener Daten nach dem anwendbaren nationalen Verfahrensrecht über die gemäß Artikel 30 getroffenen Ermittlungsmaßnahmen verboten ist. Das anwendbare nationale Verfahrensrecht ist das Recht des Mitgliedstaats, in dem die Daten erhoben wurden.

## Artikel 48 Verwaltungstechnische personenbezogene Daten

(1) Die Verordnung (EG) Nr. 45/2001 gilt für alle von der EUStA verarbeiteten verwaltungstechnischen personenbezogenen Daten.

(2) Die EUStA setzt in den Datenschutzvorschriften ihrer Geschäftsordnung die Fristen für die Speicherung verwaltungstechnischer personenbezogener Daten fest.

## Artikel 49 Verarbeitung operativer personenbezogener Daten

(1) Die EUStA verarbeitet operative personenbezogene Daten in automatisierter Form oder in strukturierten manuell geführten Dateien gemäß dieser Verordnung und nur für die folgenden Zwecke:

a) strafrechtliche Ermittlungen und Strafverfolgungsmaßnahmen gemäß dieser Verordnung oder
b) Informationsaustausch mit den zuständigen Behörden der Mitgliedstaaten der Europäischen Union und den anderen Organen, Einrichtungen und sonstigen Stellen der Union gemäß dieser Verordnung oder
c) Zusammenarbeit mit Drittländern und internationalen Organisationen gemäß dieser Verordnung.

(2) Die Kategorien operativer personenbezogener Daten und die Kategorien betroffener Personen, deren operative personenbezogene Daten von der EUStA in dem Index gemäß Artikel 44 Absatz 4 Buchstabe b für jeden der in Absatz 1 des vorliegenden Artikels genannten Zwecke verarbeitet werden dürfen, werden in einem Anhang dieser Verordnung aufgeführt.

(3) Der Kommission wird die Befugnis übertragen, delegierte Rechtsakte gemäß Artikel 115 zu erlassen, um eine Liste der in Absatz 2 des vorliegenden Artikels genannten Kategorien operativer personenbezogener Daten und Kategorien betroffener Personen zu erstellen und diese Liste zu aktualisieren, um den Entwicklungen der Informationstechnologie und den Fortschritten in der Informationsgesellschaft Rechnung zu tragen.

In begründeten Fällen äußerster Dringlichkeit findet auf delegierte Rechtsakte, die gemäß diesem Absatz erlassen werden, das Verfahren gemäß Artikel 116 Anwendung.

(4) [1]Die EUStA darf operative personenbezogene Daten vorübergehend verarbeiten, um festzustellen, ob diese Daten für ihre Aufgaben und für die in Absatz 1 genannten Zwecke relevant sind. [2]Auf Vorschlag des Europäischen Generalstaatsanwalts und nach Anhörung des Europäischen

Datenschutzbeauftragten präzisiert das Kollegium die Bedingungen für die Verarbeitung derartiger operativer personenbezogener Daten, insbesondere in Bezug auf den Zugang zu den Daten und ihre Verwendung, sowie die Fristen für die Speicherung und Löschung der Daten.

(5) Die EUStA verarbeitet operative personenbezogene Daten so, dass festgestellt werden kann, welche Behörde die Daten bereitgestellt hat oder wo die Daten abgefragt wurden.

(6) [1]Bei der Anwendung der Artikel 57 bis 62 handelt die EUStA soweit anwendbar unter Beachtung nationaler Verfahrensvorschriften über die Informationspflicht gegenüber der betroffenen Person und die Möglichkeiten, diese Informationen zu unterlassen, einzuschränken oder zu verzögern. [2]Gegebenenfalls konsultiert der betraute Delegierte Europäische Staatsanwalt andere von dem Fall betroffene Delegierte Europäische Staatsanwälte, bevor er eine Entscheidung nach den Artikeln 57 bis 62 trifft.

## Artikel 50 Speicherfristen für operative personenbezogene Daten

(1) [1]Die EUStA überprüft regelmäßig die Notwendigkeit der Speicherung der verarbeiteten operativen personenbezogenen Daten. [2]Diese Überprüfung erfolgt spätestens drei Jahre nach der ersten Verarbeitung der operativen personenbezogenen Daten und danach alle drei Jahre. [3]Werden operative personenbezogene Daten länger als fünf Jahre gespeichert, so wird der Europäische Datenschutzbeauftragte davon in Kenntnis gesetzt.

(2) Die von der EUStA verarbeiteten operativen personenbezogenen Daten dürfen nicht länger als fünf Jahre über den Zeitpunkt hinaus gespeichert werden, zu dem ein Freispruch in dem betreffenden Fall rechtskräftig geworden ist; wird der Angeklagte für schuldig befunden, so wird die Frist bis zu dem Zeitpunkt verlängert, zu dem die verhängte Strafe vollstreckt wird oder nach dem Recht des verurteilenden Mitgliedstaats nicht mehr vollstreckt werden kann.

(3) [1]Vor Ablauf der in Absatz 2 genannten Fristen überprüft die EUStA, ob und wie lange die operativen personenbezogenen Daten zur Erfüllung ihrer Aufgaben weiter gespeichert werden müssen. [2]Die Gründe für die weitere Speicherung werden angegeben und schriftlich festgehalten. [3]Fällt keine Entscheidung über die weitere Speicherung operativer personenbezogener Daten, so werden diese Daten automatisch gelöscht.

## Artikel 51 Unterscheidung verschiedener Kategorien betroffener Personen

Die EUStA trifft gegebenenfalls und so weit wie möglich eine klare Unterscheidung zwischen den operativen personenbezogenen Daten verschiedener Kategorien betroffener Personen, darunter:

a) Personen, gegen die ein begründeter Verdacht besteht, dass sie eine Straftat begangen haben oder in naher Zukunft begehen werden,
b) verurteilte Straftäter,
c) Opfer einer Straftat oder Personen, bei denen bestimmte Fakten darauf hindeuten, dass sie Opfer einer Straftat sein könnten, und
d) andere Parteien im Zusammenhang mit einer Straftat, wie Personen, die bei Ermittlungen in Verbindung mit der betreffenden Straftat oder beim anschließenden Strafverfahren als Zeugen in Betracht kommen, Personen, die Hinweise zur Straftat geben können, oder Personen, die mit den unter den Buchstaben a und b genannten Personen in Kontakt oder in Verbindung stehen.

## Artikel 52 Unterscheidung zwischen operativen personenbezogenen Daten und Überprüfung der Qualität der personenbezogenen Daten

(1) Die EUStA unterscheidet so weit wie möglich zwischen faktenbasierten operativen personenbezogenen Daten und auf persönlichen Einschätzungen beruhenden operativen personenbezogenen Daten.

(2) [1]Die EUStA ergreift alle angemessenen Maßnahmen, um sicherzustellen, dass operative personenbezogene Daten, die unrichtig, unvollständig oder nicht mehr aktuell sind, nicht übermittelt oder bereitgestellt werden. [2]Zu diesem Zweck überprüft sie, soweit durchführbar, die Qualität der operativen personenbezogenen Daten vor ihrer Übermittlung oder Bereitstellung. [3]Bei jeder Übermittlung operativer personenbezogener Daten fügt die EUStA nach Möglichkeit die erforderlichen Informationen bei, die es dem Empfänger gestatten, die Richtigkeit, die Vollständigkeit und die Zuverlässigkeit der operativen personenbezogenen Daten sowie deren Aktualitätsgrad zu beurteilen.

(3) [1]Wird festgestellt, dass unrichtige operative personenbezogene Daten übermittelt oder die operativen personenbezogenen Daten unrechtmäßig übermittelt worden sind, so ist dies dem Empfänger unverzüglich mitzuteilen. [2]In diesem Fall ist gemäß Artikel 61 eine Berichtigung oder Löschung oder die Einschränkung der Verarbeitung der operativen personenbezogenen Daten vorzunehmen.

## Artikel 53 Besondere Verarbeitungsbedingungen

(1) Sofern in dieser Verordnung vorgeschrieben, sieht die Europäische Staatanwaltschaft besondere Verarbeitungsbedingungen vor und weist den Empfänger der operativen personenbezogenen Daten darauf hin, dass diese Bedingungen gelten und einzuhalten sind.

(2) Die EUStA beachtet die von einer nationalen Behörde gemäß Artikel 9 Absätze 3 und 4 der Richtlinie (EU) 2016/680 vorgesehenen besonderen Verarbeitungsbedingungen.

## Artikel 54 Übermittlung operativer personenbezogener Daten an Organe, Einrichtungen und sonstige Stellen der Union

(1) Vorbehaltlich weiterer Einschränkungen nach dieser Verordnung, insbesondere nach Artikel 53, übermittelt die Europäische Staatanwaltschaft nur dann operative personenbezogene Daten an andere Organe, Einrichtungen und sonstige Stellen der Union, wenn diese Daten für die rechtmäßige Erfüllung der Aufgaben in der Zuständigkeit der anderen Organe, Einrichtungen und sonstigen Stellen der Union erforderlich sind.

(2) Erfolgt die Übermittlung der operativen personenbezogenen Daten auf Ersuchen anderer Organe, Einrichtungen und sonstigen Stellen der Union, so tragen sowohl der Verantwortliche als auch der Empfänger die Verantwortung für die Zulässigkeit dieser Übermittlung.

[1]Die EUStA ist verpflichtet, die Zuständigkeit der anderen Organe, Einrichtungen und sonstigen Stellen der Union zu prüfen und die Notwendigkeit der Übermittlung der operativen personenbezogenen Daten vorläufig zu bewerten. [2]Bestehen Zweifel an der Notwendigkeit, holt sie weitere Auskünfte vom Empfänger ein.

Die anderen Organe, Einrichtungen und sonstigen Stellen der Union stellen sicher, dass die Notwendigkeit der Übermittlung der operativen personenbezogenen Daten im Nachhinein überprüft werden kann.

(3) Die anderen Organe, Einrichtungen und sonstigen Stellen der Union verarbeiten die operativen personenbezogenen Daten nur für die Zwecke, für die sie übermittelt wurden.

## Artikel 55 Verarbeitung besonderer Kategorien operativer personenbezogener Daten

(1) Die Verarbeitung operativer personenbezogener Daten, aus denen die rassische oder ethnische Herkunft, politische Meinungen, religiöse oder weltanschauliche Überzeugungen oder die Gewerkschaftszugehörigkeit hervorgehen, sowie die Verarbeitung von genetischen Daten, biometrischen Daten zur eindeutigen Identifizierung einer natürlichen Person, operativen personenbezogenen

Gesundheitsdaten oder operativen personenbezogenen Daten zum Sexualleben oder der sexuellen Orientierung ist nur dann erlaubt, wenn sie für die Ermittlungen der EUStA unbedingt erforderlich ist und vorbehaltlich geeigneter Garantien für die Rechte und Freiheiten der betroffenen Person erfolgt und nur, wenn diese operativen personenbezogenen Daten andere, von der EUStA bereits verarbeitete Daten ergänzen.

(2) Der Datenschutzbeauftragte ist unverzüglich von der Anwendung dieses Artikels zu unterrichten.

## Artikel 56 Automatisierte Entscheidungsfindung im Einzelfall einschließlich Profiling

Die betroffene Person hat das Recht, nicht einer ausschließlich auf einer automatisierten Verarbeitung – einschließlich Profiling – beruhenden Entscheidung der EUStA unterworfen zu werden, die ihr gegenüber rechtliche Wirkung entfaltet oder sie in ähnlicher Weise erheblich beeinträchtigt.

## Artikel 57 Kommunikation und Modalitäten für die Ausübung der Rechte der betroffenen Person

(1) [1]Die EUStA trifft angemessene Maßnahmen, um alle Informationen gemäß Artikel 58 zur Verfügung zu stellen. [2]Sie übermittelt der betroffenen Person alle Mitteilungen gemäß den Artikeln 56, 59 bis 62 und 75, die sich auf die Verarbeitung beziehen, in präziser, verständlicher und leicht zugänglicher Form in einer klaren und einfachen Sprache. [3]Die Übermittlung der Informationen erfolgt in einer beliebigen geeigneten Form, wozu auch die elektronische Übermittlung zählt. [4]Grundsätzlich übermittelt der Verantwortliche die Informationen in derselben Form, in der er den Antrag erhalten hat.

(2) Die EUStA erleichtert der betroffenen Person die Ausübung ihrer Rechte nach den Artikeln 58 bis 62.

(3) Die EUStA setzt die betroffene Person unverzüglich, in jedem Fall aber spätestens innerhalb von drei Monaten nach Eingang des Antrags, schriftlich darüber in Kenntnis, wie mit ihrem Antrag verfahren wurde.

(4) [1]Die EUStA sieht vor, dass die Informationen gemäß Artikel 58 und alle gemäß den Artikeln 56, 59 bis 62 und 75 gemachten Mitteilungen und getroffenen Maßnahmen unentgeltlich zur Verfügung gestellt werden. [2]Bei offenkundig unbegründeten oder – insbesondere im Fall von häufiger Wiederholung – exzessiven Anträgen einer betroffenen Person kann die EUStA entweder

a) eine angemessene Gebühr verlangen, bei der die Verwaltungskosten für die Unterrichtung bzw. die Mitteilung oder die Durchführung der beantragten Maßnahme berücksichtigt werden, oder
b) sich weigern, aufgrund des Antrags tätig zu werden.

Die EUStA hat den Nachweis für den offenkundig unbegründeten oder exzessiven Charakter des Antrags zu erbringen.

(5) Hat die EUStA begründete Zweifel an der Identität der natürlichen Person, die den Antrag gemäß den Artikeln 59 oder 61 stellt, so kann sie zusätzliche Informationen anfordern, die zur Bestätigung der Identität der betroffenen Person erforderlich sind.

## Artikel 58 Der betroffenen Person zur Verfügung zu stellende oder zu erteilende Informationen

(1) Die EUStA stellt der betroffenen Person zumindest die folgenden Informationen zur Verfügung:
a) den Namen und die Kontaktdaten der EUStA;
b) die Kontaktdaten des Datenschutzbeauftragten;
c) die Zwecke, für die die operativen personenbezogenen Daten verarbeitet werden;
d) das Recht auf Einlegung einer Beschwerde beim Europäischen Datenschutzbeauftragten und seine Kontaktdaten;
e) das Bestehen eines Rechts auf Auskunft und Berichtigung oder Löschung operativer personenbezogener Daten und Einschränkung der Verarbeitung der operativen personenbezogenen Daten der betroffenen Person durch die EUStA.

(2) Zusätzlich zu den in Absatz 1 genannten Informationen erteilt die EUStA der betroffenen Person in besonderen Fällen die folgenden zusätzlichen Informationen, um die Ausübung der Rechte der betroffenen Person zu ermöglichen:
a) die Rechtsgrundlage der Verarbeitung;
b) die Dauer, für die die operativen personenbezogenen Daten gespeichert werden oder, falls dies nicht möglich ist, die Kriterien für die Festlegung dieser Dauer;
c) gegebenenfalls die Kategorien von Empfängern der operativen personenbezogenen Daten, auch der Empfänger in Drittländern oder in internationalen Organisationen;
d) erforderlichenfalls weitere Informationen, insbesondere wenn die operativen personenbezogenen Daten ohne Wissen der betroffenen Person erhoben werden.

(3) Die EUStA kann zu nachstehenden Zwecken die Unterrichtung der betroffenen Person gemäß Absatz 2 aufschieben, einschränken oder unterlassen, soweit und so lange, wie diese Maßnahme in einer demokratischen Gesellschaft erforderlich und verhältnismäßig ist und den Grundrechten und den berechtigten Interessen der betroffenen natürlichen Person Rechnung getragen wird:
a) Gewährleistung, dass behördliche oder gerichtliche Untersuchungen, Ermittlungen oder Verfahren nicht behindert werden;
b) Gewährleistung, dass die Verhütung, Aufdeckung, Ermittlung oder Verfolgung von Straftaten oder die Strafvollstreckung nicht beeinträchtigt werden;
c) Schutz der öffentlichen Sicherheit in den Mitgliedstaaten der Europäischen Union;
d) Schutz der nationalen Sicherheit der Mitgliedstaaten der Europäischen Union;
e) Schutz der Rechte und Freiheiten anderer.

## Artikel 59 Auskunftsrecht der betroffenen Person

Die betroffene Person hat das Recht, von der EUStA eine Bestätigung darüber zu verlangen, ob operative personenbezogene Daten verarbeitet werden, die sie betreffen; ist dies der Fall, so hat sie ein Recht auf Auskunft über diese operativen personenbezogenen Daten und auf folgende Informationen:
a) die Zwecke der Verarbeitung und deren Rechtsgrundlage;
b) die Kategorien operativer personenbezogener Daten, die verarbeitet werden;
c) die Empfänger oder Kategorien von Empfängern, gegenüber denen die operativen personenbezogenen Daten offengelegt worden sind, insbesondere bei Empfängern in Drittländern oder bei internationalen Organisationen;
d) falls möglich, die geplante Dauer, für die die operativen personenbezogenen Daten gespeichert werden, oder, falls dies nicht möglich ist, die Kriterien für die Festlegung dieser Dauer;
e) das Bestehen eines Rechts auf Berichtigung oder Löschung operativer personenbezogener Daten oder auf Einschränkung der Verarbeitung der operativen personenbezogenen Daten der betroffenen Person durch die EUStA;

f) das Recht auf Einlegung einer Beschwerde beim Europäischen Datenschutzbeauftragten und seine Kontaktdaten;
g) die Mitteilung zu den operativen personenbezogenen Daten, die Gegenstand der Verarbeitung sind, sowie alle verfügbaren Informationen über die Herkunft der Daten.

## Artikel 60 Einschränkung des Auskunftsrechts

(1) Die EUStA kann zu nachstehenden Zwecken das Recht der betroffenen Person auf Auskunft teilweise oder vollständig einschränken, soweit und so lange, wie diese teilweise oder vollständige Einschränkung in einer demokratischen Gesellschaft erforderlich und verhältnismäßig ist und den Grundrechten und den berechtigten Interessen der betroffenen natürlichen Person Rechnung getragen wird:
a) Gewährleistung, dass behördliche oder gerichtliche Untersuchungen, Ermittlungen oder Verfahren nicht behindert werden;
b) Gewährleistung, dass die Verhütung, Aufdeckung, Ermittlung oder Verfolgung von Straftaten oder die Strafvollstreckung nicht beeinträchtigt werden;
c) Schutz der öffentlichen Sicherheit in den Mitgliedstaaten der Europäischen Union;
d) Schutz der nationalen Sicherheit der Mitgliedstaaten der Europäischen Union;
e) Schutz der Rechte und Freiheiten anderer.

(2) Wenn die Erteilung dieser Informationen einem der in Absatz 1 genannten Zwecke zuwiderliefe, teilt die EUStA der betroffenen Person lediglich mit, dass sie eine Überprüfung vorgenommen hat, ohne dabei Hinweise zu geben, denen die Person entnehmen könnte, dass bei der EUStA sie betreffende operative personenbezogene Daten verarbeitet werden.

Die EUStA unterrichtet die betroffene Person über die Möglichkeit, gegen die Entscheidung der EUStA Beschwerde beim Europäischen Datenschutzbeauftragten einzulegen oder einen Rechtsbehelf beim Gerichtshof einzulegen.

(3) [1]Die EUStA dokumentiert die sachlichen oder rechtlichen Gründe für die Entscheidung. [2]Diese Informationen werden dem Europäischen Datenschutzbeauftragten auf Anfrage zur Verfügung gestellt.

## Artikel 61 Recht auf Berichtigung oder Löschung operativer personenbezogener Daten und Einschränkung der Verarbeitung

(1) [1]Die betroffene Person hat das Recht, von der EUStA unverzüglich die Berichtigung sie betreffender unrichtiger operativer personenbezogener Daten zu verlangen. [2]Unter Berücksichtigung der Zwecke der Verarbeitung hat die betroffene Person das Recht, die Vervollständigung unvollständiger operativer personenbezogener Daten – auch mittels einer ergänzenden Erklärung – zu verlangen.

(2) Die EUStA löscht operative personenbezogene Daten unverzüglich und die betroffene Person hat das Recht, von der EUStA die Löschung sie betreffender operativer personenbezogener Daten unverzüglich zu verlangen, wenn die Verarbeitung gegen die Artikel 47, 49 oder 55 verstößt oder wenn die operativen personenbezogenen Daten zur Erfüllung einer rechtlichen Verpflichtung gelöscht werden müssen, der die EUStA unterliegt.

(3) Anstatt die personenbezogenen Daten zu löschen, kann der Verantwortliche deren Verarbeitung einschränken, wenn
a) die betroffene Person die Richtigkeit der operativen personenbezogenen Daten bestreitet und die Richtigkeit oder Unrichtigkeit nicht festgestellt werden kann oder
b) die operativen personenbezogenen Daten für Beweiszwecke weiter aufbewahrt werden müssen.

Unterliegt die Verarbeitung einer Einschränkung gemäß Unterabsatz 1 Buchstabe a, so unterrichtet die EUStA die betroffene Person, bevor sie die Einschränkung aufhebt.

(4) Wurde die Verarbeitung gemäß Absatz 3 eingeschränkt, so dürfen diese operativen personenbezogenen Daten – von ihrer Speicherung abgesehen – nur zum Schutz der Rechte der betroffenen Person oder einer anderen natürlichen oder juristischen Person, die an einem Verfahren der EUStA beteiligt ist, oder zu den in Absatz 3 Buchstabe b genannten Zwecken verarbeitet werden.

(5) [1]Die EUStA unterrichtet die betroffene Person schriftlich über eine Verweigerung, operative personenbezogene Daten zu berichtigen oder zu löschen oder die Verarbeitung einzuschränken, und über die Gründe für die Verweigerung. [2]Die EUStA kann zu nachstehenden Zwecken die Pflicht, diese Informationen zur Verfügung zu stellen, teilweise oder vollständig einschränken, soweit diese Einschränkung in einer demokratischen Gesellschaft erforderlich und verhältnismäßig ist und den Grundrechten und den berechtigten Interessen der betroffenen natürlichen Person Rechnung getragen wird:

a) Gewährleistung, dass behördliche oder gerichtliche Untersuchungen, Ermittlungen oder Verfahren nicht behindert werden;
b) Gewährleistung, dass die Verhütung, Aufdeckung, Ermittlung oder Verfolgung von Straftaten oder die Strafvollstreckung nicht beeinträchtigt werden;
c) Schutz der öffentlichen Sicherheit in den Mitgliedstaaten der Europäischen Union;
d) Schutz der nationalen Sicherheit der Mitgliedstaaten der Europäischen Union;
e) Schutz der Rechte und Freiheiten anderer.

Die EUStA unterrichtet die betroffene Person über die Möglichkeit, gegen die Entscheidung der EUStA Beschwerde beim Europäischen Datenschutzbeauftragten einzulegen oder einen Rechtsbehelf beim Gerichtshof einzulegen.

(6) Die EUStA teilt die Berichtigung von unrichtigen operativen personenbezogenen Daten der zuständigen Behörde mit, von der die unrichtigen operativen personenbezogenen Daten stammen.

(7) Die EUStA setzt in Fällen der Berichtigung, Löschung oder Einschränkung der Verarbeitung nach den Absätzen 1, 2 und 3 die Empfänger in Kenntnis und weist sie darauf hin, dass sie die ihrer Verantwortung unterliegenden operativen personenbezogenen Daten berichtigen, löschen oder deren Verarbeitung einschränken müssen.

## Artikel 62 Ausübung von Rechten durch die betroffene Person und Prüfung durch den Europäischen Datenschutzbeauftragten

(1) In den in Artikel 58 Absatz 3, Artikel 60 Absatz 2 und Artikel 61 Absatz 5 genannten Fällen können die Rechte der betroffenen Person auch über den Europäischen Datenschutzbeauftragten ausgeübt werden.

(2) Die EUStA unterrichtet die betroffene Person über die Möglichkeit, ihre Rechte gemäß Absatz 1 über den Europäischen Datenschutzbeauftragten auszuüben.

(3) [1]Wird das in Absatz 1 genannte Recht ausgeübt, unterrichtet der Europäische Datenschutzbeauftragte die betroffene Person zumindest darüber, dass alle erforderlichen Prüfungen oder eine Überprüfung durch den Europäischen Datenschutzbeauftragten erfolgt sind. [2]Der Europäische Datenschutzbeauftragte unterrichtet die betroffene Person zudem über ihr Recht, gegen die Entscheidung des Europäischen Datenschutzbeauftragten einen Rechtsbehelf beim Gerichtshof einzulegen.

## Artikel 63 Pflichten der EUStA

(1) [1]Die EUStA setzt unter Berücksichtigung der Art, des Umfangs, der Umstände und der Zwecke der Verarbeitung sowie der unterschiedlichen Eintrittswahrscheinlichkeit und Schwere der Risiken für die Rechte und Freiheiten natürlicher Personen geeignete technische und organisatorische Maßnahmen um, um sicherzustellen und den Nachweis dafür erbringen zu können, dass die Verarbei-

tung gemäß dieser Verordnung erfolgt. [2]Diese Maßnahmen werden erforderlichenfalls überprüft und aktualisiert.

(2) Sofern dies in einem angemessenen Verhältnis zu den Verarbeitungstätigkeiten steht, müssen die Maßnahmen nach Absatz 1 die Anwendung geeigneter Datenschutzvorkehrungen durch die EUStA umfassen.

## Artikel 64 Gemeinsam Verantwortliche

(1) [1]Legt die EUStA zusammen mit einem oder mehreren Verantwortlichen gemeinsam die Zwecke und Mittel der Verarbeitung fest, so sind sie gemeinsam Verantwortliche. [2]Sie legen in einer Vereinbarung in transparenter Form ihre jeweiligen Aufgaben gemäß ihren Datenschutzpflichten fest, insbesondere was die Wahrnehmung der Rechte der betroffenen Person angeht und wer welchen Informationspflichten nachkommt, sofern und soweit die jeweiligen Aufgaben der Verantwortlichen nicht durch das Unionsrecht oder das Recht eines Mitgliedstaats der Europäischen Union, denen die Verantwortlichen unterliegen, festgelegt sind. [3]In der Vereinbarung kann eine Anlaufstelle für die betroffenen Personen angegeben werden.

(2) [1]Die Vereinbarung gemäß Absatz 1 muss die jeweiligen tatsächlichen Funktionen und Beziehungen der gemeinsam Verantwortlichen gegenüber betroffenen Personen gebührend widerspiegeln. [2]Der Kern der Vereinbarung wird der betroffenen Person zur Verfügung gestellt.

(3) Ungeachtet der Einzelheiten der Vereinbarung gemäß Absatz 1 kann die betroffene Person ihre Rechte im Rahmen dieser Verordnung bei und gegenüber jedem einzelnen der Verantwortlichen geltend machen.

## Artikel 65 Auftragsverarbeiter

(1) Erfolgt eine Verarbeitung im Auftrag der EUStA, so arbeitet diese nur mit Auftragsverarbeitern, die hinreichend Garantien dafür bieten, dass geeignete technische und organisatorische Maßnahmen so durchgeführt werden, dass die Verarbeitung im Einklang mit den Anforderungen dieser Verordnung erfolgt und den Schutz der Rechte der betroffenen Person gewährleistet.

(2) [1]Der Auftragsverarbeiter nimmt keinen weiteren Auftragsverarbeiter ohne vorherige gesonderte oder allgemeine schriftliche Genehmigung der EUStA in Anspruch. [2]Im Fall einer allgemeinen schriftlichen Genehmigung informiert der Auftragsverarbeiter die EUStA immer über jede beabsichtigte Änderung in Bezug auf die Hinzuziehung oder die Ersetzung anderer Auftragsverarbeiter, wodurch der Verantwortliche die Möglichkeit erhält, gegen derartige Änderungen Einspruch zu erheben.

(3) [1]Die Verarbeitung durch einen Auftragsverarbeiter erfolgt auf der Grundlage eines Vertrags oder eines anderen Rechtsinstruments nach dem Unionsrecht oder dem Recht eines Mitgliedstaats der Europäischen Union, der bzw. das den Auftragsverarbeiter in Bezug auf die EUStA bindet und in dem Gegenstand und Dauer der Verarbeitung, Art und Zweck der Verarbeitung, die Art der operativen personenbezogenen Daten, die Kategorien betroffener Personen und die Pflichten und Rechte der EUStA festgelegt sind. [2]Dieser Vertrag bzw. dieses andere Rechtsinstrument sieht insbesondere vor, dass der Auftragsverarbeiter

a) nur auf Weisung des Verantwortlichen handelt;
b) gewährleistet, dass sich die zur Verarbeitung der operativen personenbezogenen Daten befugten Personen zur Vertraulichkeit verpflichtet haben oder einer angemessenen gesetzlichen Verschwiegenheitspflicht unterliegen;
c) den Verantwortlichen mit geeigneten Mitteln dabei unterstützt, die Einhaltung der Bestimmungen über die Rechte der betroffenen Person zu gewährleisten;
d) alle operativen personenbezogenen Daten nach Abschluss der Erbringung der Verarbeitungsleistungen – nach Wahl der EUStA – löscht bzw. zurückgibt und bestehende Kopien vernichtet,

sofern nicht nach dem Unionsrecht oder dem Recht eines Mitgliedstaats der Europäischen Union eine Verpflichtung zur Speicherung der operativen personenbezogenen Daten besteht;

e) der EUStA alle erforderlichen Informationen zum Nachweis der Einhaltung der in diesem Artikel niedergelegten Pflichten zur Verfügung stellt;

f) die in den Absätzen 2 und 3 aufgeführten Bedingungen für die Inanspruchnahme der Dienste eines weiteren Auftragsverarbeiters einhält.

(4) Der Vertrag bzw. das andere Rechtsinstrument im Sinne von Absatz 3 ist schriftlich abzufassen, was auch in einem elektronischen Format erfolgen kann.

(5) Ein Auftragsverarbeiter, der unter Verstoß gegen diese Verordnung die Zwecke und Mittel der Verarbeitung bestimmt, gilt in Bezug auf diese Verarbeitung als Verantwortlicher.

## Artikel 66 Verarbeitung unter der Aufsicht des Verantwortlichen oder des Auftragsverarbeiters

Der Auftragsverarbeiter und jede der EUStA oder dem Auftragsverarbeiter unterstellte Person, die Zugang zu operativen personenbezogenen Daten hat, dürfen diese Daten nur auf Weisung der EUStA verarbeiten, es sei denn, dass sie nach dem Unionsrecht oder dem Recht eines Mitgliedstaats der Europäischen Union zur Verarbeitung verpflichtet sind.

## Artikel 67 Datenschutz durch Technikgestaltung und durch datenschutzfreundliche Voreinstellungen

(1) Unter Berücksichtigung des Stands der Technik, der Implementierungskosten und der Art, des Umfangs, der Umstände und der Zwecke der Verarbeitung sowie der unterschiedlichen Eintrittswahrscheinlichkeit und Schwere der mit der Verarbeitung verbundenen Risiken für die Rechte und Freiheiten natürlicher Personen trifft die EUStA sowohl zum Zeitpunkt der Festlegung der Mittel für die Verarbeitung als auch zum Zeitpunkt der eigentlichen Verarbeitung angemessene technische und organisatorische Maßnahmen – wie z.B. Pseudonymisierung –, die dafür ausgelegt sind, Datenschutzgrundsätze wie etwa Datenminimierung wirksam umzusetzen und die notwendigen Garantien in die Verarbeitung aufzunehmen, um den Anforderungen dieser Richtlinie zu genügen und die Rechte der betroffenen Personen zu schützen.

(2) [1]Die EUStA trifft geeignete technische und organisatorische Maßnahmen, die sicherstellen, dass durch Voreinstellung grundsätzlich nur operative personenbezogene Daten verarbeitet werden, die dem Verarbeitungszweck entsprechen, maßgeblich und in Bezug auf den Verarbeitungszweck nicht übermäßig sind. [2]Diese Verpflichtung gilt für die Menge der erhobenen operativen personenbezogenen Daten, den Umfang ihrer Verarbeitung, ihre Speicherfrist und ihre Zugänglichkeit. [3]Solche Maßnahmen müssen insbesondere sicherstellen, dass operative personenbezogene Daten durch Voreinstellungen nicht ohne Eingreifen einer Person einer unbestimmten Zahl von natürlichen Personen zugänglich gemacht werden.

## Artikel 68 Verzeichnis der Kategorien von Verarbeitungstätigkeiten

(1) [1]Die EUStA führt ein Verzeichnis aller Kategorien von Verarbeitungstätigkeiten, die ihrer Zuständigkeit unterliegen. [2]Dieses Verzeichnis enthält sämtliche folgenden Angaben:

a) ihre Kontaktdaten sowie den Namen und die Kontaktdaten des Datenschutzbeauftragten;

b) die Zwecke der Verarbeitung;

c) eine Beschreibung der Kategorien betroffener Personen und der Kategorien operativer personenbezogener Daten;

d) die Kategorien von Empfängern, gegenüber denen die operativen personenbezogenen Daten offengelegt worden sind oder noch offengelegt werden, einschließlich Empfängern in Drittländern oder internationalen Organisationen;
e) gegebenenfalls Übermittlungen von operativen personenbezogenen Daten an ein Drittland oder an eine internationale Organisation, einschließlich der Identifizierung des Drittlands oder der internationalen Organisation;
f) wenn möglich, die vorgesehenen Fristen für die Löschung der verschiedenen Datenkategorien;
g) wenn möglich, eine allgemeine Beschreibung der technischen und organisatorischen Maßnahmen gemäß Artikel 73.

(2) Das in Absatz 1 genannte Verzeichnis ist schriftlich zu führen, was auch in einem elektronischen Format erfolgen kann.

(3) Die EUStA stellt dem Europäischen Datenschutzbeauftragten das Verzeichnis auf Anfrage zur Verfügung.

## Artikel 69 Protokollierung im Hinblick auf die automatisierte Verarbeitung

(1) [1]Die EUStA protokolliert die folgenden Verarbeitungsvorgänge in automatisierten Verarbeitungssystemen: Erhebung, Veränderung, Abfrage, Offenlegung einschließlich Übermittlung, Kombination und Löschung von für operative Zwecke verwendeten operativen personenbezogenen Daten. [2]Die Protokolle über Abfragen und Offenlegungen müssen es ermöglichen, die Begründung, das Datum und die Uhrzeit dieser Vorgänge, die Identifizierung der Person, die die operativen personenbezogenen Daten abgefragt oder offengelegt hat, und so weit wie möglich die Identität des Empfängers solcher operativen personenbezogenen Daten festzustellen.

(2) [1]Die Protokolle werden ausschließlich zur Überprüfung der Rechtmäßigkeit der Datenverarbeitung, der Eigenüberwachung, der Sicherstellung der Integrität und Sicherheit der operativen personenbezogenen Daten sowie für Strafverfahren verwendet. [2]Diese Protokolle werden nach drei Jahren gelöscht, sofern sie nicht für eine laufende Kontrolle benötigt werden.

(3) Die EUStA stellt dem Europäischen Datenschutzbeauftragten die Protokolle auf Anfrage zur Verfügung.

## Artikel 70 Zusammenarbeit mit dem Europäischen Datenschutzbeauftragten

Die EUStA arbeitet auf Anfrage mit dem Europäischen Datenschutzbeauftragten bei der Erfüllung ihrer Aufgaben zusammen.

## Artikel 71 Datenschutz-Folgenabschätzung

(1) Hat eine Form der Verarbeitung, insbesondere bei Verwendung neuer Technologien, aufgrund der Art, des Umfangs, der Umstände und der Zwecke der Verarbeitung voraussichtlich ein hohes Risiko für die Rechte und Freiheiten natürlicher Personen zur Folge, so führt die EUStA vorab eine Abschätzung der Folgen der vorgesehenen Verarbeitungsvorgänge für den Schutz operativer personenbezogener Daten durch.

(2) Die Folgenabschätzung gemäß Absatz 1 trägt den Rechten und den berechtigten Interessen der betroffenen Personen und sonstiger Betroffener Rechnung und enthält zumindest eine allgemeine Beschreibung der geplanten Verarbeitungsvorgänge und eine Bewertung der in Bezug auf die Rechte und Freiheiten der betroffenen Personen bestehenden Risiken sowie der geplanten Abhilfemaßnahmen, Garantien, Sicherheitsvorkehrungen und Verfahren, durch die der Schutz operativer personenbezogener Daten sichergestellt und der Nachweis dafür erbracht wird, dass diese Verordnung eingehalten wird.

## Artikel 72 Vorherige Konsultation des Europäischen Datenschutzbeauftragten

(1) Die EUStA konsultiert vor der Verarbeitung personenbezogener Daten in neu anzulegenden Dateisystemen den Europäischen Datenschutzbeauftragten, wenn

a) aus einer Datenschutz-Folgenabschätzung gemäß Artikel 71 hervorgeht, dass die Verarbeitung ein hohes Risiko zur Folge hätte, sofern die EUStA keine Maßnahmen zur Eindämmung des Risikos trifft, oder
b) die Form der Verarbeitung, insbesondere bei Verwendung neuer Technologien, Mechanismen oder Verfahren, ein hohes Risiko für die Rechte und Freiheiten der betroffenen Personen zur Folge hat.

(2) Der Europäische Datenschutzbeauftragte kann eine Liste der Verarbeitungsvorgänge erstellen, die der Pflicht zur vorherigen Konsultation nach Absatz 1 unterliegen.

(3) Die EUStA legt dem Europäischen Datenschutzbeauftragten die Datenschutz-Folgenabschätzung gemäß Artikel 71 vor und übermittelt ihm auf Anfrage alle sonstigen Informationen, die er benötigt, um die Ordnungsgemäßheit der Verarbeitung sowie insbesondere die in Bezug auf den Schutz der operativen personenbezogenen Daten der betroffenen Person bestehenden Gefahren und die diesbezüglichen Garantien bewerten zu können.

(4) [1]Falls der Europäische Datenschutzbeauftragte der Auffassung ist, dass die geplante Verarbeitung gemäß Absatz 1 nicht im Einklang mit dieser Verordnung stünde, insbesondere weil die EUStA das Risiko nicht ausreichend ermittelt oder nicht ausreichend eingedämmt hat, unterbreitet er der EUStA innerhalb eines Zeitraums von bis zu sechs Wochen nach Erhalt des Ersuchens um Konsultation entsprechende schriftliche Empfehlungen gemäß seinen in Artikel 85 genannten Befugnissen. [2]Diese Frist kann unter Berücksichtigung der Komplexität der geplanten Verarbeitung um einen weiteren Monat verlängert werden. [3]Der Europäische Datenschutzbeauftragte unterrichtet die EUStA über eine solche Fristverlängerung innerhalb eines Monats nach Eingang des Antrags auf Konsultation zusammen mit den Gründen für die Verzögerung.

## Artikel 73 Sicherheit der Verarbeitung operativer personenbezogener Daten

(1) Die EUStA trifft unter Berücksichtigung des Stands der Technik, der Implementierungskosten und der Art, des Umfangs, der Umstände und der Zwecke der Verarbeitung sowie der unterschiedlichen Eintrittswahrscheinlichkeit und Schwere des Risikos für die Rechte und Freiheiten natürlicher Personen geeignete technische und organisatorische Maßnahmen, um ein dem Risiko angemessenes Schutzniveau zu gewährleisten, insbesondere im Hinblick auf die Verarbeitung besonderer Kategorien operativer personenbezogener Daten im Sinne von Artikel 55.

(2) Die EUStA ergreift im Hinblick auf die automatisierte Verarbeitung nach einer Risikobewertung Maßnahmen, die Folgendes bezwecken:

a) Verwehrung des Zugangs zu Datenverarbeitungsanlagen, mit denen die Verarbeitung durchgeführt wird, für Unbefugte (Zugangskontrolle);
b) Verhinderung des unbefugten Lesens, Kopierens, Veränderns oder Entfernens von Datenträgern (Datenträgerkontrolle);
c) Verhinderung der unbefugten Eingabe von Daten sowie der unbefugten Kenntnisnahme, Veränderung und Löschung von gespeicherten operativen personenbezogenen Daten (Speicherkontrolle);
d) Verhinderung der Nutzung automatisierter Verarbeitungssysteme mithilfe von Einrichtungen zur Datenübertragung durch Unbefugte (Benutzerkontrolle);
e) Gewährleistung, dass die zur Benutzung eines automatisierten Verarbeitungssystems Berechtigten ausschließlich zu den ihrer Zugangsberechtigung unterliegenden operativen personenbezogenen Daten Zugang haben (Zugangskontrolle);
f) Gewährleistung, dass überprüft und festgestellt werden kann, an welche Stellen operative personenbezogene Daten übermittelt oder zur Verfügung gestellt wurden oder werden können (Übertragungskontrolle);

g) Gewährleistung, dass nachträglich überprüft und festgestellt werden kann, welche operativen personenbezogenen Daten zu welcher Zeit und von wem in automatisierte Datenverarbeitungssysteme eingegeben worden sind (Eingabekontrolle);
h) Verhinderung, dass bei der Übermittlung operativer personenbezogener Daten sowie beim Transport von Datenträgern die operativen personenbezogenen Daten unbefugt gelesen, kopiert, verändert oder gelöscht werden können (Transportkontrolle);
i) Gewährleistung, dass eingesetzte Systeme im Störungsfall wiederhergestellt werden können (Wiederherstellung);
j) Gewährleistung, dass alle Funktionen des Systems zur Verfügung stehen, auftretende Fehlfunktionen gemeldet werden (Zuverlässigkeit) und gespeicherte operative personenbezogene Daten nicht durch Fehlfunktionen des Systems beschädigt werden können (Datenintegrität).

## Artikel 74 Meldung einer Verletzung des Schutzes personenbezogener Daten an den Europäischen Datenschutzbeauftragten

(1) [1]Im Falle einer Verletzung des Schutzes personenbezogener Daten meldet die EUStA unverzüglich und möglichst binnen 72 Stunden, nachdem ihr die Verletzung bekannt wurde, diese dem Europäischen Datenbeauftragten, es sei denn, dass die Verletzung des Schutzes personenbezogener Daten voraussichtlich nicht zu einem Risiko für die Rechte und Freiheiten natürlicher Personen führt. [2]Erfolgt die Meldung an den Europäischen Datenbeauftragten nicht binnen 72 Stunden, so ist ihr eine Begründung für die Verzögerung beizufügen.

(2) Die Meldung gemäß Absatz 1 enthält zumindest Folgendes:
a) eine Beschreibung der Art der Verletzung des Schutzes personenbezogener Daten, soweit möglich mit Angabe der Kategorien und der ungefähren Zahl der betroffenen Personen, der betroffenen Kategorien personenbezogener Daten und der ungefähren Zahl der betroffenen personenbezogenen Datensätze;
b) eine Mitteilung des Namens und der Kontaktdaten des Datenschutzbeauftragten;
c) eine Beschreibung der wahrscheinlichen Folgen der Verletzung des Schutzes personenbezogener Daten;
d) eine Beschreibung der von der EUStA ergriffenen oder vorgeschlagenen Maßnahmen zur Behandlung der Verletzung des Schutzes personenbezogener Daten und gegebenenfalls Maßnahmen zur Abmilderung ihrer möglichen nachteiligen Auswirkungen.

(3) Wenn und soweit die in Absatz 2 genannten Informationen nicht zur gleichen Zeit bereitgestellt werden können, können diese Informationen ohne unangemessene weitere Verzögerung schrittweise zur Verfügung gestellt werden.

(4) [1]Die EUStA dokumentiert Verletzungen des Schutzes personenbezogener Daten nach Absatz 1 einschließlich aller im Zusammenhang mit der Verletzung des Schutzes personenbezogener Daten stehenden Fakten, deren Auswirkungen und der ergriffenen Abhilfemaßnahmen. [2]Diese Dokumentation muss dem Europäischen Datenschutzbeauftragten die Überprüfung der Einhaltung der Bestimmungen dieses Artikels ermöglichen.

(5) Soweit von der Verletzung des Schutzes personenbezogener Daten personenbezogene Daten betroffen sind, die von oder an einen anderen Verantwortlichen übermittelt wurden, übermittelt die EUStA die in Absatz 3 genannten Informationen unverzüglich diesem Verantwortlichen.

## Artikel 75 Benachrichtigung der von einer Verletzung des Schutzes personenbezogener Daten betroffenen Person

(1) Hat die Verletzung des Schutzes personenbezogener Daten voraussichtlich ein hohes Risiko für die persönlichen Rechte und Freiheiten natürlicher Personen zur Folge, so benachrichtigt die EUStA die betroffene Person unverzüglich von der Verletzung.

(2) Die in Absatz 1 genannte Benachrichtigung der betroffenen Person beschreibt in klarer und einfacher Sprache die Art der Verletzung des Schutzes personenbezogener Daten und enthält zumindest die in Artikel 74 Absatz 2 Buchstaben b, c und d genannten Informationen und Empfehlungen.

(3) Die Benachrichtigung der betroffenen Person gemäß Absatz 1 ist nicht erforderlich, wenn eine der folgenden Bedingungen erfüllt ist:

a) Die EUStA hat geeignete technische und organisatorische Sicherheitsvorkehrungen getroffen, und diese Vorkehrungen wurden auf die von der Verletzung betroffenen personenbezogenen Daten angewandt, insbesondere solche, durch die die personenbezogenen Daten für alle Personen, die nicht zum Zugang zu den personenbezogenen Daten befugt sind, unzugänglich gemacht werden, etwa durch Verschlüsselung;

b) die EUStA hat durch nachfolgende Maßnahmen sichergestellt, dass das hohe Risiko für die Rechte und Freiheiten der betroffenen Personen gemäß Absatz 1 aller Wahrscheinlichkeit nach nicht mehr besteht;

c) dies wäre mit einem unverhältnismäßigen Aufwand verbunden. In diesem Fall hat stattdessen eine öffentliche Bekanntmachung oder eine ähnliche Maßnahme zu erfolgen, durch die die betroffenen Personen vergleichbar wirksam informiert werden.

(4) Wenn die EUStA die betroffene Person nicht bereits über die Verletzung des Schutzes personenbezogener Daten benachrichtigt hat, kann der Europäische Datenschutzbeauftragte unter Berücksichtigung der Wahrscheinlichkeit, mit der die Verletzung des Schutzes personenbezogener Daten zu einem hohen Risiko führt, von der EUStA verlangen, dies nachzuholen, oder er kann mit einem Beschluss feststellen, dass bestimmte der in Absatz 3 genannten Voraussetzungen erfüllt sind.

(5) Die Benachrichtigung der betroffenen Person gemäß Absatz 1 des vorliegenden Artikels kann unter den in Artikel 60 Absatz 3 genannten Voraussetzungen und aus den dort genannten Gründen aufgeschoben, eingeschränkt oder unterlassen werden.

## Artikel 76 Befugter Zugriff auf operative personenbezogene Daten innerhalb der EUStA

Nur der Europäische Generalstaatsanwalt, die Europäischen Staatsanwälte, die Delegierten Europäischen Staatsanwälte und befugte Mitglieder ihres Personals dürfen zur Erfüllung ihrer Aufgaben und in den Grenzen dieser Verordnung auf operative personenbezogene Daten zugreifen, die die EUStA verarbeitet.

## Artikel 77 Benennung des Datenschutzbeauftragten

(1) [1]Das Kollegium benennt einen Datenschutzbeauftragten auf der Grundlage eines Vorschlags des Europäischen Generalstaatsanwalts. [2]Der Datenschutzbeauftragte ist ein eigens für diese Aufgabe bestelltes Mitglied des Personals. [3]Bei der Wahrnehmung seiner Aufgaben handelt der Datenschutzbeauftragte unabhängig und darf keinen Weisungen unterworfen sein.

(2) Der Datenschutzbeauftragte wird auf der Grundlage seiner beruflichen Qualifikation und insbesondere des Fachwissens ausgewählt, das er auf dem Gebiet des Datenschutzrechts und der Datenschutzpraxis besitzt, sowie auf der Grundlage seiner Fähigkeit zur Erfüllung der in dieser Verordnung, insbesondere in Artikel 79, genannten Aufgaben.

(3) Die Auswahl des Datenschutzbeauftragten darf nicht zu einem Interessenkonflikt zwischen seinem Amt als Datenschutzbeauftragtem und seinen sonstigen dienstlichen Aufgaben, insbesondere in Verbindung mit der Anwendung dieser Verordnung, führen.

(4) [1]Der Datenschutzbeauftragte wird für eine Amtszeit von vier Jahren ernannt; eine Wiederernennung für eine Amtszeit von insgesamt höchstens acht Jahren ist möglich. [2]Der Datenschutzbeauftragte kann vom Kollegium seines Amtes nur mit Zustimmung des Europäischen Datenschutzbe-

auftragten enthoben werden, wenn er die für die Erfüllung seiner Aufgaben erforderlichen Voraussetzungen nicht mehr erfüllt.

(5) Die EUStA veröffentlicht die Kontaktdaten des Datenschutzbeauftragten und teilt sie dem Europäischen Datenschutzbeauftragten mit.

## Artikel 78 Stellung des Datenschutzbeauftragten

(1) Die EUStA stellt sicher, dass der Datenschutzbeauftragte ordnungsgemäß und frühzeitig in alle mit dem Schutz personenbezogener Daten zusammenhängenden Fragen eingebunden wird.

(2) Die EUStA unterstützt den Datenschutzbeauftragten bei der Erfüllung seiner Aufgaben gemäß Artikel 79, indem sie die hierfür erforderlichen Ressourcen und den Zugang zu personenbezogenen Daten und Verarbeitungsvorgängen sowie die zur Erhaltung seines Fachwissens erforderlichen Ressourcen zur Verfügung stellt.

(3) [1]Die EUStA stellt sicher, dass der Datenschutzbeauftragte bei der Erfüllung seiner Aufgaben keine Weisungen bezüglich der Ausübung dieser Aufgaben erhält. [2]Der Datenschutzbeauftragte darf von dem Kollegium wegen der Erfüllung seiner Aufgaben nicht abberufen oder benachteiligt werden. [3]Der Datenschutzbeauftragte erstattet unmittelbar dem Europäischen Generalstaatsanwalt Bericht.

(4) Betroffene Personen können den Datenschutzbeauftragten zu allen mit der Verarbeitung ihrer personenbezogenen Daten und mit der Wahrnehmung ihrer Rechte gemäß dieser Verordnung und der Verordnung (EG) Nr. 45/2001 im Zusammenhang stehenden Fragen zu Rate ziehen.

(5) [1]Das Kollegium erlässt den Datenschutzbeauftragten betreffende Durchführungsbestimmungen. [2]Diese Durchführungsbestimmungen betreffen insbesondere das Auswahlverfahren für die Stelle des Datenschutzbeauftragten, seine Entlassung sowie seine Aufgaben, Pflichten und Befugnisse und die Garantien für seine Unabhängigkeit.

(6) Die EUStA stattet den Datenschutzbeauftragten mit dem für die Erfüllung seiner Aufgaben erforderlichen Personal und den erforderlichen Mitteln aus.

(7) Der Datenschutzbeauftragte und sein Personal sind nach Artikel 108 zur Verschwiegenheit verpflichtet.

## Artikel 79 Aufgaben des Datenschutzbeauftragten

(1) In Bezug auf die Verarbeitung personenbezogener Daten nimmt der Datenschutzbeauftragte insbesondere folgende Aufgaben wahr:

a) Er stellt in unabhängiger Weise sicher, dass die EUStA die Datenschutzvorschriften dieser Verordnung und der Verordnung (EG) Nr. 45/2001 sowie die einschlägigen Datenschutzvorschriften in der Geschäftsordnung der EUStA einhält; dies umfasst auch die Überwachung der Einhaltung dieser Verordnung, anderer Unions- oder nationaler Datenschutzvorschriften sowie der Strategien der EUStA für den Schutz personenbezogener Daten einschließlich der Zuweisung von Zuständigkeiten, der Sensibilisierung und Schulung des an den Verarbeitungsvorgängen beteiligten Personals und der diesbezüglichen Überprüfungen;

b) er unterrichtet und berät die EUStA und das Personal, das Verarbeitungen durchführt, hinsichtlich ihrer Pflichten nach dieser Verordnung sowie nach sonstigen Unions- oder nationalen Datenschutzvorschriften;

c) auf Anfrage leistet er Beratung im Zusammenhang mit der Datenschutz-Folgenabschätzung und überwacht ihre Durchführung gemäß Artikel 71;

d) er stellt sicher, dass die Übermittlung und der Erhalt von personenbezogenen Daten nach Maßgabe der Vorschriften erfasst werden, die in der Geschäftsordnung der EUStA festzulegen sind;

e) er arbeitet mit dem für Verfahren, Schulung und Beratung im Bereich der Datenverarbeitung zuständigen Personal der EUStA zusammen;
f) er arbeitet mit dem Europäischen Datenschutzbeauftragten zusammen;
g) er gewährleistet, dass die betroffenen Personen über ihre Rechte gemäß dieser Verordnung unterrichtet sind;
h) er fungiert als Anlaufstelle für den Europäischen Datenschutzbeauftragten in mit der Verarbeitung zusammenhängenden Fragen, einschließlich der vorherigen Konsultation gemäß Artikel 72, und leistet gegebenenfalls Beratung zu allen sonstigen Fragen;
i) er erstellt einen Jahresbericht und übermittelt diesen dem Europäischen Generalstaatsanwalt und dem Europäischen Datenschutzbeauftragten.

(2) Der Datenschutzbeauftragte nimmt in Bezug auf verwaltungstechnische personenbezogene Daten die in der Verordnung (EG) Nr. 45/2001 aufgeführten Aufgaben wahr.

(3) Der Datenschutzbeauftragte und die Bediensteten der EUStA, die den Datenschutzbeauftragten bei der Wahrnehmung seiner Aufgaben unterstützen, haben Zugang zu den von der EUStA verarbeiteten personenbezogenen Daten und zu ihren Räumlichkeiten, soweit dies zur Erfüllung ihrer Aufgaben erforderlich ist.

(4) [1]Ist der Datenschutzbeauftragte der Auffassung, dass die Bestimmungen der Verordnung (EG) Nr. 45/2001 über die Verarbeitung verwaltungstechnischer personenbezogener Daten oder die Bestimmungen der vorliegenden Verordnung über die Verarbeitung operativer personenbezogener Daten nicht eingehalten wurden, so unterrichtet er den Europäischen Generalstaatsanwalt und ersucht diesen, innerhalb einer bestimmten Frist Abhilfe zu schaffen. [2]Sorgt der Europäische Generalstaatsanwalt nicht innerhalb der vorgegebenen Frist für Abhilfe, so befasst der Datenschutzbeauftragte den Europäischen Datenschutzbeauftragten.

## Artikel 80 Allgemeine Grundsätze für die Übermittlung operativer personenbezogener Daten

(1) Die EUStA darf operative personenbezogene Daten unter Einhaltung der übrigen Bestimmungen dieser Verordnung, insbesondere Artikel 53, an ein Drittland oder an eine internationale Organisation nur übermitteln, wenn die Bedingungen gemäß den Artikeln 80 bis 83 eingehalten werden, nämlich
a) die Übermittlung für die Erfüllung der Aufgaben der EUStA erforderlich ist;
b) die operativen personenbezogenen Daten an einen Verantwortlichen in einem Drittland oder einer internationalen Organisation, die eine für die Zwecke von Artikel 104 zuständige Behörde ist, übermittelt werden;
c) in Fällen, in denen gemäß diesem Artikel zu übermittelnde operative personenbezogene Daten von einem Mitgliedstaat der Europäischen Union an die EUStA übermittelt oder zur Verfügung gestellt wurden, die EUStA die vorherige Genehmigung für die Übermittlung von der jeweils zuständigen Behörde des Mitgliedstaats der Europäischen Union gemäß dessen nationalem Recht erhält, sofern dieser Mitgliedstaat der Europäischen Union nicht die Genehmigung solcher Übermittlungen allgemein oder unter bestimmten Bedingungen erteilt hat;
d) die Kommission gemäß Artikel 81 beschlossen hat, dass das betreffende Drittland oder die betreffende internationale Organisation ein angemessenes Schutzniveau bietet oder, wenn kein solcher Angemessenheitsbeschluss vorliegt, geeignete Garantien im Sinne des Artikels 82 erbracht werden oder bestehen oder, wenn weder ein Angemessenheitsbeschluss vorliegt noch derartige geeignete Garantien bestehen, Ausnahmen für bestimmte Fälle gemäß Artikel 83 anwendbar sind, und
e) im Fall der Weiterübermittlung an ein anderes Drittland oder eine andere internationale Organisation durch ein Drittland oder eine internationale Organisation die EUStA das Drittland oder die internationale Organisation verpflichtet, für die Weiterübermittlung bei ihr eine vorherige Genehmigung einzuholen, welche die EUStA nur nach gebührender Berücksichtigung

sämtlicher maßgeblicher Faktoren, einschließlich der Schwere der Straftat, des Zwecks der ursprünglichen Übermittlung operativer personenbezogener Daten und des Schutzniveaus für personenbezogene Daten in dem Drittland oder der internationalen Organisation, an das bzw. die operative personenbezogene Daten weiterübermittelt werden, erteilen darf.

(2) [1]Die EUStA darf operative personenbezogene Daten nur dann ohne vorherige Genehmigung durch einen Mitgliedstaat der Europäischen Union gemäß Absatz 1 Buchstabe c übermitteln, wenn die Übermittlung der operativen personenbezogenen Daten erforderlich ist, um eine unmittelbare und ernsthafte Gefahr für die öffentliche Sicherheit eines Mitgliedstaats der Europäischen Union oder eines Drittlands oder für die wesentlichen Interessen eines Mitgliedstaats der Europäischen Union abzuwehren, und die vorherige Genehmigung nicht rechtzeitig eingeholt werden kann. [2]Die Behörde, die für die Erteilung der vorherigen Genehmigung zuständig ist, wird unverzüglich unterrichtet.

(3) [1]Die Übermittlung von der EUStA erhaltener operativer personenbezogener Daten an ein Drittland oder eine internationale Organisation durch einen Mitgliedstaat der Europäischen Union oder ein Organ, eine Einrichtung oder eine sonstige Stelle der Union ist unzulässig. [2]Das gilt nicht für Fälle, in denen die EUStA nach gebührender Berücksichtigung sämtlicher maßgeblicher Faktoren, einschließlich der Schwere der Straftat, des Zwecks der ursprünglichen Übermittlung operativer personenbezogener Daten und des Schutzniveaus für personenbezogene Daten in dem Drittland oder der internationalen Organisation, an das bzw. die operative personenbezogene Daten übermittelt werden, eine solche Übermittlung genehmigt hat. [3]Diese Verpflichtung zur Einholung der vorherigen Genehmigung der EUStA gilt nicht in Fällen, die gemäß Artikel 34 an die zuständigen nationalen Behörden verwiesen wurden.

(4) Die Artikel 80 bis 83 sind anzuwenden, um sicherzustellen, dass das durch diese Verordnung und das Unionsrecht gewährleistete Schutzniveau für natürliche Personen nicht untergraben wird.

## Artikel 81 Datenübermittlung auf der Grundlage eines Angemessenheitsbeschlusses

Die EUStA darf operative personenbezogene Daten an ein Drittland oder eine internationale Organisation übermitteln, wenn die Kommission gemäß Artikel 36 der Richtlinie (EU) 2016/680 beschlossen hat, dass das betreffende Drittland, ein Gebiet oder ein oder mehrere spezifische Sektoren in diesem Drittland oder die betreffende internationale Organisation ein angemessenes Schutzniveau bietet.

## Artikel 82 Datenübermittlung vorbehaltlich geeigneter Garantien

(1) Liegt kein Angemessenheitsbeschluss vor, so darf die EUStA operative personenbezogene Daten an ein Drittland oder eine internationale Organisation übermitteln, wenn

a) in einem rechtsverbindlichen Instrument geeignete Garantien für den Schutz operativer personenbezogener Daten vorgesehen sind oder
b) die EUStA alle Umstände beurteilt hat, die bei der Übermittlung operativer personenbezogener Daten eine Rolle spielen, und zu der Auffassung gelangt ist, dass geeignete Garantien zum Schutz operativer personenbezogener Daten bestehen.

(2) Die EUStA unterrichtet den Europäischen Datenschutzbeauftragten über Kategorien von Übermittlungen gemäß Absatz 1 Buchstabe b.

(3) Übermittlungen gemäß Absatz 1 Buchstabe b werden dokumentiert, und die Dokumentation, einschließlich Datum und Zeitpunkt der Übermittlung sowie Informationen über die empfangende zuständige Behörde, über die Begründung der Übermittlung und über die übermittelten operativen personenbezogenen Daten, wird dem Europäischen Datenschutzbeauftragten auf Anforderung zur Verfügung gestellt.

## Artikel 83 Ausnahmen für bestimmte Fälle

(1) Falls weder ein Angemessenheitsbeschluss vorliegt noch geeignete Garantien nach Artikel 82 bestehen, darf die EUStA operative personenbezogene Daten an ein Drittland oder an eine internationale Organisation nur übermitteln, wenn die Übermittlung aus einem der folgenden Gründe erforderlich ist:

a) zum Schutz lebenswichtiger Interessen der betroffenen Person oder einer anderen Person;
b) zur Wahrung berechtigter Interessen der betroffenen Person;
c) zur Abwehr einer unmittelbaren und ernsthaften Gefahr für die öffentliche Sicherheit eines Mitgliedstaats der Europäischen Union oder eines Drittlands oder
d) in Einzelfällen zur Erfüllung der Aufgaben der EUStA, sofern nicht die EUStA feststellt, dass die Grundrechte und Grundfreiheiten der betroffenen Person das öffentliche Interesse an der Übermittlung überwiegen.

(2) Übermittlungen gemäß Absatz 1 werden dokumentiert, und die Dokumentation, einschließlich Datum und Zeitpunkt der Übermittlung sowie Informationen über die empfangende zuständige Behörde, über die Begründung der Übermittlung und über die übermittelten operativen personenbezogenen Daten, wird dem Europäischen Datenschutzbeauftragten auf Anforderung zur Verfügung gestellt.

## Artikel 84 Übermittlung operativer personenbezogener Daten an in Drittländern niedergelassene Empfänger

(1) Abweichend von Artikel 80 Absatz 1 Buchstabe b und unbeschadet der in Absatz 2 dieses Artikels genannten internationalen Übereinkünfte darf die EUStA im speziellen Einzelfall nur dann operative personenbezogene Daten direkt an in Drittländern niedergelassene Empfänger übermitteln, wenn die übrigen Bestimmungen dieses Kapitels eingehalten werden und alle der folgende Voraussetzungen gegeben sind:

a) Die Übermittlung ist für die Ausübung ihrer Aufgaben gemäß dieser Verordnung für die in Artikel 49 Absatz 1 genannten Zwecke unbedingt erforderlich;
b) die EUStA stellt fest, dass im konkreten Fall keine Grundrechte und Grundfreiheiten der betroffenen Person das öffentliche Interesse an einer Übermittlung überwiegen;
c) die EUStA hält die Übermittlung an eine für die in Artikel 49 Absatz 1 genannten Zwecke zuständige Behörde in dem Drittland für wirkungslos oder ungeeignet, insbesondere weil die Übermittlung nicht rechtzeitig durchgeführt werden kann;
d) die für die in Artikel 49 Absatz 1 genannten Zwecke zuständige Behörde in dem Drittland wird unverzüglich unterrichtet, es sei denn, dies ist wirkungslos oder ungeeignet, und
e) die EUStA teilt dem Empfänger den festgelegten Zweck oder die festgelegten Zwecke mit, für die die operativen personenbezogenen Daten nur dann durch diesen verarbeitet werden dürfen, wenn eine derartige Verarbeitung erforderlich ist.

(2) Eine internationale Übereinkunft im Sinne des Absatzes 1 ist jede in Kraft befindliche bilaterale oder multilaterale internationale Übereinkunft zwischen der Europäischen Union und Drittländern im Bereich der justiziellen Zusammenarbeit in Strafsachen und der polizeilichen Zusammenarbeit.

(3) Übermittlungen gemäß Absatz 1 werden dokumentiert, und die Dokumentation, einschließlich Datum und Zeitpunkt der Übermittlung sowie Informationen über die empfangende zuständige Behörde, über die Begründung der Übermittlung und über die übermittelten operativen personenbezogenen Daten, werden dem Europäischen Datenschutzbeauftragten auf Anforderung zur Verfügung gestellt.

## Artikel 85 Kontrolle durch den Europäischen Datenschutzbeauftragten

(1) [1]Der Europäische Datenschutzbeauftragte ist zuständig für die Überwachung und Gewährleistung der Anwendung der Bestimmungen dieser Verordnung zum Schutz der Grundrechte und

Grundfreiheiten natürlicher Personen bei der Verarbeitung operativer personenbezogener Daten durch die EUStA sowie für die Beratung der EUStA und der betroffenen Personen in allen die Verarbeitung operativer personenbezogener Daten betreffenden Angelegenheiten. [2]Zu diesem Zweck erfüllt der Europäische Datenschutzbeauftragte die in Absatz 2 dieses Artikels genannten Aufgaben, übt die in Absatz 3 dieses Artikels gewährten Befugnisse aus und arbeitet mit den nationalen Aufsichtsbehörden gemäß Artikel 87 zusammen.

(2) Der Europäische Datenschutzbeauftragte hat im Rahmen dieser Verordnung folgende Aufgaben:

a) Er hört und prüft Beschwerden und unterrichtet die betroffene Person innerhalb einer angemessenen Frist über die Ergebnisse seiner Prüfung;
b) er führt von sich aus oder aufgrund einer Beschwerde Untersuchungen durch und unterrichtet die betroffenen Personen innerhalb einer angemessenen Frist über die Ergebnisse seiner Untersuchungen;
c) er kontrolliert und gewährleistet die Anwendung der Bestimmungen dieser Verordnung, die den Schutz natürlicher Personen bei der Verarbeitung operativer personenbezogener Daten durch die EUStA betreffen;
d) er berät die EUStA von sich aus oder im Rahmen einer Konsultation in allen Fragen, die die Verarbeitung operativer personenbezogener Daten betreffen, insbesondere bevor die EUStA interne Vorschriften in Bezug auf den Schutz der Grundrechte und Grundfreiheiten von Personen bei der Verarbeitung operativer personenbezogener Daten ausarbeitet.

(3) Der Europäische Datenschutzbeauftragte kann im Rahmen dieser Verordnung

a) betroffene Personen bei der Ausübung ihrer Rechte beraten;
b) bei einem behaupteten Verstoß gegen die Bestimmungen für die Verarbeitung operativer personenbezogener Daten die EUStA mit der Angelegenheit befassen und gegebenenfalls Vorschläge zur Behebung dieses Verstoßes und zur Verbesserung des Schutzes der betroffenen Personen machen;
c) die EUStA konsultieren, wenn Anträge auf Ausübung bestimmter Rechte in Bezug auf operative personenbezogene Daten unter Verstoß gegen die Artikel 56 bis 62 abgelehnt wurden;
d) die EUStA mit der Angelegenheit befassen;
e) die EUStA anweisen, die Berichtigung, Einschränkung oder Löschung aller operativen personenbezogenen Daten, die unter Verletzung der Bestimmungen für die Verarbeitung operativer personenbezogener Daten durch die EUStA verarbeitet wurden, und die Mitteilung solcher Maßnahmen an Dritte, gegenüber denen die Daten offengelegt wurden, vorzunehmen, vorausgesetzt, die Ermittlungen und Strafverfolgungsmaßnahmen der EUStA werden dadurch nicht beeinträchtigt;
f) unter den in den Verträgen festgelegten Bedingungen den Gerichtshof anrufen;
g) beim Gerichtshof anhängigen Verfahren beitreten.

(4) Der Europäische Datenschutzbeauftragte hat Zugang zu den von der EUStA verarbeiteten operativen personenbezogenen Daten und zu ihren Räumlichkeiten, soweit dies zur Erfüllung seiner Aufgaben erforderlich ist.

(5) Der Europäische Datenschutzbeauftragte erstellt einen jährlichen Bericht über seine die EUStA betreffenden Kontrolltätigkeiten.

## Artikel 86 Verschwiegenheitspflicht des Europäischen Datenschutzbeauftragten

Der Europäische Datenschutzbeauftragte und sein Personal sind während ihrer Amtszeit und auch nach deren Beendigung verpflichtet, über alle vertraulichen Informationen, die ihnen bei der Wahrnehmung ihrer Amtspflichten bekannt geworden sind, Verschwiegenheit zu bewahren.

## Artikel 87 Zusammenarbeit zwischen dem Europäischen Datenschutzbeauftragten und den nationalen Aufsichtsbehörden

(1) Der Europäische Datenschutzbeauftragte arbeitet bei speziellen Fragen, die eine Einbeziehung der nationalen Ebene erfordern, vor allem wenn der Europäische Datenschutzbeauftragte oder eine nationale Aufsichtsbehörde größere Diskrepanzen zwischen den Verfahrensweisen der Mitgliedstaaten der Europäischen Union feststellt oder möglicherweise unrechtmäßige Übermittlungen über die Kommunikationskanäle der EUStA bemerkt, oder bei Fragen einer oder mehrerer nationaler Aufsichtsbehörden zur Durchführung und Auslegung dieser Verordnung eng mit den nationalen Aufsichtsbehörden zusammen.

(2) In den in Absatz 1 genannten Fällen können der Europäische Datenschutzbeauftragte und die für die Überwachung des Datenschutzes zuständigen nationalen Aufsichtsbehörden im Rahmen ihrer jeweiligen Zuständigkeiten einschlägige Informationen austauschen und sich gegenseitig bei Überprüfungen und Inspektionen unterstützen, Schwierigkeiten bei der Auslegung oder Anwendung dieser Verordnung prüfen, Probleme bei der Wahrnehmung der unabhängigen Kontrolle oder der Ausübung der Rechte betroffener Personen untersuchen, harmonisierte Vorschläge im Hinblick auf gemeinsame Lösungen für etwaige Probleme ausarbeiten und erforderlichenfalls die Sensibilisierung für die Datenschutzrechte fördern.

(3) Der mit der Verordnung (EU) 2016/679 eingerichtete Europäische Datenschutzausschuss nimmt auch die in Artikel 51 der Richtlinie (EU) 2016/680 festgelegten Aufgaben in Bezug auf die von dieser Verordnung erfassten Angelegenheiten, insbesondere die in den Absätzen 1 und 2 dieses Artikels genannten Angelegenheiten, wahr.

## Artikel 88 Recht auf Beschwerde beim Europäischen Datenschutzbeauftragten

(1) Jede betroffene Person hat das Recht auf Beschwerde beim Europäischen Datenschutzbeauftragten, wenn sie der Ansicht ist, dass die Verarbeitung der sie betreffenden operativen personenbezogenen Daten durch die EUStA gegen diese Verordnung verstößt.

(2) Der Europäische Datenschutzbeauftragte unterrichtet die betroffene Person über den Bearbeitungsstand und das Ergebnis der Beschwerde einschließlich der Möglichkeit eines gerichtlichen Rechtsbehelfs nach Artikel 89.

## Artikel 89 Recht auf gerichtliche Nachprüfung der Entscheidungen des Europäischen Datenschutzbeauftragten

Gegen Entscheidungen des Europäischen Datenschutzbeauftragten kann Klage beim Gerichtshof erhoben werden.

# Kapitel IX Finanz- und Personalbestimmungen

## Abschnitt 1 Finanzbestimmungen

## Artikel 90 Finanzakteure

(1) Der Europäische Generalstaatsanwalt ist dafür zuständig, Beschlüsse zur Aufstellung des Haushaltsplans auszuarbeiten und sie dem Kollegium zur Annahme vorzulegen.

(2) Der Verwaltungsdirektor ist als Anweisungsbefugter für die Ausführung des Haushaltsplans der EUStA zuständig.

## Artikel 91 Haushalt

(1) [1]Der Europäische Generalstaatsanwalt nimmt auf Grundlage eines vom Verwaltungsdirektor erstellten Vorschlags einen Voranschlag der Einnahmen und Ausgaben der EUStA für jedes Haus-

haltsjahr vor; das Haushaltsjahr fällt mit dem Kalenderjahr zusammen. [2]Dieser Voranschlag wird im Haushaltsplan der EUStA ausgewiesen.

(2) Der Haushalt der EUStA muss in Bezug auf Einnahmen und Ausgaben ausgeglichen sein.

(3) Unbeschadet anderer Finanzmittel umfassen die Einnahmen der EUStA

a) einen Beitrag der Union aus dem Gesamthaushaltsplan der Union, vorbehaltlich der Absätze 7 und 8,
b) Vergütungen für Veröffentlichungen oder sonstige Leistungen der EUStA.

(4) Die Ausgaben der EUStA umfassen die Bezüge des Europäischen Generalstaatsanwalts, der Europäischen Staatsanwälte, der Delegierten Europäischen Staatsanwälte, des Verwaltungsdirektors und des Personals der EUStA, die Verwaltungs- und Infrastrukturausgaben sowie die operativen Ausgaben.

(5) Werden die Delegierten Europäischen Staatsanwälte im Rahmen der EUStA tätig, so gelten die den Delegierten Europäischen Staatsanwälten bei der Durchführung dieser Tätigkeit entstehenden einschlägigen Ausgaben als operative Ausgaben der EUStA.

[1]Zu den operativen Ausgaben der EUStA gehören grundsätzlich nicht Kosten, die im Zusammenhang mit von den zuständigen nationalen Behörden durchgeführten Ermittlungsmaßnahmen oder Kosten der Prozesskostenhilfe entstehen. [2]Sie umfassen jedoch – im Rahmen des Haushaltsplans der EUStA – bestimmte Kosten im Zusammenhang mit ihrer Ermittlungs- und Strafverfolgungstätigkeit gemäß Absatz 6.

Die operativen Ausgaben umfassen auch die Kosten für die Einrichtung eines Fallbearbeitungssystems, Fortbildung, Dienstreisen und Übersetzungen, die für die interne Arbeit der EUStA erforderlich sind, wie beispielsweise Übersetzungen für die Ständige Kammer.

(6) [1]Wird eine mit außergewöhnlich hohen Kosten verbundene Ermittlungsmaßnahme im Auftrag der EUStA durchgeführt, so können die Delegierten Europäischen Staatsanwälte von sich aus oder auf begründeten Antrag der zuständigen nationalen Behörden die Ständige Kammer zu der Frage konsultieren, ob die Kosten dieser Ermittlungsmaßnahme teilweise von der EUStA getragen werden könnten. [2]Diese Konsultationen dürfen die Ermittlungen nicht verzögern.

[1]Die Ständige Kammer kann dann nach Konsultation des Verwaltungsdirektors und auf der Grundlage der Verhältnismäßigkeit der unter besonderen Umständen durchgeführten Maßnahme und des außerordentlichen Charakters der mit ihr verbundenen Kosten beschließen, den Antrag gemäß den in der Geschäftsordnung der EUStA festzulegenden Bestimmungen über die Bewertung dieser Kriterien anzunehmen oder abzulehnen. [2]Der Verwaltungsdirektor entscheidet anschließend auf der Grundlage der verfügbaren Finanzmittel über die Höhe der zu gewährenden Finanzhilfe. [3]Er unterrichtet den betrauten Delegierten Europäischen Staatsanwalt unverzüglich von seiner Entscheidung über die Höhe des Betrags.

(7) [1]Gemäß Artikel 332 AEUV gehen die in den Absätzen 4 und 5 des vorliegenden Artikels bezeichneten Ausgaben der EUStA zulasten der Mitgliedstaaten. [2]Die Mitgliedstaaten der Europäischen Union, die nicht an der Verstärkten Zusammenarbeit zur Errichtung der EUStA teilnehmen, haben Anspruch auf eine Angleichung gemäß Artikel 11 der Verordnung (EU, Euratom) Nr. 609/2014 des Rates[1].

(8) Absatz 7 gilt nicht für die Verwaltungskosten, die im Zuge der Durchführung der Verstärkten Zusammenarbeit zur Errichtung der EUStA bei den Organen der Union anfallen.

## Artikel 92 Aufstellung des Haushaltsplans

(1) [1]Der Europäische Generalstaatsanwalt stellt jedes Jahr auf Grundlage eines vom Verwaltungsdirektor erstellten Vorschlags einen vorläufigen Entwurf des Voranschlags der Einnahmen und

1 **Amtl. Anm.:** Verordnung (EU, Euratom) Nr. 609/2014 des Rates vom 26. Mai 2014 zur Festlegung der Methoden und Verfahren für die Bereitstellung der traditionellen, der MwSt.- und der BNE-Eigenmittel sowie der Maßnahmen zur Bereitstellung der erforderlichen Kassenmittel (ABl. L 168 vom 7.6.2014, S. 39).

Ausgaben der EUStA für das folgende Haushaltsjahr auf. [2]Der Europäische Generalstaatsanwalt übermittelt dem Kollegium den vorläufigen Entwurf des Voranschlags zur Annahme.

(2) [1]Der vorläufige Entwurf des Voranschlags der Einnahmen und Ausgaben der EUStA wird der Kommission jährlich bis zum 31. Januar übermittelt. [2]Einen endgültigen Entwurf des Voranschlags samt einem Entwurf des Stellenplans übermittelt die EUStA der Kommission jährlich bis zum 31. März.

(3) Die Kommission übermittelt den Voranschlag zusammen mit dem Entwurf des Gesamthaushaltsplans der Union dem Europäischen Parlament und dem Rat (im Folgenden „Haushaltsbehörde").

(4) Auf der Grundlage des Voranschlags setzt die Kommission die von ihr für erforderlich erachteten Mittelansätze für den Stellenplan und den Betrag des Beitrags aus dem Gesamthaushaltsplan in den Entwurf des Gesamthaushaltsplans der Union ein, den sie gemäß den Artikeln 313 und 314 AEUV der Haushaltsbehörde vorlegt.

(5) Die Haushaltsbehörde bewilligt die Mittel für den Beitrag aus dem Gesamthaushaltsplan der Union zur EUStA.

(6) Die Haushaltsbehörde genehmigt den Stellenplan der EUStA.

(7) [1]Der Haushaltsplan der EUStA wird auf Vorschlag des Europäischen Generalstaatsanwalts vom Kollegium festgestellt. [2]Er wird endgültig, wenn der Gesamthaushaltsplan der Union endgültig festgestellt ist. [3]Erforderlichenfalls wird er gemäß demselben Verfahren wie für die Feststellung des ursprünglichen Haushaltsplans angepasst.

(8) Für Immobilienprojekte, die voraussichtlich erhebliche Auswirkungen auf den Haushalt der EUStA haben, gilt Artikel 88 der Delegierten Verordnung (EU) Nr. 1271/2013 der Kommission[1].

## Artikel 93 Ausführung des Haushaltsplans

(1) Der Verwaltungsdirektor führt in seiner Eigenschaft als Anweisungsbefugter der EUStA deren Haushaltsplan eigenverantwortlich und im Rahmen der im Haushaltsplan bewilligten Mittel aus.

(2) Der Verwaltungsdirektor übermittelt der Haushaltsbehörde jährlich alle einschlägigen Informationen zu den Ergebnissen aller Bewertungsverfahren.

## Artikel 94 Rechnungslegung und Entlastung

(1) Der Rechnungsführer der EUStA übermittelt dem Rechnungsführer der Kommission und dem Rechnungshof für das laufende Haushaltsjahr (Jahr n) bis zum 1. März des folgenden Haushaltsjahres (Jahr n+1) die vorläufigen Rechnungsabschlüsse.

(2) Die EUStA sendet dem Europäischen Parlament, dem Rat und dem Rechnungshof bis zum 31. März des folgenden Haushaltsjahres den Bericht über die Haushaltsführung und das Finanzmanagement zu.

(3) Der Rechnungsführer der Kommission übermittelt dem Rechnungshof bis zum 31. März des folgenden Haushaltsjahres die mit den Rechnungsabschlüssen der Kommission konsolidierten vorläufigen Rechnungsabschlüsse der EUStA.

(4) Gemäß Artikel 148 Absatz 1 der Verordnung (EU, Euratom) Nr. 966/2012 legt der Rechnungshof spätestens bis zum 1. Juni des folgenden Haushaltsjahres seine Bemerkungen zu den vorläufigen Rechnungsabschlüssen der EUStA vor.

(5) Nach Eingang der Bemerkungen des Rechnungshofs zu den vorläufigen Rechnungsabschlüssen der EUStA gemäß Artikel 148 der Verordnung (EU, Euratom) Nr. 966/2012 erstellt der Rech-

---

1 **Amtl. Anm.:** Delegierte Verordnung (EU) Nr. 1271/2013 der Kommission vom 30. September 2013 über die Rahmenfinanzregelung für Einrichtungen gemäß Artikel 208 der Verordnung (EU, Euratom) Nr. 966/2012 des Europäischen Parlaments und des Rates (ABl. L 328 vom 7.12.2013, S. 42).

nungsführer der EUStA eigenverantwortlich deren endgültige Rechnungsabschlüsse und legt sie dem Kollegium zur Stellungnahme vor.

(6) Der Rechnungsführer der EUStA übermittelt die endgültigen Rechnungsabschlüsse zusammen mit der in Absatz 5 genannten Stellungnahme des Kollegiums bis zum 1. Juli des folgenden Haushaltsjahres dem Europäischen Parlament, dem Rat, der Kommission und dem Rechnungshof.

(7) Die endgültigen Rechnungsabschlüsse der EUStA werden bis zum 15. November des auf das jeweilige Haushaltsjahr folgenden Jahres im *Amtsblatt der Europäischen Union* veröffentlicht.

(8) [1]Der Verwaltungsdirektor übermittelt dem Rechnungshof spätestens am 30. September des auf das jeweilige Haushaltsjahr folgenden Jahres eine Antwort auf dessen Bemerkungen. [2]Der Verwaltungsdirektor übermittelt die Antwort auch der Kommission.

(9) Der Verwaltungsdirektor unterbreitet dem Europäischen Parlament auf dessen Anfrage gemäß Artikel 109 Absatz 3 der Delegierten Verordnung (EU) Nr. 1271/2013 alle Informationen, die für eine ordnungsgemäße Abwicklung des Entlastungsverfahrens für das betreffende Haushaltsjahr erforderlich sind.

(10) Auf Empfehlung des Rates, der mit qualifizierter Mehrheit beschließt, erteilt das Europäische Parlament dem Verwaltungsdirektor vor dem 15. Mai des Jahres n+2 Entlastung zur Ausführung des Haushaltsplans für das Jahr n.

## Artikel 95 Finanzregelung

[1]Der Europäische Generalstaatsanwalt erstellt auf Grundlage eines Vorschlags des Verwaltungsdirektors den Entwurf der Finanzregelung für die EUStA. [2]Die Finanzregelung wird vom Kollegium nach Anhörung der Kommission erlassen. [3]Die Finanzregelung weicht nur von der in der Delegierten Verordnung (EU) Nr. 1271/2013 enthaltenen Finanzregelung ab, wenn dies für den Betrieb der EUStA erforderlich ist und die Kommission vorher ihre Zustimmung erteilt hat.

# Abschnitt 2 Personalbestimmungen

## Artikel 96 Allgemeine Bestimmungen

(1) Für den Europäischen Generalstaatsanwalt und die Europäischen Staatsanwälte, die Delegierten Europäischen Staatsanwälte, den Verwaltungsdirektor und das Personal der EUStA gelten das Statut und die Beschäftigungsbedingungen sowie die diesbezüglichen Durchführungsregelungen, die die Organe der Union im gegenseitigen Einvernehmen erlassen haben, sofern diese Verordnung nichts anderes vorsieht.

Der Europäische Generalstaatsanwalt und die Europäischen Staatsanwälte werden nach Artikel 2 Buchstabe a der Beschäftigungsbedingungen als Bedienstete auf Zeit von der EUStA eingestellt.

(2) Das Personal der EUStA wird gemäß den Vorschriften und Regelungen für die Beamten und sonstigen Bediensteten der Europäischen Union eingestellt.

(3) [1]Die Befugnisse, die der Anstellungsbehörde durch das Statut und die Beschäftigungsbedingungen zum Abschluss von Dienstverträgen übertragen wurden, werden vom Kollegium ausgeübt. [2]Das Kollegium kann dem Verwaltungsdirektor diese Befugnisse in Bezug auf das Personal der EUStA übertragen. [3]Die in diesem Absatz erwähnte Übertragung von Befugnissen betrifft nicht den Europäischen Generalstaatsanwalt, die Europäischen Staatsanwälte, die Delegierten Europäischen Staatsanwälte oder den Verwaltungsdirektor.

(4) [1]Das Kollegium erlässt im Einklang mit Artikel 110 des Statuts geeignete Bestimmungen zur Durchführung des Statuts der Beamten und der Beschäftigungsbedingungen. [2]Das Kollegium nimmt im Rahmen des Programmdokuments auch einen Personalausstattungsplan an.

(5) Das Protokoll über die Vorrechte und Befreiungen der Europäischen Union findet auf die EUStA und ihr Personal Anwendung.

(6) [1]Die Delegierten Europäischen Staatsanwälte werden als Sonderberater gemäß den Artikeln 5, 123 und 124 der Beschäftigungsbedingungen eingestellt. [2]Die zuständigen nationalen Behörden erleichtern den Delegierten Europäischen Staatsanwälten die Wahrnehmung ihrer Aufgaben gemäß dieser Verordnung und sehen von Handlungen und politischen Maßnahmen ab, die sich nachteilig auf ihre Laufbahn oder ihren Status im nationalen Strafverfolgungssystem auswirken könnten. [3]Insbesondere stellen die zuständigen nationalen Behörden den Delegierten Europäischen Staatsanwälten die Ressourcen und die Ausrüstung zur Verfügung, die sie für die Wahrnehmung ihrer Aufgaben gemäß dieser Verordnung benötigen, und tragen dafür Sorge, dass sie vollständig in die nationalen Strafverfolgungsbehörden eingebunden werden. [4]Es wird sichergestellt, dass angemessene Regelungen bestehen, damit die im nationalen System gewährten Rechte der Delegierten Europäischen Staatsanwälte in Bezug auf soziale Sicherheit, Altersversorgung und Versicherung beibehalten werden. [5]Zudem wird sichergestellt, dass die Gesamtvergütung eines Delegierten Europäischen Staatsanwalts nicht geringer ausfällt, als die Vergütung, die er bekommen hätte, wenn er lediglich nationaler Staatsanwalt geblieben wäre. [6]Die allgemeinen Arbeitsbedingungen und das Arbeitsumfeld der Delegierten Europäischen Staatsanwälte fallen in den Verantwortungsbereich der zuständigen nationalen Justizbehörden.

(7) Die Europäischen Staatsanwälte und die Delegierten Europäischen Staatsanwälte dürfen bei der Ausübung ihrer Ermittlungs- und Strafverfolgungsbefugnisse keine anderen als die in Artikel 6 ausdrücklich vorgesehenen Anordnungen, Leitlinien oder Weisungen entgegennehmen.

## Artikel 97 Zeitbedienstete und Vertragsbedienstete

(1) [1]Den nach Artikel 2 Buchstabe a der Beschäftigungsbedingungen bei den Organen, Einrichtungen oder sonstigen Stellen der Union beschäftigten Zeitbediensteten, die von der EUStA mit einem spätestens binnen einen Jahres, nachdem die EUStA gemäß dem in Artikel 120 Absatz 2 genannten Beschluss ihre Tätigkeit aufgenommen hat, geschlossenen Vertrag eingestellt werden, werden Verträge gemäß Artikel 2 Buchstabe f der Beschäftigungsbedingungen angeboten, wobei alle anderen Vertragsbedingungen unverändert bleiben; dies gilt unbeschadet der Notwendigkeit, den aus den Beschäftigungsbedingungen erwachsenden Verpflichtungen nachzukommen. [2]Die gesamte Beschäftigungszeit dieser Zeitbediensteten gilt als in der EUStA abgeleistet.

(2) [1]Den nach Artikel 3a oder 3b der Beschäftigungsbedingungen bei den Organen der Union beschäftigten Vertragsbediensteten, die von der EUStA mit einem spätestens binnen einen Jahres, nachdem die EUStA gemäß dem in Artikel 120 Absatz 2 genannten Beschluss ihre Tätigkeit aufgenommen hat, geschlossenen Vertrag eingestellt werden, werden Verträge gemäß Artikel 3a der Beschäftigungsbedingungen angeboten, wobei alle anderen Vertragsbedingungen unverändert bleiben. [2]Die gesamte Beschäftigungszeit dieser Vertragsbediensteten gilt als in der EUStA abgeleistet.

(3) [1]Den nach Artikel 2 Buchstabe f der Beschäftigungsbedingungen bei den Einrichtungen oder sonstigen Stellen der Union beschäftigten Zeitbediensteten und den nach Artikel 3a der Beschäftigungsbedingungen bei den Einrichtungen oder sonstigen Stellen der Union beschäftigten Vertragsbediensteten, die von der EUStA mit einem spätestens binnen einen Jahres, nachdem die EUStA gemäß dem in Artikel 120 Absatz 2 genannten Beschluss ihre Tätigkeit aufgenommen hat, geschlossenen Vertrag eingestellt werden, werden Verträge unter den gleichen Bedingungen angeboten. [2]Die gesamte Beschäftigungszeit dieser Bediensteten gilt als in der EUStA abgeleistet.

## Artikel 98 Abgeordnete nationale Sachverständige und andere Bedienstete

(1) [1]Die EUStA kann zusätzlich zu ihrem eigenen Personal auch auf abgeordnete nationale Sachverständige oder sonstige Personen zurückgreifen, die ihr zur Verfügung gestellt werden, aber nicht bei ihr beschäftigt sind. [2]Bei der Wahrnehmung von Aufgaben im Zusammenhang mit den Funktionen der EUStA sind die abgeordneten nationalen Sachverständigen dem Europäischen Generalstaatsanwalt unterstellt.

(2) Das Kollegium beschließt eine Regelung für zur EUStA abgeordnete nationale Sachverständige und sonstige Personen, die ihr zur Verfügung gestellt werden, aber nicht bei ihr beschäftigt sind.

## Kapitel X Bestimmungen über die Beziehungen der EUStA zu ihren Partnern

### Artikel 99 Gemeinsame Bestimmungen

(1) Soweit dies zur Erfüllung ihrer Aufgaben erforderlich ist, kann die EUStA Kooperationsbeziehungen zu Organen, Einrichtungen und sonstigen Stellen der Union im Einklang mit deren jeweiligen Zielen und zu den Behörden der Mitgliedstaaten der Europäischen Union, die nicht an der Verstärkten Zusammenarbeit zur Errichtung der EUStA teilnehmen, sowie zu den Behörden von Drittländern und internationalen Organisationen herstellen und unterhalten.

(2) Soweit dies für die Erfüllung ihrer Aufgaben relevant ist, kann die EUStA unter Beachtung des Artikels 111 mit den in Absatz 1 des vorliegenden Artikels genannten Stellen direkt sämtliche Informationen austauschen, sofern diese Verordnung nichts anderes vorsieht.

(3) [1]Für die Zwecke der Absätze 1 und 2 kann die EUStA Arbeitsvereinbarungen mit den in Absatz 1 genannten Stellen schließen. [2]Diese Arbeitsvereinbarungen sind technischer und/oder operativer Art und dienen insbesondere dazu, die Zusammenarbeit und den Informationsaustausch zwischen den Parteien der betreffenden Vereinbarung zu erleichtern. [3]Die Arbeitsvereinbarungen dürfen weder die Grundlage für den Austausch personenbezogener Daten bilden noch rechtlich bindende Wirkungen für die Union oder ihre Mitgliedstaaten entfalten.

### Artikel 100 Beziehungen zu Eurojust

(1) [1]Die EUStA knüpft und unterhält eine enge Beziehung zu Eurojust, die auf einer gegenseitigen Zusammenarbeit im Rahmen ihrer jeweiligen Aufgabenbereiche und auf der Entwicklung von Verbindungen auf operativer, Verwaltungs- und Managementebene zwischen ihnen gemäß den Vorgaben dieses Artikels beruht. [2]Zu diesem Zweck kommen der Europäische Generalstaatsanwalt und der Präsident von Eurojust regelmäßig zusammen, um Fragen von gemeinsamem Interesse zu erörtern.

(2) In operativen Fragen kann die EUStA Eurojust an ihrer Tätigkeit im Zusammenhang mit grenzschreitenden Fällen beteiligen, unter anderem indem sie

a) Informationen, einschließlich personenbezogener Daten, zu ihren Ermittlungen im Einklang mit den einschlägigen Bestimmungen dieser Verordnung weitergibt,
b) Eurojust oder das zuständige nationale Mitglied beziehungsweise die zuständigen nationalen Mitglieder ersucht, sie bei der Übermittlung ihrer Entscheidungen oder Rechtshilfeersuchen an und deren Vollstreckung in Mitgliedstaaten der Europäischen Union, die Mitglieder von Eurojust sind, sich aber nicht an der Errichtung der EUStA beteiligen, sowie an Drittländer beziehungsweise in Drittländern zu unterstützen.

(3) [1]Die EUStA hat mittelbaren Zugriff auf Informationen im Fallbearbeitungssystem von Eurojust nach dem Treffer/Kein-Treffer-Verfahren. [2]Wird eine Übereinstimmung zwischen von der EUStA in das Fallbearbeitungssystem eingegebenen Daten und von Daten im Besitz von Eurojust festgestellt, so wird diese Tatsache sowohl Eurojust als auch der EUStA sowie dem Mitgliedstaat der Europäischen Union, der die Daten an Eurojust übermittelt hat, mitgeteilt. [3]Die EUStA trifft geeignete Maßnahmen, um Eurojust den Zugriff auf Informationen in ihrem Fallbearbeitungssystem nach dem Treffer/Kein-Treffer-Verfahren zu ermöglichen.

(4) [1]Die EUStA kann die Unterstützung und Ressourcen der Verwaltung von Eurojust in Anspruch nehmen. [2]Zu diesem Zweck kann Eurojust für die EUStA Dienstleistungen von gemeinsamem Interesse erbringen. [3]Die Einzelheiten werden in einer Vereinbarung festgelegt.

## Artikel 101 Beziehungen zum OLAF

(1) [1]Die EUStA knüpft und unterhält eine enge Beziehung zum OLAF, die auf einer gegenseitigen Zusammenarbeit im Rahmen ihrer jeweiligen Aufgabenbereiche und einem Informationsaustausch beruht. [2]Diese Beziehung soll insbesondere gewährleisten, dass alle verfügbaren Mittel zum Schutz der finanziellen Interessen der Union verwendet werden, indem das OLAF die Tätigkeit der EUStA ergänzt und unterstützt.

(2) Führt die EUStA gemäß dieser Verordnung eine strafrechtliche Ermittlung durch, eröffnet das OLAF unbeschadet der in Absatz 3 genannten Maßnahmen keine parallel hierzu laufenden verwaltungsrechtlichen Untersuchungen zu demselben Sachverhalt.

(3) Im Verlauf einer von der EUStA durchgeführten Ermittlung kann die EUStA das OLAF ersuchen, sie gemäß seinem Mandat insbesondere durch folgende Maßnahmen zu unterstützen oder ihre Tätigkeit zu ergänzen:

a) Bereitstellung von Informationen, Analysen (einschließlich forensischer Analysen), Fachwissen und operativer Unterstützung;
b) Erleichterung der Koordinierung konkreter Maßnahmen der zuständigen nationalen Verwaltungsbehörden und Einrichtungen der Union;
c) Durchführung verwaltungsrechtlicher Untersuchungen.

(4) Die EUStA kann, wenn sie entschieden hat, keine Ermittlung durchzuführen, oder das Verfahren eingestellt hat, dem OLAF sachdienliche Informationen bereitstellen, damit es im Einklang mit seinem Mandat erwägen kann, angemessene verwaltungsrechtliche Maßnahmen einzuleiten.

(5) [1]Die EUStA hat indirekten Zugriff auf Informationen im Fallbearbeitungssystem des OLAF nach dem Treffer/Kein-Treffer-Verfahren. [2]Wird eine Übereinstimmung zwischen von der EUStA in das Fallbearbeitungssystem eingegebenen Daten und von Daten im Besitz des OLAF festgestellt, so wird diese Tatsache sowohl dem OLAF als auch der EUStA mitgeteilt. [3]Die EUStA trifft geeignete Maßnahmen, um dem OLAF den Zugriff auf Informationen in ihrem Fallbearbeitungssystem nach dem Treffer/Kein-Treffer-Verfahren zu ermöglichen.

## Artikel 102 Beziehungen zu Europol

(1) [1]Die EUStA knüpft und unterhält eine enge Beziehung zu Europol. [2]Hierzu schließen sie eine Arbeitsvereinbarung, in der die Modalitäten ihrer Zusammenarbeit festgelegt werden.

(2) Wenn dies für die Zwecke ihrer Ermittlungen notwendig ist kann die EUStA von Europol auf Antrag alle sachdienlichen Informationen über eine in ihre Zuständigkeit fallende Straftat einholen, und sie kann bei Europol auch Unterstützung durch Analysen für ein konkretes Ermittlungsverfahren der EUStA beantragen.

## Artikel 103 Beziehungen zu anderen Organen, Einrichtungen und sonstigen Stellen der Union

(1) [1]Die EUStA knüpft und unterhält eine kooperative Beziehung zur Kommission zum Zweck des Schutzes der finanziellen Interessen der Union. [2]Hierzu schließen sie eine Vereinbarung, in der die Modalitäten für ihre Zusammenarbeit festgelegt werden.

(2) Unbeschadet der ordnungsgemäßen Durchführung und Vertraulichkeit ihrer Ermittlungen stellt die EUStA den betroffenen Organen, Einrichtungen und sonstigen Stellen der Union sowie anderen Geschädigten unverzüglich ausreichende Informationen zur Verfügung, damit diese geeignete Maßnahmen ergreifen können, insbesondere

a) entsprechende verwaltungsrechtliche Maßnahmen, wie Sicherungsmaßnahmen zum Schutz der finanziellen Interessen der Union. Die EUStA kann den Organen, Einrichtungen und sonstigen Stellen der Union konkrete Maßnahmen empfehlen;

b) das Auftreten als Zivilkläger in einem Verfahren;
c) Maßnahmen zur verwaltungsrechtlichen Wiedereinziehung von dem Unionshaushalt geschuldeten Beträgen oder disziplinarische Maßnahmen.

## Artikel 104 Beziehungen zu Drittländern und internationalen Organisationen

(1) Die in Artikel 99 Absatz 3 genannten Arbeitsvereinbarungen mit Behörden von Drittländern und internationalen Organisationen können insbesondere den Austausch strategischer Informationen und die Entsendung von Verbindungsbeamten zur EUStA betreffen.

(2) Zur Erleichterung der Zusammenarbeit entsprechend ihrem operativen Bedarf kann die EUStA im Einvernehmen mit den betroffenen zuständigen Behörden Kontaktstellen in Drittländern benennen.

(3) Internationale Übereinkünfte mit einem oder mehreren Drittländern, die die Union geschlossen hat oder denen die Union gemäß Artikel 218 AEUV beigetreten ist, in Bereichen, die in die Zuständigkeit der EUStA fallen, wie beispielsweise internationale Übereinkünfte über die Zusammenarbeit in Strafsachen zwischen der EUStA und diesen Drittländern, sind für die EUStA bindend.

(4) Falls keine Übereinkunft nach Absatz 3 besteht, erkennen die Mitgliedstaaten die Europäische Staatsanwaltschaft als eine zuständige Behörde für die Zwecke der Anwendung der von ihnen geschlossenen multilateralen internationalen Übereinkünfte über die Rechtshilfe in Strafsachen an und nehmen gegebenenfalls die entsprechende Notifikation vor, sofern dies nach der jeweiligen multilateralen internationalen Übereinkunft zulässig ist und vorbehaltlich der Zustimmung des Drittlands; dies kann auch, wenn notwendig und möglich, im Wege einer Änderung der genannten Übereinkünfte erfolgen.

Die Mitgliedstaaten können auch die EUStA als eine zuständige Behörde für die Zwecke der Anwendung anderer von ihnen geschlossener internationaler Übereinkünfte über die Rechtshilfe in Strafsachen notifizieren; dies kann auch im Wege einer Änderung dieser Übereinkünfte erfolgen.

(5) [1]Falls keine Übereinkunft nach Absatz 3 besteht oder keine Anerkennung nach Absatz 4 erfolgt ist, kann der betraute Delegierte Europäische Staatsanwalt im Einklang mit Artikel 13 Absatz 1 von den Befugnissen eines nationalen Staatsanwalts seines Mitgliedstaats Gebrauch machen, um auf der Grundlage der von diesem Mitgliedstaat geschlossenen internationalen Übereinkünfte oder des geltenden nationalen Rechts – und, sofern erforderlich, über die zuständigen nationalen Behörden – die Behörden von Drittländern um Rechtshilfe in Strafsachen zu ersuchen. [2]In diesem Fall setzt der Delegierte Europäische Staatsanwalt die Behörden der Drittländer davon in Kenntnis und bemüht sich gegebenenfalls darum, die Zustimmung dieser Behörden dazu einzuholen, dass die auf dieser Grundlage erhobenen Beweismittel von der EUStA für die Zwecke dieser Verordnung verwendet werden. [3]Auf jeden Fall wird das Drittland gebührend darüber unterrichtet, dass der Endempfänger der Antwort auf das Ersuchen die EUStA ist.

[1]Kann die EUStA ihre Funktionen nicht auf der Grundlage einer einschlägigen internationalen Übereinkunft nach den Absätzen 3 oder 4 des vorliegenden Artikels ausüben, so kann sie die Behörden von Drittländern um Rechtshilfe in Strafsachen auch in einem Einzelfall und innerhalb der Grenzen ihrer sachlichen Zuständigkeit ersuchen. [2]Die EUStA erfüllt die von diesen Behörden möglicherweise festgelegten Bedingungen für die Verwendung der von ihnen auf dieser Grundlage bereitgestellten Informationen.

(6) [1]Vorbehaltlich der anderen Bestimmungen dieser Verordnung kann die EUStA den zuständigen Behörden von Drittländern oder internationalen Organisationen auf Ersuchen Informationen oder Beweismittel, die sich bereits im Besitz der EUStA befinden, für Ermittlungszwecke oder für die Verwendung als Beweismittel bei strafrechtlichen Ermittlungen bereitstellen. [2]Nach Konsultation der Ständigen Kammer entscheidet der betraute Delegierte Europäische Staatsanwalt über jede derartige Übermittlung von Informationen oder Beweismitteln nach dem nationalen Recht seines Mitgliedstaats und nach dieser Verordnung.

(7) Wenn es notwendig ist, um Auslieferung einer Person zu ersuchen, kann der betraute Delegierte Europäische Staatsanwalt die zuständige Behörde seines Mitgliedstaats um Stellung eines Auslieferungsersuchens im Einklang mit den anwendbaren Verträgen und/oder dem nationalen Recht ersuchen.

## Artikel 105 Beziehungen zu den Mitgliedstaaten der Europäischen Union, die nicht an der Verstärkten Zusammenarbeit zur Errichtung der EUStA teilnehmen

(1) Die in Artikel 99 Absatz 3 genannten Arbeitsvereinbarungen mit Behörden von Mitgliedstaaten der Europäischen Union, die nicht an der Verstärkten Zusammenarbeit zur Errichtung der EUStA teilnehmen, können insbesondere den Austausch strategischer Informationen und die Entsendung von Verbindungsbeamten zur EUStA betreffen.

(2) Zur Erleichterung der Zusammenarbeit entsprechend ihrem Bedarf kann die EUStA im Einvernehmen mit den zuständigen betroffenen Behörden Kontaktstellen in den Mitgliedstaaten der Europäischen Union benennen, die nicht an der Verstärkten Zusammenarbeit zur Errichtung der EUStA teilnehmen.

(3) Besteht kein Rechtsinstrument für die Zusammenarbeit in Strafsachen und Übergabeverfahren zwischen der EUStA und den zuständigen Behörden der Mitgliedstaaten der Europäischen Union, die nicht an der Verstärkten Zusammenarbeit zur Errichtung der EUStA teilnehmen, so notifizieren die Mitgliedstaaten die EUStA als zuständige Behörde für die Zwecke der Umsetzung der geltenden Rechtsakte der Union im Bereich der justiziellen Zusammenarbeit in Strafsachen in Fällen, die in die Zuständigkeit der EUStA fallen, in ihren Beziehungen zu den Mitgliedstaaten der Europäischen Union, die nicht an der Verstärkten Zusammenarbeit zur Errichtung der EUStA teilnehmen.

# Kapitel XI Allgemeine Bestimmungen

## Artikel 106 Rechtsstellung und Arbeitsbedingungen

(1) Die EUStA besitzt in jedem Mitgliedstaat die Rechts- und Geschäftsfähigkeit, die juristischen Personen nach nationalem Recht zuerkannt wird.

(2) Die notwendigen Regelungen über die Unterbringung der EUStA in Luxemburg und über die Einrichtungen, die von Luxemburg zur Verfügung zu stellen sind, sowie die besonderen Vorschriften, die in diesem Mitgliedstaat für die Mitglieder des Kollegiums, den Verwaltungsdirektor und das Personal der EUStA sowie deren Familienangehörige gelten, werden in einem Sitzabkommen festgelegt, das zwischen der EUStA und Luxemburg bis zu dem Zeitpunkt zu schließen ist, zu dem die EUStA ihre Ermittlungs- und Strafverfolgungsaufgaben gemäß Artikel 120 Absatz 2 übernimmt.

## Artikel 107 Sprachenregelung

(1) Die Verordnung (EWG) Nr. 1/58 des Rates[1] gilt für die in den Artikeln 21 und 114 der vorliegenden Verordnung genannten Regelungen.

(2) Das Kollegium entscheidet mit einer Mehrheit von zwei Dritteln seiner Mitglieder über die interne Sprachenregelung der EUStA.

(3) [1]Die für die Verwaltungsarbeit der EUStA auf zentraler Ebene erforderlichen Übersetzungsdienste werden vom Übersetzungszentrum für die Einrichtungen der Europäischen Union erbracht, es sei denn, aufgrund der Dringlichkeit ist eine andere Lösung geboten. [2]Die Delegierten Europä-

1 **Amtl. Anm.:** Verordnung (EWG) Nr. 1/58 des Rates zur Regelung der Sprachenfrage für die Europäische Wirtschaftsgemeinschaft (ABl. 17 vom 6.10.1958, S. 385).

ischen Staatsanwälte entscheiden gemäß dem anwendbaren nationalen Recht über die Modalitäten der Übersetzung für Zwecke der Ermittlungen.

## Artikel 108 Vertraulichkeit und Berufsgeheimnis

(1) Die Mitglieder des Kollegiums, der Verwaltungsdirektor und das Personal der EUStA, die abgeordneten nationalen Sachverständigen und sonstige Personen, die der EUStA zur Verfügung gestellt, aber nicht bei ihr beschäftigt sind, sowie die Delegierten Europäischen Staatsanwälte unterliegen gemäß den Unionsvorschriften der Geheimhaltungspflicht in Bezug auf alle Informationen, über die die EUStA verfügt.

(2) Sonstige Personen, die auf nationaler Ebene an der Wahrnehmung der Aufgaben der EUStA mitwirken oder Unterstützung dafür leisten, unterliegen der Geheimhaltungspflicht nach Maßgabe des anwendbaren nationalen Rechts.

(3) Die Geheimhaltungspflicht besteht für die in den Absätzen 1 und 2 genannten Personen auch nach dem Ausscheiden aus dem Amt oder Dienstverhältnis und nach der Beendigung der Tätigkeit weiter.

(4) Die Geheimhaltungspflicht gilt gemäß dem geltenden nationalen Recht oder dem Unionsrecht für alle Informationen, die die EUStA erhält, es sei denn, die betreffenden Informationen sind bereits rechtmäßig bekannt gegeben worden.

(5) [1]Die unter der Aufsicht der EUStA durchgeführten Ermittlungen sind durch die geltenden Unionsvorschriften über das Berufsgeheimnis geschützt. [2]Personen, die auf nationaler Ebene an der Wahrnehmung der Aufgaben der EUStA mitwirken oder Unterstützung dafür leisten, sind zur Wahrung des Berufsgeheimnisses nach Maßgabe des geltenden nationalen Rechts verpflichtet.

## Artikel 109 Transparenz

(1) Die Verordnung (EG) Nr. 1049/2001 des Europäischen Parlaments und des Rates[1] gilt für andere Dokumente als die gemäß Artikel 45 dieser Verordnung geführten Verfahrensakten und deren elektronische Abbildungen.

(2) [1]Der Europäische Generalstaatsanwalt arbeitet binnen sechs Monaten nach seiner Ernennung einen Vorschlag mit detaillierten Vorschriften für die Anwendung dieses Artikels aus. [2]Dieser Vorschlag wird vom Kollegium angenommen.

(3) Gegen Entscheidungen der EUStA nach Artikel 8 der Verordnung (EG) Nr. 1049/2001 kann nach Maßgabe des Artikels 228 bzw. 263 AEUV Beschwerde beim Europäischen Bürgerbeauftragten oder Klage beim Gerichtshof erhoben werden.

## Artikel 110 OLAF und der Rechnungshof

(1) Zur Erleichterung der Bekämpfung von Betrug, Korruption und sonstigen rechtswidrigen Handlungen nach der Verordnung (EU, Euratom) Nr. 883/2013 tritt die EUStA spätestens sechs Monate nach dem Tag der von der Kommission gemäß Artikel 120 Absatz 2 festzulegen ist, der Interinstitutionellen Vereinbarung vom 25. Mai 1999 über interne Untersuchungen des Europäischen Amtes für Betrugsbekämpfung (OLAF)[1] bei und verabschiedet nach dem Muster in der

1 **Amtl. Anm.:** Verordnung (EG) Nr. 1049/2001 des Europäischen Parlaments und des Rates vom 30. Mai 2001 über den Zugang der Öffentlichkeit zu Dokumenten des Europäischen Parlaments, des Rates und der Kommission (ABl. L 145 vom 31.5.2001, S. 43).

1 **Amtl. Anm.:** Interinstitutionelle Vereinbarung vom 25. Mai 1999 zwischen dem Europäischen Parlament, dem Rat der Europäischen Union und der Kommission der Europäischen Gemeinschaften über die internen Untersuchungen des Europäischen Amtes für Betrugsbekämpfung (OLAF) (ABl. L 136 vom 31.5.1999, S. 15).

Anlage zu der genannten Vereinbarung die entsprechenden Bestimmungen, die für den Europäischen Generalstaatsanwalt, die Europäischen Staatsanwälte, den Verwaltungsdirektor und das Personal der EUStA, die abgeordneten nationalen Sachverständigen und sonstige Personen, die der EUStA zur Verfügung stehen, aber nicht bei ihr beschäftigt sind, sowie die Delegierten Europäischen Staatsanwälte gelten.

(2) Der Rechnungshof ist befugt, bei allen Auftragnehmern und Unterauftragnehmern, die Unionsgelder von der EUStA erhalten haben, Rechnungsprüfungen anhand von Unterlagen sowie vor Ort durchzuführen.

(3) Das OLAF kann gemäß den Bestimmungen und Verfahren der Verordnung (EU, Euratom) Nr. 883/2013 und der Verordnung (Euratom, EG) Nr. 2185/96 des Rates[2] Untersuchungen einschließlich Kontrollen und Überprüfungen vor Ort durchführen, um festzustellen, ob im Zusammenhang mit von der EUStA finanzierten Ausgaben Unregelmäßigkeiten zum Nachteil der finanziellen Interessen der Union vorliegen.

(4) Unbeschadet der Absätze 1, 2 und 3 enthalten Arbeitsvereinbarungen mit Einrichtungen der Union, Behörden von Drittländern und internationalen Organisationen sowie Verträge der EUStA Bestimmungen, die den Rechnungshof und das OLAF ausdrücklich ermächtigen, solche Rechnungsprüfungen und Untersuchungen im Rahmen ihrer jeweiligen Zuständigkeiten durchzuführen.

## Artikel 111 Vorschriften für den Schutz von nicht als Verschlusssache eingestuften sensiblen Informationen und von Verschlusssachen

(1) Die EUStA legt interne Vorschriften für den Schutz von nicht als Verschlusssache eingestuften sensiblen Informationen fest, unter anderem auch für die Erstellung und Verarbeitung solcher Informationen bei der EUStA.

(2) Die EUStA legt interne Vorschriften für den Schutz von EU-Verschlusssachen fest, die mit dem Beschluss 2013/488/EU des Rates[1] im Einklang stehen, damit ein entsprechender Schutz dieser Informationen gewährleistet wird.

## Artikel 112 Verwaltungsuntersuchungen

Die Verwaltungstätigkeit der EUStA wird vom Europäischen Bürgerbeauftragten gemäß Artikel 228 AEUV kontrolliert.

## Artikel 113 Allgemeine Haftungsregelung

(1) Die vertragliche Haftung der EUStA bestimmt sich nach dem Recht, das auf den betreffenden Vertrag anzuwenden ist.

(2) Für Entscheidungen aufgrund einer Schiedsklausel in einem von der EUStA geschlossenen Vertrag ist der Gerichtshof zuständig.

(3) Im Bereich der außervertraglichen Haftung ersetzt die EUStA nach den allgemeinen Rechtsgrundsätzen, die den Rechtsordnungen der Mitgliedstaaten der Europäischen Union gemeinsam sind, jeden von der EUStA oder ihrem Personal in Ausübung ihres Amtes verursachten Schaden, soweit er diesen zuzurechnen ist.

2 **Amtl. Anm.:** Verordnung (Euratom, EG) Nr. 2185/96 des Rates vom 11. November 1996 betreffend die Kontrollen und Überprüfungen vor Ort durch die Kommission zum Schutz der finanziellen Interessen der Europäischen Gemeinschaften vor Betrug und anderen Unregelmäßigkeiten (ABl. L 292 vom 15.11.1996, S. 2).

1 **Amtl. Anm.:** Beschluss 2013/488/EU des Rates vom 23. September 2013 über die Sicherheitsvorschriften für den Schutz von EU-Verschlusssachen (ABl. L 274 vom 15.10.2013, S. 1).

(4) Absatz 3 gilt auch für einen Schaden, der durch Verschulden eines Delegierten Europäischen Staatsanwalts in Ausübung seines Amtes verursacht wird.

(5) Für Streitfälle über den Schadenersatz nach Absatz 3 ist der Gerichtshof zuständig.

(6) Die nationalen Gerichte der Mitgliedstaaten der Europäischen Union mit Zuständigkeit für Streitigkeiten, die die vertragliche Haftung der EUStA nach diesem Artikel betreffen, werden unter Bezugnahme auf die Verordnung (EU) Nr. 1215/2012 des Europäischen Parlaments und des Rates[1] bestimmt.

(7) Die persönliche Haftung des Personals der EUStA bestimmt sich nach den geltenden Vorschriften des Statuts der Beamten und der Beschäftigungsbedingungen.

## Artikel 114 Durchführungsvorschriften und Programmdokumente

Das Kollegium verabschiedet auf Vorschlag des Europäischen Generalstaatsanwalts insbesondere

a) jährlich das Programmdokument mit der Jahres- und der Mehrjahresprogrammplanung der EUStA;
b) eine Strategie zur Betrugsbekämpfung, die in einem angemessenen Verhältnis zu den Betrugsrisiken steht und das Kosten-Nutzen-Verhältnis der durchzuführenden Maßnahmen berücksichtigt;
c) Vorschriften zu Beschäftigungsbedingungen, Leistungskriterien, fachlicher Unzulänglichkeit, Rechten und Pflichten der Delegierten Europäischen Staatsanwälte, einschließlich Vorschriften zur Vermeidung und Beilegung von Interessenkonflikten;
d) genaue Vorschriften für die Anwendung der Verordnung (EG) Nr. 1049/2001 bei der Tätigkeit der EUStA;
e) Durchführungsvorschriften gemäß Artikel 24 Absatz 8 der Verordnung (EG) Nr. 45/2001.

## Artikel 115 Ausübung der Befugnisübertragung

(1) Die Befugnis zum Erlass delegierter Rechtsakte wird der Kommission unter den in diesem Artikel festgelegten Bedingungen übertragen.

(2) Die Befugnis zum Erlass delegierter Rechtsakte gemäß Artikel 49 Absatz 3 wird der Kommission auf unbestimmte Zeit ab dem 20. November 2017 übertragen.

(3) [1]Die Befugnisübertragung gemäß Artikel 49 Absatz 3 kann vom Europäischen Parlament oder vom Rat jederzeit widerrufen werden. [2]Der Beschluss über den Widerruf beendet die Übertragung der in diesem Beschluss angegebenen Befugnis. [3]Er wird am Tag nach seiner Veröffentlichung im *Amtsblatt der Europäischen Union* oder zu einem im Beschluss über den Widerruf angegebenen späteren Zeitpunkt wirksam. [4]Die Gültigkeit von delegierten Rechtsakten, die bereits in Kraft sind, wird von dem Beschluss über den Widerruf nicht berührt.

(4) Vor dem Erlass eines delegierten Rechtsakts konsultiert die Kommission die von den einzelnen Mitgliedstaaten benannten Sachverständigen im Einklang mit den in der Interinstitutionellen Vereinbarung über bessere Rechtsetzung vom 13. April 2016 enthaltenen Grundsätzen.

(5) Sobald die Kommission einen delegierten Rechtsakt erlässt, übermittelt sie ihn gleichzeitig dem Europäischen Parlament und dem Rat.

(6) [1]Ein delegierter Rechtsakt, der gemäß Artikel 49 Absatz 3 erlassen wurde, tritt nur in Kraft, wenn weder das Europäische Parlament noch der Rat innerhalb einer Frist von zwei Monaten nach Übermittlung dieses Rechtsakts an das Europäische Parlament und den Rat Einwände erhoben haben oder wenn vor Ablauf dieser Frist das Europäische Parlament und der Rat beide der Kom-

1 **Amtl. Anm.:** Verordnung (EU) Nr. 1215/2012 des Europäischen Parlaments und des Rates vom 12. Dezember 2012 über die gerichtliche Zuständigkeit und die Anerkennung und Vollstreckung von Entscheidungen in Zivil- und Handelssachen (ABl. L 351 vom 20.12.2012, S. 1).

mission mitgeteilt haben, dass sie keine Einwände erheben werden. [2]Auf Initiative des Europäischen Parlaments oder des Rates wird diese Frist um zwei Monate verlängert.

## Artikel 116 Dringlichkeitsverfahren

(1) [1]Delegierte Rechtsakte, die nach diesem Artikel erlassen werden, treten umgehend in Kraft und sind anwendbar, solange keine Einwände gemäß Absatz 2 erhoben werden. [2]Bei der Übermittlung eines delegierten Rechtsakts an das Europäische Parlament und den Rat werden die Gründe für die Anwendung des Dringlichkeitsverfahrens angegeben.

(2) [1]Das Europäische Parlament oder der Rat können gemäß dem Verfahren des Artikels 115 Absatz 6 Einwände gegen einen delegierten Rechtsakt erheben. [2]In diesem Fall hebt die Kommission den Rechtsakt umgehend nach der Übermittlung des Beschlusses des Europäischen Parlaments oder des Rates, Einwände zu erheben, auf.

## Artikel 117 Mitteilungen

[1]Jeder Mitgliedstaat benennt die für die Durchführung dieser Verordnung zuständigen Behörden. [2]Die Angaben zu den benannten Behörden sowie etwaige spätere Änderungen werden gleichzeitig dem Europäischen Generalstaatsanwalt, dem Rat und der Kommission mitgeteilt. [3]Die Mitgliedstaaten übermitteln der EUStA ferner eine ausführliche Liste der nationalen Bestimmungen zum materiellen Strafrecht, die für die in der Richtlinie (EU) 2017/1371 definierten Straftaten gelten, und weiterer einschlägiger nationaler Vorschriften. [4]Die EUStA stellt sicher, dass die in diesen Listen enthaltenen Informationen öffentlich bekannt gemacht werden. [5]Darüber hinaus übermitteln die Mitgliedstaaten, die im Einklang mit Artikel 30 Absatz 3 die Absicht haben, die Anwendung von Artikel 30 Absatz 1 Buchstaben e und f auf bestimmte schwere Straftaten zu beschränken, der EUStA eine Liste dieser Straftaten.

## Artikel 118 Überprüfung der Regeln, die den Schutz natürlicher Personen bei der Verarbeitung personenbezogener Daten durch die EUStA betreffen

[1]Im Rahmen der Anpassung der Verordnung (EG) Nr. 45/2001 gemäß Artikel 2 Absatz 3 und Artikel 98 der Verordnung (EU) 2016/679 überprüft die Kommission die in der vorliegenden Verordnung festgelegten Bestimmungen, die den Schutz natürlicher Personen bei der Verarbeitung personenbezogener Daten durch die EUStA betreffen. [2]Die Kommission legt gegebenenfalls einen Gesetzgebungsvorschlag zur Änderung oder Aufhebung dieser Bestimmungen vor.

## Artikel 119 Überprüfungsklausel

(1) [1]Spätestens fünf Jahre nach dem von der Kommission gemäß Artikel 120 Absatz 2 festzulegenden Zeitpunkt und ab dann alle fünf Jahre gibt die Kommission eine Bewertung der Durchführung und Wirkung dieser Verordnung sowie der Effektivität und Effizienz der EUStA und ihrer Arbeitsweise in Auftrag und legt dazu einen Bewertungsbericht vor. [2]Die Kommission übermittelt den Bewertungsbericht zusammen mit ihren Schlussfolgerungen dem Europäischen Parlament und dem Rat sowie den nationalen Parlamenten. [3]Die Ergebnisse der Bewertung werden öffentlich bekannt gemacht.

(2) Die Kommission legt dem Europäischen Parlament und dem Rat Gesetzgebungsvorschläge vor, wenn sie zu dem Schluss gelangt, dass zusätzliche oder ausführlichere Vorschriften über die Errichtung der EUStA, ihre Aufgaben oder das für ihre Tätigkeit einschließlich ihrer grenzüberschreitenden Ermittlungen geltende Verfahren erforderlich sind.

## Artikel 120 Inkrafttreten

(1) Diese Verordnung tritt am zwanzigsten Tag nach ihrer Veröffentlichung[1] im *Amtsblatt der Europäischen Union* in Kraft.

(2) Die EUStA übt ihre Zuständigkeit in Bezug auf alle in ihre Zuständigkeit fallenden Straftaten aus, die nach dem Zeitpunkt des Inkrafttretens dieser Verordnung begangen wurden.

[1]Die EUStA übernimmt die ihr durch diese Verordnung übertragenen Ermittlungs- und Strafverfolgungsaufgaben zu einem Zeitpunkt, der durch einen Beschluss der Kommission auf Vorschlag des Europäischen Generalstaatsanwalts nach Errichtung der EUStA festzulegen ist. [2]Der Beschluss der Kommission wird im *Amtsblatt der Europäischen Union* veröffentlicht.

Der von der Kommission festzulegende Zeitpunkt liegt nicht früher als drei Jahre nach dem Tag des Inkrafttretens dieser Verordnung.

Für diejenigen Mitgliedstaaten, die sich aufgrund eines nach Artikel 331 Absatz 1 Unterabsatz 2 oder Unterabsatz 3 AEUV angenommenen Beschlusses der Verstärkten Zusammenarbeit anschließen, gilt diese Verordnung ab dem in dem betreffenden Beschluss angegebenen Tag.

Diese Verordnung ist in allen ihren Teilen verbindlich und gilt gemäß den Verträgen unmittelbar in den Mitgliedstaaten.

Geschehen zu Luxemburg am 12. Oktober 2017.

## Anhang In Artikel 49 Absatz 3 genannte Kategorien betroffener Personen und Kategorien operativer personenbezogener Daten

### A. Kategorien betroffener Personen, deren operative personenbezogene Daten im Index verarbeitet werden dürfen:

a) Verdächtige oder Beschuldigte in einem Strafverfahren der EUStA;
b) im Anschluss an ein Strafverfahren der EUStA verurteilte Personen;
c) natürliche Personen, die Straftaten gemeldet haben oder Opfer von Straftaten sind, die in die Zuständigkeit der EUStA fallen;
d) Personen, die mit den unter den Buchstaben a und b genannten Personen in Kontakt oder in Verbindung stehen.

### B. Kategorien operativer personenbezogener Daten der in Abschnitt A Buchstaben a und b genannten Kategorien betroffener Personen, die im Index verarbeitet werden dürfen:

a) Name, Geburtsname, Vornamen und gegebenenfalls Aliasnamen oder angenommene Namen;
b) Geburtsdatum und -ort;
c) Staatsangehörigkeit;
d) Geschlecht;
e) Wohnort, Beruf und Aufenthaltsort der betreffenden Person;
f) Sozialversicherungsnummern, ID-Codes, Fahrerlaubnisse, Ausweispapiere, Passdaten, Zoll- und Steuer-Identifikationsnummern;
g) Beschreibung und Art der zur Last gelegten Straftaten, Tatzeitpunkt und strafrechtliche Würdigung der Taten;
h) Informationen über juristische Personen, die bestimmte oder bestimmbare natürliche Personen betreffen, gegen die die Europäische Staatsanwaltschaft ermittelt;
i) Verdacht der Zugehörigkeit zu einer kriminellen Organisation;
j) Angaben zu Konten bei Banken oder anderen Finanzinstitutionen;

1 Veröffentlicht am 31.10.2017.

k) Telefonnummern, SIM-Kartennummern, E-Mail-Adressen, IP-Adressen sowie Konto- und Benutzernamen, die auf Online-Plattformen verwendet werden;
l) Fahrzeugregisterdaten;
m) identifizierbare Vermögenswerte, die im Eigentum der Person stehen oder von ihr genutzt werden, wie Kryptoanlagen und Immobilien.

## C. Kategorien operativer personenbezogener Daten der in Abschnitt A Buchstabe c genannten Kategorien betroffener Personen, die im Index in einem Maß verarbeitet werden dürfen, das im Hinblick auf die Untersuchungs- und Strafverfolgungsaufgaben der EUStA auf das Notwendige beschränkt und verhältnismäßig ist:

a) Name, Geburtsname, Vornamen und gegebenenfalls Aliasnamen oder angenommene Namen;
b) Geburtsdatum und -ort;
c) Staatsangehörigkeit;
d) Geschlecht;
e) Wohnort, Beruf und Aufenthaltsort der betreffenden Person;
f) ID-Codes, Ausweispapiere und Passdaten;
g) Beschreibung und Art der Straftaten, an denen die betreffende Person beteiligt ist oder die von ihr gemeldet wurden, Tatzeitpunkt und strafrechtliche Würdigung der Taten.

## D. Kategorien operativer personenbezogener Daten der in Abschnitt A Buchstabe d genannten Kategorien betroffener Personen, die im Index in einem Maß verarbeitet werden dürfen, das im Hinblick auf die Untersuchungs- und Strafverfolgungsaufgaben der EUStA auf das Notwendige beschränkt und verhältnismäßig ist:

a) Name, Geburtsname, Vornamen und gegebenenfalls Aliasnamen oder angenommene Namen;
b) Geburtsdatum und -ort;
c) Staatsangehörigkeit;
d) Geschlecht;
e) Wohnort, Beruf und Aufenthaltsort der betreffenden Person;
f) ID-Codes, Ausweispapiere und Passdaten.

## Anhang II.

## Geschäftsordnung der Europäischen Staatsanwaltschaft*

Das Kollegium der Europäischen Staatsanwaltschaft (EUStA) –

gestützt auf die Verordnung (EU) 2017/1939 des Rates vom 12. Oktober 2017 zur Durchführung einer Verstärkten Zusammenarbeit zur Errichtung der Europäischen Staatsanwaltschaft (EUStA) (im Folgenden „EUStA-Verordnung“), insbesondere auf Artikel 21,

auf Vorschlag des Europäischen Generalstaatsanwalts, in Erwägung nachstehender Gründe:

Nach Artikel 21 Absatz 1 der EUStA-Verordnung wird die Organisation der Arbeit der EUStA durch deren Geschäftsordnung geregelt.

Nach Artikel 21 Absatz 2 der EUStA-Verordnung erstellt der Europäische Generalstaatsanwalt, sobald die EUStA errichtet wurde, unverzüglich einen Vorschlag für ihre Geschäftsordnung, der vom Kollegium mit einer Zweidrittelmehrheit angenommen wird.

Der Europäische Generalstaatsanwalt hat dem Kollegium einen Vorschlag für die Geschäftsordnung der EUStA vorgelegt.

Das Kollegium hat den Vorschlag des Europäischen Generalstaatsanwalts in seinen Sitzungen vom 29. September 2020, 30. September 2020, 5. Oktober 2020 und 12. Oktober 2020 geprüft –

GIBT SICH DIESE GESCHÄFTSORDNUNG:

### Titel I Allgemeine Bestimmungen

### Artikel 1 Anwendungsbereich

(1) Nach Artikel 21 Absatz 1 der Verordnung1[1] wird die Organisation der Arbeit der Europäischen Staatsanwaltschaft (im Folgenden „EUStA“) durch diese Geschäftsordnung geregelt.

(2) Diese Geschäftsordnung ergänzt die Bestimmungen der Verordnung. Sie ist für die zentrale Dienststelle, das Personal der EUStA und die Delegierten Europäischen Staatsanwälte bindend. Die EUStA stellt sicher, dass externes Personal, das unter der Leitung der EUStA arbeitet und von den Mitgliedstaaten gestellt wurde, um der EUStA die Wahrnehmung ihrer Aufgaben nach der Verordnung zu ermöglichen, sich an diese Geschäftsordnung hält.

### Artikel 2 Sprachenregelung

(1) Die Arbeitssprache für die operativen und administrativen Tätigkeiten wird in allen internen Rechtsakten, Beschlüssen und Dokumenten der EUStA sowie in allen förmlichen Mitteilungen innerhalb der zentralen Dienststelle, zwischen der zentralen Dienststelle und den Delegierten Europäischen Staatsanwälten und zwischen den Delegierten Europäischen Staatsanwälten in den verschiedenen Mitgliedstaaten verwendet.

(2) Die Mitteilungen, Rechtsakte und Beschlüsse der EUStA, die sich an Organe, Einrichtungen oder sonstige Stellen der Europäischen Union richten, werden in der Arbeitssprache für die operativen und administrativen Tätigkeiten abgefasst. Im Verkehr mit dem Gerichtshof der Europäischen Union wird neben der englischen auch die französische Sprache verwendet.

(3) Mitteilungen an Personen, die an einem Strafverfahren beteiligt sind, z. B. Verdächtige oder Beschuldigte, Opfer und Zeugen, oder an andere Dritte erfolgen in der Sprache, die in den anzuwendenden nationalen Vorschriften des Strafprozessrechts und gegebenenfalls in den einschlägigen

---

* Verlagsseitig konsolidierte Fassung unter Berücksichtigung der Änderungen gemäß Beschluss 085/2021 des Kollegiums der EUStA vom 11. August 2021.

1 Verordnung (EU) 2017/1939 des Rates vom 12. Oktober 2017 zur Durchführung einer Verstärkten Zusammenarbeit zur Errichtung der Europäischen Staatsanwaltschaft (EUStA) (im Folgenden „Verordnung“; ABl. L 283 vom 31.10.2017, S. 1).

EU- oder internationalen Rechtsinstrumenten für justizielle Zusammenarbeit in Strafsachen vorgeschrieben ist. Erforderlichenfalls wird der Mitteilung eine Übersetzung in eine Sprache, die vom Empfänger verstanden wird, beigefügt.

(4) Die Delegierten Europäischen Staatsanwälte stellen sicher, dass die Akten der strafrechtlichen Ermittlungen, die sie bearbeiten und die für die zentrale Dienststelle für die Erfüllung ihrer Aufgaben nach der Verordnung unerlässlich sind, in der Arbeitssprache der EUStA, gegebenenfalls in zusammengefasster Form, zur Verfügung gestellt und dem Fortschrittsbericht nach Artikel 44 beigefügt werden.

## Artikel 3 Übersetzungsmodalitäten

(1) Für fallbezogene und dringende administrative Übersetzungen, die nach Artikel 2 für das Funktionieren der EUStA benötigt werden, sucht die EUStA geeignete Lösungen, die hochwertige und schnelle Übersetzungen in einer gesicherten Umgebung gewährleisten.

(2) Mit nicht dringenden administrativen Übersetzungen wird das Übersetzungszentrum für die Einrichtungen der EU beauftragt.

(3) Die Übersetzungsmodalitäten müssen den Datenschutzanforderungen und der Verpflichtung der EUStA, diese sicherzustellen, entsprechen.

# Titel II Organisatorisches

# Kapitel 1 Das Kollegium

## Artikel 4 Vorsitz

(1) Der Europäische Generalstaatsanwalt leitet die Sitzungen des Kollegiums.

(2) Ist der Europäische Generalstaatsanwalt verhindert, so bestimmt er einen der Stellvertreter des Europäischen Generalstaatsanwalts zum Vorsitz der Sitzung des Kollegiums.

(3) Sind der Europäische Generalstaatsanwalt und die beiden Stellvertreter verhindert, so leitet der älteste Europäische Staatsanwalt die Sitzung des Kollegiums.

## Artikel 5 Führung der allgemeinen Aufsicht

(1) Für die Zwecke des Artikels 9 Absatz 2 der Verordnung kann das Kollegium neben den nach der Verordnung bereitzustellenden Informationen jederzeit weitere Informationen über die Tätigkeiten der EUStA verlangen.

(2) Informationen über allgemeine Fragen, die sich aus Einzelfällen ergeben, werden dem Kollegium anonymisiert und nur in dem Umfang zur Verfügung gestellt, wie dies für die Zwecke des Artikels 9 Absatz 2 der Verordnung erforderlich ist.

## Artikel 6 Beschlüsse zu Strategie und Politik

Das Kollegium legt auf Vorschlag des Europäischen Generalstaatsanwalts die Prioritäten und die Ermittlungs- und Strafverfolgungspolitik der EUStA fest.

## Artikel 7 Sitzungen

(1) Nach Artikel 9 Absatz 2 der Verordnung hält das Kollegium mindestens einmal im Monat eine ordentliche Sitzung ab, sofern nicht das Kollegium etwas anderes beschließt. Der Europäische Generalstaatsanwalt kann jederzeit eine außerordentliche Sitzung einberufen.

(2) Auf Antrag von mindestens sieben Mitgliedern des Kollegiums beruft der Europäische Generalstaatsanwalt spätestens 10 Tage nach dem Antrag eine außerordentliche Sitzung ein.

(3) Der Europäische Generalstaatsanwalt beruft die Sitzungen des Kollegiums ein und bestimmt Datum und Uhrzeit der Sitzungen.

(4) Die Sitzungen des Kollegiums finden in den Diensträumen der EUStA statt. Der Europäische Generalstaatsanwalt kann Sitzungen des Kollegiums per Videokonferenz einberufen, sollten die Umstände dies erfordern. Können ein oder mehrere Mitglieder des Kollegiums nicht persönlich an Sitzungen in den Diensträumen der EUStA teilnehmen, so kann der Vorsitz gestatten, dass sie aus der Ferne teilnehmen.

(5) Der Europäische Generalstaatsanwalt stellt für jede Sitzung eine vorläufige Tagesordnung auf. Jedes Mitglied des Kollegiums und der Verwaltungsdirektor können dem Europäischen Generalstaatsanwalt Punkte zur Aufnahme in die vorläufige Tagesordnung vorschlagen. In die Tagesordnung werden Punkte aufgenommen, deren Aufnahme von mindestens 7 Mitgliedern des Kollegiums beantragt wurde, sowie Fragen, die von einer Ständigen Kammer nach Artikel 21 vorgeschlagen wurden. Die vorläufige Tagesordnung wird vom Sekretär des Kollegiums zusammen mit allen Unterlagen spätestens eine Woche vor der Sitzung allen Mitglieder des Kollegiums übermittelt. Nichtmitgliedern des Kollegiums, die eingeladen werden, bei bestimmten Punkten an der Sitzung teilzunehmen, werden die entsprechenden Unterlagen ebenfalls zur Verfügung gestellt. Wenn eine außerordentliche Sitzung einberufen wird, können die vorläufige Tagesordnung und die Unterlagen auch kurzfristiger übermittelt werden.

(6) Zu Beginn jeder Sitzung nimmt das Kollegium die Tagesordnung an. Dringende Angelegenheiten, die nicht auf der vorläufigen Tagesordnung stehen, können vom Vorsitz der Sitzung oder einem Mitglied des Kollegiums zur Diskussion und Abstimmung gestellt und in die Tagesordnung aufgenommen werden, sofern das Kollegium nicht widerspricht.

(7) Für die Teilnahme von Nichtmitgliedern des Kollegiums gilt Folgendes:

a) Der Verwaltungsdirektor nimmt an den Sitzungen des Kollegiums teil, wenn Haushalts-, Personal- und andere Verwaltungsangelegenheiten erörtert werden; er kann vom Europäischen Generalstaatsanwalt zu Sitzungen des Kollegiums eingeladen werden, bei denen strategische und politische Angelegenheiten erörtert werden.

b) Andere Bedienstete und andere Personen, deren Stellungnahme möglicherweise von Interesse ist, können auf Einladung des Europäischen Generalstaatsanwalts oder auf Initiative eines Mitglieds des Kollegiums an Sitzungen teilnehmen.

## Artikel 8 Beschlussfähigkeit und Abstimmung

(1) Für die Zwecke des Artikels 9 Absatz 5 der Verordnung ist das Kollegium mit zwei Dritteln der Mitglieder des Kollegiums beschlussfähig. Ist keine Beschlussfähigkeit gegeben, so kann der Vorsitz die Sitzung ohne förmliche Beschlussfassung fortsetzen. Die betreffenden Tagesordnungspunkte können in der nächsten Sitzung des Kollegiums, im schriftlichen Verfahren oder im Verfahren der stillschweigenden Zustimmung erörtert werden.

(2) Ist eine Fernteilnahme nicht möglich, so kann ein Europäischer Staatsanwalt, der an einer Sitzung des Kollegiums nicht teilnehmen kann, ausnahmsweise einem anderen Europäischen Staatsanwalt eine Vollmacht zur Abstimmung in seinem Namen erteilen. Abstimmungsvollmachten werden bei der Feststellung der Beschlussfähigkeit nach Absatz 1 nicht berücksichtigt.

(3) Ein Europäischer Staatsanwalt, der eine Abstimmungsvollmacht ausstellt, teilt dem Sekretär des Kollegiums schriftlich die Identität des Bevollmächtigten, die Punkte der Tagesordnung, für die die Vollmacht gilt, sowie etwaige Einschränkungen, mit denen die Abstimmungsvollmacht belegt ist, mit. Die Abstimmungsvollmacht gilt nur für die Tagesordnungspunkte, für die sie erteilt wurde.

(4) Der Vorsitz kann zur Abstimmung über einen Tagesordnungspunkt aufrufen, wenn er der Auffassung ist, dass die Angelegenheit ausreichend erörtert wurde.

(5) Die Abstimmung erfolgt durch Handzeichen oder elektronisch; wird die Abstimmung durch Handzeichen angefochten, so erfolgt eine namentliche Abstimmung. In den vom Kollegium gefassten Beschlüssen wird die Stimmenverteilung nicht angegeben.

(6) Beschlüsse, die nach der Verordnung mit einfacher Mehrheit zu fassen sind, gelten als gefasst, wenn die Höchstzahl der für eine Frage oder einen Punkt abgegebenen Stimmen die zweithöchste Zahl der Stimmen überschreitet.

## Artikel 9 Schriftliches Verfahren für die Beschlussfassung durch das Kollegium

(1) In dringenden Fällen kann der Europäische Generalstaatsanwalt ein schriftliches Verfahren einleiten, wenn ein Beschluss nicht vertagt werden kann und gefasst werden muss, bevor das Kollegium einberufen werden kann.

(2) Der Europäische Generalstaatsanwalt gewährt den Mitgliedern des Kollegiums für die Antwort mindestens eine Frist von drei Arbeitstagen ab dem Tag, an dem der Beschlussentwurf elektronisch übermittelt wurde. Ausnahmsweise kann der Europäische Generalstaatsanwalt eine kürzere Frist bestimmen, die jedoch mindestens einen vollen Arbeitstag betragen muss.

(3) Der Vorschlag für einen Beschluss, der im schriftlichen Verfahren zu fassen ist, kann nicht geändert werden und wird in seiner Gesamtheit genehmigt oder abgelehnt. Geht innerhalb der gesetzten Frist keine Antwort ein, so wird davon ausgegangen, dass sich das betreffende Mitglied des Kollegiums der Stimme enthalten hat.

(4) Ein Beschluss ist angenommen, wenn mindestens zwei Drittel der Mitglieder des Kollegiums schriftlich geantwortet haben und die erforderliche Stimmenmehrheit erreicht ist.

(5) Ist keine Beschlussfähigkeit gegeben oder die erforderliche Stimmenmehrheit nicht erreicht, so kann der Europäische Generalstaatsanwalt das schriftliche Verfahren erneut einleiten oder die Angelegenheit in der nächsten Sitzung des Kollegiums vorlegen.

(6) Der Europäische Generalstaatsanwalt stellt den Abschluss des schriftlichen Verfahrens fest. Durch Übermittlung einer entsprechenden Mitteilung an die Mitglieder des Kollegiums wird das Ergebnis des Verfahrens formalisiert.

## Artikel 10 Verfahren der stillschweigenden Zustimmung für die Beschlussfassung durch das Kollegium

(1) Bei Beschlüssen von geringerer Bedeutung, die nach der Verordnung mit einfacher Mehrheit zu fassen sind, kann der Europäische Staatsanwalt ein Verfahren der stillschweigenden Zustimmung einleiten.

(2) Der Europäische Generalstaatsanwalt gewährt den Mitgliedern des Kollegiums für die Antwort mindestens eine Frist von drei Arbeitstagen ab dem Tag, an dem der Beschlussentwurf elektronisch übermittelt wurde. Ausnahmsweise kann der Europäische Generalstaatsanwalt eine kürzere Frist bestimmen, die jedoch mindestens einen vollen Arbeitstag betragen muss.

(3) Der Vorschlag für einen Beschluss, der im Verfahren der stillschweigenden Zustimmung zu fassen ist, kann nicht geändert werden und wird in seiner Gesamtheit genehmigt oder abgelehnt. Geht innerhalb der gesetzten Frist keine Antwort ein, so wird davon ausgegangen, dass das betreffende Mitglied des Kollegiums dafür gestimmt hat.

(4) Der Europäische Generalstaatsanwalt stellt den Abschluss des Verfahrens der stillschweigenden Zustimmung fest. Durch Übermittlung einer entsprechenden Mitteilung an die Mitglieder des Kollegiums wird das Ergebnis des Verfahrens formalisiert.

(5) Erhebt auch nur ein Mitglied des Kollegiums Einspruch gegen das Verfahren der stillschweigenden Zustimmung, so gilt die zu prüfende Angelegenheit als nicht genehmigt.

## Artikel 11 Verfahren für den Erlass von Leitlinien

(1) Die folgenden Vorschriften gelten für den Erlass der in Artikel 10 Absatz 7, Artikel 24 Absatz 10, Artikel 27 Absatz 8, Artikel 34 Absatz 3 und Artikel 40 Absatz 2 der Verordnung genannten Leitlinien durch das Kollegium.

(2) Vorschläge für den Erlass oder die Änderung von Leitlinien können dem Kollegium vom Europäischen Generalstaatsanwalt oder von einer Gruppe von mindestens 7 Europäischen Staatsanwälten vorgelegt und spätestens 15 Tage vor der Sitzung des Kollegiums, in der der entsprechende Punkt auf der Tagesordnung steht, allen Mitglieder des Kollegiums übermittelt werden.

(3) Abweichend von Artikel 8 Absatz 1 ist das Kollegium für die Beschlussfassung nach diesem Artikel mit vier Fünfteln der Mitglieder des Kollegiums beschlussfähig.

(4) Die Artikel 9 und 10 gelten nicht für Beschlüsse nach diesem Artikel.

(5) Beschlüsse, die nach diesem Artikel gefasst werden, werden auf der Website der EUStA veröffentlicht.

## Artikel 12 Ausschluss der Öffentlichkeit und Vertraulichkeit

Unbeschadet des Artikels 7 Absatz 4 finden die Sitzungen des Kollegiums unter Ausschluss der Öffentlichkeit statt; die Beratungen sind vertraulich.

## Artikel 13 Der Sekretär des Kollegiums

(1) Der Europäische Generalstaatsanwalt bestimmt eine Person aus den Reihen des Personals der EUStA zum Sekretär des Kollegiums.

(2) Der Sekretär des Kollegiums untersteht dem Europäischen Generalstaatsanwalt und hilft ihm bei der Vorbereitung der Sitzungen des Kollegiums.

## Artikel 14 Sitzungsprotokoll

(1) Innerhalb von zwei Arbeitstagen nach jeder Sitzung verteilt der Sekretär des Kollegiums nach Genehmigung durch den Vorsitz die Liste der vom Kollegium gefassten Beschlüsse.

(2) Unbeschadet des Absatzes 1 arbeitet der Sekretär des Kollegiums für jede Sitzung des Kollegiums das Protokoll aus.

(3) Das Sitzungsprotokoll muss mindestens die Namen der teilnehmenden Personen, eine Zusammenfassung der Beratungen und die gefassten Beschlüsse ohne Angabe der Stimmenverteilung enthalten.

(4) Der Europäische Generalstaatsanwalt übermittelt den Mitgliedern des Kollegiums den Protokollentwurf zur Genehmigung in einer späteren Sitzung des Kollegiums. Sobald das Protokoll angenommen ist, wird es vom Europäischen Generalstaatsanwalt und dem Sekretär des Kollegiums unterzeichnet und zu den Akten genommen.

# Kapitel 2 Die Ständigen Kammern

## Artikel 15 Beschluss über die Ständigen Kammern

(1) Die Zahl der Ständigen Kammern und die Aufteilung der Zuständigkeiten zwischen den Ständigen Kammern sowie die Zuweisung der Fälle werden durch einen Beschluss über die Einrichtung der Ständigen Kammern und die Zuweisung der Fälle (im Folgenden „Beschluss über die Ständigen Kammern“) festgelegt, der vom Kollegium auf Vorschlag des Europäischen Generalstaatsanwalts erlassen wurde.

(2) Dem Vorschlag des Europäischen Generalstaatsanwalt sind Erläuterungen beizufügen.

(3) Der Beschluss über die Ständigen Kammern enthält die Verfahrensregelung für die Sitzungen der Ständigen Kammern.

(4) Der Beschluss über die Ständigen Kammern wird im Amtsblatt und auf der Website der EUStA veröffentlicht.

## Artikel 16 Zusammensetzung

(1) Die Zusammensetzung der einzelnen Ständigen Kammern wird durch einen Beschluss (im Folgenden „Beschluss über die Zusammensetzung der Ständigen Kammern") des Kollegiums auf Vorschlag des Europäischen Generalstaatsanwalts festgelegt.

(2) Jeder Europäische Staatsanwalt ist ständiges Mitglied mindestens einer Ständigen Kammer.

(3) Die Bestimmung eines Europäischen Staatsanwalts zum ständigen Mitglied von mehr als einer Ständigen Kammer muss unter Berücksichtigung der Arbeitsbelastung dieses Europäischen Staatsanwalts hinreichend begründet werden.

(4) Der Beschluss über die Zusammensetzung der Ständigen Kammern wird unter Berücksichtigung der aktuellen und erwarteten Arbeitsbelastung der Europäischen Staatsanwälte und der Notwendigkeit des effizienten Funktionierens der EUStA getroffen.

## Artikel 17 Bestimmung des Vorsitzes

(1) Der Europäische Generalstaatsanwalt und die Stellvertreter des Europäischen Generalstaatsanwalts führen in den Ständigen Kammern, in denen sie Mitglied sind, den Vorsitz.

(2) Für andere Fälle als die des Absatzes 1 wird der Vorsitz im Beschluss über die Zusammensetzung der Ständigen Kammern bestimmt.

## Artikel 18 Vorübergehende Vertretung des Vorsitzes

(1) Wird die Vertretung des Vorsitzes einer Ständigen Kammer erforderlich, weil dieser vorübergehend nicht in der Lage ist, seine Pflichten zu erfüllen, so legt der Europäische Generalstaatsanwalt nach Rücksprache mit seinen Stellvertretern abweichend vom Beschluss über die Zusammensetzung der Ständigen Kammern geeignete Regelungen fest. Die Regelungen müssen die Notwendigkeit der Kontinuität der Tätigkeit der Ständigen Kammern berücksichtigen.

(2) Die Geltungsdauer dieser vorübergehenden Regelungen wird vom Europäischen Generalstaatsanwalt festgelegt, darf aber drei Monate nicht überschreiten.

(3) Diese Maßnahmen werden dem Kollegium mitgeteilt und treten umgehend in Kraft.

## Artikel 19 Zuweisung der Fälle

(1) Mit dem Beschluss über die Ständigen Kammern wird ein System für die Zuweisung der Fälle an die Ständigen Kammern errichtet. Das System basiert auf der zufälligen, automatischen und wechselnden Zuweisung von Fällen an die Ständigen Kammern, zu deren ständigen Mitgliedern nicht der die Aufsicht führende Europäische Staatsanwalt gehört, in der Reihenfolge der Registrierung neuer Fälle und stellt eine gleichmäßige Verteilung der Arbeitsbelastung auf die Ständigen Kammern sicher. Der Fall wird unmittelbar nach seiner Registrierung nach dem Zufallsprinzip einer Ständigen Kammer zugewiesen, zu deren ständigen Mitgliedern nicht der die Aufsicht führende Europäische Staatsanwalt gehört. Zum Zwecke der Evokation wird der Fall nach dem Zufallsprinzip einer Ständigen Kammer zugewiesen, für die eine Sitzung zwischen dem dritten und dem fünften Tag nach der Registrierung des Falls anberaumt ist.

(2) Das in Absatz 1 beschriebene System wird so gestaltet, dass es unmöglich ist, einen Fall einer Ständigen Kammer zuzuweisen, in der der die Aufsicht führende Europäische Staatsanwalt ständiges Mitglied ist.

(3) Der Beschluss über die Ständigen Kammern kann zudem Vorschriften zur Sicherstellung des effizienten Funktionierens der EUStA und einer gleichmäßigen Verteilung der Arbeitsbelastung auf die Ständigen Kammern enthalten, die dem Europäischen Generalstaatsanwalt die Möglichkeit geben, in Ausnahmefällen Maßnahmen zu treffen, sofern die Arbeitsbelastung einer Ständigen Kammer erheblich höher ist als die der anderen. Zu diesen Maßnahmen kann unter anderem die Aussetzung der Zuweisung neuer Fälle an eine Ständige Kammer für einen bestimmten Zeitraum gehören. Der Europäische Generalstaatsanwalt setzt das Kollegium von diesen Maßnahmen in Kenntnis.

(4) Abweichend vom Grundsatz der zufälligen und automatischen Zuweisung kann im Beschluss über die Ständigen Kammern zur Sicherstellung des effizienten Funktionierens der EUStA vorgesehen werden, dass bestimmte Fallkategorien, insbesondere auf der Grundlage der Art der Straftaten, die Gegenstand der Ermittlung sind, oder der Tatumstände einer bestimmten Ständigen Kammer zugewiesen werden.

## Artikel 20 Zuständigkeit für einen bestimmten Fall und Neuzuweisung

(1) Wenn ein Fall einer Ständigen Kammer zugewiesen ist, bleibt diese für die Überwachung und Leitung der Ermittlungen und Strafverfolgungsmaßnahmen in Verbindung mit diesem Fall zuständig, bis die Angelegenheit endgültig abgeschlossen ist. Dies gilt unbeschadet der Anwendung der Vorschriften über die Neuzuweisung von Fällen unter den Ständigen Kammern nach Artikel 51.

(2) Der Europäische Generalstaatsanwalt kann den Fall nach Anhörung der Ständigen Kammer, der der Fall zugewiesen wurde, einer anderen Ständigen Kammer neu zuweisen,

a) wenn es Verbindungen zwischen einzelnen Fällen gibt, die verschiedenen Ständigen Kammern zugewiesen wurden, oder wenn der Verfahrensgegenstand repetitiv ist;

b) sofern dringend Beschlüsse gefasst werden müssen, auch Beschlüsse nach Artikel 27 der Verordnung.

(3) Der Europäische Generalstaatsanwalt kann einen Fall nach Anhörung der Ständigen Kammer, der der Fall ursprünglich zugewiesen wurde, auch einer nach Artikel 19 Absatz 4 ermittelten Ständigen Kammer neu zuweisen, sofern der Fall unter Anwendung des Beschlusses über die Ständigen Kammern von vornherein der spezialisierten Ständigen Kammer hätte zugewiesen werden müssen oder sofern sich die Notwendigkeit einer Neuzuweisung im Laufe des Strafverfahrens ergibt.

(4) Der Europäische Generalstaatsanwalt setzt das Kollegium von jeder Maßnahme nach Absatz 2 unter Angabe der Gründe für die Neuzuweisung in Kenntnis.

## Artikel 21 Unterrichtung des Kollegiums

(1) Für die Zwecke und nach Maßgabe des Artikels 5 unterrichtet der Vorsitz jeder Ständigen Kammer das Kollegium schriftlich über Fragen, die sich aus der Arbeit der Kammer ergeben und die für die Arbeit der EUStA als Ganzes oder in Bezug auf die Kohärenz, Effizienz und Einheitlichkeit der Strafverfolgungspolitik der EUStA von Belang sein könnten.

(2) Jede Ständige Kammer kann dem Kollegium über ihren Vorsitz einen schriftlichen Vorschlag zur Erörterung bestimmter Fragen im Zusammenhang mit der Durchführung der Strafverfolgungspolitik der EUStA oder anderen einschlägigen Leitlinien hinsichtlich bestimmter Fragen, die sich aus der Arbeit der Ständigen Kammer ergeben, vorlegen.

## Artikel 22 Berichtspflichten

(1) Der Vorsitz jeder Ständigen Kammer legt dem Kollegium nach Rücksprache mit den ständigen Mitgliedern jährlich einen schriftlichen Bericht über die Tätigkeiten der Ständigen Kammer vor. Ein Muster für einen solchen Bericht sowie die Frist für dessen Vorlage werden vom Europäischen Generalstaatsanwalt festgelegt.

(2) Der in Absatz 1 vorgesehene Bericht umfasst mindestens die folgenden Angaben:

a) Arbeitsbelastung der Ständigen Kammer, einschließlich der Zahl der neuen Fälle, der Zahl und der Art der gefassten Beschlüsse sowie der Zeit, die für die Beschlussfassung über die Fälle erforderlich war;
b) Gründe für die Einstellung von Verfahren nach Artikel 39 Absatz 1 Buchstabe g der Verordnung;
c) Beschlüsse zur Anwendung eines vereinfachten Strafverfolgungsverfahrens nach Artikel 40 der Verordnung;
d) Beschlüsse nach Artikel 27 Absatz 8 sowie Artikel 34 Absätze 2 und 3 der Verordnung;
e) Anwendung des schriftlichen Verfahrens nach Artikel 24;
f) sonstige Angelegenheiten im Zusammenhang mit den Tätigkeiten der Ständigen Kammer, die horizontale Auswirkungen auf die operativen Tätigkeiten der EUStA haben könnten.

## Artikel 23 Organisation von Sitzungen

(1) Sitzungen der Ständigen Kammern werden nach einer Tagesordnung abgehalten, in der die zu behandelnden Fälle, die zu fassenden Beschlüsse und die zu erörternden Fragen in Bezug auf jeden Fall genau angegeben sind.

(2) Der Vorsitz der Ständigen Kammer stellt die Tagesordnung auf. Auf Antrag eines ständigen Mitglieds können zusätzliche Punkte auf die Tagesordnung gesetzt werden. Der Vorsitz übermittelt die Tagesordnung den Mitgliedern der Ständigen Kammer und dem die Aufsicht führenden Europäischen Staatsanwalt, der für die in der Tagesordnung aufgeführten Fälle zuständig ist. Die Tagesordnung wird dem Europäischen Generalstaatsanwalt mitgeteilt.

(3) Der Vorsitz der Ständigen Kammer kann die in Artikel 10 Absatz 9 Unterabsatz 2 der Verordnung genannten Personen oder zuständige Mitglieder des Personals der EUStA auffordern, innerhalb einer bestimmten Frist schriftlich Stellung zu nehmen.

(4) Eine Ständige Kammer kann über einen Tagesordnungspunkt nur beraten, wenn die ständigen Mitglieder und der zuständige die Aufsicht führende Europäische Staatsanwalt entweder persönlich oder nach Maßgabe des Absatzes 7 an der Sitzung teilnehmen.

(5) Kann ein ständiges Mitglied weder persönlich oder nach Maßgabe des Absatzes 7 an der Sitzung teilnehmen, so kann abweichend von Absatz 4 ein Beschluss zu einem Tagesordnungspunkt gefasst werden, wenn die Anwesenden zu einem Konsens kommen.

(6) Der Vorsitz der Ständigen Kammer unterrichtet den Europäischen Generalstaatsanwalt über die nach Absatz 5 gefassten Beschlüsse und gibt die Gründe für die Anwendung des Verfahrens an.

(7) Die Sitzungen der Ständigen Kammer finden in den Diensträumen der EUStA statt. Der Vorsitz kann Sitzungen der Ständigen Kammer per Videokonferenz einberufen, sollten die Umstände dies erfordern. Können ein oder mehrere Mitglieder der Ständigen Kammer oder andere zur Teilnahme an einer Sitzung eingeladene Personen nicht persönlich teilnehmen, so kann der Vorsitz gestatten, dass sie aus der Ferne teilnehmen.

(8) Der Vorsitz kann ein Mitglied der Ständigen Kammer oder den die Aufsicht führenden Europäischen Staatsanwalt auffordern, über einen Tagesordnungspunkt der Sitzung Bericht zu erstatten.

(9) Das Protokoll jeder Sitzung der Ständigen Kammern wird unter Verantwortung des Vorsitzes der Ständigen Kammer angefertigt und im Fallbearbeitungssystem registriert.

## Artikel 24 Schriftliches Verfahren

(1) Die Ständige Kammer kann im schriftlichen Verfahren handeln,

a) wenn sie einen Beschluss zur Einstellung eines Verfahrens nach Artikel 39 Absatz 1 Buchstaben a bis d der Verordnung oder zu dessen Verweisung an die nationalen Behörden nach Artikel 34 der Verordnung fassen soll;

b) wenn der zu fassende Beschluss von geringer Komplexität ist, auch wegen seines Inhalts oder seines repetitiven Charakters oder wegen der Verbindung zu früheren Beschlüssen, die in demselben Fall bereits gefasst wurden.

(2) Wenn das schriftliche Verfahren angewendet wird, muss der Beschlussentwurf über das Fallbearbeitungssystem allen ständigen Mitgliedern der Ständigen Kammer und dem die Aufsicht führenden Europäischen Staatsanwalt übermittelt werden.

(3) Wird weder von einem ständigen Mitglied der Ständigen Kammer noch von dem die Aufsicht führenden Europäischen Staatsanwalt innerhalb einer vom Vorsitz bestimmten Frist, die mindestens drei Tage betragen muss, Einspruch erhoben, so gilt der Beschluss als gefasst.

# Kapitel 3 Der Europäische Generalstaatsanwalt und die Stellvertreter des Europäischen Generalstaatsanwalts

## Artikel 25 Funktionen und Aufgaben des Europäischen Generalstaatsanwalts

(1) Der Europäische Generalstaatsanwalt hat die ihm mit der Verordnung übertragenen Befugnisse und nimmt seine Aufgaben im Einklang mit der Verordnung und dieser Geschäftsordnung wahr.

(2) Nach Artikel 11 Absatz 1 der Verordnung erlässt der Europäische Generalstaatsanwalt Beschlüsse. Wird der Beschluss mündlich erlassen, so kann der Empfänger eine schriftliche Bestätigung verlangen.

(3) Nach Artikel 11 Absatz 3 der Verordnung unterzeichnet der Europäische Generalstaatsanwalt Instrumente im Namen der EUStA, zum Beispiel Arbeitsvereinbarungen und Übereinkünfte.

## Artikel 26 Auswahl und Ernennung der Stellvertreter des Europäischen Generalstaatsanwalts

(1) Ist die Stelle eines Stellvertreters des Europäischen Generalstaatsanwalts frei oder wird sie innerhalb der nächsten drei Monate frei, so unterrichtet der Europäische Generalstaatsanwalt unverzüglich das Kollegium über die freie Stelle und lädt interessierte Europäische Staatsanwälte ein, ihre Bewerbung zusammen mit einem Motivationsschreiben einzureichen. Die Ernennung eines Stellvertreters des Europäischen Generalstaatsanwalts erfolgt spätestens 3 Monate nach Bekanntgabe der freien Stelle gegenüber dem Kollegium. Bewerbungen werden bis 2 Wochen vor der Sitzung des Kollegiums angenommen, in der die Ernennung erfolgen soll.

(2) Spätestens eine Woche vor der für die Ernennung des Stellvertreters des Europäischen Staatsanwalts vorgesehenen Sitzung des Kollegiums schlägt der Europäische Generalstaatsanwalt dem Kollegium aus den eingegangenen Bewerbungen einen Bewerber für die Ernennung zum Stellvertreter des Europäischen Generalstaatsanwalts vor. Der Europäische Generalstaatsanwalt legt dem Kollegium die Bewerbung und das Motivationsschreiben des vorgeschlagenen Bewerbers zusammen mit der Tagesordnung vor.

(3) Nach der Vorstellung des Bewerbers stimmen alle Mitglieder des Kollegiums in geheimer Abstimmung ab.

(4) Müssen zwei Stellvertreter des Europäischen Generalstaatsanwalts gleichzeitig ernannt werden, so findet das in Absätzen 1 bis 3 Artikels umrissene Verfahren entsprechende Anwendung.

## Artikel 27 Aufgaben der Stellvertreter des Europäischen Generalstaatsanwalts

(1) Der Europäische Generalstaatsanwalt kann jedem Stellvertreter des Europäischen Generalstaatsanwalts ad hoc oder allgemein bestimmte Aufgaben oder thematische oder organisatorische Zuständigkeiten zuweisen und/oder an ihn delegieren. Das Kollegium wird darüber unterrichtet.

(2) Der Europäische Generalstaatsanwalt stellt sicher, dass die Kontinuität des Dienstes jederzeit gewährleistet ist. Der Europäische Generalstaatsanwalt beschließt über die Reihenfolge der Vertretung für den Fall, dass er abwesend und/oder nicht in der Lage sein sollte, die ihm übertragenen Pflichten zu erfüllen.

## Artikel 28 Wahrnehmung der Aufgaben

Die Wahrnehmung von Aufgaben als Stellvertreter des Europäischen Generalstaatsanwalts geschieht unter der Aufsicht des Europäischen Generalstaatsanwalts, und der Stellvertreter des Europäischen Generalstaatsanwalts untersteht diesbezüglich direkt dem Europäischen Generalstaatsanwalt.

## Artikel 29 Rücktritt und Entlassung eines Stellvertreters des Europäischen Generalstaatsanwalts

(1) Möchte ein Stellvertreter des Europäischen Generalstaatsanwalts vom Amt des Stellvertreters des Europäischen Generalstaatsanwalts zurückzutreten, so setzt er den Europäischen Generalstaatsanwalt spätestens drei Monate vor dem Tag des beabsichtigten Rücktritts schriftlich davon in Kenntnis, sofern nichts anderes vereinbart wurde. Der Europäische Generalstaatsanwalt leitet den Rücktritt unverzüglich an das Kollegium weiter.

(2) Im Falle eines schweren Vertrauensbruchs kann das Kollegium auf Antrag des Europäischen Generalstaatsanwalts mit der Mehrheit seiner Mitglieder beschließen, den Stellvertreter des Europäischen Generalstaatsanwalts aus dem Amt des Stellvertreters des Europäischen Generalstaatsanwalts zu entlassen. Der betreffende Stellvertreter des Europäischen Generalstaatsanwalts wird von der Abstimmung ausgeschlossen. Vor der Beschlussfassung hört das Kollegium den Stellvertreter des Europäischen Generalstaatsanwalts.

# Kapitel 4 Die Europäischen Staatsanwälte

## Artikel 30 Vertretung unter Europäischen Staatsanwälten

(1) Ist ein Europäischer Staatsanwalt kurzzeitig abwesend oder nicht in der Lage, seine Pflichten zu erfüllen, so ernennt der Europäische Generalstaatsanwalt einen Europäischen Staatsanwalt als Vertreter.

(2) Der vertretene Europäische Staatsanwalt kann dem Europäischen Generalstaatsanwalt einen Europäischen Staatsanwalt vorschlagen, dessen Zustimmung zur Übernahme der Vertretung bereits eingeholt wurde. Der Europäische Generalstaatsanwalt kann entweder den vorgeschlagenen oder einen anderen Europäischen Staatsanwalt ernennen.

(3) Der Europäische Generalstaatsanwalt stellt angesichts der besonderen Umstände der Vertretung unter Berücksichtigung des Umfangs der Kenntnisse der betreffenden Rechtsordnung und der erforderlichen Sprache sicher, dass der zum Vertreter ernannte Europäische Staatsanwalt seine Pflichten angemessen erfüllen kann. Die beiden Europäischen Staatsanwälte und das Kollegium werden entsprechend unterrichtet.

(4) Die Vertretung nach diesem Artikel umfasst alle Pflichten, sofern in dieser Geschäftsordnung nichts anderes angegeben ist oder in der Verordnung nicht etwas ausgeschlossen ist.

(5) Dieser Artikel gilt für alle Fälle der Abwesenheit des Europäischen Staatsanwalts mit Ausnahme der in Artikel 31 behandelten Abwesenheit.

## Artikel 31 Vertretung eines Europäischen Staatsanwalts durch einen Delegierten Europäischen Staatsanwalt

(1) Jeder Europäische Staatsanwalt schlägt dem Europäischen Generalstaatsanwalt bei der Ernennung oder wenn eine Vertretung erforderlich ist, einen Delegierten Europäischen Staatsanwalt aus seinem Mitgliedstaat vor, der vom Kollegium benannt werden soll und in der Lage wäre, nach Artikel 16 Absatz 7 der Verordnung als Europäischer Interims- Staatsanwalt tätig zu werden.

(2) Wenn ein Europäischer Staatsanwalt nach Artikel 16 Absätze 5 und 6 der Verordnung zurücktritt, entlassen wird, aus dem Amt ausscheidet oder aus einem anderen Grund nicht in der Lage ist, seine Aufgaben zu erfüllen, beantragt der Europäische Generalstaatsanwalt unverzüglich einen Beschluss des Kollegiums, um die entsprechende benannte Person zu ermächtigen, ab dem Tag, an dem der Rücktritt, die Entlassung oder das Ausscheiden wirksam wird, für einen Zeitraum von bis zu 3 Monaten als Europäischer Interims- Staatsanwalt tätig zu werden.

(3) Spätestens zwei Wochen vor Ende des Zeitraums von 3 Monaten kann das Kollegium den Vertretungszeitraum so lange verlängern, wie es dies als erforderlich ansieht.

(4) Der Europäische Interims-Staatsanwalt stellt seine Tätigkeit in dieser Funktion ein, wenn der Europäische Staatsanwalt aus seinem Mitgliedstaat wieder in der Lage ist, seine Pflichten zu erfüllen, oder wenn ein neuer Europäischer Staatsanwalt ernannt wird.

## Artikel 32 Zuweisung von Fällen an andere Europäische Staatsanwälte

(1) Der Antrag eines Europäischen Staatsanwalts auf der Grundlage des Artikels 12 Absatz 2 der Verordnung kann einen Vorschlag für einen Europäischen Staatsanwalt enthalten, dessen Zustimmung zur Übernahme des Falls bereits eingeholt wurde.

(2) Wenn ein Antrag aufgrund der Arbeitsbelastung gestellt wird, prüft der Europäische Generalstaatsanwalt die Arbeitsbelastung des antragstellenden Europäischen Staatsanwalts, die Verfügbarkeit anderer geeigneter Maßnahmen zur Lösung des Problems sowie die Auswirkungen des Vorschlags auf die Wirksamkeit der Ermittlungen und Strafverfolgungsmaßnahmen der EUStA.

(3) Wenn ein Antrag aufgrund einer möglichen Befangenheit gestellt wird, gibt der Europäische Generalstaatsanwalt dem Antrag statt, wenn er zu dem Schluss gelangt, dass die persönlichen Interessen des antragstellenden Europäischen Staatsanwalts seine Unabhängigkeit bei der Erfüllung der Pflichten eines Europäischen Staatsanwalts nach Artikel 12 der Verordnung tatsächlich oder möglicherweise beeinträchtigen oder als Beeinträchtigung wahrgenommen werden können. Absatz 1 findet in größtmöglichem Umfang Anwendung.

(4) Der Europäische Generalstaatsanwalt beschließt unverzüglich über Anträge nach den Absätzen 2 und 3, um ein ordnungsgemäßes und wirksames Funktionieren der EUStA weiter zu gewährleisten. Der Europäische Generalstaatsanwalt kann den Fall dem vorgeschlagenen oder einem anderen Europäischen Staatsanwalt neu zuweisen oder den Antrag ablehnen.

(5) Weist der Europäische Generalstaatsanwalt einen Fall auf der Grundlage dieses Artikels neu zu, so stellt er sicher, dass der Europäische Staatsanwalt, dem der Fall zugewiesen wird, kein ständiges Mitglied der überwachenden Ständigen Kammer ist und seine Pflichten angesichts der besonderen Umstände unter Berücksichtigung des Umfangs der Kenntnisse der betreffenden Rechtsordnung und der erforderlichen Sprache angemessen erfüllen kann. Der den Fall übernehmende Europäische Staatsanwalt nimmt seine Aufgaben im Einklang mit Artikel 12 der Verordnung wahr.

(6) Die betreffenden Europäischen Staatsanwälte und die Ständigen Kammern werden über das Fallbearbeitungssystem von der Neuzuweisung unterrichtet. Das Kollegium wird vom Europäischen Generalstaatsanwalt regelmäßig über die Neuzuweisung von Fällen in Kenntnis gesetzt.

## Kapitel 5 Die Delegierten Europäischen Staatsanwälte

### Artikel 33 Ernennung der Delegierten Europäischen Staatsanwälte

Auf Vorschlag des Europäischen Generalstaatsanwalts ernennt das Kollegium die Delegierten Europäischen Staatsanwälte. Vor dem Vorschlag stellt der Europäische Generalstaatsanwalt sicher, dass die benannten Bewerber die Kriterien in Artikel 17 Absatz 2 der Verordnung und die im Beschluss des Kollegiums mit Vorschriften zu den Beschäftigungsbedingungen der Delegierten Europäischen Staatsanwälte festgelegten Zulassungskriterien erfüllen.

### Artikel 34 Koordinierung der Delegierten Europäischen Staatsanwälte

Der Europäische Generalstaatsanwalt kann die Koordinierung der Tätigkeiten der Delegierten Europäischen Staatsanwälte der betreffenden Mitgliedstaaten, einschließlich ihrer Arbeitsprogramme, zur Sicherstellung der Wahrnehmung ihrer Aufgaben an die Europäischen Staatsanwälte delegieren.

### Artikel 35 Vertretung unter Delegierten Europäischen Staatsanwälten

Ist ein Delegierter Europäischer Staatsanwalt vorübergehend abwesend, zum Beispiel wegen Jahresurlaubs, Krankheit oder anderweitiger Verhinderung, so bestimmt der Europäische Staatsanwalt desselben Mitgliedstaats einen anderen Delegierten Europäischen Staatsanwalt aus diesem Mitgliedstaat zum Vertreter des abwesenden Delegierten Europäischen Staatsanwalts für den Zeitraum der Abwesenheit. Die Bestimmungen des Beschlusses des Kollegiums mit Vorschriften zu den Beschäftigungsbedingungen der Delegierten Europäischen Staatsanwälte bleiben unberührt.

## Kapitel 6 Verwaltungsdirektor

### Artikel 36 Auswahl und Ernennung des Verwaltungsdirektors

(1) Der Europäische Generalstaatsanwalt legt dem Kollegium die Stellenausschreibung für die Auswahl des Verwaltungsdirektors zur Genehmigung vor.

(2) Die Stellenausschreibung wird im *Amtsblatt der Europäischen Union* und auf der Website der EUStA veröffentlicht.

(3) Der Europäische Generalstaatsanwalt beurteilt die Bewerber nach den in der Stellenanzeige genannten Auswahlkriterien und führt Bewerbungsgespräche mit einer angemessenen Anzahl der am besten geeigneten Bewerber. Der Europäische Generalstaatsanwalt setzt einen Ausschuss zu seiner Unterstützung ein.

(4) Nach Abschluss der Bewerbungsgespräche stellt der Europäische Generalstaatsanwalt eine Auswahlliste von höchstens 3 Bewerbern in der von ihm bevorzugten Reihenfolge auf und übermittelt sie dem Kollegium zusammen mit einer Beurteilung jedes Bewerbers auf der Auswahlliste.

(5) Das Kollegium ernennt einen der Bewerber auf der Auswahlliste zum Verwaltungsdirektor.

### Artikel 37 Bewertung der Leistung und Verlängerung der Amtszeit des Verwaltungsdirektors

(1) Spätestens 6 Monate vor Ende der Amtszeit des Verwaltungsdirektors legt der Europäische Generalstaatsanwalt dem Kollegium eine Bewertung der Leistung des Verwaltungsdirektors zur Genehmigung vor, die gegebenenfalls auch Bemerkungen enthält.

(2) Vor der Annahme der Bewertung kann der Verwaltungsdirektor vom Kollegium gehört werden, wenn dies als erforderlich angesehen wird und/oder er dies beantragt. Der Verwaltungsdirektor ist

in der Sitzung, in der das Kollegium den Bewertungsbericht annimmt, nicht anwesend. Das Kollegium fasst den Beschluss spätestens 4 Monate vor Ende der Amtszeit des Verwaltungsdirektors.

(3) Das Kollegium kann die Amtszeit des Verwaltungsdirektors auf Vorschlag des Europäischen Generalstaatsanwalts unter Berücksichtigung der Bewertung nach Absatz 2 einmal um einen Zeitraum von höchstens 4 Jahren verlängern.

## Titel III Operative Angelegenheiten

## Kapitel 1 Registrierung und Prüfung von Informationen

### Artikel 38 Registrierung von Informationen

(1) Alle Informationen, die die EUStA nach Artikel 24 der Verordnung erhält oder von Amts wegen erlangt und die sich auf strafbare Handlungen beziehen, für die die EUStA ihre Zuständigkeit ausüben kann, werden in das nach Artikel 44 Absatz 4 Buchstabe a der Verordnung geführte Register (im Folgenden „Register") eingetragen.

(2) Die Registrierung umfasst Tag, Uhrzeit und Ort des Erhalts der Informationen sowie die Person, die die Registrierungsakte anlegt. Diese enthält zudem folgende Angaben:

a) die Quelle der Informationen, einschließlich Identität und Kontaktdaten der Organisation oder Person, die sie bereitgestellt hat, es sei denn, geltende Vorschriften zum Schutz von Informanten und Hinweisgebern finden Anwendung und sehen etwas anderes vor;
b) das Format der Informationen, einschließlich Verweisen auf Dokumente oder andere Unterlagen, die im Fallbearbeitungssystem nicht im Original gespeichert werden können;
c) ob die Akte mit Blick auf die Einleitung oder Evokation eines Ermittlungsverfahrens angelegt wurde.

(3) Sofern verfügbar, sollte die Registrierung auch folgende Informationen enthalten:

a) mögliche rechtliche Würdigung der gemeldeten strafbaren Handlung, auch ob diese durch eine organisierte Gruppe begangen wurde;
b) kurze Beschreibung der gemeldeten strafbaren Handlung, einschließlich des Tages, an dem sie begangen wurde;
c) Höhe und Art des geschätzten Schadens;
d) Mitgliedstaat(en), in dem/denen der Schwerpunkt der kriminellen Aktivitäten liegt bzw. der Großteil der Straftaten begangen wurde, falls mehrere Straftaten begangen wurden;
e) andere Mitgliedstaaten, die möglicherweise betroffen sind;
f) Namen möglicher Verdächtiger oder anderer Beteiligter nach Artikel 24 Absatz 4 der Verordnung, Geburtsdatum und -ort, Identifikationsnummern, gewöhnlicher Aufenthalt und/oder Staatsangehörigkeit, Beruf, Verdacht der Mitgliedschaft in einer kriminellen Vereinigung;
g) ob möglicherweise Vorrechte oder Befreiungen Anwendung finden;
h) mögliche Opfer (außer der Europäischen Union);
i) Ort, an dem der Hauptteil des finanziellen Schadens eingetreten ist;
j) untrennbar damit verbundene Straftaten;
k) sonstige zusätzliche Informationen, sofern der Inserter dies als angezeigt ansieht.

(4) Soweit möglich wird das Dokument, das die Informationen enthält, zusammen mit allen dazugehörigen Unterlagen im Fallbearbeitungssystem in ein elektronisch speicherbares Format umgewandelt.

(5) Auf der Grundlage des Inhalts des Absatzes 3 Buchstabe d benachrichtigt das Fallbearbeitungssystem die betreffenden Europäischen Staatsanwälte. Fällt die Prüfung nach Absatz 3 Buchstabe g positiv aus, so benachrichtigt das Fallbearbeitungssystem den Europäischen Generalstaatsanwalt.

(6) Enthalten die Informationen besondere Kategorien personenbezogener Daten im Sinne des Artikels 55 der Verordnung, so dürfen diese nur verarbeitet werden, wenn die in Artikel 55 der Verordnung festgelegten Voraussetzungen erfüllt sind. Die besonderen Kategorien personenbezogener Daten werden im Fallbearbeitungssystem als solche gekennzeichnet und die Gründe für ihre

Speicherung angegeben. Das Fallbearbeitungssystem benachrichtigt den Datenschutzbeauftragten von jeder dieser Registrierungen.

(7) Abweichend von Absatz 1 werden Informationen, die von privaten Dritten gemeldet werden und die sich offensichtlich nicht auf eine strafbare Handlung beziehen, für die die EUStA ihre Zuständigkeit ausüben kann, von einem Delegierten Europäischen Staatsanwalt oder einem Europäischen Staatsanwalt nach Artikel 24 Absatz 8 der Verordnung unverzüglich an die zuständigen nationalen Behörden weitergeleitet oder dem meldenden Dritten zurückgegeben und/oder gelöscht. Dies wird entsprechend protokolliert.

## Artikel 39 Zuweisung der Prüfung

(1) Alle nach Artikel 38 Absatz 1 dieser Geschäftsordnung registrierten Informationen werden von einem Delegierten Europäischen Staatsanwalt oder dem betreffenden Europäischen Staatsanwalt geprüft, um festzustellen, ob Gründe für die Ausübung der Zuständigkeit der EUStA vorliegen.

(2) Wenn der Europäische Staatsanwalt vom Fallbearbeitungssystem nach Artikel 38 Absatz 5 benachrichtigt wurde, weist er die Prüfung einem Delegierten Europäischen Staatsanwalt zu. Der Europäische Staatsanwalt kann die Prüfung in den in Artikel 28 Absatz 4 der Verordnung genannten Fällen persönlich vornehmen. Das Verfahren für die Zuweisung der Prüfung wird vom Europäischen Staatsanwalt bestimmt und kann eine auf Regeln beruhende Zuweisung beinhalten, auch bei Fällen, in denen die Informationen von einem Delegierten Europäischen Staatsanwalt von Amts wegen erlangt wurden.

(3) Wurden mehrere Europäische Staatsanwälte benachrichtigt oder ist der benachrichtigte Europäische Staatsanwalt der Auffassung, dass ein anderer Europäischer Staatsanwalt besser in der Lage ist, die Zuweisung vorzunehmen, so beraten sie sich und beschließen gemeinsam. Wird keine Einigung erzielt, so entscheidet der Europäische Generalstaatsanwalt.

(4) Hat die EUStA die Informationen nach Artikel 24 Absatz 2 der Verordnung erhalten, so werden sie innerhalb von 24 Stunden nach der Registrierung zur Prüfung zugewiesen. Alle anderen Informationen werden innerhalb von 3 Tagen nach der Registrierung zur Prüfung zugewiesen.

(5) Weist der Europäische Staatsanwalt den Fall nicht innerhalb der vorgeschriebenen Frist zu oder teilt er mit, dass er nicht in der Lage ist, die Zuweisung innerhalb der vorgesehenen Frist vorzunehmen, so wird diese vom Europäischen Generalstaatsanwalt oder einem Stellvertreter des Europäischen Generalstaatsanwalts vorgenommen.

## Artikel 40 Prüfung von Informationen

(1) Bei der Prüfung für die Zwecke der Einleitung eines Ermittlungsverfahrens wird beurteilt, ob

a) die gemeldete Handlung eine Straftat darstellt, die in die sachliche, territoriale, personelle und zeitliche Zuständigkeit der EUStA fällt;
b) nach dem anzuwendenden nationalen Recht Grund zu der Annahme besteht, dass eine Straftat begangen wird oder wurde;
c) es offensichtliche rechtliche Gründe gibt, die eine Strafverfolgung ausschließen;
d) gegebenenfalls die in Artikel 25 Absätze 2, 3 und 4 der Verordnung vorgeschriebenen Voraussetzungen erfüllt sind.

(2) Bei der Prüfung für die Zwecke der Evokation wird zusätzlich Folgendes beurteilt:

a) der Stand des Ermittlungsverfahrens;
b) die Relevanz des Ermittlungsverfahrens für die Sicherstellung der Kohärenz der Ermittlungs- und Strafverfolgungspolitik der EUStA;
c) die grenzüberschreitenden Aspekte des Ermittlungsverfahrens;
d) das Bestehen eines sonstigen spezifischen Grundes dafür, dass die EUStA besser in der Lage ist, das Ermittlungsverfahren fortzuführen.

(3) Die Prüfung wird unter Nutzung aller der EUStA zur Verfügung stehenden Informationsquellen sowie aller dem Europäischen Staatsanwalt oder dem betreffenden Delegierten Europäischen Staatsanwalt nach dem anzuwendenden nationalen Recht zur Verfügung stehenden Quellen durchgeführt, einschließlich derer, die ihm in seiner Funktion auf nationaler Ebene zur Verfügung stehen. Der Europäische Staatsanwalt bzw. der Delegierte Europäische Staatsanwalt kann bei der Prüfung Personal der EUStA einsetzen. Vorbehaltlich des Schutzes der Integrität möglicher künftiger strafrechtlicher Ermittlungen kann die EUStA sich gegebenenfalls mit Organen, Einrichtungen und sonstigen Stellen der Union sowie nationale Behörden beraten und mit ihnen Informationen austauschen.

(4) Der Delegierte Europäische Staatsanwalt oder gegebenenfalls der Europäische Staatsanwalt schließt die Prüfung im Hinblick auf die Evokation eines Ermittlungsverfahrens spätestens 2 Tage vor Ablauf der in Artikel 27 Absatz 1 der Verordnung vorgeschriebenen Frist ab. Die Prüfung im Hinblick auf die Einleitung eines Ermittlungsverfahrens wird spätestens 20 Tage nach der Zuweisung abgeschlossen.

(5) In Fällen, in denen die Prüfung einem Delegierten Europäischen Staatsanwalt zugewiesen wird und der Delegierte Europäische Staatsanwalt die Prüfung, ob ein Ermittlungsverfahren eingeleitet werden soll, nicht innerhalb der vorgeschriebenen Frist abschließt oder er mitteilt, dass er nicht in der Lage ist, die Prüfung innerhalb der vorgesehenen Frist abzuschließen, so wird der Europäische Staatsanwalt unterrichtet; dieser verlängert die Frist, wenn er dies als angezeigt ansieht, oder erteilt dem Delegierten Europäischen Staatsanwalt eine geeignete Weisung.

(6) Hinsichtlich eines Beschlusses über die Evokation kann der Delegierte Europäische Staatsanwalt oder gegebenenfalls der Europäische Staatsanwalt beim Europäischen Generalstaatsanwalt die Verlängerung der Frist für den Erlass eines Beschlusses über die Evokation um bis zu 5 Tage beantragen.

(7) Erlässt der Europäische Staatsanwalt oder der betreffende Delegierte Europäische Staatsanwalt innerhalb der Frist keinen Beschluss, so gilt dies als Erwägung, das Verfahren nicht an sich zu ziehen, und Artikel 42 findet entsprechende Anwendung.

(7a) Wird die Prüfung von einem Europäischen Staatsanwalt vorgenommen, so weist der Europäische Staatsanwalt nach einer vorläufigen Beurteilung der Informationen für die Zwecke von Artikel 26, Artikel 27 und Artikel 28 Absatz 4 der Verordnung gemäß Artikel 41 oder 42 dieser Geschäftsordnung das Verfahren in der Regel innerhalb von 24 Stunden einem Delegierten Europäischen Staatsanwalt zu.

Ist der Europäische Staatsanwalt der Auffassung, dass die Voraussetzungen von Artikel 28 Absatz 4 der Verordnung erfüllt sind, so geht er unverzüglich gemäß Artikel 52 Absätze 1 und 2 dieser Geschäftsordnung vor. Hat der Europäische Staatsanwalt in solchen Fällen die Genehmigung der zuständigen Ständigen Kammer erhalten, das Ermittlungsverfahren selbst zu führen, so trifft er eine mit Gründen versehene Entscheidung über die Einleitung des Ermittlungsverfahrens oder zieht das Verfahren an sich und eröffnet eine Verfahrensakte gemäß Artikel 41 Absatz 1 dieser Geschäftsordnung. Wird die Genehmigung nicht erteilt, so weist der die Aufsicht führende Europäische Staatsanwalt das Verfahren unverzüglich einem Delegierten Europäischen Staatsanwalt zu.

## Artikel 41 Beschluss zur Einleitung eines Ermittlungsverfahrens oder zur Evokation eines Verfahrens

(1) Beschließt die EUStA nach der Prüfung, ihre Zuständigkeit durch Einleitung eines Ermittlungsverfahrens oder Evokation eines Verfahrens auszuüben, so wird eine Verfahrensakte angelegt und ihr im Index der Verfahrensakten (im Folgenden „Index") eine Kennnummer zugewiesen. Im Fallbearbeitungssystem wird automatisch ein dauerhafter Link zu der entsprechenden Registrierung nach Artikel 38 Absatz 1 erstellt.

(2) Soweit verfügbar, enthält der entsprechende Verweis im Index folgende Informationen:

a) hinsichtlich Verdächtiger oder Beschuldigter in einem Strafverfahren der EUStA oder im Anschluss an ein Strafverfahren der EUStA verurteilter Personen:
   - i) Name, Geburtsname, Vornamen und gegebenenfalls Aliasnamen oder angenommene Namen;
   - ii) Geburtsdatum und -ort:
   - iii) Staatsangehörigkeit;
   - iv) Geschlecht;
   - v) Wohnort, Beruf und Aufenthaltsort der betreffenden Person;
   - vi) Sozialversicherungsnummern, ID-Codes, Fahrerlaubnisse, Ausweispapiere, Reisepassdaten, Zoll- und Steuer-Identifikationsnummern;
   - vii) Beschreibung der mutmaßlichen Straftaten, einschließlich des Tages, an dem sie begangen wurden;
   - viii) Kategorie der Straftaten, einschließlich des Vorliegens untrennbar damit verbundener Straftaten;
   - ix) Höhe des geschätzten Schadens;
   - x) Verdacht der Mitgliedschaft in einer kriminellen Vereinigung;
   - xi) Angaben zu Konten bei Banken und anderen Finanzinstituten;
   - xii) Telefonnummern, SIM-Kartennummern, E-Mail-Adressen, IP-Adressen sowie Konto- und Benutzernamen bei Online-Plattformen;
   - xiii) Fahrzeugregisterdaten;
   - xiv) identifizierbare Vermögenswerte, die im Eigentum der betreffenden Person stehen oder von ihr genutzt werden, zum Beispiel Kryptovermögenswerte oder Immobilien;
   - xv) Informationen dazu, ob möglicherweise Vorrechte oder Befreiungen Anwendung finden.

b) hinsichtlich natürlicher Personen, die Straftaten gemeldet haben oder Opfer von Straftaten sind, die in die Zuständigkeit der EUStA fallen:
   - i) Name, Geburtsname, Vornamen und gegebenenfalls Aliasnamen oder angenommene Namen;
   - ii) Geburtsdatum und -ort:
   - iii) Staatsangehörigkeit;
   - iv) Geschlecht;
   - v) Wohnort, Beruf und Aufenthaltsort der betreffenden Person;
   - vi) ID-Codes, Ausweispapiere und Reisepassdaten;
   - vii) Beschreibung und Art der Straftaten, an denen die betreffende Person beteiligt ist oder die von ihr gemeldet wurden, Tag, an dem die Straftaten begangen wurden, und strafrechtliche Einordnung der Taten.

c) hinsichtlich Personen, die mit einer der unter Buchstabe a genannten Personen in Kontakt oder in Verbindung stehen:
   - i) Name, Geburtsname, Vornamen und gegebenenfalls Aliasnamen oder angenommene Namen;
   - ii) Geburtsdatum und -ort:
   - iii) Staatsangehörigkeit;
   - iv) Geschlecht;
   - v) Wohnort, Beruf und Aufenthaltsort der betreffenden Person;
   - vi) ID-Codes, Ausweispapiere und Reisepassdaten.

Die unter Buchstabe a Ziffern x bis xv genannten Kategorien personenbezogener Daten werden nur soweit praktisch möglich unter Berücksichtigung des operativen Interesses und der verfügbaren Ressourcen in den Index eingetragen. Der Verweis im Index auf eine Verfahrensakte wird während des Ermittlungsverfahrens auf dem neuesten Stand gehalten. Das Fallbearbeitungssystem unterrichtet den Europäischen Staatsanwalt und den betreffenden Delegierten Europäischen Staatsanwalt in regelmäßigen Abständen, wenn bestimmte Kategorien von Informationen nicht in den Index eingetragen werden.

(3) Das Fallbearbeitungssystem unterrichtet den die Aufsicht führenden Europäischen Staatsanwalt, die Ständige Kammer und den Europäischen Generalstaatsanwalt.

(4) Ist der betraute Delegierte Europäische Staatsanwalt oder der gemäß Artikel 28 Absatz 4 der Verordnung das Ermittlungsverfahren führende Europäische Staatsanwalt der Auffassung, dass es zur Aufrechterhaltung der Integrität des Ermittlungsverfahrens erforderlich ist, die Verpflichtung zur Unterrichtung der in Artikel 25 Absatz 5 und Artikel 26 Absätze 2 und 7 der Verordnung genannten Behörden vorübergehend aufzuschieben, so setzt er die überwachende Ständige Kammer unverzüglich davon in Kenntnis. Diese kann widersprechen und den Delegierten Europäischen Staatsanwalt oder gegebenenfalls den gemäß Artikel 28 Absatz 4 der Verordnung tätig gewordenen Europäischen Staatsanwalt anweisen, die betreffende Unterrichtung umgehend vorzunehmen.

## Artikel 42 Beschluss, kein Ermittlungsverfahren einzuleiten oder ein Verfahren nicht an sich zu ziehen

(1) Erwägt der Delegierte Europäische Staatsanwalt nach der Prüfung, kein Ermittlungsverfahren einzuleiten oder ein Verfahren nicht an sich zu ziehen, so trägt er die Gründe hierfür in das Register ein. Der zuweisende Europäische Staatsanwalt wird von der Erwägung benachrichtigt, und ihre Überprüfung wird der zuständigen Ständigen Kammer zugewiesen.

(2) Hat das Kollegium allgemeine Leitlinien erlassen, nach denen die Delegierten Europäischen Staatsanwälte unabhängig und unverzüglich beschließen können, Verfahren wegen bestimmter Arten von Straftaten nicht an sich zu ziehen, so wird die Überprüfung des Beschlusses des Delegierten Europäischen Staatsanwalts nach den in diesen Leitlinien vorgesehenen Vorschriften vorgenommen.

(3) Die Ständige Kammer kann, sofern sie dies als angezeigt ansieht, das Personal der EUStA um Unterstützung bei ihrer Beschlussfassung bitten.

(4) Die Überprüfung der Erwägung, ein Verfahren nicht an sich zu ziehen, wird von der Ständigen Kammer vor Ablauf der in Artikel 27 Absatz 1 der Verordnung vorgeschriebenen Frist vorgenommen. Die Überprüfung der Erwägung, kein Ermittlungsverfahren einzuleiten, wird spätestens 20 Tage nach der Zuweisung an die Ständige Kammer vorgenommen. Die Ständige Kammer kann beim Europäischen Generalstaatsanwalt eine Verlängerung der Frist für die Überprüfung beantragen.

(5) Erteilt die Ständige Kammer dem Delegierten Europäischen Staatsanwalt die Weisung, ein Ermittlungsverfahren einzuleiten oder ein Verfahren an sich zu ziehen, so handelt der Delegierte Europäische Staatsanwalt im Einklang mit Artikel 41.

(6) Erteilt die Ständige Kammer dem Delegierten Europäischen Staatsanwalt vor Ablauf der Frist für die Überprüfung keine Weisung, so gilt die Erwägung des Delegierte Europäischen Staatsanwalt als angenommen. Nach Möglichkeit wird die Behörde oder Person, die die strafbare Handlung gemeldet hat, von dem Beschluss in Kenntnis gesetzt.

(7) Liegt dem Beschluss, kein Ermittlungsverfahren einzuleiten, die Tatsache zugrunde, dass die gemeldete strafbare Handlung nicht in die Zuständigkeit der EUStA fällt, so werden die ursprünglich erhaltenen Informationen und soweit zulässig die im Zuge der Prüfung durch die EUStA erlangten Informationen den zuständigen nationalen Behörden übermittelt.

# Kapitel 2 Ermittlungsverfahren

## Artikel 43 Vorschriften zur Durchführung der Ermittlungen

(1) Ungeachtet der Möglichkeit einer Neuzuweisung nach Artikel 49 und unbeschadet von Artikel 28 Absatz 4 der Verordnung ist der Delegierte Europäische Staatsanwalt, der beschlossen hat, ein Ermittlungsverfahren einzuleiten oder an sich zu ziehen, auch für dessen Durchführung zuständig.

(2) Wenn dies nach dem nationalem Recht zulässig ist, kann der Europäische Staatsanwalt einen oder mehrere Delegierte Europäische Staatsanwälte aus demselben Mitgliedstaat bestimmen, die die Ermittlungen gemeinsam mit dem betrauten Delegierten Europäischen Staatsanwalt führen. Der betreffende Europäische Staatsanwalt kann die Ermittlungen selbst führen, wenn die Voraussetzungen von Artikel 28 Absatz 4 der Verordnung erfüllt sind.

(3) Unbeschadet der Bestimmungen des auf den Fall anzuwendenden nationalen Rechts werden die Verfahrensakten der EUStA nach dieser Geschäftsordnung organisiert und geführt, um das ordnungsgemäße Funktionieren der Europäischen Staatsanwaltschaft als einheitliche Behörde sicherzustellen. Kopien aller in die Verfahrensakte aufgenommenen Unterlagen werden nach Artikel 44 Absatz 4 Buchstabe c der Verordnung nach Möglichkeit in einem elektronischen Format im Fallbearbeitungssystem gespeichert.

(4) Die praktischen Regelungen für den Zugriff des die Aufsicht führenden Europäischen Staatsanwalts und der zuständigen Ständigen Kammer auf die Informationen und Beweise aus den Verfahrensakten, die nicht elektronisch im Fallbearbeitungssystem gespeichert werden können, werden mit dem betrauten Delegierten Europäischen Staatsanwalt kosteneffizient vereinbart.

(5) Auf der Grundlage eines Vorschlags des Europäischen Generalstaatsanwalts kann das Kollegium weitere Vorschriften für die Führung und Archivierung der Verfahrensakten der EUStA erlassen.

## Artikel 44 Berichterstattung über die Ermittlungen

(1) Während eines Ermittlungsverfahrens erstellt und aktualisiert der betraute Delegierte Europäische Staatsanwalt einen Fortschrittsbericht. Der Bericht enthält einen vorläufigen Arbeitsplan für die Ermittlungen sowie wichtige Entwicklungen bei den Ermittlungen, darunter mindestens Folgendes:

a) die geplanten und durchgeführten Ermittlungsmaßnahmen sowie deren Ergebnisse;
b) Änderungen des Umfangs der Ermittlung hinsichtlich Verdächtiger, der Straftaten, auf die sich die Ermittlungen erstrecken, des verursachten Schadens und der Opfer;
c) die Erhebung wichtiger Beweise;
d) gegebenenfalls Anträge auf Überprüfung einer Handlung oder eines Beschlusses des betrauten Delegierten Europäischen Staatsanwalts;
e) eine kurze Beschreibung des Inhalts von Mitteilungen, Handlungen oder Beschlüssen, die an einen Mitgliedstaat oder an eine der Hoheitsgewalt eines Mitgliedstaats unterstehende Person gerichtet sind.

(2) Der Bericht wird im Fallbearbeitungssystem aktualisiert. Der die Aufsicht führende Europäische Staatsanwalt und die Mitglieder der überwachenden Ständigen Kammer werden vom Fallbearbeitungssystem jedes Mal benachrichtigt, wenn der Bericht geändert wird.

(3) Die Europäischen Staatsanwälte können für die Delegierten Europäischen Staatsanwälte in ihren Mitgliedstaaten Leitlinien erlassen, in denen die Berichterstattungspflicht ausgeführt wird.

## Artikel 45 Überwachung der Ermittlungsverfahren

(1) Nach Einleitung eines Verfahrens wird dieses vom Fallbearbeitungssystem im Einklang mit Artikel 19 nach dem Zufallsprinzip einer Ständigen Kammer zur Überwachung zugewiesen, bei der der die Aufsicht führende Europäische Staatsanwalt kein ständiges Mitglied ist.

(2) Die überwachende Ständige Kammer, einschließlich jedes ihrer ständigen Mitglieder und des die Aufsicht führenden Europäischen Staatsanwalts, haben jederzeit Zugriff auf die Informationen in der Verfahrensakte, die im Fallbearbeitungssystem gespeichert ist. Wenn dies für die Beschlussfassung unabdingbar ist, kann die Ständige Kammer den die Aufsicht führenden Europäischen Staatsanwalt ersuchen sicherzustellen, dass die Originalunterlagen, von denen noch keine Kopie im

Fallbearbeitungssystem gespeichert ist oder die in ihrem ursprünglichen Format nicht im Fallbearbeitungssystem gespeichert werden können und die nicht bei der zentralen Dienststelle aufbewahrt werden, der zentralen Dienststelle übermittelt werden. Die Unterlagen werden unverzüglich zurückgegeben, sobald der Zweck, für den sie von der Ständigen Kammer angefordert wurden, erfüllt ist.

(3) Unbeschadet der Berichterstattungspflichten nach Artikel 22 kann die Ständige Kammer oder der die Aufsicht führende Europäische Staatsanwalt jederzeit beim Delegierten Europäischen Staatsanwalt Informationen über eine laufende Ermittlung oder Strafverfolgung anfordern.

(4) Die Ständige Kammer überprüft das Ermittlungsverfahren nach einem vom Vorsitz aufgestellten Zeitplan in regelmäßigen Abständen oder jeweils auf Antrag eines ihrer ständigen Mitglieder, des die Aufsicht führenden Europäischen Staatsanwalts oder des betrauten Delegierten Europäischen Staatsanwalts.

(5) Der betraute Delegierte Europäische Staatsanwalt kann während des Ermittlungsverfahrens jederzeit Personal der EUStA um Unterstützung bitten.

## Artikel 46 Leitung der Ermittlungen

(1) Weisungen an den betrauten Delegierten Europäischen Staatsanwalt nach Artikel 10 Absatz 5 der Verordnung können bestimmte zu treffende oder nicht zu treffende Maßnahmen betreffen.

(2) Die Weisungen können eine Verpflichtung des betrauten Delegierten Europäischen Staatsanwalts zur Berichterstattung über die entsprechenden Folgemaßnahmen enthalten.

(3) Der Vorsitz der Ständigen Kammer übermittelt einen Entwurf der Weisungen oder beauftragt ein Mitglied der Ständigen Kammer oder den die Aufsicht führenden Europäischen Staatsanwalt damit.

(4) Die Weisungen werden in das Fallbearbeitungssystem eingegeben, das den betreffenden Delegierten Europäischen Staatsanwalt automatisch benachrichtigt.

(5) Der die Aufsicht führende Europäische Staatsanwalt stellt sicher, dass der Delegierte Europäische Staatsanwalt den Weisungen Folge leistet. Ist der die Aufsicht führende Europäische Staatsanwalt der Auffassung, dass der betraute Delegierte Europäische Staatsanwalt Weisungen nicht Folge geleistet hat, so kann er diesen um Klarstellung ersuchen und die Ständige Kammer unterrichten, erforderlichenfalls unter Vorlage eines Vorschlags nach Artikel 28 Absatz 3 Buchstabe b der Verordnung.

## Artikel 47 Überprüfung der Weisungen der Ständigen Kammern

(1) Wenn ein Delegierter Europäischer Staatsanwalt der Auffassung ist, dass die Befolgung einer von der überwachenden Ständigen Kammer empfangenen Weisung gegen das Unionsrecht, einschließlich der Verordnung, oder das anzuwendende nationale Recht verstößt, unterrichtet er umgehend die Ständige Kammer und legt einen Vorschlag zur Änderung oder Aufhebung der empfangenen Weisungen vor. Die überwachende Ständige Kammer beschließt nach Rücksprache mit dem die Aufsicht führenden Europäischen Staatsanwalt unverzüglich über diesen Antrag.

(2) Wenn die Ständige Kammer einen solchen Antrag ablehnt, kann der Delegierte Europäische Staatsanwalt beim Europäischen Generalstaatsanwalt eine Überprüfung beantragen. Der Vorsitz der überwachenden Ständigen Kammer kann dem Europäischen Generalstaatsanwalt Bemerkungen übermitteln. Der Europäische Generalstaatsanwalt weist den Antrag einer anderen Ständigen Kammer zu, die unter Beteiligung des die Aufsicht führenden Europäischen Staatsanwalts einen abschließenden Beschluss über die Weisung fasst.

## Artikel 48 Interne Überprüfung der Handlungen der Delegierten Europäischen Staatsanwälte

(1) Ist nach dem nationalem Recht eines Mitgliedstaats die interne Überprüfung bestimmter Handlungen innerhalb der Struktur seiner nationalen Staatsanwaltschaft vorgesehen, so werden alle Anträge auf Überprüfung einer Handlung des Delegierten Europäischen Staatsanwalts in das Fallbearbeitungssystem eingegeben, das den die Aufsicht führenden Europäischen Staatsanwalt und die überwachende Ständige Kammer benachrichtigt.

(2) Der betraute Delegierte Europäische Staatsanwalt übermittelt dem die Aufsicht führenden Europäischen Staatsanwalt schriftliche Bemerkungen.

(3) Der die Aufsicht führende Europäische Staatsanwalt bearbeitet den Antrag auf Überprüfung innerhalb der nach dem nationalen Recht festgelegten Frist. Das Überprüfungsverfahren hat keine aufschiebende Wirkung und verzögert nicht die effiziente Durchführung laufender Ermittlungen oder Strafverfolgungsmaßnahmen, sofern das nationale Recht nichts anderes vorsieht.

(4) Bevor ein Beschluss über den Antrag auf Überprüfung gefasst wird, unterrichtet der die Aufsicht führende Europäische Staatsanwalt die zuständige Ständige Kammer. Die Ständige Kammer kann jederzeit ihre in der Verordnung verankerten Überwachungsbefugnisse weiter ausüben.

(5) Wenn im Zusammenhang mit internen Überprüfungen nach nationalem Recht im nationalen Recht auf den die Aufsicht führenden/übergeordneten Staatsanwalt Bezug genommen wird, gilt dies für die Zwecke dieses Artikels im Verhältnis zum Delegierten Europäischen Staatsanwalt als Bezugnahme auf den die Aufsicht führenden Europäischen Staatsanwalt.

## Artikel 49 Neuzuweisung eines Falles an einen anderen Delegierten Europäischen Staatsanwalt

Der die Aufsicht führende Europäische Staatsanwalt kann die Neuzuweisung eines Falles an einen anderen Delegierten Europäischen Staatsanwalt im selben Mitgliedstaat vorschlagen. Der mit Gründen versehene Vorschlag wird in das Fallbearbeitungssystem eingegeben, das die überwachende Ständige Kammer und den betrauten Delegierten Europäischen Staatsanwalt benachrichtigt. Der betraute Delegierte Europäische Staatsanwalt kann innerhalb von 5 Tagen nach seiner Benachrichtigung schriftliche Bemerkungen übermitteln, es sei denn, dass diese Frist aufgrund der Dringlichkeit der Angelegenheit vom Europäischen Staatsanwalt verkürzt wurde.

## Artikel 50 Neuzuweisung eines Falles an einen Delegierten Europäischen Staatsanwalt in einem anderen Mitgliedstaat

(1) Der betraute Delegierte Europäische Staatsanwalt, der die Aufsicht führende Europäische Staatsanwalt oder ein ständiges Mitglied der überwachenden Ständigen Kammer kann nach Artikel 26 Absatz 5 der Verordnung die Neuzuweisung eines Falles an einen Delegierten Europäischen Staatsanwalt in einem anderen Mitgliedstaat vorschlagen.

(2) Die Ständige Kammer kann den Europäischen Staatsanwalt aus dem Mitgliedstaat, dem der Fall nach dem Vorschlag neu zugewiesen werden soll, einladen, an ihrer Sitzung teilzunehmen, und die betreffenden Delegierten Europäischen Staatsanwälte um schriftliche Bemerkungen ersuchen.

Führt die Neuzuweisung dazu, dass der die Aufsicht führende Europäische Staatsanwalt auch ständiges Mitglied der überwachenden Ständigen Kammer ist, so findet Artikel 19 entsprechende Anwendung.

(3) Der Beschluss der Ständigen Kammer über die Neuzuweisung eines Falles nach den Absätzen 1 und 2 wird im Fallbearbeitungssystem registriert, das die betreffenden Europäischen Staatsanwälte und Delegierten Europäischen Staatsanwälte benachrichtigt. Der Beschluss kann nicht im schriftlichen Verfahren gefasst werden.

## Artikel 51 Verbindung oder Trennung von Verfahren

(1) Ein betrauter Delegierter Europäischer Staatsanwalt, ein die Aufsicht führender Europäischer Staatsanwalt oder ein ständiges Mitglied der überwachenden Ständigen Kammer kann der Ständigen Kammer nach den Kriterien des Artikels 26 Absatz 5 Buchstabe b und Absatz 6 der Verordnung die Verbindung oder Trennung von Verfahren vorschlagen.

(2) Wenn die zu verbindenden Verfahren von verschiedenen Ständigen Kammern überwacht werden, beraten diese sich, um einen Beschluss über die Verbindung dieser Verfahren zu fassen. Wenn beschlossen wird, Verfahren zu verbinden, überwacht die überwachende Ständige Kammer für das zuerst im Fallbearbeitungssystem registrierte Verfahren auch die verbundenen Verfahren, es sei denn, die betreffenden Ständigen Kammern beschließen gemeinsam, von diesem Grundsatz abzuweichen. Besteht zwischen den Ständigen Kammern Uneinigkeit, so beschließt der Europäische Generalstaatsanwalt.

(3) Wenn die überwachende Ständige Kammer beschließt, ein Verfahren in mehrere Verfahren zu trennen, bleibt sie für alle aus dieser Trennung hervorgehenden Verfahren zuständig. Gibt es einen Grund, von dieser Vorschrift abzuweichen, so unterrichtet die überwachende Ständige Kammer den Europäischen Generalstaatsanwalt, der dann den Beschluss fasst. Die neuen Verfahren, die sich aus der Trennung ergeben, erhalten nach Artikel 41 eine neue Verfahrensnummer.

(4) Der Beschluss über die Verbindung oder Trennung von Verfahren und die Entscheidung, ein Verfahren nach einer Verbindung oder Trennung einer anderen Ständigen Kammer zuzuweisen, wird im Fallbearbeitungssystem registriert.

(5) Der Beschluss umfasst auch die von der Ständigen Kammer getroffene Wahl des Delegierten Europäischen Staatsanwalts, der nach Artikel 26 der Verordnung für die verbundenen oder getrennten Verfahren zuständig ist. Besteht zwischen den Ständigen Kammern Uneinigkeit, so beschließt der Europäische Generalstaatsanwalt.

## Artikel 52 Von einem Europäischen Staatsanwalt geführte Ermittlungen

(1) Ist der betreffende Europäische Staatsanwalt, nachdem die EUStA eine Information gemäß Artikel 24 der Verordnung registriert hat, der Auffassung, dass er die Ermittlungen selbst führen sollte, so beantragt er über das Fallbearbeitungssystem die Genehmigung der Ständigen Kammer, bevor er gemäß Artikel 28 Absatz 4 Unterabsatz 1 Buchstaben a, b oder c der Verordnung eine begründete Entscheidung trifft.

(2) Der Antrag nach Absatz 1 muss die Gründe enthalten, aus denen die Ermittlungen von dem die Aufsicht führenden Europäischen Staatsanwalt geführt werden sollten, damit die Ständige Kammer beurteilen kann, ob die Voraussetzungen von Artikel 28 Absatz 4 der Verordnung erfüllt sind.

(3) Die Ständige Kammer kann den betreffenden Europäischen Staatsanwalt und, falls der Fall einem Delegierten Europäischen Staatsanwalt zugewiesen wurde, den betreffenden betrauten Delegierten Europäischen Staatsanwalt um Klarstellung ersuchen.

(4) Erteilt die Ständige Kammer die Genehmigung, so registriert der die Aufsicht führende Europäische Staatsanwalt den Beschluss im Fallbearbeitungssystem, das den/die betreffenden Delegierten Europäischen Staatsanwalt/Staatsanwälte benachrichtigt, sofern ihm/ihnen der Fall zuvor zugewiesen wurde. Der Beschluss wird auch den nationalen Behörden mitgeteilt.

(5) Hat ein Europäischer Staatsanwalt vor der Zuweisung eines Falls an einen Delegierten Europäischen Staatsanwalts eine Entscheidung nach Artikel 28 Absatz 4 Buchstaben a oder b der Verordnung getroffen, so nimmt er alle Aufgaben des Delegierten Europäischen Staatsanwalts wahr.

(6) Führt ein Europäischer Staatsanwalt die Ermittlungen selbst, so gilt Artikel 44 sinngemäß.

## Artikel 53 Zuweisung von Maßnahmen an einen anderen Delegierten Europäischen Staatsanwalt

(1) Die Zuweisung einer Ermittlungsmaßnahme durch den betrauten Delegierten Europäischen Staatsanwalt an einen unterstützenden Delegierten Europäischen Staatsanwalt aus einem anderen Mitgliedstaat wird im Fallbearbeitungssystem registriert, das die betroffenen Europäischen Staatsanwälte benachrichtigt. Der Europäische Staatsanwalt des Mitgliedstaats, in dem die Maßnahme durchgeführt werden muss, bestimmt den geeigneten Delegierten Europäischen Staatsanwalt, der die Maßnahme durchführt. Der Delegierte Europäische Staatsanwalt wird vom Fallbearbeitungssystem benachrichtigt.

Wenn bereits ein unterstützender Delegierter Europäischer Staatsanwalt bestimmt wurde, kann der betraute Delegierte Europäische Staatsanwalt die Durchführung der Maßnahme direkt diesem Delegierten Europäischen Staatsanwalt zuweisen. In dringenden Fällen kann der betraute Delegierte Europäische Staatsanwalt die Durchführung der Maßnahme einem beliebigen Delegierten Europäischen Staatsanwalt in dem betreffenden Mitgliedstaat zuweisen.

(2) Der Beschluss enthält alle Informationen, die notwendig sind, damit der unterstützende Delegierte Europäische Staatsanwalt die Maßnahme durchführen kann, und gibt eine Frist für die Durchführung der Maßnahme an.

(3) Ist der unterstützende Delegierte Europäische Staatsanwalt nicht in der Lage, die Maßnahme innerhalb der festgesetzten Frist durchzuführen, so unterrichtet er den die Aufsicht führenden Europäischen Staatsanwalt und berät sich mit dem betrauten Delegierten Europäischen Staatsanwalt, um die Angelegenheit in beiderseitigem Einvernehmen zu regeln.

(4) Wenn dies für notwendig erachtet wird, zum Beispiel bei komplexen grenzüberschreitenden Ermittlungen, kann in der zentralen Dienststelle der EUStA ein Koordinierungstreffen organisiert werden.

## Artikel 54 Mit außergewöhnlich hohen Kosten verbundene Ermittlungsmaßnahmen

(1) Wenn im Namen der EUStA eine mit außergewöhnlich hohen Kosten verbundene Ermittlungsmaßnahme durchgeführt wird oder werden könnte, kann der betraute Delegierte Europäische Staatsanwalt einen mit Gründen versehenen Antrag auf einen finanziellen Beitrag der EUStA nach Artikel 91 Absatz 6 der Verordnung in das Fallbearbeitungssystem eingeben.

(2) Der mit Gründen versehene Antrag muss Einzelheiten zum außergewöhnlichen Charakter der mit der Maßnahme verbundenen Kosten enthalten. Im Antrag ist auch die beantragte Höhe des finanziellen Beitrags der EUStA anzugeben.

(3) Die ständigen Mitglieder der zuständigen Ständigen Kammer und der die Aufsicht führende Europäische Staatsanwalt werden vom Fallbearbeitungssystem automatisch von dem Antrag benachrichtigt.

(4) Die Ständige Kammer prüft die Anträge in regelmäßigen Abständen. Im Einklang mit den Leitlinien für den Beitrag der EUStA zu mit außergewöhnlich hohen Kosten verbundenen Ermittlungsmaßnahmen gibt die Ständige Kammer dem Antrag statt oder lehnt ihn ab, ohne den zu gewährenden Betrag anzugeben.

(5) Der betreffende Delegierte Europäische Staatsanwalt wird vom Fallbearbeitungssystem automatisch von dem Beschluss der Ständigen Kammer benachrichtigt.

(6) Gibt die Ständige Kammer dem Antrag statt, so wird der Verwaltungsdirektor von diesem Beschluss und gegebenenfalls dem vorgeschlagenen zu gewährenden Betrag unterrichtet. Der Verwaltungsdirektor fasst in regelmäßigen Abständen im Einklang mit der Finanzregelung und den Leitlinien für den Beitrag der EUStA zu mit außergewöhnlich hohen Kosten verbundenen Ermittlungsmaßnahmen einen Beschluss über den zu gewährenden Betrag. Der betreffende Delegierte

Europäische Staatsanwalt, der die Aufsicht führende Europäische Staatsanwalt, der Europäische Generalstaatsanwalt und die ständigen Mitglieder der Ständigen Kammer werden unverzüglich von dem Beschluss benachrichtigt.

## Kapitel 3 Abschluss von Verfahren

### Artikel 55 Übertragung der Befugnis zum Abschluss von Verfahren

(1) Die Ständige Kammer kann beschließen, ihre Beschlussfassungsbefugnisse nach Artikel 10 Absatz 7 der Verordnung jederzeit vor Abschluss der Ermittlungen zu übertragen. Der Beschluss kann nicht im schriftlichen Verfahren gefasst werden. Der Beschluss wird im Fallbearbeitungssystem registriert; der Europäische Generalstaatsanwalt wird benachrichtigt. Ist der Europäische Generalstaatsanwalt Mitglied der betreffenden Ständigen Kammer, so wird der Stellvertreter des Europäischen Generalstaatsanwalts von dem Beschluss benachrichtigt.

(2) Der Antrag auf Überprüfung dieses Beschlusses nach Artikel 10 Absatz 7 Unterabsatz 2 der Verordnung wird über das Fallbearbeitungssystem umgehend dem die Aufsicht führenden Europäischen Staatsanwalt und dem betrauten Delegierten Europäischen Staatsanwalt übermittelt; diese nehmen danach keine Handlungen vor, die die Wirksamkeit der Überprüfung beeinträchtigen könnten.

(3) Die Ständige Kammer fasst den Beschluss unverzüglich. Der Europäische Generalstaatsanwalt oder gegebenenfalls der Stellvertreter des Europäischen Generalstaatsanwalts, der den Antrag gestellt hat, kann an der Sitzung der Ständigen Kammer zu dieser Angelegenheit teilnehmen. Das Kollegium wird von dem Antrag und dem Ergebnis des Überprüfungsverfahrens benachrichtigt.

### Artikel 56 Abschluss der Ermittlungen

(1) Ist der betraute Delegierte Europäische Staatsanwalt der Auffassung, dass die Ermittlungen abgeschlossen sind, so legt er einen Bericht vor, der unter anderem Folgendes enthält:

a) eine Zusammenfassung des Sachverhalts, der Gegenstand der Ermittlungen war, wie er sich aus den vorliegenden Beweisen ergibt;
b) die rechtliche Würdigung des Sachverhalts und ihre Anwendung auf den konkreten Fall;
c) den mit Gründen versehenen Vorschlag, Anklage zu erheben, ein vereinfachtes Strafverfolgungsverfahren anzuwenden, das Verfahren einzustellen oder es an die zuständigen nationalen Behörden zu verweisen;
d) gegebenenfalls den Vorschlag, mehrere Verfahren miteinander zu verbinden, und das Gericht, bei dem Anklage erhoben werden soll;
e) nach nationalem Recht geltende Fristen.

Diese Bestimmung gilt auch für den Europäischen Staatsanwalt Anwendung, der die Ermittlungen nach Artikel 28 Absatz 4 der Verordnung selbst führt.

(2) Der Bericht und der Beschlussentwurf des Delegierten Europäischen Staatsanwalts, die der Ständigen Kammer vorgelegt werden sollen, werden im Fallbearbeitungssystem registriert, das den die Aufsicht führenden Europäischen Staatsanwalt und alle Mitglieder der überwachenden Ständigen Kammer benachrichtigt.

(3) Der Bericht und der Beschlussentwurf werden dem die Aufsicht führenden Europäischen Staatsanwalt vorgelegt, der sie innerhalb von 10 Tagen, gegebenenfalls zusammen mit seinen Bemerkungen, der Ständigen Kammer übermittelt. Der Europäische Staatsanwalt kann beim Vorsitz der Ständigen Kammer eine Verlängerung der Frist um 10 Tage beantragen, es sei denn, der Beschlussentwurf des Delegierten Europäischen Staatsanwalts enthält den Vorschlag, Anklage zu erheben.

(4) Der Vorsitz der Ständigen Kammer legt den Tag fest, an dem der Bericht und der Beschlussentwurf erörtert werden. Wenn der Delegierte Europäische Staatsanwalt einen Beschlussentwurf vorlegt, der den Vorschlag enthält, Anklage zu erheben, wird er spätestens 5 Tage vor Ablauf der in Artikel 36 Absatz 1 der Verordnung vorgeschriebenen Frist erörtert.

(5) Wenn der Delegierte Europäische Staatsanwalt einen Beschlussentwurf vorlegt, der den Vorschlag enthält, Anklage zu erheben oder ein vereinfachtes Strafverfolgungsverfahren anzuwenden, kann die Ständige Kammer ihren Beschluss nicht im schriftlichen Verfahren fassen.

(6) Die Ständige Kammer kann den vom Delegierten Europäischen Staatsanwalt vorgeschlagenen Beschluss fassen oder ändern, einen anderen Beschluss fassen oder den Delegierten Europäischen Staatsanwalt unter Angabe der zu treffenden konkreten Maßnahmen nach Artikel 46 anweisen, die Ermittlungen fortzusetzen, Gegebenenfalls kann sie eine eigene Prüfung nach Artikel 35 Absatz 2 der Verordnung vornehmen.

(7) Wird ein Beschluss zur Einstellung des Verfahrens gefasst, so nimmt der Delegierte Europäische Staatsanwalt die nach Artikel 39 Absatz 4 der Verordnung erforderlichen Mitteilungen und Unterrichtungen und die Eintragung in das Fallbearbeitungssystem vor.

(8) Der Bericht wird vom Delegierten Europäischen Staatsanwalt in einer Weise vorgelegt, die unter Berücksichtigung etwaiger Fristen nach nationalem Verfahrensrecht die Einhaltung der in Absätzen 3 und 4 vorgesehenen Fristen gewährleistet. Ist dies nicht möglich, so wird im Bericht auf diesen Aspekt unter Angabe von Gründen hingewiesen. Der die Aufsicht führende Europäische Staatsanwalt und die Ständige Kammer handeln entsprechend.

(9) Hat die jeweils zuständige Ständige Kammer ihre Beschlussfassungsbefugnisse nach Artikel 55 übertragen, so wird der Bericht nach Absatz 1 dem die Aufsicht führenden Europäischen Staatsanwalt vorgelegt, der den Beschluss wie vorgeschlagen oder nach einer als angezeigt angesehenen Änderung fasst. Beschließt der die Aufsicht führende Europäische Staatsanwalt, das Verfahren einzustellen, so findet Artikel 56 Absatz 7 Anwendung.

## Artikel 57 Verweisung von Verfahren an die nationalen Behörden

(1) Der betraute Delegierte Europäische Staatsanwalt, der die Aufsicht führende Europäische Staatsanwalt oder ein Mitglied der überwachenden Ständigen Kammer kann jederzeit während des Ermittlungsverfahrens vorschlagen, ein Verfahren nach Artikel 34 Absätze 1 bis 3 der Verordnung an die nationalen Behörden zu verweisen.

(2) Der Beschlussentwurf wird im Fallbearbeitungssystem registriert, das die ständigen Mitglieder der Ständigen Kammer, den die Aufsicht führenden Europäischen Staatsanwalt und den betrauten Delegierten Europäischen Staatsanwalt benachrichtigt.

(3) Geht innerhalb einer Frist von 5 Tagen von keiner der nach Absatz 2 benachrichtigten Parteien eine Stellungnahme ein, so gilt der Beschluss als gefasst; er wird übersetzt und der zuständigen nationalen Behörde übermittelt.

(4) Beschließt die zuständige nationale Behörde, das Verfahren zu übernehmen oder beruht die Verweisung auf Artikel 34 Absatz 1 und/oder 2 der Verordnung, so übermittelt der Delegierte Europäische Staatsanwalt unverzüglich die Verfahrensakte.

(5) Beruht die Verweisung auf Artikel 34 Absatz 3 der Verordnung und übernimmt die zuständige nationale Behörde das Verfahren nicht oder antwortet nicht innerhalb von 30 Tagen nach Eingang des Verweisungsbeschlusses, so setzt der Delegierte Europäische Staatsanwalt die Ermittlungen fort oder wendet Artikel 56 an.

## Artikel 58 Beratung mit den nationalen Behörden

(1) Beabsichtigt der Delegierte Europäische Staatsanwalt, nach Artikel 39 Absatz 3 der Verordnung die Einstellung eines Verfahrens wegen einer in Artikel 22 Absatz 3 der Verordnung angegebenen Straftat vorzuschlagen, so unterrichtet er die von dem betreffenden Mitgliedstaat nach Artikel 25 Absatz 6 der Verordnung bestimmten nationalen Behörden.

(2) Auf der Grundlage der innerhalb von 20 Tagen nach der Unterrichtung nach Absatz 1 eingegangenen Bemerkungen der nationalen Behörde registriert der Delegierte Europäische Staatsanwalt den entsprechenden Bericht und Beschlussentwurf im Fallbearbeitungssystem.

## Artikel 59 Wiederaufnahme der Ermittlungen

(1) Erhält die EUStA Informationen über Tatsachen, die ihr zum Zeitpunkt des Beschlusses, das Verfahren einzustellen, nicht bekannt waren und die weitere Ermittlungen rechtfertigen, so gelten die folgenden Vorschriften.

(2) Der die Aufsicht führende Europäische Staatsanwalt weist die Prüfung demselben Delegierten Europäischen Staatsanwalt, der die Ermittlungen geführt hat, oder gegebenenfalls einem anderen Delegierten Europäischen Staatsanwalt aus demselben Mitgliedstaat zu.

(3) Der Delegierte Europäische Staatsanwalt erstellt nach Bewertung der neuen Tatsachen einen Bericht über deren Einfluss auf den Beschluss zur Einstellung des Verfahrens und gibt unter Berücksichtigung einschlägiger Bestimmungen des nationalen Rechts an, ob er weitere Ermittlungsmaßnahmen als erforderlich ansieht.

(4) Der Bericht und der entsprechende Beschlussentwurf werden im Fallbearbeitungssystem registriert, das ihn der Ständigen Kammer zuweist, die die Einstellung beschlossen hat, sofern diese noch besteht; anderenfalls weist das Fallbearbeitungssystem ihn im Einklang mit Artikel 19 nach dem Zufallsprinzip einer Ständigen Kammer zu, bei der der die Aufsicht führende Europäische Staatsanwalt kein ständiges Mitglied ist.

(5) Beschließt die Ständige Kammer nach Absatz 4 oder ein nationales Gericht oder der Europäische Gerichtshof nach Überprüfung des Beschlusses zur Einstellung des Verfahrens, dass die EUStA das Verfahren wieder aufnehmen sollte, so bestimmt der die Aufsicht führende Europäische Staatsanwalt einen Delegierten Europäischen Staatsanwalt, der die Ermittlungen fortführt.

## Kapitel 4 Gerichtsverfahren

## Artikel 60 Vertretung vor Gericht

(1) In Verfahren vor nationalen Gerichten nach Artikel 36 der Verordnung wird die EUStA grundsätzlich von einem Delegierten Europäischen Staatsanwalt vertreten.

(2) Der Delegierte Europäische Staatsanwalt erstellt einen Bericht über wesentliche Entwicklungen des Verfahrens und aktualisiert ihn in regelmäßigen Abständen. Der Bericht wird im Fallbearbeitungssystem registriert, und die Mitglieder der Ständigen Kammer werden von allen Aktualisierungen benachrichtigt.

(3) Die Ständige Kammer kann dem Delegierten Europäischen Staatsanwalt oder dem Europäischen Staatsanwalt nach Artikel 10 Absatz 5 der Verordnung Weisungen erteilen.

(4) Abweichend von Absatz 1 kann die EUStA auch von dem die Aufsicht führenden Europäischen Staatsanwalt nach Artikel 28 Absatz 4 der Verordnung vertreten werden. Es gelten die Absätze 2 und 3.

## Titel IV Fallbearbeitungssystem

## Artikel 61 Vorschriften zum Recht auf Zugriff auf das Fallbearbeitungssystem

(1) Der Europäische Generalstaatsanwalt, die Stellvertreter des Europäischen Generalstaatsanwalts, andere Europäische Staatsanwälte und die Delegierten Europäischen Staatsanwälte haben nur Zugriff auf das Register und den Index, soweit dies für die Erfüllung ihrer Pflichten erforderlich ist.

(2) Der Europäische Generalstaatsanwalt bestimmt das Personal der EUStA, dessen Zugriff auf das Register und/oder den Index für die Erfüllung seiner Pflichten erforderlich ist. In dem Beschluss werden auch der Umfang des Zugangs und die diesbezüglichen Bedingungen festgelegt.

(3) Sofern dies zur Gewährleistung der Vertraulichkeit erforderlich ist, kann der Europäische Generalstaatsanwalt in Ausnahmefällen beschließen, dass vorübergehend nur die ständigen Mitglieder der Ständigen Kammer, der die Aufsicht führende Europäische Staatsanwalt und die betrauten Delegierten Europäischen Staatsanwälte sowie eigens benanntes Personal Zugriff auf eine bestimmte Information im Register und/oder auf eine bestimmte Verfahrensakte im Index haben.

(4) Der Europäische Generalstaatsanwalt und die Stellvertreter des Europäischen Generalstaatsanwalts haben unmittelbaren Zugriff auf im Fallbearbeitungssystem elektronisch gespeicherte Informationen oder auf die Verfahrensakte, soweit dies für die Erfüllung ihrer Pflichten erforderlich ist.

(5) Der betraute Delegierte Europäische Staatsanwalt gewährt dem unterstützenden Delegierten Europäischen Staatsanwalt oder anderen Delegierten Europäischen Staatsanwälten, die einen mit Gründen versehenen Antrag gestellt haben, oder dem Personal der EUStA nur Zugang zu im Fallbearbeitungssystem elektronisch gespeicherten Informationen oder zur Verfahrensakte, soweit dies für die Wahrnehmung ihnen zugewiesener Aufgaben erforderlich ist.

(6) Bei der Eingabe von Informationen in das Fallbearbeitungssystem kann der betraute Delegierte Europäische Staatsanwalt von Personal der EUStA oder anderem ihm unterstehenden Verwaltungspersonal, das der EUStA von dem entsprechenden teilnehmenden Mitgliedstaat zur Verfügung gestellt wurde, nur unterstützt werden, soweit dies erforderlich ist, um zu gewährleisten, dass die EUStA als einheitliche Behörde funktionieren kann und dass der Inhalt der Informationen im Fallbearbeitungssystem jederzeit dem der Verfahrensakte entspricht.

(7) Die EUStA trifft geeignete technische und organisatorische Maßnahmen, um den Schutz der im Fallbearbeitungssystem gespeicherten personenbezogenen Daten sicherzustellen.

## Artikel 62 Abgleich von Informationen

(1) Die im Index eingetragenen Informationen werden automatisch mit dem Register, dem Index und allen Informationen aus den im Fallbearbeitungssystem elektronisch gespeicherten Verfahrensakten abgeglichen.

(2) Im Falle eines Treffers werden der betraute Delegierte Europäische Staatsanwalt und der die Aufsicht führende Europäische Staatsanwalt der zugrunde liegenden Verfahren benachrichtigt.

(3) Wurde der Zugriff auf eines der verbundenen Verfahren nach Artikel 61 Absatz 3 vorübergehend auf bestimmte Benutzer beschränkt, so werden nur der betraute Delegierte Europäische Staatsanwalt und der die Aufsicht führende Europäische Staatsanwalt des betreffenden Verfahrens benachrichtigt.

(4) Die Anwendung der Absätze 1 bis 3 ist auch für Informationen zulässig, die in das Register eingegeben oder diesem hinzugefügt wurden, sowie für Informationen aus den Verfahrensakten, die im Fallbearbeitungssystem elektronisch gespeichert sind, nicht aber im Index.

# Titel V Datenschutz

## Artikel 63 Allgemeine Grundsätze

(1) Die EUStA darf personenbezogene Daten nur in vollem Einklang mit dem für die betreffende Verarbeitung geltenden Datenschutzrahmen verarbeiten. Personenbezogene Daten werden von der EUStA ausschließlich im Einklang mit den Grundsätzen der Zweckbindung, Rechtmäßigkeit und Verarbeitung nach Treu und Glauben, Datenminimierung, Richtigkeit, Speicherbegrenzung, Integrität und Vertraulichkeit sowie der Rechenschaftspflicht verarbeitet.

(2) Die EUStA trägt ihren Verpflichtungen aus der Anwendung des Datenschutzes durch Technikgestaltung nach Artikel 67 der Verordnung in vollem Umfang Rechnung und stellt seine Implementierung in geeigneter Weise sicher, insbesondere hinsichtlich der automatisierten Verarbeitung personenbezogener Daten und der Entwicklung entsprechender Systeme.

(3) Die EUStA stellt sicher, dass der Eingang und die Übermittlung aller personenbezogenen Daten ordnungsgemäß protokolliert und rückverfolgbar ist, einschließlich der Gründe für ihre Übermittlung, sofern dies im Einklang mit diesen oder anderen Durchführungsvorschriften erforderlich ist.

(4) Der Datenschutzbeauftragte hat Zugang zu den Aufzeichnungen aller Übermittlungen und Eingänge personenbezogener Daten nach Absatz 2, damit er seine Verpflichtungen, insbesondere nach Artikel 79 Absatz 1 Buchstabe d der Verordnung, erfüllen kann.

(5) Sowohl verwaltungstechnische als auch operative personenbezogene Daten dürfen nur so lange gespeichert werden, wie dies für den Zweck, für den sie verarbeitet wurden, oder aufgrund anderer rechtlicher Verpflichtungen erforderlich ist.

(6) Auf Vorschlag des Europäischen Generalstaatsanwalts erlässt das Kollegium nach Artikel 64 weitere Durchführungsvorschriften für die Verarbeitung personenbezogener Daten durch die EUStA.

(7) Auf Vorschlag des Europäischen Generalstaatsanwalts erlässt das Kollegium den Datenschutzbeauftragten betreffende Durchführungsvorschriften.

(8) Im Einklang mit Artikel 79 Absatz 1 Buchstabe a der EUStA-Verordnung und wie dort vorgesehen stellt der Datenschutzbeauftragte in unabhängiger Weise sicher, dass die EUStA die Datenschutzbestimmungen der Verordnung, der Verordnung (EU) 2018/1725 hinsichtlich verwaltungstechnischer personenbezogener Daten sowie die einschlägigen Datenschutzbestimmungen in der Geschäftsordnung der EUStA einhält.

## Artikel 64 Durchführungsvorschriften für die Verarbeitung personenbezogener Daten

(1) Auf Vorschlag des Europäischen Generalstaatsanwalts erlässt das Kollegium einen weiteren Durchführungsbeschluss über die Verarbeitung verwaltungstechnischer und operativer personenbezogener Daten durch die EUStA.

(2) In diesen Vorschriften ist mindestens Folgendes zu umreißen und festzulegen:

a) praktische Regelungen für die Ausübung der Rechte betroffener Personen;
b) Fristen für die Speicherung verwaltungstechnischer personenbezogener Daten;
c) die Kriterien und das Verfahren für den Informationsaustausch;
d) erforderlichenfalls die Anlage anderer automatisierter Dateien als Verfahrensakten für die Verarbeitung operativer personenbezogener Daten.

## Artikel 65 Anlage anderer automatisierter Dateien als Verfahrensakten für die Verarbeitung operativer personenbezogener Daten

(1) Sofern dies für die Erfüllung ihrer Aufgaben erforderlich ist, kann die EUStA operative personenbezogene Daten im Einklang mit Artikel 44 Absatz 5 der Verordnung in anderen Dateien als Verfahrensakten verarbeiten.

(2) Sofern eine solche Verarbeitung erforderlich ist, werden das Verfahren für die Benachrichtigung des Europäischen Datenschutzbeauftragten sowie das Verfahren für die tatsächliche Verarbeitung operativer personenbezogener Daten und die entsprechenden geltenden Garantien in den nach Artikel 64 erlassenen Durchführungsvorschriften behandelt.

Titel VI Vorschriften über die Beziehungen zu den Partnern

## Artikel 66 Allgemeine Vorschriften zu Arbeitsvereinbarungen und Übereinkünften

(1) Stellt der Europäische Generalstaatsanwalt fest, dass es erforderlich ist, mit den in Artikel 99 Absatz 1 der Verordnung genannten Stellen Arbeitsvereinbarungen zu schließen, so unterrichtet er das Kollegium schriftlich und legt die Leitlinien für die Verhandlungen fest.

(2) Nach Unterrichtung des Kollegiums kann der Europäische Generalstaatsanwalt Verhandlungen über die Arbeitsvereinbarungen aufnehmen; er erstattet dem Kollegium regelmäßig Bericht über die erzielten Fortschritte. Der Europäische Generalstaatsanwalt kann das Kollegium während der Verhandlungen um Orientierungshilfe ersuchen.

(3) Die Arbeitsvereinbarungen werden vom Kollegium angenommen.

(4) Die Absätze 2 und 3 gelten entsprechend für den Abschluss der in Artikel 103 Absatz 1 der Verordnung genannten Vereinbarung.

## Artikel 67 Kontaktstellen in Drittländern

(1) Das Kollegium kann eine Liste von Drittländern aufstellen, in denen sich die EUStA darum bemüht, für die Zwecke des Artikels 104 Absatz 2 der Verordnung Kontaktstellen einzurichten.

(2) Die EUStA kann Kontaktstellen in Drittländern durch einen förmlichen Briefwechsel zwischen dem Europäischen Generalstaatsanwalt und den betreffenden zuständigen Behörden benennen.

Titel VII Schlussbestimmungen

## Artikel 68 Abschluss von Sitzabkommen

Artikel 66 Absätze 2 und 3 gilt entsprechend für den Abschluss des in Artikel 106 Absatz 2 der Verordnung genannten Abkommens.

## Artikel 69 Befangenheit

(1) Die Delegierten Europäischen Staatsanwälte, die Europäischen Staatsanwälte und der Europäische Generalstaatsanwalt handeln jeweils frei von jeglicher Befangenheit.

(2) Ergibt sich im Zusammenhang mit einem Ermittlungsverfahren eine tatsächliche oder potenzielle Befangenheit, die die Unabhängigkeit eines Delegierten Europäischen Staatsanwalts oder eines Europäischen Staatsanwalts bei der Erfüllung seiner Pflichten tatsächlich oder potenziell gefährden oder als eine solche Gefährdung wahrgenommen werden könnte, so unterrichtet er den zuständigen die Aufsicht führenden Europäischen Staatsanwalt beziehungsweise den Europäischen Generalstaatsanwalt unverzüglich schriftlich. Betrifft die Befangenheit den Europäischen Generalstaatsanwalt, so unterrichtet er unverzüglich einen seiner Stellvertreter.

(3) Gelangt der die Aufsicht führende Europäische Staatsanwalt zu dem Schluss, dass bei einem Delegierten Europäischen Staatsanwalt eine tatsächliche oder potenzielle Befangenheit vorliegt, so schlägt er die Neuzuweisung des Falles an einen anderen Delegierten Europäischen Staatsanwalt im selben Mitgliedstaat nach Artikel 49 vor, oder er bestimmt einen vertretenden Delegierten Europäischen Staatsanwalt aus diesem Mitgliedstaat nach Artikel 35.

(4) Gelangt der Europäische Generalstaatsanwalt zu dem Schluss, dass bei einem die Aufsicht führenden Europäischen Staatsanwalt eine tatsächliche oder potenzielle Befangenheit vorliegt, so weist er den Fall nach Artikel 32 einem anderen Europäischen Staatsanwalt zu.

(5) Gelangt der Europäische Generalstaatsanwalt zu dem Schluss, dass bei einem ständigen Mitglied einer Ständigen Kammer eine tatsächliche oder potenzielle Befangenheit vorliegt, so weist

er den Fall nach Artikel 20 einer anderen Ständigen Kammer neu zu. Ist der Europäische Generalstaatsanwalt ständiges Mitglied der Ständigen Kammer, so trifft ein Stellvertreter des Europäischen Generalstaatsanwalts den Beschluss zur Neuzuweisung an eine andere Ständige Kammer.

## Artikel 70 Änderung der Geschäftsordnung

(1) Der Europäische Generalstaatsanwalt und jeder Europäische Staatsanwalt können Änderungen zu dieser Geschäftsordnung vorschlagen. Zu diesem Zweck wird dem Kollegium ein mit Gründen versehener Vorschlag für die Änderung übermittelt. Der Europäische Generalstaatsanwalt kann sich mit dem Verwaltungsdirektor beraten.

(2) Innerhalb eines Monats nach Eingang des Vorschlags können der Europäische Generalstaatsanwalt, jeder Europäische Staatsanwalt und der Verwaltungsdirektor gegebenenfalls eine schriftliche Stellungnahme abgeben.

(3) Die Abstimmung über den Vorschlag für die Änderung dieser Geschäftsordnung wird auf die Tagesordnung der ersten möglichen Sitzung des Kollegiums nach Ablauf der Frist für die Abgabe von Stellungnahmen nach Absatz 2 gesetzt.

(4) Änderungen werden nach Artikel 21 Absatz 3 der Verordnung mit Zweidrittelmehrheit angenommen.

## Artikel 71 Verfahren im Falle der Nichtverfügbarkeit des Fallbearbeitungssystems

Sieht diese Geschäftsordnung Maßnahmen vor, die vom oder über das Fallbearbeitungssystem durchgeführt werden und funktioniert das Fallbearbeitungssystem nicht ordnungsgemäß oder ist es aus technischen Gründen nicht verfügbar, so werden diese Maßnahmen in geeigneter Weise so durchgeführt, dass sie dauerhaft und überprüfbar dokumentiert werden. Sobald das Fallbearbeitungssystem wieder verfügbar ist, werden alle durchgeführten Maßnahmen im System entsprechend aktualisiert.

## Artikel 72 Veröffentlichung und Inkrafttreten

(1) Die Geschäftsordnung und ihre Änderungen treten am Tag ihrer Annahme in Kraft.

(2) Die Geschäftsordnung wird im *Amtsblatt der Europäischen Union* veröffentlicht und auch über die Website der EUStA öffentlich bekannt gemacht.

Geschehen zu Luxemburg am 12. Oktober 2020

Im Namen des Kollegiums

Laura Codruţa KÖVESI
Europäische Generalstaatsanwältin

# Anhang III.

## Anhang III.1.

## Gesetz zur Ausführung der EU-Verordnung zur Errichtung der Europäischen Staatsanwaltschaft (Europäische-Staatsanwaltschaft-Gesetz – EUStAG)[1]

Vom 10. Juli 2020 (BGBl. I S. 1648)
(FNA 319-120)

### § 1 Anwendungsbereich

(1) Dieses Gesetz dient der Ausführung der Verordnung (EU) 2017/1939 des Rates vom 12. Oktober 2017 zur Durchführung einer Verstärkten Zusammenarbeit zur Errichtung der Europäischen Staatsanwaltschaft (EUStA) (ABl. L 283 vom 31.10.2017, S. 1).

(2) [1]Dieses Gesetz gilt für Strafverfahren, in welchen das Amt der Staatsanwaltschaft gemäß § 142b Absatz 1 des Gerichtsverfassungsgesetzes von den deutschen Delegierten Europäischen Staatsanwälten oder dem deutschen Europäischen Staatsanwalt ausgeübt wird. [2]Bestimmungen dieses Gesetzes, die auf Delegierte Europäische Staatsanwälte Bezug nehmen, gelten entsprechend auch für den deutschen Europäischen Staatsanwalt, wenn dieser gemäß Artikel 28 Absatz 4 der Verordnung (EU) 2017/1939 das Verfahren selbst führt.

(3) Die Vorschriften dieses Gesetzes sind nicht anzuwenden, soweit das Recht der Europäischen Union, im Besonderen die Verordnung (EU) 2017/1939 in der jeweils geltenden Fassung, unmittelbar gilt.

### § 2 Verfahrensvorschriften

Ist die Europäische Staatsanwaltschaft nach den Artikeln 22 und 23 der Verordnung (EU) 2017/1939 zuständig und hat sie gemäß Artikel 25 dieser Verordnung die Verfolgung übernommen, sind die Vorschriften über das strafrechtliche Verfahren, insbesondere die Strafprozessordnung, das Gerichtsverfassungsgesetz, das Jugendgerichtsgesetz und die Abgabenordnung, anzuwenden, soweit nicht in der Verordnung (EU) 2017/1939 in der jeweils geltenden Fassung oder in diesem Gesetz etwas anderes bestimmt ist.

### § 3 Anwendbarkeit von Vorschriften der Strafprozessordnung über das Ermittlungsverfahren

(1) Wenn die Europäische Staatsanwaltschaft nach den Artikeln 22 und 23 der Verordnung (EU) 2017/1939 zuständig ist und gemäß Artikel 25 dieser Verordnung die Verfolgung übernommen hat, sind die §§ 153c, 160 Absatz 1 und § 170 Absatz 2 Satz 1 der Strafprozessordnung nicht anzuwenden.

(2) Soweit die Vorschriften der Strafprozessordnung hinsichtlich einer Ermittlungsmaßnahme eine gerichtliche Anordnung oder Bestätigung vorsehen, ist bei grenzüberschreitenden Maßnahmen, die gemäß Artikel 31 Absatz 3 der Verordnung (EU) 2017/1939 in einem anderen an der Errichtung der Europäischen Staatsanwaltschaft beteiligten Mitgliedstaat durchgeführt werden sollen, eine solche gerichtliche Anordnung oder Bestätigung bei einem deutschen Gericht nur einzuholen, wenn nach dem Recht des anderen Mitgliedstaates eine solche gerichtliche Anordnung oder Bestätigung nicht erforderlich ist.

---

1 Verkündet als Art. 1 G v. 10.7.2020 (BGBl. I S. 1648); Inkrafttreten gem. Art. 7 dieses G am 17.7.2020.

(3) [1]Soweit nach den Vorschriften der Strafprozessordnung die gerichtliche Zuständigkeit an den Sitz der zuständigen Staatsanwaltschaft anknüpft, gilt als Sitz der Europäischen Staatsanwaltschaft der Dienstort des gemäß Artikel 13 Absatz 1 der Verordnung (EU) 2017/1939 mit den Ermittlungen betrauten Delegierten Europäischen Staatsanwalts oder des gemäß Artikel 31 Absatz 1 Satz 2 der Verordnung (EU) 2017/1939 unterstützend tätig werdenden Delegierten Europäischen Staatsanwalts. [2]Dies gilt auch dann, wenn der Europäische Staatsanwalt im Einklang mit Artikel 28 Absatz 4 der Verordnung (EU) 2017/1939 entschieden hat, die Leitung des Verfahrens selbst zu übernehmen.

(4) § 171 Satz 2 der Strafprozessordnung ist mit der Maßgabe anzuwenden, dass der Antragsteller, der zugleich Verletzter ist, über die Möglichkeiten der Anfechtung gemäß § 172 Absatz 2 der Strafprozessordnung und gemäß Artikel 42 Absatz 3 der Verordnung (EU) 2017/1939 sowie die dafür jeweils vorgesehenen Fristen zu belehren ist.

(5) [1]Die §§ 172 bis 177 der Strafprozessordnung sind nicht anzuwenden, soweit dem Verletzten gemäß Artikel 42 Absatz 3 der Verordnung (EU) 2017/1939 der Rechtsweg zum Europäischen Gerichtshof eröffnet ist. [2]Soweit nach Artikel 42 Absatz 1 in Verbindung mit Absatz 3 der Verordnung (EU) 2017/1939 der Rechtsweg gegen eine Entscheidung nach Artikel 39 Absatz 1 der Verordnung (EU) 2017/1939 zu den Gerichten der Mitgliedstaaten eröffnet ist, ist § 172 Absatz 1 der Strafprozessordnung nicht anzuwenden. [3]Im Fall des Satzes 2 ist § 172 Absatz 2 Satz 1 der Strafprozessordnung mit der Maßgabe anzuwenden, dass der Antragsteller, der zugleich Verletzter ist, binnen eines Monats nach Bekanntgabe des Bescheides nach § 171 der Strafprozessordnung die gerichtliche Entscheidung gegen den Einstellungsbescheid der Europäischen Staatsanwaltschaft beantragen kann.

## § 4 Anwendbarkeit datenschutzrechtlicher Bestimmungen

(1) § 161 Absatz 2 und die §§ 483 bis 491 der Strafprozessordnung sind auf die Verarbeitung personenbezogener Daten durch die Europäische Staatsanwaltschaft nicht anzuwenden.

(2) § 479 Absatz 5 Satz 2 und 3 der Strafprozessordnung ist nicht anzuwenden in Fällen, in denen die Europäische Staatsanwaltschaft Empfänger der übermittelten personenbezogenen Daten ist.

(3) Die §§ 496 bis 499 der Strafprozessordnung sind nur anzuwenden, soweit die Delegierten Europäischen Staatsanwälte gemäß Artikel 45 der Verordnung (EU) 2017/1939 elektronische Akten in Datenverarbeitungsanlagen einer Bundes- oder Landesbehörde führen.

(4) [1]Die §§ 12 bis 14 und 16 bis 20 des Einführungsgesetzes zum Gerichtsverfassungsgesetz sind anzuwenden, soweit die Europäische Staatsanwaltschaft nach Maßgabe der Verordnung (EU) 2017/1939 befugt ist, die zuständigen innerstaatlichen Behörden unter Übermittlung personenbezogener Daten zu unterrichten. [2]Die §§ 21 und 22 des Einführungsgesetzes zum Gerichtsverfassungsgesetz sind nicht anzuwenden.

## § 5 Anwendbarkeit des Gerichtsverfassungsgesetzes

(1) [1]Die Delegierten Europäischen Staatsanwälte sind in dieser Eigenschaft ausschließlich den Weisungen und der Aufsicht nach Maßgabe der Verordnung (EU) 2017/1939 unterstellt. [2]Die §§ 144 bis 147 des Gerichtsverfassungsgesetzes sind insoweit nicht anzuwenden.

(2) Die §§ 198 bis 201 des Gerichtsverfassungsgesetzes sind mit der Maßgabe anzuwenden, dass ein Anspruch auf Entschädigung ausgeschlossen ist, soweit der erlittene Nachteil von der Europäischen Staatsanwaltschaft oder ihrem Personal in Ausübung ihres Amtes verursacht worden und diesen zuzurechnen ist.

## § 6 Anwendbarkeit des Gesetzes über die internationale Rechtshilfe in Strafsachen

(1) [1]Das Gesetz über die internationale Rechtshilfe in Strafsachen ist auf grenzüberschreitende Ermittlungen gemäß Artikel 31 der Verordnung (EU) 2017/1939 nur bei Maßnahmen nach Artikel 31 Absatz 6 dieser Verordnung anzuwenden. [2]Auf die Stellung von Rechtshilfeersuchen durch einen Delegierten Europäischen Staatsanwalt nach Maßgabe des Artikels 31 Absatz 6 der Verordnung (EU) 2017/1939 ist § 74 Absatz 1 und 2 des Gesetzes über die internationale Rechtshilfe in Strafsachen nicht anzuwenden. [3]Sofern die ersuchte ausländische Stelle die Rechtshilfe an Bedingungen knüpft oder von Zusicherungen abhängig macht, entscheidet der mit den Ermittlungen betraute Delegierte Europäische Staatsanwalt über die Annahme der Bedingungen oder die Abgabe von Zusicherungen im Einvernehmen mit den deutschen Justizbehörden, die für die Erfüllung der Bedingungen oder die Einhaltung der Zusicherungen zuständig sind. [4]Satz 2 gilt entsprechend für Entscheidungen eines Delegierten Europäischen Staatsanwalts über eingehende Ersuchen eines Delegierten Europäischen Staatsanwalts eines anderen teilnehmenden Mitgliedstaates gemäß Artikel 31 Absatz 6 der Verordnung (EU) 2017/1939, sofern die Europäische Staatsanwaltschaft für die Leistung der Rechtshilfe zuständig ist.

(2) [1]Auf den Erlass eines Europäischen Haftbefehls durch einen Delegierten Europäischen Staatsanwalt gemäß Artikel 33 Absatz 2 oder Artikel 105 Absatz 3 der Verordnung (EU) 2017/1939 sind § 74 Absatz 1 und 2 und § 83i des Gesetzes über die internationale Rechtshilfe in Strafsachen nicht anzuwenden. [2]Über den Erlass des Europäischen Haftbefehls entscheidet der mit den Ermittlungen betraute Delegierte Europäische Staatsanwalt. [3]Sofern der betroffene andere Mitgliedstaat die Überstellung der verfolgten Person an Bedingungen knüpft oder von Zusicherungen abhängig macht, entscheidet der Delegierte Europäische Staatsanwalt über die Annahme der Bedingungen oder die Abgabe von Zusicherungen im Einvernehmen mit den deutschen Justizbehörden, die für die Erfüllung der Bedingungen oder die Einhaltung der Zusicherungen zuständig sind.

(3) [1]Soweit Delegierte Europäische Staatsanwälte gemäß Artikel 104 Absatz 4 der Verordnung (EU) 2017/1939 befugt sind, nach Maßgabe einer völkerrechtlichen Vereinbarung gemäß § 1 Absatz 3 des Gesetzes über die internationale Rechtshilfe in Strafsachen, die unmittelbar anwendbares innerstaatliches Recht geworden ist, Ersuchen um sonstige Rechtshilfe an eine ausländische Stelle zu richten, ist § 74 Absatz 1 und 2 des Gesetzes über die internationale Rechtshilfe in Strafsachen nicht anzuwenden. [2]Sofern die ersuchte ausländische Stelle die Rechtshilfe an Bedingungen knüpft oder von Zusicherungen abhängig macht, entscheidet der mit den Ermittlungen betraute Delegierte Europäische Staatsanwalt über die Annahme der Bedingungen oder die Abgabe von Zusicherungen im Einvernehmen mit den deutschen Justizbehörden, die für die Erfüllung der Bedingungen oder die Einhaltung der Zusicherungen zuständig sind. [3]Für eingehende Rechtshilfeersuchen einer ausländischen Stelle, über die ein Delegierter Europäischer Staatsanwalt nach Artikel 104 Absatz 6 der Verordnung (EU) 2017/1939 zu entscheiden hat, gilt Satz 1 entsprechend.

(4) Absatz 3 gilt entsprechend für die Stellung von Rechtshilfeersuchen nach Maßgabe des Artikels 105 Absatz 3 der Verordnung (EU) 2017/1939 an die Behörden eines nicht an der Errichtung der Europäischen Staatsanwaltschaft beteiligten Mitgliedstaates der Europäischen Union sowie für die Entscheidung über eingehende Rechtshilfeersuchen, sofern das Ersuchen auf die Übermittlung von Auskünften aus Akten der Europäischen Staatsanwaltschaft oder die Herausgabe von Gegenständen gerichtet ist, über die die Europäische Staatsanwaltschaft im Rahmen eines von ihr geführten Ermittlungsverfahrens verfügt.

## § 7 Anwendbarkeit der Abgabenordnung

(1) [1]§ 386 Absatz 2 und 4 Satz 3 der Abgabenordnung ist nicht anzuwenden, wenn die Europäische Staatsanwaltschaft gemäß den Artikeln 22 und 23 der Verordnung (EU) 2017/1939 zuständig ist und gemäß Artikel 25 dieser Verordnung die Verfolgung übernommen hat. [2]§ 386 Absatz 4 Satz 1 und 2 der Abgabenordnung ist mit der Maßgabe anzuwenden, dass die Finanzbehörde unter den

Voraussetzungen des Artikels 24 Absatz 2, 3 und 5 der Verordnung (EU) 2017/1939 die Europäische Staatsanwaltschaft von der Einleitung eines Ermittlungsverfahrens zu unterrichten hat und die Europäische Staatsanwaltschaft gemäß Artikel 27 der Verordnung (EU) 2017/1939 das Verfahren an sich ziehen kann.

(2) § 395 der Abgabenordnung ist mit der Maßgabe anzuwenden, dass im vorbereitenden Verfahren der mit dem Ermittlungsverfahren betraute Delegierte Europäische Staatsanwalt über die Gewährung der Akteneinsicht und die Besichtigung der beschlagnahmten oder sonst sichergestellten Gegenstände entscheidet.

(3) § 397 Absatz 1 der Abgabenordnung ist nicht anzuwenden auf die Entscheidung eines Delegierten Europäischen Staatsanwalts, ein Verfahren gemäß Artikel 26 Absatz 1 der Verordnung (EU) 2017/1939 einzuleiten.

## § 8 Anwendbarkeit des Gesetzes über die Entschädigung für Strafverfolgungsmaßnahmen

[1]Das Gesetz über die Entschädigung für Strafverfolgungsmaßnahmen ist nicht anzuwenden, wenn die Strafverfolgungsmaßnahme auf einer Anordnung der Europäischen Staatsanwaltschaft beruht und ihr der dadurch entstandene Schaden zuzurechnen ist. [2]Für Strafverfolgungsmaßnahmen, die durch eine deutsche Strafverfolgungsbehörde oder ein deutsches Gericht angeordnet wurden, bleibt das Gesetz über die Entschädigung für Strafverfolgungsmaßnahmen anwendbar.

## § 9 Anwendbarkeit des Rechtspflegergesetzes

[1]§ 31 Absatz 1 des Rechtspflegergesetzes ist nicht anzuwenden. [2]Der mit den Ermittlungen betraute Delegierte Europäische Staatsanwalt kann dem Rechtspfleger die in § 31 Absatz 1 des Rechtspflegergesetzes genannten Geschäfte im Einzelfall übertragen.

## § 10 Strafvollstreckung

(1) Aufgaben der Staatsanwaltschaft im Vollstreckungsverfahren nimmt abweichend von § 142b Absatz 1 des Gerichtsverfassungsgesetzes die Staatsanwaltschaft am Sitz des Gerichts des ersten Rechtszuges wahr.

(2) Im Rahmen der Anhörung gemäß § 453 Absatz 1 Satz 2, § 454 Absatz 1 Satz 2 und Absatz 2 Satz 3 sowie § 462 Absatz 2 Satz 1 der Strafprozessordnung und gemäß § 57 Absatz 1 Satz 2, § 58 Absatz 1 Satz 2, § 65 Absatz 1 Satz 1, § 87 Absatz 3 Satz 4 und § 88 Absatz 4 Satz 1 des Jugendgerichtsgesetzes soll die nach Absatz 1 zuständige Staatsanwaltschaft dem mit den Ermittlungen betrauten Delegierten Europäischen Staatsanwalt Gelegenheit zur Stellungnahme geben.

## § 11 Anwendbarkeit des Gesetzes über Ordnungswidrigkeiten

(1) [1]Die Europäische Staatsanwaltschaft ist auch für die Verfolgung der Tat unter dem rechtlichen Gesichtspunkt einer Ordnungswidrigkeit gemäß § 40 des Gesetzes über Ordnungswidrigkeiten zuständig, soweit die Ordnungswidrigkeit im Sinne des Artikels 22 Absatz 3 der Verordnung (EU) 2017/1939 untrennbar mit einer unter Artikel 22 Absatz 1 der Verordnung fallenden strafbaren Handlung verbunden ist. [2]§ 43 Absatz 1 und § 63 Absatz 3 des Gesetzes über Ordnungswidrigkeiten gelten entsprechend.

(2) § 30 des Gesetzes über Ordnungswidrigkeiten ist mit der Maßgabe anwendbar, dass die Europäische Staatsanwaltschaft auch für das Verfahren in Bezug auf die juristische Person oder Personenvereinigung zuständig ist, sofern die Europäische Staatsanwaltschaft ein Ermittlungsverfahren

gegen eine in § 30 Absatz 1 des Gesetzes über Ordnungswidrigkeiten bezeichnete Leitungsperson wegen einer Straftat führt, für die die Europäische Staatsanwaltschaft nach den Artikeln 22 und 23 der Verordnung (EU) 2017/1939 zuständig ist.

(3) Für die Vollstreckung gerichtlicher Entscheidungen gemäß § 91 des Gesetzes über Ordnungswidrigkeiten gilt § 10 Absatz 1 entsprechend.

## § 12 Mitteilungspflichten des Delegierten Europäischen Staatsanwalts

(1) Hat die Europäische Staatsanwaltschaft gemäß Artikel 26 Absatz 1 der Verordnung (EU) 2017/1939 ein Ermittlungsverfahren eingeleitet oder gemäß Artikel 27 Absatz 1 dieser Verordnung ihr Evokationsrecht ausgeübt, übermittelt der Delegierte Europäische Staatsanwalt die gemäß § 492 Absatz 2 Satz 1 der Strafprozessordnung in das staatsanwaltschaftliche Verfahrensregister einzutragenden Daten an das beim Bundesamt für Justiz geführte Register.

(2) Der Delegierte Europäische Staatsanwalt teilt die Einleitung des Ermittlungsverfahrens gemäß Artikel 26 Absatz 1 der Verordnung (EU) 2017/1939 der Staatsanwaltschaft mit, die nach § 142 in Verbindung mit § 143 des Gerichtsverfassungsgesetzes für die Verfolgung von Straftaten gemäß Artikel 22 der Verordnung (EU) 2017/1939 zuständig ist, wenn die Europäische Staatsanwaltschaft nicht die Verfolgung übernimmt.

## § 13 Amtshilfe

Soweit erforderlich, können die Delegierten Europäischen Staatsanwälte die in § 142 Absatz 1 Nummer 2 und 3 des Gerichtsverfassungsgesetzes genannten Staatsanwaltschaften um Amtshilfe bei der Durchführung einzelner Ermittlungsmaßnahmen und anderer Maßnahmen nach Artikel 30 der Verordnung (EU) 2017/1939 ersuchen.

## § 14 Gleichstellung mit Amtsträgern

Für die Anwendung des Strafgesetzbuches stehen die Delegierten Europäischen Staatsanwälte und der deutsche Europäische Staatsanwalt Amtsträgern gleich, sofern sie nicht bereits als Europäische Amtsträger erfasst sind.

## § 15 Einschränkung von Grundrechten

Durch dieses Gesetz werden die Grundrechte der körperlichen Unversehrtheit (Artikel 2 Absatz 2 Satz 1 des Grundgesetzes), der Freiheit der Person (Artikel 2 Absatz 2 Satz 2 des Grundgesetzes), des Brief-, Post- und Fernmeldegeheimnisses (Artikel 10 Absatz 1 des Grundgesetzes) und der Unverletzlichkeit der Wohnung (Artikel 13 des Grundgesetzes) eingeschränkt.

## Anhang III.2.

## Mitteilung der Regierung der Bundesrepublik Deutschland an die Europäische Staatsanwaltschaft

vom 18. Juni 2021

### Verordnung (EU) 2017/1939 des Rates vom 12. Oktober 2017 zur Durchführung einer Verstärkten Zusammenarbeit zur Errichtung der Europäischen Staatsanwaltschaft (EUStA)

Die Regierung der Bundesrepublik Deutschland beehrt sich, der Europäischen Staatsanwaltschaft gemäß Artikel 117 Satz 1 und 2 der Verordnung (EU) 2017/1939 des Rates vom 12. Oktober 2017 zur Durchführung einer Verstärkten Zusammenarbeit zur Errichtung der Europäischen Staatsanwaltschaft (EUStA) die Liste der für die Durchführung dieser Verordnung zuständigen Behörden zu übermitteln.

| Vorschrift in der EUStA-VO | Bezeichnung der zuständigen nationalen Behörden |
|---|---|
| Art. 24 Abs. 8 EUStA-VO<br>Meldung einer nicht in ihre Zuständigkeit fallenden Straftat an die Behörden | ■ Staatsanwaltschaften: Staatsanwaltschaften bei den Landgerichten, Staatsanwaltschaften bei den Oberlandesgerichten, Generalbundesanwalt, Zentrale Stelle der Landesjustizverwaltungen zur Aufklärung nationalsozialistischer Verbrechen in Ludwigsburg<br>■ Finanzbehörde, soweit sie nach § 386 Abs. 2 AO die Stellung einer Staatsanwaltschaft einnimmt: Hauptzollämter, Finanzämter, Bundeszentralamt für Steuern |
| Art. 25 Abs. 1 EUStA-VO<br>Ausübung der Zuständigkeit durch die EUStA | ■ Siehe Art. 28 Abs. 1 und 2 EUStA-VO |
| Art. 25 Abs. 2 EUStA-VO<br>Konsultation der Behörden, um Kriterien nach UA 1 lit. a und b festzustellen | ■ Staatsanwaltschaften: Staatsanwaltschaften bei den Landgerichten, Staatsanwaltschaften bei den Oberlandesgerichten, Generalbundesanwalt<br>■ Finanzbehörde (§ 386 Abs. 2 AO): Hauptzollämter, Finanzämter, Bundeszentralamt für Steuern |
| Art. 25 Abs. 3 i.V.m. Art. 34 EUStA-VO | ■ Staatsanwaltschaften: Staatsanwaltschaften bei den Landgerichten, Staatsanwaltschaften bei den Oberlandesgerichten, Generalbundesanwalt |
| Konsultation und Rückverweisung der Behörden | ■ Finanzbehörde (§ 386 Abs. 2 AO): Hauptzollämter, Finanzämter, Bundeszentralamt für Steuern |
| Art. 25 Abs. 4 EUStA-VO<br>Zustimmung bei Ausübung der Zuständigkeit nach Art. 25 Abs. 3b EUStA-VO | ■ Staatsanwaltschaften: Staatsanwaltschaften bei den Landgerichten, Staatsanwaltschaften bei den Oberlandesgerichten, Generalbundesanwalt<br>■ Finanzbehörde (§ 386 Abs. 2 AO): Hauptzollämter, Finanzämter, Bundeszentralamt für Steuern |
| Art. 25 Abs. 5 EUStA-VO<br>Unterrichtung über Ausübung/Nichtausübung der Zuständigkeit | ■ Jeweils die Behörde, die das Verfahren nach Art. 24 Abs. 1 oder 2 EUStA-VO gemeldet hat, und ggf. die Behörden, mit denen Konsultationen nach Art. 25 Abs. 2, Abs. 3 oder Abs. 4 EUStA-VO stattfanden |

| Vorschrift in der EUStA-VO | Bezeichnung der zuständigen nationalen Behörden |
|---|---|
| | ■ Bei Anzeigen von Privaten, öffentlichen Stellen oder EU-Behörden ist die ansonsten zuständige Staatsanwaltschaft bzw. Finanzbehörde (§ 386 Abs. 2 AO) zu unterrichten |
| Art. 25 Abs. 6 EUStA-VO<br>Zuständigkeitskonflikt zwischen EUStA und nationaler Behörde | ■ Generalbundesanwalt (§ 142b Abs. 2 GVG) |
| Art. 26 Abs. 7 EUStA-VO<br>Mitteilung bei Einleitung | ■ Die ansonsten zuständigen Staatsanwaltschaften (§ 12 Abs. 2 EUStAG) bzw. die ansonsten zuständigen Finanzbehörden (§ 386 Abs. 2 AO)<br>■ Bundesamt für Justiz (§ 12 Abs. 1 EUStAG)<br>■ Zuständiges Gericht, Gnadenbehörde oder Führungsaufsichtsstelle bei Bewährungs- und Führungsaufsichtsfällen (MiStra Nr. 13)<br>■ Zuständige Aufsichtsbehörde/Berufskammer (MiStra Nr. 23 Abs. 4) in bestimmten Strafsachen gegen Notare/innen und Angehörige rechtsberatender Berufe (MiStra Nr. 23 Abs. 2)<br>■ Bundesanstalt für Finanzdienstleistungsaufsicht in Strafsachen in den Fällen MiStra Nr. 25–25c<br>■ Jugendgerichtshilfe (MiStra Nr. 32) und ggf. Schule (MiStra Nr. 33) sowie Erziehungsberechtigte, gesetzliche Vertreter und Verfahrenspfleger (MiStra Nr. 34 Abs. 2 Nr. 1) in Verfahren gegen Jugendliche/Heranwachsende<br>■ Örtlich zuständige Ausländerbehörde in Strafsachen gegen Ausländer (MiStra Nr. 42)<br>■ Leitung der Justizvollzugsanstalt/psychiatrisches Krankenhaus/Erziehungsanstalt in Strafsachen gegen Gefangene und Untergebrachte (MiStra Nr. 43)<br>■ Bundesministerium der Justiz und für Verbraucherschutz bei Verstößen gegen das Außenwirtschaftsgesetz oder das Gesetz über die Kontrolle von Kriegswaffen (MiStra Nr. 49)<br>■ Ggf. im Einzelfall weitere Behörden gemäß MiStra und MiStra-Anhang |
| Art. 27 Abs. 1 EUStA-VO<br>Meldung bei Evokation | ■ Behörde, die nach Art. 24 Abs. 2 EUStA-VO gemeldet hat<br>■ Bundesamt für Justiz (§ 12 Abs. 1 EUStAG) |
| Art. 27 Abs. 2, 4, 5, 6 EUStA-VO<br>Ausübung der Evokation | ■ Behörde, die nach Art. 24 Abs. 2 EUStA-VO gemeldet hat |
| Art. 27 Abs. 3 EUStA-VO<br>Anfrage zur Unterrichtung | ■ Die Behörde, die das Ermittlungsverfahren führt<br>■ Falls diese Behörde nicht bekannt ist, eine ansonsten zuständige Staatsanwaltschaft |
| Art. 27 Abs. 7 EUStA-VO<br>Verzicht auf Evokation | ■ Jeweils die Behörde, die das Verfahren nach Art. 24 Abs. 2 EUStA-VO gemeldet hat<br>■ Ggf. eine Staatsanwaltschaft oder eine Finanzbehörde, auf die das Verfahren nach der Meldung übertragen wurde |

| Vorschrift in der EUStA-VO | Bezeichnung der zuständigen nationalen Behörden |
|---|---|
| Art. 28 Abs. 1 EUStA-VO<br>Ermittlungsbehörden | ■ Polizeibehörden (Polizei der Länder, Bundespolizei, Bundeskriminalamt)<br>■ Bundesfinanzbehörden (Hauptzollämter, Zollfahndungsämter, Zollkriminalamt)<br>■ Landesfinanzbehörden (Finanzämter, Dienststellen der Steuerfahndung)<br>■ Forst- und Jagdverwaltung des Bundes<br>■ Forst-, Jagd- und Fischereiverwaltungen und Bergämter der Länder<br>■ Ggf. weitere Behörden, deren Angehörige als Ermittlungspersonen nach den jeweiligen Landes-VO ermächtigt sind (§ 152 Abs. 2 GVG)<br>■ Kontrollbeamtinnen und -beamte der Bundesanstalt für Landwirtschaft und Ernährung i. R. d. Fischereikontrolle außerhalb der Küstengewässer nach § 16 Abs. 3 SeeFischG |
| Art. 28 Abs. 2 EUStA-VO<br>Dringend erforderliche Ermittlungsmaßnahmen | ■ Behörden nach Art. 28 Abs. 1 EUStA-VO<br>■ Staatsanwaltschaften (Staatsanwaltschaften bei den Landgerichten, Staatsanwaltschaften bei den Oberlandesgerichten, Generalbundesanwalt) |
| Art. 28 Abs. 4 EUStA-VO<br>Ermittlungsaufträge des Europäischen Staatsanwalts | ■ Siehe Art. 28 Abs. 1 und 2 EUStA-VO |
| Art. 31 Abs. 4 EUStA-VO<br>Grenzüberschreitende Ermittlungen | ■ Siehe Art. 28 Abs. 1 EUStA-VO |
| Art. 34 EUStA-VO; 10 Abs. 3 Buchstabe d<br>Verweisung/Übertragung von Verfahren | ■ Siehe Art. 25 Abs. 3 EUStA-VO |
| Art. 36 Abs. 6 EUStA-VO<br>Mitteilung der Anklageerhebung | ■ Zuständige Finanzbehörde nach §§ 386 Abs. 1 S. 2, 403 Abs. 3 AO<br>■ Zuständige Verwaltungsbehörde bei Ordnungswidrigkeiten (§ 63 Abs. 2 OWiG, § 11 EUStAG)<br>■ Zuständiges Gericht oder Gnadenbehörde oder Führungsaufsichtsstelle bei Bewährungs- und Führungsaufsichtsfällen (MiStra Nr. 13)<br>■ Zuständiger Dienstvorgesetzter in Strafsachen gegen Personen im Beamten- oder Richterverhältnis; bei Personen im Beamten- oder Richterverhältnis im Geschäftsbereich des BMVg an das Bundesamt für Personalmanagement der Bundeswehr (MiStra Nr. 15)<br>■ Leiter der Behörde oder Beschäftigungsstelle in Strafsachen gegen Beschäftige im öffentlichen Dienst, bei Personen in einem privatrechtlichen Arbeitnehmer- oder Ausbildungsverhältnis zu einer Dienststelle im Geschäftsbereich des BMVg an das Bundesamt für Personalmanagement der Bundeswehr (MiStra Nr. 16) |

| Vorschrift in der EUStA-VO | Bezeichnung der zuständigen nationalen Behörden |
|---|---|
| | ▪ Zuständiger Befehlshaber bei Strafsachen gegen Soldaten/innen (MiStra Nr. 19) bzw. im Ruhestand oder frühere Soldaten/innen (MiStra Nr. 20)<br>▪ Zuständige Oberbehörde in Strafsachen gegen Geistliche und Beamte/innen öffentlich-rechtlicher Religionsgemeinschaften (MiStra Nr. 22)<br>▪ Zuständige Aufsichtsbehörde/Berufskammer (MiStra Nr. 23 Abs. 4) in Strafsachen gegen Notare/innen und Angehörige rechtsberatender Berufe (MiStra Nr. 23)<br>▪ Zuständige Aufsichtsbehörde/Berufskammer (MiStra Nr. 24 Abs. 4) in Strafsachen gegen Angehörige bestimmter Berufe des Wirtschaftslebens und Sachverständige (MiStra Nr. 24)<br>▪ Bundesanstalt für Finanzdienstleistungsaufsicht in den Fällen der MiStra Nr. 25-25c<br>▪ Zuständige Behörde/Berufskammer in Strafverfahren gegen Angehörige von Heilberufen (MiStra Nr. 26)<br>▪ Zuständige Aufsichtsbehörde in Strafsachen gegen sonstige Angehörige von Lehrberufen und erzieherischen Berufen (MiStra Nr. 27)<br>▪ Zuständige Aufsichtsbehörde und oberste Landesbehörde in Strafsachen gegen Betreiber von und Beschäftigte in Alten-, Behinderten- und Pflegeheimen, ambulanten Pflegediensten und ähnlichen Einrichtungen (MiStra Nr. 28)<br>▪ Jugendgerichtshilfe (MiStra Nr. 32) und ggf. Schule (MiStra Nr. 33) in Verfahren gegen Jugendliche/Heranwachsende<br>▪ Zuständige Behörden in Strafsachen gegen Inhaber waffen- oder sprengstoffrechtlicher Berechtigungen (MiStra Nr. 36) oder sonstige Fälle (MiStra Nr. 36a)<br>▪ Ausstellungsbehörde in Strafsachen gegen Inhaber/innen von Jagdscheinen (MiStra Nr. 37)<br>▪ Bundesamt für Migration und Flüchtlinge bei (bestimmten) Strafsachen gegen Asylsuchende (MiStra Nr. 42a)<br>▪ Leitung der Justizvollzugsanstalt/psychiatrisches Krankenhaus/Erziehungsanstalt in Strafsachen gegen Gefangene und Untergebrachte (MiStra Nr. 43)<br>▪ Bundesministerium der Justiz und für Verbraucherschutz bei Verstößen gegen das Außenwirtschaftsgesetz oder das Gesetz über die Kontrolle von Kriegswaffen (MiStra Nr. 49)<br>▪ Bundesinstitut für Arzneimittel und Medizinprodukte in Betäubungsmittelverfahren gegen Ärzte, Zahnärzte, Tierärzte (MiStra Nr. 50)<br>▪ Generalzolldirektion – Zentralstelle für Finanztransaktionsuntersuchungen in Verdachtsfällen nach dem Geldwäschegesetz (MiStra Nr. 52)<br>▪ Ggf. im Einzelfall weitere Behörden gemäß MiStra und MiStra-Anhang |

| Vorschrift in der EUStA-VO | Bezeichnung der zuständigen nationalen Behörden |
|---|---|
| Art. 39 Abs. 3 EUStA-VO | ■ Siehe Art. 25 Abs. 6 EUStA-VO<br>■ Siehe Art. 34 EUStA-VO |
| Art. 39 Abs. 4 EUStA-VO<br>Mitteilung der Einstellung | ■ Finanzbehörden nach §§ 386 Abs. 1 S. 2, 407 Abs. 2 AO<br>■ Zuständige Verwaltungsbehörde, sofern ein Bußgeldverfahren eingeleitet wurde (Nr. 275 Abs. 5 S. 2 RiStBV)<br>■ Präsident der Körperschaft in Strafsachen gegen Mitglieder der gesetzgebenden Körperschaften des Bundes oder eines Landes oder gegen Mitglieder des Europäischen Parlaments; bei Mitgliedern des Deutschen Bundestages oder des Europäischen Parlaments erfolgt die Übermittlung über das Bundesministerium der Justiz und für Verbraucherschutz (§ 8 EGStPO)<br>■ Ermittelnde Polizeibehörde (MiStra Nr. 11)<br>■ Befehlshaber des Wehrbereichs in Strafsachen gegen Soldaten/innen (MiStra Nr. 19)<br>■ Zuständige Oberbehörde einer öffentlich-rechtlichen Religionsgemeinschaft in Strafsachen gegen Geistliche und Beamte/innen öffentlich-rechtlicher Religionsgemeinschaften (MiStra Nr. 22)<br>■ Zuständige Aufsichtsbehörden und Berufskammern in Strafsachen gegen Notare und Angehörige rechtsberatender Berufe (MiStra Nr. 23)<br>■ Bundesanstalt für Finanzdienstleistungsaufsicht in den Fällen MiStra Nr. 25-25c<br>■ Jugendgerichtshilfen (Nr. 32), Schulleitung (MiStra Nr. 33)<br>■ Genehmigungs- oder Aufsichtsbehörde in Verfahren gegen mit Atomanlagen/Kernbrennstoffen/radioaktiven Stoffen befasste Personen (MiStra Nr. 40)<br>■ Örtlich zuständige Ausländerbehörde in Strafsachen gegen Ausländer (MiStra Nr. 42)<br>■ Leitung der Justizvollzugsanstalt/psychiatrisches Krankenhaus/Erziehungsanstalt in Strafsachen gegen Gefangene und Untergebrachte (MiStra Nr. 43)<br>■ Bundesministerium der Justiz und für Verbraucherschutz bei Verstößen gegen das Außenwirtschaftsgesetz oder das Gesetz über die Kontrolle von Kriegswaffen (MiStra Nr. 49)<br>■ Bundesinstitut für Arzneimittel und Medizinprodukten in Betäubungsmittelverfahren gegen Ärzte, Zahnärzte, Tierärzte (MiStra Nr. 50)<br>■ Zuständige Behörde in Strafsachen gegen Vorschriften zum Schutz der Umwelt und bei Verstößen gegen Bestimmungen zur Verhütung von Meeresverschmutzungen auch das Bundesamt für Seeschifffahrt und Hydrographie (MiStra Nr. 51)<br>■ Generalzolldirektion – Zentralstelle für Finanztransaktionsuntersuchungen in Verdachtsfällen nach dem Geldwäschegesetz (MiStra Nr. 52) |

| Vorschrift in der EUStA-VO | Bezeichnung der zuständigen nationalen Behörden |
|---|---|
| | **Mitteilungspflicht in bestimmten Fällen (vorheriger Erlass/ Vollzug eines Haftbefehls und/oder wenn Feststellungen nach § 20 StGB vorliegen)**<br>■ Zuständiger Dienstvorgesetzter bei Strafsachen gegen Personen im Beamten- oder Richterverhältnis (wenn Feststellungen nach § 20 StGB getroffen wurden, MiStra Nr. 15 Abs. 3)<br>■ Behördenleitung bei Arbeitnehmern/Beschäftigten im öffentlichen Dienst (wenn Haft mitzuteilen war, MiStra Nr. 16 Abs. 1 Nr. 4)<br>■ Behörde des Befehlshabers in Strafsachen gegen Soldaten/ innen (wenn Feststellungen nach § 20 StGB getroffen wurden, MiStra Nr. 19 Abs. 3)<br>■ Oberbehörde einer öffentlich-rechtlichen Religionsgemeinschaft in Strafsachen gegen Geistliche und Beamte (wenn Haft mitzuteilen war oder Feststellungen zu § 20 StGB vorliegen, MiStra Nr. 22 Abs. 2 Nr. 4, Abs. 4)<br>■ Zuständige Aufsichtsbehörden und Berufskammern (MiStra Nr. 23 Abs. 4) in Strafsachen gegen Notare/Angehörige rechtsberatender Berufe (wenn Haft, vorläufiges Berufsverbot mitzuteilen war oder Feststellungen nach § 20 StGB getroffen wurden)<br>■ Zuständige Aufsichtsbehörden und Berufskammern in Strafsachen gegen Angehörige bestimmter Berufe des Wirtschaftslebens (wenn Haft, vorläufiges Berufsverbot oder ggf. Führerscheinmaßnahmen mitzuteilen waren, MiStra Nr. 24)<br>■ Zuständige Behörden/Berufskammern in Strafverfahren gegen Angehörige von Heilberufen (wenn Haft mitzuteilen war, MiStra Nr. 26)<br>■ Zuständige Aufsichtsbehörde in Strafsachen gegen Angehörige von Lehrberufen/erzieherischen Berufen (wenn Haft mitzuteilen war, MiStra Nr. 27)<br>■ Zuständige Aufsichtsbehörde und oberste Landesbehörde in Strafsachen gegen Betreiber von und Beschäftigte in Alten-, Behinderten- und Pflegeheimen, ambulanten Pflegediensten und ähnlichen Einrichtungen (wenn Haft mitzuteilen war, MiStra Nr. 28).<br>■ Zuständige Behörden in Strafsachen gegen Inhaber waffen- oder sprengstoffrechtlicher Berechtigungen (MiStra Nr. 36), wenn Haft mitzuteilen war oder Feststellungen zu § 20 StGB getroffen wurden, oder in sonstigen Fällen (Nr. 36a) wenn Feststellungen nach § 20 StGB getroffen wurden<br>■ Ausstellungsbehörde in Strafsachen gegen Inhaber/innen eines Jagdscheins, wenn Feststellungen nach § 20 StGB getroffen wurden (MiStra Nr. 37)<br>■ Ggf. im Einzelfall weitere Behörden gemäß MiStra und MiStra-Anhang |

| Vorschrift in der EUStA-VO | Bezeichnung der zuständigen nationalen Behörden |
|---|---|
| Art. 104 Absatz 7 EUStA-VO<br>Auslieferungsersuchen | ■ Die zuständige Behörde ergibt sich aus dem jeweils einschlägigen Übereinkommen<br>■ Vertragsloser Auslieferungsverkehr:<br>– **Rechtshilfe:** Landesjustizverwaltungen oder Staatsanwaltschaften bei den Oberlandesgerichten<br>– **Auslieferungen:** Bundesamt für Justiz |

## Mitteilung der Regierung der Bundesrepublik Deutschland an die Europäische Staatsanwaltschaft

vom 18. Juni 2021

## Verordnung (EU) 2017/1939 des Rates vom 12. Oktober 2017 zur Durchführung einer Verstärkten Zusammenarbeit zur Errichtung der Europäischen Staatsanwaltschaft (EUStA)

Die Regierung der Bundesrepublik Deutschland beehrt sich, der Europäischen Staatsanwaltschaft gemäß Artikel 117 Satz 3 der Verordnung (EU) 2017/1939 des Rates vom 12. Oktober 2017 zur Durchführung einer Verstärkten Zusammenarbeit zur Errichtung der Europäischen Staatsanwaltschaft (EUStA) die Liste der nationalen Bestimmungen zum materiellen Strafrecht, die für die in der Richtlinie (EU) 2017/1371 definierten Straftaten gelten, und weiterer einschlägiger nationaler Vorschriften zu übermitteln.

Gemäß Artikel 4 EUStA-VO ist die EUStA zuständig für die strafrechtliche Untersuchung und Verfolgung sowie die Anklageerhebung in Bezug auf Personen, die als Täter oder Teilnehmer Straftaten zum Nachteil der finanziellen Interessen der Union, die in der Richtlinie (EU) 2017/1371 vorgesehen und in dieser Verordnung bestimmt sind, begangen haben. Gemäß Artikel 117 Satz 3 EUStA-VO übermitteln die Mitgliedstaaten der EUStA eine ausführliche Liste der nationalen Bestimmungen zum materiellen Strafrecht, die für die in der Richtlinie (EU) 2017/1371 definierten Straftaten gelten, und weiterer einschlägiger Vorschriften.

| **Straftaten zum Nachteil der finanziellen Interessen der Union im Sinne der Richtlinie (EU) 2017/1371 des Europäischen Parlaments und des Rates (PIF-Richtlinie)** | **Entsprechende Bestimmungen nach deutschem Strafrecht gemäß Artikel 22 Absatz 1 EUStA-VO[1]** |
|---|---|
| **Betrug zum Nachteil der finanziellen Interessen der Union** | |
| **Artikel 3 Absatz 2 Buchstabe a[2] PIF-Richtlinie** | |
| Artikel 3 Absatz 2 Buchstabe a Ziffer i | § 264 Absatz 1 Nummer 1 und 4, Absatz 3 Strafgesetzbuch (StGB) |
| Artikel 3 Absatz 2 Buchstabe a Ziffer ii | § 264 Absatz 1 Nummer 3, Absatz 3 StGB |
| Artikel 3 Absatz 2 Buchstabe a Ziffer iii | § 264 Absatz 1 Nummer 2, Absatz 3 StGB |
| **Artikel 3 Absatz 2 Buchstabe b PIF-Richtlinie** | |
| Artikel 3 Absatz 2 Buchstabe b Ziffer i | § 263 Absatz 1 und 5 StGB |
| Artikel 3 Absatz 2 Buchstabe b Ziffer ii | § 263 Absatz 1 und 5, § 13 StGB |
| Artikel 3 Absatz 2 Buchstabe b Ziffer iii | § 1 EUFinSchStG[3] |
| **Artikel 3 Absatz 2 Buchstabe c PIF-Richtlinie** | |
| Artikel 3 Absatz 2 Buchstabe c Ziffer i | § 370 Absatz 1 Nummer 1, § 373 Absatz 1 Alternative 1, Absatz 2 Abgabenordnung (AO); § 2 EUFinSchStG[4] |
| Artikel 3 Absatz 2 Buchstabe c Ziffer ii | § 370 Absatz 1 Nummer 1 und 2, § 373 Absatz 1 Alternative 1, Absatz 2 AO; § 2 EUFinSchStG[5] |
| Artikel 3 Absatz 2 Buchstabe c Ziffer iii | § 370 Absatz 1 Nummer 2 in Verbindung mit §§ 3, 153 Absatz 2 und 3 AO, Artikel 23 |

| Straftaten zum Nachteil der finanziellen Interessen der Union im Sinne der Richtlinie (EU) 2017/1371 des Europäischen Parlaments und des Rates (PIF-Richtlinie) | Entsprechende Bestimmungen nach deutschem Strafrecht gemäß Artikel 22 Absatz 1 EUStA-VO[1] |
|---|---|
| | Absatz 2 der Verordnung (EU) 952/2013; § 373 Absatz 1 Alternative 1, Absatz 2 AO |
| **Artikel 3 Absatz 2 Buchstabe d PIF-Richtlinie** | |
| Zu berücksichtigen ist, dass von der PIF-Richtlinie hinsichtlich Einnahmen aus Mehrwertsteuer-Eigenmitteln nur solche Fälle erfasst werden, bei denen sich die Tathandlungen auf Mehrwertsteuer-Erklärungen bzw. mehrwertsteuerrelevante Informationen beziehen und Mittel des Unionshaushalts vermindert werden, dies im Rahmen eines grenzüberschreitenden Betrugssystems geschieht und ein schwerwiegender Verstoß gegen das gemeinsame Mehrwertsteuersystem im Sinne des Artikels 2 Absatz 2 der PIF-Richtlinie vorliegt. | |
| Artikel 3 Absatz 2 Buchstabe d Ziffer i | § 370 Absatz 1 Nummer 1, § 373 Absatz 1 Alternative 1, Absatz 2 AO |
| Artikel 3 Absatz 2 Buchstabe d Ziffer ii | § 370 Absatz 1 Nummer 2, § 373 Absatz 1 Alternative 1, Absatz 2 AO |
| Artikel 3 Absatz 2 Buchstabe d Ziffer iii | § 370 Absatz 1 Nummer 1, § 373 Absatz 1 Alternative 1, Absatz 2 AO |
| **Andere gegen die finanziellen Interessen der Union gerichtete Straftaten** | |
| Artikel 4 Absatz 1 | § 261 Absatz 1, 2, 4, 7, 8 und 9 Nummer 1 StGB<br>Zu berücksichtigen ist, dass von der PIF-Richtlinie nur solche Fälle erfasst werden, die Gegenstände betreffen, die aus von der PIF-Richtlinie erfassten Straftaten stammen. |
| Artikel 4 Absatz 2 | § 108e StGB; § 332 Absatz 1 Satz 1, Absatz 2 Satz 1 und § 334 Absatz 1 Satz 1, Absatz 2 Satz 1 StGB jeweils auch in Verbindung mit § 335a Absatz 1 StGB, jeweils auch durch Unterlassen gemäß § 336 StGB; Artikel 2 § 2 Absatz 1 des Gesetzes zur Bekämpfung internationaler Bestechung (IntBestG); § 3 EUFinSchStG<br>Zu berücksichtigen ist, dass von der PIF-Richtlinie nur solche Fälle erfasst werden, die öffentliche Bedienstete im Sinne des Artikels 4 Absatz 4 der PIF-Richtlinie betreffen und bei denen durch die vorgenommene oder unterlassene Diensthandlung oder Handlung bei der Ausübung ihres Dienstes die finanziellen Interessen der Union geschädigt werden oder wahrscheinlich geschädigt werden. |
| Artikel 4 Absatz 3 | § 266 Absatz 1 StGB<br>Zu berücksichtigen ist, dass von der PIF-Richtlinie nur solche Fälle erfasst werden, bei denen der Täter öffentlicher Bediensteter im Sinne des Artikels 4 Absatz 4 der Richtlinie ist und |

| **Straftaten zum Nachteil der finanziellen Interessen der Union im Sinne der Richtlinie (EU) 2017/1371 des Europäischen Parlaments und des Rates (PIF-Richtlinie)** | **Entsprechende Bestimmungen nach deutschem Strafrecht gemäß Artikel 22 Absatz 1 EUStA-VO[1]** |
|---|---|
| | zugleich durch die Tat die finanziellen Interessen der Union geschädigt werden. |
| **Anstiftung, Beihilfe und Versuch** | |
| Artikel 5 Absatz 1 (Anstiftung und Beihilfe) | §§ 26, 27 Absatz 1 StGB<br>jeweils bezogen auf die zuvor genannten Straftaten. |
| Artikel 5 Absatz 2 (Versuch): | Die Zuständigkeit erstreckt sich auf die Versuchsstrafbarkeit. Eine Versuchsstrafbarkeit im Sinne der PIF-Richtlinie ist im nationalen Recht – teilweise in Form von Vollendungsdelikten – wie folgt umgesetzt: |
| ■ Artikel 3 Absatz 2 Buchstabe a | § 264 Absatz 1 Nummer 1, 3 und 4 StGB;<br>§ 264 Absatz 1 Nummer 2, Absatz 4 StGB |
| ■ Artikel 3 Absatz 2 Buchstabe b | § 263 Absatz 1 StGB (ggf. in Verbindung mit § 13 StGB) und § 1 Satz 1 EUFinSchStG |
| ■ Artikel 3 Absatz 2 Buchstabe c und d | § 370 Absatz 1 und 2 AO und § 373 Absatz 1 Alternative 1, Absatz 2 und 3 AO |
| ■ Artikel 4 Absatz 3 | § 266 Absatz 1 StGB |
| Artikel 6 (Verantwortlichkeit juristischer Personen) | § 30 des Gesetzes über Ordnungswidrigkeiten (OWiG), § 11 Absatz 2 des Gesetzes zur Ausführung der EU-Verordnung zur Errichtung der Europäischen Staatsanwaltschaft (EUStAG) |

| **Straftaten bezüglich der Beteiligung an einer kriminellen Vereinigung im Sinne des in nationales Recht umgesetzten Rahmenbeschlusses 2008/841/JI, wenn der Schwerpunkt der strafbaren Aktivitäten der kriminellen Vereinigung auf der Begehung von Straftaten nach Artikel 22 Absatz 1 EUStA-VO liegt** | **Entsprechende Bestimmungen nach deutschem Strafrecht gemäß Artikel 22 Absatz 2 EUStA-VO** |
|---|---|
| Artikel 2 (Straftaten im Zusammenhang mit der Beteiligung an einer kriminellen Vereinigung) | § 129 StGB (Bildung krimineller Vereinigungen) |

[1] Gemäß Artikel 120 Absatz 2 Unterabsatz 1 der Verordnung 2017/1939 des Rates vom 12. Oktober 2017 zur Durchführung der Verstärkten Zusammenarbeit zur Errichtung der Europäischen Staatsanwaltschaft (EUStA-VO) übt die Europäische Staatsanwaltschaft (EUStA) ihre Zuständigkeit in Bezug auf alle in ihre Zuständigkeit fallenden Straftaten aus, die nach dem Inkrafttreten dieser Verordnung begangen wurden. Die EUStA-VO ist im Einklang mit Artikel 120 Absatz 1 EUStA-VO am 20. November 2017 in Kraft getreten. Die Zuständigkeit der EUStA beginnt damit in zeitlicher Hinsicht am 21. November 2017. Sie ist für alle ab diesem Zeitpunkt begangenen einschlägigen Straftaten zuständig. Das Gesetz zur Umsetzung der Richtlinie 2017/1371 des Europäischen Parlaments und des Rates vom 5. Juli 2017 über die strafrechtliche Bekämpfung von gegen die finanziellen Interessen der Union gerichteten Betrugs ist am 28. Juni 2019 in Kraft getreten. Für den Zeitraum vom 21. November 2017 bis zum 27. Juni 2019 gilt damit die Rechtslage, wie sie sich vor der Umsetzung der Richtlinie 2017/1371 (PIF-Richtlinie) darstellt. Unterschiede zur gegenwärtigen Rechtslage ergeben sich insbesondere im Hinblick auf das neue EU-Finanzschutzstärkungsgesetz (EUFinSchStG) sowie im Hinblick auf § 264 StGB (Subventionsbetrug) und § 335a StGB (Ausländische und internationale Bedienstete), da diese Vorschriften bzw. die aktuelle Fassung dieser Vorschriften erst seit

dem 28. Juni 2019 gelten. Darüber hinaus ist das Gesetz zur Verbesserung der strafrechtlichen Bekämpfung der Geldwäsche vom 9. März 2021, mit dem der Gesetzgeber § 261 StGB (Geldwäsche; Verschleierung unrechtmäßig erlangter Vermögenswerte) neu gefasst hat, am 18. März 2021 in Kraft getreten. Insoweit gilt für den Zeitraum vom 21. November 2017 bis zum 17. März 2021 die Rechtslage wie sie sich vor der Neufassung des § 261 StGB darstellt.

2 Abhängig vom Einzelfall kann bezüglich Artikel 3 Absatz 2 Buchstabe a Ziffer i und ii PIF-Richtlinie auch eine Strafbarkeit nach § 263 StGB (Betrug) sowie bezüglich Artikel 3 Absatz 2 Buchstabe a Ziffer iii PIF-Richtlinie eine Strafbarkeit nach § 266 Absatz 1, 2. Alternative StGB in Betracht kommen. Dies gilt unabhängig davon, dass es sich bei § 263 StGB nicht um eine Norm handelt, mit der der Gesetzgeber die PIF-Richtlinie umgesetzt hat. Gemäß Artikel 117 Satz 3 EUStA-VO sind nämlich ggf. auch die nationalen Vorschriften zu notifizieren, die nicht zwingend zur Umsetzung der PIF-Richtlinie in nationales Recht erforderlich sind. Artikel 117 Satz 3 EUStA-VO erfordert entsprechend eine ausführliche Notifizierungsliste, die nicht auf die relevantesten Vorschriften beschränkt ist, sondern auf Vollständigkeit abstellt und den Rechtsanwender darüber informieren soll, für welche Vorschriften die EUStA ihre Kompetenz ausüben könnte. Nicht erforderlich ist dabei namentlich eine Gleichwertigkeit oder ein expliziter Zusammenhang zwischen den Vorschriften der PIF-Richtlinie und dem nationalen Straftatbestand. Zu beachten ist ferner, dass das nationale Recht nicht über den Anwendungsbereich der PIF-Richtlinie hinausgeht, indem es etwa ein Verhalten kriminalisiert, das anders als die PIF-Richtlinie keinen Vorsatz voraussetzt (vgl. Brodowski in: Herrnfeld / Brodowski / Burchard, European Public Prosecutor's Office, Baden-Baden 2021, Art. 22 Rn. 90f.; Art. 177 Rn. 8f.). Die Notifizierungsliste ist weder konstitutiv noch zwangsläufig abschließend (vgl. Brodowski, a.a.O., Art. 22 Rn. 91), noch gibt sie Auskunft über die materiell-rechtlichen Normen, mit denen die PIF-Richtlinie umzusetzen ist.

3 Die EUStA kann ihre Zuständigkeit abhängig vom Einzelfall auch bei bestimmten Fällen der Tatbegehung nach § 266 Absatz 1, 2. Alternative StGB ausüben (siehe im Einzelnen oben Fn. 2).

4 Abhängig vom Einzelfall kann bezüglich Artikel 3 Absatz 2 Buchstabe c Ziffer i und ii PIF-Richtlinie – soweit § 2 EUFinSchStG betroffen ist – eine Strafbarkeit nach § 263 StGB in Betracht kommen (siehe im Einzelnen oben Fn. 2).

5 Siehe Fn. 4.

## Mitteilung
## der Regierung der Bundesrepublik Deutschland an die Europäische Staatsanwaltschaft

vom 18. Juni 2021

## Verordnung (EU) 2017/1939 des Rates vom 12. Oktober 2017 zur Durchführung einer Verstärkten Zusammenarbeit zur Errichtung der Europäischen Staatsanwaltschaft (EUStA)

Die Regierung der Bundesrepublik Deutschland beehrt sich, der Europäischen Staatsanwaltschaft gemäß Artikel 117 Satz 5 und Artikel 30 Absatz 3 der Verordnung (EU) 2017/1939 des Rates vom 12. Oktober 2017 zur Durchführung einer Verstärkten Zusammenarbeit zur Errichtung der Europäischen Staatsanwaltschaft (EUStA) die Liste der bestimmten schweren Straftaten, auf die die Anwendung der in Artikel 30 Absatz 1 Buchstabe e und f der Verordnung (EU) 2017/1939 genannten Ermittlungsmaßnahmen in Deutschland beschränkt ist, zu übermitteln.

| Artikel 30 EUStA-VO | Voraussetzungen der StPO[1] | Straftatbestände des StGB[2] und der AO[3] |
|---|---|---|
| **Buchstabe e)**<br>**Überwachung ein- und ausgehender elektronischer Kommunikation** | **§ 100a StPO: Telekommunikationsüberwachung**<br>■ wenn eine schwere Straftat (Katalogtat nach Abs. 2) vorliegt,<br>■ die Tat im Einzelfall schwer wiegt und<br>■ die Erforschung des Sachverhaltes oder die Ermittlung des Aufenthaltsortes des Beschuldigten auf andere Weise wesentlich erschwert oder aussichtslos ist. | **Katalogtaten nach § 100a Abs. 2 StPO:**<br>§ 108e StGB: Bestechung und Bestechlichkeit von Mandatsträgern (§ 100a Abs. 2 Nr. 1b StPO)<br>§ 129 StGB: Bildung einer kriminellen Vereinigung (§ 100a Abs. 2 Nr. 1d StPO)<br>§ 261 StGB (Geldwäsche); wenn die Vortat eine der in § 100a Abs. 2 Nr. 1 bis 11 StPO genannten schweren Straftaten ist (§ 100a Abs. 2 Nr. 1m StPO)<br>§ 263 StGB (Betrug) nur in den Fällen des<br>§ 263 Abs. 3 S. 2 und Abs. 5 StGB (§ 100a Abs. 2 Nr. 1n StPO)<br>§ 264 StGB (Subventionsbetrug) nur in den Fällen des § 264 Abs. 2 S. 2, § 264 Abs. 3<br>i.V.m. § 263 Abs. 5 StGB (§ 100a Abs. 2 Nr. 1o StPO)<br>§§ 332, 334 StGB; Bestechung und Bestechlichkeit (§ 100a Abs. 2 Nr. 1v StPO)<br>§ 370 AO (Steuerhinterziehung) nur in den Fällen des Abs. 3 S. 2 Nr. 5 AO (§ 100a Abs. 2 Nr. 2a StPO)<br>§ 373 AO gewerbsmäßiger, gewaltsamer und bandenmäßiger Schmuggel (§ 100a Abs. 2 Nr. 2b StPO)<br>Jeweils auch, wenn der Versuch der Tat strafbar ist und die EUStA für die Verfolgung der |

1 Strafprozessordnung.
2 Strafgesetzbuch.
3 Abgabenordnung.

| Artikel 30 EUStA-VO | Voraussetzungen der StPO | Straftatbestände des StGB und der AO |
|---|---|---|
| | | Versuchstat zuständig ist (s. Notifikation der materiellen Zuständigkeit). |
| | **§ 100g Abs. 1 StPO: Erhebung von Verkehrsdaten nach § 96 Abs. 1 TKG**[4]<br>■ wenn eine Straftat von erheblicher Bedeutung, insbesondere eine Katalogtat nach § 100a Abs. 2 StPO vorliegt,<br>■ oder eine Straftat mittels Telekommunikation begangen wurde. | **Katalogtaten nach § 100a Abs. 2 StPO (s.o.) oder**<br>■ andere in die Zuständigkeit der EUStA fallende Straftat (z.B. § 263 Abs. 1 StGB oder § 266 Abs. 1 StGB), wenn es sich um eine Straftat von im Einzelfall erheblicher Bedeutung handelt (§ 100g Abs. 1 S. 1 Nr. 1 StPO),<br>■ jeweils auch, wenn der Versuch der Tat strafbar ist und die EUStA für die Verfolgung der Versuchstat zuständig ist (s. Notifikation der materiellen Zuständigkeit).<br>■ Darüber hinaus auch alle Straftaten (die in die Zuständigkeit der EUStA fallen), die mittels Telekommunikation begangen wurden (§ 100g Abs. 1 S. 1 Nr. 2). |
| | **§ 100g Abs. 2 StPO: Erhebung von Verkehrsdaten nach § 113b TKG**<br>■ wenn eine Katalogtat nach Abs. 2 S. 2 vorliegt und<br>■ die Tat im Einzelfall besonderes schwer wiegt und<br>■ die Erforschung des Sachverhaltes oder die Ermittlung des Aufenthaltsortes des Beschuldigten auf andere Weise wesentlich erschwert oder aussichtlos wäre und<br>■ die Erhebung der Daten in einem angemessenen Verhältnis zur Bedeutung der Sache steht. | **Katalogtaten nach § 100g Abs. 2 S. 2 StPO:**<br>§ 129 StGB (Bildung einer kriminellen Vereinigung) nur im Falle des § 129 Abs. 1 i. V. m. Abs. 5 S. 3 StGB (§ 100g Abs. 2 S. 2 Nr. 1b);<br>auch bei Versuch nach § 129 Abs. 4 StGB<br>§ 261 StGB (Geldwäsche) nur im Falle des § 261 Abs. 5 S. 2 StGB, wenn die Vortat eine der in den § 100g Abs. 2 Nr. 1 bis 8 StPO genannten besonders schweren Straftaten ist (§ 100g Abs. 2 S. 2 Nr. 1g StPO); keine Zuständigkeit der EUStA für die versuchte Geldwäsche (s. Notifikation der materiellen Zuständigkeit) |
| | **§ 100g Abs. 3 S. 1 StPO: Funkzellenabfrage**<br>■ wenn die Voraussetzungen des § 100g Abs. 1 S. 1 Nr. 1 StPO erfüllt sind (Straftat von im Einzelfall erheblicher Bedeutung, insbesondere eine Katalogtat nach § 100a Abs. 2 StPO) und | **Katalogtaten nach § 100a Abs. 2 StPO (s.o.) sowie andere Straftaten von im Einzelfall erheblicher Bedeutung (s.o.).**<br>auch wenn der Versuch der Tat strafbar ist und die EUStA für die Verfolgung der Versuchstat zuständig ist (s. Notifikation der materiellen Zuständigkeit). |

4 Telekommunikationsgesetz.

| Artikel 30 EUStA-VO | Voraussetzungen der StPO | Straftatbestände des StGB und der AO |
|---|---|---|
| | ■ die Erhebung der Daten in einem angemessenen Verhältnis zur Bedeutung der Sache steht und<br>■ die Erforschung des Sachverhalts oder die Ermittlung des Aufenthaltsorts des Beschuldigten auf andere Weise aussichtlos oder wesentlich erschwert wäre. | |
| | **§ 100g Abs. 3 S. 2 StPO: Funkzellenanfrage für nach § 113b TKG gespeicherte Verkehrsdaten**<br>Hierfür müssen die Voraussetzungen gemäß Abs. 2 vorliegen (s.o.). | **Katalogtaten nach § 100g Abs. 2 S. 2 StPO (s.o.)** |
| **Buchstabe f) Verfolgung und Ortung** | **§ 100g Abs. 1 StPO**<br>Voraussetzungen s.o.<br>**§ 100g Abs. 2 StPO**<br>Voraussetzungen s.o.<br>**§ 100g Abs. 3 S. 1 StPO**<br>Voraussetzungen s.o.<br>**§ 100g Abs. 3 S. 2 StPO**<br>Voraussetzungen s.o.<br>**§ 100i StPO: Technische Ermittlungsmaßnahmen bei Mobilfunkendgeräten**<br>Straftat von auch im Einzelfall erheblicher Bedeutung, insbesondere eine in § 100a Abs. 2 StPO bezeichnete Straftat. | **Katalogtaten nach § 100a Abs. 2 StPO und weitere Straftaten von im Einzelfall erheblicher Bedeutung, für die die EUStA zuständig ist (s.o.)**<br>**Katalogtaten § 100g Abs. 2 S. 2 StPO (s.o.)**<br>**Katalogtaten nach § 100a Abs. 2 StPO sowie andere Straftaten von im Einzelfall erheblicher Bedeutung, für die die EUStA zuständig ist (s.o.)**<br>**Katalogtaten gemäß § 100g Abs. 2 S. 2 StPO (s.o.)**<br>**Katalogtaten nach § 100a Abs. 2 StPO sowie andere Straftaten von im Einzelfall erheblicher Bedeutung, für die die EUStA zuständig ist (s.o.)**<br>auch in Fällen, in denen der Versuch strafbar ist und die EUStA für die Verfolgung der Versuchstat zuständig ist (s. Notifikation der materiellen Zuständigkeit) |

# Anhang III.3.

## Europäische Staatsanwaltschaft
## Deutschland

## Geschäftsverteilung

## – Zentren Delegierter Europäischer Staatsanwälte –
## 2021

(Stand 01.06.2021
Az.: 3271 – 1.2)

**Zentrale Postanschrift:**

Europäische Staatsanwaltschaft

Delegierte Europäische Staatsanwälte – Zentrum Köln

Reichenspergerplatz 1

D-50670 Köln

E-Mail. verwaltung@d-eusta.de; poststelle@d-eusta.de

## Zentrum Berlin
## (Abt. 10)

**Postanschrift:**

Turmstraße 91

c/o Staatsanwaltschaft Berlin

D-10559 Berlin

E-Mail: zentrum-berlin@d-eusta.de

*Zuständigkeiten des Zentrums Berlin:*

1. Straftaten gemäß Art. 22 Abs. 1 bis 3 EUStA-VO iVm Art. 3 Absatz 2 a) bis c), 4 Abs. 1 bis 3 Richtlinie (EU) 2017/1371 nach Ziff. 1 – 3, 5 – 7 der **Anlage**, soweit der Tatort, bei Subventionsbetrug der Sitz oder Wohnort des Subventionsnehmers in den Ländern Berlin, Brandenburg, Sachsen-Anhalt oder Thüringen liegt.
2. Straftaten gemäß Art. 22 Abs. 1 bis 3 EUStA-VO i.V.m. Art. 3 Absatz 2 d) Richtlinie (EU) 2017/1371 (Umsatzsteuerbetrug) nach Ziff. 4 der **Anlage**, soweit die den Vorgang vorlegende Behörde ihren Sitz in einem der in Ziff. 1 genannten Länder hat.
3. Ordnungswidrigkeiten nach Art. 6, 9 Richtlinie (EU) 2017/1371 i.V.m. § 11 Abs. 1 und 2 EUStA-G, soweit der Tatort in einem der in Ziff.1 genannten Ländern liegt.
4. Vollstreckung zugewiesener Maßnahmen gemäß Art. 31 Abs. 1, 32 EUStA-VO, soweit sich der Ort der durchzuführenden Ermittlungsmaßnahme in den in Ziff. 1 genannten Ländern befindet.
5. Ansprechpartner für Delegierte Europäische Staatsanwälte aus den Mitgliedstaaten Griechenland, Frankreich und Zypern sowie die Strafverfolgungsbehörden aus Polen.
6. Verfahren nach Einzelzuweisung durch den nationalen Europäischen Staatsanwalt und die Ständige Kammer.
7. Ansprechpartner für Behörden aus den in Ziff. 1 genannten Ländern und das Zollfahndungsamt Berlin-Brandenburg.
8. Innerhalb des Zentrums: Nach Turnus.

## Zentrum Frankfurt am Main (Abt. 20)

**Postanschrift:**

c/o Generalstaatsanwaltschaft Frankfurt am Main

Zeil 42

60313 Frankfurt am Main

E-Mail: zentrum-frankfurt@d-eusta.de

***Zuständigkeiten des Zentrums Frankfurt am Main:***

1. Straftaten gemäß Art. 22 Abs. 1 bis 3 EUStA-VO iVm Art. 3 Absatz 2 a) bis c), 4 Abs. 1 bis 3 Richtlinie (EU) 2017/1371 nach Ziff. 1 – 3, 5 – 7 der **Anlage**, bei Subventionsbetrug der Sitz oder Wohnort des Subventionsnehmers in den Ländern Baden-Württemberg, Hessen, Rheinland-Pfalz oder Saarland liegt.
2. Straftaten gemäß Art. 22 Abs. 1 bis 3 EUStA-VO i.V.m. Art. 3 Absatz 2 d) Richtlinie (EU) 2017/1371 (Umsatzsteuerbetrug) nach Ziff. 4 der **Anlage**, soweit die den Vorgang vorlegende Behörde ihren Sitz in einem der in Ziff. 1 genannten Länder hat.
3. Ordnungswidrigkeiten nach Art. 6, 9 Richtlinie (EU) 2017/1371 i.V.m. § 11 Abs. 1 und 2 EUStA-G, soweit der Tatort in einem der in Ziff.1 genannten Ländern liegt.
4. Vollstreckung zugewiesener Maßnahmen gemäß Art. 31 Abs. 1, 32 EUStA-VO, soweit sich der Ort der durchzuführenden Ermittlungsmaßnahme in den in Ziff. 1 genannten Länder befindet.
5. Ansprechpartnerfür Delegierte Europäische Staatsanwälte aus den Mitgliedstaaten Bulgarien, Italien, Luxemburg und Slowenien sowie die Strafverfolgungsbehörden aus Irland
6. Verfahren nach Einzelzuweisung durch den nationalen Europäischen Staatsanwalt und die Ständige Kammer.
7. Ansprechpartner für Behörden aus den in Ziff. 1 genannten Ländern.
8. Ansprechpartner für das Bundeskriminalamt und die Zollfahndungsämter Frankfurt am Main und Stuttgart.
9. Innerhalb des Zentrums: Nach Turnus.

## Zentrum Hamburg (Abt. 30)

**Postanschrift:**

c/o Generalstaatsanwaltschaft Hamburg

Postfach 30 52 61

20316 Hamburg

E-Mail: zentrum-hamburg@d-eusta.de

***Zuständigkeiten des Zentrums Hamburg:***

1. Straftaten gemäß Art. 22 Abs. 1 bis 3 EUStA-VO iVm Art. 3 Absatz 2 a) bis c), 4 Abs. 1 bis 3 Richtlinie (EU) 2017/1371 nach Ziff. 1 – 3, 5 – 7 der **Anlage**, soweit der Tatort, bei Subventionsbetrug der Sitz oder Wohnort des Subventionsnehmers in den Ländern Bremen, Hamburg, Mecklenburg-Vorpommern, Niedersachsen oder Schleswig-Holstein liegt.
2. Straftaten gemäß Art. 22 Abs. 1 bis 3 EUStA-VO i.V.m. Art. 3 Absatz 2 d) Richtlinie (EU) 2017/1371 (Umsatzsteuerbetrug) nach Ziff. 4 der **Anlage**, soweit die den Vorgang vorlegende Behörde ihren Sitz in einem der in Ziff. 1 genannten Länder hat.
3. Ordnungswidrigkeiten nach Art. 6, 9 Richtlinie (EU) 2017/1371 i.V.m. § 11 Abs. 1 und 2 EUStA-G, soweit der Tatort in einem der in Ziff.1 genannten Ländern liegt.
4. Vollstreckung zugewiesener Maßnahmen gemäß Art. 31 Abs. 1, 32 EUStA-VO, soweit sich der Ort der durchzuführenden Ermittlungsmaßnahme in den in Ziff. 1 genannten Ländern befindet.

5. Ansprechpartner für Delegierte Europäische Staatsanwälte aus den Mitgliedstaaten Finnland, Estland, Lettland und Litauen sowie die Strafverfolgungsbehörden in Dänemark und Schweden.
6. Verfahren nach Einzelzuweisung durch den nationalen Europäischen Staatsanwalt und die Ständige Kammer
7. Ansprechpartner für Behörden aus den in Ziff. 1 genannten Ländern und die Zollfahndungsämter Hamburg und Hannover.
8. Innerhalb des Zentrums: Nach Turnus.

## Zentrum Köln (Abt. 40)

**Postanschrift:**

c/o Generalstaatsanwaltschaft Köln

Reichenspergerplatz 1

50670 Köln

E-Mail: zentrum-koeln@d-eusta.de

Fax: +49 (0)211 87565 2714

***Zuständigkeiten des Zentrums Köln:***

1. Straftaten gemäß Art. 22 Abs. 1 bis 3 EUStA-VO iVm Art. 3 Absatz 2 a) bis c), 4 Abs. 1 bis 3 Richtlinie (EU) 2017/1371 nach Ziff. 1 – 3, 5 – 7 der **Anlage**, soweit der Tatort, bei Subventionsbetrug der Sitz oder Wohnort des Subventionsnehmers in Nordrhein-Westfalen liegt.
2. Straftaten gemäß Art. 22 Abs. 1 bis 3 EUStA-VO i.V.m. Art. 3 Absatz 2 d) Richtlinie (EU) 2017/1371 (Umsatzsteuerbetrug) nach Ziff. 4 der **Anlage**, soweit die den Vorgang vorlegende Behörde ihren Sitz in Nordrhein-Westfalen hat.
3. Ordnungswidrigkeiten nach Art. 6, 9 Richtlinie (EU) 2017/1371 i.V.m. § 11 Abs. 1 und 2 EUStA-G, soweit der Tatort in Nordrhein-Westfalen liegt.
4. Vollstreckung zugewiesener Maßnahmen gemäß Art. 31 Abs. 1, 32 EUStA-VO, soweit sich der Ort der durchzuführenden Ermittlungsmaßnahme in Nordrhein-Westfalen befindet.
5. Ansprechpartner für Delegierte Europäische Staatsanwälte aus den Mitgliedstaaten Belgien, Niederlande, Portugal und Rumänien.
6. Verfahren nach Einzelzuweisung durch den nationalen Europäischen Staatsanwalt und die Ständige Kammer.
7. Ansprechpartner für Behörden aus Nordrhein-Westfalen.
8. Ansprechpartner Zollkriminalamt und das Zollfahndungsamt Essen.
9. Innerhalb des Zentrums: Nach Turnus.

## Zentrum München (Abt. 50)

**Postanschrift:**

c/o Generalstaatsanwaltschaft München

Seidlstraße 21,

80335 München

E-Mail: zentrum-muenchen@d-eusta.de

***Zuständigkeiten des Zentrums München:***

1. Straftaten gemäß Art. 22 Abs. 1 bis 3 EUStA-VO iVm Art. 3 Absatz 2 a) bis c), 4 Abs. 1 bis 3 Richtlinie (EU) 2017/1371 nach Ziff. 1 – 3, 5 – 7 der Anlage, soweit der Tatort, bei Subventi-

onsbetrug der Sitz oder Wohnort des Subventionsnehmers in den Ländern Bayern oder Sachsen liegt.
2. Straftaten gemäß Art. 22 Abs. 1 bis 3 EUStA-VO i.V.m. Art. 3 Absatz 2 d) Richtlinie (EU) 2017/1371 (Umsatzsteuerbetrug) nach Ziff. 4 der **Anlage**, soweit die den Vorgang vorlegende Behörde ihren Sitz in einem der in Ziff. 1 genannten Länder hat.
3. Ordnungswidrigkeiten nach Art. 6, 9 Richtlinie (EU) 2017/1371 i.V.m. § 11 Abs. 1 und 2 EUStA-G, soweit der Tatort in einem der in Ziff.1 genannten Ländern liegt.
4. Vollstreckung zugewiesener Maßnahmen gemäß Art. 31 Abs. 1, 32 EUStA-VO, soweit sich der Ort der durchzuführenden Ermittlungsmaßnahme in den in Ziff. 1 genannten Ländern befindet.
5. Ansprechpartner für Delegierte Europäische Staatsanwälte aus den Mitgliedstaaten Kroatien, Österreich, Slowakei, Malta, Spanien und Tschechien sowie die Strafverfolgungsbehörden in Ungarn.
6. Verfahren nach Einzelzuweisung durch den nationalen Europäischen Staatsanwalt und die Ständige Kammer.
7. Ansprechpartner für Behörden aus den in Ziff. 1 genannten Ländern und die Zollfahndungsämter Dresden und München
8. Innerhalb des Zentrums: Nach Turnus.

## Delegierte Europäische Staatsanwältin beim Generalbundesanwalt

**Postanschrift:**

c/o Generalbundesanwalt beim Bundesgerichtshof

Brauerstr. 30

76135 Karlsruhe

E-Mail: desta-gba@d-eusta.de

1. Revisionsverfahren vor dem Bundesgerichtshof und den Oberlandesgerichten.
2. Rechtsbeschwerdeverfahren nach § 79 OWiG.
3. Vorlage an den Generalbundesanwalt gemäß § 142b Abs. 2 GVG iVm Art. 25 Abs. 6 sowie Vorlagen an den Bundesgerichtshof gemäß § 142 Abs. 2 S. 2 GVG.

## Anlage zur Geschäftsverteilung

Straftaten zum Nachteil der finanziellen Interessen der EU gemäß Richtlinie (EU) 2017/1371 in Bezug:

1. auf Ausgaben, die nicht im Zusammenhang mit der Auftragvergabe i.S.v. Art. 101 Abs. 1 VO (EU, Euratom) 966/2012 stehen (Art. 3 Abs. 2a) RL (EU) 2017/1371):
   - Subventionsbetrug gem. § 264 StGB[1].
2. auf Ausgaben im Zusammenhang mit der Auftragsvergabe i.S.v. Art. 101 Abs. 1 VO (EU, Euratom) 966/2012 (Art. 3 Abs. 2b) RL (EU) 2017/1371):
   - Betrug gem. § 263 StGB,
   - Untreue gem. § 266 StGB,
   - Mißbräuchliche Verwendung von Leistungen der Europäischen Union gem. § 1 EU-FinschG.
3. auf Einnahmen (traditionelle Eigenmittel), bei denen es sich nicht um Einnahmen aus Mehrwertsteuer-Eigenmitteln der EU handelt (Art. 22 Abs. 1 S. 1 EUStA-VO i.V.m. Art. 3 Abs. 2c) RL (EU) 2017/1372):

1 Alle nachfolgend genannten Vorschriften des deutschen Strafrechts beziehen sich auf die Grundtatbestände, Qualifikationen und Regelbeispiele sind insoweit mitumfasst.

- Steuerhinterziehung gem. § 370 Abs. 1 Nr. 1 und 2 AO, iVm. §§ 3, 153 Abs. 2 und 3 AO.
- Art. 23 Abs. 2 VO (EU) Nr. 952/2013, § 25 Abs. 2 StGB.
- Rechtswidrige Verminderung von Einnahmen der EU gem. § 2 EU-FinschG.

4. auf Einnahmen aus Mehrwertsteuer-Eigenmitteln der EU, wenn der Gesamtschaden von mindestens 10 Mio. Euro umfasst und zwei oder mehr Mitgliedstaaten betroffen sind (Art. 3d RL (EU) 2017/1371):
   - § 370 Abs. 1 und 2 AO, § 25 Abs. 2 StGB.
5. Geldwäsche soweit sich die Tat auf von der RL (EU) 2017/1371) erfasste Gegenstände bezieht (Art. 4 Abs. 1 RL (EU) 2017/1371):
   - Geldwäsche gemäß § 261 StGB
6. Straftaten der vorsätzlichen Bestechlichkeit und Bestechung öffentlicher Bediensteter zum Nachteil der finanziellen Interessen der EU ( Art. 4 Abs. 2 und 4 RL (EU) 2017/1372):
   - Bestechlichkeit und Bestechung von Mandatsträgern gemäß § 108e iVm. 11 Absatz 1 Nummer 2, 2a StGB.
   - Bestechung und Bestechlichkeit gemäß §§ 332, 334, 335a iVm. 11 Absatz 1 Nummer 2, 2a StGB StGB.
   - Bestechung ausländischer Abgeordneter im Zusammenhang mit internationalem geschäftlichen Verkehr gemäß Artikel 2 § 2 IntBestG iVm. 11 Absatz 1 Nummer 2, 2a StGB.
   - Bestechlichkeit und Bestechung mit Bezug zu den finanziellen Interessen der EU gemäß § 3 EUFinSchStG.
7. Straftaten der vorsätzlichen mißbräuchlichen Verwendung von Mitteln und Vermögenswerten der EU durch öffentliche Bedienstete (Art. 4 Abs. 3 RL (EU) 2017/1372):
   - Untreue gem. § 266 StGB.
8. Straftaten gemäß Art. 22 Abs. 2 EUStA-VO bzgl. der Beteiligung an einer kriminellen Vereinigung gem. RB 2008/841/JI, wenn der Schwerpunkt auf der Begehung von Straftaten gem. Ziff. 1.-7. liegt.
9. Straftaten gem. Art. 22 Abs. 3 i.V.m. 25 Abs. 3 EUStA-VO, die mit den unter Ziff. 1.-7. genannten strafbaren Handlungen untrennbar verbunden sind.
10. Verfolgung der Taten unter dem Gesichtspunkt einer Ordnungswidrigkeit, soweit diese gem. § 11 Abs. 1 EUStAG untrennbar mit der unter Art. 22 Abs. 1 EUStA-VO fallenden strafbaren Handlung verbunden sind.
11. Verfahren gegen juristische Personen oder Personenvereinigungen gemäß Art. 6 RL 2017/1371, § 11 Abs. 2 EUStA-G iVm. §§ 9, 30, 130 OWiG, sofern die EUStA gegen eine Leitungsperson i.S.d. § 30 Abs. 1 OWiG ein Ermittlungsverfahren führt.

# Anhang IV.

## Anhang IV.1.

BUNDESGESETZBLATT
FÜR DIE REPUBLIK ÖSTERREICH

| Jahrgang 2021 | Ausgegeben am 28. Mai 2021 | Teil I |
|---|---|---|
| 94. Bundesgesetz: | Strafrechtliches EU-Anpassungsgesetz 2021 – StrEU-AG 2021 (NR: GP XXVII RV 808 AB 859 S. 107. BR: AB 10638 S. 926.) | |

### 94. Bundesgesetz, mit dem ein Bundesgesetz zur Durchführung der Europäischen Staatsanwaltschaft (EUStA-DG) erlassen und mit dem das Richter- und Staatsanwaltschaftsdienstgesetz, das Bundesgesetz über die justizielle Zusammenarbeit in Strafsachen mit den Mitgliedstaaten der Europäischen Union, das Auslieferungs- und Rechtshilfegesetz, das Finanzstrafgesetz und das Strafgesetzbuch geändert werden (Strafrechtliches EU-Anpassungsgesetz 2021 – StrEU-AG 2021)

Der Nationalrat hat beschlossen:

### Artikel 1 Bundesgesetz zur Durchführung der Europäischen Staatsanwaltschaft (Europäische Staatsanwaltschafts-Durchführungsgesetz – EUStA-DG)

### 1. Abschnitt Allgemeine Bestimmungen und Strafverfahren der Europäischen Staatsanwaltschaft

#### Grundsätze

§ 1. (1) Dieses Bundesgesetz dient der Durchführung der EUStA-VO (§ 2 Z 2).

(2) Bei der Wahrnehmung ihrer Aufgaben hat die Europäische Staatsanwaltschaft, soweit sich aus der EUStA-VO oder den Bestimmungen dieses Bundesgesetzes nichts anderes ergibt, nach den allgemeinen Vorschriften über das Strafverfahren vorzugehen und in den Fällen des Art. 30 Abs. 2 und 3 EUStA-VO die nach innerstaatlichen Vorschriften vorgesehenen Voraussetzungen und Bedingungen für die Anordnung und Durchführung von Ermittlungsmaßnahmen und für Beweisaufnahmen zu beachten.

#### Begriffsbestimmungen

§ 2. Im Sinne dieses Bundesgesetzes bedeutet:

1. „EUStA“: die Europäische Staatsanwaltschaft;
2. „EUStA-VO“: die Verordnung (EU) 2017/1939 zur Durchführung einer Verstärkten Zusammenarbeit zur Errichtung der Europäischen Staatsanwaltschaft (EUStA), ABl. Nr. L 283 vom 31.10.2017 S. 1;
3. „Mitgliedstaat“: einen Staat, der Mitglied der Europäischen Union ist;
4. „teilnehmender Mitgliedstaat“: einen Mitgliedstaat, der an der Errichtung der EUStA teilnimmt;
5. „nicht teilnehmender Mitgliedstaat“: einen Mitgliedstaat, der nicht an der Errichtung der EUStA teilnimmt;
6. „Drittstaat“: einen Staat, der nicht Mitgliedstaat ist.

## Anwendungsbereich

§ 3. Die Bestimmungen dieses Bundesgesetzes sind in Verfahren zur Aufklärung von Straftaten anzuwenden, für die die EUStA nach den Art. 22, 23 und 120 Abs. 2 EUStA-VO zuständig ist und ihre Zuständigkeit nach Art. 25 Abs. 1 bis 4 dieser Verordnung ausüben kann.

## Wahrnehmung der Aufgaben im Bundesgebiet

§ 4. (1) Der EUStA obliegt für das gesamte Bundesgebiet:

1. die Leitung des Ermittlungsverfahrens,
2. die Beendigung des Ermittlungsverfahrens nach Art. 39 und 40 EUStA-VO,
3. die Einbringung der Anklage und deren Vertretung im Hauptverfahren,
4. die Vertretung im Verfahren vor dem Oberlandesgericht sowie
5. die Vertretung im Verfahren zur Wiederaufnahme und zur Wiedereinsetzung.

(2) Die EUStA nimmt die ihr in der EUStA-VO zugewiesenen Aufgaben durch einen der Delegierten Europäischen Staatsanwälte wahr, die für die Republik Österreich ernannt wurden. In den in Art. 28 Abs. 4 EUStA-VO genannten Ausnahmefällen kann auch die für die Republik Österreich ernannte Europäische Staatsanwältin die Aufgaben wahrnehmen.

## Datenschutz

§ 5. Auf die Verarbeitung personenbezogener Daten durch die EUStA sind die §§ 74 und § 75 der Strafprozessordnung (StPO), BGBl. Nr. 631/1975, nur in dem Fall anzuwenden, dass sich die Aktenführung nach innerstaatlichen Rechtsvorschriften richtet oder die EUStA Datenverarbeitungen des Bundes nutzt. In diesem Umfang unterliegt die EUStA jedoch nicht der Aufsicht durch die Datenschutzbehörde (§ 31 Datenschutzgesetz – DSG, BGBl. I Nr. 165/1999).

## Übertragung der Zuständigkeit

§ 6. In Fällen des Art. 25 Abs. 4 EUStA-VO hat die zuständige Staatsanwaltschaft die Zustimmung dazu zu erteilen, dass die EUStA Straftaten verfolgt, wenn

1. die EUStA besser in der Lage ist, die Ermittlungen durchzuführen und die Straftaten aufzuklären, und
2. im Einzelfall schutzwürdige Interessen des Opfers nicht überwiegen.

## Zuständigkeitskonflikt

§ 7. Über Zuständigkeitskonflikte zwischen einer Staatsanwaltschaft und der EUStA (Art. 25 Abs. 6 EUStA-VO) hat der Oberste Gerichtshof durch Dreiersenate (§ 7 des Bundesgesetzes vom 19. Juni 1968 über den Obersten Gerichtshof, BGBl. Nr. 328/1968) zu entscheiden. Auf Verlangen nur eines Mitgliedes des Dreiersenates hat der einfache Senat die Entscheidung zu treffen.

## Anzeigepflicht

§ 8. Wird einer Behörde oder einer öffentlichen Dienststelle der Verdacht einer in die Zuständigkeit der EUStA fallenden Straftat nach § 3 bekannt, die ihren gesetzmäßigen Wirkungsbereich betrifft, so ist sie zur Anzeige an die EUStA verpflichtet.

## Beginn des Strafverfahrens

§ 9. Das Strafverfahren ist von der EUStA einzuleiten (Art. 26 Abs. 1 EUStA-VO). Die Einleitung durch die Kriminalpolizei oder Finanzstrafbehörde ist zulässig, wenn Maßnahmen zu setzen sind, die keinen Aufschub dulden.

## Gerichtliche Zuständigkeit für Ermittlungsverfahren der EUStA

§ 10. In Ermittlungsverfahren der EUStA obliegen gerichtliche Entscheidungen dem Landesgericht, an dessen Sitz sich die Staatsanwaltschaft befindet, die für das Strafverfahren nach den §§ 20a, 25 bis 27 StPO, nach den §§ 197 und 198 des Finanzstrafgesetzes (FinStrG), BGBl. Nr. 21/1959, nach § 15 des Verbandsverantwortlichkeitsgesetzes (VbVG), BGBl. I Nr. 151/2005, oder nach § 29 des Jugendgerichtsgesetzes 1988 (JGG), BGBl. Nr. 599/1988, zuständig wäre. § 36 Abs. 2 und § 38 StPO sind anzuwenden.

## Gerichtliche Zuständigkeit bei grenzüberschreitenden Ermittlungen nach Art. 31 EUStA-VO

§ 11. (1) Abweichend von § 10 besteht keine gerichtliche Zuständigkeit im Inland, wenn eine Maßnahme in einem anderen teilnehmenden Mitgliedstaat durchgeführt werden soll und nach dessen Recht eine gerichtliche Bewilligung oder ein gerichtlicher Beschluss zur Durchführung der Maßnahme zu erwirken ist (Art. 31 Abs. 3 Unterabs. 1 EUStA-VO).

(2) Ist im Fall von grenzüberschreitenden Ermittlungen der EUStA eine Maßnahme im Bundesgebiet durchzuführen, so obliegt die gerichtliche Entscheidung oder Bewilligung gemäß Art. 31 Abs. 3 Unterabs. 1 erster Fall EUStA-VO jenem Landesgericht, an dessen Sitz sich die Staatsanwaltschaft befindet, die nach § 46 Abs. 1 oder § 55c des Bundesgesetzes über die justizielle Zusammenarbeit in Strafsachen mit den Mitgliedstaaten der Europäischen Union (EU-JZG), BGBl. I Nr. 36/2004, zuständig wäre.

## Amtshilfe

§ 12. Die EUStA kann nach Maßgabe des § 76 Abs. 1 bis 2a StPO die Unterstützung aller Behörden und öffentlichen Dienststellen des Bundes, der Länder und der Gemeinden sowie anderer durch Gesetz eingerichteter Körperschaften und Anstalten des öffentlichen Rechts unmittelbar in Anspruch nehmen.

## Rechtsschutzbeauftragter

§ 13. (1) Die EUStA hat im Ermittlungsverfahren den Rechtsschutzbeauftragten (§ 47a StPO) nicht um Ermächtigung zur Antragstellung nach § 147 Abs. 2 StPO zu ersuchen.

(2) Dem Rechtsschutzbeauftragen steht ein Recht auf Einbringung eines Antrags auf Fortführung des Ermittlungsverfahrens in keinem Fall zu.

## Einstellung des Ermittlungsverfahrens

§ 14. (1) Die in den §§ 190 bis 192 StPO und in § 18 VbVG angeführten Einstellungsgründe sind auf Einstellungsentscheidungen der EUStA nicht anzuwenden.

(2) In einer Verständigung über die Einstellung ist das Opfer auch zu informieren, unter welchen Voraussetzungen eine Nichtigkeitsklage nach Art. 263 Abs. 4 des Vertrags über die Arbeitsweise der

Europäischen Union (AEUV), ABl. C 83 vom 30.3.2010 S. 1, beim EuGH eingebracht werden kann. Die Bestimmungen über den Antrag auf Fortführung nach den §§ 195 f StPO sind sinngemäß anzuwenden.

(3) Die Generalprokuratur ist für die Konsultation zur Einstellung eines Strafverfahrens durch die EUStA in den Fällen des Art. 39 Abs. 3 EUStA-VO zuständig. Sie hat sich gegen die Einstellung des Ermittlungsverfahrens durch die EUStA auszusprechen und um Übertragung des Strafverfahrens nach Art. 34 Abs. 6 EUStA-VO zu ersuchen, wenn

1. der Sachverhalt unter Berücksichtigung des § 108 Abs. 1 Z 2 StPO noch nicht ausreichend geklärt ist,
2. eine Verurteilung aufgrund ausreichend geklärten Sachverhalts naheliegt oder
3. kein Grund für die Einstellung des Verfahrens oder den Rücktritt von der Verfolgung vorliegt.

(4) Soll das Ermittlungsverfahren auf der Grundlage von mit dem Beschuldigten vereinbarten Bedingungen endgültig abgeschlossen werden (Art. 40 EUStA-VO), sind die Bestimmungen über den Rücktritt von der Verfolgung nach innerstaatlichem Recht sinngemäß anzuwenden.

## Haupt- und Rechtsmittelverfahren

§ 15. (1) Dem Landesgericht als Schöffengericht obliegt das Hauptverfahren aufgrund einer Anklage der EUStA (Art. 36 EUStA-VO).

(2) Ein Einspruch gegen die Anklageschrift kann auch aus dem Grund erhoben werden (§ 212 Z 6 StPO), dass die Anklageschrift entgegen Art. 36 Abs. 3 EUStA-VO ein Gericht im Inland anruft. Das Gericht kann derartige Bedenken gegen seine Zuständigkeit dem Oberlandesgericht mitteilen (§ 213 Abs. 6 StPO). Ruft die Anklageschrift entgegen Art. 36 Abs. 3 EUStA-VO ein Gericht im Inland an, hat das Oberlandesgericht die Anklageschrift zurückzuweisen.

(3) Die EUStA hat im Rechtsmittelverfahren vor dem OGH die Rechte der nationalen Staatsanwaltschaft.

## Außergewöhnlich hohe Kosten einer Ermittlungsmaßnahme

§ 16. Wenn die Kosten der Durchführung einer Ermittlungsmaßnahme ein außergewöhnlich hohes Ausmaß erreichen, hat der Delegierte Europäische Staatsanwalt einen begründeten Antrag auf Kostenersatz an die EUStA zu stellen. Ein außergewöhnlich hohes Ausmaß ist jedenfalls anzunehmen, wenn die Kosten 100.000 Euro übersteigen. Die Entscheidung der EUStA, Kosten zu ersetzen, ist zum Akt zu nehmen oder im Akt zu dokumentieren.

# 2. Abschnitt Internationale Zusammenarbeit

## Allgemeine Voraussetzungen

§ 17. Die EUStA hat lediglich die in diesem Abschnitt angeführten Bestimmungen des Auslieferungs- und Rechtshilfegesetzes (ARHG), BGBl. Nr. 529/1979, des EU-JZG und des Island-Norwegen-Übergabegesetzes (INÜG), BGBl. I. Nr. 20/2020, sinngemäß anzuwenden.

## Anwendung von Bestimmungen über die Auslieferung und den (Europäischen) Haftbefehl

§ 18. In Verfahren der EUStA sind die Bestimmungen des I. Hauptstücks des ARHG und die §§ 68 bis 70 ARHG über die Erwirkung der Auslieferung, § 1 Abs. 2, die §§ 3, 4 sowie die Bestimmungen des 4. Abschnitts des II. Hauptstücks des EU-JZG über die Erwirkung der Vollstreckung eines Europäischen Haftbefehls und die §§ 1, 4 und 6 bis 9 INÜG über die Auslieferung aus Island und

Norwegen (Übergabe) sinngemäß anzuwenden; der Europäische Haftbefehl (§ 2 Z 1 EU-JZG) und der Haftbefehl (§ 6 Abs. 1 INÜG) sind jedoch nicht vom Gericht zu bewilligen.

## Anwendung von Bestimmungen über Sicherstellungsentscheidungen

§ 19. In Verfahren der EUStA sind § 1 Abs. 2 und die §§ 44 bis 51 EU-JZG nur in dem Fall sinngemäß anzuwenden, dass eine Sicherstellung in einem nicht teilnehmenden Mitgliedstaat erwirkt werden soll.

## Anwendung von Bestimmungen über die Rechtshilfe und die Europäische Ermittlungsanordnung

§ 20. (1) In Verfahren der EUStA sind die Bestimmungen des I. Hauptstücks des ARHG und die §§ 50 bis 59a und 71 bis 73 ARHG sowie § 1 Abs. 2 und die §§ 55 bis 57 und 71 bis 75 EU-JZG sinngemäß anzuwenden, wenn

1. die Vollstreckung einer Europäischen Ermittlungsanordnung in einem nicht teilnehmenden Mitgliedstaat oder Rechtshilfe in einem nicht teilnehmenden Mitgliedstaat oder einem Drittstaat erwirkt werden soll oder
2. unter den besonderen Voraussetzungen des Art. 31 Abs. 6 EUStA-VO die Vollstreckung einer Europäischen Ermittlungsanordnung in einem anderen teilnehmenden Mitgliedstaat zu erwirken ist oder eine solche im Bundesgebiet vollstreckt werden soll oder
3. die EUStA um Übermittlung von Aktenbestandteilen der von ihr geführten Ermittlungsverfahren oder um Auskunft über diese ersucht wird und noch nicht Anklage erhoben wurde.

(2) Ist in einem inländischen Strafverfahren die EUStA um Übermittlung von Aktenbestandteilen der von ihr geführten Ermittlungsverfahren oder um Auskunft über diese zu ersuchen und wurde noch nicht Anklage erhoben, sind die §§ 56 bis 56b EU-JZG sinngemäß anzuwenden.

## Anwendung von Bestimmungen über die sonstige Zusammenarbeit in Strafsachen

§ 21. (1) Die §§ 59a bis 59c EU-JZG sind sinngemäß anzuwenden, wenn vermieden werden soll, dass die EUStA und eine Behörde eines nicht teilnehmenden Mitgliedstaats parallele Verfahren führen.

(2) Die Bestimmungen des I. Hauptstücks des ARHG und die §§ 76a und 76b ARHG sowie die §§ 60 bis 62 und 76 EU-JZG sind sinngemäß anzuwenden, wenn sich die EUStA an einer gemeinsamen Ermittlungsgruppe beteiligen soll.

(3) Die EUStA hat die §§ 77 bis 80 EU-JZG sinngemäß anzuwenden, wenn Strafregisterauskünfte über Staatsangehörige anderer Mitgliedstaaten einzuholen sind.

(4) Beabsichtigt das Gericht, in einem anderen Mitgliedstaat die Überwachung einer Entscheidung über die Anwendung gelinderer Mittel zu erwirken, so sind die §§ 115 bis 121 EU-JZG sinngemäß anzuwenden.

# 3. Abschnitt Anwendung von Bestimmungen des StAG und des GebAG

## Anwendung von Bestimmungen des StAG

§ 22. (1) Die Bestimmungen des Bundesgesetzes über die staatsanwaltschaftlichen Behörden (Staatsanwaltschaftsgesetz – StAG), BGBl. Nr. 164/1986, sind nur insoweit anzuwenden, als dies in diesem Bundesgesetz vorgesehen ist.

(2) Die Bestimmungen des StAG über den Verkehr mit dem Gericht (§ 32 Abs. 1) und die Einsicht in Gerichtsakten (§ 33) sind anzuwenden. Der Ermittlungsakt ist sinngemäß nach § 34c StAG zu führen.

(3) Die §§ 34a und 34b StAG gelten nur insoweit, als die EUStA die jeweiligen Datenverarbeitungen des Bundes nutzt.

(4) Für Beschwerden gegen einen Delegierten Europäischen Staatsanwalt wegen dessen Amtsführung (Aufsichtsbeschwerde) ist § 37 StAG sinngemäß anzuwenden. Die Beschwerde ist bei dem für die Republik Österreich ernannten Europäischen Staatsanwalt einzubringen.

### Anwendung von Bestimmungen des GebAG

§ 23. Die §§ 23a und 52 des Gebührenanspruchsgesetzes (GebAG), BGBl. Nr. 136/1975, sind mit der Maßgabe anzuwenden, dass im Anwendungsbereich des § 23a GebAG die Bestimmung der Gebühren durch den Leiter der Staatsanwaltschaft zu erfolgen hat, die für das Strafverfahren zuständig wäre (§ 10).

## 4. Abschnitt Justizverwaltung

### Innerstaatliche Sicherstellung des Betriebs und der Funktionsfähigkeit der EUStA

§ 24. Die Organe der Justizverwaltung haben in ihren Zuständigkeitsbereichen die personellen und sachlichen Voraussetzungen für den Betrieb der EUStA im Inland unter Beachtung der Grundsätze der Gesetzmäßigkeit, Zweckmäßigkeit, Wirtschaftlichkeit und Sparsamkeit zu gewährleisten. Die Organe der Justizverwaltung haben dabei die Unabhängigkeit der EUStA nach Art. 6 EUStA-VO zu achten.

## 5. Abschnitt Schlussbestimmungen

### Verweisungen

§ 25. (1) Soweit in diesem Bundesgesetz auf andere Bundesgesetze verwiesen wird, sind diese in ihrer jeweils geltenden Fassung anzuwenden.

(2) In anderen Bundesgesetzen enthaltene Bezugnahmen auf die Staatsanwaltschaft gelten auch als Bezugnahmen auf die EUStA, soweit sich aus diesem Bundesgesetz nichts anderes ergibt.

### Inkrafttreten

§ 26. Dieses Bundesgesetz tritt mit dem seiner Kundmachung folgenden Tag in Kraft.

### Vollziehung

§ 27. Mit der Vollziehung dieses Bundesgesetzes sind die Bundesministerin für Justiz, der Bundesminister für Inneres und der Bundesminister für Finanzen – je nach ihrem Wirkungsbereich – betraut.

## Anhang IV.2.

## Mitteilungen Österreichs nach Art. 117 VO (*Auszug, ohne Anlagen*)

## Notification by Austria in accordance with Article 117 of the EPPO Regulation

### 1. Competent Authorities

| Articles EPPO Regulation | Competent national authorities |
|---|---|
| 5(6), 28(1)–(2)/(4), 31(4), 91(6) | Police, customs and fiscal authorities as specified in Annex C.<br>In addition, the EPPO can ask any authority, including prosecution authorities (cf. Annex C), for legal assistance (Amtshilfe) in case of specific investigative measure. |
| 10(3)(d), 24(2)–(3), 25(1) to (5), 26(7), 27(2) to (8), 34(1) to (3)/(5) to (7) | In respect of **Articles 10 and 34** the EPPO should refer the case to the competent prosecution service.<br>The competent prosecution service will also be in charge of reporting obligations under **Article 24 (2) and (3).**<br>**Article 25 para 1** applies to all national authorities, which could otherwise exercise their competence.<br>**Article 27 para 2** will be applicable to all law enforcement authorities (involved in the investigation reported in accordance with Article 24(2)).<br>In respect of **Article 25 para 2** the EPPO should contact the national prosecution service in case a criminal investigation has already been initiated. In case of a report where no investigation has been initiated yet the EPPO should refer to police, fiscal or customs authorities (Annex C).<br>**Article 25 para 3 and 4**: public prosecution offices<br>**Article 25 para 5 and Article 26 para 7**: the reporting authority in the respective case. National law provides for various notification obligations for prosecution authorities in case of perpetrators that belong to specific professional groups. Further details can be found in the Intranet of the Ministry of Justice that will be available to EDPs and the European Prosecutor.<br>For purposes of EPPO's investigation the following obligations can be highlighted:<br>***Public officials***: the competent authority in charge of personnel issues has to be notified (Sec. 76 para 5 Criminal Procedure Code)<br>***Auditor*** (of annual accounts): Abschlussprüferaufsichtsbehörde (https://www.apab.gv.at/) in accordance with Sec. 80 Abschlussprüfer-Aufsichtsgesetz (APAG)<br>***Attorneys at law and attorney candidates***: the competent attorney (Kammeranwalt) at the competent Bar Association (Sec. 24 Disziplinarstatut für Rechtsanwälte und Rechtsanwaltsanwärter)<br>***Notaries and notary candidates***: notifications in accordance with Sec. 182 Abs. 3 und 4 Notariatsordnung to the competent Association (Notariatskammer) and the competent Court of Appeal<br>***Accountants and tax consultants***: notification of the competent Association in accordance with Sec. 182 Wirtschaftstreuhandberufsgesetz 2017 (Kammer der Steuerberater und Wirtschaftsprüfer)<br>***Stock market traders***: Notification in accordance with Sec. 72 Börsegesetz of the authority for financial market supervision (Finanzmarktaufsicht) |

| Articles EPPO Regulation | Competent national authorities |
|---|---|
| | In case of ***investigations regarding market manipulation or insidertrading*** (Sec. 163 or 164 Börsegesetz) notification obligations in relation to the authority for financial market supervision (Finanzmarkaufsicht) are applicable<br>**Article 27 para 3 to 8**: the competent prosecution authority |
| 24(1) | Direct applicability to all public authorities in Austria. |
| 24(8) | See Article 34 – referrals to competent public prosecution service |
| 25(6)<br>(cross-referenced in Art. 39(3)) | Supreme Court (Art. 25(6))/Prosecutor's General Office (Art. 39(3))<br>(both the highest judicial authorities in criminal procedure) |
| 33(2) | Not applicable, EDP can issue an EAW. |
| 36(6) | Not applicable, in relation of disciplinary proceedings see notification in respect of Art. 39 (4). |
| 39(4) | National law provides for various notification obligations for prosecution authorities in case of perpetrators that belong to specific professional groups. Further details can be found in the Intranet of the Ministry of Justice that will be available to EDPs and the European Prosecutor.<br>For purposes of EPPO's investigation the following obligations can be highlighted:<br>***Auditor*** (of annual accounts): Abschlussprüferaufsichtsbehörde (https://www.apab.gv.at/) in accordance with Sec. 80 Abschlussprüfer-Aufsichtsgesetz (APAG)<br>***Public officials***: the competent authority in charge of personnel issues has to be notified (Sec. 76 para 5 Criminal Procedure Code)<br>***Attorneys at law and attorney candidates***: the competent attorney (Kammeranwalt) at the competent Bar Association (Sec. 24 Disziplinarstatut für Rechtsanwälte und Rechtsanwaltsanwärter)<br>***Notaries and notary candidates***: notifications in accordance with Sec. 182 Abs. 3 und 4 Notariatsordnung to the competent Association (Notariatskammer) and the competent Court of Appeal<br>***Accountants and tax consultants***: notification of the competent Association in accordance with Sec. 182 Wirtschaftstreuhandberufsgesetz 2017 (Kammer der Steuerberater und Wirtschaftsprüfer)<br>***Stock market traders***: Notification in accordance with Sec. 72 Börsegesetz of the authority for financial market supervision (Finanzmarktaufsicht)<br>In case of investigations regarding ***market manipulation or insidertrading*** (Sec. 163 or 164 Börsegesetz) notification obligations in relation to the authority for financial market supervision (Finanzmarkaufsicht) are applicable. |
| 40(1) | The public prosecution service that would be competent for the investigation if the EPPO had not initiated an investigation |
| 96(6) | In respect of resources and equipment: the President of the Vienna Court of Appeal is competent. |
| 104(7) | The court that is in charge during the investigation phase. |

| Articles EPPO Regulation | Competent national authorities |
|---|---|
| | We would like to highlight that the surrender agreement with Norway and Iceland as well as the Trade and Cooperation Agreement with the UK copy more or less the provision from the Framework Decision on the European Arrest Warrant. The procedure differs largely from traditional extradition proceedings. According to national legislation, the EPPO is in charge of issuing an arrest warrant under the mentioned agreements that the Union concluded as is the case for the European Arrest Warrant. |

## 2. Notification of national substantive criminal law provisions

- der Betrug nach §§ 146 bis 148 StGB, soweit dadurch die finanziellen Interessen der Union geschädigt wurden oder hätten werden können,
- der Förderungsmissbrauch nach § 153b StGB, soweit dadurch die finanziellen Interessen der Union geschädigt wurden oder hätten werden können,
- der ausgabenseitige Betrug zum Nachteil der finanziellen Interessen der Europäischen Union nach § 168c StGB bzw. nach § 168f StGB (idF StrEU-AG 2021),
- die missbräuchliche Verwendung von Mitteln und Vermögenswerten zum Nachteil der finanziellen Interessen der Europäischen Union nach § 168d StGB bzw. nach § 168g StGB (idF StrEU-AG 2021),
- die missbräuchliche Vergabe von Mitteln und Vermögenswerten zum Nachteil der finanziellen Interessen der Europäischen Union nach § 153 StGB oder § 302 StGB,
- Wettbewerbsbeschränkende Absprachen bei Vergabeverfahren zum Nachteil der finanziellen Interessen der Europäischen Union nach § 168b StGB,
- die Bestechlichkeit nach § 304 StGB, soweit dadurch die finanziellen Interessen der Union geschädigt wurden oder hätten werden können,
- die Vorteilsannahme nach § 305 StGB, soweit dadurch die finanziellen Interessen der Union geschädigt wurden oder hätten werden können,
- die Bestechung nach § 307 StGB, soweit dadurch die finanziellen Interessen der Union geschädigt wurden oder hätten werden können,
- die Vorteilszuwendung nach § 307a StGB, soweit dadurch die finanziellen Interessen der Union geschädigt wurden oder hätten werden können,
- der Schmuggel nach § 35 Abs. 1 FinStrG und die Hinterziehung von Eingangsabgaben nach § 35 Abs. 2 und 3 FinStrG,
- die Abgabenhehlerei nach § 37 Abs. 1 FinStrG,
- der Schmuggel oder die Hinterziehung von Eingangsabgaben als Mitglied einer Bande oder unter Gewaltanwendung nach §§ 35, 38a FinStrG,
- der Abgabenbetrug nach § 39 FinStrG, soweit diesem ein Schmuggel, eine Hinterziehung von Eingangsabgaben oder eine vorsätzliche Abgabenhehlerei zugrunde liegt
- der grenzüberschreitende Umsatzsteuerbetrug nach § 40 FinStrG
- die Geldwäscherei nach § 165 StGB, wenn die Vortat eine der oben genannten Taten ist.

## 3. Notification of limitations to specific investigative measures

### 3.1. Interception of telecommunication

In respect of Article 30 para 1 lit. e Austria would first like to present the requirements under Sec 135 para 3 of the criminal procedure Code for intercepting telecommunications:

"Surveillance of communication is permissible,

1. if and so long there is strong suspicion that the person affected by the disclosure has kidnapped or otherwise taken control of another person and if the disclosure of data is limited to messages believed to be transmitted, received, or sent by the accused during the deprivation of liberty,

2. if it is to be expected that the disclosure can contribute to inquiries about a criminal offence committed intentionally and punishable by imprisonment for more than six months and if the owner of the technical device that is or will be the source or destination of the transmission of messages consents,
3. if this appears necessary for the inquiry about a criminal offence committed intentionally and punishable by imprisonment for more than one year or if the inquiry or prevention of a criminal offence committed or planned as part of a criminal association, terrorist association, or criminal organization (§§ 278 to 278b Criminal Code) would otherwise be significantly obstructed and
   a) if the owner of the technical device that is or will be the source or destination of the transmission of messages is under strong suspicion for a criminal offence committed intentionally and punishable by imprisonment for more than one year or for a criminal offence under §§ 278 to 278b of the Criminal Code, or
   b) because of particular material facts it is believed that the person under strong suspicion for the offence (lit. a) will be using or will establish a connection to the technical device;
4. if because of particular material facts it is expected that through the disclosure the whereabouts of an accused who has absconded or is absent and who is under strong suspicion of having intentionally committed a criminal offence punishable by imprisonment for more than one year can be established."

## 3.2. Controlled deliveries

In respect of Article 30 para 1 lit. f Austria would first like to present the requirements under Sec 9 para 5 of the Criminal Procedure Code and Sec. 72 para 2 of the Federal Act for Judicial Cooperation in Criminal Matters with Member States of the European Union for controlled deliveries:

Sec. 99 para 5: "In cases involving controlled delivery, i.e. the transportation of objects out of, into, or through the territory of Austria without a requirement that the prosecution authority intervenes pursuant to § 2 para. 1, §§ 71 and 72 of the Federal Act for Judicial Cooperation in Criminal Matters with Member States of the European Union [Bundesgesetzes über die justizielle Zusammenarbeit in Strafsachen mit den Mitgliedstaaten der Europäischen Union (EU-JZG)] apply mutatis mutandis.

Sec. 72 para 2 Federal Act for Judicial Cooperation in Criminal Matters with Member States of the European Union: "Upon a request by a Member State or in agreement with another Member State a controlled delivery through Austria or from Austria to another Member State shall be granted if

1. the reasons underlying the controlled delivery or the foreign criminal proceedings meet the prerequisites for issuing a European arrest warrant, and
2. the controlled delivery will promote the clearing up of such offences or the exploration of a person who is involved in committing the offences in more than a subordinate position."

For both investigation measures mentioned above the following applies: they are generally permissible unless for offences mentioned in ANNEX B or with the restrictions mentioned therein.

## Anhang IV.3.

## Europäische Staatsanwaltschaft
## Österreich

## – Zentren Delegierter Europäischer Staatsanwälte –

### Zentrum Wien mit zentraler Einlaufstelle für Österreich

Dampfschiffstraße 4
1030 Wien
Tel: +43 1 52152 9690 Fax: DW 5920

### Zentrum Graz

Paulustorgasse 15
8010 Graz
Tel: +43 1 52152 9691 Fax: DW 5990

Beide Zentren sind für das gesamte Bundesgebiet zuständig. Die Geschäftsverteilung zwischen den Zentren erfolgt nach Turnus.

## Stichwortverzeichnis

Fette Zahlen bezeichnen die Paragrafen, magere die Randnummern.